ATLAS ROUTIER & TOURISTIQUE FRANCE

Échelle 1 : 250 000

Édition 12 - Novembre 2009

© Institut Géographique National
73 Avenue de Paris - 94165 Saint-Mandé Cedex - France

Achevé d'imprimer octobre 2009 - Dépôt légal octobre 2009.

Réalisé par l'Institut Géographique National et par AA Publishing
Édité par l'Institut Géographique National.

ISBN : 978-2-7585-1938-6

Imprimé par Printer Industria Grafica S.A., Barcelona, España.

Nous attachons le plus grand soin à l'exactitude et à l'actualité des informations présentes dans nos cartes. Cependant, si vous constatiez une erreur ou omission sur cette carte, nous vous remercions de le signaler à l'IGN : **Service Client 73 avenue de Paris F-94165 SAINT-MANDÉ Cedex** ou par courriel : **service-client@ign.fr**

Sommaire

Tableau d'assemblage	Page de garde
Principaux axes routiers	II - V
Légende	VI
Cartes de France	1 - 207
Index des communes	208 - 261
Centre de Paris	262 - 265
France administrative	266
Plans de ville	267 - 298
Distances et temps de parcours	Page de garde

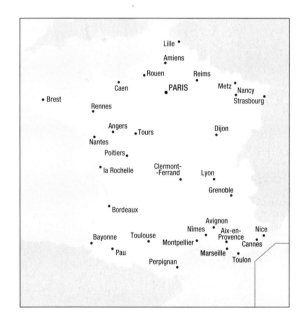

PLANS DE VILLE

AIX-EN-PROVENCE	267	METZ	283
AMIENS	268	MONTPELLIER	284
ANGERS	269	NANCY	285
AVIGNON	270	NANTES	286
BAYONNE	271	NICE	287
BORDEAUX	272	NÎMES	288
BREST	273	PAU	289
CAEN	274	PERPIGNAN	290
CANNES	275	POITIERS	291
CLERMONT-FERRAND	276	REIMS	292
DIJON	277	RENNES	293
GRENOBLE	278	ROUEN	294
LA ROCHELLE	279	STRASBOURG	295
LILLE	280	TOULON	296
LYON	281	TOULOUSE	297
MARSEILLE	282	TOURS	298

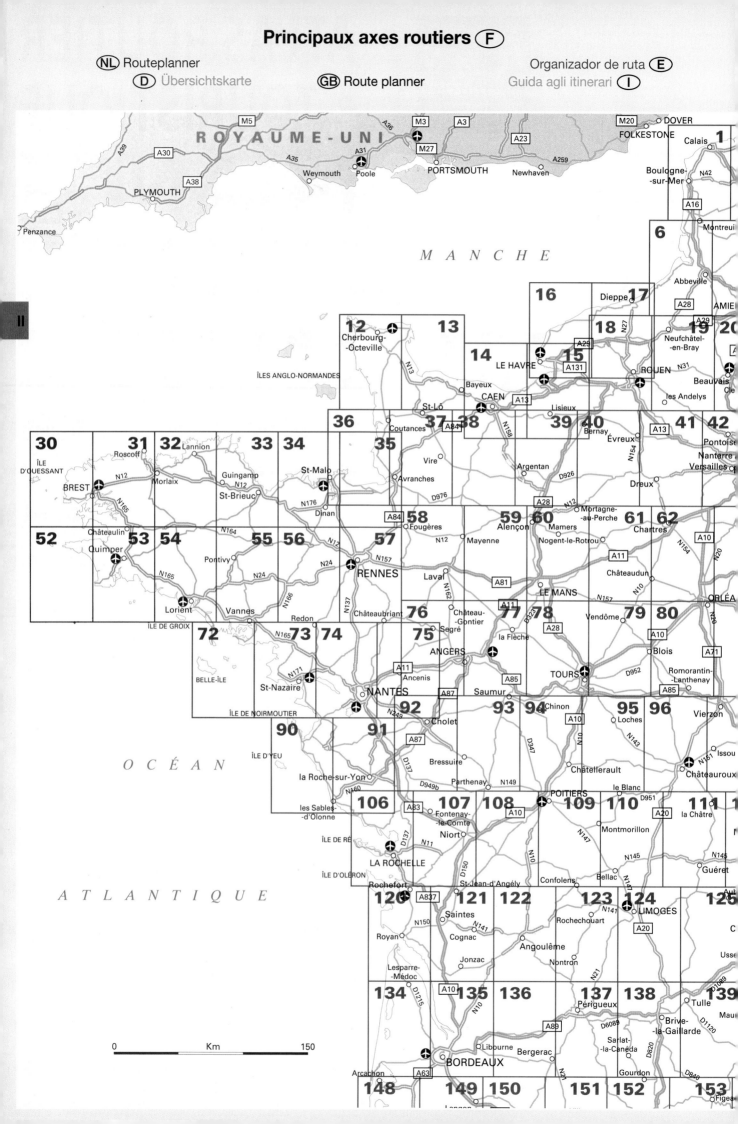

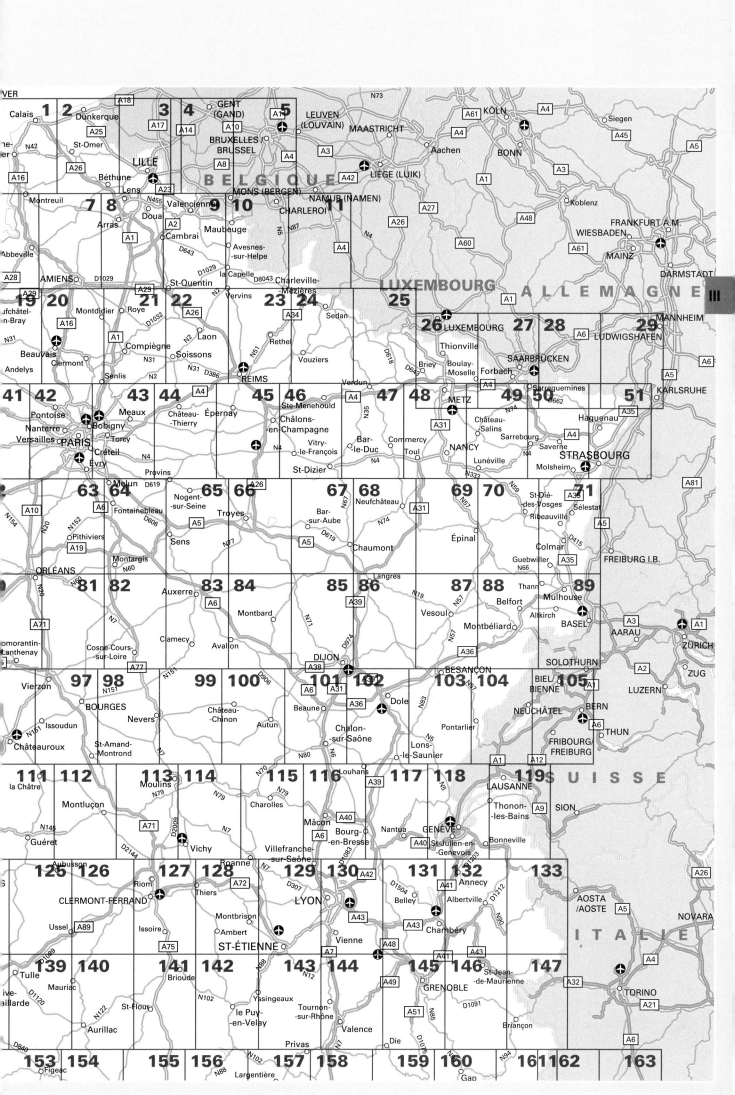

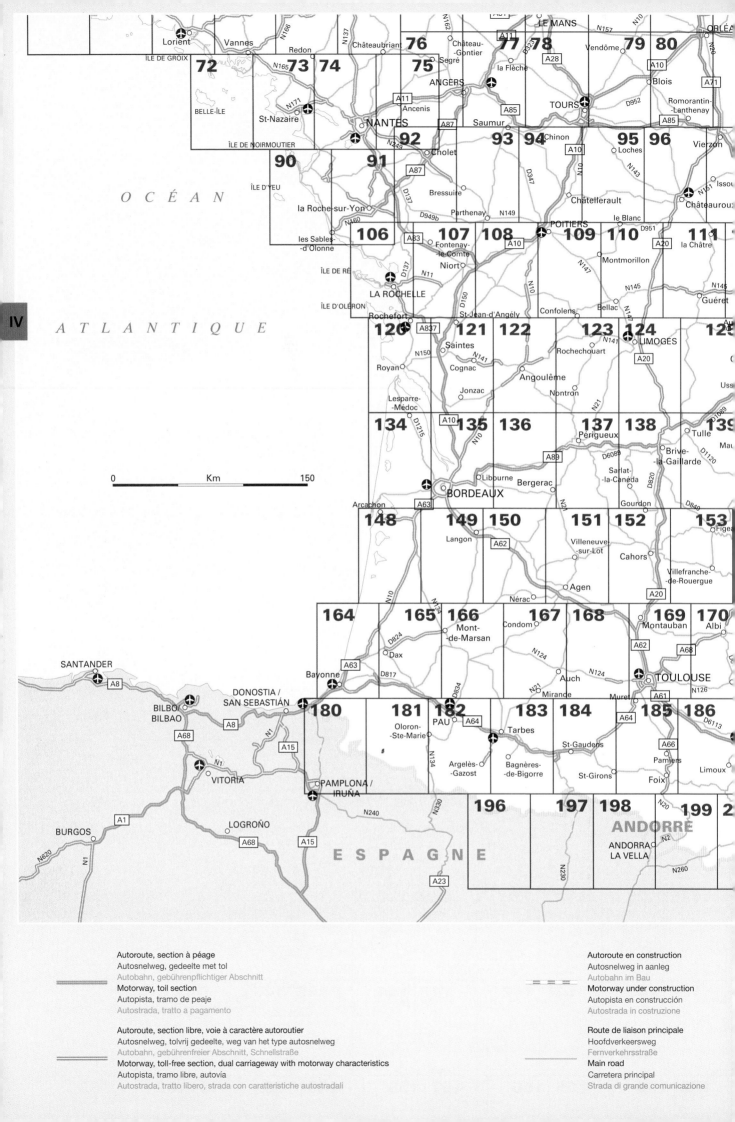

IV

OCÉAN ATLANTIQUE
ESPAGNE
ANDORRE

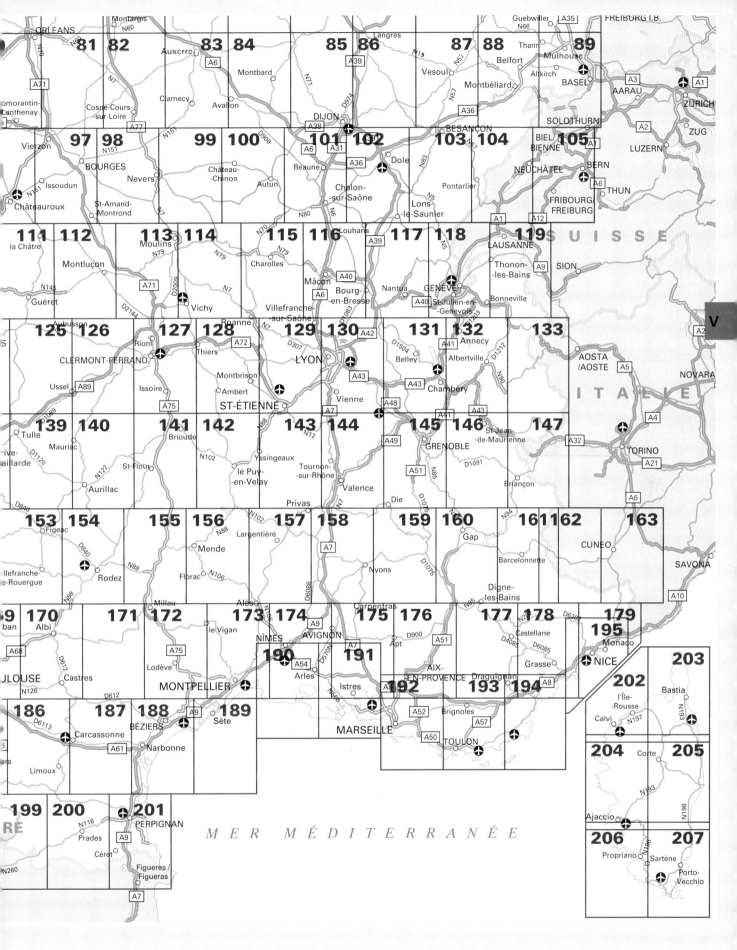

Légende (F) — Verklaring der tekens (NL) — Zeichenerklärung (D)
Legend (GB) — Signos convencionales (E) — Segni convenzionali (I)

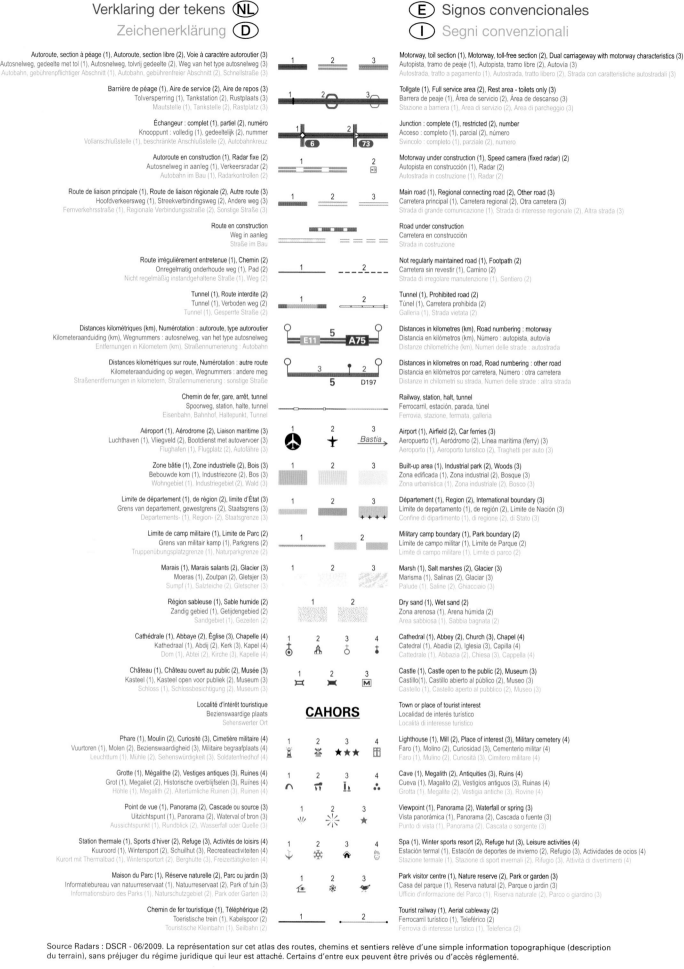

Autoroute, section à péage (1), Autoroute, section libre (2), Voie à caractère autoroutier (3)
Autosnelweg, gedeelte met tol (1), Autosnelweg, tolvrij gedeelte (2), Weg van het type autosnelweg (3)
Autobahn, gebührenpflichtiger Abschnitt (1), Autobahn, gebührenfreier Abschnitt (2), Schnellstraße (3)
Motorway, toil section (1), Motorway, toll-free section (2), Dual carriageway with motorway characteristics (3)
Autopista, tramo de peaje (1), Autopista, tramo libre (2), Autovía (3)
Autostrada, tratto a pagamento (1), Autostrada, tratto libero (2), Strada con caratteristiche autostradali (3)

Barrière de péage (1), Aire de service (2), Aire de repos (3)
Tolversperring (1), Tankstation (2), Rustplaats (3)
Mautstelle (1), Tankstelle (2), Rastplatz (3)
Tollgate (1), Full service area (2), Rest area - toilets only (3)
Barrera de peaje (1), Àrea de servicio (2), Àrea de descanso (3)
Stazione a barriera (1), Area di servizio (2), Area di parcheggio (3)

Échangeur : complet (1), partiel (2), numéro
Knooppunt : volledig (1), gedeeltelijk (2), nummer
Vollanschlußstelle (1), beschränkte Anschlußstelle (2), Autobahnkreuz
Junction : complete (1), restricted (2), number
Acceso : completo (1), parcial (2), número
Svincolo : completo (1), parziale (2), numero

Autoroute en construction (1), Radar fixe (2)
Autosnelweg in aanleg (1), Verkeersradar (2)
Autobahn im Bau (1), Radarkontrollen (2)
Motorway under construction (1), Speed camera (fixed radar) (2)
Autopista en construcción (1), Radar (2)
Autostrada in costruzione (1), Radar (2)

Route de liaison principale (1), Route de liaison régionale (2), Autre route (3)
Hoofdverkeersweg (1), Streekverbindingsweg (2), Andere weg (3)
Fernverkehrsstraße (1), Regionale Verbindungsstraße (2), Sonstige Straße (3)
Main road (1), Regional connecting road (2), Other road (3)
Carretera principal (1), Carretera regional (2), Otra carretera (3)
Strada di grande comunicazione (1), Strada di interesse regionale (2), Altra strada (3)

Route en construction
Weg in aanleg
Straße im Bau
Road under construction
Carretera en construcción
Strada in costruzione

Route irrégulièrement entretenue (1), Chemin (2)
Onregelmatig onderhoude weg (1), Pad (2)
Nicht regelmäßig instandgehaltene Straße (1), Weg (2)
Not regularly maintained road (1), Footpath (2)
Carretera sin revestir (1), Camino (2)
Strada di irregolare manutenzione (1), Sentiero (2)

Tunnel (1), Route interdite (2)
Tunnel (1), Verboden weg (2)
Tunnel (1), Gesperrte Straße (2)
Tunnel (1), Prohibited road (2)
Túnel (1), Carretera prohibida (2)
Galleria (1), Strada vietata (2)

Distances kilométriques (km), Numérotation : autoroute, type autoroutier
Kilometeraanduiding (km), Wegnummers : autosnelweg, van het type autosnelweg
Entfernungen in Kilometern (km), Straßennumerierung : Autobahn
Distances in kilometres (km), Road numbering : motorway
Distancia en kilómetros (km), Número : autopista, autovía
Distanze chilometriche (km), Numeri delle strade : autostrada

Distances kilométriques sur route, Numérotation : autre route
Kilometeraanduiding op wegen, Wegnummers : andere meg
Straßenentfernungen in kilometern, Straßennumerierung : sonstige Straße
Distances in kilometres on road, Road numbering : other road
Distancia en kilómetros por carretera, Número : otra carretera
Distanze in chilometri su strada, Numeri delle strade : altra strada

Chemin de fer, gare, arrêt, tunnel
Spoorweg, station, halte, tunnel
Eisenbahn, Bahnhof, Haltepunkt, Tunnel
Railway, station, halt, tunnel
Ferrocarril, estación, parada, túnel
Ferrovia, stazione, fermata, galleria

Aéroport (1), Aérodrome (2), Liaison maritime (3)
Luchthaven (1), Vliegveld (2), Bootdienst met autovervoer (3)
Flughafen (1), Flugplatz (2), Autofähre (3)
Airport (1), Airfield (2), Car ferries (3)
Aeropuerto (1), Aeródromo (2), Línea marítima (ferry) (3)
Aeroporto (1), Aerodromo (2), Traghetti per auto (3)

Zone bâtie (1), Zone industrielle (2), Bois (3)
Bebouwde kom (1), Industriezone (2), Bos (3)
Wohngebiet (1), Industriegebiet (2), Wald (3)
Built-up area (1), Industrial park (2), Woods (3)
Zona edificada (1), Zona industrial (2), Bosque (3)
Zona urbanistica (1), Zona industriale (2), Bosco (3)

Limite de département (1), de région (2), limite d'État (3)
Grens van departement, gewestgrens (2), Staatsgrens (3)
Departements- (1), Region- (2), Staatsgrenze (3)
Département (1), Region (2), International boundary (3)
Límite de departamento (1), de región (2), Limite de Nación (3)
Confine di dipartimento (1), di regione (2), di Stato (3)

Limite de camp militaire (1), Limite de Parc (2)
Grens van militair kamp (1), Parkgrens (2)
Truppenübungsplatzgrenze (1), Naturparkgrenze (2)
Military camp boundary (1), Park boundary (2)
Límite de campo militar (1), Límite de Parque (2)
Limite di campo militare (1), Limite di parco (2)

Marais (1), Marais salants (2), Glacier (3)
Moeras (1), Zoutpan (2), Gletsjer (3)
Sumpf (1), Salzteiche (2), Gletscher (3)
Marsh (1), Salt marshes (2), Glacier (3)
Marisma (1), Salinas (2), Glaciar (3)
Palude (1), Saline (2), Ghiacciaio (3)

Région sableuse (1), Sable humide (2)
Zandig gebied (1), Getijdengebied (2)
Sandgebiet (1), Gezeiten (2)
Dry sand (1), Wet sand (2)
Zona arenosa (1), Arena húmida (2)
Area sabbiosa (1), Sabbia bagnata (2)

Cathédrale (1), Abbaye (2), Église (3), Chapelle (4)
Kathedraal (1), Abdij (2), Kerk (3), Kapel (4)
Dom (1), Abtei (2), Kirche (3), Kapelle (4)
Cathedral (1), Abbey (2), Church (3), Chapel (4)
Catedral (1), Abadía (2), Iglesia (3), Capilla (4)
Cattedrale (1), Abbazia (2), Chiesa (3), Cappella (4)

Château (1), Château ouvert au public (2), Musée (3)
Kasteel (1), Kasteel open voor publiek (2), Museum (3)
Schloss (1), Schlossbesichtigung (2), Museum (3)
Castle (1), Castle open to the public (2), Museum (3)
Castillo (1), Castillo abierto al público (2), Museo (3)
Castello (1), Castello aperto al pubblico (2), Museo (3)

Localité d'intérêt touristique
Bezienswaardige plaats
Sehenswerter Ort
CAHORS
Town or place of tourist interest
Localidad de interés turístico
Localita di interesse turistico

Phare (1), Moulin (2), Curiosité (3), Cimetière militaire (4)
Vuurtoren (1), Molen (2), Bezienswaardigheid (3), Militaire begraafplaats (4)
Leuchtturm (1), Mühle (2), Sehenswürdigkeit (3), Soldatenfriedhof (4)
Lighthouse (1), Mill (2), Place of interest (3), Military cemetery (4)
Faro (1), Molino (2), Curiosidad (3), Cementerio militar (4)
Faro (1), Mulino (2), Curiosità (3), Cimitero militare (4)

Grotte (1), Mégalithe (2), Vestiges antiques (3), Ruines (4)
Grot (1), Megaliet (2), Historische overblijfselen (3), Ruïnes (4)
Höhle (1), Megalith (2), Altertümliche Ruinen (3), Ruinen (4)
Cave (1), Megalith (2), Antiquities (3), Ruins (4)
Cueva (1), Magalito (2), Vestigios antiguos (3), Ruinas (4)
Grotta (1), Megalite (2), Vestigia antiche (3), Rovine (4)

Point de vue (1), Panorama (2), Cascade ou source (3)
Uitzichtspunt (1), Panorama (2), Waterval of bron (3)
Aussichtspunkt (1), Rundblick (2), Wasserfall oder Quelle (3)
Viewpoint (1), Panorama (2), Waterfall or spring (3)
Vista panorámica (1), Panorama (2), Cascada o fuente (3)
Punto di vista (1), Panorama (2), Cascata o sorgente (3)

Station thermale (1), Sports d'hiver (2), Refuge (3), Activités de loisirs (4)
Kuuroord (1), Wintersport (2), Schuilhut (3), Recreatieactiviteiten (4)
Kurort mit Thermalbad (1), Wintersportort (2), Berghütte (3), Freizeittätigkeiten (4)
Spa (1), Winter sports resort (2), Refuge hut (3), Leisure activities (4)
Estación termal (1), Estación de deportes de invierno (2), Refugio (3), Actividades de ocios (4)
Stazione termale (1), Stazione di sport invernali (2), Rifugio (3), Attività di divertimenti (4)

Maison du Parc (1), Réserve naturelle (2), Parc ou jardin (3)
Informatiebureau van natuurreservaat (1), Natuurreservaat (2), Park of tuin (3)
Informationsbüro des Parks (1), Naturschutzgebiet (2), Park oder Garten (3)
Park visitor centre (1), Nature reserve (2), Park or garden (3)
Casa del parque (1), Reserva natural (2), Parque o jardín (3)
Ufficio di informazione del Parco (1), Riserva naturale (2), Parco o giardino (3)

Chemin de fer touristique (1), Téléphérique (2)
Toeristische trein (1), Kabelspoor (2)
Touristische Kleinbahn (1), Seilbahn (2)
Tourist railway (1), Aerial cableway (2)
Ferrocarril turístico (1), Teleférico (2)
Ferrovia di interesse turistico (1), Teleferica (2)

Ex :

1 : 250 000

0   5   10   km   15   20   25

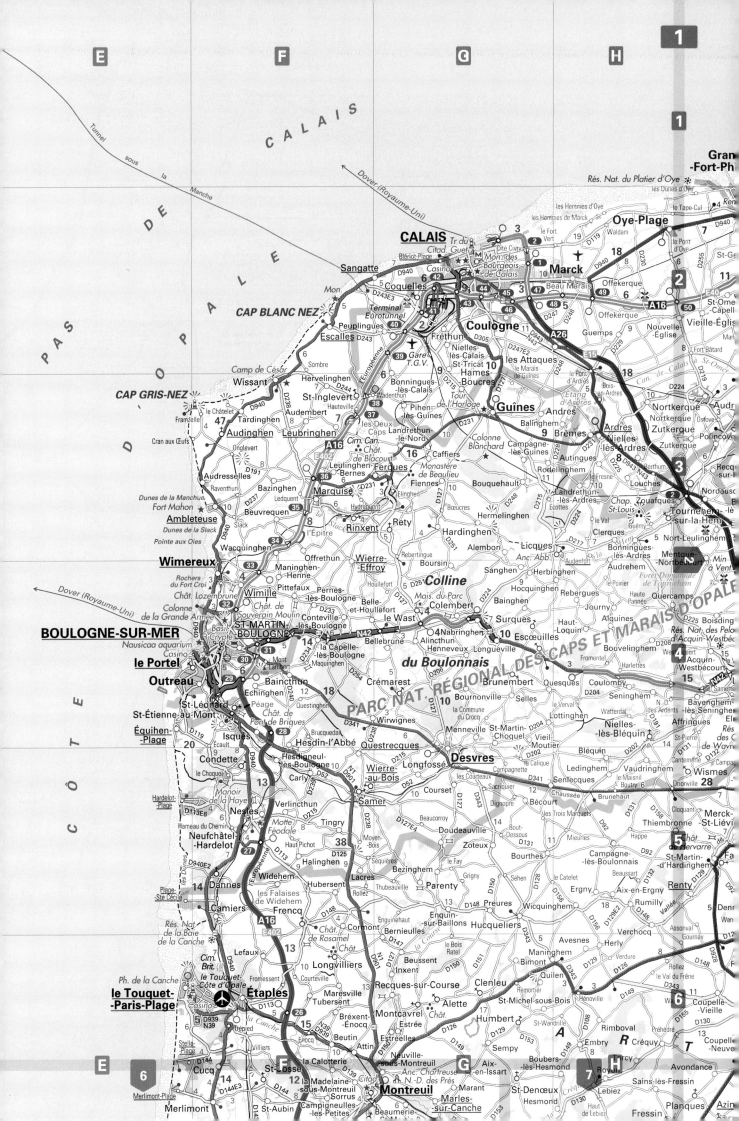

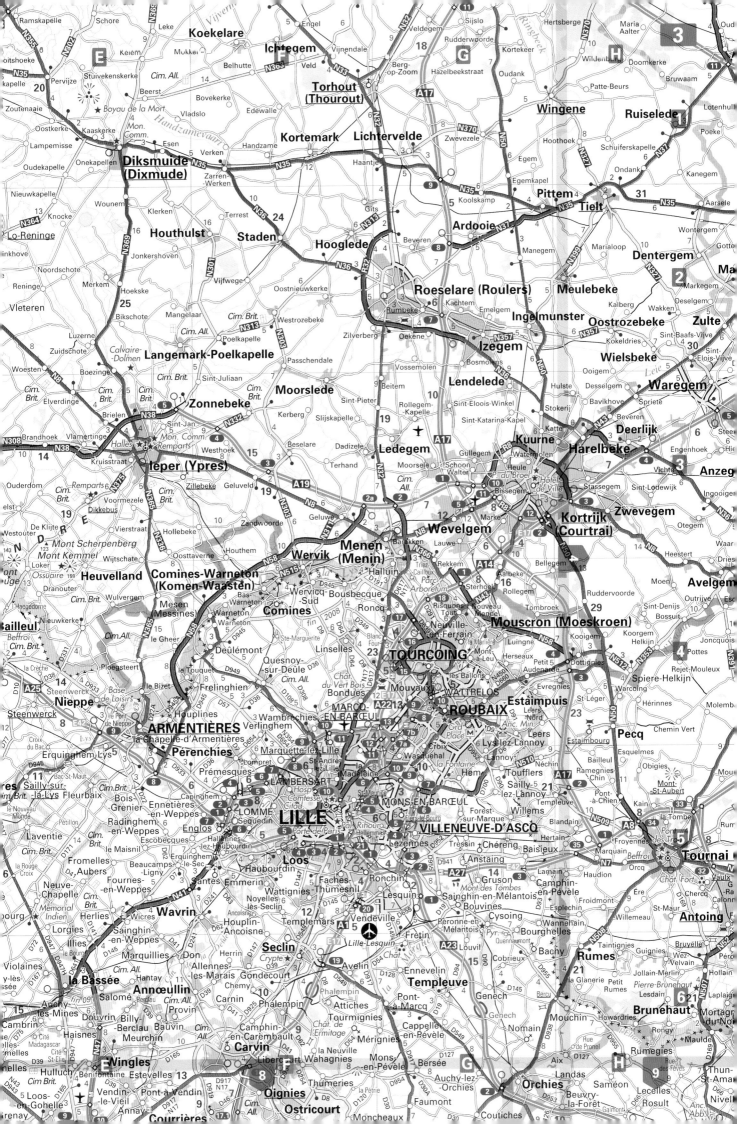

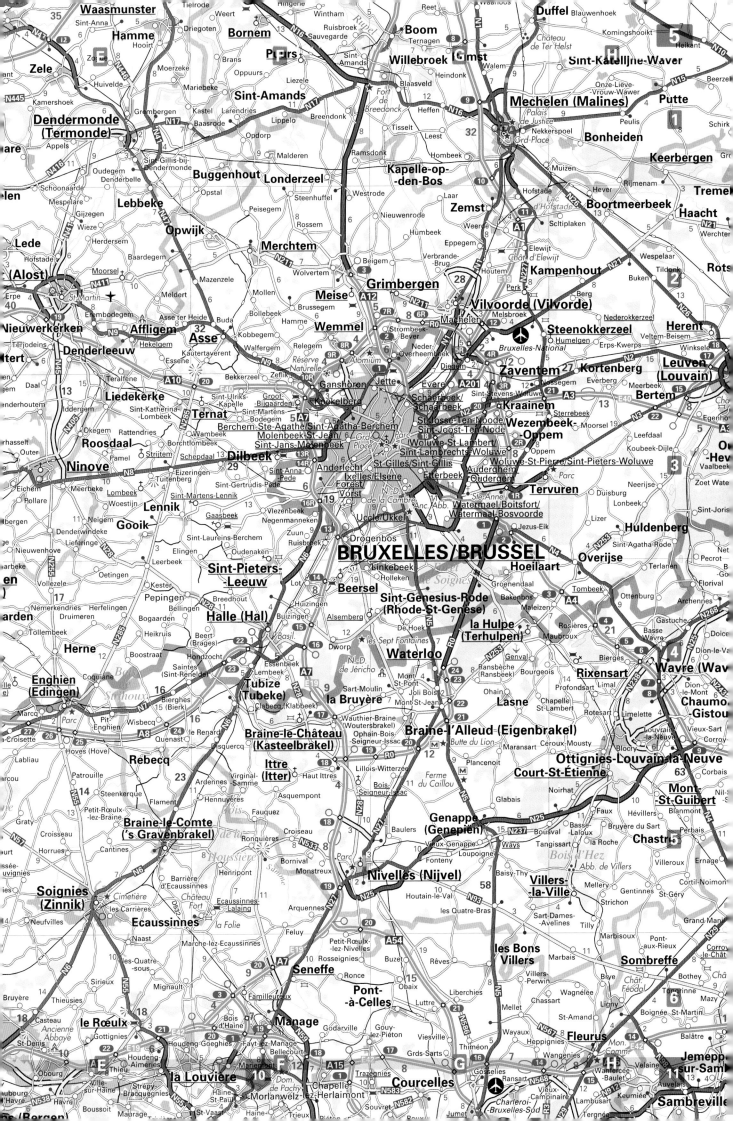

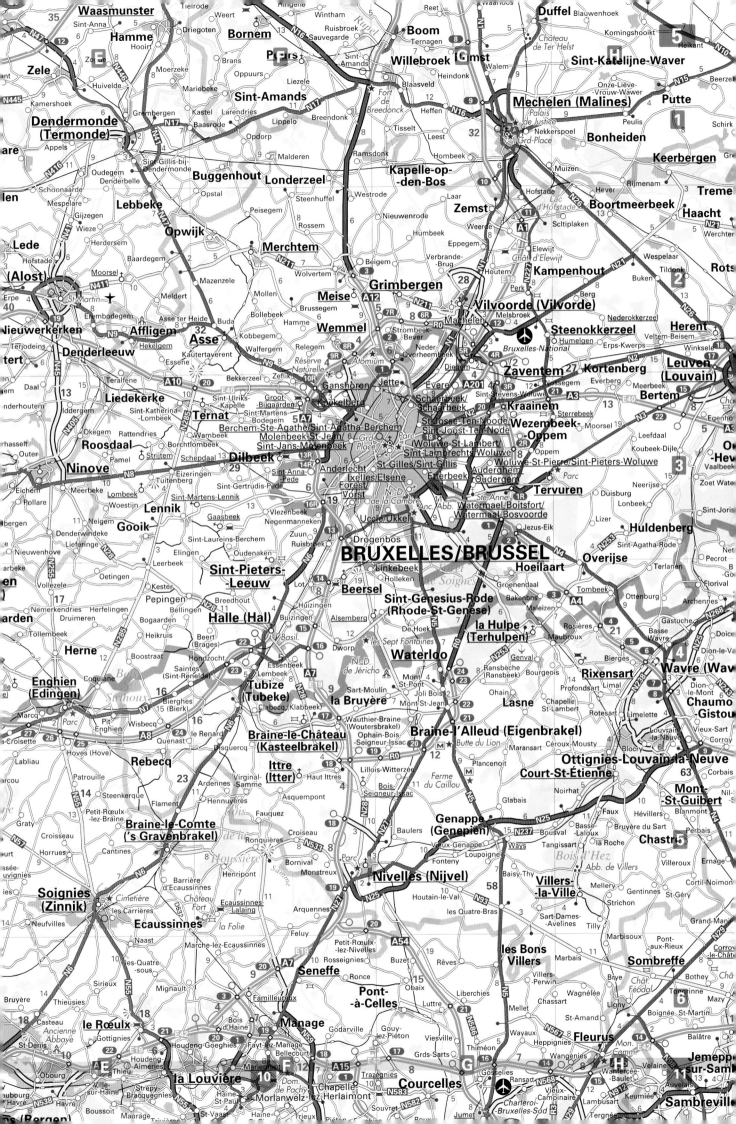

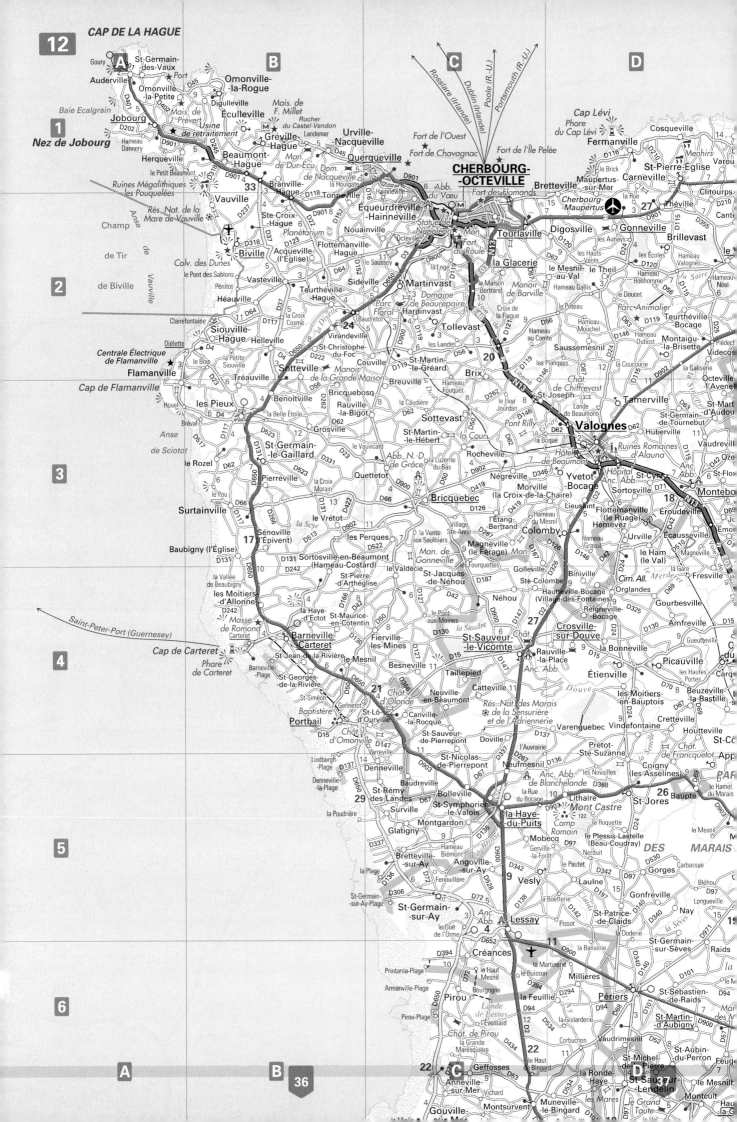

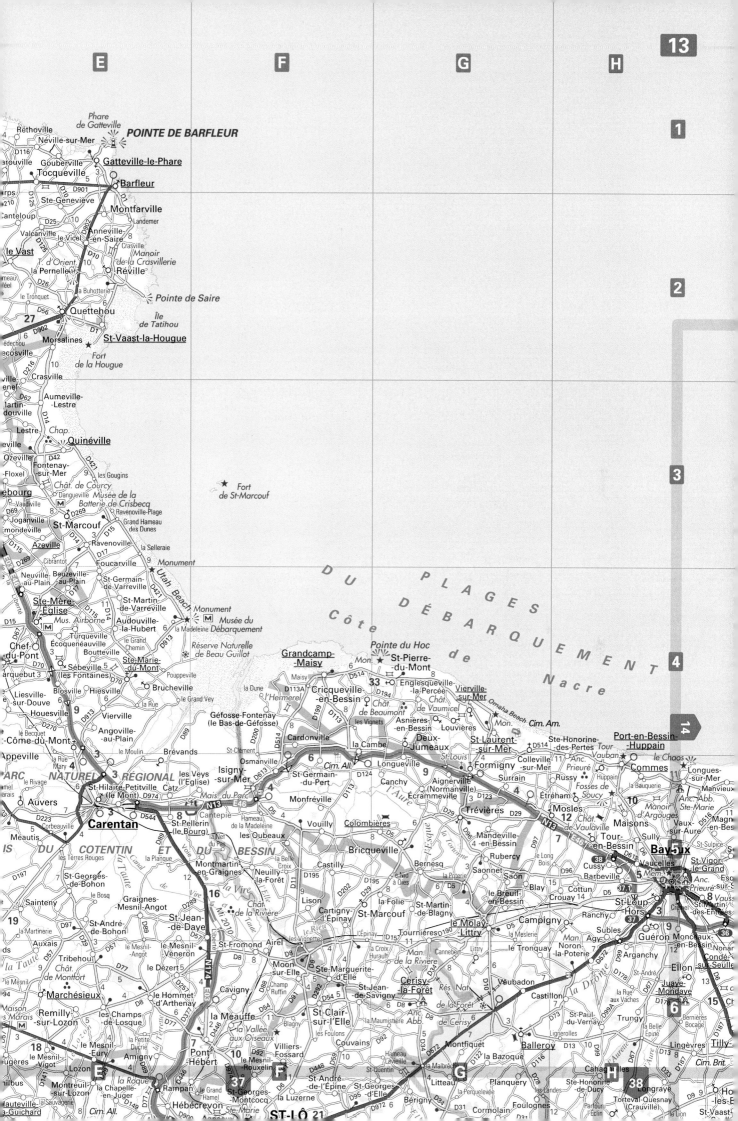

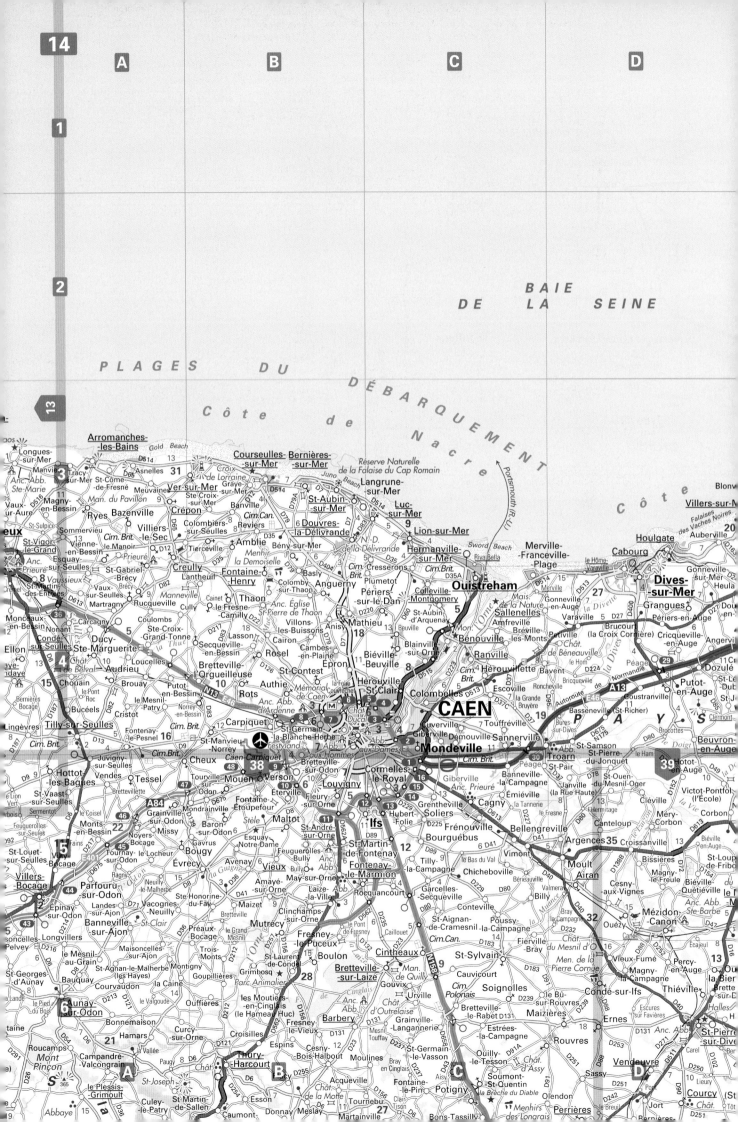

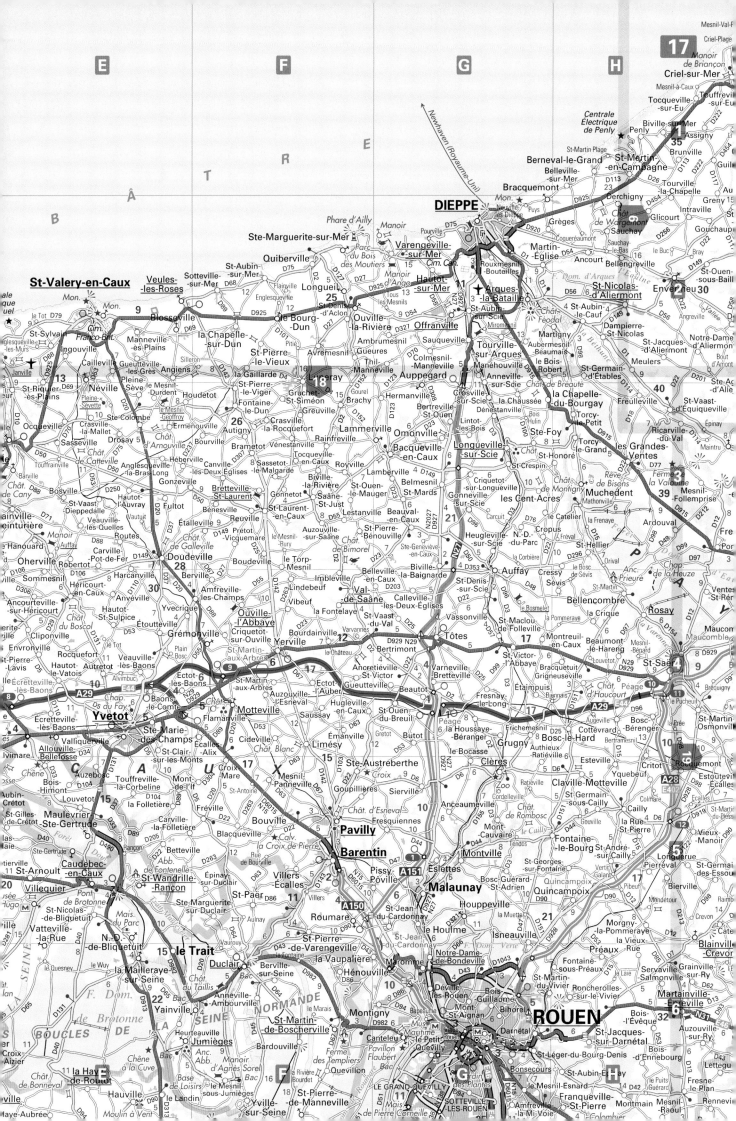

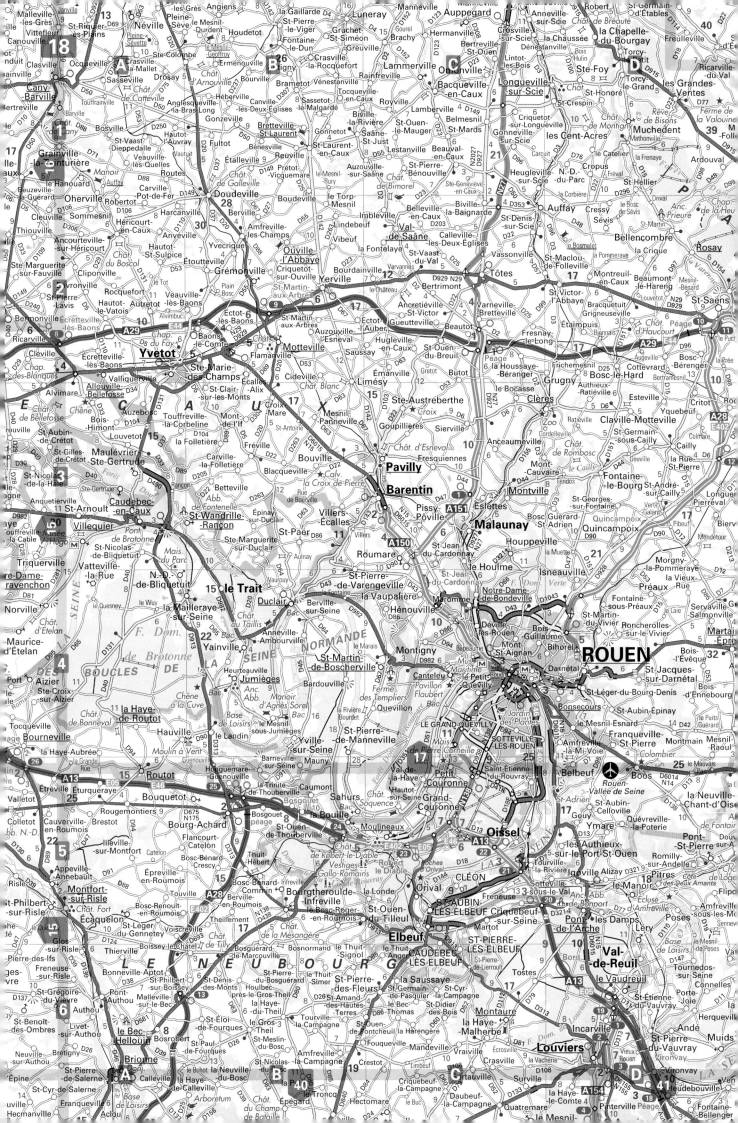

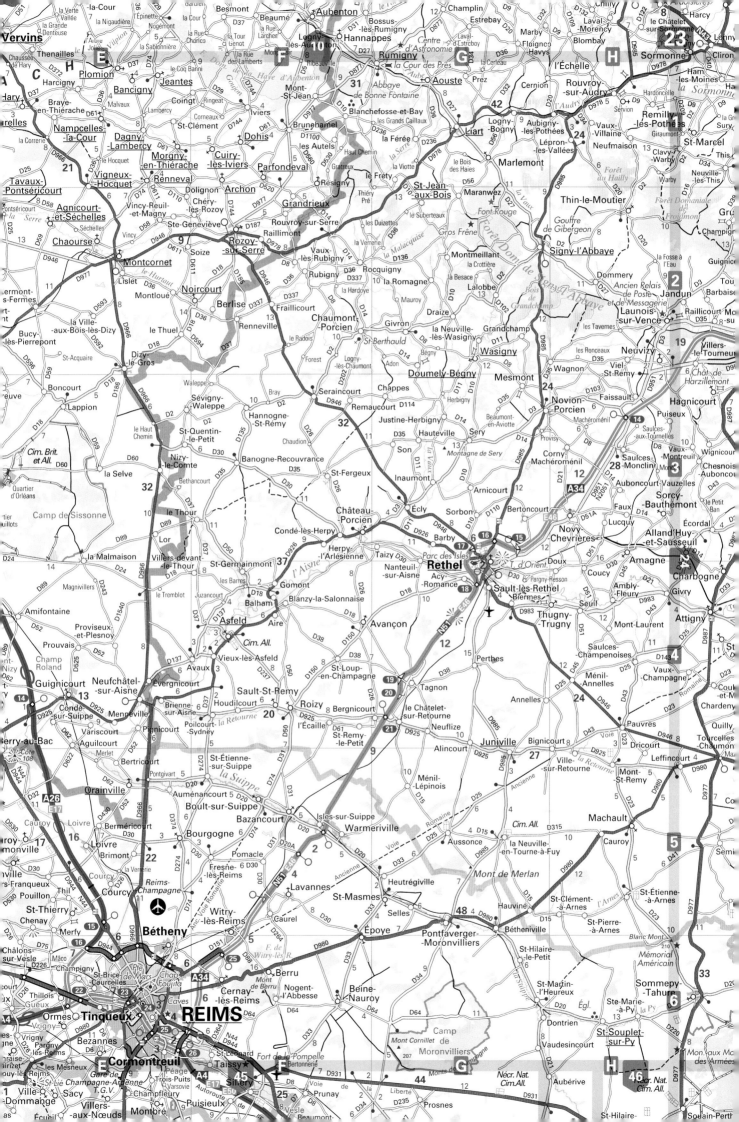

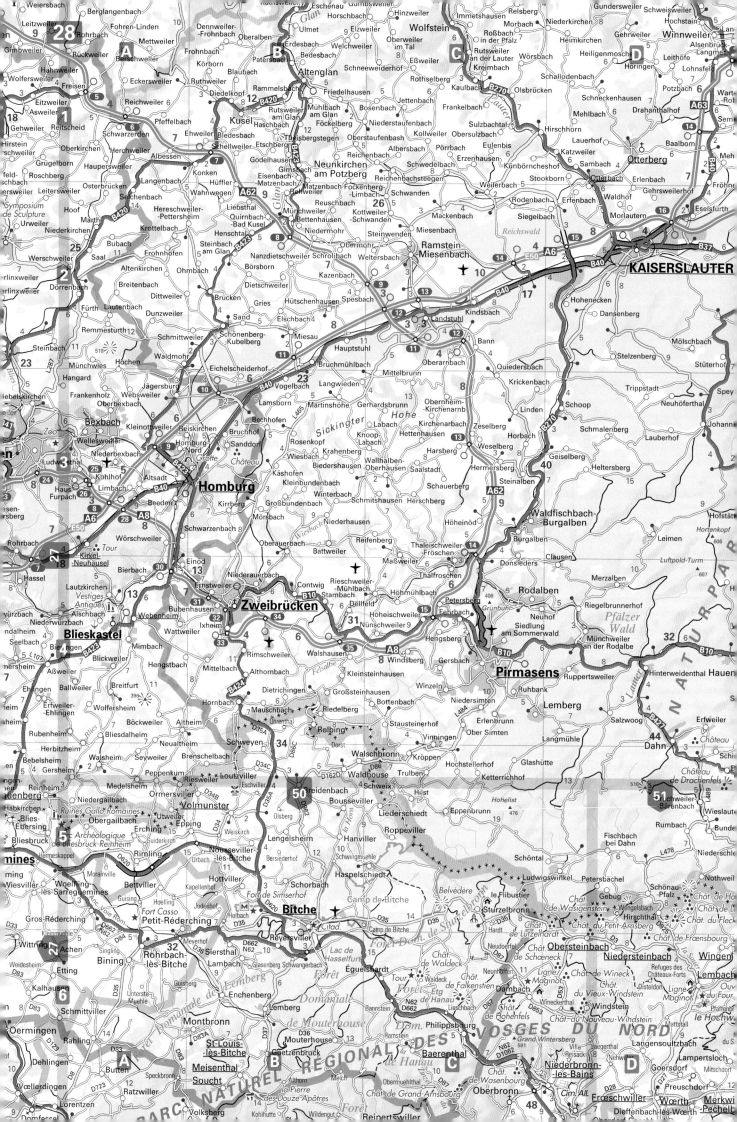

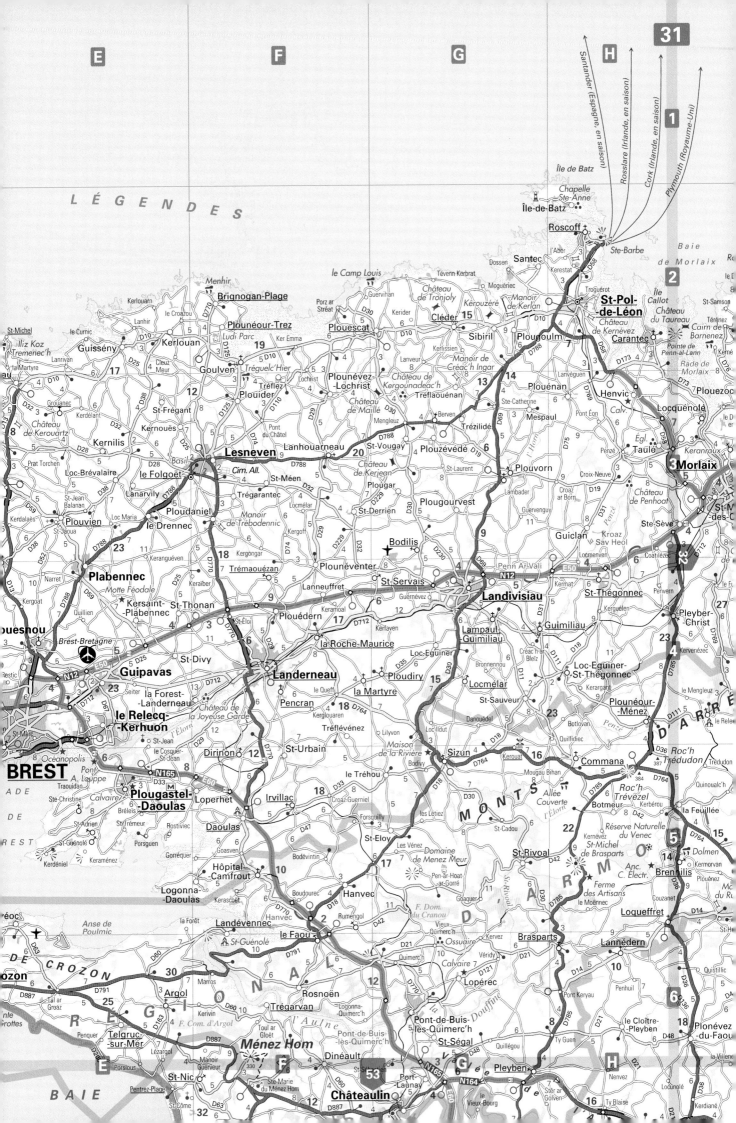

A   B   C   12   D

1

2

Anneville-sur-Mer
Gouville-sur-Mer
Montsurvent
Muneville-le-Bingard
Ancteville
la Mielle
Boisroger
Servigny
Vendelée
la Fouberdière
Brainville
Gonneville
Blainville-sur-Mer
St-Malo-de-la-Lande
St-Vieux Coutainville
la Rue
Gratot
(le Pavement)
Coutainville
Tourville-sur-Sienne
Heugueville-sur-Sienne
Bricqueville-la-Blouette
St-Pierre-de-Coutances
Agon-Coutainville
Regnéville-sur-Mer
le Pont de la Roque
Orval
Montchaton
Saussey
Pointe d'Agon
Montmartin-sur-Mer
Hyenville
Contrières
Hauteville-sur-Mer
Quettreville-sur-Sienne
Hérenguerville
Annoville
Lingreville
Muneville-sur-Mer
le Bourg Sey
le M. Au
Bricqueville-sur-Mer
Cérences
Bréhal
St-Martin-de-Bréhal
Chanteloup
le Castillon
la Violett
Coudeville-sur-Mer
Bréville-sur-Mer
le Loreu
Longueville
Hudimesnil
St-Sauveur-la-Pommeraye
Donville-les-Bains
Yquelon
Granville
Pointe du Roc
Remparts
la Maison Brûlée
Anctoville-sur-Boscq
St-Pierre-Langers
Malicorne
Folligny
St-Planchers
St-Jean-des-Champs
St-Pair-sur-Mer
Hocquigny
le Petit Kairon
St-Ursin
St-Aubin-des-Préaux
Anc. Abb. de la Lucerne
Jullouville
Bouillon
la Lucerne-d'Outremer
le Bourgeais
Édenville
St-Michel-des-Loups
la Rochel Norman
Carolles
Angey
Sartilly
Champeaux
St-Jean-le-Thomas
Montviron
Ronthon
le Tilleul
Champcey
35
Falaises de Champeaux
Dragey-Ronthon
Chât. de Brion
Bacilly
Marcey-les-Grè
Bec d'Andaine
Vains
Genêts
Anc. Prieuré de St-Léonard
la Chaussée
Avranc

ÉMERAUDE

3
Poole (Royaume-Uni en saison)
Guernsey (Royaume-Uni)
Jersey (Royaume-Uni)
Weymouth (Royaume-Uni)
Portsmouth (Royaume-Uni)

4

34

Grande Île
Îles Chausey

BAIE

DU   MONT-ST-MICHEL

le Mont-St-Michel

Pointe du Grouin
Île des Landes
le Verger
Basse Cancale
la Guimorais
Château de Lupin
St-Jouan
Pointe de la Chaîne
Fort
Rothéneuf
ST-MALO
St-Ideuc
St-Coulomb
Cancale
Fort
Fort
Paramé
Château du Plessis Bertrand
Vauléraut
les Portes Rouges
St-Méloir-des-Ondes
Chât. de la Chipaudière
la Beuglais
St-Benoît-des-Ondes
Tour Solidor
St-Servan-sur-Mer
Usine Marémotrice
la Richardais
Château Malo
Vildé-la-Marine
la Gouesnière
Hirel
le Vivier-sur-Mer
Cherrueix
le Lac
Palluel
la Rive
Céau
St-Jouan-des-Guérets
St-Père
Fort de Châteauneuf
la Fresnais
les Gasniers
la Banche
Notre-Dame de l'Espérance
St-Broladre
St-Marcan
Roz-sur-Couesnon
Huisnes-sur-Mer
Servon
Mont Marin
Château du Bos
Trégonde
la Ville-ès-Nonais
St-Guinoux
Lillemer
Mont-Dol
Baguer-Pican
Sains
Mont-Rouault
Beauvoir
les Pas
Moidrey
Pleurtuit
le Minihic-sur-Rance
St-Suliac
Menh.
Châteauneuf-d'Ille-et-Vilaine
la Ville Boulay
Dol-de-Bretagne
St-Georges-de-Gréhaigne
Tanis
Ardevon
Langrolay-sur-Rance
Port St-Hubert
Roz-Landrieux
Baguer-Pican
Pleine-Fougères
Pontorson
Cormeray
Plouër-sur-Rance
Miniac-Morvan
Plerguer
Baguer-Morvan
Menhir de Champ Dolent
la Guinguette
Aucey-la-Plaine
Vessey
Pleudihen-sur-Rance
la Barre
les Cours Paris
Epiniac
Pleine-Fougères
Boucéy
Villiers-le-Pré
St-Samson-sur-Rance
Château de la Bellière
Plerguer
la Ville Joie
St-Léonard
la Boussac
Vieux-Viel
le Val
Montane
Taden
la Vicomté-sur-Rance
Anc. Abbaye
le Vieux Bourg
Trans-la-Forêt
Sougeal
Château de la Conninais
St-Hélen
St-Piat
Tressé
Cobac-Parc
le Tronchet
Landal
Port Miniature de-Villecartier
Sacey
Arg
Dinan
Lanvallay
Château de Coëtquen
St-Pierre
Lanhélin
Bonnemain
Broualan
la Fontenelle
Terre Rouge

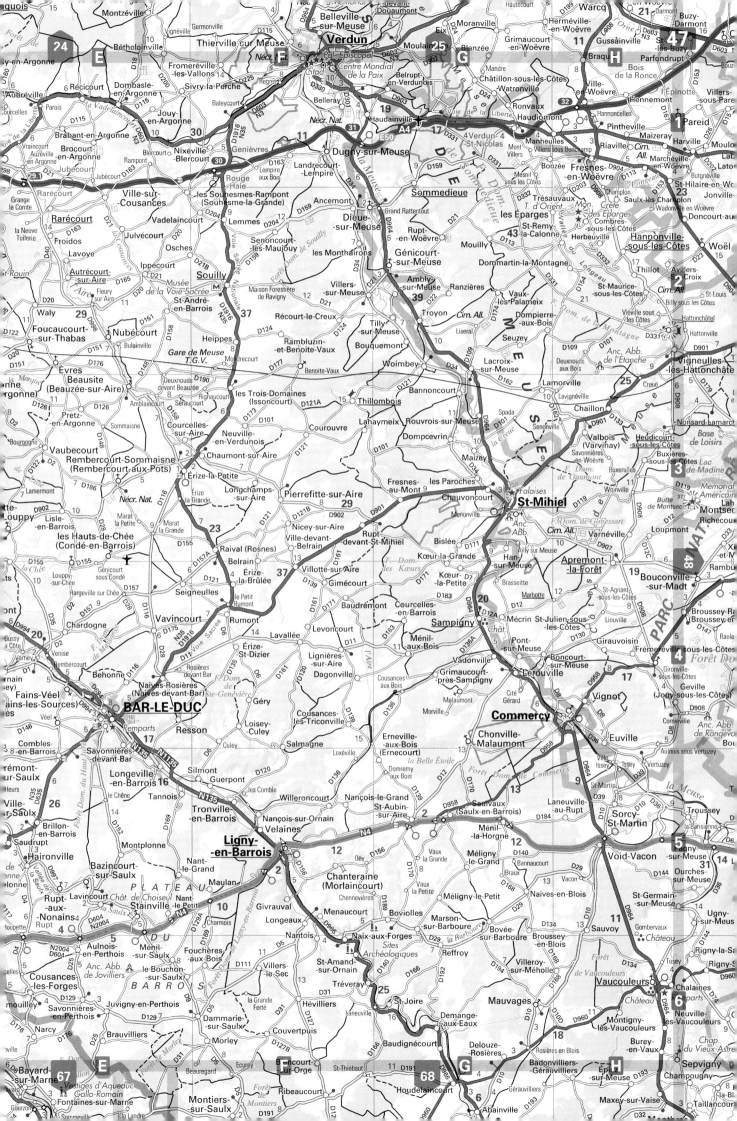

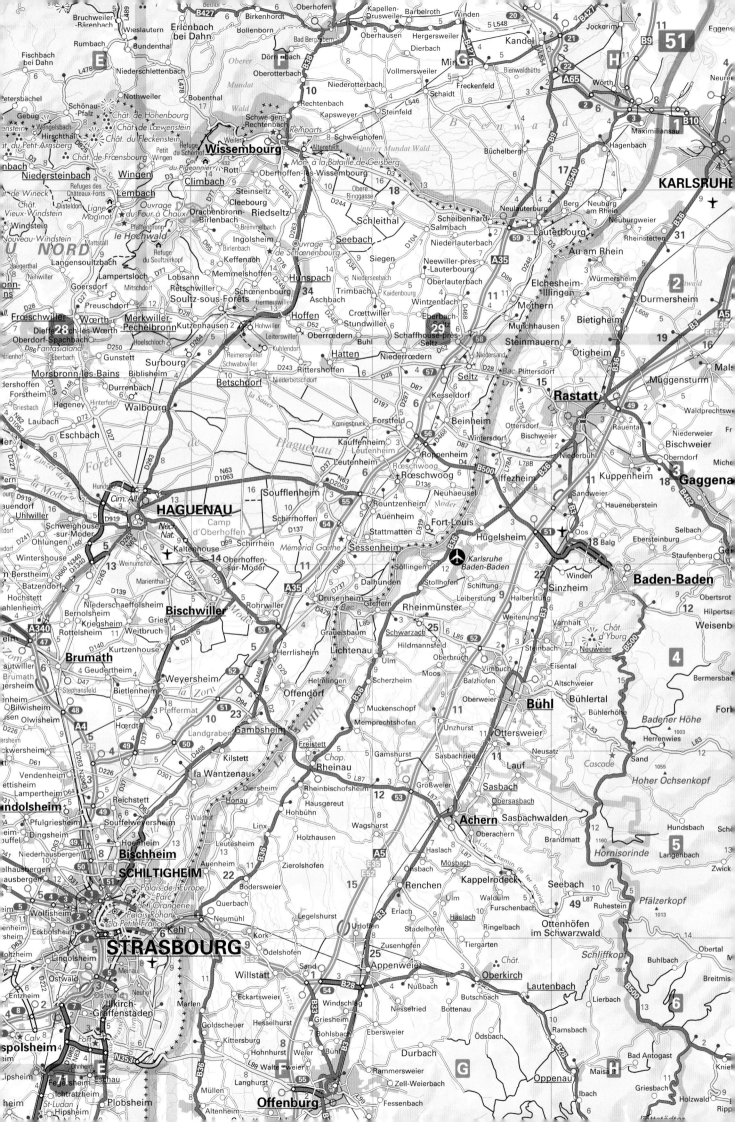

des Minéraux

Cap
de la Chèvre — Rostudel
D255 5

D O

1

Réserve
du Cap Sizun
Pointe de
Brézellec
Pors-Péron
Pointe du Van
St-They
Baie
des Trépassés
Kermeur 9
Cléden-
Cap-Sizun
Goulien
Moulin-
Castel
Beuzec-
Cap-Sizun
Notre-
de Ké
3
4 D7
D7
D7
6
Quatre-Vents
3
D43
Pont-Croix
23
Phare
de la Vieille
Île de Sein
Île-
-de-Sein
Ar Men
Chaussée de Sein
POINTE DU RAZ
Lescoff
Plogoff
Pennéac'h
4
D784
3
D43
15
Toulemonde
11
D43A
7
6
D765
Confort
-Meilars
5
Ma
Primelin
St-Tugen
Esquibien
Audierne
le Pouldu
Trébeuzec
Plouhinec
7
5
D2
3
2

11
D784
4

Plozévet
la

Menhir

Penhors

3

B A I E

D'A U D I E R N E

St-Gué
Notre-Dam
de la Joie
Phare d'Eckmü
**POINTE
DE PENMARC'H**

4

5

6

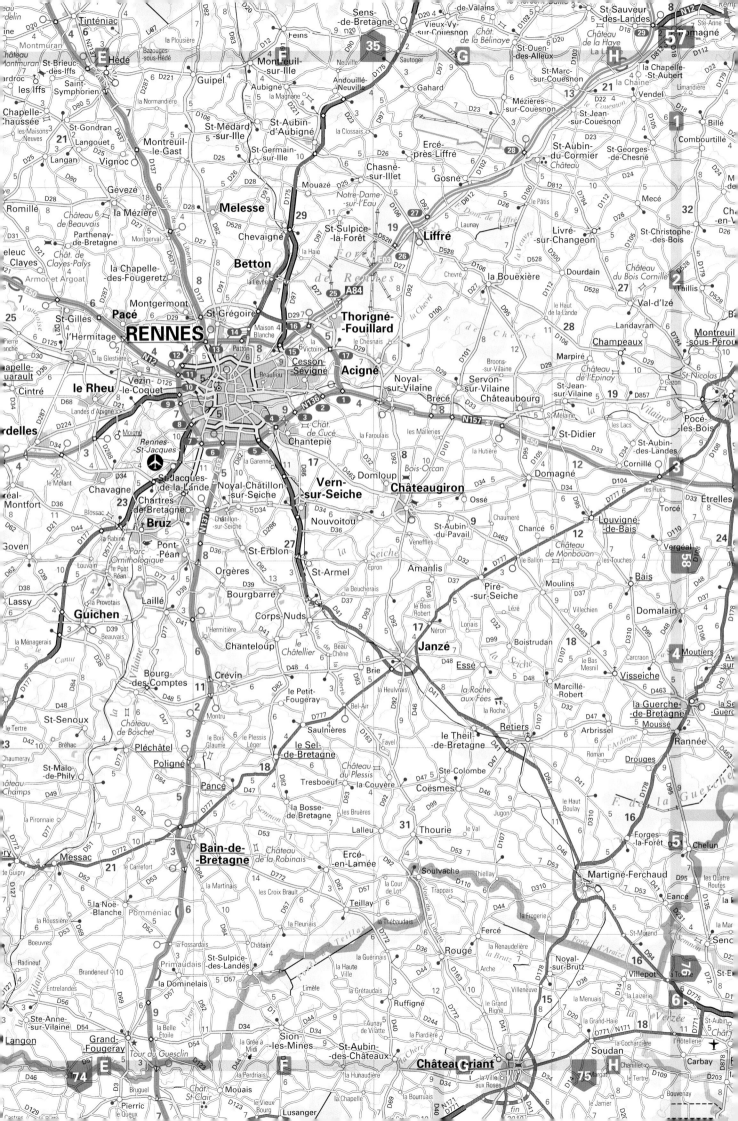

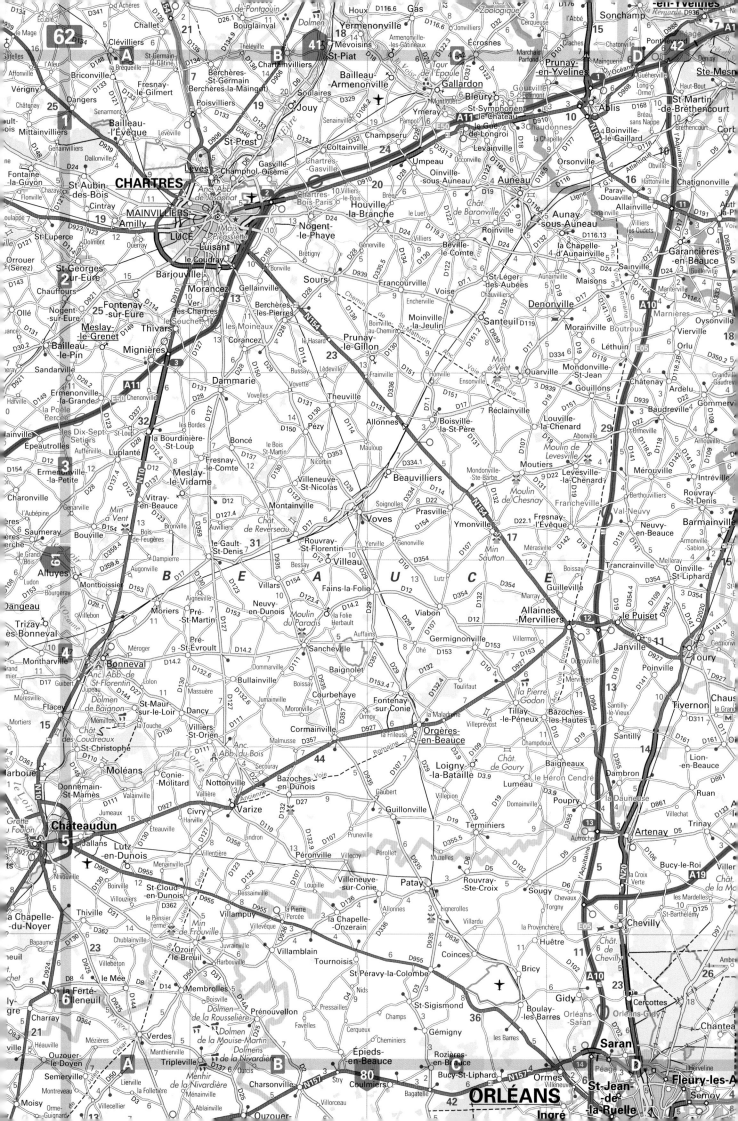

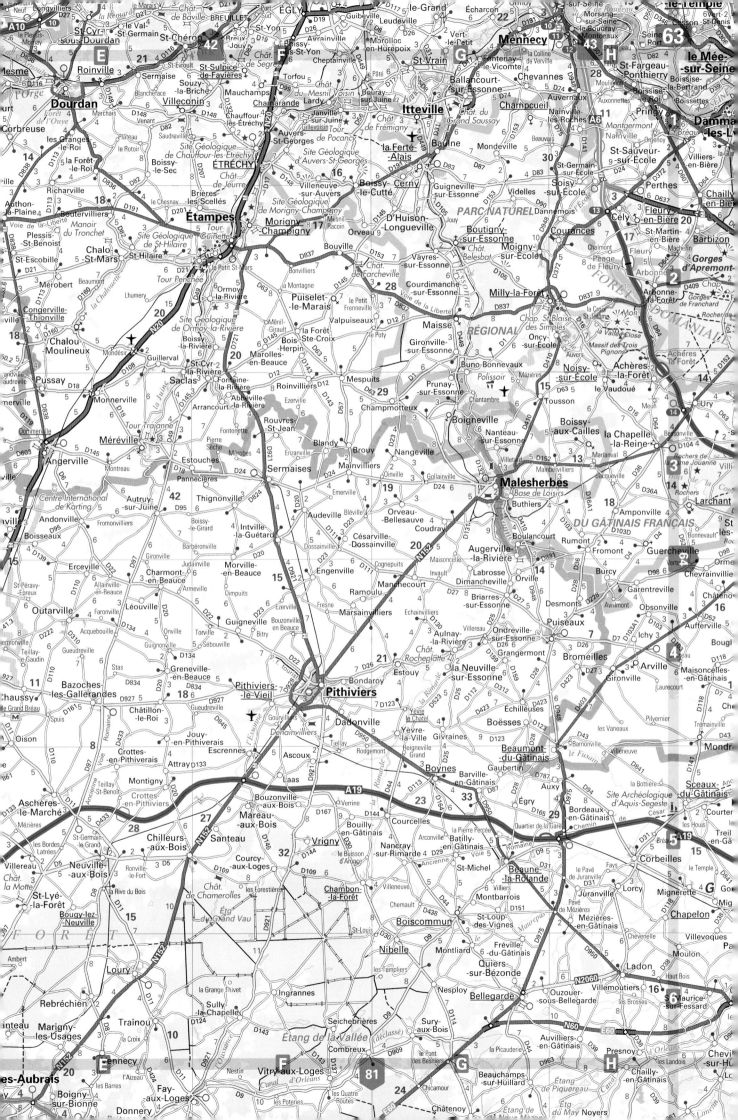

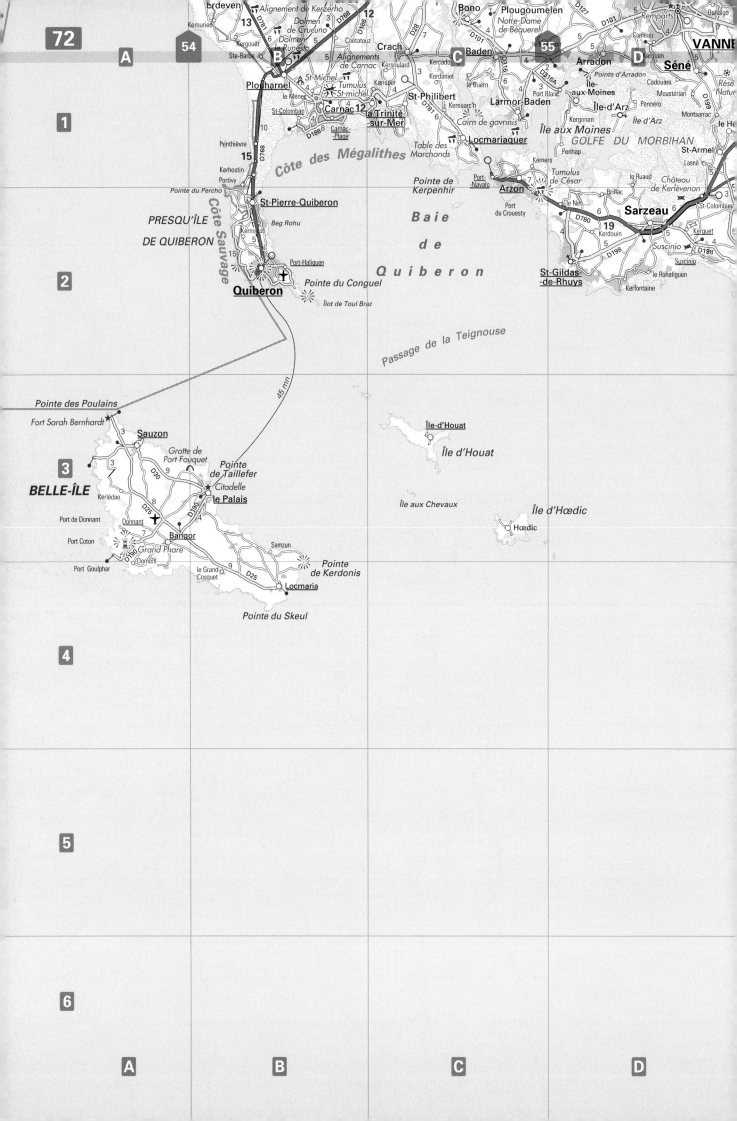

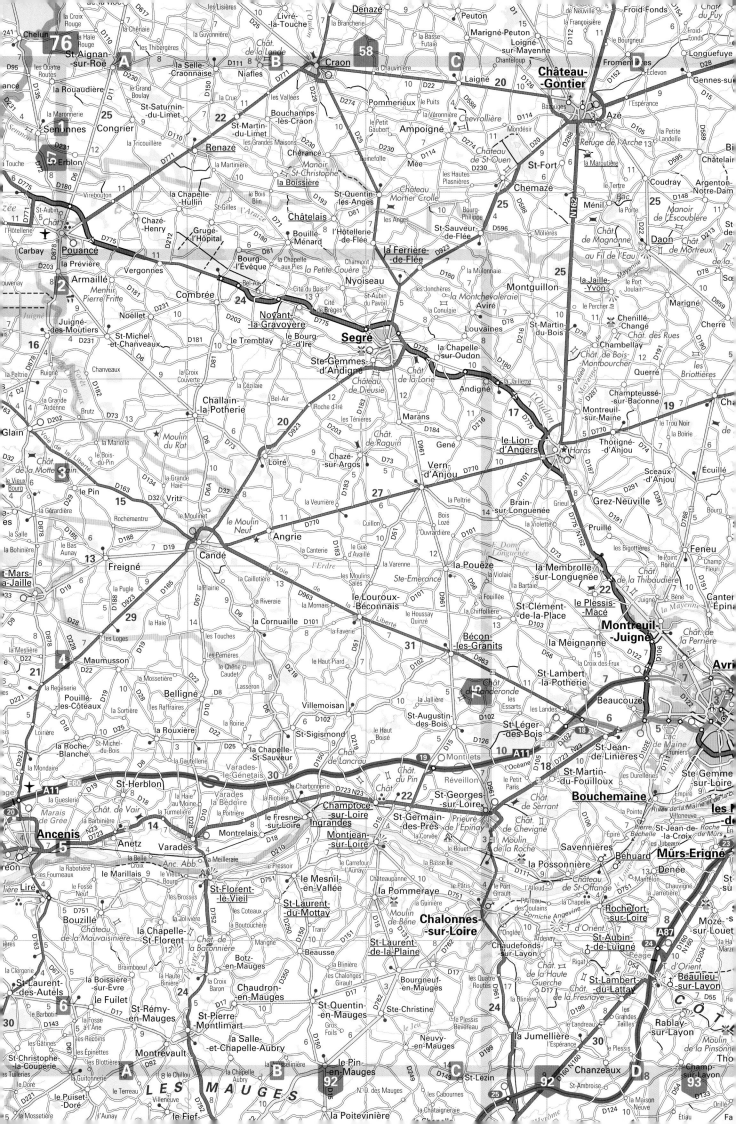

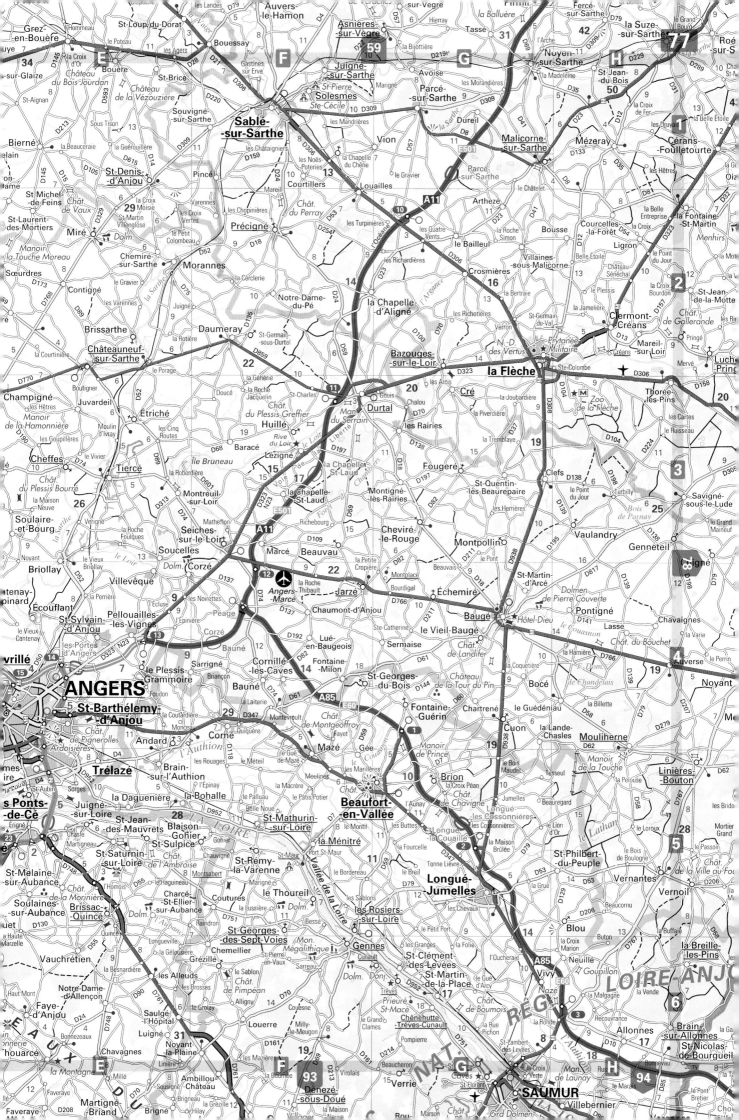

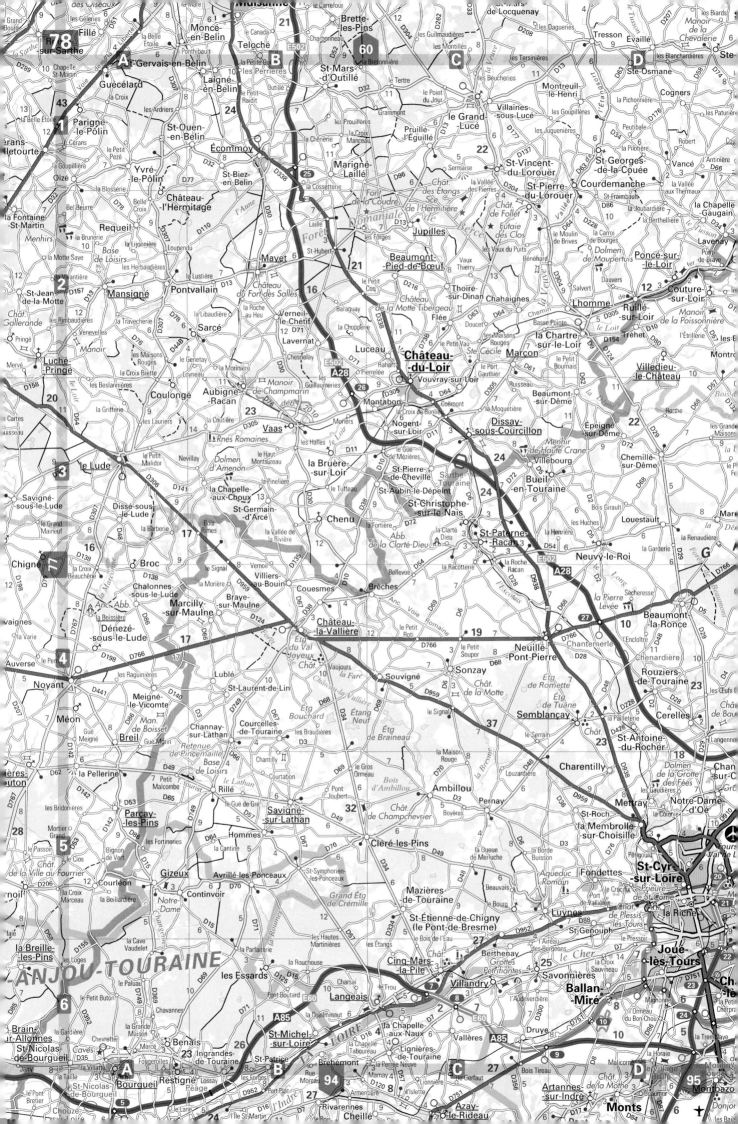

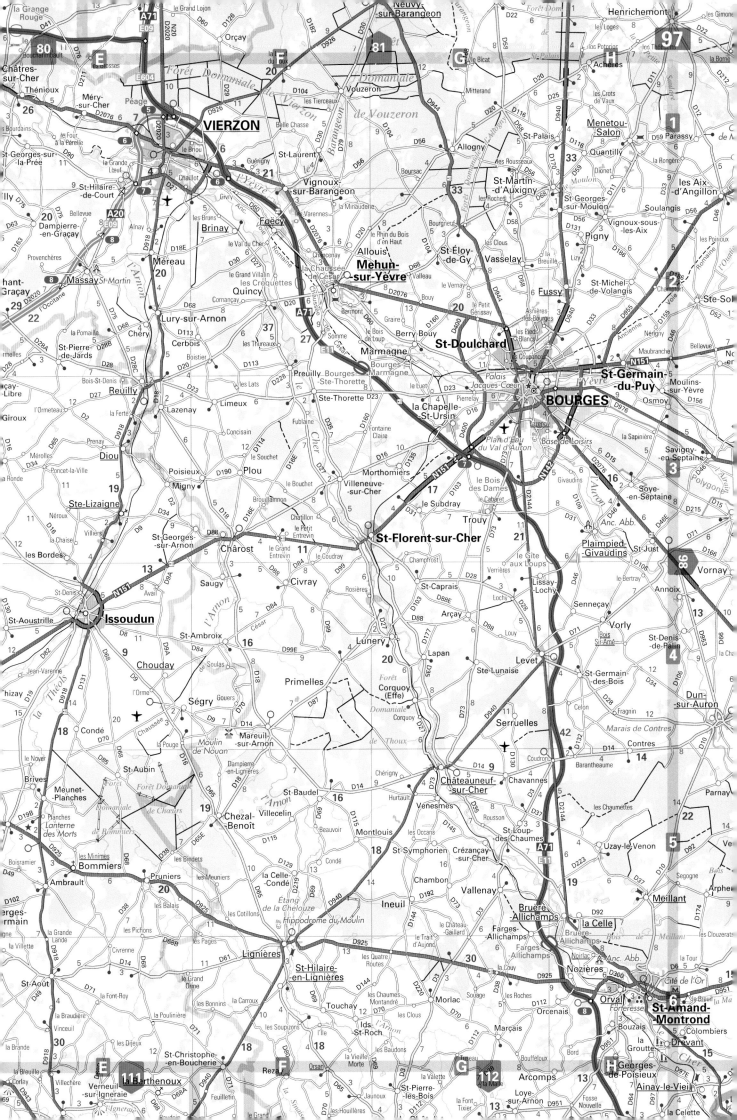

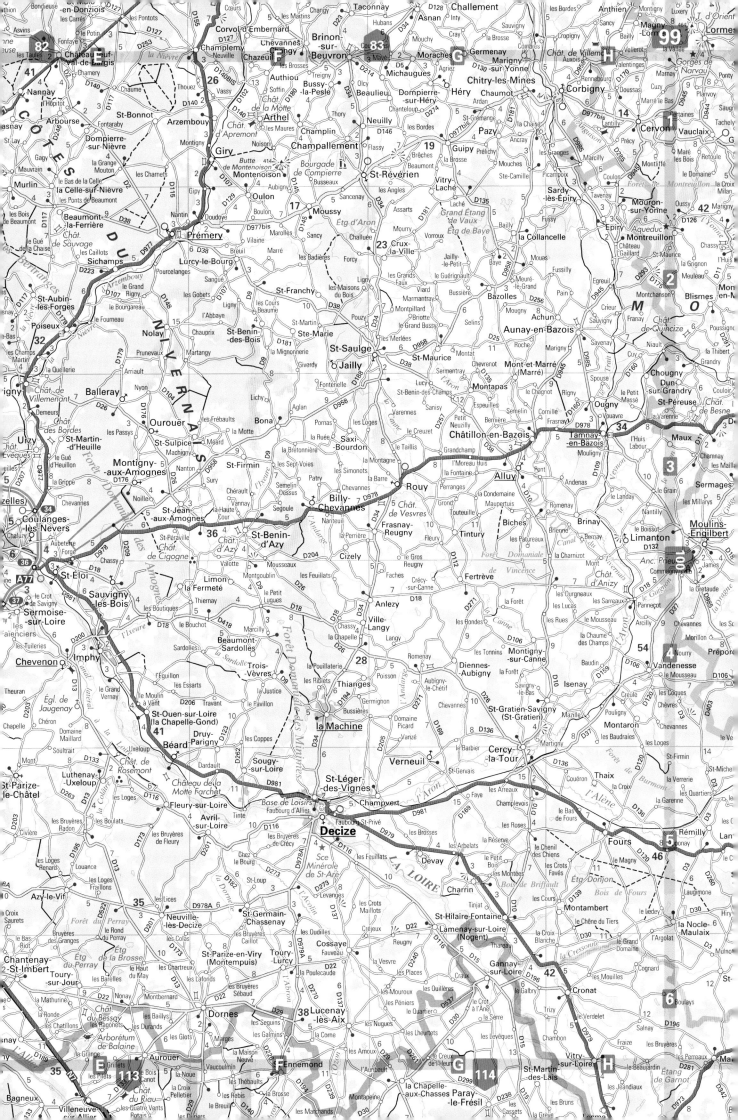

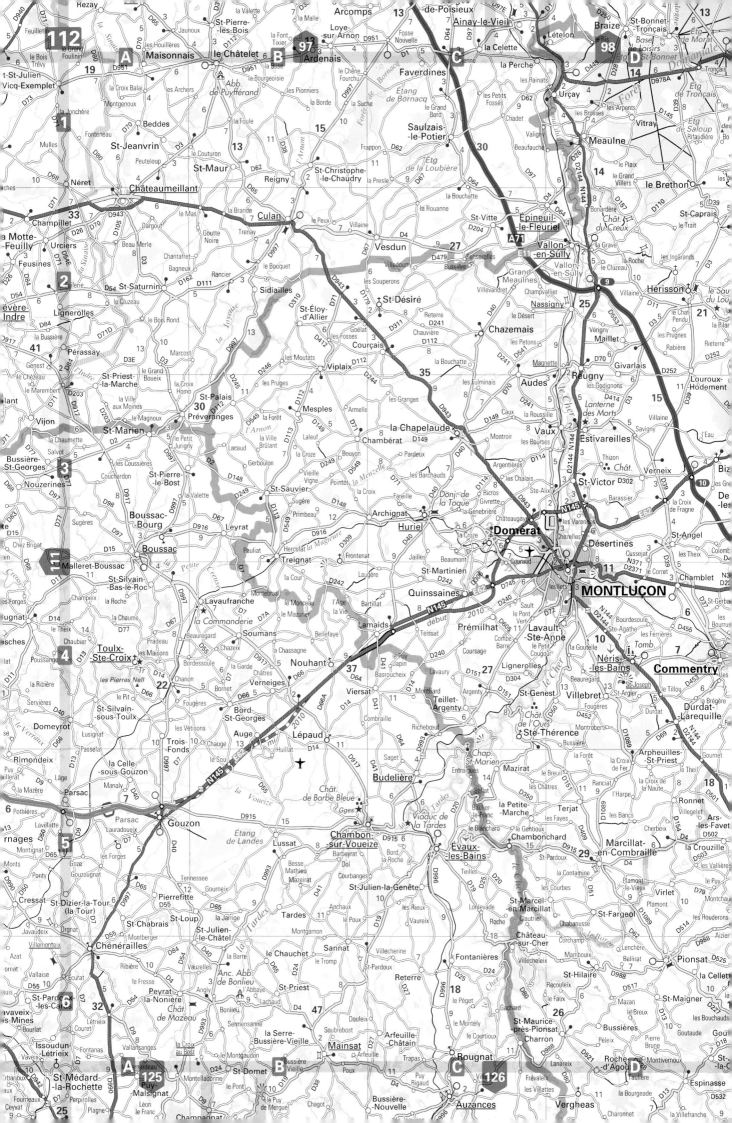

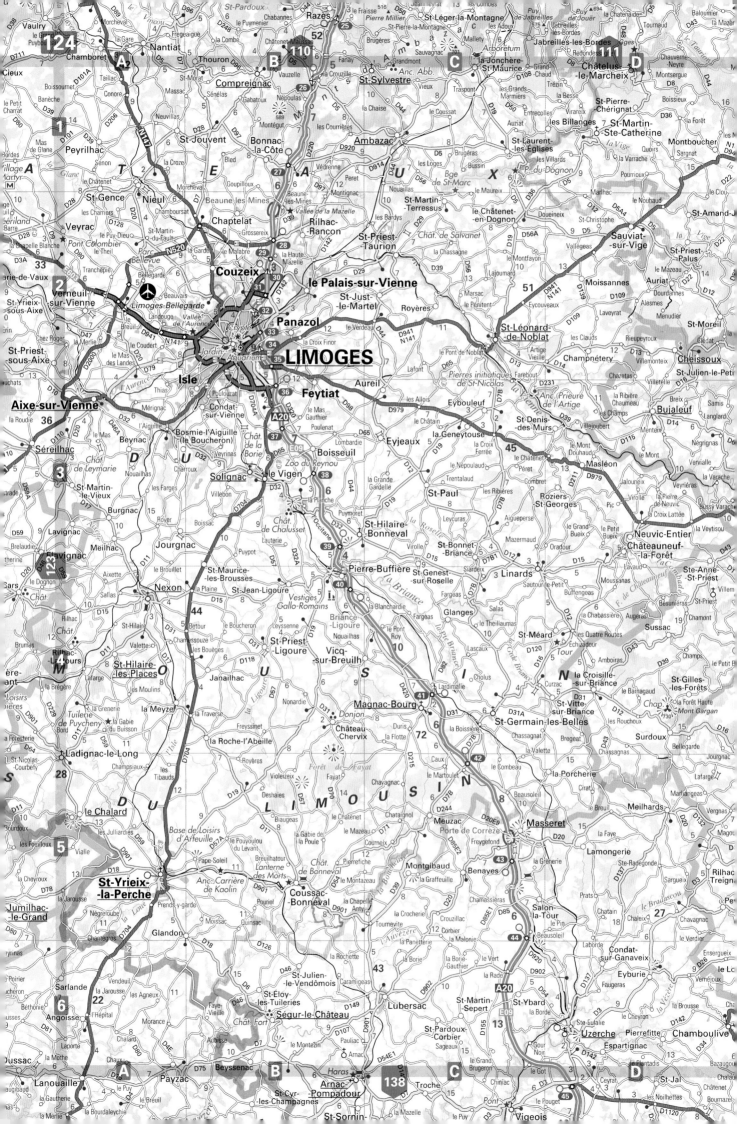

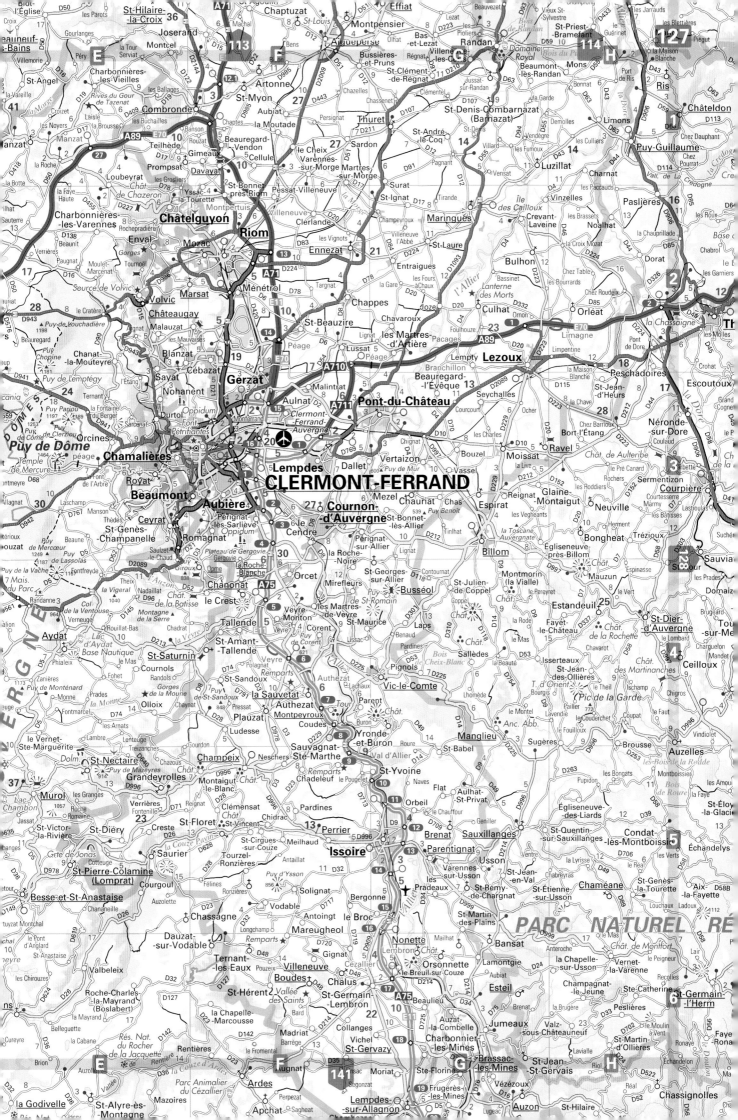

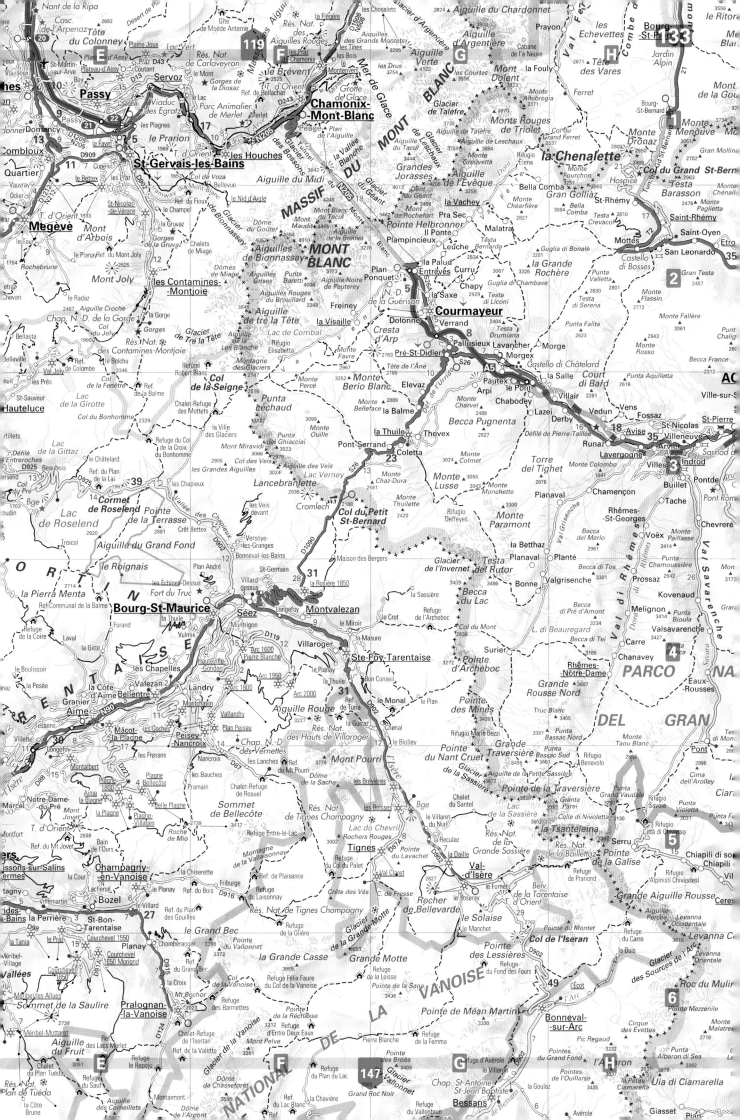

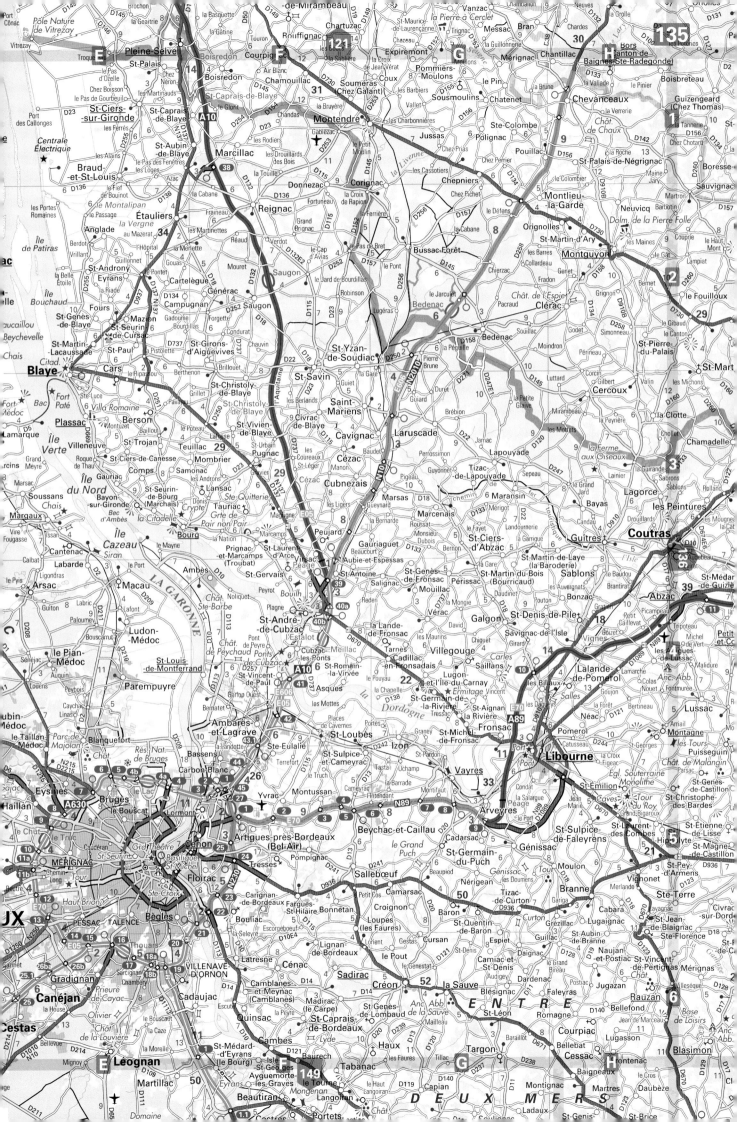

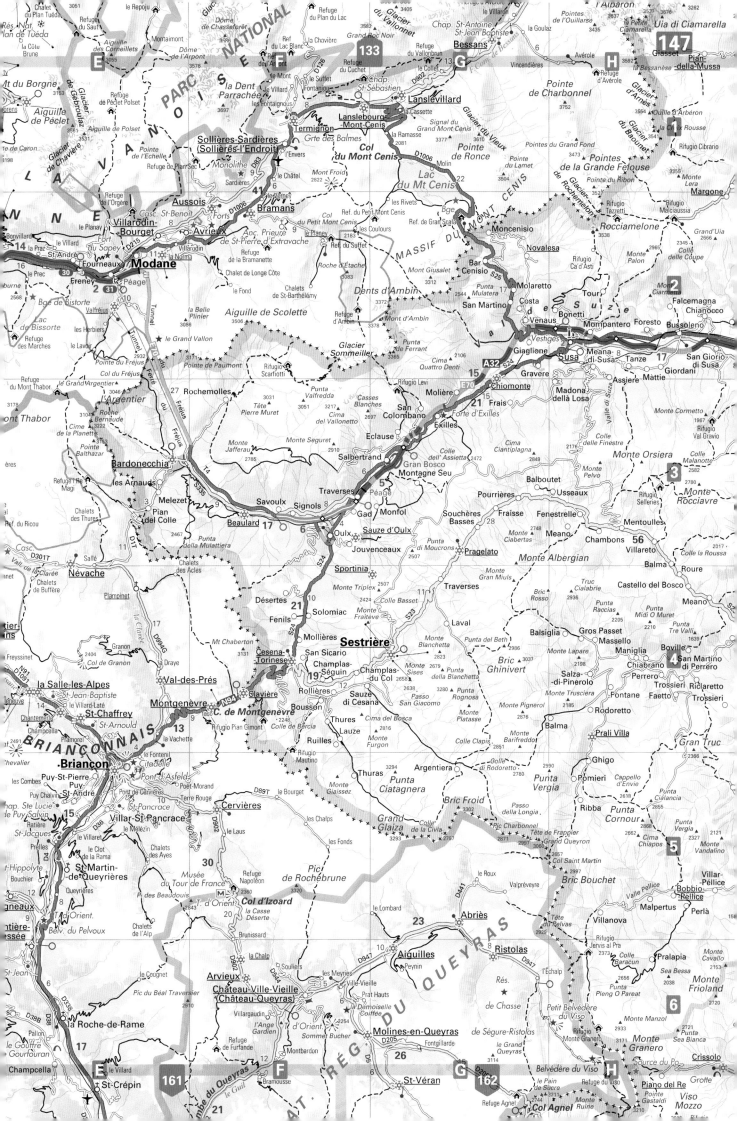

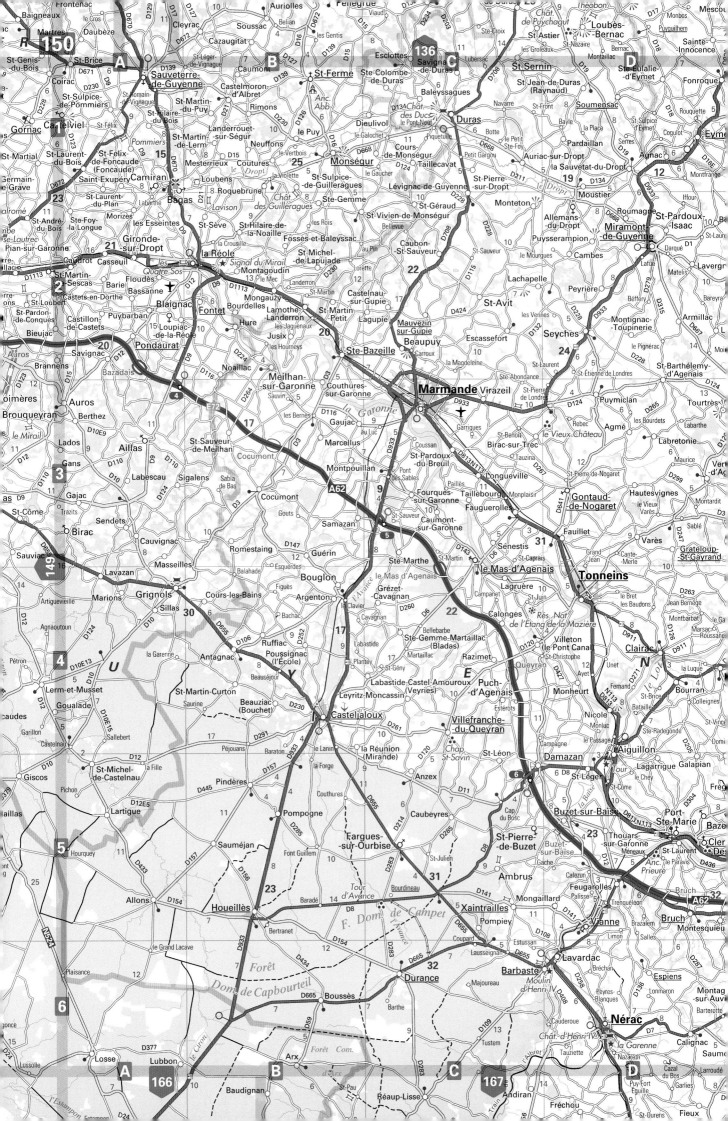

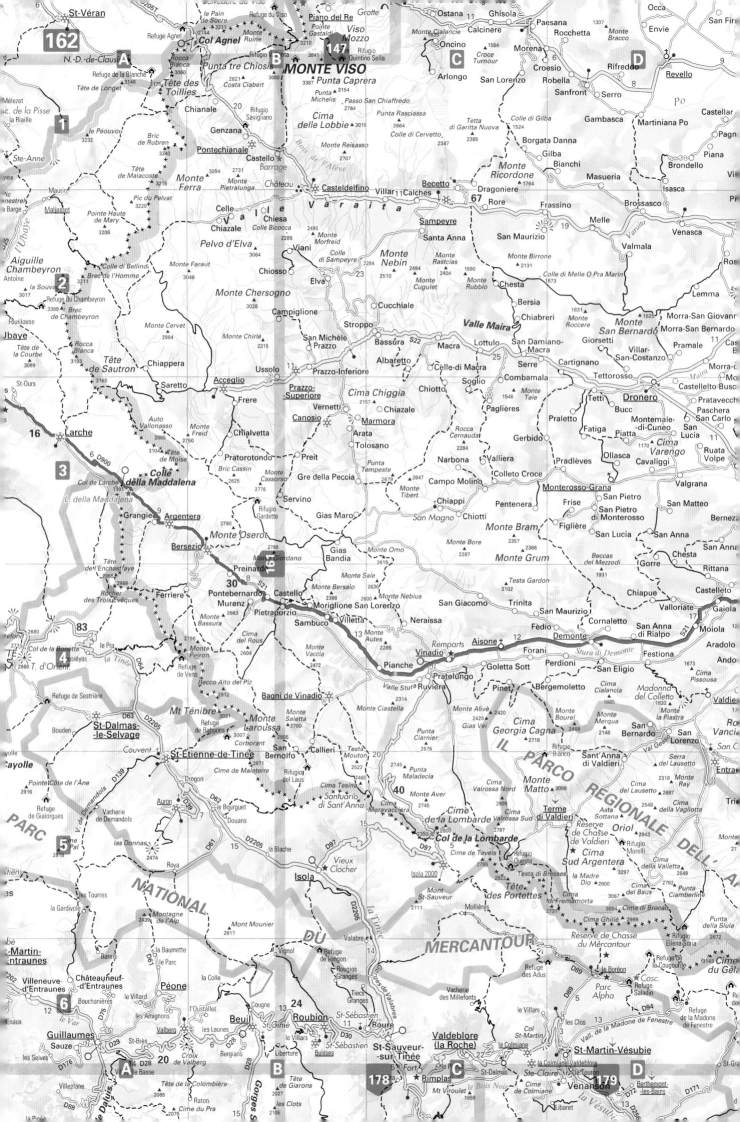

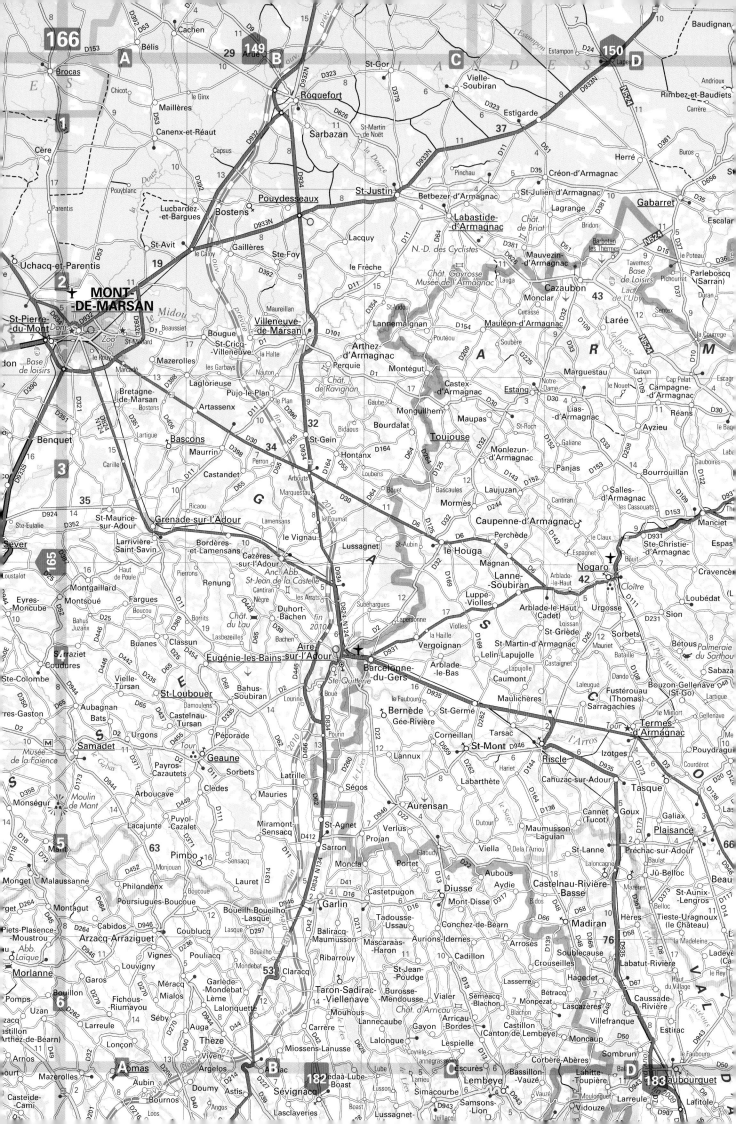

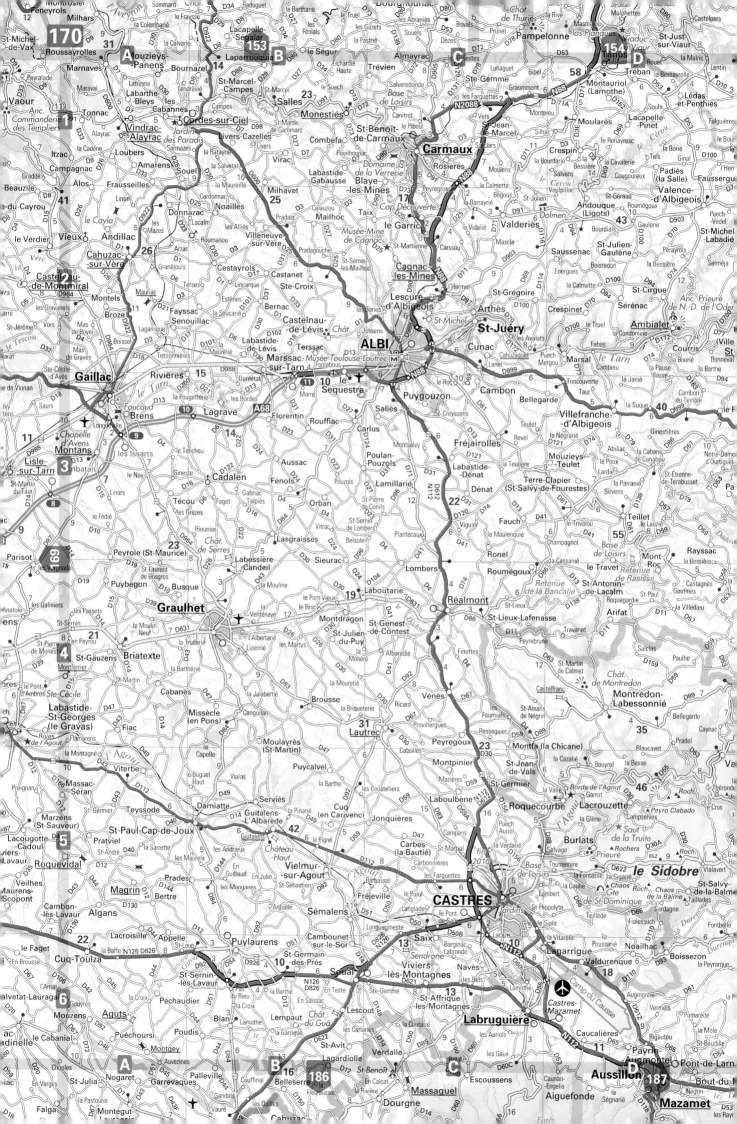

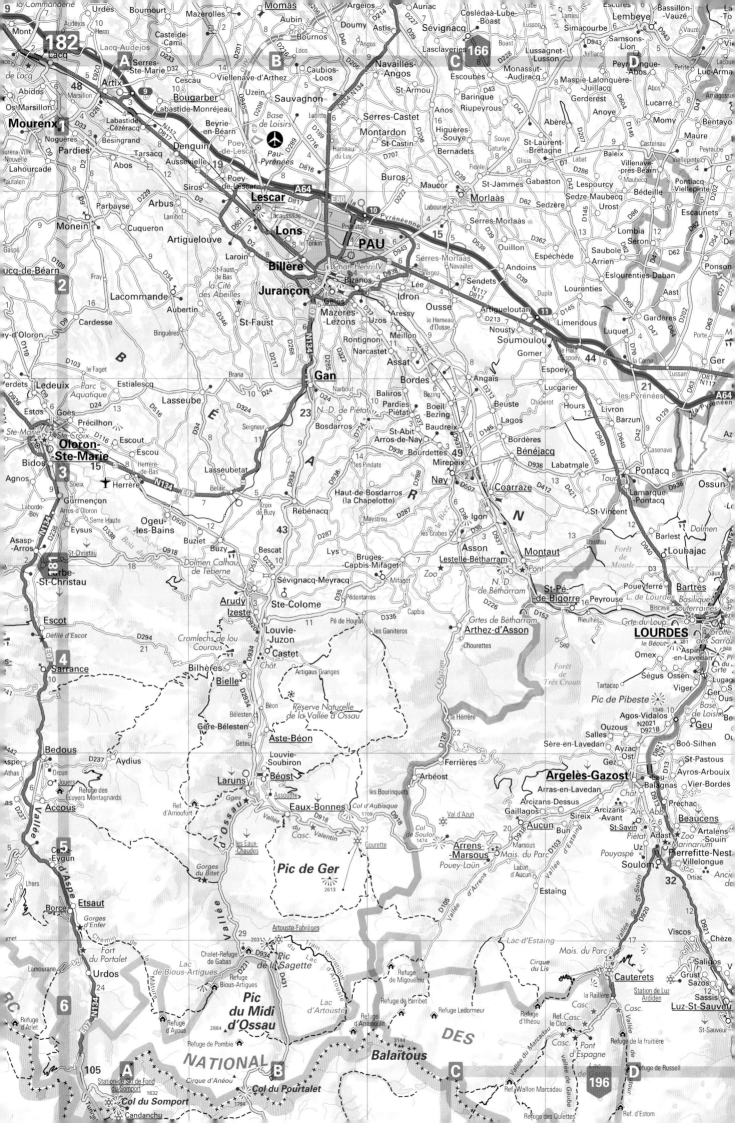

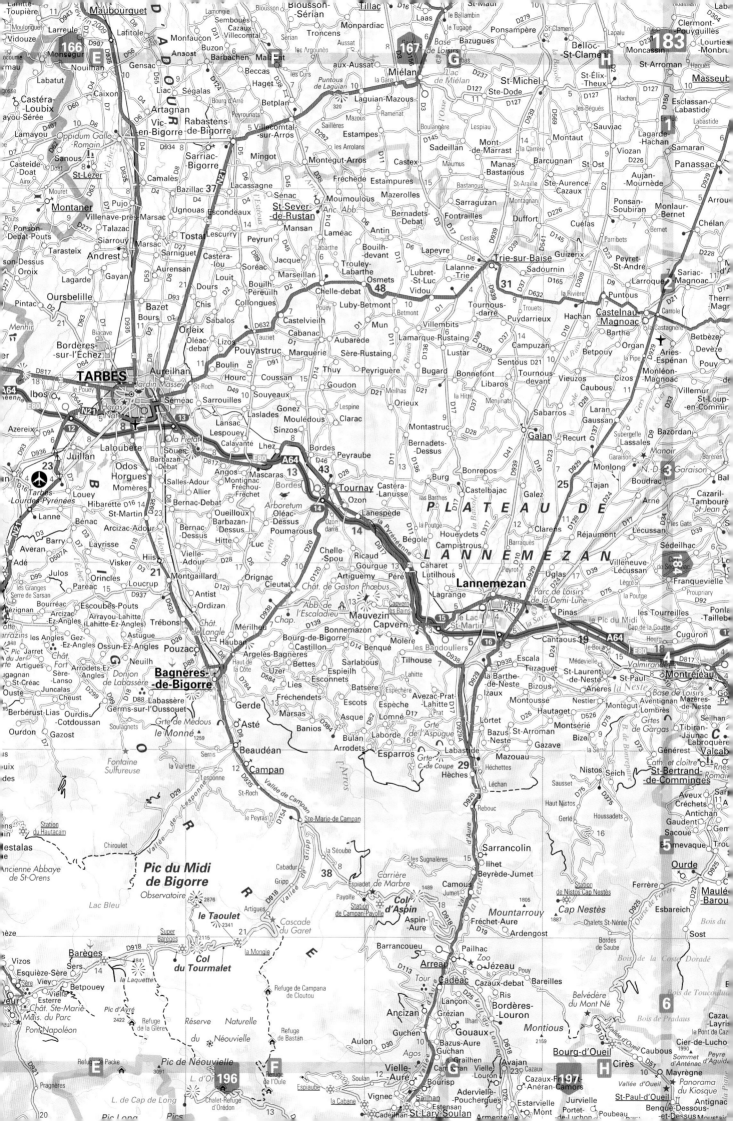

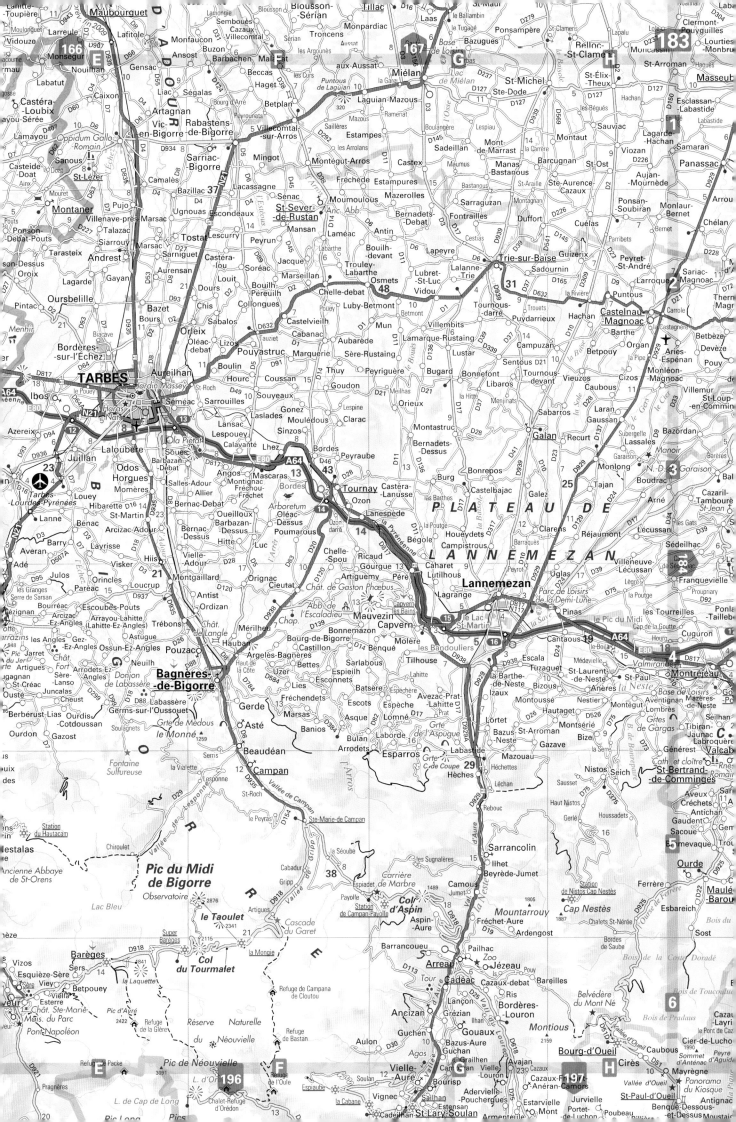

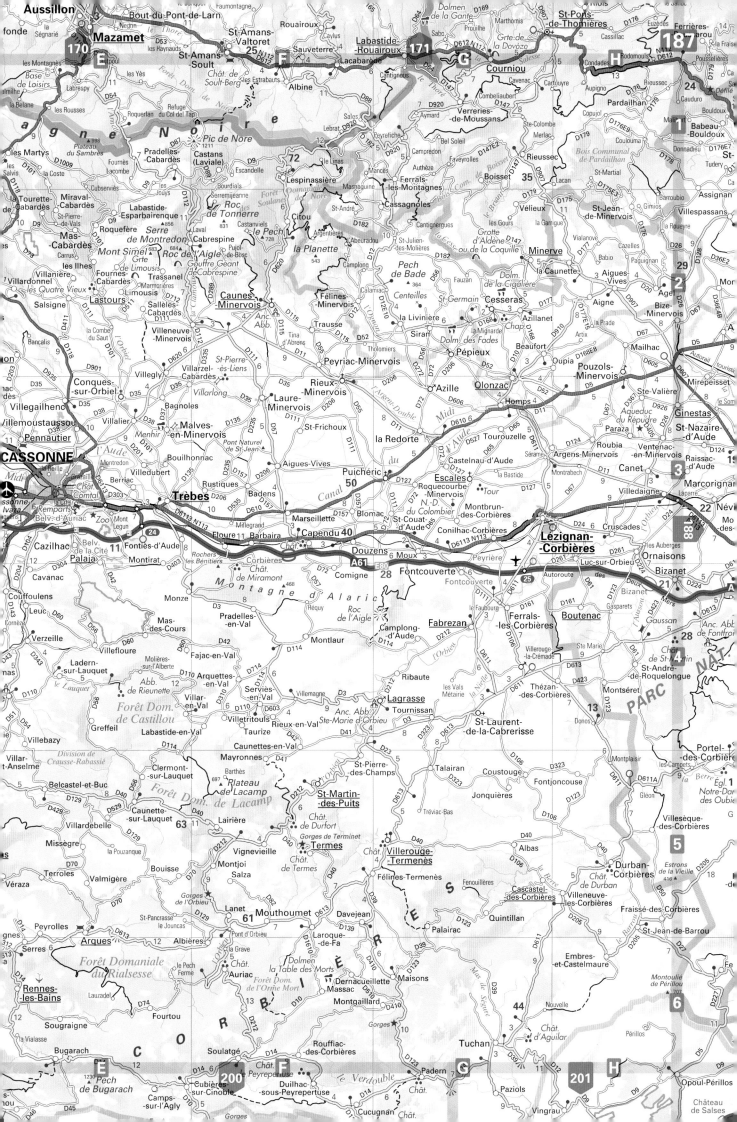

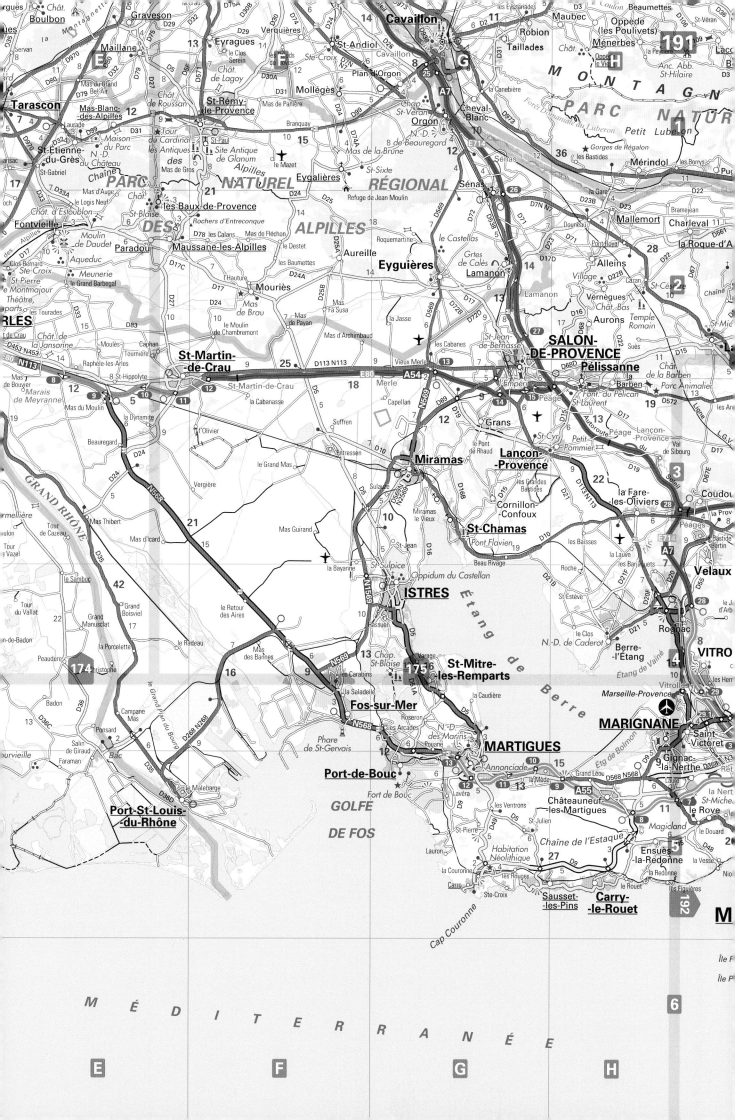

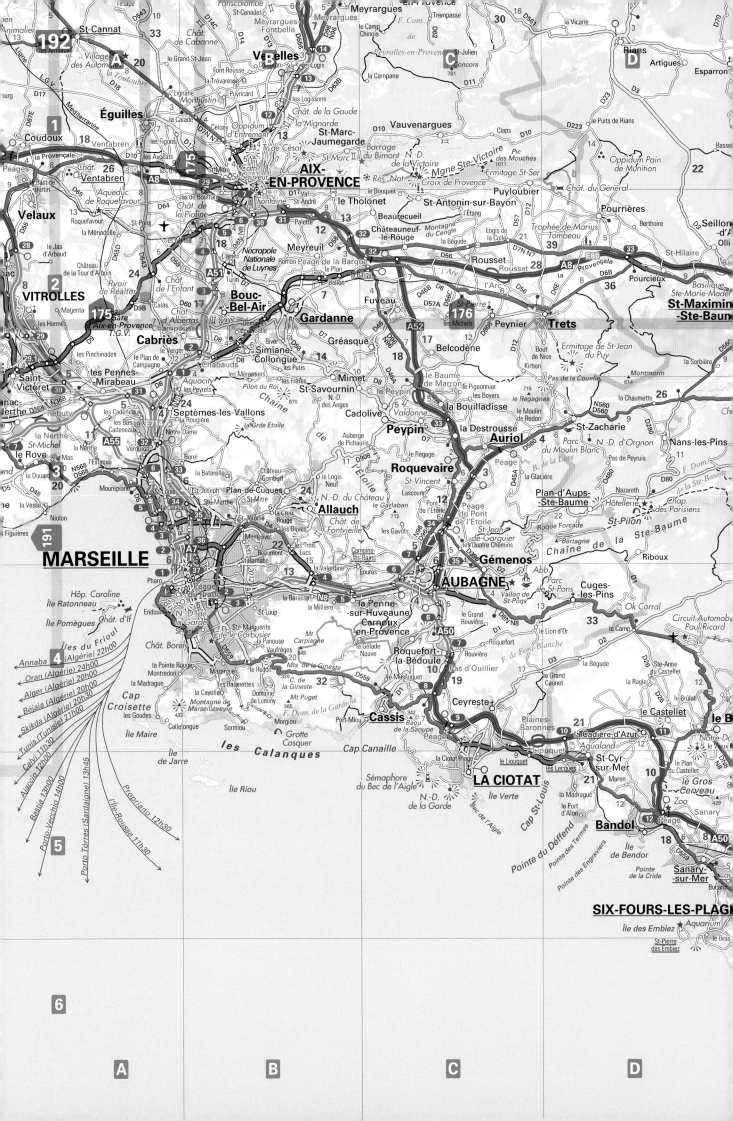

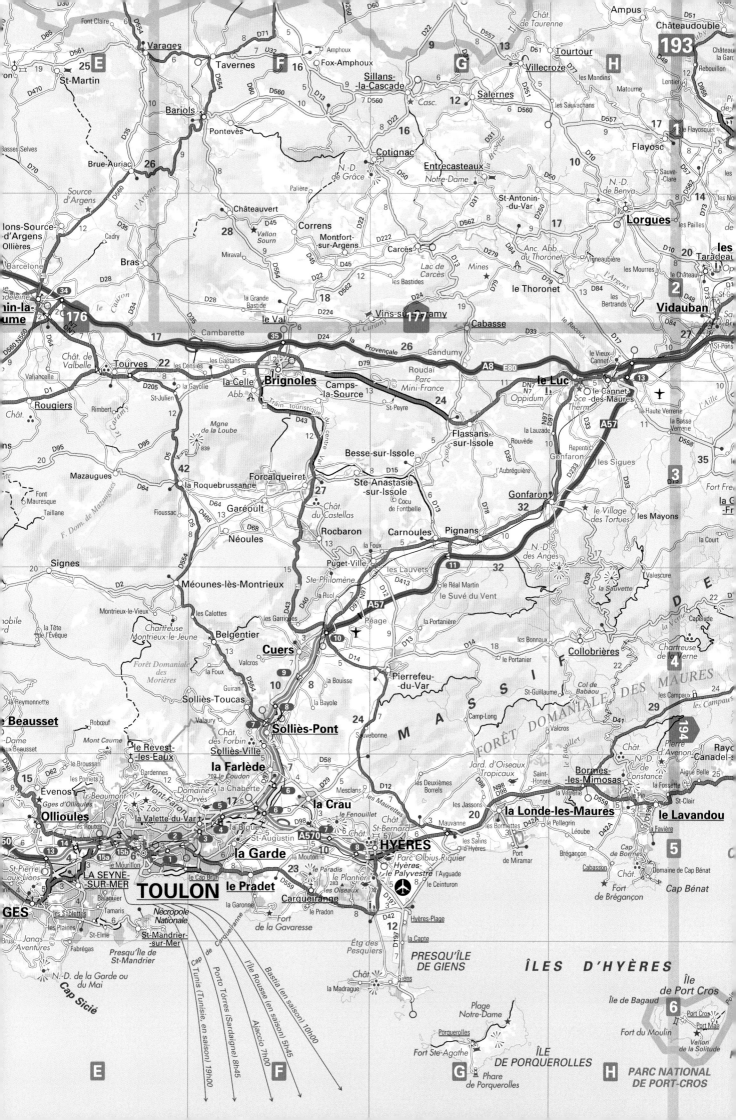

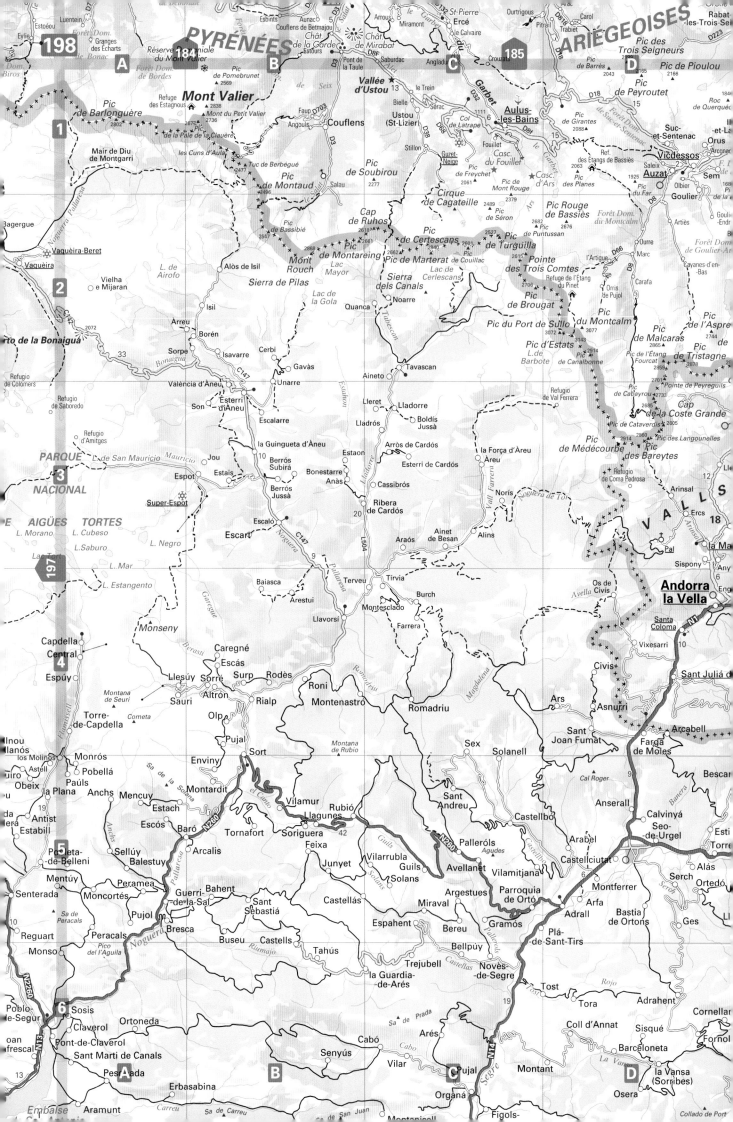

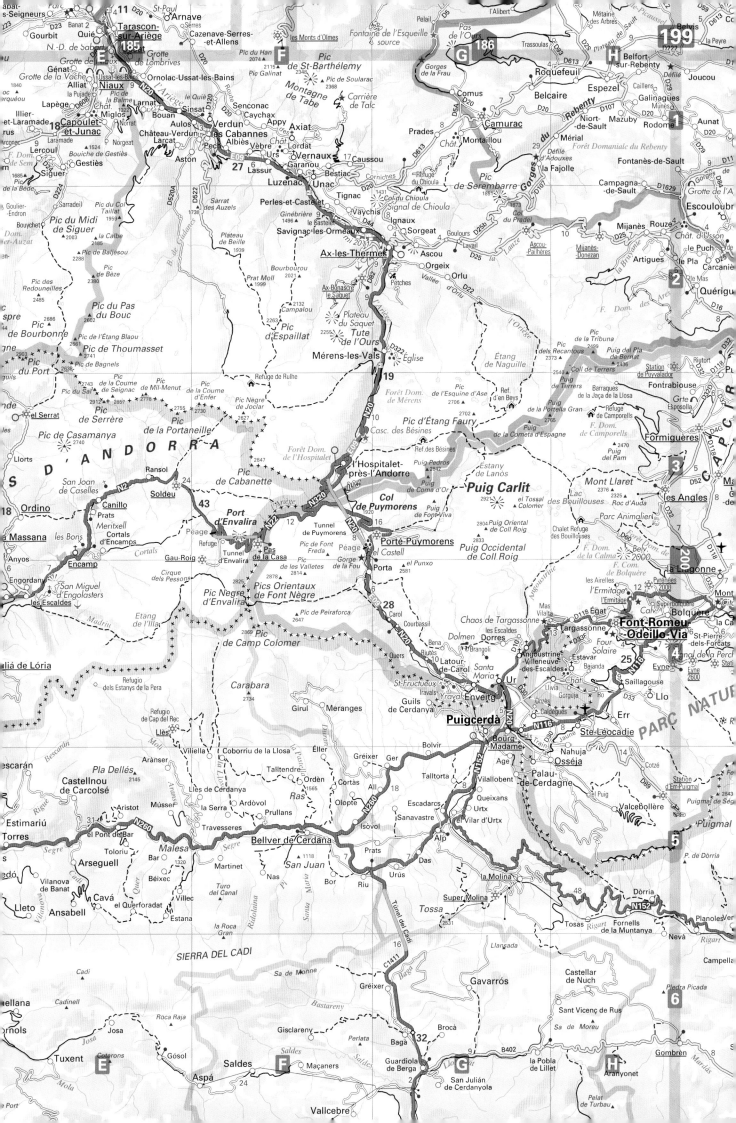

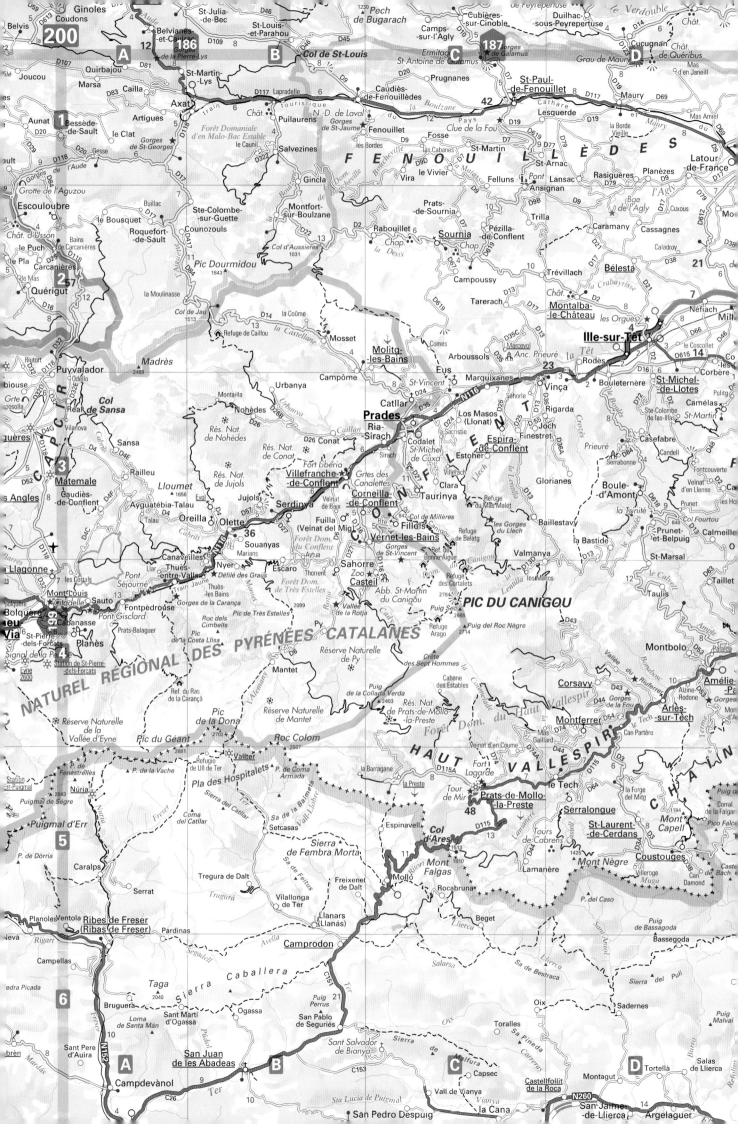

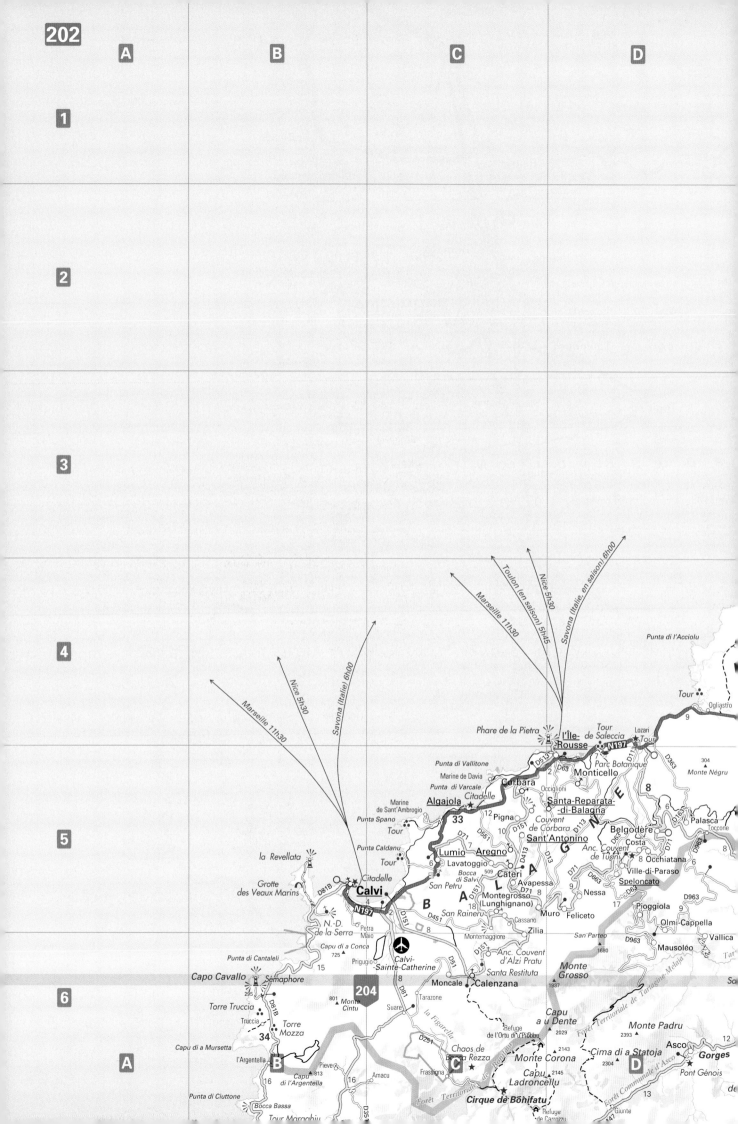

A   B   C   D

1

2

3

4

5

6

Marseille 11h30

Nice 5h30

Savona (Italie) 6h00

Marseille 11h30

Toulon (en saison) 5h30

Nice 5h45

Savona (Italie, en saison) 6h00

Punta di l'Acciolu

Tour

Ogliastro

9

Phare de la Pietra

l'Île-Rousse

Tour de Saleccia

Lozari Tour

N197

Parc Botanique

Monticello

304
Monte Négru

D363

Punta di Vallitone

D513

D63

Marine de Davia

Punta di Varcale

Occiglioni

Corbara

2

8

Marine de Sant'Ambrogio

Algajola

Citadelle

Santa-Reparata--di-Balagna

Palasca

Punta Spano

Tour

Pigna

12

D151

Couvent de Corbara

D113

Belgodère

D71

Toccone

Punta Caldanu

Tour

33

D71

D551

10

Sant'Antonino

D413

Ville-di-Paraso

Costa

Ancn Couvent de Tuani

Occhiatana

D63

la Revellata

Citadelle

Lumio

Aregno

D13

Speloncato

Grotte des Veaux Marins

6

Lavatoggio

509

D71

Nessa

D663

D963

Bocca di Salvi

Cateri

Avapessa

Pioggiola

9

Olmi-Cappella

D81B

San Petru

Montegrosso (Lunghignano)

D71

8

17

Calvi

N197

2

D151

B

San Raineru

18

Muro

Feliceto

Vallica

4

D451

8

Cassano

Zilia

D963

Mausoléo

N.-D. de la Serra

Petra Maio

Montemaggiore

San Parteo

1680

Monte Grosso

Punta di Cantaleli

Capu di a Conca

725

Ancn Couvent d'Alzi Pratu

1937

Capo Cavallo

Sémaphore

Priguiio

15

Calvi-Sainte-Catherine

D51

Santa Restituta

Capu a u Dente

Monte Padru

2393

Moncale

Calenzana

Torre Truccia

295

801

Monte Cintu

Suare

Tarazone

la Figarella

2029

Torre Mozza

D81B

D81

Refuge de l'Ortu di u Piobbu

2143

Cima di a Statoja

2304

Asco

Gorges

34

Truccia

D251

Chaos de Bocca Rezza

Monte Corona

2145

Pont Génois

Capu di a Mursetta

l'Argentella

B

Frassina

C

Capu Ladroncellu

D

13

Capu di l'Argentella

813

Amacu

Punta di Ciuttone

16

Bocca Bassa

D35

Cirque de Bonifatu

Refuge de Carrozzu

A

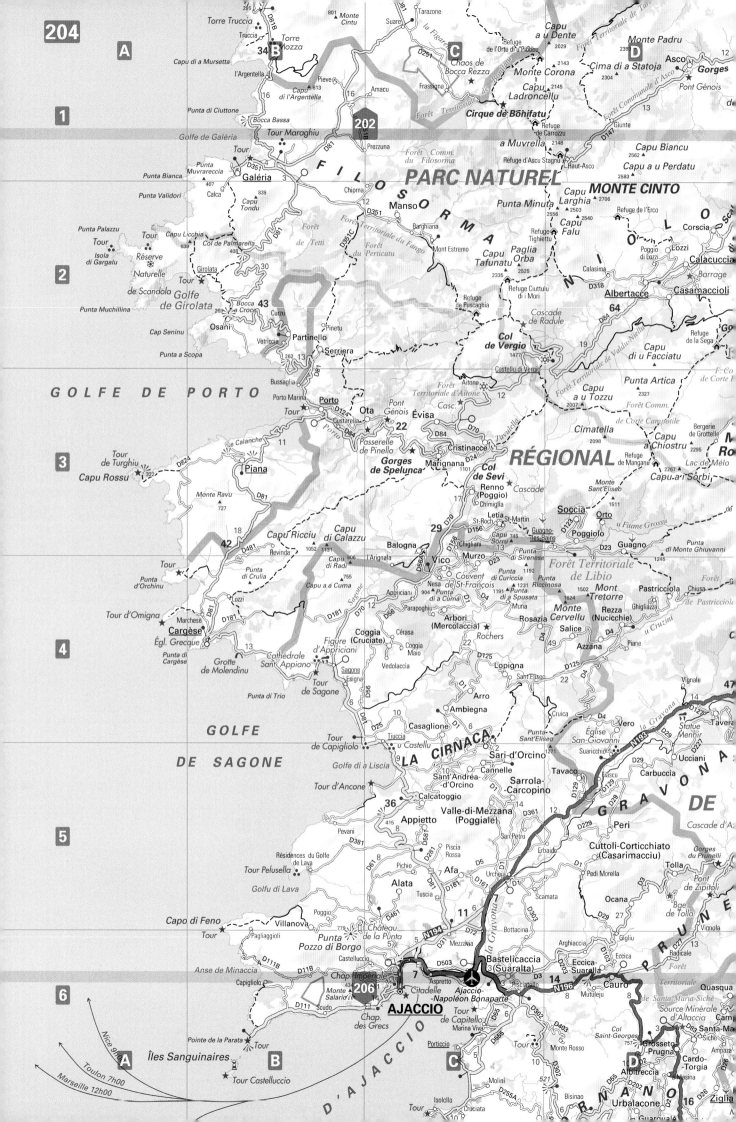

A

Nice 9h00
Toulon 7h00
Marseille 12h00

Pointe de la Parata
★ Tour

B

Îles Sanguinaires

★ Tour Castelluccio

Porto-Torres (Sardaigne) 4h00

G O L F E   D'A J A C C I O

D111   Scudo
D11
Monte ▲ Salario
14   Citadelle
Ajaccio-Napoléon Bonaparte
Chap. des Grecs

AJACCIO

Tour de Capitello

Marina Viva

C

Porticcio

Monte Rosso

D555
D55   6
D403
D302

Col Saint-Geor

D

8
3   D83   Santa-M
Source Minérale d'Altaccia   Cam
8   de Santa-Maria-Siche
N193
Quasqua

Grosseto-Prugna
Cardo-Torgia
Albitreccia
la Masina

D2
10
16   Ziglia

Urbalacone
Guargualé
les Bains de Taccana

204

Tour
Isolella
Cruciata
10
Presqu'Île de l'Isolella
le Ruppione
Pietrosella
Sant' Amanza

D255A
521
5
Molini
Bisinao
D255

O R N A N O

Cognocoli-Monticchi
Pila-Canale
Menhir u Cantonu

D302
D2
15
Marato
9
629

Ponte Vecchiu

Verghia
★ Tour
D655
Portigliolo
10
Col de Cortonu
523

Punta di a Castagna

Forêt Territoriale de Chiavari

D155
D55
D155
D655
Coti-Chiavari
D55
D55A
D155
Acqua Doria
17
Tassinca

Sarraluccia
D402
Calzola
Pratavone
D757
Site Préhistorique de Filitosa
Pietra Rossa
u Paladinu Menhir
7

Bicchisano
D757
Site Protohistorique de Calzola-Castelluccio
D757
10

Petreto-Bicchisan

Suartu
Calvese
M
D57
14   Sollacaro

Casalabriva

T A R A V O

D995
D985
4
Vera
37
Forêt des Commune

2

★ Tour

Capu di Muru

★ Tour
Cala di Cigliu
Serra-di-Ferro
Tour de Capannella

D355A
D157
Tour de Micalona
Olmeto
Miluccia
D257
D557
Barac

3

Capu Neru

Marseille 12h30

Porto-Torres (Sardaigne) 3h30

G O L F E   D E   V A L I N C O

Tour de Capriona
Porto Pollo
Punta di Porto Pollo
Abbartello
Tour de la Calanca

Propriano

D157
Anciens Bains de Baraci
6
Viggianello
11   Arb
Spin'a Cavall Pont Génois
u Rizzanese

D19
D121
4

Portigliolo
Jumenta Grossa
Menhirs u Frate e a Sora

Punta di Campomoro
★ Tour
Belvédère
Tivolaggio

9

D521
Capu di Locu
439 ▲
4
D221
D121
D50
D69
G

Belvédère-Campomoro

Menhir de Capu di Locu
15
Grossa
Bilia
San Giovanni

D21
D21
D166
D48
3
S

Giuncheto

4

Menhir de Vaccil-Vecchi
Monte
14
D48
Orasi

Capu di Senetosa
★ Tour
Alturaja
Alignement de Pagliaju
Menhirs

Fortin
Tizzano
Dolmen de Fontanaccia
Alignement de Stantari
Alignement du Renaju

D48A
24
51
Serra

Capu di Zivia

Roccapina
Rocher du Lion de Roccapina

5

6

A   **B**   **C**   **D**

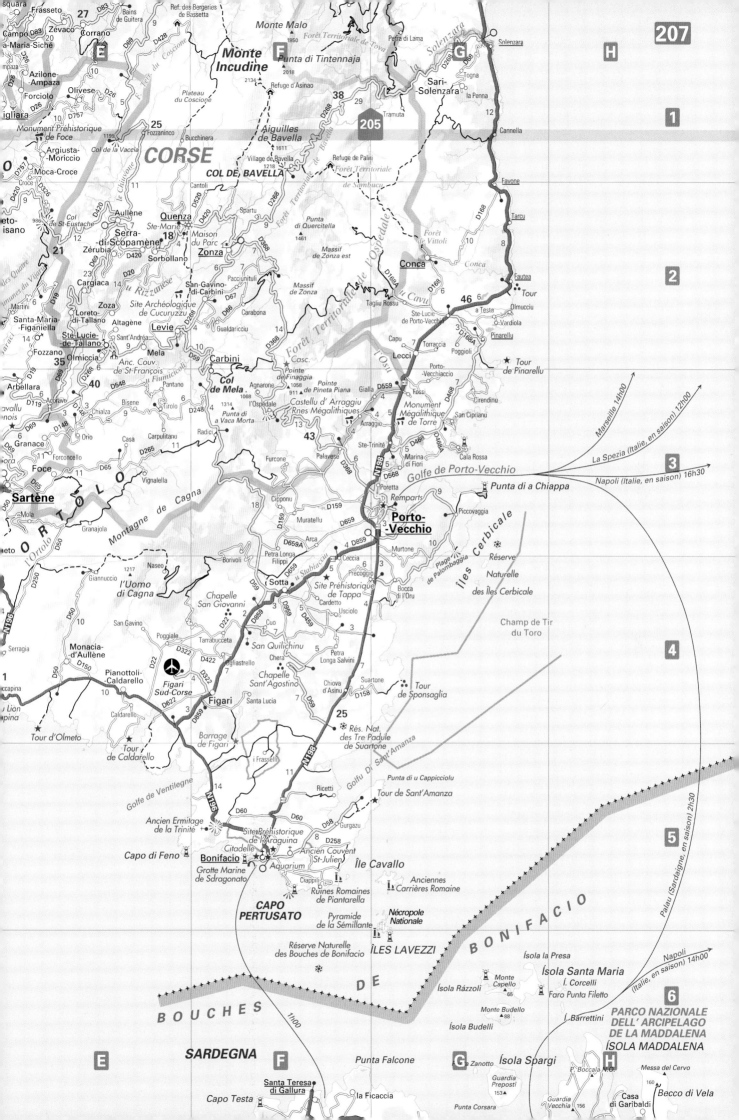

Aast (64) 182 D2
Abainville (55) 68 B1
Abancourt (59) 8 D3
Abancourt (60) 19 G2
Abaucourt (54) 48 D3
Abaucourt-Hautecourt (55). . . 25 F6
Abbans-Dessous (25) 103 F2
Abbans-Dessus (25) 103 F2
Abbaretz (44) 74 D2
Abbécourt (02) 21 H3
Abbecourt (60) 20 B5
Abbenans (25) 88 A4
Abbéville (80) 6 D4
Abbéville-la-Rivière (91). 63 F3
Abbéville-lès-Conflans (54) . . 25 H6
Abbeville-Saint-Lucien (60) . . 20 B3
Abbévillers (25) 88 D5
Abeilhan (34) 188 C1
Abelcourt (70) 87 H2
Abère (64) 182 D1
l'Abergement-
    Clémenciat (01) 116 C5
l'Abergement-
    de-Cuisery (71). 116 C1
l'Abergement-de-Varey (01) . 117 F6
Abergement-la-Ronce (39). . . 102 C2
Abergement-le-Grand (39). . . 102 D4
Abergement-le-Petit (39) . . . 103 E4
Abergement-lès-Thésy (39) . . 103 F4
l'Abergement-
    -Sainte-Colombe (71) 101 H5
Abidos (64) 182 A1
Abilly (37) 95 E4
Abitain (64) 165 E6
Abjat-sur-Bandiat (24). 123 F4
Ablain-Saint-Nazaire (62). 8 B1
Ablaincourt-Pressoir (80) 8 B6
Ablainzevelle (62) 8 B3
Ablancourt (51) 46 A4
Ableiges (95) 42 B2
les Ableuvenettes (88) 69 G4
Ablis (78) 62 D1
Ablon (14) 16 B6
Ablon-sur-Seine (94) 42 D5
Aboën (42) 128 D6
Aboncourt (54) 69 E2
Aboncourt (57) 26 C4
Aboncourt-Gesincourt (70).. . 87 F2
Aboncourt-sur-Seille (57) 48 D3
Abondance (74) 119 F4
Abondant (28) 41 F4
Abos (64) 182 A1
Abreschviller (57) 50 A5
Abrest (03) 114 A6
les Abrets (38) 131 F5
Abriès (05) 147 G5
Abscon (59) 9 E2
l'Absie (79) 92 D6
Abzac (16) 109 G5
Abzac (33) 135 H4
Accolans (25) 88 A4
Accolay (89) 83 G3
Accons (07) 143 F5
Accous (64) 182 A5
Achain (57) 49 F3
Achen (57) 50 A1
Achenheim (67) 50 D5
Achères (18) 97 H1
Achères (78) 42 B3
Achères-la-Forêt (77) 63 H3
Achery (02) 22 A2
Acheux-en-Amiénois (80). 7 H4
Acheux-en-Vimeu (80) 6 C4
Acheville (62) 8 B1
Achey (70) 86 C4
Achicourt (62) 8 B2
Achiet-le-Grand (62) 8 B4
Achiet-le-Petit (62). 8 B4
Achun (58) 99 H2
Achy (60) 20 A3
Acigné (35) 57 G2
Aclou (27) 40 B1
Acon (27) 40 D4
Acq (62) 8 A2
Acqueville (14). 14 B6
Acqueville (50) 12 B2
Acquigny (27) 41 E1
Acquin-Westbécourt (62) 2 A4
Acy (02) 22 B5
Acy-en-Multien (60) 43 G2
Acy-Romance (08). 23 G4
Adaincourt (57) 49 E2
Adainville (78) 41 G5
Adam-lès-Passavant (25) 87 H3
Adam-lès-Vercel (25) 104 A1
Adamswiller (67) 50 B3
Adast (65) 182 D5
Adé (65) 183 E3
Adelange (57) 49 F2
Adelans-et-
    -le-Val-de-Bithaine (70). . . 87 H2
Adervielle-
    -Pouchergues (65) 197 E1
Adilly (79) 93 F6
Adinfer (62) 8 A3
Adissan (34) 172 C6
les Adjots (16) 108 D6
Adon (45) 82 B2
les Adrets (38) 146 A1
les Adrets-de-l'Estérel (83) . . 178 B5
Adriers (86) 109 H4
Afa (2A) 204 C5
Affieux (19) 125 E5
Affléville (54) 25 H5
Affoux (69) 129 F2
Affracourt (54). 69 G1
Affringues (62) 1 H4

Agassac (31) 184 C2
Agde (34). 188 D2
Agel (34) 187 H2
Agen (47) 151 F5
Agen-d'Aveyron (12). 154 D4
Agencourt (21) 101 H2
Agenville (80) 7 F3
Agenvillers (80). 7 E3
les Ageux (60) 20 D5
Ageville (52) 68 B5
Agey (21) 101 F1
Aghione (2B) 205 G4
Agincourt (54) 48 D4
Agmé (47) 150 D3
Agnac (47) 150 D1
Agnat (43) 141 H1
Agneaux (50) 37 F1
Agnetz (60) 20 C5
Agnez-lès-Duisans (62). 8 A2
Agnicourt-et-Séchelles (02) . . 23 E2
Agnières (62) 8 A2
Agnières-en-Dévoluy (05) . . 160 A1
Agnin (38) 144 A1
Agnos (64) 181 H3
Agny (62) 8 B3
Agon-Coutainville (50) 36 D1
Agonac (24) 137 F1
Agonès (34) 173 E3
Agonges (03) 113 G1
Agos-Vidalos (65) 182 D4
Agris (16) 122 D3
Agudelle (17) 121 F6
Aguessac (12) 155 F6
Aguilcourt (02) 23 E4
Aguts (81) 170 A6
Agy (14) 13 H5
Ahaxe-Alciette-
    -Bascassan (64). 181 E3
Ahetze (64). 164 A6
Ahéville (88) 69 G3
Ahuillé (53) 58 C5
Ahun (23). 111 H6
Ahuy (21) 85 H6
Aibes (59) 10 B3
Aibre (25) 88 B4
Aïcirits-Camou-Suhast (64) . 181 F1
Aiffres (79) 107 H4
Aigaliers (30) 174 A1
l'Aigle (61) 40 A4
Aiglemont (08) 24 B1
Aiglepierre (39) 103 E3
Aigleville (27) 41 F2
Aiglun (04) 177 E1
Aiglun (06) 178 C2
Aignan (32) 167 E4
Aignay-le-Duc (21) 85 F3
Aigne (34) 187 H2
Aigné (72) 60 A5
Aigneville (14) 13 G5
Aignes (31) 185 G2
Aignes-et-Puypéroux (16). . . 122 B6
Aigneville (80) 6 C4
Aigny (51) 45 G2
Aigonnay (79) 108 A3
Aigre (16) 122 B2
Aigrefeuille (31). 169 G6
Aigrefeuille-d'Aunis (17). . . . 107 E5
Aigrefeuille-sur-Maine (44). . 74 D6
Aigremont (30) 173 H2
Aigremont (52) 68 D5
Aigremont (78) 42 B3
Aigremont (89) 84 A3
Aiguebelette-le-Lac (73) . . . 131 G5
Aiguebelle (73) 132 C5
Aigueblanche (73) 132 D5
Aiguefonde (81) 170 D6
Aigueperse (63) 127 F1
Aigueperse (69) 115 G4
Aigues-Juntes (09) 185 G4
Aigues-Mortes (30) 173 H6
Aigues-Vives (09) 186 B5
Aigues-Vives (11) 187 F3
Aigues-Vives (30) 173 H4
Aigues-Vives (34) 187 H2
Aiguèze (30) 157 H5
Aiguilhe (43) 142 C4
Aiguilles (05) 147 G6
Aiguillon (47) 150 D5
l'Aiguillon (09) 186 B6
l'Aiguillon-sur-Mer (85). . . . 106 B3
l'Aiguillon-sur-Vie (85). 90 D4
Aiguines (83) 177 F3
Aigurande (36) 111 G3
Ailhon (07) 157 G2
Aillant-sur-Milleron (45) 82 C2
Aillant-sur-Tholon (89) 83 E1
Aillas (33) 150 A3
Ailleux (42) 128 C3
Ailleville (10) 67 E3
Aillevillers-et-Lyaumont (70). 69 H6
Aillianville (52) 68 B2
Aillières-Beauvoir (72) 60 B2
Aillon-le-Jeune (73) 132 A4
Aillon-le-Vieux (73) 132 A4
Ailloncourt (70) 87 H2
Ailly (27). 41 E1
Ailly-le-Haut-Clocher (80) . . . 7 E4
Ailly-sur-Noye (80) 20 C1
Ailly-sur-Somme (80) 7 F6
Aimargues (30) 174 A5
Aime (73) 133 E4
Ainay-le-Château (03). 98 B6
Ainay-le-Vieil (18) 98 A6
Aincille (64) 181 E3
Aincourt (95) 41 H2
Aincreville (55) 24 D5
Aingeray (54) 48 B4
Aingeville (88) 68 D4
Aingoulaincourt (52) 68 A1
Ainharp (64) 181 F2

Ainhice-Mongelos (64) 181 E3
Ainhoa (64) 180 C1
Ainvelle (70) 87 G1
Ainvelle (88) 69 E5
Airaines (80) 7 E5
Airan (14) 14 D5
Aire (08) 23 F4
Aire-sur-la-Lys (62) 2 B5
Aire-sur-l'Adour (40) 166 B4
Airel (50) 13 F6
les Aires (34) 172 A6
Airion (60) 20 C4
Airon-Notre-Dame (62). 6 C1
Airon-Saint-Vaast (62). 6 C1
Airoux (11) 186 B2
Airvault (79) 93 G5
Aiserey (21) 102 A2
Aisey-et-Richecourt (70) 87 E1
Aisey-sur-Seine (21) 85 E2
Aisonville-et-Bernoville (02). . . 9 F5
Aïssey (25) 87 H6
Aiti (2B) 205 F1
Aiton (73) 132 B4
Aix (19) 126 A4
Aix (59) 3 H6
les Aix-d'Angillon (18) 98 A2
Aix-en-Diois (26) 159 F1
Aix-en-Ergny (62) 1 H5
Aix-en-Issart (62) 1 G6
Aix-en-Othe (10) 65 G4
Aix-en-Provence (13). 176 A6
Aix-la-Fayette (63) 127 H5
Aix-les-Bains (73) 131 H3
Aix-Noulette (62) 8 A1
Aixe-sur-Vienne (87) 124 A3
Aizac (07) 157 F1
Aizanville (52) 67 G5
Aize (36) 96 C2
Aizecourt-le-Bas (80). 8 C5
Aizecourt-le-Haut (80) 8 C5
Aizelles (02) 22 D4
Aizenay (85) 91 F4
Aizier (27) 15 H2
Aizy-Jouy (02) 22 B4
Ajac (11) 186 C5
Ajaccio (2A) 204 C6
Ajain (23) 111 H5
Ajat (24) 137 H3
Ajoncourt (57) 48 D3
Ajou (27) 40 B2
Ajoux (07) 143 G5
Alaigne (11) 186 C4
Alaincourt (02). 22 A1
Alaincourt (70). 69 F6
Alaincourt-la-Côte (57) 48 D3
Alairac (11). 186 D3
Alan (31) 184 C3
Alando (2B) 205 F2
Alata (2A). 204 C5
Alba-la-Romaine (07) 157 H2
Alban (81) 171 E3
Albaret-le-Comtal (48) 141 F5
Albaret-Sainte-Marie (48). . . 141 G5
Albas (11) 187 G5
Albas (46). 152 B3
Albé (67) 71 F2
Albefeuille-Lagarde (82). . . . 169 E1
l'Albenc (38) 145 E2
Albens (73) 131 H2
Albepierre-Bredons (15) 140 D3
l'Albère (66) 201 F4
Albert (80) 8 A5
Albertacce (2B) 204 D2
Albertville (73) 132 C3
Albestroff (57) 49 G3
Albi (81) 170 C2
Albiac (31) 169 H6
Albiac (46) 139 E6
Albias (82) 169 F1
Albières (11). 187 F6
Albiès (09) 199 F1
Albiez-le-Jeune (73) 146 C2
Albiez-Montrond (73) 146 C2
Albignac (19) 138 D3
Albigny-sur-Saône (69) 130 A2
Albine (81) 187 F1
Albitreccia (2A) 204 D6
Albon (26) 144 A2
Albon-d'Ardèche (07) 143 F6
Aboussière (07) 143 H5
les Albres (12) 153 H3
Albussac (19) 139 E3
Alby-sur-Chéran (74). 132 A2
Alçay-Alcabéhéty-
    -Sunharette (64) 181 F4
Aldudes (64) 180 C3
Alembon (62) 1 G3
Alençon (61) 60 A2
Alénya (66) 201 F3
Aléria (2B) 205 H4
Alès (30). 157 E6
Alette (62) 1 G6
Aleu (09) 185 G6
Alex (74) 132 B1
Alexain (53) 58 C3
Aleyrac (26) 158 C3
Alfortville (94) 42 D4
Algajola (2B) 202 C5
Algans (81) 170 A5
Algolsheim (68). 71 G5
Algrange (57). 26 B3
Aliènor (39) 117 G1
Alignan-du-Vent (34). 188 D1
Alincourt (08) 23 G4
Alincthun (62) 1 G4
Alise-Sainte-Reine (21). 84 D4
Alissas (07) 158 A1
Alix (69) 129 H2

Alixan (26) 144 C4
Alizay (27) 18 D5
Allain (54) 48 B6
Allaines (80). 8 C5
Allaines-Mervilliers (28). . . . 62 D4
Allainville (28) 41 E5
Allainville (78) 62 D2
Allaire (56) 73 H1
Allamont (54) 48 A1
Allamps (54) 48 A6
Allan (26) 158 B3
Allanche (15) 141 E2
Alland'Huy-et-
    -Sausseuil (08) 23 H3
Allarmont (88) 70 D1
Allas-Bocage (17) 121 F6
Allas-Champagne (17) 121 G5
Allas-les-Mines (24) 137 H6
Allassac (19) 138 C2
Allauch (13) 192 D3
Allègre (43) 142 B2
Allègre-les-Fumades (30) . . 157 F6
Alleins (13). 191 H2
Allemagne-en-Provence(04) . 177 E3
Allemanche-Launay-et-
    -Soyer (51) 45 E6
Allemans (24) 136 C1
Allemans-du-Dropt (47) 150 D2
Allemant (02) 22 B4
Allemant (51). 45 E5
Allemond (38) 146 A3
Allenay (80) 6 B4
Allenc (48) 156 B3
Allenjoie (25). 88 D4
Allennes-les-Marais (59). 3 F6
Allenwiller (67) 50 C5
Allerey (21) 101 E2
Allerey-sur-Saône (71) 101 H4
Allériot (71) 101 H5
Allery (80) 6 D5
Alles-sur-Dordogne (24) . . . 137 G5
les Alleuds (49) 77 E6
les Alleuds (79) 108 C5
Alleuze (15) 141 F5
Allevard (38) 132 A6
Allèves (74) 132 A3
Allex (26) 144 B6
Alleyrac (43) 142 D5
Alleyras (43) 142 B5
Alleyrat (19) 125 H5
Alleyrat (23). 125 G1
Allez-et-Cazeneuve (47) . . . 151 F4
Alliancelles (51) 46 C4
Alliat (09) 199 E1
Allibaudières (10) 45 F4
Allichamps (52) 46 C6
Allier (65) 183 F3
Allières (09) 185 F5
les Alliés (25) 104 A3
Alligny-Cosne (58). 82 C5
Alligny-en-Morvan (58). 100 C1
Allineuc (22) 33 F6
Allinges (74). 119 E3
Allogny (18) 97 G1
Allondans (25). 88 C4
Allondaz (73) 132 C3
Allondrelle-
    -la-Malmaison (54) 25 F3
Allonne (60) 20 B5
Allonne (79) 107 H1
Allonnes (28) 62 C3
Allonnes (49) 77 H6
Allonnes (72) 60 A6
Allons (04) 178 A1
Allons (47) 150 A5
Allonville (80) 7 G5
Allonzier-la-Caille (74). 118 B6
Allouagne (62). 2 C6
Alloue (16) 109 F6
Allouis (18) 97 F2
Allouville-Bellefosse (76) . . . 17 E5
les Allues (73) 132 D6
les Alluets-le-Roi (78) 42 A3
Alluy (58) 99 G3
Alluyes (28) 62 A4
Ally (15) 139 H3
Ally (43) 141 G3
Almayrac (81) 170 C1
Almenêches (61) 39 F5
Almont-les-Junies (12) 154 A2
Alos (09). 184 D6
Alos (81) 170 A2
Alos-Sibas-Abense (64) 181 G3
Aloxe-Corton (21) 101 G3
Alpuech (12) 140 D5
Alquines (62) 1 H4
Alrance (12) 154 D6
Alsting (57) 27 G4
Altagène (2A) 207 E2
Alteckendorf (67). 50 D4
Altenach (68) 89 E3
Altenbach (68) 71 E6
Altenheim (67). 50 C4
Althen-des-Paluds (84) 175 F2
Altiani (2B). 205 F3
Altier (48) 156 C3
Altillac (19) 139 E4
Altkirch (68) 89 F3
Altorf (67). 50 D6
Altrippe (57) 49 G2
Altviller (57) 49 G1
Altwiller (67) 49 H3
Aluze (71) 101 F5
Alvignac (46) 138 D6
Alvimare (76). 18 A3
Alzen (09) 185 G5
Alzi (2B) 205 F2
Alzing (57) 27 E4
Alzon (30) 172 C2
Alzonne (11) 186 D3

Amage (70) 88 A1
Amagne (08) 23 H3
Amagney (25) 87 G6
Amailloux (79) 93 F5
Amance (10) 66 D3
Amance (54) 48 D4
Amance (70) 87 F1
Amancey (25) 103 G3
Amancy (74) 118 D6
Amange (39) 102 D2
Amanlis (35) 57 G4
Amanty (55) 68 C1
Amanvillers (57) 26 B5
Amanzé (71) 115 F4
Amarens (81) 170 A1
Amathay-Vésigneux (25) . . . 103 H3
Amayé-sur-Orne (14) 14 B5
Amayé-sur-Seulles (14). 13 H5
Amazy (58) 83 G6
Ambacourt (88) 69 F2
Ambarès-et-Lagrave (33) . . . 135 F4
Ambax (31) 184 C2
Ambazac (87). 124 C1
Ambel (38) 145 H6
Ambenay (27) 40 B4
Ambérac (16) 122 B2
Ambérieu-en-Bugey (01) . . . 130 D1
Ambérieux (69) 129 H1
Ambérieux-
    -en-Dombes (01) 130 B1
Ambernac (16) 123 E1
Amberre (86) 94 A5
Ambert (63) 128 B5
Ambès (33) 135 F4
Ambeyrac (12) 153 G3
Ambialet (81) 170 D2
Ambiegna (2A) 204 C4
Ambierle (42) 114 D6
Ambiévillers (70). 69 G6
Ambillou (37) 78 C5
Ambillou-Château (49) 77 F6
Ambilly (74) 118 C4
Amblainville (60) 20 B6
Amblans-et-Velotte (70) 87 H2
Ambleny (02) 21 H5
Ambléon (01) 131 F3
Ambleteuse (62) 1 F3
Ambleville (16) 121 H5
Ambleville (95) 41 H1
Amblie (14) 14 B3
Amblimont (08) 24 D2
Ambloy (41) 79 F2
Ambly-Fleury (08) 23 H4
Ambly-sur-Meuse (55) 47 G2
Ambon (56) 73 E2
Ambonil (26) 144 B6
Ambonnay (51) 45 G2
Ambonville (52) 67 G3
Ambrault (36) 97 E5
Ambres (81) 169 H4
Ambricourt (62) 2 A6
Ambrief (02) 22 B5
Ambrières (51) 46 C6
Ambrières-les-Vallées (53) . . 58 D2
Ambrines (62) 7 H2
Ambronay (01) 130 D1
Ambrugeat (19) 125 G5
Ambrumesnil (76). 17 G2
Ambrus (47) 150 C5
Ambutrix (01) 130 D1
Amécourt (27) 19 G5
Amel-sur-l'Étang (55) 25 G6
Amelécourt (57) 49 E3
Amélie-
    -les-Bains-Palalda (66) . . . 200 D4
Amendeuix-Oneix (64) 181 F1
Amenoncourt (54) 49 G5
Amenucourt (95) 41 G1
Ames (62) 2 C6
Amettes (62) 2 B6
Ameugny (71) 116 A2
Ameuvelle (88) 69 E6
Amfreville (14) 14 C4
Amfreville (50). 12 D4
Amfreville-
    -la-Campagne (27) 18 B6
Amfreville-la-Mi-Voie (76) . . 18 D4
Amfreville-les-Champs (27) . 19 E5
Amfreville-les-Champs (76) . 17 F4
Amfreville-
    -sous-les-Monts (27) 18 D5
Amfreville-sur-Iton (27). 40 D1
Amfroipret (59) 9 G2
Amigny (50) 13 E6
Amigny-Rouy (02) 22 A3
Amillis (77) 43 H5
Amilly (28) 62 A2
Amilly (45) 64 B6
Amions (42) 128 D2
Amirat (06). 178 B2
Ammerschwihr (68) 71 F4
Ammerzwiller (68) 89 E2
Amné (72) 59 H5
Amnéville (57) 26 B4
Amoncourt (70). 87 F2
Amondans (25) 103 G2
Amont-et-Effreney (70). 88 A1
Amorots-Succos (64) 181 E1
Amou (40) 165 G6
Ampilly-le-Sec (21) 85 E2
Ampilly-les-Bordes (21) 85 E3
Amplepuis (69) 129 F1
Amplier (62) 7 G4
Ampoigné (53) 76 C1
Amponville (77) 63 H3
Ampriani (2B) 205 G2
Ampuis (69) 130 A5
Ampus (83) 177 G5

Amuré (79) 107 G4
Amy (60) 21 F2
Anais (16). 122 C3
Anais (17). 107 E4
Anan (31) 184 B2
Ance (64) 181 H3
Anceaumeville (76) 17 G5
Anceins (61). 39 H3
Ancelle (05) 160 C1
Acemont (55) 47 F2
Ancenis (44). 75 F4
Ancerville (55) 46 D6
Ancerville (57) 26 D6
Ancerviller (54) 49 G6
Ancey (21) 85 F6
Anchamps (08) 11 E5
Anché (37) 94 B2
Anché (86) 108 D3
Anchenoncourt-
    -et-Chazel (70) 87 F1
Ancienville (02) 21 H6
Ancier (70) 86 D5
Ancinnes (72) 60 A2
Ancizan (65) 183 G6
les Ancizes-Comps (63) . . . 126 D2
Ancône (26) 158 A2
Ancourt (76) 17 H2
Ancourteville-
    -sur-Héricourt (76) 17 E4
Ancretiéville-
    -Saint-Victor (76) 17 F4
Ancrettéville-sur-Mer (76). . . 16 D3
Ancteville (50) 36 D1
Anctoville (14) 38 A1
Anctoville-sur-Boscq (76) . . . 35 G2
Ancy (69) 129 G2
Ancy-le-Franc (89). 84 B2
Ancy-le-Libre (89) 84 B2
Ancy-sur-Moselle (57). 26 B6
Andainville (80) 6 D6
Andance (07) 144 A2
Andancette (26) 144 A2
Andard (49) 77 E4
Andé (27) 18 D6
Andechy (80) 21 E2
Andel (22) 33 H5
Andelain (02) 22 A2
Andelaroche (03). 114 C4
Andelarre (70) 87 F3
Andelarrot (70) 87 F3
Andelat (15). 141 E4
Andelnans (90) 88 C3
Andelot-Blancheville (52). . . . 68 A3
Andelot-en-Montagne (39). . 103 F4
Andelot-Morval (39) 117 F3
Andelu (78) 41 H3
les Andelys (27) 19 E6
Andernay (55) 46 D4
Andernos-les-Bains (33) . . . 134 B6
Anderny (54) 26 A3
Andert-et-Condon (01) 131 F2
Andeville (60) 20 B6
Andigné (49) 76 C3
Andillac (81) 170 A2
Andilly (17) 106 D4
Andilly (54) 48 B4
Andilly (74) 118 B6
Andilly (95) 42 C2
Andilly-en-Bassigny (52) . . . 68 C6
Andiran (47) 150 C6
Andlau (67) 71 F2
Andoins (64) 182 C2
Andolsheim (68) 71 F4
Andon (06) 178 B3
Andonville (45) 63 E3
Andornay (70) 88 B3
Andouillé (53) 58 C4
Andouillé-Neuville (35). 57 F1
Andouque (81) 170 D2
Andrein (64). 181 G1
Andres (62) 1 G3
Andrest (65) 183 E2
Andrésy (78) 42 B3
Andrezé (49) 75 G6
Andrezel (77) 43 F6
Andrézieux-Bouthéon (42) . . 129 E5
Andryes (89) 83 F4
Anduze (30) 173 G1
Anères (65) 183 H4
Anet (28) 41 F4
Anetz (44). 75 F4
Angaïs (64) 182 C2
Angé (41) 79 H6
Angeac-Champagne (16) . . . 121 G4
Angeac-Charente (16). 122 A4
Angecourt (08) 24 C2
Angeduc (16) 122 A5
Angely (89) 84 B4
Angeot (90) 88 D2
Angers (49) 77 E4
Angerville (14) 14 D4
Angerville (91) 63 E3
Angerville-Bailleul (76). 16 C4
Angerville-
    -la-Campagne (27) 40 D2
Angerville-la-Martel (76). . . . 16 D3
Angeville (82) 168 C2
Angevillers (57) 26 B3
Angey (50) 35 G3
Angicourt (60) 20 D5
Angiens (76) 17 E2
Angirey (70) 86 D5
Angivillers (60) 20 D4
Anglade (33) 135 E2
Anglards-
    -de-Saint-Flour (15). 141 F4
Anglards-de-Salers (15) . . . 140 A2
Anglars (46) 153 F1
Anglars-Juillac (46). 152 B3

Anglars-Nozac (46) 138 C6
Anglars Saint Félix (12) 153 I4
Anglefort (01) 131 G1
Anglemont (88) 70 B2
Angles (04) 177 H2
les Angles (30) 174 D2
les Angles (65) 183 E4
les Angles (66) 199 F3
Anglès (81) 171 E6
Angles (85) 106 B2
les Angles-sur-Corrèze (19) . . . 139 E1
Angles-sur-l'Anglin (86) 95 F6
Anglesqueville-
-la-Bras-Long (76) 17 E3
Anglesqueville-
-l'Esneval (76) 16 B4
Anglet (64) 164 B6
Angliers (17) 107 E4
Angliers (86) 94 A3
Anglure (51) 45 E6
Anglure-sous-Dun (71) 115 G4
Angluzelles-
-et-Courcelles (51) 45 E6
Angoisse (24) 124 A6
Angomont (54) 49 H6
Angos (65) 183 F3
Angoulême (16) 122 B4
Angoulins (17) 106 D5
Angoumé (40) 164 D4
Angous (64) 181 G2
Angoustrine-Villeneuve-
-des-Escaldes (66) 199 G4
Angoville (14) 38 C3
Angoville-au-Plain (50) . . . 13 E4
Angoville-sur-Ay (50) 12 C5
Angres (62) 8 B1
Angresse (40) 164 C4
Angrie (49) 76 B3
Anguerny (14) 14 B4
Anguilcourt-le-Sart (02) . . . 22 B2
Angy (60) 20 C5
Anhaux (64) 180 D3
Anhiers (59) 8 D1
Aniane (34) 172 D5
Aniche (59) 9 E2
Anisy (14) 14 B4
Anizy-le-Château (02) . . . 22 B4
Anjeux (70) 87 G1
Anjou (38) 144 B1
Anjouin (36) 96 D2
Anjoutey (90) 88 D2
Anla (65) 184 A5
Anlezy (58) 99 G4
Anlhiac (24) 138 A1
Annay (58) 82 C4
Annay (62) 8 B1
Annay-la-Côte (89) 84 A4
Annay-sur-Serein (89) . . 84 A2
Annebault (14) 15 E4
Annecy (74) 132 A1
Annecy-le-Vieux (74) . . . 132 B1
Annelles (08) 23 G4
Annemasse (74) 118 C4
Annéot (89) 84 A4
Annepont (17) 121 E2
Annequin (62) 2 D6
Annesse-et-Beaulieu (24) . . 137 E4
Annet-sur-Marne (77) . . 43 F3
Anneux (59) 8 D3
Anneville-Ambourville (76) . . 17 F6
Anneville-en-Saire (50) . . 13 E2
Annéville-la-Prairie (52) . . 67 H4
Anneville-sur-Mer (50) . . 12 C6
Anneville-sur-Scie (76) . . 17 G2
Anneyron (26) 144 B2
Annezay (17) 107 F6
Annezin (62) 2 D6
Annœullin (59) 3 E6
Annoire (39) 102 B4
Annois (02) 21 H2
Annoisin-Chatelans (38) . . . 130 D3
Annoix (18) 97 H4
Annonay (07) 143 H2
Annonville (52) 68 A2
Annot (04) 178 A2
Annouville-Vilmesnil (76) . . 16 C4
Annoux (89) 84 B3
Annoville (50) 35 G1
Anor (59) 10 B5
Anos (64) 182 C1
Anost (71) 100 B3
Anould (88) 70 D3
Anoux (54) 25 H5
Anoye (64) 182 D1
Anquetierville (76) . . 18 A3
Anrosey (52) 86 D1
Ansac-sur-Vienne (16) . . 123 F1
Ansacq (60) 20 C5
Ansan (32) 168 A4
Ansauville (54) 48 A4
Ansauvillers (60) . . 20 C3
Anse (69) 129 H1
Anserville (60) . . . 20 B6
Ansignan (66) . . . 200 C4
Ansost (65) 183 F1
Ansouis (84) 176 A4
Anstaing (59) 3 G5
Antagnac (47) . . . 150 H4
Anterrieux (15) . . 141 E6
Anteuil (25) 88 B5
Antezant-la-Chapelle (17) . . 107 H6
Anthé (47) 151 H4
Anthelupt (54) . . . 49 E6
Anthenay (51) . . . 44 D1
Antheny (08) . . . 10 C6
Antheuil (21) . . . 101 F2
Antheuil-Portes (60) . . 21 E4
Anthien (58) 83 H6
Anthon (38) 130 C3
Anthy-sur-Léman (74) . . 118 D3
Antibes (06) 195 E4

Antichan (65) 184 A5
Antichan-
-de-Frontignes (31) 184 A5
Antignac (15) 140 B1
Antignac (31) 197 F1
Antigny (85) 92 C6
Antigny (86) 109 H2
Antigny-la-Ville (21) 101 E2
Antilly (57) 26 C5
Antilly (60) 43 G1
Antin (65) 183 G2
Antisanti (2B) 205 G3
Antist (65) 183 F4
Antogny-le-Tillac (37) . . 94 D3
Antoigné (49) 93 G2
Antoigny (61) 38 C6
Antoingt (63) 127 F5
Antonaves (05) 159 H5
Antonne-et-Trigonant (24) . . 137 G2
Antony (92) 42 C5
Antraigues-sur-Volane (07) . . 157 G1
Antrain (35) 35 G5
Antran (86) 94 D4
Antras (09) 184 C6
Antras (32) 167 G4
Antrenas (48) 155 G2
Antugnac (11) 186 D5
Antully (71) 100 D4
Anvéville (76) 17 E4
Anville (16) 122 A2
Anvin (62) 7 G1
Any-Martin-Rieux (02) . . . 10 C6
Anzat-le-Luguet (63) . . . 141 E1
Anzeling (57) 26 D4
Anzème (23) 111 G4
Anzex (47) 150 C5
Anzin (59) 9 F2
Anzin-Saint-Aubin (62) . . . 8 B2
Anzy-le-Duc (71) 115 E4
Aoste (38) 131 F4
Aougny (51) 44 D1
Aouste (08) 23 G1
Aouste-sur-Sye (26) . . . 158 C1
Aouze (88) 69 E2
Apach (57) 26 D2
Apchat (63) 141 F1
Apchon (15) 140 C2
Apinac (42) 142 D1
Appelle (81) 170 A5
Appenai-sous-Bellême (61) . . 60 D2
Appenans (25) 88 B5
Appenwihr (68) 71 G5
Appeville (50) 12 D5
Appeville-Annebault (27) . . 18 A5
Appietto (2A) 204 C5
Appilly (60) 21 H3
Appoigny (89) 83 F1
Apprieu (38) 131 E6
Appy (09) 199 F1
Apremont (01) 117 G4
Apremont (08) 24 C6
Apremont (60) 20 D6
Apremont (70) 86 C5
Apremont (73) 131 H5
Apremont (85) 91 E3
Apremont-la-Forêt (55) . . 47 H4
Apremont-sur-Allier (18) . . 98 D4
Aprey (52) 86 A2
Apt (84) 176 A3
Arabaux (09) 185 H5
Arâches-la-Frasse (74) . . 119 F6
Aragnouet (65) 196 D1
Aragon (11) 187 E2
Aramits (64) 181 H3
Aramon (30) 174 D3
Aranc (01) 117 F6
Arancou (64) 165 E6
Arandas (01) 131 E2
Arandon (38) 131 E3
Araujuzon (64) 181 G1
Araules (43) 143 E3
Araux (64) 181 G1
Arbanats (33) 149 G1
Arbas (31) 184 C5
Arbecey (70) 87 E2
Arbellara (2A) 207 E3
Arbent (01) 117 G4
Arbéost (65) 182 C5
Arbérats-Sillègue (64) . . 181 F1
Arbignieu (01) 131 F3
Arbigny (01) 116 C2
Arbigny-sous-Varennes (52) . . 86 C1
Arbin (73) 132 A5
Arbis (33) 149 H1
Arblade-le-Bas (32) . . 166 C4
Arblade-le-Haut (32) . . 166 D4
Arbois (39) 103 E4
Arbon (31) 184 B5
Arbonne (64) 164 B6
Arbonne-la-Forêt (77) . . 63 H2
Arboras (34) 172 D4
Arbori (2A) 204 C4
Arbot (52) 85 G1
Arbouans (25) 88 C4
Arboucave (40) . . . 166 A5
Arbouet-Sussaute (64) . . 181 F1
Arbourse (58) 99 E1
Arboussols (66) . . . 200 C2
l'Arbresle (69) . . . 129 G2
Arbrissel (35) . . . 57 H4
Arbus (64) 182 A2
Arbusigny (74) . . . 118 C5
Arc-en-Barrois (52) . . 67 G6
Arc-et-Senans (25) . . 103 E3
Arc-lès-Gray (70) . . 86 C5
Arc-sous-Cicon (25) . . 104 A2
Arc-sous-Montenot (25) . . 103 F4
Arc-sur-Tille (21) . . 86 A6
Arçais (79) 107 F3
Arcambal (46) . . . 152 D4

Arcangues (64) 164 B6
Arçay (10) 97 G4
Arçay (86) 93 H3
Arceau (21) 86 A5
Arcenant (21) 101 G2
Arcens (07) 143 F5
Arces (17) 120 D4
Arces-Dilo (89) 65 G5
Arcey (21) 101 G1
Arcey (25) 88 B4
Archail (04) 160 D6
Archamps (74) 118 C5
Archelange (39) 102 C2
Arches (15) 140 A1
Arches (88) 70 A4
Archettes (88) 70 A4
Archiac (17) 121 G5
Archignac (24) 138 B4
Archignat (03) 112 C3
Archigny (86) 94 D6
Archingeay (17) 121 E1
Archon (02) 23 F1
Arcinges (42) 115 F5
Arcins (33) 134 D3
Arcis-le-Ponsart (51) . . 22 C6
Arcis-sur-Aube (10) . . 66 B1
Arcizac-Adour (65) . . 183 E3
Arcizac-Ez-Angles (65) . . 183 E4
Arcizans-Avant (65) . . 182 D5
Arcizans-Dessus (65) . . 182 D5
Arcomps (18) 97 H6
Arçon (25) 104 A3
Arcon (42) 128 C1
Arçonnay (72) 60 A2
Arconsat (63) 128 B2
Arconville (10) 67 F4
les Arcs (83) 177 H6
Arcueil (94) 42 D4
Arcy-Sainte-Restitue (02) . . 22 B6
Arcy-sur-Cure (89) . . 83 H4
Ardelles (28) 61 G1
Ardelu (28) 62 D3
Ardenais (18) 112 B1
Ardenay-sur-Mérize (72) . . 60 C6
Ardengost (65) . . . 183 G5
Ardentes (36) 96 D6
Ardes (63) 127 F6
Ardeuil-
-et-Montfauxelles (08) . . 24 B6
Ardiège (31) 184 A4
les Ardillats (69) . . 115 H5
Ardilleux (79) . . . 108 B5
Ardillières (17) . . 107 E5
Ardin (79) 107 G2
Ardizas (32) 168 C4
Ardoix (07) 143 H2
Ardon (39) 103 G5
Ardon (45) 80 D2
Ardouval (76) . . . 17 H3
Ardres (62) 2 D3
Aregno (2B) 202 C5
Areines (41) 79 G2
Aren (64) 181 H2
Arengosse (40) . . 165 G1
Arenthon (74) . . . 118 D5
Arès (33) 134 B6
Aresches (39) . . . 103 F4
Aressy (64) 182 C2
Arette (64) 181 H4
Arfeuille-Châtain (23) . . 112 C5
Arfeuilles (03) . . 114 C5
Arfons (81) 186 D1
Argagnon (64) . . 165 G6
Arganchy (14) . . 13 H6
Argançon (10) . . 67 E3
Argancy (57) . . . 26 C5
Argein (09) . . . 184 C6
Argelès-Bagnères (65) . . 183 F4
Argelès-Gazost (65) . . 182 D5
Argelès-sur-Mer (66) . . 201 G3
Argeliers (11) . . 188 A2
Argelliers (34) . . 173 E4
Argelos (40) . . . 165 H5
Argelos (64) . . . 166 B6
Argelouse (40) . . 149 G4
Argences (14) . . 14 D5
Argens-Minervois (11) . . 187 G3
Argent-sur-Sauldre (18) . . 81 G4
Argentan (61) . . 39 E4
Argentat (19) . . 139 F3
Argentenay (89) . . 84 B2
Argenteuil (95) . . 42 C3
Argenteuil-
-sur-Armançon (89) . . 84 B2
l'Argentière-la-Bessée (05) . . 147 E6
Argentières (77) . . 43 G6
Argentine (73) . . 132 C5
Argenton (47) . . 150 B4
Argenton-l'Église (79) . . 93 F3
Argenton-les-Vallées (79) . . 93 E3
Argenton-Notre-Dame (53) . . 76 D2
Argenton-sur-Creuse (36) . . 111 E1
Argentré (53) . . 58 D4
Argentré-du-Plessis (35) . . 58 A5
Argenvières (18) . . 98 C2
Argenvilliers (28) . . 61 F2
Argers (51) . . . 46 D1
Arget (64) . . . 165 H5
Argiésans (90) . . 88 C3
Argillières (70) . . 86 D3
Argilliers (30) . . 174 C2
Argilly (21) . . . 101 H3
Argiusta-Moriccio (2A) . . 207 E1
Argœuves (80) . . 7 F5
Argol (29) . . . 31 E6
Argonay (74) . . 132 B1
Argouges (50) . . 35 H5
Argoules (80) . . 6 D2
Arguel (76) . . . 19 F3

Arguel (25) 103 F1
Arguel (80) 8 D0
Arguenos (31) 184 B5
Argut-Dessous (31) 184 B6
Argy (36) 96 A4
Arhansus (64) 181 F2
Aries-Espénan (65) 183 H2
Arifat (81) 170 D4
Arignac (09) 185 G6
Arinthod (39) 117 G3
Arith (73) 132 A3
Arjuzanx (40) 165 F1
Arlanc (63) 128 B6
Arlay (39) 102 D5
Arlebosc (07) 143 H4
Arlempdes (43) 142 C5
Arles (13) 174 C5
Arles-sur-Tech (66) 200 D4
Arlet (43) 141 H3
Arleuf (58) 100 B3
Arleux (59) 8 D2
Arleux-en-Gohelle (62) . . 8 B2
Arlos (31) 184 B6
Armaillé (49) 76 A2
Armancourt (60) 21 E5
Armancourt (80) 21 E2
Armaucourt (54) 48 D4
Armbouts-Cappel (59) . . 2 B2
Armeau (89) 65 E5
Armendarits (64) 181 E2
Armenteule (65) 197 E1
Armentières (59) 3 E4
Armentières-en-Brie (77) . . 43 H3
Armentières-sur-Avre (27) . . 40 B5
Armentières-sur-Ourcq (02) . . 44 B1
Armentieux (32) 167 E6
Armes (58) 83 F5
Armillac (47) 150 D2
Armissan (11) 188 B3
Armix (01) 131 F2
Armous-et-Cau (32) . . 167 E5
Armoy (74) 119 E3
Arnac (15) 139 H4
Arnac-la-Poste (87) . . 110 D4
Arnac-Pompadour (19) . . 124 B6
Arnac-sur-Dourdou (12) . . 171 H4
Arnage (72) 60 A6
Arnancourt (52) 67 G2
Arnas (69) 116 A6
Arnaud-Guilhem (31) . . 184 C4
Arnave (09) 185 H6
Arnaville (54) 26 B6
Arnay-le-Duc (21) . . 101 E2
Arnay-sous-Vitteaux (21) . . 84 D5
Arnayon (26) 159 E3
Arné (65) 183 H3
Arnéguy (64) 180 D3
Arnèke (59) 2 C3
Arnicourt (08) 23 G3
Arnières-sur-Iton (27) . . 40 D2
Arnos (64) 165 H6
Arnouville-lès-Gonesse (95) . . 42 D3
Arnouville-lès-Mantes (78) . . 41 H3
Aroffe (88) 69 E2
Aromas (39) 117 F4
Aron (53) 59 E3
Aroue-
-Ithorots-Olhaïby (64) . . 181 F2
Aroz (70) 87 F3
Arpaillargues-
-et-Aureillac (30) . . 174 B2
Arpajon (91) 42 C6
Arpajon-sur-Cère (15) . . 140 B5
Arpavon (26) 159 E4
Arpenans (70) 87 H3
Arpheuilles (18) . . . 98 A5
Arpheuilles (36) . . . 95 H4
Arpheuilles-
-Saint-Priest (03) . . 112 D5
Arphy (30) 172 D2
Arquenay (53) 59 E5
Arques (11) 188 A2
Arques (12) 154 D5
les Arques (46) . . . 152 B2
Arques (62) 2 B4
Arques-la-Bataille (76) . . 17 G2
Arquettes-en-Val (11) . . 187 F4
Arquèves (80) 7 H4
Arquian (58) 82 C4
Arradon (56) 72 D1
Arraincourt (57) . . . 49 E2
Arrancourt (91) . . . 63 F3
Arrancy (02) 22 D4
Arrancy-sur-Crusne (55) . . 25 G4
Arrans (21) 84 C3
Arras (62) 8 B2
Arras-en-Lavedan (65) . . 182 D5
Arras-sur-Rhône (07) . . 144 A3
Arrast-Larrebieu (64) . . 181 G2
Arraute-Charritte (64) . . 181 E1
Arraye-et-Han (54) . . 48 D3
Arrayou-Lahitte (65) . . 183 F5
Arre (30) 172 D2
Arreau (65) 183 G6
Arrelles (10) 66 C5
Arrembécourt (10) . . 67 E1
Arrènes (23) 111 E6
Arrens-Marsous (65) . . 182 C5
Arrentès-de-Corcieux (88) . . 70 C4
Arrentières (10) . . 67 F3
Arrest (80) 6 C4
Arreux (08) 11 E6
Arriance (57) 49 E2
Arricau-Bordes (64) . . 166 C6
Arrien (64) 182 D2
Arrien-en-Bethmale (09) . . 184 D6
Arrigas (30) 172 D2
Arrigny (51) 45 H6
Arro (2A) 204 C4
Arrodets (65) 183 G4

Arrodets-Ez-Angles (65) 183 E4
Arromanches-les-Bains (14) . . 14 A3
Arronnes (03) 114 B6
Arronville (95) 42 B1
Arros-de-Nay (64) 182 C3
Arrosès (64) 166 C5
Arrou (28) 61 G3
Arrouède (32) 184 A2
Arrout (09) 184 D5
Arry (57) 48 C2
Arry (80) 6 C2
Ars (16) 121 G4
Ars (23) 125 G1
Ars-en-Ré (17) 106 A4
Ars-Laquenexy (57) 26 C5
Ars-les-Favets (63) 113 C5
Ars-sur-Formans (01) . . . 130 A1
Ars-sur-Moselle (57) . . . 48 C1
Arsac (33) 135 E4
Arsac-en-Velay (43) 142 C4
Arsague (40) 165 G5
Arsans (70) 86 D5
Arsonval (10) 67 E3
Arsure-Arsurette (39) . . . 103 G5
les Arsures (39) 103 E3
Arsy (60) 21 E5
Art-sur-Meurthe (54) . . . 48 D5
Artagnan (65) 183 E1
Artaise-le-Vivier (08) . . . 24 C3
Artaix (71) 115 E4
Artalens-Souin (65) 182 D5
Artannes-sur-Indre (37) . . 94 D1
Artannes-sur-Thouet (49) . . 93 H1
Artas (38) 130 C5
Artassenx (40) 166 B3
Artemare (01) 131 F2
Artemps (02) 21 H1
Artenay (45) 62 D5
Arthaz-
-Pont-Notre-Dame (74) . . . 118 C5
Arthel (58) 99 F1
Arthémonay (26) 144 C3
Arthenac (17) 121 G5
Arthenas (39) 117 F1
Arthès (81) 170 C2
Arthez-d'Armagnac (40) . . 166 B2
Arthez-d'Asson (64) 182 C4
Arthez-de-Béarn (64) . . . 165 H6
Arthezé (72) 77 G2
Arthies (95) 41 H2
Arthon (36) 96 C6
Arthon-en-Retz (44) 74 A6
Arthonnay (89) 66 C6
Arthun (42) 128 D3
Artigat (09) 185 F4
Artignosc-sur-Verdon (83) . . 177 E4
Artigue (31) 184 A6
Artigueloutan (64) 182 C2
Artiguelouve (64) 182 A2
Artiguemy (65) 183 F4
Artigues (09) 199 H2
Artigues (11) 200 A1
Artigues (65) 183 E4
Artigues (83) 192 D1
les Artigues-de-Lussac (33) . . 135 H4
Artigues-
-près-Bordeaux (33) . . . 135 F5
Artins (41) 79 E2
Artix (09) 185 G4
Artix (64) 182 A1
Artolsheim (67) 71 G3
Artonges (02) 44 C3
Artonne (63) 127 F1
Artres (59) 9 F2
Artzenheim (68) 71 G4
Arudy (64) 182 B4
Arue (40) 166 B1
Arvert (17) 120 B3
Arveyres (33) 135 G5
Arvieu (12) 154 C6
Arvieux (05) 147 F6
Arvigna (09) 185 G5
Arvillard (73) 132 B6
Arville (41) 61 F5
Arville (77) 63 H4
Arvillers (80) 21 E1
Arx (40) 150 B6
Arzacq-Arraziguet (64) . . 166 A5
Arzal (56) 73 F2
Arzano (29) 54 C4
Arzay (38) 130 C6
Arzembouy (58) 99 F1
Arzenc-d'Apcher (48) . . . 141 E6
Arzenc-de-Randon (48) . . 156 B2
Arzens (11) 186 D3
Arzillières-Neuville (51) . . 46 B6
Arzon (56) 72 C1
Arzviller (57) 50 B4
Asasp-Arros (64) 182 A3
Ascain (64) 180 D1
Ascarat (64) 180 D3
Aschbach (67) 51 F2
Aschères-le-Marché (45) . . 63 E5
Asco (2B) 202 D6
Ascou (09) 199 G2
Ascoux (45) 63 F5
Ascros (06) 178 C2
Asfeld (08) 23 H4
Aslonnes (86) 109 E2
Asnan (58) 83 F6
Asnans-Beauvoisin (39) . . 102 C4
Asnelles (14) 14 A3
Asnières (27) 15 G4
Asnières-en-Bessin (14) . . 13 G4
Asnières-en-Montagne (21) . . 84 C3
Asnières-en-Poitou (79) . . 108 B5
Asnières-la-Giraud (17) . . 121 F1
Asnières-lès-Dijon (21) . . 85 H5
Asnières-sous-Bois (89) . . 83 G5
Asnières-sur-Blour (86) . . 109 H4
Asnières-sur-Nouère (16) . . 122 B3

Asnières-sur-Oise (95) 42 D1
Asnières-sur-Saône (01) . . 116 B3
Asnières-sur-Seine (92) . . 42 C3
Asnières-sur-Vègre (72) . . 59 G6
Asnois (58) 83 G5
Asnois (86) 109 E5
Aspach (57) 49 H5
Aspach (68) 89 E3
Aspach-le-Bas (68) 89 E2
Aspach-le-Haut (68) 89 E1
Aspères (30) 173 G3
Asperjoc (07) 157 G1
Aspet (31) 184 B5
Aspin-Aure (65) 183 G5
Aspin-en-Lavedan (65) . . 182 D4
Aspiran (34) 172 C6
Aspremont (05) 159 H3
Aspremont (06) 195 F2
les Aspres (61) 40 A5
Aspres-lès-Corps (05) . . . 146 A6
Aspres-sur-Buëch (05) . . . 159 H2
Aspret-Sarrat (31) 184 B4
Asprières (12) 153 H3
Asque (65) 183 F4
Asques (33) 135 F4
Asques (82) 168 C2
Asquins (89) 83 H5
Assac (81) 171 E2
Assainvillers (80) 21 E3
Assais-les-Jumeaux (79) . . 93 H5
Assas (34) 173 F4
Assat (64) 182 C2
Assay (37) 94 B2
Assé-le-Bérenger (53) . . . 59 F4
Assé-le-Boisne (72) 59 H3
Assé-le-Riboul (72) 60 A4
Assenay (10) 66 B4
Assencières (10) 66 B2
Assenoncourt (57) 49 G4
Assérac (44) 73 F3
Assevent (59) 10 A2
Assevillers (80) 8 B6
Assier (46) 153 F1
Assieu (38) 130 A6
Assignan (34) 187 H1
Assigny (18) 82 B5
Assigny (76) 17 H1
les Assions (07) 157 E4
Assis-sur-Serre (02) 22 B2
Asson (64) 182 C3
Asswiller (67) 50 D3
Astaffort (47) 168 A1
Astaillac (19) 139 E5
Asté (65) 183 F4
Aste-Béon (64) 182 B4
Astet (07) 157 E1
Astillé (53) 58 C6
Astis (64) 166 B6
Aston (09) 199 F1
Astugue (65) 183 E4
Athée (53) 58 B6
Athée (21) 102 C1
Athée-sur-Cher (37) 79 F6
Athesans-
-Étroitefontaine (70) . . . 88 A3
Athie (21) 84 C4
Athie (89) 84 A4
Athienville (54) 49 E5
Athies (62) 8 B2
Athies (80) 8 C6
Athies-sous-Laon (02) . . . 22 C3
Athis (51) 45 G2
Athis-de-l'Orne (61) 38 B4
Athis-Mons (91) 42 D5
Athos-Aspis (64) 181 F1
Athose (25) 103 H2
Attainville (95) 42 D2
Attancourt (52) 67 E2
les Attaques (62) 1 H2
Attenschwiller (68) 89 G3
Attiches (59) 3 F6
Attichy (60) 21 G4
Attignat (01) 116 D4
Attignat-Oncin (73) 131 G5
Attignéville (88) 68 D2
Attigny (08) 24 A4
Attigny (88) 69 F5
Attilloncourt (57) 49 E4
Attilly (02) 8 D6
Attin (62) 1 F6
Atton (54) 48 C3
Attray (45) 63 E5
Attricourt (70) 86 B4
Atur (24) 137 F3
Aubagnan (40) 166 A4
Aubagne (13) 192 C4
Aubaine (21) 101 F2
Aubais (30) 173 H4
Aubarède (65) 183 F2
Aubas (24) 138 A3
Aubazat (43) 141 H3
Aubazines (19) 138 D3
Aube (57) 26 C6
Aube (61) 40 A5
Aubéguimont (76) 19 G1
Aubenas (07) 157 G2
Aubenas-les-Alpes (04) . . 176 C2
Aubenasson (26) 158 D1
Aubencheul-au-Bac (59) . . 8 D3
Aubencheul-aux-Bois (02) . . 9 E5
Aubenton (02) 10 B6
Aubepierre-
-Ozouer-le-Repos (77) . . . 43 G6
Aubepierre-sur-Aube (52) . . 85 G1
l'Aubépin (39) 117 G2
Auberchicourt (59) 8 D2
Aubercourt (80) 20 D1
Aubergenville (78) 42 A3
Auberive (51) 23 G6
Auberive (52) 85 H2
Auberives-en-Royans (38) . . 144 D3

210

Auberives-sur-Varèze (38) . . 130A6
Aubermesnil-
-aux-Érables (76) 19F1
Aubermesnil-Beaumais (76). . 17G2
Aubers (59) 3E5
Aubertin (64) 182B2
Auberville (14) 14D3
Auberville-
-la-Campagne (76) 15H1
Auberville-la-Manuel (76). . . 16D2
Auberville-la-Renault (76). . . 16C4
Aubervilliers (93) 42D3
Aubeterre (10) 66B2
Aubeterre-sur-Dronne (16) . . 136B1
Aubeville (16) 122A5
Aubevoye (27) 41E1
Aubiac (33) 149H3
Aubiac (47) 151E6
Aubiat (63) 127F1
Aubie-et-Espessas (33) . . . 135F4
Aubière (63) 127F1
Aubiet (32) 168A5
Aubignan (84) 175F1
Aubignas (07) 158A2
Aubigné (35) 57F1
Aubigné (79) 108B6
Aubigné-Racan (72) 78B3
Aubigné-sur-Layon (49) . . . 93E1
Aubignosc (04) 160B6
Aubigny (03) 98D6
Aubigny (14) 38D3
Aubigny (79) 93G5
Aubigny (80) 7HG
Aubigny (85) 91G5
Aubigny-au-Bac (59) 8D3
Aubigny-aux-Kaisnes (02) . . 21H1
Aubigny-en-Artois (62) 8A2
Aubigny-en-Laonnois (02) . . 22D4
Aubigny-en-Plaine (21) 102A2
Aubigny-la-Ronce (21) 101F3
Aubigny-les-Pothées (08) . . 23H1
Aubigny-
-lès-Sombernon (21). 85E6
Aubigny-sur-Nère (18) 81G5
Aubilly (51) 22D6
Aubin (12) 154A3
Aubin (64) 166A6
Aubin-Saint-Vaast (62) 7E1
Aubinges (18) 98A1
Auboncourt-Vauzelles (08) . . 23H3
Aubonne (25). 104A3
Aubord (30) 174A4
Auboué (54) 26A4
Aubous (64) 166C5
Aubres (26) 158D4
Aubréville (55) 46D1
Aubrives (08) 11F4
Aubrometz (62) 7F2
Aubry-du-Hainaut (59) 9F4
Aubry-en-Exmes (61) 39F4
Aubry-le-Panthou (61) 39G4
Aubure (68) 71E3
Aubussargues (30) 174A2
Aubusson (23) 125G1
Aubusson (61) 38C1
Aubusson-d'Auvergne (63). . 128A3
Aubvillers (80) 20D2
Auby (59) 8C1
Aucaleuc (22). 34C5
Aucamville (31) 169F5
Aucamville (82) 168D3
Aucazein (09) 184C5
Aucelon (26) 159E2
Aucey-la-Plaine (50) 35G5
Auch (32) 167H5
Auchel (62) 2C6
Auchonvillers (80) 8A4
Auchy-au-Bois (62) 2B6
Auchy-la-Montagne (60). . . . 20B3
Auchy-lès-Hesdin (62) 7F1
Auchy-les-Mines (62) 3E6
Auchy-lez-Orchies (59) 3G6
Aucun (65) 182C5
Audaux (64) 181G1
Audelange (39) 102D2
Audeloncourt (52). 68C5
Audembert (62) 1F3
Audenge (33) 148C1
Auderville (50) 12A1
Audes (03) 112C2
Audeux (25) 103F1
Audeville (45) 63F3
Audierne (29). 52D2
Audignicourt (02) 21H4
Audignies (59) 9H2
Audignon (40) 165H4
Audigny (02) 9G6
Audincourt (25) 88C4
Audincthun (62) 2A5
Audinghen (62) 1F3
Audon (40) 165F4
Audouville-la-Hubert (50). . . 13E4
Audrehem (62) 1G4
Audressein (09) 184D6
Audresselles (62) 1F3
Audrieu (14) 14A4
Audrix (24). 137G5
Audruicq (62). 1H3
Audun-le-Roman (54) 26A3
Audun-le-Tiche (57) 26A2
Auenheim (67) 51G3
Auffargis (78). 42A5
Auffay (76) 17G4
Aufferville (77). 63H4
Auffreville-Brasseuil (78) . . . 41H3
Auflance (08) 25E2
Auga (64) 166B6
Auge (08) 10C6
Auge (23) 112B4
Augé (79) 108A2

Auge-Saint-Médard (16). . . . 122A2
Augea (39) 117F1
Auger-Saint-Vincent (60) . . . 21F6
Augerans (39) 102D3
Augères (23) 111F6
Augerolles (63) 128A3
Augers-en-Brie (77). 44B5
Augerville-la-Rivière (45) . . . 63G3
Augicourt (70) 87E2
Augignac (24) 123F4
Augirein (09) 184C5
Augisey (39) 117F1
Augnat (63) 127F6
Augnax (32). 168A4
Augne (87). 125E3
Augny (57). 26B6
Auguaise (61) 40A5
Augy (02) 22B5
Augy (89) 83G2
Augy-sur-Aubois (18) 98B5
Aujac (17). 121G2
Aujac (30) 156D4
Aujan-Mournède (32) 183H1
Aujargues (30) 173H4
Aujeurres (52) 86A2
Aujols (46). 152D4
Aulan (26) 159F5
Aulas (30). 172D2
Aulhat-Saint-Privat (63) . . . 127G5
Aullène (2A). 207E2
Aulnat (63) 127F3
Aulnay (10) 66D1
Aulnay (17) 107HG
Aulnay (86) 94A4
Aulnay-la-Rivière (45) 63G4
Aulnay-l'Aître (51). 46A4
Aulnay-sous-Bois (93) 43E3
Aulnay-sur-Iton (27) 40D2
Aulnay-sur-Marne (51) 45G2
Aulnay-sur-Mauldre (78) . . . 42A3
Aulnois (88) 68D3
Aulnois-en-Perthois (55). . . 47E6
Aulnois-sous-Laon (02) . . . 22C3
Aulnois-sur-Seille (57) 48D3
Aulnoy (77) 43H4
Aulnoy-lez-Valenciennes (59). . 9F2
Aulnoy-sur-Aube (52) 85H1
Aulnoye-Aymeries (59). . . . 9H3
les Aulneaux (72) 60B2
Aulon (23) 111F6
Aulon (31) 184B3
Aulon (65) 183G6
Aulos (09) 199F1
Ault (80) 6B4
Aulus-les-Bains (09) 198C1
Aulx-lès-Cromary (70). . . . 87G5
Aumagne (17) 121G2
Aumale (76) 19G1
Aumâtre (80) 6D6
Aumelas (34) 172D5
Auménancourt (51) 23E5
Aumerval (62) 2B6
Aumes (34) 188D1
Aumessas (30) 172D2
Aumetz (57) 26A2
Aumeville-Lestre (50) 13E3
Aumont (39) 102D4
Aumont (80) 7E6
Aumont-Aubrac (48) 155G1
Aumont-en-Halatte (60) . . . 20D6
Aumontzey (88). 70C4
Aumur (39) 102B3
Aunac (16) 122C1
Aunat (11) 199H1
Aunay-en-Bazois (58) 99H2
Aunay-les-Bois (61). 39G6
Aunay-sous-Auneau (28) . . 62D2
Aunay-sous-Crécy (28) 41E5
Aunay-sur-Odon (14). 14A6
Auneau (28) 62C2
Auneuil (60). 20A5
Aunou-le-Faucon (61). 39E5
Aunou-sur-Orne (61) 39F6
Auppegard (76) 17G3
Aups (83) 177F5
Auquainville (14) 15F6
Auquemesnil (76) 6A5
Auradé (32) 168C6
Auradou (47) 151G4
Auragne (31) 185G1
Auray (56) 55E6
Aure (08) 24A6
Aurec-sur-Loire (43) 143E1
Aureil (87) 124C3
Aureilhan (40) 148B5
Aureilhan (65) 183E3
Aureille (13) 175F4
Aurel (26) 159E2
Aurel (84) 159F6
Aurelle-Verlac (12). 155F3
Aurensan (32) 166C5
Aurensan (65) 183E2
Aureville (31). 169F6
Auriac (11) 187F6
Auriac (19) 139C2
Auriac (64) 166B6
Auriac-du-Périgord (24) . . . 138A3
Auriac-Lagast (12). 154C6
Auriac-l'Église (15) 141F2
Auriac-sur-Dropt (47) 150C4
Auriac-sur-Vendinelle (31) . . 169H6
Auriat (23) 124D2
Auribail (31). 185F2
Auribeau (84). 176A3
Auribeau-sur-Siagne (06) . . 178C5
Aurières (63) 126D4
Aurignac (31). 184C3
Aurimont (32) 168B5

Aurin (31) 169G6
Auriol (13) 192C3
Auriolles (33) 136B6
Aurions-Idernes (64). 166C6
Auris (38) 146B3
Aurons (13) 191H2
Auros (33) 150A3
Aurouër (03) 99E6
Auroux (48) 156C1
Aussac (81) 170B3
Aussac-Vadalle (16) 122C2
Ausseing (31) 184D4
Aussevielle (64) 182B1
Aussillon (81) 170D6
Aussois (73) 147F2
Ausson (31) 184A4
Aussonce (08) 23G5
Aussonne (31) 169E5
Aussos (32) 184A1
Aussurucq (64) 181F3
Autainville (41) 80A1
Autechaux (25) 87H5
Autechaux-Roide (25) 88C5
les Autels (02) 23F1
les Autels-Saint-Bazile (14) . . 39F3
les Autels-Villevillon (28) . . 61F4
Auterive (31) 185G2
Auterive (32) 167H5
Auterive (82) 168C3
Auterrive (64) 165E6
Autet (70) 86D4
Auteuil (60) 20A5
Auteuil (78) 41H4
Autevielle-Saint-Martin-
-Bideren (64) 181F1
Authe (08) 24B4
Autheuil (28) 61H6
Autheuil (61) 40A6
Autheuil-Authouillet (27) . . . 41E1
Autheuil-en-Valois (60) 43H1
Autheux (80) 7F4
Authevernes (27). 19G6
Authezat (63) 127F4
Authie (14). 14B4
Authie (80) 7H4
Authieule (80) 7G4
les Authieux (27) 41E3
les Authieux-du-Puits (61) . . 39C5
les Authieux-Papion (14). . . 15E6
Authieux-Ratiéville (76) . . . 18D3
les Authieux-
-sur-Calonne (14). 15F4
les Authieux-sur-le-Port-
-Saint-Ouen (76) 18D5
Authiou (58). 99F1
Authoison (70). 87G4
Authon (04) 160C5
Authon (41) 79F3
Authon-du-Perche (28) . . . 61F4
Authon-Ébéon (17) 121G2
Authon-la-Plaine (91) 62D2
Authou (27) 18A6
Authuille (80). 8A4
Authume (39) 102C2
Authumes (71) 102B4
Autichamp (26) 158C1
Autignac (34). 172B6
Autigny (76) 17F3
Autigny-la-Tour (88) 68D2
Autigny-le-Grand (52) 67H1
Autigny-le-Petit (52) 67H1
Autingues (62) 1H3
Autoire (46) 139E5
Autoreille (70) 87E5
Autouillet (78) 41H4
Autrac (43) 141F1
Autrans (38) 145F2
Autrèche (37). 79F4
Autrechêne (90). 88D3
Autrêches (60). 21H4
Autrecourt-et-Pourron (08). . 24C3
Autrécourt-sur-Aire (55) . . . 47E2
Autremencourt (02) 22D2
Autrepierre (54). 49G5
Autreppes (02). 9H6
Autretot (76) 17E4
Autreville (02). 21H3
Autreville (88) 69E1
Autréville-
-Saint-Lambert (55). 24D3
Autreville-sur-la-Renne (52). . 67G5
Autreville-sur-Moselle (54). . 48C4
Autrey (54) 48C6
Autrey (88) 70B3
Autrey-le-Vay (70) 87H4
Autrey-lès-Cerre (70). 87H3
Autrey-lès-Gray (70) 86C4
Autricourt (21) 67E6
Autruche (08) 24C4
Autruy-sur-Juine (45) 63E3
Autry (08) 24B4
Autry-Issards (03) 113G2
Autry-le-Châtel (45) 81H4
Autun (71) 100D4
Auty (82) 152C6
Auvare (06) 178C1
Auve (51) 46B2
Auvernaux (91) 63H1
Auvers (43) 141H4
Auvers (50) 13C5
Auvers-le-Hamon (72) 59F3
Auvers-Saint-Georges (91). . 63F1
Auvers-
-sous-Montfaucon (72) . . . 59H5
Auvers-sur-Oise (95) 42C2
Auverse (49) 77H4
Auvet-et-la-Chapelotte (70) . . 86C4
Auvillar (82) 168B1
Auvillars (14) 15E4
Auvillars-sur-Saône (21) . . . 102A3
Auvilliers (76) 19E1
Auvilliers-en-Forges (08) . . 10C6

Auvilliers (76) 19F1
Auvillers-en-Gâtinais (45) . . 63H6
aux-Aussat (32). 183G1
Auxais (50). 13E6
Auxange (39) 102D2
Auxant (21) 101F2
Auxelles-Bas (90) 88C2
Auxelles-Haut (90) 88C2
Auxerre (89). 83F2
Auxey-Duresses (21). 101F3
Auxi-le-Château (62) 7F3
Auxon (10) 66A5
Auxon (70) 87G3
Auxon-Dessous (25) 87F6
Auxon-Dessus (25) 87F6
Auxonne (21) 102C1
Auxy (45) 63H5
Auxy (71) 100D4
Auzainvilliers (88) 69E3
Auzances (23) 126B1
Auzas (31) 184C3
Auzat (09). 198D1
Auzat-la-Combelle (63). . . . 127G6
Auzay (85) 107E2
Auzebosc (76) 17E5
Auzelles (63) 127H4
Auzers (15). 140B2
Auzet (04). 160D4
Auzeville-Tolosane (31) . . . 169F6
Auzielle (31). 169G6
Auzits (12) 154A3
Auzon (43) 141G1
Auzouer-en-Touraine (37). . . 79F4
Auzouville-Auberbosc (76). . 16D4
Auzouville-l'Esneval (76) . . . 17F4
Auzouville-sur-Ry (76) 19E4
Auzouville-sur-Saône (76). . . 17F3
Availles-
-en-Châtellerault (86) 94D5
Availles-Limouzine (86) . . . 109G5
Availles-sur-Seiche (35) . . . 58A5
Availles-Thouarsais (79). . . 93G4
Avajan (65). 183G6
Avallon (89) 84A5
les Avanchers-
-Valmorel (73) 132D5
Avançon (05) 160C2
Avançon (08) 23F4
Avanne-Aveney (25) 103F1
Avant-lès-Marcilly (10) 65F2
Avant-lès-Ramerupt (10). . . 66C2
Avanton (86) 94B6
Avapessa (2B) 202C5
Avaray (41) 80B2
Avaux (08) 23F4
Aveize (69) 129G4
Aveizieux (42) 129F5
Avelanges (21). 85H4
Avelesges (80) 7E6
Aveluy (80). 8A5
Avenas (69) 116A5
Avenay (14) 14B5
Avenay-Val-d'Or (51). 45F2
Avène (34) 172A4
les Avenières (38) 131F4
Avensac (32) 168B3
Avensan (33) 134D3
Aventignan (65). 183H4
Averan (65) 183E3
Averdoingt (62) 7H2
Averdon (41) 79H3
Avermes (03) 113H1
Avernes (95) 42A2
Avernes-Saint-Gourgon (61). . 39G3
Avernes-sous-Exmes (61). . . 39F4
Avéron-Bergelle (32). 167E4
Averton (53) 59G2
Avesnelles (59) 10A4
Avesnes (62) 1H6
Avesnes-Chaussoy (80) . . . 6D6
Avesnes-en-Bray (76) 19G3
Avesnes-en-Saosnois (72) . . 60C3
Avesnes-en-Val (76) 6B5
Avesnes-le-Comte (62) . . . 7H2
Avesnes-le-Sec (59) 9E3
Avesnes-les-Aubert (59) . . . 9E3
Avesnes-lès-Bapaume (62). . 8A3
Avesnes-sur-Helpe (59). . . 10A4
Avessac (44) 74A1
Avessé (52) 59F6
Aveux (65) 184A5
Avezac-Prat-Lahitte (65) . . 183G4
Avezan (32) 168B3
Avèze (30) 172D2
Avèze (63) 126B5
Avezé (72) 60D3
Aviernoz (74) 132B1
Avignon (84) 175E2
Avignon-
-lès-Saint-Claude (39) 118A3
Avignonet (38). 145G4
Avignonet-Lauragais (31). . . 186A2
Avillers (25) 25H5
Avillers (88) 69G3
Avillers-Sainte-Croix (55) . . 47H2
Avilley (25). 87H5
Avilly-Saint-Léonard (60) . . 43E1
Avion (62) 8B1
Avioth (55) 25E3
Aviré (49) 76C2
Avirey-Lingey (10) 66C5
Aviron (27) 40D2
Avize (51) 45F2
Avocourt (55) 24D6
Avoine (37) 94B1
Avoine (61) 39E5
Avoise (72) 77G1
Avolsheim (67) 50D6
Avon (64) 64A2
Avon (79) 108C3

Avon-la-Pèze (10) 65G2
Avon-les-Roches (37) 94C2
Avondance (62) 2A6
Avord (18) 98A3
Avosnes (21) 85E6
Avot (21) 85H3
Avoudrey (25) 104A2
Avrainville (54) 48B4
Avrainville (88) 69G2
Avrainville (91) 63F1
Avranches (50) 35H3
Avranville (88) 68C2
Avrechy (60). 20C4
Avrée (58) 100A5
Avremesnil (76) 17F2
Avressieux (73) 131G3
Avreuil (10) 66A5
Avricourt (54). 49G5
Avricourt (57). 49G5
Avricourt (60) 21F2
Avrieux (73) 147F2
Avrigney-Virey (70) 87E6
Avrigny (60). 20D5
Avril (54) 26A4
Avril-sur-Loire (58) 99F5
Avrillé (49). 76D4
Avrillé (85) 91F6
Avrillé-les-Ponceaux (37) . . 78B5
Avrilly (03) 114C4
Avrilly (27) 40D3
Avrilly (61) 38A6
Avroult (62) 2A5
Avy (17) 121F4
Awoingt (59) 9E3
Ax-les-Thermes (09) 199G2
Axat (11) 200B1
Axiat (09) 199F1
Ay (51) 45F2
Ay-sur-Moselle (57). 26C4
Ayat-sur-Sioule (63) 113E6
Aydat (63) 127E4
Aydie (64) 166C5
Aydius (64) 182A5
Aydoilles (88) 70A3
Ayen (19) 138B2
Ayencourt (80) 20D3
Ayette (62) 8B3
Ayguatébia-Talau (66) 200A3
Ayguemorte-
-les-Graves (33) 135F6
Ayguesvives (31) 185H1
Ayguetinte (32) 167G3
Ayherre (64). 180D1
Ayn (73) 131G4
Aynac (46) 139E6
les Aynans (70) 88A3
Ayrens (15) 140A4
Ayron (86) 94A6
Ayros-Arbouix (65) 182D5
Ayse (74) 118C5
Ayssènes (12) 171G1
Aytré (17) 106D5
les Ayvelles (08) 24B2
Ayzac-Ost (65) 182D4
Ayzieu (32) 166D3
Azannes-
-et-Soumazannes (55). . . . 25E5
Azas (31) 169G4
Azat-Châtenet (23) 111F6
Azat-le-Ris (87) 110B4
Azay-le-Brûlé (79) 108A3
Azay-le-Ferron (36) 95C6
Azay-le-Rideau (37) 94C1
Azay-sur-Cher (37) 79E6
Azay-sur-Indre (37) 95F1
Azay-sur-Thouet (79) 93F6
Azé (41) 79F1
Azé (53) 76D1
Azé (71) 116F3
Azelot (54) 48D6
Azerables (23) 110D3
Azerailles (54) 70B1
Azerat (24) 138A3
Azérat (43) 141G1
Azereix (65) 183E3
Azet (65) 196D1
Azeville (50) 13E3
Azillanet (34) 187G2
Azille (11) 187G3
Azilone-Ampaza (2A) 205E6
Azincourt (62) 7F1
Azolette (69). 115G5
Azoudange (57) 49G4
Azur (40) 164C3
Azy (18) 98B2
Azy-le-Vif (58) 99E5
Azy-sur-Marne (02) 44B2
Azzana (2A) 204D4

B

Baâlon (55) 25E4
Baâlons (08). 24A3
Babeau-Bouldoux (34) . . . 188A1
Baboeuf (60) 21G3
Baby (77) 65E2
Baccarat (54) 70B1
Baccon (45) 80B1
Bach (46) 153E4
Bachant (53) 9H3
Bachas (31) 184C3
la Bachellerie (24) 138A3
Bachivillers (60). 20A6
Bachos (31) 184A6
Bachy (59) 3G6
Bacilly (50) 35G3
Baconnes (51) 45H1
la Baconnière (53) 58C4

Bacouël (60). 20C3
Bacouel-sur-Selle (80). . . . 20B1
Bacourt (57) 49E3
Bacquepuis (27) 40D2
Bacqueville (27). 40C1
Bacqueville-en-Caux (76) . . 17G3
Badailhac (15) 140C5
Badaroux (48) 156A3
Badecon-le-Pin (36). 111E2
Badefols-d'Ans (24). 138A2
Badefols-
-sur-Dordogne (24) 137F5
Baden (56) 72C1
Badens (11) 187F3
Badevel (25). 88D4
Badinières (38) 130D5
Badménil-aux-Bois (88) . . . 70A3
Badonviller (54) 70C1
Badonvilliers-
-Gérauvilliers (55) 47H6
Baerendorf (67) 50A3
Baerenthal (57) 28C6
la Baffe (88) 70A4
Baffie (63) 128C6
Bagard (30) 173G1
Bagas (33) 150A1
Bagat-en-Quercy (46) 152B4
la Bâtie-la-Ville (01). 116C4
Bâgé-le-Châtel (01) 116C4
Bagert (09) 184D4
Bages (11) 188A4
Bages (66) 201F3
Bagiry (31) 184A5
Bagnac-sur-Célé (46). 153H1
Bagneaux (89) 65G4
Bagneaux-sur-Loing (77) . . 64A4
Bagnères-de-Bigorre (65). . 183F4
Bagnères-de-Luchon (31) . . 197F1
Bagneux (02) 22A4
Bagneux (03) 113G1
Bagneux (36) 96C2
Bagneux (51). 65H1
Bagneux (54) 48B6
Bagneux (79) 92C4
Bagneux (92) 42C4
Bagneux-la-Fosse (10) . . . 66C6
Bagnizeau (17). 121G1
Bagnoles (11) 187F3
Bagnoles-de-l'Orne (61) . . . 38C6
Bagnolet (93) 42D4
Bagnols (63) 126C5
Bagnols (69) 129G2
Bagnols-en-Forêt (83) 178B5
Bagnols-les-Bains (48) . . . 156B3
Bagnols-sur-Cèze (30) . . . 158A6
Baguer-Morvan (35) 35E5
Baguer-Pican (35) 35F4
Baho (66) 201E2
Bahus-Soubiran (40) 166B4
Baigneaux (28) 62D5
Baigneaux (33) 135H6
Baigneaux (41) 79H2
Baignes (70). 87F3
Baignes-
-Sainte-Radegonde (16) . . 121H6
Baigneux-les-Juifs (21). . . . 85E4
Baignolet (28) 62B4
Baigts (40) 165G4
Baigts-de-Béarn (64) 165F6
Baillargues (34) 173G5
Baillé (35). 35H6
Bailleau-Armenonville (28) . . 62C1
Bailleau-le-Pin (28) 62A2
Bailleau-l'Évêque (28). . . . 62A1
Baillestavy (66) 200C3
Baillet-en-France (95) 42C2
Bailleul (59) 2D4
Bailleul (61) 39E4
le Bailleul (72) 77G2
Bailleul (80) 6D5
Bailleul-aux-Cornailles (62) . . 7H2
Bailleul-la-Vallée (27) 15G4
Bailleul-le-Soc (60) 20D4
Bailleul-lès-Pernes (62). . . . 2B6
Bailleul-Neuville (76) 19E1
Bailleul-Sir-Berthoult (62). . . 8B2
Bailleul-Sir-Thérain (60) . . . 20B5
Bailleulmont (62) 8A3
Bailleulval (62). 8A3
Bailleval (60) 20D5
Baillolet (76). 19E1
Baillou (41) 61E6
Bailly (60). 21G4
Bailly (78). 42B4
Bailly-aux-Forges (52). . . . 67G1
Bailly-en-Rivière (76). 6A6
Bailly-le-Franc (10) 67E1
Bailly-Romainvilliers (77) . . 43G4
Bain-de-Bretagne (35). . . . 57E5
Baincthun (62) 1F4
Bainghen (62) 1G4
Bains (43) 142B4
Bains-les-Bains (88) 69G5
Bains-sur-Oust (35) 56C6
Bainville-aux-Miroirs (54). . . 69G1
Bainville-aux-Saules (88) . . 69F4
Bairols (06) 178D1
Bais (35) 57H4
Bais (53) 59F3
Baisieux (59) 3G5
Baissey (52) 86A2
Baives (59) 10B4
Baix (07) 158B1
Baixas (66) 201E2
Baizieux (80) 7H5
le Baizil (51) 45E3
Bajamont (47) 151F5
Bajonnette (32) 168A3
Bajus (62) 7H1
Balacet (09) 184D4

Baladou (46) 138 C5
Balagny-sur-Thérain (60) . . . 20 C5
Balaguères (09) 184 D5
Balaguier-d'Olt (12) 153 G3
Balaguier-sur-Rance (12) . . 171 G3
Balaiseaux (39) 102 C3
Balaives-et-Butz (08) 24 B2
Balan (01) 130 C2
Balan (08) 24 C2
Balanod (39) 117 E2
Balansun (64) 165 G6
Balanzac (17) 120 D3
Balaruc-le-Vieux (34) 189 F1
Balaruc-les-Bains (34) 189 F1
Balâtre (80) 21 F2
Balazé (35) 58 A4
Balazuc (07) 157 G3
Balbigny (42) 129 E2
Balbins (38) 130 D6
Balbronn (67) 50 C5
Baldenheim (67) 71 G3
Baldersheim (68) 89 F1
la Baleine (50) 35 H1
Baleix (64) 182 D1
Balesmes-sur-Marne (52) . . . 86 B1
Balesta (31) 184 A3
Baleyssagues (47) 150 C1
Balgau (68) 71 G6
Balham (08) 23 F4
Balignac (82) 168 B2
Balignicourt (10) 66 D1
Bâlines (27) 40 C5
Balinghem (62) 1 H3
Baliracq-Maumusson (64) . . 166 B5
Baliros (64) 182 C3
Balizac (33) 149 G3
Ballainvilliers (91) 42 C5
Ballaison (74) 118 D3
Ballan-Miré (37) 78 D6
Ballancourt-
  -sur-Essonne (91) 63 G1
Ballans (17) 121 H2
Ballay (08) 24 B4
Balledent (87) 110 C5
Ballée (53) 59 E6
Balleray (58) 99 E3
Balleroy (14) 13 G6
Ballersdorf (68) 89 E3
Balléville (88) 69 E2
Ballon (17) 106 D5
Ballon (72) 60 B4
Ballons (26) 159 G5
Ballore (71) 115 G2
Ballots (53) 58 B6
Balloy (77) 64 D2
Balma (31) 169 F5
la Balme (73) 131 G3
la Balme-de-Sillingy (74) . . 132 A1
la Balme-de-Thuy (74) 132 B1
la Balme-d'Épy (39) 117 F3
la Balme-les-Grottes (38) . . 130 C2
Balnot-la-Grange (10) 66 C6
Balnot-sur-Laignes (10) 66 D5
Balogna (2A) 204 C3
Balot (21) 84 D2
Balsac (12) 154 B4
Balschwiller (68) 89 E2
Balsièges (48) 156 A3
Baltzenheim (68) 71 G4
Balzac (16) 122 B3
Bambecque (59) 2 C2
Bambiderstroff (57) 49 F1
Ban-de-Laveline (88) 70 D3
Ban-de-Sapt (88) 70 D2
le Ban-Saint-Martin (57) . . . 26 B5
Ban-sur-Meurthe-Clefcy (88) . 70 D4
Banassac (48) 155 G4
Banca (64) 180 C3
Bancigny (02) 23 E1
Bancourt (62) 8 C4
Bandol (83) 192 D5
Baneins (01) 116 C5
Baneuil (24) 137 F5
Bangor (56) 72 A3
Banios (65) 183 F4
Banize (23) 125 F2
Bannalec (29) 54 A3
Bannans (25) 103 H4
Bannay (18) 82 B6
Bannay (51) 44 D4
Bannay (57) 49 E1
Banne (07) 157 E4
Bannegon (18) 98 B5
Bannes (46) 139 F6
Bannes (51) 45 E4
Bannes (52) 86 B1
Bannes (53) 59 F5
Banneville-la-Campagne (14) . 14 C5
Banneville-sur-Ajon (14) . . . 14 A5
Bannières (81) 169 H5
Bannoncourt (55) 47 G3
Bannost-Villegagnon (77) . . 44 A5
Banogne-Recouvrance (08) . . 23 F3
Banon (04) 176 B1
Banos (40) 165 H4
Bans (39) 102 D3
Bansat (63) 127 G6
Bantanges (71) 116 D1
Banteux (59) 8 D4
Banthelu (95) 41 H1
Bantheville (55) 24 D5
Bantigny (59) 8 D3
Bantouzelle (59) 8 D4
Bantzenheim (68) 89 G1
Banvillars (90) 88 C3
Banville (14) 14 B3
Banvou (61) 38 B5
Banyuls-dels-Aspres (66) . . 201 F3
Banyuls-sur-Mer (66) 201 G4
Baon (89) 84 B1
Baons-le-Comte (76) 17 E4

Bapaume (62) 8 B4
Bar (19) 139 F1
Bar-le-Duc (55) 47 E4
Bar-lès-Buzancy (08) 24 C4
Bar-sur-Aube (10) 67 E4
le Bar-sur-Loup (06) 178 C4
Bar-sur-Seine (10) 66 D5
Baracé (49) 77 F3
Baraigne (11) 186 A2
Baraize (36) 111 E2
Baralle (62) 8 C3
Baraqueville (12) 154 B5
Barastre (62) 8 C4
Baratier (05) 161 E2
Barbachen (65) 183 F1
Barbaggio (2B) 203 F4
Barbaira (11) 187 F3
Barbaise (08) 24 A2
Barbas (54) 49 G6
Barbaste (47) 150 D6
Barbazan (31) 184 A5
Barbazan-Debat (65) 183 F3
Barbazan-Dessus (65) 183 F3
Barbechat (44) 75 E4
la Barben (13) 191 H3
Barbentane (13) 174 D3
Barberaz (73) 131 H4
Barberey-Saint-Sulpice (10) . . 66 A3
Barberier (03) 113 H5
Barbery (14) 14 B6
Barbery (60) 21 E6
Barbeville (14) 13 H5
Barbey (77) 64 C2
Barbey-Seroux (88) 70 C4
Barbezières (16) 122 A1
Barbezieux-
  -Saint-Hilaire (16) 121 H5
Barbières (26) 144 C4
Barbirey-sur-Ouche (21) . . . 101 F1
Barbizon (77) 63 H2
Barbonne-Fayel (51) 44 D6
Barbonville (54) 48 D6
le Barboux (25) 104 C2
Barbuise (10) 65 F1
Barby (08) 23 G3
Barby (73) 132 A4
Barc (27) 40 B2
le Barcarès (66) 201 G1
Barcelonne (26) 144 C5
Barcelonne-du-Gers (32) . . . 166 C4
Barcelonnette (04) 161 F3
Barchain (57) 49 H5
Barcillonnette (05) 160 A3
Barcugnan (32) 183 G1
Barcus (64) 181 G3
Barcy (77) 43 G2
Bard (42) 128 D5
Bard-le-Régulier (21) 100 D2
Bard-lès-Époisses (21) 84 C4
Bard-lès-Pesmes (70) 86 D6
la Barde (17) 136 A3
Bardenac (16) 136 A1
Bardigues (82) 168 B1
le Bardon (45) 80 C1
Bardos (64) 164 D6
Bardou (24) 137 F6
Bardouville (76) 17 F6
Barèges (65) 183 E6
Bareilles (65) 183 G6
Barembach (67) 71 E1
Baren (31) 184 A6
Barentin (76) 17 F5
Barenton (50) 37 H6
Barenton-Bugny (02) 22 C2
Barenton-Cel (02) 22 C2
Barenton-sur-Serre (02) . . . 22 C2
Barésia-sur-l'Ain (39) 117 G1
Barfleur (50) 13 E1
Bargème (83) 178 A4
Bargemon (83) 177 H5
Barges (21) 101 H1
Barges (43) 142 C6
Barges (70) 87 E1
Bargny (60) 43 G1
Barie (33) 150 A2
les Barils (27) 40 B5
Barinque (64) 182 C1
Barisey-au-Plain (54) 69 E1
Barisey-la-Côte (54) 48 A6
Barisis (02) 22 A3
Barizey (71) 101 F5
Barjac (09) 184 D4
Barjac (30) 157 G5
Barjac (48) 155 H3
Barjols (83) 193 F1
Barjon (21) 85 G3
Barjouville (28) 62 B2
Barles (04) 160 D5
Barlest (65) 182 D3
Barleux (80) 8 C6
Barlieu (18) 82 A5
Barlin (62) 8 A1
Barly (62) 7 H3
Barly (80) 7 G3
Barmainville (28) 62 D3
Barnas (07) 157 E1
Barnave (26) 159 E1
Barnay (71) 100 D2
Barneville-Carteret (50) . . . 12 B4
Barneville-la-Bertran (14) . . 14 D3
Barneville-sur-Seine (27) . . . 18 B5
la Baroche-sous-Lucé (61) . . 38 B6
les Baroches (54) 26 A4
Baromesnil (76) 6 B5
Baron (30) 174 A1
Baron (33) 135 G5
Baron (60) 43 F1
Baron (71) 115 F2
Baron-sur-Odon (14) 14 B5
Baronville (57) 49 F3

Barou-en-Auge (14) 39 E3
Baroville (10) 67 F4
le Barp (33) 149 E1
Barquet (27) 40 C2
Barr (67) 71 G1
Barrais-Bussolles (03) 114 C4
Barran (32) 167 G5
Barrancoueu (65) 183 G6
Barras (04) 160 C6
Barraute-Camu (64) 181 G1
Barraux (38) 132 A6
la Barre (39) 102 D2
la Barre (70) 87 G5
Barre (81) 171 G4
la Barre-de-Monts (85) . . . 90 C2
la Barre-de-Semilly (50) . . . 37 G1
Barre-des-Cévennes (48) . . . 156 B5
la Barre-en-Ouche (27) . . . 40 A3
Barret (16) 121 H5
Barret-de-Lioure (26) 159 F6
Barret-sur-Méouge (05) . . . 159 H5
Barretaine (39) 103 E5
Barrettali (2B) 203 F2
Barriac-les-Bosquets (15) . . 139 H3
Barro (16) 108 D6
Barrou (37) 95 E4
le Barroux (84) 158 D6
Barry (65) 183 E3
Barry-d'Islemade (82) 169 E1
Bars (24) 137 H3
Bars (32) 167 F6
Barsac (26) 159 E1
Barsac (33) 149 G2
Barst (57) 49 G1
Bart (25) 88 C4
Bartenheim (68) 89 G3
Barthe (65) 183 H2
la Barthe-de-Neste (65) . . . 183 G4
Bartherans (25) 103 F3
les Barthes (82) 168 D1
Barville (27) 15 G5
Barville (61) 60 C1
Barville (88) 68 D2
Barville-en-Gâtinais (45) . . . 63 G5
Barzan (17) 120 D5
Barzun (64) 182 D3
Barzy-en-Thiérache (02) . . . 9 G4
Barzy-sur-Marne (02) 44 C2
Bas-en-Basset (43) 142 D1
Bas-et-Lezat (63) 127 G1
Bas-Lieu (59) 10 A4
Bas-Mauco (40) 165 H3
Bascons (40) 166 A3
Bascous (32) 167 E3
Baslieux (54) 25 H4
Baslieux-lès-Fismes (51) . . . 22 C5
Baslieux-sous-Châtillon (51) . 45 E1
Basly (14) 14 B4
Bassac (16) 122 A4
Bassan (34) 188 C1
Bassanne (33) 150 A2
Basse-Goulaine (44) 74 D5
Basse-Ham (57) 26 C3
Basse-Rentgen (57) 26 C2
Basse-sur-le-Rupt (88) 70 C5
la Basse-Vaivre (70) 69 F6
la Bassée (59) 3 E6
Bassemberg (67) 71 F2
Bassenville (14) 14 D4
Bassens (33) 135 F5
Bassens (73) 131 H4
Bassercles (40) 165 H5
Basses (86) 94 A3
Basseux (62) 8 A3
Bassevelle (77) 44 B3
Bassignac (15) 140 A1
Bassignac-le-Bas (19) 139 E4
Bassignac-le-Haut (19) 139 G2
Bassigney (70) 87 G1
Bassillac (24) 137 G2
Bassillon-Vauzé (64) 166 D6
Bassing (57) 49 G3
Bassoles-Aulers (02) 22 A3
Bassoncourt (52) 68 C5
Bassou (89) 83 F1
Bassoues (32) 167 F5
Bassu (51) 46 B4
Bassuet (51) 46 B4
Bassurels (48) 156 B6
Bassussarry (64) 164 B6
Bassy (74) 131 G2
Bastanès (64) 181 G1
Bastelica (2A) 205 E5
Bastelicaccia (2A) 204 C6
Bastennes (40) 165 G4
Bastia (2B) 203 G4
la Bastide (66) 200 D3
la Bastide (83) 178 A4
la Bastide-Clairence (64) . . . 164 C6
la Bastide-de-Besplas (09) . . 185 E3
la Bastide-
  -de-Bousignac (09) 186 B5
la Bastide-de-Lordat (09) . . . 185 H5
la Bastide-de-Sérou (09) . . . 185 F5
la Bastide-d'Engras (30) . . . 174 B1
la Bastide-
  -des-Jourdans (84) 176 B3
la Bastide-du-Salat (09) . . . 184 C4
la Bastide-l'Évêque (12) . . . 153 H4
la Bastide-Pradines (12) . . . 172 A2
la Bastide-Puylaurent (48) . . 156 D2
la Bastide-Solages (12) . . . 171 E2
la Bastide-sur-l'Hers (09) . . 186 B5
la Bastidonne (84) 176 B4
le Bastit (46) 153 E1
Basville (23) 126 A2
la Bataille (79) 108 B5
Bathelémont-
  -lès-Bauzemont (54) 49 E5

Bathernay (26) 144 B2
la Bâthie (73) 132 C4
la Bâtie-des-Fonds (26) . . . 159 G3
la Bâtie-Divisin (38) 131 F5
la Bâtie-Montgascon (38) . . 131 F4
la Bâtie-Montsaléon (05) . . . 159 H3
la Bâtie-Neuve (05) 160 C2
la Bâtie-Rolland (26) 158 B2
la Bâtie-Vieille (05) 160 C2
les Bâties (70) 87 E4
Batilly (54) 26 A5
Batilly (61) 38 D5
Batilly-en-Gâtinais (45) 63 G5
Batilly-en-Puisaye (45) 82 B4
Bats (40) 166 A4
Batsère (65) 183 G4
Battenans-les-Mines (25) . . . 87 H5
Battenans-Varin (25) 88 C6
Battenheim (68) 89 F1
Battexey (88) 69 G2
Battigny (54) 69 E1
Battrans (70) 86 D5
Baubigny (21) 101 F3
Baubigny (50) 12 B3
la Bauche (73) 131 G5
Baud (56) 55 E4
Baudement (51) 45 E6
Baudemont (71) 115 F4
Baudignan (40) 150 B6
Baudignécourt (55) 47 G6
Baudinard-sur-Verdon (83) . . 177 F4
Baudoncourt (70) 87 H2
Baudonvilliers (55) 46 D5
Baudre (50) 37 G1
Baudrecourt (52) 67 G2
Baudrecourt (57) 49 E2
Baudrémont (55) 47 F4
Baudres (36) 96 B3
Baudreville (28) 62 C3
Baudreville (50) 12 C5
Baudricourt (88) 69 F3
Baudrières (71) 101 H6
Bauduen (83) 177 F4
Baugé (49) 77 G4
Baugy (18) 98 B3
Baugy (60) 21 E4
Baugy (71) 115 E4
Baulay (70) 87 F2
Baule (45) 80 C2
la Baule-Escoublac (44) . . . 73 F4
Baulme-la-Roche (21) 85 F6
Baulne-en-Brie (02) 44 D3
Baulny (55) 24 C6
Baulon (35) 56 D4
Baulou (09) 185 G5
la Baume (74) 119 E4
la Baume-Cornillane (26) . . 144 C6
la Baume-de-Transit (26) . . . 158 B4
la Baume-d'Hostun (26) . . . 144 D4
Baume-les-Dames (25) 87 H5
Baume-les-Messieurs (39) . . 102 D6
Bauné (49) 77 F4
Baupte (50) 12 D5
Bauquay (14) 14 A6
Baurech (33) 135 F6
la Baussaine (35) 56 D1
Bauvin (59) 3 F6
les Baux-de-Breteuil (27) . . . 40 B3
les Baux-de-Provence (13) . . 191 E2
les Baux-Sainte-Croix (27) . . 40 D3
Bauzemont (54) 49 E5
Bauzy (41) 80 B4
Bavans (25) 88 C4
Bavay (59) 9 H2
Bavelincourt (80) 7 H5
Bavent (14) 14 C4
Baverans (39) 102 D2
Bavilliers (90) 88 C3
Bavinchove (59) 2 C3
Bavincourt (62) 8 A3
Bax (31) 185 E3
Bay (70) 86 D6
Bay-sur-Aube (52) 85 H2
Bayard-sur-Marne (52) 47 E6
Bayas (33) 135 H3
Baye (29) 54 B4
Baye (51) 44 D4
Bayecourt (88) 70 A3
Bayel (10) 67 F4
Bayencourt (80) 8 A4
Bayenghem-
  -lès-Éperlecques (62) 2 A3
Bayenghem-
  -lès-Seninghem (62) 1 H4
Bayers (16) 122 C1
Bayet (03) 113 H4
Bayeux (14) 13 H5
Bayon (54) 69 G1
Bayon-sur-Gironde (33) . . . 135 E3
Bayonne (64) 164 B6
Bayons (04) 160 C4
Bayonville (08) 24 C4
Bayonville-sur-Mad (54) . . . 26 A6
Bayonvillers (80) 8 A6
Bazac (16) 136 B2
Bazaiges (36) 111 E2
Bazailles (54) 25 H4
Bazainville (78) 41 G4
Bazancourt (51) 23 F5
Bazancourt (60) 19 G3
Bazarnes (89) 83 G3
Bazas (33) 149 H3
Bazauges (17) 121 H3
Bazegney (88) 69 G3
Bazeilles (08) 24 C2
Bazeilles-sur-Othain (55) . . . 25 F3

Bazelat (23) 111 E3
Bazemont (78) 42 A3
Bazens (47) 150 D5
Bazentin (80) 8 B5
Bazenville (14) 14 A3
Bazet (65) 183 E3
la Bazeuge (87) 110 B4
Bazian (32) 167 F4
Bazicourt (60) 21 E5
Baziège (31) 185 H1
Bazien (88) 70 B2
Bazillac (65) 183 E2
Bazincourt-sur-Epte (27) . . . 19 G5
Bazincourt-sur-Saulx (55) . . 47 E5
Bazinghen (62) 1 F3
Bazinval (76) 6 B5
Bazoches-au-Houlme (61) . . 38 D4
Bazoches-en-Dunois (28) . . . 62 B5
Bazoches-lès-Bray (77) 64 D2
Bazoches-
  -les-Gallerandes (45) 63 E4
Bazoches-les-Hautes (28) . . 62 C4
Bazoches-sur-Guyonne (78) . 42 A4
Bazoches-sur-Hoëne (61) . . 39 H6
Bazoches-sur-le-Betz (45) . . 64 C5
Bazoches-sur-Vesles (02) . . . 22 C5
la Bazoge (50) 37 G5
la Bazoge (72) 60 A5
la Bazoge-Montpinçon (53) . . 59 E3
Bazoges-en-Paillers (85) . . . 92 A4
Bazoges-en-Pareds (85) . . . 92 B6
Bazoilles-et-Ménil (88) 69 F3
Bazoilles-sur-Meuse (88) . . . 68 D3
Bazolles (58) 99 G2
Bazoncourt (57) 26 D6
la Bazoque (14) 13 G6
la Bazoque (61) 38 B4
Bazoques (27) 15 H5
Bazordan (65) 183 H3
la Bazouge-de-Chemeré (53) . 59 E5
la Bazouge-des-Alleux (53) . . 58 D4
la Bazouge-du-Désert (35) . . 58 B1
Bazougers (53) 59 E5
Bazouges-la-Pérouse (35) . . 35 F5
Bazouges-sur-le-Loir (72) . . . 77 G2
Bazuel (59) 9 G4
Bazugues (32) 183 G1
Bazus (31) 169 F4
Bazus-Aure (65) 183 G6
Bazus-Neste (65) 183 G4
le Béage (07) 142 D5
Béalcourt (80) 7 F3
Béalencourt (62) 7 F1
Béard (58) 99 E5
Béard-Géovreissiat (01) . . . 117 G5
Beaubec-la-Rosière (76) . . . 19 F2
Beaubery (71) 115 G3
Beaubray (27) 40 C3
Beaucaire (30) 174 D3
Beaucaire (32) 167 G3
Beaucamps-le-Jeune (80) . . 19 G1
Beaucamps-le-Vieux (80) . . . 6 D6
Beaucamps-Ligny (59) 3 E5
Beaucé (35) 58 A2
Beaucens (65) 182 D5
le Beaucet (84) 175 G2
Beauchalot (31) 184 C4
Beauchamp (95) 42 C2
Beauchamps (50) 35 H2
Beauchamps (80) 6 B5
Beauchamps-
  -sur-Huillard (45) 63 G6
Beauchastel (07) 144 A6
Beauche (28) 40 C5
Beauchemin (52) 86 A1
Beauchêne (41) 61 F6
Beauchêne (61) 38 A5
Beauchery-Saint-Martin (77) . 44 B6
Beauclair (55) 24 D4
Beaucoudray (50) 37 F2
Beaucourt (90) 88 D4
Beaucourt-en-Santerre (80) . . 20 D1
Beaucourt-sur-l'Ancre (80) . . 8 A4
Beaucourt-sur-l'Hallue (80) . . 7 H5
Beaucouzé (49) 76 D4
Beaucroissant (38) 145 E1
Beaudéan (65) 183 F4
Beaudéduit (60) 20 A2
Beaudignies (59) 9 G3
Beaudricourt (62) 7 G2
Beaufai (61) 39 H4
Beaufay (72) 60 C4
Beauficel (50) 37 G4
Beauficel-en-Lyons (27) . . . 19 F4
Beaufin (38) 146 A6
Beaufort (31) 184 D1
Beaufort (34) 187 G2
Beaufort (38) 144 C1
Beaufort (39) 117 F1
Beaufort (59) 10 A3
Beaufort (73) 132 D3
Beaufort-Blavincourt (62) . . . 7 H2
Beaufort-en-Argonne (55) . . 24 D4
Beaufort-en-Santerre (80) . . 21 E1
Beaufort-en-Vallée (49) 77 G5
Beaufort-sur-Gervanne (26) . 144 C6
Beaufou (85) 91 F3
Beaufremont (88) 68 D3
Beaugas (47) 151 F2
Beaugeay (17) 120 C1
Beaugency (45) 80 B2
Beaugies-sous-Bois (60) . . . 21 G2
Beaujeu (04) 160 D5
Beaujeu (69) 115 H5
Beaujeu-Saint-Vallier-
  -Pierrejux-et-Quitteur (70) . . 86 D4
Beaulandais (61) 38 B6
Beaulencourt (62) 8 B4

Beaulieu (07) 157 F4
Beaulieu (14) 37 H3
Beaulieu (15) 126 B6
Beaulieu (21) 85 F2
Beaulieu (34) 173 G4
Beaulieu (36) 110 C3
Beaulieu (38) 145 E2
Beaulieu (43) 142 C3
Beaulieu (58) 99 G1
Beaulieu (61) 40 B5
Beaulieu (63) 127 G6
Beaulieu-en-Argonne (55) . . 46 D2
Beaulieu-les-Fontaines (60) . . 21 F2
Beaulieu-lès-Loches (37) . . . 95 G2
Beaulieu-sous-la-Roche (85) . 91 F4
Beaulieu-
  -sous-Parthenay (79) 108 A1
Beaulieu-sur-Dordogne (19) . 139 E4
Beaulieu-sur-Layon (49) . . . 76 D6
Beaulieu-sur-Loire (45) 82 B4
Beaulieu-sur-Mer (06) 195 F3
Beaulieu-sur-Oudon (53) . . . 58 B5
Beaulieu-sur-Sonnette (16) . . 122 D1
Beaulon (03) 114 C1
Beaumais (14) 39 E3
Beaumarchés (32) 167 E5
Beaumat (46) 152 D1
Beaumé (62) 10 B6
la Beaume (05) 159 G2
Beauménil (88) 70 B4
Beaumerie-Saint-Martin (62) . 6 D1
Beaumesnil (14) 37 G3
Beaumesnil (27) 40 B2
Beaumettes (84) 175 G3
Beaumetz (80) 7 F4
Beaumetz-lès-Aire (62) 2 A6
Beaumetz-lès-Cambrai (62) . . 8 C4
Beaumetz-lès-Loges (62) . . . 8 A3
Beaumont (07) 157 E3
Beaumont (19) 125 E6
Beaumont (32) 167 F2
Beaumont (43) 141 G1
Beaumont (54) 48 A4
Beaumont (63) 127 F3
Beaumont (74) 118 B5
Beaumont (86) 94 C5
Beaumont (89) 83 F1
Beaumont-
  -de-Lomagne (82) 168 C3
Beaumont-de-Pertuis (84) . . 176 C4
Beaumont-du-Gâtinais (77) . . 63 H5
Beaumont-du-Lac (87) 125 E3
Beaumont-du-Périgord (24) . . 137 F6
Beaumont-du-Ventoux (84) . . 158 D6
Beaumont-en-Argonne (08) . . 24 C3
Beaumont-en-Auge (14) . . . 15 E4
Beaumont-en-Beine (02) . . . 21 H2
Beaumont-en-Cambrésis (59) . 9 F4
Beaumont-en-Diois (26) . . . 159 F2
Beaumont-
  -en-Verdunois (55) 25 F6
Beaumont-en-Véron (37) . . . 94 B1
Beaumont-Hague (50) 12 B1
Beaumont-Hamel (80) 8 A4
Beaumont-la-Ferrière (58) . . 99 F2
Beaumont-la-Ronce (37) . . . 78 D4
Beaumont-le-Hareng (76) . . . 17 H4
Beaumont-le-Roger (27) . . . 40 B2
Beaumont-les-Autels (28) . . 61 F3
Beaumont-les-Nonains (60) . . 20 A5
Beaumont-lès-Randan (63) . . 127 G5
Beaumont-lès-Valence (26) . . 144 B5
Beaumont-Monteux (26) . . . 144 B4
Beaumont-
  -Pied-de-Boeuf (53) 59 E6
Beaumont-
  -Pied-de-Bœuf (72) 78 C2
Beaumont-Sardolles (58) . . . 99 F4
Beaumont-sur-Dême (72) . . . 78 D3
Beaumont-sur-Grosne (71) . . 101 G6
Beaumont-sur-Lèze (31) . . . 185 F2
Beaumont-sur-Oise (95) . . . 42 C1
Beaumont-sur-Sarthe (72) . . 60 A3
Beaumont-sur-Vesle (51) . . . 45 G1
Beaumont-
  -sur-Vingeanne (21) 86 B5
Beaumont-Village (37) 95 H2
Beaumontel (27) 40 B1
Beaumotte-Aubertans (70) . . 87 G5
Beaumotte-lès-Pin (70) 87 E6
Beaunay (51) 45 E3
Beaune (21) 101 G3
Beaune-d'Allier (03) 113 E4
Beaune-la-Rolande (45) 63 G5
Beaune-sur-Arzon (43) 142 B2
Beaunotte (21) 85 F3
Beaupont (01) 117 E3
Beaupouyet (24) 136 C4
Beaupréau (49) 75 G5
Beaupuy (31) 169 F5
Beaupuy (32) 168 C5
Beaupuy (47) 150 C2
Beaupuy (82) 168 D3
Beauquesne (80) 7 G4
Beaurains (62) 8 B3
Beaurains-lès-Noyon (60) . . . 21 G3
Beaurainville (62) 7 E1
Beaurecueil (13) 176 B6
Beauregard (01) 129 H1
Beauregard (46) 153 F4
Beauregard-Baret (26) 144 C4
Beauregard-
  -de-Terrasson (24) 138 A3
Beauregard-et-Bassac (24) . . 137 E4
Beauregard-l'Évêque (63) . . . 127 G3
Beauregard-Vendon (63) . . . 127 F1
Beaurepaire (38) 144 D1
Beaurepaire (60) 20 D6
Beaurepaire (76) 16 B4

Beaurepaire (85) 92 A3
Beaurepaire-en-Bresse (71) . . 102 C6
Beaurepaire-sur-Sambre (59) . 9 H4
Beaurevoir (02) 9 E5
Beaurières (26) 159 G2
Beaurieux (02) 22 C5
Beaurieux (59) 10 B3
Beauronne (24) 136 D3
Beausemblant (26) 144 A2
Beausite (55) 47 E3
Beausoleil (06) 195 G2
Beaussac (24) 123 E4
Beaussais (79) 108 B4
Beaussault (76) 19 F2
Beausse (49) 75 G4
le Beausset (83) 192 D6
Beauteville (31) 186 A2
Beautheil (77) 43 H5
Beautiran (33) 149 G1
Beautor (02) 22 A2
Beautot (76) 17 G4
Beauvain (61) 38 C6
Beauvais (60) 20 A4
Beauvais-sur-Matha (17) . . . 121 H2
Beauvais-sur-Tescou (81) . . . 169 G3
Beauval (80) 7 G4
Beauval-en-Caux (76) 17 G3
Beauvallon (26) 144 B4
Beauvau (49) 77 F3
Beauvène (07) 143 G5
Beauvernois (71) 102 C5
Beauvezer (04) 161 F2
Beauville (31) 186 A1
Beauville (47) 151 G5
Beauvilliers (28) 62 C3
Beauvilliers (41) 79 H1
Beauvilliers (89) 84 B5
Beauvoir (50) 35 G4
Beauvoir (60) 20 C3
Beauvoir (77) 43 G6
Beauvoir (89) 83 E2
Beauvoir-de-Marc (38) 130 C5
Beauvoir-en-Lyons (76) 19 F4
Beauvoir-en-Royans (38) . . . 144 D3
Beauvoir-sur-Mer (85) 90 C2
Beauvoir-sur-Niort (79) 107 H5
Beauvoir-Wavans (62) 7 F3
Beauvois (62) 7 F1
Beauvois-en-Cambrésis (59) . 9 E4
Beauvois-en-Vermandois (02) . 8 D6
Beauvoisin (26) 159 E5
Beauvoisin (30) 174 A4
Beaux (43) 142 D2
Beauzac (43) 142 D2
Beauzelle (31) 169 E5
Beauziac (47) 150 B4
Bébing (57) 49 H4
Beblenheim (68) 71 F4
Bec-de-Mortagne (76) 16 C4
le Bec-Hellouin (27) 18 A6
le Bec-Thomas (27) 18 C6
Beccas (32) 183 F1
Béceleuf (79) 107 G2
Béchamps (54) 25 H6
Bécherel (35) 56 D1
Bécheresse (16) 122 B5
Béchy (57) 48 D2
Bécon-les-Granits (49) 75 H3
Bécordel-Bécourt (80) 8 A5
Bécourt (62) 1 G5
Becquigny (02) 9 F5
Becquigny (80) 21 E2
Bédarieux (34) 172 B5
Bédarrides (84) 175 E1
Beddes (18) 112 A1
Bédéchan (32) 168 B5
Bédée (35) 56 D2
Bédeilhac-et-Aynat (09) . . . 185 G6
Bédeille (09) 184 D4
Bédeille (64) 182 D2
Bedenac (17) 135 G2
Bédoin (84) 158 D6
Bédouès (48) 156 D4
Bedous (64) 182 A5
Béduer (46) 153 G2
Beffes (18) 98 C3
Beffia (39) 117 F2
Beffu-et-le-Morthomme (08) . 24 C5
Bégaar (40) 165 F3
Bégadan (33) 120 C6
Béganne (56) 73 G1
Bégard (22) 32 D3
Bègles (33) 135 E6
Begnécourt (88) 69 G4
Bégole (65) 183 G3
Bégrolles-en-Mauges (49) . . . 75 G6
la Bégude-de-Mazenc (26) . . 158 C2
Bègues (03) 113 G5
Béguey (33) 149 G1
Béguios (64) 181 E1
Béhagnies (62) 8 B3
Béhasque-Lapiste (64) 181 F1
Béhen (80) 6 D4
Béhencourt (80) 7 H5
Béhéricourt (60) 21 G3
Béhonne (55) 47 E4
Béhorléguy (64) 181 E3
Béhoust (78) 41 H4
Behren-lès-Forbach (57) . . . 27 G5
Béhuard (49) 76 D5
Beignon (56) 56 C4
Beillé (72) 60 C5
Beine (89) 83 G2
Beine-Nauroy (51) 23 F6
Beinheim (67) 51 G3
Beire-le-Châtel (21) 86 A5
Beire-le-Fort (21) 102 B1
Beissat (23) 125 H3
Bélâbre (36) 110 B2
Belan-sur-Ource (21) 67 E6
Bélarga (34) 172 D6

Bélaye (46) 152 B3
Belberaud (31) 169 G6
Belbèse (82) 168 C3
Belbeuf (76) 18 D5
Belbèze-de-Lauragais (31) . . 185 G1
Belbèze-
    -en-Comminges (31) . . . 184 D4
Belcaire (11) 199 G1
Belcastel (12) 154 A4
Belcastel (81) 169 H5
Belcastel-et-Buc (11) 187 E5
Belcodène (13) 192 C2
Bélesta (09) 186 B6
Bélesta (66) 200 D3
Bélesta-en-Lauragais (31) . . 186 A1
Beleymas (24) 137 E4
Belfahy (70) 88 B1
Belfays (25) 88 D6
Belflou (11) 186 A2
Belfonds (61) 39 F6
Belfort (90) 88 C3
Belfort-du-Quercy (46) 152 D5
Belfort-sur-Rebenty (11) . . . 199 H1
Belgeard (53) 59 E3
Belgentier (83) 193 F4
Belgodère (2B) 202 D5
Belhade (40) 149 E4
Belhomert-Guéhouville (28) . . 61 G1
le Bélieu (25) 104 C2
Béligneux (01) 130 C2
Belin-Béliet (33) 148 D2
Bélis (40) 166 A1
Bellac (87) 110 B5
Bellaffaire (04) 160 C3
Bellaing (59) 9 F2
Bellancourt (80) 7 E4
Bellange (57) 49 F3
Bellavilliers (61) 60 C2
le Bellay-en-Vexin (95) 42 A1
Belle-Église (60) 42 C1
Belle-et-Houllefort (62) 1 F4
Belle-Isle-en-Terre (22) 32 C4
Belleau (02) 44 B2
Belleau (54) 48 C4
Bellebat (33) 135 H6
Bellebrune (62) 1 G4
Bellechassagne (19) 125 H4
Bellechaume (89) 65 G5
Bellecombe (39) 118 A3
Bellecombe-
    -en-Bauges (73) 132 B3
Bellecombe-Tarendol (26) . . 159 E4
Bellefond (21) 85 H5
Bellefond (33) 135 H6
Bellefonds (86) 94 D6
Bellefontaine (39) 118 B1
Bellefontaine (50) 37 G5
Bellefontaine (88) 69 H5
Bellefontaine (95) 42 D2
Bellefosse (67) 71 E1
Bellegarde (30) 174 C4
Bellegarde (32) 184 A1
Bellegarde (45) 63 G6
Bellegarde (81) 170 D3
Bellegarde-du-Razès (11) . . 186 C4
Bellegarde-en-Diois (26) . . . 159 F2
Bellegarde-en-Forez (42) . . 129 E4
Bellegarde-en-Marche (23) . 125 H1
Bellegarde-Poussieu (38) . . 130 B6
Bellegarde-
    -Sainte-Marie (31) 168 D5
Bellegarde-
    -sur-Valserine (01) 117 H5
Belleherbe (25) 88 B6
Bellemagny (68) 89 E2
Bellême (61) 60 D2
Bellenaves (03) 113 G5
Bellencombre (76) 17 H4
Belleneuve (21) 86 A6
Bellenglise (02) 9 E6
Bellengreville (14) 38 D1
Bellengreville (76) 17 H2
Bellenod-sur-Seine (21) 85 E3
Bellenot-sous-Pouilly (21) . . 101 E1
Bellentre (73) 133 E4
Belleray (55) 47 F1
Bellerive-sur-Allier (03) 114 A6
Belleroche (42) 115 G5
Belles-Forêts (57) 49 H4
Belleserre (81) 170 B6
Bellesserre (31) 168 D4
Belleu (02) 22 A5
Belleuse (80) 20 B2
Bellevaux (74) 119 E4
Bellevesvre (71) 102 C5
Belleville (54) 48 C4
Belleville (69) 116 B6
Belleville (79) 107 G5
Belleville-en-Caux (76) 17 G4
Belleville-
    -et-Châtillon-sur-Bar (08) . 24 B4
Belleville-sur-Loire (18) 82 B4
Belleville-sur-Mer (76) 17 H1
Belleville-sur-Meuse (55) . . . 47 F1
Belleville-sur-Vie (85) 91 G3
Bellevue-la-Montagne (43) . . 142 B2
Belley (01) 131 F3
Belleydoux (01) 117 H4
Bellicourt (02) 9 E6
la Bellière (61) 39 E5
la Bellière (76) 19 F3
Bellignat (01) 117 G4
Belligné (44) 76 B4
Bellignies (59) 9 H2
la Belliole (89) 64 D4
Belloc (09) 186 B5
Belloc-Saint-Clamens (32) . . 183 H1
Bellocq (64) 165 F5
Bellon (16) 136 B1
Bellonne (62) 8 C2
Bellot (77) 44 B4

Bellou (14) 15 F6
Bellou-en-Houlme (61) 38 B5
Bellou-le-Trichard (61) 60 D3
Bellou-sur-Huisne (61) 61 E2
Belloy (60) 21 E3
Belloy-en-Santerre (80) 8 B6
Belloy-en-France (95) 42 D2
Belloy-Saint-Léonard (80) . . . 6 D6
Belloy-sur-Somme (80) 7 F5
Belluire (17) 121 F5
Belmesnil (76) 17 G3
Belmont (25) 104 A1
Belmont (32) 167 F4
Belmont (38) 131 E5
Belmont (39) 102 D3
Belmont (52) 86 C2
Belmont (67) 71 E1
Belmont (70) 88 A1
Belmont-Bretenoux (46) . . . 139 F5
Belmont-d'Azergues (69) . . . 129 H2
Belmont-de-la-Loire (42) . . . 115 G5
Belmont-lès-Darney (88) . . . 69 F5
Belmont-Luthézieu (01) 131 F2
Belmont-Sainte-Foi (46) . . . 153 E5
Belmont-sur-Buttant (88) . . . 70 B3
Belmont-sur-Rance (12) . . . 171 G3
Belmont-sur-Vair (88) 69 E3
Belmont-Tramonet (73) 131 G5
Belmontet (46) 152 A4
Belonchamp (70) 88 B2
Belpech (11) 186 A3
Belrain (55) 47 F3
Belrupt (88) 69 F5
Belrupt-en-Verdunois (55) . . 47 G1
Bélus (40) 165 E5
Belval (08) 24 A1
Belval (50) 37 E1
Belval (88) 70 D1
Belval-Bois-des-Dames (08) . . 24 C4
Belval-en-Argonne (51) 46 D3
Belval-sous-Châtillon (51) . . 45 E1
Belvédère (06) 179 E1
Belvédère-
    -Campomoro (2A) 206 C3
Belverne (70) 88 B3
Belvès (24) 137 H6
Belvès-de-Castillon (33) . . . 136 A5
Belvèze (82) 152 A4
Belvèze-du-Razès (11) 186 C4
Belvézet (30) 174 B1
Belvezet (48) 156 C2
Belvianes-et-Cavirac (11) . . 200 A1
Belvis (11) 199 H1
Belvoir (25) 88 B6
Belz (56) 54 D6
Bémécourt (27) 40 C4
Bénac (09) 185 G5
Bénac (65) 183 E3
Benagues (09) 185 H4
Benais (37) 78 A6
Bénaix (09) 186 B6
Bénaménil (54) 49 F6
Bénarville (76) 16 D4
Benassay (86) 108 C1
la Benâte (17) 107 G6
Benay (02) 22 A1
Benayes (19) 124 C5
Bendejun (06) 195 F2
Bendorf (68) 89 F4
Bénéjacq (64) 182 C3
Benerville-sur-Mer (14) 15 E3
Bénesse-lès-Dax (40) 165 E4
Bénesse-Maremne (40) 164 C4
Benest (16) 109 F6
Bénestroff (57) 49 G3
Bénesville (76) 17 F3
Benet (85) 107 G3
Beneuvre (21) 85 G3
Bénévent-et-Charbillac (05) . 160 B1
Bénévent-l'Abbaye (23) 111 E5
Beney-en-Woëvre (55) 48 A3
Benfeld (67) 71 G2
Bengy-sur-Craon (18) 98 B3
Bénifontaine (62) 3 E6
Béning-lès-Saint-Avold (57) . 49 G1
la Bénisson-Dieu (42) 115 E5
Bénivay-Ollon (26) 158 D5
Bennecourt (78) 41 G2
Bennetot (76) 16 D4
Benney (54) 69 G1
Bennwihr (68) 71 F4
Bénodet (29) 53 F4
Benoisey (21) 84 D4
Benoîtville (50) 12 B3
Benon (17) 107 E4
Bénonces (01) 131 E2
Bénouville (14) 14 C4
Bénouville (76) 16 B3
Benque (31) 184 D3
Benqué (65) 183 G4
Benque-
    -Dessous-et-Dessus (31) . 197 E2
Benquet (40) 166 A3
Bentayou-Sérée (64) 182 D1
Bény (01) 117 C4
le Bény-Bocage (14) 37 H2
Bény-sur-Mer (14) 14 B3
Béon (01) 131 G2
Béon (89) 65 E6
Béost (64) 182 B5
Bérat (31) 185 E2
Béraut (32) 167 G2
Berbérust-Lias (65) 182 D4
Berbezit (43) 142 A2
Berbiguières (24) 137 H6
Bercenay-en-Othe (10) 66 A4
Bercenay-le-Hayer (10) 65 G3
Berche (25) 88 C4
Berchères-les-Pierres (28) . . 62 B2
Berchères-
    -Saint-Germain (28) . . . 62 B1

Berchères-sur-Vesgre (28) . . 41 G4
Berck (62) 6 C1
Bercloux (17) 121 F2
Berd'huis (61) 61 E2
Berdoues (32) 167 G6
Bérelles (59) 10 B3
Bérengeville-
    -la-Campagne (27) 40 D1
Berentzwiller (68) 89 G3
Bérenx (64) 165 F6
Berfay (72) 61 E6
Berg (67) 50 A3
Berg-sur-Moselle (57) 26 C2
Berganty (46) 153 E3
Bergbieten (67) 50 C6
Bergerac (24) 136 D5
Bergères (10) 67 E4
Bergères-lès-Vertus (51) . . . 45 F4
Bergères-
    -sous-Montmirail (51) . . 44 C4
Bergesserin (71) 115 H3
Bergheim (68) 71 F3
Bergholtz (68) 71 F6
Bergholtzzell (68) 71 E6
Bergicourt (80) 20 A1
Bergnicourt (08) 23 G4
Bergonne (63) 127 F5
Bergouey (40) 165 G4
Bergouey-Viellenave (64) . . 165 E6
Bergueneuse (62) 2 B6
Bergues (59) 2 C2
Bergues-sur-Sambre (02) . . . 9 G5
Berhet (22) 32 D2
Bérig-Vintrange (57) 49 F2
Bérigny (50) 13 G6
Berjou (61) 38 B3
Berlaimont (59) 9 H3
Berlancourt (02) 22 D1
Berlancourt (60) 21 G2
Berlats (81) 171 E4
Berlencourt-le-Cauroy (62) . . 7 H2
Berles-au-Bois (62) 8 A3
la Berlière (08) 24 C3
Berling (57) 50 B4
Berlise (02) 23 F2
Berlou (34) 188 A1
Bermering (57) 49 F3
Bermicourt (62) 7 F1
Bermont (90) 88 C3
Bermonville (76) 18 A2
Bernac (16) 108 D6
Bernac (81) 170 B2
Bernac-Debat (65) 183 E3
Bernac-Dessus (65) 183 E3
Bernadets (64) 182 C1
Bernadets-Debat (65) 183 G2
Bernadets-Dessus (65) 183 G3
le Bernard (85) 91 F6
la Bernardière (85) 91 H1
Bernardswiller (67) 71 G1
Bernardvillé (67) 71 F2
Bernâtre (80) 7 F3
Bernaville (80) 7 F4
Bernay (27) 15 H5
Bernay-en-Champagne (72) . . 59 H5
Bernay-en-Ponthieu (80) . . . 6 D2
Bernay-Saint-Martin (17) . . . 107 G6
Bernay-Vilbert (77) 43 G5
Berné (56) 54 C3
Bernécourt (54) 48 A4
Bernède (32) 166 C4
la Bernerie-en-Retz (44) . . . 73 H6
Bernes (80) 8 D6
Bernes-sur-Oise (95) 42 C1
Bernesq (14) 13 G5
Berneuil (16) 122 A6
Berneuil (17) 121 E4
Berneuil (80) 7 F4
Berneuil (87) 110 B6
Berneuil-en-Bray (60) 20 A5
Berneuil-sur-Aisne (60) 21 G4
Berneval-le-Grand (76) 17 H1
Berneville (62) 8 A2
Bernex (74) 119 F3
Bernienville (27) 40 D2
Bernières (76) 15 H1
Bernières-d'Ailly (14) 39 E2
Bernières-le-Patry (14) 38 A4
Bernières-sur-Mer (14) 14 B3
Bernières-sur-Seine (27) . . . 19 E6
Bernieulles (62) 1 G6
Bernin (38) 145 H1
Bernis (30) 174 A4
Bernolsheim (67) 51 E4
Bernon (10) 66 A6
Bernos-Beaulac (33) 149 H4
Bernot (02) 9 F6
Bernouil (89) 84 A1
Bernouville (27) 19 G5
Bernwiller (68) 89 E2
Berny-en-Santerre (80) 8 B6
Berny-Rivière (02) 21 H5
Bérou-la-Mulotière (28) 40 D5
Berrac (32) 167 H1
Berre-les-Alpes (06) 195 F2
Berre-l'Étang (13) 175 G6
Berriac (11) 187 E3
Berrias-et-Casteljau (07) . . . 157 F4
Berric (56) 73 F1
Berrie (86) 93 H2
Berrien (29) 32 A5
Berrieux (02) 22 D4
Berrogain-Laruns (64) 181 G2
Berru (51) 23 F6
Berrwiller (68) 89 E1

Berry-au-Bac (02) 22 D5
Berry-Bouy (18) 97 G2
le Bersac (05) 159 H3
Bersac-sur-Rivalier (87) 110 D6
Bersaillin (39) 102 D4
Bersée (59) 3 G6
Bersillies (59) 10 A2
Berson (33) 135 E3
Berstett (67) 50 D5
Berstheim (67) 51 E4
Bert (03) 114 C4
Bertangles (80) 7 G5
Bertaucourt-Epourdon (02) . . 22 A3
Berteaucourt-les-Dames (80) . 7 F4
Berteaucourt-
    -lès-Thennes (80) 20 D1
Bertheauville (76) 16 D3
Berthecourt (60) 20 B5
Berthegon (86) 94 B4
Berthelange (25) 103 E1
Berthelming (57) 49 H4
Berthen (59) 2 D4
Berthenay (37) 78 C6
Berthenicourt (02) 22 A1
la Berthenoux (36) 97 E6
Berthez (33) 150 A3
Bertholène (12) 154 D4
Berthouville (27) 15 H5
Bertignat (63) 128 B3
Bertignolles (10) 66 D5
Bertincourt (62) 8 C4
Bertoncourt (08) 23 G3
Bertrambois (54) 49 H5
Bertrancourt (80) 7 H4
Bertrange (57) 26 B4
Bertre (81) 170 A5
Bertren (65) 184 A5
Bertreville (76) 16 D3
Bertreville-Saint-Ouen (76) . . 17 G3
Bertric-Burée (24) 136 D1
Bertrichamps (54) 70 C1
Bertricourt (02) 23 E5
Bertrimont (76) 17 G4
Bertrimoutier (88) 70 D3
Bertry (59) 9 F4
Béru (89) 84 A2
Béruges (86) 108 D1
Bérulle (10) 65 G4
Bérus (72) 60 A2
Berville (76) 17 F4
Berville (95) 42 B1
Berville-en-Roumois (27) . . . 18 B5
Berville-la-Campagne (27) . . 40 C2
Berville-sur-Mer (27) 15 G2
Berville-sur-Seine (76) 17 F6
Berviller-en-Moselle (57) . . . 27 E4
Berzé-la-Ville (71) 116 A3
Berzé-le-Châtel (71) 116 A3
Berzème (07) 157 H2
Berzieux (51) 46 C1
Berzy-le-Sec (02) 22 A5
la Besace (08) 24 C3
Besain (39) 103 E5
Besançon (25) 103 G1
Bésayes (26) 144 C4
Bescat (64) 182 B3
Bésignan (26) 159 E4
Bésingrand (64) 182 A1
Beslon (50) 37 F3
Besmé (02) 21 H3
Besmont (02) 10 B6
Besnans (70) 87 G5
Besné (44) 73 H3
Besneville (50) 12 C4
Besny-et-Loizy (02) 22 C3
Bessac (16) 122 A6
Bessais-le-Fromental (18) . . 98 A6
Bessamorel (43) 142 D3
Bessan (34) 188 D2
Bessancourt (95) 42 C2
Bessans (73) 147 G1
Bessas (07) 157 F4
le Bessat (42) 143 G1
Bessay (85) 106 C1
Bessay-sur-Allier (03) 113 H3
Besse (15) 140 A3
Besse (24) 152 A1
Besse (38) 146 B3
Besse-
    -et-Saint-Anastaise (63) . . 127 E5
Bessé-sur-Braye (72) 79 E1
Besse-sur-Issole (83) 193 G4
Bessède-de-Sault (11) 200 A1
Bessèges (30) 157 E5
Bessenay (69) 129 G3
Bessey (42) 129 H6
Bessey-la-Cour (21) 101 F2
Bessey-lès-Cîteaux (21) . . . 102 A2
la Besseyre-Saint-Mary (43) . 141 H4
Bessières (31) 169 G3
Bessines (79) 107 G3
Bessines-sur-Gartempe (87) . 110 D6
Bessins (38) 144 D2
Besson (03) 113 H2
Bessoncourt (90) 88 D3
Bessonies (46) 139 G6
les Bessons (48) 141 G6
Bessuéjouls (12) 154 D3
Bessy (10) 66 A1
Bessy-sur-Cure (89) 83 G3
Bestiac (09) 199 F1
Bétaille (46) 139 E5
Betaucourt (70) 87 E3
Betbeze (65) 184 A2
Betbezer-d'Armagnac (40) . . 166 C2
Betcave-Aguin (32) 184 B1

Betchat (09) 184 D4
Bétête (23) 111 H3
Béthancourt-en-Valois (60) . . 21 F6
Béthancourt-en-Vaux (02) . . 21 H3
Béthelainville (55) 47 E1
Béthemont-la-Forêt (95) . . . 42 C2
Béthencourt (59) 9 F4
Béthencourt-sur-Mer (80) . . . 6 B4
Béthencourt-
    -sur-Somme (80) 21 G1
Bétheniville (51) 23 G5
Bétheny (51) 23 E6
Béthincourt (55) 25 E6
Béthines (86) 110 A2
Béthisy-Saint-Martin (60) . . . 21 F6
Béthisy-Saint-Pierre (60) . . . 21 F5
Bethmale (09) 184 D6
Béthon (51) 44 D6
Béthon (72) 60 A2
Bethoncourt (25) 88 C4
Béthonsart (62) 7 H1
Béthonvilliers (28) 61 F4
Bethonvilliers (90) 88 D2
Béthune (62) 2 D6
Bétignicourt (10) 66 D2
Beton-Bazoches (77) 44 A5
Betoncourt-lès-Brotte (70) . . 87 H2
Betoncourt-
    -Saint-Pancras (70) 69 G6
Betoncourt-sur-Mance (70) . . 86 D1
Bétous (32) 166 D4
Betplan (32) 183 F1
Betpouey (65) 183 E6
Betpouy (65) 183 H2
Bétracq (64) 166 D6
Betschdorf (67) 51 F2
Bettainvillers (54) 26 A4
Bettancourt-la-Ferrée (52) . . 46 D5
Bettancourt-la-Longue (51) . . 46 C4
Bettange (57) 26 D4
Bettant (01) 130 D1
Bettborn (57) 50 A4
Bettegney-Saint-Brice (88) . . 69 G3
Bettelainville (57) 26 C4
Bettembos (80) 19 H1
Bettencourt-Rivière (80) 7 E5
Bettencourt-Saint-Ouen (80) . 7 F5
Bettendorf (68) 89 F3
Bettes (65) 183 F4
Betteville (76) 17 E5
Bettignies (59) 10 A2
Betting (57) 49 G1
Bettlach (68) 89 G4
Betton (35) 57 F2
Betton-Bettonet (73) 132 B5
Bettoncourt (88) 69 G2
Bettrechies (59) 9 G2
Bettviller (57) 28 A4
Bettwiller (67) 50 B3
Betz (60) 43 G1
Betz-le-Château (37) 95 F3
Beugin (62) 7 H1
Beugnâtre (62) 8 B4
Beugneux (02) 22 B6
Beugnies (59) 10 A3
le Beugnon (79) 107 H1
Beugnon (89) 65 H6
Beugny (62) 8 C4
Beuil (06) 161 H6
le Beulay (88) 70 D2
Beulotte-Saint-Laurent (70) . . 88 B1
Beure (25) 103 F1
Beurey (10) 66 D4
Beurey-Bauguay (21) 100 D1
Beurey-sur-Saulx (55) 46 D4
Beurières (63) 128 B6
Beurizot (21) 84 D6
Beurlay (17) 120 D2
Beurville (52) 67 F3
Beussent (62) 1 G6
Beuste (64) 182 C3
Beutal (25) 88 B4
Beuvardes (02) 44 C1
Beuveille (54) 25 G4
Beuvezin (54) 69 E2
Beuvillers (14) 15 F5
Beuvillers (54) 26 A3
Beuvraignes (80) 21 F2
Beuvrages (59) 9 F1
Beuvrequen (62) 1 F3
Beuvrigny (50) 37 G2
Beuvron (58) 83 F6
Beuvron-en-Auge (14) 14 D4
Beuvry (62) 2 D6
Beuvry-la-Forêt (59) 9 E1
Beux (57) 26 C6
Beuxes (86) 94 B2
Beuzec-Cap-Sizun (29) 52 D2
Beuzeville (27) 15 G3
Beuzeville-au-Plain (50) 13 E4
Beuzeville-la-Bastille (50) . . 12 D4
Beuzeville-la-Grenier (76) . . 15 G1
Beuzeville-la-Guérard (76) . . 16 D3
Beuzevillette (76) 15 H1
Bévenais (38) 131 E6
Beveuge (70) 88 A4
Béville-le-Comte (28) 62 C2
Bévillers (59) 9 E3
Bévons (04) 160 A6
Bévy (21) 101 G2
Bey (01) 116 B5
Bey (71) 101 H5
Bey-sur-Seille (54) 48 D4
Beychac-et-Caillau (33) 135 G5
Beylongue (40) 165 G2
Beynac (07) 143 F4
Beynac (24) 124 A5
Beynac-et-Cazenac (24) . . . 138 A5
Beynat (19) 139 E3
Beynes (04) 177 F1
Beynes (78) 42 A4

Beynost (01). 130 B7
Beyrède-Jumet (65) 183 G5
Beyren-lès-Sierck (57). . . . 26 C2
Beyrie-en-Béarn (64). 182 B1
Beyrie-sur-Joyeuse (64) . . . 181 E2
Beyries (40) 165 H5
Beyssac (19). 138 C1
Beyssenac (19). 124 C6
le Bez (81) 171 E5
Bez-et-Esparon (30). 172 D2
Bézac (09) 185 G4
Bezalles (77) 44 A5
Bézancourt (76) 19 F4
Bezange-la-Grande (54) . . . 49 E4
Bezange-la-Petite (57). . . . 49 F4
Bezannes (51) 23 E6
Bézaudun-les-Alpes (06). . . 195 E2
Bézaudun-sur-Bîne (26) . . . 158 D2
Bezaumont (54). 48 C3
Bèze (21). 86 A5
Bézenac (24) 137 H5
Bézenet (03). 113 E4
Bézéril (32). 168 B6
Béziers (34) 188 C2
Bezinghem (62) 1 G5
Bezins-Garraux (31) 184 A5
la Bezole (11) 186 C5
Bezolles (32) 167 F3
Bezons (95) 42 C3
Bezonvaux (55) 25 F6
Bezouce (30) 174 C3
Bézouotte (21). 86 B5
Bézu-la-Forêt (27) 19 G4
Bézu-le-Guéry (02) 44 A2
Bézu-Saint-Éloi (27) 19 G5
Bézu-Saint-Germain (02) . . 44 B1
Bézues-Bajon (32) 184 A1
Biache-Saint-Vaast (62). . . . 8 C2
Biaches (80). 8 C6
Bians-les-Usiers (25). 103 H3
Biard (86) 109 E1
Biarne (39) 102 C2
Biarre (80) 21 F2
Biarritz (64) 164 B6
Biarrotte (40) 164 C5
Biars-sur-Cère (46) 139 E5
Bias (40). 148 A5
Bias (47). 151 F4
Biaudos (40) 164 C5
Bibiche (57) 26 D3
Biblisheim (67) 51 E3
Bibost (69) 129 G3
Bichancourt (02) 21 H3
Biches (58) 99 G3
Bickenholtz (57). 50 B4
Bicqueley (54) 48 B6
Bidache (64) 164 D6
Bidarray (64) 180 D2
Bidart (64) 164 A6
Bidestroff (57) 49 G3
Biding (57) 49 G1
Bidon (07) 157 H4
Bidos (64) 182 A3
Biécourt (88) 69 E3
Biederthal (68). 89 G4
Bief (25) 88 C6
Bief-des-Maisons (39). . . . 103 G3
Bief-du-Fourg (39) 103 G5
Biefmorin (39) 102 D4
Biefvillers-lès-Bapaume (62) . 8 B4
Bielle (64) 182 B4
Biencourt (80) 6 C5
Biencourt-sur-Orge (55) . . . 47 F6
Bienville (60) 21 F4
Bienville-la-Petite (54). . . . 49 E5
Bienvillers-au-Bois (62) . . . 8 A3
Biermes (08). 23 G4
Biermont (60) 21 E3
Bierné (53) 77 E1
Bierne (59) 2 C2
Bierre-lès-Semur (21) 84 C4
Bierry-
-les-Belles-Fontaines (89). . 84 B4
Biert (09) 185 F6
Bierville (76). 17 H5
Biesheim (68) 71 G5
Biesles (52) 68 A5
Bietlenheim (67) 51 E4
Bieujac (33) 150 A2
Bieuxy (02). 22 A4
Bieuzy (56) 55 E3
Biéville (50) 37 H1
Biéville-Beuville (14) 14 C4
Biéville-Quétiéville (14). . . . 39 E1
Bièvres (02) 22 C4
Bièvres (08) 25 E3
Bièvres (91) 42 C5
Biffontaine (88) 70 C3
Biganos (33) 148 C1
Bignac (16). 122 B3
Bignan (56) 55 G4
Bignay (17) 121 F1
la Bigne (14). 38 A2
Bignicourt (08). 23 H5
Bignicourt-sur-Marne (51) . . 46 B5
Bignicourt-sur-Saulx (51) . . 46 C4
le Bignon (44) 74 D6
le Bignon-du-Maine (53). . . 58 D6
le Bignon-Mirabeau (45). . . 64 C3
Bignoux (86) 109 F1
Bigorno (2B) 203 F5
la Bigottière (53) 58 C3
Biguglia (2B) 203 G4
Bihorel (76) 18 D4
Bihucourt (62) 8 B4
Bilhac (19) 139 E5
Bilhères (64) 182 B4
Bilia (2A) 206 D3
Bilieu (38). 131 F6
Billancelles (28). 61 H1
Billancourt (80) 21 F2

les Billanges (87) 124 D1
les Billaux (33) 135 G4
Billé (35). 57 H1
Billecul (39) 103 G5
Billère (64) 182 B2
Billey (21). 102 C2
Billezois (03) 114 B5
Billiat (01). 117 H6
Billième (73) 131 G3
Billière (31) 197 F1
Billiers (56). 73 F2
Billio (56) 55 G4
Billom (63) 127 G3
Billy (03). 114 A4
Billy (14). 38 D1
Billy (41). 80 B6
Billy-Berclau (62) 3 E6
Billy-Chevannes (58). 99 F3
Billy-le-Grand (51) 45 G1
Billy-lès-Chanceaux (21). . . 85 F4
Billy-Montigny (62) 8 C1
Billy-sous-Mangiennes (55) . 25 G5
Billy-sur-Aisne (02) 22 A5
Billy-sur-Oisy (58) 83 F5
Billy-sur-Ourcq (02) 22 A6
Biltzheim (68) 71 F5
Bilwisheim (67) 50 D4
Bimont (62) 1 G6
Binarville (51) 24 C6
Binas (41). 80 A1
Bindernheim (67) 71 H2
Binges (21). 86 A6
Binic (22) 33 G3
Bining (57). 50 B1
Biniville (50). 12 D4
Binos (31). 184 A6
Binson-et-Orquigny (51). . . 45 E2
Bio (46). 139 E6
Biol (38). 131 E5
la Biolle (73). 131 H3
Biollet (63) 126 C1
Bion (50). 37 G5
Bioncourt (57) 48 D4
Bionville (54) 70 D1
Bionville-sur-Nied (57) 49 E1
Biot (06) 195 E4
le Biot (74) 119 F4
Bioule (31) 169 F1
Bioussac (16) 108 D6
Biozat (03) 113 H6
Birac (16) 122 A4
Birac (33) 150 A3
Birac-sur-Trec (47) 150 C3
Biran (32). 167 G4
Biras (24) 137 E1
Biriatou (64). 180 A1
Birieux (01) 130 B1
Birkenwald (67) 50 C5
Biron (17) 121 F4
Biron (24). 151 G2
Biron (64). 165 G6
Biscarrosse (40). 148 B3
Bischheim (67). 51 E5
Bischholtz (67). 50 D3
Bischoffsheim (67) 50 D6
Bischwihr (68) 71 G4
Bischwiller (67) 51 F4
Bisel (68) 89 F4
Bisinchi (2B). 203 F6
Bislée (55) 47 G3
Bissert (67) 49 H2
Bisseuil (51) 45 F2
Bissey-la-Côte (21) 85 F1
Bissey-la-Pierre (21) 84 D1
Bissey-sous-Cruchaud (71). . 101 F6
Bissezeele (59). 2 C2
Bissières (14). 39 E1
Bissy-la-Mâconnaise (71) . . 116 B2
Bissy-sous-Uxelles (71) . . . 116 A1
Bissy-sur-Fley (71). 101 F5
Bisten-en-Lorraine (57). . . . 27 E5
Bistroff (57) 49 F2
Bitche (57) 50 C1
Bitry (58) 82 C5
Bitry (60) 21 G4
Bitschhoffen (67) 50 D3
Bitschwiller-lès-Thann (68). . 89 E1
Bivès (32) 168 B3
Biviers (38). 145 G2
Biville (50) 12 B2
Biville-la-Baignarde (76). . . 17 G3
Biville-la-Rivière (76). 17 F3
Biville-sur-Mer (76). 17 H1
Bivilliers (61) 40 A6
Bizanet (11) 187 H4
Bizanos (64). 182 B2
Bize (52) 86 D1
Bize (65) 183 H4
Bize-Minervois (11) 187 H2
Bizeneuille (03) 112 D3
Biziat (01). 116 C5
Bizonnes (38). 131 E6
le Bizot (25) 104 C2
les Bizots (71) 100 D5
Bizou (61). 61 E1
Bizous (65) 183 H4
Blacé (69). 116 A6
Blacourt (60). 19 H4
Blacqueville (76) 17 F5
Blacy (51). 46 A5
Blacy (89). 84 B4
Blaesheim (67) 51 E6
Blagnac (31). 169 E5
Blagny (08) 24 D2
Blagny-sur-Vingeanne (21). . 86 B5
Blaignac (33) 150 A2
Blaignan (33) 134 D1
Blain (44) 74 B3
Blaincourt-lès-Précy (60) . . 20 C6
Blaincourt-sur-Aube (10). . . 66 D2
Blainville-Crevon (76). 17 H5

Blainville-sur-l'Eau (54). . . . 49 E6
Blainville-sur-Mer (50) 36 D1
Blainville-sur-Orne (14). . . . 14 C4
Blairville (62) 8 B3
Blaise-sous-Arzillières (51). . 46 B5
Blaison-Gohier (49). 77 F3
Blaisy-Bas (21). 85 F6
Blaisy-Haut (21). 85 F6
Blajan (31) 184 A2
Blamont (25) 88 C5
Blâmont (54) 49 G6
Blan (81). 170 B6
le Blanc (36). 110 B1
le Blanc-Mesnil (93) 42 D3
Blancafort (18). 81 H4
Blancey (21). 84 D6
Blancfossé (60) 20 B2
Blanche-Église (57) 49 F4
Blanchefosse-et-Bay (08) . . 23 F1
Blancherupt (67) 71 E1
Blandainville (28) 61 H3
Blandas (30). 172 D3
Blandin (38). 131 E5
Blandouet (53) 59 F5
Blandy (77) 64 B1
Blandy (91) 63 F3
Blangerval-Blangermont (62). . 7 F2
Blangy-le-Château (14) . . . 15 F4
Blangy-sous-Poix (80). 20 A1
Blangy-sur-Bresle (76). 6 C5
Blangy-sur-Ternoise (62). . . 7 F1
Blangy-Tronville (80). 7 H6
Blannay (89) 83 H4
Blanot (21) 100 C2
Blanot (71). 116 A2
Blanquefort (32) 168 B5
Blanquefort (33) 135 E4
Blanquefort-
-sur-Briolance (47). 151 H2
Blanzac (43) 142 C3
Blanzac (87) 110 B5
Blanzac-lès-Matha (17) . . . 121 G2
Blanzac-Porcheresse (16) . . 122 B5
Blanzaguet-
-Saint-Cybard (16). 122 C5
Blanzat (63) 127 E2
Blanzay (86). 108 D5
Blanzay-sur-Boutonne (17). . 107 H6
Blanzée (55). 47 G1
Blanzy (71). 100 D6
Blanzy-la-Salonnaise (08). . . 23 F4
Blanzy-lès-Fismes (02) . . . 22 C5
Blargies (60) 19 G2
Blarians (25) 87 G5
Blaringhem (59) 2 B4
Blars (46) 153 E2
Blaru (78) 41 F2
Blasimon (33) 136 A6
Blaslay (86) 94 B5
Blassac (43) 141 H3
Blaudeix (23) 111 H5
Blausasc (06) 195 G2
Blauvac (84) 175 G1
Blauzac (30) 174 B2
Blavignac (48) 141 G5
Blavozy (43) 142 D4
Blay (14). 13 G5
Blaye (33). 135 E3
Blaye-les-Mines (81) 170 C1
Blaymont (47) 151 G5
Blaziert (32) 167 G2
Blécourt (52) 67 H2
Blécourt (59) 8 D3
Bleigny-le-Carreau (89). . . . 83 G2
Blémerey (54) 49 G6
Blémerey (88) 69 F2
Blendecques (62) 2 B4
Bléneau (89) 82 C3
Blennes (77). 64 C3
Blénod-
-lès-Pont-à-Mousson (54). . 48 C3
Blénod-lès-Toul (54) 48 A6
Bléquin (62) 1 H5
Blérancourt (02) 21 H4
Bléré (37). 79 F6
Bléruais (35) 56 C2
Blésignac (33) 135 G6
Blesle (43) 141 F1
Blesme (51) 46 C5
Blesmes (02) 44 C2
Blessac (23) 125 G1
Blessonville (52) 67 G5
Blessy (62) 2 B5
Blet (18) 98 B4
Bletterans (39). 102 C5
Bleurville (88) 69 E5
Bleury (28) 62 C1
Blevaincourt (88). 68 D4
Blèves (72). 60 C1
le Bleymard (48) 156 C3
Blicourt (60) 20 A3
Blienschwiller (67). 71 F2
Blies-Ébersing (57). 27 H5
Blies-Guersviller (57) 27 H5
Bliesbruck (57). 28 A5
Blieux (04) 177 G2
Blignicourt (10). 66 D2
Bligny (10) 67 E4
Bligny (51) 45 E1
Bligny-le-Sec (21) 85 F5
Bligny-lès-Beaune (21). . . . 101 G3
Bligny-sur-Ouche (21) 101 F2
Blincourt (60) 21 E5
Blingel (62) 7 F1
Blis-et-Born (24) 137 G2
Blismes (58). 100 A2
Blodelsheim (68) 71 G6
Blois (41). 79 H4
Blois-sur-Seille (39). 102 D5
Blomac (11) 187 F3

Blomard (03) 113 F4
Blombay (08). 23 H1
Blond (87) 110 A6
Blondefontaine (70) 87 E1
Blonville-sur-Mer (14). 15 E3
Blosseville (76) 17 E2
Blossville (50) 13 E4
Blot-l'Église (63) 113 F6
Blotzheim (68) 89 G3
Blou (49) 77 H5
Blousson-Sérian (32) 167 E6
la Bloutière (50). 37 F3
Bloye (74). 131 H2
Bluffy (74) 132 B2
Blumeray (52) 67 F2
Blussangeaux (25) 88 B5
Blussans (25). 88 B5
Blye (39). 117 G1
Blyes (01). 130 D2
le Bô (14) 38 C3
Bobigny (93) 42 D3
Bobital (22) 34 C5
le Bocasse (76) 17 G5
Bocé (49) 77 G4
Bocognano (2A) 205 E4
Bocquegney (88). 69 G3
le Bodéo (22) 33 F6
Bodilis (29). 31 G3
Boé (47) 151 F6
Boëcé (61) 60 C1
Boège (74) 118 D4
Boeil-Bezing (64) 182 C3
Boën (42) 128 D3
Bœrsch (67) 71 F1
Boeschepe (59) 2 D3
Boëseghem (59) 2 C5
Bœsenbiesen (67) 71 G3
Bœssé-le-Sec (72) 60 D4
Bœsses (45) 63 G4
Bœurs-en-Othe (89) 65 G4
Boffles (62) 7 F3
Boffres (07) 143 H5
Bogève (74) 118 D4
Bogny-sur-Meuse (08). 11 F6
Bogy (07) 144 A2
Bohain-en-Vermandois (02). . 9 F5
Bohal (56) 56 A5
la Bohalle (49) 77 E5
Bohas-Meyriat-Rignat (01) . . 117 F5
Boigneville (91) 63 G3
Boigny-sur-Bionne (45) . . . 81 E1
Boinville-en-Mantois (78). . . 41 H3
Boinville-en-Woëvre (55) . . 25 G6
Boinville-le-Gaillard (78). . . 62 D1
Boinvilliers (78) 41 G3
Boiry-Becquerelle (62) 8 B3
Boiry-Notre-Dame (62) 8 C2
Boiry-Saint-Martin (62). . . . 8 B3
Boiry-Sainte-Rictrude (62). . 8 B3
Bois (17). 121 E5
le Bois (73). 132 D5
Bois-Anzeray (27) 40 B3
Bois-Arnault (27). 40 B4
Bois-Bernard (62) 8 C1
Bois-Colombes (92) 42 C3
Bois-d'Amont (39) 118 B1
Bois-d'Arcy (78) 42 B4
Bois-d'Arcy (89) 83 G4
Bois-de-Céné (85) 90 D2
Bois-de-Champ (88). 70 C3
Bois-de-Gand (39). 102 C5
Bois-de-la-Pierre (31). 185 E2
Bois-d'Enneboug (76). 17 H6
le Bois-d'Oingt (69) 129 G2
Bois-Grenier (59) 3 E5
Bois-Guilbert (76) 19 E3
Bois-Guillaume (76) 17 G6
le Bois-Hellain (27) 15 G4
Bois-Hérault (76). 19 E3
Bois-Herpin (91) 63 F2
Bois-Himont (76) 17 E5
Bois-Jérôme-
-Saint-Ouen (27) 41 G1
Bois-le-Roi (27) 41 E4
Bois-le-Roi (77). 64 A1
Bois-lès-Pargny (02) 22 C2
Bois-l'Évêque (76) 17 H6
Bois-Normand-
-près-Lyre (27) 40 B3
le Bois-Plage-en-Ré (17). . . 106 B4
le Bois-Robert (76) 17 G2
Bois-Sainte-Marie (71) . . . 115 G4
Boisbergues (80). 7 F3
Boisbreteau (16) 135 H1
Boiscommun (45) 63 G5
Boisdinghem (62) 2 A4
Boisdon (77) 44 A5
Boisemont (27) 19 F6
Boisemont (95) 42 B2
Boisgasson (28). 61 G5
Boisgervilly (35). 56 C2
le Boisle (80) 7 E2
Boisleux-au-Mont (62) 8 B3
Boisleux-Saint-Marc (62). . . 8 B3
Boismé (79) 93 E5
Boismont (54). 25 H4
Boismont (80) 6 C3
Boismorand (45) 82 A2
Boisney (27) 40 A1
Boisredon (17). 135 F1
Boisroger (50) 36 D1
Boissay (76). 19 E3
la Boisse (01) 130 B2
Boisse (24) 151 F1
Boisse-Penchot (12) 153 H2
Boisseau (41). 80 A2
Boisseaux (45) 63 E3
Boissède (31). 184 B1

Boissei-la-Lande (61) 39 F5
Boisserolles (79) 107 H5
Boisseron (34) 173 H5
Boisset (15) 139 H6
Boisset (34) 187 G1
Boisset (43) 142 D1
Boisset-et-Gaujac (30) . . . 173 G1
Boisset-lès-Montrond (42). . 129 E3
Boisset-les-Prévanches (27) . 41 E3
Boisset-Saint-Priest (42). . . 128 D5
Boissets (78) 41 G4
Boissettes (77). 64 A1
Boisseuil (87) 124 B3
Boisseuilh (24). 138 A1
Boissey (01). 116 C3
Boissey (14) 15 E6
Boissey-le-Châtel (27). 18 B6
Boissezon (81). 170 D6
Boissia (39) 117 H1
la Boissière (14). 15 E5
la Boissière (27). 41 F3
la Boissière (34). 173 E5
la Boissière (53). 76 B1
la Boissière-d'Ans (24) . . . 137 H2
la Boissière-
-de-Montaigu (85). 92 A3
la Boissière-
-des-Landes (85). 91 G5
la Boissière-du-Doré (44) . . 75 F5
la Boissière-École (78) 41 H5
la Boissière-en-Gâtine (79). . 107 H1
la Boissière-sur-Èvre (49). . . 75 G4
Boissières (30). 174 A4
Boissières (46). 152 C2
Boissise-la-Bertrand (77) . . 63 H1
Boissise-le-Roi (77) 63 H1
Boissy-aux-Cailles (77) . . . 63 H3
Boissy-en-Drouais (28). . . . 41 E5
Boissy-Fresnoy (60) 43 G1
Boissy-la-Rivière (91) 63 F2
Boissy-l'Aillerie (95) 42 B2
Boissy-Lamberville (27) . . . 15 H5
Boissy-le-Bois (60) 19 H6
Boissy-le-Châtel (77) 44 A4
Boissy-le-Cutté (91). 63 F2
Boissy-le-Repos (51) 44 D3
Boissy-le-Sec (91) 63 E1
Boissy-lès-Perche (28). . . . 40 C5
Boissy-Maugis (61) 61 E2
Boissy-Mauvoisin (78) 41 G3
Boissy-Saint-Léger (94) . . . 43 E5
Boissy-sans-Avoir (78) . . . 41 H4
Boissy-sous-Saint-Yon (91) . 63 F1
Boistrudan (35) 57 G4
Boisville-la-Saint-Père (28). . 62 C3
Boisyvon (50) 37 F4
Boitron (61) 39 G6
Boitron (77) 44 A3
Bolandoz (25) 103 G3
Bolazec (29). 32 B4
Bolbec (76). 15 G1
Bollène (84) 158 B5
la Bollène-Vésubie (06). . . . 179 F1
Bolleville (50). 12 C5
Bolleville (76). 15 H1
Bollezeele (59) 2 B3
Bollwiller (68) 71 F6
Bologne (52) 67 H4
Bolozon (01). 117 F5
Bolquère (66). 199 H4
Bolsenheim (67) 71 G1
Bombon (77) 43 G6
Bommes (33). 149 G2
Bommiers (36). 97 E5
Bompas (09) 185 H6
Bompas (66) 201 F2
Bomy (62) 2 A5
Bon-Encontre (47). 151 F6
Bona (58) 99 F3
Bonac-Irazein (09) 184 C6
Bonas (32) 167 G3
Bonboillon (70) 86 D6
Boncé (28) 62 B3
Bonchamp-lès-Laval (53) . . 58 D5
Boncourt (02) 23 E3
Boncourt (27). 41 E2
Boncourt (28). 41 E4
Boncourt (54). 48 A1
Boncourt-le-Bois (21) 101 H2
Boncourt-sur-Meuse (55) . . 47 G4
Bondaroy (45) 63 F4
Bondeval (25) 88 C4
Bondigoux (31) 169 F3
les Bondons (48) 156 B4
Bondoufle (91) 42 D6
Bondues (59) 3 F4
Bondy (93) 43 E3
Bongheat (63) 127 H3
le Bonhomme (68) 71 E4
Bonifacio (2A) 207 F5
Bonlier (60) 20 B4
Bonlieu (39) 117 H2
Bonlieu-sur-Roubion (26). . 158 B2
Bonloc (64) 180 D1
Bonnac (09) 185 H4
Bonnac (15) 141 F2
Bonnac-la-Côte (87) 124 B1
Bonnal (25) 87 H4
Bonnard (89) 83 F1
Bonnat (23) 111 G4
Bonnaud (39). 117 F1
Bonnay (25) 87 F6
Bonnay (71) 116 A2
Bonnay (80) 7 H5
Bonne (74) 118 D5
Bonnebosq (14). 15 E4
Bonnecourt (52) 68 C6
Bonnée (45). 81 G2
Bonnefamille (38) 130 C4
Bonnefoi (61). 40 A5

Bonnefond (19) 125 F5
Bonnefont (65) 183 G3
Bonnefontaine (39). 103 E5
Bonnegarde (40) 165 G5
Bonneil (02) 44 B2
Bonnelles (78) 42 B6
Bonnemain (35). 35 E5
Bonnemaison (14). 14 A6
Bonnemazon (65) 183 F4
Bonnencontre (21) 102 A2
Bonnes (16) 136 B2
Bonnes (86) 109 G1
Bonnesvalyn (02) 44 B1
Bonnet (55) 68 B1
Bonnétable (72). 60 C4
Bonnétage (72). 104 C1
Bonnetan (33) 135 F5
Bonneuil (16) 121 H4
Bonneuil (36). 110 C3
Bonneuil-en-France (95) . . . 42 D3
Bonneuil-en-Valois (60) . . . 21 G6
Bonneuil-les-Eaux (60) . . . 20 B2
Bonneuil-Matours (86) 94 D6
Bonneval (28) 62 A4
Bonneval (43) 142 B1
Bonneval (73) 132 D5
Bonneval-sur-Arc (73). . . . 133 G6
Bonnevaux (25) 103 H5
Bonnevaux (30) 157 E4
Bonnevaux (74) 119 F3
Bonnevaux-le-Prieuré (25) . 103 G2
Bonneveau (41) 79 E2
Bonnevent-Velloreille (70) . . 87 E5
Bonneville (16) 122 A2
la Bonneville (50) 12 D4
Bonneville (74) 118 D5
Bonneville (80) 7 G4
Bonneville-Aptot (27) 18 A6
Bonneville-et-Saint-Avit-
-de-Fumadières (24) 136 B5
Bonneville-la-Louvet (14) . . 15 G4
la Bonneville-sur-Iton (27) . . 40 D2
Bonneville-
-sur-Touques (14) 15 E3
Bonnières (60) 20 A4
Bonnières (62) 7 G3
Bonnières-sur-Seine (78) . . 41 G2
Bonnieux (84) 175 H3
Bonningues-lès-Ardres (62) . 1 H3
Bonningues-lès-Calais (62) . 1 G3
Bonnœil (14) 38 C3
Bonnœuvre (44) 75 F2
Bonnut (64) 165 G5
Bonny-sur-Loire (45) 82 B4
Bono (56) 55 E6
Bonrepos (65) 183 G3
Bonrepos-Riquet (31) 169 G5
Bonrepos-
-sur-Aussonnelle (31) 168 D6
Bons-en-Chablais (74). . . . 118 D4
Bons-Tassilly (14) 38 D2
Bonsecours (76) 18 D4
Bonsmoulins (61) 39 H5
Bonson (06) 195 E1
Bonson (42) 129 E5
Bonvillard (73) 132 C4
Bonvillaret (73) 132 C4
Bonviller (54) 49 E5
Bonvillers (60) 20 C3
Bonvillet (88) 69 F5
Bony (02) 8 D5
Bonzac (33) 135 H4
Bonzée (55) 47 G1
Boô-Silhen (65) 182 D4
Boofzheim (67) 71 H2
Boos (40) 165 E2
Boos (76) 18 D5
Bootzheim (67) 71 G3
Boqueho (22). 33 F4
Bor-et-Bar (12) 153 G6
Boran-sur-Oise (60) 42 D1
Borce (64) 182 A5
Bord-Saint-Georges (23) . . 112 B4
Bordeaux (33) 135 E5
Bordeaux-en-Gâtinais (45) . . 63 H5
Bordeaux-Saint-Clair (76) . . 16 B4
Bordères (64). 182 C3
Bordères-
-et-Lamensans (40) 166 B3
Bordères-Louron (65) 183 G6
Bordères-sur-l'Échez (65) . . 183 E2
les Bordes (36) 97 E3
les Bordes (45) 81 G2
les Bordes (64) 182 C2
les Bordes (71) 101 H4
les Bordes (89) 65 E5
les Bordes-Aumont (10) . . . 66 B4
Bordes-de-Rivière (31). . . . 184 A4
les Bordes-sur-Arize (09) . . 185 F4
les Bordes-sur-Lez (09) . . . 184 D6
Bordezac (30). 157 E5
Bords (17) 120 D1
Borée (07) 143 E5
Boresse-et-Martron (17). . . 136 A1
Borest (60) 43 F1
Borey (70) 87 H3
Borgo (2B) 203 G5
Bormes-
-les-Mimosas (83) 193 H5
le Born (31) 169 F3
le Born (48) 156 B2
Bornambusc (76) 16 C4
Bornay (39) 117 F1
Borne (07) 156 D2
Borne (43) 142 B3
Bornel (60) 42 C1
Boron (90) 88 D3
Borre (59) 2 D4
Borrèze (24) 138 B4

Bors (Canton de Baignes-
-Sainte-Radegonde) (16)... 135 H1
Bors (Canton de Montmoreau-
-Saint-Cybard) (16)..... 136 B1
Bort-les-Orgues (19)...... 126 B5
Bort-l'Étang (63)...... 127 H3
Borville (54)...... 69 H1
le Bosc (09)...... 185 G5
le Bosc (34)...... 172 C4
Bosc-Bénard-Commin (27)... 18 B5
Bosc-Bénard-Crescy (27)..... 18 B5
Bosc-Bérenger (76)...... 17 H4
Bosc-Bordel (76)...... 19 E3
Bosc-Édeline (76)...... 19 E3
Bosc-Guérard-
-Saint-Adrien (76)...... 18 D3
Bosc-Hyons (76)...... 19 G4
Bosc-le-Hard (76)...... 17 H4
Bosc-Mesnil (76)...... 19 E2
le Bosc-Renoult (61)...... 39 G3
Bosc-Renoult-en-Ouche (27). 40 D3
Bosc-Renoult-
-en-Roumois (27)...... 18 A5
le Bosc-Roger-
-en-Roumois (27)...... 18 B5
Bosc-Roger-sur-Buchy (76)... 19 E3
Boscamnant (17)...... 136 C2
Bosgouet (27)...... 18 B5
Bosguérard-
-de-Marcouville (27)...... 18 B5
Bosjean (71)...... 102 B5
Bosmie-l'Aiguille (87)...... 124 A3
Bosmont-sur-Serre (02)...... 22 D2
Bosmoreau-les-Mines (23)... 125 E1
Bosnormand (27)...... 18 B5
Bosquel (80)...... 20 B1
Bosquentin (27)...... 19 F4
Bosrobert (27)...... 18 A6
Bosroger (23)...... 125 H1
Bossancourt (10)...... 67 E3
Bossay-sur-Claise (37)...... 95 F5
la Bosse (25)...... 104 C2
la Bosse (72)...... 60 D4
la Bosse-de-Bretagne (35)... 57 F5
Bossée (37)...... 95 E2
Bosselshausen (67)...... 50 D3
Bossendorf (67)...... 50 D4
Bosset (24)...... 136 D4
Bosseval-et-Briancourt (08).. 24 B1
Bossey (74)...... 118 C5
Bossieu (38)...... 130 C4
Bossugan (33)...... 136 A6
Bossus-lès-Rumigny (08)... 10 C5
Bost (03)...... 114 B5
Bostens (40)...... 166 B2
Bosville (76)...... 17 E3
Botans (90)...... 88 C3
Botmeur (29)...... 31 H5
Botsorhel (29)...... 32 B4
les Bottereaux (27)...... 40 A3
Botz-en-Mauges (49)...... 75 G4
Bou (45)...... 81 E1
Bouafle (78)...... 42 A3
Bouafles (27)...... 19 E6
Bouan (09)...... 199 E1
Bouaye (44)...... 74 C6
Boubers-lès-Hesmond (62)... 1 H6
Boubers-sur-Canche (62)..... 7 F2
Boubiers (60)...... 19 H6
Bouc-Bel-Air (13)...... 192 B2
Boucagnères (32)...... 167 H5
Boucau (64)...... 164 B5
Boucé (03)...... 114 A4
Boucé (61)...... 39 E5
le Bouchage (16)...... 109 E4
le Bouchage (38)...... 131 E4
Bouchain (59)...... 9 E2
Bouchamps-lès-Craon (53)... 76 B1
le Bouchaud (03)...... 114 D4
Bouchavesnes-Bergen (80)... 8 C5
Bouchemaine (49)...... 76 D5
Boucheporn (57)...... 49 F1
Bouchet (26)...... 158 B5
le Bouchet (74)...... 132 C2
le Bouchet-
-Saint-Nicolas (43)...... 142 B5
Bouchevilliers (27)...... 19 G4
Bouchoir (80)...... 21 E1
Bouchon (80)...... 7 E5
le Bouchon-sur-Saulx (55)... 47 E6
les Bouchoux (39)...... 117 H4
Bouchy-Saint-Genest (51)... 44 C6
Boucieu-le-Roi (07)...... 143 H4
Bouclans (25)...... 103 H1
Boucoiran-et-Nozières (30).. 173 H2
Bouconville (08)...... 24 B6
Bouconville-sur-Madt (54)... 47 H4
Bouconville-Vauclair (02)... 22 D4
Bouconvillers (60)...... 42 A1
Boucq (54)...... 48 A4
Boudes (63)...... 127 F6
Boudeville (76)...... 17 F3
Boudou (82)...... 168 C1
Boudrac (31)...... 183 H3
Boudreville (21)...... 67 F6
Boudy-de-Beauregard (47).. 151 G2
Boué (02)...... 9 G5
Bouée (44)...... 74 A4
Boueilh-
-Boueilho-Lasque (64).. 166 B5
Bouelles (76)...... 19 F2
Bouër (72)...... 60 D5
Bouère (53)...... 77 E1
Bouessay (53)...... 77 F1
Bouesse (36)...... 111 F1
Bouëx (16)...... 122 D4
la Bouëxière (35)...... 57 G2
Bouffémont (95)...... 42 C2
Boufféré (85)...... 91 H2

Boufflers (80)...... 7 E2
Bouffry (41)...... 61 G6
Bougainville (80)...... 7 E6
Bougarber (64)...... 182 B1
Bougé-Chambalud (38)...... 144 B1
Bouges-le-Château (36)...... 96 C3
Bougey (70)...... 87 E2
Bougival (78)...... 42 B4
Bouglainval (28)...... 41 F6
Bougligny (77)...... 64 A4
Bouglon (47)...... 150 B4
Bougneau (17)...... 121 F5
Bougnon (70)...... 87 F2
Bougon (79)...... 108 B3
Bougue (40)...... 166 B2
Bouguenais (44)...... 74 C5
Bougy (14)...... 14 A5
Bougy-lez-Neuville (45)...... 63 E5
Bouhans (71)...... 102 B5
Bouhans-et-Feurg (70)...... 86 C4
Bouhans-lès-Lure (70)...... 87 H2
Bouhans-
-lès-Montbozon (70)...... 87 H4
Bouhet (17)...... 107 E5
Bouhey (21)...... 101 F1
Bouhy (58)...... 82 D5
Bouilh-devant (65)...... 183 F2
Bouilh-Péreuilh (65)...... 183 F2
Bouilhonnac (11)...... 187 E3
Bouillac (12)...... 153 H2
Bouillac (24)...... 137 G6
Bouillac (82)...... 168 D3
la Bouilladisse (13)...... 192 C3
Bouillancourt-
-en-Séry (80)...... 6 C5
Bouillancourt-
-la-Bataille (80)...... 20 D2
Bouillancy (60)...... 43 G1
Bouilland (21)...... 101 G2
Bouillargues (30)...... 174 B3
la Bouille (76)...... 18 B5
Bouillé-Courdault (85)...... 107 F3
Bouillé-Loretz (79)...... 93 F2
Bouillé-Ménard (49)...... 76 B2
Bouillé-Saint-Paul (79)...... 93 F3
la Bouillie (22)...... 34 A4
le Bouillon (61)...... 39 F6
Bouillon (64)...... 166 A6
Bouillonville (54)...... 48 A3
Bouilly (10)...... 66 A4
Bouilly (51)...... 45 E1
Bouilly-en-Gâtinais (45)...... 63 F5
Bouin (79)...... 108 C5
Bouin (85)...... 90 C1
Bouin-Plumoison (62)...... 7 E1
Bouisse (11)...... 187 E5
Bouix (21)...... 84 D1
Boujailles (25)...... 103 G4
Boujan-sur-Libron (34)...... 188 C2
Boulages (10)...... 45 E4
Boulaincourt (88)...... 69 F2
Boulancourt (77)...... 63 G3
Boulange (57)...... 26 A3
Boulaur (32)...... 168 A6
le Boulay (37)...... 79 E3
Boulay-les-Barres (45)...... 62 C6
Boulay-les-Ifs (53)...... 59 G2
le Boulay-Morin (27)...... 41 E2
Boulay-Moselle (57)...... 26 D5
la Boulaye (71)...... 100 C6
Boulazac (24)...... 137 F2
Boulbon (13)...... 174 D3
Boulc (26)...... 159 G1
Boule-d'Amont (66)...... 200 D3
Bouleternère (66)...... 200 D3
Bouleurs (77)...... 43 G4
Bouleuse (51)...... 22 D6
Bouliac (33)...... 135 F5
Boulieu-lès-Annonay (07).. 143 H2
Bouligneux (01)...... 116 C6
Bouligney (70)...... 69 G6
Bouligny (55)...... 25 H6
Boulin (65)...... 183 F2
Boullarre (60)...... 43 H1
le Boullay-
-les-Deux-Églises (28)... 41 E6
Boullay-les-Troux (91)...... 42 B5
le Boullay-Mivoye (28)...... 41 F6
le Boullay-Thierry (28)...... 41 F6
Boulleret (18)...... 82 B5
Boulleville (27)...... 15 G3
Bouloc (31)...... 169 F4
Bouloc (82)...... 152 A5
Boulogne (85)...... 91 H3
Boulogne-Billancourt (92).. 42 C4
Boulogne-la-Grasse (60)... 21 E3
Boulogne-sur-Gesse (31).. 184 A2
Boulogne-sur-Helpe (59)...... 9 H4
Boulogne-sur-Mer (62)...... 1 F4
Bouloire (72)...... 60 D6
Boulon (14)...... 14 B6
Boulot (70)...... 87 F6
le Boulou (66)...... 201 F4
Boult (70)...... 87 F5
Boult-aux-Bois (08)...... 24 B4
Boult-sur-Suippe (51)...... 23 F5
le Boulvé (46)...... 152 A4
Boulzicourt (08)...... 24 A2
Boumourt (64)...... 165 H6
Bouniagues (24)...... 137 E6
le Boupère (85)...... 92 B5
Bouquehault (62)...... 1 G3
Bouquelon (27)...... 16 B3
Bouquemaison (80)...... 7 G3
Bouquemont (55)...... 47 G2
Bouquet (30)...... 157 F6
Bouquetot (27)...... 18 B5
Bouqueval (95)...... 42 D2
Bouranton (10)...... 66 B3
Bouray-sur-Juine (91)...... 63 G1
Bourbach-le-Bas (68)...... 88 D1
Bourbach-le-Haut (68)...... 88 D1

Bourberain (21)...... 86 B4
Bourbévelle (70)...... 69 E6
Bourbon-Lancy (71)...... 114 C1
Bourbon-l'Archambault (03). 113 F1
Bourbonne-les-Bains (52)... 68 D6
la Bourboule (63)...... 126 C5
Bourbourg (59)...... 2 A2
Bourbriac (22)...... 33 E4
Bourcefranc-
-le-Chapus (17)...... 120 B2
Bourcia (39)...... 117 F3
Bourcq (08)...... 24 A5
Bourdainville (76)...... 17 F4
Bourdalat (40)...... 166 C2
Bourdeau (73)...... 131 H3
Bourdeaux (26)...... 158 D2
Bourdeilles (24)...... 137 E1
le Bourdeix (24)...... 123 E4
Bourdelles (33)...... 150 B2
Bourdenay (10)...... 65 G3
le Bourdet (79)...... 107 G4
Bourdettes (64)...... 182 C3
Bourdic (30)...... 174 A2
la Bourdinière-
-Saint-Loup (28)...... 62 A3
Bourdon (80)...... 7 E5
Bourdonnay (57)...... 49 G4
Bourdonné (78)...... 41 G5
Bourdons-sur-Rognon (52).. 68 B4
Bourecq (62)...... 2 C5
Bouresches (02)...... 44 B2
Bouresse (86)...... 109 G3
Bouret-sur-Canche (62)...... 7 G2
Boureuilles (55)...... 24 C6
Bourg (33)...... 135 E3
le Bourg (46)...... 153 F1
Bourg-Achard (27)...... 18 B5
Bourg-Archambault (86)... 110 A3
Bourg-Argental (42)...... 143 G1
Bourg-Beaudouin (27)...... 19 E5
Bourg-Blanc (29)...... 30 D4
Bourg-Bruche (67)...... 71 E2
Bourg-Charente (16)...... 121 H3
Bourg-de-Bigorre (65)...... 183 F4
Bourg-de-Péage (26)...... 144 C4
Bourg-de-Sirod (39)...... 103 F5
Bourg-de-Thizy (69)...... 115 G6
Bourg-de-Visa (82)...... 151 H5
Bourg-des-Comptes (35)...... 57 E4
Bourg-des-Maisons (24)... 136 D1
le Bourg-d'Hem (23)...... 111 F4
le Bourg-d'Iré (49)...... 76 B2
le Bourg-d'Oisans (38)...... 146 A3
Bourg-d'Oueil (31)...... 183 H6
le Bourg-Dun (76)...... 17 F2
Bourg-du-Bost (24)...... 136 C1
Bourg-et-Comin (02)...... 22 C5
Bourg-Fidèle (08)...... 10 D6
Bourg-la-Reine (92)...... 42 D4
Bourg-Lastic (63)...... 126 B4
le Bourg-le-Comte (71)...... 115 E4
Bourg-le-Roi (72)...... 60 A2
Bourg-lès-Valence (26)...... 144 B5
Bourg-l'Évêque (49)...... 76 B2
Bourg-Madame (66)...... 199 G4
Bourg-Saint-Andéol (07)...... 158 A4
Bourg-Saint-Bernard (31)... 169 H5
Bourg-
-Saint-Christophe (01)... 130 C2
le Bourg-Saint-Léonard (61).. 39 F4
Bourg-Saint-Maurice (73)... 133 F4
Bourg-Sainte-Marie (52)... 68 C4
Bourg-sous-Châtelet (90)... 88 D2
Bourgaltroff (57)...... 49 G3
Bourganeuf (23)...... 125 E1
Bourgbarré (35)...... 57 F4
Bourgeauville (14)...... 15 E4
Bourges (18)...... 97 G3
le Bourget (93)...... 42 D3
le Bourget-du-Lac (73)...... 131 H4
Bourget-en-Huile (73)...... 132 B5
Bourgheim (67)...... 71 G1
Bourghelles (59)...... 3 G5
Bourgnac (24)...... 136 D4
Bourgneuf (17)...... 106 D4
Bourgneuf (73)...... 132 B5
Bourgneuf-en-Mauges (49)... 75 H4
Bourgneuf-en-Retz (44)...... 90 D1
le Bourgneuf-la-Forêt (53)... 58 B4
Bourgogne (51)...... 23 E5
Bourgoin-Jallieu (38)...... 130 D4
Bourgon (53)...... 58 A4
la Bourgonce (88)...... 70 C2
Bourgougnague (47)...... 150 D2
Bourgtheroulde-
-Infreville (27)...... 18 B5
Bourguébus (14)...... 38 D1
Bourgueil (37)...... 78 A6
Bourguenolles (50)...... 35 H2
le Bourguet (83)...... 177 H3
Bourguignon (25)...... 88 C5
Bourguignon-
-lès-Conflans (70)...... 87 G1
Bourguignon-
-lès-la-Charité (70)...... 87 F3
Bourguignon-lès-Morey (70). 86 D2
Bourguignon-
-sous-Coucy (02)...... 21 H3
Bourguignon-
-sous-Montbavin (02)... 22 B3
Bourguignons (10)...... 66 C5
Bourgvilain (71)...... 116 A3
Bourideys (33)...... 149 G4
Bouriège (11)...... 186 D5
Bourigeole (11)...... 186 C5
Bourisp (65)...... 183 G6
Bourlens (47)...... 151 H4
Bourlon (62)...... 8 D3
Bourmont (52)...... 68 C4

Bournainville-
-Faverolles (27)...... 15 G5
Bournan (37)...... 95 E3
Bournand (86)...... 94 A2
Bournazel (12)...... 154 A3
Bournazel (81)...... 170 B1
Bourneau (85)...... 107 F1
Bournel (47)...... 151 F2
Bourneville (27)...... 15 H3
Bournezeau (85)...... 92 A6
Bourniquel (24)...... 137 F6
Bournois (25)...... 88 A4
Bournoncle-
-Saint-Pierre (43)...... 141 G4
Bournonville (62)...... 1 G4
Bournos (64)...... 166 A6
Bourogne (90)...... 88 D3
Bourran (47)...... 150 D4
Bourré (41)...... 79 H6
Bourréac (65)...... 183 E4
Bourret (82)...... 168 D2
Bourriot-Bergonce (40)...... 149 H6
Bourron-Marlotte (77)...... 64 A3
Bourrou (24)...... 137 E4
Bourrouillan (32)...... 166 D3
Bours (62)...... 7 G1
Bours (65)...... 183 E2
Boursault (51)...... 45 E2
Boursay (41)...... 61 F5
Bourscheid (57)...... 50 B4
Bourseul (22)...... 34 B5
Boursières (70)...... 87 F3
Boursies (59)...... 8 C4
Boursin (62)...... 1 G4
Boursonne (60)...... 21 G6
Bourth (27)...... 40 B4
Bourthes (62)...... 1 G5
Bourville (76)...... 17 F3
Boury-en-Vexin (60)...... 19 G6
Bousbach (57)...... 27 G5
Bousbecque (59)...... 3 F4
le Bouscat (33)...... 135 E5
Bousies (59)...... 9 G3
Bousignies (59)...... 9 E1
Bousignies-sur-Roc (59)...... 10 B2
le Bousquet (11)...... 200 A2
le Bousquet-d'Orb (34)...... 172 B5
Boussac (12)...... 154 B5
Boussac (23)...... 112 A3
la Boussac (35)...... 35 F5
Boussac (46)...... 153 F2
Boussac-Bourg (23)...... 112 A3
Boussais (79)...... 93 F4
Boussan (31)...... 184 C3
Boussay (37)...... 95 F5
Boussay (44)...... 92 A2
Bousse (57)...... 26 C4
Bousse (72)...... 77 H2
Bousselange (21)...... 102 B3
Boussenac (09)...... 185 F6
Boussenois (21)...... 86 A3
Boussens (31)...... 184 C3
Bousseraucourt (70)...... 69 E6
Boussès (47)...... 150 B6
Bousseviller (57)...... 28 B5
Boussey (21)...... 85 E6
Boussicourt (80)...... 20 D2
Boussières-
-en-Cambrésis (59)...... 9 F3
Boussières-sur-Sambre (59).. 9 H3
Boussois (59)...... 10 A2
Boussy (74)...... 131 H2
Boussy-Saint-Antoine (91).. 43 E5
Boust (57)...... 26 B2
Boustroff (57)...... 49 F2
Bout-du-Pont-de-Larn (81). 170 D6
Boutancourt (08)...... 24 B2
Boutavent (60)...... 19 G2
la Bouteille (02)...... 10 A6
Bouteilles-
-Saint-Sébastien (24)... 136 C1
Boutenac (11)...... 187 H4
Boutenac-Touvent (17)...... 120 D5
Boutencourt (60)...... 19 H5
Boutervilliers (91)...... 63 E2
Bouteville (16)...... 121 H4
Boutiers-Saint-Trojan (16)... 121 G3
Boutigny (77)...... 43 G3
Boutigny-Prouais (28)...... 41 G5
Boutigny-sur-Essonne (91).. 63 G2
Bouttencourt (80)...... 6 C5
Boutteville (50)...... 13 E4
Boutx (31)...... 184 B5
Bouvaincourt-sur-Bresle (80). 6 B5
Bouvancourt (51)...... 22 D5
Bouvante (26)...... 144 D4
Bouvelinghem (62)...... 1 H4
Bouvellemont (08)...... 24 A3
Bouverans (25)...... 103 H4
Bouvesse-Quirieu (38)...... 131 E3
Bouvières (26)...... 158 D2
Bouvignies (59)...... 9 E1
Bouvigny-Boyeffles (62)...... 8 A1
Bouville (28)...... 62 A3
Bouville (76)...... 17 F5
Bouville (91)...... 63 F2
Bouvincourt-
-en-Vermandois (80)...... 8 C6
Bouvines (59)...... 3 G5
Bouvresse (60)...... 19 G2
Bouvron (44)...... 74 B3
Bouvron (54)...... 48 B4
Boux-sous-Salmaise (21)...... 85 E5
Bouxières-aux-Bois (88)...... 69 G3
Bouxières-aux-Chênes (54).. 48 D4
Bouxières-aux-Dames (54).. 48 C4
Bouxières-
-sous-Froidmont (54)... 48 C3
Bouxurulles (88)...... 69 G2

Bouxwiller (67)...... 50 C3
Bouxwiller (68)...... 89 F4
Bouy (51)...... 45 H2
Bouy-Luxembourg (10)...... 66 C2
Bouy-sur-Orvin (10)...... 65 F2
Bouyon (06)...... 195 E2
le Bouyssou (46)...... 153 G1
Bouzais (18)...... 97 H6
Bouzancourt (52)...... 67 G3
Bouzanville (54)...... 69 F2
Bouze-lès-Beaune (21)...... 101 G3
Bouzel (63)...... 127 G3
Bouzemont (88)...... 69 G3
Bouzeron (71)...... 101 F4
Bouzic (24)...... 152 B1
Bouziès (34)...... 189 F1
Bouzigues (34)...... 189 F1
Bouzin (31)...... 184 C3
Bouzincourt (80)...... 8 A5
Bouzon-Gellenaze (32)...... 166 D4
Bouzonville (57)...... 27 E4
Bouzonville-aux-Bois (45)... 63 F5
Bouzy (51)...... 45 G2
Bouzy-la-Forêt (45)...... 81 G1
Bovée-sur-Barboure (55)... 47 G5
Bovel (35)...... 56 D4
Bovelles (80)...... 7 F6
Boves (80)...... 7 G6
Boviolles (55)...... 47 G5
Boyaval (62)...... 2 B6
Boyelles (62)...... 8 B3
Boyer (42)...... 115 F6
Boyer (71)...... 116 B1
Boyeux-Saint-Jérôme (01).. 117 F6
Boynes (45)...... 63 G5
Boz (01)...... 116 C3
Bozas (07)...... 143 H4
Bozel (73)...... 133 E5
Bozouls (12)...... 154 D3
Brabant-en-Argonne (55)... 47 E1
Brabant-le-Roi (55)...... 46 D4
Brabant-sur-Meuse (55)...... 25 E6
Brach (33)...... 134 C3
Brachay (52)...... 67 G2
Braches (80)...... 20 D2
Brachy (76)...... 17 F3
Bracieux (41)...... 80 B4
Bracon (39)...... 103 F4
Bracquemont (76)...... 17 G2
Bracquetuit (76)...... 17 H4
Bradiancourt (76)...... 19 E2
Braffais (50)...... 37 E4
Bragassargues (30)...... 173 G2
Bragayrac (31)...... 168 C6
Brageac (15)...... 139 H2
Bragelogne-Beauvoir (10)... 66 C5
Bragny-sur-Saône (71)...... 101 H4
Braillans (25)...... 87 F6
Brailly-Cornehotte (80)...... 7 E3
Brain (21)...... 84 D5
Brain-sur-Allonnes (49)...... 77 H6
Brain-sur-l'Authion (49)...... 77 E5
Brain-sur-Longuenée (49)... 76 C3
Brainans (39)...... 102 D4
Braine (02)...... 22 B5
Brains (44)...... 74 C5
Brains-sur-Gée (72)...... 59 H5
Brains-sur-les-Marches (53).. 58 A6
Brainville (50)...... 36 D1
Brainville (54)...... 48 A1
Brainville-sur-Meuse (52)... 68 C4
Braisnes (60)...... 21 F4
Braize (03)...... 98 A6
Bralleville (54)...... 69 G2
Bram (11)...... 186 C3
Bramans (73)...... 147 F2
Brametot (76)...... 17 F3
Bramevaque (65)...... 184 A5
Bran (17)...... 121 G6
Branceilles (19)...... 138 D4
Branches (89)...... 83 F1
Brancourt-en-Laonnois (02).. 22 B4
Brancourt-le-Grand (02)...... 9 E5
Brandérion (56)...... 54 D5
Brandeville (55)...... 25 E4
Brandivy (56)...... 55 F5
Brando (2B)...... 203 B3
Brandon (71)...... 115 H3
Brandonnet (12)...... 153 H4
Brandonvillers (51)...... 46 A6
Branges (71)...... 102 A6
Brangues (38)...... 131 F3
Brannay (89)...... 64 D4
Branne (25)...... 88 A5
Branne (33)...... 135 H5
Brannens (33)...... 150 A2
Branoux-les-Taillades (30)... 156 D5
Brans (39)...... 102 D1
Bransat (03)...... 113 H4
Branscourt (51)...... 22 D6
Bransles (77)...... 64 B4
Brantes (84)...... 159 E6
Brantigny (88)...... 69 G2
Brantôme (24)...... 137 F1
Branville (14)...... 15 E4
Branville-Hague (50)...... 12 B1
Braquis (55)...... 47 H1
Bras (83)...... 176 D6
Bras-d'Asse (04)...... 177 E2
Bras-sur-Meuse (55)...... 25 E6
Brasc (12)...... 171 F2
Braslou (37)...... 94 C3
Brasparts (29)...... 31 H5
Brassac (09)...... 185 G5
Brassac (81)...... 171 E5
Brassac (82)...... 151 H5
Brassac-les-Mines (63)...... 127 G6
Brasles (02)...... 44 B2
Brassempouy (40)...... 165 G5
Brasseuse (60)...... 21 E6

Brassy (58)...... 100 A1
Brassy (80)...... 20 A2
Bratte (54)...... 48 D4
Braud-et-Saint-Louis (33)... 135 E2
Brauvilliers (55)...... 47 E6
Braux (04)...... 178 A1
Braux (10)...... 66 D1
Braux (21)...... 84 D5
Braux-le-Châtel (52)...... 67 G5
Braux-Saint-Remy (51)...... 46 C2
Braux-Sainte-Cohière (51)... 46 C2
Brax (31)...... 168 D5
Brax (47)...... 151 E5
Bray (27)...... 40 C1
Bray (71)...... 116 A2
Bray-Dunes (59)...... 2 C1
Bray-en-Val (45)...... 81 G2
Bray-et-Lû (95)...... 41 G1
Bray-lès-Mareuil (80)...... 6 D4
Bray-Saint-Christophe (02).. 21 H1
Bray-sur-Seine (77)...... 64 D2
Bray-sur-Somme (80)...... 8 B5
Braye (02)...... 22 A4
Braye-en-Laonnois (02)...... 22 C4
Braye-en-Thiérache (02)...... 23 E1
Braye-sous-Faye (37)...... 94 C3
Braye-sur-Maulne (37)...... 78 B4
Brazey-en-Morvan (21)...... 100 D2
Brazey-en-Plaine (21)...... 102 B2
Bréal-sous-Montfort (35)... 56 D3
Bréal-sous-Vitré (35)...... 58 B4
Bréançon (95)...... 42 B1
Bréau (77)...... 64 B1
Bréau-et-Salagosse (30)... 172 D2
Bréauté (76)...... 16 C4
Bréban (51)...... 45 H4
Brebières (62)...... 8 C2
Brebotte (90)...... 88 D3
Brécé (35)...... 57 G3
Brécé (53)...... 58 C2
Brech (56)...... 55 E6
Brechainville (88)...... 68 B2
Bréchamps (28)...... 41 F5
Bréchaumont (68)...... 89 E2
Brèches (37)...... 78 C4
Breconchaux (25)...... 87 H6
Brectouville (50)...... 37 G2
Brécy (02)...... 44 B1
Brécy (18)...... 98 A2
Brécy-Brières (08)...... 24 B5
la Brède (33)...... 149 F1
Brée (53)...... 59 E4
la Brée-les-Bains (17)...... 106 B6
Bréel (61)...... 38 C4
Brégnier-Cordon (01)...... 131 F4
Brégy (60)...... 43 G2
Bréhain (57)...... 49 E3
Bréhain-la-Ville (54)...... 26 A2
Bréhal (50)...... 35 G1
Bréhan (56)...... 55 G3
Bréhand (22)...... 33 H5
Bréhémont (37)...... 78 B6
Bréhéville (55)...... 25 E5
Breidenbach (57)...... 28 B5
Breil (49)...... 78 A4
le Breil-sur-Mérize (72)...... 60 C5
Breil-sur-Roya (06)...... 179 G2
la Breille-les-Pins (49)...... 78 A6
Breistroff-la-Grande (57)... 26 C2
Breitenau (67)...... 71 F2
Breitenbach (67)...... 71 F2
Breitenbach-Haut-Rhin (68).. 71 E5
Brélès (29)...... 30 C4
Brélidy (22)...... 33 E3
Brem-sur-Mer (85)...... 90 D5
Brémétot (76)...... 17 F3
Bréménil (54)...... 49 H6
Brêmes (62)...... 1 H3
Brémoncourt (54)...... 69 H1
Brémontier-Merval (76)...... 19 F4
Brémoy (14)...... 37 H2
Brémur-et-Vaurois (21)...... 85 E2
Bren (26)...... 144 B3
Brenac (11)...... 186 C6
Brenas (34)...... 172 B5
Brenat (63)...... 127 G5
Brénaz (01)...... 131 G1
Brenelle (02)...... 22 B5
Brengues (46)...... 153 F2
Brennes (52)...... 86 A2
Brennilis (29)...... 31 H5
Brénod (01)...... 117 G6
Brenon (83)...... 177 H3
Brenouille (60)...... 20 D5
Brenoux (48)...... 156 A3
Brens (01)...... 131 G3
Brens (81)...... 170 A3
Brenthonne (74)...... 118 D4
Breny (02)...... 44 B1
la Bréole (04)...... 160 D3
Brères (25)...... 103 F2
Bréry (39)...... 102 D5
Bresdon (17)...... 121 H2
les Bréseux (25)...... 88 C4
Bresilley (70)...... 102 D1
Bresle (80)...... 7 H5
Bresles (60)...... 20 B4
Bresnay (03)...... 113 H3
Bresolettes (61)...... 40 A6
la Bresse (88)...... 70 C6
Bresse-sur-Grosne (71)... 116 A1
Bressey-sur-Tille (21)...... 86 A6
Bressieux (38)...... 144 D1
Bressolles (01)...... 130 C2
Bressolles (03)...... 113 H2
Bressols (82)...... 169 E2
Bresson (38)...... 145 G3
Bressuire (79)...... 93 E4
Brest (29)...... 30 D4

Brestot (27) . . . 18 A5
Bretagne (36) . . . 9 C3
Bretagne (90) . . . 88 D3
Bretagne-d'Armagnac (32) . . 167 E2
Bretagne-de-Marsan (40) . . 166 A3
Bretagnolles (27) . . . 41 F3
Breteau (45) . . . 82 B3
Breteil (35) . . . 56 D2
Bretenière (21) . . . 102 A1
la Bretenière (25) . . . 87 H5
la Bretenière (39) . . . 102 D2
Bretenières (39) . . . 102 D4
Bretenoux (46) . . . 139 E5
Breteuil (27) . . . 40 C4
Breteuil (60) . . . 20 C2
Brethel (61) . . . 40 A4
Brethenay (52) . . . 67 H4
le Brethon (03) . . . 112 D1
Bretigney (25) . . . 88 B4
Bretigney-Notre-Dame (25) . . 87 H6
Bretignolles (79) . . . 92 D4
Bretignolles-sur-Mer (85) . . 90 D4
Bretigny (21) . . . 85 H5
Brétigny (27) . . . 18 A6
Brétigny (60) . . . 21 G3
Brétigny-sur-Orge (91) . . . 42 C6
Bretoncelles (61) . . . 61 F2
la Bretonnière-la-Claye (85) . . 91 H6
Bretonvillers (25) . . . 104 C1
Brette (26) . . . 159 E2
Brette-les-Pins (72) . . . 60 B6
Bretten (68) . . . 89 E2
Brettes (16) . . . 108 C6
Bretteville (50) . . . 12 D2
Bretteville-du-Grand-Caux (76) . . . 16 C4
Bretteville-le-Rabet (14) . . 38 D2
Bretteville-l'Orgueilleuse (14) . . 14 B4
Bretteville-Saint-Laurent (76) . . 17 F3
Bretteville-sur-Ay (50) . . . 12 C5
Bretteville-sur-Dives (14) . . 39 E2
Bretteville-sur-Laize (14) . . 14 C6
Bretteville-sur-Odon (14) . . 14 B5
Brettnach (57) . . . 27 E4
Bretx (31) . . . 168 D4
Breuches (70) . . . 87 H1
Breuchotte (70) . . . 88 A1
Breugnon (58) . . . 83 F5
le Breuil (03) . . . 114 B5
Breuil (51) . . . 22 D5
le Breuil (51) . . . 44 D3
le Breuil (69) . . . 129 G2
le Breuil (71) . . . 101 E5
Breuil (80) . . . 21 G2
Breuil-Barret (85) . . . 92 D6
le Breuil-Bernard (79) . . . 93 E5
Breuil-Bois-Robert (78) . . . 41 H3
le Breuil-en-Auge (14) . . . 15 F4
le Breuil-en-Bessin (14) . . . 13 G5
Breuil-la-Réorte (17) . . . 107 F5
Breuil-le-Sec (60) . . . 20 D5
Breuil-le-Vert (60) . . . 20 D5
Breuil-Magné (17) . . . 106 D6
le Breuil-sous-Argenton (79) . . 93 E3
le Breuil-sous-Couze (63) . . 127 G6
Breuilaufa (87) . . . 110 B6
Breuilh (24) . . . 137 F3
Breuillet (17) . . . 120 C3
Breuillet (91) . . . 42 C6
Breuilpont (27) . . . 41 F3
Breurey-lès-Faverney (70) . . 87 G2
Breuschwickersheim (67) . . 50 D5
Breuvannes-en-Bassigny (52) . . 68 C5
Breuvery-sur-Coole (51) . . 45 H4
Breuville (50) . . . 12 C3
Breux (55) . . . 25 E3
Breux-Jouy (91) . . . 63 F1
Breux-sur-Avre (27) . . . 40 C4
Brévainville (41) . . . 61 H6
Bréval (78) . . . 41 G3
Brévands (50) . . . 13 E5
Brevans (39) . . . 102 C2
le Brévedent (14) . . . 15 F4
Brèves (58) . . . 83 G5
les Bréviaires (78) . . . 41 H5
Bréviandes (10) . . . 66 B3
la Brévière (14) . . . 39 F2
Bréville (16) . . . 121 H2
Bréville-les-Monts (14) . . . 14 C4
Bréville-sur-Mer (50) . . . 35 G3
Brévillers (62) . . . 7 E2
Brévillers (80) . . . 7 G3
Brevilliers (70) . . . 88 C3
Brévilly (08) . . . 24 D2
Brévonnes (10) . . . 66 D2
Bréxent-Énocq (62) . . . 1 F6
Brey-et-Maison-du-Bois (25) . . 103 H5
Brézé (49) . . . 93 H1
Bréziers (05) . . . 160 C3
Brézilhac (11) . . . 186 C4
Brézins (38) . . . 144 D1
Brezolles (28) . . . 40 D5
Brezons (15) . . . 140 D4
Briançon (05) . . . 147 E5
Briançonnet (06) . . . 178 B4
Brianny (21) . . . 84 D5
Briant (71) . . . 115 F4
Briantes (36) . . . 111 H2
Briare (45) . . . 82 A3
Briarres-sur-Essonne (45) . . 63 G4
Brias (62) . . . 7 G1
Briastre (59) . . . 9 F3
Briatexte (81) . . . 170 A4
Briaucourt (52) . . . 68 A4
Briaucourt (70) . . . 87 G1
Bricon (52) . . . 67 G5
Briconville (28) . . . 62 A1

Bricquebec (50) . . . 12 C3
Bricquebosq (50) . . . 12 C3
Bricqueville (14) . . . 13 G5
Bricqueville-la-Blouette (50) . . 36 D1
Bricqueville-sur-Mer (50) . . 35 G1
Bricy (45) . . . 62 C6
Brides-les-Bains (73) . . . 132 D5
la Bridoire (73) . . . 131 G5
Bridoré (37) . . . 95 G3
Brie (02) . . . 22 B3
Brie (09) . . . 185 G3
Brie (16) . . . 122 C3
Brie (35) . . . 57 F4
Brie (79) . . . 93 H4
Brie (80) . . . 8 C6
Brie-Comte-Robert (77) . . 43 E5
Brié-et-Angonnes (38) . . 145 G3
Brie-sous-Archiac (17) . . 121 G5
Brie-sous-Barbezieux (16) . . 122 A6
Brie-sous-Chalais (16) . . 136 A1
Brie-sous-Matha (17) . . 121 H2
Brie-sous-Mortagne (17) . . 120 D5
Briec (29) . . . 53 G2
Briel-sur-Barse (10) . . . 66 C4
Brielles (35) . . . 58 A5
Brienne (71) . . . 116 C1
Brienne-la-Vieille (10) . . . 66 D2
Brienne-le-Château (10) . . . 66 D2
Brienne-sur-Aisne (08) . . . 23 E4
Briennon (42) . . . 115 E5
Brienon-sur-Armançon (89) . . 65 G6
Brières-les-Scellés (91) . . 63 F2
Brieuil-sur-Chizé (79) . . . 108 A5
Brieulles-sur-Bar (08) . . . 24 B4
Brieulles-sur-Meuse (55) . . 24 D5
Brieux (61) . . . 39 E4
Briey (54) . . . 26 A4
Briffons (63) . . . 126 C4
Brignac (34) . . . 172 D5
Brignac (56) . . . 56 A2
Brignac-la-Plaine (19) . . 138 B2
Brignais (69) . . . 129 H4
Brignancourt (95) . . . 42 A1
Brigné (49) . . . 93 F1
Brignemont (31) . . . 168 C4
Brignogan-Plage (29) . . . 31 F2
Brignoles (83) . . . 193 F2
Brignon (30) . . . 174 A2
le Brignon (43) . . . 142 C5
la Brigue (06) . . . 163 F6
Brignon (54) . . . 70 B1
Brigueil-le-Chantre (86) . . 110 B3
Brigueuil (16) . . . 123 G1
Briis-sous-Forges (91) . . 42 B6
Brillac (16) . . . 109 H6
la Brillanne (04) . . . 176 D2
Brillecourt (10) . . . 66 C1
Brillevast (50) . . . 12 D2
Brillon (59) . . . 9 E1
Brillon-en-Barrois (55) . . 47 E5
Brimeux (62) . . . 6 D1
Brimont (51) . . . 23 E5
Brin-sur-Seille (54) . . . 48 D4
Brinay (18) . . . 97 F2
Brinay (58) . . . 99 H3
Brinckheim (68) . . . 89 G3
Bringolo (22) . . . 33 F4
Brinon-sur-Beuvron (58) . . 99 F1
Brinon-sur-Sauldre (18) . . 81 F4
Briod (39) . . . 102 D6
Briollay (49) . . . 77 E3
Brion (01) . . . 117 G5
Brion (36) . . . 96 C4
Brion (48) . . . 155 F1
Brion (49) . . . 77 G5
Brion (71) . . . 100 C3
Brion (86) . . . 109 F3
Brion (89) . . . 65 F6
Brion-près-Thouet (79) . . 93 G2
Brion-sur-Ource (21) . . . 85 E1
la Brionne (23) . . . 111 F5
Brionne (27) . . . 18 A6
Briord (01) . . . 131 E3
Briosne-lès-Sables (72) . . 60 C4
Briot (60) . . . 19 H2
Briou (41) . . . 80 A2
Brioude (43) . . . 141 G2
Brioux-sur-Boutonne (79) . . 108 A5
Briouze (61) . . . 38 C5
Briquemesnil-Floxicourt (80) . . 7 F6
Briquenay (08) . . . 24 B4
Briscous (64) . . . 164 C6
Brison-Saint-Innocent (73) . . 131 H3
Brissac (34) . . . 173 E3
Brissac-Quincé (49) . . . 77 E5
Brissarthe (49) . . . 77 E2
Brissay-Choigny (02) . . . 22 A2
Brissy-Hamégicourt (02) . . 22 A1
Brive-la-Gaillarde (19) . . 138 C3
Brives (36) . . . 97 E5
Brives-Charensac (43) . . 142 C4
Brives-sur-Charente (17) . . 121 F3
Brivezac (19) . . . 139 E4
Brix (50) . . . 12 C2
Brixey-aux-Chanoines (55) . . 68 C3
Brizambourg (17) . . . 121 F2
Brizay (37) . . . 94 C2
Brizeaux (55) . . . 46 D2
Brizon (74) . . . 119 E6
le Broc (06) . . . 195 E2
Broc (49) . . . 78 A4
le Broc (63) . . . 127 G5
Brochon (21) . . . 101 H1
Brocourt (80) . . . 19 G2
Broglie (27) . . . 15 H6
Brognard (25) . . . 88 C4
Brognon (08) . . . 10 C5
Brognon (21) . . . 86 A5

Broin (21) . . . 102 A2
Broindon (21) . . . 101 H1
Broissia (39) . . . 117 F3
Brombos (60) . . . 19 H2
Bromeilles (45) . . . 63 H4
Brommat (12) . . . 140 C6
Bromont-Lamothe (63) . . 126 D2
Bron (69) . . . 130 B3
Bronvaux (57) . . . 26 B5
Broons (22) . . . 34 B6
la Broque (67) . . . 71 E1
Broquiers (60) . . . 19 H2
Broquiès (12) . . . 171 F2
Brossac (16) . . . 136 A1
Brossainc (07) . . . 143 H1
Brossay (49) . . . 93 G1
la Brosse-Montceaux (77) . . 64 C3
Brosses (89) . . . 83 G4
Brosville (27) . . . 40 D1
Brotte-lès-Luxeuil (70) . . 87 H2
Brotte-lès-Ray (70) . . . 86 D3
Brou (28) . . . 61 G4
Brou-sur-Chantereine (77) . . 43 E4
Brouains (50) . . . 37 G4
Broualan (35) . . . 35 F5
Brouay (14) . . . 14 A4
Brouchaud (24) . . . 137 H2
Brouchy (80) . . . 21 G2
Brouck (57) . . . 49 E1
Brouckerque (59) . . . 2 B2
Brouderdorff (57) . . . 50 A5
Broué (28) . . . 41 F5
Brouennes (55) . . . 25 E3
le Brouilh-Monbert (32) . . 167 G4
Brouilla (66) . . . 201 F3
Brouillet (51) . . . 22 D6
Brouqueyran (33) . . . 149 H3
la Brousse (17) . . . 121 G1
Brousse (23) . . . 126 B1
Brousse (63) . . . 127 H4
Brousse (81) . . . 170 B4
Brousse-le-Château (12) . . 171 F2
Brousses-et-Villaret (11) . . 186 D2
Brousseval (52) . . . 67 G1
Broussey-en-Blois (55) . . 47 G5
Broussey-Raulecourt (55) . . 47 F4
Broussy-le-Grand (51) . . 45 E4
Broussy-le-Petit (51) . . 45 E4
Broût-Vernet (03) . . . 113 H5
Brouvelieures (88) . . . 70 B3
Brouville (54) . . . 70 B1
Brouviller (57) . . . 50 A4
Brouy (91) . . . 63 F3
Brouzet-lès-Alès (30) . . 157 F6
Brouzet-lès-Quissac (30) . . 173 G3
les Brouzils (85) . . . 91 H2
Broxeele (59) . . . 2 B3
Broye (71) . . . 100 D4
Broye-Aubigney-Montseugny (70) . . 86 C6
Broye-les-Loups-et-Verfontaine (70) . . 86 B5
Broyes (51) . . . 44 D5
Broyes (60) . . . 20 D3
Broze (81) . . . 170 A2
Brû (88) . . . 70 B2
Bruailles (71) . . . 117 E1
Bruay-la-Buissière (62) . . 7 F2
Bruay-sur-l'Escaut (59) . . 9 F1
Bruc-sur-Aff (35) . . . 56 C5
Brucamps (80) . . . 7 F4
Bruch (47) . . . 150 D5
Brucheville (50) . . . 13 E4
Brucourt (14) . . . 14 D4
Brue-Auriac (83) . . . 193 E1
Bruebach (68) . . . 89 F2
Brueil-en-Vexin (78) . . . 41 H2
Bruère-Allichamps (18) . . 97 H5
la Bruère-sur-Loir (72) . . 78 B3
la Bruffière (85) . . . 92 A3
Brugairolles (11) . . . 186 C4
le Brugeron (63) . . . 128 B3
Bruges (33) . . . 135 E5
Bruges-Capbis-Mifaget (64) . . 182 C3
Brugheas (03) . . . 114 A6
Brugnac (47) . . . 151 E3
Brugnens (32) . . . 168 A3
Brugny-Vaudancourt (51) . . 45 E2
la Bruguière (30) . . . 174 B1
Bruguières (31) . . . 169 F4
Bruille-lez-Marchiennes (59) . . 9 E2
Bruille-Saint-Amand (59) . . 4 B6
Bruis (05) . . . 159 F3
Brûlain (79) . . . 108 A4
les Brulais (35) . . . 56 C4
Brulange (57) . . . 49 E2
la Brûlatte (53) . . . 58 B4
Bruley (54) . . . 48 A5
Brullemail (61) . . . 39 G5
Brullioles (69) . . . 129 G3
Brûlon (72) . . . 59 G6
Brumath (67) . . . 51 E4
Brumetz (02) . . . 44 A2
Brunehamel (02) . . . 23 F1
Brunelles (28) . . . 61 F3
les Brunels (11) . . . 186 C1
Brunembert (62) . . . 1 G4
Brunémont (59) . . . 8 D2
Brunet (04) . . . 177 E2
Bruniquel (82) . . . 169 G1
Brunoy (91) . . . 43 E6
Brunstatt (68) . . . 89 F2
Brunville (76) . . . 17 H1
Brunvillers-la-Motte (60) . . 20 D3
Brusque (12) . . . 171 H4
le Brusquet (04) . . . 160 D6
Brussey (70) . . . 87 E6
Brussieu (69) . . . 129 G3
Brusson (51) . . . 46 B5
Brusvily (22) . . . 34 C6
Brutelles (80) . . . 6 B4

Bruville (54) . . . 26 A5
Brux (86) . . . 108 D4
la Bruyère (70) . . . 88 A1
Bruyères (88) . . . 70 B3
Bruyères-et-Montbérault (02) . . 22 C3
Bruyères-le-Châtel (91) . . 42 C6
Bruyères-sur-Fère (02) . . 44 B1
Bruyères-sur-Yvette (91) . . 42 C5
Bruys (02) . . . 22 B6
Bruz (35) . . . 57 E3
Bry (59) . . . 9 G2
Bry-sur-Marne (94) . . . 43 E4
Bû (28) . . . 41 F4
le Bû-sur-Rouvres (14) . . 38 D2
Buais (50) . . . 37 G6
Buanes (40) . . . 166 A4
Bubertré (61) . . . 40 A6
Bubry (56) . . . 54 D3
Buc (78) . . . 42 B4
Buc (90) . . . 88 C3
Bucamps (60) . . . 20 C3
Bucéels (14) . . . 14 A4
Bucey-en-Othe (10) . . . 65 H3
Bucey-lès-Gy (70) . . . 87 E5
Bucey-lès-Traves (70) . . 87 F3
Buchelay (78) . . . 41 G3
Buchères (10) . . . 66 B4
Buchy (57) . . . 48 D2
Buchy (76) . . . 19 E3
Bucilly (02) . . . 10 B6
Bucquoy (62) . . . 8 A4
Bucy-le-Long (02) . . . 22 A5
Bucy-le-Roi (45) . . . 62 D5
Bucy-lès-Cerny (02) . . . 22 B3
Bucy-lès-Pierrepont (02) . . 22 D2
Bucy-Saint-Liphard (45) . . 62 C6
Budelière (23) . . . 112 C5
Buding (57) . . . 26 C3
Budling (57) . . . 26 C3
Budos (33) . . . 149 G2
Bué (18) . . . 82 B6
Bueil (27) . . . 41 F3
Bueil-en-Touraine (37) . . 78 D3
Buellas (01) . . . 116 D5
Buethwiller (68) . . . 89 E2
Buffard (25) . . . 103 E3
Buffières (71) . . . 115 H3
Buffignécourt (70) . . . 87 F1
Buffon (21) . . . 84 C3
Bugarach (11) . . . 187 E6
Bugard (65) . . . 183 G2
Bugeat (19) . . . 125 F4
Bugnein (64) . . . 181 G1
Bugnicourt (59) . . . 8 D2
Bugnières (52) . . . 67 H6
Bugny (25) . . . 104 A3
le Bugue (24) . . . 137 G5
Buhl (67) . . . 51 F2
Buhl (68) . . . 71 E6
Buhl-Lorraine (57) . . . 50 A4
Buhy (95) . . . 41 H1
Buicourt (60) . . . 19 H3
Buigny-l'Abbé (80) . . . 7 E4
Buigny-lès-Gamaches (80) . . 6 C5
Buigny-Saint-Maclou (80) . . 6 D3
Buire (02) . . . 10 B6
Buire-au-Bois (62) . . . 7 F2
Buire-Courcelles (80) . . . 8 C6
Buire-le-Sec (62) . . . 6 D1
Buire-sur-l'Ancre (80) . . . 8 A5
Buironfosse (02) . . . 9 H5
le Buis (87) . . . 110 C6
Buis-les-Baronnies (26) . . 159 E5
Buis-sur-Damville (27) . . 40 D4
Buissard (05) . . . 160 C1
la Buisse (38) . . . 145 F1
la Buissière (38) . . . 132 A6
le Buisson (48) . . . 155 G2
le Buisson (51) . . . 46 C4
Buisson (84) . . . 158 C5
Buisson-de-Cadouin (24) . . 137 G5
Buissoncourt (54) . . . 48 D5
Buissy (62) . . . 8 C3
Bujaleuf (87) . . . 124 D3
Bulan (65) . . . 183 F4
Bulat-Pestivien (22) . . . 32 D5
Bulcy (58) . . . 98 D1
Buléon (56) . . . 55 G4
Bulgnéville (88) . . . 69 E4
Bulhon (63) . . . 127 G2
Bullainville (28) . . . 62 B4
Bulle (25) . . . 103 H4
Bullecourt (62) . . . 8 C3
Bulles (60) . . . 20 C4
Bulligny (54) . . . 48 A6
Bullion (78) . . . 42 B6
Bullou (28) . . . 61 H3
Bully (42) . . . 128 D2
Bully (69) . . . 129 G2
Bully (76) . . . 19 E2
Bully-les-Mines (62) . . . 8 B1
Bulson (08) . . . 24 C2
Bult (88) . . . 70 B3
Bun (65) . . . 182 D5
Buncey (21) . . . 85 E2
Buneville (62) . . . 7 G2
Buno-Bonnevaux (91) . . 63 G2
Bunus (64) . . . 181 E2
Bunzac (16) . . . 122 D3
Buoux (84) . . . 175 H4
Burbach (67) . . . 50 A3
la Burbanche (01) . . . 131 F2
Burbure (62) . . . 2 C6
Burcin (38) . . . 131 E6
Burcy (14) . . . 37 H3
Burcy (77) . . . 63 H4
Burdignes (42) . . . 143 G2
Burdignin (74) . . . 118 D4
Bure (55) . . . 68 B1

Buré (61) . . . 60 C1
Bure-les-Templiers (21) . . 85 G2
Burelles (02) . . . 22 D1
Bures (54) . . . 49 F5
Bures (61) . . . 39 G6
Bures-en-Bray (76) . . . 19 E1
Bures-les-Monts (14) . . . 37 G2
Bures-sur-Yvette (91) . . 42 C5
le Buret (53) . . . 59 E6
Burey (27) . . . 40 C2
Burey-en-Vaux (55) . . . 47 H6
Burey-la-Côte (55) . . . 68 D1
Burg (65) . . . 183 G3
Burgalays (31) . . . 184 A6
Burgaronne (64) . . . 181 G1
le Burgaud (31) . . . 168 D3
Burgille (25) . . . 87 E6
Burgnac (87) . . . 124 A3
Burgy (71) . . . 116 B2
Burie (17) . . . 121 G2
Buriville (54) . . . 49 G6
Burlats (81) . . . 170 D5
Burlioncourt (57) . . . 49 F3
Burnand (71) . . . 116 A1
Burnevillers (25) . . . 88 D5
Burnhaupt-le-Bas (68) . . 89 E2
Burnhaupt-le-Haut (68) . . 89 E2
Buros (64) . . . 182 C1
Burosse-Mendousse (64) . . 166 C6
Burret (09) . . . 185 G5
Bursard (61) . . . 39 F6
Burthecourt-aux-Chênes (54) . . 48 D6
Burtoncourt (57) . . . 26 D4
Bury (60) . . . 20 C5
Burzet (07) . . . 157 F1
Burzy (71) . . . 115 H1
Bus (62) . . . 8 C4
Bus-la-Mésière (80) . . . 21 E2
Bus-lès-Artois (80) . . . 7 H4
Bus-Saint-Rémy (27) . . . 41 G1
Buschwiller (68) . . . 89 G3
Busigny (59) . . . 9 F5
Busloup (41) . . . 79 G1
Busnes (62) . . . 2 C5
Busque (81) . . . 170 A4
Bussac (24) . . . 137 E2
Bussac-Forêt (17) . . . 135 G2
Bussac-sur-Charente (17) . . 121 E2
le Busseau (79) . . . 107 G1
Busseaut (21) . . . 85 E2
Busséol (63) . . . 127 G4
Busserolles (24) . . . 123 F4
Busserotte-et-Montenaille (21) . . 85 G3
Busset (03) . . . 114 B6
Bussiares (02) . . . 44 A2
la Bussière (45) . . . 82 A2
la Bussière (86) . . . 109 H1
Bussière-Badil (24) . . . 123 E4
Bussière-Boffy (87) . . . 109 H6
Bussière-Dunoise (23) . . 111 G4
Bussière-Galant (87) . . 123 H4
Bussière-Nouvelle (23) . . 126 A1
Bussière-Poitevine (87) . . 110 A4
Bussière-Saint-Georges (23) . . 112 A3
la Bussière-sur-Ouche (21) . . 101 F3
Bussières (21) . . . 85 G3
Bussières (42) . . . 129 E2
Bussières (63) . . . 112 D6
Bussières (70) . . . 87 F6
Bussières (77) . . . 44 A3
Bussières (89) . . . 84 B5
Bussières-et-Pruns (63) . . 127 F1
Busson (52) . . . 68 B3
Bussu (80) . . . 8 C5
Bussunarits-Sarrasquette (64) . . 181 E3
Bussus-Bussuel (80) . . . 7 E4
Bussy (18) . . . 98 A4
Bussy (60) . . . 21 G3
Bussy-Albieux (42) . . . 128 D3
Bussy-en-Othe (89) . . . 65 F6
Bussy-la-Pesle (21) . . . 85 F6
Bussy-la-Pesle (58) . . . 99 F1
Bussy-le-Château (51) . . 46 A2
Bussy-le-Grand (21) . . . 85 E4
Bussy-le-Repos (51) . . . 46 C3
Bussy-le-Repos (89) . . . 64 D5
Bussy-lès-Daours (80) . . . 7 H6
Bussy-lès-Poix (80) . . . 20 A1
Bussy-Lettrée (51) . . . 45 G4
Bussy-Saint-Georges (77) . . 43 E4
Bussy-Saint-Martin (77) . . 43 F4
Bust (67) . . . 50 B3
Bustanico (2B) . . . 205 F2
Bustince-Iriberry (64) . . 181 E3
Busweiller (67) . . . 50 D3
Buthiers (70) . . . 87 F6
Buthiers (77) . . . 63 G3
Butot (76) . . . 17 G4
Butot-Vénesville (76) . . . 16 D3
Butry-sur-Oise (95) . . . 42 C2
Butteaux (89) . . . 65 H6
Butten (67) . . . 28 A6
Buverchy (80) . . . 21 G2
Buvilly (39) . . . 103 E4
la Buxerette (36) . . . 111 F2
Buxerolles (21) . . . 85 G2
Buxerolles (86) . . . 109 E1
Buxeuil (10) . . . 66 D5
Buxeuil (36) . . . 96 C2
Buxeuil (86) . . . 95 E3
Buxières-d'Aillac (36) . . 111 F1
Buxières-les-Clefmont (52) . . 68 B5
Buxières-les-Mines (03) . . 113 F2
Buxières-lès-Villiers (52) . . 67 H5

Buxières-sous-les-Côtes (55) . . 47 H3
Buxières-sous-Montaigut (63) . . 113 E5
Buxières-sur-Arce (10) . . 66 D5
Buxy (71) . . . 101 F6
Buysscheure (59) . . . 2 B3
Buzan (09) . . . 184 C5
Buzançais (36) . . . 96 A4
Buzancy (02) . . . 22 A5
Buzancy (08) . . . 24 C4
Buzeins (12) . . . 155 E4
Buzet-sur-Baïse (47) . . 150 D5
Buzet-sur-Tarn (31) . . 169 G4
Buziet (64) . . . 182 B3
Buzignargues (34) . . 173 G4
Buzon (65) . . . 183 F1
Buzy (64) . . . 182 B3
Buzy-Darmont (55) . . . 47 H1
By (25) . . . 103 F3
Byans-sur-Doubs (25) . . 103 E2

C

Cabanac (65) . . . 183 F2
Cabanac-Cazaux (31) . . 184 B5
Cabanac-et-Villagrains (33) . . 149 F2
Cabanac-Séguenville (31) . . 168 C3
la Cabanasse (66) . . . 200 A4
Cabanès (12) . . . 154 A6
Cabanès (81) . . . 170 A4
le Cabanial (31) . . . 170 A6
les Cabannes (09) . . . 199 F1
Cabannes (13) . . . 175 F3
les Cabannes (81) . . . 170 A1
Cabara (33) . . . 135 H5
Cabariot (17) . . . 120 D1
Cabas-Loumassès (32) . . 184 A2
Cabasse (83) . . . 193 G2
Cabestany (66) . . . 201 F2
Cabidos (64) . . . 166 A5
Cabourg (14) . . . 14 D4
Cabrerets (46) . . . 153 E2
Cabrerolles (34) . . . 172 A6
Cabrespine (11) . . . 187 E2
Cabrières (30) . . . 174 B3
Cabrières (34) . . . 172 C6
Cabrières-d'Aigues (84) . . 176 A3
Cabrières-d'Avignon (84) . . 175 G3
Cabriès (13) . . . 192 B2
Cabris (06) . . . 178 C4
Cachan (94) . . . 42 D4
Cachen (40) . . . 166 A1
Cachy (80) . . . 7 H6
Cadalen (81) . . . 170 B3
Cadarcet (09) . . . 185 G5
Cadarsac (33) . . . 135 G5
Cadaujac (33) . . . 135 F6
Cadéac (65) . . . 183 G6
Cadeilhan (32) . . . 168 A3
Cadeilhan-Trachère (65) . . 196 D1
Cadeillan (32) . . . 184 C1
Cademène (25) . . . 103 G2
Caden (56) . . . 73 G1
Cadenet (84) . . . 175 H4
Caderousse (84) . . . 174 D1
la Cadière-d'Azur (83) . . 192 C4
la Cadière-et-Cambo (30) . . 173 F2
Cadillac (33) . . . 149 G1
Cadillac-en-Fronsadais (33) . . 135 G4
Cadillon (64) . . . 166 C6
Cadix (81) . . . 171 E2
Cadolive (13) . . . 192 C3
Cadours (31) . . . 168 C4
Cadrieu (46) . . . 153 F3
Caen (14) . . . 14 B4
Caëstre (59) . . . 2 D4
Caffiers (62) . . . 1 G3
Cagnac-les-Mines (81) . . 170 C2
Cagnano (2B) . . . 203 G2
Cagnes-sur-Mer (06) . . 195 E3
Cagnicourt (62) . . . 8 C3
Cagnoncles (59) . . . 9 E3
Cagnotte (40) . . . 165 E5
Cagny (14) . . . 38 D1
Cagny (80) . . . 7 G6
Cahagnes (14) . . . 38 A1
Cahagnolles (14) . . . 13 H6
Cahaignes (27) . . . 19 F6
Cahan (61) . . . 38 C3
Caharet (65) . . . 183 G3
Cahon (80) . . . 6 C4
Cahors (46) . . . 152 C3
Cahus (46) . . . 139 F5
Cahuzac (11) . . . 186 A3
Cahuzac (47) . . . 151 E1
Cahuzac (81) . . . 186 C1
Cahuzac-sur-Adour (32) . . 166 D5
Cahuzac-sur-Vère (81) . . 170 A2
Caignac (31) . . . 185 H2
le Cailar (30) . . . 174 A5
Cailhau (11) . . . 186 C4
Cailhavel (11) . . . 186 C4
Cailla (11) . . . 200 A1
Caillac (46) . . . 152 C3
Caillavet (32) . . . 167 F4
la Caillère-Saint-Hilaire (85) . . 92 B6
Cailleville (76) . . . 17 E2
Caillouël-Crépigny (02) . . 21 H3
Caillouet-Orgeville (27) . . 41 E2
Cailloux-sur-Fontaines (69) . . 130 A2
Cailly (76) . . . 17 H5
Cailly-sur-Eure (27) . . . 41 E1
la Caine (14) . . . 14 A6
Cairanne (84) . . . 158 C5
le Caire (04) . . . 160 B4
Cairon (14) . . . 14 B4

Caisnes (60)............21 G3
Caissargues (30)........174 A4
Caix (80)...............21 E1
Caixas (66)............200 D3
Caixon (65)............183 E1
Cajarc (46)............153 F2
Calacuccia (2B)........204 D2
Calais (62)..............1 G1
Calamane (46)..........152 D2
Calan (56)..............54 C4
Calanhel (22)...........32 C5
Calavanté (65).........183 F3
Calcatoggio (2A).......204 C5
Calce (66).............201 E2
Calenzana (2B).........202 C6
Calès (24).............137 F5
Calès (46).............138 C6
Calignac (47)..........150 D6
Caligny (61)............38 B4
Callac (22).............32 C5
Callas (83)............177 H5
Callen (40)............149 F4
Callengeville (76)......19 F1
Calleville (27).........18 A4
Calleville-
  les-Deux-Églises (76)...17 G4
Callian (38)...........167 F5
Callian (83)...........178 B5
Calmeilles (66)........200 D3
Calmels-et-le-Viala (12)...171 G2
la Calmette (30).......174 A2
Calmont (12)...........154 B5
Calmont (31)...........185 H2
Calmoutier (70).........87 G3
Caloire (42)...........129 E6
Calonges (47)..........150 C4
Calonne-Ricouart (62)....2 C6
Calonne-sur-la-Lys (62)...2 D5
Calorguen (22)..........34 D5
la Calotterie (62)......1 F6
Caluire-et-Cuire (69)...130 A3
Calvi (2B).............202 B5
Calviac (46)...........139 G5
Calviac-en-Périgord (24)...138 B5
Calvignac (46).........153 G2
Calvinet (15)..........154 B4
Calvisson (30).........173 H4
Calzan (09)............186 A5
Camalès (65)...........183 F1
Camarade (09)..........185 E4
Camarès (12)...........171 G3
Camaret-sur-Aigues (84)...158 B6
Camaret-sur-Mer (29)....30 C5
Camarsac (33)..........135 G5
Cambayrac (46).........152 B4
la Cambe (14)...........13 F4
Cambernard (31)........185 E1
Cambernon (50)..........37 E1
Cambes (33)............135 F6
Cambes (46)............153 G2
Cambes (47)............150 C2
Cambes-en-Plaine (14)...14 B4
Cambia (2B)............205 F2
Cambiac (31)...........169 H6
Cambieure (11).........186 C4
Camblain-Châtelain (62)...2 C6
Camblain-l'Abbé (62)....8 A1
Camblanes-et-Meynac (33)...135 F6
Camblignol (62).........8 A1
Cambo-les-Bains (64)...180 C1
Cambon (81)............170 C2
Cambon-
  et-Salvergues (34).....171 G5
Cambon-lès-Lavaur (81)...170 A5
Camboulazet (12).......154 C5
Camboulit (46).........153 G2
Cambounès (81).........171 E5
Cambounet-sur-le-Sor (81)...170 B6
le Cambout (22).........55 H3
Cambrai (59)............8 D3
Cambremer (14)..........15 E5
Cambrin (62)............2 D6
Cambron (80)............6 D4
Cambronne-
  lès-Clermont (60).....20 C5
Cambronne-
  lès-Ribécourt (60)....21 F4
Camburat (46)..........153 G2
Came (64)..............164 D6
Camélas (66)...........200 D3
Camelin (02)...........21 H3
Camembert (61)..........39 F3
Cametours (50)..........37 E1
Camiac-et-Saint-Denis (33)...135 G6
Camiers (62)............1 F5
Camiran (33)...........150 A1
Comjac (12)............154 B6
Camlez (22)............32 D2
les Cammazes (81)......186 C1
Camoël (56)............73 F2
Camon (09).............186 B5
Camon (80)..............7 G6
Camors (56)............55 E4
Camou-Cihigue (64).....181 F3
Camous (65)............183 G5
Campagna-de-Sault (11)...199 H1
Campagnac (12).........155 F4
Campagnac (81).........170 A1
Campagnac-
  lès-Quercy (24)......152 D1
Campagnan (34).........172 D6
Campagne (24)..........137 G5
Campagne (34)..........173 G4
Campagne (40)..........165 H2
Campagne (60)..........21 G2
Campagne-
  d'Armagnac (32)......166 D3
Campagne-
  lès-Boulonnais (62)....1 H5
Campagne-lès-Guines (62)...1 G3
Campagne-lès-Hesdin (62)...6 D1

Campagne-
  lès-Wardrecques (62)...2 B4
Campagne-sur-Arize (09)...185 F4
Campagne-sur-Aude (11)...186 D6
Campagnolles (14)......37 G3
Campan (65)............183 F5
Campana (2B)...........205 F1
Campandré-
  Valcongrain (14).....14 A6
Camparan (65)..........183 G6
Campbon (44)...........74 A3
Campeaux (14)..........37 G2
Campeaux (60)..........19 G3
Campel (35)............56 D4
Campénéac (56).........56 B4
Campestre-et-Luc (30)...172 C2
Campet-et-Lamolère (40)...165 H2
Camphin-en-Carembault (59)...3 F4
Camphin-en-Pévèle (59)...3 G5
Campi (2B).............205 G2
Campigneulles-
  les-Grandes (62)......6 C1
Campigneulles-
  les-Petites (62)......6 D1
Campigny (14)..........13 H5
Campigny (27)..........15 H3
Campile (2B)...........203 F6
Campistrous (65).......183 G3
Campitello (2B)........203 F5
Camplong (34)..........172 A5
Camplong-d'Aude (11)...187 G4
Campneuseville (76)....6 C6
Campo (2A).............205 E6
Campôme (66)..........200 B2
Campouriez (12)........154 C1
Campoussy (66)........200 C2
Campremy (60).........20 C3
Camprond (50).........37 E1
Camps-en-Amiénois (80)...7 E6
Camps-la-Source (83)...193 F3
Camps-Saint-Mathurin-
  Léobazel (19).......139 F4
Camps-sur-l'Agly (11)...187 E6
Camps-sur-l'Isle (33)...136 A4
Campsas (82)...........169 E3
Campsegret (24)........137 E5
Campuac (12)...........154 C2
Campugnan (33)........135 E2
Campuzan (65).........183 H2
Camurac (11)...........199 G1
Canale-di-Verde (2B)...205 G2
Canals (82)............169 E3
Canaples (80)...........7 F4
Canappeville (27)......40 D1
Canapville (14)........15 E3
Canapville (61)........39 G3
Canari (2B)............203 F2
Canaules-
  et-Argentières (30)...173 G2
Canavaggia (2B)........203 F6
Canaveilles (66).......200 B4
Cancale (35)...........35 E3
Canchy (14)............13 G5
Canchy (80)............6 D3
Cancon (47)............151 F2
Candas (80)............7 G4
Candé (49).............76 B3
Candé-sur-Beuvron (41)...79 H4
Candes-Saint-Martin (37)...94 A1
Candillargues (34).....173 H5
Candor (60)............21 F3
Candresse (40).........165 E4
Canehan (76)...........6 A5
Canéjan (33)...........135 E6
Canens (31)............185 F3
Canenx-et-Réaut (40)...166 A1
Canet (11).............187 H3
Canet (34).............172 D5
Canet-de-Salars (12)...154 D5
Canet-en-Roussillon (66)...201 G2
Canettemont (62).......7 G2
Cangey (37)............79 G5
Caniac-du-Causse (46)...153 E2
Canihuel (22)..........33 E6
Canilhac (48)..........155 G4
Canisy (50)............37 F1
Canlers (62)............7 F2
Canly (60).............21 E5
Cannectancourt (60)...21 F3
Cannelle (2A)..........204 C5
Cannes (06)............195 E4
Cannes-Écluse (77).....64 C2
Cannes-et-Clairan (30)...173 H3
Cannessières (80)......6 D5
le Cannet (06).........178 D5
le Cannet (32).........166 D5
le Cannet-des-Maures (83)...193 H2
Canny-sur-Matz (60)...21 F3
Canny-sur-Thérain (60)...19 G3
Canohès (66)...........201 E2
la Canourgue (48)......155 G4
Canouville (76)........16 D3
Cantaing-sur-Escaut (59)...8 D3
Cantaous (65)..........183 H4
Cantaron (06)..........195 F2
Canteleu (76)..........17 G6
Canteleux (62).........7 G3
Canteloup (14).........39 E1
Canteloup (50).........13 E2
Cantenac (33)..........135 E3
Cantenay-Épinard (49)...76 D4
Cantiers (27)..........19 F6
Cantigny (80)..........20 D2
Cantillac (24).........123 E6
Cantin (59)............8 D2
Cantoin (12)..........140 D6
Cantois (33)..........149 H1
Canville-la-Rocque (50)...12 C4
Canville-
  les-Deux-Églises (76)...17 F3

Cany-Barville (76).....18 A1
Caorches-Saint-Nicolas (27)...15 H5
Caouënnec-Lanvézéac (22)...32 D2
Caours (80)............6 D4
Cap-d'Ail (06).........179 F3
Capbreton (40)........164 B4
Capdenac (46).........153 G2
Capdenac-Gare (12)...153 G2
Capdrot (24)...........151 H1
la Capelle (02)........10 A3
Capelle (59)............9 F3
la Capelle-Balaguier (12)...153 G4
la Capelle-Bleys (12)...153 H5
la Capelle-Bonance (12)...155 F4
la Capelle-
  et-Masmolène (30)...174 C1
Capelle-Fermont (62)...8 A2
la Capelle-lès-Boulogne (62)...1 F4
Capelle-les-Grands (27)...15 G6
Capelle-lès-Hesdin (62)...7 E2
Capendu (11)..........187 F3
Capens (31)............185 E2
Capestang (34)........188 B2
Capian (33)............135 G6
Capinghem (59).........3 F4
Caplong (33)..........136 B6
Capoulet-et-Junac (09)...199 E1
Cappel (57)............49 G1
Cappelle-Brouck (59)...2 A2
Cappelle-en-Pévèle (59)...3 G6
Cappelle-la-Grande (59)...2 B2
Cappy (80).............8 B6
Captieux (33).........149 H4
Capvern (65)...........183 G4
Caragoudes (31).......169 G6
Caraman (31)..........169 H6
Caramany (66).........200 D2
Carantec (29)..........31 H2
Carantilly (50)........37 F1
Carayac (46)...........153 F3
Carbay (49)............57 H6
Carbes (81)...........170 C5
Carbini (2A)...........207 F3
Carbon-Blanc (33).....135 F5
Carbonne (31)..........185 E2
Carbuccia (2A).........204 D5
Carcagny (14)..........14 A4
Carcanières (09)......200 A2
Carcans (33)...........134 B3
Carcarès-Sainte-Croix (40)...165 G3
Carcassonne (11)......187 E3
Carcen-Ponson (40)...165 G2
Carcheto-Brustico (2B)...205 G2
Cardaillac (46).......153 G1
Cardan (33)...........149 G1
Cardeilhac (31).......184 B3
Cardesse (64).........182 A2
Cardet (30)...........173 H1
Cardo-Torgia (2A)....204 D6
Cardonnette (80)......7 G5
le Cardonnois (80)....20 D3
Cardonville (14)......13 F4
Cardroc (35)..........56 D1
Carelles (53).........58 C2
Carency (62)...........8 A1
Carennac (46).........139 E5
Carentan (50).........13 E5
Carentoir (56).........56 C5
Cargèse (2A)..........204 B4
Cargiaca (2A).........207 E2
Carhaix-Plouguer (29)...32 B6
Carignan (08).........24 D2
Carignan-de-Bordeaux (33)...135 F5
Carisey (89)..........83 H1
Carla-Bayle (09)......185 F4
Carla-de-Roquefort (09)...186 A5
le Carlaret (09)......185 H4
Carlat (15)..........140 B5
Carlencas-et-Levas (34)...172 B5
Carlepont (60)........21 G4
Carling (57)..........27 F5
Carlipa (11)..........186 C2
Carlucet (46).........152 D1
Carlus (81)...........170 B3
Carlux (24)...........138 B5
Carly (62).............1 F5
Carmaux (81)..........170 C1
Carnac (56)...........72 B1
Carnac-Rouffiac (46)...152 B4
Carnas (30)...........173 G3
la Carneille (61).....38 C4
Carnet (50)...........35 H5
Carnetin (77).........43 F3
Carnéville (50).......12 D1
Carnières (59).........9 E3
Carnin (59)............3 F6
Carnoët (22)..........32 B5
Carnoules (83).......193 G3
Carnoux-en-Provence (13)...192 C4
Carnoy (80)...........8 B5
Caro (2A).............204 D3
Caro (64).............180 D3
Carolles (50).........35 G3
Caromb (84)..........158 D6
Carpentras (84)......175 F1
Carpineto (2B).......205 G2
Carpiquet (14)........14 B4
Carquebut (50)........13 E4
Carquefou (44)........74 D4
Carqueiranne (83)...193 F5
Carrépuis (80)........21 F2
Carrère (64)..........166 B6
Carresse-Cassaber (64)...165 F6
Carrières-sous-Poissy (78)...42 B3
Carrières-sur-Seine (78)...42 C3
Carros (06)...........195 E2
Carrouges (61)........38 D6
Carry-le-Rouet (13)...191 H5
Cars (33).............135 E2
les Cars (87)........123 H4

Carsac-Aillac (24)...138 B6
Carsac-de-Gurson (24)...136 B4
Carsan (30)..........157 H5
Carsix (27)...........40 B1
Carspach (68).........89 E3
Cartelègue (33)......135 E2
Carticasi (2B).......205 F2
Cartigny (59).........9 H4
Cartigny (80).........8 C6
Cartigny-l'Épinay (14)...13 F5
Carves (24)..........137 H6
Carville (14)........37 H3
Carville-la-Folletière (76)...17 E3
Carville-Pot-de-Fer (76)...17 E3
Carvin (62)...........3 F6
Casabianca (2B)......203 G6
Casaglione (2A)......204 C4
Casalabriva (2A).....206 D2
Casalta (2B).........203 G6
Casamaccioli (2B)...204 D2
Casanova (2B)........205 E3
Cascastel-
  des-Corbières (11)...187 G5
Casefabre (66).......200 D3
Caseneuve (84).......176 A3
Cases-de-Pène (66)...201 E1
Casevecchie (2B).....205 G3
Cassagnabère-
  Tournas (31).......184 B3
Cassagnas (48).......156 C5
la Cassagne (24).....138 B4
Cassagne (31)........184 C4
Cassagnes (46).......152 A2
Cassagnes-Bégonhès (12)...154 C6
Cassagnoles (30).....173 H2
la Cassaigne (11)....186 B3
Cassaigne (32).......167 F2
Cassaignes (11)......186 D6
Cassaniouze (15).....154 B1
Cassel (59)...........2 C3
Cassen (40)..........165 F3
Casseneuil (47)......151 F3
les Cassés (11)......186 B1
Casseuil (33)........150 A2
Cassignas (47).......151 G5
Cassis (13)..........192 C4
Casson (44)...........74 D3
Cassuéjouls (12).....154 D1
Cast (29).............53 F1
Castagnac (31).......185 F3
Castagnède (31)......184 C4
Castagnède (64)......165 E6
Castagniers (06).....195 F2
Castaignos-Souslens (40)...165 G5
Castandet (40).......166 B3
Castanet (12)........154 A5
Castanet (81)........170 C2
Castanet (82)........153 G5
Castanet-le-Haut (34)...171 H5
Castanet-Tolosan (31)...169 F6
Castans (11).........187 F1
Casteide-Cami (64)...182 A1
Casteide-Candau (64)...165 H6
Casteide-Doat (64)...183 E1
Casteil (66).........200 C4
Castel-Sarrazin (40)...165 G5
Castelbajac (65).....183 G3
Castelbiague (31)....184 C5
Castelculier (47)....151 F6
Castelferrus (82)....168 D2
Castelfranc (46).....152 B3
Castelgaillard (31)...184 C2
Castelginest (31)....169 F4
Casteljaloux (47)....150 B4
Castella (47)........151 F4
Castellane (04)......177 H3
Castellar (06).......179 G3
le Castellard-Melan (04)...160 C5
Castellare-di-Casinca (2B)...203 G6
Castellare-di-Mercurio (2B)...205 F2
le Castellet (04)....176 D2
le Castellet (83)....192 D4
Castellet (84).......176 A3
Castellet-lès-Sausses (04)...178 B1
Castello-di-Rostino (2B)...203 F6
Castelmary (31)......169 H5
Castelmaurou (31)....169 F5
Castelmayran (82)....168 C1
Castelmoron-d'Albret (33)...150 A1
Castelmoron-sur-Lot (47)...151 E4
Castelnau-Barbarens (32)...168 A5
Castelnau-Chalosse (40)...165 F4
Castelnau-d'Anglès (32)...167 F5
Castelnau-d'Arbieu (32)...168 A3
Castelnau-d'Aude (11)...187 G3
Castelnau-d'Auzan (32)...167 E2
Castelnau-de-Brassac (81)...171 E5
Castelnau-de-Guers (34)...188 D1
Castelnau-de-Lévis (81)...170 B2
Castelnau-
  de-Mandailles (12)...155 E3
Castelnau-de-Médoc (33)...134 D3
Castelnau-
  de-Montmiral (81)...169 H2
Castelnau-
  d'Estrétefonds (31)...169 E4
Castelnau-Durban (09)...185 F5
Castelnau-le-Lez (34)...173 F5
Castelnau-Magnoac (65)...183 H3
Castelnau-Montratier (46)...152 D4
Castelnau-Pégayrols (12)...155 E6
Castelnau-Picampeau (31)...184 D2
Castelnau-
  Rivière-Basse (65)...166 D5
Castelnau-sur-Gupie (47)...150 C2
Castelnau-
  sur-l'Auvignon (32)...167 F2
Castelnau-Tursan (40)...166 A4
Castelnau-Valence (30)...174 A2

Castelnaud-
  de-Gratecambe (47)...151 F3
Castelnaud-
  la-Chapelle (24).....138 A6
Castelnaudary (11)....186 B2
Castelnavet (32).....167 E4
Castelner (40).......165 H5
Castelnou (66).......201 E3
Castelreng (11)......186 C5
Castels (24).........137 H5
Castelsagrat (82)....151 H6
Castelsarrasin (82)...168 D1
Castelvieilh (65)....183 F2
Castelvielh (33).....150 A1
le Castéra (31)......168 D5
Castéra-Bouzet (82)...168 B1
Castéra-Lanusse (65)...183 G3
Castéra-Lectourois (32)...167 H2
Castéra-lou (65).....183 F2
Castéra-Loubix (64)...183 E1
Castéra-Verduzan (32)...167 G3
Castéra-Vignoles (31)...184 B3
Castéras (09)........185 F4
Casterets (65).......184 A2
Castéron (32)........168 B3
Castet (64)..........182 A3
Castet-Arrouy (32)...168 A2
Castetbon (64).......181 G1
Castétis (64)........165 G6
Castetnau-Camblong (64)...181 G2
Castetner (64).......165 G6
Castetpugon (64).....166 B5
Castets (40).........165 F2
Castets-en-Dorthe (33)...150 A2
Castex (09)..........185 F3
Castex (32)..........183 G1
Castex-d'Armagnac (32)...166 C3
Casties-Labrande (31)...184 D2
Castifao (2B)........203 E6
Castiglione (2B).....205 E1
Castillon (06).......195 G2
Castillon (14).......13 H6
Castillon (65).......183 F4
Castillon (Canton d'Arthez-de-
  Béarn) (64).......165 H6
Castillon (Canton
  de Lembeye) (64)...166 C6
Castillon-de-Castets (33)...150 A2
Castillon-de-Larboust (31)...197 F1
Castillon-
  de-Saint-Martory (31)...184 C4
Castillon-Debats (32)...167 E4
Castillon-du-Gard (30)...174 C2
Castillon-en-Auge (14)...15 E6
Castillon-
  en-Couserans (09)...184 D6
Castillon-la-Bataille (33)...136 A5
Castillon-Massas (32)...168 A4
Castillon-Savès (32)...168 C5
Castillonnès (47)....151 F1
Castilly (14)........13 F5
Castin (32)..........167 H4
Castineta (2B).......203 F6
Castirla (2B)........205 E2
Castres (02).........21 H1
Castres (81).........170 C5
Castres-Gironde (33)...149 G1
Castries (34)........173 G5
le Cateau-Cambrésis (59)...9 F4
le Catelet (02)......9 E5
le Catelier (76).....18 D1
Catenay (76).........19 E3
Catenoy (60).........20 D5
Cateri (2B)..........202 C5
Cathervielle (31)....197 F1
Catheux (60).........20 B2
Catigny (60).........21 F2
Catillon-Fumechon (60)...20 C4
Catillon-sur-Sambre (59)...9 G4
Catllar (66).........200 C4
Catonvielle (32).....168 C5
Cattenières (59).....9 E4
Cattenom (57)........26 C2
Catteville (50)......12 C4
Catus (46)...........152 C2
Catz (50)............13 E5
Caubeyres (47).......150 C5
Caubiac (31).........168 C4
Caubios-Loos (64)...182 B1
Caubon-Saint-Sauveur (47)...150 C2
Caubous (31).........183 H6
Caubous (65).........183 H3
Caucalières (81).....170 D6
la Cauchie (62)......8 A3
Cauchy-à-la-Tour (62)...2 C6
Caucourt (62)........8 A1
Caudan (56)..........54 C5
Caudebec-en-Caux (76)...17 E5
Caudebec-lès-Elbeuf (76)...18 C5
Caudebronde (11).....187 E2
Caudecoste (47)......151 F6
Caudeval (11)........186 C4
Caudiès-de-Conflent (66)...200 A3
Caudiès-
  de-Fenouillèdes (66)...200 D1
Caudrot (33).........150 A2
Caudry (59)..........9 F4
Cauffry (60).........20 D5
Caugé (27)...........40 D2
Caujac (31)..........185 G2
Caulaincourt (02)...8 D6
le Caule-Sainte-Beuve (76)...19 F1
Caulières (80).......19 H1
Caulnes (22).........56 C1
Caumont (02).........21 H2
Caumont (09).........184 D5
Caumont (27).........18 B5
Caumont (32).........166 C4
Caumont (33).........150 B1
Caumont (62).........7 E2

Caumont (82).........168 C1
Caumont-l'Éventé (14)...37 H1
Caumont-sur-Durance (84)...175 E3
Caumont-sur-Garonne (47)...150 C4
Caumont-sur-Orne (14)...38 B2
Cauna (40)...........165 H3
Caunay (79)..........108 C4
Cauneille (40).......165 E5
Caunes-Minervois (11)...187 E2
la Caunette (34).....187 H2
Caunette-sur-Lauquet (11)...187 E5
Caupenne (40)........165 G4
Caupenne-
  d'Armagnac (32).....166 D3
la Caure (51)........45 E3
Caurel (22)..........55 E1
Caurel (51)..........23 F5
Cauro (2A)...........204 D6
Cauroir (59).........9 E3
Cauroy (08)..........23 H5
Cauroy-lès-Hermonville (51)...23 F4
le Causé (82)........168 C3
Cause-de-Clérans (24)...137 E5
Caussade (82)........152 D6
Caussade-Rivière (65)...166 D6
Causse-Bégon (30)...172 C1
Causse-de-la-Selle (34)...173 D4
Causse-et-Diège (12)...153 G3
Caussens (32)........167 G2
Causses-et-Veyran (34)...188 B1
Caussiniojouls (34)...172 B6
Caussols (06)........178 C3
Caussou (09).........199 F1
Cauterets (65).......182 D6
Cauverville-
  en-Roumois (27).....18 A5
Cauvicourt (14)......38 D2
Cauvignac (33).......150 A3
Cauvigny (60)........20 B5
Cauville (14)........38 D2
Cauville-sur-Mer (76)...15 E1
Caux (34)............172 C6
Caux-et-Sauzens (11)...186 D3
Cauzac (47)..........151 G5
Cavagnac (46)........138 D4
Cavaillon (84).......175 F3
Cavalaire-sur-Mer (83)...194 A4
la Cavalerie (12)....172 B2
Cavan (22)...........32 D3
Cavanac (11).........187 E4
Cavarc (47)..........151 F1
Caveirac (30)........174 A3
Caves (11)...........188 A6
Cavignac (33)........135 G3
Cavigny (50).........13 F6
Cavillargues (30)...174 C1
Cavillon (80)........7 F6
Cavron-Saint-Martin (62)...7 E1
Caychax (09).........199 F1
Cayeux-en-Santerre (80)...21 E1
Cayeux-sur-Mer (80)...6 B3
le Caylar (34).......172 C3
Caylus (82)..........153 E5
Cayrac (82)..........152 D6
Cayres (43)..........142 B5
Cayriech (82)........152 D5
le Cayrol (12).......154 D2
Cayrols (15).........139 H6
Cazac (31)...........184 C2
Cazalis (31).........149 G4
Cazalis (40).........165 G6
Cazalrenoux (11).....186 B3
Cazals (46)..........152 B2
Cazals (82)..........153 E6
Cazals-des-Baylès (09)...186 B4
Cazaril-Laspènes (31)...197 F1
Cazaril-Tambourès (31)...183 G3
Cazarilh (65)........184 A5
Cazats (33)..........149 H3
Cazaubon (32)........166 D2
Cazaugitat (33)......150 B1
Cazaunous (31).......184 B5
Cazaux (09)..........185 G4
Cazaux-d'Anglès (32)...167 F5
Cazaux-debat (65)...183 G6
Cazaux-Fréchet-
  Anéran-Camors (65)...183 G6
Cazaux-Layrisse (31)...184 A6
Cazaux-Savès (32)....168 C6
Cazaux-Villecomtal (32)...183 F1
Cazavet (09).........184 D5
Cazeaux-de-Larboust (31)...197 F1
Cazedarnes (34)......188 B1
Cazenave-Serres-
  et-Allens (09)......199 F1
Cazeneuve (32).......167 E2
Cazeneuve-Montaut (31)...184 C3
Cazères (31).........184 D3
Cazères-sur-l'Adour (40)...166 B3
Cazes-Mondenard (82)...152 B5
Cazevieille (34).....173 F4
Cazideroque (47)....151 H4
Cazilhac (11)........187 E3
Cazilhac (34)........173 E2
Cazillac (46)........138 D4
Cazoulès (24)........138 C4
Cazouls-d'Hérault (34)...172 D6
Cazouls-lès-Béziers (34)...188 B2
Ceaucé (61)..........58 C1
Ceaulmont (36).......111 E2
Céaux (50)...........35 H4
Céaux-d'Allègre (43)...142 B3
Ceaux-en-Couhé (86)...108 C3
Ceaux-en-Loudun (86)...94 B3
Cébazan (34).........188 A1
Cébazat (63).........127 F2
Ceffonds (52)........67 F1
Ceignes (01).........117 F5
Ceilhes-et-Rocozels (34)...172 A4
Ceillac (05).........161 G1

Coilloux (63) 127 H4
Ceintrey (54) 69 F1
la Celette (18) 112 C1
la Celle (03) 113 E5
la Celle (18) 97 H5
Cellé (41) 79 E1
la Celle (63) 126 B2
la Celle (83) 193 F3
la Celle-Condé (18) 97 F5
la Celle-Dunoise (23) 111 F4
la Celle-en-Morvan (71) 100 C3
la Celle-Guenand (37) 95 F4
la Celle-les-Bordes (78) 42 A6
Celle-Lévescault (86) 108 D3
la Celle-Saint-Avant (37) . . . 94 D3
la Celle-Saint-Cloud (78) . . . 42 C4
la Celle-Saint-Cyr (89) 65 E6
la Celle-
   -sous-Chantemerle (51) . . 44 D6
la Celle-sous-Gouzon (23) . . 112 A5
la Celle-
   -sous-Montmirail (02) 44 C4
la Celle-sur-Loire (58) 82 C5
la Celle-sur-Morin (77) 43 G4
la Celle-sur-Nièvre (58) 99 E1
Cellefrouin (16) 122 D2
Celles (09) 185 H6
Celles (15) 141 E3
Celles (17) 121 G4
Celles (24) 136 D1
Celles (34) 172 C5
Celles-en-Bassigny (52) 68 C6
Celles-lès-Condé (02) 44 C2
Celles-sur-Aisne (02) 22 B5
Celles-sur-Belle (79) 108 A4
Celles-sur-Durolle (63) 128 A2
Celles-sur-Ource (10) 66 D5
Celles-sur-Plaine (88) 70 C1
la Cellette (23) 111 H3
la Cellette (63) 112 D6
Cellettes (16) 122 C2
Cellettes (41) 80 A4
le Cellier (44) 75 E4
Cellier-du-Luc (07) 156 D1
Cellieu (42) 129 G5
Cellule (63) 127 F1
Celon (36) 110 D2
Celoux (15) 141 G3
Celsoy (52) 86 C1
Cély (77) 63 H2
Cemboing (70) 87 E1
Cempuis (60) 20 A2
Cénac (33) 135 F6
Cénac-et-Saint-Julien (24) . 138 A6
Cenans (70) 87 G5
Cendras (30) 157 E6
le Cendre (63) 127 F3
Cendrecourt (70) 87 E1
Cendrey (25) 87 G5
Cendrieux (24) 137 G4
Cénevières (46) 153 E3
Cenne-Monestiés (11) 186 C2
Cenon (33) 135 F5
Cenon-sur-Vienne (86) 94 D5
Censeau (39) 103 G5
Censerey (21) 100 D1
Censy (89) 84 B3
les Cent-Acres (76) 18 D1
Centrès (12) 154 B6
Centuri (2B) 203 F1
Cenves (69) 116 A4
Cépet (31) 169 F4
Cépie (11) 186 D4
Cepoy (45) 64 A5
Céran (32) 168 A3
Cérans-Foulletourte (72) . . . 78 A1
Cerbère (66) 201 H4
Cerbois (18) 97 F2
Cercié (69) 116 A5
Cercier (74) 118 B6
Cercles (24) 136 D1
Cercottes (45) 62 D6
Cercoux (17) 135 H3
le Cercueil (61) 39 E6
Cercy-la-Tour (58) 99 G5
Cerdon (01) 117 F6
Cerdon (45) 81 G3
Cère (40) 166 A1
Céré-la-Ronde (37) 95 H1
Cerelles (37) 78 D4
Cérences (50) 35 H1
Céreste (04) 176 B3
Céret (66) 201 E4
Cerfontaine (59) 10 A2
le Cergne (42) 115 G5
Cergy (95) 42 B2
Cérilly (03) 113 C1
Cérilly (21) 84 D1
Cérilly (89) 65 G4
Cerisé (61) 60 A1
Cerisières (52) 67 H3
Cerisiers (89) 65 F5
Cerisy (80) 8 A6
Cerisy-Belle-Étoile (61) 38 A4
Cerisy-Buleux (80) 6 D5
Cerisy-la-Forêt (50) 13 G6
Cerisy-la-Salle (50) 37 E2
Cerizay (79) 92 D4
Cérizols (09) 184 D4
Cerizy (02) 22 A1
le Cerlangue (76) 15 G2
Cernans (39) 103 F4
Cernay (14) 15 F6
Cernay (28) 61 H2
Cernay (68) 89 E1
Cernay (86) 94 B5
Cernay-en-Dormois (51) . . . 24 B6
Cernay-la-Ville (78) 42 A5
Cernay-l'Église (25) 88 C4
Cernay-lès-Reims (51) 23 F6
Cerneux (77) 44 B5

Cornox (74) . . . . 110 DG
Cerniébaud (39) 103 G5
Cernion (08) 23 G1
Cernon (39) 117 G3
Cernon (51) 45 H4
Cernoy (60) 20 D4
Cernoy-en-Berry (45) 82 A4
Cernusson (49) 93 E1
Cerny (91) 63 G1
Cerny-en-Laonnois (02) 22 C4
Cerny-lès-Bucy (02) 22 B3
Céron (71) 114 D4
Cérons (33) 149 G1
Cerqueux (14) 15 G6
les Cerqueux (49) 92 D3
les Cerqueux-
   -sous-Passavant (49) 93 E2
Cerre-lès-Noroy (70) 87 H3
Cers (34) 188 C2
Cersay (79) 93 F2
Cerseuil (02) 22 B5
Cersot (71) 101 F6
Certilleux (88) 68 D3
Certines (01) 117 E5
Cervens (74) 118 D4
Cervières (05) 147 F5
Cervières (42) 128 B2
Cerville (54) 48 D5
Cervione (2B) 205 G2
Cervon (58) 99 H1
Cerzat (43) 141 H3
Cesancey (39) 117 F1
Césarches (73) 132 C3
Césarville-Dossainville (45) . . 63 F3
Cescau (09) 184 D6
Cescau (64) 182 B1
Cesny-aux-Vignes (14) 39 E1
Cesny-Bois-Halbout (14) . . 14 B6
Cessac (33) 135 H6
Cessales (31) 186 A1
Cesse (55) 24 D3
Cessenon-sur-Orb (34) 188 B1
Cessens (73) 131 H2
Cesseras (34) 187 G2
Cesset (03) 113 G4
Cesseville (27) 40 C1
Cessey (25) 103 F2
Cessey-sur-Tille (21) 86 A6
Cessières (02) 22 B3
Cessieu (38) 131 E5
Cesson (77) 63 H1
Cesson-Sévigné (35) 57 F3
Cessoy-en-Montois (77) 64 D1
Cessy (01) 118 B3
Cessy-les-Bois (58) 82 D6
Cestas (33) 135 E6
Cestayrols (81) 170 B2
Ceton (61) 61 E4
Cette-Eygun (64) 182 A5
Cevins (73) 132 D4
Ceyras (34) 172 D5
Ceyrat (63) 127 E3
Ceyreste (13) 192 C4
Ceyroux (23) 111 E6
Ceyssac (43) 142 C4
Ceyssat (63) 126 D3
Ceyzériat (01) 117 E5
Ceyzérieu (01) 131 G2
Cézac (33) 135 F3
Cézac (46) 152 C4
Cezais (85) 107 F1
Cézan (32) 167 G3
Cezay (42) 128 C3
Cézens (15) 140 D4
Cézia (39) 117 G3
Cézy (89) 65 E6
Chabanais (16) 123 F2
la Chabanne (03) 128 B1
Chabestan (05) 159 H3
Chabeuil (26) 144 B5
Chablis (89) 83 H2
Châbons (38) 131 E6
Chabottes (05) 160 C1
Chabournay (86) 94 B6
Chabrac (16) 123 F1
Chabreloche (63) 128 B2
Chabrignac (19) 138 B1
Chabris (36) 96 C1
Chacé (49) 93 H1
Chacenay (10) 66 D5
Chacrise (02) 22 B5
Chadeleuf (63) 127 F5
Chadenac (17) 121 F5
Chadenet (48) 156 B3
Chadrac (43) 142 C4
Chadron (43) 142 C5
Chadurie (16) 122 B5
le Chaffal (26) 144 D5
le Chaffaut-
   -Saint-Jurson (04) 177 F1
Chaffois (25) 103 H4
Chagey (70) 88 C3
Chagny (08) 24 A3
Chagny (71) 101 F4
Chahaignes (72) 78 C2
Chahains (61) 38 D6
Chaignay (21) 85 H5
Chaignes (27) 41 F2
Chail (79) 108 B4
Chaillac (36) 110 C3
Chaillac-sur-Vienne (87) . . 123 G2
Chailland (53) 58 C3
Chaillé-les-Marais (85) . . . 106 D2
Chaillé-
   -sous-les-Ormeaux (85) . . 91 G5
Chailles (41) 79 H4
Chaillevette (17) 120 C3
Chaillevois (02) 22 B4
Chailley (89) 65 G5

Chaillon (55) 47 H3
Chailloué (61) 39 F5
Chailly-en-Bière (77) 63 H2
Chailly-en-Brie (77) 43 H4
Chailly-en-Gâtinais (45) . . . 63 H6
Chailly-lès-Ennery (57) 26 C4
Chailly-sur-Armançon (21) . . 101 E1
Chainaz-les-Frasses (74) . . 132 A3
Chaînée-des-Coupis (39) . . 102 C4
Chaingy (45) 80 C1
Chaintré (71) 116 B4
Chaintreaux (77) 64 B4
Chaintrix-Bierges (51) 45 F3
la Chaise (10) 67 E2
la Chaise-Baudouin (50) . . . 37 F4
la Chaise-Dieu (43) 142 B1
Chaise-Dieu-du-Theil (27) . . 40 B4
Chaix (85) 107 E2
la Chaize-Giraud (85) 90 D4
la Chaize-le-Vicomte (85) . . 91 H4
Chalabre (11) 186 B5
Chalagnac (24) 137 F3
Chalain-d'Uzore (42) 128 D4
Chalain-le-Comtal (42) 129 E4
Chalaines (55) 47 H6
Chalais (16) 136 B1
Chalais (36) 110 C2
Chalais (86) 94 A3
Chalamont (01) 130 C1
Chalampé (68) 89 G1
Chalancey (52) 85 H3
Chalancon (26) 159 E3
Chalandray (86) 93 H6
Chalandry (02) 22 C2
Chalandry-Élaire (08) 24 B2
le Chalange (61) 39 G6
le Chalard (87) 124 A5
Chalautre-la-Grande (77) . . . 65 F1
Chalautre-la-Petite (77) 65 E1
Chalaux (58) 84 A6
Chaleins (01) 116 B6
Chaleix (24) 123 G5
Chalencon (07) 143 G5
les Chalesmes (39) 103 G6
Châtelet-sur-Loing (45) 64 A6
Châtelette-sur-Voire (10) . . . 66 D2
Chaley (01) 131 E1
Chalèze (25) 87 F6
Chalezeule (25) 87 F6
Chaliers (15) 141 F5
Chalifert (77) 43 F3
Chaligny (54) 48 C5
Chalinargues (15) 141 E3
Chalindrey (52) 86 B2
Chalivoy-Milon (18) 98 B5
Challain-la-Potherie (49) . . 76 B3
Challans (85) 90 D2
Challement (58) 83 G6
Challerange (08) 24 B5
Challes (72) 78 C1
Challes-la-Montagne (01) . . 117 F5
Challes-les-Eaux (73) 132 A5
Challet (28) 62 A1
Challex (01) 118 B5
Challignac (16) 122 A6
Challonges (74) 118 A6
Challuy (58) 98 D4
Chalmaison (77) 64 D1
Chalmazel (42) 128 C4
Chalmoux (71) 114 D1
Chalo-Saint-Mars (91) 63 E2
le Chalon (26) 144 C3
Chalon-sur-Saône (71) . . . 101 G5
Chalonnes-
   -sous-le-Lude (49) 78 A4
Chalonnes-sur-Loire (49) . . 76 C5
Châlons (38) 130 B6
Châlons-du-Maine (53) 58 D4
Châlons-
   -en-Champagne (51) 45 H3
Châlons-sur-Vesle (51) 23 E6
Châlonvillars (70) 88 C3
Chalou-Moulineux (91) 63 E2
Chaltrait (51) 45 E3
Chalus (63) 127 F6
Châlus (87) 123 H4
Chalvignac (15) 139 H2
Chalvraines (52) 68 B3
Chamadelle (33) 136 A3
Chamagne (88) 69 G2
Chamagnieu (38) 130 D3
Chamalières (38) 127 E3
Chamalières-sur-Loire (43) . . 142 D2
Chamaloc (26) 145 E6
Chamant (60) 21 E6
Chamarande (91) 63 F1
Chamarandes-
   -Choignes (52) 68 A3
Chamaret (26) 158 B4
la Chamba (42) 128 B3
Chambain (21) 85 G2
Chambeire (21) 86 A6
Chambellay (49) 76 D2
Chambéon (42) 129 E4
Chambérat (03) 112 B2
Chamberaud (23) 111 H6
Chamberet (19) 125 E5
Chambéria (39) 117 G2
Chambéry (73) 131 H4
Chambeugle (89) 82 C1
Chambezon (43) 141 G1
Chambilly (71) 115 E4
Chamblac (27) 40 A2
Chamblanc (21) 102 A3
Chamblay (39) 102 D3
Chambles (42) 129 E6
Chamblet (03) 112 D4
Chambley-Bussières (54) . . 26 A6
Chambly (60) 42 C1
Chambœuf (21) 101 G1
Chambœuf (42) 129 F5

Chambois (01) 39 F4
Chambolle-Musigny (21) . . 101 H2
le Chambon (07) 143 F6
Chambon (17) 107 G5
Chambon (18) 97 G5
Chambon (30) 157 E5
Chambon (37) 95 E5
le Chambon-
   -Feugerolles (42) 129 F6
Chambon-la-Forêt (45) 63 F5
Chambon-le-Château (48) . . 142 B5
Chambon-Sainte-Croix (23) . . 111 F3
Chambon-sur-Cisse (41) . . . 79 H4
Chambon-sur-Dolore (63) . . 128 A5
Chambon-sur-Lac (63) 126 D5
le Chambon-
   -sur-Lignon (43) 143 F4
Chambon-sur-Voueize (23) . . 112 C5
Chambonas (07) 157 E4
Chambonchard (23) 112 C5
la Chambonie (42) 128 B3
Chamborand (23) 111 E5
Chambord (27) 40 A3
Chambord (41) 80 B3
Chamboret (87) 124 A1
Chamborigaud (30) 156 D5
Chambornay-
   -lès-Bellevaux (70) 87 G5
Chambornay-lès-Pin (70) . . 87 E6
Chambors (60) 19 H6
Chambost-Allières (69) . . . 129 G1
Chambost-
   -Longessaigne (69) 129 F3
Chamboulive (19) 125 E6
Chambourcy (78) 42 B3
Chambourg-sur-Indre (37) . . 95 F2
Chambray (27) 41 E2
Chambray-lès-Tours (37) . . 78 D6
la Chambre (73) 132 C6
Chambrecy (51) 45 E1
les Chambres (50) 35 H3
Chambretaud (85) 92 B3
Chambrey (57) 49 E4
Chambroncourt (52) 68 B2
Chambry (02) 22 C3
Chambry (77) 43 G2
Chaméane (63) 127 H5
Chamelet (69) 129 G1
Chamery (51) 45 F1
Chamesey (25) 104 C1
Chamesol (25) 88 C5
Chamesson (21) 85 E2
Chameyrat (19) 138 D2
Chamigny (77) 44 A3
Chamilly (71) 101 F4
Chammes (53) 59 F5
Chamole (39) 103 E4
Chamonix-Mont-Blanc (74) . . 133 F1
Chamouillac (17) 135 F1
Chamouille (02) 22 C4
Chamouilley (52) 46 D6
Chamousset (73) 132 B5
Chamoux (89) 83 G5
Chamoux-sur-Gelon (73) . . 132 B5
Champ-d'Oiseau (21) 84 C4
Champ-Dolent (27) 40 D3
Champ-du-Boult (14) 37 G4
Champ-Haut (61) 39 G5
Champ-Laurent (73) 132 B5
Champ-le-Duc (88) 70 B3
le Champ-près-Froges (38) . . 145 H1
le Champ-Saint-Père (85) . . 91 G6
Champ-sur-Barse (10) 66 D4
Champ-sur-Drac (38) 145 G3
Champ-sur-Layon (49) 76 D6
Champagnac (15) 140 A1
Champagnac (17) 121 G6
Champagnac-de-Belair (24) . . 123 F6
Champagnac-la-Noaille (19) . . 139 F1
Champagnac-la-Prune (19) . . 139 F2
Champagnac-la-Rivière (87) . . 123 G3
Champagnac-le-Vieux (43) . . 141 H1
Champagnat (23) 125 H1
Champagnat (71) 117 E2
Champagnat-le-Jeune (63) . . 127 H6
Champagne (07) 144 A2
Champagne (17) 120 D2
Champagne (28) 41 G5
Champagné (72) 60 B5
Champagne-
   -au-Mont-d'Or (69) 130 A3
Champagne-
   -en-Valromey (01) 131 F1
Champagne-
   -et-Fontaine (24) 122 C6
Champagné-le-Sec (86) . . . 108 D5
Champagné-les-Marais (85) . . 106 D3
Champagne-Mouton (16) . . 122 D1
Champagne-
   -Saint-Hilaire (86) 109 E3
Champagne-sur-Loue (39) . . 103 E3
Champagne-sur-Oise (95) . . 42 C1
Champagne-sur-Seine (77) . . 64 B2
Champagne-
   -sur-Vingeanne (21) 86 B5
Champagne-Vigny (16) . . . 122 B5
Champagneux (73) 131 F4
Champagney (25) 103 F1
Champagney (39) 102 C1
Champagney (70) 88 B2
Champagnier (38) 145 G3
Champagnole (39) 103 F5
Champagnolles (17) 121 E5
Champagny (21) 85 H5
Champagny-
   -en-Vanoise (73) 133 E5
Champallement (58) 99 F1

Champanges (74) 119 E3
Champaubert (51) 44 D4
Champcella (05) 147 E6
Champcenest (77) 44 B5
Champcerie (61) 38 D4
Champcervon (50) 35 H2
Champcevinel (24) 137 F2
Champcevrais (89) 82 C2
Champcey (50) 35 G3
Champclause (43) 143 E4
Champcueil (91) 63 G1
Champdeniers-
   -Saint-Denis (79) 107 H2
Champdeuil (77) 43 F6
Champdieu (42) 128 D4
Champdivers (39) 102 C3
Champdolent (17) 120 D1
Champdôtre (21) 102 A2
Champdray (88) 70 B3
Champeau-en-Morvan (21) . . 100 C1
Champeaux (35) 57 H2
Champeaux (50) 35 G3
les Champeaux (61) 39 F3
Champeaux (77) 43 F6
Champeaux-et-la-Chapelle-
   -Pommier (24) 123 E5
Champeaux-sur-Sarthe (61) . . 39 H6
Champeix (63) 127 F5
Champenard (27) 41 E1
la Champenoise (36) 96 D4
Champenoux (54) 48 D4
Champéon (53) 59 E2
Champétières (63) 128 B5
Champey (70) 88 B3
Champey-sur-Moselle (54) . . 48 C3
Champfleur (72) 60 A2
Champfleury (10) 45 F6
Champfleury (51) 23 E6
Champforgeuil (71) 101 G5
Champfrémont (53) 59 H2
Champfromier (01) 117 H5
Champgenéteux (53) 59 F3
Champguyon (51) 44 C4
Champhol (28) 62 B1
Champien (80) 21 F2
Champier (38) 130 D6
Champigné (49) 76 D3
Champigneulles (89) 82 C2
Champigneul-
   -Champagne (51) 45 G3
Champigneul-sur-Vence (08) . . 24 A2
Champigneulle (08) 24 C5
Champigneulles (54) 48 C4
Champigneulles-
   -en-Bassigny (52) 68 C4
Champignol-
   -lez-Mondeville (10) 67 E4
Champignolles (21) 101 E3
Champignolles (27) 40 B3
Champigny (51) 23 E6
Champigny (89) 64 D3
Champigny-en-Beauce (41) . . 79 H3
Champigny-la-Futelaye (27) . . 41 E4
Champigny-le-Sec (86) 94 A6
Champigny-lès-Langres (52) . . 86 B1
Champigny-
   -sous-Varennes (52) 86 D1
Champigny-sur-Aube (10) . . 66 B1
Champigny-sur-Marne (94) . . 43 E4
Champigny-sur-Veude (37) . . 94 B2
Champillet (36) 111 H2
Champillon (51) 45 F2
Champis (07) 143 H4
Champlan (91) 42 C5
Champlat-et-Boujacourt (51) . . 45 E1
Champlay (89) 65 F6
Champlecy (71) 115 F2
Champlemy (58) 99 F1
Champlin (08) 10 C6
Champlin (58) 99 F1
Champlitte (70) 86 C3
Champlive (25) 87 G6
Champlost (89) 65 G5
Champmillon (16) 122 B4
Champmotteux (91) 63 G3
Champnétery (87) 124 D2
Champneuville (55) 25 E6
Champniers (16) 122 C3
Champniers (86) 109 E4
Champniers-et-Reilhac (24) . . 123 F4
Champoléon (05) 146 C6
Champoly (42) 128 C2
Champosoult (61) 39 F3
Champougny (55) 47 H6
Champoulet (45) 82 C3
Champoux (25) 87 G6
Champrenault (21) 85 F5
Champrepus (50) 35 H2
Champrond (72) 61 G1
Champrond-en-Gâtine (28) . . 61 G2
Champrond-en-Perchet (28) . . 61 F1
Champrougier (39) 102 D4
Champs (02) 21 H3
Champs (61) 40 A6
Champs (63) 113 G6
les Champs-de-Losque (50) . . 13 E6
les Champs-Géraux (22) . . . 34 D5
Champs-Romain (24) 123 F5
Champs-sur-Marne (77) . . . 43 E4
Champs-sur-Tarentaine-
   -Marchal (15) 126 B6
Champs-sur-Yonne (89) . . . 83 G2
Champsac (87) 123 H3
Champsanglard (23) 111 G4
Champseru (28) 62 C1
Champsevraine (52) 86 C2
Champtercier (04) 160 C6
Champteussé-
   -sur-Baconne (49) 76 D3

Champtoceaux (49) 75 E4
Champtonnay (70) 86 D5
Champvallon (89) 65 E6
Champvans (39) 102 C2
Champvans (70) 86 C5
Champvans-
   -les-Moulins (25) 103 F1
Champvert (58) 99 G5
Champvoisy (51) 44 D1
Champvoux (58) 98 D2
Chamrousse (38) 145 H3
Chamvres (89) 65 E6
Chanac (48) 155 H3
Chanac-les-Mines (19) 139 E1
Chanaleilles (43) 141 H5
Chanas (38) 144 A1
Chanat-la-Mouteyre (63) . . 127 E2
Chanay (01) 117 H6
Chanaz (73) 131 G2
Chançay (37) 79 E5
Chancé (35) 57 G3
Chanceaux (21) 85 F4
Chanceaux-près-Loches (37) . . 95 F2
Chanceaux-
   -sur-Choisille (37) 78 D5
Chancelade (24) 137 F2
Chancenay (52) 46 D5
Chancey (70) 86 D6
Chancia (39) 117 G3
Chandai (61) 40 B4
Chandolas (07) 157 F4
Chandon (42) 115 F5
Chânéac (07) 143 F5
Chaneins (01) 116 B6
Chânes (71) 116 B4
le Change (24) 137 G2
Changé (53) 58 C4
Changé (72) 101 F4
Changé (72) 60 B6
Changey (52) 68 B6
Changis-sur-Marne (77) . . . 43 H3
Changy (42) 114 D5
Changy (51) 46 B4
Changy (71) 115 F3
Chaniat (43) 141 H1
Chaniers (17) 121 F3
Channay (21) 84 C1
Channay-sur-Lathan (37) . . 78 B4
Channes (10) 66 C6
Chanonat (63) 127 F4
Chanos-Curson (26) 144 B3
Chanousse (05) 159 G4
Chanoy (52) 68 A6
Chanoz-Châtenay (01) 116 C5
Chanteau (45) 62 D6
Chantecoq (45) 64 C5
Chantecorps (79) 108 B2
Chanteheux (54) 49 F6
Chanteix (19) 138 D1
Chantelle (03) 113 G4
Chanteloup (27) 40 D3
Chanteloup (35) 57 F4
Chanteloup (50) 35 G1
Chanteloup (79) 93 E5
Chanteloup-en-Brie (77) . . . 43 F4
Chanteloup-les-Bois (49) . . 92 D2
Chanteloup-les-Vignes (78) . . 42 B3
Chantelouve (38) 146 A4
Chantemerle (51) 44 D6
Chantemerle-les-Blés (26) . . 144 B3
Chantemerle-
   -lès-Grignan (26) 158 B4
Chantemerle-
   -sur-la-Soie (17) 107 F6
Chantenay-Saint-Imbert (58) . . 99 E6
Chantenay-Villedieu (72) . . 59 G6
Chantepie (35) 57 F3
Chantérac (24) 136 D2
Chanteraine (55) 47 F5
Chanterelle (15) 140 D1
Chantes (70) 87 E3
Chantesse (38) 145 E2
Chanteuges (43) 142 A4
Chantillac (16) 135 H1
Chantilly (60) 42 D1
Chantonnay (85) 92 A6
Chantraine (88) 69 H4
Chantraines (52) 68 A4
Chantrans (25) 103 G3
Chantrigné (53) 59 E2
Chanu (61) 38 A4
Chanville (57) 49 E2
Chanzeaux (49) 76 D6
Chaon (41) 81 F4
Chaouilley (54) 69 F1
Chaource (10) 66 B5
Chaourse (02) 23 E2
Chapaize (71) 116 A1
Chapareillan (38) 132 A5
Chapdes-Beaufort (63) . . . 126 D2
Chapdeuil (24) 136 D1
Chapeau (03) 114 B2
Chapeiry (74) 132 A2
Chapelaine (51) 46 A6
la Chapelaude (03) 112 C3
la Chapelle (03) 114 B6
la Chapelle (08) 24 C1
la Chapelle (16) 122 B2
la Chapelle (73) 132 C6
la Chapelle-Achard (85) . . . 91 E5
la Chapelle-Agnon (63) . . . 128 A4
la Chapelle-Anthenaise (53) . . 58 D4
la Chapelle-au-Mans (71) . . 114 D1
la Chapelle-au-Moine (61) . . 38 B5
la Chapelle-au-Riboul (53) . . 59 F2
la Chapelle-Aubareil (24) . . 138 A4
la Chapelle-aux-Bois (88) . . 69 H5
la Chapelle-aux-Brocs (19) . . 138 D3
la Chapelle-
   -aux-Chasses (03) 99 G6

la Chapelle-aux-Choux (72) . . 78 B3
la Chapelle-
-aux-Filtzméens (35) 35 E6
la Chapelle-aux-Lys (85) 92 D6
la Chapelle-aux-Naux (37) . . 78 C6
la Chapelle-aux-Saints (19) . . 139 E4
la Chapelle-Baloue (23) . . 111 E3
la Chapelle-Basse-Mer (44) . . 75 E5
la Chapelle-Bâton (79) 108 A2
la Chapelle-Bâton (86) 109 E5
la Chapelle-Bayvel (27) 15 G4
la Chapelle-Bertin (43) 142 A2
la Chapelle-Bertrand (79) 93 G6
la Chapelle-Biche (61) 38 A5
la Chapelle-Blanche (22) 56 C1
la Chapelle-Blanche (73) 132 A5
la Chapelle-Blanche-
-Saint-Martin (37) 95 E2
la Chapelle-Bouëxic (35) 56 D4
la Chapelle-Caro (56) 56 A5
la Chapelle-Cécelin (50) 37 F4
la Chapelle-Chaussée (35) 57 E1
la Chapelle-Craonnaise (53) . . 58 B6
la Chapelle-
-d'Abondance (74) 119 G3
la Chapelle-d'Alagnon (15) . . 140 D3
la Chapelle-d'Aligné (72) 77 F2
la Chapelle-d'Andaine (61) . . . 38 B6
la Chapelle-d'Angillon (18) . . 81 G6
la Chapelle-
-d'Armentières (59) 3 E5
la Chapelle-
-d'Aunainville (28) 62 D2
la Chapelle-d'Aurec (43) . . . 143 E1
la Chapelle-de-Bragny (71) . . 116 B1
la Chapelle-de-Brain (35) . . 56 D6
la Chapelle-
-de-Guinchay (71) 116 B5
la Chapelle-de-la-Tour (38) . . 131 E4
la Chapelle-
-de-Mardore (69) 115 G6
la Chapelle-de-Surieu (38) . . 130 B6
Chapelle-des-Bois (25) . . 118 B1
la Chapelle-
-des-Fougeretz (35) 57 E2
la Chapelle-des-Marais (44) . . 73 G3
la Chapelle-des-Pots (17) . . 121 F3
la Chapelle-
-devant-Bruyères (88) 70 C4
la Chapelle-d'Huin (25) . . 103 G4
la Chapelle-du-Bard (38) . . 132 A6
la Chapelle-du-Bois (72) . . 60 D4
la Chapelle-
-du-Bois-des-Faulx (27) . . 40 D1
la Chapelle-du-Bourgay (76) . . 18 D1
la Chapelle-
-du-Châtelard (01) 116 C6
la Chapelle-du-Genêt (49) . . 75 G5
la Chapelle-du-Lou (35) 56 D2
la Chapelle-
-du-Mont-de-France (71) . 115 H3
la Chapelle-
-du-Mont-du-Chat (73) . . 131 H3
la Chapelle-du-Noyer (28) . . 61 H5
la Chapelle-en-Juger (50) . . 37 F1
la Chapelle-en-Lafaye (42) . . 128 D6
la Chapelle-en-Serval (60) . . 43 E1
la Chapelle-
-en-Valgaudémar (05) 146 B5
la Chapelle-en-Vercors (26) . 145 E4
la Chapelle-en-Vexin (95) . . 41 H1
la Chapelle-Enchérie (41) . . 79 H2
la Chapelle-Engerbold (14) . . 38 B3
la Chapelle-Erbrée (35) 58 A4
la Chapelle-Faucher (24) . . . 137 F1
la Chapelle-Felcourt (51) . . 46 C2
la Chapelle-
-Forainvilliers (28) 41 F5
la Chapelle-Fortin (28) 40 F5
la Chapelle-Gaceline (56) 56 C5
la Chapelle-Gaudin (79) 93 F4
la Chapelle-Gaugain (72) . . 78 D2
la Chapelle-Gauthier (27) . . 39 H2
la Chapelle-Gauthier (77) . . 64 B1
la Chapelle-Geneste (43) . . 142 B1
la Chapelle-Glain (44) 75 F1
la Chapelle-Gonaguet (24) . . 137 E2
la Chapelle-Grésignac (24) . . 122 D6
la Chapelle-Guillaume (28) . . 61 F5
la Chapelle-Hareng (27) 15 G5
la Chapelle-Haute-Grue (14) . . 39 F2
la Chapelle-Hermier (85) . . 91 E4
la Chapelle-Heulin (44) 75 E5
la Chapelle-Hugon (18) 98 C4
la Chapelle-Hullin (49) 76 A2
la Chapelle Huon (72) 79 E1
la Chapelle-Iger (77) 43 H6
la Chapelle-Janson (35) 58 B2
la Chapelle-la-Reine (77) . . 63 H3
la Chapelle-Lasson (51) 45 E6
la Chapelle-Launay (44) 74 A3
la Chapelle-Laurent (15) . . 141 G1
la Chapelle-lès-Luxeuil (70) . . 87 H2
la Chapelle-Marcousse (63) . . 127 F6
la Chapelle-
-Montabourlet (24) 122 D6
la Chapelle-
-Montbrandeix (87) 123 G4
la Chapelle-Monthodon (02) . . 44 D2
la Chapelle-Montligeon (61) . . 60 D1
la Chapelle-Montlinard (18) . . 98 C2
la Chapelle-Montmartin (41) . . 96 C1
la Chapelle-
-Montmoreau (24) 123 F6
la Chapelle-Montreuil (86) . . 108 D1
la Chapelle-Moulière (86) . . 94 D6
la Chapelle-Moutils (77) . . 44 B4
la Chapelle-Naude (71) . . 116 D1
la Chapelle-Neuve (22) 32 C4
la Chapelle-Neuve (56) 55 F4
la Chapelle-Onzerain (45) . . 62 B5

la Chapelle-Orthemale (36) . . 96 B5
la Chapelle-Palluau (85) 91 F3
la Chapelle-Pouilloux (79) . . 108 C5
la Chapelle-près-Sées (61) . . 39 F6
la Chapelle-Rablais (77) 64 C1
la Chapelle-Rainsouin (53) . . 59 E4
la Chapelle-Rambaud (74) . . 118 C6
la Chapelle-Réanville (27) 41 F2
la Chapelle-Rousselin (49) . . 75 H5
la Chapelle-Royale (28) 61 G4
la Chapelle-
-Saint-Aubert (35) 57 H1
la Chapelle-Saint-Aubin (72) . . 60 A5
la Chapelle-
-Saint-Étienne (79) 92 D6
la Chapelle-
-Saint-Florent (49) 75 G4
la Chapelle-Saint-Fray (72) . . 60 A4
la Chapelle-
-Saint-Géraud (19) 139 H4
la Chapelle-Saint-Jean (24) . . 138 A2
la Chapelle-Saint-Laud (49) . . 77 F2
la Chapelle-
-Saint-Laurent (79) 93 E5
la Chapelle-Saint-Laurian (36) . . 96 D3
la Chapelle-Saint-Luc (10) . . 66 B3
la Chapelle-
-Saint-Martial (23) 111 G6
la Chapelle-
-Saint-Martin (73) 131 G4
la Chapelle-Saint-Martin-
-en-Plaine (41) 80 A3
la Chapelle-
-Saint-Maurice (74) 132 B3
la Chapelle-
-Saint-Mesmin (45) 80 D1
la Chapelle-Saint-Ouen (76) . . 19 E3
la Chapelle-
-Saint-Quillain (70) 87 E4
la Chapelle-Saint-Rémy (72) . . 60 C5
la Chapelle-
-Saint-Sauveur (44) 76 B4
la Chapelle-
-Saint-Sauveur (71) 102 B5
la Chapelle-
-Saint-Sépulcre (45) 64 B6
la Chapelle-
-Saint-Sulpice (77) 64 D1
la Chapelle-Saint-Ursin (18) . . 97 G3
la Chapelle-
-Saint-Souëf (61) 60 D3
la Chapelle-
-sous-Brancion (71) 116 B2
la Chapelle-sous-Dun (71) . . 115 F4
la Chapelle-sous-Orbais (51) . . 44 D3
la Chapelle-
-sous-Uchon (71) 100 C5
la Chapelle-Spinasse (19) . . 139 G1
la Chapelle-sur-Aveyron (45) . . 82 B1
la Chapelle-sur-Chézy (02) . . 44 B3
la Chapelle-sur-Coise (69) . . 129 G4
la Chapelle-sur-Dun (76) . . 17 F2
la Chapelle-sur-Erdre (44) . . 74 D4
la Chapelle-
-sur-Furieuse (39) 103 F3
la Chapelle-sur-Loire (37) . . 94 B1
la Chapelle-sur-Oreuse (89) . . 65 E3
la Chapelle-sur-Oudon (49) . . 75 H1
la Chapelle-sur-Usson (63) . . 127 H6
la Chapelle-Taillefert (23) . . 111 G6
la Chapelle-Thècle (71) . . 116 D1
la Chapelle-Thémer (85) . . 107 E1
la Chapelle-Thireuil (79) . . 107 G1
la Chapelle-Thouarault (35) . . 57 E2
la Chapelle-Urée (50) 37 F5
Chapelle-Vallon (10) 66 B2
la Chapelle-
-Vaupelteigne (89) 83 H1
la Chapelle-
-Vendômoise (41) 79 H3
la Chapelle-Vicomtesse (41) . . 61 G6
la Chapelle-Viel (61) 40 A5
la Chapelle-Villars (42) . . 129 H6
Chapelle-Viviers (86) 109 G2
Chapelle-Voland (39) 102 C5
la Chapelle-Yvon (14) 15 G6
les Chapelles (73) 133 E4
les Chapelles-Bourbon (77) . . 43 G5
Chapelon (45) 63 H5
la Chapelotte (18) 81 H6
Chapet (78) 42 A3
Chapois (39) 103 F4
Chaponnay (69) 130 B4
Chaponost (69) 129 H3
Chappes (03) 113 F3
Chappes (08) 23 G3
Chappes (10) 66 C4
Chappes (63) 127 F2
Chaptelat (87) 124 B2
Chaptuzat (63) 113 G6
Charancieu (38) 131 F5
Charantonnay (38) 130 C5
Charavines (38) 131 E6
Charbogne (08) 24 A4
Charbonnat (71) 100 C6
Charbonnier-les-Mines (63) . 127 G6
Charbonnières (28) 61 F4
Charbonnières (71) . . 116 B3
Charbonnières-
-les-Bains (69) 129 H3
Charbonnières-
-les-Sapins (25) 103 H2
Charbonnières-
-les-Varennes (63) . . . 127 E2
Charbonnières-
-les-Vieilles (63) . . . 127 E1
Charbuy (89) 83 F2
la Charce (26) 159 E3
Charcé-Saint-Ellier-
-sur-Aubance (49) 77 E5

Charcenne (70) 87 E5
Charchigné (53) 59 F2
Charchilla (39) 117 H2
Charcier (39) 117 H1
Chard (23) 126 B1
Chardeny (08) 24 A4
Chardogne (55) 47 E4
Chardonnay (71) 116 B2
Chareil-Cintrat (03) . . 113 G4
Charencey (21) 85 E5
Charency (39) 103 F5
Charency-Vezin (54) . . 25 F4
Charens (26) 159 F2
Charensat (63) 126 C1
Charentay (69) 116 A6
Charentenay (89) 83 F3
Charentilly (37) 78 D5
Charenton-du-Cher (18) . . 98 A6
Charenton-le-Pont (94) . . 42 D4
Charentonnay (18) 98 C2
Charette (38) 130 D2
Charette-Varennes (71) . . 102 B4
Charey (54) 48 B2
Charézier (39) 117 H1
Chargé (37) 79 F5
Chargey-lès-Gray (70) . . 86 C4
Chargey-lès-Port (70) . . 87 F2
Chariez (70) 87 F3
Charigny (21) 84 D5
la Charité-sur-Loire (58) . . 98 D2
Charix (01) 117 G5
Charlas (31) 184 B3
Charleval (13) 191 H2
Charleval (27) 19 E5
Charleville (51) 44 D4
Charleville-Mézières (08) . . 24 A1
Charleville-sous-Bois (57) . . 26 D5
Charlieu (42) 115 F5
Charly (18) 98 B4
Charly (69) 130 A4
Charly-Oradour (57) . . 26 C5
Charly-sur-Marne (02) . . 44 B3
Charmant (16) 122 C5
Charmauvillers (25) 88 D6
Charmé (16) 122 B1
la Charme (39) 102 D4
le Charme (45) 82 C2
la Charmée (71) 101 G6
Charmeil (03) 114 A5
le Charmel (02) 44 C1
Charmensac (15) 141 F2
Charmentray (77) 43 F3
Charmes (02) 22 A2
Charmes (03) 113 H6
Charmes (21) 86 B5
Charmes (52) 68 B6
Charmes (88) 69 G2
Charmes-en-l'Angle (52) . . 67 G4
Charmes-la-Côte (54) . . 48 A5
Charmes-la-Grande (52) . . 67 G2
Charmes-Saint-Valbert (70) . . 86 D2
Charmes-
-sur-l'Herbasse (26) . . 144 B3
Charmes-sur-Rhône (07) . . 144 A5
Charmoille (25) 88 B6
Charmoille (70) 87 F3
Charmois (54) 49 E6
Charmois (90) 88 D3
Charmois-
-devant-Bruyères (88) . . 70 A4
Charmois-l'Orgueilleux (88) . 69 G4
Charmont (51) 46 C3
Charmont (95) 41 H1
Charmont-en-Beauce (45) . 63 E4
Charmont-
-sous-Barbuise (10) . . 66 B2
les Charmontois (51) . . 46 D3
Charmoy (10) 65 G2
Charmoy (71) 100 D5
Charmoy (89) 65 F6
Charnas (07) 143 H1
Charnat (63) 127 H1
Charnay (25) 103 F2
Charnay (69) 129 H2
Charnay-lès-Chalon (71) . . 102 A4
Charnay-lès-Mâcon (71) . . 116 B4
Charnècles (38) 145 E1
Charnizay (37) 95 F4
Charnod (39) 117 F3
Charnois (08) 11 F4
Charnoz-sur-Ain (01) . . 130 D2
Charny (21) 84 D6
Charny (77) 43 F3
Charny (89) 82 D1
Charny-le-Bachot (10) . . 66 A1
Charny-sur-Meuse (55) . . 25 F6
Charolles (71) 115 F3
Charols (26) 158 C2
Charonville (28) 61 H3
Chârost (18) 97 F3
Charpentry (55) 24 C6
Charpey (26) 144 C5
Charpont (28) 41 F5
Charquemont (25) 104 D1
Charrais (86) 94 B6
Charraix (43) 142 A4
Charras (16) 122 D5
Charray (28) 61 H6
Charrecey (71) 101 F5
Charrey-sur-Saône (21) . . 102 A2
Charrey-sur-Seine (21) . . 66 D6
Charrin (58) 99 G5
Charritte-de-Bas (64) . . 181 G2
Charron (17) 106 D3
Charron (23) 112 C6
Charroux (03) 113 G5
Charroux (86) 109 E5
Chars (95) 42 A1
Charsonville (45) 62 B6
Chartainvilliers (28) . . 62 B1

Chartèves (02) 44 C2
la Chartre-sur-le-Loir (72) . . 78 D2
Chartrené (49) 77 G4
Chartres (28) 62 B2
Chartres-de-Bretagne (35) . . 57 E3
Chartrettes (77) 64 A1
Chartrier-Ferrière (19) . . 138 C3
la Chartronges (77) . . 44 A5
Chartronges (77) 44 A5
Chartuzac (17) 135 F1
Charvieu-Chavagneux (38) . . 130 C3
Charvonnex (74) 132 B1
Chas (63) 127 G3
Chaserey (10) 66 B6
Chasnais (85) 91 H6
Chasnans (25) 103 H2
Chasnay (58) 99 E1
Chasné-sur-Illet (35) . . 57 F1
Chaspinhac (43) 142 C3
Chaspuzac (43) 142 B4
la Chassagne (39) 102 C4
Chassagne (63) 127 E5
Chassagne-Montrachet (21) . 101 F4
Chassagne-Saint-Denis (25) . 103 G2
Chassagnes (43) 142 A2
Chassagny (69) 129 H4
Chassaignes (24) 136 C2
Chassal (39) 117 H3
Chassant (28) 61 G3
Chassé (72) 60 B1
Chasse-sur-Rhône (38) . . 130 A5
Chasseguey (50) 37 F5
Chasselas (71) 116 A4
Chasselay (38) 144 D2
Chasselay (69) 130 A2
Chassemy (02) 22 B5
Chasseneuil (36) 110 D1
Chasseneuil-du-Poitou (86) . . 94 C6
Chasseneuil-
-sur-Bonnieure (16) . . 122 D2
Chassenon (16) 123 F2
Chasseradès (48) 156 C2
Chassey (21) 84 D5
Chassey-Beaupré (55) . . 68 B1
Chassey-le-Camp (71) . . 101 F4
Chassey-lès-Montbozon (70) . 87 H4
Chassey-lès-Scey (70) . . 87 F3
Chassiecq (16) 122 D1
Chassiers (07) 157 F2
Chassieu (69) 130 B3
Chassignelles (89) 84 B2
Chassignieu (38) 131 E5
Chassignolles (36) 111 G2
Chassignolles (43) . . 127 H6
Chassigny (52) 86 B2
Chassigny-sous-Dun (71) . . 115 F4
Chassillé (72) 59 G5
Chassors (16) 121 H3
Chassy (18) 98 B3
Chassy (71) 115 E1
Chassy (89) 83 E1
le Chastang (19) 139 E3
Chastanier (48) 156 C1
Chasteaux (19) 138 C3
Chastel (43) 141 G3
Chastel-Arnaud (26) . . 158 D1
Chastel-Nouvel (48) . . 156 A2
Chastel-sur-Murat (15) . . 140 D3
Chastellux-sur-Cure (89) . . 84 A5
Chastreix (63) 126 C5
la Châtaigneraie (85) . . 92 C6
Chatain (86) 109 E6
Châtaincourt (28) 41 E5
Châtas (88) 70 D2
Château (71) 115 H3
Château-Arnoux-
-Saint-Auban (04) 160 B6
Château-Bernard (38) . . 145 F4
Château-Bréhain (57) . . 49 E3
Château-Chalon (39) . . 102 D5
Château-Chervix (87) . . 124 B4
Château-Chinon
(Campagne) (58) 100 A3
Château-Chinon (Ville) (58) . . 100 A3
le Château-
-d'Almenêches (61) 39 F5
le Château-d'Oléron (17) . . 120 B1
Château-d'Olonne (85) . . 91 E6
Château-du-Loir (72) . . 78 C3
Château-Gaillard (01) . . 130 D1
Château-Garnier (86) . . 109 E4
Château-Gontier (53) . . 76 D1
Château-Guibert (85) . . 91 H5
Château-la-Vallière (37) . . 78 A4
Château-l'Abbaye (59) 4 B6
Château-Landon (77) . . 64 A4
Château-Larcher (86) . . 109 E3
Château-l'Évêque (24) . . 137 F2
Château-l'Hermitage (72) . . 78 A2
Château-Porcien (08) . . 23 F3
Château-Renard (45) . . 64 C6
Château-Renault (37) . . 79 F4
Château-Rouge (57) . . 27 E4
Château-Salins (57) . . 49 E4
Château-sur-Allier (03) . . 98 D5
Château-sur-Cher (63) . . 112 C6
Château-sur-Epte (27) . . 19 G6
Château-Thébaud (44) . . 74 D6
Château-Thierry (02) . . 44 B2
Château-Verdun (09) . . 199 F1
Château-Ville-Vieille (05) . . 147 F6
Chateau-Voué (57) . . 49 F3
Châteaubernard (16) . . 121 G3
Châteaubleau (77) . . 43 H6
Châteaubourg (07) . . 144 A4
Châteaubourg (35) . . 57 G3
Châteaubriant (44) . . 57 G6
Châteaudouble (26) . . 144 C5
Châteaudouble (83) . . 177 H5
Châteaudun (28) 61 H5

Châteaufort (04) 160 B5
Châteaufort (78) 42 B5
Châteaugay (63) 127 F2
Châteaugiron (35) 57 G3
Châteaulin (29) 53 G1
Châteaumeillant (18) . . 112 A2
Châteauneuf (21) 101 F1
Châteauneuf (42) 129 H5
Châteauneuf (71) 115 F5
Châteauneuf (73) 132 B5
Châteauneuf (85) 90 D2
Châteauneuf-
-de-Bordette (26) 158 D4
Châteauneuf-
-de-Chabre (05) 160 A5
Châteauneuf-
-de-Gadagne (84) 175 E2
Châteauneuf-
-de-Galaure (26) 144 B2
Châteauneuf-
-de-Randon (48) 156 B2
Châteauneuf-
-de-Vernoux (07) 143 H5
Châteauneuf-
-d'Entraunes (06) 161 G6
Châteauneuf-
-d'Ille-et-Vilaine (35) . . 36 A5
Châteauneuf-d'Oze (05) . . 160 A3
Châteauneuf-du-Faou (29) . . 53 H1
Châteauneuf-du-Pape (84) . . 175 E1
Châteauneuf-
-du-Rhône (26) 158 A3
Châteauneuf-
-en-Thymerais (28) 41 E6
Châteauneuf-Grasse (06) . . 178 C4
Châteauneuf-la-Forêt (87) . . 124 D3
Châteauneuf-le-Rouge (13) . . 176 B6
Châteauneuf-les-Bains (63) . 126 D1
Châteauneuf-
-les-Martigues (13) 191 H5
Châteauneuf-Miravail (04) . . 159 H6
Châteauneuf-
-sur-Charente (16) 122 A4
Châteauneuf-sur-Cher (18) . . 97 G5
Châteauneuf-sur-Isère (26) . . 144 B4
Châteauneuf-sur-Loire (45) . . 81 F1
Châteauneuf-sur-Sarthe (49) . 77 E2
Châteauneuf-
-Val-de-Bargis (58) 99 E1
Châteauneuf-Val-
-Saint-Donat (04) 160 B6
Châteauneuf-
-Villevieille (06) 195 F2
Châteauponsac (87) 110 C5
Châteauredon (04) . . 177 F1
Châteaurenard (13) . . 175 E3
Châteaurenard (45) . . 64 C6
Châteauroux (36) . . 96 C5
Châteauroux-
-les-Alpes (05) 161 E1
Châteauvert (83) 177 E6
Châteauvieux (05) 160 B3
Châteauvieux (41) 96 A1
Châteauvieux (83) 178 A3
Châteauvieux-
-les-Fossés (25) 103 H2
Châteauvilain (38) 130 D5
Châteauvillain (52) 67 G5
le Châtel (73) 146 C1
Châtel (74) 119 G4
Châtel-Censoir (89) . . 83 G4
Chatel-Chéhéry (08) . . 24 C5
Châtel-de-Joux (39) . . 117 H2
Châtel-de-Neuvre (03) . . 113 H3
Châtel-Gérard (89) . . 84 B3
Châtel-Montagne (03) . . 114 C6
Châtel-Moron (71) . . 101 F5
Châtel-Saint-Germain (57) . . 26 B5
Châtel-sur-Moselle (88) . . 69 H2
Châtelaillon-Plage (17) . . 106 D5
Châtelain (53) 76 D1
la Châtelaine (39) 103 E4
Châtelais (49) 76 B2
Châtelard (23) 126 B1
le Châtelard (73) 132 B3
Châtelaudren (22) 33 F4
Châtelay (39) 103 E3
Châtelblanc (25) 103 G6
Châteldon (63) 127 H1
le Châtelet (18) 112 B1
le Châtelet-en-Brie (77) . . 64 B1
le Châtelet-sur-Meuse (52) . . 68 C6
le Châtelet-
-sur-Retourne (08) . . 23 G4
le Châtelet-
-sur-Sormonne (08) . . 10 D6
les Châtelets (28) 40 C5
le Chateley (39) 102 D4
Châtelguyon (63) 127 E2
le Châtelier (51) 46 C3
Châtellenot (21) 101 E1
le Châtellier (35) 58 A2
le Châtellier (61) 38 B5
les Châtelliers-
-Notre-Dame (28) 61 H2
les Châtelliers-
-Châteaumur (85) 92 C4
Châtelneuf (39) 103 F6
Châtelneuf (42) 128 C4
Châtelperron (03) 114 B3
Châtelraould-
-Saint-Louvent (51) 46 A5
Châtelus (03) 114 C5
Châtelus (38) 145 E3
Châtelus (42) 129 G3
Châtelus-le-Marcheix (23) . . 124 D1
Châtelus-Malvaleix (23) . . 111 H4
Châtenay (01) 116 D6
Châtenay (28) 62 D2
Châtenay (38) 144 D1
Châtenay (71) 115 G4

Châtenay-en-France (95) . . 42 D2
Châtenay-Mâcheron (52) . . 86 B1
Châtenay-Malabry (92) . . 42 C5
Châtenay-sur-Seine (77) . . 64 D2
Chatenet (17) 135 G1
le Chatenet-
-en-Dognon (87) 124 C2
Châteney (70) 87 H2
Châtenois (39) 102 D2
Châtenois (67) 71 F3
Châtenois (70) 87 H2
Châtenois (88) 69 E3
Châtenois-les-Forges (90) . . 88 C3
Châtenoy (45) 81 G1
Châtenoy (77) 64 A3
Châtenoy-en-Bresse (71) . . 101 G5
Châtenoy-le-Royal (71) . . 101 G5
Châtignac (16) 136 A1
Chatignonville (91) . . 62 D2
Châtillon (03) 113 G2
Châtillon (39) 103 E6
Châtillon (69) 129 H2
Châtillon (86) 108 D3
Châtillon (92) 42 C4
Châtillon-Coligny (45) . . 82 B2
Châtillon-en-Bazois (58) . . 99 G3
Châtillon-en-Diois (26) . . 159 F1
Châtillon-en-Dunois (28) . . 61 G5
Châtillon-en-Michaille (01) . . 117 H5
Châtillon-en-Vendelais (35) . . 58 A3
Châtillon-Guyotte (25) . . 87 G3
Châtillon-la-Borde (77) . . 64 B1
Châtillon-la-Palud (01) . . 130 D1
Châtillon-le-Duc (25) . . 87 F6
Châtillon-le-Roi (45) . . 63 E4
Châtillon-lès-Sons (02) . . 22 C1
Châtillon-Saint-Jean (26) . . 144 C3
Châtillon-
-sous-les-Côtes (55) . . 47 G1
Châtillon-sur-Broué (51) . . 67 E1
Châtillon-
-sur-Chalaronne (01) . . 116 C5
Châtillon-sur-Cher (41) . . 96 B1
Châtillon-sur-Cluses (74) . . 119 E5
Châtillon-sur-Colmont (53) . . 58 D2
Châtillon-sur-Indre (36) . . 95 H3
Châtillon-sur-Lison (25) . . 103 F2
Châtillon-sur-Loire (45) . . 82 A4
Châtillon-sur-Marne (51) . . 44 D2
Châtillon-sur-Morin (51) . . 44 C5
Châtillon-sur-Oise (02) . . 22 B1
Châtillon-sur-Saône (88) . . 69 E6
Châtillon-sur-Seine (21) . . 85 E1
Châtillon-sur-Thouet (79) . . 93 G6
Châtin (58) 100 A2
Châtonnay (38) 130 D5
Châtonnay (39) 117 F3
Chatonrupt-
-Sommermont (52) 67 H1
Chatou (78) 42 C3
la Châtre (36) 111 H1
la Châtre-Langlin (36) . . 110 D3
Châtres (10) 65 H1
Châtres (24) 138 A2
Châtres (77) 43 F5
Châtres-la-Forêt (53) . . 59 E4
Châtres-sur-Cher (41) . . 96 D1
Châtrices (51) 46 D2
Chattancourt (55) 25 E6
Chatte (38) 144 D3
Chatuzange-le-Goubet (26) . 144 C4
Chaucenne (25) 87 E6
Chauchailles (48) 141 F6
Chauché (85) 91 H3
le Chauchet (23) 112 B6
Chauchigny (10) 66 A2
Chauconin-
-Neufmontiers (77) . . 43 G3
Chaudardes (02) 22 D5
Chaudebonne (26) . . 159 E3
Chaudefonds-sur-Layon (49) . 76 C6
Chaudefontaine (25) . . 87 G6
Chaudefontaine (51) . . 46 C1
Chaudenay (52) 86 C1
Chaudenay (71) 101 G5
Chaudenay-la-Ville (21) . . 101 F2
Chaudenay-le-Château (21) . 101 F2
Chaudeney-sur-Moselle (54) . 48 B5
Chaudes-Aigues (15) . . 141 E5
Chaudeyrac (48) 156 C2
Chaudeyrolles (43) . . 143 E5
la Chaudière (26) 158 D2
Chaudon (28) 41 F5
Chaudon-Norante (04) . . 177 G2
Chaudrey (10) 66 C1
Chaudron-en-Mauges (49) . 76 B6
Chaudun (02) 22 A5
Chauffailles (71) 115 G5
Chauffayer (05) 146 A6
Chauffecourt (88) 69 F2
Chauffour-lès-Bonnières (78) . 41 F2
Chauffour-Notre-Dame (72) . 60 A5
Chaugey (21) 85 G2
Chaulgnes (58) 98 D2
Chaulhac (48) 141 G5
Chauliac (50) 37 H4
la Chaulme (63) 128 C6
Chaulnes (80) 21 F1
Chaum (31) 184 A5
Chaumard (58) 100 A2
la Chaume (21) 85 F1
Chaume-et-Courchamp (21) . 86 B4
Chaume-lès-Baigneux (21) . 85 E3
Chaumeil (19) 125 D3

Chaumercenne (70) 86 D6
Chaumergy (39) 102 C4
Chaumes-en-Brie (77) 43 G5
Chaumesnil (10) 67 E2
Chaumont (18) 98 B5
Chaumont (52) 67 H5
Chaumont (61) 39 G4
Chaumont (74) 118 A6
Chaumont (89) 64 D3
Chaumont-d'Anjou (49) . . . 77 F4
Chaumont-
-devant-Damvillers (55) . . 25 F5
Chaumont-en-Vexin (60) . . 19 H6
Chaumont-la-Ville (52) . . . 68 D4
Chaumont-le-Bois (21) . . . 67 E6
Chaumont-le-Bourg (63) . . 128 B6
Chaumont-Porcien (08) . . . 23 F2
Chaumont-sur-Aire (55) . . 47 F3
Chaumont-sur-Loire (41) . . 79 G5
Chaumont-
-sur-Tharonne (41) 80 D4
Chaumontel (95) 42 D1
Chaumot (58) 99 G1
Chaumot (89) 64 D5
Chaumousey (88) 69 H4
Chaumoux-Marcilly (18) . . 98 B2
Chaumussay (37) 95 F4
la Chaumusse (39) 118 A1
Chaumuzy (51) 45 E1
Chaunac (17) 121 G6
Chaunay (86) 108 C4
Chauny (02) 21 H3
Chauray (79) 107 H3
Chauriat (63) 127 G3
la Chaussade (23) 125 H1
la Chaussaire (49) 75 F5
Chaussan (69) 129 H4
la Chaussée (76) 17 G3
la Chaussée (86) 94 A4
la Chaussée-d'Ivry (28) . . 41 F3
la Chaussée-
-Saint-Victor (41) 80 A3
la Chaussée-sur-Marne (51) . 46 A4
la Chaussée-Tirancourt (80) . 7 F5
Chaussenac (15) 139 H3
Chaussenans (39) 103 E5
Chausseterre (42) 128 B2
Chaussin (39) 102 C3
Chaussoy-Epagny (80) . . . 20 C2
Chaussy (45) 63 E4
Chaussy (95) 41 H1
le Chautay (18) 98 C4
Chauvac-
-Laux-Montaux (26) 159 G4
Chauvé (44) 74 A5
Chauvency-le-Château (55) . 25 E3
Chauvency-
-Saint-Hubert (55) 25 E3
Chauvigné (35) 35 G6
Chauvigny (86) 109 G1
Chauvigny-du-Perche (41) . 61 G6
Chauvincourt-
-Provemont (27) 19 G6
Chauvirey-le-Châtel (70) . . 86 D2
Chauvirey-le-Vieil (70) . . . 86 D2
Chauvoncourt (55) 47 G3
Chauvry (95) 42 C2
Chaux (21) 101 G2
la Chaux (25) 104 A3
la Chaux (61) 38 D6
la Chaux (71) 102 B5
Chaux (90) 88 C2
Chaux-Champagny (39) . . 103 F4
Chaux-des-Crotenay (39) . 103 F6
Chaux-des-Prés (39) 118 A1
la Chaux-du-Dombief (39) . 118 A1
la Chaux-en-Bresse (39) . . 102 C5
Chaux-la-Lotière (70) 87 F5
Chaux-lès-Clerval (25) . . . 88 C5
Chaux-lès-Passavant (25) . 104 A1
Chaux-lès-Port (70) 87 F2
Chaux-Neuve (25) 103 G6
Chauzon (07) 157 G3
Chavagnac (15) 140 D3
Chavagnac (24) 138 B3
Chavagne (35) 57 E3
Chavagnes (49) 77 E6
Chavagnes-en-Paillers (85) . 91 H2
Chavagnes-les-Redoux (85) . 92 B5
Chavaignes (49) 77 H4
Chavanac (19) 125 G4
Chavanat (23) 125 F1
Chavanatte (90) 89 E3
Chavanay (42) 129 H6
Chavanges (10) 67 E1
Chavaniac-Lafayette (43) . 142 A3
Chavannaz (74) 118 B6
Chavanne (70) 88 B4
la Chavanne (73) 132 A5
Chavannes (18) 97 G5
Chavannes (26) 144 B3
les Chavannes-
-en-Maurienne (73) 132 C4
Chavannes-les-Grands (90) . 88 D3
Chavannes-sur-l'Étang (68) . 88 D3
Chavannes-
-sur-Reyssouze (01) 116 C3
Chavannes-sur-Suran (01) . 117 F4
Chavanod (74) 132 A2
Chavanoz (38) 130 C3
Chavaroux (63) 127 G2
la Chavatte (80) 21 E1
Chaveignes (37) 94 C3
Chavelot (88) 69 H3
Chavenat (16) 122 C5
Chavenay (78) 42 B4
Chavençon (60) 42 B1
Chavéria (39) 117 G2
Chaveroche (19) 125 H1
Chaveyriat (01) 116 D5

Chavignon (02) 22 B4
Chavigny (02) 22 A4
Chavigny (54) 48 C5
Chavigny-Bailleul (27) . . . 41 E3
Chaville (92) 42 C4
Chavin (36) 111 E2
Chavonne (02) 22 C5
Chavornay (01) 131 G2
Chavot-Courcourt (51) . . . 45 E2
Chavoy (50) 35 H3
Chavroches (03) 114 B3
le Chay (17) 120 D4
Chay (25) 103 F3
Chazay-d'Azergues (69) . . 129 H2
la Chaze-de-Peyre (48) . . 155 G1
Chazé-Henry (49) 76 A2
Chazé-sur-Argos (49) . . . 76 B3
Chazeaux (07) 157 F2
Chazelet (36) 110 D2
Chazelles (15) 141 G3
Chazelles (16) 122 D4
Chazelles (39) 117 E3
Chazelles (43) 141 H4
Chazelles-sur-Albe (54) . . 49 G6
Chazelles-sur-Lavieu (42) . 128 D5
Chazelles-sur-Lyon (42) . . 129 F4
Chazemais (03) 112 C2
Chazeuil (21) 86 A4
Chazeuil (58) 99 F1
Chazey-Bons (01) 131 F2
Chazey-sur-Ain (01) 130 D2
Chazilly (21) 101 E2
Chazot (25) 88 B6
Chécy (45) 81 E1
Chédigny (37) 95 G1
Chef-Boutonne (79) 108 B5
Chef-du-Pont (50) 12 D4
Chef-Haut (88) 69 F2
Cheffes (49) 77 E3
Cheffois (85) 92 C6
Cheffreville-
-Tonnencourt (14) 15 F6
le Chefresne (50) 37 F3
Chéhéry (08) 24 B2
Cheignieu-la-Balme (01) . . 131 F2
Cheillé (37) 94 C1
Cheilly-lès-Maranges (71) . . 101 F4
Chein-Dessus (31) 184 C5
Cheissoux (87) 124 D2
le Cheix (63) 127 F1
Cheix-en-Retz (44) 74 B5
Chélan (32) 184 A2
Chelers (62) 7 H1
Chélieu (38) 131 E5
Chelle-debat (65) 183 F2
Chelle-Spou (65) 183 F4
Chelles (60) 21 G5
Chelles (77) 43 E4
Chelun (35) 57 H5
Chemaudin (25) 103 F1
Chemazé (53) 76 C1
Chemellier (49) 77 F6
Chemenot (39) 102 D4
Chémeré (44) 74 A6
Chémeré-le-Roi (53) 59 E6
Chémery (41) 80 A6
Chémery-les-Deux (57) . . . 26 D4
Chémery-sur-Bar (08) . . . 24 B3
Chemilla (39) 117 G3
Chemillé (49) 92 D1
Chemillé-sur-Dême (37) . . 78 D3
Chemillé-sur-Indrois (37) . . 95 H2
Chemilli (61) 60 C2
Chemilly (03) 113 H2
Chemilly (70) 87 F3
Chemilly-sur-Serein (89) . . 83 H2
Chemilly-sur-Yonne (89) . . 83 F1
Chemin (39) 102 B3
le Chemin (51) 46 D2
Chemin-d'Aisey (21) 85 E2
Cheminas (07) 144 A3
Cheminon (51) 46 C5
Cheminot (57) 48 C3
Chemiré-en-Charnie (72) . . 59 G5
Chemiré-le-Gaudin (72) . . 59 H6
Chemiré-sur-Sarthe (49) . . 77 E2
Chemy (59) 3 F6
Chenac-Saint-Seurin-
-d'Uzet (17) 120 D5
Chenailler-Mascheix (19) . 139 E4
la Chenalotte (25) 104 C2
Chénas (69) 116 A5
Chenaud (24) 136 B2
Chenay (51) 23 E5
Chenay (72) 60 A1
Chenay (79) 108 C3
Chenay-le-Châtel (71) . . . 114 D5
le Chêne (10) 66 B1
Chêne-Arnoult (89) 82 C1
Chêne-Bernard (39) 102 C4
Chêne-en-Semine (74) . . 118 A6
Chêne-Sec (39) 102 C4
Chenebier (70) 88 B3
Chenecey-Buillon (25) . . . 103 F2
Cheneché (86) 94 B5
Chênedollé (14) 38 A3
Chênedouit (61) 38 C4
Chênehutte-Trèves-
-Cunault (49) 77 G6
Chénelette (69) 115 H5
Chénérailles (23) 112 A6
Chenereilles (42) 128 D6
Chenereilles (43) 143 E3
Chenevelles (86) 94 D6
Chenevières (54) 49 F6
Chenevrey-et-Morogne (70) . 86 D6
Chênex (74) 118 B5
Cheney (89) 84 A1
Chenicourt (54) 48 D3
Chenières (54) 25 H4
Chéniers (23) 111 F3

Cheniers (51) 46 G3
Chenillé-Changé (49) 76 D2
Cheniménil (88) 70 B4
Chennebrun (27) 40 B5
Chennegy (10) 65 H4
Chennevières-
-lès-Louvres (95) 43 E2
Chennevières-
-sur-Marne (94) 43 E4
Chenois (57) 49 E2
Chenoise (77) 44 A6
Chenommet (16) 122 C1
Chenon (16) 122 C1
Chenonceaux (37) 79 G6
Chenou (77) 64 A4
Chenôve (21) 85 H6
Chenôves (71) 101 F6
Chens-sur-Léman (74) . . . 118 C3
Chenu (72) 78 B3
Cheny (89) 65 F6
Chepniers (17) 135 G1
Chepoix (60) 20 C3
la Cheppe (51) 46 A2
Cheppes-la-Prairie (51) . . . 46 A4
Cheppy (55) 24 D6
Cheptainville (91) 63 F1
Chepy (51) 46 A3
Chépy (80) 6 C4
Chérac (17) 121 F3
Chérancé (53) 76 B1
Chérancé (72) 60 A3
Chéraute (64) 181 G2
Cherbonnières (17) 121 G1
Cherbourg-Octeville (50) . . 12 C2
Chérence (95) 41 G2
Chérencé-le-Héron (50) . . 37 G4
Chérencé-le-Roussel (50) . . 37 G4
Chéreng (59) 3 G5
les Chères (69) 129 H2
Chérêt (02) 22 C4
Chériennes (62) 7 E2
Cherier (42) 128 C1
Chérigné (79) 108 B5
les Chéris (50) 37 E5
Chérisay (72) 60 A2
Chérisey (57) 48 C2
Cherisy (28) 41 F5
Chérisy (62) 8 C3
Chérizet (71) 115 H2
Chermignac (17) 121 E3
Chermisey (88) 68 C2
Chermizy-Ailles (02) 22 C4
Chéronnac (87) 123 F3
Chéronvilliers (27) 40 B4
Chéroy (89) 64 C4
Cherré (49) 77 E2
Cherré (72) 60 D4
Cherreau (72) 60 D4
Cherrueix (35) 35 F4
Cherval (24) 122 D6
Cherveix-Cubas (24) 138 A1
Cherves (86) 93 H6
Cherves-Châtelars (16) . . 123 F2
Cherves-Richemont (16) . . 121 G3
Chervettes (17) 107 F6
Cherveux (79) 107 H2
Chervey (10) 66 D5
Cherville (51) 45 G2
Chéry (18) 97 E2
Chéry-Chartreuve (02) . . . 22 C6
Chéry-lès-Pouilly (02) 22 C2
Chéry-lès-Rozoy (02) 23 F2
Chesley (10) 66 B6
le Chesnay (78) 42 B4
le Chesne (08) 24 B3
le Chesne (27) 40 C3
Chesnois-Auboncourt (08) . 23 H3
Chesny (51) 26 C6
Chessenaz (74) 118 A6
Chessy (69) 129 G2
Chessy (77) 43 F4
Chessy-les-Prés (10) 66 A6
Chéu (89) 65 H6
Cheuge (21) 86 B5
Cheust (65) 183 E4
Cheux (14) 14 A5
Chevagnes (03) 114 B1
Chevagny-
-les-Chevrières (71) 116 B4
Chevagny-sur-Guye (71) . . 115 H2
Chevaigné (35) 57 F2
Chevaigné-du-Maine (53) . . 59 F1
le Chevain (72) 60 A2
Cheval-Blanc (84) 175 F3
Chevaline (74) 132 B3
la Chevallerais (44) 74 C3
Chevanceaux (17) 135 H1
Chevannay (21) 85 E5
Chevannes (21) 101 G2
Chevannes (45) 64 B5
Chevannes (89) 83 F2
Chevannes (91) 63 G1
Chevannes-Changy (58) . . 99 F1
Chevennes (02) 22 C1
Chevenon (58) 99 E4
Chevenoz (74) 119 F3
Cheverny (41) 80 A4
Cheveuges (08) 24 B2
Chevières (08) 24 C5
Chevigney (70) 86 D6
Chevigney-lès-Vercel (25) . . 104 A1
Chevigney-sur-l'Ognon (25) . 87 E6
Chevigny (39) 102 D3
Chevigny-en-Valière (21) . . 101 H3
Chevigny-
-Saint-Sauveur (21) 85 H6
Chevillard (01) 117 G5
Chevillé (72) 59 G6
Chevillon (52) 67 H1
Chevillon (89) 82 D1
Chevillon-sur-Huillard (45) . 64 A6

la Chevillotte (25) 103 G1
Chevilly (45) 62 D5
Chevilly-Larue (94) 42 D5
Chevinay (69) 129 G3
Chevincourt (60) 21 F4
Cheviré-le-Rouge (49) . . . 77 G3
Chevrainvilliers (77) 64 A4
Chevreaux (39) 117 F2
Chevregny (02) 22 C4
Chèvremont (90) 88 D3
la Chèvrerie (16) 108 D6
Chevresis-Monceau (02) . . 22 B1
Chevreuse (78) 42 B5
Chèvreville (50) 37 G5
Chèvreville (60) 43 G1
Chevrier (74) 118 A5
Chevrières (38) 144 D3
Chevrières (42) 129 F5
Chevrières (60) 21 E5
Chevroches (58) 83 F5
la Chevrolière (44) 74 C6
Chevrotaine (39) 103 F6
Chevroux (01) 116 C3
Chevroz (25) 87 F6
Chevru (77) 44 A5
Chevry (01) 118 B4
Chevry (50) 37 F2
Chevry-Cossigny (77) 43 F5
Chevry-en-Sereine (77) . . . 64 C3
Chevry-sous-le-Bignon (45) . 64 B4
Chey (79) 108 C4
Cheylade (15) 140 C2
le Cheylard (07) 143 F5
Cheylard-l'Évêque (48) . . 156 C2
le Cheylas (38) 132 A6
Cheyssieu (38) 130 A6
Chezal-Benoît (18) 97 F5
la Chèze (22) 55 H2
Chèze (65) 182 D6
Chezelle (03) 113 G5
Chezelles (36) 96 B4
Chezelles (37) 94 C3
Chèzeneuve (38) 130 D5
Chézery-Forens (01) 118 A4
Chézy (03) 114 A1
Chézy-en-Orxois (02) 44 A1
Chézy-sur-Marne (02) 44 B3
Chiatra (2B) 205 G2
Chiché (79) 93 F5
Chicheboville (14) 38 D1
Chichée (89) 83 H2
Chichery (89) 83 F1
Chichey (51) 44 D5
Chichilianne (38) 145 F6
Chicourt (57) 49 E3
Chiddes (58) 100 A5
Chiddes (71) 115 H2
Chidrac (63) 127 F5
Chierry (02) 44 B2
Chieulles (57) 26 C5
Chignin (73) 132 A5
Chigné (49) 78 A3
Chigny (02) 9 H6
Chigny-les-Roses (51) 45 F1
Chigy (89) 65 F4
Chilhac (43) 141 H3
Chillac (16) 122 A6
Chille (39) 102 D6
Chilleurs-aux-Bois (45) . . . 63 E5
le Chillou (79) 93 G5
Chilly (08) 10 D6
Chilly (74) 118 A6
Chilly (80) 21 E1
Chilly-le-Vignoble (39) . . . 102 C6
Chilly-Mazarin (91) 42 D5
Chilly-sur-Salins (39) 103 F4
Chimilin (38) 131 F4
Chindrieux (73) 131 G2
Chinon (37) 94 B2
Chipilly (80) 8 A6
Chirac (16) 123 F1
Chirac (48) 155 G3
Chirac-Bellevue (19) 125 H6
Chirassimont (42) 129 E2
Chirat-l'Église (03) 113 F4
Chiré-en-Montreuil (86) . . 94 A6
Chirens (38) 131 F6
Chirmont (80) 20 C2
Chirols (07) 157 F1
Chiroubles (69) 116 A5
Chiry-Ourscamp (60) 21 G3
Chis (65) 183 F2
Chisa (2B) 205 F5
Chissay-en-Touraine (41) . . 79 G6
Chisseaux (37) 79 G6
Chisséria (39) 117 G3
Chissey-en-Morvan (71) . . 100 C2
Chissey-lès-Mâcon (71) . . 116 A2
Chissey-sur-Loue (39) . . . 103 E3
Chitenay (41) 80 A4
Chitray (36) 110 D1
Chitry (89) 83 G2
Chitry-les-Mines (58) 99 G1
Chives (17) 122 A1
Chivres (21) 102 A3
Chivres-en-Laonnois (02) . . 22 D2
Chivres-Val (02) 22 B5
Chivy-lès-Étouvelles (02) . . 22 C3
Chizé (79) 107 H5
Chocques (62) 2 C5
Choilley-Dardenay (52) . . . 86 B3
Choisel (78) 42 B5
Choiseul (52) 68 C5
Choisey (39) 102 C3
Choisies (59) 10 A3
Choisy (74) 118 B6
Choisy-au-Bac (60) 21 F4
Choisy-en-Brie (77) 44 A5
Choisy-la-Victoire (60) . . . 20 D5
Choisy-le-Roi (94) 42 D5
Cholet (49) 92 C2

Cholonge (38) 145 G4
Choloy-Ménillot (54) 48 A5
Chomelix (43) 142 C2
Chomérac (07) 158 A1
la Chomette (43) 141 H2
Chonas-l'Amballan (38) . . 130 A6
Chonville-Malaumont (55) . 47 G4
Chooz (08) 11 F4
Choqueuse-
-les-Bénards (60) 20 A2
Choranche (38) 145 E3
Chorey-les-Beaune (21) . . 101 G3
Chorges (05) 160 D2
Chouain (14) 14 A4
Chouday (36) 97 E4
Choue (41) 61 F6
Chougny (58) 99 H3
Chouilly (51) 45 F2
Chouppes (86) 94 A5
Chourgnac (24) 137 H2
Choussy (41) 79 H6
Chouvigny (03) 113 F5
Choux (39) 117 H4
les Choux (45) 82 A2
Chouy (02) 21 H6
Chouzé-sur-Loire (37) 94 A1
Chouzelot (25) 103 F2
Chouzy-sur-Cisse (41) . . . 79 H4
Choye (70) 86 D5
Chozeau (38) 130 C3
Chuelles (45) 64 C6
Chuffilly-Roche (08) 24 A4
Chuignes (80) 8 B6
Chuignolles (80) 8 B6
Chuisnes (28) 61 H2
Chusclan (30) 158 A6
Chuyer (42) 129 H6
Chuzelles (38) 130 A4
Ciadoux (31) 184 B3
Ciamannacce (2A) 205 E5
Ciboure (64) 180 B1
Cideville (76) 17 F4
Ciel (71) 101 H4
Cier-de-Luchon (31) 184 A6
Cier-de-Rivière (31) 184 A4
Cierges (52) 44 C1
Cierges-
-sous-Montfaucon (55) . . 24 D5
Cierp-Gaud (31) 184 A6
Cierrey (27) 41 E2
Cierzac (17) 121 G4
Cieurac (46) 152 D4
Cieutat (65) 183 F4
Cieux (87) 123 H1
Ciez (58) 82 D5
Cigogné (37) 95 F1
Cilly (02) 22 D2
Cinais (37) 94 B2
Cindré (03) 114 B4
Cinq-Mars-la-Pile (37) . . . 78 C6
Cinqueux (60) 20 D5
Cintegabelle (31) 185 G2
Cintheaux (14) 38 D2
Cintray (27) 40 C4
Cintray (28) 62 A2
Cintré (35) 56 D3
Cintrey (70) 86 D2
la Ciotat (13) 192 C5
Cipières (06) 178 C3
Ciral (61) 59 G1
Ciran (37) 95 F3
Circourt (88) 69 G3
Circourt-sur-Mouzon (88) . 68 D3
Ciré-d'Aunis (17) 107 E6
Cirès (31) 183 H6
Cires-lès-Mello (60) 20 C6
Cirey (70) 87 G5
Cirey-lès-Mareilles (52) . . . 68 A4
Cirey-lès-Pontailler (21) . . 86 B6
Cirey-sur-Blaise (52) 67 G3
Cirey-sur-Vezouze (54) . . . 49 H6
Cirfontaines-en-Azois (52) . 67 G5
Cirfontaines-en-Ornois (52) . 68 B1
Cirières (79) 92 D4
Ciron (36) 110 C1
Ciry-le-Noble (71) 115 F1
Ciry-Salsogne (02) 22 B5
Cisai-Saint-Aubin (61) . . . 39 G4
Cisery (89) 84 B4
Cissac-Médoc (33) 134 D2
Cissé (86) 94 B6
Cisternes-la-Forêt (63) . . 126 C3
Cistrières (43) 142 A1
Citerne (80) 6 D5
Citers (70) 87 H2
Citey (70) 87 E5
Citou (11) 187 F2
Citry (77) 44 A3
Civaux (86) 109 G2
Civens (42) 129 E3
Civières (27) 41 G1
Civrac-de-Blaye (33) 135 F3
Civrac-en-Médoc (33) . . . 120 C6
Civrac-sur-Dordogne (33) . 136 A5
Civray (18) 97 E4
Civray (86) 109 E5
Civray-de-Touraine (37) . . 79 F6
Civray-sur-Esves (37) 95 F3
Civrieux (01) 130 A1
Civrieux-d'Azergues (69) . . 129 H2
Civry (28) 62 B5
Civry-en-Montagne (21) . . 85 E6
Civry-la-Forêt (78) 41 G4
Cizancourt (80) 8 C6
Cizay-la-Madeleine (49) . . 93 G1
Cize (01) 117 F5
Cize (39) 103 F5
Cizely (58) 99 F3
Cizos (65) 183 H2
Clacy-et-Thierret (02) 22 B3
Cladech (24) 137 H6

Claira (66) 201 F2
Clairac (47) 150 D4
Clairavaux (23) 125 G3
Clairefontaine-
-en-Yvelines (78) 42 A6
Clairefougère (61) 38 A4
Clairegoutte (70) 88 B3
Clairfayts (59) 10 B3
Clairfontaine (02) 10 A5
Clairmarais (62) 2 B4
Clairoix (60) 21 F4
Clairvaux-d'Aveyron (12) . . 154 B4
Clairvaux-les-Lacs (39) . . 117 H1
Clairy-Saulchoix (80) 7 F6
Clais (76) 19 F1
Claix (16) 122 B5
Claix (38) 145 G3
Clam (17) 121 F5
Clamanges (51) 45 F4
Clamart (92) 42 C4
Clamecy (02) 22 A4
Clamecy (58) 83 F5
Clamensane (04) 160 B4
Clamerey (21) 84 D5
Clans (06) 178 D1
Clans (70) 87 F3
Clansayes (26) 158 B4
le Claon (51) 46 D1
le Clapier (12) 172 B3
Clapiers (34) 173 F5
Clara (66) 200 C3
Clarac (31) 184 A4
Clarac (65) 183 F3
Claracq (64) 166 B6
Clarafond-Arcine (74) . . . 118 A6
Clarbec (14) 15 E4
Clarens (65) 183 G3
Clarensac (30) 174 A3
Claret (04) 160 B4
Claret (34) 173 F3
Clarques (62) 2 B5
Clary (59) 9 E4
Classun (40) 166 A4
Clastres (02) 21 H1
Clasville (76) 18 A1
le Clat (11) 200 A1
Claudon (88) 69 F5
le Claux (15) 140 C3
Clavans-
-en-Haut-Oisans (38) . . . 146 B3
Clavé (79) 108 B2
Claveisolles (69) 115 H6
Clavette (17) 106 D5
Claveyson (26) 144 B2
Clavières (15) 141 G4
Claviers (83) 178 A5
Claville (27) 40 D2
Claville-Motteville (76) . . . 17 H5
Clavy-Warby (08) 23 H1
Claye-Souilly (77) 43 F3
Clayes (35) 57 E2
les Clayes-sous-Bois (78) . 42 B4
la Clayette (71) 115 G4
Clayeures (54) 69 H1
Clécy (14) 38 B3
Cléden-Cap-Sizun (29) . . . 52 C2
Cléden-Poher (29) 32 B6
Cléder (29) 31 G2
Clèdes (40) 166 B5
Cleebourg (67) 51 F2
Clefmont (52) 68 C5
Clefs (49) 77 G3
les Clefs (74) 132 C2
Cléguer (56) 54 C4
Cléguérec (56) 55 E2
Clelles (38) 145 F5
Clémencey (21) 101 G1
Clémensat (63) 127 F5
Clémery (54) 48 C3
Clémont (18) 81 F4
Clénay (21) 85 H5
Clenleu (62) 1 G6
Cléon (76) 18 C5
Cléon-d'Andran (26) 158 C2
Cleppé (42) 129 E3
Clérac (17) 135 H2
Cléré-du-Bois (36) 95 G4
Cléré-les-Pins (37) 78 B5
Cléré-sur-Layon (49) 93 F2
Clères (76) 18 D3
Clèrey (10) 66 B4
Clérey-la-Côte (88) 68 D1
Clérey-sur-Brenon (54) . . . 69 F1
Clergoux (19) 139 F2
Clérieux (26) 144 B3
les Clérimois (89) 65 F4
le Clerjus (88) 69 H6
Clerlande (63) 127 F2
Clermain (71) 115 H3
Clermont (09) 185 F5
Clermont (40) 165 H4
Clermont (60) 20 C5
Clermont (74) 131 H1
Clermont-Créans (72) 77 H2
Clermont-
-de-Beauregard (24) 137 E4
Clermont-Dessous (47) . . 150 D5
Clermont-d'Excideuil (24) . . 137 H1
Clermont-en-Argonne (55) . 46 D1
Clermont-Ferrand (63) . . . 127 F3
Clermont-le-Fort (31) 185 F1
Clermont-les-Fermes (02) . . 23 E2
Clermont-l'Hérault (34) . . 172 C5
Clermont-Pouyguillès (32) . 167 G6
Clermont-Savès (32) 168 C5
Clermont-Soubiran (47) . . 151 E2
Clermont-sur-Lauquet (11) . 187 E5
Cléron (25) 103 G2
Clerques (62) 1 H3
Clerval (25) 88 A5
Cléry (21) 86 C6

Cléry (73) 132 C4
Cléry-en-Vexin (95) 42 A1
Cléry-le-Grand (55) 24 D5
Cléry-le-Petit (55) 24 D5
Cléry-Saint-André (45) 80 C2
Cléry-sur-Somme (80) 8 B5
Clesles (51) 65 H1
Clessé (71) 116 B3
Clessé (79) 93 E5
Clessy (71) 115 E2
Cléty (62) 2 A5
Cleurie (88) 70 B5
Cleuville (76) 18 A2
Cléville (14) 39 E1
Cléville (76) 15 H1
Clévilliers (28) 62 A1
Cleyrac (33) 136 A6
Cleyzieu (01) 131 E2
Clézentaine (88) 70 A2
Clichy (92) 42 C3
Clichy-sous-Bois (93) 43 E3
Climbach (67) 51 E1
Clinchamp (52) 68 B4
Clinchamps-sur-Orne (14) . . 14 B5
Clion (17) 121 F5
Clion (36) 95 H4
Cliousclat (26) 158 B1
Cliponville (76) 17 E4
Cliron (08) 24 A1
la Clisse (17) 120 D3
Clisson (44) 75 E6
Clitourps (50) 12 D2
Clohars-Carnoët (29) 54 B5
Clohars-Fouesnant (29) . . . 53 G3
le Cloître-Pleyben (29) 31 H6
le Cloître-
  -Saint-Thégonnec (29) . . . 32 A4
Clomot (21) 101 E2
Clonas-sur-Varèze (38) . . . 130 A6
Clos-Fontaine (77) 43 H6
la Clotte (17) 135 H3
Clouange (57) 26 B4
Cloué (86) 108 D2
les Clouzeaux (85) 91 F5
Cloyes-sur-le-Loir (28) 61 H6
Cloyes-sur-Marne (51) 46 B5
Clucy (39) 103 F3
Clugnat (23) 111 H4
Cluis (36) 111 F2
Clumanc (04) 177 G1
Cluny (71) 116 A3
la Clusaz (74) 132 C1
la Cluse (05) 160 A1
la Cluse-et-Mijoux (25) . . . 104 A4
les Cluses (66) 201 F4
Cluses (74) 119 E6
Clussais-
  -la-Pommeraie (79) 108 C5
Clux (71) 102 A4
Coadout (22) 33 E4
Coaraze (06) 195 F1
Coarraze (64) 182 C3
Coat-Méal (29) 30 D3
Coatascorn (22) 32 D3
Coatréven (22) 32 D2
Cobonne (26) 144 C6
Cobrieux (59) 3 G6
la Cochère (61) 39 F5
Cocherel (77) 43 H2
Cocheren (57) 27 F5
Coclois (10) 66 C1
Cocquerel (80) 7 E4
Cocumont (47) 150 B3
Cocurès (48) 156 B4
Codalet (66) 200 C3
Codognan (30) 174 A4
Codolet (30) 158 A6
Coësmes (35) 57 G5
Coëtlogon (22) 55 H2
Coëtmieux (22) 33 H5
Cœuvres-et-Valsery (02) . . . 21 H5
Coëx (85) 91 E4
Coggia (2A) 204 C4
Coglès (35) 35 H5
Cogna (39) 117 H1
Cognac (16) 121 G3
Cognac-la-Forêt (87) 123 H2
Cognat-Lyonne (03) 113 H6
Cogners (72) 78 D1
Cognet (38) 145 G5
Cognières (70) 87 H4
Cognin (73) 131 H5
Cognin-les-Gorges (38) . . . 145 E2
Cognocoli-Monticchi (2A) . . 206 D1
Cogny (18) 98 A5
Cogny (69) 129 G1
Cogolin (83) 194 A4
Cohade (43) 141 G1
Cohennoz (73) 132 D3
Cohiniac (22) 33 F5
Cohons (52) 86 B2
Coiffy-le-Bas (52) 68 D6
Coiffy-le-Haut (52) 68 D6
Coigneux (80) 7 H4
Coignières (78) 42 A5
Coigny (50) 12 D5
Coimères (33) 149 H3
Coin-lès-Cuvry (57) 26 B6
Coin-sur-Seille (57) 26 B6
Coinces (45) 62 C6
Coinches (88) 70 D3
Coincourt (54) 49 F5
Coincy (02) 44 B1
Coincy (57) 26 C5
Coings (36) 96 C4
Coingt (02) 23 F1
Coirac (33) 150 A1
Coise (69) 129 G4
Coise-Saint-Jean-
  -Pied-Gauthier (73) 132 B5
Coiserette (39) 117 H3

Coisevaux (70) 88 B3
Coisia (39) 117 G4
Coisy (80) 7 G5
Coivert (17) 107 H6
Coivrel (60) 20 D3
Coizard-Joches (51) 45 E4
Colayrac-Saint-Cirq (47) . . . 151 E5
Colembert (62) 1 G4
Coligny (01) 117 E3
Colincamps (80) 8 A4
Collan (89) 83 H1
la Collancelle (58) 99 G2
Collandres (15) 140 C2
Collandres-Quincarnon (27) . 40 C2
Collanges (63) 127 F6
Collat (43) 142 A2
la Colle-sur-Loup (06) 195 E3
Collégien (77) 43 F4
Collemiers (89) 64 D4
Colleret (59) 10 B3
le Collet-de-Dèze (48) 156 D5
Colletot (27) 15 H3
Colleville (76) 16 C3
Colleville-Montgomery (14) . 14 C4
Colleville-sur-Mer (14) 13 G4
Collias (30) 174 B2
Colligis-Crandelain (02) . . . 22 C4
Colligny (57) 26 C5
Colline-Beaumont (62) 6 C2
Collinée (22) 34 A6
Collioure (66) 201 G4
Collobrières (83) 193 H4
Collonge-en-Charollais (71) . 115 H1
Collonge-la-Madeleine (71) . 101 E4
Collonges (01) 118 A5
Collonges-
  -au-Mont-d'Or (69) 130 A2
Collonges-la-Rouge (19) . . . 138 D4
Collonges-lès-Bévy (21) . . . 101 G2
Collonges-
  -lès-Premières (21) 102 B1
Collonges-
  -sous-Salève (74) 118 C5
Collongues (06) 178 C2
Collongues (65) 183 F2
Collorec (29) 32 A6
Collorgues (30) 174 A2
Colmar (68) 71 F4
Colmars (04) 161 F5
Colmen (57) 27 E3
Colméry (58) 83 E6
Colmesnil-Manneville (76) . . 17 G2
Colmey (54) 25 F4
Colmier-le-Bas (52) 85 G2
Colmier-le-Haut (52) 85 G2
Colognac (30) 173 F1
Cologne (32) 168 C4
Colomars (06) 195 F2
Colombe (38) 131 E6
la Colombe (41) 80 A1
la Colombe (50) 37 F3
Colombé-la-Fosse (10) 67 F3
Colombé-le-Sec (10) 67 F3
Colombe-lès-Vesoul (70) . . . 87 G3
Colombelles (14) 14 C4
Colombes (92) 42 C3
Colombey-les-Belles (54) . . . 69 E1
Colombey-
  -les-Deux-Églises (52) . . . 67 G4
Colombier (03) 113 E4
Colombier (21) 101 F2
Colombier (24) 137 E6
Colombier (42) 143 G1
Colombier (70) 87 G3
Colombier-
  -en-Brionnais (71) 115 G3
Colombier-Fontaine (25) . . . 88 B4
Colombier-le-Cardinal (07) . 143 H2
Colombier-le-Jeune (07) . . . 143 H4
Colombier-le-Vieux (07) . . . 143 H3
Colombier-Saugnieu (69) . . . 130 C3
Colombières (14) 13 G5
Colombières-sur-Orb (34) . . 171 H6
Colombiers (17) 121 F4
Colombiers (18) 97 H6
Colombiers (34) 188 B2
Colombiers (61) 60 A1
Colombiers (86) 94 C5
Colombiers-du-Plessis (53) . 58 C2
Colombiers-sur-Seulles (14) . 14 B3
Colombiès (12) 154 A4
Colombotte (70) 87 H3
Colomby (50) 12 D3
Colomby-sur-Thaon (14) . . . 14 B4
Colomiers (31) 169 E5
Colomieu (01) 131 F2
Colonard-Corubert (61) . . . 60 D2
Colondannes (23) 111 E4
Colonfay (02) 9 G6
Colonne (39) 102 D4
Colonzelle (26) 158 B4
Colpo (56) 55 F5
Colroy-la-Grande (88) 71 G3
Colroy-la-Roche (67) 71 E2
Coltainville (28) 62 B1
Coltines (15) 141 E3
Coly (24) 138 B3
Combaillaux (34) 173 F5
Combas (30) 173 H3
la Combe-de-Lancey (38) . . 145 H2
Combeaufontaine (70) 87 E2
Combefa (81) 170 B1
Comberanche-
  -et-Épeluche (24) 136 C1
Comberjon (70) 87 G3
Comberouger (82) 168 D3
Combertault (21) 101 G3
les Combes (25) 104 B2
Combes (34) 172 A5
Combiers (16) 122 D5
Comblanchien (21) 101 G2

Combles (80) 8 B5
Combles-en-Barrois (55) . . . 47 E5
Comblessac (35) 56 C5
Combleux (45) 81 E1
Comblot (61) 60 D1
Combloux (74) 133 E1
Combon (27) 40 C1
Combourg (35) 35 E6
Combourtillé (35) 57 H1
Combovin (26) 144 C5
Combrailles (63) 126 C2
Combrand (79) 92 D4
Combray (14) 38 C2
Combre (42) 115 F6
Combrée (49) 76 B2
Combres (28) 61 G3
Combres-
  -sous-les-Côtes (55) 47 H2
Combressol (19) 125 G6
Combret (12) 171 F3
Combreux (45) 63 F6
Combrimont (88) 70 D3
Combrit (29) 53 F3
Combronde (63) 127 F1
Combs-la-Ville (77) 43 E5
la Comelle (71) 100 C4
Comiac (46) 139 F5
Comigne (11) 187 F4
Comines (59) 3 F4
Commana (29) 31 H5
Commarin (21) 101 F1
Commeaux (61) 38 D4
Commelle (38) 130 D6
Commelle-Vernay (42) 128 D1
Commenailles (39) 102 C5
Commenchon (02) 21 H2
Commensacq (40) 148 D5
Commentry (03) 112 D4
Commeny (95) 42 A1
Commequiers (85) 90 D3
Commer (53) 58 D3
Commercy (55) 47 H4
Commerveil (72) 60 C3
Commes (14) 13 H5
Communailles-
  -en-Montagne (39) 103 G5
Communay (69) 130 A4
Compains (63) 127 E6
Compainville (76) 19 F2
Compans (77) 43 F3
le Compas (23) 126 B1
Compertrix (51) 45 H3
Compeyre (12) 155 F6
Compiègne (60) 21 F4
Compigny (89) 65 E2
Compolibat (12) 153 H4
la Compôte (73) 132 B3
Comprégnac (12) 171 H1
Compreignac (87) 124 B1
Comps (26) 158 D2
Comps (30) 174 C3
Comps (33) 135 E3
Comps-la-Grand-Ville (12) . . 154 C5
Comps-sur-Artuby (83) 177 H4
la Comté (62) 7 H1
Comus (11) 199 G1
Conan (41) 79 H2
Conand (01) 131 E2
Conat (66) 200 B3
Conca (2A) 207 G2
Concarneau (29) 53 G4
Concevreux (02) 22 D5
Concèze (19) 138 B1
Conches-en-Ouche (27) . . . 40 C3
Conches-sur-Gondoire (77) . 43 F4
Conchez-de-Béarn (64) 166 C5
Conchil-le-Temple (62) 6 C1
Conchy-les-Pots (60) 21 E3
Conchy-sur-Canche (62) . . . 7 F2
Concorès (46) 152 C1
Concoret (56) 56 B3
Concots (46) 153 E4
Concoules (30) 156 D4
Concourson-sur-Layon (49) . 93 F1
Concremiers (36) 110 B1
Concressault (18) 81 H5
Concriers (41) 80 A2
Condac (16) 108 D6
Condal (71) 117 E2
Condamine (01) 117 G5
Condamine (39) 102 C6
la Condamine-
  -Châtelard (04) 161 G3
Condat (15) 140 C1
Condat (46) 138 D4
Condat-en-Combraille (63) . 126 B2
Condat-
  -lès-Montboissier (63) . . . 127 H5
Condat-sur-Ganaveix (19) . . 124 D6
Condat-sur-Trincou (24) . . . 123 F6
Condat-sur-Vézère (24) . . . 138 A3
Condat-sur-Vienne (87) . . . 124 B3
Condé (36) 97 E4
Condé-en-Brie (02) 44 C2
Condé-Folie (80) 7 E5
Condé-lès-Autry (08) 24 B4
Condé-lès-Herpy (08) 23 F3
Condé-Northen (57) 26 D5
Condé-Sainte-Libiaire (77) . . 43 G3
Condé-sur-Aisne (02) 22 B5
Condé-sur-Huisne (61) 61 F2
Condé-sur-Ifs (14) 39 E2
Condé-sur-Iton (27) 40 C4
Condé-sur-l'Escaut (59) . . . 9 G1
Condé-sur-Marne (51) 45 G2
Condé-sur-Noireau (14) . . . 38 B3
Condé-sur-Risle (27) 15 H3
Condé-sur-Sarthe (61) 60 A2
Condé-sur-Seulles (14) 14 A4
Condé-sur-Suippe (02) 23 E4
Condé-sur-Vesgre (78) 41 G5

Condé-sur-Vire (50) 37 G1
Condeau (61) 61 E2
Condécourt (95) 42 A2
Condeissiat (01) 116 D5
Condéon (16) 121 H6
Condes (39) 117 G3
Condes (52) 67 H4
Condette (62) 1 F5
Condezaygues (47) 151 H3
Condillac (26) 158 B2
Condom (32) 167 G2
Condom-d'Aubrac (12) 155 E2
Condorcet (26) 158 D4
Condren (02) 22 A2
Condrieu (69) 130 A6
Conflandey (70) 87 F2
Conflans-en-Jarnisy (54) . . . 48 A1
Conflans-
  -Sainte-Honorine (78) . . . 42 B3
Conflans-sur-Anille (72) . . . 61 E6
Conflans-sur-Lanterne (70) . 87 G1
Conflans-sur-Loing (45) . . . 64 B6
Conflans-sur-Seine (51) . . . 65 G1
Confolens (16) 109 G6
Confolent-Port-Dieu (19) . . 126 B5
Confort (01) 117 H5
Confort-Meilars (29) 53 E2
Confracourt (70) 87 E3
Confrançon (01) 116 D4
Congé-sur-Orne (72) 60 B4
Congénies (30) 173 H4
Congerville-Thionville (91) . . 63 E2
Congis-
  -sur-Thérouanne (77) 43 G2
Congrier (53) 76 A1
Congy (51) 45 E4
Conie-Molitard (28) 62 A5
Conilhac-Corbières (11) . . . 187 G3
Conilhac-
  -de-la-Montagne (11) 186 D5
Conjux (73) 131 G2
Conlie (72) 59 H4
Conliège (39) 102 D6
Connac (12) 171 F2
Connangles (43) 142 A1
Connantray-Vaurefroy (51) . . 45 F5
Connantre (51) 45 E5
Connaux (30) 174 C1
Conne-de-Labarde (24) . . . 137 E6
Connelles (27) 18 D6
Connerré (72) 60 C5
Connezac (24) 123 E5
Connigis (02) 44 C2
Conquereuil (44) 74 C1
Conques (12) 154 B2
Conques-sur-Orbiel (11) . . . 187 E3
le Conquet (29) 30 C5
Conqueyrac (30) 173 F2
Cons-la-Grandville (54) 25 G4
Cons-Sainte-Colombe (74) . . 132 C3
Consac (17) 121 F6
Conségudes (06) 195 E2
Consenvoye (55) 25 E5
Consigny (52) 68 B4
Consolation-
  -Maisonnettes (25) 104 B2
Contalmaison (80) 8 B5
Contamine-Sarzin (74) 118 B6
Contamine-sur-Arve (74) . . . 118 D5
les Contamines-
  -Montjoie (74) 133 E2
Contault (51) 46 C3
Contay (80) 7 H5
Conte (39) 103 G5
Contes (06) 195 F2
Contes (62) 7 E1
Contescourt (02) 21 H1
Contest (53) 58 D3
Conteville (14) 38 D1
Conteville (27) 15 G2
Conteville (60) 20 A2
Conteville (76) 19 G2
Conteville (80) 7 F3
Conteville-en-Ternois (62) . . 7 F1
Conteville-lès-Boulogne (62) . 1 F4
Conthil (57) 49 F3
Contigné (49) 77 E2
Contigny (03) 113 H3
Contilly (72) 60 C2
Continvoir (37) 78 A5
Contoire (80) 20 D2
Contrazy (09) 185 E4
Contré (17) 108 A6
Contréglise (70) 87 F1
Contremoulins (76) 16 C3
Contres (18) 97 H5
Contres (41) 80 A5
Contreuve (08) 24 A5
Contrevoz (01) 131 F2
Contrexéville (88) 69 E4
Contrisson (55) 46 D4
Conty (80) 20 B1
Contz-les-Bains (57) 26 C2
Conzieu (01) 131 F3
Coole (51) 45 H5
Coolus (51) 45 H3
la Copechagnière (85) 91 G3
Copponex (74) 118 B6
Coquainvilliers (14) 15 F4
Coquelles (62) 1 G2
la Coquille (24) 123 H5
Corancez (28) 62 B2
Corancy (58) 100 B2
Coray (29) 53 H3
Corbara (2B) 202 C5
Corbarieu (82) 169 E2
Corbas (69) 130 B4
Corbehem (62) 8 C2
Corbeil (51) 46 A6

Corbeil-Cerf (60) 20 B6
Corbeil-Essonnes (91) 43 E6
Corbeilles (45) 63 H5
Corbel (73) 131 G6
Corbelin (38) 131 F4
Corbenay (70) 69 H6
Corbeny (02) 22 D4
Corbère (66) 200 D3
Corbère-Abères (64) 166 C6
Corbère-les-Cabanes (66) . . 200 D2
Corberon (21) 101 H3
Corbès (30) 173 G1
Corbie (80) 7 H6
la Corbière (70) 88 A1
Corbières (04) 176 C4
Corbières (11) 186 B5
Corbigny (58) 99 H1
Corbon (14) 15 E5
Corbon (61) 60 D1
Corbonod (01) 131 G1
Corbreuse (91) 62 D1
Corcelle-Mieslot (25) 87 G5
Corcelles (01) 117 G6
Corcelles-
  -en-Beaujolais (69) 116 A5
Corcelles-Ferrières (25) . . . 103 E1
Corcelles-les-Arts (21) 101 G4
Corcelles-lès-Cîteaux (21) . . 102 A2
Corcelles-les-Monts (21) . . . 85 G6
Corcieux (88) 70 C4
Corcondray (25) 103 E1
Corconne (30) 173 G3
Corcoué-sur-Logne (44) . . . 91 F1
Corcy (02) 21 H6
Cordéac (38) 145 H5
Cordebugle (14) 15 G5
Cordelle (42) 128 D1
Cordemais (44) 74 B4
Cordes-sur-Ciel (81) 170 A1
Cordes-Tolosannes (82) . . . 168 D2
Cordesse (71) 100 D3
Cordey (14) 38 D3
Cordon (74) 133 E1
Cordonnet (70) 87 F5
Coren (15) 141 F4
Corenc (38) 145 G2
Corent (63) 127 F4
Corfélix (51) 44 D4
Corgengoux (21) 101 H3
Corgnac-sur-l'Isle (24) 123 G6
Corgoloin (21) 101 G2
Corignac (17) 135 G2
Corlay (22) 33 E6
Corlier (01) 117 F6
Cormainville (28) 62 B4
Cormaranche-
  -en-Bugey (01) 131 F1
Cormatin (71) 116 A2
Corme-Écluse (17) 120 D4
Corme-Royal (17) 120 D3
Cormeilles (27) 15 G4
Cormeilles (60) 20 B2
Cormeilles-en-Parisis (95) . . 42 C3
Cormeilles-en-Vexin (95) . . . 42 B1
Cormelles-le-Royal (14) . . . 14 C5
Cormenon (41) 61 F6
Cormeray (41) 80 A5
Cormery (37) 95 F1
Cormes (72) 61 E4
Cormicy (51) 22 D5
le Cormier (27) 41 E3
Cormolain (14) 37 H1
Cormont (62) 1 F5
Cormontreuil (51) 23 E6
Cormoranche-
  -sur-Saône (01) 116 B4
Cormost (10) 66 B4
Cormot-le-Grand (21) 101 F4
Cormoyeux (51) 45 E1
Cormoz (01) 117 E2
Corn (46) 153 F2
Cornac (46) 139 F5
Cornant (89) 64 D5
Cornas (07) 144 A4
Cornay (08) 24 C5
Corné (49) 77 F4
Cornebarrieu (31) 169 E5
Corneilhan (34) 188 B2
Corneilla-de-Conflent (66) . . 200 B3
Corneilla-del-Vercol (66) . . . 201 E3
Corneilla-la-Rivière (66) . . . 201 E2
Corneillan (32) 166 C4
Corneuil (27) 40 D3
Corneville-
  -la-Fouquetière (27) 40 B2
Corneville-sur-Risle (27) . . . 15 H3
Cornier (74) 118 D5
Cornil (19) 138 D2
Cornillac (26) 159 F3
Cornillé (35) 57 H3
Cornillé-les-Caves (49) 77 F4
Cornillon (30) 157 H5
Cornillon-Confoux (13) 191 G3
Cornillon-en-Trièves (38) . . . 145 G5
Cornillon-sur-l'Oule (26) . . . 159 E3
Cornimont (88) 70 C6
Cornod (39) 117 G4
Cornot (70) 87 E3
la Cornuaille (49) 76 B4
Cornus (12) 172 B3
Cornusse (18) 98 A4
Corny (27) 18 D5
Corny-Machéroménil (08) . . 23 H3
Corny-sur-Moselle (57) 26 B6
Coron (49) 92 C2
Corpe (85) 91 H6
Corpeau (21) 101 F4
Corpoyer-la-Chapelle (21) . . 85 E4
Corps (38) 146 A5
Corps-Nuds (35) 57 F4

Corquilleroy (45) 64 A5
Corquoy (18) 97 G4
Corrano (2A) 205 E6
Corravillers (70) 70 B6
Corre (70) 69 F6
Corrençon-en-Vercors (38) . 145 F4
Correns (83) 177 E6
Corrèze (19) 139 F1
Corribert (51) 44 D3
Corrobert (51) 44 C3
Corrombles (21) 84 C4
Corronsac (31) 185 G1
Corroy (51) 45 E5
Corsaint (21) 84 C4
Corsavy (66) 200 D4
Corscia (2B) 204 D2
Corseul (22) 34 C5
Corsept (44) 73 H4
Cortambert (71) 116 A2
Corte (2B) 205 E2
Cortevaix (71) 116 A2
Cortrat (45) 82 B1
les Corvées-les-Yys (28) . . . 61 G2
Corveissiat (01) 117 F4
Corvol-d'Embernard (58) . . . 99 F1
Corvol-l'Orgueilleux (58) . . . 83 E5
Corzé (49) 77 E4
Cos (09) 185 G5
Cosges (39) 102 C5
Coslédaà-Lube-Boast (64) . . 166 B6
Cosmes (53) 58 C6
Cosnac (19) 138 D3
Cosne-Cours-sur-Loire (58) . 82 C5
Cosne-d'Allier (03) 113 E2
Cosnes-et-Romain (54) 25 G3
Cosqueville (50) 12 D1
Cossaye (58) 99 F6
Cossé-d'Anjou (49) 92 D1
Cossé-en-Champagne (53) . . 59 F6
Cossé-le-Vivien (53) 58 B6
Cossesseville (14) 38 C3
Cosswiller (67) 50 C5
Costa (2B) 202 D5
Costaros (43) 142 C5
les Costes (05) 146 A6
les Costes-Gozon (12) 171 G2
la Côte (70) 88 B2
la Côte-d'Aime (73) 133 E4
la Côte-d'Arbroz (74) 119 F4
la Côte-en-Couzan (42) 128 B3
la Côte-Saint-André (38) . . . 130 D6
le Coteau (42) 115 E6
Côtebrune (25) 87 H6
les Côtes-d'Arey (38) 130 A6
les Côtes-de-Corps (38) . . . 145 H5
Coti-Chiavari (2A) 206 C2
Cotignac (83) 193 G1
Cottance (42) 129 E3
Cottenchy (80) 20 C1
Cottévrard (76) 17 H4
Cottun (14) 13 H5
la Couarde (79) 108 B3
la Couarde-sur-Mer (17) . . . 106 B4
Couargues (18) 98 C1
Coubert (77) 43 F5
Coubeyrac (33) 136 B6
Coubisou (12) 154 D3
Coubjours (24) 138 B2
Coublanc (52) 86 C3
Coublanc (71) 115 F5
Coublevie (38) 145 F1
Coublucq (64) 166 B6
Coubon (43) 142 C4
Coubron (93) 43 E3
Couches (71) 101 E4
Couchey (21) 101 H1
la Coucourde (26) 158 B2
Coucouron (07) 142 D6
Coucy (08) 23 H4
Coucy-la-Ville (02) 22 A3
Coucy-le-Château-
  -Auffrique (02) 22 A4
Coucy-lès-Eppes (02) 22 D3
Coudains (41) 80 A6
Coudehard (61) 39 F4
Coudekerque-Branche (59) . . 2 B1
Coudekerque-Village (59) . . . 2 C2
Coudes (63) 127 F4
Coudeville-sur-Mer (50) . . . 35 G1
Coudons (11) 186 C6
Coudoux (13) 191 H3
Coudray (27) 19 F5
le Coudray (28) 62 B2
Coudray (45) 63 G3
Coudray (53) 76 D1
Coudray-au-Perche (28) . . . 61 F3
Coudray-Macouard (49) . . . 93 C1
le Coudray-
  -Montceaux (91) 63 H1
Coudray-Rabut (14) 15 F3
le Coudray-
  -Saint-Germer (60) 19 H4
le Coudray-sur-Thelle (60) . . 20 B5
la Coudre (79) 93 E3
Coudreceau (28) 61 F2
Coudrecieux (72) 60 D6
Coudres (27) 41 E4
Coudroy (45) 81 G1
Coudun (60) 21 F4
Coudures (40) 166 A4
Coueilles (31) 184 C2
Couëron (44) 74 C5
Couesmes (37) 78 B4
Couesmes-Vaucé (53) 58 D1
Couffé (44) 75 E3
Couffoulens (11) 186 D4
Couffy (41) 96 B1
Couffy-sur-Sarsonne (19) . . 126 A4
Couflens (09) 198 B1
Coufouleux (81) 169 G4
Couhé (86) 108 D4

220

Couilly-
-Pont-aux-Dames (77).....43G4
Couin (62) 7H4
Couiza (11). 186D6
Couladère (31). 184D3
Coulaines (72) 60B5
Coulandon (03) 113H2
Coulangeron (89) 83 F3
Coulanges (03) 114D2
Coulanges (41) 79H4
Coulanges-la-Vineuse (89)...83G3
Coulanges-lès-Nevers (58)...99E3
Coulanges-sur-Yonne (89)...83 F4
Coulans-sur-Gée (72) 59H5
Coulaures (24). 137H1
Couleuvre (03). 98C6
Coulevon (70) 87G3
Coulgens (16) 122C2
Coulimer (61). 60C1
Coullemelle (80) 20C2
Coullemont (62) 7H3
Coullons (45). 81H3
Coulmer (61) 39G4
Coulmier-le-Sec (21) 84D2
Coulmiers (45). 62C6
Coulobres (34). 188C1
Cologne (62) 1G2
Couloisy (60) 21G5
Coulombiers (72) 60A3
Coulombiers (86) 108D2
Coulombs (14). 14A4
Coulombs (28). 41G6
Coulombs-en-Valois (77)...43H2
Coulomby (62). 1H4
Coulommes (77) 43G3
Coulommes-
-et-Marqueny (08)...24A4
Coulommes-
- la-Montagne (51)...23E6
Coulommiers (77). 43H4
Coulommiers-la-Tour (41)...79G2
Coulon (79) 107G3
Coulonces (14). 37G3
Coulonces (61) 39E4
la Coulonche (61) 38B5
Coulongé (72) 78A3
Coulonges (16) 122B2
Coulonges (17) 121G4
Coulonges (86) 110B3
Coulonges-Cohan (02) . . .22C6
Coulonges-les-Sablons (61)...61 F2
Coulonges-sur-l'Autize (79)...107G3
Coulonges-sur-Sarthe (61)...60C1
Coulonges-Thouarsais (79)...93 F4
Coulonvillers (80) 7 E4
Couloumé-Mondebat (32)...167E5
Coulounieix-Chamiers (24)...137 F2
Coulours (89). 65G4
Couloutre (58) 82D5
Coulouvray-
-Boisbenâtre (50). 37 F4
Coulvain (14) 38A2
Coulx (47) 151D2
Coume (57) 27E4
Counozouls (11). 200A2
Coupelle-Neuve (62) 2A6
Coupelle-Vieille (62) 2A6
Coupesarte (61) 15E6
Coupetz (51) 45H4
Coupéville (51) 46B3
Coupiac (12) 171F2
Coupray (52) 67G6
Coupru (02) 44A2
Couptrain (53) 59 F1
Coupvray (77) 43 F3
Couquèques (33). 120D6
Cour-Cheverny (41). 80A4
Cour-et-Buis (38) 130B6
Cour-l'Évêque (52). 67G6
la Cour-Marigny (45). 81H1
Cour-Saint-Maurice (25)...88C6
Cour-sur-Loire (41) 80A3
Courances (91) 63H2
Courant (17). 107G4
Courban (21) 85 F1
la Courbe (61) 38D4
Courbehaye (28) 62B4
Courbépine (27) 15H5
Courbes (02) 22B2
Courbesseaux (54) 49E5
Courbette (39) 117G1
Courbeveille (53). 58C5
Courbevoie (92). 42C3
Courbiac (47). 152A4
Courbillac (16). 121H3
Courboin (02) 44C3
Courbouzon (39). 102D6
Courbouzon (41) 80B3
Courçais (03) 112C2
Courçay (37). 95 F1
Courceboeufs (72). 60B4
Courcelette (80). 8B4
Courcelles (17) 121 F1
Courcelles (25) 103 F2
Courcelles (45) 63G5
Courcelles (54) 69 F2
Courcelles (58) 83 E5
Courcelles (90) 89E4
Courcelles-au-Bois (80) 8A4
Courcelles-Chaussy (57)...49 E1
Courcelles-de-Touraine (37)...78B4
Courcelles-en-Barrois (55)...47G4
Courcelles-en-Bassée (77)...64C2
Courcelles-
-en-Montagne (52)...86A1
Courcelles-Epayelles (60)...21E3
Courcelles-Frémoy (21)...84B5
Courcelles-la-Forêt (72)...77H2
Courcelles-le-Comte (62)...8B3
Courcelles-lès-Gisors (60)...19G6
Courcelles-lès-Lens (62)...8C1

Courcelles-
-lès-Montbard (21)...84D4
Courcelles-
-lès-Montbéliard (25)...88C4
Courcelles-lès-Semur (21)...84C5
Courcelles-Sapicourt (51)...22D6
Courcelles-
-sous-Châtenois (88)...68D3
Courcelles-
-sous-Moyencourt (80)...20A1
Courcelles-sous-Thoix (80)...20A2
Courcelles-sur-Aire (55)...47 E3
Courcelles-sur-Blaise (52)...67G2
Courcelles-sur-Nied (57)...48D1
Courcelles-sur-Seine (27)...41 F1
Courcelles-sur-Vesles (02)...22C5
Courcelles-sur-Viosne (95)...42 B2
Courcelles-sur-Voire (10)...66D1
Courcemain (51) 45 E6
Courcemont (72) 60B4
Courcerac (17). 121D2
Courcerault (61) 60D2
Courceroy (10). 65E2
Courchamp (77). 44B6
Courchamps (02). 44A1
Courchamps (49). 93G2
Courchapon (25) 103E1
Courchaton (70). 88A4
Courchelettes (59) 8C2
Courcité (53) 59G3
Courcival (72) 60C3
Courcôme (16). 122B1
Courçon (17) 107E4
Courcoué (37) 94C3
Courcouronnes (91) 42D6
Courcoury (17) 121 F3
Courcuire (70) 87E6
Courcy (14) 39E2
Courcy (50) 37E1
Courcy (51) 23E5
Courcy-aux-Loges (45)...63 F5
Courdemanche (27) 41 E4
Courdemanche (72) 78D1
Courdemanges (51) 46A5
Courdimanche (95) 42B2
Courdimanche-
-sur-Essonne (91)...63D2
Couret (31). 184B4
Courgains (72). 60B3
Courgeac (16). 122B6
Courgenard (72) 61 F2
Courgenay (89) 65 F3
Courgent (78) 41G3
Courgeon (61). 60D1
Courgeoût (61) 60C1
Courgis (89) 83H2
Courgivaux (51). 44C5
Courgoul (63) 127E5
Courjeonnet (51) 45 E4
Courlac (16) 136B1
Courlandon (51) 22C5
Courlans (39). 102C6
Courlaoux (39) 102C6
Courlay (79) 93E5
Courléon (49). 78A5
Courlon (21). 85G2
Courlon-sur-Yonne (89)...64D3
Courmangoux (01) 117E2
Courmas (51). 45 E1
Courmelles (02). 22A5
Courmemin (41) 80B5
Courménil (61) 39G4
Courmes (06). 178D3
Courmont (02). 44C1
Courmont (70). 88B3
Cournanel (11). 186D6
la Courneuve (93) 42D3
Courniou (34) 187G1
Cournols (63). 127E4
Cournon (56) 56C6
Cournon-d'Auvergne (63)...127 F3
Cournonsec (34) 173E6
Cournonterral (34) 173E6
la Couronne (16) 122B4
Courouvre (55) 47 F3
Courpalay (77). 43G6
Courpiac (33). 135H6
Courpière (63). 128A3
Courpignac (17). 135 F1
Courquetaine (77). 43 F5
Courrensan (32) 167 F3
Courrières (62) 8C1
Courris (81). 170D2
Courry (30). 157E5
Cours (46) 152D3
Cours (47) 151E4
le Cours (56) 55H6
Cours (79) 107H2
Cours-de-Monségur (33)...150C1
Cours-de-Pile (24) 137E5
Cours-la-Ville (69). 115G6
Cours-les-Bains (33) 150B4
Cours-les-Barres (18) 98D3
Coursac (24) 137E3
Coursan (11). 188B3
Coursan-en-Othe (10)...65H5
Coursegoules (06)...195C2
Courset (62). 1G5
Courseulles-sur-Mer (14)...14B3
Courson (14) 37 E3
Courson-les-Carrières (89)...83 F1
Courson-Monteloup (91)...42B6
Courtacon (77). 44B5
Courtagnon (51) 45 E1
Courtalain (28). 61G5
Courtaoult (10) 65H4
Courtauly (11). 186C5
Courtavon (68). 89E4
Courtefontaine (25). 88D5
Courtefontaine (39). 103E2
Courteilles (27) 40C5

Courteix (19) 126A4
Courtelevant (90) 89E4
Courtemanche (80) 20D2
Courtemaux (45). 64C5
Courtémont (51) 46C1
Courtemont-Varennes (02)...44A2
Courtempierre (45). 64A5
Courtenay (38). 131E3
Courtenay (45). 64C5
Courtenot (10). 66C4
Courteranges (10) 66C3
Courteron (10). 66D6
Courtes (01). 116D2
Courtesoult-et-Gatey (70)...86D3
Courtetain-et-Salans (25)...88A6
la Courtète (11) 186C4
Courteuil (60). 43 E1
Courthézon (84). 175E1
Courthiézy (51) 44C2
Courties (32). 167E5
Courtieux (60) 21G5
Courtillers (72). 77 F1
Courtils (50). 35H4
la Courtine (23) 125H4
Courtisols (51). 46A2
Courtivron (21) 85G3
Courtoin (89). 64D5
Courtois-sur-Yonne (89)...65E4
Courtomer (61) 39G6
Courtomer (77) 43G6
Courtonne-
-la-Meurdrac (14)...15 F5
Courtonne-
-les-Deux-Églises (14)...15G5
Courtrizy-et-Fussigny (02)...22D3
Courtry (77). 43 E3
Courvaudon (14). 14A6
Courvières (25) 103G4
Courville (51). 22C6
Courville-sur-Eure (28)...61H2
Courzieu (69) 129G3
Cousance (39). 117E2
Cousances-les-Forges (55)...47 E6
Cousances-
-lès-Triconville (55)...47 F4
Cousolre (59). 10B3
Coussa (09) 185H4
Coussac-Bonneval (87)...124B5
Coussan (65). 183 F3
Coussay (86). 94B4
Coussay-les-Bois (86). 95 F5
Coussegrey (10). 66A6
Coussergues (12) 155E4
Coussey (88). 68D2
Coust (18) 98A6
Coustaussa (11). 186D6
Coustouge (11). 187G5
Coustouges (66) 200D5
Coutances (50) 36D1
Coutansouze (03) 113 F5
Coutarnoux (89). 84A4
Coutençon (77) 64C2
Coutens (09) 186A4
Couterne (61). 59 F1
Couternon (21) 86A6
Couteuges (43) 141H2
Coutevroult (77). 43 F3
Couthenans (70). 88C3
Couthures-
-sur-Garonne (47)...150B3
Coutiches (59). 8D1
Coutières (79). 108B2
Coutouvre (42) 115 F6
Coutras (33). 135H3
Couture (16). 122C1
la Couture (62). 2D5
la Couture (85). 91H6
la Couture-Boussey (27)...41 F3
Couture-d'Argenson (79)...108B6
Couture-sur-Loir (41). 78D2
Couturelle (62). 7H3
Coutures (24). 136D1
Coutures (33). 150B1
Coutures (49). 77 F5
Coutures (82). 168C2
Couvains (50) 13 F6
Couvains (61) 40A4
la Couvertoirade (12). 172C4
Couvertpuis (55) 47 F6
Couvignon (52) 67 E4
Couville (50) 12C2
Couvonges (55) 46D4
Couvrelles (02) 22B5
Couvron-
-et-Aumencourt (02)...22B2
Couvrot (51). 46B5
Coux (07). 157H1
Coux (17). 135G1
Coux-et-Bigaroque (24)...137G6
Couy (18). 98B2
la Couyère (35). 57G5
Couze-et-Saint-Front (24)...137 F6
Couzeix (87). 124B2
Couziers (37). 94A2
Couzon (03). 113G1
Couzon-au-Mont-d'Or (69)...130A2
Couzou (46). 138D6
Cox (31). 168C4
Coye-la-Forêt (60) 42D1
Coyecques (62). 2A5
Coyolles (60). 21G6
Coyrière (39). 118A3
Coyron (39). 117G2
Coyviller (54). 48D6
Cozes (17). 120D4
Cozzano (2A). 205E5
Crach (56). 72C1
Crachier (38). 130D5
Crain (89). 83 F4
Craincourt (57). 48D3
Craintilleux (42). 129E5

Crainvilliers (88). 68E4
Cramaille (02). 22B6
Cramans (39). 103E3
Cramant (51). 45 F3
Cramchaban (17). 107 F4
Craménil (61). 38C4
Cramoisy (60). 20C6
Cramont (80). 7 E4
Crampagna (09). 185H5
Cran-Gevrier (74). 132A1
Crancey (10). 65G1
Crançot (39). 102D6
Crandelles (15). 140A5
Crannes-
-en-Champagne (72)...59H6
Crans (01). 130C1
Crans (39). 103 F6
Cransac (12). 154A4
Crantenoy (54). 69G1
Cranves-Sales (74). 118D5
Craon (53). 76B1
Craon (86). 93H5
Craonne (02). 22D4
Craonnelle (02). 22D4
Crapeaumesnil (60). 21 F2
Craponne (69). 129H3
Craponne-sur-Arzon (43)...142C1
Cras (38). 145E2
Cras (46). 152D2
Cras-sur-Reyssouze (01)...116D4
Crastatt (67). 50C5
Crastes (32). 168A4
Crasville (27). 18E3
Crasville (50). 13 E3
Crasville-la-Mallet (76). . . .17 E3
Crasville-la-Rocquefort (76)...17 F3
la Crau (83). 193H5
Cravanche (90). 88C3
Cravans (17). 121 F4
Cravant (45). 80B2
Cravant (89). 83G3
Cravant-les-Côteaux (37)...94C2
Cravencères (32). 166D4
Cravent (41). 41 F2
Crayssac (46). 152C3
Craywick (59). 2B2
Crazannes (17). 121 F2
Cré (72). 77G3
Créances (50). 12C6
Créancey (21). 101E1
la Crèche (79). 108A3
Crèches-sur-Saône (71)...116B4
Créchets (65). 184A5
Créchy (03). 114A4
Crécy-au-Mont (02). 22A4
Crécy-Couvé (28). 41 E5
Crécy-en-Ponthieu (80). 6D3
Crécy-la-Chapelle (77). 43G4
Crécy-sur-Serre (02). 22C2
Crédin (56). 55G3
Crégols (46). 153E3
Crégy-lès-Meaux (77). 43G3
Créhange (57). 49 F1
Créhen (22). 34C4
Creil (60). 20D6
Creissan (34). 188A2
Creissels (12). 172A1
Crémarest (62). 1G4
Cremeaux (42). 128C2
Crémery (80). 21 F1
Crémieu (38). 130D3
Crempigny-
-Bonneguête (74)...131H1
Cremps (39). 152D4
Crenans (39). 117H2
Creney-près-Troyes (10)...66B3
Crennes-sur-Fraubée (53)...59 F2
Créon (33). 135G6
Créon-d'Armagnac (40)...166C1
Crépand (21). 84C3
Crépey (54). 69 F1
Crépol (26). 144C2
Crépon (14). 14A3
Crépy (02). 22B3
Crépy (62). 2A6
Crépy-en-Valois (60). 21 F6
Créquy (62). 1H6
le Crès (34). 173G5
Cresancey (70). 86D5
Crésantignes (10). 66A4
les Cresnays (50). 37 F4
Crespian (30). 173H3
Crespières (78). 42A3
Crespin (12). 154A6
Crespin (59). 9G1
Crespin (81). 170D1
Crespin (81). 170D2
Crespy-le-Neuf (10). 67 E2
Cressac-Saint-Genis (16)...122B6
Cressanges (03). 113G3
Cressat (23). 111H5
la Cresse (12). 155 F6
Cressé (17). 121H1
Cressensac (46). 138C4
Cresserons (14). 14E4
Cresseveuille (14). 15E4
Cressia (39). 117 F2
Cressin-Rochefort (01). . . .131G3
Cressonsacq (60). 20D4
Cressy (76). 17H3
Cressy-Omencourt (80). . . .21 F2
Cressy-sur-Somme (71)...100A6
Crest (63). 127 F4
le Crest (63). 127C1
Crest-Voland (73). 132D2
Creste (63). 127 F4
le Crestet (07). 143H4
Crestet (84). 158D5
Crestot (27). 18C6

Créteil (94). 42D4
Cretteville (50). 12D4
Creully (14). 14A3
la Creuse (70). 87H3
Creuse (80). 7 F6
le Creusot (71). 101E5
Creutzwald (57). 27 F4
Creuzier-le-Neuf (03). 114A5
Creuzier-le-Vieux (03). . . .114A5
Crevans-et-la-Chapelle-
-lès-Granges (70)...88B4
Crevant (36). 111G2
Crevant-Laveine (63). 127G2
Crévéchamps (54). 48D6
Crèvecœur-en-Auge (14)...15E5
Crèvecœur-en-Brie (77)...43G5
Crèvecœur-le-Grand (60)...20A3
Crèvecœur-le-Petit (60). . . .20D3
Crèvecœur-sur-l'Escaut (59)...9E4
Creveney (70). 87H2
Crévic (54). 49 E5
Crevin (35). 57 F4
Crévoux (05). 161 F2
Creys-Mépieu (38). 131E3
Creyssac (24). 137E5
Creysse (24). 137E5
Creysse (46). 138D5
Creysseilles (07). 143G6
Creyssensac-et-Pissot (24)...137 F3
Crézancy (02). 44C2
Crézancy-en-Sancerre (18)...82A6
Crézières (79). 108B5
Crézilles (54). 48B6
Cricquebœuf (14). 16B6
Cricqueville-en-Auge (14)...15E4
Cricqueville-en-Bessin (14)...13 F4
Criel-sur-Mer (76). 6A5
Crillon (60). 19H3
Crillon-le-Brave (84). 158D6
Crimolois (21). 102A1
Crion (54). 49 E5
la Crique (76). 17H4
Criquebeuf-
-la-Campagne (27). 18C6
Criquebeuf-sur-Seine (27)...18C5
Criquetot-
-le-Mauconduit (76). 16D3
Criquetot-l'Esneval (76). . .16B4
Criquetot-
-sur-Longueville (76). . . .17G3
Criquetot-sur-Ouville (76)...17 F4
Criquiers (76). 19G2
Crisenoy (77). 43 F6
Crisolles (60). 21G3
Crissay-sur-Manse (37). . . .94C2
Crissé (72). 59H4
Crissey (39). 102C2
Crissey (71). 101D5
Cristinacce (2A). 204C3
Cristot (14). 14A4
Criteuil-la-Magdeleine (16)...121H5
Critot (76). 17H4
Croce (2B). 203G6
Crochte (59). 2B2
Crocicchia (2B). 203 F6
Crocq (23). 126A2
le Crocq (60). 20B3
Crocy (14). 39E3
Crœttwiller (67). 51G2
Croignon (33). 135G5
Croisances (43). 142A5
Croisette (62). 7G2
le Croisic (44). 73 E4
la Croisille (27). 40C2
la Croisille-sur-Briance (87)...124D4
Croisilles (14). 14B6
Croisilles (28). 41 E5
Croisilles (61). 39G4
Croisilles (62). 8B3
Croismare (54). 49 E6
Croissanville (14). 39 E1
Croissy-Beaubourg (77). . . .43 F4
Croissy-sur-Celle (60). 20B2
Croissy-sur-Seine (78). 42B4
le Croisty (56). 54C2
Croisy (18). 98B4
Croisy-sur-Andelle (76). . . .19 E4
Croisy-sur-Eure (27). 41 F2
Croix (59). 3G4
Croix (90). 88D4
la Croix-aux-Bois (08). 24B4
la Croix-aux-Mines (88). . . .70D3
la Croix-Avranchin (50). . . .35H4
la Croix-Blanche (47). 151 F5
Croix-Caluyau (59). 9G4
la Croix-Chapeau (17). . . .106D5
Croix-Comtesse (17). 107G5
la Croix-de-la-Rochette (73)...132B5
la Croix-du-Perche (28). . . .61G3
la Croix-en-Brie (77). 43H6
la Croix-en-Champagne (51)...46B2
Croix-en-Ternois (62). 7G1
la Croix-en-Touraine (37)...79 F6
Croix-Fonsommes (02). 9E6
Croix-Helléan (56). 55H4
Croix-Mare (76). 17 F5
Croix-Moligneaux (80). 21G1
la Croix-Saint-Leufroy (27)...41 F1
la Croix-sur-Gartempe (87)...110A5
la Croix-sur-Ourcq (02). . . .44B1
la Croix-sur-Roudoule (06)...178C1
la Croix-Valmer (83). 194B4
Croixanvec (56). 55 F2
Croixdalle (76). 19 E1
la Croixille (53). 58B3
Croixrault (80). 20A1
Croizet-sur-Gand (42). . . .129C2
Crolles (38). 145H1
Crollon (50). 35H4

Cromac (87). 110C3
Cromary (70). 87 F5
Cronat (71). 99H6
Cronce (43). 141G3
la Cropte (53). 59E6
Cropus (76). 18D1
Cros (30). 173 F2
le Cros (34). 172C3
Cros (63). 126B6
Cros-de-Géorand (07). . . .142D6
Cros-de-Montvert (15). . . .139G4
Cros-de-Ronesque (15). . . .140C5
Crosey-le-Grand (25). 88A5
Crosey-le-Petit (25). 88A5
Crosmières (72). 77G2
Crosne (91). 42D5
Crossac (44). 73H3
Crosses (18). 98A3
Crosville-la-Vieille (27). . . .40C1
Crosville-sur-Douve (50). . .12D4
Crosville-sur-Scie (76). . . .17G3
Crotelles (37). 79 E4
Crotenay (39). 103E5
Croth (27). 41 F4
le Crotoy (80). 6C3
Crots (05). 161 E2
Crottes-en-Pithiverais (45)...63D4
Crottet (01). 116B4
le Crouais (35). 56C2
Crouay (14). 13H5
la Croupte (14). 15 F4
Crouseilles (64). 166C3
Croutelle (86). 109E2
les Croûtes (10). 65H6
Croutoy (60). 21G5
Crouttes (61). 39 F3
Crouttes-sur-Marne (02). . .44A3
Crouy (02). 22A5
Crouy-en-Thelle (60). 20C6
Crouy-Saint-Pierre (80). 7 F5
Crouy-sur-Cosson (41). 80B3
Crouy-sur-Ourcq (77). 43H2
le Crouzet (25). 103G3
Crouzet-Migette (25). 103G3
la Crouzille (63). 112D5
Crouzilles (37). 94C2
Crozant (23). 111E3
Croze (23). 125G3
Crozes-Hermitage (26). . . .144A3
Crozet (01). 118B4
le Crozet (42). 114C5
les Crozets (39). 117H2
Crozon (29). 30D6
Crozon-sur-Vauvre (36)...111G2
Cruas (07). 158B1
Crucey-Villages (28). 40D5
Crucheray (41). 79G2
Cruéjouls (12). 155E3
Cruet (73). 132A5
Crugey (21). 101 F2
Crugny (51). 22D6
Cruguel (56). 55H4
Cruis (04). 176C1
Crulai (61). 40A5
Crupies (26). 158D2
Crupilly (02). 9H6
Cruscades (11). 187H3
Cruseilles (74). 118E6
Crusnes (54). 26A2
Cruviers-Lascours (30). . . .173H2
Crux-la-Ville (58). 99G2
Cruzille (71). 116B2
Cruzilles-lès-Mépillat (01)...116B4
Cruzy (89). 84C3
Cruzy-le-Châtel (89). 84C1
Cry (89). 84C3
Cubelles (43). 142A4
Cubières (48). 156C3
Cubières-sur-Cinoble (11)...187E6
Cubiérettes (48). 156C3
Cubjac (24). 137G2
Cublac (19). 138B3
Cublize (69). 129 F1
Cubnezais (33). 135 F3
Cubrial (25). 87H4
Cubry (25). 88A4
Cubry-lès-Faverney (70). . .87G1
Cubzac-les-Ponts (33). . . .135 F4
Cucharmoy (77). 44A6
Cuchery (51). 45 E1
Cucq (62). 1 F6
Cucugnan (11). 200D5
Cucuron (84). 176A4
Cudos (33). 149H4
Cudot (89). 64D6
Cuébris (06). 178D2
Cuélas (32). 183H2
Cuers (83). 193H4
Cuffies (02). 22A5
Cuffy (18). 98D4
Cugand (85). 91H1
Cuges-les-Pins (13). 192D4
Cugnaux (31). 169E6
Cugney (70). 86D5
Cugny (02). 21H2
Cuguen (35). 35 F5
Cuguron (31). 183H4
Cuhon (86). 94A5
Cuignières (60). 20D4
Cuigy-en-Bray (60). 19H4
Cuillé (53). 58A5
Cuinchy (62). 2D6
Cuincy (59). 8C1
le Cuing (31). 184A4
Cuinzier (42). 115 F6
Cuirieux (02). 22D2
Cuiry-Housse (02). 22B5
Cuiry-lès-Chaudardes (02)...22D5
Cuiry-lès-Iviers (02). 23 F1
Cuis (51). 45 F2

Cuiseaux (71)............117 E2
Cuiserey (21)............86 B5
Cuisery (71)............116 C1
Cuisia (39)............117 F2
Cuisles (51)............44 D1
Cuissai (61)............59 H1
Cuissy-et-Geny (02)......22 C4
Cuisy (55)............24 D6
Cuisy (77)............43 F2
Cuisy-en-Almont (02)......21 H4
Culan (18)............112 B2
Culètre (21)............101 E2
Culey-le-Patry (14)......38 B2
Culhat (63)............127 G2
Culin (38)............130 D5
Culles-les-Roches (71)....116 A1
Cully (14)............14 A4
Culmont (52)............86 B1
Cultures (48)............155 H3
Cumières (51)............45 E2
Cumières-
-le-Mort-Homme (55)...25 E6
Cumiès (11)............186 A2
Cumont (82)............168 B3
Cunac (81)............170 C2
Cuncy-lès-Varzy (58)......83 F6
Cunèges (24)............136 D6
Cunel (55)............24 D5
Cunelières (90)............88 D3
Cunfin (10)............67 E5
Cunlhat (63)............128 A4
Cuon (49)............77 G4
Cuperly (51)............45 H2
Cuq (47)............168 A1
Cuq (81)............170 B5
Cuq-Toulza (81)............170 A6
Cuqueron (64)............182 A2
Curac (16)............136 B1
Curan (12)............155 E6
Curbans (04)............160 B3
Curbigny (71)............115 G4
Curçay-sur-Dive (86)......93 H3
Curchy (80)............21 F1
Curciat-Dongalon (01)......116 D2
Curcy-sur-Orne (14)......14 A6
Curdin (71)............115 E1
Curel (04)............159 G6
Curel (52)............67 H1
Curemonte (19)............139 E4
Cures (72)............59 H5
Curgies (59)............9 G2
Curgy (71)............100 D3
Curienne (73)............132 A4
Curières (12)............155 E4
Curis-au-Mont-d'Or (69)....130 A2
Curley (21)............101 G1
Curlu (80)............8 B5
Curmont (52)............67 G3
Curnier (26)............159 E4
Cursan (33)............135 G6
Curtafond (01)............116 D4
Curtil-Saint-Seine (21)....85 G5
Curtil-sous-Buffières (71)..115 H3
Curtil-sous-Burnand (71)...116 A1
Curtil-Vergy (21)............101 G2
Curvalle (81)............171 E2
Curzay-sur-Vonne (86)......108 C2
Curzon (85)............91 G6
Cusance (25)............88 A6
Cuse-et-Adrisans (25)......87 H4
Cusey (52)............86 B3
Cussac (15)............141 E4
Cussac (87)............123 G3
Cussac-Fort-Médoc (33).....134 D3
Cussac-sur-Loire (43)......142 C4
Cussangy (10)............66 B6
Cussay (37)............95 E3
Cusset (03)............114 A5
Cussey-les-Forges (21).....85 H3
Cussey-sur-Lison (25)......103 F2
Cussey-sur-l'Ognon (25)....87 F6
Cussy (14)............13 H5
Cussy-en-Morvan (71)......100 C4
Cussy-la-Colonne (21)......101 F3
Cussy-le-Châtel (21)......101 E2
Cussy-les-Forges (89).....84 B5
Custines (54)............48 C4
Cusy (74)............132 A3
Cutry (02)............21 H5
Cutry (54)............25 H4
Cuts (02)............21 G3
Cutting (57)............49 G3
Cuttoli-Corticchiato (2A)...204 D5
Cuttura (39)............117 H3
Cuvat (74)............132 A1
Cuve (70)............69 G6
Cuvergnon (60)............43 H1
Cuverville (14)............14 C4
Cuverville (27)............19 E5
Cuverville (76)............16 B4
Cuverville-sur-Yères (76)...6 B5
Cuves (50)............37 F4
Cuves (52)............68 B5
Cuvier (39)............103 G5
Cuvillers (59)............9 E3
Cuvilly (60)............21 E3
Cuvry (57)............26 B6
Cuxac-Cabardès (11)......186 D2
Cuxac-d'Aude (11)......188 A3
Cuy (60)............21 F3
Cuy (89)............65 E3
Cuy-Saint-Fiacre (76)......19 G3
Cuzac (46)............153 H2
Cuzance (46)............138 C4
Cuzieu (01)............131 F2
Cuzieu (42)............129 E4
Cuzion (36)............111 E2
Cuzorn (47)............151 H2
Cuzy (71)............100 B5

Cys-la-Commune (02)......22 C5
Cysoing (59)............3 G5

D

Dabo (57)............50 B5
Dachstein (67)............50 D6
Dadonville (45)............63 F4
Daglan (24)............152 B1
Dagneux (01)............130 C2
Dagny (77)............44 A5
Dagny-Lambercy (02)......23 E1
Dagonville (55)............47 F4
la Daguenière (49)......77 E5
Dahlenheim (67)............50 D5
Daignac (33)............135 G6
Daigny (08)............24 C2
Daillancourt (52)............67 G3
Daillecourt (52)............68 C5
Dainville (62)............8 B2
Dainville-Bertheléville (55).68 C2
Daix (21)............85 G6
Dalem (57)............27 E4
Dalhain (57)............49 F3
Dalhunden (67)............51 F4
Dallet (63)............127 F3
Dallon (02)............21 H1
Dalou (09)............185 H5
Dalstein (57)............26 D3
Daluis (06)............178 B1
Damas-aux-Bois (88)......69 H2
Damas-et-Bettegney (88)...69 G3
Damazan (47)............150 C5
Dambach (67)............28 C6
Dambach-la-Ville (67)......71 F2
Dambelin (25)............88 B5
Dambenois (25)............88 C4
Dambenoît-
-lès-Colombe (70)......87 H2
Damblain (88)............68 D5
Damblainville (14)............39 E3
Dambron (28)............62 D5
Dame-Marie (27)............40 C4
Dame-Marie (61)............60 D2
Dame-Marie-les-Bois (37)...79 F4
Damelevières (54)............49 E6
Daméraucourt (60)............19 H2
Damerey (71)............101 H5
Damery (51)............45 E2
Damery (80)............21 E2
Damgan (56)............73 E2
Damiatte (81)............170 B5
Damigny (61)............60 A1
Damloup (55)............25 F6
Dammard (02)............44 A1
Dammarie (28)............62 B3
Dammarie-en-Puisaye (45)..82 B3
Dammarie-les-Lys (77)......64 A1
Dammarie-sur-Loing (45)...82 B2
Dammarie-sur-Saulx (55)...47 F6
Dammartin-
-en-Montagne (21)......85 E6
Dammartin-Marpain (39)....102 D1
Dammartin-sur-Meuse (52)..68 C6
Dammartin-sur-Tigeaux (77).43 G4
Damousies (59)............10 A3
Damouzy (08)............24 A1
Damparis (39)............102 C2
Dampierre (10)............66 C1
Dampierre (14)............37 H2
Dampierre (39)............103 E2
Dampierre (52)............68 B6
Dampierre-au-Temple (51)...45 H2
Dampierre-en-Bray (76)....19 G3
Dampierre-en-Bresse (71)...102 B5
Dampierre-en-Burly (45)....81 H2
Dampierre-en-Crot (18)....81 H5
Dampierre-en-Graçay (18)...97 E2
Dampierre-
-en-Montagne (21)......85 E6
Dampierre-en-Yvelines (78).42 A5
Dampierre-et-Flée (21)......86 B5
Dampierre-le-Château (51)..46 C2
Dampierre-les-Bois (25)....88 D4
Dampierre-lès-Conflans (70).87 G1
Dampierre-
-Saint-Nicolas (76)......17 H2
Dampierre-sous-Bouhy (58).82 D5
Dampierre-sous-Brou (28)..61 G4
Dampierre-sur-Avre (28)....40 D4
Dampierre-
-sur-Boutonne (17)......107 H6
Dampierre-sur-le-Doubs (25).88 C4
Dampierre-sur-Linotte (70).87 G4
Dampierre-sur-Moivre (51)..46 A3
Dampierre-sur-Salon (70)...86 D4
Dampjoux (25)............88 C5
Dampleux (02)............21 H6
Dampmart (77)............43 F3
Dampniat (19)............138 D2
Damprichard (25)............88 D6
les Damps (27)............18 D5
Dampsmesnil (27)............41 G1
Dampvalley-
-lès-Colombe (70)......87 G3
Dampvalley-
-Saint-Pancras (70)......69 G6
Dampvitoux (54)............48 A2
Damrémont (52)............68 D6
Damville (27)............40 D3
Damvillers (55)............25 F5
Damvix (85)............107 F3
Dancé (42)............128 D2
Dancé (61)............61 E2
Dancevoir (52)............67 G6
Dancourt (76)............6 B6

Dancourt-Popincourt (80)...21 E2
Dancy (28)............62 A4
Danestal (14)............15 E4
Dangé-Saint-Romain (86)...94 D4
Dangeau (28)............61 H4
Dangers (28)............62 A1
Dangeul (72)............60 B3
Dangolsheim (67)............50 C6
Dangu (27)............19 G6
Dangy (50)............37 F1
Danizy (02)............22 A2
Danjoutin (90)............88 C3
Danne-et-Quatre-Vents (57).50 B4
Dannelbourg (57)............50 B4
Dannemarie (25)............88 D5
Dannemarie (68)............89 E3
Dannemarie (78)............41 G5
Dannemarie-sur-Crète (25)..103 F1
Dannemoine (89)............84 A1
Dannemois (91)............63 H2
Dannes (62)............1 F5
Dannevoux (55)............25 E5
Danvou-la-Ferrière (14).....38 A2
Danzé (41)............79 F1
Daon (53)............76 D2
Daoulas (29)............31 F5
Darazac (19)............139 G3
Darbonnay (39)............102 D5
Darbres (07)............157 H2
Darcey (21)............85 E4
Dardenac (33)............135 G6
Dardez (27)............41 E2
Dardilly (69)............129 H3
Dareizé (69)............129 G2
Dargies (80)............6 B4
Dargnies (80)............129 H5
Dargoire (42)............129 H5
Darmannes (52)............68 A4
Darnac (87)............110 A4
Darnétal (76)............18 D4
Darnets (19)............125 G6
Darney (88)............69 F5
Darney-aux-Chênes (88)....68 D3
Darnieulles (88)............69 H4
Darois (21)............85 G5
Darvault (77)............64 A3
Darvoy (45)............81 E1
Dasle (25)............88 D4
Daubensand (67)............71 H2
Daubeuf-la-Campagne (27)..18 C6
Daubeuf-près-Vatteville (27)..19 E6
Daubeuf-Serville (76)......16 D4
Daubèze (33)............150 A1
Dauendorf (67)............50 D3
Daumazan-sur-Arize (09)...185 H4
Daumeray (49)............77 F2
Dauphin (04)............176 C2
Dausse (47)............151 E4
Daux (31)............169 E4
Dauzat-sur-Vodable (63)...127 F6
Davayat (63)............127 F1
Davayé (71)............116 B4
Davejean (11)............187 F5
Davenescourt (80)............20 D2
Davézieux (07)............143 H2
Davignac (19)............125 G6
Davrey (10)............66 A5
Davron (78)............42 A4
Dax (40)............165 E4
Deauville (14)............15 E3
Deaux (30)............173 H1
Débats-
-Rivière-d'Orpra (42)...128 C3
Decazeville (12)............154 A4
Dechy (59)............8 D2
Décines-Charpieu (69)......130 B3
Decize (58)............99 F5
Dégagnac (46)............152 C1
Degré (72)............60 A5
Dehault (72)............60 D4
Dehéries (59)............9 E4
Dehlingen (67)............28 A6
Deinvillers (88)............70 A2
Delain (70)............86 D4
Delettes (62)............2 A5
Delincourt (60)............19 H6
Delle (90)............88 D4
Delme (57)............49 E3
Delouze-Rosières (55)......47 G6
le Déluge (60)............20 B5
Delut (55)............25 F4
Deluz (25)............87 G6
Demandolx (04)............178 A2
Demange-aux-Eaux (55).....47 G6
Demangevelle (70)............69 F6
Demi-Quartier (74)............133 E1
la Demie (70)............87 G3
Demigny (71)............101 G4
Démouville (14)............14 C4
Dému (32)............167 E4
Démuin (80)............20 D1
Denain (59)............9 E2
Dénat (81)............170 C3
Denazé (53)............58 C6
Denée (49)............76 D5
Dénestanville (76)............17 G3
Deneuille-lès-Chantelle (03)..113 H3
Deneuille-les-Mines (03)....113 E4
Deneuvre (54)............70 B1
Denève (70)............86 D4
Dénezé-sous-Doué (49)......93 F1
Dénezé-sous-le-Lude (49)...78 A4
Denezières (39)............117 H1
Denguin (64)............182 A1
Denicé (69)............129 H1
Denier (62)............7 H2
Denipaire (88)............70 D2
Dennebrœucq (62)............2 A5
Denneville (50)............12 C5
Dennevy (71)............101 F4

Denney (90)............88 D3
Denonville (28)............62 D2
Denting (57)............27 E4
Déols (36)............96 C5
Derbamont (88)............69 G3
Dercé (86)............94 B3
Derchigny (76)............17 H2
Dercy (02)............22 C2
Dernacueillette (11)......187 F6
Dernancourt (80)............8 A5
Derval (44)............74 C1
Désaignes (07)............143 G4
Désandans (25)............88 B4
Descartes (37)............95 E3
le Deschaux (39)............102 C4
le Désert (14)............37 H3
Désertines (03)............112 D3
Désertines (53)............58 C1
les Déserts (73)............132 A4
Déservillers (25)............103 G3
Desges (43)............141 H4
Desingy (74)............118 A6
Desmonts (45)............63 H4
Desnes (39)............102 C5
Desseling (57)............49 G4
Dessenheim (68)............71 G5
Dessia (39)............117 F3
Destord (88)............70 B3
la Destrousse (13)............192 C3
Destry (57)............49 F2
Desvres (62)............1 G5
Détain-et-Bruant (21).....101 G2
Détrier (73)............132 A6
le Détroit (14)............38 C3
Dettey (71)............100 C5
Dettwiller (67)............50 C4
Deuil-la-Barre (95)......42 D3
Deuillet (02)............22 A2
Deûlémont (59)............3 F4
Deux-Chaises (03)............113 F3
Deux-Évailles (53)............59 E4
les Deux-Fays (39)............102 C4
les Deux-Jumeaux (14)......13 G4
Deux-Verges (15)............141 E6
les Deux-Villes (08)......24 D2
Deuxville (54)............49 E5
Devay (58)............99 G5
Devecey (25)............87 F6
Devesset (07)............143 F4
Devèze (65)............183 H2
Deviat (16)............122 A6
Dévillac (47)............151 G2
Deville (08)............11 E6
Déville-lès-Rouen (76).....17 G6
Devise (80)............8 C6
Devrouze (71)............102 A5
Deycimont (88)............70 B4
Deyme (31)............185 G1
Deyvillers (88)............70 A3
le Dézert (50)............13 E6
Dezize-lès-Maranges (71)...101 F4
D'Huison-Longueville (91)...63 G2
Dhuisy (77)............44 A2
Dhuizel (02)............22 C5
Dhuizon (41)............80 C4
Diancey (21)............100 D2
Diane-Capelle (57)............49 H4
Diant (77)............64 C3
Diarville (54)............69 F2
Diconne (71)............102 A5
Dicy (89)............82 D1
Didenheim (68)............89 F2
Die (26)............145 E6
Diebling (57)............49 H1
Diebolsheim (67)............71 H2
Diedendorf (67)............50 A3
Dieffenbach-au-Val (67)....71 F2
Dieffenbach-lès-Wœrth (67).51 E2
Dieffenthal (67)............71 F2
Dieffmatten (68)............89 E2
Dième (69)............129 F1
Diemeringen (67)............50 B2
Diémoz (38)............130 C4
Diénay (21)............85 H4
Dienne (15)............140 D3
Dienné (86)............109 F2
Diennes-Aubigny (58)......99 G4
Dienville (10)............66 D3
Dieppe (76)............17 G2
Dieppe-
-sous-Douaumont (55)...25 F6
Dierre (37)............79 F6
Dierrey-Saint-Julien (10)...65 H3
Dierrey-Saint-Pierre (10)...65 H3
Diesen (57)............27 E5
Dietwiller (68)............89 G2
Dieudonné (60)............20 B6
Dieue-sur-Meuse (55)......47 F2
Dieulefit (26)............158 D3
Dieulivol (33)............150 C1
Dieulouard (54)............48 C4
Dieupentale (82)............169 E3
Dieuze (57)............49 G4
Diéval (62)............7 H1
Diffembach-
-lès-Hellimer (57)......49 G2
Diges (89)............83 E2
Digna (39)............117 F2
Dignac (16)............122 C5
la Digne-d'Amont (11)......186 C5
la Digne-d'Aval (11)......186 D5
Digne-les-Bains (04)......160 C6
Dignonville (88)............70 A3
Digny (28)............61 G1
Digoin (71)............114 D2
Digosville (50)............12 D2
Digulleville (50)............12 B1
Dijon (21)............85 H6
Dimancheville (45)............63 G4
Dimbsthal (67)............50 C5
Dimechaux (59)............10 A3

Dimont (59)............10 A3
Dinan (22)............34 D5
Dinard (35)............34 D3
Dinéault (29)............31 F6
Dingé (35)............35 F6
Dingsheim (67)............51 E5
Dingy-en-Vuache (74)......118 A5
Dingy-Saint-Clair (74)......132 B1
Dinozé (88)............70 A4
Dinsac (87)............110 B4
Dinsheim-sur-Bruche (67)...50 C6
Dintville (52)............67 F5
Dinteville (52)............67 F5
Dio-et-Valquières (34).....172 B5
Dionay (38)............144 D2
Dions (30)............174 A2
Diou (03)............114 C2
Diou (36)............96 D5
Dirac (16)............122 C4
Dirinon (29)............31 F5
Dirol (58)............83 G6
Dissangis (89)............84 A4
Dissay (86)............94 C6
Dissay-sous-Courcillon (72).78 C3
Dissé-sous-Ballon (72).....60 B3
Dissé-sous-le-Lude (72)....78 A3
Distré (49)............93 G1
Distroff (57)............26 C3
Diusse (64)............166 C5
Divajeu (26)............158 C1
Dives (60)............21 F3
Dives-sur-Mer (14)............14 D4
Divion (62)............2 C6
Divonne-les-Bains (01)......118 C3
Dixmont (89)............65 E5
Dizimieu (38)............130 D3
Dizy (51)............45 F2
Dizy-le-Gros (02)............23 E2
Doazit (40)............165 H4
Doazon (64)............165 H6
Docelles (88)............70 B4
Dœuil-sur-le-Mignon (17)...107 G5
Dognen (64)............181 H2
Dogneville (88)............69 H3
Dohem (62)............2 A5
Dohis (02)............23 F1
Doignies (59)............8 C6
Doingt (80)............8 C6
Doissat (24)............152 A1
Doissin (38)............131 E5
Doix (85)............107 F3
Doizieux (42)............129 G6
Dol-de-Bretagne (35).....35 E4
Dolaincourt (88)............68 D2
Dolancourt (10)............66 D3
Dolcourt (54)............69 E1
Dole (39)............102 C2
Dolignon (02)............23 E2
Dolleren (68)............88 D1
Dollon (72)............60 D5
Dollot (89)............64 C4
Dolmayrac (47)............151 F4
Dolo (22)............34 B6
Dolomieu (38)............131 E4
Dolus-d'Oléron (17)......120 A1
Dolus-le-Sec (37)............95 F2
Dolving (57)............50 A4
Dom-le-Mesnil (08)............24 B2
Domagné (35)............57 G3
Domaize (63)............128 A4
Domalain (35)............57 H4
Domancy (74)............133 E1
Domarin (38)............130 D4
Domart-en-Ponthieu (80)....7 F4
Domart-sur-la-Luce (80)....20 D1
Domats (89)............64 C5
Domazan (30)............174 D2
Dombasle-
-devant-Darney (88)......69 F4
Dombasle-en-Argonne (55)...47 E1
Dombasle-en-Xaintois (88)..69 F3
Dombasle-sur-Meurthe (54)..48 D5
Domblain (52)............67 G1
Domblans (39)............102 D5
Dombras (55)............25 F4
Dombrot-le-Sec (88)......69 E4
Dombrot-sur-Vair (88)......69 E3
Domecy-sur-Cure (89)......83 H5
Domecy-sur-le-Vault (89)...83 H5
Doméliers (60)............20 B2
Domène (38)............145 H2
Domérat (03)............112 C3
Domesmont (80)............7 F4
Domessargues (30)............173 H2
Domessin (73)............131 G5
Domèvre-en-Haye (54)......48 B4
Domèvre-
-sous-Montfort (88)......69 F3
Domèvre-sur-Avière (88)...69 H3
Domèvre-sur-Durbion (88)..70 A3
Domèvre-sur-Vezouze (54)..49 G6
Domeyrat (43)............141 H2
Domeyrot (23)............112 A4
Domezain-Berraute (64)....181 F1
Domfaing (88)............70 B3
Domfessel (67)............50 A2
Domfront (60)............20 D3
Domfront-
-en-Champagne (72)......59 H4
Domgermain (54)............48 A5
la Dominelais (35)............57 E6
Dominois (80)............6 D2
Domjean (50)............37 G2
Domjevin (54)............49 G6
Domjulien (88)............69 F3
Domléger-Longvillers (80)...7 F3
Domloup (35)............57 G3
Dommarie-Eulmont (54).....69 F2
Dommarien (52)............86 B3
Dommartemont (54)............48 D5

Dommartin (01)............116 C3
Dommartin (25)............103 H4
Dommartin (58)............100 A3
Dommartin (69)............129 H2
Dommartin (80)............20 C1
Dommartin-aux-Bois (88)....69 G4
Dommartin-Dampierre (51)...46 C2
Dommartin-
-la-Chaussée (54)......26 A6
Dommartin-
-la-Montagne (55)......47 H2
Dommartin-le-Coq (10).....66 C1
Dommartin-le-Franc (52)....67 G2
Dommartin-
-le-Saint-Père (52)......67 G2
Dommartin-
-lès-Cuiseaux (71)......117 E2
Dommartin-
-lès-Remiremont (88)...70 B5
Dommartin-lès-Toul (54)....48 B5
Dommartin-lès-Vallois (88)..69 F4
Dommartin-Lettrée (51).....45 H4
Dommartin-
-sous-Amance (54)......48 D4
Dommartin-sous-Hans (51)..46 C1
Dommartin-sur-Vraine (88)..69 E2
Dommartin-Varimont (51)....46 C3
Dommary-Baroncourt (55)...25 G5
Domme (24)............138 A6
Dommery (02)............23 H2
Dommiers (02)............21 H5
Domnom-lès-Dieuze (57)....49 G3
Domont (95)............42 D2
Dompaire (88)............69 G3
Dompcevrin (55)............47 G3
Dompierre (60)............20 D3
Dompierre (61)............38 B5
Dompierre (88)............70 A3
Dompierre-aux-Bois (55)....47 G2
Dompierre-Becquincourt (80).8 B6
Dompierre-du-Chemin (35)...58 A3
Dompierre-en-Morvan (21)...84 C5
Dompierre-les-Églises (87)..110 C4
Dompierre-les-Ormes (71)...115 H3
Dompierre-les-Tilleuls (25)..103 H4
Dompierre-
-sous-Sanvignes (71)....115 F1
Dompierre-sur-Authie (80)...7 E2
Dompierre-sur-Besbre (03)..114 C2
Dompierre-
-sur-Chalaronne (01)......116 C5
Dompierre-
-sur-Charente (17)......121 F3
Dompierre-sur-Helpe (59)....9 H4
Dompierre-sur-Héry (58).....99 G1
Dompierre-sur-Mer (17)......106 D4
Dompierre-sur-Mont (39)....117 G1
Dompierre-sur-Nièvre (58)..99 E1
Dompierre-sur-Veyle (01)...116 D6
Dompierre-sur-Yon (85).....91 G4
Dompnac (07)............157 E2
Domprel (25)............104 B1
Dompremy (51)............46 C5
Domprix (54)............25 H5
Domps (87)............125 E4
Domptail (88)............70 B1
Domptail-en-l'Air (54)......69 G1
Domptin (02)............44 B2
Domqueur (80)............7 E4
Domremy-la-Canne (55).....25 G5
Domrémy-la-Pucelle (88)...68 D2
Domremy-Landéville (52)....68 A2
Domsure (01)............117 E3
Domvallier (88)............69 F3
Domvast (80)............7 E3
Don (59)............3 E6
Donazac (11)............186 C4
Donchery (08)............24 B2
Doncières (88)............70 B2
Doncourt-
-aux-Templiers (55)......47 H2
Doncourt-lès-Conflans (54)..26 A5
Doncourt-lès-Longuyon (54)..25 G4
Doncourt-sur-Meuse (52)....68 C4
Dondas (47)............151 G5
Donges (44)............73 H4
Donjeux (52)............67 H2
Donjeux (57)............49 E3
le Donjon (03)............114 C3
Donnay (14)............38 C2
Donnazac (81)............170 A2
Donnelay (57)............49 F4
Donnemain-
-Saint-Mamès (28)......62 A5
Donnemarie-Dontilly (77)...64 D1
Donnement (10)............66 D1
Donnenheim (67)............50 D4
Donnery (45)............81 E1
Donneville (31)............185 G1
Donnezac (33)............135 F1
Dontreix (23)............126 B1
Dontrien (51)............23 G6
Donville-les-Bains (50)....35 G2
Donzac (33)............149 H1
Donzac (82)............151 G6
Donzacq (40)............165 G4
le Donzeil (23)............111 G6
Donzenac (19)............138 C2
Donzère (26)............158 A3
Donzy (58)............82 D6
Donzy-le-National (71).....115 H2
Donzy-le-Pertuis (71)......116 A2
Doranges (63)............128 A6
Dorans (90)............88 C3
Dorat (63)............127 H2
le Dorat (87)............110 B5
Dorceau (61)............61 E2
Dordives (45)............64 B4
Dore-l'Église (63)............142 B1
la Dorée (53)............58 B2
Dorengt (02)............9 G5

222

Dorlisheim (67) 50 D6
Dormans (51) 44 D2
Dormelles (77) 64 B3
la Dornac (24) 138 B3
Dornas (07) 143 F5
Dornecy (58) 83 G5
Dornes (58) 99 F6
Dornot (57) 26 B6
Dorres (66) 199 G4
Dortan (01) 117 G3
Dosches (10) 66 C3
Dosnon (10) 45 G6
Dossenheim-Kochersberg (67) 50 D5
Dossenheim-sur-Zinsel (67) . . 50 C3
Douadic (36) 95 G6
Douai (59) 8 D2
Douains (27) 41 F2
Douarnenez (29) 53 E2
Douaumont (55) 25 F6
Doubs (25) 104 A4
Doucelles (72) 60 A3
Douchapt (24) 136 D2
Douchy (02) 21 H1
Douchy (45) 64 C6
Douchy-lès-Ayette (62) 8 B3
Douchy-les-Mines (59) 9 E2
Doucier (39) 103 E6
Doucy-en-Bauges (73) 132 B3
Doudeauville (62) 1 G5
Doudeauville (76) 19 G3
Doudeauville-en-Vexin (27) . . 19 F5
Doudelainville (80) 6 D5
Doudeville (76) 17 E3
Doudrac (47) 151 F1
Doue (77) 44 A4
Doué-la-Fontaine (49) 93 F1
Douelle (46) 152 C3
le Douhet (17) 121 F2
Douillet (72) 59 H3
Douilly (80) 21 G1
Doulaincourt-Saucourt (52) . . 68 A3
Doulcon (55) 24 D5
Doulevant-le-Château (52) . . 67 G2
Doulevant-le-Petit (52) 67 G2
Doulezon (33) 136 A6
le Doulieu (59) 2 D4
Doullens (80) 7 G3
Doumely-Bégny (08) 23 G2
Doumy (64) 166 B6
Dounoux (88) 69 H4
Dourbies (30) 172 C1
Dourdain (35) 57 H2
Dourdan (91) 63 E1
Dourges (62) 8 C1
Dourgne (81) 186 C1
Douriez (62) 6 D2
Dourlers (59) 10 A3
le Dourn (81) 171 E2
Dournazac (87) 123 G4
Dournon (39) 103 F4
Dours (65) 183 F2
Doussard (74) 132 B3
Doussay (86) 94 B4
Douvaine (74) 118 D3
Douville (24) 137 E4
Douville-en-Auge (14) 14 D4
Douville-sur-Andelle (27) . . 19 E5
Douvrend (76) 6 A6
Douvres (01) 130 D1
Douvres-la-Délivrande (14) . . 14 B3
Douvrin (62) 3 E6
Doux (08) 23 H4
Doux (79) 93 H5
Douy (28) 61 H5
Douy-la-Ramée (77) 43 G2
Douzains (47) 151 E2
Douzat (24) 122 B3
la Douze (24) 137 G3
Douzens (11) 187 F3
Douzillac (24) 136 D3
Douzy (08) 24 C2
Doville (50) 12 C4
Doye (39) 103 G5
Doyet (03) 113 E4
Dozulé (14) 14 D4
Dracé (69) 116 B5
Draché (37) 94 D3
Drachenbronn-Birlenbach (67) 51 F2
Dracy (89) 83 E2
Dracy-le-Fort (71) 101 G5
Dracy-lès-Couches (71) 101 E4
Dracy-Saint-Loup (71) 100 D3
Dragey-Ronthon (50) 35 G4
Draguignan (83) 177 H5
Draillant (74) 119 E3
Drain (49) 75 F4
Draix (04) 160 D6
Draize (08) 23 G2
Drambon (21) 86 B6
Dramelay (39) 117 F3
Drancy (93) 42 D3
Drap (06) 195 F2
Dravegny (02) 22 C6
Draveil (91) 42 D5
Drée (21) 85 E6
Dréfféac (44) 74 A2
Drémil-Lafage (31) 169 G5
le Drennec (29) 31 E3
Dreuil-lès-Amiens (80) 7 F6
Dreuilhe (09) 186 B5
Dreux (28) 41 F5
Drevant (18) 97 H6
Dricourt (08) 23 H5
Driencourt (80) 8 C5
Drincham (59) 2 B2
Droisy (27) 40 D4
Droisy (74) 131 H1

Droiturier (03) 114 C5
Droizy (02) 22 A6
Drom (01) 117 E4
Dromesnil (80) 6 D6
Drosay (76) 17 E3
Drosnay (51) 46 B6
Droué (41) 61 G5
Droue-sur-Drouette (28) . . 41 H6
Drouges (35) 57 H5
Drouilly (51) 46 A4
Droupt-Saint-Basle (10) . . 66 A1
Droupt-Sainte-Marie (10) . . 66 A1
Drouville (54) 49 E5
Drouvin-le-Marais (62) 2 D6
Droux (87) 110 B5
Droyes (52) 67 E1
Drubec (14) 15 E4
Drucat (80) 6 D4
Drucourt (27) 15 G5
Drudas (31) 168 D4
Druelle (12) 154 B4
Drugeac (15) 140 A3
Druillat (01) 117 E6
Drulhe (12) 153 H3
Drulingen (67) 50 B3
Drumettaz-Clarafond (73) . . 131 H4
Drusenheim (67) 51 F4
Druy-Parigny (58) 99 F5
Druye (37) 78 C6
Druyes-les-Belles-Fontaines (89) 83 F4
Dry (45) 80 C2
Duault (22) 32 C5
Ducey (50) 35 H4
Duclair (76) 17 F6
Ducy-Sainte-Marguerite (14) . 14 A4
Duerne (69) 129 G4
Duesme (21) 85 F3
Duffort (32) 183 G2
Dugny (93) 42 D3
Dugny-sur-Meuse (55) 47 F1
Duhort-Bachen (40) 166 B4
Duilhac-sous-Peyrepertuse (11) . 187 F6
Duingt (74) 132 B2
Duisans (62) 8 A2
Dullin (73) 131 G5
Dumes (40) 165 H4
Dun (09) 186 A5
Dun-le-Palestel (23) 111 E4
Dun-le-Poëlier (36) 96 C1
Dun-les-Places (58) 100 B1
Dun-sur-Auron (18) 98 A4
Dun-sur-Grandry (58) 99 H3
Dun-sur-Meuse (55) 24 D5
Duneau (72) 60 C5
Dunes (82) 168 A1
Dunet (36) 110 C2
Dung (25) 88 C4
Dunière-sur-Eyrieux (07) 143 H6
Dunières (43) 143 F2
Dunkerque (59) 2 B1
Duntzenheim (67) 50 D4
Duppigheim (67) 50 D6
Duran (32) 167 H5
Durance (47) 150 C6
Duranus (06) 195 F1
Duranville (27) 15 H5
Duras (47) 150 C1
Duravel (46) 152 A3
Durban (32) 167 H6
Durban-Corbières (11) 187 H5
Durban-sur-Arize (09) 185 E5
Durbans (46) 153 E1
Durcet (61) 38 C4
Durdat-Larequille (03) 112 D4
Dureil (72) 77 G1
Durenque (12) 171 F1
Durfort (09) 185 G3
Durfort (81) 186 C1
Durfort-et-Saint-Martin-de-Sossenac (30) . . 173 G2
Durfort-Lacapelette (82) . . 152 A6
Durlinsdorf (68) 89 F4
Durmenach (68) 89 F4
Durmignat (63) 113 E5
Durnes (25) 103 H2
Durningen (67) 50 D5
Durrenbach (67) 51 E3
Durrenentzen (68) 71 G4
Durstel (67) 50 B3
Durtal (49) 77 F3
Durtol (63) 127 E3
Dury (02) 21 H1
Dury (62) 8 C3
Dury (80) 7 G6
Dussac (24) 123 H6
Duttlenheim (67) 50 D6
Duvy (60) 21 F6
Duzey (55) 25 G5
Dyé (89) 83 H1
Dyo (71) 115 F3

E

Éance (35) 57 H5
Éaubonne (95) 42 C3
Éaucourt-sur-Somme (80) . . 6 D4
Éaunes (31) 185 F1
Eaux-Bonnes (64) 182 B5
Eaux-Puiseaux (10) 65 H5
Éauze (32) 167 E3
Ébaty (21) 101 G4
Ebblinghem (59) 2 C4
Éberbach-Seltz (67) 51 G2
Ebersheim (67) 71 G2
Ebersmunster (67) 71 G2
Ébersviller (57) 26 D4

Éblange (57) 26 D4
Ébouleau (02) 22 D2
Ébréon (16) 122 B1
Ébreuil (03) 113 G6
l'Écaille (08) 23 F4
Écaillon (59) 8 D2
Écalles-Alix (76) 17 F4
Écardenville-la-Campagne (27) 40 C1
Écardenville-sur-Eure (27) . . 41 E1
Écausseville (50) 12 D3
Écauville (27) 40 C1
Eccica-Suarella (2A) 204 D6
Eccles (59) 10 B3
Échalas (69) 129 H5
Échallat (16) 122 A3
Échallon (01) 117 H4
Échalot (21) 85 F3
Échalou (61) 38 B4
Échandelys (63) 127 H5
Échannay (21) 101 F1
Écharcon (91) 42 D6
Échassières (03) 113 F5
Échauffour (61) 39 G5
Échavanne (70) 88 C3
Échay (25) 103 F3
Échebrune (17) 121 F4
l'Échelle (08) 23 H1
l'Échelle-Saint-Aurin (80) . . 21 E2
les Échelles (73) 131 G6
Échemines (10) 65 H2
Échemiré (49) 77 G4
Échenans (25) 88 B4
Échenans-sous-Mont-Vaudois (70) . . 88 C3
Échenay (52) 68 A1
Échenevex (01) 118 B3
Échenon (21) 102 B2
Échenoz-la-Méline (70) 87 G3
Échenoz-le-Sec (70) 87 G4
Échevannes (21) 86 A4
Échevannes (25) 103 H2
Échevis (26) 145 E4
Échevronne (21) 101 G2
Échigey (21) 102 A2
Échillais (17) 120 C1
Échilleuses (45) 63 G4
Échinghen (62) 1 F4
Échiré (79) 107 H3
Échirolles (38) 145 G3
Échouboulains (77) 64 C2
Échourgnac (24) 136 C2
Eckartswiller (67) 50 C4
Eckbolsheim (67) 51 E5
Eckwersheim (67) 51 E5
Éclaibes (59) 10 A3
Éclaires (51) 46 D2
Éclance (10) 67 E3
Éclans-Nenon (39) 102 D2
Éclaron-Braucourt-Sainte-Livière (52) 46 C6
Éclassan (07) 144 A3
Écleux (39) 103 E3
Éclimeux (62) 7 F1
Éclose (38) 130 D5
Écluse-Vaux (80) 8 B5
Écluzelles (28) 41 F5
Écly (08) 23 G3
Écoche (42) 115 F5
Écoivres (62) 7 G2
École (73) 132 B4
École-Valentin (25) 87 F6
Écollemont (51) 46 C6
Écommoy (72) 78 B1
Écoquenéauville (50) 13 E4
Écorcei (61) 40 A5
les Écorces (25) 104 D1
Écorches (61) 39 F3
Écordal (08) 24 A3
Écorpain (72) 60 D6
Écos (27) 41 G1
Écot (25) 88 C5
Écot-la-Combe (52) 68 B4
Écotay-l'Olme (42) 128 D5
Écouché (61) 38 D5
Écouen (95) 42 D2
Écouflant (49) 77 E4
Écouis (27) 19 E5
Écourt-Saint-Quentin (62) . . 8 D3
Écoust-Saint-Mein (62) 8 C3
Écouviez (55) 25 F3
l'Écouvotte (25) 87 G6
Écoyeux (17) 121 F2
Ecquedecques (62) 2 C6
Ecques (62) 2 B5
Ecquetot (27) 40 D1
Ecquevilly (78) 42 A3
Écrainville (76) 16 C4
Écrammeville (14) 13 G5
les Écrennes (77) 64 B1
Écretteville-lès-Baons (76) . . 17 E4
Écretteville-sur-Mer (76) . . 16 D3
Écriennes (51) 46 B5
Écrille (39) 117 G2
Écromagny (70) 88 D1
Écrosnes (28) 62 C1
Écrouves (54) 48 A5
Ectot-l'Auber (76) 17 F4
Ectot-lès-Baons (76) 17 E4
Écueil (51) 45 E1
Écueillé (36) 96 A2
Écuélin (59) 10 A3
Écuelle (70) 86 C4
Écuelles (71) 102 A4
Écuelles (77) 64 B3
Écuillé (49) 76 D3
Écuires (62) 6 D1
Écuisses (71) 101 E5
Éculleville (50) 12 B1
Écully (69) 130 A3

Écurat (16) 123 E4
Écurat (17) 121 E2
Écurcey (25) 88 C5
Écurey-en-Verdunois (55) . . 25 E5
Écurie (62) 8 B2
Écury-le-Repos (51) 45 F4
Écury-sur-Coole (51) 45 H3
Écutigny (21) 101 F2
Écuvilly (60) 21 F2
Edern (29) 53 G2
Édon (16) 122 D5
les Éduts (17) 108 A6
Eecke (59) 2 D4
Effiat (63) 113 H6
Effincourt (52) 68 A1
Effry (02) 10 A6
Égat (66) 199 H4
Égeleny (89) 83 E2
Égletons (19) 125 G6
l'Église-aux-Bois (19) 125 E4
Église-Neuve-de-Vergt (24) . . 137 F3
Église-Neuve-d'Issac (24) . . 136 D4
Égliseneuve-d'Entraigues (63) . . 126 D6
Égliseneuve-des-Liards (63) . . 127 H5
Égliseneuve-près-Billom (63) . . 127 G3
les Églises-d'Argenteuil (17) . . 121 G1
les Églisolles (63) 128 C6
les Églisottes-et-Chalaures (33) . . 136 A3
Égly (91) 42 C6
Égreville (77) 64 B4
Égriselles-le-Bocage (89) . . 64 D5
Égry (45) 63 G5
Éguelshardt (57) 28 C6
Éguenigue (90) 88 D2
l'Éguille (17) 120 C3
Éguilles (13) 175 H5
Éguilly (21) 84 D6
Éguilly-sous-Bois (10) 67 E4
Éguisheim (68) 71 F5
Éguzon-Chantôme (36) 111 E3
Éhuns (70) 87 H2
Eichhoffen (67) 71 F2
Eincheville (57) 49 F2
Einvaux (54) 69 H1
Einville-au-Jard (54) 49 E5
Eix (55) 25 F6
Élan (08) 24 B2
Élancourt (78) 42 A4
Elbach (68) 89 E3
Elbeuf (76) 18 C5
Elbeuf-en-Bray (76) 19 G4
Elbeuf-sur-Andelle (76) 19 E4
Élencourt (60) 19 H2
Élesmes (59) 10 A2
Életot (76) 16 C3
Éleu-dit-Leauwette (62) 8 B1
Élincourt (59) 9 E4
Élincourt-Sainte-Marguerite (60) . . 21 F3
Élise-Daucourt (51) 46 C2
Ellecourt (76) 19 G1
Elliant (29) 53 H3
Ellon (14) 13 H6
Elne (66) 201 F3
Elnes (62) 2 A4
Éloie (90) 88 C2
Éloise (74) 118 A6
Éloyes (88) 70 B4
Elsenheim (67) 71 G4
Elvange (57) 49 E1
Elven (56) 55 H6
Elzange (57) 26 C3
Émagny (25) 87 E6
Émalleville (27) 40 D1
Émancé (78) 41 H6
Émanville (27) 40 C2
Émanville (76) 17 F4
Emberménil (54) 49 F5
Embres-et-Castelmaure (11) . . 187 H6
Embreville (80) 6 B5
Embrun (05) 161 E2
Embry (62) 1 H6
Émerainville (77) 43 E4
Émerchicourt (59) 9 E2
Émeringes (69) 116 A5
Émieville (14) 38 D1
Émiéville (68) 89 F3
Emmerin (59) 3 F5
Émondeville (50) 13 E4
Empeaux (31) 168 C6
Empurany (07) 143 H4
Empuré (16) 108 C6
Empury (58) 83 H6
Encausse (32) 168 C4
Encausse-les-Thermes (31) . . 184 B4
Enchastrayes (04) 161 F4
Enchenberg (57) 28 B6
Encourtiech (09) 185 E5
Endoufielle (32) 168 C6
Énencourt-le-Sec (60) 19 H5
Énencourt-Léage (60) 19 H5
Enfonvelle (52) 69 E6
Engayrac (47) 151 G5
Engente (10) 67 F3
Engenville (45) 63 F4
Enghien-les-Bains (95) 42 C3
Engins (38) 145 F2
Englancourt (02) 9 H6
Englebelmer (80) 8 A4
Englefontaine (59) 9 G3
Englesqueville-en-Auge (14) 15 E3

Englesqueville-la-Percée (14) . . 13 G4
Englos (59) 3 F5
Engomer (09) 184 D5
Enguinegatte (62) 2 B5
Enguiller (67) 50 D3
Ennemain (80) 8 C6
Ennery (57) 26 C4
Ennery (95) 42 B2
Ennetières-en-Weppes (59) . . 3 F5
Ennevelin (59) 3 G6
Ennezat (63) 127 F2
Ennordres (18) 81 G5
Enquin-les-Mines (62) 2 B5
Enquin-sur-Baillons (62) 1 G5
Ens (65) 196 D1
Ensigné (79) 108 A5
Ensisheim (68) 71 F6
Ensuès-la-Redonne (13) . . 191 H5
Entrages (04) 177 F1
Entraigues (38) 146 A5
Entraigues (63) 127 G2
Entraigues-sur-la-Sorgue (84) 175 E2
Entrains-sur-Nohain (58) . . 83 E5
Entrammes (53) 58 D5
Entrange (57) 26 B3
Entraunes (06) 161 G5
Entraygues-sur-Truyère (12) . . 154 C2
Entre-Deux-Eaux (88) 70 D3
Entre-deux-Guiers (38) . . 131 G6
Entre-deux-Monts (39) 103 F6
Entrecasteaux (83) 193 G1
Entrechaux (84) 158 D5
Entremont (74) 132 C1
Entremont-le-Vieux (73) . . 131 H6
Entrepierres (04) 160 B5
Entrevaux (04) 178 B2
Entrevennes (04) 177 E1
Entrevernes (74) 132 B2
Entzheim (67) 50 D6
Enval (63) 127 E2
Enveitg (66) 199 G4
Envermeu (76) 17 H2
Environville (76) 17 E4
Éourres (05) 159 H5
Eoux (31) 184 C2
Épagne (10) 66 D2
Épagne-Épagnette (80) 6 D4
Épagny (02) 21 H4
Épagny (21) 85 H3
Épagny (74) 132 A1
Épaignes (27) 15 G4
Épaney (14) 38 D3
Épannes (79) 107 G4
Éparcy (02) 10 B6
les Éparges (55) 47 H2
Épargnes (17) 120 D4
les Éparres (38) 130 D5
Épaumesnil (80) 6 D6
Épaux-Bézu (02) 44 B1
Épeautrolles (28) 62 A3
Épécamps (80) 7 F4
Épégard (27) 40 C1
Épehy (80) 8 D5
Épeigné-les-Bois (37) 95 H1
Épeigné-sur-Dême (37) 78 D3
Épénancourt (80) 21 F1
Épenède (16) 109 F6
Épenouse (25) 104 A1
Épenoy (25) 104 A2
Épense (51) 46 C3
Épercieux-Saint-Paul (42) . . 129 E3
Éperlecques (62) 2 A3
Épernay (51) 45 F2
Épernay-sous-Gevrey (21) . . 101 H2
Épernon (28) 41 G6
Éperrais (61) 60 D2
Épersy (73) 131 H3
Épertully (71) 101 F4
Épervans (71) 101 G5
les Epesses (85) 92 C4
Épeugney (25) 103 G2
Epfig (67) 71 G2
Épiais (91) 79 H2
Épiais-lès-Louvres (95) 43 E2
Épiais-Rhus (95) 42 B1
Épieds (02) 44 B2
Épieds (27) 41 F3
Épieds (49) 93 H2
Épieds-en-Beauce (45) 62 B6
Épierre (73) 132 C5
Épiez-sur-Chiers (54) 25 F4
Épiez-sur-Meuse (55) 47 H6
Épinac (71) 101 E3
Épinal (88) 69 H4
Épinay (27) 40 A2
Épinay-Champlâtreux (95) . . 42 D2
l'Épinay-le-Comte (61) 58 C1
Épinay-sous-Sénart (91) . . 43 E5
Épinay-sur-Duclair (76) 17 F5
Épinay-sur-Odon (14) 14 A5
Épinay-sur-Orge (91) 42 D5
Épinay-sur-Seine (93) 42 D3
l'Épine (05) 159 G3
l'Épine (51) 46 A3
l'Épine (85) 90 B1
l'Épine-aux-Bois (02) 44 C3
Épineau-les-Voves (89) 65 F6
Épineu-le-Chevreuil (72) . . 59 G5
Épineuil (89) 84 A1
Épineuil-le-Fleuriel (18) 112 D2
Épineuse (60) 20 D5
Épineux-le-Seguin (53) 59 F6
Épiniac (35) 35 F5
Épinonville (55) 24 D6
Épinouze (26) 144 B1
Épinoy (62) 8 D3
Épiry (58) 99 H2
Épisy (77) 64 B3

Épizon (52) 68 B2
Éplessier (80) 20 A1
Éply (54) 48 C3
Époisses (21) 84 B4
Épône (78) 41 H3
Épothémont (10) 67 E2
Épouville (76) 15 F1
Époye (51) 23 F6
Eppe-Sauvage (59) 10 B4
Eppes (02) 22 C3
Eppeville (80) 21 G1
Epping (57) 28 B5
Épretot (76) 15 G1
Épreville (76) 16 C3
Épreville-en-Lieuvin (27) . . 15 H4
Épreville-en-Roumois (27) . . 18 A5
Épreville-près-le-Neubourg (27) . . 40 C1
Épron (14) 14 B4
Eps (62) 7 G1
Épuisay (41) 79 F1
Équancourt (80) 8 C5
Équemauville (14) 16 B6
Équennes-Éramecourt (80) . . 20 A2
Équeurdreville-Hainneville (50) . . 12 C2
Équevilley (70) 87 G2
Équevillon (39) 103 F5
Équihen-Plage (62) 1 E4
Équilly (50) 35 H2
Équirre (62) 2 A6
Éragny (95) 42 B3
Éragny-sur-Epte (60) 19 G5
Eraines (14) 38 D3
Éraville (16) 122 A4
Erbajolo (2B) 205 F2
Erbéviller-sur-Amezule (54) . . 49 E4
Erbray (44) 75 E1
Erbrée (35) 58 A4
Ercé (09) 185 E6
Ercé-en-Lamée (35) 57 F5
Ercé-près-Liffré (35) 57 G1
Erceville (45) 63 E4
Erches (80) 21 E2
Ercheu (80) 21 G2
Erchin (59) 8 D2
Erching (57) 28 A5
Erckartswiller (67) 50 C3
Ercourt (80) 6 C4
Ercuis (60) 20 C6
Erdeven (56) 54 D6
Éréac (22) 56 B1
Ergersheim (67) 50 D6
Ergnies (80) 7 E4
Ergny (62) 1 H5
Ergué-Gabéric (29) 53 G3
Érin (62) 7 F1
Éringes (21) 84 D4
Eringhem (59) 2 C3
Érize-la-Brûlée (55) 47 F4
Érize-la-Petite (55) 47 F3
Érize-Saint-Dizier (55) 47 F4
Erlon (02) 22 C2
Erloy (02) 9 H6
Ermenonville (60) 43 F1
Ermenonville-la-Grande (28) . 62 A3
Ermenonville-la-Petite (28) . . 62 A3
Ermenouville (76) 17 E3
Ermont (95) 42 C3
Ernée (53) 58 C3
Ernemont-Boutavent (60) . . 19 H3
Ernemont-la-Villette (76) . . 19 G4
Ernemont-sur-Buchy (76) . . 19 E3
Ernes (14) 39 E2
Ernestviller (57) 49 H1
Erneville-aux-Bois (55) 47 G5
Ernolsheim-Bruche (67) . . 50 D6
Ernolsheim-lès-Saverne (67) . . 50 C4
Erny-Saint-Julien (62) 2 B5
Érôme (26) 144 A3
Érondelle (80) 6 D4
Érone (2B) 205 F1
Éroudeville (50) 12 D3
Erp (09) 185 E5
Erquery (60) 20 D4
Erquinghem-le-Sec (59) 3 F5
Erquinghem-Lys (59) 3 E4
Erquinvillers (60) 20 D4
Erquy (22) 34 A3
Err (66) 199 H4
Erre (59) 9 E2
Errevet (70) 88 C2
Errouville (54) 26 A3
Ersa (2B) 203 F1
Erstein (67) 71 H1
Erstroff (57) 49 G2
Ervauville (45) 64 C5
Ervillers (62) 8 B3
Ervy-le-Châtel (10) 66 A5
Esbareich (65) 183 H5
Esbarres (21) 102 B2
Esbly (77) 43 F3
Esboz-Brest (70) 88 A1
Escala (65) 183 G4
Escalans (40) 166 D2
l'Escale (04) 160 B6
Escales (11) 187 G3
Escalles (62) 1 F2
Escalquens (31) 169 G6
Escames (60) 19 H3
Escamps (46) 153 E4
Escamps (89) 83 F2
Escandolières (12) 154 A3
Escanecrabe (31) 184 B2
Escardes (51) 44 C5
l'Escarène (06) 195 G2
Escarmain (59) 9 F3
Escaro (66) 200 B4
Escassefort (47) 150 C2
Escatalens (82) 168 D2

Escaudain (59). 9 E2
Escaudes (33). 149 H4
Escaudœuvres (59). 9 E3
Escaunets (65). 182 D2
Escautpont (59). 9 F1
Escazeaux (82). 168 C3
Eschau (67). 51 E6
Eschbach (67). 51 E3
Eschbach-au-Val (68). 71 E5
Eschbourg (67). 50 B3
Eschentzwiller (68). 89 G2
Escherange (57). 26 B3
Esches (60). 20 B6
Eschwiller (67). 50 A3
Esclagne (09). 186 A5
Esclainvillers (80). 20 C2
Esclanèdes (48). 155 H3
Esclassan-Labastide (32). . . 184 A1
Esclauzels (46). 152 D4
Esclavelles (76). 19 E2
Esclavolles-Lurey (51). 65 G1
Escles (88). 69 G4
Escles-Saint-Pierre (60). . . . 19 H1
Esclottes (47). 150 C1
Escobecques (59). 3 E5
Escœuilles (62). 1 G4
Escoire (24). 137 G2
Escolives-
  -Sainte-Camille (89) 83 G3
Escombres-
  -et-le-Chesnois (08). . . . 24 D2
Escondeaux (65). 183 F2
Esconnets (65). 183 H4
Escorailles (15). 140 A3
Escornebœuf (32). 168 B5
Escorpain (28). 41 E5
Escos (64). 165 E6
Escosse (09). 185 G4
Escot (64). 182 A4
Escots (65). 183 F4
Escou (64). 182 A3
Escoubès (64). 182 C1
Escoubès-Pouts (65). 183 E4
Escoulis (31). 184 D4
Escouloubre (11). 200 A2
Escource (40). 148 C5
Escoussans (33). 149 H1
Escoussens (81). 170 C6
Escout (64). 182 A3
Escoutoux (63). 128 A3
Escoville (14). 14 C4
Escragnolles (06). 178 B4
Escrennes (45). 63 F5
Escrignelles (45). 82 B3
Escroux (81). 171 F4
Escueillens-et-Saint-Just-
  -de-Bélengard (11). . . . 186 C4
Escurès (64). 166 C6
Escurolles (03). 113 H5
Eslettes (76). 17 G5
Esley (88). 69 F4
Eslourenties-Daban (64). . . 182 D2
Esmans (77). 64 C3
Esmery-Hallon (80). 21 G2
Esmoulières (70). 88 B1
Esmoulins (70). 86 C5
Esnandes (17). 106 D4
Esnans (25). 87 H6
Esnes (59). 9 E4
Esnes-en-Argonne (55). . . . 24 D6
Esnon (89). 65 F6
Esnouveaux (52). 68 B4
Espagnac (19). 139 F2
Espagnac-
  -Sainte-Eulalie (46) . . . 153 F2
Espalais (82). 168 B1
Espalem (43). 141 F1
Espalion (12). 154 D3
Espaly-Saint-Marcel (43) . . 142 C4
Espanès (31). 185 G1
Espaon (32). 184 C1
Esparron (05). 160 A3
Esparron (31). 184 B2
Esparron (83). 193 E1
Esparron-de-Verdon (04) . . 176 D4
Esparros (65). 183 G4
Esparsac (82). 168 C2
Espartignac (19). 124 C4
Espas (32). 167 E3
Espaubourg (60). 19 H4
Espèche (65). 183 G4
Espéchède (64). 182 D2
Espédaillac (46). 153 E2
Espelette (64). 180 C1
Espeluche (26). 158 B3
Espenel (26). 159 E1
Espérausses (81). 171 E5
Espéraza (11). 186 D6
Esperce (31). 185 F2
Espère (46). 152 C3
Espès-Undurein (64). 181 G2
Espeyrac (12). 154 C2
Espeyroux (46). 139 F6
Espezel (11). 199 H1
Espieilh (65). 183 F4
Espiens (47). 150 D6
Espiet (33). 135 G6
Espinas (82). 153 F6
Espinasse (15). 141 E5
Espinasse (63). 112 D6
Espinasse-Vozelle (03). . . . 113 H5
Espinasses (05). 160 C3
Espinchal (63). 140 D1
Espins (14). 14 B6
Espira-de-Conflent (66). . . 200 C3
Espira-de-l'Agly (66). 201 F1
Espirat (63). 127 G3
Espiute (64). 181 F1
Esplantas (43). 142 A5
Esplas (09). 185 G3
Esplas-de-Sérou (09) 185 F5

Espoey (64) 182 D2
Espondeilhan (34). 188 C1
Esprels (70). 87 H4
Esquay-Notre-Dame (14) . . 14 B5
Esquay-sur-Seulles (14). . . 14 A4
Esquéhéries (02). 9 G5
Esquelbecq (59). 2 C3
Esquennoy (60). 20 C2
Esquerchin (59). 8 C2
Esquerdes (62). 2 A4
Esquibien (29). 52 D2
Esquièze-Sère (65) 183 E6
Esquiule (64). 181 H3
les Essards (16). 136 B2
les Essards (17). 120 D2
les Essards (37). 78 B6
les Essards-
  -Taignevaux (39) 102 C4
Essarois (21). 85 F2
Essars (62). 2 D6
les Essarts (27). 40 C3
les Essarts (41). 79 E2
les Essarts (85). 91 H3
les Essarts-le-Roi (78). . . . 42 A5
les Essarts-le-Vicomte (51). . 44 C6
les Essarts-lès-Sézanne (51). . 44 D5
Essay (61). 39 G6
Esse (16). 109 G6
Essé (35). 57 G4
Essegney (88). 69 G2
les Esseintes (33). 150 A2
Essert (90). 88 C3
Essert-Romand (74). 119 F4
Essertaux (80). 20 B1
Essertenne (71). 101 E5
Essertenne-et-Cecey (70) . . 86 C5
Essertines-
  -en-Châtelneuf (42) . . . 128 D4
Essertines-en-Donzy (42) . . 129 F3
Esserts-Blay (73). 132 D4
Esserval-Combe (39). 103 G5
Esserval-Tartre (39). 103 G5
Essey (21). 101 E1
Essey-et-Maizerais (54). . . . 48 A3
Essey-la-Côte (54). 69 H1
Essey-lès-Nancy (54). 48 D5
Essia (39). 117 F1
Essigny-le-Grand (02). 22 A1
Essigny-le-Petit (02). 9 E6
Essises (02). 44 B3
Essômes-sur-Marne (02). . . 44 B2
Esson (14). 14 B6
Essoyes (10). 67 E5
Essuiles (60). 20 C4
les Estables (43). 143 E5
Estables (48). 156 A1
Establet (26). 159 F3
Estadens (31). 184 C5
Estagel (66). 201 E1
Estaing (12). 154 D2
Estaing (65). 182 C5
Estaires (59). 2 D5
Estal (46). 139 F5
Estampes (32). 183 G1
Estampures (65). 183 G1
Estancarbon (31). 184 B4
Estandeuil (63). 127 H4
Estang (32). 166 C3
Estarvielle (65). 197 E1
Estavar (66). 199 H4
Esteil (63). 127 G6
Estenc (31). 184 A5
Estensan (65). 196 D1
Estérençuby (64). 181 E3
Esternay (51). 44 C5
Esterre (65). 183 E6
Estevelles (62). 3 E6
Esteville (76). 17 H5
Estézargues (30). 174 C2
Estialescq (64). 182 A2
Estibeaux (40). 165 F5
Estigarde (40). 166 C1
Estillac (47). 151 E6
Estipouy (32). 167 G6
Estirac (65). 166 D6
Estissac (10). 65 H3
Estivals (19). 138 C4
Estivareilles (03). 112 D3
Estivareilles (42). 128 D6
Estivaux (19). 138 C1
Estoher (66). 200 C3
Estos (64). 182 A3
Estoublon (04). 177 F2
Estouches (91). 63 F3
Estourmel (59). 9 E4
Estouteville-Écalles (76). . . 19 E3
Estouy (45). 63 G4
Estrablin (38). 130 B5
Estramiac (32). 168 B3
Estrebay (08). 10 C6
Estrébœuf (80). 6 C3
l'Estréchure (30). 173 F1
Estrée (62). 1 G6
Estrée-Blanche (62). 2 B5
Estrée-Cauchy (62). 8 A1
Estrée-Wamin (62). 7 G2
Estréelles (62). 1 G6
Estrées (02). 9 E5
Estrées (59). 8 D2
Estrées-Deniécourt (80). . . . 8 B6
Estrées-la-Campagne (14). . 38 D2
Estrées-lès-Crécy (80). 7 E3
Estrées-Mons (80). 8 C6
Estrées-Saint-Denis (60). . . 21 E4
Estrées-sur-Noye (80). 20 C1
Estrennes (88). 69 F3
Estreux (59). 9 G2
Estrun (62). 9 E3
Estry (14). 38 A3
Esves-le-Moutier (37). 95 F3
Esvres (37). 79 E6

Eswars (59). 9 E3
Étable (73). 132 B5
Étables (07). 143 H3
Étables-sur-Mer (22). 33 G3
Étagnac (16). 123 F2
Étaimpuis (76). 18 D2
Étain (55). 25 G6
Étaing (62). 8 C2
Étainhus (76). 15 G1
Étais (21). 84 D3
Étais-la-Sauvin (89). 83 E5
Étalans (25). 103 H2
Étalante (21). 85 F3
Étalle (08). 10 D6
Étalleville (76). 17 F3
Étalon (80). 21 F1
Étalondes (76). 6 B5
Étampes (91). 63 F2
Étampes-sur-Marne (02). . . 44 B2
l'Étang-Bertrand (50). 12 C3
l'Étang-la-Ville (78). 42 B4
Étang-sur-Arroux (71). . . . 100 C4
l'Étang-Vergy (21). 101 G2
les Étangs (57). 26 D5
Étaples (62). 1 F6
Étaule (89). 84 A4
Étaules (17). 120 B3
Étaules (21). 85 G5
Étauliers (33). 135 E2
Étaves-et-Bocquiaux (02) . . 9 F5
Étavigny (60). 43 G1
Etcharry (64). 181 F2
Etchebar (64). 181 G4
Éteignières (08). 10 D6
Eteimbes (68). 88 D2
Étel (56). 54 D6
Ételfay (80). 21 E2
Étercy (74). 132 A2
Éternoz (25). 103 G3
Éterpigny (62). 8 C3
Éterpigny (80). 8 C6
Éterville (14). 14 B5
Étevaux (21). 86 B6
Eth (59). 9 G2
Étienville (50). 12 D4
Étigny (89). 65 E5
les Étilleux (28). 61 E3
Étinehem (80). 8 A6
Étiolles (91). 42 D6
Étival (39). 117 H2
Étival-Clairefontaine (88) . . 70 C2
Étival-lès-le-Mans (72). . . . 60 A6
Étrelny (89). 84 B3
Étobon (70). 88 B3
Étoges (51). 45 E4
l'Étoile (39). 102 D6
l'Étoile (80). 7 E5
Étoile-Saint-Cyrice (05). . . 159 G4
Étoile-sur-Rhône (26) . . . 144 B6
Éton (55). 25 G5
Étormay (21). 85 E4
Étouars (24). 123 E4
Étourvy (10). 66 B6
Étoutteville (76). 17 E4
Étouvans (25). 88 C4
Étouvelles (02). 22 D3
Étouvy (14). 37 H3
Étouy (60). 20 C4
Étrabonne (25). 103 E1
Étrappe (25). 88 B4
l'Étrat (42). 129 F5
Étray (25). 104 A2
Étraye (55). 25 E5
Étréaupont (02). 10 A6
Étréchet (36). 96 D5
Étréchy (18). 98 B2
Étréchy (51). 45 E3
Étréchy (91). 63 F1
Étréham (14). 13 H5
Étreillers (02). 21 H1
Étréjust (80). 6 D6
Étrelles (35). 58 A5
Étrelles-
  -et-la-Montbleuse (70) . . 87 E5
Étrelles-sur-Aube (10). . . . 65 H1
Étrembières (74). 118 C5
Étrépagny (27). 19 F5
Étrepigney (39). 102 D2
Étrépigny (08). 24 B2
Étrépilly (02). 44 B2
Étrépilly (77). 43 G2
Étrepy (51). 46 C4
Étretat (76). 16 B3
Étreux (02). 9 G5
Étreval (54). 69 F1
Étréville (27). 18 A5
Étrez (01). 116 D3
Étriac (16). 122 A5
Étriché (49). 77 E3
Étricourt-Manancourt (80). . 8 C5
Étrigny (71). 101 E1
Étrochey (21). 85 E1
Étrœungt (59). 10 A4
Étroussat (03). 113 G5
Étsaut (64). 182 A5
Ettendorf (67). 50 D3
Etting (57). 28 A6
Étueffont (90). 88 D3
Étupes (25). 88 C4
Éturqueraye (27). 18 A5
Étusson (79). 93 E3
Étuz (70). 87 F6
Étzling (57). 27 G4
Eu (76). 6 B4
Euffigneix (52). 67 H4
Eugénie-les-Bains (40) . . . 166 B4
Euilly-et-Lombut (08). 24 D2
Eulmont (54). 48 D4
Eup (31). 184 A5

Eurre (26). 144 B6
Eurville-Bienville (52). 46 D6
Eus (66). 200 C3
Euvezin (54). 48 A3
Euville (55). 47 H4
Euvy (51). 45 F5
Euzet (30). 174 A1
Évaillé (72). 78 D1
Évans (39). 103 E1
Évaux-et-Ménil (88). 69 G2
Évaux-les-Bains (23). 112 C5
Ève (60). 43 F2
Évecquemont (78). 42 A2
Évenos (83). 193 E5
Évergnicourt (02). 23 E4
Everly (77). 64 D2
Évette-Salbert (90). 88 C2
Éveux (69). 129 G2
Évian-les-Bains (74). 119 E3
Évigny (08). 24 A1
Évillers (25). 103 H3
Évin-Malmaison (62). 8 C1
Évires (74). 118 C6
Évisa (2A). 204 C3
Évosges (01). 131 E1
Évran (22). 34 D6
Évrange (57). 26 B2
Évrecy (14). 14 B5
Èvres (55). 47 E2
Évreux (27). 40 D2
Évricourt (60). 21 F3
Évriguet (56). 56 A3
Évron (53). 59 F4
Évry (89). 65 E3
Évry (91). 42 D6
Évry-Grégy-sur-Yerre (77). . 43 E6
Excenevex (74). 118 D3
Excideuil (24). 137 H1
Exermont (08). 24 C5
Exideuil (16). 123 F2
Exincourt (25). 88 C4
Exireuil (79). 108 B2
Exmes (61). 39 F4
Exoudun (79). 108 B3
Expiremont (17). 135 G1
Eybens (38). 145 G3
Eybouleuf (87). 124 C3
Eyburie (19). 124 D6
Eycheil (09). 185 E5
Eydoche (38). 130 D6
Eygalayes (26). 159 G5
Eygalières (13). 175 F4
Eygaliers (26). 159 F4
Eygliers (05). 161 F1
Eygluy-Escoulin (26). 144 D6
Eyguians (05). 159 H4
Eyguières (13). 191 G2
Eygurande (19). 126 B4
Eygurande-
  -et-Gardedeuil (24) . . . 136 B3
Eyjeaux (87). 124 C3
Eyliac (24). 137 G3
Eymet (24). 150 D1
Eymeux (26). 144 C3
Eymouthiers (16). 123 E4
Eymoutiers (87). 125 E3
Eyne (66). 199 H4
Eynesse (33). 136 B5
Eyragues (13). 175 E3
Eyrans (33). 135 E2
Eyrein (19). 139 F1
Eyres-Moncube (40). 165 H4
Eyroles (26). 159 E4
Eysines (33). 135 E5
Eysson (25). 104 A1
Eysus (64). 182 A3
Eyvirat (24). 137 F1
Eywiller (67). 50 A3
Eyzahut (26). 158 C2
Eyzerac (24). 123 G6
les Eyzies-
  -de-Tayac-Sireuil (24) . . 137 H5
Eyzin-Pinet (38). 130 B5
Ézanville (95). 42 D2
Èze (06). 179 F3
Ézy-sur-Eure (27). 41 F4

F

Fa (11). 186 D6
Fabas (09). 184 D4
Fabas (31). 184 C2
Fabas (82). 169 E3
Fabras (07). 157 F2
Fabrègues (34). 173 F2
Fabrezan (11). 187 G4
Faches-Thumesnil (59). . . . 3 F5
Fâchin (58). 100 B3
la Fage-Montivernoux (48). . 155 G1
la Fage-Saint-Julien (48). . 141 F6
le Faget (31). 169 H6
Faget-Abbatial (32). 168 A6
Fagnières (51). 45 H3
Fagnon (08). 24 A1
Fahy-lès-Autrey (70). 86 C5
Failly (57). 26 C5
Fain-lès-Montbard (21). . . . 84 D4
Fain-lès-Moutiers (21). . . . 84 C4
Fains (27). 41 F2
Fains-la-Folie (28). 62 C4
Fains-Véel (55). 47 E4
Faissault (08). 23 H3
Fajac-en-Val (11). 187 E4
Fajac-la-Relenque (11). . . . 186 A2
Fajoles (46). 138 B6
la Fajolle (11). 199 G3
Fajolles (82). 168 C2

Falaise (08) 24 B5
Falaise (14). 38 D3
la Falaise (78). 42 A3
Falck (57). 27 E4
Faleyras (33). 135 G6
Falga (31). 186 B1
le Falgoux (15). 140 C3
Falicon (06). 195 F2
Falkwiller (68). 89 E2
Fallencourt (76). 6 C6
Fallerans (25). 103 H2
Falleron (85). 91 E2
Falletans (39). 102 D2
la Faloise (80). 20 C2
Fals (47). 168 A1
Falvy (80). 21 G1
Famars (59). 9 F2
Famechon (62). 7 H4
Famechon (80). 20 A1
Fameck (57). 26 B4
Familly (14). 39 G3
Fampoux (62). 8 B2
Fanjeaux (11). 186 C3
Fanlac (24). 137 H3
le Faou (29). 31 F6
le Faouët (22). 33 E2
le Faouët (56). 54 B3
Faramans (01). 130 C2
Faramans (38). 130 C6
Farbus (62). 8 B2
Farceaux (27). 19 F5
la Fare-en-Champsaur (05). . 160 B1
la Fare-les-Oliviers (13). . . 191 H3
Farébersviller (57). 49 G1
Fareins (01). 116 B6
Faremoutiers (77). 43 H4
Farges (01). 118 A5
les Farges (24). 138 A3
Farges-Allichamps (18). . . . 97 G5
Farges-en-Septaine (18). . . 98 A3
Farges-lès-Chalon (71). . . 101 G5
Farges-lès-Mâcon (71). . . 116 B2
Fargues (33). 149 H2
Fargues (40). 166 A4
Fargues (46). 152 B4
Fargues-Saint-Hilaire (33). . 135 F5
Fargues-sur-Ourbise (47). . 150 C5
Farincourt (52). 86 D2
Farinole (2B). 203 F3
la Farlède (83). 193 F5
Farnay (42). 129 G5
Farschviller (57). 49 G1
Fatines (72). 60 B5
Fatouville-Grestain (27) . . . 16 C3
le Fau (15). 140 B3
Fau-de-Peyre (48). 155 G1
Fauch (81). 170 C4
Faucigny (74). 118 D5
Faucompierre (88). 70 B4
Faucon (84). 158 D5
Faucon-de-
  -Barcelonnette (04) . . . 161 F3
Faucon-du-Caire (04) . . . 160 B4
Fauconcourt (88). 70 A2
Faucoucourt (02). 22 B3
Faudoas (82). 168 C3
le Fauga (31). 185 F1
Faugères (07). 157 E3
Faugères (34). 172 B6
Fauguernon (14). 15 F4
Fauguerolles (47). 150 C3
Fauillet (47). 150 D3
le Faulq (14). 15 F4
Faulquemont (57). 49 F2
Faulx (54). 48 C4
Faumont (59). 8 D1
Fauquembergues (62) 2 A5
la Faurie (05). 159 H2
Faurilles (24). 151 F1
Fauroux (82). 151 H5
Faussergues (81). 171 E1
la Faute-sur-Mer (85). . . . 106 B3
Fauverney (21). 102 A1
Fauville (27). 41 E2
Fauville-en-Caux (76). 16 D4
Faux (08). 23 H3
Faux (24). 137 G5
Faux-Fresnay (51). 45 E6
Faux-Villecerf (10). 65 G3
Faux-la-Montagne (23). . . 125 F3
Faux-Mazuras (23). 125 E2
Faux-Vésigneul (51). 45 H4
Favalello (2B). 205 F2
Favars (19). 138 D2
Faveraye-Mâchelles (49). . 93 H3
Faverelles (45). 82 C4
Faverges (74). 132 C3
Faverges-de-la-Tour (38) . . 131 E4
Faverney (70). 87 F2
Faverois (90). 88 D4
Faverolles (02). 21 H6
Faverolles (15). 141 F5
Faverolles (28). 41 G5
Faverolles (36). 96 A2
Faverolles (52). 68 A6
Faverolles (61). 38 C5
Faverolles (80). 21 E2
Faverolles-et-Coëmy (51). . 22 D6
Faverolles-
  -la-Campagne (27) 40 C2
Faverolles-lès-Lucey (21). . 85 G1
Faverolles-sur-Cher (41). . . 79 G6
la Favière (39). 103 G5
Favières (28). 61 H1
Favières (54). 69 E1
Favières (77). 43 F5
Favières (80). 6 C3
Favresse (51). 46 B5

Favreuil (62). 8 B4
Favrieux (78). 41 G3
le Favril (27). 15 H5
le Favril (28). 61 G1
le Favril (59). 9 G4
Fay (61). 39 H5
le Fay (71). 102 B6
Fay (72). 60 A5
Fay (80). 8 B6
Fay-aux-Loges (45). 81 F1
Fay-de-Bretagne (44) 74 B3
Fay-en-Montagne (39). . . 103 E5
Fay-le-Clos (26). 144 B2
Fay-les-Étangs (60). 19 H6
Faÿ-lès-Marcilly (10). 65 G2
Faÿ-lès-Nemours (77). . . . 64 A2
le Fay-Saint-Quentin (60) . . 20 B4
Fay-sur-Lignon (43). 143 F4
Faycelles (46). 153 G2
la Faye (16). 108 D6
Faye (41). 79 G2
Faye-d'Anjou (49). 77 E6
Faye-la-Vineuse (37). 94 B3
Faye-l'Abbesse (79). 93 F4
Faye-sur-Ardin (79). 107 G2
le Fayel (60). 21 E5
Fayence (83). 178 B5
Fayet (02). 9 E6
Fayet (12). 171 H4
Fayet-le-Château (63). . . . 127 H4
Fayet-Ronaye (63). 128 A6
Fayl-Billot (52). 86 C2
Faymont (70). 88 B3
Faymoreau (85). 107 G1
Fays (52). 67 G1
Fays (88). 70 B3
Fays-la-Chapelle (10). 66 A5
Fayssac (81). 170 B2
Féas (64). 181 H3
Febvin-Palfart (62). 2 B6
Fécamp (76). 16 C3
Féchain (59). 8 D2
Fêche-l'Église (90). 88 D4
Fécocourt (54). 69 F2
Fédry (70). 87 E3
Fegersheim (67). 51 E6
Fégréac (44). 74 A1
Feigères (74). 118 B5
Feigneux (60). 21 F6
Feignies (59). 10 A2
Feillens (01). 116 B3
Feings (41). 80 A5
Feings (61). 40 A6
Feins (35). 57 F1
Feins-en-Gâtinais (45). . . . 82 B2
Feissons-sur-Isère (73) . . . 132 D4
Feissons-sur-Salins (73) . . 132 D5
le Fel (12). 154 B2
Fel (61). 39 F4
Felce (2B). 205 G2
Feldbach (68). 89 F4
Feldkirch (68). 71 F6
Feliceto (2B). 202 D5
Félines (07). 143 H1
Félines (43). 142 B2
Félines-Minervois (34) . . . 187 F2
Félines-
  -sur-Rimandoule (26) . . 158 C2
Félines-Termenès (11). . . . 187 F4
Felleries (59). 10 A4
Fellering (68). 70 D6
Felletin (23). 125 F2
Felluns (66). 200 C2
Felon (90). 88 D2
Felzins (46). 153 H2
Fenain (59). 9 E2
Fénay (21). 101 H1
Fendeille (11). 186 B3
Fénery (79). 93 F6
Fénétrange (57). 49 H3
Feneu (49). 76 D3
Féneyrols (82). 153 F6
Féniers (23). 125 G3
Fenioux (17). 121 F1
Fenioux (79). 107 H1
Fenneviller (54). 70 C1
Fénols (81). 170 B3
le Fenouiller (85). 90 D4
Fenouillet (31). 169 E5
Fenouillet (66). 200 B1
Fenouillet-du-Razès (11). . 186 C4
Fépin (08). 11 E5
Fercé (44). 57 G6
Fercé-sur-Sarthe (72). . . . 59 H6
Ferdrupt (88). 70 B6
la Fère (02). 22 A2
Fère-Champenoise (51). . . 45 F5
Fère-en-Tardenois (02). . . . 44 C1
Fèrebrianges (51). 45 E4
la Férée (08). 23 G1
Férel (56). 73 G2
Ferfay (62). 2 C6
Féricy (77). 64 B2
Férin (59). 8 D2
Fermanville (50). 12 D1
la Fermeté (58). 99 E4
Ferney-Voltaire (01). 118 B4
Fernoël (63). 126 A3
Férolles (45). 81 E2
Férolles-Attilly (77). 43 E5
Féron (59). 10 A4
Ferques (62). 1 G3
Ferrals-les-Corbières (11) . . 187 G4
Ferrals-les-Montagnes (34) . . 187 G1
Ferran (11). 186 C4
Ferrassières (26). 159 F4
le Ferré (35). 35 H5
Ferrensac (47). 151 F1
Ferrère (65). 183 H6
les Ferres (06). 195 E2
Ferrette (68). 89 F4

224

Ferreux-Quincey (10)......65 G2
la Ferrière (22)......55 H2
la Ferrière (37)......79 E3
la Ferrière (38)......146 A1
la Ferrière (85)......91 H4
la Ferrière-Airoux (86)......109 E3
la Ferrière-au-Doyen (61)......39 H5
la Ferrière-aux-Étangs (61)......38 B6
la Ferrière-Béchet (61)......39 F6
la Ferrière-Bochard (61)......59 H2
la Ferrière-de-Flée (49)......76 C2
la Ferrière-
  -en-Parthenay (79)......93 G6
Ferrière-et-Lafolie (52)......67 H2
la Ferrière-Harang (14)......37 H2
la Ferrière-la-Grande (59)......10 A3
la Ferrière-la-Petite (59)......10 A3
Ferrière-Larçon (37)......95 F3
Ferrière-sur-Beaulieu (37)......95 G2
la Ferrière-sur-Risle (27)......40 B2
Ferrières (17)......107 E4
Ferrières (50)......37 G6
Ferrières (54)......48 D6
Ferrières (60)......20 D3
Ferrières (65)......182 C5
Ferrières (80)......7 F6
Ferrières (81)......171 E5
Ferrières-en-Bray (76)......19 G4
Ferrières-en-Brie (77)......43 F4
Ferrières-en-Gâtinais (45)......64 B5
Ferrières-Haut-Clocher (27)......40 C2
Ferrières-la-Verrerie (61)......39 G5
Ferrières-le-Lac (25)......88 D6
Ferrières-les-Bois (25)......103 E1
Ferrières-lès-Ray (70)......87 E4
Ferrières-lès-Scey (70)......87 F3
Ferrières-les-Verreries (34)......173 F3
Ferrières-Poussarou (34)......187 H1
Ferrières-Saint-Hilaire (27)......15 H6
Ferrières-Saint-Mary (15)......141 E3
Ferrières-sur-Ariège (09)......185 H6
Ferrières-sur-Sichon (03)......128 A1
Ferrussac (43)......141 H3
Fertans (25)......103 G3
la Ferté (39)......102 D4
la Ferté-Alais (91)......63 G1
la Ferté-Beauharnais (41)......80 D4
la Ferté-Bernard (72)......60 D4
la Ferté-Chevresis (02)......22 B2
la Ferté-Frênel (61)......39 H4
la Ferté-Gaucher (77)......44 B4
la Ferté-Hauterive (03)......113 H3
la Ferté-Imbault (41)......80 D6
la Ferté-Loupière (89)......82 D1
la Ferté-Macé (61)......38 C6
la Ferté-Milon (02)......43 H1
la Ferté-Saint-Aubin (45)......80 D3
la Ferté-Saint-Cyr (41)......80 C3
la Ferté-Saint-Samson (76)......19 F3
la Ferté-sous-Jouarre (77)......43 H3
la Ferté-sur-Chiers (08)......25 E3
la Ferté-Vidame (28)......40 C6
la Ferté-Villeneuil (28)......62 A6
Fertrève (58)......99 G4
Fervaches (50)......37 G2
Fervaques (14)......15 F6
Fescamps (80)......21 E2
Fesches-le-Châtel (25)......88 D4
Fesmy-le-Sart (02)......9 G4
Fesques (76)......19 F1
Fessanvilliers-
  -Mattanvilliers (28)......40 D5
Fessenheim (68)......71 G6
Fessenheim-le-Bas (67)......50 D5
Fessevillers (25)......88 D6
les Fessey (70)......88 A1
Fessy (74)......118 D4
Festalemps (24)......136 C2
Festes-et-Saint-André (11)......186 C5
Festieux (02)......22 D3
Festigny (51)......44 D2
Festigny (89)......83 F4
Festubert (62)......2 D6
le Fête (21)......101 E2
Féternes (74)......119 E3
Fétigny (39)......117 G2
Feucherolles (78)......42 A4
Feuchy (62)......8 B2
Feugarolles (47)......150 D5
Feugères (50)......12 D6
Feuges (10)......66 B2
Feuguerolles (27)......40 D1
Feuguerolles-Bully (14)......14 B5
Feuilla (11)......188 A6
Feuillade (16)......122 C4
la Feuillade (24)......138 C3
la Feuillée (29)......31 H5
Feuillères (80)......8 B5
la Feuillie (50)......12 D6
la Feuillie (76)......19 F4
Feule (25)......88 C5
Feuquières (60)......19 H2
Feuquières-en-Vimeu (80)......6 C4
Feurs (42)......129 E3
Feusines (36)......111 H2
Feux (18)......98 C1
Fèves (57)......26 B5
Féy (57)......26 B6
Fey-en-Haye (54)......48 B3
Feyt (19)......126 B4
Feytiat (87)......124 B3
Feyzin (69)......130 A4
Fiac (81)......170 A4
Ficaja (2B)......203 G6
Ficheux (62)......8 B2
Fichous-Riumayou (64)......166 A6
le Fidelaire (27)......40 B3
le Fied (39)......103 H3
le Fief-Sauvin (49)......75 G5
Fieffes-Montrelet (80)......7 F4
Fiefs (62)......2 B6

Fiennes (62)......1 G3
Fienvillers (80)......7 F4
Fierville-Bray (14)......38 D1
Fierville-les-Mines (50)......12 C4
Fierville-les-Parcs (14)......15 F4
le Fieu (33)......136 A3
Fieu (86)......109 F2
Fieulaine (02)......9 F6
Fieux (47)......167 G1
Figanières (83)......177 H5
Figari (2A)......207 F4
Figarol (31)......184 C4
Figeac (46)......153 G2
Fignévelle (88)......69 E6
Fignières (80)......20 D2
Filain (02)......22 B4
Filain (70)......87 G4
Fillé (72)......78 A1
Fillières (54)......25 H4
Fillièvres (62)......7 F2
Fillinges (74)......118 D5
Fillols (66)......200 C3
Filstroff (57)......27 E3
Fiménil (88)......70 B4
Finestret (66)......200 C3
Finhan (82)......168 D2
les Fins (25)......104 C2
Fins (80)......8 C5
Fiquefleur-Équainville (27)......16 B6
Firbeix (24)......123 H4
Firfol (14)......15 F5
Firmi (12)......154 A3
Firminy (42)......129 E6
Fislis (68)......89 G4
Fismes (51)......22 C5
Fitilieu (38)......131 F5
Fitou (11)......188 A6
Fitz-James (60)......20 D5
Fix-Saint-Geneys (43)......142 B3
Fixem (57)......26 C2
Fixin (21)......101 H1
Flacey (21)......86 A5
Flacey (28)......62 A4
Flacey-en-Bresse (71)......117 E1
la Flachère (38)......131 H6
Flachères (38)......130 D5
Flacourt (78)......41 G3
Flacy (89)......65 G4
Flagey (25)......103 G3
Flagey (52)......86 A2
Flagey-Echézeaux (21)......101 H2
Flagey-lès-Auxonne (21)......102 C2
Flagey-Rigney (25)......87 G5
Flagnac (12)......154 A2
Flagy (70)......87 G2
Flagy (71)......116 A2
Flagy (77)......64 C3
Flaignes-Havys (08)......23 G1
Flainval (54)......49 E5
Flamanville (50)......12 A3
Flamanville (76)......17 F4
Flamarens (32)......168 B1
la Flamengrie (02)......10 A5
la Flamengrie (59)......9 G2
Flamets-Frétils (76)......19 F2
Flammerans (21)......102 C1
Flammerécourt (52)......67 H2
Flancourt-Catelon (27)......18 A5
Flangebouche (25)......104 B2
Flassan (84)......175 G1
Flassans-sur-Issole (83)......193 G3
Flassigny (55)......25 F4
Flastroff (57)......26 D3
Flat (63)......127 C6
Flaucourt (80)......8 B6
Flaugeac (24)......136 D6
Flaugnac (46)......152 C5
Flaujac-Gare (46)......153 F1
Flaujac-Poujols (46)......152 D4
Flaujagues (33)......136 A5
Flaumont-Waudrechies (59)......10 A4
Flaux (30)......174 C2
Flavacourt (60)......19 H5
Flaviac (07)......143 H6
Flavignac (87)......124 A3
Flavignerot (21)......101 G1
Flavigny (18)......98 B4
Flavigny (51)......45 F3
Flavigny-le-Grand-
  -et-Beaurain (02)......9 G6
Flavigny-sur-Moselle (54)......48 D6
Flavigny-sur-Ozerain (21)......85 E4
Flavin (12)......154 C5
Flavy-le-Martel (02)......21 H2
Flavy-le-Meldeux (60)......21 G2
Flaxieu (01)......131 G2
Flaxlanden (68)......89 F2
Flayat (23)......126 A3
Flayosc (83)......193 H1
Fléac (16)......122 B4
Fléac-sur-Seugne (17)......121 F5
la Flèche (72)......77 G2
Fléchin (62)......2 B6
Fléchy (60)......20 B2
Flée (21)......84 C5
Flée (72)......78 C2
Fleigneux (08)......24 C1
Fleisheim (57)......50 A4
le Fleix (24)......136 C5
Fleix (86)......109 H1
Fléré-la-Rivière (36)......95 G3
Flers (61)......38 B4
Flers (62)......7 F3
Flers (80)......8 B4
Flers-en-Escrebieux (59)......8 D1
Flers-sur-Noye (80)......20 C2
Flesquières (59)......8 D4
Flesselles (80)......7 G5
Flétrange (57)......49 F1
Flêtre (59)......2 D4
Fléty (58)......100 A5
Fleurac (16)......122 B4

Fleurac (24)......137 H4
Fleurance (32)......168 A3
Fleurat (23)......111 F4
Fleurbaix (62)......3 E5
Fleuré (61)......39 E5
Fleuré (86)......109 F2
Fleurey (25)......88 C6
Fleurey-lès-Faverney (70)......87 F2
Fleurey-lès-Lavoncourt (70)......86 D3
Fleurey-Saint-Loup (70)......69 G6
Fleurey-sur-Ouche (21)......85 G6
Fleurie (69)......116 A5
Fleuriel (03)......113 G4
Fleurieu-sur-Saône (69)......130 A2
Fleurieux-
  -sur-l'Arbresle (69)......129 H2
Fleurigné (35)......58 A2
Fleurines (60)......20 D6
Fleurville (71)......116 B2
Fleury (02)......21 H6
Fleury (11)......188 B3
Fleury (50)......37 E3
Fleury (57)......26 C6
Fleury (60)......20 A6
Fleury (62)......7 G1
Fleury (80)......20 B1
Fleury-devant-
  --Douaumont (55)......25 F6
Fleury-en-Bière (77)......63 H2
Fleury-la-Forêt (27)......19 F4
Fleury-la-Montagne (71)......115 E5
Fleury-la-Rivière (51)......45 E2
Fleury-la-Vallée (89)......83 F1
Fleury-les-Aubrais (45)......62 D6
Fleury-Mérogis (91)......42 D6
Fleury-sur-Andelle (27)......19 E5
Fleury-sur-Loire (58)......99 E5
Fleury-sur-Orne (14)......14 B5
Flévieux (08)......24 C5
Fléville-devant-Nancy (54)......48 D5
Fléville-Lixières (54)......25 H6
Flévy (57)......26 C4
Flexanville (78)......41 H4
Flexbourg (67)......50 C6
Fley (71)......101 F6
Fleys (89)......83 H2
Flez-Cuzy (58)......83 G6
Fligny (08)......10 C6
Flin (54)......70 B1
Flines-lès-Mortagne (59)......4 B6
Flines-lès-Raches (59)......8 D1
Flins-Neuve-Église (78)......41 G3
Flins-sur-Seine (78)......42 A3
Flipou (27)......18 D5
Flirey (54)......48 A3
Flixecourt (80)......7 F5
Flize (08)......24 B2
la Flocellière (85)......92 C4
Flocourt (57)......49 E2
Flocques (76)......6 A4
Flogny-la-Chapelle (89)......65 H6
Floing (08)......24 C2
Floirac (17)......120 D5
Floirac (33)......135 F5
Floirac (46)......138 D5
Florac (48)......156 B5
Florange (57)......26 C4
Floremont (88)......69 G2
Florensac (34)......188 D2
Florent-en-Argonne (51)......46 D1
Florentia (39)......117 F3
Florentin (81)......170 B3
Florentin-la-Capelle (12)......154 C2
Floressas (46)......152 A3
Florimont (90)......89 E4
Florimont-Gaumier (24)......152 B1
Floringhem (62)......2 C6
la Flotte (17)......106 B4
Flottemanville (50)......12 D3
Flottemanville-Hague (50)......12 B2
Floudès (33)......150 A2
Floure (11)......187 F3
Flourens (31)......169 G5
Floursies (59)......10 A3
Floyon (59)......9 H4
Flumet (73)......132 D2
Fluquières (02)......21 H1
Fluy (80)......7 F6
Foameix-Ornel (55)......25 G6
Foce (2A)......207 E3
Focicchia (2B)......205 F3
Fœcy (18)......97 F2
le Foeil (22)......33 F5
Foisches (08)......11 F4
Foissac (12)......153 G3
Foissac (30)......174 A1
Foissiat (01)......116 D3
Foissy (21)......101 E2
Foissy-lès-Vézelay (89)......83 H5
Foissy-sur-Vanne (89)......65 F4
Foix (09)......185 H5
Folcarde (31)......186 A1
Folembray (02)......22 A3
Folgensbourg (68)......89 G3
le Folgoët (29)......31 F3
la Folie (14)......13 G5
Folies (80)......21 E1
Folkling (57)......27 G5
Follainville-Dennemont (78)......41 H2
Folles (87)......110 D5
la Folletière (76)......17 E5
la Folletière-Abenon (14)......39 H2
Folleville (27)......15 H5
Folleville (80)......20 C2
Folligny (50)......37 E3
Folschviller (57)......49 F1
Fomerey (88)......69 H3
Fomperron (79)......108 B2
Fonbeauzard (31)......169 F5
Foncegrive (21)......86 A3
Fonches-Fonchette (80)......21 F1

Foncine-le-Bas (39)......103 G6
Foncine-le-Haut (39)......103 G6
Foncquevillers (62)......8 A4
Fondamente (12)......172 A3
Fondettes (37)......78 D5
Fondremand (70)......87 F4
Fongrave (47)......151 E4
Fongueusemare (76)......16 C4
Fonroque (24)......151 E1
Fons (07)......157 G2
Fons (30)......173 H3
Fons (46)......153 G1
Fons-sur-Lussan (30)......157 G6
Fonsommes (02)......9 F6
Fonsorbes (31)......168 D6
Font-Romeu-
  -Odeillo-Via (66)......199 H4
Fontain (25)......103 G1
Fontaine (10)......67 F4
Fontaine (38)......145 G2
Fontaine (90)......88 D3
Fontaine-au-Bois (59)......9 G4
Fontaine-au-Pire (59)......9 E4
Fontaine-Bellenger (27)......41 E1
Fontaine-Bonneleau (60)......20 B2
Fontaine-Chaalis (60)......43 F1
Fontaine-Chalendray (17)......121 H1
Fontaine-Couverte (53)......58 A6
Fontaine-de-Vaucluse (84)......175 G2
Fontaine-Denis-Nuisy (51)......44 D6
Fontaine-en-Bray (76)......19 E2
Fontaine-en-Dormois (51)......24 B6
Fontaine-Étoupefour (14)......14 B5
Fontaine-Fourches (77)......65 E2
Fontaine-Française (21)......86 B4
Fontaine-Guérin (49)......77 G4
Fontaine-Henry (14)......14 B4
Fontaine-Heudebourg (27)......41 E1
Fontaine-la-Gaillarde (89)......65 E4
Fontaine-la-Guyon (28)......61 H1
Fontaine-la-Louvet (27)......15 G5
Fontaine-la-Mallet (76)......15 F1
Fontaine-la-Rivière (91)......63 F3
Fontaine-la-Soret (27)......40 B1
Fontaine-l'Abbé (27)......40 B1
Fontaine-Lavaganne (60)......20 A3
Fontaine-le-Bourg (76)......17 H5
Fontaine-le-Comte (86)......109 E1
Fontaine-le-Dun (76)......17 F3
Fontaine-le-Pin (14)......38 D2
Fontaine-le-Port (77)......64 B1
Fontaine-le-Puits (73)......132 D5
Fontaine-le-Sec (80)......6 D5
Fontaine-les-Bassets (61)......39 E3
Fontaine-lès-Boulans (62)......2 B6
Fontaine-lès-Cappy (80)......8 B6
Fontaine-lès-Clercs (02)......21 H1
Fontaine-lès-Clerval (25)......88 A5
Fontaine-les-Coteaux (41)......79 E2
Fontaine-lès-Croisilles (62)......8 C3
Fontaine-lès-Dijon (21)......85 H6
Fontaine-les-Grès (10)......66 A2
Fontaine-lès-Hermans (62)......2 B6
Fontaine-lès-Luxeuil (70)......87 H1
Fontaine-les-Ribouts (28)......41 E5
Fontaine-lès-Vervins (02)......10 A6
Fontaine-l'Étalon (62)......7 E2
Fontaine-Mâcon (10)......65 F2
Fontaine-Milon (49)......77 F4
Fontaine-Notre-Dame (02)......9 F6
Fontaine-Notre-Dame (59)......8 D3
Fontaine-Raoul (41)......61 G6
Fontaine-Saint-Lucien (60)......20 B4
la Fontaine-
  -Saint-Martin (72)......77 H2
Fontaine-Simon (28)......61 G1
Fontaine-sous-Jouy (27)......41 E2
Fontaine-
  -sous-Montdidier (80)......20 D2
Fontaine-sous-Préaux (76)......17 H6
Fontaine-sur-Ay (51)......45 F2
Fontaine-sur-Maye (80)......7 E3
Fontaine-sur-Somme (80)......7 E5
Fontaine-Uterte (02)......9 E6
Fontainebleau (77)......64 A2
Fontainebrux (39)......102 C6
Fontaines (71)......101 G5
Fontaines (85)......107 E2
Fontaines (89)......83 E3
Fontaines-d'Ozillac (17)......121 G6
Fontaines-en-Duesmois (21)......85 E3
Fontaines-en-Sologne (41)......80 B4
Fontaines-les-Sèches (21)......84 C2
Fontaines-Saint-Clair (55)......25 E5
Fontaines-
  -Saint-Martin (69)......130 A2
Fontaines-sur-Marne (52)......67 H1
Fontaines-sur-Saône (69)......130 A2
Fontains (77)......64 C2
Fontanès (30)......173 H3
Fontanès (34)......173 H4
Fontanès (42)......129 F5
Fontanes (46)......152 B6
Fontanes (48)......142 B6
Fontanès-de-Sault (11)......199 H1
Fontanes-du-Causse (46)......153 E1
Fontanges (15)......140 B3
Fontangy (21)......84 D6
Fontanières (23)......112 C6
Fontannes (43)......141 H2
Fontans (48)......155 H1
Fontarèches (30)......174 B1
Fontclaireau (16)......122 C2
Fontcouverte (11)......187 G4
Fontcouverte (17)......121 F3
Fontcouverte-
  -la-Toussuire (73)......146 C2
la Fontelaye (76)......17 F4
Fontenai-les-Louvets (61)......59 H1

Fontenai-sur-Orne (61)......39 E6
Fontenailles (77)......64 C1
Fontenailles (89)......83 F3
Fontenay (27)......19 F6
Fontenay (36)......96 C3
Fontenay (50)......37 G5
Fontenay (71)......115 F2
Fontenay (76)......15 F1
Fontenay (88)......70 A3
Fontenay-aux-Roses (92)......42 C4
Fontenay-de-Bossery (10)......65 F2
Fontenay-en-Parisis (95)......42 D2
Fontenay-le-Comte (85)......107 F2
Fontenay-le-Fleury (78)......42 B4
Fontenay-le-Marmion (14)......14 B5
Fontenay-le-Pesnel (14)......14 A4
Fontenay-le-Vicomte (91)......63 G1
Fontenay-lès-Briis (91)......42 C6
Fontenay-Mauvoisin (78)......41 G3
Fontenay-près-Chablis (89)......83 H1
Fontenay-près-Vézelay (89)......83 G5
Fontenay-Saint-Père (78)......41 H2
Fontenay-sous-Bois (94)......42 D4
Fontenay-
  -sous-Fouronnes (89)......83 G3
Fontenay-sur-Conie (28)......62 C4
Fontenay-sur-Eure (28)......62 A2
Fontenay-sur-Loing (45)......64 B5
Fontenay-sur-Mer (50)......13 E4
Fontenay-Torcy (60)......19 G3
Fontenay-Trésigny (77)......43 G5
Fontenelle (02)......9 H5
Fontenelle (21)......86 B4
la Fontenelle (35)......35 G5
la Fontenelle (41)......61 F5
Fontenelle (90)......88 D3
Fontenelle-en-Brie (02)......44 C3
Fontenelle-Montby (25)......88 A5
les Fontenelles (25)......104 C1
Fontenermont (14)......37 F3
Fontenet (17)......121 F1
Fontenille (16)......122 C1
Fontenille-Saint-Martin-
  -d'Entraigues (79)......108 B5
Fontenilles (31)......168 D6
Fontenois-la-Ville (70)......69 G6
Fontenois-
  -lès-Montbozon (70)......87 G4
Fontenotte (25)......87 H5
Fontenouilles (89)......82 C1
Fontenoy (02)......21 H5
Fontenoy (89)......83 E3
Fontenoy-la-Joûte (54)......70 B1
Fontenoy-le-Château (88)......69 G6
Fontenoy-sur-Moselle (54)......48 B5
Fontenu (39)......103 E6
Fontès (34)......172 C6
Fontet (33)......150 B2
Fontette (10)......67 E5
Fontevraud-l'Abbaye (49)......94 A1
Fontgombault (36)......95 F6
Fontguenand (36)......96 B1
Fontienne (04)......176 C1
Fontiers-Cabardès (11)......186 D2
Fontiès-d'Aude (11)......187 E3
Fontjoncouse (11)......187 H5
Fontoy (57)......26 A3
Fontpédrouse (66)......200 A4
Fontrabiouse (66)......199 H3
Fontrailles (65)......183 G2
Fontvannes (10)......65 H3
Fontvieille (13)......191 E2
Forbach (57)......27 G4
Forcalqueiret (83)......193 F3
Forcalquier (04)......176 C2
la Force (11)......186 C3
la Force (24)......136 D5
Forcé (53)......58 D5
Forcelles-Saint-Gorgon (54)......69 F1
Forcelles-sous-Gugney (54)......69 F2
Forceville (80)......7 H4
Forceville-en-Vimeu (80)......6 D5
Forcey (52)......68 B4
Forciolo (2A)......205 E6
la Forclaz (74)......119 E3
Forest-en-Cambrésis (59)......9 F4
Forest-l'Abbaye (80)......6 D3
la Forest-Landerneau (29)......31 F4
Forest-Montiers (80)......6 D3
Forest-Saint-Julien (05)......160 C1
Forest-sur-Marque (59)......3 G5
Foreste (02)......21 G1
la Forestière (51)......44 C6
la Forêt-Auvray (61)......38 C4
la Forêt-de-Tessé (16)......108 C6
la Forêt-du-Parc (27)......41 E3
la Forêt-du-Temple (23)......111 G3
la Forêt-Fouesnant (29)......53 G3
la Forêt-Folie (27)......19 F6
la Forêt-Sainte-Croix (91)......63 F2
la Forêt-le-Roi (91)......63 E1
la Forêt-sur-Sèvre (79)......92 D5
Forfry (77)......43 G2
la Forge (88)......70 B5
Forges (17)......107 E5
Forgès (19)......139 F3
Forges (49)......93 G1
Forges (61)......60 A1
Forges (77)......64 C2
les Forges (56)......55 G3
les Forges (61)......60 A1
les Forges (79)......108 C1
Forges-la-Forêt (35)......57 H5
Forges-les-Bains (91)......42 B6
Forges-les-Eaux (76)......19 F3
Forges-sur-Meuse (55)......25 E6
la Forie (63)......128 B5

Forléans (21)......84 C5
Formentin (14)......15 E4
Formerie (60)......19 G2
Formigny (14)......13 G5
Formiguères (66)......199 H3
Fornex (09)......185 E3
Fors (79)......107 H4
Forstfeld (67)......51 G3
Forstheim (67)......51 E3
Fort-du-Plasne (39)......118 A1
Fort-Louis (67)......51 G3
Fort-Mahon-Plage (80)......6 C2
Fort-Mardyck (59)......2 B1
Fort-Moville (27)......15 G3
Fortan (41)......79 F1
Fortel-en-Artois (62)......7 F3
la Forteresse (38)......145 E1
Fortschwihr (68)......71 G4
Fos (31)......184 B6
Fos (34)......172 B6
Fos-sur-Mer (13)......191 F4
le Fossat (09)......185 F3
Fossé (08)......24 C4
Fossé (41)......79 H3
Fosse (66)......200 C1
le Fossé (76)......19 F3
la Fosse-Corduan (10)......65 G2
la Fosse-de-Tigné (49)......93 F1
Fossemagne (24)......137 H3
Fossemanant (80)......20 B1
les Fosses (79)......107 H5
Fosses (95)......43 E2
Fossés-et-Baleyssac (33)......150 B2
Fosseuse (60)......20 B6
Fosseux (62)......7 H3
Fossieux (57)......48 D3
Fossoy (02)......44 C2
Foucarmont (76)......6 C6
Foucart (76)......15 H1
Foucarville (50)......13 E4
Foucaucourt-en-Santerre (80)......8 B6
Foucaucourt-Hors-Nesle (80)......6 C6
Foucaucourt-
  -sur-Thabas (55)......47 E2
Fouchécourt (70)......87 F2
Fouchécourt (88)......69 E5
Foucherans (25)......103 G2
Foucherans (39)......102 C2
Foucheres (10)......66 C4
Fouchères (89)......64 D4
Fouchères-aux-Bois (55)......47 F6
Foucherolles (45)......64 C5
Fouchy (67)......71 E2
Foucrainville (27)......41 E3
Fouday (67)......71 E1
Fouencamps (80)......20 C1
Fouesnant (29)......53 G4
Foufflin-Ricametz (62)......7 G2
Foug (54)......48 A5
Fougaron (31)......184 C5
Fougax-et-Barrineuf (09)......186 B6
Fougeré (49)......77 G3
Fougeré (85)......91 H4
Fougères (35)......58 A2
Fougères-sur-Bièvre (41)......79 H5
les Fougerêts (56)......56 B6
Fougerolles (36)......111 G2
Fougerolles (70)......69 H6
Fougerolles-du-Plessis (53)......58 B1
Fougueyrolles (24)......136 B5
la Fouillade (12)......153 G5
Fouilleuse (60)......20 D4
Fouillouse (05)......160 B3
la Fouillouse (42)......129 F5
le Fouilloux (17)......135 H2
Fouilloy (60)......19 H2
Fouilloy (80)......7 H6
Fouju (77)......43 F6
Foulain (52)......68 A5
Foulangues (60)......20 C6
Foulayronnes (47)......151 F5
Foulbec (27)......16 C6
Foulcrey (57)......49 G5
Fouleix (24)......137 F4
Foulenay (39)......102 C4
Fouligny (57)......49 E1
Foulognes (14)......13 G6
Fouquebrune (16)......122 C5
Fouquenies (60)......20 A4
Fouquereuil (62)......2 D6
Fouquerolles (60)......20 B4
Fouquescourt (80)......21 E1
Fouqueure (16)......122 B2
Fouqueville (27)......18 B6
Fouquières-lès-Béthune (62)......2 D6
Fouquières-lès-Lens (62)......8 C1
Four (38)......130 C4
Fouras (17)......106 D4
Fourbanne (25)......87 H6
Fourcatier-
  -et-Maison-Neuve (25)......104 A5
Fourcès (32)......167 F2
Fourchambault (58)......98 D3
Fourches (14)......39 E3
Fourcigny (80)......19 H1
Fourdrain (02)......22 B3
Fourdrinoy (80)......7 F6
Fourg (25)......103 E2
Fourges (27)......41 G1
les Fourgs (25)......104 A4
Fourilles (03)......113 G4
Fourmagnac (46)......153 G1
Fourmetot (27)......15 H5
Fourmies (59)......10 B5
Fournaudin (89)......65 G4
Fourneaux (42)......129 F5
Fourneaux (50)......37 G2
Fourneaux (73)......147 E2
Fourneaux-le-Val (14)......38 D3
Fournels (48)......141 H6
Fournès (30)......174 C2

226

Fournes-Cabardès (11) 187 E2
Fournes-en-Weppes (59) . . . 3 E2
le Fournet (14) 15 E4
Fournet-Blancheroche (25) . . 104 D1
Fourneville (14) 15 F3
Fournival (60) 20 C4
Fournols (63) 128 A5
Fournoulès (15) 154 A1
Fouronnes (89) 83 F4
Fourques (30) 174 C4
Fourques (66) 201 E3
Fourques-sur-Garonne (47) . 150 C3
Fourqueux (78) 42 B3
Fourquevaux (31) 169 G6
Fours (33) 135 E2
Fours (58) 99 H5
Fours-en-Vexin (27) 41 G1
Fourtou (11) 187 E6
Foussais-Payré (85) 107 F1
Foussemagne (90) 88 D3
le Fousseret (31) 184 D2
Foussignac (16) 122 A3
Fouvent-Saint-Andoche (70) . 86 D3
Fouzilhon (34) 172 B6
Foville (57) 48 D3
Fox-Amphoux (83) 193 F1
la Foye-Monjault (79) 107 G4
Fozières (34) 172 C4
Fozzano (2A) 207 E2
Fragnes (71) 101 G5
Frahier-et-Chatebier (70) . . . 88 C3
Fraignot-et-Vesvrotte (21) . . 85 G3
Fraillicourt (08) 23 F2
Fraimbois (54) 49 F6
Frain (88) 69 E5
Frais (90) 88 D3
Fraisans (39) 103 E2
Fraisnes-en-Saintois (54) . . 69 F2
Fraisse (24) 136 C5
Fraisse-Cabardès (11) 186 D2
Fraissé-des-Corbières (11) . 187 H5
Fraisse-sur-Agout (34) 171 G5
Fraisses (42) 129 E6
Fraissines (81) 171 E2
Fraissinet-
-de-Fourques (48) 156 A6
Fraissinet-de-Lozère (48) . . 156 B4
Fraize (88) 70 D3
Fralignes (10) 66 D4
la Framboisière (28) 40 C6
Frambouhans (25) 104 C1
Framecourt (62) 7 G2
Framerville-Rainecourt (80) . 8 A6
Framicourt (80) 6 C5
Framont (70) 86 C4
Frampas (52) 67 F1
Francalmont (70) 87 G1
Francaltroff (57) 49 G2
Francarville (31) 169 H5
Francastel (60) 20 B3
Françay (41) 79 G3
Francazal (31) 184 D5
Francescas (47) 167 G1
Franchaleins (01) 116 B6
Franchesse (03) 113 F1
Francheval (08) 24 C2
Franchevelle (70) 88 A2
la Francheville (08) 24 A1
Francheville (21) 85 G5
Francheville (27) 40 C4
Francheville (39) 102 C5
Francheville (51) 46 A3
Francheville (54) 48 B4
Francheville (61) 39 E5
Francheville (69) 130 A3
Francières (60) 21 E4
Francières (80) 7 E4
Francillon (36) 96 B4
Francillon-sur-Roubion (26) . 158 D2
Francilly-Selency (02) 8 D6
Francin (73) 132 A5
Franclens (74) 118 A6
François (79) 108 A3
Francon (31) 184 C3
Franconville (54) 69 H1
Franconville (95) 42 C3
Francoulès (46) 152 D3
Francourt (70) 86 D3
Francourville (28) 62 C2
Francs (33) 136 A4
Francueil (37) 79 G6
Franey (25) 103 E1
Frangy (74) 118 A6
Frangy-en-Bresse (71) 102 B6
Franken (68) 89 F3
Franleu (80) 6 C4
Franois (25) 103 F1
Franqueville (31) 183 H4
Franqueville (02) 22 D1
Franqueville (27) 40 B1
Franqueville (80) 7 F4
Franqueville-
-Saint-Pierre (76) 18 D4
Frans (01) 130 A1
Fransart (80) 21 F1
Fransèches (23) 125 G1
Fransu (80) 7 F4
Fransures (80) 20 B2
Franvillers (80) 7 H5
Franxault (21) 102 B3
Frapelle (88) 70 D2
Fraquelfing (57) 49 H5
Fraroz (39) 103 G5
Frasnay-Reugny (58) 99 G3
Frasne (25) 103 G4
Frasne-le-Château (70) 87 E5
Frasne-les-Meulières (39) . . 102 C1
la Frasnée (39) 117 H1
le Frasnois (39) 103 F6
Frasnoy (59) 9 G2

Frasseto (2A) 205 E6
Frauenberg (57) 27 H5
Frausseilles (81) 170 A1
Fravaux (10) 67 E4
le Fraysse (81) 170 D3
Frayssinet (46) 152 D1
Frayssinet-le-Gélat (46) . . . 152 B2
Frayssinhes (46) 139 F5
Frazé (28) 61 G3
Fréauville (76) 19 E1
Frebécourt (88) 68 D2
Frébuans (39) 102 C6
le Frêche (40) 166 C2
Fréchède (65) 183 F1
Fréchencourt (80) 7 H5
Fréchendets (65) 183 F4
le Fréchet (31) 184 C3
Fréchet-Aure (65) 183 G5
Fréchou (47) 167 F1
Fréchou-Fréchet (65) 183 F3
Frécourt (52) 68 B6
Frédéric-Fontaine (70) 88 B3
la Frédière (17) 121 F2
Frédille (36) 96 B3
Frégimont (47) 151 E5
Frégouville (32) 168 C5
Fréhel (22) 34 B3
Freigné (49) 76 A3
Freissinières (05) 147 E6
la Freissinouse (05) 160 B2
Freistroff (57) 26 D4
Freix-Anglards (15) 140 A1
Fréjairolles (81) 170 C3
Fréjeville (81) 170 C5
Fréjus (83) 178 B6
Fréland (68) 71 E4
Frelinghien (59) 3 F4
Frémainville (95) 42 A2
Frémécourt (95) 42 B1
Fréménil (54) 49 G6
Fréméréville-
-sous-les-Côtes (55) 47 H4
Frémery (57) 49 E3
Frémestroff (57) 49 G2
Frémicourt (62) 8 C4
Fremifontaine (88) 70 B3
Frémontiers (80) 20 A1
Frémonville (54) 49 H6
la Frénaye (76) 15 H2
Frencq (62) 1 F5
Frenelle-la-Grande (88) 69 F2
Frenelle-la-Petite (88) 69 F2
Frênes (61) 38 A4
Freneuse (76) 18 C5
Freneuse (78) 41 G2
Freneuse-sur-Risle (27) . . . 18 A6
Freney (73) 147 E2
le Freney-d'Oisans (38) . . . 146 B3
Fréniches (60) 21 G2
Frénois (21) 85 G3
Frénois (88) 69 F4
Frénouville (14) 38 D1
Frépillon (95) 42 C2
Fresles (76) 19 E1
la Fresnaie-Fayel (61) 39 G4
la Fresnais (35) 35 E4
Fresnay (10) 67 F3
Fresnay-en-Retz (44) 90 D1
Fresnay-le-Comte (28) 62 B3
Fresnay-le-Gilmert (28) 62 A1
Fresnay-le-Long (76) 17 G4
Fresnay-le-Samson (61) . . . 39 F3
Fresnay-l'Évêque (28) 62 D3
Fresnay-sur-Sarthe (72) . . . 59 H3
la Fresnaye-
-au-Sauvage (61) 38 D4
la Fresnaye-
-sur-Chédouet (72) 60 B1
le Fresne (27) 40 C3
le Fresne (51) 46 B3
le Fresne-Camilly (14) 14 B4
Fresne-Cauverville (27) 15 G4
Fresné-la-Mère (14) 38 D3
Fresne-l'Archevêque (27) . . 19 E5
Fresne-le-Plan (76) 17 H6
Fresne-Léguillon (60) 20 A6
Fresne-lès-Reims (51) 23 F5
le Fresne-Poret (50) 37 H5
Fresne-Saint-Mamès (70) . . 87 E4
le Fresne-sur-Loire (44) 76 B5
Fresneaux-
-Montchevreuil (60) 20 A6
Fresnes (02) 22 A3
Fresnes (21) 84 D3
Fresnes (41) 80 A5
Fresnes (89) 84 A2
Fresnes (94) 42 D5
Fresnes-au-Mont (55) 47 G3
Fresnes-en-Saulnois (57) . . 49 E3
Fresnes-en-Tardenois (02) . 44 C1
Fresnes-en-Woëvre (55) . . . 47 H1
Fresnes-lès-Montauban (62) . 8 C2
Fresnes-Mazancourt (80) . . 8 B6
Fresnes-sur-Apance (52) . . 69 E6
Fresnes-sur-Escaut (59) . . . 9 F1
Fresnes-sur-Marne (77) . . . 43 F3
Fresnes-Tilloloy (80) 6 D5
Fresneville (80) 6 D6
Fresney (27) 41 E3
Fresney-le-Puceux (14) 14 B5
Fresney-le-Vieux (14) 14 B6
Fresnicourt-le-Dolmen (62) . 8 A1
Fresnières (60) 21 F3
Fresnois-la-Montagne (54) . 25 G3
Fresnoy (62) 7 F2
Fresnoy-Andainville (80) . . . 6 D6
Fresnoy-au-Val (80) 7 E6
Fresnoy-en-Chaussée (80) . 20 D1
Fresnoy-en-Gohelle (62) . . . 8 C2
Fresnoy-en-Thelle (60) 20 C6
Fresnoy-Folny (76) 6 B6

Fresnoy-la-Rivière (60) 21 F6
Fresnoy-le-Château (10) . . . 66 C4
Fresnoy-le-Grand (02) 9 F5
Fresnoy-le-Luat (60) 21 E6
Fresnoy-lès-Roye (80) 21 F2
Frespech (47) 151 G5
Fresquiennes (76) 17 G5
Fressac (30) 173 G2
Fressain (59) 8 D2
Fressancourt (02) 22 B2
Fresse (70) 88 B2
Fresse-sur-Moselle (88) . . . 70 C6
Fresselines (23) 111 F3
Fressenneville (80) 6 C4
Fressies (59) 8 D3
Fressin (62) 7 E1
Fressines (79) 108 A3
le Frestoy-Vaux (60) 21 E3
Fresville (50) 12 D4
Fréterive (73) 132 B4
Fréteval (41) 79 H1
Fréthun (62) 1 G2
Fretigney-et-Velloreille (70) . 87 F4
Frétigny (28) 61 F2
Fretin (59) 3 G6
Frétoy (77) 44 A5
Frétoy-le-Château (60) 21 G2
la Frette (38) 131 E6
la Frette (71) 116 C1
la Frette-sur-Seine (95) 42 C3
Frettecuisse (80) 6 D6
Frettemeule (80) 6 C5
Fretterans (71) 102 B3
le Fréty (08) 23 G1
Freulleville (76) 17 H3
Frévent (62) 7 G2
Fréville (76) 17 F5
Fréville (88) 68 C3
Fréville-du-Gâtinais (45) . . . 63 G6
Frévillers (62) 7 H1
Frévin-Capelle (62) 8 A2
Freybouse (57) 49 G2
Freycenet-la-Cuche (43) . . . 142 D5
Freycenet-la-Tour (43) 142 D5
Freychenet (09) 185 H6
Freyming-Merlebach (57) . . . 49 G1
Freyssenet (07) 157 H1
Friaize (28) 61 G2
Friardel (14) 15 G6
Friaucourt (80) 6 B4
Friauville (54) 48 A1
Fribourg (57) 49 G4
Fricamps (80) 20 A1
Frichemesnil (76) 18 D2
Fricourt (80) 8 B5
Fridefont (15) 141 F5
Friedolsheim (67) 50 C4
Frières-Faillouël (02) 21 H2
Friesen (68) 89 E3
Friesenheim (67) 71 H2
Frignicourt (51) 46 B5
Frise (80) 8 B5
Friville-Escarbotin (80) 6 B4
Frizon (88) 69 H3
Froberville (76) 16 C3
Frocourt (60) 20 A5
Frœningen (68) 89 F2
Frœschwiller (67) 51 E2
Froges (38) 145 H1
Frohen-sur-Authie (80) 7 F3
Frohmuhl (67) 50 B3
Froideconche (70) 87 H1
Froidefontaine (90) 88 D3
Froidestrées (02) 10 A5
Froideterre (70) 88 A2
Froidevaux (25) 88 B4
Froideville (39) 102 C5
Froidfond (85) 91 E2
Froidmont-Cohartille (02) . . 22 C2
Froidos (55) 47 E2
Froissy (60) 20 B3
Frôlois (21) 85 E4
Frolois (54) 48 C6
Fromelennes (08) 11 F4
Fromelles (59) 3 E5
Fromental (87) 110 D5
Fromentières (51) 44 D3
Fromentières (53) 76 D1
Fromeréville-
-les-Vallons (55) 47 F1
Fromezey (55) 25 G6
Fromont (77) 63 H3
Fromy (08) 25 E3
Froncles (52) 67 H2
Fronsac (31) 184 A5
Fronsac (33) 135 G4
Frontenac (33) 135 H6
Frontenac (46) 153 G3
Frontenard (71) 102 A4
Frontenas (69) 129 G1
Frontenaud (71) 117 E1
Frontenay (39) 102 D5
Frontenay-
-Rohan-Rohan (79) 107 G4
Frontenex (73) 132 C4
Frontignan (34) 189 G1
Frontignan-
-de-Comminges (31) 184 A5
Frontignan-Savès (31) 184 C1
Fronton (31) 169 E3
Frontonas (38) 130 C4
Fronville (52) 67 H2
Frossay (44) 74 A5
Frotey-lès-Lure (70) 88 A3
Frotey-lès-Vesoul (70) 87 G3
Frouard (54) 48 C4
Frouville (95) 42 C1
Frouzins (31) 169 E6
Froville (54) 69 H1
Froyelles (80) 7 E3
Frozes (86) 94 A6

Frucourt (80) 6 D5
Frugerès-les-Mines (43) . . . 141 G1
Fruges (62) 2 A6
Frugières-le-Pin (43) 141 H2
Fruncé (28) 61 H2
Fry (76) 19 F3
Fuans (25) 104 B2
Fublaines (77) 43 G3
le Fugeret (04) 178 A1
le Fuilet (49) 75 F5
Fuilla (66) 200 B3
Fuissé (71) 116 B4
Fuligny (10) 67 F3
Fulleren (68) 89 E3
Fultot (76) 17 E3
Fulvy (89) 84 B2
Fumay (08) 11 E5
Fumel (47) 151 H3
Fumichon (14) 15 G5
Furchhausen (67) 50 C4
Furdenheim (67) 50 D5
Furiani (2B) 203 G4
Furmeyer (05) 160 A2
Fussey (21) 101 G2
Fussy (18) 97 H2
Fustérouau (32) 166 D4
Fustignac (31) 184 C2
Futeau (55) 46 D2
Fuveau (13) 192 C2
Fyé (72) 60 A3

G

Gaas (40) 165 E5
Gabarnac (33) 149 H2
Gabarret (40) 166 D2
Gabaston (64) 182 C1
Gabat (64) 181 F1
Gabian (34) 172 B6
Gabillou (24) 137 H2
Gabre (09) 185 F4
Gabriac (12) 154 D3
Gabriac (48) 156 C6
Gabrias (48) 155 H3
Gacé (61) 39 G4
la Gacilly (56) 56 C6
Gâcogne (58) 100 A1
Gadancourt (95) 42 A2
Gadencourt (27) 41 F3
Gaël (35) 56 B2
Gageac-et-Rouillac (24) . . . 136 C6
Gagnac-sur-Cère (46) 139 F5
Gagnac-sur-Garonne (31) . . 169 E4
Gagnières (30) 157 E5
Gagny (93) 43 E4
Gahard (35) 57 G1
Gailhan (30) 173 G3
Gaillac (81) 170 A3
Gaillac-d'Aveyron (12) 155 E4
Gaillac-Toulza (31) 185 G3
Gaillagos (65) 182 C5
Gaillan-en-Médoc (33) 120 C6
Gaillard (74) 118 C5
Gaillardbois-
-Cressenville (27) 19 E5
la Gaillarde (76) 17 F2
Gaillefontaine (76) 19 F2
Gaillères (40) 166 B2
Gaillon (27) 41 E1
Gaillon-sur-Montcient (78) . . 42 A2
Gainneville (76) 15 F2
Gaja-et-Villedieu (11) 186 D4
Gaja-la-Selve (11) 186 B3
Gajac (33) 150 A3
Gajan (09) 184 D5
Gajan (30) 174 A3
Gajoubert (87) 109 H5
Galametz (62) 7 F2
Galan (65) 183 G3
Galapian (47) 150 D5
Galargues (34) 173 G4
Galéria (2B) 204 B1
Galey (09) 184 C5
Galez (65) 183 G3
Galfingue (68) 89 E2
Galgan (12) 153 H2
Galgon (33) 135 G4
Galiax (32) 166 D5
Galié (31) 184 A5
Galinagues (11) 199 H1
Gallardon (28) 62 C1
Gallargues-
-le-Montueux (30) 173 H4
le Gallet (60) 20 B3
Galluis (78) 41 H4
Gamaches (80) 6 B5
Gamaches-en-Vexin (27) . . 19 F6
Gamarde-les-Bains (40) . . . 165 F4
Gamarthe (64) 181 E3
Gambais (78) 41 G4
Gambaiseuil (78) 41 H5
Gambsheim (67) 51 F4
Gan (64) 182 B3
Ganac (09) 185 G5
Ganagobie (04) 176 D1
Gancourt-Saint-Étienne (76) . 19 G3
Gandelain (61) 59 H1
Gandelu (02) 44 A2
Gandrange (57) 26 B4
Ganges (34) 173 E2
Gannat (03) 113 G6
Gannay-sur-Loire (03) 99 G6
Gannes (60) 20 C3
Gans (33) 150 A3
Ganties (31) 184 B4
Ganzeville (76) 16 C3
Gap (05) 160 B2
Gapennes (80) 7 E3

Gâprée (61) 39 G6
Garac (31) 168 C4
Garancières (78) 41 H4
Garancières-en-Beauce (28) . 62 D2
Garancières-
-en-Drouais (28) 41 E5
Garanou (09) 199 F1
Garat (16) 122 C4
Garcelles-Secqueville (14) . . 38 D1
Garches (92) 42 C4
Garchizy (58) 98 D3
Garchy (58) 98 D1
Gardanne (13) 192 B2
la Garde (04) 177 H3
la Garde (38) 146 A3
la Garde (83) 193 F5
la Garde-Adhémar (26) 158 B4
la Garde-Freinet (83) 194 A3
Gardefort (18) 98 B1
Gardegan-et-Tourtirac (33) . 136 A5
Gardères (65) 182 D2
Gardes-le-Pontaroux (16) . . 122 C5
Gardie (11) 186 D4
Gardonne (24) 136 C5
Gardouch (31) 185 H1
Garein (40) 165 H1
Garencières (27) 41 E3
la Garenne-Colombes (92) . . 42 C3
Garennes-sur-Eure (27) . . . 41 F3
Garentreville (77) 63 H4
Garéoult (83) 193 F3
Garganvillar (82) 168 C2
Gargas (31) 169 F4
Gargas (84) 175 H2
Gargenville (78) 41 H2
Garges-lès-Gonesse (95) . . 42 D3
Gargilesse-Dampierre (36) . 111 E2
Garidech (31) 169 G4
Gariès (82) 168 C3
Garigny (18) 98 C3
Garin (31) 197 F1
Garindein (64) 181 F3
Garlan (29) 32 A3
Garlède-Mondebat (64) . . . 166 B6
Garlin (64) 166 B5
la Garnache (85) 90 D2
Garnat-sur-Engièvre (03) . . 114 B1
Garnay (28) 41 E5
Garnerans (01) 116 B5
Garons (30) 174 B4
Garos (64) 166 A6
Garravet (32) 184 C1
Garrebourg (57) 50 B4
Garrevaques (81) 170 B6
Garrey (40) 165 F4
le Garric (81) 170 C2
Garrigues (34) 173 G4
Garrigues (81) 169 H4
Garrigues-
-Sainte-Eulalie (30) 174 A2
Garris (64) 181 F1
Garrosse (40) 165 F1
Gars (06) 178 B2
Gartempe (23) 111 F5
Gas (28) 41 G6
Gasny (27) 41 G2
Gasques (82) 151 H6
Gassin (83) 194 B4
le Gast (14) 37 F4
Gastes (40) 148 B4
Gastines (53) 58 A6
Gastins (77) 43 H6
Gasville-Oisème (28) 62 B1
Gatey (39) 102 C4
Gathemo (50) 37 G4
Gatteville-le-Phare (50) . . . 13 E1
Gattières (06) 195 E2
Gatuzières (48) 156 A6
Gaubertin (45) 63 G5
la Gaubretière (85) 92 B3
Gauchin-Légal (62) 8 A1
Gauchin-Verloingt (62) 7 G1
Gauchy (02) 22 A1
Gauciel (27) 41 E2
la Gaudaine (28) 61 F3
la Gaude (06) 195 E3
Gaudechart (60) 20 A3
Gaudent (65) 184 A5
Gaudiempré (62) 7 H3
Gaudiès (09) 186 A3
Gaudonville (32) 168 B3
Gaudreville-la-Rivière (27) . . 40 D3
Gaugeac (24) 151 G1
Gaujac (30) 174 C1
Gaujac (32) 168 B6
Gaujac (47) 150 B3
Gaujacq (40) 165 G4
Gaujan (32) 184 B1
Gault-Perche (41) 61 F5
le Gault-Saint-Denis (28) . . 62 B3
le Gault-Soigny (51) 44 C4
Gauré (31) 169 G5
Gauriac (33) 135 F3
Gauriaguet (33) 135 G3
Gaussan (65) 183 H3
Gausson (22) 33 G6
Gauville (61) 40 A4
Gauville (80) 19 H1
Gauville-la-Campagne (27) . 40 D2
Gavarnie (65) 196 B1
Gavarret-sur-Aulouste (32) . 167 H4
Gavaudun (47) 151 G2
Gavignano (2B) 203 F6
Gavisse (57) 26 C2
Gavray (50) 35 H1
le Gâvre (44) 74 C2
Gavrelle (62) 8 C2
Gâvres (56) 54 C6
Gavrus (14) 14 B5
Gayan (65) 183 E2

Gaye (51) 45 E5
Gayon (64) 166 C6
Gazaupouy (32) 167 G1
Gazave (65) 183 G4
Gazax-et-Baccarisse (32) . . 167 E5
Gazeran (78) 41 H6
Gazost (65) 183 E4
Geaune (40) 166 B5
Geay (17) 120 D2
Geay (79) 93 F4
Gèdre (65) 196 B1
Gée (49) 77 F5
Gée-Rivière (32) 166 C4
Geffosses (50) 12 C6
Géfosse-Fontenay (14) 13 F4
Gehée (36) 96 B3
Geishouse (68) 70 D6
Geispitzen (68) 89 G2
Geispolsheim (67) 51 E6
Geiswasser (68) 71 H3
Geiswiller (67) 50 D4
Gélacourt (54) 70 B1
Gélannes (10) 65 G1
Gélaucourt (54) 69 E1
Gellainville (28) 62 B2
Gellenoncourt (54) 49 E5
Gelles (63) 126 D3
Gellin (25) 103 H5
Gelos (64) 182 B2
Geloux (40) 165 H1
Gelucourt (57) 49 G4
Gelvécourt-et-Adompt (88) . 69 G4
Gémages (61) 60 D3
Gemaingoutte (88) 70 D3
Gembrie (65) 184 A5
Gemeaux (21) 85 H5
Gémenos (13) 192 C4
Gémigny (45) 62 C5
Gémil (31) 169 G4
Gemmelaincourt (88) 69 E3
Gémonval (25) 88 B4
Gémonville (54) 69 E2
Gémozac (17) 121 E4
Genac (16) 122 B2
Genainville (95) 41 H1
Genas (69) 130 B3
Génat (09) 199 E1
Genay (21) 84 C4
Genay (69) 130 A2
Gençay (86) 109 E3
Gendreville (88) 68 D3
Gendrey (39) 102 D1
Gené (49) 75 H1
Génébrières (82) 169 F2
Genech (59) 3 G6
Généslard (71) 115 F1
Génos (31) 174 B4
Générac (33) 135 F2
Générac (30) 174 B4
Générargues (30) 173 G1
Générest (65) 183 H5
Generville (11) 186 B3
le Genest-Saint-Isle (53) . . . 58 C4
Genestelle (07) 157 G1
Geneston (44) 91 G1
la Genête (71) 116 C2
la Genétouze (17) 136 A2
la Genétouze (85) 91 F4
Genêts (50) 35 G3
les Genettes (61) 40 A5
Geneuille (25) 87 F6
la Genevraie (61) 39 G5
la Genevraye (77) 64 A3
Genevreuille (70) 87 H3
Genevrey (70) 87 H2
Genevrières (52) 86 C2
la Genevroye (52) 67 H3
Geney (25) 88 B4
la Geneytouse (87) 124 C3
Génicourt (95) 42 B2
Génicourt-sur-Meuse (55) . . 47 G2
Genilac (42) 129 G5
Genillé (37) 95 G2
Génis (24) 138 A1
Génissac (33) 135 G5
Génissieux (26) 144 C3
Genlis (21) 102 B1
Gennes (25) 103 G1
Gennes (49) 77 F6
Gennes-Ivergny (62) 7 E2
Gennes-sur-Glaize (53) . . . 76 D1
Gennes-sur-Seiche (35) . . . 58 A5
Genneteil (49) 77 H3
Gennetines (03) 114 A1
Genneton (79) 93 E2
Genneville (14) 15 F4
Gennevilliers (92) 42 C3
Genod (39) 117 F3
Génolhac (30) 156 D4
Génos (31) 184 A5
Génos (65) 197 E1
Genouillac (16) 123 E2
Genouillac (23) 111 H3
Genouillé (17) 107 F6
Genouillé (86) 109 F3
Genouilleux (01) 116 B5
Genouilly (18) 96 D2
Genouilly (71) 115 H1
Gensac (33) 136 B6
Gensac (65) 183 E1
Gensac (82) 168 C2
Gensac-de-Boulogne (31) . . 184 A3
Gensac-la-Pallue (16) 121 H4
Gensac-sur-Garonne (31) . . 184 D3
Genté (16) 121 G4
Gentelles (80) 7 H6
Gentilly (94) 42 D4
Gentioux-Pigerolles (23) . . . 125 F3
Genvry (60) 21 G3
Georfans (70) 88 A4
Géovreisset (01) 117 F3

Ger (50) 37H5
Ger (64) 182D2
Ger (65) 182A5
Geraise (39) 103 F3
Gérardmer (88) 70C5
Géraudot (10) 66C3
Gerbaix (73) 131G4
Gerbamont (88) 70C5
Gerbécourt (57) 49E3
Gerbécourt-
-et-Haplemont (54) . . . 69 F1
Gerbépal (88) 70C4
Gerberoy (60) 19H3
Gerbéviller (54) 70A1
Gercourt-et-Drillancourt (55) . 25E5
Gercy (02) 22D1
Gerde (65) 183 F4
Gerderest (64) 182D1
Gère-Bélesten (64) . . . 182A5
Gergny (02) 10A6
Gergueil (21) 101G1
Gergy (71) 101H4
Gerland (21) 101H2
Germ (65) 197E1
Germagnat (01) 117 F4
Germagny (71) 101 F6
Germaine (02) 21H1
Germaine (51) 45 F1
Germaines (52) 85H2
Germainville (28) 41 F5
Germainvilliers (52) . . . 68D4
Germay (52) 68B3
Germéfontaine (25) . . . 104B1
Germenay (58) 99G1
Germignac (17) 121G4
Germigney (39) 103E3
Germigney (70) 86C5
Germignonville (28) . . . 62C4
Germigny (51) 22D6
Germigny (89) 65H6
Germigny-des-Prés (45) . . 81 F1
Germigny-l'Évêque (77) . . 43G3
Germigny-l'Exempt (18) . . 98C1
Germigny-
-sous-Coulombs (77) . . 44A2
Germigny-sur-Loire (58) . . 98D3
Germinon (51) 45G4
Germiny (54) 48E1
Germisay (52) 68B2
Germolles-sur-Grosne (71) . 115H4
Germond-Rouvre (79) . . 107H2
Germondans (25) 87G5
Germont (08) 24B4
Germonville (54) 69G2
Germs-sur-l'Oussouet (65) . 183E4
Gernelle (08) 24B1
Gernicourt (02) 22D5
Géronce (64) 181H2
Gerponville (76) 16D3
Gerrots (14) 15E4
Gerstheim (67) 71H1
Gertwiller (67) 71G1
Geruge (39) 117 F1
Gervans (26) 144A3
Gerville (76) 16C4
Géry (55) 47 F4
Gerzat (63) 127 F2
Gesnes (53) 59E4
Gesnes-en-Argonne (55) . 24D5
Gesnes-le-Gandelin (72) . 59H2
Gespunsart (08) 24B1
Gestas (64) 181G1
Gesté (49) 75 F5
Gestel (56) 54C1
Gestiès (09) 199E1
Gesvres (53) 59G2
Gesvres-le-Chapitre (77) . 43G2
Gétigné (44) 75E6
les Gets (74) 119 F5
Geu (65) 182D5
Geudertheim (67) 51E4
Géus-d'Arzacq (64) . . . 165H6
Geüs-d'Oloron (64) . . . 181H2
Gévezé (35) 57 F2
Gevigney-et-Mercey (70) . 87E2
Geville (55) 47H4
Gevingey (39) 117 F1
Gevresin (25) 103G3
Gevrey-Chambertin (21) . 101H1
Gevrolles (21) 67 F6
Gevry (39) 102C3
Gex (01) 118D3
Geyssans (26) 144C3
Gez (65) 182D5
Gez-Ez-Angles (65) . . . 183E4
Gézaincourt (80) 7G4
Gézier-et-Fontenelay (70) . 87E6
Gézoncourt (54) 48B4
Ghisonaccia (2B) 205G6
Ghisoni (2B) 205 F4
Ghissignies (59) 9G3
Ghyvelde (59) 2C1
Giat (63) 126B3
Gibeaumeix (54) 48A6
Gibel (31) 185H2
Gibercourt (02) 22A2
Giberville (14) 14C4
Gibles (71) 115G4
Gibourne (17) 121G1
Gibret (40) 165 F4
le Gicq (17) 121H1
Gidy (45) 62D6
Giel-Courteilles (61) . . . 38D4
Gien (45) 82A3
Gien-sur-Cure (58) . . . 100B3
Gières (38) 145G2
la Giettaz (73) 132D2
Giéville (50) 37G2
Gièvres (41) 96C1
Giey-sur-Aujon (52) . . . 85H1
Giez (74) 132B3

Gif-sur-Yvette (91) 42B5
Giffaumont-
-Champaubert (51) . . . 67 F1
Gigean (34) 173E6
Gignac (34) 172D5
Gignac (46) 138C4
Gignac (84) 176B2
Gignac-la-Nerthe (13) . . 191H5
Gignat (63) 127 F6
Gignéville (88) 69E4
Gigney (88) 69H3
Gigny (39) 117 F2
Gigny (89) 84C2
Gigny-Bussy (51) 46B6
Gigny-sur-Saône (71) . . 101H6
Gigondas (84) 158C6
Gigors (04) 160C3
Gigors-et-Lozeron (26) . 144C6
Gigouzac (46) 152C2
Gijounet (81) 171 F4
Gildwiller (68) 89E2
Gilette (06) 195E2
Gilhac-et-Bruzac (07) . . 143H5
Gilhoc-sur-Ormèze (07) . 143H4
Gillancourt (52) 67G4
Gillaumé (52) 68B1
Gilles (28) 41 F3
Gilley (25) 104B2
Gilley (52) 86D3
Gillois (39) 103G5
Gillonnay (38) 130D6
Gilly-lès-Cîteaux (21) . . 101H2
Gilly-sur-Isère (73) . . . 132C4
Gilly-sur-Loire (71) . . . 114C2
Gilocourt (60) 21 F6
Gimat (82) 168C3
Gimbrède (32) 168A1
Gimeaux (63) 127 F1
Gimécourt (55) 47 F4
Gimel-les-Cascades (19) . 139E1
Gimeux (16) 121G4
la Gimond (42) 129 F5
Gimont (32) 168B5
Gimouille (58) 98D4
Ginai (61) 39 F4
Ginals (82) 153 F6
Ginasservis (83) 176D4
Ginchy (80) 8B5
Gincla (11) 200B1
Gincrey (55) 25G6
Gindou (46) 152B2
Ginestas (11) 187H3
Ginestet (24) 136D5
Gingsheim (67) 50D4
Ginoles (11) 186C6
Ginouillac (46) 152D1
Gintrac (46) 139E5
Giocatojo (2B) 203 F6
Gionges (51) 45 F3
Giou-de-Mamou (15) . . 140B5
Gioux (23) 125G3
Gipcy (03) 113 F2
Girac (46) 139E5
Girancourt (88) 69G4
Giraumont (54) 26A5
Giraumont (60) 21 F4
Girauvoisin (55) 47H4
Gircourt-lès-Viéville (88) . 69G2
Girecourt-sur-Durbion (88) . 70A3
Girefontaine (70) 69G6
Giremoutiers (77) 43H4
Girgols (15) 140B4
Giriviller (54) 70A1
Girmont (88) 69H3
Girmont-Val-d'Ajol (88) . 70A6
Girolles (45) 64A5
Girolles (89) 83H4
Giromagny (90) 88C2
Giron (01) 117H3
Gironcourt-sur-Vraine (88) . 69E3
Gironde-sur-Dropt (33) . 150A2
Gironville (08) 10D6
Gironville (77) 63H4
Gironville-sur-Essonne (91) . 63G2
le Girouard (85) 91 F5
Giroussens (81) 169H4
Giroux (36) 96D3
Gisay-la-Coudre (27) . . 40A3
Giscaro (32) 168B5
Giscos (33) 149H5
Gisors (27) 19G6
Gissac (12) 171H3
Gissey-le-Vieil (21) . . . 84D6
Gissey-sous-Flavigny (21) . 85E4
Gissey-sur-Ouche (21) . 101G1
Giuncaggio (2B) 205G3
Giuncheto (2A) 206D3
Givardon (18) 98B5
Givarlais (03) 112D2
Givenchy-en-Gohelle (62) . 8B1
Givenchy-le-Noble (62) . 7H2
Givenchy-lès-la-Bassée (62) . 2D6
Giverny (27) 41G2
Giverville (27) 15H4
Givet (08) 11 F4
Givonne (08) 24C2
Givors (69) 130A5
Givraines (45) 63G4
Givrand (85) 90D4
Givrauval (55) 47 F5
le Givre (85) 91G6
Givrezac (17) 121E4
Givron (08) 23G2
Givry (08) 23H4
Givry (71) 101 F5
Givry (89) 83H4
Givry-en-Argonne (51) . . 46B3
Givry-lès-Loisy (51) . . . 45E3
Givrycourt (57) 49H5

Gizaucourt (51) 46C2
Gizay (86) 109 F2
Gizeux (37) 78A5
la Glacerie (50) 12C1
Glageon (59) 10B4
Glaignes (60) 21 F6
Glaine-Montaigut (63) . . 127G3
Glaire (08) 24C2
le Glaizil (05) 146A6
Glamondans (25) 87H6
Gland (02) 44C2
Gland (89) 84C2
Glandage (26) 159G1
Glandon (87) 124B5
Glanes (46) 139 F5
Glanges (87) 124C4
Glannes (51) 46A5
Glanon (21) 102A3
Glanville (14) 15E4
Glatens (82) 168B3
Glatigny (50) 12C5
Glatigny (57) 26C5
Glatigny (60) 19H4
Glay (25) 88D5
Gleizé (69) 129H1
Glénac (56) 56C6
Glénat (15) 139G5
Glénay (79) 93 F4
Glénic (23) 111G5
Glennes (02) 22C5
Glénouze (86) 93H3
Glère (25) 88D5
Glicourt (76) 17H2
Glisolles (27) 40D2
Glisy (80) 157G5
Glomel (22) 54C1
Glonville (54) 70B1
Glorianes (66) 200D3
Glos (14) 15 F5
Glos-la-Ferrière (61) . . . 40A4
Glos-sur-Risle (27) . . . 18A6
Gluiras (07) 143G5
Glun (07) 144A4
Glux-en-Glenne (58) . . 100B4
Goas (82) 168C3
la Godefroy (50) 35H3
Godenvillers (60) 20D3
Goderville (76) 16C4
Godewaersvelde (59) . . 2D3
Godisson (61) 39G5
la Godivelle (63) 141E1
Godoncourt (88) 69E5
Goerlingen (67) 50A4
Goersdorf (67) 51E2
Goès (64) 182A3
Goetzenbruck (57) . . . 50C2
Goeulzin (59) 8D2
Gogney (54) 49G5
Gognies-Chaussée (59) . 10A2
la Gohannière (50) . . . 37E4
Gohory (28) 61H4
Goin (57) 48D2
Goincourt (60) 20A4
Golancourt (60) 21G2
Golbey (88) 69H4
Goldbach-Altenbach (68) . 71E6
Golfech (82) 151E6
Golinhac (12) 154C2
Golleville (50) 12C3
Gombergean (41) 79G3
Gomelange (57) 26D4
Gomené (22) 55 F4
Gomer (64) 182C2
Gometz-la-Ville (91) . . . 42B5
Gometz-le-Châtel (91) . . 42B5
Gomiécourt (62) 8B4
Gommecourt (62) 8A4
Gommecourt (78) 41G2
Gommegnies (59) 9G2
Gommenec'h (22) 33E3
Gommersdorf (68) 89E3
Gommerville (28) 62D3
Gommerville (76) 15G1
Gomméville (21) 66D6
Gomont (08) 23 F4
Goncelin (38) 146A1
Goncourt (52) 68C3
Gond-Pontouvre (16) . . 122C4
Gondecourt (59) 3 F6
Gondenans-
-les-Moulins (25) 87H4
Gondenans-Montby (25) . 88A5
Gondeville (16) 121H3
Gondrecourt-Aix (54) . . 25H6
Gondrecourt-
-le-Château (55) 68C1
Gondreville (45) 64A5
Gondreville (54) 48B5
Gondreville (60) 21G6
Gondrexange (57) 49H5
Gondrexon (54) 49G6
Gondrin (32) 167 F2
les Gonds (17) 121E3
Gonesse (95) 42D3
Gonez (65) 183 F3
Gonfaron (83) 193H3
Gonfreville (50) 12D5
Gonfreville-Caillot (76) . . 16C4
Gonfreville-l'Orcher (76) . 15 F2
la Gonfrière (61) 39H4
Gonnehem (62) 2C5
Gonnelieu (59) 8D4
Gonnetot (76) 17 F3
Gonneville (50) 12D2
Gonneville-en-Auge (14) . 14C4
Gonneville-la-Mallet (76) . 16B4
Gonneville-sur-Honfleur (14) . 15 F3
Gonneville-sur-Mer (14) . 14D4
Gonneville-sur-Scie (76) . 17G3

Gonsans (25) 103H1
Gontaud-de-Nogaret (47) . 150D3
la Gonterie-
-Boulouneix (24) 123E6
Gonzeville (76) 17E3
Goos (40) 165 F4
Gorbio (06) 195G2
Gorcy (54) 25G3
Gordes (84) 175G2
Gorenflos (80) 7E4
Gorges (44) 75E6
Gorges (50) 12D5
Gorges (80) 7 F4
Gorhey (88) 69G4
Gornac (33) 150A1
Gorniès (34) 173E3
Gorre (87) 123G3
Gorrevod (01) 116C3
Gorron (53) 58C2
Gorses (46) 139 F6
Gorze (57) 26A6
Gosnay (62) 2D6
Gosné (35) 57G1
Gosselming (57) 49H4
Gotein-Libarrenx (64) . . 181G3
Gottenhouse (67) 50C4
Gottesheim (67) 50C4
Gouaix (77) 65E1
Goualade (33) 150A4
Gouarec (22) 54D1
Gouaux (65) 183G6
Gouaux-de-Larboust (31) . 197E1
Gouaux-de-Luchon (31) . 184A6
Gouberville (50) 13E1
Gouchaupre (76) 6A5
Goudargues (30) 157G5
Goudelancourt-
-lès-Berrieux (02) 22D4
Goudelancourt-
-lès-Pierrepont (02) . . . 22D2
Goudelin (22) 33 F3
Goudet (43) 142C5
Goudex (31) 184C2
Goudon (65) 183 F3
Goudourville (82) 151H6
Gouesnach (29) 53 F3
la Gouesnière (35) . . . 35E4
Gouesnou (29) 31E4
Gouex (86) 109G3
Gouézec (29) 53G1
Gougenheim (67) 50D4
Gouhelans (25) 87H5
Gouhenans (70) 88A3
Gouillons (28) 62D2
Gouise (03) 114A3
Goujounac (46) 152B2
la Goulafrière (27) 39H3
Goulet (61) 39E5
Goulien (29) 52D2
Goulier (09) 198D1
Goulles (19) 139G4
les Goulles (21) 85G1
Gouloux (58) 100B1
Goult (84) 175G3
Goulven (29) 31 F2
Goumois (25) 88D6
Goupillières (14) 14B6
Goupillières (27) 40B1
Goupillières (76) 17 F5
Goupillières (78) 41H3
Gouraincourt (55) 25G5
le Gouray (22) 34A6
Gourbera (40) 165E3
Gourbesville (50) 12D4
Gourbit (09) 199E1
Gourchelles (60) 19G2
Gourdan-Polignan (31) . . 184A4
Gourdièges (15) 140D5
Gourdon (06) 178C4
Gourdon (07) 157G1
Gourdon (46) 152C1
Gourdon (71) 115G1
Gourdon-Murat (19) . . . 125 F5
Gourfaleur (50) 37 F1
Gourgançon (51) 45 F5
Gourgé (79) 93G5
Gourgeon (70) 87E2
Gourgue (65) 183 F4
Gourhel (56) 56A4
Gourin (56) 54B2
Gourlizon (29) 53E2
Gournay (36) 111 F1
Gournay-en-Bray (76) . . 19G4
Gournay-le-Guérin (27) . 40B5
Gournay-Loizé (79) . . . 108B5
Gournay-sur-Aronde (60) . 21E4
Gournay-sur-Marne (93) . 43E4
les Gours (16) 122A1
Gours (33) 136A4
Gourvieille (11) 186A2
Gourville (16) 122A2
Gourvillette (17) 121H1
Goussaincourt (55) . . . 68D1
Goussainville (28) 41G4
Goussainville (95) 42D2
Goussancourt (02) 44D1
Gousse (40) 165 F3
Goussonville (78) 41H3
Goustranville (14) 14D4
Gout-Rossignol (24) . . . 122D5
la Goutelle (63) 126C2
Goutevernisse (31) . . . 185E3
Goutrens (12) 154B3
Gouts (40) 165G3
Goutttières (27) 40C1
Goutttières (63) 113E6
Goutz (32) 168A3
Gouvernes (77) 43 F4
Gouves (62) 8A2
Gouvets (50) 37 F2

Gouvieux (60) 42D1
Gouville (27) 40C4
Gouville-sur-Mer (50) . . 36D1
Goux (32) 166D5
Goux-lès-Dambelin (25) . 88B5
Goux-les-Usiers (25) . . 103H3
Goux-sous-Landet (25) . 103 F2
Gouy (02) 9E5
Gouy (76) 18D5
Gouy-en-Artois (62) . . . 8A3
Gouy-en-Ternois (62) . . 7G2
Gouy-les-Groseillers (60) . 20B2
Gouy-Saint-André (62) . . 7E1
Gouy-Servins (62) 8A1
Gouy-sous-Bellonne (62) . 8C2
Gouzangrez (95) 42A1
Gouzeaucourt (59) 8D5
Gouzens (31) 185E3
Gouzon (23) 112A5
Goven (35) 57E3
Goviller (54) 69 F1
Goxwiller (67) 71G1
Goyencourt (80) 21E2
Goyrans (31) 169 F6
Grabels (34) 173 F5
Graçay (18) 96D2
Grâce-Uzel (22) 55G1
Grâces (22) 33E4
Gradignan (33) 135E6
Graffigny-Chemin (52) . . 68C4
Gragnague (31) 169G5
Graignes-Mesnil-Angot (50) . 13E5
Grailhen (65) 183G6
Graimbouville (76) 15G1
Graincourt-
-lès-Havrincourt (62) . . . 8D4
Grainville (27) 19E5
Grainville-la-Teinturière (76) . 17E3
Grainville-Langannerie (14) . 38D2
Grainville-sur-Odon (14) . . 14A5
Grainville-sur-Ry (76) . . 17H6
Grainville-Ymauville (76) . 16C4
le Grais (61) 38C5
Graissac (12) 140D6
Graissessac (34) 172A5
Graix (42) 143G1
Gramat (46) 139E6
Gramazie (11) 186C4
Grambois (84) 176B4
Grammond (42) 129 F5
Grammont (70) 88A4
Gramond (12) 154E5
Gramont (82) 168A2
Granace (2A) 207E3
Grancey-le-Château-
-Neuvelle (21) 85H3
Grancey-sur-Ource (21) . 67E6
Granchain (27) 40A2
Grand (88) 68B2
le Grand-Abergement (01) . . 117G6
Grand-Auverné (44) . . . 75E2
le Grand-Bornand (74) . . 132C1
le Grand-Bourg (23) . . . 111E6
Grand-Brassac (24) . . . 136D1
Grand-Camp (27) 15H6
Grand-Camp (76) 15H1
le Grand-Celland (50) . . 37 F5
le Grand-Champ (56) . . 55 F5
Grand-Charmont (25) . . 88C4
la Grand-Combe (30) . . 157E6
Grand-Corent (01) 117 F5
Grand-Couronne (76) . . 18C5
Grand-Croix (42) 129G5
Grand-Failly (54) 25 F4
Grand-Fayt (59) 9H4
Grand-Fort-Philippe (59) . . 2A2
Grand-Fougeray (35) . . . 57E6
Grand-Laviers (80) 6D4
le Grand-Lemps (38) . . . 131E6
le Grand-Lucé (72) 78C1
le Grand-Madieu (16) . . 122D1
le Grand-Pressigny (37) . . 95E4
le Grand-Quevilly (76) . . 17G6
Grand-Rozoy (02) 22A6
Grand-Rullecourt (62) . . 7H3
le Grand-Serre (26) . . . 144C2
Grand-Vabre (12) 154B2
Grand-Verly (02) 9G5
le Grand-Village-
-Plage (17) 120B1
Grandcamp-Maisy (14) . . 13 F4
Grandchamp (08) 23G2
Grandchamp (52) 86B2
Grandchamp (72) 60B3
Grandchamp (78) 41G5
Grandchamp (89) 82D2
Grandchamp-
-le-Château (14) 15E5
Grandchamps-
-des-Fontaines (44) . . . 74C4
Grand'Combe-
-Châtleu (25) 104B3
Grand'Combe-
-des-Bois (25) 104D2
Grandcourt (76) 6B4
Grandcourt (80) 8A4
la Grande-Fosse (88) . . 70D2
la Grande-Motte (34) . . 173H6
la Grande-Paroisse (77) . 64B2
la Grande-Résie (70) . . 86C6
Grande-Rivière (39) . . . 118A1
Grande-Synthe (59) . . . 2B1
Grande-Verrière (71) . . 100C4
Grandecourt (70) 87E3
les Grandes-Armoises (08) . . 24C4
les Grandes-
-Chapelles (10) 66A2
les Grandes-Loges (51) . . 45H2
les Grandes-Ventes (76) . 17H3

Grandfontaine (25) . . . 103 F1
Grandfontaine (67) . . . 71E1
Grandfontaine-
-sur-Creuse (25) 104A1
Grandfresnoy (60) 21E5
Grandham (08) 24B5
Grandjean (17) 121E1
Grand'Landes (85) . . . 91 F3
Grandlup-et-Fay (02) . . 22C2
Grandpré (08) 24B5
Grandpuits-
-Bailly-Carrois (77) 43G6
Grandrieu (48) 142A6
Grandrieux (02) 23 F2
Grandrif (63) 128B5
Grandris (69) 115H6
Grandrû (60) 21G3
Grandrupt (88) 70D2
Grandrupt-de-Bains (88) . 69G6
les Grands-Chézeaux (87) . . 110D3
Grandsaigne (19) 125 F5
Grandval (63) 128A5
Grandvals (48) 155 F1
Grandvaux (71) 115G2
Grandvelle-
-et-le-Perrenot (70) . . . 87 F4
Grandvillars (90) 88D4
la Grandville (08) 24B1
Grandville (10) 45G6
Grandvillers (88) 70B3
Grandvillers-aux-Bois (60) . 21E4
Grandvilliers (27) 40D4
Grandvilliers (60) 20A2
Grane (26) 158C1
Granès (11) 186B6
la Grange (25) 88B6
Grange-de-Vaivre (39) . . 103E3
Grangermont (45) 63G4
les Granges (10) 66B5
Granges (71) 101 F6
Granges-d'Ans (24) . . . 138A2
les Granges-
-Gontardes (26) 158A4
Granges-la-Ville (70) . . . 88B3
Granges-le-Bourg (70) . . 88B3
les Granges-le-Roi (91) . . 63E1
Granges-
-les-Beaumont (26) . . . 144B4
Granges-Narboz (25) . . 104A4
Granges-sur-Aube (51) . . 45E6
Granges-sur-Baume (39) . 102D6
Granges-sur-Lot (47) . . 151E4
Granges-sur-Vologne (88) . 70C4
les Grangettes (25) . . . 104A4
Grangues (14) 14D4
Granier (73) 133 F4
Granieu (38) 131 F4
Grans (13) 191G3
Granville (50) 35G2
Granzay-Gript (79) . . . 107G4
Gras (07) 157H3
les Gras (25) 104B3
Grassac (16) 122D4
Grasse (06) 178C4
Grassendorf (67) 50D3
Grateloup-
-Saint-Gayrand (47) . . . 150D3
Gratens (31) 184D2
Gratentour (31) 169 F4
Gratibus (80) 20D2
Gratot (50) 36D1
Gratreuil (51) 24A6
Grattepanche (80) 20C1
le Gratteris (25) 103G1
Grattery (70) 87 F3
le Grau-du-Roi (30) . . . 173H6
les Graulges (24) 122D5
Graulhet (81) 170B4
Grauves (51) 45 F3
Graval (76) 19 F2
la Grave (05) 146C3
Gravelines (59) 2A2
la Gravelle (53) 58 F4
Gravelotte (57) 26B5
la Graverie (14) 37H3
Graveron-Sémerville (27) . 40C1
Graves-Saint-Amant (16) . 122A4
Graveson (13) 174D3
Gravières (07) 157E4
Gravigny (27) 40D2
Gravon (77) 64D2
Gray (70) 86C5
Gray-la-Ville (70) 86C5
Grayan-et-l'Hôpital (33) . 120B5
Graye-et-Charnay (39) . . 117 F2
Graye-sur-Mer (14) . . . 14B3
Grayssas (47) 151G6
Grazac (31) 185G2
Grazac (43) 143E2
Grazac (81) 169G3
Grazay (53) 59G4
Gréalou (46) 153 F3
Gréasque (13) 192C2
Grébault-Mesnil (80) . . . 6C5
Grécourt (80) 21G2
Gredisans (39) 102C2
la Grée-Saint-Laurent (56) . . 56A3
Gréez-sur-Roc (72) . . . 61E4
Greffeil (11) 187E4
Grèges (76) 17G2
Grémecey (57) 49E4
Grémévillers (60) 19H3
Gremilly (55) 25 F5
Grémonville (76) 17 F4
Grenade (31) 169E4
Grenade-sur-l'Adour (40) . 166A3
Grenant (52) 86C2
Grenant-
-lès-Sombernon (21) . . . 101 F1
Grenay (38) 130C4
Grenay (62) 8B1

Grendelbruch (67). 50 C6
Greneville-en-Beauce (45). . . 63 E4
Grenier-Montgon (43). . . .141 F2
Gréning (57). 49 G2
Grenoble (38). 145 G2
Grenois (58). 83 F6
Grentheville (14). 38 C1
Grentzingen (68). 89 F3
Greny (76). 6 A5
Gréolières (06). 178 C3
Gréoux-les-Bains (04). . .176 B4
Grépiac (31). 185 G1
le Grès (31). 168 D4
Grésigny-
Sainte-Reine (21). 84 D4
Gresin (73). 131 F4
la Gresle (42). 115 F6
Gresse-en-Vercors (38). . . .145 F5
Gressey (78). 41 G4
Gresswiller (67). 50 C6
Gressy (77). 43 F3
Grésy-sur-Aix (73). 131 H3
Grésy-sur-Isère (73). . . .132 B4
Gretz-Armainvilliers (77). . .43 F5
Greucourt (70). 87 E4
Greuville (76). 17 F3
Greux (88). 68 D1
la Grève-sur-Mignon (17). . .107 F4
Gréville-Hague (50). . . .12 B1
Grévillers (62). 8 B4
Grévilly (71). 116 B2
Grez (60). 20 A2
le Grez (72). 59 G4
Grez-en-Bouère (53). 77 E1
Grez-Neuville (49). . . .76 D3
Grez-sur-Loing (77). . . .64 A3
Grézac (17). 120 D4
Grèzes (24). 138 B3
Grèzes (43). 141 H5
Grèzes (46). 153 F2
Grèzes (48). 155 H3
Grézet-Cavagnan (47). . .150 C4
Grézian (65). 183 G6
Grézieu-la-Varenne (69). . .129 H4
Grézieu-le-Marché (69). . .129 F4
Grézieux-le-Fromental (42). .129 E4
Grézillac (33). 135 H5
Grézillé (49). 77 F6
Grézolles (42). 128 C2
Gricourt (02). 9 E6
Grièges (01). 116 B4
Gries (67). 51 E4
Griesbach-au-Val (68). . . .71 E5
Griesheim-
près-Molsheim (67). . .50 D6
Griesheim-sur-Souffel (67). . .51 E5
Grignan (26). 158 C4
Grigneuseville (76). . . .17 H4
Grignols (24). 137 E3
Grignols (33). 150 A4
Grignon (21). 84 D4
Grignon (73). 132 C4
Grignoncourt (88). . . .69 E6
Grigny (62). 7 E1
Grigny (69). 130 A4
Grigny (91). 42 D6
la Grigonnais (44). . . .74 C2
Grillon (84). 158 C4
Grilly (01). 118 B3
Grimaucourt-
en-Woëvre (55). 47 G1
Grimaucourt-
près-Sampigny (55). . .47 G4
Grimaud (83). 194 A4
la Grimaudière (86). . .93 H5
Grimault (89). 84 A3
Grimbosq (14). 14 B6
Grimesnil (50). 35 H1
Grimonviller (54). . . .69 F2
Grincourt-lès-Pas (62). . .7 H3
Grindorff-Bizing (57). . .26 D3
la Gripperie-
Saint-Symphorien (17). . .120 C2
Gripport (54). 69 G2
Griscourt (54). 48 B4
Griselles (21). 84 C1
Griselles (45). 64 B5
Grisolles (02). 44 B1
Grisolles (82). 169 E3
Grisy-les-Plâtres (95). . .42 B1
Grisy-Suisnes (77). . . .43 F5
Grisy-sur-Seine (77). . .65 E2
Grives (24). 137 H6
Grivesnes (80). 20 D2
Grivillers (80). 21 E2
Grivy-Loisy (08). . . .24 A4
Groffliers (62). 6 C1
la Groise (59). 9 G4
Groises (18). 98 B1
Groissiat (01). 117 G4
Groisy (74). 118 C6
Groix (56). 54 B6
Grôléjac (24). 138 B6
Gron (18). 98 B2
Gron (89). 65 E4
Gronard (02). 22 D1
Gros-Chastang (19). . . .139 F2
Gros-Réderching (57). . .28 A5
le Gros-Theil (27). . . .18 B6
Grosbliederstroff (57). . .27 G5
Grosbois (25). 87 H6
Grosbois-
en-Montagne (21). . .85 E4
Grosbois-lès-Tichey (21). . .102 B3
Grosbreuil (85). 91 H5
les Groseillers (79). . .107 H1
Groslay (95). 42 D3
Groslée (01). 131 F3
Grosley-sur-Risle (27). . .40 B2
Grosmagny (90). 88 C2

Grosne (90). 88 D3
Grospierres (07). 157 F4
Grosrouvre (78). 41 H4
Grosrouvres (54). . . .48 A4
Grossa (2A). 206 D3
Grosseto-Prugna (2A). . .204 D6
Grossoeuvre (27). . . .41 E3
Grossouvre (18). . . .98 C4
Grostenquin (57). . . .49 G2
Grosville (50). 12 B3
Grouches-Luchuel (80). . .7 G3
Grougis (02). 9 F5
la Groutte (18). 97 H6
Grozon (39). 103 E3
Gruchet-le-Valasse (76). . .15 H1
Gruchet-Saint-Siméon (76). . .17 F3
Grues (85). 106 B2
Gruey-lès-Surance (88). . .69 G5
Gruffy (74). 132 A2
Grugé-l'Hôpital (49). . .76 B2
Grugies (02). 22 A1
Grugny (76). 18 D2
Gruissan (11). 188 B4
Grumesnil (76). 19 G3
Grun-Bordas (24). . . .137 E4
Grundviller (57). . . .49 H1
Gruny (80). 21 F2
Grury (71). 100 A6
Grusse (39). 117 F1
Grussenheim (68). . .71 G4
Grust (65). 182 D6
Gruyères (08). 24 A2
le Gua (17). 120 C3
le Gua (38). 145 F4
Guagno (2A). 204 D3
Guainville (28). 41 F3
Guarbecque (62). . . .2 C5
Guargualé (2A). 206 D1
Guchan (65). 183 G6
Guchen (65). 183 G6
Gudas (09). 185 H5
Gudmont-Villiers (52). . .67 H2
le Gué-d'Alleré (17). . .107 E4
le Gué-de-la-Chaîne (61). . .60 D2
le Gué-de-Longroi (28). . .62 C1
le Gué-de-Velluire (85). . .107 E3
Gué-d'Hossus (08). . .10 D5
Guebenhouse (57). . .49 H1
Gueberschwihr (68). . .71 F5
Guébestroff (57). . . .49 G3
Guéblange-lès-Dieuze (57). . 49 F4
Guébling (57). 49 G3
Guebwiller (68). 71 E6
Guécélard (72). 78 A1
le Guédéniau (49). . . .77 H4
Guégon (56). 55 H4
Guéhébert (50). 35 H1
Guéhenno (56). 55 G4
Gueltas (56). 55 G2
Guémappe (62). 8 C3
Guémar (68). 71 F3
Guémené-Penfao (44). . .74 B1
Guémené-sur-Scorff (56). . .54 D2
Guemps (62). 1 H2
Guénange (57). 26 C4
Guengat (29). 53 F2
Guénin (56). 55 E4
Guenroc (22). 34 C6
Guenrouet (44). 74 A2
Guenviller (57). 49 G1
Guêprei (61). 39 E4
Guer (56). 56 C4
Guérande (44). 73 F4
Guérard (77). 43 G4
Guerbigny (80). 21 E2
la Guerche (37). 95 E4
la Guerche-
de-Bretagne (35). . .57 H4
la Guerche-sur-l'Aubois (18). .98 C4
Guercheville (77). . .63 H3
Guerchy (89). 83 F1
Guéreins (01). 116 B4
Guéret (23). 111 G5
Guerfand (71). 101 H5
Guérigny (58). 99 E3
Guérin (47). 150 B3
la Guérinière (85). . .90 B1
Guerlesquin (29). . . .32 B4
Guermange (57). 49 G4
Guermantes (77). . . .43 F4
Guern (56). 55 E3
Guernanville (27). . .40 B3
Guernes (78). 41 G2
le Guerno (56). 73 F1
Guerny (27). 19 G6
Guéron (14). 13 H5
Guerpont (55). 47 F5
Guerquesalles (61). . .39 F3
les Guerreaux (71). . .114 D2
Guerstling (57). 27 E3
Guerting (57). 27 E4
Guerville (76). 6 B5
Guerville (78). 41 H3
Gueschart (80). 7 E3
Guesnain (59). 8 D2
Guesnes (86). 94 A4
Guessling-Hémering (57). . .49 F2
Guéthary (64). 164 A6
Gueudecourt (80). . . .8 B4
Gueugnon (71). 115 D2
Gueures (76). 17 F2
Gueutteville (76). . . .17 G4
Gueutteville-les-Grès (76). . .17 E2
Gueux (51). 23 E6
Guevenatten (68). . .89 E2
Guewenheim (68). . .89 E2
Gueytes-et-Labastide (11). .186 B4
Gugnécourt (88). . . .70 B3
Gugney (54). 69 F2

Gugney-aux-Aulx (88). 69 G3
Guibeville (91). 42 C6
Guichainville (27). . . .41 E3
Guiche (64). 164 D5
la Guiche (71). 115 G2
Guichen (35). 57 E4
Guiclan (29). 31 H3
Guidel (56). 54 B5
Guignecourt (60). . . .20 B4
Guignemicourt (80). . .7 F6
Guignen (35). 56 D4
Guignes (77). 43 F6
Guigneville (45). 63 F4
Guigneville-
sur-Essonne (91). . .63 G1
Guignicourt (02). . . .23 E4
Guignicourt-sur-Vence (08). . 24 A2
Guigny (62). 7 E2
Guilberville (50). . . .37 G2
Guiler-sur-Goyen (29). . .53 E2
Guilherand-Granges (07). . .144 B5
Guillac (33). 135 H6
Guillac (56). 56 A4
Guillaucourt (80). . . .8 A6
Guillaumes (06). . . .161 G6
Guillemont (80). 8 B5
la Guillermie (03). . .128 A1
Guilleville (28). 62 D4
Guilligomarc'h (29). . .54 C3
Guilliers (56). 56 A3
Guillon (89). 84 B4
Guillon-les-Bains (25). . .87 H6
Guillonville (28). . . .62 C5
Guillos (33). 149 F2
Guilly (36). 96 C5
Guilly (45). 81 F2
Guilmécourt (76). . . .6 A5
Guilvinec (29). 53 E4
Guimaëc (29). 32 B2
Guimiliau (29). 31 G4
Guimps (16). 121 H5
Guinarthe-Parenties (64). . 181 F1
Guincourt (08). 24 A3
Guindrecourt-
aux-Ormes (52). . . .67 G1
Guindrecourt-
sur-Blaise (52). . . .67 G3
Guinecourt (62). 7 F2
Guînes (62). 1 G3
Guingamp (22). 33 E4
Guinglange (57). . . .49 E1
Guinkirchen (57). . . .26 D4
Guinzeling (57). . . .49 G3
Guipavas (29). 31 E4
Guipel (35). 57 F1
Guipronvel (29). . . .30 D4
Guipry (35). 57 E5
Guipy (58). 99 G1
Guiry-en-Vexin (95). . .42 A1
Guiscard (60). 21 G2
Guiscriff (56). 54 B2
Guise (02). 9 G6
Guiseniers (27). 19 F6
le Guislain (50). 37 F2
Guissény (29). 31 E2
Guisy (62). 7 E1
Guitalens-L'Albarède (81). . 170 B5
Guitera-les-Bains (2A). . .205 E6
Guitinières (17). . . .121 F5
Guitrancourt (78). . .41 H2
Guîtres (33). 135 H3
Guitry (27). 19 F6
Guitté (22). 56 C1
Guivry (02). 21 H2
Guizancourt (80). . . .20 A2
Guizengeard (16). . .136 A1
Guizerix (65). 183 H2
Gujan-Mestras (33). . .148 C1
Gumbrechtshoffen (67). . .50 D3
Gumery (10). 65 F2
Gumiane (26). 159 E3
Gumières (42). 128 D5
Gumond (19). 139 F2
Gundershoffen (67). . .50 D3
Gundolsheim (68). . .71 F6
Gungwiller (67). 50 A3
Gunsbach (68). 71 E5
Gunstett (67). 51 E2
Guntzviller (57). . . .50 B4
Guny (02). 22 A4
Guran (31). 184 A6
Gurat (16). 122 C6
Gurcy-le-Châtel (77). . .64 D2
Gurgy (89). 83 F1
Gurgy-la-Ville (21). . .85 G1
Gurgy-le-Château (21). . .85 G1
Gurmençon (64). . . .182 A3
Gurs (64). 181 H2
Gurunhuel (22). 32 D4
Gury (60). 21 F3
Gussainville (55). . . .47 H1
Gussignies (59). 9 G5
Guyancourt (78). . . .42 B4
Guyans-Durnes (25). . .103 H2
Guyans-Vennes (25). . .104 B1
Guyencourt (02). . . .22 D5
Guyencourt-Saulcourt (80). . .8 D5
Guyencourt-sur-Noye (80). . .20 C1
la Guyonnière (85). . .91 H2
Guyonvelle (52). . . .86 D1
Guzargues (34). . . .173 G4
Gy (70). 87 E5
Gy-en-Sologne (41). . .80 B6
Gy-les-Nonains (45). . .64 B6
Gy-l'Évêque (89). . .83 F3
Gye (54). 48 B6
Gyé-sur-Seine (10). 66 D5

H

Habarcq (62). 8 A2
Habas (40). 165 F5
Habère-Lullin (74). . . .118 D4
Habère-Poche (74). . . .119 E4
l'Habit (27). 41 F4
Hablainville (54). 49 G6
Habloville (61). 38 D4
Haboudange (57). 49 F3
Habsheim (68). 89 G2
Hachan (65). 183 H1
Hâcourt (52). 68 C4
Hacqueville (27). 19 F6
Hadancourt-
le-Haut-Clocher (60). . .42 A1
Hadigny-les-Verrières (88). . .69 H2
Hadol (88). 70 A4
Haegen (67). 50 C4
Hagécourt (88). 69 G3
Hagedet (65). 166 D6
Hagen (57). 26 B2
Hagenbach (68). 89 E3
Hagenthal-le-Bas (68). . .89 G4
Hagenthal-le-Haut (68). . .89 G4
Haget (32). 183 F1
Hagetaubin (64). 165 H6
Hagetmau (40). 165 H4
Hagéville (54). 26 A6
Hagnéville-et-Roncourt (88). . .68 D3
Hagnicourt (08). 24 A3
Hagondange (57). 26 B4
Haguenau (67). 51 E3
la Haie-Fouassière (44). . .74 D6
la Haie-Traversaine (53). . .59 E2
les Haies (69). 129 H5
Haigneville (54). . . .69 H1
Haillainville (88). . .70 A4
le Haillan (33). 135 E5
Hailles (80). 20 D1
Haillicourt (62). 2 C6
Haimps (17). 121 H2
Haims (86). 110 A2
Hainvillers (60). 21 E3
Haironville (55). 47 E5
Haisnes (62). 3 E6
Haleine (61). 59 F1
Halinghen (62). 1 F5
Hallencourt (80). 6 D5
Hallennes-
lez-Haubourdin (59). . .3 F4
Hallering (57). 27 E5
les Halles (69). 129 F3
Halles-sous-les-Côtes (55). . .24 D4
Hallignicourt (52). . .46 C6
Hallines (62). 2 A4
Hallivillers (80). . . .20 C2
la Hallotière (76). . .19 F3
Halloville (54). 49 H6
Halloy (60). 20 A2
Halloy (62). 7 H3
Halloy-lès-Pernois (80). . .7 F4
Hallu (80). 21 F1
Halluin (59). 3 G4
Halsou (64). 180 C1
Halstroff (57). 26 D3
le Ham (50). 12 D3
le Ham (53). 59 F2
Ham (80). 21 G1
Ham-en-Artois (62). . .2 C5
Ham-les-Moines (08). . .24 A1
Ham-sous-Varsberg (57). . .27 E5
Ham-sur-Meuse (08). . .11 F4
Hamars (14). 14 A6
Hambach (57). 49 H1
Hambers (53). 59 F3
Hamblain-les-Prés (62). . .8 C2
Hambye (50). 37 E2
Hamel (59). 8 D2
le Hamel (60). 20 A4
le Hamel (80). 8 A6
Hamelet (80). 7 H6
Hamelin (50). 37 H6
Hamelincourt (62). . .8 B3
Hames-Boucres (62). . .1 G3
Hammeville (54). . . .69 F1
Hamonville (54). . . .48 A4
Hampigny (10). 67 E2
Hampont (57). 49 F3
Han-devant-Pierrepont (54). . .25 G4
Han-lès-Juvigny (55). . .25 E4
Han-sur-Meuse (55). . .47 G3
Han-sur-Nied (57). . .49 E2
Hanc (79). 108 C6
Hanches (28). 41 G6
Hancourt (80). 8 D6
Handschuheim (67). . .50 D5
Hangard (80). 20 D1
Hangenbieten (67). . .50 D6
Hangest-en-Santerre (80). . 21 E1
Hangest-sur-Somme (80). . .7 E5
Hangviller (57). 50 B4
Hannaches (60). 19 H4
Hannapes (02). 9 G5
Hannappes (08). 23 F1
Hannescamps (62). . .8 A3
Hannocourt (57). . . .49 E3
Hannogne-Saint-Martin (08). . 24 B2
Hannogne-Saint-Rémy (08). . 23 F3
Hannonville-
sous-les-Côtes (55). . .47 H2
Hannonville-Suzémont (54). . .48 A1
le Hanouard (76). . . .17 E3
Hans (51). 46 B1
Hantay (59). 3 E6
Hanvec (29). 31 F5
Hanviller (57). 50 C1
Hanvoile (60). 19 H4
Haplincourt (62). 8 C4

Happencourt (02). 21 H1
Happonvilliers (28). 61 G3
Haramont (02). 21 G6
Haraucourt (08). 24 C2
Haraucourt (54). 49 E5
Haraucourt-sur-Seille (57). . .49 F4
Haravesnes (62). 7 F2
Haravilliers (95). . . .42 B1
Harbonnières (80). . . .8 A6
Harbouey (54). 49 H6
Harcanville (76). . . .17 E3
Harchéchamp (88). . .68 D2
Harcigny (02). 23 E1
Harcourt (27). 40 B1
Harcy (08). 11 E6
Hardancourt (88). . . .70 A2
Hardanges (53). 59 F2
Hardecourt-aux-Bois (80). . .8 B5
Hardencourt-Cocherel (27). . 41 E2
Hardifort (59). 2 C3
Hardinghen (62). 1 G3
Hardinvast (50). 12 C2
Hardivillers (60). 20 B3
Hardivillers-en-Vexin (60). . .19 H5
Hardricourt (78). 42 A2
la Harengère (27). . . .18 C6
Haréville (88). 69 F4
Harfleur (76). 15 F2
Hargarten-aux-Mines (57). . .27 E4
Hargeville (78). 41 H3
Hargicourt (02). 8 D5
Hargicourt (80). 20 D2
Hargnies (08). 11 F5
Hargnies (59). 9 H3
Harly (02). 9 E6
Harmonville (88). . . .69 E1
la Harmoye (22). 33 F6
Harnes (62). 8 C1
Harol (88). 69 G4
Haroué (54). 69 G1
Harponville (80). 7 H5
Harprich (57). 49 F2
Harquency (27). 19 F6
Harreberg (57). 50 B5
Harréville-
les-Chanteurs (52). . .68 C3
Harricourt (08). 24 C4
Harsault (88). 69 G5
Harskirchen (67). . . .50 A2
Hartennes-et-Taux (02). . 22 A6
Hartmannswiller (68). . .71 E6
Hartzviller (57). 50 A5
Harville (55). 47 H1
Hary (02). 23 E1
Haselbourg (57). 50 B5
Hasnon (59). 9 E1
Hasparren (64). 180 D1
Haspelschiedt (57). . . .28 C5
Haspres (59). 9 F3
Hastingues (40). . . .164 D5
Hatrize (54). 26 A5
Hatten (67). 51 F2
Hattencourt (80). . . .21 F1
Hattenville (76). . . .16 D4
Hattigny (57). 49 H5
Hattmatt (67). 50 C4
Hattstatt (68). 71 F5
Hauban (65). 183 F4
Haubourdin (59). 3 F4
Hauconcourt (57). . . .26 C4
Haucourt (60). 19 H4
Haucourt (62). 8 C3
Haucourt (76). 19 G2
Haucourt-en-Cambrésis (59). . .9 E4
Haucourt-Moulaine (54). . .25 H3
Haudainville (55). . . .47 F1
Haudiomont (55). . . .47 G1
Haudivillers (60). . . .20 B4
Haudonville (54). . . .70 A1
Haudrecy (08). 24 A1
Haudricourt (76). . . .19 G2
Haulchin (59). 9 F2
Haulies (32). 168 A6
Haulmé (08). 11 F6
Haumont-
près-Samogneux (55). . . .25 E6
Hauriet (40). 165 G4
Hausgauen (68). 89 F3
Haussez (76). 19 G3
Haussignémont (51). . .46 C5
Haussimont (51). . . .45 G5
Haussonville (54). . .48 D6
Haussy (59). 9 F3
Haut-Clocher (57). . . .49 H4
le Haut-Corlay (22). . .33 E6
Haut-de-Bosdarros (64). . .182 C3
Haut-du-Them-
Château-Lambert (70). . . .88 B1
Haut-Lieu (59). 10 A4
Haut-Loquin (62). 1 H4
Haut-Mauco (40). . . .165 H3
Hautaget (65). 183 H4
Hautbos (60). 19 H2
Haute-Amance (52). . .86 C1
Haute-Avesnes (62). . .8 A2
la Haute-Beaume (05). . .159 G2
la Haute-Chapelle (61). . .38 A6
Haute-Épine (60). . . .20 A3
Haute-Goulaine (44). . .74 D5
Haute-Isle (95). 41 G2
Haute-Kontz (57). . . .26 C2
la Haute-Maison (77). . .43 H4
Haute-Rivoire (69). . .129 F3
Haute-Vigneulles (57). . .27 E5
Hautecloque (62). 7 G2
Hautecour (39). 117 H1
Hautecour (73). 132 D5
Hautecourt-Romanèche (01). 117 F3
Hautefage (47). 151 E2
Hautefage-la-Tour (47). . .151 H4
Hautefaye (24). 123 E5

Hautefeuille (77). 43 G5
Hautefond (71). 115 F3
Hautefontaine (60). . . .21 G5
Hautefort (24). 138 A2
Hauteluce (73). 132 D3
Hautepierre-le-Châtelet (25). .103 H2
Hauterive (03). 114 A6
Hauterive (61). 60 B1
Hauterive (89). 83 G1
Hauterive-la-Fresse (25). . .104 A3
Hauterives (26). 144 B3
Hauteroche (21). 85 E4
Hautes-Duyes (04). . .160 C5
les Hautes-Rivières (08). . . 11 F6
Hautesvignes (47). . .150 D3
Hautevelle (70). 87 G3
Hautevesnes (02). . . .44 A1
Hauteville (02). 9 F6
Hauteville (08). 23 G3
Hauteville (51). 46 C6
Hauteville (62). 8 A2
Hauteville (73). 132 B5
la Hauteville (78). . . .41 G5
Hauteville-la-Guichard (50). . .13 E6
Hauteville-lès-Dijon (21). . .85 G6
Hauteville-Lompnes (01). . 131 F1
Hauteville-sur-Fier (74). . .131 H1
Hauteville-sur-Mer (50). . .36 D2
Haution (02). 9 H6
Hautmont (59). 10 A3
Hautmougey (88). 69 G5
Hautot-l'Auvray (76). . .17 E3
Hautot-le-Vatois (76). . .17 E4
Hautot-Saint-Sulpice (76). . .17 F4
Hautot-sur-Mer (76). . .17 G2
Hautot-sur-Seine (76). . .18 C5
les Hauts-de-Chée (55). . .47 E3
Hautteville-Bocage (50). . .12 D4
Hautvillers (51). 45 E2
Hautvillers-Ouville (80). . .6 D3
Hauville (27). 17 E6
Hauviné (08). 23 G5
Haux (33). 135 G6
Haux (64). 181 G4
Havange (57). 26 A3
Havelu (28). 41 G4
Haveluy (59). 9 E2
Havernas (80). 7 F5
Haverskerque (59). 2 C5
le Havre (76). 15 E2
Havrincourt (62). 8 D4
l'Haÿ-les-Roses (94). . .42 D4
Hayange (57). 26 B3
Haybes (08). 11 E5
la Haye (76). 19 E4
la Haye (88). 69 G4
la Haye-Aubrée (27). . .18 A4
la Haye-Bellefond (50). . .37 F2
la Haye-de-Calleville (27). . .18 B6
la Haye-de-Routot (27). . .17 E6
la Haye-d'Ectot (50). . .12 B4
la Haye-du-Puits (50). . .12 C5
la Haye-du-Theil (27). . .18 B6
la Haye-le-Comte (27). . .18 D6
la Haye-Malherbe (27). . .18 C6
la Haye-Pesnel (50). . .35 H2
la Haye-Saint-Sylvestre (27). . 40 A3
les Hayes (41). 79 E2
Hayes (57). 26 D5
Haynecourt (59). 8 D3
les Hays (39). 102 C4
Hazebrouck (59). 2 C4
Hazembourg (57). . . .49 H2
Héauville (50). 12 B2
Hébécourt (27). 19 G5
Hébécourt (80). 20 C1
Hébécrevon (50). 37 F1
Héberville (76). 17 E3
Hébuterne (62). 8 A4
Hèches (65). 183 G5
Hecken (68). 89 E2
Hecmanville (27). . . .40 A1
Hécourt (27). 41 F3
Hécourt (60). 19 G3
Hecq (59). 9 G3
Hectomare (27). 18 B6
Hédauville (80). 8 A4
Hédé (35). 57 E1
Hédouville (95). 42 C1
Hegeney (67). 51 E3
Hégenheim (68). 89 G3
Heidolsheim (67). . . .71 G3
Heidwiller (68). 89 F2
Heiligenberg (67). . . .50 C6
Heiligenstein (67). . . .71 F1
Heillecourt (54). 48 C5
Heilles (60). 20 C5
Heilly (80). 7 H5
Heiltz-le-Hutier (51). . .46 B5
Heiltz-le-Maurupt (51). . .46 C4
Heiltz-l'Évêque (51). . .46 C4
Heimersdorf (68). . . .89 F3
Heimsbrunn (68). . . .89 E2
Heining-lès-Bouzonville (57). . 27 E3
Heippes (55). 47 F2
Heiteren (68). 71 G5
Heiwiller (68). 89 F3
Hélesmes (59). 9 E2
Hélette (64). 180 D2
Helfaut (62). 2 B4
Helfrantzkirch (68). . .89 G3
Helléan (56). 56 A4
Hellering-
lès-Fénétrange (57). . .50 A4
Helleville (50). 12 B2
Hellimer (57). 49 G2
Héloup (61). 59 H2
Helstroff (57). 26 D5
Hem (59). 3 G5
Hem-Hardinval (80). . .7 G3

Hem-Lenglet (59) 8D3
Hem-Monacu (80) 8B5
Hémevez (50) 12D3
Hémévillers (60) 21E4
Hémilly (57) 49E1
Héming (57) 49H5
Hémonstoir (22) 55F2
Hénaménil (54) 49F5
Hénanbihen (22) 34B4
Hénansal (22) 34A4
Hendaye (64) 180A1
Hendecourt-lès-Cagnicourt (62) 8C3
Hendecourt-lès-Ransart (62) 8B3
Hénencourt (80) 7H5
Henflingen (68) 89F3
Hengoat (22) 33F2
Hengwiller (67) 50C5
Hénin-Beaumont (62) 8C1
Hénin-sur-Cojeul (62) 8B3
Héninel (62) 8B3
Hennebont (56) 54D5
Hennecourt (88) 69G3
Hennemont (55) 47H1
Henneveux (62) 1G4
Hennezel (88) 69F5
Hennezis (27) 19F6
Hénon (22) 33H5
Hénonville (60) 20A6
Hénouville (76) 17F6
Henrichemont (18) 81H6
Henridorff (57) 50B4
Henriville (57) 49G1
Hénu (62) 7H3
Henvic (29) 31H3
Hérange (57) 50B4
Herbault (41) 79G3
Herbécourt (80) 8B6
Herbelles (62) 2A5
l'Herbergement (85) 91G2
Herbeuval (08) 25E3
Herbeuville (55) 47H2
Herbeville (78) 42A3
Herbéviller (54) 49G6
Herbeys (38) 145G3
les Herbiers (85) 92B4
Herbignac (44) 73G3
Herbinghen (62) 1G4
Herbisse (10) 45G6
Herbitzheim (67) 27H6
Herblay (95) 42C3
Herbsheim (67) 71H2
Hercé (53) 58C1
Herchies (60) 20A4
la Hérelle (60) 20C3
Hérenguerville (50) 36D2
Hérépian (34) 172A5
Hères (65) 166D5
Hergnies (59) 4B6
Hergugney (88) 69G2
Héric (44) 74C3
Héricourt (62) 7G2
Héricourt (70) 88C4
Héricourt-en-Caux (76) 17E4
Héricourt-sur-Thérain (60) 19G3
Héricy (77) 64B2
la Hérie (02) 10B6
le Hérie-la-Viéville (02) 22C1
Hériménil (54) 49E6
Hérimoncourt (25) 88D5
Hérin (59) 9F2
Hérissart (80) 7G5
Hérisson (03) 112D2
Herleville (80) 8B6
la Herlière (62) 7H3
Herlies (59) 3E5
Herlin-le-Sec (62) 7G2
Herlincourt (62) 7G2
Herly (62) 1H6
Herly (80) 21F1
l'Herm (09) 185H5
Herm (40) 164D3
Hermanville (76) 17G3
Hermanville-sur-Mer (14) 14C4
les Hermaux (48) 155F3
Hermaville (62) 8A2
Hermé (77) 65E1
Hermelange (57) 50A5
Hermelinghen (62) 1G3
l'Hermenault (85) 107E1
Herment (63) 126B3
Hermeray (78) 41G6
Hermes (60) 20B5
Hermeville (76) 15F1
Herméville-en-Woëvre (55) 25C6
Hermies (62) 8C4
Hermillon (73) 146C1
Hermin (62) 7H1
l'Hermitage (35) 57E2
l'Hermitage-Lorge (22) 33G6
les Hermites (37) 79E3
l'Hermitière (61) 60D3
Hermival-les-Vaux (14) 15F5
Hermonville (51) 23E5
Hernicourt (62) 7G1
Herny (57) 49E2
le Héron (76) 19E4
Héronchelles (76) 19E4
Hérouville (76) 19E4
Hérouville-Saint-Clair (14) 14C4
Hérouvillette (14) 14C4
Herpelmont (88) 70B4
Herpont (51) 46B2
Herpy-l'Arlésienne (08) 23F3
Herqueville (27) 18D6
Herqueville (50) 12A1
Herran (31) 184C5
Herré (40) 166D1
Herrère (64) 182A3
Herrin (59) 3F6
Herrlisheim (67) 51F4

Herrlisheim-près-Colmar (68) 71F3
Herry (18) 98C1
Herserange (54) 25H3
Hersin-Coupigny (62) 8A1
Hervelinghen (62) 1F3
Hervilly (80) 8D5
Héry (58) 99G1
Héry (89) 83G1
Héry-sur-Alby (74) 132A2
Herzeele (59) 2C3
Hesbécourt (80) 8D5
Hescamps (80) 19H2
Hesdigneul-lès-Boulogne (62) 1F5
Hesdin (62) 7E1
Hesdin-l'Abbé (62) 1F4
Hésingue (68) 89G3
Hesmond (62) 7E1
Hesse (57) 50A5
Hessenheim (67) 71G3
Hestroff (57) 26D4
Hestrud (59) 10B3
Hestrus (62) 7G1
Hétomesnil (60) 20A3
Hettange-Grande (57) 26B3
Hettenschlag (68) 71G5
Heubécourt-Haricourt (27) 41G1
Heuchin (62) 2B6
Heucourt-Croquoison (80) 6D5
Heudebouville (27) 18D6
Heudicourt (27) 19G5
Heudicourt (80) 8D5
Heudicourt-sous-les-Côtes (55) 47H3
Heudreville-en-Lieuvin (27) 15H4
Heudreville-sur-Eure (27) 41E1
Heugas (40) 165E4
Heugleville-sur-Scie (76) 17G3
Heugnes (36) 96A3
Heugon (61) 39H4
Heugueville-sur-Sienne (50) 36D1
Heuilley-Cotton (52) 86B2
Heuilley-le-Grand (52) 86B2
Heuilley-sur-Saône (21) 86C6
Heuland (14) 15E4
Heume-l'Église (63) 126C3
la Heunière (27) 41F2
Heuqueville (27) 19E5
Heuqueville (76) 16B4
Heuringhem (62) 2B4
Heurteauville (76) 17E6
Heurtevent (14) 15E6
Heussé (50) 37G6
Heutrégiville (51) 23G5
Heuzecourt (80) 7F3
Hévilliers (55) 47F6
Heyrieux (38) 130C4
Hézecques (62) 2A6
le Hézo (56) 73E1
Hibarette (65) 183E3
Hières-sur-Amby (38) 130D3
Hierges (08) 11F4
Hiermont (80) 7F3
Hiers-Brouage (17) 120C2
Hiersac (16) 122B4
Hiesse (16) 109F6
Hiesville (50) 13E4
Hiéville (14) 39E2
Higuères-Souye (64) 182C1
Hiis (65) 183E3
Hilbesheim (57) 50A4
Hillion (22) 33H4
Hilsenheim (67) 71G2
Hilsprich (57) 49H2
Hinacourt (02) 22A1
Hinckange (57) 26D5
Hindisheim (67) 71H1
Hindlingen (68) 89E3
Hinges (62) 2D5
le Hinglé (22) 34C6
Hinsbourg (67) 50B3
Hinsingen (67) 49H2
Hinx (40) 165F4
Hipsheim (67) 71H1
Hirel (35) 35E4
Hirschland (67) 50A3
Hirsingue (68) 89F3
Hirson (02) 10B6
Hirtzbach (68) 89F3
Hirtzfelden (68) 71G6
His (31) 184C4
Hitte (65) 183F3
Hochfelden (67) 50D4
Hochstatt (68) 89F2
Hochstett (67) 51E4
Hocquigny (50) 35H2
Hocquinghen (62) 1H4
Hodenc-en-Bray (60) 19H5
Hodenc-l'Évêque (60) 20B5
Hodeng-au-Bosc (76) 6C6
Hodeng-Hodenger (76) 19F3
Hodent (95) 41H1
Hœdic (56) 72C3
Hœnheim (67) 51E5
Hœrdt (67) 51E4
Hœville (54) 49E5
Hoffen (67) 51F2
les Hogues (27) 19E4
la Hoguette (14) 38D3
Hohatzenheim (67) 50D4
Hohengœft (67) 50D5
Hohfrankenheim (67) 50D4
Hohrod (68) 71E5
le Hohwald (67) 71F1
Holacourt (57) 49E2
Holling (57) 26D4
Holnon (02) 8D6
Holque (59) 2A3

Holtzheim (67) 50D6
Holtzwihr (68) 71F4
Holving (57) 49H2
Hombleux (80) 21G2
Homblières (02) 9E6
Hombourg (68) 89G1
Hombourg-Budange (57) 26C4
Hombourg-Haut (57) 49G1
l'Hôme-Chamondot (61) 40B6
Homécourt (54) 26A4
Hommarting (57) 50A4
Hommert (57) 50B5
Hommes (37) 78B5
Hon-Hergies (59) 9H2
Hondainville (60) 20C5
Hondeghem (59) 2C4
Hondevilliers (77) 44B3
Hondouville (27) 40D1
Hondschoote (59) 2D2
Honfleur (14) 15F2
Honguemare-Guenouville (27) 18B5
Honnechy (59) 9F4
Honnecourt-sur-Escaut (59) 8D5
l'Honor-de-Cos (82) 152C6
Honskirch (57) 49H2
Hontanx (40) 166B3
l'Hôpital (57) 27F5
Hôpital-Camfrout (29) 31F5
l'Hôpital-d'Orion (64) 165F6
l'Hôpital-du-Grosbois (25) 103H1
l'Hôpital-le-Grand (42) 129E5
l'Hôpital-le-Mercier (71) 115E3
l'Hôpital-Saint-Blaise (64) 181G2
l'Hôpital-Saint-Lieffroy (25) 88A5
l'Hôpital-sous-Rochefort (42) 128C3
les Hôpitaux-Neufs (25) 104A5
les Hôpitaux-Vieux (25) 104A5
Horbourg-Wihr (68) 71F4
Hordain (59) 9E3
la Horgne (08) 24A2
Horgues (65) 183E3
l'Horme (42) 129C5
Hornaing (59) 9E2
Hornoy-le-Bourg (80) 6D6
le Horps (53) 59E2
Horsarrieu (40) 165H4
Horville-en-Ornois (55) 68B1
l'Hosmes (27) 40D4
l'Hospitalet (04) 176C1
l'Hospitalet-du-Larzac (12) 172B2
l'Hospitalet-près-l'Andorre (09) 199F3
Hosta (64) 181E3
Hoste (57) 49G1
Hostens (33) 149E3
Hostiaz (01) 131E2
Hostun (26) 144D4
l'Hôtellerie (14) 15G5
l'Hôtellerie-de-Flée (49) 76C2
Hotonnes (01) 117H6
Hotot-en-Auge (14) 14C6
Hottot-les-Bagues (14) 14A5
Hottviller (57) 50C1
la Houblonnière (14) 15E5
les Houches (74) 133F1
Houchin (62) 2D6
Houdain (62) 7H1
Houdain-lez-Bavay (59) 9H2
Houdan (78) 41G4
Houdancourt (60) 21E5
Houdelaincourt (55) 47G6
Houdelmont (54) 48C6
Houdemont (54) 48C5
Houdetot (76) 17E3
Houdilcourt (08) 23F4
Houdreville (54) 69F1
Houécourt (88) 69E3
Houeillès (47) 150B5
Houesville (50) 13E4
Houetteville (27) 40D1
Houéville (88) 68D2
Houeydets (65) 183G3
le Houga (32) 166C3
Houilles (78) 42C3
Houlbec-Cocherel (27) 41F2
Houlbec-près-le-Gros-Theil (27) 18B6
Houldizy (08) 24A1
Houlette (16) 121H3
Houlgate (14) 14D3
Houlle (62) 2A3
le Houlme (76) 17G5
l'Houmeau (17) 106C4
Hounoux (11) 186B4
Houplin-Ancoisne (59) 3F5
Houplines (59) 3E4
Houppeville (76) 17G5
Houquetot (76) 16B4
Hourc (65) 183F2
Hourges (51) 22D6
Hours (64) 182D3
Hourtin (33) 134B2
Houry (02) 22D1
Houssay (41) 79F2
Houssay (53) 58D6
la Houssaye (27) 40B2
la Houssaye-Béranger (76) 17G4
la Houssaye-en-Brie (77) 43G5
la Housseau-Brétignolles (53) 59E1
Houssen (68) 71F4
Housseras (88) 70B2
Housset (02) 22C1
Housséville (54) 69F2
la Houssière (88) 70C3
la Houssoye (60) 19H5

Houtaud (25) 104A4
Houtkerque (59) 2D3
Houtteville (50) 12D4
Houville-en-Vexin (27) 19E5
Houville-la-Branche (28) 62C2
Houvin-Houvigneul (62) 7G2
Houx (28) 41G6
Hoymille (59) 2C2
Huanne-Montmartin (25) 87H5
Hubersent (62) 1F5
Hubert-Folie (14) 14C5
Huberville (50) 12D3
Huby-Saint-Leu (62) 7E1
Huchenneville (80) 6D4
Huclier (62) 7G1
Hucqueliers (62) 1G5
Hudimesnil (50) 35G2
Hudiviller (54) 49E6
Huelgoat (29) 32A5
Huest (27) 41E2
Huêtre (45) 62C6
Huez (38) 146A3
Hugier (70) 86D6
Hugleville-en-Caux (76) 17F4
Huillé (49) 77F3
Huilliécourt (52) 68C4
Huilly-sur-Seille (71) 116C1
Huiron (51) 46A5
Huismes (37) 94B1
Huisnes-sur-Mer (50) 35G4
Huisseau-en-Beauce (41) 79F2
Huisseau-sur-Cosson (41) 80A4
Huisseau-sur-Mauves (45) 80C1
l'Huisserie (53) 58C5
Hulluch (62) 3E6
Hultehouse (57) 50B4
Humbauville (51) 45H5
Humbécourt (52) 46C6
Humbercamps (62) 8A3
Humbercourt (80) 7H3
Humbert (62) 1G6
Humberville (52) 68B3
Humbligny (18) 98A1
Humerœuille (62) 7F1
Humes-Jorquenay (52) 86A1
Humières (62) 7F1
Hunawihr (68) 71F3
Hundling (57) 49H1
Huningue (68) 89H3
Hunspach (67) 51F2
Hunting (57) 26C3
Huos (31) 184A4
Huparlac (12) 154D1
Huppy (80) 6D5
Hurbache (88) 70C2
Hure (33) 150B2
Hurecourt (70) 69F6
Hures-la-Parade (48) 155H5
Huriel (03) 112C3
Hurigny (71) 116B3
Hurtières (38) 146A1
Hurtigheim (67) 50D5
Husseren-les-Châteaux (68) 71F5
Husseren-Wesserling (68) 70D6
Hussigny-Godbrange (54) 25H3
Husson (50) 37G6
Huttendorf (67) 50D3
Huttenheim (67) 71G2
Hyds (03) 113E4
Hyémondans (25) 88B5
Hyencourt-le-Grand (80) 21F1
Hyenville (50) 36D2
Hyères (83) 193G5
Hyet (70) 87F4
Hyèvre-Magny (25) 88A5
Hyèvre-Paroisse (25) 88A5
Hymont (88) 69F3

I

Ibarrolle (64) 181E3
Ibigny (57) 49H5
Ibos (65) 183E3
Ichtratzheim (67) 51E6
Ichy (77) 63H4
Idaux-Mendy (64) 181F3
Idrac-Respaillès (32) 167G6
Idron (64) 182C2
Ids-Saint-Roch (18) 97F6
Iffendic (35) 56D2
Iffs (35) 57E1
les Iffs (35) 57E1
Ifs (14) 14B5
les Ifs (76) 6B6
Igé (61) 60D3
Igé (71) 116B3
Ignaucourt (80) 20D1
Ignaux (09) 199G2
Igney (54) 49G5
Igney (88) 69H3
Ignol (18) 98B4
Igny (70) 86D4
Igny (91) 42C5
Igny-Comblizy (51) 44D2
Igon (64) 182C3
Igornay (71) 100D3
Igoville (27) 18D5
Iguerande (71) 115E5
Iholdy (64) 181E2
Île-aux-Moines (56) 72D1
l'Île-Bouchard (37) 94C2
Île-d'Aix (17) 106C6
Île-d'Arz (56) 72D1
Île-de-Batz (29) 31H2
Île-de-Bréhat (22) 33F1
Île-de-Sein (29) 30A3
l'Île-d'Elle (85) 107E3
Île-d'Houat (56) 72C3

l'Île-d'Olonne (85) 91E5
l'Île-d'Yeu (85) 90A3
Île-Molène (29) 30B4
l'Île-Rousse (2B) 202D5
l'Île-Saint-Denis (93) 42D3
Île-Tudy (29) 53F4
Ilharre (64) 181F1
Ilhat (09) 186A5
les Ilhes (11) 187E2
Ilhet (65) 183G5
Ilheu (65) 184A5
Illange (57) 26B3
Illartein (09) 184C5
Illats (33) 149G2
Ille-sur-Têt (66) 200D2
Illeville-sur-Montfort (27) 18A5
Illfurth (68) 89F2
Illhaeusern (68) 71G3
Illiat (01) 116B5
Illier-et-Laramade (09) 199E1
Illiers-Combray (28) 61H3
Illiers-l'Évêque (27) 41E4
Illies (59) 3E6
Illifaut (22) 56B2
Illkirch-Graffenstaden (67) 51E6
Illois (76) 19G1
Illoud (52) 68C4
Illy (08) 24C1
Illzach (68) 89F1
Ilonse (06) 178D1
Imbleville (76) 17F4
Imécourt (08) 24C5
Imling (57) 50A4
Imphy (58) 99E4
Inaumont (08) 23G3
Incarville (27) 18D6
Incheville (76) 6B5
Inchy (59) 9F4
Inchy-en-Artois (62) 8C3
Incourt (62) 7F1
Indevillers (25) 88D6
Indre (44) 74C5
Ineuil (18) 97G5
les Infournas (05) 160B1
Ingenheim (67) 50D4
Ingersheim (68) 71F4
Inghem (62) 2B5
Inglange (57) 26C3
Ingolsheim (67) 51F2
Ingrandes (36) 110A1
Ingrandes (49) 75H3
Ingrandes (86) 94D4
Ingrandes-de-Touraine (37) 78B6
Ingrannes (45) 63F6
Ingré (45) 80D1
Inguiniel (56) 54D3
Ingwiller (67) 50C3
Injoux-Génissiat (01) 117H6
Innenheim (67) 50D6
Innimond (01) 131F3
Inor (55) 24D3
Insming (57) 49G2
Insviller (57) 49H3
Intraville (76) 17H2
Intres (07) 143F4
Intréville (28) 62D3
Inval-Boiron (80) 6D6
Inxent (62) 1G6
Inzinzac-Lochrist (56) 54D4
Ippécourt (55) 47E2
Ippling (57) 49H1
Irai (61) 40B5
Irais (79) 93G3
Irancy (89) 83G3
Iré-le-Sec (55) 25E4
Irigny (69) 130A4
Irissarry (64) 180D2
Irles (80) 8B4
Irodouër (35) 56D1
Iron (02) 9D5
Irouléguy (64) 180D3
Irreville (27) 41E1
Irvillac (29) 31F5
Is-en-Bassigny (52) 68B5
Is-sur-Tille (21) 85H4
Isbergues (62) 2C5
Isches (88) 69E5
Isdes (45) 81F3
Isenay (58) 99H4
Isigny-le-Buat (50) 37F5
Isigny-sur-Mer (14) 13F5
Island (89) 83H5
Isle (87) 124B3
l'Isle-Adam (95) 42C1
l'Isle-Arné (32) 168A5
Isle-Aubigny (10) 66C1
Isle-Aumont (10) 66B4
l'Isle-Bouzon (32) 168A2
l'Isle-d'Abeau (38) 130C4
l'Isle-de-Noé (32) 167G5
l'Isle-d'Espagnac (16) 122C4
l'Isle-en-Dodon (31) 184C1
Isle-et-Bardais (03) 98B6
l'Isle-Jourdain (32) 168C5
l'Isle-Jourdain (86) 109G4
Isle-Saint-Georges (33) 135F6
l'Isle-sur-la-Sorgue (84) 175F2
l'Isle-sur-le-Doubs (25) 88B5
l'Isle-sur-Marne (51) 46B6
l'Isle-sur-Serein (89) 84A4
les Isles-Bardel (14) 38C3
Isles-les-Meldeuses (77) 43H2
Isles-lès-Villenoy (77) 43G3
Isles-sur-Suippe (51) 23F5
les Islettes (55) 46D1
Isneauville (76) 18D4
Isola (06) 162B5
Isolaccio-di-Fiumorbo (2B) 205F5
Isômes (52) 86B3

Ispagnac (48) 156A4
Ispoure (64) 180D3
Isques (62) 1F4
Issac (24) 136D4
Issamoulenc (07) 143G6
Issancourt-et-Rumel (08) 24B1
Issanlas (07) 142D6
Issans (25) 88C4
les Issards (09) 186A4
Issarlès (07) 142D6
Issé (44) 74D1
Isse (51) 45G2
Issel (11) 186B2
Issendolus (46) 153F1
Issenhausen (67) 50D3
Issenheim (68) 71F6
Issepts (46) 153F1
Isserpent (03) 114B5
Isserteaux (63) 127G4
Issigeac (24) 151F1
Issirac (30) 157G5
Issoire (63) 127G5
Issor (64) 181H4
Issou (78) 41H3
Issoudun (36) 97E4
Issoudun-Létrieix (23) 112A6
Issus (31) 185G1
Issy-les-Moulineaux (92) 42C4
Issy-l'Évêque (71) 100B6
Istres (13) 175F6
les Istres-et-Bury (51) 45F3
Isturits (64) 181E1
Itancourt (02) 22A1
Iteuil (86) 109E2
Ittenheim (67) 50D5
Itterswiller (67) 71F1
Itteville (91) 63G1
Itxassou (64) 180C1
Itzac (81) 170A1
Ivergny (62) 7G3
Iverny (77) 43F2
Iviers (02) 23F1
Iville (27) 40C1
Ivors (60) 43H1
Ivory (39) 103F4
Ivoy-le-Pré (18) 81H6
Ivrey (39) 103F3
Ivry-en-Montagne (21) 101F3
Ivry-la-Bataille (27) 41F3
Ivry-le-Temple (60) 20A6
Ivry-sur-Seine (94) 42D4
Iwuy (59) 9E3
Izaourt (65) 184A5
Izaut-de-l'Hôtel (31) 184B5
Izaux (65) 183G4
Izé (53) 59F3
Izeaux (38) 145E1
Izel-lès-Équerchin (62) 8C2
Izel-lès-Hameaux (62) 7H2
Izenave (01) 117F6
Izernore (01) 117G4
Izeron (38) 145E3
Izeste (64) 182B4
Izeure (21) 102A2
Izier (21) 86A6
Izieu (01) 131F4
Izon (33) 135G4
Izon-la-Bruisse (26) 159G5
Izotges (32) 166D5

J

Jablines (77) 43F3
Jabreilles-les-Bordes (87) 124C1
Jabrun (15) 141E6
Jacob-Bellecombette (73) 131H5
Jacou (34) 173F5
Jacque (65) 183F2
Jagny-sous-Bois (95) 42D2
Jaignes (77) 43H3
Jaillans (26) 144C4
la Jaille-Yvon (49) 76D2
Jaillon (54) 48B4
Jailly (58) 99F2
Jailly-les-Moulins (21) 85E5
Jainvillotte (88) 68D3
Jalesches (23) 111H4
Jaleyrac (15) 140A2
Jaligny-sur-Besbre (03) 114B3
Jallais (49) 75H5
Jallanges (21) 102A3
Jallans (28) 62A5
Jallaucourt (57) 49E3
Jallerange (25) 103E1
Jalognes (18) 98B1
Jalogny (71) 116A3
Jâlons (51) 45G2
Jambles (71) 101F5
Jambville (78) 42A2
Jaméricourt (60) 19H5
Jametz (55) 25E4
Janailhac (87) 124B4
Janaillat (23) 111F6
Jancigny (21) 86B5
Jandun (08) 23H2
Janneyrias (38) 130C3
Jans (44) 74C1
Janville (14) 14D5
Janville (28) 62D4
Janville (60) 21F4
Janville-sur-Juine (91) 63F1
Janvilliers (51) 44D3
Janvry (51) 22D6
Janvry (91) 42C6
Janzé (35) 57G4
Jarcieu (38) 144B1
la Jard (17) 121F4
Jard-sur-Mer (85) 106A2

le Jardin (19) . . . 139 G1
Jardin (38) . . . 130 B5
Jardres (86) . . . 109 F1
Jargeau (45) . . . 81 E1
Jarjayes (05) . . . 160 C3
Jarménil (88) . . . 70 A4
Jarnac (16) . . . 121 H3
Jarnac-Champagne (17) . . . 121 G4
Jarnages (23) . . . 111 H5
la Jarne (17) . . . 106 D5
Jarnioux (69) . . . 129 G1
Jarnosse (42) . . . 115 F6
Jarny (54) . . . 26 A5
Jarret (65) . . . 183 E4
la Jarrie (17) . . . 106 D5
la Jarrie (38) . . . 145 G3
la Jarrie-Audouin (17) . . . 107 G6
Jarrier (73) . . . 146 C1
Jars (18) . . . 82 A5
Jarsy (73) . . . 132 B4
Jarville-la-Malgrange (54) . . . 48 D5
Jarzé (49) . . . 77 F4
Jas (42) . . . 129 F3
Jasney (70) . . . 87 G1
Jassans-Riottier (01) . . . 129 H1
Jasseines (10) . . . 66 D1
Jasseron (01) . . . 117 E4
Jasses (64) . . . 181 H2
Jatxou (64) . . . 180 C1
Jau-Dignac-et-Loirac (33) . . . 120 C6
Jaucourt (10) . . . 67 E3
la Jaudonnière (85) . . . 92 B6
Jaudrais (28) . . . 40 D6
Jaujac (07) . . . 157 F2
Jauldes (16) . . . 122 C3
Jaulges (89) . . . 65 H6
Jaulgonne (02) . . . 44 C2
Jaulnay (37) . . . 94 C4
Jaulnes (77) . . . 65 E2
Jaulny (54) . . . 48 B2
Jaulzy (60) . . . 21 G5
Jaunac (07) . . . 143 F5
Jaunay-Clan (86) . . . 94 C6
Jaure (24) . . . 137 E3
Jausiers (04) . . . 161 G3
Jaux (60) . . . 21 F5
Jauzé (72) . . . 60 C4
Javaugues (43) . . . 141 H2
Javené (35) . . . 58 A2
Javerdat (87) . . . 123 H1
Javerlhac-et-la-Chapelle-
 -Saint-Robert (24) . . . 123 E5
Javernant (10) . . . 66 A4
la Javie (04) . . . 160 D5
Javols (48) . . . 155 H1
Javrezac (16) . . . 121 G3
Javron-les-Chapelles (53) . . . 59 F2
Jax (43) . . . 142 A3
Jaxu (64) . . . 181 E3
Jayac (24) . . . 138 B4
Jayat (01) . . . 116 D3
Jazeneuil (86) . . . 108 C2
Jazennes (17) . . . 121 E4
Jeancourt (02) . . . 8 D6
Jeandelaincourt (54) . . . 48 D3
Jeandelize (54) . . . 48 A1
Jeanménil (88) . . . 70 B2
Jeansagnière (42) . . . 128 C3
Jeantes (02) . . . 23 E1
Jebsheim (68) . . . 71 G4
Jegun (32) . . . 167 G4
la Jemaye (24) . . . 136 C2
Jenlain (59) . . . 9 G2
Jenzat (03) . . . 113 G5
Jésonville (88) . . . 69 F4
Jessains (10) . . . 67 E3
Jetterswiller (67) . . . 50 C5
Jettingen (68) . . . 89 F3
Jeu-les-Bois (36) . . . 96 D6
Jeu-Maloches (36) . . . 96 B3
Jeufosse (78) . . . 41 G2
Jeugny (10) . . . 66 B5
Jeumont (59) . . . 10 B2
Jeurre (39) . . . 117 H3
Jeux-lès-Bard (21) . . . 84 C4
Jeuxey (88) . . . 70 A3
Jevoncourt (54) . . . 69 G2
Jezainville (54) . . . 48 C3
Jézeau (65) . . . 183 G6
Joannas (07) . . . 157 F2
Job (63) . . . 128 B4
Jobourg (50) . . . 12 A1
Joch (66) . . . 200 C3
Jœuf (54) . . . 26 A4
Joganville (50) . . . 12 D3
Joigny (89) . . . 65 E6
Joigny-sur-Meuse (08) . . . 11 F6
Joinville (52) . . . 67 H2
Joinville-le-Pont (94) . . . 42 D4
Joiselle (51) . . . 44 C5
Jolimetz (59) . . . 9 G3
Jolivet (54) . . . 49 E6
Jonage (69) . . . 130 B3
Joncels (34) . . . 172 B4
la Jonchère (85) . . . 91 G6
la Jonchère-
 -Saint-Maurice (87) . . . 124 C1
Jonchères (26) . . . 159 F2
Joncherey (90) . . . 88 D4
Jonchery (52) . . . 67 H4
Jonchery-sur-Suippe (51) . . . 46 A1
Jonchery-sur-Vesle (51) . . . 22 D6
Joncourt (02) . . . 9 E5
Joncreuil (10) . . . 67 G1
Joncy (71) . . . 115 H1
Jongieux (73) . . . 131 G3
Jonquerets-de-Livet (27) . . . 15 H4
Jonquerettes (84) . . . 175 E2
Jonquery (51) . . . 45 E1
Jonquières (11) . . . 187 G1
Jonquières (34) . . . 172 D5

Jonquières (60) . . . 21 E5
Jonquières (81) . . . 170 C6
Jonquières (84) . . . 158 C6
Jonquières-
 -Saint-Vincent (30) . . . 174 C3
Jons (69) . . . 130 C3
Jonval (08) . . . 24 A3
Jonvelle (70) . . . 69 E6
Jonville-en-Woëvre (55) . . . 48 A2
Jonzac (17) . . . 121 F5
Jonzier-Épagny (74) . . . 118 B6
Jonzieux (42) . . . 143 F1
Joppécourt (54) . . . 25 H4
Jort (14) . . . 39 E2
Jorxey (88) . . . 69 G3
Josat (43) . . . 142 A2
Joserand (63) . . . 127 F1
Josnes (41) . . . 80 B2
Josse (40) . . . 164 D4
Josselin (56) . . . 55 H4
Jossigny (77) . . . 43 F4
Jou-sous-Monjou (15) . . . 140 C5
Jouac (87) . . . 110 C3
Jouaignes (02) . . . 22 B5
Jouancy (89) . . . 84 B3
Jouarre (77) . . . 44 A3
Jouars-Pontchartrain (78) . . . 42 A4
Jouaville (54) . . . 26 A5
Joucas (84) . . . 175 G2
Joucou (11) . . . 199 H1
Joudes (71) . . . 117 E2
Joudreville (54) . . . 25 H5
Joué-du-Bois (61) . . . 38 D6
Joué-du-Plain (61) . . . 38 D5
Joué-en-Charnie (72) . . . 59 G5
Joué-l'Abbé (72) . . . 60 B4
Joué-lès-Tours (37) . . . 78 D6
Joué-sur-Erdre (44) . . . 75 E3
Jouet-sur-l'Aubois (18) . . . 98 C3
Jouey (21) . . . 101 E2
Jougne (25) . . . 104 A5
Jouhe (39) . . . 102 C2
Jouhet (86) . . . 109 H2
Jouillat (23) . . . 111 G4
Jouques (13) . . . 176 B5
Jouqueviel (81) . . . 153 H6
Jourgnac (87) . . . 124 A3
Journans (01) . . . 117 E5
Journet (86) . . . 110 A2
Journiac (24) . . . 137 G4
Journy (62) . . . 1 H4
Jours-en-Vaux (21) . . . 101 E3
Jours-lès-Baigneux (21) . . . 85 E3
Joursac (15) . . . 141 E3
Joussé (86) . . . 109 F4
Jouvençon (71) . . . 116 C1
Joux (69) . . . 129 F2
Joux-la-Ville (89) . . . 83 H3
Jouy (28) . . . 62 B1
Jouy (89) . . . 64 C4
Jouy-aux-Arches (57) . . . 26 B6
Jouy-en-Argonne (55) . . . 47 E1
Jouy-en-Josas (78) . . . 42 C5
Jouy-en-Pithiverais (45) . . . 63 E4
Jouy-le-Châtel (77) . . . 43 H5
Jouy-le-Moutier (95) . . . 42 B2
Jouy-le-Potier (45) . . . 80 C2
Jouy-lès-Reims (51) . . . 23 E6
Jouy-Mauvoisin (78) . . . 41 G3
Jouy-sous-Thelle (60) . . . 20 A5
Jouy-sur-Eure (27) . . . 41 E2
Jouy-sur-Morin (77) . . . 44 B4
Joyeuse (07) . . . 157 F3
Joyeux (01) . . . 130 C1
Joze (63) . . . 127 G2
Jû-Belloc (32) . . . 166 D5
Juaye-Mondaye (14) . . . 13 H6
Jubainville (88) . . . 68 D1
la Jubaudière (49) . . . 75 H6
Jublains (53) . . . 59 E3
le Juch (29) . . . 53 F2
Jugazan (33) . . . 135 H6
Jugeals-Nazareth (19) . . . 138 D3
Jugon-les-Lacs (22) . . . 34 B5
Jugy (71) . . . 116 B1
Juicq (17) . . . 121 F2
Juif (71) . . . 102 A6
Juignac (16) . . . 122 B6
Juigné-des-Moutiers (44) . . . 75 F1
Juigné-sur-Loire (49) . . . 77 E5
Juigné-sur-Sarthe (72) . . . 77 F1
Juignettes (27) . . . 40 A4
Juillac (19) . . . 138 B1
Juillac (32) . . . 167 E6
Juillac (33) . . . 136 A6
Juillac-le-Coq (16) . . . 121 H4
Juillaguet (16) . . . 122 C5
Juillan (65) . . . 183 E3
Juillé (16) . . . 122 C1
Juillé (72) . . . 60 A3
Juillé (79) . . . 108 A5
Juillenay (21) . . . 84 C6
Juilles (32) . . . 168 B5
Juilley (50) . . . 35 H4
Juilly (21) . . . 84 D5
Juilly (77) . . . 43 F2
Jujols (66) . . . 200 B3
Jujurieux (01) . . . 117 F6
Julianges (48) . . . 141 G5
Juliénas (69) . . . 116 A4
Julienne (16) . . . 121 H3
Jullianges (43) . . . 142 B1
Jullié (69) . . . 116 A4
Jullouville (50) . . . 35 G2
Jully (89) . . . 84 C2
Jully-lès-Buxy (71) . . . 101 F6
Jully-sur-Sarce (10) . . . 66 C5
Julos (65) . . . 183 E4
Julvécourt (55) . . . 47 E2
Jumeauville (78) . . . 41 H3
Jumeaux (63) . . . 127 G6

Jumel (80) . . . 20 C1
Jumelles (27) . . . 41 E3
la Jumellière (49) . . . 76 C6
Jumencourt (02) . . . 22 A4
Jumièges (76) . . . 17 E6
Jumigny (02) . . . 22 C4
Jumilhac-le-Grand (24) . . . 123 H5
Junas (30) . . . 173 H4
Junay (89) . . . 84 A1
Juncalas (65) . . . 183 E4
les Junies (46) . . . 152 B3
Juniville (08) . . . 23 G5
Jupilles (72) . . . 78 C2
Jurançon (64) . . . 182 B2
Juranville (45) . . . 63 H5
Juré (42) . . . 128 C2
Jurignac (16) . . . 122 A5
Jurques (14) . . . 38 A2
Jurvielle (31) . . . 197 E1
Jury (57) . . . 48 D1
Juscorps (79) . . . 107 H4
Jusix (47) . . . 150 B2
Jussac (15) . . . 140 A4
Jussarupt (88) . . . 70 B4
Jussas (17) . . . 135 G1
Jussecourt-Minecourt (51) . . . 46 C4
Jussey (70) . . . 87 E1
Jussy (02) . . . 21 H2
Jussy (57) . . . 26 B5
Jussy (89) . . . 83 G3
Jussy-Champagne (18) . . . 98 A3
Jussy-le-Chaudrier (18) . . . 98 C2
Justian (32) . . . 167 F3
Justine-Herbigny (08) . . . 23 G3
Justiniac (09) . . . 185 G3
Jutigny (77) . . . 64 D1
Juvaincourt (88) . . . 69 F2
Juvancourt (10) . . . 67 F5
Juvanzé (10) . . . 67 E3
Juvardeil (49) . . . 77 E3
Juvelize (57) . . . 49 F4
Juvignac (34) . . . 173 F5
Juvigné (53) . . . 58 B3
Juvignies (60) . . . 20 B3
Juvigny (02) . . . 22 A4
Juvigny (51) . . . 45 G2
Juvigny (74) . . . 118 C4
Juvigny-en-Perthois (55) . . . 47 E6
Juvigny-le-Tertre (50) . . . 37 G5
Juvigny-sous-Andaine (61) . . . 38 B6
Juvigny-sur-Loison (55) . . . 25 E4
Juvigny-sur-Orne (61) . . . 39 E5
Juvigny-sur-Seulles (14) . . . 14 A5
Juville (57) . . . 48 D3
Juvinas (07) . . . 157 F1
Juvincourt-et-Damary (02) . . . 22 D4
Juvisy-sur-Orge (91) . . . 42 D5
Juvrecourt (54) . . . 49 F4
Juxue (64) . . . 181 F2
Juzanvigny (10) . . . 67 E2
Juzennecourt (52) . . . 67 G4
Juzes (31) . . . 186 A1
Juzet-de-Luchon (31) . . . 197 F1
Juzet-d'Izaut (31) . . . 184 B5
Juziers (78) . . . 42 A2

K

Kalhausen (57) . . . 27 H6
Kaltenhouse (67) . . . 51 E3
Kanfen (57) . . . 26 B2
Kappelen (68) . . . 89 G3
Kappelkinger (57) . . . 49 H2
Katzenthal (68) . . . 71 F4
Kauffenheim (67) . . . 51 G3
Kaysersberg (68) . . . 71 F4
Kédange-sur-Canner (57) . . . 26 C3
Keffenach (67) . . . 51 F2
Kembs (68) . . . 89 G2
Kemplich (57) . . . 26 D3
Kerbach (57) . . . 27 G5
Kerbors (22) . . . 33 E1
Kerfot (22) . . . 33 F2
Kerfourn (56) . . . 55 F3
Kergloff (29) . . . 32 B6
Kergrist (56) . . . 55 F2
Kergrist-Moëlou (22) . . . 32 D6
Kerien (22) . . . 32 D5
Kerlaz (29) . . . 53 E2
Kerling-lès-Sierck (57) . . . 26 C3
Kerlouan (29) . . . 31 E2
Kermaria-Sulard (22) . . . 32 D2
Kermoroc'h (22) . . . 33 E3
Kernascléden (56) . . . 54 C3
Kernilis (29) . . . 31 E3
Kernouës (29) . . . 31 E3
Kerpert (22) . . . 33 E5
Kerprich-aux-Bois (57) . . . 49 H4
Kersaint-Plabennec (29) . . . 31 E4
Kertzfeld (67) . . . 71 G2
Kervignac (56) . . . 54 D5
Keskastel (67) . . . 27 H6
Kesseldorf (67) . . . 51 G3
Kienheim (67) . . . 50 D4
Kientzheim (68) . . . 71 F4
Kiffis (68) . . . 89 F4
Killem (59) . . . 2 C1
Kilstett (67) . . . 51 F4
Kindwiller (67) . . . 50 D3
Kingersheim (68) . . . 89 F1
Kintzheim (67) . . . 71 F3
Kirchberg (68) . . . 88 D1
Kirchheim (67) . . . 50 D5
Kirrberg (67) . . . 50 A3
Kirrwiller (67) . . . 50 D3
Kirsch-lès-Sierck (57) . . . 26 D2

Kirschnaumen (57) . . . 26 D3
Kirviller (57) . . . 49 H2
Klang (57) . . . 26 D3
Kleingœft (67) . . . 50 C5
Knœringue (68) . . . 89 G3
Knœrsheim (67) . . . 50 C5
Knutange (57) . . . 26 B3
Kœnigsmacker (57) . . . 26 C3
Kœstlach (68) . . . 89 F4
Kœtzingue (68) . . . 89 G2
Kœur-la-Grande (55) . . . 47 G4
Kœur-la-Petite (55) . . . 47 G4
Kogenheim (67) . . . 71 G2
Kolbsheim (67) . . . 50 D5
Krautergersheim (67) . . . 71 G1
Krautwiller (67) . . . 51 E4
le Kremlin-Bicêtre (94) . . . 42 D4
Kriegsheim (67) . . . 51 E4
Kruth (68) . . . 70 D6
Kunheim (68) . . . 71 G4
Kuntzig (57) . . . 26 C3
Kurtzenhouse (67) . . . 51 E4
Kuttolsheim (67) . . . 50 D5
Kutzenhausen (67) . . . 51 F2

L

Laà-Mondrans (64) . . . 165 G6
Laas (32) . . . 167 F6
Laas (45) . . . 63 F5
Laàs (64) . . . 181 G1
Labalme (01) . . . 117 F6
Labarde (33) . . . 135 E4
Labaroche (68) . . . 71 E4
Labarrère (32) . . . 167 E2
Labarthe (82) . . . 152 B5
Labarthe-Bleys (81) . . . 170 A1
Labarthe-Inard (31) . . . 184 C4
Labarthe-Rivière (31) . . . 184 A4
Labarthe-sur-Lèze (31) . . . 185 F1
Labarthète (32) . . . 166 C5
Labassère (65) . . . 183 E4
Labastide (65) . . . 183 G4
Labastide-Beauvoir (31) . . . 185 H1
Labastide-
 -Castel-Amouroux (47) . . . 150 C4
Labastide-Cézéracq (64) . . . 182 A1
Labastide-Chalosse (40) . . . 165 H5
Labastide-Clermont (31) . . . 184 D2
Labastide-d'Anjou (11) . . . 186 B2
Labastide-d'Armagnac (40) . . . 166 C2
Labastide-de-Lévis (81) . . . 170 B2
Labastide-de-Penne (82) . . . 152 D5
Labastide-de-Virac (07) . . . 157 G4
Labastide-Dénat (81) . . . 170 C3
Labastide-
 -du-Haut-Mont (46) . . . 139 G6
Labastide-du-Temple (82) . . . 168 D1
Labastide-du-Vert (46) . . . 152 B3
Labastide-en-Val (11) . . . 187 F4
Labastide-
 -Esparbairenque (11) . . . 187 E2
Labastide-Gabausse (81) . . . 170 B1
Labastide-Marnhac (46) . . . 152 C4
Labastide-Monréjeau (64) . . . 182 A1
Labastide-Murat (46) . . . 152 D2
Labastide-Paumès (31) . . . 184 C2
Labastide-Rouairoux (81) . . . 187 G1
Labastide-
 -Saint-Georges (81) . . . 170 A4
Labastide-Saint-Pierre (82) . . . 169 E2
Labastide-
 -Saint-Sernin (31) . . . 169 F1
Labastide-Savès (32) . . . 168 C4
Labastide-
 - sur-Bésorgues (07) . . . 157 F1
Labastide-Villefranche (64) . . . 165 E6
Labastidette (31) . . . 185 E1
Labathude (46) . . . 153 F2
Labatie-d'Andaure (07) . . . 143 G4
Labatmale (64) . . . 182 D3
Labatut (09) . . . 185 G3
Labatut (40) . . . 165 E5
Labatut (64) . . . 183 E1
Labatut-Rivière (65) . . . 166 D6
Labbeville (95) . . . 42 C1
Labeaume (07) . . . 157 F3
Labécède-Lauragais (11) . . . 186 C2
Labège (31) . . . 169 F6
Labégude (07) . . . 157 G2
Labéjan (32) . . . 167 G6
Labenne (40) . . . 164 B5
Labergement-
 -du-Navois (25) . . . 103 G3
Labergement-Foigney (21) . . . 102 B1
Labergement-
 -lès-Auxonne (21) . . . 102 C2
Labergement-
 -lès-Seurre (21) . . . 102 A3
Labergement-
 -Sainte-Marie (25) . . . 103 H5
Laberlière (60) . . . 21 E3
Labescau (33) . . . 150 A3
Labesserette (15) . . . 154 B1
Labessette (63) . . . 126 B5
Labessière-Candeil (81) . . . 170 B4
Labets-Biscay (64) . . . 181 F1
Labeuville (55) . . . 48 A1
Labeuvrière (62) . . . 2 C6
Labeyrie (64) . . . 165 H6
Lablachère (07) . . . 157 F3
Laboissière-en-Santerre (80) . . . 21 E2
Laboissière-en-Thelle (60) . . . 20 B6
Laborde (65) . . . 183 G4
Laborel (26) . . . 159 G5
Labosse (60) . . . 19 H5
Labouheyre (40) . . . 148 C5

Laboulbène (81) . . . 170 C5
Laboule (07) . . . 157 E2
Labouquerie (24) . . . 137 F6
Labourgade (82) . . . 168 D2
Labourse (62) . . . 2 D6
Laboutarie (81) . . . 170 B4
Labretonie (47) . . . 150 D3
Labrihe (32) . . . 168 B4
Labrit (40) . . . 149 F6
Labroquère (31) . . . 184 A4
Labrosse (45) . . . 63 G4
Labrousse (15) . . . 140 B5
Labroye (62) . . . 7 E2
Labruguière (81) . . . 170 C6
Labruyère (21) . . . 102 A3
Labruyère (60) . . . 20 D5
Labruyère-Dorsa (31) . . . 185 G1
Labry (54) . . . 26 A5
Laburgade (46) . . . 152 D4
Lac-des-Rouges-Truites (39) . . . 118 B1
le Lac-d'Issarlès (07) . . . 142 D6
Lacabarède (81) . . . 187 F1
Lacadée (64) . . . 165 G5
Lacajunte (40) . . . 166 A5
Lacalm (12) . . . 140 D6
Lacam-d'Ourcet (46) . . . 139 F6
Lacanau (33) . . . 134 B4
Lacanche (21) . . . 101 E3
Lacapelle-Barrès (15) . . . 140 C5
Lacapelle-Biron (47) . . . 151 H2
Lacapelle-Cabanac (46) . . . 152 A3
Lacapelle-del-Fraisse (15) . . . 140 A6
Lacapelle-Livron (82) . . . 153 E5
Lacapelle-Marival (46) . . . 153 F1
Lacapelle-Pinet (81) . . . 170 D1
Lacapelle-Ségalar (81) . . . 170 B1
Lacapelle-Viescamp (15) . . . 139 H5
Lacarre (64) . . . 181 E3
Lacarry-Arhan-
 -Charritte-de-Haut (64) . . . 181 F4
Lacassagne (65) . . . 183 F2
Lacaugne (31) . . . 185 E2
Lacaune (81) . . . 171 F4
Lacaussade (47) . . . 151 G3
Lacave (09) . . . 184 D5
Lacave (46) . . . 138 C6
Lacaze (81) . . . 171 E4
Lacelle (19) . . . 125 E4
Lacenas (69) . . . 129 H1
Lacépède (47) . . . 151 E4
Lachaise (16) . . . 121 H5
Lachalade (55) . . . 46 D1
Lachambre (57) . . . 49 G1
Lachamp (48) . . . 155 H1
Lachamp-Raphaël (07) . . . 143 F6
Lachapelle (47) . . . 150 C2
Lachapelle (54) . . . 70 C1
Lachapelle (80) . . . 20 A1
Lachapelle (82) . . . 168 B2
Lachapelle-aux-Pots (60) . . . 19 H4
Lachapelle-Auzac (46) . . . 138 C5
Lachapelle-en-Blaisy (52) . . . 67 G4
Lachapelle-Graillouse (07) . . . 142 D6
Lachapelle-Saint-Pierre (60) . . . 20 B6
Lachapelle-
 -sous-Aubenas (07) . . . 157 G2
Lachapelle-
 -sous-Chanéac (07) . . . 143 F5
Lachapelle-sous-Chaux (90) . . . 88 C2
Lachapelle-
 -sous-Gerberoy (60) . . . 19 H3
Lachapelle-
 -sous-Rougemont (90) . . . 88 D2
Lachassagne (69) . . . 129 H1
Lachau (26) . . . 159 G5
Lachaussée (55) . . . 48 A2
Lachaussée-
 -du-Bois-d'Écu (60) . . . 20 B3
Lachaux (63) . . . 128 A1
Lachelle (60) . . . 21 E4
Lachy (51) . . . 44 D5
Lacollonge (90) . . . 88 D2
Lacombe (11) . . . 186 D1
Lacommande (64) . . . 182 A2
Lacoste (34) . . . 172 C5
Lacoste (84) . . . 175 H3
Lacougotte-Cadoul (81) . . . 169 H5
Lacour (82) . . . 151 H5
Lacour-d'Arcenay (21) . . . 84 C6
Lacourt (09) . . . 185 E5
Lacourt-Saint-Pierre (82) . . . 169 E2
Lacq (64) . . . 182 A1
Lacquy (40) . . . 166 B2
Lacrabe (40) . . . 165 H5
Lacres (62) . . . 1 F5
Lacroisille (81) . . . 170 A5
Lacroix-Barrez (12) . . . 140 C6
Lacroix-Falgarde (31) . . . 169 F6
Lacroix-Saint-Ouen (60) . . . 21 F5
Lacroix-sur-Meuse (55) . . . 47 G2
Lacropte (24) . . . 137 G4
Lacrost (71) . . . 116 C1
Lacrouzette (81) . . . 170 D5
Lacs (36) . . . 111 H1
Ladapeyre (23) . . . 111 H4
Ladaux (33) . . . 149 H1
Ladern-sur-Lauquet (11) . . . 187 E4
Ladevèze-Rivière (32) . . . 167 E5
Ladevèze-Ville (32) . . . 166 D6
Ladignac-le-Long (87) . . . 124 A5
Ladignac-sur-Rondelles (19) . . . 139 E2
Ladinhac (15) . . . 154 B1
Ladirat (46) . . . 139 F6
Ladiville (16) . . . 122 A5
Ladoix-Serrigny (21) . . . 101 G3
Ladon (45) . . . 63 H6
Lados (33) . . . 150 A3
Ladoye-sur-Seille (39) . . . 103 E5
Laduz (89) . . . 83 E1
Lafage (11) . . . 186 B3
Lafage-sur-Sombre (19) . . . 139 G2

Lafare (84) . . . 158 D6
Lafarre (07) . . . 143 G3
Lafarre (43) . . . 142 D6
Lafat (23) . . . 111 E4
Lafauche (52) . . . 68 C3
Laféline (03) . . . 113 G3
Laferté-sur-Amance (52) . . . 86 D1
Laferté-sur-Aube (52) . . . 67 F5
Lafeuillade-en-Vézie (15) . . . 140 B6
Laffaux (02) . . . 22 B4
Laffite-Toupière (31) . . . 184 C3
Laffrey (38) . . . 145 G4
Lafitole (65) . . . 183 E1
Lafitte (82) . . . 168 D2
Lafitte-sur-Lot (47) . . . 150 D4
Lafitte-Vigordane (31) . . . 185 E2
Lafox (47) . . . 151 F4
Lafrançaise (82) . . . 152 B5
Lafraye (60) . . . 20 B4
Lafresguimont-
 -Saint-Martin (80) . . . 19 H1
Lafrimbolle (57) . . . 50 A6
Lagamas (34) . . . 172 D5
Lagarde (09) . . . 186 B5
Lagarde (31) . . . 185 H2
Lagarde (32) . . . 167 H2
Lagarde (57) . . . 49 G5
Lagarde (65) . . . 183 E1
Lagarde-d'Apt (84) . . . 176 A2
Lagarde-Enval (19) . . . 139 E2
Lagarde-Hachan (32) . . . 183 H1
Lagarde-Paréol (84) . . . 158 B5
Lagarde-sur-le-Né (16) . . . 121 H5
Lagardelle (46) . . . 152 B3
Lagardelle-sur-Lèze (31) . . . 185 F1
Lagardère (32) . . . 167 F3
Lagardiolle (81) . . . 170 B6
Lagarrigue (47) . . . 150 D5
Lagarrigue (81) . . . 170 D6
Lageon (79) . . . 93 G5
Lagery (51) . . . 22 D6
Lagesse (10) . . . 66 B4
Lagleygeolle (19) . . . 138 D3
Laglorieuse (40) . . . 166 B2
Lagnes (84) . . . 175 G3
Lagney (54) . . . 48 A5
Lagnicourt-Marcel (62) . . . 8 C3
Lagnieu (01) . . . 130 D2
Lagny (60) . . . 21 F3
Lagny-le-Sec (60) . . . 43 F2
Lagny-sur-Marne (77) . . . 43 F4
Lagor (64) . . . 181 H1
Lagorce (07) . . . 157 G3
Lagorce (33) . . . 135 H3
Lagord (17) . . . 106 C4
Lagos (64) . . . 182 C3
Lagrâce-Dieu (31) . . . 185 F2
Lagrand (05) . . . 159 H4
Lagrange (40) . . . 166 D2
Lagrange (65) . . . 183 G4
Lagrange (90) . . . 88 D2
Lagrasse (11) . . . 187 G4
Lagraulet-du-Gers (32) . . . 167 F2
Lagraulet-
 -Saint-Nicolas (31) . . . 168 C3
Lagraulière (19) . . . 138 C1
Lagrave (81) . . . 170 B3
Lagruère (47) . . . 150 C4
Laguenne (19) . . . 139 E2
Laguépie (82) . . . 153 G6
Laguian-Mazous (32) . . . 183 F1
Laguinge-Restoue (64) . . . 181 G4
Laguiole (12) . . . 155 E1
Lagupie (47) . . . 150 C2
Lahage (31) . . . 184 D1
Lahas (32) . . . 168 B6
Lahaymeix (55) . . . 47 F3
Lahayville (55) . . . 48 A3
Laheycourt (55) . . . 46 D3
Lahitère (31) . . . 185 E4
Lahitte (32) . . . 168 A5
Lahitte-Toupière (65) . . . 166 D6
Lahonce (64) . . . 164 C6
Lahontan (64) . . . 165 E5
Lahosse (40) . . . 165 G4
Lahourcade (64) . . . 182 A1
Lahoussoye (80) . . . 7 H5
Laifour (08) . . . 11 E6
la Laigne (17) . . . 107 F4
Laigné (53) . . . 76 C1
Laigné-en-Belin (72) . . . 78 B1
Laignelet (35) . . . 58 A2
Laignes (21) . . . 84 D1
Laigneville (60) . . . 20 D6
Laigny (02) . . . 9 H6
Laillé (35) . . . 57 E4
Lailly (89) . . . 65 F4
Lailly-en-Val (45) . . . 80 C2
Laimont (55) . . . 46 D4
Lain (89) . . . 83 E3
Laines-aux-Bois (10) . . . 66 A4
Lains (39) . . . 117 F3
Lainsecq (89) . . . 83 E4
Lainville-en-Vexin (78) . . . 41 H2
Laire (25) . . . 88 C4
Laires (62) . . . 2 B6
Lairière (11) . . . 187 F5
Lairoux (85) . . . 91 H6
Laissac (12) . . . 155 E4
Laissaud (73) . . . 132 A6
Laître-sous-Amance (54) . . . 48 D4
Laives (71) . . . 116 B1
Laix (54) . . . 25 H4
Laiz (01) . . . 116 B4
Laizé (71) . . . 116 B3
Laize-la-Ville (14) . . . 14 B5
Laizy (71) . . . 100 C4
Lajo (48) . . . 141 H6
Lajoux (39) . . . 118 A3
Lalacelle (61) . . . 59 G4

230

Lalande (89)............83 E3
Lalande-de-Pomerol (33)...135 H4
Lalande-en-Son (60).......19 G5
Lalandelle (60)...........19 H5
Lalandusse (47)..........151 E1
Lalanne (32)............168 A3
Lalanne (65)............184 A2
Lalanne-Arqué (32).......184 A2
Lalanne-Trie (65)........183 G2
Lalaye (67)..............71 E2
Lalbenque (46).........152 D4
Laleu (61)...............39 G6
Laleu (80)................7 E5
Lalevade-d'Ardèche (07)...157 F2
Lalheue (71)............116 B1
Lalinde (24)............137 F5
Lalizolle (03)..........113 F5
Lallaing (59).............8 D1
Lalleu (35).............57 G5
Lalley (38)............145 G6
Lalleyriat (01).........117 H5
Lalobbe (08)............23 G2
Laloeuf (54).............69 F1
Lalongue (64)..........166 C6
Lalonquette (64).......166 B6
Laloubère (65).........183 E3
Lalouret-Laffiteau (31)...184 B3
Lalouvesc (07).........143 G3
Laluque (40)...........165 G2
Lama (2B)..............203 E5
Lamadeleine-
   -Val-des-Anges (90).....88 D2
Lamagdelaine (46)......152 D3
Lamagistère (82).......151 G6
Lamaguère (32).........168 A6
Lamaids (03)...........112 C4
Lamalou-les-Bains (34)...172 A5
Lamancine (52)..........67 H4
Lamanère (66)..........200 C5
Lamanon (13)...........191 G2
Lamarche (88)...........68 D6
Lamarche-sur-Saône (21)...102 C1
Lamargelle (21).........85 F4
Lamaronde (80)..........19 H1
Lamarque (33)..........134 D3
Lamarque-Pontacq (65)...182 D3
Lamarque-Rustaing (65)...183 G2
Lamasquère (31)........168 D6
Lamastre (07)..........143 G4
Lamath (54).............49 E6
Lamativie (46).........139 G5
Lamayou (64)...........183 E1
Lamazère (32)..........167 G6
Lamazière-Basse (19)....139 G4
Lamazière-Haute (19)....126 A4
Lambach (57)............50 C1
Lamballe (22)...........34 A5
Lambersart (59)..........3 F5
Lamberville (50)........37 H1
Lamberville (76)........17 G3
Lambesc (13)..........175 H5
Lamblore (28)...........40 C6
Lambres (62).............2 B5
Lambres-lez-Douai (59)....8 D2
Lambrey (70)............87 E2
Lambruisse (04)........177 G1
Laméac (65)............183 F2
Lamécourt (60)..........20 D4
Lamelouze (30).........156 D6
Lamenay-sur-Loire (58)...99 G3
Lamérac (16)...........121 H6
Lametz (08).............24 A3
Lamillarié (81)........170 C3
Lammerville (76)........17 G3
Lamnay (72).............61 E5
Lamongerie (19)........124 D5
Lamontélarié (81)......171 F5
Lamontgie (63).........127 G6
Lamontjoie (47)........167 H1
Lamonzie-Montastruc (24)...137 E5
Lamonzie-
   -Saint-Martin (24)....136 D5
Lamorlaye (60)..........42 D1
Lamorville (55).........47 G3
Lamothe (40)...........165 H3
Lamothe (43)...........141 H4
Lamothe-Capdeville (82)...169 E1
Lamothe-Cassel (46).....152 D2
Lamothe-Cumont (82)....168 B3
Lamothe-en-Blaisy (52)...67 G3
Lamothe-Fénelon (46)....138 C6
Lamothe-Goas (32)......167 H3
Lamothe-Landerron (33)...150 B2
Lamothe-Montravel (24)...136 A5
Lamotte-Beuvron (41)....81 E4
Lamotte-Brebière (80)....7 H2
Lamotte-Buleux (80).....6 D3
Lamotte-du-Rhône (84)...158 A5
Lamotte-Warfusée (80)....8 A6
Lamouilly (55)..........25 E3
Lamoura (39)...........118 A3
Lampaul-Guimiliau (29)...31 G4
Lampaul-Plouarzel (29)...30 C4
Lampaul-
   -Ploudalmézeau (29)...30 D3
Lampertheim (67)........51 E6
Lampertsloch (67).......29 E6
Lamure-sur-Azergues (69)...115 H6
Lanans (25).............88 A6
Lanarce (07)...........156 D1
Lanarvily (29)..........31 E3
Lanas (07).............157 G3
Lancé (41)..............79 G3
Lanchères (80)..........6 B3
Lanches-Saint-Hilaire (80)...7 H1
Lanchy (02).............21 G1
Lancié (69)............116 A5
Lancieux (22)...........34 C4
Lancôme (41)............79 G3
Lancon (08).............24 B6
Lançon (65)...........183 G6

Lançon-Provence (13)....191 H3
Lancrans (01)..........118 A5
Landange (57)...........49 H5
Landas (59)..............3 H6
Landaul (56)............55 E5
Landaville (88).........68 D3
Landavran (35)..........57 H2
la Lande-Chasles (49)...77 G4
la Lande-d'Airou (50)...37 E3
la Lande-de-Fronsac (33)...135 G4
la Lande-de-Goult (61)...39 E6
la Lande-de-Lougé (61)...38 D5
la Lande-Patry (61).....38 B4
la Lande-Saint-Léger (27)...15 G4
la Lande-Saint-Siméon (61)...38 C4
la Lande-sur-Drôme (14)...37 H1
la Lande-sur-Eure (61)...40 C6
Landéan (35)............58 A1
Landebaëron (22)........33 E3
Landébia (22)...........34 B4
la Landec (22)..........34 C5
Landécourt (54).........69 H1
Landéda (29)............30 D3
Landéhen (22)...........34 A5
Landeleau (29)..........54 A1
Landelles (28)..........61 H1
Landelles-et-Coupigny (14)...37 G3
Landemont (49)..........75 F5
Landepéreuse (27).......15 H6
Landerneau (29).........31 F4
Landeronde (85).........91 F4
Landerrouat (33)........136 B6
Landerrouet-sur-Ségur (33)...150 B1
Landersheim (67)........50 D4
Landes (17)............107 G6
les Landes-Genusson (85)...92 A3
Landes-le-Gaulois (41)...79 G3
Landes-sur-Ajon (14)....14 A5
Landes-Vieilles-
   -et-Neuves (76).......19 G1
Landévant (56)..........54 D5
Landévennec (29)........31 F5
Landevieille (85).......90 D4
Landeyrat (15).........140 D2
Landifay-
   -et-Bertaignemont (02)...22 C1
Landigou (61)...........38 B4
le Landin (27)..........17 E6
Landiras (33)..........149 G2
Landisacq (61)..........38 A4
Landivisiau (29)........31 G4
Landivy (53)............58 B1
Landogne (63).........126 C2
Landorthe (31).........184 B4
Landos (43)............142 C6
Landouzy-la-Cour (02)...10 A6
Landouzy-la-Ville (02)...10 B6
Landrais (17)..........107 E5
le Landreau (44)........75 E5
Landrecies (59)..........9 G4
Landrecourt-Lempire (55)...47 F1
Landremont (54).........48 C3
Landres (54)............25 H5
Landres-
   -et-Saint-Georges (08)...24 C5
Landresse (25)..........88 A6
Landrethun-le-Nord (62)...1 G3
Landrethun-lès-Ardres (62)...1 H3
Landrévarzec (29).......53 G2
Landreville (10)........66 D5
Landrichamps (08).......11 F4
Landricourt (02)........22 A4
Landricourt (51)........46 C6
Landroff (57)...........49 F2
Landry (73)...........133 E4
Landser (68)............89 G2
Landudal (29)...........53 G2
Landudec (29)...........53 E2
Landujan (35)...........56 D1
Landunvez (29)..........30 C3
Lanespède (65).........183 F3
Lanester (56)...........54 C5
Lanet (11).............187 F5
Laneuvelle (52).........68 D6
Laneuvelotte (54).......48 D4
Laneuveville-aux-Bois (54)...49 E6
Laneuveville-
   -derrière-Foug (54)...48 A5
Laneuveville-
   -devant-Bayon (54)....69 G1
Laneuveville-
   -devant-Nancy (54)....48 D5
Laneuveville-
   -en-Saulnois (57).....49 E3
Laneuveville-
   -lès-Lorquin (57).....49 H5
Laneuville-au-Pont (52)...46 C6
Laneuville-au-Rupt (55)...47 H5
Laneuville-sur-Meuse (55)...24 D4
Lanfains (22)...........33 F6
Lanfroicourt (54).......48 D4
Langan (35).............57 E1
Langast (22)............55 H1
Langatte (57)...........49 H4
Langé (36)..............96 B3
Langeac (43)...........141 H3
Langeais (37)...........78 C6
Langensoultzbach (67)...51 E2
Langeron (58)...........98 D5
Langesse (45)...........82 A2
Langey (28).............61 G5
Langladen (63).........126 C2
Langlade (30)..........173 H3
Langley (88)............69 G2
Langoat (22)............32 D2
Langoëlan (56).........54 D2
Langogne (48)..........156 C1
Langoiran (33).........135 F6
Langolen (29)...........53 G2
Langon (33)............149 H2
Langon (35).............56 D6
Langon (41).............96 D1

le Langon (85).........107 E2
Langonnet (56)..........54 B2
Langouet (35)...........57 E1
Langourla (22)..........56 A1
Langres (52)............86 B1
Langrolay-sur-Rance (22)...36 A6
Langrune-sur-Mer (14)....14 B3
Languédias (22).........34 C6
Languenan (22)..........34 C5
Langueux (22)...........33 G4
Languevoisin-Quiquery (80)...21 F1
Languidic (56)..........54 D4
Languimberg (57).......49 G4
Langy (03).............114 A4
Lanhélin (35)...........35 E5
Lanhères (55)...........25 G6
Lanhouarneau (29).......31 F3
Lanildut (29)...........30 C4
Laning (57).............49 G2
Laniscat (22)...........55 E1
Laniscourt (02).........22 B3
Lanleff (22)............33 F3
Lanloup (22)............33 F2
Lanmérin (22)...........32 D2
Lanmeur (29)............32 B3
Lanmodez (22)...........33 E1
Lanne (65).............183 E3
Lanne-en-Barétous (64)...181 G3
Lanne-Soubiran (32)....166 C4
Lannéanou (29)..........32 B4
Lannebert (22)..........33 F3
Lannecaube (64)........166 C6
Lannédern (29)..........31 H6
Lannemaignan (32)......166 C2
Lannemezan (65)........183 G4
Lannepax (32)..........167 F3
Lanneplaà (64).........165 F6
Lanneray (28)...........61 H5
Lannes (47)............167 F1
Lanneuffret (29)........31 F4
Lannilis (29)...........30 D3
Lannion (22)............32 C2
Lannoy (59).............3 G5
Lannoy-Cuillère (60)....19 G2
Lannux (32)............166 C5
Lano (2B).............205 F1
Lanobre (15)...........126 B6
Lanouaille (24)........124 A6
Lanouée (56)............55 H3
Lanoux (09)............185 F4
Lanquais (24)..........137 F6
Lanques-sur-Rognon (52)...68 B5
Lanquetot (76)..........15 H1
Lanrelas (22)...........56 B1
Lanrigan (35)...........35 F6
Lanrivain (22).........32 D6
Lanrivoaré (29).........30 D4
Lanrodec (22)...........33 F4
Lans (71)..............101 H5
Lans-en-Vercors (38)...145 F3
Lansac (33)............135 F3
Lansac (65)............183 F3
Lansac (66)............200 D1
Lansargues (34)........173 H5
Lanslebourg-
   -Mont-Cenis (73).....147 F1
Lanslevillard (73).....147 G1
Lanta (31).............169 G6
Lantabat (64)..........181 E2
Lantages (10)...........66 C5
Lantan (18).............98 A4
Lantéfontaine (54)......26 A4
Lantenay (01)..........117 G6
Lantenay (21)...........85 G6
Lantenne-Vertière (25)...103 E1
Lantenot (70)...........88 A2
la Lanterne-
   -et-les-Armonts (70)...88 A1
Lanteuil (19).........138 D3
Lanthenans (25).........88 B5
Lanthes (21)..........102 B3
Lantheuil (14)..........14 B4
Lantic (22).............33 F3
Lantignié (69).........116 A5
Lantillac (56)..........55 G4
Lantilly (21)...........84 D4
Lanton (33)...........134 B6
Lantosque (06).........179 E1
Lantriac (43)..........142 D4
Lanty (58).............100 A5
Lanty-sur-Aube (52).....67 F5
Lanuéjols (30).........155 H6
Lanuéjols (48).........155 G5
Lanuéjouls (12)........153 H4
Lanvallay (22)..........34 D5
Lanvaudan (56).........54 D4
Lanvellec (22)..........32 C3
Lanvénégen (56).........54 B3
Lanvéoc (29)............31 E5
Lanvollon (22)..........33 F3
Lanzac (46)............138 C5
Laon (02)..............22 C3
Laons (28).............40 D5
Lapalisse (03).........114 A3
Lapalud (84)...........158 A5
Lapan (18).............97 G4
Lapanouse (12).........155 F4
Lapanouse-de-Cernon (12)...172 A2
Laparade (47)..........151 E4
Laparrouquial (81).....170 B1
Lapège (09)............199 E1
Lapenche (82)..........152 D5
Lapenne (09)...........186 A4
Lapenty (50)............37 G6
Laperche (47)..........150 D2
Laperrière-sur-Saône (21)...102 B2
Lapeyrouse (01)........130 B1
Lapeyrouse (63)........113 E5
Lapeyrouse-Fossat (31)...169 F4

Lapeyrouse-Mornay (26)...144 B1
Lapeyrugue (15)........154 C1
Lapleau (19)...........139 G2
Laplume (47)...........151 E6
Lapoutroie (68).........71 E4
Lapouyade (33).........135 G4
Laprade (11)...........186 D1
Laprade (16)...........136 C1
Laprugne (03)..........128 B1
Laps (63)..............127 G4
Lapte (43).............143 E2
Lapugnoy (62)............2 C6
Laquenexy (57)..........48 D1
Laqueuille (63)........126 C4
Laragne-Montéglin (05)...160 A4
Larajasse (69).........129 G4
Laramière (46).........153 F4
Laran (65).............183 H3
Larbey (40)............165 G4
Larbont (09)...........185 F5
Larbroye (60)...........21 G3
Larcan (31)............184 B3
Larçay (37).............79 E6
Larceveau-
   -Arros-Cibits (64)...181 E2
Larchamp (53)...........58 B2
Larchamp (61)...........38 A5
Larchant (77)...........63 H3
Larche (04)............161 G3
le Larderet (39).......103 F5
Lardier-et-Valença (05)...160 B3
Lardiers (04)..........176 C1
le Lardin-Saint-Lazare (24)...138 A3
Lardy (91)..............63 F1
Larée (32).............166 D2
Laréole (31)...........168 C4
Largeasse (79)..........93 E6
Largentière (07).......157 F3
Largillay-Marsonnay (39)...117 G1
Largitzen (68)..........89 E3
Largny-sur-Automne (02)...21 G6
Larians-et-Munans (70)...87 G5
Larivière (90)..........88 D2
Larivière-Arnoncourt (52)...68 D5
Larmor-Baden (56).......72 C1
Larmor-Plage (56).......54 C5
Larnage (26)...........144 A3
Larnagol (46)..........153 E3
Larnas (07)............157 H3
Larnat (09)............199 E1
Larnaud (39)...........102 C6
Larnod (25)............103 F1
Laroche-près-Feyt (19)...126 B4
Laroche-
   -Saint-Cydroine (89)...65 F6
Larochemillay (58).....100 B4
Larodde (63)...........126 B5
Laroin (64)............182 B2
Laronxe (54)............49 F6
Laroque (33)...........149 H1
Laroque (34)...........173 E2
Laroque-des-Albères (66)...201 F4
Laroque-des-Arcs (46)...152 C3
Laroque-d'Olmes (09)...186 B5
Laroque-Timbaut (47)...151 G5
Laroquebrou (15).......139 H4
Laroquevieille (15)....140 B4
Larouillies (59)........10 A5
Larra (31).............168 D4
Larrau (64)............181 F4
Larrazet (82)..........168 D2
Larré (56)..............55 H6
Larré (61)..............60 A1
Larressingle (32)......167 F2
Larressore (64)........180 C1
Larret (70)............86 D3
Larreule (64)..........166 A6
Larreule (65)..........183 E1
Larrey (21).............84 D1
Larribar-Sorhapuru (64)...181 F2
Larringes (74).........119 E3
Larrivière-Saint-Savin (40)...166 A3
Larrivoire (39)........117 H3
Larroque (31)..........169 G6
Larroque (65)..........183 H2
Larroque (81)..........169 G2
Larroque-Engalin (32)...167 H2
Larroque-Saint-Sernin (32)...167 G3
Larroque-sur-l'Osse (32)...167 F2
Larroque-Toirac (46)...153 G3
Lartigue (32)..........168 A6
Lartigue (33)..........150 A5
Laruns (64)............182 B5
Laruscade (33).........135 G3
Larzac (24)............137 H6
Larzicourt (51).........46 B6
Lasalle (30)...........173 F1
Lasbordes (11).........186 C2
Lascabanes (46)........152 B4
Lascazères (65)........166 D6
Lasclaveries (64)......182 C1
Lasfaillades (81)......171 E6
Lasgraisses (81).......170 D3
Laslades (65)..........183 F3
Lassales (65)..........183 H3
Lassay-les-Châteaux (53)...59 E1
Lassay-sur-Croisne (41)...80 B6
Lasse (49)..............77 H4
Lasse (64).............180 D1
Lasserade (32).........166 D5
Lasséran (32)..........167 H5
Lasserre (09)..........185 E4
Lasserre (31)..........168 D5
Lasserre (47)..........167 G1
Lasserre (64)..........166 C6

Lasserre-de-Prouille (11)...186 C3
Lasseube (64)..........182 B3
Lasseube-Propre (32)...167 H5
Lasseubetat (64).......182 B3
Lassicourt (10).........66 C2
Lassigny (60)...........21 F3
Lasson (14).............14 B4
Lasson (89).............65 H5
Lassouts (12)..........155 E3
Lassur (09)............199 F1
Lassy (14)..............38 A3
Lassy (35)..............56 D4
Lassy (95)..............42 D2
Lastic (15)............141 F3
Lastic (63)............126 B4
Lastours (11)..........187 E2
Lataule (60)............21 E3
le Latet (39)..........103 F5
la Latette (39)........103 G5
Lathuile (74)..........132 B2
Lathus-Saint-Rémy (86)...110 A3
Latillé (86)...........108 C1
Latilly (02)............44 B1
Latoue (31)............184 B3
Latouille-Lentillac (46)...139 F5
Latour (31)............185 E3
Latour-Bas-Elne (66)...201 G3
Latour-de-Carol (66)...199 G4
Latour-de-France (66)...200 D1
Latour-en-Woëvre (55)...48 A1
Latrape (31)...........185 E3
Latrecey-
   -Ormoy-sur-Aube (52)...67 F6
Latresne (33)..........135 F6
Latrille (40)..........166 B5
Latronche (19).........139 H2
Latronquière (46)......139 G6
Lattainville (60).......19 H6
Lattes (34)............173 F6
Lattre-Saint-Quentin (62)...8 A2
Lau-Balagnas (65)......182 D5
Laubach (67)............51 E3
Laubert (48)...........156 B2
les Laubies (48).......156 A1
Laubressel (10).........66 C3
Laubrières (53).........58 A6
Laucourt (80)...........21 E2
Laudrefang (57).........49 F1
Laudun-l'Ardoise (30)...174 D1
Laugnac (47)...........151 F4
Laujuzan (32)..........166 C3
Laulne (50)............12 D5
Laumesfeld (57).........26 D3
Launac (31)............168 D4
Launaguet (31).........169 F5
Launay (27)............40 B1
Launay-Villiers (53)....58 B4
Launois-sur-Vence (08)...23 H2
Launoy (02).............22 B6
Launstroff (57).........26 D2
la Laupie (26).........158 B2
Laurabuc (11)..........186 B3
Laurac (11)............186 B3
Laurac-en-Vivarais (07)...157 F3
Lauraët (32)...........167 F2
Lauraguel (11).........186 D4
Laure-Minervois (11)...187 E3
Laurenan (22)...........55 H1
Laurens (34)...........172 B6
Lauresses (46).........139 G6
Lauret (34)............173 E3
Lauret (40)............166 B5
Laurie (15)............141 F2
Laurière (87)..........110 D6
Lauris (84)............175 H4
Lauroux (34)...........172 B5
Laussonne (43).........142 D4
Laussou (47)...........151 G2
Lautenbach (68).........71 E6
Lautenbachzell (68).....71 E6
Lauterbourg (67)........51 G2
Lauthiers (86).........109 G1
Lautignac (31).........184 D1
Lautrec (81)...........170 C4
Lauw (68)..............88 D2
Lauwin-Planque (59)......8 C1
Lauzach (56)............73 E1
Lauzerte (82)..........152 A5
Lauzerville (31).......169 G6
Lauzès (46)............152 D2
le Lauzet-Ubaye (04)...161 E2
Lauzun (47)............151 E2
Lavacquerie (60)........20 B2
Laval (38)............145 H2
Laval (53).............58 C5
Laval-Atger (48).......142 B6
Laval-d'Aix (26).......159 F1
Laval-d'Aurelle (07)...156 D2
Laval-de-Cère (46).....139 F5
Laval-du-Tarn (48).....155 H4
Laval-en-Brie (77)......64 C2
Laval-en-Laonnois (02)...22 C4
Laval-le-Prieuré (25)...104 B1
Laval-Morency (08)......10 D6
Laval-Pradel (30)......157 E6
Laval-Roquecézière (12)...171 F4
Laval-Saint-Roman (30)...157 H5
Laval-sur-Doulon (43)...142 A1
Laval-sur-Luzège (19)...139 G2
Laval-sur-Tourbe (51)...46 B1
Laval-sur-Vologne (88)...70 B4
Lavalade (24)..........151 G1
Lavaldens (38).........145 H4
Lavalette (11).........186 D3
Lavalette (31).........169 G5
Lavalette (34).........172 B5
Lavallée (55)...........47 F4
Lavancia-Epercy (39)...117 G3
le Lavandou (83).......193 H5
Lavangeot (39).........102 D2

Lavannes (51)..........23 F5
Lavans-lès-Dole (39)...102 D2
Lavans-
   -lès-Saint-Claude (39)...117 H3
Lavans-Quingey (39)....103 F2
Lavans-sur-Valouse (39)...117 G3
Lavans-Vuillafans (25)...103 H2
Lavaqueresse (02).......9 G5
Lavardac (47)..........150 D6
Lavardens (32).........167 G4
Lavardin (41)...........79 F2
Lavardin (72)...........60 A5
Lavaré (72)............60 D5
Lavars (38)...........145 G5
Lavastrie (15).........141 E5
Lavatoggio (2B)........202 C5
Lavau (10).............66 B3
Lavau (89).............82 C4
Lavau-sur-Loire (44)...74 A4
Lavaudieu (43).........141 H2
Lavaufranche (23)......112 B4
Lavault-de-Frétoy (58)...100 B2
Lavault-Sainte-Anne (03)...112 D4
Lavaur (24)...........152 A2
Lavaur (81)...........169 H4
Lavaurette (82)........153 E6
Lavausseau (86)........108 C1
Lavaveix-les-Mines (23)...111 H6
Lavazan (33)...........150 A4
Laveissenet (15).......140 D3
Laveissière (15).......140 D3
Lavelanet (09).........186 A6
Lavelanet-
   -de-Comminges (31)...184 D3
Laveline-
   -devant-Bruyères (88)...70 B4
Laveline-du-Houx (88)...70 B4
Lavenay (72)...........78 D2
Laventie (62)...........3 E5
Laveraët (32)..........167 E6
Lavercantière (46).....152 C2
Laverdines (18)........98 B3
Lavergne (46)..........139 E6
Lavergne (47)..........150 D2
Lavernat (72)..........78 D2
Lavernay (25)..........103 E1
Lavernhe (12)..........155 F5
Lavernose-Lacasse (31)...185 E1
Lavernoy (52)...........68 C6
Laverrière (60)........20 A2
Laversine (02)..........21 H5
Laversines (60)........20 B4
Lavérune (34)..........173 F5
Laveyron (26)..........144 A2
Laveyrune (07).........156 D2
Laveyssière (24).......136 D4
Lavieu (42)...........128 D5
Laviéville (80)..........8 A5
Lavigerie (15)........140 C3
Lavignac (87).........124 C3
Lavigney (70)...........87 E2
Lavigny (39)..........102 D6
Lavillatte (07)........156 D1
Lavilledieu (07).......157 G2
Lavilleneuve (52).......68 C5
Lavilletertre (60)......42 A1
Lavincourt (55).........47 E5
Laviolle (07)..........143 F6
Laviron (25)...........88 B6
Lavit (82)............168 B2
Lavoine (03)...........128 B1
Lavoncourt (70)........87 E3
Lavours (01)..........131 G2
Lavoûte-Chilhac (43)...141 H3
Lavoûte-sur-Loire (43)...142 C3
Lavoux (86)...........109 F1
Lavoye (55)............47 E2
Lawarde-
   -Mauger-l'Hortoy (80)...20 C2
Laxou (54).............48 C5
Lay (42)..............129 E1
Lay-Lamidou (64).......181 H2
Lay-Saint-Christophe (54)...48 C4
Lay-Saint-Remy (54)....48 A5
Laye (05).............160 B1
Laymont (32)..........184 D1
Layrac (47)...........151 F6
Layrac-sur-Tarn (31)...169 G3
Layrisse (65)..........183 E3
Lays-sur-le-Doubs (71)...102 B3
Laz (29)...............53 H1
Lazenay (18)...........97 F3
Lazer (05)............160 A4
Léalvillers (80)........7 H4
Léaupartie (14)........15 E4
Léaz (01).............118 A5
Lebetain (90)..........88 D4
Lebeuville (54)........69 G1
Lebiez (62)............1 H6
Leboulin (32)..........168 A5
Lebreil (46)..........152 B4
Lebucquière (62)........8 C4
Lécaude (14)...........15 E5
Lecci (2A)............207 G2
Lecelles (59)...........4 A6
Lecey (52).............86 B1
Lechâtelet (21).......102 A3
Léchelle (62)...........8 C4
Léchelle (77)..........44 B6
la Léchère (73).......132 D5
les Lèches (24)........136 D4
Lécluse (59)............8 C2
Lécourt (52)...........68 B5
Lecques (30)..........173 G3
Lect (39).............117 G3
Lectoure (32).........167 H2
Lecumberry (64)........181 E3
Lécussan (31).........183 H3
Lédas-et-Penthiès (81)...170 D1
Lédat (47)............151 F3

231

Lédenon (30) . . . 174 C2
Lédergues (12) . . . 171 E1
Lederzeele (59) . . . 2 B3
Ledeuix (64) . . . 181 H3
Lédignan (30) . . . 173 H2
Ledinghem (62) . . . 1 H5
Ledringhem (59) . . . 2 C3
Lée (64) . . . 182 C2
Lées-Athas (64) . . . 181 H5
Lefaux (62) . . . 1 F6
Leffard (14) . . . 38 C3
Leffincourt (08) . . . 23 H5
Leffonds (52) . . . 67 H6
Leffrinckoucke (59) . . . 2 C1
Leforest (62) . . . 8 D1
Lège (31) . . . 184 A6
Legé (44) . . . 91 F2
Lège-Cap-Ferret (33) . . . 134 B6
Légéville-et-Bonfays (88) . . . 69 G4
Léglantiers (60) . . . 20 D4
Légna (39) . . . 117 G3
Légny (69) . . . 129 G2
Léguevin (31) . . . 168 D5
Léguillac-de-Cercles (24) . . . 123 E6
Léguillac-de-l'Auche (24) . . . 137 E2
Lehaucourt (02) . . . 9 E6
Léhon (22) . . . 34 D5
Leigné-les-Bois (86) . . . 95 E5
Leigné-sur-Usseau (86) . . . 94 C4
Leignes-sur-Fontaine (86) . . . 109 H2
Leigneux (42) . . . 128 C3
Leimbach (68) . . . 89 E1
Leintrey (54) . . . 49 G5
Lélex (01) . . . 118 A4
Lelin-Lapujolle (32) . . . 166 C4
Lelling (57) . . . 49 F2
Lemainville (54) . . . 69 G1
Lembach (67) . . . 51 E2
Lemberg (57) . . . 50 C2
Lembeye (64) . . . 166 C6
Lembras (24) . . . 137 E5
Lemé (02) . . . 9 H6
Lème (64) . . . 166 B6
Léménil-Mitry (54) . . . 69 G1
Lémeré (37) . . . 94 B2
Lemmecourt (88) . . . 68 D3
Lemmes (55) . . . 47 F2
Lemoncourt (57) . . . 49 E3
Lempaut (81) . . . 170 B6
Lempdes (63) . . . 127 F3
Lempdes-sur-Allagnon (43) . . . 141 G1
Lempire (02) . . . 8 D5
Lemps (07) . . . 144 A3
Lemps (26) . . . 159 F4
Lempty (63) . . . 127 G2
Lempzours (24) . . . 137 G1
Lemud (57) . . . 26 D6
Lemuy (39) . . . 103 F4
Lénault (14) . . . 38 A3
Lenax (03) . . . 114 C4
Lencloître (86) . . . 94 B5
Lencouacq (40) . . . 149 G6
Lengelsheim (57) . . . 50 C1
Lengronne (50) . . . 35 H1
Lenharrée (51) . . . 45 G4
Léning (57) . . . 49 G2
Lennon (29) . . . 53 H1
Lenoncourt (54) . . . 48 D5
Lens (62) . . . 8 B1
Lens-Lestang (26) . . . 144 C1
Lent (01) . . . 116 C5
Lent (39) . . . 103 F5
Lentigny (42) . . . 128 C1
Lentillac-du-Causse (46) . . . 153 E2
Lentillac-Saint-Blaise (46) . . . 153 H2
Lentillères (07) . . . 157 F2
Lentilles (10) . . . 67 E1
Lentilly (69) . . . 129 H2
Lentiol (38) . . . 144 C1
Lento (2B) . . . 203 F5
Léobard (46) . . . 152 C1
Léogeats (33) . . . 149 G2
Léognan (33) . . . 135 E6
Léojac (82) . . . 169 F2
Léon (40) . . . 164 C2
Léoncel (26) . . . 144 D5
Léotoing (43) . . . 141 F1
Léouville (45) . . . 63 E4
Léoville (17) . . . 121 G6
Lépanges-sur-Vologne (88) . . . 70 B4
Lépaud (23) . . . 112 B4
Lépin-le-Lac (73) . . . 131 G5
Lépinas (23) . . . 111 G6
Lépine (62) . . . 6 D1
Lépron-les-Vallées (08) . . . 23 H1
Lepuix (90) . . . 88 C2
Lepuix-Neuf (90) . . . 89 E4
Léran (09) . . . 186 B5
Lercoul (09) . . . 199 E1
Léré (18) . . . 82 B5
Léren (64) . . . 165 E6
Lérigneux (42) . . . 128 C4
Lerm-et-Musset (33) . . . 150 A4
Lerné (37) . . . 94 A2
Lérouville (55) . . . 47 G4
Lerrain (88) . . . 69 G4
Léry (21) . . . 85 F4
Léry (27) . . . 18 D5
Lerzy (02) . . . 9 H5
Lesbœufs (80) . . . 8 B4
Lesbois (53) . . . 58 C1
Lescar (64) . . . 182 B2
Leschaux (74) . . . 132 B3
Leschelle (02) . . . 9 H5
Leschères (39) . . . 117 H2
Leschères-
   -sur-le-Blaiseron (52) . . . 67 H3
Lescherolles (77) . . . 44 B5
Lescheroux (01) . . . 116 D3

Lesches (77) . . . 43 F3
Lesches-en-Diois (26) . . . 159 F2
Lescouët-Gouarec (22) . . . 54 C2
Lescousse (09) . . . 185 G4
Lescout (81) . . . 170 B6
Lescun (64) . . . 181 H5
Lescuns (31) . . . 184 D3
Lescure (09) . . . 185 G5
Lescure-d'Albigeois (81) . . . 170 C2
Lescure-Jaoul (12) . . . 153 H5
Lescurry (65) . . . 183 F2
Lesdain (59) . . . 9 E4
Lesdins (02) . . . 9 E6
Lesges (02) . . . 22 B5
Lesgor (40) . . . 165 F2
Lésigny (77) . . . 43 E5
Lésigny (86) . . . 95 E5
le Leslay (22) . . . 33 F5
Lesme (71) . . . 114 C1
Lesménils (54) . . . 48 C3
Lesmont (10) . . . 66 D2
Lesneven (29) . . . 31 F3
Lesparre-Médoc (33) . . . 134 C1
Lesparrou (09) . . . 186 B6
Lespéron (07) . . . 156 D1
Lesperon (40) . . . 165 E1
Lespesses (62) . . . 2 C5
Lespielle (64) . . . 166 C6
Lespignan (34) . . . 188 B3
Lespinasse (31) . . . 169 E4
Lespinassière (11) . . . 187 F1
Lespinoy (62) . . . 6 D1
Lespiteau (31) . . . 184 B4
Lespouey (65) . . . 183 F3
Lespourcy (64) . . . 182 D1
Lespugue (31) . . . 184 A3
Lesquerde (66) . . . 200 C1
Lesquielles-
   -Saint-Germain (02) . . . 9 G5
Lesquin (59) . . . 3 G5
Lessac (16) . . . 109 G6
Lessard-en-Bresse (71) . . . 102 A5
Lessard-et-le-Chêne (14) . . . 15 E5
Lessard-le-National (71) . . . 101 G4
Lessay (50) . . . 12 C5
Lesse (57) . . . 49 E2
Lesseux (88) . . . 70 D3
Lessy (57) . . . 26 B5
Lestanville (76) . . . 17 F3
Lestards (19) . . . 125 F5
Lestelle-Bétharram (64) . . . 182 C3
Lestelle-
   -de-Saint-Martory (31) . . . 184 C4
Lesterps (16) . . . 109 H6
Lestiac-sur-Garonne (33) . . . 149 G1
Lestiou (41) . . . 80 B2
Lestrade-et-Thouels (12) . . . 171 F1
Lestre (50) . . . 13 E3
Lestrem (62) . . . 2 D5
Létanne (08) . . . 24 D3
Letelon (03) . . . 112 D1
Léthuin (28) . . . 62 D2
Letia (2A) . . . 204 C3
Létra (69) . . . 129 G1
Létricourt (54) . . . 48 D3
Letteguives (27) . . . 19 E4
Lettret (05) . . . 160 B3
Leubringhen (62) . . . 1 F3
Leuc (11) . . . 187 E4
Leucamp (15) . . . 140 B6
Leucate (11) . . . 188 B6
Leuchey (52) . . . 86 A2
Leudeville (91) . . . 63 G1
Leudon-en-Brie (77) . . . 44 A5
Leugny (86) . . . 95 E4
Leugny (89) . . . 83 E3
Leuhan (29) . . . 54 A2
Leuilly-sous-Coucy (02) . . . 22 A4
Leulinghem (62) . . . 2 A4
Leulinghen-Bernes (62) . . . 1 F3
Leurville (52) . . . 68 B3
Leury (02) . . . 22 A4
Leutenheim (67) . . . 51 G3
Leuville-sur-Orge (91) . . . 42 C6
Leuvrigny (51) . . . 44 D2
le Leuy (40) . . . 165 H3
Leuze (02) . . . 10 B6
Levainville (28) . . . 62 C1
Leval (59) . . . 9 H3
Leval (90) . . . 88 D2
Levallois-Perret (92) . . . 42 C3
Levaré (53) . . . 58 C1
Levécourt (52) . . . 68 C4
Levens (06) . . . 195 F1
Levergies (02) . . . 9 E6
Levernois (21) . . . 101 G3
Lèves (28) . . . 62 B1
les Lèves-
   -et-Thoumeyragues (33) . . . 136 B6
Levesville-la-Chenard (28) . . . 62 D3
Levet (18) . . . 97 G4
Levie (2A) . . . 207 E2
Levier (25) . . . 103 G3
Lévignac (31) . . . 168 D5
Lévignac-de-Guyenne (47) . . . 150 C2
Lévignacq (40) . . . 164 D1
Lévignen (60) . . . 43 G1
Lévigny (10) . . . 67 F3
Levis (89) . . . 83 E3
Lévis-Saint-Nom (78) . . . 42 A5
Levoncourt (54) . . . 47 F4
Levoncourt (68) . . . 89 E4
Levroux (36) . . . 96 C3
Lewarde (59) . . . 8 D2
Lexy (54) . . . 25 G3
Ley (57) . . . 49 F4
Leychert (09) . . . 185 H5
Leyme (46) . . . 139 F6
Leymen (68) . . . 89 G4

Leyment (01) . . . 130 D1
Leynes (71) . . . 116 A4
Leynhac (15) . . . 154 A1
Leyr (54) . . . 48 D4
Leyrat (23) . . . 112 B3
Leyrieu (38) . . . 130 D3
Leyritz-Moncassin (47) . . . 150 C4
Leyssard (01) . . . 117 F5
Leyvaux (15) . . . 141 E1
Leyviller (57) . . . 49 G2
Lez (31) . . . 184 B6
lez-Fontaine (59) . . . 10 B3
Lézan (30) . . . 173 G2
Lézardrieux (22) . . . 33 E2
Lézat (39) . . . 118 A2
Lézat-sur-Lèze (09) . . . 185 F2
Lezay (79) . . . 108 C4
Lezennes (59) . . . 3 G5
Lézéville (52) . . . 68 B2
Lezey (57) . . . 49 F4
Lézignan (65) . . . 183 E4
Lézignan-Corbières (11) . . . 187 G3
Lézignan-la-Cèbe (34) . . . 172 C6
Lézigné (49) . . . 77 F3
Lézigneux (42) . . . 128 D5
Lézinnes (89) . . . 84 B2
Lezoux (63) . . . 127 G2
Lhéraule (60) . . . 19 H4
Lherm (31) . . . 185 E1
Lherm (46) . . . 152 B2
Lhéry (51) . . . 22 D6
Lhez (65) . . . 183 F3
Lhommaizé (86) . . . 109 G2
Lhomme (72) . . . 78 D2
Lhôpital (17) . . . 117 H6
Lhor (57) . . . 49 G3
Lhospitalet (46) . . . 152 C4
Lhoumois (79) . . . 93 G6
Lhuis (01) . . . 131 F3
Lhuître (10) . . . 45 G6
Lhuys (02) . . . 22 B6
Liac (65) . . . 183 E1
Liancourt (60) . . . 20 D5
Liancourt-Fosse (80) . . . 21 F1
Liancourt-Saint-Pierre (60) . . . 19 H6
Liart (08) . . . 23 G1
Lias (32) . . . 168 D6
Lias-d'Armagnac (32) . . . 166 D3
Liausson (34) . . . 172 C5
Libaros (65) . . . 183 G3
Libercourt (62) . . . 3 F6
Libermont (60) . . . 21 G2
Libourne (33) . . . 135 G5
Licey-sur-Vingeanne (21) . . . 86 B4
Lichans-Sunhar (64) . . . 181 G4
Lichères (16) . . . 122 C1
Lichères-
   -près-Aigremont (89) . . . 83 H2
Lichères-sur-Yonne (89) . . . 83 G4
Lichos (64) . . . 181 G2
Lichtenberg (67) . . . 50 C2
Licourt (80) . . . 21 F1
Licq-Athérey (64) . . . 181 G4
Licques (62) . . . 1 H3
Licy-Clignon (02) . . . 44 B2
Lidrezing (57) . . . 49 F3
Liebenswiller (68) . . . 89 G4
Liebsdorf (68) . . . 89 F4
Liebvillers (25) . . . 88 C5
Liederschiedt (57) . . . 28 C5
Lieffrans (70) . . . 87 F4
le Liège (37) . . . 95 G1
Liéhon (57) . . . 26 C6
Liencourt (62) . . . 7 H2
Lieoux (31) . . . 184 B3
Liepvre (68) . . . 71 F3
Liéramont (80) . . . 8 C5
Liercourt (80) . . . 6 D4
Lières (62) . . . 2 C6
Liergues (69) . . . 129 H1
Liernais (21) . . . 100 D1
Liernolles (03) . . . 114 C3
Lierval (02) . . . 22 C4
Lierville (60) . . . 42 A1
Lies (65) . . . 183 F4
Liesle (25) . . . 103 E2
Liesse-Notre-Dame (02) . . . 22 D3
Liessies (59) . . . 10 B4
Liesville-sur-Douve (50) . . . 12 D4
Liettres (62) . . . 2 B5
Lieu-Saint-Amand (59) . . . 9 E2
Lieuche (06) . . . 178 C1
Lieucourt (70) . . . 86 D6
Lieudieu (38) . . . 130 C6
Lieurac (09) . . . 186 A5
Lieuran-Cabrières (34) . . . 172 C5
Lieuran-lès-Béziers (34) . . . 188 C1
Lieurey (27) . . . 15 H4
Lieuron (35) . . . 56 D5
Lieusaint (50) . . . 12 D3
Lieusaint (77) . . . 43 E6
Lieutadès (15) . . . 140 D6
Lieuvillers (60) . . . 20 D4
Liévans (70) . . . 87 H3
Liévin (62) . . . 8 B1
Liez (02) . . . 22 A2
Liez (85) . . . 107 F3
Liézey (88) . . . 70 C4
Liffol-le-Grand (88) . . . 68 C3
Liffol-le-Petit (52) . . . 68 C4
Liffré (35) . . . 57 G2
Ligardes (32) . . . 167 G1
Lignac (36) . . . 110 C2
Lignairolles (11) . . . 186 B4
Lignan-de-Bazas (33) . . . 149 H3
Lignan-de-Bordeaux (33) . . . 135 G6
Lignan-sur-Orb (34) . . . 188 B2
Lignareix (19) . . . 125 H4

Ligné (16) . . . 122 B1
Ligné (44) . . . 75 E3
Lignères (61) . . . 39 G5
Lignerolles (03) . . . 112 C4
Lignerolles (21) . . . 85 G1
Lignerolles (27) . . . 41 E4
Lignerolles (36) . . . 112 A2
Lignéville (88) . . . 69 E4
Ligneyrac (19) . . . 138 D2
Lignières (10) . . . 66 A4
Lignières (18) . . . 97 F6
Lignières (41) . . . 79 G1
Lignières (80) . . . 21 E2
Lignières-Châtelain (80) . . . 19 H1
Lignières-de-Touraine (37) . . . 78 C6
Lignières-en-Vimeu (80) . . . 6 D6
Lignières-la-Carelle (72) . . . 60 B2
Lignières-Orgères (53) . . . 38 D6
Lignières-Sonneville (16) . . . 121 H4
Lignières-sur-Aire (55) . . . 47 F4
Lignol (56) . . . 54 D3
Lignol-le-Château (10) . . . 67 F4
Lignon (51) . . . 46 A6
Lignorelles (89) . . . 83 G1
Lignou (61) . . . 38 C5
Ligny-en-Barrois (55) . . . 47 F5
Ligny-en-Brionnais (71) . . . 115 F4
Ligny-en-Cambrésis (59) . . . 9 E4
Ligny-le-Châtel (89) . . . 83 H1
Ligny-le-Ribault (45) . . . 80 C3
Ligny-lès-Aire (62) . . . 2 B6
Ligny-Saint-Flochel (62) . . . 7 H2
Ligny-sur-Canche (62) . . . 7 G2
Ligny-Thilloy (62) . . . 8 B4
Ligré (37) . . . 94 B2
Ligron (72) . . . 77 H2
Ligsdorf (68) . . . 89 F4
Ligueil (37) . . . 95 E3
Ligueux (24) . . . 137 G1
Ligueux (33) . . . 136 C6
Ligugé (86) . . . 109 F2
Lihons (80) . . . 21 E1
Lihus (60) . . . 20 A3
les Lilas (93) . . . 42 D4
Lilhac (31) . . . 184 B2
Lille (59) . . . 3 F5
Lillebonne (76) . . . 15 H2
Lillemer (35) . . . 35 E4
Lillers (62) . . . 2 C5
Lilly (27) . . . 19 F4
Limalonges (79) . . . 108 D5
Limans (04) . . . 176 C2
Limanton (58) . . . 99 H3
Limas (69) . . . 129 H1
Limay (78) . . . 41 H2
Limbrassac (09) . . . 186 A5
Limé (02) . . . 22 B5
Limeil-Brévannes (94) . . . 43 E5
Limendous (64) . . . 182 D2
Limeray (37) . . . 79 F5
Limersheim (67) . . . 71 H1
Limerzel (56) . . . 73 G1
Limésy (76) . . . 17 F4
Limetz-Villez (78) . . . 41 G2
Limeuil (24) . . . 137 G5
Limeux (18) . . . 97 F3
Limeux (80) . . . 6 D5
Limey-Remenauville (54) . . . 48 B3
Limeyrat (24) . . . 137 H3
Limoges (87) . . . 124 B2
Limoges-Fourches (77) . . . 43 F6
Limogne-en-Quercy (46) . . . 153 E4
Limoise (03) . . . 98 D6
Limon (58) . . . 99 F4
Limonest (69) . . . 130 A2
Limons (63) . . . 127 H1
Limont-Fontaine (59) . . . 10 A3
Limony (07) . . . 144 A1
Limours (91) . . . 42 B6
Limousis (11) . . . 187 E2
Limoux (11) . . . 186 D5
la Limouzinière (44) . . . 91 F1
Limpiville (76) . . . 16 D4
Linac (46) . . . 153 H1
Linard (23) . . . 111 F3
Linards (87) . . . 124 C4
Linars (16) . . . 122 B4
Linas (91) . . . 42 C6
Linay (08) . . . 24 D2
Linazay (86) . . . 108 D5
Lindebeuf (76) . . . 17 F4
le Lindois (16) . . . 123 E3
Lindre-Basse (57) . . . 49 G4
Lindre-Haute (57) . . . 49 G4
Lindry (89) . . . 83 F2
Linexert (70) . . . 88 A2
Lingé (36) . . . 95 G5
Lingeard (50) . . . 37 G4
Lingèvres (14) . . . 13 H6
Linghem (62) . . . 2 B5
Lingolsheim (67) . . . 51 E6
Lingreville (50) . . . 35 G1
Linguizzetta (2B) . . . 205 G2
Liniers (86) . . . 109 F1
Liniez (36) . . . 96 C3
Linsdorf (68) . . . 89 G4
Linselles (59) . . . 3 F4
Linthal (68) . . . 71 E6
Linthelles (51) . . . 45 E5
Linthes (51) . . . 45 E5
Lintot (76) . . . 15 H1
Lintot-les-Bois (76) . . . 17 G3
Linxe (40) . . . 164 D2
Liny-devant-Dun (55) . . . 24 D5
Linzeux (62) . . . 7 F2
Liocourt (57) . . . 48 D3
Liomer (80) . . . 6 D6
le Lion-d'Angers (49) . . . 76 D3

Lion-devant-Dun (55) . . . 25 E4
Lion-en-Beauce (45) . . . 62 D5
Lion-en-Sullias (45) . . . 81 H3
Lion-sur-Mer (14) . . . 14 C3
Liorac-sur-Louyre (24) . . . 137 E5
Liouc (30) . . . 173 G3
Liourdres (19) . . . 139 E5
Lioux (84) . . . 175 H2
Lioux-les-Monges (23) . . . 126 B1
Liposthey (40) . . . 148 D4
Lipsheim (67) . . . 51 E6
Lirac (30) . . . 174 D1
Liré (49) . . . 75 F4
Lirey (10) . . . 66 B4
Lironcourt (88) . . . 69 E6
Lironville (54) . . . 48 B3
Liry (08) . . . 24 A5
Lisbourg (62) . . . 2 A6
Lisieux (14) . . . 15 F5
Lisle (24) . . . 137 E1
Lisle (41) . . . 79 G1
Lisle-en-Barrois (55) . . . 47 E3
Lisle-en-Rigault (55) . . . 46 D5
Lisle-sur-Tarn (81) . . . 169 H3
Lislet (02) . . . 23 E2
Lison (14) . . . 13 F5
Lisores (14) . . . 39 F3
Lisors (27) . . . 19 F5
Lissac (09) . . . 185 G3
Lissac (43) . . . 142 B3
Lissac-et-Mouret (46) . . . 153 G2
Lissac-sur-Couze (19) . . . 138 C3
Lissay-Lochy (18) . . . 97 G4
Lisse-en-Champagne (51) . . . 46 B4
Lisses (91) . . . 42 D6
Lisseuil (63) . . . 113 F6
Lissey (55) . . . 25 E5
Lissieu (69) . . . 129 H2
Lissy (77) . . . 43 F6
Listrac-de-Durèze (33) . . . 136 A6
Listrac-Médoc (33) . . . 134 D3
Lit-et-Mixe (40) . . . 164 D1
Lithaire (50) . . . 12 D5
Litteau (14) . . . 13 G6
Littenheim (67) . . . 50 C4
Litz (60) . . . 20 C4
Livaie (61) . . . 59 H1
Livarot (14) . . . 15 E6
la Livinière (34) . . . 187 G2
Livré-la-Touche (53) . . . 58 B6
Livré-sur-Changeon (35) . . . 57 H2
Livron (64) . . . 182 D3
Livron-sur-Drôme (26) . . . 144 A6
Livry (14) . . . 38 A1
Livry (58) . . . 98 D5
Livry-Gargan (93) . . . 43 E3
Livry-Louvercy (51) . . . 45 H1
Livry-sur-Seine (77) . . . 64 A1
Lixhausen (67) . . . 50 D4
Lixheim (57) . . . 50 A4
Lixing-lès-Rouhling (57) . . . 27 G5
Lixing-lès-Saint-Avold (57) . . . 49 G2
Lixy (89) . . . 64 D4
Lizac (82) . . . 168 D1
Lizant (86) . . . 108 D6
Lizeray (36) . . . 96 D3
Lizières (23) . . . 111 E5
Lizine (25) . . . 103 F2
Lizines (77) . . . 64 D1
Lizio (56) . . . 55 H4
Lizos (65) . . . 183 F2
Lizy (02) . . . 22 B4
Lizy-sur-Ourcq (77) . . . 43 H2
la Llagonne (66) . . . 200 A4
Llauro (66) . . . 201 E3
Llo (66) . . . 199 H4
Llupia (66) . . . 201 E3
Lobsann (67) . . . 29 E6
Loc-Brévalaire (29) . . . 31 E3
Loc-Eguiner (29) . . . 31 G4
Loc-Eguiner-
   -Saint-Thégonnec (29) . . . 31 H4
Loc-Envel (22) . . . 32 C4
Locarn (22) . . . 32 C6
Loché-sur-Indrois (37) . . . 95 H2
Loches (37) . . . 95 G2
Loches-sur-Ource (10) . . . 66 D5
le Locheur (14) . . . 14 A5
Lochieu (01) . . . 131 G1
Lochwiller (67) . . . 50 C4
Locmalo (56) . . . 54 D2
Locmaria (56) . . . 72 B4
Locmaria-Berrien (29) . . . 32 A5
Locmaria-
   -Grand-Champ (56) . . . 55 F5
Locmariaquer (56) . . . 72 C1
Locmélar (29) . . . 31 G4
Locminé (56) . . . 55 F4
Locmiquélic (56) . . . 54 C5
Locoal-Mendon (56) . . . 55 E5
Locon (62) . . . 2 D5
Loconville (60) . . . 19 H6
Locqueltas (56) . . . 55 G5
Locquénolé (29) . . . 32 A3
Locquignol (59) . . . 9 G3
Locquirec (29) . . . 32 B2
Locronan (29) . . . 53 F2
Loctudy (29) . . . 53 F4
Locunolé (29) . . . 54 B3
Loddes (03) . . . 114 C4

Lodes (31) . . . 184 A3
Lodève (34) . . . 172 C4
Lods (25) . . . 103 H3
Loeuilley (70) . . . 86 B5
Loeuilly (80) . . . 20 B1
Loffre (59) . . . 8 D2
la Loge (62) . . . 7 E1
la Loge-aux-Chèvres (10) . . . 66 D3
Loge-Fougereuse (85) . . . 92 D6
la Loge-Pomblin (10) . . . 66 B5
Logelheim (68) . . . 71 F5
les Loges (14) . . . 37 H2
les Loges (52) . . . 86 C2
les Loges (76) . . . 16 B4
les Loges-en-Josas (78) . . . 42 B5
les Loges-Marchis (50) . . . 37 F6
les Loges-Margueron (10) . . . 66 B5
les Loges-Saulces (14) . . . 38 C3
les Loges-sur-Brécey (50) . . . 37 F4
Lognes (77) . . . 43 E4
Logny-Bogny (08) . . . 23 G1
Logny-lès-Aubenton (02) . . . 23 F1
Logonna-Daoulas (29) . . . 31 F5
Logrian-Florian (30) . . . 173 G2
Logron (28) . . . 61 H4
Loguivy-Plougras (22) . . . 32 C4
Lohéac (35) . . . 56 D5
Lohitzun-Oyhercq (64) . . . 181 F2
Lohr (67) . . . 50 B3
Lohuec (22) . . . 32 C4
Loigné-sur-Mayenne (53) . . . 76 C1
Loigny-la-Bataille (28) . . . 62 C5
Loiré (49) . . . 76 B3
Loire-les-Marais (17) . . . 107 E6
Loiré-sur-Nie (17) . . . 121 H1
Loire-sur-Rhône (69) . . . 130 A5
Loiron (53) . . . 58 B5
Loisail (61) . . . 60 D1
Loisey-Culey (55) . . . 47 F4
Loisia (39) . . . 117 F2
Loisieux (73) . . . 131 G4
Loisin (74) . . . 118 D4
Loison (55) . . . 25 G5
Loison-sous-Lens (62) . . . 8 B1
Loison-sur-Créquoise (62) . . . 7 E1
Loisy (54) . . . 48 C3
Loisy (71) . . . 116 C1
Loisy-en-Brie (51) . . . 45 E3
Loisy-sur-Marne (51) . . . 46 A5
Loivre (51) . . . 23 E5
Loix (17) . . . 106 B4
Lolif (50) . . . 35 H3
Lolme (24) . . . 151 G1
Lombard (25) . . . 103 E2
Lombard (39) . . . 102 C5
Lombers (81) . . . 170 C4
Lombez (32) . . . 168 B6
Lombia (64) . . . 182 D2
Lombrès (65) . . . 183 H4
Lombreuil (45) . . . 64 A6
Lombron (72) . . . 60 C5
Lommerange (57) . . . 26 A3
Lommoye (78) . . . 41 F2
Lomné (65) . . . 183 G4
Lomont (70) . . . 88 B3
Lomont-sur-Crête (25) . . . 88 A6
Lompnas (01) . . . 131 E2
Lompnieu (01) . . . 131 F1
Lompret (59) . . . 3 F5
Lonçon (64) . . . 166 A6
la Londe (76) . . . 18 C5
la Londe-les-Maures (83) . . . 193 G5
Londigny (16) . . . 108 D6
Londinières (76) . . . 6 B5
Long (80) . . . 7 E4
Longages (31) . . . 185 E2
Longaulnay (35) . . . 56 D1
Longavesnes (80) . . . 8 D5
Longchamp (21) . . . 102 B1
Longchamp (52) . . . 68 B4
Longchamp (88) . . . 70 A3
Longchamp-
   -sous-Châtenois (88) . . . 69 E3
Longchamp-sur-Aujon (10) . . . 67 F4
Longchamps (27) . . . 19 F5
Longchamps-sur-Aire (55) . . . 47 F3
Longchaumois (39) . . . 118 A2
Longcochon (39) . . . 103 G5
Longeau-Percey (52) . . . 86 B2
Longeault (21) . . . 102 B1
Longeaux (55) . . . 47 F5
Longechaux (25) . . . 104 A1
Longechenal (38) . . . 130 D6
Longecourt-en-Plaine (21) . . . 102 A1
Longecourt-lès-Culêtre (21) . . . 101 E2
Longemaison (25) . . . 104 B2
Longepierre (71) . . . 102 B4
le Longeron (49) . . . 92 B3
Longes (69) . . . 129 H5
Longessaigne (69) . . . 129 F3
Longevelle (70) . . . 88 A3
Longevelle-lès-Russey (25) . . . 104 C1
Longevelle-sur-Doubs (25) . . . 88 B4
Longèves (17) . . . 106 D4
Longèves (85) . . . 107 F3
Longeville (25) . . . 103 H3
la Longeville (25) . . . 104 B3
Longeville-en-Barrois (55) . . . 47 E5
Longeville-lès-Metz (57) . . . 26 B5
Longeville-
   -lès-Saint-Avold (57) . . . 49 F1
Longeville-sur-la-Laines (52) . . . 67 E2
Longeville-sur-Mer (85) . . . 106 A2
Longeville-sur-Mogne (10) . . . 66 B4
Longevilles-Mont-d'Or (25) . . . 104 A5
Longfossé (62) . . . 1 G5
la Longine (70) . . . 70 B6
Longjumeau (91) . . . 42 C5
Longlaville (54) . . . 25 H3
Longmesnil (76) . . . 19 F3
Longnes (72) . . . 59 H5

Longnes (78) 41 G3
Longny-au-Perche (61) . . 61 F1
Longperrier (77) 43 F2
Longpont (02) 21 H6
Longpont-sur-Orge (91) . 42 C6
Longpré-le-Sec (10) 66 D4
Longpré-
-les-Corps-Saints (80) . . . 7 E5
Longraye (14) 13 H6
Longré (16) 108 C6
Longroy (76) 6 B5
Longsols (10) 66 C2
Longué-Jumelles (49) . . . 77 G5
Longueau (80) 7 G6
Longuefuye (53) 76 D1
Longueil (76) 17 F2
Longueil-Annel (60) 21 F4
Longueil-Sainte-Marie (60) . 21 E5
Longuenesse (62) 2 B4
Longuenoë (61) 59 H1
Longuerue (76) 17 H5
Longues-sur-Mer (14) . . . 13 H5
Longuesse (95) 42 A2
Longueval (80) 8 B5
Longueval-Barbonval (02) . 22 C5
Longueville (14) 13 G5
Longueville (47) 150 C3
Longueville (50) 35 G2
la Longueville (59) 9 H2
Longueville (62) 1 G4
Longueville (77) 64 D1
Longueville-sur-Aube (10) . 66 A4
Longueville-sur-Scie (76) . 18 D1
Longuevillette (80) 7 G4
Longuyon (54) 25 G4
Longvic (21) 85 H6
Longvillers (14) 14 A6
Longvillers (62) 1 F6
Longvilliers (78) 42 B6
Longwé (08) 24 B5
Longwy (54) 25 H3
Longwy-sur-le-Doubs (39) . 102 C3
Lonlay-l'Abbaye (61) . . . 38 A5
Lonlay-le-Tesson (61) . . . 38 C5
Lonnes (16) 122 C1
Lonny (08) 24 A1
Lonrai (61) 60 A1
Lons (64) 182 B2
Lons-le-Saunier (39) . . . 102 D6
Lonzac (17) 121 G4
le Lonzac (19) 125 E6
Looberghe (59) 2 B2
Loon-Plage (59) 2 A2
Loos (59) 3 F5
Loos-en-Gohelle (62) 8 B1
Looze (89) 65 F6
Lopérec (29) 31 G6
Loperhet (29) 31 F5
Lopigna (2A) 204 C4
Loqueffret (29) 31 H5
Lor (02) 23 E3
Loray (25) 104 B1
Lorcières (15) 141 G5
Lorcy (45) 63 H5
Lordat (09) 199 F1
Loré (61) 59 E1
Lorentzen (67) 50 A2
Loreto-di-Casinca (2B) . . 203 G6
Loreto-di-Tallano (2A) . . 207 E2
Lorette (42) 129 G5
le Loreur (50) 35 H2
Loreux (41) 80 D5
le Lorey (50) 37 E1
Lorey (54) 69 G1
Lorges (41) 80 B2
Lorgies (83) 177 G6
Lorgues (83) 3 E5
Lorient (56) 54 C5
Loriges (03) 113 H4
Lorignac (17) 121 E5
Lorigné (79) 108 C5
Loriol-du-Comtat (84) . . . 175 F1
Loriol-sur-Drôme (26) . . . 144 A6
Lorlanges (43) 141 G1
Lorleau (27) 19 F4
Lormaison (60) 20 B6
Lormaye (28) 41 G6
Lormes (58) 100 A1
Lormont (33) 135 F5
Lornay (74) 131 H1
Loromontzey (54) 69 H1
le Loroux (35) 58 B2
le Loroux-Bottereau (44) . 75 E5
Lorp-Sentaraille (09) . . . 184 D5
Lorquin (57) 49 H5
Lorrez-
-le-Bocage-Préaux (77) . . 64 B4
Lorris (45) 81 H1
Lorry-lès-Metz (57) 26 B5
Lorry-Mardigny (57) 48 C2
Lortet (65) 183 G4
Loscouët-sur-Meu (22) . . 56 B2
Losne (21) 102 B2
Losse (40) 150 A6
Lostanges (19) 139 E4
Lostroff (57) 49 G3
Lothey (29) 53 G1
Lottinghen (62) 1 G4
le Lou-du-Lac (35) 56 D2
Louailles (72) 77 F2
Louan-Villegruis-
-Fontaine (77) 44 C6
Louannec (22) 32 C1
Louans (37) 95 E1
Louargat (22) 32 D4
Louâtre (02) 21 H6
Loubajac (65) 182 D3
Loubaresse (07) 157 E2
Loubaresse (15) 141 F5
Loubaut (09) 185 E3
Loubédat (32) 166 D4

Loubejac (24) 152 A2
Loubono (00) 185 G5
Loubens (33) 150 B1
Loubens-Lauragais (31) . 169 H6
Loubers (81) 170 A1
Loubersan (32) 167 G6
Loubès-Bernac (47) 136 C6
Loubeyrat (63) 127 E1
Loubieng (64) 165 G6
la Loubière (12) 154 C4
Loubières (09) 185 H5
Loubigné (79) 108 B6
Loubillé (79) 108 B6
Loubressac (46) 139 E5
Loucelles (14) 14 A4
Louchats (33) 149 F2
Louches (62) 1 H3
Louchy-Montfand (03) . . 113 H4
Loucrup (65) 183 E4
Loudéac (22) 55 G2
Loudenvielle (65) 197 E1
Loudervielle (65) 197 E1
Loudes (43) 142 B3
Loudet (31) 184 A3
Loudrefing (57) 49 G3
Loudun (86) 94 A3
Loué (72) 59 G5
Louer (40) 165 F3
Louerre (49) 77 F6
Louesme (21) 85 F1
Louestault (37) 78 D3
Loueuse (60) 19 H3
Louey (65) 183 E3
Lougé-sur-Maire (61) . . . 38 D5
Lougres (25) 88 B4
Louhans (71) 116 D1
Louhossoa (64) 180 D1
Louignac (19) 138 B2
Louin (79) 93 G5
Louisfert (44) 75 E1
Louit (65) 183 F2
Loulans-Verchamp (70) . . 87 G5
Loulay (17) 107 G6
Loulle (39) 103 F6
la Loupe (28) 61 G1
Loupeigne (02) 22 B6
Loupershouse (57) 49 H1
Loupes (33) 135 F5
Loupfougères (53) 59 F2
Loupia (11) 186 C4
Loupiac (15) 149 H1
Loupiac (33) 135 H5
Loupiac (46) 138 C6
Loupiac (81) 169 H3
Loupiac-de-la-Réole (33) . 150 A2
Loupian (34) 189 E1
Louplande (72) 59 H6
Loupmont (55) 47 H3
Louppy-le-Château (55) . . 46 D4
Louppy-sur-Loison (55) . . 25 E4
la Louptière-Thénard (10) . 65 F2
Lourches (59) 9 E2
Lourde (31) 184 A5
Lourdes (65) 182 D4
Lourdios-Ichère (64) . . . 181 H4
Lourdoueix-
-Saint-Michel (36) 111 F3
Lourdoueix-
-Saint-Pierre (23) 111 F3
Lourenties (64) 182 D2
Loures-Barousse (65) . . . 184 A5
Louresse-Rochemenier (49) . 93 F1
Lourmais (35) 35 F5
Lourmarin (84) 175 H4
Lournand (71) 116 A2
Lourouer-
-Saint-Laurent (36) 111 H4
le Louroux (37) 95 E2
le Louroux-Béconnais (49) . 75 H2
Louroux-Bourbonnais (03) . 113 E2
Louroux-de-Beaune (03) . 113 E4
Louroux-de-Bouble (03) . 113 F5
Louroux-Hodement (03) . 112 D2
Lourquen (40) 165 G4
Lourties-Monbrun (32) . . 183 H1
Loury (45) 63 E6
Louslitges (32) 167 E5
Loussous-Débat (32) . . . 167 E5
Loutehel (35) 56 C4
Loutzviller (57) 28 B5
Louvagny (14) 39 E3
Louvaines (49) 76 C2
Louvatange (39) 103 E1
Louveciennes (78) 42 B4
Louvemont (52) 67 G1
Louvemont-
-Côte-du-Poivre (55) . . . 25 F6
Louvencourt (80) 7 H4
Louvenne (39) 117 F3
Louvergny (08) 24 B3
Louverné (53) 58 D4
le Louverot (39) 102 D5
Louversey (27) 40 C2
Louvetot (76) 17 E5
Louvie-Juzon (64) 182 B4
Louvie-Soubiron (64) . . . 182 B5
la Louvière-Lauragais (11) . 186 A3
Louvières (14) 13 G4
Louvières (52) 68 A5
Louvières-en-Auge (61) . . 39 E3
Louviers (27) 18 D6
Louvigné (53) 58 D5
Louvigné-de-Bais (35) . . . 57 H3
Louvigné-du-Désert (35) . 58 A1
Louvignies-Quesnoy (59) . 9 G3
Louvigny (14) 14 B5
Louvigny (57) 48 C2
Louvigny (64) 166 A6
Louvigny (72) 60 B2
Louvil (59) 3 G6

Louville-la-Chenard (28) . . . 62 C3
Louvilliers-en-Drouais (28) . 41 E5
Louvilliers-lès-Perche (28) . 40 D5
Louvois (51) 45 F2
Louvrechy (80) 20 C2
Louvres (95) 43 E2
Louvroil (59) 10 A2
Louzac-Saint-André (16) . 121 G3
Louze (52) 67 F2
Louzes (72) 60 B2
Louzignac (17) 121 H2
Louzouer (45) 64 B5
Louzy (79) 93 G3
Lovagny (74) 132 A1
Loyat (56) 56 A3
la Loye (39) 102 D3
Loye-sur-Arnon (18) . . . 112 B1
la Loyère (71) 101 G5
Loyettes (01) 130 C3
Lozanne (69) 129 H2
Lozay (17) 107 G6
Loze (82) 153 F5
Lozinghem (62) 2 C6
Lozon (50) 13 E6
Lozzi (2B) 204 D2
Luant (36) 96 B6
le Luart (72) 60 D5
Lubbon (40) 150 A6
Lubécourt (57) 49 E3
Lubersac (19) 124 C6
Lubey (54) 25 H6
Lubilhac (43) 141 G2
Lubine (88) 71 E2
le Luc (83) 193 H2
Luc-Armau (64) 182 D1
Luc-en-Diois (26) 159 F2
Luc-sur-Aude (11) 186 D5
Luc-sur-Mer (14) 14 C3
Luc-sur-Orbieu (11) 187 H3
Lucarré (64) 182 D1
Luçay-le-Libre (36) 96 D3
Luçay-le-Mâle (36) 96 B2
Lucbardez-et-Bargues (40) . 166 B2
Lucciana (2B) 203 G5
Lucé (28) 62 B2
Lucé (61) 38 B6
Lucé-sous-Ballon (72) . . . 60 B4
Luceau (72) 78 C2
Lucelle (68) 89 F5
Lucenay (69) 129 H2
Lucenay-le-Duc (21) 85 E3
Lucenay-lès-Aix (58) 99 F6
Lucenay-l'Évêque (71) . . 100 C3
la Lucerne-d'Outremer (50) . 35 H2
Lucey (21) 85 G1
Lucey (54) 48 A5
Lucey (73) 131 G3
Lucgarier (64) 182 C3
Luchapt (86) 109 H5
Luchat (17) 120 D3
Luché-Pringé (72) 78 A2
Luché-sur-Brioux (79) . . 108 B5
Luché-Thouarsais (79) . . . 93 F4
Lucheux (80) 7 H3
Luchy (60) 20 B3
Lucinges (74) 118 D4
Lucmau (33) 149 G4
Luçon (85) 106 C2
Lucq-de-Béarn (64) 181 H2
Lucquy (08) 23 H3
les Lucs-sur-Boulogne (85) . 91 G3
Lucy (57) 49 E3
Lucy (76) 19 F1
Lucy-le-Bocage (02) 44 B2
Lucy-le-Bois (89) 84 A4
Lucy-sur-Cure (89) 83 H3
Lucy-sur-Yonne (89) 83 G4
le Lude (72) 78 A3
Ludes (51) 45 F1
Ludesse (63) 127 F4
Ludiès (09) 185 H4
Ludon-Médoc (33) 135 C4
Ludres (54) 48 C5
Lüe (40) 148 C5
Lué-en-Baugeois (49) . . . 77 F4
Luemschwiller (68) 89 F2
Lugagnac (46) 153 E4
Lugaignac (33) 135 H5
Lugan (12) 154 A3
Lugan (81) 169 H4
Lugarde (15) 140 C2
Lugasson (33) 135 H6
Luglon (40) 149 E6
Lugny (02) 22 D1
Lugny (71) 116 B2
Lugny-Bourbonnais (18) . . 98 B4
Lugny-Champagne (18) . . 98 B2
Lugny-lès-Charolles (71) . . 115 F3
Lugo-di-Nazza (2B) 205 F4
Lugon-
-et-l'Île-du-Carnay (33) . . 135 G4
Lugos (33) 148 D3
Lugrin (74) 119 F2
Lugy (62) 2 A6
le Luhier (25) 104 C1
Luigné (49) 77 E6
Luigny (28) 61 G3
Luisant (28) 62 B2
Luisetaines (77) 64 D2
Luitré (35) 58 A3
Lullin (74) 119 E4
Lully (74) 118 D4

Lumbin (38) 145 H1
Lumbres (62) 2 A4
Lumeau (28) 62 C5
Lumes (08) 24 B1
Lumigny-
-Nesles-Ormeaux (77) . . . 43 G5
Lumio (2B) 202 C5
Lunac (12) 153 H5
Lunan (46) 153 G2
Lunas (24) 136 D5
Lunas (34) 172 B4
Lunax (31) 184 B2
Lunay (41) 79 F2
Luneau (03) 114 D3
Lunegarde (46) 153 E1
Lunel (34) 173 H5
Lunel-Viel (34) 173 H5
Luneray (76) 17 F2
Lunery (18) 97 G4
Lunéville (54) 49 E6
le Luot (50) 35 H3
Lupcourt (54) 48 D6
Lupé (42) 143 H1
Lupersat (23) 126 A1
Lupiac (32) 167 E4
Luppé-Violles (32) 166 C4
Luppy (57) 48 D2
Lupsault (16) 122 A1
Lupstein (67) 50 C4
Luquet (65) 182 D2
Lurais (36) 95 F6
Luray (28) 41 F5
Lurbe-Saint-Christau (64) . 182 A3
Lurcy (01) 116 B6
Lurcy-le-Bourg (58) 99 F2
Lurcy-Lévis (03) 98 C6
Luré (42) 128 C2
Lure (70) 88 A2
Lureuil (36) 95 G5
Luri (2B) 203 F2
Luriecq (42) 128 D6
Lurs (04) 176 D2
Lury-sur-Arnon (18) 97 E2
Lus-la-Croix-Haute (26) . . 159 H1
Lusanger (44) 74 D1
Luscan (31) 184 A5
Lusignac (24) 136 C1
Lusignan (86) 108 D2
Lusignan-Petit (47) 151 E5
Lusigny (03) 114 A1
Lusigny-sur-Barse (10) . . . 66 C3
Lusigny-sur-Ouche (21) . . 101 F2
Lussac (16) 122 D2
Lussac (17) 121 F5
Lussac (33) 136 A4
Lussac-les-Châteaux (86) . 109 G3
Lussac-les-Églises (87) . . 110 B3
Lussagnet (40) 166 C3
Lussagnet-Lusson (64) . . 182 D1
Lussan (30) 157 G5
Lussan (32) 168 A5
Lussan-Adeilhac (31) . . . 184 C2
Lussant (17) 120 D1
Lussas (07) 157 G2
Lussas-
-et-Nontronneau (24) . . . 123 E5
Lussat (23) 112 B5
Lussat (63) 127 F2
Lussault-sur-Loire (37) . . . 79 F5
Lusse (88) 70 D2
Lusseray (79) 108 B5
Lustar (65) 183 G2
Luthenay-Uxeloup (58) . . . 99 E5
Lutilhous (65) 183 G4
Luttange (57) 26 C4
Luttenbach-
-près-Munster (68) 71 E5
Lutter (68) 89 G4
Lutterbach (68) 89 F2
Lutz-en-Dunois (28) 62 A5
Lutzelbourg (57) 50 B4
Lutzelhouse (67) 50 B6
Luvigny (88) 50 A6
Lux (21) 86 A4
Lux (31) 186 A1
Lux (71) 101 G5
Luxé (16) 122 B2
Luxe-Sumberraute (64) . . 181 E1
Luxémont-et-Villotte (51) . 46 B5
Luxeuil-les-Bains (70) . . . 87 H1
Luxey (40) 149 F5
Luxiol (25) 87 H5
Luyères (10) 66 B2
Luynes (37) 78 C5
Luz-Saint-Sauveur (65) . . 183 E6
Luzancy (77) 44 A3
Luzarches (95) 42 D1
Luzay (79) 93 G4
Luzé (37) 94 C3
Luze (70) 88 C3
Luzech (46) 152 B3
Luzenac (09) 199 F1
Luzeret (36) 110 D2
la Luzerne (50) 13 F6
Luzillat (63) 127 G1
Luzillé (37) 95 G1
Luzinay (38) 130 B4
Luzoir (02) 10 A6
Luzy (58) 100 B5
Luzy-Saint-Martin (55) . . . 24 D3
Luzy-sur-Marne (52) 68 A5
Ly-Fontaine (02) 22 A2
Lyas (07) 157 H1
Lyaud (74) 119 E3
Lye (36) 96 B1
Lynde (59) 2 C4
Lyoffans (70) 88 B3
Lyon (69) 130 A3
Lyons-la-Forêt (27) 19 F4
Lys (58) 83 G6

Lys (64) 182 B3
Lys-lez-Lannoy (59) 3 G5
Lys-Saint-Georges (36) . . 111 G1

M

Maast-et-Violaine (02) . . . 22 B6
Maâtz (52) 86 B3
Mably (42) 115 E6
Macau (33) 135 E4
Macaye (64) 180 D1
Macé (61) 39 F5
Macey (10) 65 H3
Macey (50) 35 G4
Machault (08) 23 H5
Machault (77) 64 B2
Maché (85) 91 E3
Machecoul (44) 91 E1
Mâchecourt (02) 22 D2
Machemont (60) 21 F4
Macheren (57) 49 G1
Machézal (42) 129 E2
Machiel (80) 6 D2
Machilly (74) 118 D4
la Machine (58) 99 F4
Machy (10) 66 B4
Machy (80) 6 D2
Mackenheim (67) 71 G3
Mackwiller (67) 50 B2
Maclas (42) 143 H1
Macogny (02) 44 A1
Mâcon (71) 116 B4
Maconcourt (88) 69 E2
Maconge (21) 101 E1
Macornay (39) 102 D6
Mâcot-la-Plagne (73) . . . 133 E4
Macqueville (17) 121 H2
Macquigny (02) 9 F6
Madaillan (47) 151 E5
Madecourt (88) 69 F3
Madegney (88) 69 G3
la Madelaine-
-sous-Montreuil (62) 1 F6
la Madeleine (59) 3 F5
la Madeleine-Bouvet (61) . 61 F1
la Madeleine-
-de-Nonancourt (27) 41 E4
la Madeleine-sur-Loing (77) . 64 A4
la Madeleine-Villefrouin (41) . 80 A2
Madic (15) 140 B1
Madière (09) 185 G4
Madirac (33) 135 F6
Madiran (65) 166 D5
Madonne-et-Lamerey (88) . 69 G3
Madranges (19) 125 E6
Madré (53) 59 F1
Madriat (63) 127 F6
Maël-Carhaix (22) 32 C6
Maël-Pestivien (22) 32 D5
Maennolsheim (67) 50 C4
Maffliers (95) 42 D2
Maffrécourt (51) 46 C1
Magalas (34) 188 C1
la Magdeleine-
-sur-Tarn (31) 169 F3
la Magdeleine (16) 108 C6
le Mage (61) 61 E1
Magenta (51) 45 F2
les Mages (30) 157 E5
Magescq (40) 164 D3
Magland (74) 119 F6
Magnac-Bourg (87) 124 C4
Magnac-Laval (87) 110 B5
Magnac-
-Lavalette-Villars (16) . . . 122 C5
Magnac-sur-Touvre (16) . 122 C4
Magnan (32) 166 C3
Magnant (10) 66 D4
Magnanville (78) 41 G3
Magnas (32) 168 A3
Magnat-l'Étrange (23) . . 125 H3
Magné (79) 107 G3
Magné (86) 109 E3
Magnet (03) 114 B5
Magneux (51) 22 C5
Magneux (52) 67 G1
Magneux-Haute-Rive (42) . 129 E4
Magneville (50) 12 C3
Magnicourt (10) 66 D2
Magnicourt-en-Comte (62) . 7 H1
Magnicourt-sur-Canche (62) . 7 G2
Magnien (21) 101 E2
Magnières (54) 70 A1
Magnieu (01) 131 G3
les Magnils-Reigniers (85) . 91 H6
Magnivray (70) 88 A2
Magnoncourt (70) 69 G6
le Magnoray (70) 87 F4
Magny (28) 61 H3
le Magny (36) 111 G1
le Magny (68) 89 E3
les Magny (70) 88 A4
le Magny (88) 69 G6
le Magny (89) 84 A5
Magny-Châtelard (25) . . 103 H1
Magny-Cours (58) 98 D4
Magny-Danigon (70) 88 B2
Magny-en-Bessin (14) . . . 14 A3
Magny-en-Vexin (95) 41 H1
Magny-Fouchard (10) . . . 67 E3
Magny-Jobert (70) 88 B3
Magny-la-Campagne (14) . 39 E2
Magny-la-Fosse (02) 9 E5
Magny-la-Ville (21) 84 D5
Magny-Lambert (21) 85 E3
Magny-le-Désert (61) . . . 38 C6
Magny-le-Freule (14) 39 E1
Magny-le-Hongre (77) . . . 43 F4

Magny-lès-Aubigny (21) . 102 A2
Magny-les-Hameaux (78) . 42 B5
Magny-lès-Jussey (70) . . . 87 F1
Magny-lès-Villers (21) . . 101 G2
Magny-Lormes (58) 83 H6
Magny-Montarlot (21) . . 102 B1
Magny-Saint-Médard (21) . 86 A5
Magny-sur-Tille (21) . . . 102 A1
Magny-Vernois (70) 88 A3
Magoar (22) 33 E5
Magrie (11) 186 D5
Magrin (81) 170 A5
Magstatt-le-Bas (68) 89 G3
Magstatt-le-Haut (68) . . . 89 G3
Mahalon (29) 52 D2
Mahéru (61) 39 H5
Maîche (25) 88 C6
Maidières (54) 48 B3
Maignaut-Tauzia (32) . . 167 G2
Maigné (72) 59 H6
Maignelay-Montigny (60) . 20 D3
Mailhac (11) 187 H2
Mailhac-sur-Benaize (87) . 110 C4
Mailhoc (81) 170 B2
Mailholas (31) 185 E3
Maillane (13) 174 D3
Maillas (40) 149 H5
Maillat (01) 117 G5
Maillé (37) 94 D3
Maillé (85) 107 F3
Maillé (86) 94 A5
la Mailleraye-sur-Seine (76) . 17 E6
Maillères (40) 166 A1
Mailleroncourt-Charette (70) . 87 G2
Mailleroncourt-
-Saint-Pancras (70) 69 G6
Maillet (03) 112 D2
Maillet (36) 111 F1
Mailley-et-Chazelot (70) . . 87 F4
Maillezais (85) 107 F3
Maillot (89) 65 E4
Mailly (71) 115 E5
Mailly-Champagne (51) . . 45 F1
Mailly-la-Ville (89) 83 G4
Mailly-le-Camp (10) 45 G5
Mailly-le-Château (89) . . 83 G4
Mailly-Maillet (80) 8 A4
Mailly-Raineval (80) 20 D1
Mailly-sur-Seille (54) . . . 48 D3
les Maillys (21) 102 B2
Maimbeville (60) 20 D4
Maincy (77) 64 A1
Maine-de-Boixe (16) . . . 122 C2
Mainfonds (16) 122 B5
Maing (59) 9 F2
Mainneville (27) 19 G5
Mainsat (23) 112 B6
Maintenay (62) 6 D2
Maintenon (28) 41 G6
Mainvillers (57) 27 E6
Mainvilliers (28) 62 B2
Mainvilliers (45) 63 F3
Mainxe (16) 121 H4
Mainzac (16) 123 E4
Mairé (86) 95 E4
Mairé-Levescault (79) . . 108 C5
Mairieux (59) 10 A2
Mairy (08) 24 C2
Mairy-Mainville (54) 25 H5
Mairy-sur-Marne (51) . . . 45 H3
Maisdon-sur-Sèvre (44) . . 75 E6
Maisey-le-Duc (21) 85 E1
Maisnières (80) 6 C5
le Maisnil (59) 3 E5
Maisnil (62) 7 G2
Maisnil-lès-Ruitz (62) 8 A1
Maisod (39) 117 G2
Maison-des-Champs (10) . 67 E3
la Maison-Dieu (58) 83 G5
Maison-Feyne (23) 111 F3
Maison-Maugis (61) 61 E1
Maison-Ponthieu (80) 7 F3
Maison-Roland (80) 7 E4
Maison-Rouge (77) 64 D1
Maisoncelle (62) 7 F1
Maisoncelle-et-Villers (08) . 24 C3
Maisoncelle-
-Saint-Pierre (60) 20 B4
Maisoncelle-Tuilerie (60) . 20 B3
Maisoncelles (52) 68 C4
Maisoncelles (72) 60 D6
Maisoncelles-du-Maine (53) . 58 D6
Maisoncelles-en-Brie (77) . 43 H4
Maisoncelles-
-en-Gâtinais (77) 64 A4
Maisoncelles-
-la-Jourdan (14) 37 H4
Maisoncelles-Pelvey (14) . 38 A1
Maisoncelles-sur-Ajon (14) . 14 A6
Maisonnais (18) 112 A1
Maisonnais-
-sur-Tardoire (87) 123 F3
Maisonnay (79) 108 B5
Maisonneuve (86) 93 H5
Maisonnisses (23) 111 G6
Maisons (11) 187 G6
Maisons (14) 13 H5
Maisons (28) 62 D2
Maisons-Alfort (94) 42 D4
Maisons-du-Bois-
-Lièvremont (25) 104 A3
Maisons-
-en-Champagne (51) 46 A5
Maisons-Laffitte (78) . . . 42 C3
Maisons-lès-Chaource (10) . 66 B6
Maisons-lès-Soulaines (10) . 67 F3
Maisonsgoutte (67) 71 E2
Maisontiers (79) 93 F5
Maisse (91) 63 G2
Maissemy (02) 8 D6

Maixe (54) . . . 49 E5	Manaurie (24) . . . 137 H4	Marbache (54) . . . 48 C4	Mareil-Marly (78) . . . 42 B3	Marliac (31) . . . 185 G3	Marseilles-lès-Aubigny (18) . . . 98 C5
Maizeray (55) . . . 47 H1	Mance (54) . . . 26 A4	Marbaix (59) . . . 9 H4	Mareil-sur-Loir (72) . . . 77 H2	Marliens (21) . . . 102 A1	Marseillette (11) . . . 187 F3
Maizeroy (57) . . . 49 E1	la Mancelière (28) . . . 40 C5	Marbeuf (27) . . . 40 C1	Mareil-sur-Mauldre (78) . . . 42 A3	Marlieux (01) . . . 116 D6	Marsillargues (34) . . . 173 H5
Maizery (57) . . . 26 C5	la Mancellière-sur-Vire (50) . . . 37 G1	Marbéville (52) . . . 67 G3	Mareilles (52) . . . 68 A4	Marlioz (74) . . . 118 B6	Marsilly (17) . . . 106 C4
Maizet (14) . . . 14 B5	Mancenans (25) . . . 88 A4	Marboué (28) . . . 62 A5	Marenla (62) . . . 6 D1	Marly (57) . . . 26 B6	Marsilly (57) . . . 26 C5
Maizicourt (80) . . . 7 F3	Mancenans-Lizerne (25) . . . 88 C6	Marboz (01) . . . 117 E3	Marennes (17) . . . 120 B2	Marly (59) . . . 9 F2	Marsolan (32) . . . 167 H2
Maizières (14) . . . 14 D6	Mancey (71) . . . 116 B1	Marby (08) . . . 10 D6	Marennes (69) . . . 130 B4	Marly-Gomont (02) . . . 9 H6	Marson (51) . . . 46 A3
Maizières (52) . . . 67 H1	Manchecourt (45) . . . 63 G4	Marc-la-Tour (19) . . . 139 E2	Maresché (72) . . . 60 A4	Marly-la-Ville (95) . . . 43 E2	Marson-sur-Barboure (55) . . . 47 G5
Maizières (54) . . . 48 C6	Manciet (32) . . . 166 D3	Marçais (18) . . . 97 G6	Maresches (59) . . . 9 F2	Marly-le-Roi (78) . . . 42 B4	Marsonnas (01) . . . 116 D3
Maizières (62) . . . 7 H2	Mancieulles (54) . . . 26 A4	Marçay (37) . . . 94 B2	Maresquel-	Marly-sous-Issy (71) . . . 100 A6	Marsoulas (31) . . . 184 D4
Maizières (70) . . . 87 F4	Mancioux (31) . . . 184 C3	Marçay (86) . . . 108 D2	-Ecquemicourt (62) . . . 7 E1	Marly-sur-Arroux (71) . . . 115 E1	Marssac-sur-Tarn (81) . . . 170 B2
Maizières-	Mancy (51) . . . 45 E3	Marcé (49) . . . 77 F3	Marest (62) . . . 7 G1	Marmagne (18) . . . 97 G2	Martagny (27) . . . 19 G5
-la-Grande-Paroisse (10) . . . 65 H1	Mandagout (30) . . . 173 E2	Marcé-sur-Esves (37) . . . 94 D3	Marest-Dampcourt (02) . . . 21 H3	Marmagne (21) . . . 84 D3	Martailly-lès-Brancion (71) . . . 116 B2
Maizières-lès-Brienne (10) . . . 67 E4	Mandailles-	Marcei (61) . . . 39 F5	Marest-sur-Matz (60) . . . 21 F4	Marmagne (71) . . . 100 D5	Martainneville (80) . . . 6 C5
Maizières-lès-Metz (57) . . . 26 B4	-Saint-Julien (15) . . . 140 C4	Marcelcave (80) . . . 8 A6	Marestaing (32) . . . 168 C5	Marmande (47) . . . 150 C3	Martainville (14) . . . 38 C2
Maizières-lès-Vic (57) . . . 49 G4	Mandelieu-la-Napoule (06) . . . 178 C5	Marcellaz (74) . . . 118 D5	Marestmontiers (80) . . . 20 D2	Marmanhac (15) . . . 140 B4	Martainville (27) . . . 15 G3
Maizilly (42) . . . 115 F5	Manderen (57) . . . 26 D2	Marcellaz-Albanais (74) . . . 132 A2	Maresville (62) . . . 1 F6	Marmeaux (89) . . . 84 B4	Martainville-Épreville (76) . . . 17 H6
Maizy (02) . . . 22 C5	Mandeure (25) . . . 88 C4	Marcellois (21) . . . 85 E6	les Marêts (77) . . . 44 B5	Marminiac (46) . . . 152 B1	Martaizé (86) . . . 94 A4
Majastres (04) . . . 177 F2	Mandeville (27) . . . 18 C6	Marcellus (47) . . . 150 B3	Maretz (59) . . . 9 F4	Marmont-Pachas (47) . . . 167 H1	Martel (46) . . . 138 D5
Malabat (32) . . . 183 F1	Mandeville-en-Bessin (14) . . . 13 G5	Marcenais (33) . . . 135 G3	Mareugheol (63) . . . 127 F6	Marmouillé (61) . . . 39 F5	Marthemont (54) . . . 48 C6
la Malachère (70) . . . 87 F5	Mandray (88) . . . 70 D3	Marcenat (03) . . . 114 A5	Mareuil (16) . . . 122 A3	Marmoutier (67) . . . 50 C5	Marthille (57) . . . 49 F3
Malafretaz (01) . . . 116 D4	Mandres (27) . . . 40 C5	Marcenat (15) . . . 140 D1	Mareuil (24) . . . 122 D6	Marnac (24) . . . 137 H6	Marthod (73) . . . 132 C3
Mâlain (21) . . . 85 F6	Mandres-	Marcenay (21) . . . 84 D1	Mareuil-Caubert (80) . . . 6 D4	Marnand (69) . . . 115 G6	Marthon (16) . . . 122 D4
Malaincourt (88) . . . 68 D3	-aux-Quatre-Tours (54) . . . 48 A4	Marcenod (42) . . . 129 G5	Mareuil-en-Brie (51) . . . 44 D3	Marnans (38) . . . 144 D1	Martiel (12) . . . 153 F4
Malaincourt-sur-Meuse (52) . . . 68 C4	Mandres-en-Barrois (55) . . . 68 B1	Marcey-les-Grèves (50) . . . 35 H3	Mareuil-en-Dôle (02) . . . 22 B6	Marnaves (81) . . . 170 A1	Martigna (39) . . . 117 G3
Malakoff (92) . . . 42 C4	Mandres-la-Côte (52) . . . 68 B5	Marchainville (61) . . . 40 B6	Mareuil-la-Motte (60) . . . 21 F3	Marnay (70) . . . 87 E6	Martignargues (30) . . . 173 H1
Malancourt (55) . . . 24 D6	Mandres-les-Roses (94) . . . 43 E5	Marchais (02) . . . 22 D3	Mareuil-le-Port (51) . . . 44 D2	Marnay (71) . . . 101 H6	Martignas-sur-Jalle (33) . . . 134 D5
Malandry (08) . . . 24 D3	Mandres-sur-Vair (88) . . . 69 E3	Marchais-Beton (89) . . . 82 C2	Mareuil-lès-Meaux (77) . . . 43 G3	Marnay (86) . . . 109 E3	Martignat (01) . . . 117 G4
Malange (39) . . . 102 D1	Mandrevillars (70) . . . 88 C3	Marchais-en-Brie (02) . . . 44 C4	Mareuil-sur-Arnon (18) . . . 97 F4	Marnay-sur-Marne (52) . . . 68 A5	Martigné-Briand (49) . . . 93 F1
Malans (25) . . . 103 G3	Manduel (30) . . . 174 B3	Marchamp (01) . . . 131 F3	Mareuil-sur-Ay (51) . . . 45 F2	Marnay-sur-Seine (10) . . . 65 F1	Martigné-Ferchaud (35) . . . 57 H5
Malans (70) . . . 102 D1	Mane (04) . . . 176 C2	Marchampt (69) . . . 115 H6	Mareuil-sur-Cher (41) . . . 79 H6	Marnaz (74) . . . 119 E6	Martigné-sur-Mayenne (53) . . . 58 D3
Malansac (56) . . . 56 B6	Mane (31) . . . 184 C4	Marchastel (15) . . . 140 C2	Mareuil-sur-Lay-Dissais (85) . . . 91 H5	la Marne (44) . . . 91 E1	Martigny (02) . . . 10 B6
Malarce-sur-la-Thines (07) . . . 157 E3	Manéglise (76) . . . 15 F1	Marchastel (48) . . . 155 F2	Mareuil-sur-Ourcq (60) . . . 43 H1	Marnes (79) . . . 93 H4	Martigny (50) . . . 37 F5
Malataverne (26) . . . 158 A3	Manéhouville (76) . . . 17 G2	Marchaux (25) . . . 87 G6	Marey (88) . . . 69 E5	Marnes-la-Coquette (92) . . . 42 C4	Martigny (76) . . . 17 H2
Malaucène (84) . . . 158 D6	Manent-Montané (32) . . . 184 A2	la Marche (58) . . . 98 D2	Marey-lès-Fussey (21) . . . 101 G2	Marnézia (39) . . . 117 G1	Martigny-Courpierre (02) . . . 22 C4
Malaucourt-sur-Seille (57) . . . 48 D3	Manerbe (14) . . . 15 F5	Marché-Allouarde (80) . . . 21 F2	Marey-sur-Tille (21) . . . 85 H3	Marnhagues-et-Latour (12) . . . 172 A3	Martigny-le-Comte (71) . . . 115 G2
Malaunay (76) . . . 17 G5	Mangiennes (55) . . . 25 F5	Marchélepot (80) . . . 21 F1	Marfaux (51) . . . 45 E1	Marnoz (39) . . . 103 E3	Martigny-les-Bains (88) . . . 69 E4
Malause (82) . . . 168 C1	Manglieu (63) . . . 127 G4	Marchemaisons (61) . . . 60 B1	Marfontaine (02) . . . 22 D1	Maroeuil (62) . . . 8 A2	Martigny-
Malaussanne (64) . . . 166 A5	Mangonville (54) . . . 69 G1	Marchémoret (77) . . . 43 F2	Margaux (33) . . . 135 E3	Marolles (14) . . . 15 G5	-les-Gerbonvaux (88) . . . 68 D3
Malaussène (06) . . . 195 E1	Manhac (12) . . . 154 B5	Marchenoir (41) . . . 80 A2	Margencel (74) . . . 118 D3	Marolles (41) . . . 79 H3	Martigny-sur-l'Ante (14) . . . 38 D3
Malauzat (63) . . . 127 E2	Manheulles (55) . . . 47 H1	Marcheprime (33) . . . 148 D1	Margency (95) . . . 42 C2	Marolles (51) . . . 46 B5	Martigues (13) . . . 191 G5
Malaville (16) . . . 122 A5	Manhoué (57) . . . 48 D4	Marches (26) . . . 144 C4	Margerides (19) . . . 126 A6	Marolles (60) . . . 43 H1	Martillac (33) . . . 135 E6
Malavillers (54) . . . 25 H5	Manicamp (02) . . . 21 H3	les Marches (73) . . . 132 A5	Margerie-Chantagret (42) . . . 128 D5	Marolles-en-Beauce (91) . . . 63 F2	Martin-Église (76) . . . 17 G2
Malay (71) . . . 116 A1	Manigod (74) . . . 132 C2	Marcheseuil (21) . . . 100 D2	Margerie-Hancourt (51) . . . 66 D1	Marolles-en-Brie (77) . . . 44 A4	Martincourt (54) . . . 48 B4
Malay-le-Grand (89) . . . 65 E4	Manin (62) . . . 7 H2	Marchésieux (50) . . . 13 E6	Margès (26) . . . 144 C3	Marolles-en-Brie (94) . . . 43 E5	Martincourt (60) . . . 19 H3
Malay-le-Petit (89) . . . 65 E4	Maninghem (62) . . . 1 G6	Marchéville (28) . . . 61 H2	Margival (02) . . . 22 B4	Marolles-en-Hurepoix (91) . . . 63 G1	Martincourt-sur-Meuse (55) . . . 24 D3
Malbo (15) . . . 140 C4	Maninghen-Henne (62) . . . 1 F4	Marchéville-en-Woëvre (55) . . . 47 H1	le Margnès (81) . . . 171 F5	Marolles-lès-Bailly (10) . . . 66 C4	le Martinet (30) . . . 157 E5
Malbosc (07) . . . 157 E4	Maniquerville (76) . . . 16 C1	Marchezais (28) . . . 41 F4	Margny (08) . . . 25 E2	Marolles-les-Braults (72) . . . 60 B3	Martinet (85) . . . 91 F4
Malbouhans (70) . . . 88 B2	Manlay (21) . . . 100 D2	Marchiennes (59) . . . 9 E1	Margny (51) . . . 44 D3	Marolles-les-Buis (28) . . . 61 F2	Martinpuich (62) . . . 8 B4
Malbouzon (48) . . . 155 G1	Manneville-ès-Plains (76) . . . 17 E2	Marciac (32) . . . 167 E6	Margny-aux-Cerises (60) . . . 21 F2	Marolles-	Martinvast (50) . . . 12 C2
Malbrans (25) . . . 103 G2	Manneville-la-Goupil (76) . . . 15 G1	Marcieu (38) . . . 145 G5	Margny-lès-Compiègne (60) . . . 21 F4	-lès-Saint-Calais (72) . . . 61 G1	Martinvelle (88) . . . 69 F6
Malbuisson (25) . . . 104 A5	Manneville-la-Pipard (14) . . . 15 F4	Marcieux (73) . . . 131 G4	Margny-sur-Matz (60) . . . 21 F3	Marolles-sous-Lignières (10) . . . 66 A6	Martisserre (31) . . . 184 C1
Mâle (61) . . . 61 E3	Manneville-la-Raoult (27) . . . 15 F3	Marcigny (71) . . . 115 E4	Margon (28) . . . 61 E3	Marolles-sur-Seine (77) . . . 64 C2	Martizay (36) . . . 95 G5
Malegoude (09) . . . 186 B4	Manneville-sur-Risle (27) . . . 15 H3	Marcigny-sous-Thil (21) . . . 84 D5	Margon (34) . . . 188 C1	Marollette (72) . . . 60 C2	Martot (27) . . . 18 C5
Malemort-du-Comtat (84) . . . 175 G1	Mannevillette (76) . . . 15 F1	Marcilhac-sur-Célé (46) . . . 153 E2	Margouët-Meymes (32) . . . 167 E4	Marols (42) . . . 128 D6	Martragny (14) . . . 14 A4
Malemort-sur-Corrèze (19) . . . 138 D3	Mano (40) . . . 149 E3	Marcillac (33) . . . 135 F1	Marguerettes (30) . . . 174 B3	Maromme (76) . . . 17 G6	la Martre (83) . . . 178 A3
la Malène (48) . . . 155 H5	le Manoir (14) . . . 14 A3	Marcillac-la-Croisille (19) . . . 139 G2	Margueray (50) . . . 37 F3	Mâron (36) . . . 96 D5	Martres (33) . . . 150 A1
Malesherbes (45) . . . 63 G3	le Manoir (27) . . . 18 D5	Marcillac-la-Croze (19) . . . 139 E4	Marguerittes (30) . . . 174 B3	Maron (54) . . . 48 C5	les Martres-d'Artière (63) . . . 127 G2
Malestroit (56) . . . 56 A5	Manois (52) . . . 68 B3	Marcillac-Lanville (16) . . . 122 B2	Margueron (33) . . . 136 C6	Maroncourt (88) . . . 69 G3	les Martres-de-Rivière (31) . . . 184 A4
Malétable (61) . . . 40 B6	Manom (57) . . . 26 B3	Marcillac-	Marguestau (32) . . . 166 D2	Marpaps (40) . . . 165 G5	les Martres-de-Veyre (63) . . . 127 F4
Maleville (12) . . . 153 H4	Manoncourt-	-Saint-Quentin (24) . . . 138 A5	Margut (08) . . . 25 E3	Marpent (59) . . . 10 B2	Martres-sur-Morge (63) . . . 127 F1
Malguénac (56) . . . 55 E2	-en-Vermois (54) . . . 48 D6	Marcillac-Vallon (12) . . . 154 B3	Mariac (07) . . . 143 F5	Marpiré (35) . . . 57 H2	Martres-Tolosane (31) . . . 184 D3
la Malhoure (22) . . . 34 A5	Manoncourt-en-Woëvre (54) . . . 48 B4	Marcillat (63) . . . 113 F6	Maricourt (80) . . . 8 B5	Marquaix (80) . . . 8 D5	Martrin (12) . . . 171 F2
Malicornay (36) . . . 111 E1	Manonville (54) . . . 48 B4	Marcillat-	Marie (06) . . . 178 D1	Marquay (24) . . . 138 A5	Martrois (21) . . . 85 E6
Malicorne (03) . . . 113 E4	Manonviller (54) . . . 49 F6	-en-Combraille (03) . . . 112 D5	Marieulles (57) . . . 26 B6	Marquay (62) . . . 7 H1	la Martyre (29) . . . 31 F4
Malicorne (89) . . . 82 D2	Manosque (04) . . . 176 C3	Marcillé-la-Ville (53) . . . 59 E3	Marieux (80) . . . 7 H4	Marquefave (31) . . . 185 E2	les Martys (11) . . . 186 D1
Malicorne-sur-Sarthe (72) . . . 77 G1	Manot (16) . . . 123 F1	Marcillé-Raoul (35) . . . 35 H4	Marigna-sur-Valouse (39) . . . 117 F2	Marquéglise (60) . . . 21 E4	Maruéjols-lès-Gardon (30) . . . 173 H2
Maligny (21) . . . 101 E2	Manou (28) . . . 61 F1	Marcillé-Robert (35) . . . 57 G4	Marignac (17) . . . 121 F5	Marquein (11) . . . 186 A2	Marval (87) . . . 123 G4
Maligny (89) . . . 83 H1	Manre (08) . . . 24 A6	Marcilloles (38) . . . 144 C1	Marignac (31) . . . 184 A6	Marquerie (65) . . . 183 F2	Marvaux-Vieux (08) . . . 24 A5
Malijai (04) . . . 177 E1	le Mans (72) . . . 60 B5	Marcilly (50) . . . 37 E5	Marignac (82) . . . 168 B3	Marques (76) . . . 19 G1	Marvejols (48) . . . 155 H3
Malincourt (59) . . . 9 E4	Mansac (19) . . . 138 B3	Marcilly (77) . . . 43 G2	Marignac-en-Diois (26) . . . 145 E6	Marquette-en-Ostrevant (59) . . . 9 E2	Marvelise (25) . . . 88 B4
Malintrat (63) . . . 127 F3	Mansan (65) . . . 183 F2	Marcilly-d'Azergues (69) . . . 129 H2	Marignac-Lasclares (31) . . . 184 D2	Marquette-lez-Lille (59) . . . 3 F4	Marville (55) . . . 25 F4
Malissard (26) . . . 144 B5	Mansat-la-Courrière (23) . . . 125 E1	Marcilly-en-Bassigny (52) . . . 86 C1	Marignac-Laspeyres (31) . . . 184 C3	Marquigny (08) . . . 24 A3	Marville-Moutiers-Brûlé (28) . . . 41 F5
Mallefougasse-Augès (04) . . . 176 D1	Mansempuy (32) . . . 168 B4	Marcilly-en-Beauce (41) . . . 79 F2	Marignana (2A) . . . 204 C3	Marquillies (59) . . . 3 E6	Mary (71) . . . 115 H1
Malleloy (54) . . . 48 C4	Mansencôme (32) . . . 167 F3	Marcilly-en-Gault (41) . . . 80 D5	Marignane (13) . . . 191 H4	Marquion (62) . . . 8 D3	Mary-sur-Marne (77) . . . 43 H2
Mallemoisson (04) . . . 177 E1	Manses (09) . . . 186 A4	Marcilly-en-Villette (45) . . . 81 E2	Marigné (49) . . . 76 D2	Marquise (62) . . . 1 F3	Marzan (56) . . . 73 G2
Mallemort (13) . . . 191 H2	Mansigné (72) . . . 78 A2	Marcilly-et-Dracy (21) . . . 84 D5	Marigné-Laillé (72) . . . 78 B1	Marquivillers (80) . . . 21 E2	Marzens (81) . . . 170 A5
Malléon (09) . . . 185 H5	Mansle (16) . . . 122 C2	Marcilly-la-Campagne (27) . . . 41 E4	Marigné-Peuton (53) . . . 76 C1	Marquixanes (66) . . . 200 C3	Marzy (58) . . . 98 D4
Malleret (23) . . . 126 A3	Mansonville (82) . . . 168 B1	Marcilly-la-Gueurce (71) . . . 115 F3	Marignier (74) . . . 119 F5	Marray (37) . . . 78 D3	le Mas (06) . . . 178 C3
Malleret-Boussac (23) . . . 112 A4	Manspach (68) . . . 89 E3	Marcilly-le-Châtel (42) . . . 128 D4	Marignieu (01) . . . 131 G2	la Marre (39) . . . 103 E5	Mas-Blanc-des-Alpilles (13) . . . 191 E1
Mallerey (39) . . . 117 F1	Mant (40) . . . 166 A5	Marcilly-le-Hayer (10) . . . 65 G3	Marigny (03) . . . 113 G1	Marre (55) . . . 25 E6	Mas-Cabardès (11) . . . 187 E2
Malleval (42) . . . 129 H6	Mantallot (22) . . . 32 D2	Marcilly-lès-Buxy (71) . . . 101 F6	Marigny (39) . . . 103 E6	Mars (07) . . . 143 F4	le Mas d'Agenais (47) . . . 150 C3
Malleval-en-Vercors (38) . . . 145 E3	Mantenay-Montlin (01) . . . 116 D3	Marcilly-Ogny (21) . . . 100 D1	Marigny (50) . . . 37 F1	les Mars (23) . . . 126 B1	le Mas-d'Artige (23) . . . 125 H3
Malleville-les-Grès (76) . . . 16 D2	Mantes-la-Jolie (78) . . . 41 H2	Marcilly-sur-Eure (27) . . . 41 E4	Marigny (51) . . . 45 E3	Mars (30) . . . 172 D2	le Mas-d'Auvignon (32) . . . 167 G3
Malleville-sur-le-Bec (27) . . . 18 A6	Mantes-la-Ville (78) . . . 41 H3	Marcilly-sur-Maulne (37) . . . 78 B4	Marigny (71) . . . 101 E6	Mars (42) . . . 115 F5	le Mas-d'Azil (09) . . . 185 F4
Mallièvre (85) . . . 92 C4	Mantet (66) . . . 200 B4	Marcilly-sur-Seine (51) . . . 65 G1	Marigny (79) . . . 107 H4	Mars-la-Tour (54) . . . 26 A5	Mas-de-Londres (34) . . . 173 E4
Malling (57) . . . 26 C2	Manteyer (05) . . . 160 B2	Marcilly-sur-Tille (21) . . . 85 H4	Marigny-Brizay (86) . . . 94 C5	Mars-sous-Bourcq (08) . . . 24 A4	le Mas-de-Tence (43) . . . 143 F3
Mallouè (14) . . . 37 G2	Manthelan (37) . . . 95 E2	Marcilly-sur-Vienne (37) . . . 94 D3	Marigny-Chemereau (86) . . . 108 D2	Mars-sur-Allier (58) . . . 98 D5	Mas-des-Cours (11) . . . 187 E4
la Malmaison (02) . . . 23 E3	Manthelon (27) . . . 40 D3	Marck (62) . . . 1 H2	Marigny-en-Orxois (02) . . . 44 A2	Marsa (11) . . . 200 A1	Mas-d'Orcières (48) . . . 156 B3
Malmerspach (68) . . . 88 D1	Manthes (26) . . . 144 B1	Marckolsheim (67) . . . 71 G3	Marigny-le-Cahouët (21) . . . 84 D5	Marsac (16) . . . 122 B3	Mas-Grenier (82) . . . 168 D3
Malmy (51) . . . 46 C1	Mantilly (61) . . . 37 H6	Marclopt (42) . . . 129 E4	Marigny-le-Châtel (10) . . . 65 G2	Marsac (23) . . . 111 E6	Mas-Saint-Chély (48) . . . 155 H5
Malons-et-Elze (30) . . . 157 E4	Mantoche (70) . . . 86 C5	Marcoing (59) . . . 8 D4	Marigny-l'Église (58) . . . 84 A6	Marsac (65) . . . 183 F2	Mas-Saintes-Puelles (11) . . . 186 B2
Malouy (27) . . . 15 H5	Mantry (39) . . . 102 D5	Marcolès (15) . . . 140 A6	Marigny-lès-Reullée (21) . . . 101 H3	Marsac (82) . . . 168 B2	Masbaraud-Mérignat (23) . . . 125 E1
Malpart (80) . . . 20 D2	Manvieux (14) . . . 14 A3	Marcollin (38) . . . 144 C1	Marigny-les-Usages (45) . . . 63 E6	Marsac-en-Livradois (63) . . . 128 B6	Mascaraàs-Haron (64) . . . 166 C5
Malpas (25) . . . 103 H4	Many (57) . . . 27 E6	Marcols-les-Eaux (07) . . . 143 F6	Marigny-Marmande (37) . . . 94 C3	Marsac-sur-Don (44) . . . 74 C2	Mascaras (32) . . . 167 F6
Malras (11) . . . 186 D4	Manzac-sur-Vern (24) . . . 137 E3	Marçon (72) . . . 78 C2	Marigny-Saint-Marcel (74) . . . 131 H2	Marsac-sur-l'Isle (24) . . . 137 F2	Mascaras (65) . . . 183 F3
Malrevers (43) . . . 142 C3	Manzat (63) . . . 127 E1	Marconne (62) . . . 7 E1	Marigny-sur-Yonne (58) . . . 99 G1	Marsainvilliers (45) . . . 63 F4	Mascarville (31) . . . 169 H6
Malroy (57) . . . 26 C5	Manziat (01) . . . 116 C3	Marconnelle (62) . . . 7 E1	Marillac-le-Franc (16) . . . 122 D3	Marsais (17) . . . 107 G5	Masclat (46) . . . 138 B6
Maltat (71) . . . 100 A6	Marac (52) . . . 68 A6	Marcorignan (11) . . . 188 A3	le Marillais (49) . . . 75 G4	Marsais-	Masevaux (68) . . . 88 D1
Maltot (14) . . . 14 B5	Marainville-sur-Madon (88) . . . 69 G2	Marcoussis (91) . . . 42 C6	Marillet (85) . . . 107 G1	-Sainte-Radégonde (85) . . . 107 E1	Maslacq (64) . . . 165 G6
Malval (23) . . . 111 G3	Marainviller (54) . . . 49 F6	Marcoux (04) . . . 160 D6	Marimbault (33) . . . 149 H3	Marsal (57) . . . 49 F4	Masléon (87) . . . 124 D3
Malvalette (43) . . . 143 E1	aux Marais (60) . . . 20 A4	Marcoux (42) . . . 128 D3	Marimont-	Marsal (81) . . . 170 D2	Maslives (41) . . . 80 A3
Malves-en-Minervois (11) . . . 187 E3	le Marais-la-Chapelle (14) . . . 39 E3	Marcq (08) . . . 24 C5	-lès-Bénestroff (57) . . . 49 G3	Marsalès (24) . . . 151 G1	le Masnau-
Malvezie (31) . . . 184 A5	Marais-Vernier (27) . . . 15 G2	Marcq (78) . . . 41 H4	Marin (74) . . . 119 E3	Marsan (32) . . . 168 A5	-Massuguiès (81) . . . 171 E4
Malvières (43) . . . 142 B1	Marambat (32) . . . 167 F3	Marcq-en-Barœul (59) . . . 3 F5	Marines (95) . . . 42 B1	Marsaneix (24) . . . 137 F3	Masnières (59) . . . 8 D4
Malville (44) . . . 74 B4	Marandeuil (21) . . . 86 B6	Marcq-en-Ostrevent (59) . . . 9 E2	Maringes (42) . . . 129 F4	Marsangis (51) . . . 45 F4	Masny (59) . . . 8 D2
Malvillers (70) . . . 86 D2	Marange-Silvange (57) . . . 26 B4	Marcy (02) . . . 9 F6	Maringues (63) . . . 127 G2	Marsangy (89) . . . 65 E5	Los Masos (66) . . . 200 C3
Malzéville (54) . . . 48 C5	Marange-Zondrange (57) . . . 27 E5	Marcy (58) . . . 83 E6	Mariol (03) . . . 127 H1	Marsannay-la-Côte (21) . . . 101 H1	Masparraute (64) . . . 181 E1
le Malzieu-Forain (48) . . . 141 G5	Marans (17) . . . 106 D3	Marcy (69) . . . 129 H2	Marions (33) . . . 150 A4	Marsannay-le-Bois (21) . . . 85 H5	Maspie-Lalonquère-
le Malzieu-Ville (48) . . . 141 G5	Marans (49) . . . 75 H1	Marcy-l'Étoile (69) . . . 129 H3	Marizy (91) . . . 115 G1	Marsanne (26) . . . 158 B2	-Juillacq (64) . . . 182 D1
Malzy (02) . . . 9 G6	Maransin (33) . . . 135 G3	Marcy-sous-Marle (02) . . . 22 C2	Marizy-Saint-Mard (02) . . . 44 A1	Marsas (33) . . . 135 G3	Masquières (47) . . . 152 A4
Mamers (72) . . . 60 C2	Marant (62) . . . 1 G6	Mardeuil (51) . . . 45 E2	Marizy-	Marsas (65) . . . 183 F4	Massabrac (31) . . . 185 F3
Mametz (62) . . . 2 B5	Maranville (52) . . . 67 G4	Mardié (45) . . . 81 E1	-Sainte-Geneviève (02) . . . 44 A1	Marsat (63) . . . 127 F2	Massac (11) . . . 187 F6
Mametz (80) . . . 8 B5	Maranwez (08) . . . 23 G2	Mardilly (61) . . . 39 G4	Marle (02) . . . 22 D1	Marsaz (26) . . . 144 B3	Massac (17) . . . 121 F2
Mamey (54) . . . 48 B3	Marast (70) . . . 87 H4	Mardor (52) . . . 86 A1	Marlemont (08) . . . 23 G1	Marseillan (32) . . . 167 F6	Massac-Séran (81) . . . 170 A5
Mamirolle (25) . . . 103 G1	Marat (63) . . . 128 B4	Mardore (69) . . . 115 G6	Marlenheim (67) . . . 50 D5	Marseillan (34) . . . 189 E2	Massaguel (81) . . . 170 C6
Manas (26) . . . 158 C2	Maraussan (34) . . . 188 B2	Mareau-aux-Bois (45) . . . 63 F5	Marlens (74) . . . 132 C3	Marseillan (65) . . . 183 F3	Massais (79) . . . 93 F3
Manas-Bastanous (32) . . . 183 G1	Maravat (32) . . . 168 A4	Mareau-aux-Prés (45) . . . 80 C1	Marlers (80) . . . 19 H1	Marseille (13) . . . 192 B4	Massals (81) . . . 171 E3
	Maray (41) . . . 96 D1	Mareil-en-Champagne (72) . . . 59 G6	Marles-en-Brie (77) . . . 43 G5	Marseille-en-Beauvaisis (60) . . . 20 A3	Massanes (30) . . . 173 H2
	Maraye-en-Othe (10) . . . 65 H4	Mareil-en-France (95) . . . 42 D2	Marles-les-Mines (62) . . . 2 C6		Massangis (89) . . . 84 A3
		Mareil-le-Guyon (78) . . . 42 A4	Marles-sur-Canche (62) . . . 6 D1		Massat (09) . . . 185 F6
			Marlhes (42) . . . 143 F2		

234

M

Maixe (54) . . . 49 E5
Maizeray (55) . . . 47 H1
Maizeroy (57) . . . 49 E1
Maizery (57) . . . 26 C5
Maizet (14) . . . 14 B5
Maizey (55) . . . 47 G3
Maizicourt (80) . . . 7 F3
Maizières (14) . . . 14 D6
Maizières (52) . . . 67 H1
Maizières (54) . . . 48 C6
Maizières (62) . . . 7 H2
Maizières (70) . . . 87 F4
Maizières-
-la-Grande-Paroisse (10) . . . 65 H1
Maizières-lès-Brienne (10) . . . 67 F2
Maizières-lès-Metz (57) . . . 26 B4
Maizières-lès-Vic (57) . . . 49 G4
Maizières-sur-Amance (52) . . . 86 C1
Maizilly (42) . . . 115 F5
Maizy (02) . . . 22 C5
Majastres (04) . . . 177 F2
Malabat (32) . . . 183 F1
la Malachère (70) . . . 87 F4
Malafretaz (01) . . . 116 D4
Mâlain (21) . . . 85 F6
Malaincourt (88) . . . 68 D3
Malaincourt-sur-Meuse (52) . . . 68 C1
Malakoff (92) . . . 42 C4
Malancourt (55) . . . 24 D6
Malandry (08) . . . 24 D3
Malange (39) . . . 102 D1
Malans (25) . . . 103 G3
Malans (70) . . . 102 D1
Malansac (56) . . . 56 B6
Malarce-sur-la-Thines (07) . . . 157 G3
Malataverne (26) . . . 158 A3
Malaucène (84) . . . 158 D6
Malaussène (06) . . . 195 E1
Malauzat (63) . . . 127 E2
Malaville (16) . . . 122 A5
Malavillers (54) . . . 25 H5
Malay (71) . . . 116 A1
Malay-le-Grand (89) . . . 65 E4
Malay-le-Petit (89) . . . 65 E4
Malbo (15) . . . 140 C4
Malbosc (07) . . . 157 E4
Malbouhans (70) . . . 88 B2
Malbouzon (48) . . . 155 G1
Malbrans (25) . . . 103 G2
Malbuisson (25) . . . 104 A5
Mâle (61) . . . 61 E3
Malegoude (09) . . . 186 B4
Malemort-du-Comtat (84) . . . 175 G1
Malemort-sur-Corrèze (19) . . . 138 D3
la Malène (48) . . . 155 H5
Malesherbes (45) . . . 63 G3
Malestroit (56) . . . 56 A5
Malétable (61) . . . 40 B6
Maleville (12) . . . 153 H4
Malguénac (56) . . . 55 E2
la Malhoure (22) . . . 34 A5
Malicornay (36) . . . 111 E1
Malicorne (03) . . . 113 E4
Malicorne (89) . . . 82 D2
Malicorne-sur-Sarthe (72) . . . 77 G1
Maligny (21) . . . 101 E2
Maligny (89) . . . 83 H1
Malijai (04) . . . 177 E1
Malincourt (59) . . . 9 E4
Malintrat (63) . . . 127 F3
Malissard (26) . . . 144 B5
Mallefougasse-Augès (04) . . . 176 D1
Malleloy (54) . . . 48 C4
Mallemoisson (04) . . . 177 E1
Mallemort (13) . . . 191 H2
Malléon (09) . . . 185 H5
Malleret (23) . . . 126 A3
Malleret-Boussac (23) . . . 112 A4
Mallerey (39) . . . 117 F1
Malleval (42) . . . 129 H6
Malleval-en-Vercors (38) . . . 145 E3
Malleville-les-Grès (76) . . . 16 D2
Malleville-sur-le-Bec (27) . . . 18 A6
Mallièvre (85) . . . 92 C4
Malling (57) . . . 26 C2
Malloué (14) . . . 37 G2
la Malmaison (02) . . . 23 E4
Malmerspach (68) . . . 88 D1
Malmy (51) . . . 46 C1
Malons-et-Elze (30) . . . 157 E4
Malouy (27) . . . 15 H5
Malpart (80) . . . 20 D2
Malpas (25) . . . 103 H4
Malras (11) . . . 186 D4
Malrevers (43) . . . 142 C3
Malroy (57) . . . 26 C5
Maltat (71) . . . 100 A6
Maltot (14) . . . 14 B5
Malval (23) . . . 111 G3
Malvalette (43) . . . 143 E1
Malves-en-Minervois (11) . . . 187 E3
Malvezie (31) . . . 184 A5
Malvières (43) . . . 142 B1
Malville (44) . . . 74 B4
Malvillers (70) . . . 86 D2
Malzéville (54) . . . 48 C5
le Malzieu-Forain (48) . . . 141 G5
le Malzieu-Ville (48) . . . 141 G5
Malzy (02) . . . 9 G6
Mamers (72) . . . 60 C2
Mametz (62) . . . 2 B5
Mametz (80) . . . 8 B5
Mamey (54) . . . 48 B3
Mamirolle (25) . . . 103 G1
Manas (26) . . . 158 C2
Manas-Bastanous (32) . . . 183 G1

Manaurie (24) . . . 137 H4
Mance (54) . . . 26 A4
la Mancelière (28) . . . 40 C5
la Mancellière-sur-Vire (50) . . . 37 G1
Mancenans (25) . . . 88 A4
Mancenans-Lizerne (25) . . . 88 C6
Mancey (71) . . . 116 B1
Manchecourt (45) . . . 63 G4
Manciet (32) . . . 166 D3
Mancieulles (54) . . . 26 A4
Mancioux (31) . . . 184 C3
Mancy (51) . . . 45 E3
Mandagout (30) . . . 173 E2
Mandailles-
-Saint-Julien (15) . . . 140 C4
Mandelieu-la-Napoule (06) . . . 178 C5
Manderen (57) . . . 26 D2
Mandeure (25) . . . 88 C4
Mandeville (27) . . . 18 C6
Mandeville-en-Bessin (14) . . . 13 G5
Mandray (88) . . . 70 D3
Mandres (27) . . . 40 C5
Mandres-
-aux-Quatre-Tours (54) . . . 48 A4
Mandres-en-Barrois (55) . . . 68 B1
Mandres-la-Côte (52) . . . 68 B5
Mandres-les-Roses (94) . . . 43 E5
Mandres-sur-Vair (88) . . . 69 E3
Mandrevillars (70) . . . 88 C3
Manduel (30) . . . 174 B3
Mane (04) . . . 176 C2
Mane (31) . . . 184 C4
Manéglise (76) . . . 15 F1
Manéhouville (76) . . . 17 G2
Manent-Montané (32) . . . 184 A2
Manerbe (14) . . . 15 F5
Mangiennes (55) . . . 25 F5
Manglieu (63) . . . 127 G4
Mangonville (54) . . . 69 G1
Manhac (12) . . . 154 B5
Manheulles (55) . . . 47 H1
Manhoué (57) . . . 48 D4
Manicamp (02) . . . 21 H3
Manigod (74) . . . 132 C2
Manin (62) . . . 7 H2
Maninghem (62) . . . 1 G6
Maninghen-Henne (62) . . . 1 F4
Maniquerville (76) . . . 16 C4
Manlay (21) . . . 100 D2
Manneville-ès-Plains (76) . . . 17 E2
Manneville-la-Goupil (76) . . . 15 G1
Manneville-la-Pipard (14) . . . 15 F4
Manneville-la-Raoult (27) . . . 15 F3
Manneville-sur-Risle (27) . . . 15 H3
Mannevillette (76) . . . 15 F1
Mano (40) . . . 149 E3
le Manoir (14) . . . 14 A3
le Manoir (27) . . . 18 D5
Manois (52) . . . 68 B3
Manom (57) . . . 26 B3
Manoncourt-
-en-Vermois (54) . . . 48 D6
Manoncourt-en-Woëvre (54) . . . 48 B4
Manonville (54) . . . 48 B4
Manonviller (54) . . . 49 F6
Manosque (04) . . . 176 C3
Manot (16) . . . 123 F1
Manou (28) . . . 61 F1
Manre (08) . . . 24 A6
le Mans (72) . . . 60 B5
Mansac (19) . . . 138 B3
Mansan (65) . . . 183 F2
Mansat-la-Courrière (23) . . . 125 E1
Mansempuy (32) . . . 168 B4
Mansencôme (32) . . . 167 F3
Manses (09) . . . 186 A4
Mansigné (72) . . . 78 A2
Mansle (16) . . . 122 C2
Manso (2B) . . . 204 C2
Mansonville (82) . . . 168 B1
Manspach (68) . . . 89 E3
Mant (40) . . . 166 A5
Mantallot (22) . . . 32 D2
Mantenay-Montlin (01) . . . 116 D3
Mantes-la-Jolie (78) . . . 41 H2
Mantes-la-Ville (78) . . . 41 H3
Mantet (66) . . . 200 B4
Manteyer (05) . . . 160 B2
Manthelan (37) . . . 95 E2
Manthelon (27) . . . 40 D3
Manthes (26) . . . 144 B1
Mantilly (61) . . . 37 H6
Mantoche (70) . . . 86 C5
Mantry (39) . . . 102 D5
Manvieux (14) . . . 14 A3
Many (57) . . . 27 E6
Manzac-sur-Vern (24) . . . 137 E3
Manzat (63) . . . 127 E1
Manziat (01) . . . 116 C3
Marac (52) . . . 68 A6
Marainville-sur-Madon (88) . . . 69 G2
Marainviller (54) . . . 49 F6
aux Marais (60) . . . 20 A4
le Marais-la-Chapelle (14) . . . 39 E3
Marais-Vernier (27) . . . 15 G2
Marambat (32) . . . 167 F3
Marandeuil (21) . . . 86 B6
Marange-Silvange (57) . . . 26 B4
Marange-Zondrange (57) . . . 27 E5
Marans (17) . . . 106 D3
Marans (49) . . . 75 H1
Maransin (33) . . . 135 G3
Marant (62) . . . 1 G6
Maranville (52) . . . 67 G4
Maranwez (08) . . . 23 G2
Marast (70) . . . 87 H4
Marat (63) . . . 128 B4
Maraussan (34) . . . 188 B2
Maravat (32) . . . 168 A4
Maray (41) . . . 96 D1
Maraye-en-Othe (10) . . . 65 H4

Marbache (54) . . . 48 C4
Marbaix (59) . . . 9 H4
Marbeuf (27) . . . 40 C1
Marbéville (52) . . . 67 G3
Marboué (28) . . . 62 A5
Marboz (01) . . . 117 E2
Marby (08) . . . 10 D6
Marc-la-Tour (19) . . . 139 E2
Marçais (18) . . . 97 G5
Marçay (37) . . . 94 B2
Marçay (86) . . . 108 D2
Marcé (49) . . . 77 F3
Marcé-sur-Esves (37) . . . 94 D3
Marcei (61) . . . 39 E5
Marcelcave (80) . . . 8 A6
Marcellaz (74) . . . 118 D5
Marcellaz-Albanais (74) . . . 132 A2
Marcellois (21) . . . 85 E5
Marcellus (47) . . . 150 B3
Marcenais (33) . . . 135 G3
Marcenat (03) . . . 114 A5
Marcenat (15) . . . 140 D1
Marcenay (21) . . . 84 D1
Marcey-les-Grèves (50) . . . 35 H3
Marchainville (61) . . . 40 B6
Marchais (02) . . . 22 D3
Marchais-Beton (89) . . . 82 C2
Marchais-en-Brie (02) . . . 44 C4
Marchamp (01) . . . 131 F3
Marchampt (69) . . . 115 H6
Marchastel (15) . . . 140 C2
Marchastel (48) . . . 155 F2
Marchaux (25) . . . 87 G6
la Marche (58) . . . 98 D2
Marché-Allouarde (80) . . . 21 F2
Marchélepot (80) . . . 21 F1
Marchemaisons (61) . . . 60 B1
Marchémoret (77) . . . 43 F2
Marchenoir (41) . . . 80 A2
Marcheprime (33) . . . 148 D1
Marches (26) . . . 144 C4
les Marches (73) . . . 132 A5
Marcheseuil (21) . . . 100 D2
Marchésieux (50) . . . 13 E6
Marchéville (28) . . . 61 H2
Marchéville-en-Woëvre (55) . . . 47 H1
Marchezais (28) . . . 41 F4
Marchiennes (59) . . . 9 E1
Marciac (32) . . . 167 E6
Marcieu (38) . . . 145 G5
Marcieux (73) . . . 131 G4
Marcigny (71) . . . 115 E4
Marcigny-sous-Thil (21) . . . 84 D5
Marcillac (33) . . . 135 F1
Marcillac-la-Croisille (19) . . . 139 G2
Marcillac-la-Croze (19) . . . 139 E4
Marcillac-Lanville (16) . . . 122 B2
Marcillac-
-Saint-Quentin (24) . . . 138 A5
Marcillac-Vallon (12) . . . 154 B3
Marcillat (63) . . . 113 F6
Marcillat-
-en-Combraille (03) . . . 112 D5
Marcillé-la-Ville (53) . . . 59 E3
Marcillé-Raoul (35) . . . 35 F6
Marcillé-Robert (35) . . . 57 G4
Marcilloles (38) . . . 144 C1
Marcilly (50) . . . 37 E5
Marcilly (77) . . . 43 G2
Marcilly-d'Azergues (69) . . . 129 H2
Marcilly-en-Bassigny (52) . . . 86 C1
Marcilly-en-Beauce (41) . . . 79 F2
Marcilly-en-Gault (41) . . . 80 D5
Marcilly-en-Villette (45) . . . 81 E2
Marcilly-et-Dracy (21) . . . 84 D5
Marcilly-la-Campagne (27) . . . 41 E4
Marcilly-la-Gueurce (71) . . . 115 F3
Marcilly-le-Châtel (42) . . . 128 D4
Marcilly-le-Hayer (10) . . . 65 G3
Marcilly-lès-Buxy (71) . . . 101 F6
Marcilly-Ogny (21) . . . 100 D1
Marcilly-sur-Eure (27) . . . 41 E4
Marcilly-sur-Maulne (37) . . . 78 B4
Marcilly-sur-Seine (51) . . . 65 G1
Marcilly-sur-Tille (21) . . . 85 H4
Marcilly-sur-Vienne (37) . . . 94 D3
Marck (62) . . . 1 H2
Marckolsheim (67) . . . 71 G3
Marclopt (42) . . . 129 E4
Marcoing (59) . . . 8 D4
Marcolès (15) . . . 140 A6
Marcollin (38) . . . 144 C1
Marcols-les-Eaux (07) . . . 143 F6
Marçon (72) . . . 78 C2
Marconne (62) . . . 7 E1
Marconnelle (62) . . . 7 E1
Marcorignan (11) . . . 188 A3
Marcoussis (91) . . . 42 C6
Marcoux (04) . . . 160 D6
Marcoux (42) . . . 128 D3
Marcq (08) . . . 24 C5
Marcq (78) . . . 41 H4
Marcq-en-Baroeul (59) . . . 3 F5
Marcq-en-Ostrevent (59) . . . 9 E2
Marcy (02) . . . 9 F6
Marcy (58) . . . 83 E6
Marcy (69) . . . 129 H2
Marcy-l'Étoile (69) . . . 129 H3
Marcy-sous-Marle (02) . . . 22 C2
Mardeuil (51) . . . 45 E2
Mardié (45) . . . 81 E1
Mardilly (61) . . . 39 G4
Mardor (52) . . . 86 A1
Mardore (69) . . . 115 G6
Mareau-aux-Bois (45) . . . 63 F5
Mareau-aux-Prés (45) . . . 80 C1
Mareil-en-Champagne (72) . . . 59 G6
Mareil-en-France (95) . . . 42 D2
Mareil-le-Guyon (78) . . . 42 A4

Mareil-Marly (78) . . . 42 B3
Mareil-sur-Loir (72) . . . 77 H2
Mareil-sur-Mauldre (78) . . . 42 A3
Mareilles (52) . . . 68 A4
Marenla (62) . . . 6 D1
Marennes (17) . . . 120 B2
Marennes (69) . . . 130 B4
Maresché (72) . . . 60 A4
Maresches (59) . . . 9 F2
Maresquel-
-Ecquemicourt (62) . . . 7 E1
Marest (62) . . . 7 G1
Marest-Dampcourt (02) . . . 21 H3
Marest-sur-Matz (60) . . . 21 F4
Maresville (62) . . . 1 F6
les Marêts (77) . . . 44 B5
Maretz (59) . . . 9 F4
Mareugheol (63) . . . 127 F6
Mareuil (16) . . . 122 A3
Mareuil (24) . . . 122 D6
Mareuil-Caubert (80) . . . 6 D4
Mareuil-en-Brie (51) . . . 44 D3
Mareuil-en-Dôle (02) . . . 22 B6
Mareuil-la-Motte (60) . . . 21 F3
Mareuil-le-Port (51) . . . 44 D2
Mareuil-lès-Meaux (77) . . . 43 G3
Mareuil-sur-Arnon (18) . . . 97 F4
Mareuil-sur-Ay (51) . . . 45 F2
Mareuil-sur-Cher (41) . . . 79 H6
Mareuil-sur-Lay-Dissais (85) . . . 91 H5
Mareuil-sur-Ourcq (60) . . . 43 H1
Marey (88) . . . 69 E5
Marey-lès-Fussey (21) . . . 101 G2
Marey-sur-Tille (21) . . . 85 H3
Marfaux (51) . . . 45 E1
Marforétaine (02) . . . 22 D1
Margaux (33) . . . 135 E3
Margencel (74) . . . 118 D3
Margency (95) . . . 42 C2
Margerides (19) . . . 126 A6
Margerie-Chantagret (42) . . . 128 D5
Margerie-Hancourt (51) . . . 66 D1
Margès (26) . . . 144 C3
Margival (02) . . . 22 B4
le Margnès (81) . . . 171 F5
Margny (08) . . . 25 E2
Margny (51) . . . 44 D3
Margny-aux-Cerises (60) . . . 21 F2
Margny-lès-Compiègne (60) . . . 21 F4
Margny-sur-Matz (60) . . . 21 F3
Margon (28) . . . 61 E3
Margon (34) . . . 188 C1
Margouët-Meymes (32) . . . 167 E4
Marguerray (50) . . . 37 F3
Marguerittes (30) . . . 174 B3
Margueron (33) . . . 136 C6
Marguestau (32) . . . 166 D2
Margut (08) . . . 25 E3
Mariac (07) . . . 143 F5
Maricourt (80) . . . 8 B5
Marie (06) . . . 178 D1
Marieulles (57) . . . 26 B6
Marieux (80) . . . 7 H4
Marigna-sur-Valouse (39) . . . 117 F2
Marignac (17) . . . 121 F5
Marignac (31) . . . 184 A6
Marignac (82) . . . 168 B3
Marignac-en-Diois (26) . . . 145 E6
Marignac-Lasclares (31) . . . 184 D2
Marignac-Laspeyres (31) . . . 184 C3
Marignana (2A) . . . 204 C3
Marignane (13) . . . 191 H4
Marigné (49) . . . 76 D2
Marigné-Laillé (72) . . . 78 B1
Marigné-Peuton (53) . . . 76 C1
Marignier (74) . . . 119 E5
Marignieu (01) . . . 131 G2
Marigny (03) . . . 113 G1
Marigny (39) . . . 103 E6
Marigny (50) . . . 37 F1
Marigny (51) . . . 45 E5
Marigny (71) . . . 101 E4
Marigny (79) . . . 107 H4
Marigny-Brizay (86) . . . 94 C5
Marigny-Chemereau (86) . . . 108 D2
Marigny-en-Orxois (02) . . . 44 A2
Marigny-le-Cahouët (21) . . . 84 D5
Marigny-le-Châtel (10) . . . 65 G2
Marigny-l'Église (58) . . . 84 A6
Marigny-les-Reullée (21) . . . 101 H3
Marigny-les-Usages (45) . . . 63 E6
Marigny-Marmande (37) . . . 94 C3
Marigny-Saint-Marcel (74) . . . 131 H2
Marigny-sur-Yonne (58) . . . 99 G1
Marillac-le-Franc (16) . . . 122 D3
le Marillais (49) . . . 75 G4
Marillet (85) . . . 107 G1
Marimbault (33) . . . 149 H3
Marimont-
-lès-Bénestroff (57) . . . 49 G3
Marin (74) . . . 119 E3
Marines (95) . . . 42 B1
Maringes (42) . . . 129 F4
Maringues (63) . . . 127 G2
Mariol (03) . . . 127 H1
Marions (33) . . . 150 A4
Marizy (71) . . . 115 G3
Marizy-Saint-Mard (02) . . . 44 A1
Marizy-
-Sainte-Geneviève (02) . . . 44 A1
Marle (02) . . . 22 D1
Marlemont (08) . . . 23 G1
Marlenheim (67) . . . 50 D5
Marlens (74) . . . 132 C3
Marlers (80) . . . 19 H1
Marles-en-Brie (77) . . . 43 G5
Marles-les-Mines (62) . . . 2 C5
Marles-sur-Canche (62) . . . 6 D1
Marlhes (42) . . . 143 F3

Marliac (31) . . . 185 G3
Marliens (21) . . . 102 A1
Marlieux (01) . . . 116 D6
Marlioz (74) . . . 118 B6
Marly (57) . . . 26 B6
Marly (59) . . . 9 F2
Marly-Gomont (02) . . . 9 H6
Marly-la-Ville (95) . . . 43 E2
Marly-le-Roi (78) . . . 42 B4
Marly-sous-Issy (71) . . . 100 A6
Marly-sur-Arroux (71) . . . 115 E1
Marmagne (18) . . . 97 G2
Marmagne (21) . . . 84 D3
Marmagne (71) . . . 100 D5
Marmande (47) . . . 150 C3
Marmanhac (15) . . . 140 B4
Marmeaux (89) . . . 84 B4
Marminiac (46) . . . 152 B1
Marmont-Pachas (47) . . . 167 H1
Marmouillé (61) . . . 39 F5
Marmoutier (67) . . . 50 C5
Marnac (24) . . . 137 H6
Marnand (69) . . . 115 G6
Marnans (38) . . . 144 D1
Marnaves (81) . . . 170 A1
Marnay (70) . . . 87 E6
Marnay (71) . . . 101 H6
Marnay (86) . . . 109 E3
Marnay-sur-Marne (52) . . . 68 A5
Marnay-sur-Seine (10) . . . 65 F1
Marnaz (74) . . . 119 E6
la Marne (44) . . . 91 E1
Marnes (79) . . . 93 H4
Marnes-la-Coquette (92) . . . 42 C4
Marnézia (39) . . . 117 G1
Marnhagues-et-Latour (12) . . . 172 A3
Marnoz (39) . . . 103 E3
Marœuil (62) . . . 8 A2
Maroilles (59) . . . 9 H4
la Marolle-en-Sologne (41) . . . 80 C4
Marolles (14) . . . 15 G5
Marolles (41) . . . 79 H3
Marolles (51) . . . 46 B5
Marolles (60) . . . 43 H1
Marolles-en-Beauce (91) . . . 63 F2
Marolles-en-Brie (77) . . . 44 A4
Marolles-en-Brie (94) . . . 43 E5
Marolles-en-Hurepoix (91) . . . 63 G1
Marolles-lès-Bailly (10) . . . 66 C1
Marolles-les-Braults (72) . . . 60 B3
Marolles-les-Buis (28) . . . 61 F2
Marolles-
-lès-Saint-Calais (72) . . . 61 E6
Marolles-sous-Lignières (10) . . . 66 A6
Marolles-sur-Seine (77) . . . 64 C2
Marollette (72) . . . 60 C2
Marols (42) . . . 128 D6
Maromme (76) . . . 17 G6
Mâron (36) . . . 96 D5
Maron (54) . . . 48 C5
Maroncourt (88) . . . 69 G3
Marpaps (40) . . . 165 G5
Marpent (59) . . . 10 B2
Marpiré (35) . . . 57 H2
Marquaix (80) . . . 8 D5
Marquay (24) . . . 138 A5
Marquay (62) . . . 7 H1
Marquefave (31) . . . 185 E2
Marquéglise (60) . . . 21 E4
Marquein (11) . . . 186 A2
Marquerie (65) . . . 183 F2
Marquette-en-Ostrevant (59) . . . 9 E2
Marquette-lez-Lille (59) . . . 3 F4
Marquigny (08) . . . 24 A3
Marquillies (59) . . . 3 E6
Marquion (62) . . . 8 D3
Marquise (62) . . . 1 F3
Marquivillers (80) . . . 21 E2
Marquixanes (66) . . . 200 C3
Marray (37) . . . 78 D3
la Marre (39) . . . 103 E5
Marre (55) . . . 25 E6
Mars (07) . . . 143 F4
les Mars (23) . . . 126 B1
Mars (30) . . . 172 D2
Mars (42) . . . 115 F5
Mars-la-Tour (54) . . . 26 A5
Mars-sous-Bourcq (08) . . . 24 A4
Mars-sur-Allier (58) . . . 98 D5
Marsa (11) . . . 200 A1
Marsac (16) . . . 122 B3
Marsac (23) . . . 111 E6
Marsac (65) . . . 183 E2
Marsac (82) . . . 168 B2
Marsac-en-Livradois (63) . . . 128 B6
Marsac-sur-Don (44) . . . 74 C2
Marsac-sur-l'Isle (24) . . . 137 F2
Marsainvilliers (45) . . . 63 F4
Marsais (17) . . . 107 G5
Marsais-
-Sainte-Radégonde (85) . . . 107 E1
Marsal (57) . . . 49 F4
Marsal (81) . . . 170 D2
Marsalès (24) . . . 151 G1
Marsan (32) . . . 168 A5
Marsaneix (24) . . . 137 F3
Marsangis (51) . . . 45 E6
Marsangy (89) . . . 65 E5
Marsannay-la-Côte (21) . . . 101 H1
Marsannay-le-Bois (21) . . . 85 H5
Marsanne (26) . . . 158 B2
Marsas (33) . . . 135 G3
Marsas (65) . . . 183 F4
Marsat (63) . . . 127 F2
Marsaz (26) . . . 144 B3
Marseillan (32) . . . 167 F6
Marseillan (34) . . . 189 E4
Marseillan (65) . . . 183 F2
Marseille (13) . . . 192 B4
Marseille-en-Beauvaisis (60) . . . 20 A3

Marseilles-lès-Aubigny (18) . . . 98 C4
Marseillette (11) . . . 187 F3
Marsillargues (34) . . . 173 H5
Marsilly (17) . . . 106 C4
Marsilly (57) . . . 26 C5
Marsolan (32) . . . 167 H2
Marson (51) . . . 46 A3
Marson-sur-Barboure (55) . . . 47 G5
Marsonnas (01) . . . 116 D3
Marsoulas (31) . . . 184 D4
Marssac-sur-Tarn (81) . . . 170 B2
Martagny (27) . . . 19 G5
Martailly-lès-Brancion (71) . . . 116 B2
Martainneville (80) . . . 6 C5
Martainville (14) . . . 38 C2
Martainville (27) . . . 15 G3
Martainville-Épreville (76) . . . 17 H6
Martaizé (86) . . . 94 A4
Martel (46) . . . 138 D5
Marthemont (54) . . . 48 C6
Marthille (57) . . . 49 F3
Marthod (73) . . . 132 C3
Marthon (16) . . . 122 D4
Martiel (12) . . . 153 F4
Martigna (39) . . . 117 G3
Martignargues (30) . . . 173 H2
Martignas-sur-Jalle (33) . . . 134 D5
Martignat (01) . . . 117 G4
Martigné-Briand (49) . . . 93 F1
Martigné-Ferchaud (35) . . . 57 H5
Martigné-sur-Mayenne (53) . . . 58 D3
Martigny (02) . . . 10 B6
Martigny (50) . . . 37 F5
Martigny (76) . . . 17 H2
Martigny-Courpierre (02) . . . 22 C4
Martigny-le-Comte (71) . . . 115 G2
Martigny-les-Bains (88) . . . 69 E4
Martigny-
-les-Gerbonvaux (88) . . . 68 D3
Martigny-sur-l'Ante (14) . . . 38 D3
Martigues (13) . . . 191 G5
Martillac (33) . . . 135 E6
Martin-Église (76) . . . 17 G2
Martincourt (54) . . . 48 B4
Martincourt (60) . . . 19 H3
Martincourt-sur-Meuse (55) . . . 24 D3
le Martinet (30) . . . 157 E5
Martinet (85) . . . 91 E4
Martinpuich (62) . . . 8 B4
Martinvast (50) . . . 12 C2
Martinvelle (88) . . . 69 F6
Martisserre (31) . . . 184 C1
Martizay (36) . . . 95 G5
Martot (27) . . . 18 C5
Martragny (14) . . . 14 A4
la Martre (83) . . . 178 A3
Martres (33) . . . 150 A1
les Martres-d'Artière (63) . . . 127 G2
les Martres-de-Rivière (31) . . . 184 A4
les Martres-de-Veyre (63) . . . 127 F4
Martres-sur-Morge (63) . . . 127 F1
Martres-Tolosane (31) . . . 184 D3
Martrin (12) . . . 171 F2
Martrois (21) . . . 85 E6
la Martyre (29) . . . 31 F4
les Martys (11) . . . 186 D1
Maruéjols-lès-Gardon (30) . . . 173 H2
Marval (87) . . . 123 G4
Marvaux-Vieux (08) . . . 24 A5
Marvejols (48) . . . 155 H3
Marvelise (25) . . . 88 B4
Marville (55) . . . 25 F4
Marville-Moutiers-Brûlé (28) . . . 41 F5
Mary (71) . . . 115 H1
Mary-sur-Marne (77) . . . 43 H2
Marzan (56) . . . 73 G2
Marzens (81) . . . 170 A5
Marzy (58) . . . 98 D4
le Mas (06) . . . 178 C3
Mas-Blanc-des-Alpilles (13) . . . 191 E1
Mas-Cabardès (11) . . . 187 E2
le Mas-d'Agenais (47) . . . 150 C3
Mas-d'Auvignon (32) . . . 167 G3
le Mas-d'Azil (09) . . . 185 F4
Mas-de-Londres (34) . . . 173 E4
le Mas-de-Tence (43) . . . 143 F3
Mas-des-Cours (11) . . . 187 E4
Mas-d'Orcières (48) . . . 156 B3
Mas-Grenier (82) . . . 168 D3
Mas-Saint-Chély (48) . . . 155 H5
Mas-Saintes-Puelles (11) . . . 186 B2
Masbaraud-Mérignat (23) . . . 125 E1
Mascaraàs-Haron (64) . . . 166 C5
Mascaras (32) . . . 167 F6
Mascaras (65) . . . 183 F3
Mascarville (31) . . . 169 H6
Masclat (46) . . . 138 B6
Masevaux (68) . . . 88 D1
Masléon (87) . . . 124 D3
Maslives (41) . . . 80 A3
le Masnau-
-Massuguiès (81) . . . 171 E4
Masnières (59) . . . 8 D4
Masny (59) . . . 8 D2
Los Masos (66) . . . 200 C3
Masparraute (64) . . . 181 E1
Maspie-Lalonquère-
-Juillacq (64) . . . 182 D1
Masquières (47) . . . 152 A4
Massabrac (31) . . . 185 F3
Massac (11) . . . 187 F6
Massac (17) . . . 121 H2
Massac-Séran (81) . . . 170 A5
Massaguel (81) . . . 170 C6
Massais (79) . . . 93 F3
Massals (81) . . . 171 E3
Massanes (30) . . . 173 H2
Massangis (89) . . . 84 A3
Massat (09) . . . 185 F6

Massay (18) 97 E2
le Massegros (48) 155 G5
Masseilles (33) 150 A3
Massels (47) 151 G4
Massérac (44) 74 B1
Masseret (19) 124 C5
Masseube (32) 184 A1
Massiac (15) 141 F2
Massieu (38) 131 F6
Massieux (01) 130 A2
Massiges (51) 46 B1
Massignac (16) 123 F3
Massignieu-de-Rives (01) . 131 G3
Massillargues-Attuech (30) . 173 G2
Massilly (71) 116 A2
Massingy (21) 85 E1
Massingy (74) 131 H2
Massingy-lès-Semur (21) . 84 D4
Massingy-lès-Vitteaux (21) . 85 E1
Massognes (86) 94 A5
Massoins (06) 195 E1
Massongy (74) 118 D3
Massoulès (47) 151 G4
Massugas (33) 136 B6
Massy (71) 115 H2
Massy (76) 19 E2
Massy (91) 42 C5
Mastaing (59) 9 E2
Matafelon-Granges (01) 117 G4
les Matelles (34) 173 F4
Matemale (66) 200 A3
Matha (17) 121 G2
Mathaux (10) 66 D2
Mathay (25) 88 C5
Mathenay (39) 102 D4
les Mathes (17) 120 B3
Mathieu (14) 14 B4
Mathons (52) 67 H2
Mathonville (76) 19 E2
Matignicourt-Goncourt (51) . 46 B5
Matignon (22) 34 B4
Matigny (80) 21 G1
Matougues (51) 45 G2
Matour (71) 115 H4
Matra (2B) 205 G2
Matringhem (62) 2 A6
Mattaincourt (88) 69 F3
Mattexey (54) 70 A1
Matton-et-Clémency (08) . . 24 D2
Matzenheim (67) 71 H1
Maubec (38) 130 D5
Maubec (82) 168 B3
Maubec (84) 175 G3
Maubert-Fontaine (08) . . . 10 D6
Maubeuge (59) 10 A2
Maubourguet (65) 166 D6
Mauchamps (91) 63 F1
Maucomble (76) 19 E2
Maucor (64) 182 C1
Maucourt (60) 21 G2
Maucourt (80) 21 E1
Maucourt-sur-Orne (55) . . 25 F6
Maudétour-en-Vexin (95) . 41 H2
Mauguio (34) 173 G5
Maulan (55) 47 F5
Maulay (86) 94 B3
Maulde (59) 4 A6
Maule (78) 42 A3
Mauléon (79) 92 C3
Mauléon-Barousse (65) . . 184 A5
Mauléon-d'Armagnac (32) . 166 C2
Mauléon-Licharre (64) . . . 181 G2
Maulers (60) 20 B3
Maulette (78) 41 G4
Maulévrier (49) 92 D3
Maulévrier-
  -Sainte-Gertrude (76) . . . 17 E5
Maulichères (32) 166 C4
Maumusson (44) 75 F3
Maumusson (82) 168 B2
Maumusson-Laguian (32) . 166 C5
Mauny (76) 18 B5
Maupas (10) 66 B4
Maupas (32) 166 C3
Mauperthuis (77) 43 H5
Maupertuis (50) 37 F2
Maupertus-sur-Mer (50) . . 12 D2
Mauprévoir (86) 109 F5
Mauquenchy (76) 19 F3
Mauran (31) 184 D3
Maure (64) 182 D1
Maure-de-Bretagne (35) . . 56 D4
Maurecourt (78) 42 B2
Mauregard (77) 43 E2
Mauregny-en-Haye (02) 22 D3
Maureilhan (34) 188 B2
Maureillas-las-Illas (66) . . 201 E4
Mauremont (31) 185 H1
Maurens (24) 136 D5
Maurens (31) 186 A1
Maurens (32) 168 B5
Maurens-Scopont (81) . . . 169 H5
Maurepas (78) 42 A5
Maurepas (80) 8 B5
Mauressac (31) 185 F2
Mauressargues (30) 173 H2
Maureville (31) 169 G6
Mauriac (15) 140 A2
Mauriac (33) 136 A6
Mauries (40) 166 B6
Maurines (15) 141 F5
Maurois (59) 9 F4
Mauron (56) 56 B3
Mauroux (32) 168 B2
Mauroux (46) 152 A4
Maurrin (40) 166 B3
Maurs (15) 153 H1
Maurupt-le-Montois (51) . . 46 C5
Maury (66) 200 D1
Maussac (19) 125 G6

Maussane-les-Alpilles (13) . . 191 E2
Maussans (70) 87 G5
Mautes (23) 126 A1
Mauvages (55) 47 G5
Mauvaisin (31) 185 G2
Mauves (07) 144 A4
Mauves-sur-Huisne (61) . . 60 D1
Mauves-sur-Loire (44) . . . 75 E4
Mauvezin (31) 184 C1
Mauvezin (32) 168 B4
Mauvezin-d'Armagnac (40) . 166 C2
Mauvezin-de-Prat (09) . . . 184 D5
Mauvezin-
  -de-Sainte-Croix (09) 185 E4
Mauvezin-sur-Gupie (47) . 150 C2
Mauvières (36) 110 B1
Mauvilly (21) 85 F3
Maux (58) 99 H3
Mauzac (31) 185 F2
Mauzac-
  -et-Grand-Castang (24) . 137 F5
Mauzé-sur-le-Mignon (79) . 107 F5
Mauzé-Thouarsais (79) . . . 93 F3
Mauzens-et-Miremont (24) . 137 G4
Mauzun (63) 127 H4
Maves (41) 80 A2
Mavilly-Mandelot (21) . . . 101 F3
May-en-Multien (77) 43 H2
le May-sur-Èvre (49) . . . 75 H6
May-sur-Orne (14) 14 B5
Mayac (24) 137 G2
Maynal (39) 117 F1
les Mayons (83) 193 H3
Mayot (02) 22 A2
Mayrègne (31) 183 H6
Mayres (07) 157 E1
Mayres (63) 142 B1
Mayres-Savel (38) 145 G5
Mayreville (11) 186 A3
Mayrinhac-Lentour (46) . 139 E6
Mayronnes (11) 187 F5
Maysel (60) 20 C6
Mazamet (81) 170 D6
Mazan (84) 175 G1
Mazan-l'Abbaye (07) . . . 157 E2
Mazangé (41) 79 F1
Mazaugues (83) 193 E3
Mazaye (63) 126 D3
Mazé (49) 77 F4
le Mazeau (85) 107 F3
Mazeirat (23) 111 G5
Mazeley (88) 69 H3
Mazerat-Aurouze (43) . . 142 A3
Mazeray (17) 121 F1
Mazères (09) 185 H3
Mazères (33) 149 H3
Mazères-de-Neste (65) . . 183 H4
Mazères-Lezons (64) . . . 182 B2
Mazères-sur-Salat (31) . . 184 C4
Mazerier (03) 113 G5
Mazerny (08) 24 A3
Mazerolles (16) 123 E3
Mazerolles (17) 121 E4
Mazerolles (40) 166 A2
Mazerolles (64) 166 A6
Mazerolles (65) 183 G2
Mazerolles (86) 109 G3
Mazerolles-du-Razès (11) . 186 C4
Mazerolles-le-Salin (25) . . 103 F1
Mazerulles (54) 49 E4
Mazet-Saint-Voy (43) . . . 143 E4
Mazeuil (86) 94 A5
Mazeyrat-d'Allier (43) . . 142 A3
Mazeyrolles (24) 152 A1
la Mazière-
  -aux-Bons-Hommes (23) . 126 A2
Mazières (16) 123 E2
Mazières-de-Touraine (37) . 78 C5
Mazières-en-Gâtine (79) . . 108 A1
Mazières-en-Mauges (49) . 92 C3
Mazières-Naresse (47) . . 151 F1
Mazille (71) 115 H3
Mazingarbe (62) 2 D6
Mazingham (62) 2 B5
Mazinghien (59) 9 G4
Mazirat... Mazerat (03) 130 C2
Mazirat (03) 112 C5
le Mazis (80) 6 D6
Mazoires (63) 127 E6
Mazouau (65) 183 G4
Mazuby (11) 199 H1
les Mazures (08) 11 E6
Mazzola (2B) 205 F2
Méailles (04) 178 A1
Méallet (15) 140 A2
Méasnes (23) 111 F3
Meaucé (28) 61 F1
Méaudre (38) 145 F3
la Meauffe (50) 13 F6
la Méaugon (22) 33 G4
Meaulne (03) 112 D1
Méaulte (80) 8 A5

Méautis (50) 13 E5
Meaux (77) 43 G3
Meaux-la-Montagne (69) . 115 G6
Meauzac (82) 169 E1
Mecé (35) 57 H2
Mechmont (46) 152 C2
Mécleuves (57) 26 C6
Mecquignies (59) 9 H2
Mécrin (55) 47 G3
Mécringes (51) 44 C4
Médavy (61) 39 F5
Medeyrolles (63) 128 B6
Médière (25) 88 B4
Médillac (16) 136 B2
Médis (17) 120 C4
Médonville (88) 68 D4
Médréac (35) 56 C1
le Mée (28) 62 A6
le Mée (53) 76 C1
le Mée-sur-Seine (77) . . . 64 A1
les Mées (04) 176 D1
les Mées (72) 60 B3
Mégange (57) 26 D4
Megève (74) 133 F2
Mégevette (74) 119 E4
Mégrit (22) 34 B6
Méharicourt (80) 21 E1
Méharin (64) 181 E1
Méhers (41) 80 A6
Méhoncourt (54) 69 H1
Méhoudin (61) 59 F1
Mehun-sur-Yèvre (18) . . 97 F2
la Meignanne (49) 76 D4
Meigné (49) 93 G1
Meigné-le-Vicomte (49) . 78 A4
Meigneux (77) 64 D1
Meigneux (80) 19 H1
Meilhac (87) 124 A3
Meilhan (32) 184 B1
Meilhan (40) 165 G2
Meilhan-sur-Garonne (47) . 150 B2
Meilhards (19) 124 D5
Meilhaud (63) 127 F5
Meillac (35) 35 E6
Meillant (18) 97 H5
Meillard (03) 113 H3
la Meilleraie-Tillay (85) . . 92 C5
le Meillard (80) 7 F3
la Meilleraye-
  -de-Bretagne (44) 75 E2
Meillerie (74) 119 F2
Meillers (03) 113 G2
Meillon (64) 182 C2
Meillonnas (01) 117 E4
Meilly-sur-Rouvres (21) . 101 E1
Meisenthal (57) 50 C2
Meistratzheim (67) . . . 71 G1
le Meix (21) 85 G3
le Meix-Saint-Epoing (51) . 44 D5
le Meix-Tiercelin (51) . . . 45 H6
Méjannes-le-Clap (30) . . 157 G5
Méjannes-lès-Alès (30) . . 173 H1
Mela (2A) 207 E2
Mélagues (12) 171 H4
Mélamare (76) 15 G1
Melay (49) 92 D1
Melay (52) 87 E1
Melay (71) 115 E5
le Mêle-sur-Sarthe (61) . 60 C1
Mélecey (70) 88 A4
Melesse (35) 57 F2
Melgven (29) 53 H3
Mélicocq (60) 21 F4
Mélicourt (27) 39 H3
Méligny-le-Grand (55) . . 47 G5
Méligny-le-Petit (55) . . . 47 G5
Melin (70) 87 E2
Melincourt (70) 87 F1
Mélisey (70) 88 B2
Mélisey (89) 84 B1
Meljac (12) 154 B6
Mellac (29) 54 B4
Mellé (35) 58 A1
Melle (79) 108 B4
Mellecey (71) 101 F5
Melleran (79) 108 C5
Melleray (72) 61 E5
Melleroy (45) 82 C1
Melles (31) 184 B6
Melleville (76) 6 B5
Mellionnec (22) 54 C1
Mello (60) 20 C6
Meloisey (21) 101 F3
Melrand (56) 55 E3
Melsheim (67) 50 D4
Melun (77) 64 A1
Melve (04) 160 B4
Melz-sur-Seine (77) . . . 65 E1
Membrey (70) 86 D3
la Membrolle-
  -sur-Choisille (37) 78 D5
la Membrolle-
  -sur-Longuenée (49) . . 76 D3
Membrolles (41) 62 A6
Méménil (88) 70 B3
Memmelshoffen (67) . . 51 F2
le Mémont (25) 104 C1
Menades (89) 83 H5
Ménarmont (88) 70 B1
Menars (41) 80 A3
Menat (63) 113 E6
Menaucourt (55) . . . 47 F5
Mencas (62) 2 A6
Menchhoffen (67) . . 50 D3
Mende (48) 156 A4
Mendionde (64) 180 D1
Menditte (64) 181 F3
Mendive (64) 181 E3

Ménéac (56) 56 A2
Ménerbes (84) 175 G3
Ménerval (76) 19 G3
Ménerville (78) 41 G3
Ménesble (21) 85 G2
Méneslies (80) 6 B4
Ménesplet (24) 136 B4
Ménesqueville (27) 19 E5
Ménessaire (21) 100 C2
Menestreau (58) 83 E5
Ménestreau-en-Villette (45) . 81 E3
Menet (15) 140 B2
Menetou-Couture (18) . . 98 C3
Menetou-Râtel (18) 82 B6
Menetou-Salon (18) . . . 97 H1
Menetou-sur-Nahon (36) . 96 C1
Ménétréol-
  -sous-Sancerre (18) . . . 82 B6
Ménétréol-sur-Sauldre (18) . 81 F5
Ménétréols-sous-Vatan (36) . 96 D3
Ménetreuil (71) 116 D1
Ménétreux-le-Pitois (21) . 84 D4
Ménétrol (63) 127 F2
Menetru-le-Vignoble (39) . 102 D5
Ménétrux-en-Joux (39) . . 117 H1
Ménévillers (60) 21 E3
Ménil (53) 76 D2
le Ménil (88) 70 C6
Ménil-Annelles (08) . . . 23 H4
Ménil-aux-Bois (55) . . . 47 G4
le Ménil-Bérard (61) . . . 39 H5
le Ménil-Broût (61) 60 B1
le Ménil-Ciboult (61) . . 37 H4
le Ménil-de-Briouze (61) . 38 C5
Ménil-de-Senones (88) . 70 D2
Ménil-en-Xaintois (88) . . 69 E3
Ménil-Erreux (61) 60 B1
Ménil-Froger (61) 39 G5
Ménil-Gondouin (61) . . 38 C4
le Ménil-Guyon (61) . . 39 G6
Ménil-Hermei (61) . . . 38 C4
Ménil-Hubert-en-Exmes (61) . 39 G4
Ménil-Hubert-sur-Orne (61) . 38 C3
Ménil-Jean (61) 38 D4
Ménil-la-Horgne (55) . . 47 G5
Ménil-la-Tour (54) 48 A4
Ménil-Lépinois (08) . . . 23 G5
le Ménil-Scelleur (61) . . 38 D6
Ménil-sur-Belvitte (88) . 70 B2
Ménil-sur-Saulx (55) . . 47 E6
le Ménil-Vicomte (61) . . 39 G4
Ménil-Vin (61) 38 C3
Ménilles (27) 41 F2
la Ménitré (49) 77 F5
Mennecy (91) 63 G1
Mennessis (02) 22 A2
Mennetou-sur-Cher (41) . 96 D1
Menneval (27) 15 H5
Menneville (02) 23 E4
Menneville (62) 1 G4
Mennevret (02) 9 F5
Mennouveaux (52) . . . 68 B5
Ménoire (19) 139 E3
Menomblet (85) 92 D5
Menoncourt (90) 88 D2
Ménonval (76) 19 F1
Menotey (39) 102 C2
Menou (58) 83 E6
Menouville (95) 42 B1
le Menoux (36) 111 E2
Menoux (70) 87 F1
Mens (38) 145 G6
Mensignac (24) 137 E2
Menskirch (57) 26 D3
Mentheville (76) 16 C4
Menthon-
  -Saint-Bernard (74) . . 132 B2
Menthonnex-
  -en-Bornes (74) 118 C6
Menthonnex-
  -sous-Clermont (74) . . 131 H1
Mentières (15) 141 F4
Menton (06) 197 F6
Mentque-Norbécourt (62) . . 1 H3
Menucourt (95) 42 B2
les Menus (61) 61 F1
Menville (31) 168 D5
Méobecq (36) 96 A6
Méolans-Revel (04) . . 161 E4
Méon (49) 78 A4
Méounes-
  -lès-Montrieux (83) . . 193 E4
Mer (41) 80 B3
Méracq (64) 166 A6
Méral (53) 58 B6
Méras (09) 185 F3
Mercatel (62) 8 B3
Mercenac (09) 184 D5
Merceuil (21) 101 G4
Mercey (27) 41 F2
Mercey-le-Grand (25) . 103 E1
Mercey-sur-Saône (70) . 86 D4
Mercin-et-Vaux (02) . . 22 A5
Merck-Saint-Liévin (62) . 2 A5
Merckeghem (59) . . . 3 G3
Mercœur (19) 139 F4
Mercœur (43) 141 G2
Mercuer (07) 157 G2
Mercuès (46) 152 C3
Mercurol (26) 144 B3
Mercury (73) 132 C3
Mercus-Garrabet (09) . 185 H6
Mercy (03) 114 B2
Mercy (89) 83 F3
Mercy-le-Bas (54) . . 25 H4
Mercy-le-Haut (54) . 25 H5
Merdrignac (22) 56 A2
Méré (78) 41 H4

Méré (89) 83 H1
les Mesneux (51) 23 E6
Méreau (18) 97 E2
Mereaucourt (80) 19 H2
Méréglise (28) 61 H3
Mérélessart (80) 6 D5
le Mesnil (50) 12 B4
Mérens (32) 167 H4
Mérens-les-Vals (09) . . 199 G3
Mérenvielle (31) 168 D5
Méreuil (05) 159 H4
Méréville (54) 48 C6
Méréville (91) 63 E3
Merey (27) 41 F3
Mérey-sous-Montrond (25) . 103 G2
Mérey-Vieilley (25) . . . 87 F6
Merfy (51) 23 E5
Mergey (10) 66 A2
Meria (2B) 203 G2
Mérial (11) 199 H1
Méricourt (62) 8 B1
Méricourt (78) 41 G2
Méricourt-en-Vimeu (80) . 7 E6
Méricourt-l'Abbé (80) . . 7 H5
Méricourt-sur-Somme (80) . 8 A6
Mérifons (34) 172 B5
Mérignac (16) 122 A3
Mérignac (17) 135 G1
Mérignac (33) 135 E5
Mérignas (33) 136 A6
Mérignat (01) 117 F6
Mérignies (59) 3 G6
Mérigny (36) 110 A1
Mérigon (09) 185 E4
Mérilheu (65) 183 F4
Mérillac (22) 56 A1
Mérinchal (23) 126 B2
Mérindol (84) 191 H1
Mérindol-les-Oliviers (26) . 158 D5
Mérinville (45) 64 C5
le Mériot (10) 65 F1
Méritein (64) 181 G1
Merkwiller-Pechelbronn (67) . 29 E6
Merlas (38) 131 F6
la Merlatière (85) 91 H3
Merle-Leignec (42) . . . 128 D6
Merléac (22) 33 F6
le Merlerault (61) 39 G5
Merles (82) 168 C1
Merles-sur-Loison (55) . 25 F5
Merlevenez (56) 54 D5
Merlieux-
  -et-Fouquerolles (02) . 22 B4
Merlimont (62) 6 C1
Merlines (19) 126 B4
Mernel (35) 56 D4
Mérobert (91) 63 E2
Mérona (39) 117 G1
Mérouville (28) 62 D3
Meroux (90) 88 D3
Merpins (16) 121 G3
Merrey (52) 68 C5
Merrey-sur-Arce (10) . 66 D5
Merri (61) 39 E3
Merris (59) 2 D4
Merry-la-Vallée (89) . . 83 E2
Merry-Sec (89) 83 F3
Merry-sur-Yonne (89) . 83 G4
Mers-les-Bains (80) . . 6 B4
Mers-sur-Indre (36) . . 111 G3
Merschweiller (57) . . 26 D2
Mersuay (70) 87 G2
Merten (57) 27 E4
Mertrud (52) 67 G2
Mertzen (68) 89 E3
Mertzwiller (67) . . . 51 E3
Méru (60) 20 B6
Merval (02) 22 C5
Mervans (71) 102 A5
Mervent (85) 107 F1
Merville (31) 169 E6
Merville (59) 2 D5
Merville-
  -Franceville-Plage (14) . 14 C4
Merviller (54) 70 B1
Merxheim (68) 71 F6
Méry (73) 131 H4
Méry-Corbon (14) . . 39 E1
Méry-ès-Bois (18) . . 81 G6
Méry-la-Bataille (60) . 21 E3
Méry-Prémecy (51) . 22 D6
Méry-sur-Cher (18) . 97 E1
Méry-sur-Marne (77) . 44 A3
Méry-sur-Oise (95) . 42 C2
Méry-sur-Seine (10) . 65 H1
le Merzer (22) 33 E4
Mésandans (25) . . . 87 H5
Mésanger (44) 75 F3
Mésangueville (76) . 19 F3
Meschers-sur-Gironde (17). 120 C4
Mescoules (24) 136 D6
le Mesge (80) 7 F5
Mesgrigny (10) 65 H1
Mésigny (74) 132 A1
Meslan (56) 54 C3
Mesland (41) 79 G4
Meslay (14) 38 C2
Meslay (41) 79 G3
Meslay-du-Maine (53) . 59 E6
Meslay-le-Grenet (28) . 62 A3
Meslay-le-Vidame (28) . 62 A3
Meslières (25) 88 D5
Meslin (22) 33 H5
Mesmont (08) 23 G3
Mesmont (21) 85 F6
Mesnac (16) 121 G2
Mesnard-la-Barotière (85) . 92 A4

Mesnay (39) 103 E4
le Mocnière (61) 60 C1
Mesnières-en-Bray (76) . 19 C1
le Mesnil (50) 12 B4
le Mesnil-Adelée (50) . . . 37 F4
le Mesnil-Amand (50) . . . 35 H4
le Mesnil-Amelot (77) . . . 43 E2
le Mesnil-Amey (50) . . . 37 F1
le Mesnil-au-Grain (14) . . 14 A6
le Mesnil-au-Val (50) . . . 12 D2
le Mesnil-Aubert (50) . . . 35 H1
le Mesnil-Aubry (95) . . . 42 D2
le Mesnil-Auzouf (14) . . . 38 A2
le Mesnil-Bacley (14) . . . 15 E6
le Mesnil-Benoist (14) . . 37 G3
Mesnil-Bruntel (80) 8 C6
le Mesnil-Caussois (14) . . 37 G3
Mesnil-Clinchamps (14) . 37 G3
le Mesnil-Conteville (60) . 20 A2
le Mesnil-Domqueur (80) . 7 E4
le Mesnil-Durand (14) . . 15 E6
le Mesnil-Durdent (76) . . 17 E3
Mesnil-en-Arrouaise (80) . 8 C4
le Mesnil-en-Thelle (60) . 42 C1
le Mesnil-en-Vallée (49) . 76 B5
le Mesnil-Esnard (76) . . 18 D4
le Mesnil-Eudes (14) . . 15 F5
le Mesnil-Eury (50) . . . 13 E6
Mesnil-Follemprise (76) . 17 H3
le Mesnil-Fuguet (27) . . 40 D2
le Mesnil-Garnier (50) . . 35 H2
le Mesnil-Germain (14) . 15 F6
le Mesnil-Gilbert (50) . . 37 G4
le Mesnil-Guillaume (14) . 15 F5
le Mesnil-Hardray (27) . . 40 C3
le Mesnil-Herman (50) . . 37 F2
le Mesnil-Jourdain (27) . 40 D1
Mesnil-la-Comtesse (10) . 66 B1
le Mesnil-le-Roi (78) . . 42 B3
Mesnil-Lettre (10) 66 C2
le Mesnil-Lieubray (76) . 19 F3
Mesnil-Martinsart (80) . 8 A4
le Mesnil-Mauger (14) . 15 E5
Mesnil-Mauger (76) . . 19 F2
le Mesnil-Opac (50) . . 37 F2
le Mesnil-Ozenne (50) . 37 F5
Mesnil-Panneville (76) . 17 F5
le Mesnil-Patry (14) . . 14 A4
le Mesnil-Rainfray (50) . 37 G5
le Mesnil-Raoul (76) . . 18 D4
le Mesnil-Raoult (50) . . 37 G2
le Mesnil-Réaume (76) . 6 B5
le Mesnil-Robert (14) . 37 G3
le Mesnil-Rogues (50) . 35 H2
Mesnil-Rousset (27) . . 40 A3
le Mesnil-Rouxelin (50) . 13 F6
le Mesnil-Saint-Denis (78) . 42 A5
le Mesnil-Saint-Firmin (60) . 20 C3
le Mesnil-Saint-Georges (80) . 20 D2
le Mesnil-Saint-Laurent (02) . 22 A1
le Mesnil-Saint-Loup (10) . 65 H3
le Mesnil-Saint-Nicaise (80) . 21 F1
le Mesnil-Saint-Père (10) . 66 C2
le Mesnil-Sellières (10) . 66 C3
le Mesnil-Simon (14) . . 15 E5
le Mesnil-Simon (28) . . 41 G3
le Mesnil-
  -sous-Jumièges (76) . . . 17 F6
le Mesnil-sous-Vienne (27) . 19 G5
le Mesnil-sur-Blangy (14) . 15 F4
le Mesnil-sur-Bulles (60) . 20 C3
le Mesnil-sur-l'Estrée (27) . 41 E4
le Mesnil-sur-Oger (51) . 45 F3
le Mesnil-Théribus (60) . 20 A5
le Mesnil-Thomas (28) . 40 D6
le Mesnil-Tôve (50) . . . 37 G5
le Mesnil-Véneron (50) . 13 E5
Mesnil-Verclives (27) . 19 F5
le Mesnil-Vigot (50) . . 13 E6
le Mesnil-Villeman (50) . 35 H2
le Mesnil-Villement (14) . 38 C3
le Mesnilbus (50) 12 D6
le Mesnillard (50) 37 F5
Mesnois (39) 117 G1
les Mesnuls (78) 42 A5
Mespaul (29) 31 G3
Mesplède (64) 165 G6
Mesples (03) 112 B3
Mespuits (91) 63 F3
Mesquer (44) 73 F3
Messac (17) 121 G6
Messac (35) 57 E5
Messanges (21) . . . 101 G2
Messanges (40) . . . 164 C3
Messas (45) 80 B2
Messé (79) 108 D4
Messei (61) 38 B5
Messein (54) 48 C5
Messeix (63) 126 B4
Messemé (86) 94 A3
Messery (74) 118 C3
Messey-sur-Grosne (71) . 116 A1
Messia-sur-Sorne (39) . 102 D6
Messigny-et-Vantoux (21) . 85 H5
Messimy (69) 129 H4
Messimy-sur-Saône (01) . 116 B6
Messincourt (08) . . 24 D2
Messon (10) 66 A3
Messy (77) 43 F3
Mesterrieux (33) . . 150 B1
Mestes (19) 126 A5
Mesves-sur-Loire (58) . 98 C1
Mesvres (71) 100 C5
Métabief (25) 104 C5
les Métairies (16) . 121 H3
Métairies-Saint-Quirin (57) . 50 A5
Méteren (59) 2 D4
Méthamis (84) 175 G1
Métigny (80) 7 E5
Metting (57) 50 B3

236

Mettray (37). 78 D5
Metz (57). 26 B5
Metz-en-Couture (62) 8 D4
Metz-le-Comte (58). 83 B5
Metz-Robert (10). 66 B5
Metz-Tessy (74). 132 A1
Metzeral (68). 70 D5
Metzeresche (57). 26 C4
Metzervisse (57). 26 C3
Metzing (57). 49 H1
Meucon (56). 55 G6
Meudon (92). 42 C4
Meuilley (21). 101 G2
Meulan (78). 42 A2
Meulers (76). 17 H2
Meulles (14). 39 G2
Meulson (21). 85 F3
Meunet-Planches (36). 97 E5
Meunet-sur-Vatan (36) 96 D3
Meung-sur-Loire (45) 80 B3
Meurcé (72). 60 B3
Meurchin (62). 3 E6
Meurcourt (70). 87 G2
la Meurdraquière (50). 35 H2
Meures (52). 67 H4
Meurival (02). 22 D5
Meursac (17). 120 D3
Meursanges (21). 101 H3
Meursault (21). 101 G3
Meurville (10). 67 E4
Meusnes (41). 96 B1
Meussia (39). 117 H2
Meuvaines (14). 14 A3
Meux (17). 121 G5
le Meux (60). 21 E5
Meuzac (87). 124 C5
Mévoisins (28). 62 B1
Mévouillon (26). 159 F5
Meximieux (01). 130 C2
Mexy (54). 25 H3
Mey (57). 26 C5
Meyenheim (68) 71 F6
Meylan (38). 145 G2
Meymac (19). 125 G5
Meynes (30). 174 C3
Meyrals (24). 137 H5
Meyrannes (30). 157 E5
Meyrargues (13) 176 B5
Meyras (07). 157 F1
Meyreuil (13). 176 A6
Meyrié (38). 130 C5
Meyrieu-les-Étangs (38) 130 C5
Meyrieux-Trouet (73) 131 G4
Meyrignac-l'Église (19). 125 E6
Meyronne (46). 138 D5
Meyronnes (04). 161 G3
Meyrueis (48). 156 A6
Meys (69). 129 F4
Meyssac (19). 138 D4
Meysse (07). 158 A2
Meyssiès (38). 130 C6
Meythet (74). 132 A1
la Meyze (87). 124 A4
Meyzieu (69). 130 B3
Mézangers (53). 59 E1
Mèze (34). 189 E1
Mézel (04). 177 F1
Mezel (63). 127 G3
Mézens (81). 169 G4
Mézeray (72). 77 H1
Mézères (43). 142 D3
Mézériat (01). 116 C4
Mézerolles (80). 7 F3
Mézerville (11). 186 A3
Mézidon-Canon (14) 39 E1
la Mézière (35). 57 E2
Mézières-au-Perche (28) 61 H3
Mézières-en-Brenne (36) 95 H5
Mézières-en-Drouais (28) 41 E6
Mézières-en-Gâtinais (45) 63 H5
Mézières-en-Santerre (80) . . .20 D1
Mézières-en-Vexin (27). 41 F1
Mézières-lez-Cléry (45) 80 C2
Mézières-sous-Lavardin (72) . .59 H4
Mézières-sur-Couesnon (35) . .57 G1
Mézières-sur-Issoire (87) 110 A5
Mézières-sur-Oise (02) 22 A4
Mézières-sur-Ponthouin (72) . .60 B4
Mézières-sur-Seine (78) 41 H3
Mézilhac (07). 143 F6
Mézilles (89). 82 D3
Mézin (47). 167 F1
Méziré (90). 88 D4
Mézos (40). 148 B6
Mézy-Moulins (02) 44 C2
Mézy-sur-Seine (78) 42 A2
Mhère (58). 100 A1
Mialet (24). 123 G5
Mialet (30). 173 G1
Mialos (64). 166 A6
Miannay (80). 6 C4
Michaugues (58). 99 G1
Michelbach (68). 89 E2
Michelbach-le-Bas (68) 89 G3
Michelbach-le-Haut (68) 89 G3
Michery (89). 64 D3
Midrevaux (88). 68 C2
Mièges (39). 103 G5
Miélan (32). 183 G1
Miellin (70). 88 C1
Miermaigne (28) 61 F3
Miers (46). 138 D5
Miéry (39). 102 D5
Mietesheim (67). 50 D3
Mieussy (74). 119 F5
Mieuxcé (61). 59 H2
Migé (89). 83 F3
Migennes (89). 65 F5
Miglos (09). 199 E1
Mignaloux-Beauvoir (86) 109 E1
Mignavillers (70). 88 A3

Migné (36). 96 A6
Migné-Auxances (86) 109 E1
Mignères (45). 64 A5
Mignéville (54). 49 G6
Mignières (28). 62 A2
Mignovillard (39). 103 G5
Migny (36). 97 E3
Migré (17). 107 G5
Migron (17). 121 G5
Mijanès (09). 199 H2
Mijoux (01). 118 B3
la Milesse (72). 60 A5
Milhac (46). 138 B6
Milhac-d'Auberoche (24). . . .137 G3
Milhac-de-Nontron (24) 123 F6
Milhars (81). 153 F6
Milhas (31). 184 B5
Milhaud (30). 174 A4
Milhavet (81). 170 B1
Milizac (29). 30 C4
Millac (86). 109 G5
Millam (59). 2 B3
Millançay (41). 80 C5
Millas (66). 201 E2
Millau (12). 172 A1
Millay (58). 100 B5
Millebosc (76). 6 B5
Millemont (78). 41 H4
Millencourt (80). 8 A5
Millencourt-en-Ponthieu (80) . .7 E3
Millery (21). 84 C4
Millery (54). 48 C4
Millery (69). 130 A4
Millevaches (19) 125 G4
Millières (50). 12 D6
Millières (52). 68 B4
Millonfosse (59). 9 E1
Milly (50). 37 G5
Milly-la-Forêt (91) 63 H2
Milly-Lamartine (71) 116 A3
Milly-sur-Bradon (55) 24 D4
Milly-sur-Thérain (60) 20 A4
Milon-la-Chapelle (78) 42 B5
Mimbaste (40). 165 E4
Mimet (13). 192 D5
Mimeure (21). 101 E2
Mimizan (40). 148 A5
Minaucourt-
-le-Mesnil-lès-Hurlus (51). .46 B1
Minerve (34). 187 G2
Mingot (65). 183 F1
Mingoval (62). 8 A1
Miniac-Morvan (35). 35 E5
Miniac-sous-Bécherel (35) . . .56 D1
le Minihic-sur-Rance (35) 36 A5
Minihy-Tréguier (22). 33 E2
Minorville (54). 48 B4
Minot (21). 85 G3
Minversheim (67). 50 D4
Minzac (24). 136 B4
Minzier (74). 118 B6
Miolles (81). 171 E3
Mionnay (01). 130 B2
Mions (69). 130 B4
Mios (33). 148 C1
Miossens-Lanusse (64). 166 B6
Mirabeau (04). 177 E1
Mirabeau (84). 176 B4
Mirabel (07). 157 H2
Mirabel (82). 152 C6
Mirabel-aux-Baronnies (26) . .158 D5
Mirabel-et-Blacons (26) 158 D1
Miradoux (32). 168 A2
Miramas (13). 191 G3
Mirambeau (17). 121 F6
Mirambeau (31). 184 C1
Miramont-d'Astarac (32). . . .167 G4
Miramont-
-de-Comminges (31). 184 B4
Miramont-
-de-Guyenne (47) 150 D2
Miramont-de-Quercy (82). . . .152 A4
Miramont-Latour (32). 168 A4
Miramont-Sensacq (40) 166 B5
Mirande (32). 167 G4
Mirandol-
-Bourgnounac (81) 153 H6
Mirannes (32). 167 G5
Miraumont (80). 8 A4
Miraval-Cabardès (11). 187 E2
Mirbel (52). 67 H3
Miré (49). 77 E2
Mirebeau (86). 94 A5
Mirebeau-sur-Bèze (21). 86 B5
Mirebel (39). 103 E6
Mirecourt (88). 69 F3
Mirefleurs (63). 127 F4
Miremont (31). 185 F2
Miremont (63). 126 C2
Mirepeisset (11). 188 A3
Mirepeix (64). 182 C3
Mirepoix (09). 186 B6
Mirepoix (32). 168 A4
Mirepoix-sur-Tarn (31). 169 G5
Mireval (34). 173 H6
Mireval-Lauragais (11). 186 B3
Miribel (01). 130 B2
Miribel (26). 144 C2
Miribel-Lanchâtre (38) 145 F4
Miribel-les-Échelles (38). . . .131 G6
Mirmande (26). 158 B1
le Miroir (71). 117 E2
Mirvaux (80). 7 H5
Mirville (76). 15 G1
Miscon (26). 159 F2
Miserey (27). 41 E2
Miserey-Salines (25). 87 F6
Misérieux (01). 130 A1
Misery (80). 8 B6
Mison (04). 160 A5

Missé (79). 93 G3
Missècle (81). 170 B4
Missègre (11). 187 E5
Missillac (44). 73 H2
Missiriac (56). 56 A5
Misson (40). 165 E5
Missy (14). 14 A5
Missy-aux-Bois (02) 21 H5
Missy-lès-Pierrepont (02) 22 D2
Missy-sur-Aisne (02). 22 B5
Misy-sur-Yonne (77) 64 D3
Mitry-Mory (77). 43 E3
Mittainville (78) 41 G5
Mittainvilliers (28). 61 H1
Mittelbergheim (67) 71 F1
Mittelbronn (57). 50 B4
Mittelhausbergen (67) 51 E5
Mittelhausen (67). 50 D4
Mittelschaeffolsheim (67). . . .50 D4
Mittelwihr (68). 71 F4
Mittersheim (57). 49 H3
Mittlach (68). 70 D5
Mittois (14). 15 E6
Mitzach (68). 70 D6
Mizérieux (42). 129 E3
Mizoën (38). 146 B3
Moca-Croce (2A). 207 E1
Modane (73). 147 E2
Modène (84). 175 G1
Moëlan-sur-Mer (29). 54 A4
les Moëres (59). 2 C1
Mœrnach (68). 89 F4
Mœslains (52). 46 C6
Moeurs-Verdey (51) 44 D5
Mœuvres (59). 8 D3
Moëze (17). 120 C1
Moffans-et-Vacheresse (70) . .88 A3
Mogeville (55). 25 F6
Mognard (73). 131 H3
Mogneneins (01). 116 B5
Mogneville (55). 46 D4
Mogneville (60). 20 D5
Mogues (08). 25 E2
Mohon (56). 55 H3
Moidieu-Détourbe (38). 130 B5
Moigny-sur-École (91). 63 G2
Moimay (70). 87 H4
Moineville (54). 26 A4
Moings (17). 121 G5
Moinville-la-Jeulin (28). 62 C2
Moirans (38). 145 E1
Moirans-en-Montagne (39) . .117 H2
Moirax (47). 151 F6
Moiré (69). 129 G1
Moiremont (51). 46 C1
Moirey-Flabas-Crépion (55) . .25 F5
Moiron (39). 102 D6
Moiry (08). 25 E3
Moisdon-la-Rivière (44) 75 E1
Moisenay (77). 64 A1
Moislains (80). 8 C5
Moissac (82). 168 D1
Moissac-Bellevue (83) 177 F4
Moissac-Vallée-
-Française (48). 156 C6
Moissannes (87). 124 D2
Moissat (63). 127 G3
Moisselles (95). 42 D2
Moissey (39). 102 C1
Moissieu-sur-Dolon (38) 130 B6
Moisson (78). 41 G2
Moissy-Cramayel (77). 43 E6
Moissy-Moulinot (58) 83 G6
Moisville (27). 40 D4
Moisy (41). 79 H1
Moïta (2B). 205 G2
les Moitiers-d'Allonne (50). . . .12 B4
les Moitiers-
-en-Bauptois (50). 12 D4
Moitron (21). 85 F3
Moitron-sur-Sarthe (72) 59 H3
Moivre (51). 46 B3
Moivrons (54). 48 D4
Molac (56). 56 A6
Molagnies (76). 19 G3
Molain (02). 9 F5
Molain (39). 103 E5
Molamboz (39). 103 E4
Molandier (11). 185 H3
Molas (31). 184 B1
Molay (39). 102 C3
Molay (70). 86 D2
Môlay (89). 84 A2
le Molay-Littry (14) 13 G5
la Môle (83). 194 A4
Moléans (28). 62 A5
Molèdes (15). 141 E2
Molère (65). 183 G4
Molesme (21). 66 C6
Molesmes (89). 83 F3
Molezon (48). 156 B6
Moliens (60). 19 H2
Molières (24). 137 F6
Molières (46). 139 F6
Molières (82). 152 C6
les Molières (91). 42 B5
Molières-Cavaillac (30). 172 D2
Molières-Glandaz (26) 159 F1
Molières-sur-Cèze (30) 157 E5
Moliets-et-Maa (40). 164 C2
Molinchart (02). 22 B3
Molines-en-Queyras (05) 147 F6
Molinet (03). 114 D2
Molineuf (41). 79 H4
Molinges (39). 117 H3
Molinons (89). 65 F4
Molinot (21). 101 E3
Molins-sur-Aube (10) 66 D2
Molitg-les-Bains (66). 200 C2

Mollans (70). 87 H3
Mollans-sur-Ouvèze (26). . . .158 D5
Mollau (68). 70 D6
Mollégès (13). 175 F3
Molles (03). 114 B6
les Mollettes (73). 132 A5
Molliens-au-Bois (80) 7 G5
Molliens-Dreuil (80) 7 E6
Mollkirch (67). 50 C6
Molompize (15). 141 F2
Molosmes (89). 84 B1
Moloy (21). 85 G4
Molphey (21). 84 C6
Molpré (39). 103 G5
Molring (57). 49 G3
Molsheim (67). 50 D6
Moltifao (2B). 203 E6
les Molunes (39). 118 A3
Momas (64). 166 A6
Mombrier (33). 135 E3
Mombières (65). 183 E3
Momerstroff (57). 27 E5
Mommenheim (67). 50 D4
Momuy (40). 165 H5
Momy (64). 182 D1
Monacia-d'Aullène (2A). . . .207 E4
Monacia-d'Orezza (2B). 205 G1
Monampteuil (02). 22 C4
Monassut-Audiracq (64). . . .182 C1
le Monastère (12) 154 C4
le Monastier-
-Pin-Moriès (48). 155 G3
le Monastier-
-sur-Gazeille (43). 142 D5
Monay (39). 102 D5
Monbahus (47). 151 E2
Monbalen (47). 151 E5
Monbardon (32). 184 B1
Monbazillac (24). 136 D6
Monbéqui (82). 168 D3
Monblanc (32). 184 D1
Monbrun (32). 168 C5
Moncale (2B). 202 C6
Moncassin (32). 183 H1
Moncaup (31). 184 B5
Moncaup (64). 166 D6
Moncaut (47). 151 E6
Moncayolle-
-Larrory-Mendibieu (64) . .181 G2
Moncé-en-Belin (72). 78 A1
Moncé-en-Saosnois (72) 60 C3
Monceau-le-Neuf-
-et-Faucouzy (02). 22 C1
Monceau-le-Waast (02). 22 C3
Monceau-lès-Leups (02). 22 B2
Monceau-Saint-Waast (59). . . .9 H3
Monceau-sur-Oise (02) 9 G6
les Monceaux (14). 15 E5
Monceaux (60). 20 D5
Monceaux-au-Perche (61). . . .61 E1
Monceaux-en-Bessin (14) 13 H5
Monceaux-l'Abbaye (60). 19 G2
Monceaux-le-Comte (58) 83 G6
Monceaux-
-sur-Dordogne (19) 139 F3
Moncel-lès-Lunéville (54). . . .49 F6
Moncel-sur-Seille (54). 49 E4
Moncel-sur-Vair (88). 68 D2
la Moncelle (08). 24 C2
Moncetz-l'Abbaye (51) 46 B6
Moncetz-Longevas (51) 45 H3
Moncey (25). 87 G5
Monchaux-Soreng (76). 6 C5
Monchaux-sur-Écaillon (59) . . .9 F2
Moncheaux (59). 8 D1
Moncheaux-lès-Frévent (62). . .7 G2
Monchecourt (59). 8 D2
Monchel-sur-Canche (62) 7 F2
Monchiet (62). 8 A3
Monchy-au-Bois (62). 8 A3
Monchy-Breton (62) 7 H2
Monchy-Cayeux (62). 7 G1
Monchy-Humières (60). 21 E4
Monchy-Lagache (80). 8 C6
Monchy-le-Preux (62) 8 C2
Monchy-Saint-Éloi (60). 20 D6
Monchy-sur-Eu (76). 6 B5
Moncla (64). 166 C5
Monclar (32). 166 C2
Monclar (47). 151 E3
Monclar-de-Quercy (82) 169 G2
Monclar-sur-Losse (32). 167 F6
Moncley (25). 87 E6
Moncontour (22). 33 H6
Moncontour (86). 93 H4
Moncorneil-Grazan (32). 184 A1
Moncourt (57). 49 F5
Moncrabeau (47). 167 G1
Moncy (61). 38 A4
Mondavezan (31). 184 D3
Mondelange (57). 26 B4
Mondement-
-Montgivroux (51). 45 E4
Mondescourt (60). 21 H3
Mondevert (35). 58 A4
Mondeville (14). 14 C4
Mondeville (91). 63 G1
Mondicourt (62). 7 H3
Mondigny (08). 24 A2
Mondilhan (31). 184 B2
Mondion (86). 94 C4
Mondon (25). 87 H5
Mondonville (31). 169 E5
Mondonville-Saint-Jean (28). .62 D2
Mondorff (57). 26 C2
Mondoubleau (41). 61 F6
Mondouzil (31). 169 G5
Mondragon (84). 158 A5

Mondrainville (14). 14 B5
Mondrepuis (02) 10 B5
Mondreville (78) 41 G3
Mondreville (78). 63 H4
Monein (64). 182 A2
Monès (31). 184 D1
Monesple (09). 185 G4
Monestier (03). 113 G4
Monestier (07). 143 G2
Monestier (24). 136 C6
le Monestier (63). 128 A5
Monestier-d'Ambel (38). 145 H6
Monestier-de-Clermont (38). .145 F5
le Monestier-du-Percy (38). . .145 G6
Monestier-Merlines (19). 126 B4
Monestier-Port-Dieu (19). . . .126 B5
Monestiés (81). 170 B1
Monestrol (31). 185 H2
Monétay-sur-Allier (03). 113 H3
Monétay-sur-Loire (03). 114 C3
Monéteau (89). 83 F1
Monêtier-Allemont (05). 160 A4
le Monêtier-les-Bains (05). . . .146 D4
Monfaucon (24). 136 C5
Monfaucon (65). 183 F1
Monferran-Plavès (32). 167 H6
Monferran-Savès (32). 168 C5
Monflanquin (47). 151 G2
Monfort (32). 168 B3
Monfréville (14). 13 F5
Mongaillard (47). 150 D5
Mongausy (32). 168 B6
Mongauzy (33). 150 B2
Monget (40). 165 H5
Monguilhem (32). 166 C3
Monheurt (47). 150 D4
Monhoudou (72). 60 B3
Monieux (84). 175 H1
Monistrol-d'Allier (43). 142 A4
Monistrol-sur-Loire (43). 143 E2
Monlaur-Bernet (32). 183 H1
Monléon-Magnoac (65). 183 H3
Monlet (43). 142 B2
Monlezun (32). 167 E6
Monlezun-
-d'Armagnac (32). 166 C3
Monlong (65). 183 H3
Monmadalès (24). 137 E6
Monmarvès (24). 151 F1
Monnai (61). 39 H3
Monnaie (37). 79 E4
Monneren (57). 26 D3
la Monnerie-le-Montel (63). . .128 A2
Monnerville (91). 63 E3
Monnes (02). 44 A1
Monnet-la-Ville (39). 103 E6
Monnetay (39). 117 F2
Monnetier-Mornex (74). 118 C5
Monneville (60). 20 A6
Monnières (39). 102 C2
Monnières (44). 75 E6
Monoblet (30). 173 F2
Monpardiac (32). 167 F6
Monpazier (24). 151 H1
Monpezat (64). 166 D6
Monplaisant (24). 137 H6
Monprimblanc (33). 149 H1
Mons (16). 122 A2
Mons (17). 121 G2
Mons (30). 173 H1
Mons (31). 169 G5
Mons (34). 171 H6
Mons (63). 127 H1
Mons (83). 178 B4
Mons-Boubert (80) 6 C4
Mons-en-Baroeul (59). 3 G5
Mons-en-Laonnois (02). 22 B3
Mons-en-Montois (77). 64 D1
Mons-en-Pévèle (59). 3 F6
Monsac (24). 137 F6
Monsaguel (24). 137 E6
Monsec (24). 123 E6
Monségur (33). 150 B1
Monségur (40). 165 H5
Monségur (47). 151 G3
Monségur (64). 183 E1
la Monselie (15). 140 B5
Monsempron-Libos (47). 151 H3
Monsireigne (85). 92 B5
Monsols (69). 115 H5
Monsteroux-Milieu (38). 130 B6
Monsures (80). 20 B2
Monswiller (67). 50 C4
Mont (64). 165 G6
Mont (65). 197 E1
Mont (71). 114 D1
le Mont (88). 70 D1
Mont-Bernanchon (62) 2 D5
Mont-Bertrand (14). 37 H2
Mont-Bonvillers (54). 25 H5
Mont-Cauvaire (76). 17 G5
Mont-d'Astarac (32). 184 A2
Mont-Dauphin (05). 161 F1
Mont-de-Galié (31) 184 A5
Mont-de-Lans (38). 146 B3
Mont-de-Laval (25) 104 C1
Mont-de-l'If (76). 17 F5
Mont-de-Marrast (32). 183 G1
Mont-de-Marsan (40) 166 A2
Mont-de-Vougney (25) 104 C1
Mont-devant-Sassey (55) 24 D4
le Mont-Dieu (08). 24 B3
Mont-Disse (64). 166 C5
Mont-Dol (35). 35 E4
Mont-Dore (63). 126 D5
Mont-d'Origny (02). 9 F6
Mont-et-Marré (58). 99 G3
Mont-Laurent (08). 23 H4
Mont-le-Vernois (70). 87 F3
Mont-le-Vignoble (54). 48 A6
Mont-lès-Lamarche (88) 69 G5

Mont-lès-Neufchâteau (88). . . .68 C2
Mont-lès-Seurre (71). 102 A4
Mont-l'Étroit (54). 68 D1
Mont-l'Évêque (60). 43 E1
Mont-Louis (66). 200 A4
Mont-Notre-Dame (02). 22 C5
Mont-Ormel (61). 39 F4
Mont-près-Chambord (41). . . .80 A4
Mont-Roc (81). 170 D4
le Mont-Saint-Adrien (60). . . .20 A4
Mont-Saint-Aignan (76). 17 G6
Mont-Saint-Éloi (62) 8 A2
Mont-Saint-Jean (02). 23 F1
Mont-Saint-Jean (21). 84 D6
Mont-Saint-Jean (72) 59 G3
Mont-Saint-Léger (70) 87 E3
Mont-Saint-Martin (02). 22 C6
Mont-Saint-Martin (08). 24 A4
Mont-Saint-Martin (38). 145 G1
Mont-Saint-Martin (54). 25 H3
le Mont-Saint-Michel (50). . . .35 G4
Mont-Saint-Père (02) 44 C2
Mont-Saint-Remy (08) 23 H5
Mont-Saint-Sulpice (89). 65 G6
Mont-Saint-Vincent (71). 115 H1
Mont-Saxonnex (74) 119 E6
Mont-sous-Vaudrey (39). 102 D3
Mont-sur-Courville (51). 22 C6
Mont-sur-Meurthe (54) 49 E6
Mont-sur-Monnet (39). 103 F6
Montabard (61). 39 E4
Montabon (72). 78 C3
Montabot (50). 37 F2
Montacher-Villegardin (89). . .64 C4
Montadet (32). 184 C1
Montady (34). 188 B2
Montagagne (09). 185 F5
Montagna-
-le-Reconduit (39). 117 E2
Montagna-le-Templier (39). . .117 F3
Montagnac (30). 173 H2
Montagnac (34). 188 D1
Montagnac-
-d'Auberoche (24). 137 G2
Montagnac-
-la-Crempse (24). 137 E4
Montagnac-Montpezat (04) . .177 E3
Montagnac-
-sur-Auvignon (47). 151 E6
Montagnac-sur-Lède (47). . . .151 G2
Montagnat (01). 117 E5
Montagne (33). 135 H4
Montagne (38). 144 D3
la Montagne (44). 74 C5
la Montagne (70). 70 B6
Montagne-Fayel (80). 7 E6
Montagney (70). 86 D6
Montagney-Servigney (25). . . .87 H4
Montagnieu (01). 131 E3
Montagnieu (38). 131 E5
Montagnol (12). 171 H3
Montagnole (73). 131 H5
Montagny (42). 115 F6
Montagny (69). 129 H4
Montagny (73). 133 E5
Montagny-en-Vexin (60). 41 H1
Montagny-lès-Beaune (21). . .101 G3
Montagny-lès-Buxy (71). 101 F5
Montagny-les-Lanches (74). . .132 A2
Montagny-lès-Seurre (21). . . .102 B3
Montagny-
-près-Louhans (71). 102 A6
Montagny-
-Sainte-Félicité (60). 43 F1
Montagny-sur-Grosne (71). . .115 H3
Montagoudin (33). 150 B2
Montagrier (24). 136 D2
Montagudet (82). 152 A5
Montagut (64). 166 A5
Montaignac-
-Saint-Hippolyte (19). 139 F1
Montaigu (02). 22 D4
Montaigu (39). 102 D6
Montaigu (85). 91 H2
Montaigu-de-Quercy (82). . . .151 H4
Montaigu-la-Brisette (50). 12 D2
Montaigu-le-Blin (03). 114 B4
Montaigu-les-Bois (50). 37 E3
Montaiguët-en-Forez (03). . . .114 C4
Montaigut (63). 113 E5
Montaigut-le-Blanc (23). 111 F5
Montaigut-le-Blanc (63). 127 F5
Montaigut-sur-Save (31). 168 D4
Montaillé (72). 61 E6
Montailleur (73). 132 C4
Montaillou (09). 199 G1
Montain (39). 102 D5
Montain (82). 168 D2
Montainville (28). 62 B3
Montainville (78). 42 A3
Montalba-le-Château (66). . . .200 D2
Montalembert (79). 108 C5
Montalet-le-Bois (78). 41 H2
Montalieu-Vercieu (38). 131 E2
Montalzat (82). 152 D6
Montamat (32). 168 B6
Montambert (58). 99 H5
Montamel (46). 152 C2
Montamisé (86). 109 F1
Montamy (14). 38 A2
Montanay (69). 130 A2
Montancy (25). 88 D5
Montandon (25). 88 C4
Montanel (50). 35 G5
Montaner (64). 183 E2
Montanges (01). 117 H5
Montans (81). 170 A3
Montapas (58). 99 G3
Montarcher (42). 128 D6
Montardit (09). 185 E4

Montardon (64) 182 C1
Montaren-
   -et-Saint-Médiers (30) . . 174 B1
Montargis (45) 64 A6
Montarlot (77) 64 B3
Montarlot-lès-Rioz (70) . . . 87 F5
Montarnaud (34) 173 E5
Montaron (58) 99 H4
Montastruc (47) 151 E3
Montastruc (65) 183 G3
Montastruc (82) 169 E1
Montastruc-de-Salies (31) . 184 C5
Montastruc-
   -la-Conseillère (31) 169 G4
Montastruc-Savès (31) . . . 184 D2
le Montat (46) 152 C4
Montataire (60) 20 D6
Montauban (82) 169 E2
Montauban-
   -de-Bretagne (35) 56 C3
Montauban-de-Luchon (31) . 197 F1
Montauban-de-Picardie (80) . . 8 B5
Montauban-
   -sur-l'Ouvèze (26) 159 F5
Montaud (38) 145 F2
Montaud (34) 173 G4
Montaudin (53) 58 B2
Montaulieu (26) 159 E4
Montaulin (10) 66 B3
Montaure (27) 18 C6
Montauriol (11) 186 A3
Montauriol (47) 151 F2
Montauriol (66) 201 E3
Montauriol (81) 170 D1
Montauroux (83) 178 B5
Montaut (09) 185 H3
Montaut (24) 137 E6
Montaut (31) 185 F2
Montaut (32) 183 H1
Montaut (40) 165 H4
Montaut (47) 151 F2
Montaut (64) 182 C3
Montaut-les-Créneaux (32) . 167 H4
Montautour (35) 58 A3
Montauville (54) 48 B3
Montay (59) 9 F4
Montayral (47) 151 H3
Montazeau (24) 136 B5
Montazels (11) 186 D6
Montbard (21) 84 C3
Montbarla (82) 152 A5
Montbarrey (39) 102 D3
Montbarrois (45) 63 G5
Montbartier (82) 169 E2
Montbavin (02) 22 B3
Montbazens (12) 154 A3
Montbazin (34) 173 E6
Montbazon (37) 78 D6
Montbel (09) 186 B5
Montbel (48) 156 C2
Montbéliard (25) 88 C4
Montbéliardot (25) 104 C1
Montbellet (71) 116 B2
Montbenoît (25) 104 B3
Montberaud (31) 185 E4
Montbernard (31) 184 B2
Montberon (31) 169 F4
Montbert (44) 91 G1
Montberthault (21) 84 B5
Montbeton (82) 169 E2
Montbeugny (03) 114 A2
Montbizot (72) 60 A4
Montblainville (55) 24 C6
Montblanc (34) 188 D1
Montboillon (70) 87 E5
Montboissier (28) 62 A4
Montbolo (66) 200 D4
Montbonnot-
   -Saint-Martin (38) 145 G2
Montboucher (23) 124 D1
Montboucher-
   -sur-Jabron (26) 158 B2
Montboudif (15) 140 C1
Montbouton (90) 88 D4
Montbouy (45) 82 B1
Montboyer (16) 136 B1
Montbozon (70) 87 G4
Montbrand (05) 159 G2
Montbras (55) 68 D1
Montbray (50) 37 F3
Montbré (51) 45 F1
Montbrehain (02) 9 E5
Montbrison (42) 128 D4
Montbrison-sur-Lez (26) . . . 158 C3
Montbron (16) 123 E4
Montbronn (57) 28 B6
Montbrun (46) 153 F3
Montbrun (48) 156 A4
Montbrun-Bocage (31) . . . 185 E4
Montbrun-
   -des-Corbières (11) 187 G3
Montbrun-Lauragais (31) . . 185 G1
Montbrun-les-Bains (26) . . . 159 F6
Montcabrier (46) 152 A2
Montcabrier (81) 169 H5
Montcaret (24) 136 B5
Montcarra (38) 131 E4
Montcavrel (62) 1 G6
Montceau-et-Écharnant (21) . 101 F3
Montceau-les-Mines (71) . . . 100 D6
Montceaux (01) 116 B6
Montceaux-lès-Meaux (77) . . . 43 H3
Montceaux-lès-Provins (77) . . 44 B5
Montceaux-lès-Vaudes (10) . . 66 B4
Montceaux-l'Étoile (71) . . . 115 E3
Montceaux-Ragny (71) . . . 116 B1
Montcel (63) 127 E1
Montcel (73) 131 H3
Montcenis (71) 100 D5
Montcet (01) 116 D5
Montcey (70) 87 G3

Montchaboud (38) 145 G3
Montchal (42) 129 F2
Montchâlons (02) 22 C4
Montchamp (14) 38 A3
Montchamp (15) 141 F4
Montchanin (71) 101 E6
Montcharvot (52) 86 D1
Montchaton (50) 36 D2
Montchaude (16) 121 H5
Montchauvet (14) 38 A2
Montchauvet (78) 41 G3
Montchenu (26) 144 B2
Montcheutin (08) 24 B5
Montchevrel (61) 39 G6
Montchevrier (36) 111 F2
Montclar (04) 160 D3
Montclar (11) 186 D4
Montclar (12) 171 F2
Montclar-
   -de-Comminges (31) 184 D3
Montclar-Lauragais (31) . . . 185 H2
Montclar-sur-Gervanne (26) . 144 C6
Montclard (43) 142 A2
Montcléra (46) 152 B2
Montclus (05) 159 H3
Montclus (30) 157 G5
Montcombroux-
   -les-Mines (03) 114 C3
Montcony (71) 102 B6
Montcorbon (45) 64 C6
Montcornet (02) 23 E2
Montcornet (08) 11 E6
Montcourt (70) 69 E6
Montcourt-Fromonville (77) . . 64 A3
Montcoy (71) 101 H5
Montcresson (45) 82 B1
Montcuit (50) 37 E1
Montcuq (46) 152 B4
Montcusel (39) 117 G3
Montdardier (30) 172 D2
Montdauphin (77) 44 B4
Montdidier (57) 49 G3
Montdidier (80) 20 D2
Montdoré (70) 69 F6
Montdoumerc (46) 152 D5
Montdragon (81) 170 B4
Montdurausse (81) 169 G2
Monte (2B) 203 G6
Monteaux (41) 79 G5
Montebourg (50) 12 D3
Montécheroux (25) 88 C5
Montégut (32) 167 H5
Montégut (40) 166 C2
Montégut (65) 183 H4
Montégut-Arros (32) 183 F1
Montégut-Bourjac (31) . . . 184 D2
Montégut-
   -en-Couserans (09) 184 D4
Montégut-Lauragais (31) . . 186 B1
Montégut-Plantaurel (09) . . 185 G4
Montégut-Savès (32) 184 C1
Monteignet-
   -sur-l'Andelot (03) 113 H6
le Monteil (15) 140 B2
le Monteil (43) 142 C4
le Monteil-au-Vicomte (23) . . 125 F1
Monteille (14) 15 E5
Monteils (12) 153 G5
Monteils (30) 173 H1
Monteils (82) 152 D6
Montel-de-Gelat (63) 126 B1
Montéléger (26) 144 B5
Montélier (26) 144 C5
Montélimar (26) 158 A2
le Montellier (01) 130 C1
Montels (09) 185 G5
Montels (34) 188 B2
Montels (81) 170 A2
Montembœuf (16) 123 E3
Montenach (57) 26 D2
Montenay (53) 58 C3
Montendre (17) 135 G1
Montendry (73) 132 B5
Montenescourt (62) 8 A2
Monteneuf (56) 56 B5
Montenils (77) 44 C4
Montenois (25) 88 B4
Montenoison (58) 99 F1
Montenoy (54) 48 C4
Montépilloy (60) 21 E6
Monteplain (39) 103 E2
Montépreux (51) 45 G5
Monterblanc (56) 55 G5
Montereau (45) 81 H1
Montereau-Fault-Yonne (77) . 64 C2
Montereau-sur-le-Jard (77) . . 43 F6
Monterfil (35) 56 D3
Montérolier (76) 19 E2
Monterrein (56) 56 A4
Montertelot (56) 56 A4
Montescot (66) 201 F3
Montescourt-Lizerolles (02) . . 22 A2
Montespan (31) 184 C4
Montesquieu (34) 172 B6
Montesquieu (47) 150 D5
Montesquieu (82) 152 A6
Montesquieu-Avantès (09) . . 185 E5
Montesquieu-
   -des-Albères (66) 201 F4
Montesquieu-Guittaut (31) . 184 B2
Montesquieu-
   -Lauragais (31) 185 H1
Montesquieu-
   -Volvestre (31) 185 E3
Montesquiou (32) 167 F5
Montessaux (70) 88 A2
Montesson (57) 49 H4
Montestruc-sur-Gers (32) . . 167 H3

le Montet (03) 113 F3
Montot ot Bouxal (46) 153 G1
Monteton (47) 150 C2
Monteux (84) 175 F1
Montévrain (77) 43 F4
Monteynard (38) 145 G4
Montézic (12) 154 C1
Montfa (09) 185 E4
Montfa (81) 170 C4
Montfalcon (38) 144 C2
Montfarville (50) 13 E2
Montfaucon (02) 44 B3
Montfaucon (25) 103 G1
Montfaucon (30) 174 D1
Montfaucon (46) 152 D1
Montfaucon-d'Argonne (55) . . 24 D6
Montfaucon-en-Velay (43) . 143 F2
Montfaucon-Montigné (49) . . 75 F6
Montfermeil (93) 43 E3
Montfermier (82) 152 C5
Montfermy (63) 126 D2
Montferrand (11) 186 A2
Montferrand-
   -du-Périgord (24) 137 G6
Montferrand-
   -le-Château (25) 103 F1
Montferrat (38) 131 F5
Montferrat (83) 177 H5
Montferrer (66) 200 D4
Montferrier (09) 186 A6
Montferrier-sur-Lez (34) . . . 173 F5
Montfey (10) 65 H5
Montfiquet (14) 13 G6
Montfleur (39) 117 F3
Montflours (53) 58 D4
Montflovin (25) 104 A3
Montfort (04) 176 D1
Montfort (25) 103 F2
Montfort (49) 93 C1
Montfort (64) 181 G1
Montfort-en-Chalosse (40) . 165 F4
Montfort-l'Amaury (78) 41 H4
Montfort-le-Gesnois (72) . . . 60 C5
Montfort-sur-Argens (83) . . 177 F6
Montfort-sur-Boulzane (11) . 200 B4
Montfort-sur-Meu (35) 56 D2
Montfort-sur-Risle (27) 18 A5
Montfranc (12) 171 F3
Montfrin (30) 174 C3
Montfroc (26) 159 G6
Montfuron (04) 176 C3
Montgaillard (09) 185 H6
Montgaillard (11) 187 G6
Montgaillard (40) 166 A4
Montgaillard (65) 183 E4
Montgaillard (81) 169 G3
Montgaillard (82) 168 B2
Montgaillard-de-Salies (31) . 184 C4
Montgaillard-
   -Lauragais (31) 185 H1
Montgaillard-sur-Save (31) . 184 B3
Montgardin (05) 160 C2
Montgardon (50) 12 C5
Montgaroult (61) 38 D4
Montgauch (09) 184 D5
Montgaudry (61) 60 C2
Montgazin (31) 185 F2
Montgé-en-Goële (77) 43 F2
Montgeard (31) 185 H2
Montgellafrey (73) 132 C6
Montgenèvre (05) 147 F4
Montgenost (51) 44 C6
Montgérain (60) 20 D3
Montgermont (35) 57 E2
Montgeron (91) 42 D5
Montgeroult (95) 42 B2
Montgesoye (25) 103 H2
Montgesty (46) 152 B2
Montgey (81) 170 A6
Montgibaud (19) 124 C5
Montgilbert (73) 132 C5
Montgirod (73) 132 D5
Montgiscard (31) 185 G1
Montgivray (36) 111 G1
Montgobert (02) 21 H5
Montgon (08) 24 A4
Montgradail (11) 186 C4
Montgras (31) 184 D1
Montgreleix (15) 140 D1
Montgru-Saint-Hilaire (02) . . 44 B1
Montguers (26) 159 F5
Montgueux (10) 66 A3
Montguillon (49) 76 C2
Montguyon (17) 135 H2
les Monthairons (55) 47 F2
Montharville (28) 62 A4
Monthault (35) 37 F6
Monthaut (11) 186 C4
Monthelie (21) 101 G3
Monthelon (51) 45 E2
Monthelon (71) 100 C4
Monthenault (02) 22 C4
Montheries (52) 67 G4
Montherlant (60) 20 A6
Monthermé (08) 11 E6
Monthiers (02) 44 B2
Monthieux (01) 130 B1
Monthion (73) 132 C4
Monthodon (37) 79 E3
Monthoiron (86) 94 D6
Monthois (08) 24 B5
Montholier (39) 102 D4
Monthou-sur-Bièvre (41) . . . 79 H5
Monthou-sur-Cher (41) 79 H6
Monthuchon (50) 37 E1
Monthurel (02) 44 D2
Monthureux-le-Sec (88) 69 F4
Monthureux-sur-Saône (88) . . 69 E5
Monthyon (77) 43 G2
Monticello (2B) 202 D5

Montier-en-Der (52) 67 F1
Montier-en-l'Isle (10) 67 E3
Montiéramey (10) 66 C4
Montierchaume (36) 96 D5
Montiers (60) 20 D4
Montiers-sur-Saulx (55) 68 A1
Monties (32) 184 B1
Montignac (24) 138 A3
Montignac (33) 149 H1
Montignac (65) 183 F3
Montignac-Charente (16) . . 122 B3
Montignac-de-Lauzun (47) . 151 E2
Montignac-le-Coq (16) 136 C1
Montignac-Toupinerie (47) . 150 D2
Montignargues (30) 173 H2
Montigné (16) 122 A2
Montigné-le-Brillant (53) . . . 58 C5
Montigné-lès-Rairies (49) . . . 77 G3
Montigny (14) 14 A6
Montigny (18) 98 A1
Montigny (45) 63 E5
Montigny (54) 49 G6
Montigny (72) 60 B1
Montigny (76) 17 G6
Montigny-
   -aux-Amognes (58) 99 E3
Montigny-
   -devant-Sassey (55) 24 D4
Montigny-en-Arrouaise (02) . . 9 E6
Montigny-en-Cambrésis (59) . . 9 F4
Montigny-en-Gohelle (62) . . . 8 C1
Montigny-en-Morvan (58) . . 100 A2
Montigny-en-Ostrevent (59) . . 8 D2
Montigny-la-Resle (89) 83 G1
Montigny-l'Allier (02) 43 H1
Montigny-
   -le-Bretonneux (78) 42 B5
Montigny-le-Chartif (28) . . . 61 G3
Montigny-le-Franc (02) 22 D2
Montigny-le-Gannelon (28) . . 61 H6
Montigny-le-Guesdier (77) . . 65 E2
Montigny-Lencoup (77) 64 C2
Montigny-Lengrain (02) 21 G5
Montigny-lès-Arsures (39) . . 103 E4
Montigny-lès-Cherlieu (70) . . 87 E2
Montigny-lès-Condé (02) . . . 44 C3
Montigny-
   -lès-Cormeilles (95) 42 C3
Montigny-lès-Jongleurs (80) . . 7 F3
Montigny-lès-Metz (57) 26 B5
Montigny-lès-Monts (10) . . . 66 A5
Montigny-
   -lès-Vaucouleurs (55) 47 H6
Montigny-lès-Vesoul (70) . . . 87 F3
Montigny-Montfort (21) 84 C4
Montigny-Mornay-Villeneuve-
   -sur-Vingeanne (21) 86 B4
Montigny-
   -Saint-Barthélemy (21) . . . 84 C5
Montigny-sous-Marle (02) . . 22 D1
Montigny-
   -sur-Armançon (21) 84 D5
Montigny-sur-Aube (21) 67 F6
Montigny-sur-Avre (28) 40 D5
Montigny-sur-Canne (58) . . . 99 G4
Montigny-sur-Chiers (54) . . . 25 G4
Montigny-sur-Crécy (02) . . . 22 C2
Montigny-sur-l'Ain (39) 103 E6
Montigny-sur-l'Hallue (80) . . . 7 H5
Montigny-sur-Loing (77) 64 A3
Montigny-sur-Meuse (08) . . . 11 E4
Montigny-sur-Vence (08) . . . 24 A2
Montigny-sur-Vesle (51) 22 D5
Montilliers (49) 93 E1
Montillot (89) 83 G4
Montilly (03) 113 H1
Montilly-sur-Noireau (61) . . . 38 B4
Montils (17) 121 F4
les Montils (41) 79 H4
Montipouret (36) 111 G1
Montirat (11) 187 E3
Montirat (81) 153 H6
Montireau (28) 61 G2
Montiron (32) 168 B5
Montivernage (25) 88 A6
Montivilliers (76) 15 F1
Montjardin (11) 186 C5
Montjaux (12) 171 H1
Montjavoult (60) 19 G6
Montjay (05) 159 G4
Montjay (71) 102 B5
Montjean (16) 108 C6
Montjean (53) 58 B5
Montjean-sur-Loire (49) 75 H4
Montjoi (11) 187 F5
Montjoi (82) 151 H6
Montjoie-
   -en-Couserans (09) 185 E5
Montjoie-le-Château (25) . . . 88 D5
Montjoie-Saint-Martin (50) . . 35 H5
Montjoire (31) 169 F4
Montjoux (26) 158 D3
Montjoyer (26) 158 B3
Montjustin (04) 176 B3
Montjustin-et-Velotte (70) . . . 87 H3
Montlandon (28) 61 G2
Montlaur (11) 187 F4
Montlaur (12) 171 G3
Montlaur (31) 169 G6
Montlaur-en-Diois (26) 159 F2
Montlaux (04) 176 D1
Montlauzun (46) 152 B5
Montlay-en-Auxois (21) 84 C6
Montlebon (25) 104 B2
Montlevicq (36) 111 H1
Montlevon (02) 44 C3
Montlhéry (91) 42 C6
Montliard (45) 63 G6
Montlieu-la-Garde (17) 135 G2
Montlignon (95) 42 C2
Montliot-et-Courcelles (21) . . 85 E1

Montlivault (41) 80 A3
Montlognon (60) 43 F1
Montloué (02) 23 E2
Montlouis (18) 97 F5
Montlouis-sur-Loire (37) 79 E5
Montluçon (03) 112 D4
Montluel (01) 130 B2
Montmachoux (77) 64 C3
Montmacq (60) 21 F4
Montmagny (95) 42 D3
Montmahoux (25) 103 G3
Montmain (21) 102 A3
Montmain (76) 17 H6
Montmançon (21) 86 B6
Montmarault (03) 113 F4
Montmarlon (39) 103 F4
Montmartin (60) 21 E4
Montmartin-
   -en-Graignes (50) 13 F5
Montmartin-le-Haut (10) . . . 67 E4
Montmartin-sur-Mer (50) . . . 36 D2
Montmaur (05) 160 A2
Montmaur (11) 186 A1
Montmaur-en-Diois (26) . . . 159 E1
Montmaurin (31) 184 A3
Montmédy (55) 25 E3
Montmeillant (08) 23 G2
Montmelard (71) 115 G4
Montmelas-
   -Saint-Sorlin (69) 129 G1
Montmélian (73) 132 A5
Montmerle-sur-Saône (01) . . 116 B6
Montmerrei (61) 39 E5
Montmeyan (83) 177 E5
Montmeyran (26) 144 B6
Montmin (74) 132 B2
Montmirail (51) 44 C4
Montmirail (72) 61 E5
Montmiral (26) 144 C3
Montmirat (30) 173 H3
Montmirey-la-Ville (39) 102 C1
Montmirey-le-Château (39) . 102 D1
Montmoreau-
   -Saint-Cybard (16) 122 B6
Montmorency (95) 42 D3
Montmorency-Beaufort (10) . . 67 E1
Montmorillon (86) 109 H3
Montmorin (05) 159 G2
Montmorin (63) 127 G4
Montmorot (39) 102 D6
Montmort (71) 100 B6
Montmort-Lucy (51) 45 E3
Montmotier (88) 69 G6
Montmoyen (21) 85 F2
Montmurat (15) 153 H2
Montmusard (21) 101 H1
Montner (66) 200 D2
Montoillot (21) 101 F1
Montoir-de-Bretagne (44) . . . 73 H4
Montoire-sur-le-Loir (41) . . . 79 E2
Montois-la-Montagne (57) . . 26 B4
Montoison (26) 144 B6
Montoldre (03) 114 A4
Montolieu (11) 186 D2
Montolivet (77) 44 B4
Montonvillers (80) 7 G5
Montord (03) 113 H4
Montory (64) 181 G4
Montot (21) 102 B2
Montot (70) 86 D4
Montot-sur-Rognon (52) . . . 68 A3
Montouliers (34) 188 A2
Montoulieu (09) 185 H6
Montoulieu (34) 173 F2
Montoulieu-
   -Saint-Bernard (31) 184 C3
Montournais (85) 92 C5
Montours (35) 35 H5
Montourtier (53) 59 E3
Montoussé (65) 183 G4
Montoussin (31) 184 D2
Montoy-Flanville (57) 26 C5
Montpellier (34) 173 F5
Montpellier-
   -de-Médillan (17) 121 E4
Montpensier (63) 113 G6
Montperreux (25) 104 A4
Montpeyroux (12) 155 E2
Montpeyroux (24) 136 B5
Montpeyroux (34) 172 D5
Montpeyroux (63) 127 F4
Montpezat (30) 173 H3
Montpezat (32) 184 C1
Montpézat (47) 151 E4
Montpezat-de-Quercy (82) . 152 D5
Montpezat-
   -sous-Bauzon (07) 157 F1
Montpinchon (50) 37 E2
Montpinier (81) 170 C5
Montpitol (31) 169 G4
Montplonne (55) 47 E5
Montpollin (49) 77 G3
Montpon-Ménestérol (24) . . 136 B4
Montponthou (10) 44 C6
Montpothier (10) 65 E1
Montpouillan (47) 150 B3
Montrabé (31) 169 F5
Montrabot (50) 37 H1
Montracol (01) 116 D5
Montravers (79) 92 D4
Montréal (07) 157 F3
Montréal (11) 186 C3
Montréal (32) 167 E2
Montréal (89) 84 B4
Montréal-la-Cluse (01) 117 G5
Montréal-les-Sources (26) . . 159 E4
Montrécourt (59) 9 F3
Montredon (46) 153 H2
Montredon-
   -des-Corbières (11) 188 A3
Montredon-
   -Labessonnié (81) 170 D4

Montregard (43) 143 F3
Montréjeau (31) 184 A4
Montrelais (44) 76 B5
Montrem (24) 137 E3
Montrésor (37) 95 H2
Montret (71) 102 A6
Montreuil (28) 41 F4
Montreuil (62) 6 D1
Montreuil (85) 107 E2
Montreuil (93) 42 D4
Montreuil-au-Houlme (61) . . . 38 D5
Montreuil-aux-Lions (02) . . . 44 A2
Montreuil-Bellay (49) 93 G2
Montreuil-Bonnin (86) 108 D1
Montreuil-des-Landes (35) . . 58 A3
Montreuil-en-Auge (14) 15 E5
Montreuil-en-Caux (76) 18 D2
Montreuil-en-Touraine (37) . . 79 F5
Montreuil-Juigné (49) 76 D4
Montreuil-la-Cambe (61) . . . 39 E4
Montreuil-l'Argillé (27) 39 H3
Montreuil-le-Chétif (72) 59 H4
Montreuil-le-Gast (35) 57 E1
Montreuil-le-Henri (72) 78 D1
Montreuil-Poulay (53) 59 E2
Montreuil-
   -sous-Pérouse (35) 57 H2
Montreuil-sur-Barse (10) . . . 66 C4
Montreuil-sur-Blaise (52) . . . 67 G1
Montreuil-sur-Brêche (60) . . . 20 C4
Montreuil-sur-Epte (95) 41 G1
Montreuil-sur-Ille (35) 57 F1
Montreuil-sur-Loir (49) 77 E3
Montreuil-sur-Lozon (50) . . . 13 E6
Montreuil-sur-Maine (49) . . . 76 D3
Montreuil-sur-Thérain (60) . . 20 B5
Montreuillon (58) 99 H2
Montreux (54) 49 H6
Montreux-Château (90) 88 D3
Montreux-Jeune (68) 88 D3
Montreux-Vieux (68) 88 D3
Montrevault (49) 75 G5
Montrevel (38) 131 E5
Montrevel (39) 117 F3
Montrevel-en-Bresse (01) . . 116 D3
Montrichard (41) 79 G6
Montricher-Albanne (73) . . . 146 C2
Montricoux (82) 169 G1
Montrieux-en-Sologne (41) . . 80 C4
Montrigaud (26) 144 C2
Montriond (74) 119 F4
Montrodat (48) 155 H3
Montrol-Sénard (87) 110 A2
Montrollet (16) 123 E1
Montromant (69) 129 G3
Montrond (05) 159 H4
Montrond (39) 103 E5
Montrond-le-Château (25) . . 103 G2
Montrond-les-Bains (42) . . . 129 E4
Montrosier (81) 153 F6
Montrottier (69) 129 G3
Montroty (76) 19 G4
Montrouge (92) 42 D4
Montrouveau (41) 79 E2
Montroy (17) 106 C2
Montrozier (12) 154 D4
Montry (77) 43 G3
Monts (37) 78 D6
Monts (60) 20 A6
Monts-en-Bessin (14) 14 A5
Monts-en-Ternois (62) 7 G2
Monts-sur-Guesnes (86) . . . 94 B4
les Monts-Verts (48) 141 F5
Montsalès (12) 153 G3
Montsalier (04) 176 B1
Montsalvy (15) 154 B1
Montsapey (73) 132 C5
Montsauche-
   -les-Settons (58) 100 B1
Montsaugeon (52) 86 B3
Montsaunès (31) 184 C4
Montsec (55) 47 H3
Montsecret (61) 38 A4
Montségur (09) 186 A6
Montségur-sur-Lauzon (26) . 158 B4
Montselgues (07) 156 D3
Montséret (11) 187 H4
Montsérié (65) 183 H4
Montseron (09) 185 F5
Montseveroux (38) 130 B6
Montsoreau (49) 94 A1
Montsoué (40) 166 A4
Montsoult (95) 42 D2
Montsûrs (53) 59 E4
Montsurvent (50) 36 D1
Montsuzain (10) 66 B2
Montureux-et-Prantigny (70) . 86 D2
Montureux-lès-Baulay (70) . . 87 F1
Montusclat (43) 142 D4
Montussaint (25) 87 H3
Montussan (33) 135 F5
Montvalen (81) 169 G3
Montvalezan (73) 133 F4
Montvendre (26) 144 C5
Montverdun (42) 128 D3
Montvernier (73) 146 C1
Montvert (15) 139 G4
Montvicq (03) 113 E4
Montviette (14) 15 E6
Montville (76) 17 G5
Montviron (50) 35 H3
Montzéville (55) 25 E5
Monviel (47) 151 E2
Monze (11) 187 E4
Moon-sur-Elle (50) 13 F6
Moosch (68) 88 D1
Mooslargue (68) 89 F4
Moraches (58) 99 G1

238

Moragne (17). 107 E6
Morainville (28). 62 D2
Morainville-Jouveaux (27). . . 15 G4
Morainvilliers (78). 42 A3
Morancé (69). 129 H2
Morancez (28). 62 D2
Morancourt (52). 67 G2
Morand (37). 79 F4
Morangis (51). 45 E3
Morangis (91). 42 D5
Morangles (60). 42 C1
Morannes (49). 77 E2
Moranville (55). 47 G1
Moras (38). 130 D4
Moras-en-Valloire (26) . . . 144 B1
Morbecque (59). 2 C4
Morbier (39). 118 B1
Morcenx (40). 165 F1
Morchain (80). 21 F1
Morcourt (02). 9 E6
Morcourt (80). 8 A6
Mordelles (35). 57 E3
Moréac (56). 55 F4
Morée (41). 79 H1
Moreilles (85). 106 D2
Morelmaison (88). 69 E3
Morembert (10). 66 C1
Morestel (38). 131 E4
Moret-sur-Loing (77). 64 D2
Morêtel-de-Mailles (38) . . . 132 A6
Morette (38). 145 E1
Moreuil (80). 20 D1
Morey (71). 101 F5
Morey-Saint-Denis (21). . . . 101 H1
Morez (39). 118 B2
Morfontaine (54). 25 H4
Morganx (40). 165 H5
Morgemoulin (55). 25 G6
Morgny (27). 19 F5
Morgny-en-Thiérache (02) . . . 23 E1
Morgny-la-Pommeraye (76). . . 17 H5
Morhange (57). 49 F3
Moriat (63). 127 G6
Morienne (76). 19 G1
Morienval (60). 21 F5
Morières-lès-Avignon (84) . . 175 G4
Moriers (28). 62 A4
Morieux (22). 33 H4
Moriez (04). 177 H2
Morigny (50). 37 G3
Morigny-Champigny (91) . . . 63 F2
Morillon (74). 119 F5
Moringhem (62). 2 A4
Morionvilliers (52). 68 B2
Morisel (80). 20 D1
Moriville (88). 69 H2
Moriviller (54). 69 H1
Morizécourt (88). 68 C5
Morizès (33). 150 A2
Morlaàs (64). 182 C2
Morlac (18). 97 G6
Morlaix (29). 32 A3
Morlancourt (80). 8 A5
Morlanne (64). 165 H6
Morlet (71). 101 E4
Morley (55). 47 F6
Morlhon-le-Haut (12) 153 G5
Morlincourt (60). 21 G3
Mormaison (85). 91 G2
Mormant (77). 43 G6
Mormant-
 -sur-Vernisson (45) 64 A4
Mormès (32). 166 C3
Mormoiron (84). 175 G1
Mornac (16). 122 C3
Mornac-sur-Seudre (17) . . . 120 C3
Mornand-en-Forez (42) . . . 128 D4
Mornans (26). 158 D2
Mornant (69). 129 H4
Mornas (84). 158 A6
Mornay (71). 115 G2
Mornay-Berry (18). 98 C3
Mornay-sur-Allier (18). 98 D5
Moroges (71). 101 F5
Morogues (18). 98 A1
Morosaglia (2B). 203 F6
Morre (25) 103 G1
Morsain (02). 21 H4
Morsains (51). 44 C4
Morsalines (50). 13 E2
Morsan (27). 15 H5
Morsang-sur-Orge (91). 42 D5
Morsang-sur-Seine (91) 43 E6
Morsbach (57). 27 G5
Morsbronn-les-Bains (67). . . 51 E3
Morschwiller (67). 50 D3
Morschwiller-le-Bas (68). . . . 89 F2
Morsiglia (2B). 203 F2
Mortagne (88). 70 B3
Mortagne-au-Perche (61) . . . 60 D1
Mortagne-du-Nord (59) 4 A6
Mortagne-
 -sur-Gironde (17) 120 D5
Mortagne-sur-Sèvre (85) . . . 92 B3
Mortain (50). 37 G5
Mortcerf (77). 43 G4
la Morte (38). 145 H4
Morteau (25). 104 B2
Morteaux-Coulibœuf (14) . . . 39 E3
Mortefontaine (02). 21 G5
Mortefontaine (60). 43 E1
Mortefontaine-
 -en-Thelle (60). 20 B6
Mortemart (87). 110 A6
Mortemer (60). 21 E3
Mortemer (76). 19 F1
Mortery (77). 44 A6
Morthomiers (18). 97 G3
Mortiers (02). 22 C2
Mortiers (17). 121 G6

Morton (86). 93 H2
Mortrée (61). 39 F5
Mortroux (23). 111 G3
Mortzwiller (68). 88 D2
Morval (62). 8 B5
Morvillars (90). 88 D4
Morville (50). 12 D3
Morville (88). 68 D3
Morville-en-Beauce (45). . . . 63 F3
Morville-lès-Vic (57). 49 F4
Morville-sur-Andelle (76) . . . 19 E4
Morville-sur-Nied (57). 49 E2
Morville-sur-Seille (54) 48 C3
Morvillers (60). 19 H3
Morvillers-
 -Saint-Saturnin (80) 19 H1
Morvilliers (10). 67 E2
Morvilliers (28). 40 C6
Mory (62). 8 B3
Mory-Montcrux (60) 20 C3
Morzine (74). 119 F4
Mosles (14). 13 H5
Moslins (51). 45 E3
Mosnac (16). 122 A4
Mosnac (17). 121 F5
Mosnay (36). 111 E1
Mosnes (37). 79 G5
Mosset (66). 200 B2
Mosson (21). 85 E1
Mostuéjouls (12). 155 G5
Motey-Besuche (70) 86 D6
Motey-sur-Saône (70) 86 D4
la Mothe-Achard (85). 91 E5
la Mothe-Saint-Héray (79) . . 108 B3
Mothern (67). 51 G2
Motreff (29). 54 B1
la Motte (22). 55 G1
la Motte (83). 177 H6
la Motte-Chalancon (26) . . . 159 F3
la Motte-d'Aigues (84). 176 B4
la Motte-d'Aveillans (38) . . . 145 G4
la Motte-de-Galaure (26) . . . 144 B2
la Motte-du-Caire (04). 160 B4
la Motte-en-Bauges (73). . . . 132 B3
la Motte-
 -en-Champsaur (05) 146 B6
la Motte-Fanjas (26) 144 D4
la Motte-Feuilly (36) 111 H2
la Motte-Fouquet (61) 38 C6
la Motte-Saint-Jean (71). . . 114 D2
la Motte-Saint-Martin (38) . . 145 G4
la Motte-Servolex (73) 131 H4
la Motte-Ternant (21) 84 C6
la Motte-Tilly (10) 65 F1
Mottereau (28). 61 G3
Motteville (76). 17 F4
Mottier (38). 130 D6
Motz (73). 131 G1
Mouacourt (54). 49 F5
Mouais (44). 57 F6
Mouans-Sartoux (06) 178 C5
Mouaville (54). 25 H6
Mouazé (35). 57 F2
Mouchamps (85). 92 A5
Mouchan (32). 167 F2
Mouchard (39). 103 E3
la Mouche (50). 35 H2
Mouchès (32). 167 G5
Mouchin (59). 3 H6
Mouchy-le-Châtel (60). 20 B5
Moudeyres (43). 142 D5
Mouen (14). 14 B5
Mouettes (27). 41 F3
Mouffy (89). 83 F3
Mouflaines (27). 19 F6
Mouflers (80). 7 E4
Mouflières (80). 6 D6
Mougins (06). 178 D5
Mougon (79). 108 A4
Mouguerre (64). 164 B6
Mouhers (36). 111 F1
Mouhet (36). 110 D3
Mouhous (64). 166 B6
Mouillac (33). 135 G4
Mouillac (82). 153 E5
la Mouille (39). 118 A2
Mouilleron (52). 85 H3
Mouilleron-en-Pareds (85) . . 92 C6
Mouilleron-le-Captif (85) . . . 91 G4
Mouilly (55). 47 G2
Moulainville (55). 47 G1
Moularès (81). 170 D1
Moulay (53). 58 D3
Moulayrès (81). 170 B4
Moulédous (65). 183 G4
Moulès-et-Baucels (34). . . . 173 E2
Mouleydier (24). 137 E5
Moulézan (30). 173 H2
Moulhard (28). 61 G4
Moulicent (61). 40 B6
Moulidars (16). 122 A4
Mouliets-
 -et-Villemartin (33) 136 A5
Mouliherne (49). 77 H4
Moulin-Mage (81). 171 G4
Moulin-Neuf (09). 186 B4
Moulin-Neuf (24). 136 B4
Moulin-sous-Touvent (60) . . . 21 G4
Moulineaux (76). 18 C5
Moulines (14). 14 C6
Moulines (50). 37 G6
Moulinet (06). 179 F2
Moulinet (47). 151 E2
le Moulinet-sur-Solin (45). . . 82 A2
Moulins (02). 22 C4
Moulins (03). 113 H2
Moulins (35). 57 G4
Moulins-en-Tonnerrois (89) . . 84 B2
Moulins-Engilbert (58) . . . 100 A3
Moulins-la-Marche (61) 39 H5
Moulins-le-Carbonnel (72) . . 59 H2

Moulins-lès-Metz (57). 26 B5
Moulins-Saint-Hubert (55) . . 24 D3
Moulins-sur-Céphons (36) . . 96 B3
Moulins-sur-Orne (61). 39 E4
Moulins-sur-Ouanne (89) . . . 83 E3
Moulins-sur-Yèvre (18). 97 H3
Moulis (09). 184 D5
Moulis-en-Médoc (33) 134 D3
Moulismes (86). 109 H3
Moulle (62). 2 A3
Moulon (33). 135 H5
Moulon (45). 63 H6
Moulotte (55). 48 A1
Moult (14). 14 D5
Moumoulous (65). 183 F2
Moumour (64). 181 H3
Mounes-Prohencoux (12) . . 171 G4
Mourède (32). 167 F3
Mourens (33). 149 H1
Mourenx (64). 182 A1
Mouret (12). 154 C3
Moureuille (63). 113 F5
Mourèze (34). 172 C5
Mouriès (13). 191 F2
Mouriez (62). 7 E2
Mourioux-Vieilleville (23) . . . 111 E6
Mourjou (15). 154 A1
Mourmelon-le-Grand (51) . . . 45 H1
Mourmelon-le-Petit (51). . . . 45 H1
Mournans-Charbonny (39) . . 103 G3
Mouron (08). 24 B5
Mouron-sur-Yonne (58) 99 H2
Mouroux (77). 43 H4
Mours (95). 42 C1
Mours-Saint-Eusèbe (26) . . 144 C3
Mourvilles-Basses (31). . . . 169 G6
Mourvilles-Hautes (31). . . . 186 A1
Mouscardès (40). 165 F5
Moussac (30). 174 A2
Moussac (86). 109 G4
Moussages (15). 140 B2
Moussan (11). 188 A3
Moussé (35). 57 H4
Mousseaux-lès-Bray (77) . . . 64 D2
Mousseaux-Neuville (27) . . . 41 E3
Mousseaux-sur-Seine (78) . . 41 G2
Moussey (10). 66 B4
Moussey (57). 49 G5
Moussey (88). 70 D1
les Moussières (39). 118 A3
Mousson (54). 48 C3
Moussonvilliers (61) 40 B6
Moussoulens (11) 186 D3
Moussy (51). 45 E2
Moussy (58). 99 F2
Moussy (95). 42 A1
Moussy-le-Neuf (77). 43 E2
Moussy-le-Vieux (77). 43 E2
Moussy-Verneuil (02) 22 C4
Moustajon (31) 197 F1
Moustéru (22) 32 D4
Moustey (40). 149 E4
Moustier (47). 150 D1
Moustier-en-Fagne (59) 10 B4
Moustier-Ventadour (19). . . 125 G6
Moustiers-
 -Sainte-Marie (04). 177 F3
le Moustoir (22). 32 C6
Moustoir-Ac (56). 55 F4
Moustoir-Remungol (56) . . . 55 F3
la Moutade (63). 127 F1
le Moutaret (38). 132 A6
Mouterhouse (57). 50 C2
Mouterre-Silly (86) 93 H3
Mouterre-sur-Blourde (86) . . 109 G5
Mouthe (25). 103 H6
le Moutherot (25). 103 E1
Mouthier-en-Bresse (71) . . . 102 C4
Mouthier-Haute-Pierre (25). . 103 H3
Mouthiers-sur-Boëme (16) . . 122 B5
Mouthoumet (11) 187 F5
Moutier-d'Ahun (23) 111 H6
Moutier-Malcard (23) 111 G3
Moutier-Rozeille (23). 125 H2
Moutiers (28). 62 C3
Moutiers (35). 58 A5
Moûtiers (73). 132 D5
Moutiers-au-Perche (61). . . . 61 F1
les Moutiers-en-Auge (14) . . 39 E3
les Moutiers-
 -en-Cinglais (14) 14 B6
Moutiers-en-Puisaye (89) . . . 82 D4
les Moutiers-en-Retz (44) . . . 74 A6
les Moutiers-Hubert (14). . . . 39 G2
Moutiers-
 -les-Mauxfaits (85) 91 G6
Moutiers-Saint-Jean (21) . . . 84 C4
Moutiers-
 -sous-Argenton (79) 93 F3
Moutiers-
 -sous-Chantemerle (79) . . . 92 D6
Moutiers-sur-le-Lay (85) . . . 106 C1
Mouton (16). 122 C2
Moutonne (39). 117 G2
Moutonneau (16). 122 C1
Moutoux (39). 103 F5
Moutrot (54). 48 B6
Mouvaux (59). 3 G4
Moux (11). 187 G3
Moux-en-Morvan (58) 100 C2
Mouxy (73). 131 H3
Mouy (60). 20 C5
Mouy-sur-Seine (77) 64 D2
Mouzay (37). 95 F2
Mouzay (55). 24 D4
Mouzeil (44). 75 E3
Mouzens (24). 137 H5
Mouzens (81). 170 A6
Mouzeuil-
 -Saint-Martin (85) 106 D2

Mouzieys-Panens (81). 170 A1
Mouzieys-Teulet (81). 170 D3
Mouzillon (44). 75 E6
Mouzon (08). 24 D3
Mouzon (16). 123 E2
Moval (88). 88 D3
Moÿ-de-l'Aisne (02). 22 A1
Moyaux (14). 15 G4
Moydans (05). 159 F4
Moye (74). 131 H2
Moyemont (88). 70 A2
Moyen (54). 70 A1
Moyencourt (80). 21 G2
Moyencourt-lès-Poix (80) . . . 20 A1
Moyenmoutier (88). 70 C2
Moyenneville (60). 21 E4
Moyenneville (62). 8 B3
Moyenneville (80). 6 D4
Moyenvic (57). 49 F4
Moyeuvre-Grande (57). 26 B4
Moyeuvre-Petite (57). 26 B4
Moyon (50). 37 F2
Moyrazès (12). 154 B4
Moyvillers (60). 21 E4
Mozac (63). 127 F2
Mozé-sur-Louet (49). 76 D5
Mozet (76). 17 H3
Mudaison (34). 173 G5
Muel (35). 56 C2
Muespach (68). 89 G3
Muespach-le-Haut (68). 89 G3
Mugron (40). 165 G3
Muhlbach-sur-Bruche (67). . . 50 B6
Muhlbach-sur-Munster (68) . . 70 D5
Muides-sur-Loire (41). 80 B3
Muidorge (60). 20 B3
Muids (27). 18 D6
Muille-Villette (80). 21 G2
Muirancourt (60). 21 G2
Muizon (51). 22 D6
les Mujouls (06). 178 C2
la Mulatière (69). 130 A3
Mulcent (78). 41 G3
Mulcey (57). 49 F4
Mulhausen (67). 50 D3
Mulhouse (68). 89 F2
Mulsanne (72). 60 B6
Mulsans (41). 80 A3
Mun (65). 183 G2
Munchhausen (67). 51 G2
Munchhouse (68) 71 G6
Muncq-Nieurlet (62). 2 A3
Mundolsheim (67). 51 E5
Muneville-le-Bingard (50). . . 12 D6
Muneville-sur-Mer (50). 35 G1
le Mung (17). 121 E1
Munster (57). 49 H3
Munster (68). 71 E5
Muntzenheim (68). 71 G4
Munwiller (68). 71 F6
Mur-de-Barrez (12) 140 C6
Mûr-de-Bretagne (22) 55 F1
Mur-de-Sologne (41). 80 B5
Muracciole (2B). 205 F3
Murasson (12). 171 G4
Murat (03). 113 F3
Murat (15). 140 D3
Murat-le-Quaire (63). 126 C5
Murat-sur-Vèbre (81). 171 G5
Murato (2B). 203 F5
la Muraz (74). 118 C5
Murbach (68). 71 E6
la Mure (38). 145 G5
la Mure-Argens (04) 177 H1
Mureaumont (60) 19 G2
les Mureaux (78). 42 A2
Mureils (26). 144 B2
Mûres (74). 132 A2
Muret (31). 185 F1
Muret-et-Crouttes (02) 22 B6
Muret-le-Château (12). 154 C3
la Murette (38). 131 F6
Murianette (38). 145 G2
Murinais (38). 144 D2
Murles (34). 173 E5
Murlin (58). 99 E2
Muro (2B). 202 C5
Murol (63). 127 E5
Murols (12). 154 C1
Muron (17). 107 E6
Murs (36). 95 G4
Murs (84). 175 G2
Mûrs-Erigné (49). 76 D5
Murs-et-Gélignieux (01) . . . 131 F4
Murtin-et-Bogny (08) 23 H1
Murvaux (55). 25 E4
Murviel-lès-Béziers (34) . . . 188 B1
Murviel-
 -lès-Montpellier (34). 173 E5
Murville (54). 25 H5
Murzo (2A). 204 C4
Mus (30). 174 A4
Muscourt (02). 22 D5
Musculdy (64). 181 F3
Musièges (74). 118 A6
Musigny (21). 101 E2
Musseau-sur-Marne (52). . . . 67 H2
Mussidan (24). 136 D4
Mussig (67). 71 G3
Mussy-la-Fosse (21) 84 D4
Mussy-sous-Dun (71) 115 G4
Mussy-sur-Seine (10) 66 D3
Mutigney (39). 86 C3
Mutigny (51). 45 F2
Mutrécy (14). 14 B5
Muttersholtz (67). 71 G3
Mutzenhouse (67). 50 D4
Mutzig (67). 50 C6
Muy (83). 178 A6
Muzeray (55). 25 G5
Muzillac (56). 73 F2

Muzy (27). 41 E4
Myans (73). 132 A5
Myennes (58). 82 C5
Myon (25). 103 F3

N

Nabas (64). 181 G1
Nabinaud (16). 136 C1
Nabirat (24). 138 B6
Nabringhen (62). 1 G4
Nachamps (17). 107 G6
Nadaillac (24). 138 B4
Nadaillac-de-Rouge (46). . . 138 C5
Nades (03). 113 F5
Nadillac (46). 152 D2
Nagel-Séez-Mesnil (27) 40 C3
Nages (81). 171 G5
Nages-et-Solorgues (30) . . . 174 A4
Nahuja (66). 199 H4
Nailhac (24). 138 A2
Naillat (23). 111 E4
Nailloux (31). 185 H2
Nailly (89). 64 D4
Naintré (86). 94 C5
Nainville-les-Roches (91) . . . 63 H1
Naisey-les-Granges (25). . . 103 H1
Naives-en-Blois (55). 47 G5
Naives-Rosières (55). 47 E4
Naix-aux-Forges (55). 47 F6
Naizin (56). 55 F3
Najac (12). 153 G5
Nalliers (85). 106 D2
Nalliers (86). 109 H1
Nalzen (09). 186 A6
Nambsheim (68) 71 G6
Nampcel (60). 21 G4
Nampcelles-la-Cour (02). . . . 23 E1
Nampont (80). 6 D2
Namps-Maisnil (80) 20 B1
Nampteuil-sous-Muret (02) . . 22 B5
Nampty (80). 20 B1
Nan-sous-Thil (21) 84 D6
Nanc-lès-Saint-Amour (39) . . 117 E3
Nançay (18). 81 F6
Nance (39). 102 C5
Nances (73). 131 G4
Nanclars (16). 122 C2
Nançois-le-Grand (55) 47 F5
Nançois-sur-Ornain (55) . . . 47 F5
Nancras (17). 120 D3
Nancray (25). 103 G1
Nancray-sur-Rimarde (45) . . 63 G5
Nancuise (39). 117 F2
Nancy (54). 48 C5
Nancy-sur-Cluses (74). 119 E6
Nandax (42). 115 F6
Nandy (77). 43 E6
Nangeville (45). 63 G3
Nangis (77). 64 C1
Nangy (74). 118 D5
Nannay (58). 99 E1
Nans (25). 88 A4
les Nans (39). 103 F5
Nans-les-Pins (83). 192 D4
Nans-sous-
 -Sainte-Anne (25) 103 F3
Nant (12). 172 B2
Nant-le-Grand (55) 47 E5
Nant-le-Petit (55). 47 E5
Nanteau-sur-Essonne (77) . . 63 G3
Nanteau-sur-Lunain (77). . . . 64 B3
Nanterre (92). 42 C3
Nantes (44). 74 D5
Nantes-en-Ratier (38) 145 H4
Nanteuil (79) 108 B3
Nanteuil-Auriac-
 -de-Bourzac (24) 122 C6
Nanteuil-en-Vallée (16). . . . 109 E6
Nanteuil-la-Forêt (51) 45 E1
Nanteuil-la-Fosse (02). 22 B4
Nanteuil-le-Haudouin (60) . . 43 F1
Nanteuil-lès-Meaux (77) . . . 43 G3
Nanteuil-Notre-Dame (02) . . 44 B1
Nanteuil-sur-Aisne (08). . . . 23 G3
Nanteuil-sur-Marne (77) . . . 44 A3
Nantey (39). 117 F3
Nantheuil (24). 123 G6
Nanthiat (24). 123 H6
Nantiat (87). 124 A1
Nantillé (17). 121 F2
Nantillois (55). 24 D5
Nantilly (70). 86 C5
Nantoin (38). 130 D6
Nantois (55). 47 F6
Nanton (71). 116 B1
Nantouillet (77). 43 F2
Nantoux (21). 101 G3
Nantua (01). 117 G5
Naours (80). 7 G5
Narbéfontaine (57) 27 E5
Narbief (25). 104 C2
Narbonne (11). 188 A3
Narcastet (64). 182 C2
Narcy (52). 47 E6
Narcy (58). 98 D1
Nargis (45). 64 B5
Narnhac (15). 140 D5
Narp (64). 181 G1
Narrosse (40). 165 E4
Nasbinals (48). 155 F2
Nassandres (27) 40 B1
Nassiet (40). 165 G5
Nassigny (03). 112 D2
Nastringues (24). 136 B5
Nattages (01). 131 G4
Natzwiller (67). 71 E1
Naucelle (12). 154 A2

Naucelles (15) 140 A5
Naujac-sur-Mer (33) 134 C1
Naujan-et-Postiac (33) 135 H6
Nauroy (02) 9 E5
Naussac (12) 153 H3
Naussac (48) 156 C1
Naussannes (24) 137 F5
Nauviay (72) 60 C3
Nauviale (12) 154 B3
Navacelles (30) 157 F6
Navailles-Angos (64) 182 C1
Navarrenx (64) 181 G2
Naveil (41) 79 F2
Navenne (70) 87 G3
Naves (03) 113 G5
Naves (19) 139 E1
Naves (59) 9 E3
Navès (81) 170 C6
Nâves-Parmelan (74) 132 B1
Navilly (71) 102 A4
Nay (50) 12 D5
Nay (64) 182 C3
Nayemont-les-Fosses (88) . . 70 D2
le Nayrac (12) 154 C2
Nazelles-Négron (37) 79 F5
Néac (33) 135 H4
Néant-sur-Yvel (56) 56 B3
Neau (53) 59 E4
Neaufles-Auvergny (27) 40 B3
Neaufles-Saint-Martin (27) . . 19 G6
Neauphe-sous-Essai (61) . . . 39 F4
Neauphe-sur-Dive (61) 39 F4
Neauphle-le-Château (78) . . 42 A4
Neauphle-le-Vieux (78) 42 A4
Neauphlette (78) 41 G3
Neaux (42) 129 E1
Nébian (34) 172 C5
Nébing (57) 49 G3
Nébouzat (63) 126 D3
Nécy (61) 39 E4
Nedde (87) 125 E3
Nédon (62) 2 B6
Nédonchel (62) 2 B6
Neewiller-
 -près-Lauterbourg (67) . . . 51 G2
Neffes (05) 160 B3
Neffiès (34) 172 C6
Néfiach (66) 200 D2
Nègrepelisse (82) 169 F1
Négreville (50) 12 C3
Négrondes (24) 137 G1
Néhou (50) 12 C4
Nelling (57) 49 G2
Nemours (77) 64 A3
Nempont-Saint-Firmin (62) . . 6 D2
Nénigan (31) 184 B2
Néons-sur-Creuse (36) 95 F5
Néoules (83) 193 F3
Néoux (23) 125 H2
Nepvant (55) 24 D3
Nérac (47) 150 D6
Nerbis (40) 165 G3
Nercillac (16) 121 H3
Néré (17) 121 H1
Néret (36) 112 A1
Nérigean (33) 135 G5
Nérignac (86) 109 G4
Néris-les-Bains (03) 112 D4
Nernier (74) 118 D3
Néron (28) 41 F6
Néronde (42) 129 E2
Néronde-sur-Dore (63) 127 H4
Nérondes (18) 98 B3
Ners (30) 173 H1
Nersac (16) 122 B4
Nervieux (42) 129 E3
Nerville-la-Forêt (95) 42 C2
Néry (60) 21 F6
Neschers (63) 127 F5
Nescus (09) 185 F5
Nesle (80) 21 F1
Nesle-et-Massoult (21) 84 D2
Nesle-Hodeng (76) 19 F2
Nesle-la-Reposte (51) 44 C6
Nesle-le-Repons (51) 44 D2
Nesle-l'Hôpital (80) 6 C6
Nesle-Normandeuse (76) 6 C6
Nesles (62) 1 F5
Nesles-la-Montagne (02) . . . 44 B2
Nesles-la-Vallée (95) 42 C1
Neslette (80) 6 C5
Nesmy (85) 91 G5
Nesploy (45) 63 G6
Nespouls (19) 138 C4
Nessa (2B) 202 D5
Nestier (65) 183 H4
Nettancourt (55) 46 D3
Neublans-Abergement (39) . 102 B4
Neubois (67) 71 F2
le Neubourg (72) 40 C1
Neuchâtel-Urtière (25) 88 C5
Neuf-Berquin (59) 2 D5
Neuf-Brisach (68) 71 G5
Neuf-Église (63) 113 E6
Neuf-Marché (76) 19 G4
Neuf-Mesnil (59) 10 A2
Neufbosc (76) 19 E2
le Neufbourg (50) 37 G5
Neufchâteau (88) 68 D2
Neufchâtel-en-Bray (76) . . . 19 E2
Neufchâtel-en-Saosnois (72) . 60 B2
Neufchâtel-Hardelot (62) 1 F5
Neufchâtel-sur-Aisne (02). . . 23 E4
Neufchef (57) 26 B3
Neufchelles (60) 43 H1
Neuffons (33) 150 B1
Neuffontaines (58) 83 H6
Neufgrange (57) 27 H5
Neuflieux (02) 21 H3
Neuflize (08) 23 G4

Neufmaison (08) 23H1
Neufmaisons (54) 70C1
Neufmanil (08) 24B1
Neufmesnil (50). 12C5
Neufmoulin (80) 7E4
Neufmoulins (57) 49H5
Neufmoutiers-en-Brie (77) . . . 43G5
le Neufour (55) 46D1
Neufvillage (57). 49G2
Neufvy-sur-Aronde (60) 21E4
Neugartheim-Ittlenheim (67) . 50D3
Neuhaeusel (67) 51G3
Neuil (37) 94D2
Neuilh (65) 183H4
Neuillac (17) 121G5
Neuillay-les-Bois (36) 96B5
Neuillé (49) 77H6
Neuillé-le-Lierre (37) 79F4
Neuillé-Pont-Pierre (37) . . 78C4
Neuilly (27) 41F3
Neuilly (58) 99F1
Neuilly (89) 83F1
Neuilly-en-Donjon (03) . . . 114D3
Neuilly-en-Dun (18) 98B5
Neuilly-en-Sancerre (18) . . 82A6
Neuilly-en-Thelle (60) 20C6
Neuilly-en-Vexin (95) 42B1
Neuilly-la-Forêt (14) 13F5
Neuilly-le-Bisson (61) 60B1
Neuilly-le-Brignon (37) . . . 95E3
Neuilly-le-Dien (80) 7E3
Neuilly-le-Réal (03) 114A2
Neuilly-le-Vendin (53) 59F1
Neuilly-l'Évêque (52) 68B6
Neuilly-l'Hôpital (80) 6D3
Neuilly-Plaisance (93) 43E4
Neuilly-Saint-Front (02) . . . 44A1
Neuilly-sous-Clermont (60) . 20C5
Neuilly-sur-Eure (61) 61F1
Neuilly-sur-Marne (93) . . . 43E4
Neuilly-sur-Seine (92) 42C3
Neuilly-sur-Suize (52) 67H5
Neulette (62) 7F1
Neulise (42) 129E2
Neulles (17) 121G5
Neulliac (56) 55F2
Neung-sur-Beuvron (41) . . . 80C4
Neunkirchen-
  lès-Bouzonville (57) 27E3
Neure (03) 98C6
Neurey-en-Vaux (70) 87G2
Neurey-lès-la-Demie (70) . . 87G3
Neussargues-Moissac (15) . 141E3
Neuve-Chapelle (62) 3E5
Neuve-Église (67) 71F2
la Neuve-Grange (27) 19F5
la Neuve-Lyre (27) 40B3
Neuve-Maison (02) 10A5
Neuvecelle (74) 119E3
Neuvéglise (15) 141E5
Neuville-lès-Cromary (70) . . 87F3
Neuville-lès-la-Charité (70) . 87F4
la Neuville-lès-Lure (70) . . 88A2
la Neuville-lès-Scey (70) . . 87E2
Neuville-lès-Voisey (52) . . . 86D1
Neuves-Maisons (54) 48C6
la Neuville-
  devant-Lépanges (88) . . . 70B4
la Neuville-
  sous-Châtenois (88) 69E3
la Neuville-
  sous-Montfort (88) 69F3
Neuvic (19) 139H1
Neuvic (24) 136D3
Neuvic-Entier (87) 124D3
Neuvicq (17) 135H2
Neuvicq-le-Château (17) . . 121F1
Neuvillalais (72) 59H4
Neuville (19) 139E3
la Neuville (59) 3F6
Neuville (63) 127H3
la Neuville-à-Maire (08) . . 24B3
Neuville-au-Bois (80) 6D5
Neuville-au-Cornet (62) . . . 7G2
Neuville-au-Plain (50) . . . 13E4
la Neuville-au-Pont (51) . . 46C1
Neuville-aux-Bois (45) . . . 63E5
la Neuville-aux-Bois (51) . . 46C3
la Neuville-aux-Joûtes (08) . 10C6
la Neuville-aux-Larris (51) . 45E1
Neuville-Bosc (60) 20A6
la Neuville-Bosmont (02) . . 22D2
Neuville-Bourjonval (62) . . 8C4
la Neuville-
  Chant-d'Oisel (76) 18D5
Neuville-Coppegueule (80) . 6D6
la Neuville-d'Aumont (60) . 20B5
Neuville-Day (08) 24A4
Neuville-de-Poitou (86) . . . 94B6
la Neuville-du-Bosc (27) . . 18B6
Neuville-en-Avesnois (59) . 9G3
Neuville-en-Beaumont (50) . 12C4
la Neuville-en-Beine (02) . . 21H3
Neuville-en-Ferrain (59) . . 3G4
la Neuville-en-Hez (60) . . . 20C5
la Neuville-
  en-Tourne-à-Fuy (08) . . . 23G5
Neuville-en-Verdunois (55) . 47F3
Neuville-Ferrières (76) . . . 19F2
la Neuville-Garnier (60) . . . 20A5
la Neuville-Housset (02) . . . 22C1
la Neuville-lès-Bray (80) . . 8B5
Neuville-lès-Dames (01) . . 116C5
Neuville-lès-Decize (58) . . 99E5
la Neuville-lès-Dorengt (02) . 9G5
Neuville-lès-Loeuilly (80) . . 20B1
Neuville-lès-This (08) 24A1
Neuville-
  lès-Vaucouleurs (55) 47H6
la Neuville-lès-Wasigny (08) . 23G2

Neuville-lez-Beaulieu (08) . . 10C6
Neuville-près-Gées (01) . . . 39F6
la Neuville-Roy (60) 20D4
Neuville-Saint-Amand (02). . 22A1
la Neuville-Saint-Pierre (60) . 20B3
Neuville-Saint-Rémy (59) . . 8D3
la Neuville-Saint-Vaast (62) . 8B2
la Neuville-
  -Sire-Bernard (80) 20D1
Neuville-sous-Montreuil (62) . 1G6
Neuville-sur-Ailette (02) . . 22C4
Neuville-sur-Ain (01) . . . 117F6
Neuville-sur-Authou (27) . . 15H4
Neuville-sur-Brenne (37) . . 79F3
Neuville-sur-Escaut (59) . . 9E2
la Neuville-sur-Essonne (45) . 63G4
Neuville-sur-Margival (02) . . 22B4
Neuville-sur-Oise (95) . . . 42B2
Neuville-sur-Ornain (55) . . 46D3
la Neuville-sur-Oudeuil (60) . 20A3
la Neuville-sur-Ressons (60) . 21E3
Neuville-sur-Saône (69) . . 130A2
Neuville-sur-Sarthe (72) . . 60A5
Neuville-sur-Seine (10) . . . 66D5
Neuville-sur-Touques (61) . . 39G3
Neuville-sur-Vanne (10) . . . 65H3
la Neuville-Vault (60) 20A4
Neuville-Vitasse (62) 8B3
Neuviller-la-Roche (67) . . . 71E1
Neuviller-
  lès-Badonviller (54) 49H6
Neuviller-sur-Moselle (54) . . 69G1
Neuvillers-sur-Fave (88) . . . 70D3
Neuvillette (02) 9F6
Neuvillette (80) 7G3
Neuvillette-en-Charnie (72) . 59G5
Neuvilley (39) 102D4
Neuvilly (59) 9F4
Neuvilly-en-Argonne (55) . . 46D1
Neuvireuil (62) 8C2
Neuvizy (08) 23H2
Neuvy (03) 113H2
Neuvy (41) 80B4
Neuvy (51) 44C5
Neuvy-au-Houlme (61) . . . 38D4
Neuvy-Bouin (79) 93E6
Neuvy-Deux-Clochers (18) . 98B1
Neuvy-en-Beauce (28) . . . 62D3
Neuvy-en-Champagne (72) . 59H5
Neuvy-en-Dunois (28) . . . 62B4
Neuvy-en-Mauges (49) . . . 75E6
Neuvy-en-Sullias (45) . . . 81F2
Neuvy-Grandchamp (71) . . 114D1
Neuvy-le-Barrois (18) . . . 98D5
Neuvy-le-Roi (37) 78D3
Neuvy-Pailloux (36) 96D4
Neuvy-Saint-Sépulchre (36) . 111F1
Neuvy-Sautour (89) 65H5
Neuvy-sur-Barangeon (18) . 81F6
Neuvy-sur-Loire (58) 82B4
Neuwiller (68) 89G3
Neuwiller-lès-Saverne (67) . . 50C3
Névache (05) 147E3
Nevers (58) 98D3
Névez (29) 53H4
Névian (11) 188A3
Néville (76) 17E2
Néville-sur-Mer (50) 13E1
Nevoy (45) 81H3
Nevy-lès-Dole (39) 102C3
Nevy-sur-Seille (39) 102D5
Nexon (87) 124A4
Ney (39) 103F5
Neydens (74) 118B5
les Neyrolles (01) 117G5
Neyron (01) 130B2
Nézel (78) 42A3
Nézignan-l'Évêque (34) . . 188D1
Niafles (53) 76B1
Niaux (09) 199E1
Nibas (80) 6C4
Nibelle (45) 63G6
Nibles (04) 160B5
Nice (06) 195F3
Nicey (21) 84C1
Nicey-sur-Aire (55) 47F3
Nicole (47) 150D4
Nicorps (50) 37E1
Niderhoff (57) 49H5
Niderviller (57) 50A4
Niederbronn-les-Bains (67) . 28D6
Niederbruck (68) 88D1
Niederentzen (68) 71F5
Niederhaslach (67) 50C6
Niederhausbergen (67) . . . 51E5
Niederhergheim (68) 71F5
Niederlauterbach (67) 51G2
Niedermodern (67) 50D3
Niedermorschwihr (68) . . . 71F4
Niedernai (67) 71G1
Niederrœdern (67) 51F2
Niederschaeffolsheim (67) . 51E4
Niedersoultzbach (67) 50C3
Niedersteinbach (67) 51E1
Niederstinzel (57) 50A3
Nielles-lès-Ardres (62) . . . 1H3
Nielles-lès-Bléquin (62) . . . 1H4
Nielles-lès-Calais (62) 1G2
Nieppe (59) 3E4
Niergnies (59) 9E4
Nieudan (15) 139H4
Nieuil (16) 123E2
Nieuil-l'Espoir (86) 109F2
Nieul (87) 124A1
Nieul-le-Dolent (85) 91F5
Nieul-le-Virouil (17) 121F6
Nieul-lès-Saintes (17) 121E5
Nieul-sur-l'Autise (85) . . . 107F2
Nieul-sur-Mer (17) 106C4
Nieulle-sur-Seudre (17) . . 120C3

Nieurlet (59) 2B3
Niévroz (01) 130C2
Niffer (68) 89G2
Niherne (36) 96B5
Nijon (52) 68C4
Nilvange (57) 26E3
Nîmes (30) 174B3
Ninville (52) 68B5
Niort (79) 107H3
Niort-de-Sault (11) 199H1
Niozelles (04) 176C2
Nissan-lez-Enserune (34) . 188B2
Nistos (65) 183H5
Nitry (89) 83H3
Nitting (57) 50A5
Nivelle (59) 9F1
Nivillac (56) 73G2
Nivillers (60) 20B4
Nivolas-Vermelle (38) . . . 130D5
Nivollet-Montgriffon (01) . . 117F6
Nixéville-Blercourt (55) . . 47F1
le Nizan (33) 149H3
Nizan-Gesse (31) 184A3
Nizas (32) 168C6
Nizas (34) 172C6
Nizerolles (03) 114B6
Nizy-le-Comte (02) 23E3
Noailhac (12) 154B2
Noailhac (19) 138D3
Noailhac (81) 170D6
Noaillac (33) 150B2
Noaillan (33) 149G3
Noailles (19) 138C3
Noailles (60) 20B5
Noailles (81) 170B2
Noailly (42) 115E5
Noalhac (48) 141F6
Noalhat (63) 127H2
Noards (27) 15H4
Nocario (2B) 205F1
Nocé (61) 61E2
Noceta (2B) 205F3
Nochize (71) 115F3
la Nocle-Maulaix (58) . . . 99H5
Nod-sur-Seine (21) 85E2
Nods (25) 104A2
Noé (31) 185E2
Noé (89) 65E4
la Noë-Blanche (35) 57E5
Noë-les-Mallets (10) 67E5
la Noë-Poulain (27) 15H4
Noël-Cerneux (25) 104C2
Noëllet (49) 75G1
les Noës (42) 114D6
les Noës-près-Troyes (10) . 66B3
Nœux-lès-Auxi (62) 7F3
Nœux-les-Mines (62) 2D6
Nogaret (31) 170A6
Nogaro (32) 166D4
Nogent (52) 68B5
Nogent-en-Othe (10) 65H4
Nogent-l'Abbesse (51) . . . 23F6
Nogent-l'Artaud (02) 44B3
Nogent-le-Bernard (72). . . 60D3
Nogent-le-Phaye (28) . . . 62B2
Nogent-le-Roi (28) 41G6
Nogent-le-Rotrou (28) . . . 61E3
Nogent-le-Sec (27) 40C3
Nogent-lès-Montbard (21) . 84D4
Nogent-sur-Aube (10) . . . 66C1
Nogent-sur-Eure (28) . . . 62A2
Nogent-sur-Loir (72) 78C3
Nogent-sur-Marne (94) . . 43E4
Nogent-sur-Oise (60) . . . 20D6
Nogent-sur-Seine (10) . . . 65F1
Nogent-sur-Vernisson (45) . 82A1
Nogentel (02) 44B2
Nogna (39) 117G1
Noguères (64) 182A1
Nohanent (63) 127E3
Nohant-en-Goût (18) 98A2
Nohant-en-Graçay (18) . . . 96D2
Nohant-Vic (36) 111G1
Nohèdes (66) 200B3
Nohic (82) 169F3
Noidan (21) 84D6
Noidans-le-Ferroux (70) . . 87F4
Noidans-lès-Vesoul (70) . . 87G3
Noidant-Chatenoy (52) . . . 86B2
Noidant-le-Rocheux (52) . . 86A1
Noilhan (32) 168B6
Nointel (60) 20D5
Nointel (95) 42C1
Nointot (76) 15H1
Noircourt (02) 23F2
Noirefontaine (25) 88C5
Noirémont (60) 20B3
Noirétable (42) 128B3
Noirlieu (51) 46C3
Noirmoutier-en-l'Île (85) . . 90B1
Noiron (70) 86D5
Noiron-sous-Gevrey (21) . . 102A1
Noiron-sur-Bèze (21) 86B5
Noiron-sur-Seine (21) . . . 66D6
Noironte (25) 87E6
Noirval (08) 24B4
Noiseau (94) 43E4
Noisiel (77) 43E4
Noisseville (57) 26C5
Noisy-le-Grand (93) 43E4
Noisy-le-Roi (78) 42B4
Noisy-le-Sec (93) 42D3
Noisy-Rudignon (77) 64C3
Noisy-sur-École (91) 63H2
Noisy-sur-Oise (95) 42D1
Noizay (37) 79F5
Nojals-et-Clotte (24) . . . 151G1
Nojeon-en-Vexin (27) . . . 19F5
Nolay (21) 101F4
Nolay (58) 99E2
Nolléval (76) 19F4

Nollieux (42) 128D3
Nomain (59) 3G6
Nomblot (47) 167G1
Nomdieu (47) 167G1
Nomécourt (52) 67H2
Nomeny (54) 48D3
Nomexy (88) 69H3
Nommay (25) 88C4
Nompatelize (88) 70C2
Nonac (16) 122B6
Nonancourt (27) 41E4
Nonant (14) 14A4
Nonant-le-Pin (61) 39F5
Nonards (19) 139E4
Nonaville (16) 122A5
Noncourt-
  sur-le-Rongeant (52) . . . 68A2
Nonette (63) 127G6
Nonglard (74) 132A1
Nonhigny (54) 49H6
Nonières (07) 143G5
Nonsard-Lamarche (55) . . 48A3
Nontron (24) 123F5
Nonville (77) 64B3
Nonville (88) 69F5
Nonvilliers-Grandhoux (28) . 61G3
Nonza (2B) 203F3
Noordpeene (59) 2B3
Nordausques (62) 1H3
Nordheim (67) 50D5
Nordhouse (67) 71H1
Noreuil (62) 8C3
Norges-la-Ville (21) 85H5
Normandel (61) 40B5
Normanville (27) 41D2
Normanville (76) 16D4
Normier (21) 84D6
Norolles (14) 15F4
Noron-la-Poterie (14) . . . 13H6
Noron-l'Abbaye (14) 38D3
Noroy (60) 20D4
Noroy-le-Bourg (70) 87H3
Noroy-sur-Ourcq (02) . . . 21H6
Norrent-Fontes (62) 2B5
Norrey-en-Auge (14) 39E3
Norrois (51) 46B5
Norroy (88) 69E3
Norroy-le-Sec (54) 25H5
Norroy-le-Veneur (57) . . . 26B5
Norroy-
  lès-Pont-à-Mousson (54) . 48B3
Nort-Leulinghem (62) . . . 2A3
Nort-sur-Erdre (44) 74D3
Nortkerque (62) 1H3
Norville (76) 18A4
la Norville (91) 42D6
Nossage-et-Bénévent (05) . 159H4
Nossoncourt (88) 70B2
Nostang (56) 54D5
Noth (23) 111E4
Nothalten (67) 71F2
Notre-Dame-d'Aliermont (76) . 17H2
Notre-Dame-d'Allençon (49) . 77E6
Notre-Dame-
  de-Bellecombe (73) . . . 132D2
Notre-Dame-
  de-Bliquetuit (76) 17E5
Notre-Dame-
  de-Boisset (42) 128D1
Notre-Dame-
  de-Bondeville (76) 17G6
Notre-Dame-de-Cenilly (50) . 37F2
Notre-Dame-
  de-Commiers (38) 145G4
Notre-Dame-
  de-Courson (14) 15F6
Notre-Dame-
  de-Gravenchon (76) . . . 15H2
Notre-Dame-
  de-la-Rouvière (30) . . . 173E1
Notre-Dame-de-l'Isle (27) . 41F1
Notre-Dame-de-Livaye (14) . 15E5
Notre-Dame-de-Livoye (50) . 37F4
Notre-Dame-
  de-Londres (34) 173F3
Notre-Dame-de-l'Osier (38) . 145E2
Notre-Dame-
  de-Mésage (38) 145G3
Notre-Dame-de-Monts (85) . 90C2
Notre-Dame-de-Riez (85) . 90D3
Notre-Dame-
  de-Sanilhac (24) 137F3
Notre-Dame-de-Vaulx (38) . 145G4
Notre-Dame-d'Elle (50) . . 37G1
Notre-Dame-d'Épine (27) . 15H4
Notre-Dame-
  des-Landes (44) 74C3
Notre-Dame-
  des-Millières (73) 132C4
Notre-Dame-d'Estrées (14) . 15E5
Notre-Dame-d'Oé (37) . . . 78D5
Notre-Dame-du-Bec (76) . . 15F1
Notre-Dame-du-Cruet (73) . 132C6
Notre-Dame-du-Hamel (27) . 39H3
Notre-Dame-du-Parc (76) . 18D1
Notre-Dame-du-Pé (72) . . 77F2
Notre-Dame-du-Pré (73) . . 133E5
Notre-Dame-du-Rocher (61) . 38C4
Notre-Dame-
  du-Touchet (50) 37G6
Nottonville (28) 62B5
la Nouaille (23) 125G2
Nouaillé-Maupertuis (86) . . 109E2
Nouainville (50) 12C2
Nouan-le-Fuzelier (41) . . . 81E4
Nouans (72) 60B3
Nouans-les-Fontaines (37) . 96A2
Nouart (08) 24C4
Nouâtre (37) 94D3
la Nouaye (35) 56D2
la Noue (51) 44D5

Noueilles (31) 185G1
Nougaroulet (32) 168A4
Nouhant (23) 112B4
Nouic (87) 110A6
Nouilhan (65) 183E1
les Nouillers (17) 121E1
Nouillonpont (55) 25G5
Nouilly (57) 26C5
Noulens (32) 167E3
Nourard-le-Franc (60) . . . 20C4
Nourray (41) 79G2
Nousse (40) 165F4
Nousseviller-lès-Bitche (57) . 50C1
Nousseviller-
  -Saint-Nabor (57) 49H1
Nousty (64) 182C2
Nouvelle-Église (62) 1H2
Nouvion (80) 6D3
le Nouvion-en-Thiérache (02) . 9H5
Nouvion-et-Catillon (02) . . 22B2
Nouvion-le-Comte (02) . . . 22B2
Nouvion-le-Vineux (02) . . 22C4
Nouvion-sur-Meuse (08) . . 24B2
Nouvoitou (35) 57F3
Nouvron-Vingré (02) 21H4
Nouzerines (23) 111H3
Nouzerolles (23) 111G3
Nouziers (23) 111G3
Nouzilly (37) 79E4
Nouzonville (08) 24B1
Novacelles (63) 128A6
Novalaise (73) 131G4
Novale (2B) 205G2
Novéant-sur-Moselle (57) . 26B6
Novel (74) 119G3
Novella (2B) 203E5
Noves (13) 175E3
Noviant-aux-Prés (54) . . . 48B4
Novillard (90) 88D3
Novillars (25) 87G6
Novillers (60) 20B6
Novion-Porcien (08) 23G3
Novy-Chevrières (08) . . . 23H3
Noyal (22) 34A5
Noyal-Châtillon-
  sur-Seiche (35) 57F3
Noyal-Muzillac (56) 73F1
Noyal-Pontivy (56) 55F2
Noyal-sous-Bazouges (35) . 35F6
Noyal-sur-Brutz (44) . . . 57G6
Noyal-sur-Vilaine (35) . . . 57G3
Noyales (02) 9F6
Noyalo (56) 73E1
Noyant (49) 78A4
Noyant-d'Allier (03) 113G2
Noyant-de-Touraine (37) . . 94D2
Noyant-et-Aconin (02) . . . 22A5
Noyant-la-Gravoyère (49). . 76B2
Noyant-la-Plaine (49) . . . 77F6
Noyarey (38) 145F2
Noyelle-Vion (62) 7H2
Noyelles-en-Chaussée (80) . 7E3
Noyelles-Godault (62) . . . 8C1
Noyelles-lès-Humières (62) . 7F1
Noyelles-lès-Seclin (59) . . 3F5
Noyelles-lès-Vermelles (62) . 2D6
Noyelles-sous-Bellonne (62) . 8C2
Noyelles-sous-Lens (62) . . 8B1
Noyelles-sur-Escaut (59) . . 8D4
Noyelles-sur-Mer (80) . . . 6C3
Noyelles-sur-Sambre (59) . 9H3
Noyelles-sur-Selle (59) . . . 9E2
Noyellette (62) 8A2
Noyen-sur-Sarthe (72) . . . 77G1
Noyen-sur-Seine (77) . . . 65E2
le Noyer (05) 160B1
le Noyer (18) 82A6
le Noyer (73) 132A3
le Noyer-en-Ouche (27) . . 40B2
Noyers (27) 19G6
Noyers (45) 81H1
Noyers (52) 68C5
Noyers (89) 84A3
Noyers-Auzécourt (55) . . . 46D3
Noyers-Bocage (14) 14A5
Noyers-Pont-Maugis (08) . . 24C2
Noyers-Saint-Martin (60) . . 20C3
Noyers-sur-Cher (41) . . . 96A1
Noyers-sur-Jabron (04) . . 160A6
Noyon (60) 21H3
Nozay (10) 66B1
Nozay (44) 74C2
Nozay (91) 42D5
Nozeroy (39) 103G5
Nozières (07) 143G4
Nozières (18) 97H6
Nuaillé (49) 75H6
Nuaillé-d'Aunis (17) 107H4
Nuaillé-sur-Boutonne (17) . 107H6
Nuars (58) 83G6
Nubécourt (55) 47E2
Nucourt (95) 42A1
Nueil-les-Aubiers (79) . . . 92D3
Nueil-sous-Faye (86) . . . 94B4
Nueil-sur-Layon (49) . . . 93F2
Nuelles (69) 129G2
Nuillé-le-Jalais (72) 60C5
Nuillé-sur-Vicoin (53) . . . 58C5
Nuisement-sur-Coole (51) . 45H4
Nuits (89) 84C2
Nuits-Saint-Georges (21) . 101H2
Nullemont (76) 19G1
Nully (52) 67F2
Nuncq-Hautecôte (62) . . . 7G2
Nuret-le-Ferron (36) 96A6
Nurlu (80) 8C5
Nuzéjouls (46) 152C3
Nyer (66) 200B4
Nyoiseau (49) 75H1
Nyons (26) 158D4

O

Obenheim (67) 71H2
Oberbronn (67) 50D2
Oberbruck (68) 88D1
Oberdorf (68) 89F3
Oberdorf-Spachbach (67) . . 51E2
Oberdorff (57) 27E4
Oberentzen (68) 71F6
Obergailbach (57) 28A5
Oberhaslach (67) 50C6
Oberhausbergen (67) . . . 51E5
Oberhergheim (68) 71F5
Oberhoffen-
  lès-Wissembourg (67) . . 51F1
Oberhoffen-sur-Moder (67) . 51F4
Oberlarg (68) 89F4
Oberlauterbach (67) 51G2
Obermodern-
  -Zutzendorf (67). 50D3
Obermorschwihr (68) . . . 71F5
Obermorschwiller (68) . . . 89F3
Obernai (67) 71G1
Oberrœdern (67) 51F2
Obersaasheim (68) 71G5
Oberschaeffolsheim (67) . . 50D5
Obersoultzbach (67) 50C3
Obersteinbach (67) 50D1
Oberstinzel (57) 50A4
Obervisse (57) 27E5
Obies (59) 9H2
Objat (19) 138C2
Oblinghen (62) 2D6
Obrechies (59) 10A3
Obreck (57) 49F3
Obsonville (77) 63H4
Obterre (36) 95G4
Obtrée (21) 85E1
Ocana (2A) 204D5
Occagnes (61) 39E4
Occey (52) 86A3
Occhiatana (2B) 202D5
Occoches (80) 7G3
Ochancourt (80) 6C4
Oches (08) 24C3
Ochey (54) 48B6
Ochtezeele (59) 2B3
Ocquerre (77) 43H2
Ocqueville (76) 17E3
Octon (34) 172C5
Odars (31) 169G6
Odenas (69) 116A6
Oderen (68) 70D6
Odomez (59) 9F1
Odos (65) 183E3
Odratzheim (67) 50D5
Oëlleville (88) 69F2
Oermingen (67) 27H6
Oeting (57) 27G5
Œuf-en-Ternois (62) 7F2
Œuilly (02) 22C5
Œuilly (51) 45E2
Oeyregave (40) 165E5
Oeyreluy (40) 165E4
Offekerque (62) 1H2
Offemont (90) 88C3
Offendorf (67) 51F4
Offignies (80) 19H1
Offin (62) 7E1
Offlanges (39) 102D1
Offoy (60) 20A2
Offoy (80) 21G1
Offranville (76) 17G2
Offrethun (62) 1F3
Offroicourt (88) 69F3
Offwiller (67) 50D3
Ogenne-Camptort (64) . . . 181H2
Oger (51) 45F3
Ogeu-les-Bains (64) 182A3
Ogéviller (54) 49G6
Ogliastro (2B) 203F3
Ognes (02) 22A3
Ognes (51) 45E5
Ognes (60) 43G2
Ognéville (54) 69F1
Ognolles (60) 21F2
Ognon (60) 21E6
Ogy (57) 26C5
Ohain (59) 10B4
Oherville (76) 17E3
Ohis (02) 10A5
Ohlungen (67) 51E3
Ohnenheim (67) 71G3
l'Oie (85) 92A4
Oigney (70) 87F2
Oignies (62) 3F6
Oigny (21) 85F4
Oigny (41) 61F5
Oigny-en-Valois (02) 21H6
Oingt (69) 129G1
Oinville-Saint-Liphard (28) . 62D4
Oinville-sous-Auneau (28) . 62C2
Oinville-sur-Montcient (78) . 42A2
Oiron (79) 93H3
Oiry (51) 45F2
Oiselay-et-Grachaux (70) . 87E5
Oisemont (80) 6D5
Oisilly (21) 86B5
Oison (45) 62D4
Oisseau (53) 58D2
Oisseau-le-Petit (72) . . . 60A2
Oissel (76) 18C5
Oissery (77) 43F2
Oissy (80) 7E6
Oisy (02) 9G5
Oisy (58) 83F5

Oisy (59). 9 F2
Oisy-le-Verger (62) 8 D3
Oizé (72). 78 A1
Oizon (18). 81 H5
Olargues (34). 171 H6
Olby (63) 126 D3
Olcani (2B) 203 F3
Oléac-debat (65) 183 F2
Oléac-Dessus (65) 183 F3
Olemps (12). 154 C4
Olendon (14) 38 D2
Oletta (2B) 203 F4
Olette (66) 200 B3
Olivese (2A). 205 E6
Olivet (45). 80 D1
Olivet (53) 58 C4
Olizy (51) 44 D1
Olizy-Primat (08) 24 B5
Olizy-sur-Chiers (55) 24 C3
Ollainville (88) 68 D3
Ollainville (91) 42 C6
Ollans (25) 87 G5
Ollé (28) 61 H2
Olley (54) 48 A1
Ollezy (02) 21 H2
les Ollières (74) 132 B1
les Olmes (83) 176 D6
les Ollières-sur-Eyrieux (07). 143 H6
Olliergues (63). 128 A4
Ollioules (83) 193 E5
Olloix (63) 127 E4
les Olmes (69) 129 G2
Olmet (63) 128 A4
Olmet-et-Villecun (34). . . 172 B4
Olmeta-di-Capocorso (2B). 203 F3
Olmeta-di-Tuda (2B) . . . 203 F5
Olmeto (2A). 206 D2
Olmi-Cappella (2B) 202 D5
Olmiccia (2A). 207 E2
Olmo (2B) 203 G6
Olonne-sur-Mer (85) 91 E5
Olonzac (34). 187 G3
Oloron-Sainte-Marie (64) . 182 A3
Ols-et-Rinhodes (12). . . . 153 E5
Oltingue (68) 89 G4
Olwisheim (67) 51 E4
Ombléze (26). 144 D5
Omécourt (60) 19 H3
Omelmont (54) 69 F1
les Omergues (04). 159 G6
Omerville (95) 41 H1
Omessa (2B) 205 E2
Omet (33). 149 H1
Omex (65) 182 D4
Omey (51) 46 A4
Omicourt (08) 24 B2
Omiécourt (80) 21 F1
Omissy (02). 9 E6
Ommeray (57) 49 F4
Ommoy (61) 39 E3
Omont (08) 24 B3
Omonville (76). 17 G3
Omonville-la-Petite (50) . . 12 A1
Omonville-la-Rogue (50) . . 12 B1
Omps (15) 139 H5
Oms (66) 201 E3
Onans (25) 88 B4
Onard (40) 165 F3
Onay (70) 86 D5
Oncieu (01) 131 E1
Oncourt (88) 69 H3
Oncy-sur-École (91). 63 H2
Ondefontaine (14). 38 A2
Ondes (31) 169 E4
Ondres (40) 164 B5
Ondreville-sur-Essonne (45). 63 G4
Onesse-et-Laharie (40) . . 148 B6
Onet-le-Château (12). . . . 154 C4
Oneux (80) 7 E4
Ongles (04) 176 C1
Onglières (39) 103 G5
Onjon (10) 66 C2
Onlay (58) 100 A4
Onnaing (59) 9 G1
Onnion (74) 119 E5
Onoz (39) 117 G2
Ons-en-Bray (60) 19 H4
Ontex (73) 131 G3
Onville (54) 26 A6
Onzain (41) 79 G4
Oô (31) 197 E1
Oost-Cappel (59) 2 D2
Opio (06) 178 C4
Opoul-Périllos (66) 187 H6
Oppède (84) 175 G3
Oppedette (04) 176 B2
Oppenans (70) 87 H3
Oppy (62) 8 C2
Optevoz (38) 130 D3
Oraàs (64) 165 E6
Oradour (15) 141 E5
Oradour (16) 122 A1
Oradour-Fanais (16) 109 H4
Oradour-Saint-Genest (87). 110 B4
Oradour-sur-Glane (87). . . 123 H1
Oradour-sur-Vayres (87) . . 123 G3
Orain (21). 86 B3
Orainville (02) 23 E5
Oraison (04). 176 D2
Orange (84) 158 B6
Orbagna (39) 117 F3
Orbais-l'Abbaye (51) 44 D1
Orban (81) 170 D3
Orbec (14) 15 G6
Orbessan (32) 167 H6
Orbey (68) 71 E4
Orbigny (37) 95 H1
Orbigny-au-Mont (52). . . . 86 B3
Orbigny-au-Val (52). 86 B3

l'Orbrie (85) 107 F2
Orçay (41) 97 F1
Orcemont (78) 41 H6
Orcet (21) 127 F4
Orcevaux (52) 86 A2
Orchaise (41) 79 G4
Orchamps (39) 102 D2
Orchamps-Vennes (25) . . 104 B2
Orches (86) 94 B4
Orchies (59) 3 G6
Orcier (74) 119 E3
Orcières (05) 160 D1
Orcinas (26) 158 D2
Orcines (63) 127 E3
Orcival (63) 126 D4
Orconte (51). 46 C5
Ordan-Larroque (32) . . . 167 G4
Ordiarp (64) 181 F3
Ordizan (65) 183 F4
Ordonnac (33) 134 D1
Ordonnaz (01) 131 F2
Ore (31) 184 A5
Orègue (64) 181 E1
Oreilla (66) 200 B3
Orelle (73) 146 D2
Oresmaux (80) 20 C1
Organ (65) 183 H2
Orgeans-Blanchefontaine (25). 88 C6
Orgedeuil (16) 123 E3
Orgeix (09) 199 G2
Orgelet (39) 117 G2
Orgères (35). 57 F4
Orgères (61) 39 G4
Orgères-en-Beauce (28) . . 62 C4
Orgerus (78) 41 H4
Orges (52) 67 G5
Orgeux (21) 86 A6
Orgeval (02) 22 C4
Orgeval (78) 42 B3
Orgibet (09) 184 C5
Orglandes (50) 12 D4
Orgnac-l'Aven (07) 157 G5
Orgnac-sur-Vézère (19). . . 138 C1
Orgon (13) 175 F3
Orgueil (82) 169 F3
Oricourt (70) 87 H3
Orieux (65) 183 G3
Orignac (65) 183 F4
Origne (33). 149 F3
Origné (53) 58 D6
Orignolles (17). 135 H2
Origny (21). 85 E3
Origny-en-Thiérache (02) . . 10 A6
Origny-le-Butin (61) 60 C2
Origny-le-Roux (61). 60 C2
Origny-le-Sec (10) 65 H2
Origny-Sainte-Benoite (02). . 9 F4
Orin (64) 181 H2
Orincles (65) 183 E4
Oriocourt (57) 49 E3
Oriol-en-Royans (26). . . . 144 D4
Oriolles (16). 121 H6
Orion (64). 181 G1
Oris-en-Rattier (38) 145 H5
Orist (40) 164 D4
Orival (16) 136 B1
Orival (76) 18 C5
Orléans (45) 80 D1
Orléat (63) 127 H2
Orleix (65) 183 F2
Orliac (24) 152 A1
Orliac-de-Bar (19) 139 E1
Orliaguet (24) 138 B5
Orliénas (69) 129 H4
Orlu (09) 199 G2
Orlu (28). 62 D2
Orly (94). 42 D5
Orly-sur-Morin (77). 44 A3
Ormancey (52). 86 A1
Ormenans (70) 87 G5
Ormersviller (57) 28 B5
Ormes (10). 66 B1
Ormes (27). 40 C2
Ormes (45). 62 D6
Ormes (51). 23 E6
Ormes (71). 116 C1
les Ormes (86). 94 D3
les Ormes (89) 83 E1
Ormes-et-Ville (54) 69 G1
les Ormes-sur-Voulzie (77). . 64 D2
Ormesson (77). 64 A4
Ormesson-sur-Marne (94) . . 43 E4
Ormoiche (70) 87 H1
Ormoy (28) 41 F6
Ormoy (70) 87 F1
Ormoy (89) 65 F6
Ormoy (91) 42 D6
Ormoy-la-Rivière (91) 63 F2
Ormoy-le-Davien (60) 43 G1
Ormoy-lès-Sexfontaines (52). . 67 H4
Ormoy-Villers (60) 43 G1
Ornacieux (38) 130 D6
Ornaisons (11) 187 H3
Ornans (25) 103 G2
Ornes (55) 25 F6
Ornex (01) 118 B4
Ornézan (32) 167 H6
Orniac (46) 153 E3
Ornolac-Ussat-les-Bains (09). . 199 E1
Ornon (38) 146 A3
Orny (57) 26 C6
Oroër (60) 20 B4
Oroix (65). 183 E2
Oron (57) 49 E3
Oroux (79) 93 G6
Orphin (78) 41 H6
Orpierre (05) 159 H4

Orquevaux (52) 68 B3
les Orres (05) 161 E2
Orret (21) 85 F4
Orriule (64) 181 G1
Orrouer (28) 61 H2
Orrouy (60) 21 F5
Orry-la-Ville (60) 43 E1
Ors (59) 9 G4
Orsan (30) 158 A6
Orsanco (64) 181 F2
Orsans (11) 186 B4
Orsans (25) 104 A1
Orsay (91) 42 C5
Orschwihr (68). 71 E6
Orschwiller (67) 71 F3
Orsennes (36) 111 F2
Orsinval (59) 9 G2
Orsonnette (63) 127 G6
Orsonville (78) 62 D1
Ortaffa (66). 201 F3
Ortale (2B) 205 G2
Orthevielle (40) 164 D5
Orthez (64) 165 G6
Orthoux-Sérignac-Quilhan (30) . . 173 G3
Ortillon (10) 66 C1
Ortiporio (2B) 203 F6
Orto (2A) 204 D3
Orus (09) 198 D1
Orval (18) 97 H6
Orval (50). 36 D2
Orvault (44) 74 C4
Orvaux (27) 40 D3
Orve (25) 88 B6
Orveau (91) 63 F2
Orveau-Bellesauve (45) . . . 63 G3
Orville (21). 86 A4
Orville (36). 96 D2
Orville (45). 63 G4
Orville (61) 39 G3
Orville (62) 7 G4
Orvillers-Sorel (60) 21 E3
Orvilliers (78) 41 G4
Orvilliers-Saint-Julien (10). . 65 H2
Orx (40) 164 C5
Os-Marsillon (64) 182 A1
Osani (2A) 204 B2
Osches (55) 47 E2
Osenbach (68) 71 E5
Oslon (71) 101 H5
Osly-Courtil (02) 21 H5
Osmanville (14). 13 F5
Osmery (18) 98 A4
Osmets (65) 183 F2
Osmoy (18) 97 H3
Osmoy (78) 41 H4
Osmoy-Saint-Valery (76). . . 19 E1
Osne-le-Val (52) 68 A1
Osnes (08) 24 D2
Osny (95) 42 B2
Ossages (40) 165 F5
Ossas-Suhare (64) 181 G3
Osse (25) 87 G6
Ossé (35) 57 G3
Osse-en-Aspe (64). 181 H5
Osséja (65) 199 F5
Osselle (25) 103 E2
Ossen (65) 182 D4
Ossenx (64) 181 G1
Osserain-Rivareyte (64) . . 181 F1
Ossès (64) 180 D2
Ossey-les-Trois-Maisons (10). . 65 G2
Ossun (65) 183 E3
Ossun-Ez-Angles (65) . . . 183 E4
Ostabat-Asme (64) 181 E2
Ostel (02) 22 B4
Ostheim (68) 71 F4
Osthoffen (67) 51 D5
Osthouse (67) 71 H1
Ostreville (62) 7 G1
Ostricourt (59) 8 C1
Ostwald (67) 51 E6
Ota (2A) 204 C3
Othe (54) 25 F3
Othis (77) 43 F2
Ottange (57). 26 A2
Otterthal (67) 50 C4
Otterswiller (67) 50 C4
Ottmarsheim (68) 89 G1
Ottonville (57) 26 D4
Ottrott (67) 71 F1
Ottwiller (67) 50 B3
Ouagne (58). 83 F5
Ouainville (76) 16 D3
Ouanne (89) 83 F3
Ouarville (28). 62 C3
les Oubeaux (14). 13 F5
Ouchamps (41) 79 H5
Ouches (42) 128 C1
Oucques (41) 79 H2
Oudalle (76) 15 F2
Oudan (58). 83 E6
Oudeuil (60). 20 A3
Oudezeele (59) 2 C3
Oudincourt (52) 67 H4
l'Oudon (14). 39 E2
Oudon (44) 75 E4
Oudrenne (57) 26 C3
Oudry (71) 115 F1
Oueilloux (65) 183 F3
Ouerre (28) 41 F5
Ouessant (29) 30 A4
Ouézy (14) 39 E1
Ouffières (14). 14 B6
Ouge (70) 86 D2
Ouges (21) 102 A1
Ougney (39) 102 D1
Ougney-Douvot (25) 87 G6
Ougny (58). 99 H3

Ouhans (25) 103 H3
Ouides (43) 142 B5
Ouillon (64) 182 C2
Ouilly-du-Houley (14) 15 G5
Ouilly-le-Tesson (14). 38 D2
Ouilly-le-Vicomte (14). . . . 15 F5
Ouistreham (14) 14 C4
Oulches (36). 110 C1
Oulches-la-Vallée-Foulon (02) . . 22 D4
Oulchy-la-Ville (02) 22 A6
Oulchy-le-Château (02). . . 22 A6
Oulins (28) 41 F4
Oulles (38) 146 A3
Oullins (69) 130 A3
Oulmes (85) 107 F2
Oulon (58) 99 F2
Ounans (39) 102 D3
Oupia (34) 187 H2
Our (39) 102 D2
Ourches (26) 144 C6
Ourches-sur-Meuse (55) . . 47 H5
Ourde (65) 183 H5
Ourdis-Cotdoussan (65) . . 183 E4
Ourdon (65) 183 E4
Ourouër (58) 99 E3
Ourouer-les-Bourdelins (18). 98 B4
Ouroux (69) 115 H4
Ouroux-en-Morvan (58) . . 100 A2
Ouroux-sous-le-Bois-Sainte-Marie (71). 115 G3
Ouroux-sur-Saône (71) . . 101 H6
Oursbelille (65) 183 E2
Oursel-Maison (60) 20 B3
Ourton (62) 7 H1
Ourville-en-Caux (76) . . . 16 D3
Ousse (64) 182 C2
Ousse-Suzan (40) 165 G2
Oussières (39) 102 D4
Ousson-sur-Loire (45) . . . 82 B4
Oussoy-en-Gâtinais (45) . . 82 A1
Oust (09) 185 E6
Oust-Marest (80) 6 B4
Ousté (65) 183 E4
Outarville (45) 63 E4
Outines (51) 67 E1
Outreau (62) 1 F4
Outrebois (80) 7 G3
Outremécourt (52) 68 D3
Outrepont (51) 46 B4
Outriaz (01) 117 G6
Ouvans (25) 88 A6
Ouve-Wirquin (62) 2 A5
Ouveillan (11) 188 A3
Ouville (50) 37 E2
Ouville-la-Bien-Tournée (14) . 39 E2
Ouville-la-Rivière (76) . . . 17 F2
Ouville-l'Abbaye (76) 17 F4
Ouvrouer-les-Champs (45) . . 81 F2
Ouzilly (86) 94 C5
Ouzouer-des-Champs (45) . . 82 A1
Ouzouer-le-Doyen (41) . . . 62 A6
Ouzouer-le-Marché (41) . . 80 B1
Ouzouer-sous-Bellegarde (45). . 63 G6
Ouzouer-sur-Loire (45) . . . 81 H2
Ouzouer-sur-Trézée (45) . . 82 B3
Ouzous (65) 182 D4
Ovanches (70) 87 F3
Ovillers-la-Boisselle (80) . . 8 A5
Oxelaëre (59) 2 C3
Oyé (71) 115 F4
Oye-et-Pallet (25) 104 A4
Oye-Plage (62) 1 H2
Oyes (51) 45 E4
Oyeu (38) 131 E6
Oyonnax (01) 117 G4
Oyré (86) 94 D4
Oyrières (70) 86 C4
Oysonville (28) 62 D2
Oytier-Saint-Oblas (38) . . 130 B5
Oz (38) 146 A3
Ozan (01) 116 C3
Oze (05) 159 H3
Ozenay (71) 116 B2
Ozenx-Montestrucq (64) . . 165 F6
Ozerailles (54) 25 H6
Ozeville (50) 13 E3
Ozières (52) 68 B4
Ozillac (17) 121 G6
Ozoir-la-Ferrière (77) 43 F5
Ozoir-le-Breuil (28) 62 B6
Ozolles (71) 115 G3
Ozon (07) 144 A3
Ozon (65) 183 F3
Ozouer-le-Voulgis (77) . . . 43 F5
Ozourt (40). 165 F4

P

Paars (02). 22 C3
Pabu (22) 33 E3
la Pacaudière (42) 114 D5
Pacé (35) 57 E2
Pacé (61) 59 H1
Pact (38) 144 B1
Pacy-sur-Armançon (89) . . 84 B2
Pacy-sur-Eure (27) 41 F2
Padern (11) 187 G6
Padiès (81) 170 D1
Padirac (46) 139 E6
Padoux (88) 70 A3
Pageas (87) 123 H4
Pagney (39) 102 D1
Pagney-derrière-Barine (54). . 48 A5
Pagnoz (39) 103 E3
Pagny-la-Blanche-Côte (55). . 48 A6
Pagny-la-Ville (21) 102 A3

Pagny-le-Château (21) . . . 102 A3
Pagny-lès-Goin (57) 48 D2
Pagny-sur-Meuse (55) . . . 48 A5
Pagny-sur-Moselle (54) . . . 48 A5
Pagolle (64) 181 F2
Pailhac (65) 183 G6
Pailharès (07) 143 G3
Pailherols (15) 140 C5
Pailhès (09) 185 F4
Pailhès (34) 188 C1
Paillart (60) 20 C2
Paillé (17) 107 H6
Paillencourt (59) 9 E3
Paillet (33) 149 G1
Pailloles (47) 151 F3
le Pailly (52). 86 B2
Pailly (89) 65 E3
Paimbœuf (44) 74 A4
Paimpol (22) 33 F2
Paimpont (35) 56 C3
Painblanc (21) 101 F2
Pair-et-Grandrupt (88). . . . 70 D3
Paissy (02) 22 C4
Paisy-Cosdon (10) 65 G4
Paizay-le-Chapt (79) 108 B5
Paizay-le-Sec (86) 109 H1
Paizay-le-Tort (79) 108 B5
Paizay-Naudouin-Embourie (16) . . 108 C6
Pajay (38) 144 C1
Paladru (38) 131 F5
Palairac (11) 187 G5
le Palais (56) 72 B3
le Palais-sur-Vienne (87) . . 124 B2
Palaiseau (91) 42 C5
Palaiseul (52) 86 B2
Palaja (11) 187 E3
Palaminy (31) 184 D3
Palante (70) 88 B3
Palantine (25) 103 F2
Palasca (2B) 202 D5
Palau-de-Cerdagne (66) . . 199 G5
Palau-del-Vidre (66) 201 F3
Palavas-les-Flots (34) . . . 173 G6
Palazinges (19) 138 D3
Paley (77) 64 B4
Palhers (48) 155 H3
Palinges (71) 115 F2
Palis (10) 65 G3
Palise (25) 87 F5
Palisse (19) 125 H6
Palladuc (63) 128 A2
Pallanne (32) 167 F6
Palleau (71) 101 H4
Pallegney (88) 69 H3
le Pallet (44) 75 E6
Palleville (81) 170 B6
la Pallu (53) 59 F1
Palluau (85) 91 F3
Palluau-sur-Indre (36) 96 A4
Palluaud (16) 136 C1
Pallud (73) 132 C3
Palluel (62) 8 D2
Palmas (12) 155 E4
la Palme (11) 188 A5
Palneca (2A) 205 F5
Palogneux (42) 128 C3
la Palud-sur-Verdon (04) . . 177 G3
Paluel (76) 16 D2
Pamfou (77) 64 B2
Pamiers (09) 185 H4
Pampelonne (81) 154 A6
Pamplie (79) 107 H1
Pamproux (79) 108 C3
Panassac (32) 184 A1
Panazol (87) 124 B2
Pancé (35) 57 F5
Pancey (52) 68 A1
Pancheraccia (2B) 205 G3
Pancy-Courtecon (02) 22 C4
Pandrignes (19) 139 E2
Pange (57) 26 D5
Panges (21) 85 F6
Panilleuse (27) 41 F1
Panissage (38) 131 E5
Panissières (42) 129 F3
Panjas (32) 166 D3
Pannecé (44) 75 F3
Pannecières (45) 63 F3
Pannes (45) 64 A6
Pannes (54) 48 A3
Pannessières (39) 102 D6
Panon (72) 60 B2
Panossas (38) 130 C4
la Panouse (48) 156 B1
Pantin (93) 42 D3
Panzoult (37) 94 C2
Papleux (02) 9 H5
Paradou (13) 191 E2
Parassy (18) 97 H1
Parata (2B) 205 G1
Paray-Douaville (78) 62 D2
Paray-le-Frésil (03) 114 B1
Paray-le-Monial (71) 115 E3
Paray-sous-Briailles (03). . 114 A4
Paray-Vieille-Poste (91) . . . 42 D5
Paraza (11) 187 H3
Parbayse (64) 182 A2
Parc-d'Anxtot (76) 15 G1
Parçay-les-Pins (49) 78 A5
Parçay-Meslay (37) 79 E5
Parçay-sur-Vienne (37) . . . 94 C2
Parcé (35) 58 A3
Parcé-sur-Sarthe (72) 77 G1
Parcey (39) 102 C3
Parcieux (01) 130 A2
Parcoul (24) 136 B2
le Parcq (62) 7 F1
Parcy-et-Tigny (02) 22 A6
Pardailhan (34) 187 H1
Pardaillan (47) 150 D1

Pardies (64) 182 A1
Pardies-Piétat (64). 182 C3
Pardines (63) 127 F5
Paréac (65) 183 E4
Pareid (55) 47 H1
Parempuyre (33) 135 E4
Parennes (72) 59 G4
Parent (63) 127 F4
Parentignat (63) 127 G5
Parentis-en-Born (40) . . . 148 B4
Parey-Saint-Césaire (54) . . 48 C6
Parey-sous-Montfort (88) . . 69 E3
Parfondeval (02) 23 F1
Parfondeval (61) 60 D1
Parfondru (02) 22 C3
Parfondrupt (55) 47 H1
Parfouru-sur-Odon (14) . . . 14 A5
Pargnan (02) 22 C5
Pargny (80) 21 G1
Pargny-Filain (02) 22 B4
Pargny-la-Dhuys (02) 44 C3
Pargny-les-Bois (02) 22 C2
Pargny-lès-Reims (51) . . . 23 E6
Pargny-sous-Mureau (88) . . 68 C2
Pargny-sur-Saulx (51) 46 C4
Pargues (10) 66 C5
Parignargues (30) 174 A3
Parigné (35) 58 A1
Parigné-l'Évêque (72) 60 B6
Parigné-le-Pôlin (72) 78 A1
Parigné-sur-Braye (53) . . . 58 D2
Parigny (42) 128 D1
Parigny (50) 37 F5
Parigny-la-Rose (58) 83 F6
Parigny-les-Vaux (58) 98 D3
Paris (75) 42 D4
Paris-l'Hôpital (71) 101 F4
Parisot (81) 169 H4
Parisot (82) 153 F5
Parlan (15) 139 G6
Parleboscq (40) 166 D2
Parly (89) 83 E2
Parmain (95) 42 C1
Parmilieu (38) 130 D2
Parnac (36) 110 D2
Parnac (46) 152 B3
Parnans (26) 144 C3
Parnay (18) 98 A5
Parnay (49) 93 H1
Parné-sur-Roc (53) 58 D5
Parnes (60) 19 G6
Parnoy-en-Bassigny (52) . . 68 D3
les Paroches (55). 47 G3
Paron (89) 64 D4
Paroy (25) 103 F3
Paroy (77) 64 D1
Paroy-en-Othe (89) 65 F5
Paroy-sur-Saulx (52) 68 A1
Paroy-sur-Tholon (89) . . . 65 E6
Parpeçay (36). 96 C1
Parpeville (02) 22 B1
Parranquet (47) 151 G1
Parroy (54) 49 F5
Pars-lès-Chavanges (10) . . 66 D1
Pars-lès-Romilly (10) 65 G1
Parsac (23) 112 A5
Parthenay (79) 93 F6
Parthenay-de-Bretagne (35). . 57 E2
Partinello (2A) 204 B2
Parux (54) 49 H6
Parves (01) 131 G3
Parville (27) 40 D2
Parvillers-le-Quesnoy (80) . . 21 E1
Parzac (16) 122 D1
le Pas (53) 58 D1
Pas-de-Jeu (79) 93 H3
Pas-en-Artois (62) 7 H3
le Pas-Saint-l'Homer (61) . . 61 F1
Pasilly (89) 84 B3
Paslières (63) 127 H2
Pasly (02) 22 A5
Pasques (21) 85 G6
le Pasquier (39) 103 F5
Passa (66) 201 E3
le Passage (38) 131 E5
le Passage (47) 151 F5
Passais (61) 37 H6
Passavant (25) 87 H6
Passavant-en-Argonne (51) . . 46 D2
Passavant-la-Rochère (70) . . 69 F6
Passavant-sur-Layon (49) . . 93 F2
Passel (60) 21 G3
Passenans (39) 102 D5
Passins (38) 131 E3
Passirac (16) 136 A1
Passonfontaine (25) 104 A2
Passy (71) 115 H2
Passy (74) 133 E1
Passy (89) 65 E5
Passy-en-Valois (02) 44 A1
Passy-Grigny (51) 44 D1
Passy-sur-Marne (02) 44 C2
Passy-sur-Seine (77) 65 E2
Pastricciola (2A) 204 D4
Patay (45) 62 C5
Patornay (39) 117 G1
Patrimonio (2B) 203 F4
Pau (64) 182 B2
Paucourt (45) 64 B5
Paudy (36) 96 D3
Pauilhac (32) 167 H3
Pauillac (33) 134 D2
Paule (22) 54 C1
Paulhac (15) 140 D4
Paulhac (31) 169 G4
Paulhac (43) 141 H2
Paulhac-en-Margeride (48) . . 141 G5
Paulhaguet (43) 141 H2
Paulhan (34) 172 D6
Paulhe (12) 155 F6

Paulhenc (15). 140D5
Paulhiac (47). 151G2
Pauligne (11). 186D4
Paulin (24). 138B4
Paulinet (81). 171E3
Paulmy (37). 95F3
Paulnay (36). 95G5
Paulx (44). 91E1
Paunat (24). 137D5
Paussac-
  -et-Saint-Vivien (24) 137E1
Pautaines-Augeville (52). . . 68A2
Pauvres (08). 23H4
Pavant (02). 44B3
Pavezin (42). 129H6
Pavie (32). 167H5
le Pavillon-Sainte-Julie (10) . . 66A2
les Pavillons-sous-Bois (93) . . 43E3
Pavilly (76). 17F5
Payns (10). 66A2
Payra-sur-l'Hers (11) 186B3
Payrac (46). 138C6
Payré (86). 108D3
Payrignac (46). 138B6
Payrin-Augmontel (81) . . . 170D6
Payros-Cazautets (40). . . . 166B5
Payroux (86). 109F4
Payssous (31). 184B5
Payzac (07). 157E3
Payzac (24). 124A6
Pazayac (24). 138D3
Paziols (11). 187G6
Pazy (58). 99G1
le Péage-de-Roussillon (38) . 144A1
Péas (51). 45E5
Peaugres (07). 143H2
Péaule (56). 73G1
Péault (85). 91H6
Pébées (32). 184D1
Pébrac (43). 141H4
Pech (09). 199F1
Pech-Luna (11). 186A3
Péchabou (31). 169F6
Pécharic-et-le-Py (11) . . . 186A3
Péchaudier (81). 170A6
Pechbonnieu (31). 169F4
Pechbusque (31). 169F6
le Pêchereau (36). 111E1
Pécorade (40). 166B4
le Pecq (78). 42B3
Pecquencourt (59). 8D1
Pecqueuse (91). 42B6
Pécy (77). 43H6
Pédernec (22). 32C3
Pégairolles-de-Buèges (34) . 172D4
Pégairolles-
  -de-l'Escalette (34) 172C4
Pégomas (06). 178C5
le Pègue (26). 158C2
Péguilhan (31). 184B2
Peigney (52). 86B1
Peillac (56). 56B6
Peille (06). 195G2
Peillon (06). 195G2
Peillonnex (74). 118D5
Peintre (39). 102C1
les Peintures (33). 136A3
Peipin (04). 160B6
Peisey-Nancroix (73). . . . 133F4
Pel-et-Der (10). 66D2
Pélissanne (13). 191H3
Pellafol (38). 145H6
Pelleautier (05). 160B2
Pellefigue (32). 168A6
Pellegrue (33). 136B6
Pelleport (31). 168D4
Pellerey (21). 85F4
le Pellerin (44). 74B5
la Pellerine (49). 78A5
la Pellerine (53). 58B2
Pellevoisin (36). 96A3
Pellouailles-les-Vignes (49) . 77E4
Pelonne (26). 159F4
Pelouse (48). 156B2
Pelousey (25). 87E6
Peltre (57). 48D1
Pélussin (42). 129H6
Pelves (62). 8C2
Pelvoux (05). 146D5
Penchard (77). 43G3
Pencran (29). 31F4
Pendé (80). 6C3
Pénestin (56). 73F2
Penguily (22). 34A6
Penin (62). 7H2
Penly (76). 17H1
Penmarc'h (29). 53E4
Pennautier (11). 187E3
la Penne (06). 178C2
Penne (81). 169H1
Penne-d'Agenais (47) . . . 151G4
la Penne-sur-Huveaune (13) . 192B4
la Penne-sur-l'Ouvèze (26) . 159E5
Pennedepie (14). 16B6
Pennes-le-Sec (26). 159E4
les Pennes-Mirabeau (13). . 192A3
Pennesières (70). 87F4
Penol (38). 130C6
Pensol (87). 123G4
Penta-Acquatella (2B) . . . 203F6
Penta-di-Casinca (2B). . . . 203G6
Penvénan (22). 32D1
Péone (06). 161H6
Pépieux (11). 187G2
Pérassay (36). 112A2
Peray (72). 60C3
Perceneige (89). 65E3
Percey (89). 65H3
Percey-le-Grand (70). . . . 86B3
le Perchay (95). 42A1
la Perche (18). 112C1

Perchède (32). 166C3
Percy (38). 145G6
Percy (50). 37F3
Percy-en-Auge (14). 39E2
Perdreauville (78). 41G3
Péré (17). 107E5
Péré (65). 183G4
Péreille (09). 186A6
Perelli (2B). 205G2
Pérenchies (59). 3F5
Péret (34). 172C6
Péret-Bel-Air (19). 125E6
Péreuil (16). 122A5
Péreyres (07). 143E6
Pergain-Taillac (32). 167H1
Peri (2A). 204D5
Périers (50). 12D6
Périers-en-Auge (14). . . . 14D4
Périers-sur-le-Dan (14) . . 14C4
Pérignac (16). 122B5
Pérignac (17). 121F4
Pérignat-lès-Sarliève (63). . 127F3
Pérignat-sur-Allier (63) . . 127F3
Périgné (79). 108A5
Périgny (03). 114B4
Périgny (14). 38B3
Périgny (17). 106D5
Périgny (41). 79G2
Périgny (94). 43E5
Périgny-la-Rose (10) 65G1
Périgueux (24). 137F2
Périssac (33). 135G4
Perles (02). 22C5
Perles-et-Castelet (09). . . 199F3
Pern (46). 152C4
Pernand-Vergelesses (21). . 101G2
Pernant (02). 21H5
Pernay (37). 78C5
la Pernelle (50). 13E2
Pernes (62). 2B6
Pernes-lès-Boulogne (62). . 1F4
Pernes-les-Fontaines (84) . 175F2
Pernois (80). 7F4
Pero-Casevecchie (2B) . . 203G6
Pérols (34). 173G6
Pérols-sur-Vézère (19). . . 125F5
Péron (01). 118A5
Péronnas (01). 116D5
Péronne (71). 116B3
Péronne (80). 8C6
Péronne-en-Mélantois (59). . 3G5
Péronville (28). 62B5
la Pérouille (36). 96B6
la Pérouse (90). 88D3
Pérouges (01). 130C2
Péroy-les-Gombries (60) . . 43G1
Perpezac-le-Blanc (19). . . 138B2
Perpezac-le-Noir (19). . . . 138D1
Perpezat (63) 126D4
Perpignan (66). 201F2
les Perques (50). 12C3
Perquie (40). 166B2
Perrancey-
  -les-Vieux-Moulins (52). . 86A1
le Perray-en-Yvelines (78) . 42A5
Perrecy-les-Forges (71). . . 115F1
le Perréon (69). 116A6
Perret (22). 55E1
Perreuil (71). 101E5
Perreux (42). 115E6
Perreux (89). 82D1
le Perreux-sur-Marne (94). . 43E4
Perrex (01). 116C4
Perrier (63). 127F5
le Perrier (85). 90C3
la Perrière (61). 60C2
la Perrière (73). 133E5
Perriers-en-Beauficel (50). . 37G4
Perriers-la-Campagne (27). . 40B1
Perriers-sur-Andelle (27). . 19E4
Perrignier (74). 118D3
Perrigny (39). 102D6
Perrigny (89). 83F2
Perrigny-lès-Dijon (21) . . 101H1
Perrigny-sur-Armançon (89) . 84C3
Perrigny-sur-l'Ognon (21). . 86C6
Perrigny-sur-Loire (71) . . 114D2
Perrogney-
  -les-Fontaines (52) 86A2
le Perron (50). 37H1
Perros-Guirec (22). 32C1
Perrou (61). 38B6
Perrouse (70). 87F5
Perroy (58). 82D5
Perruel (27). 19E4
Perrusse (52). 68C5
Perrusson (37). 95G2
Pers (15). 139H5
Pers (79). 108C4
Pers-en-Gâtinais (45) . . . 64B5
Pers-Jussy (74). 118C5
Persac (86). 109G3
Persan (95). 42C1
Persquen (56). 54D3
Pertain (80). 21F1
Perthes (08). 23G4
Perthes (52). 46C5
Perthes (77). 63H1
Perthes-lès-Brienne (10) . . 67E2
Pertheville-Ners (14). . . . 39E2
le Perthus (66). 201F4
le Pertre (35). 58B5
le Pertuis (43). 142D3
Pertuis (84). 176A4
la Péruse (16). 123F2
Pervenchères (61). 60C2
Perville (82). 151G6
Pescadoires (46). 152B3

Peschadoires (63). 127H2
le Pescher (19). 139E4
Péseux (25). 88B6
Peseux (39). 102C3
Peslières (63). 127H6
Pesmes (70). 86C6
Pessac (33). 135E5
Pessac-sur-Dordogne (33) . 136B5
Pessan (32). 167H5
Pessans (25). 103F2
Pessat-Villeneuve (63) . . 127F2
la Pesse (39). 118A4
Pessines (17). 121E3
Pessoulens (32). 168B3
Petersbach (67). 50B3
le Petit-Abergement (01). . 117G6
Petit-Auverné (44). 75C2
Petit-Bersac (24). 136C1
le Petit-Bornand-
  -les-Glières (74). 118D6
le Petit-Celland (50). . . . 37F5
Petit-Couronne (76). . . . 18C5
Petit-Croix (90). 88D3
Petit-Failly (54). 25F4
Petit-Fayt (59). 9H4
le Petit-Fougeray (35). . . 57F4
Petit-Landau (68). 89G2
Petit-Mars (44). 74D3
Petit-Mercey (39). 103E1
Petit-Mesnil (10). 67E3
Petit-Noir (39). 102B4
le Petit-Palais-
  -et-Cornemps (33). . . . 136A4
le Petit-Pressigny (37). . . 95F4
le Petit-Quevilly (76). . . . 17G6
Petit-Réderching (57). . . 28A5
Petit-Tenquin (57). 49G2
Petit-Verly (02). 9F5
la Petite-Boissière (79) . . 92C4
Petite-Chaux (25). 103H6
Petite-Forêt (59). 9F2
la Petite-Fosse (88). . . . 70D2
la Petite-Marche (03). . . 112C5
la Petite-Pierre (67). . . . 50B3
la Petite-Raon (88). 70D1
Petite-Rosselle (57). . . . 27F4
la Petite-Verrière (71). . . 100C3
Petitefontaine (90). 88D2
les Petites-Armoises (08) . 24B4
les Petites-Loges (51). . . 45G1
Petitmagny (90). 88D2
Petitmont (54). 49H6
Petiville (14). 14D4
Petiville (76). 15H2
Petosse (85). 107E2
Petreto-Bicchisano (2A) . . 206D2
Pettoncourt (57). 49E4
Pettonville (54). 49G6
Peujard (33). 135F3
Peumérit (29). 53E3
Peumerit-Quintin (22). . . 32D5
Peuplingues (62). 1G2
Peuton (53). 58C6
Peuvillers (55). 25F5
Pévange (57). 49F3
Pévy (51). 22D5
Pexiora (11). 186D3
Pexonne (54). 70C1
Pey (40). 164D4
Peymeinade (06). 178C4
Peynier (13). 192C2
Peypin (13). 192C3
Peypin-d'Aigues (84). . . . 176B3
Peyrabout (23). 111G6
le Peyrat (09). 186B5
Peyrat-de-Bellac (87). . . 110B5
Peyrat-la-Nonière (23). . . 112A6
Peyrat-le-Château (87) . . 125E3
la Peyratte (79). 93G6
Peyraube (65). 183F3
Peyraud (07). 144A1
Peyre (40). 165H5
Peyrecave (32). 168B2
Peyrefitte-du-Razès (11) . . 186A5
Peyrefitte-sur-l'Hers (11). . 186A3
Peyregoux (81). 170C5
Peyrehorade (40). 165E5
Peyreleau (12). 155G6
Peyrelevade (19) 125C4
Peyrelongue-Abos (64). . . 182D1
Peyremale (30). 157E5
Peyrens (11). 186B2
Peyrestortes (66). 201F2
Peyret-Saint-André (65) . . 183H2
Peyriac-de-Mer (11). . . . 188A4
Peyriac-Minervois (11) . . 187F2
Peyriat (01). 117F5
Peyrière (47). 150D2
Peyrieu (01). 131F4
Peyrignac (24). 138A3
Peyriguère (65). 183F2
Peyrilhac (87). 124A1
Peyrillac-et-Millac (24) . . 138C5
Peyrilles (46). 152C2
Peyrins (26). 144C3
Peyrissac (19). 124D5
Peyrissas (31). 184C2
Peyrole (81). 170A3
Peyrolles (11). 187E5
Peyrolles (30). 173F1
Peyrolles-en-Provence (13) . 176B3
Peyroules (04). 178A3
Peyrouse (65). 182D4
Peyrouzet (31). 184B3
Peyruis (04). 176D1
Peyrun (65). 183F2
Peyrus (26). 144C5
Peyrusse (15). 141E3
Peyrusse-Grande (32). . . 167E5
Peyrusse-le-Roc (12). . . . 153H3

Peyrusse-Massas (32). . . . 167H4
Peyrusse-Vieille (32). . . . 167E5
Peyssies (31). 185E2
Pézarches (77). 43H5
Pezé-le-Robert (72). 59H4
Pézenas (34). 188D1
Pézènes-les-Mines (34). . . 172B5
Pezens (11). 186D3
Pézilla-de-Conflent (66) . . 200C2
Pézilla-la-Rivière (66) . . . 201E2
Pezou (41). 79G1
Pezuls (24). 137F5
Pézy (28). 62B3
Pfaffenheim (68). 71F5
Pfaffenhoffen (67). 50D3
Pfalzweyer (67). 50B4
Pfastatt (68). 89F1
Pfetterhouse (68). 89E4
Pfettisheim (67). 51E3
Pfulgriesheim (67). 51E3
Phaffans (90). 88D3
Phalempin (59). 3F6
Phalsbourg (57). 50B4
Philippsbourg (57). 28C6
Philondenx (40). 166A5
Phlin (54). 48D3
Pia (66). 201F2
Piacé (72). 60A3
le Pian-Médoc (33). 135E4
le Pian-sur-Garonne (33). . 149H2
Piana (2A). 204B3
Pianello (2B). 205G2
Pianottoli-Caldarello (2A). . 207E6
les Piards (39). 117H2
la Piarre (05). 159G3
Piazzali (2B). 205G2
Piazzole (2B). 205G2
Pibrac (31). 169E5
Picarreau (39). 103E5
Picauville (50). 12D4
Pichanges (21). 86A5
Picherande (63). 126D6
Picquigny (80). 7F5
Pie-d'Orezza (2B). 205G1
Pied-de-Borne (48). 156D3
Piedicorte-di-Gaggio (2B). . 205F3
Piedicroce (2B). 205G1
Piedigriggio (2B). 203E6
Piedipartino (2B). 205G1
Piégon (26). 158D5
Piégros-la-Clastre (26). . . 158D1
Piégut (04). 160D6
Piégut-Pluviers (24). . . . 123F5
Piencourt (27). 15G5
Piennes (54). 25H5
Piennes-Onvillers (80). . . 21E2
Pierlas (06). 178D1
la Pierre (38). 145H1
Pierre-Bénite (69). 130A3
Pierre-Buffière (87). 124B4
Pierre-Châtel (38). 145G4
Pierre-de-Bresse (71). . . . 102B4
Pierre-la-Treiche (54). . . . 48B5
Pierre-Levée (77). 43H3
Pierre-Morains (51). 45F4
Pierre-Percée (54). 70C1
Pierre-Perthuis (89). 83H5
Pierreclos (71). 116A4
Pierrecourt (70). 86C3
Pierrecourt (76). 6C6
Pierrefeu (06). 195E1
Pierrefeu-du-Var (83). . . . 193G4
Pierrefiche (12). 155E3
Pierrefiche (48). 156C1
Pierrefiques (76). 16B4
Pierrefitte (19). 124D6
Pierrefitte (23). 112A5
Pierrefitte (79). 93F4
Pierrefitte (88). 69G4
Pierrefitte-en-Auge (14) . . 15F4
Pierrefitte-
  -en-Beauvaisis (60). . . . 20A4
Pierrefitte-en-Cinglais (14) . 38C3
Pierrefitte-ès-Bois (45). . . 82A3
Pierrefitte-Nestalas (65). . 182D5
Pierrefitte-sur-Aire (55). . . 47F3
Pierrefitte-sur-Loire (03). . 114C2
Pierrefitte-sur-Sauldre (41) . 81F4
Pierrefitte-sur-Seine (93). . 42D3
Pierrefonds (60). 21G5
Pierrefontaine-
  -lès-Blamont (25). 88C5
Pierrefontaine-
  -les-Varans (25). 104B1
Pierrefort (15). 140D5
Pierregot (80). 7G5
Pierrelatte (26). 158B4
Pierrelaye (95). 42C2
Pierrelongue (26). 159E5
Pierremande (02). 21H3
Pierremont (62). 7G1
Pierremont-sur-Amance (52) . 86D2
Pierrepont (02). 22D2
Pierrepont (14). 38C3
Pierrepont (54). 25G4
Pierrepont-sur-Avre (80). . 20D2
Pierrepont-
  -sur-l'Arentèle (88). . . . 70B3
Pierrerue (04). 176D2
Pierrerue (34). 188A1
Pierres (14). 38A3
Pierres (28). 41G6
Pierreval (76). 17H5
Pierrevert (04). 176C3
Pierreville (50). 12B3
Pierreville (54). 48C6
Pierrevillers (57). 26B4

Pierric (44). 74C1
Pierry (51). 45E2
Pietra-di-Verde (2B). . . . 205G2
Pietracorbara (2B). 203G2
Pietralba (2B). 203E5
Pietraserena (2B). 205F3
Pietricaggio (2B). 205G2
Pietrosella (2A). 206C1
Pietroso (2B). 205F3
Piets-Plasence-
  -Moustrou (64) 166A6
Pieusse (11). 186D4
les Pieux (50). 12C3
Piève (2B). 203F5
Piffonds (89). 64D5
Pigna (2B). 202C5
Pignan (34). 173F5
Pignans (83). 193G3
Pignicourt (02). 23E4
Pignols (63). 127G4
Pigny (18). 97H2
Pihem (62). 2A4
Pihen-lès-Guînes (62) . . . 1G3
Pila-Canale (2A). 206D1
Pillac (16). 136C1
Pillemoine (39). 103F6
les Pilles (26). 158D4
Pillon (55). 25G5
Pimbo (40). 166B5
Pimelles (89). 84B1
Pimorin (39). 117F2
Pimprez (60). 21G4
le Pin (03). 114D3
le Pin (14). 15G4
le Pin (30). 135G1
le Pin (38). 131E6
le Pin (39). 102D6
le Pin (44). 76A3
Pin (70). 87E6
le Pin (77). 43E3
le Pin (79). 92D4
le Pin (82). 168C1
le Pin-au-Haras (61). 39F4
Pin-Balma (31). 169F5
le Pin-en-Mauges (49). . . . 75H5
le Pin-la-Garenne (61). . . . 60D2
le Pin-Murelet (31). 184D1
Pinas (65). 183H4
Pinay (42). 128D2
Pincé (72). 77F1
Pindères (47). 150B5
Pindray (86). 109H2
Pinel-Hauterive (47). . . . 151E3
Pinet (34). 188D1
Pineuilh (33). 136C5
Piney (10). 66C2
Pino (2B). 203F2
Pinols (43). 141H4
Pinon (02). 22B4
les Pins (16). 122D2
Pins-Justaret (31). 169E6
Pinsac (46). 138C5
Pinsaguel (31). 169E6
Pinsot (38). 132D2
Pintac (65). 183F2
Pinterville (27). 18D6
Pintheville (55). 47H1
les Pinthières (28). 41G5
Piobetta (2B). 205G2
Pioggiola (2B). 203E6
Piolenc (84). 158B6
Pionnat (23). 111H6
Pionsat (63). 112D6
Pioussay (79). 108C6
Pipriac (35). 56D5
Piquecos (82). 169E1
Pirajoux (01). 117E3
Piré-sur-Seiche (35). . . . 57G4
Pirey (25). 87F6
Piriac-sur-Mer (44). 73E3
Pirmil (72). 59G6
Pirou (50). 12C6
Pis (32). 168A3
Pisany (17). 120D3
Piscop (95). 42D2
Piseux (27). 40C4
Pisieu (38). 130C6
Pisseleu (60). 20A3
Pisseloup (52). 86D1
la Pisseure (70). 87G1
Pissos (40). 148D4
Pissotte (85). 107F2
Pissy (80). 7F6
Pissy-Pôville (76). 17G5
Pisy (89). 84B4
Pitgam (59). 2B2
Pithiviers (45). 63F4
Pithiviers-le-Vieil (45) . . . 63F4
Pithon (02). 21G1
Pîtres (27). 18D5
Pittefaux (62). 1F4
Pizay (01). 130B1
Pizieux (72). 60B3
le Pla (09). 199H2
Plabennec (29). 31E4
Placé (53). 58C3
les Places (27). 15G5
Placey (25). 103E1
Plachy-Buyon (80). 20B3
Placy (14). 14B6
Placy-Montaigu (50). . . . 37H2
le Plagnal (07). 156D1
Plagne (01). 117H5
Plagne (31). 184D1
Plagnole (31). 184D1
Plaigne (11). 186A3
Plailly (60). 43E2
Plaimbois-du-Miroir (25). . 104C1

Plaimbois-Vennes (25) 104B1
Plaimpied-Givaudins (18). . . 97H3
la Plaine (49). 92D2
Plaine (67). 71E1
Plaine-de-Walsch (57) 50A5
Plaine-Haute (22). 33G5
la Plaine-sur-Mer (44) 73G5
Plainemont (70). 87G1
Plaines-Saint-Lange (10) . . 66D4
Plainfaing (88). 70D4
Plainoiseau (39). 102D6
les Plains-
  -et-Grands-Essarts (25) . . 88D6
Plaintel (22). 33G5
Plainval (60). 20D3
Plainville (27). 15G5
Plainville (60). 20D3
Plaisance (12). 171E2
Plaisance (24). 151E1
Plaisance (32). 166D5
Plaisance (86). 109H3
Plaisance-du-Touch (31) . . 169E6
Plaisia (39). 117G2
Plaisians (26). 159E5
Plaisir (78). 42A4
Plaissan (34). 172D6
Plaizac (16). 122A3
le Plan (31). 184D3
le Plan (38). 145E1
Plan-d'Aups-
  -Sainte-Baume (83). . . . 192D3
Plan-de-Baix (26). 144C6
le Plan-de-Cuques (13). . . 192B3
le Plan-de-la-Tour (83). . . 194A3
Plan-d'Orgon (13). 175F3
Planaise (73). 132A5
Planay (21). 84D2
Planay (73). 133E6
la Planche (44). 91G1
Plancher-Bas (70). 88C2
Plancher-les-Mines (70) . . 88C2
Plancherine (73). 132C3
les Planches-
  -en-Montagne (39). . . . 103G6
les Planches-
  -près-Arbois (39). 103E4
Planchez (58). 100B2
Plancoët (22). 34C4
Plancy-l'Abbaye (10). . . . 45F6
la Planée (25). 103H4
Planès (66). 200A4
Planèzes (66). 200D1
Planfoy (42). 143F1
Planguenoual (22). 33H4
Planioles (46). 153H2
le Planois (71). 102B5
le Planquay (14). 15G5
Planques (62). 7F1
Planrupt (52). 67F1
les Plans (30). 157F6
les Plans (34). 172B4
les Plantiers (30). 173E1
le Plantis (61). 39G6
Planty (10). 65G3
Planzolles (07). 157E3
Plappeville (57). 26B5
Plasne (39). 103E5
Plasnes (27). 15H5
Plassac (17). 121F5
Plassac (33). 135E3
Plassac-Rouffiac (16). . . . 122B5
Plassay (17). 121F2
Plats (07). 144A4
Plaudren (56). 55G5
Plauzat (63). 127F4
Plavilla (11). 186B4
Plazac (24). 137H4
Pleaux (15). 139H3
Pléboulle (22). 34B4
Pléchâtel (35). 57E5
Plédéliac (22). 34B5
Plédran (22). 33G5
Pléguien (22). 33F3
Pléhédel (22). 33F3
Pleine-Fougères (35). . . . 35G5
Pleine-Selve (02). 22B1
Pleine-Selve (33). 135E1
Pleine-Sève (76). 17E3
Plélan-le-Grand (35). . . . 56C3
Plélan-le-Petit (22). 34C5
Plélauff (22). 54D1
Plélo (22). 33F4
Plémet (22). 55H1
Plémy (22). 33G6
Plénée-Jugon (22). 34A6
Pléneuf-Val-André (22). . . 34A4
Plénise (39). 103G5
Plénisette (39). 103G5
Plerguer (35). 35E5
Plérin (22). 33G4
Plerneuf (22). 33F4
Plescop (56). 55F6
Plesder (35). 34D5
Plésidy (22). 33F5
Pleslin-Trigavou (22). . . . 34D4
Plesnois (57). 26B5
Plesnoy (52). 86C1
Plessala (22). 55H1
Plessé (44). 74B2
le Plessier-Huleu (02) . . . 22A6
le Plessier-Rozainvillers (80) . 20D1
le Plessier-sur-Bulles (60) . 20C3
le Plessier-
  -sur-Saint-Just (60). . . . 20D4
le Plessis-aux-Bois (77). . . 43F2
Plessis-Barbuise (10). . . . 44C6
le Plessis-Belleville (60) . . 43F2
le Plessis-Bouchard (95). . 42C2

le Plessis-Brion (60) 21 F4
Plessis-de-Roye (60) 21 F3
le Plessis-Dorin (41) 61 F5
le Plessis-Feu-Aussoux (77) . . 43 H5
le Plessis-Gassot (95) 42 D2
le Plessis-Grammoire (49) . . . 77 E4
le Plessis-Grimoult (14) 14 A6
le Plessis-Grohan (27) 40 D3
le Plessis-Hébert (27) 41 F2
le Plessis-Lastelle (50) 12 D5
le Plessis-l'Échelle (41) 80 A2
le Plessis-l'Évêque (77) 43 F2
le Plessis-Luzarches (95) . . . 42 D2
le Plessis-Macé (49) 76 D4
le Plessis-Pâté (91) 42 D6
le Plessis-Patte-d'Oie (60) . . . 21 G2
le Plessis-Placy (77) 43 H2
le Plessis-Robinson (92) 42 C4
Plessis-Saint-Benoist (91) . . . 63 E2
Plessis-Saint-Jean (89) 65 E3
le Plessis-
   -Sainte-Opportune (27) 40 C2
le Plessis-Trévise (94) 43 E4
Plessix-Balisson (22) 34 C4
Plestan (22) 34 A5
Plestin-les-Grèves (22) 32 B3
Pleubian (22) 33 E1
Pleucadeuc (56) 56 A5
Pleudaniel (22) 33 E2
Pleudihen-sur-Rance (22) . . . 36 A4
Pleugriffet (56) 55 G3
Pleugueneuc (35) 34 D6
Pleumartin (86) 95 E5
Pleumeleuc (35) 56 D2
Pleumeur-Bodou (22) 32 C2
Pleumeur-Gautier (22) 33 E1
Pleure (39) 102 C4
Pleurs (51) 45 E5
Pleurtuit (35) 34 D4
Pleuven (29) 53 G3
Pleuvezain (88) 69 E2
Pleuville (16) 109 F6
Pléven (22) 34 B5
Plévenon (22) 34 B3
Plévin (22) 54 B1
Pleyben (29) 31 G6
Pleyber-Christ (29) 31 H4
Pliboux (79) 108 D5
Plichancourt (51) 46 B5
Plieux (32) 168 A2
Plivot (51) 45 F2
Plobannalec-Lesconil (29) . . . 53 F4
Plobsheim (67) 71 H1
Ploemel (56) 55 E6
Ploemeur (56) 54 C5
Ploërdut (22) 54 D2
Ploeren (56) 55 F6
Ploërmel (56) 56 A4
Ploeuc-sur-Lié (22) 33 G6
Ploéven (29) 53 E4
Ploézal (22) 33 E2
Plogastel-
   -Saint-Germain (29) 53 E4
Plogoff (29) 52 C2
Plogonnec (29) 53 E2
Ploisy (02) 22 A5
Plomb (50) 35 H3
Plombières-les-Bains (88) . . . 70 A6
Plombières-lès-Dijon (21) . . . 85 G6
Plomelin (29) 53 F3
Plomeur (29) 53 E4
Plomion (02) 23 E1
Plomodiern (29) 53 F1
Plonéis (29) 53 F2
Plonéour-Lanvern (29) 53 E3
Plonévez-du-Faou (29) 31 H6
Plonévez-Porzay (29) 53 F1
Plorec-sur-Arguenon (22) . . . 34 B5
Plottes (71) 116 B2
Plou (18) 97 F3
Plouagat (22) 33 F4
Plouaret (22) 32 C3
Plouarzel (29) 30 C4
Plouasne (22) 56 D1
Plouay (56) 54 C4
Ploubalay (22) 34 C4
Ploubazlanec (22) 33 F2
Ploubezre (22) 32 C2
Ploudalmézeau (29) 30 D3
Ploudaniel (29) 31 F3
Ploudiry (29) 31 G4
Plouëc-du-Trieux (22) 33 E3
Plouédern (29) 31 F4
Plouégat-Guérand (29) 32 B3
Plouégat-Moysan (29) 32 B3
Plouénan (29) 31 H3
Plouër-sur-Rance (22) 36 A4
Plouescat (29) 31 G2
Plouézec (22) 33 F2
Plouezoc'h (29) 32 A3
Ploufragan (22) 33 G4
Plougar (29) 31 G3
Plougasnou (29) 32 A2
Plougastel-Daoulas (29) . . . 31 E5
Plougonvelin (29) 30 C5
Plougonven (29) 32 A4
Plougonver (22) 32 C4
Plougoulm (29) 31 G3
Plougoumelen (56) 55 F6
Plougourvest (29) 31 G3
Plougras (22) 32 B4
Plougrescant (22) 33 E1
Plouguenast (22) 55 G1
Plouguerneau (29) 31 E3
Plouguernével (22) 54 D1
Plouguiel (22) 33 D1
Plouguin (29) 30 D3
Plouha (22) 33 F3
Plouharnel (56) 72 B1
Plouhinec (29) 52 C2
Plouhinec (56) 54 D6

Plouider (29) 31 F3
Plouigneau (29) 32 B3
Plouisy (22) 33 E3
Ploulec'h (22) 32 C2
Ploumagoar (22) 33 E4
Ploumilliau (22) 32 C2
Plounéour-Ménez (29) 31 H4
Plounéour-Trez (29) 31 F2
Plounérin (22) 32 C3
Plounéventer (29) 31 F4
Plounévez-Lochrist (29) . . . 31 F3
Plounévez-Moëdec (22) 32 C4
Plounévez-Quintin (22) 32 B6
Plounévézel (29) 32 B6
Plourac'h (22) 32 B5
Plouray (56) 54 C2
Plourhan (22) 33 G3
Plourin (29) 30 C3
Plourin-lès-Morlaix (29) . . . 32 A4
Plourivo (22) 33 E2
Plouvain (62) 8 C3
Plouvara (22) 33 F4
Plouvien (29) 31 E3
Plouvorn (29) 31 G3
Plouyé (29) 32 A6
Plouzané (29) 30 D4
Plouzélambre (22) 32 C3
Plouzévédé (29) 31 G3
Plovan (29) 53 E3
Ployart-et-Vaurseine (02) . . . 22 D4
le Ployron (60) 20 D3
Plozévet (29) 52 D2
Pludual (22) 33 F3
Pluduno (22) 34 B4
Plufur (22) 32 B3
Pluguffan (29) 53 F3
Pluherlin (56) 56 A6
Plumaudan (22) 34 C6
Plumaugat (22) 56 B1
Plumelec (56) 55 G5
Pluméliau (56) 55 E3
Plumelin (56) 55 F4
Plumergat (56) 55 F5
Plumetot (14) 14 C4
Plumieux (22) 55 H2
Plumont (39) 103 E2
Pluneret (56) 55 E6
Plurien (22) 34 B3
Plusquellec (22) 32 C5
Plussulien (22) 33 E6
Pluvault (21) 102 B1
Pluvet (21) 102 B1
Pluvigner (56) 55 E5
Pluzunet (22) 32 D3
Pocancy (51) 45 G3
Pocé-les-Bois (35) 57 H3
Pocé-sur-Cisse (37) 79 F5
Podensac (33) 149 G1
le Poët (05) 160 A5
le Poët-Célard (26) 158 D2
le Poët-en-Percip (26) 159 F5
le Poët-Laval (26) 158 C3
le Poët-Sigillat (26) 159 E4
Pœuilly (80) 8 D6
Poey-de-Lescar (64) 182 B1
Poey-d'Oloron (64) 181 H2
Pœzat (03) 113 G6
Poggio-di-Nazza (2B) 205 F4
Poggio-di-Venaco (2B) 205 E3
Poggio-d'Oletta (2B) 203 F5
Poggio-Marinaccio (2B) 203 F6
Poggio-Mezzana (2B) 205 G1
Poggiolo (2A) 204 D3
Pogny (51) 46 A4
Poids-de-Fiole (39) 117 G1
Poigny (77) 65 E1
Poigny-la-Forêt (78) 41 H5
Poil (58) 100 B4
Poilcourt-Sydney (08) 23 F4
Poilhes (34) 188 B2
Poillé-sur-Vègre (72) 59 F6
Poilley (35) 35 H5
Poilley (50) 35 H4
Poilly (51) 22 D6
Poilly-lez-Gien (45) 81 H3
Poilly-sur-Serein (89) 84 A2
Poilly-sur-Tholon (89) 83 E1
Poinçon-lès-Larrey (21) . . . 84 D1
le Poinçonnet (36) 96 C5
Poincy (77) 43 G3
Poinsenot (52) 85 G2
Poinson-lès-Fayl (52) 86 C2
Poinson-lès-Grancey (52) . . . 85 G3
Poinson-lès-Nogent (52) . . . 68 B6
Pointel (61) 38 C5
Pointis-de-Rivière (31) 184 A4
Pointis-Inard (31) 184 B4
Pointre (39) 102 C1
Pointvillers (25) 103 F2
Poinville (28) 62 D4
le Poiré-sur-Velluire (85) . . . 107 E2
le Poiré-sur-Vie (85) 91 F3
Poiroux (85) 91 F6
Poisat (38) 145 G2
Poiseul (52) 68 C6
Poiseul-la-Grange (21) 85 F4
Poiseul-la-Ville-
   -et-Laperrière (21) 85 E4
Poiseul-lès-Saulx (21) 85 G4
Poiseux (58) 99 E2
Poisieux (18) 97 F3
le Poislay (41) 61 G5
Poisson (71) 115 E3
Poissons (52) 68 A2
Poissy (78) 42 B3
Poisvilliers (28) 62 B1
Poisy (74) 132 A1
la Poitevinière (49) 75 H5
Poivres (10) 45 G5

Poix (51) 46 B3
Poix-de-Picardie (80) 20 A1
Poix-du-Nord (59) 9 G3
Poix-Terron (08) 24 A2
le Poizat (01) 117 H5
Polaincourt-
   -et-Clairefontaine (70) . . . 87 F1
Polastron (31) 184 C2
Polastron (32) 168 B6
Poleymieux-
   -au-Mont-d'Or (69) 130 A2
Poliénas (38) 145 E2
Polignac (17) 135 G1
Polignac (43) 142 C4
Poligné (35) 57 E5
Poligny (05) 160 B1
Poligny (10) 66 C4
Poligny (39) 103 E5
Poligny (77) 64 A4
Polincove (62) 2 A3
Polisot (10) 66 D5
Polisy (10) 66 D5
Pollestres (66) 201 F3
Polliat (01) 116 D4
Pollieu (01) 131 G2
Pollionnay (69) 129 H3
Polminhac (15) 140 B5
Polveroso (2B) 205 G1
Pomacle (51) 23 F5
la Pomarède (11) 186 B1
Pomarède (46) 152 B2
Pomarez (40) 165 F4
Pomas (11) 186 D4
Pomayrols (12) 155 F3
Pomerol (33) 135 H4
Pomérols (34) 189 E2
Pomeys (69) 129 F4
Pommard (21) 101 G3
Pommera (62) 7 H3
la Pommeraie-
   -sur-Sèvre (85) 92 C4
la Pommeraye (14) 38 C3
la Pommeraye (49) 75 H4
Pommeret (22) 33 H5
Pommereuil (59) 9 G4
Pommereux (76) 19 G3
Pommeréval (76) 19 E1
Pommerieux (53) 76 C1
Pommérieux (57) 26 C6
Pommerit-Jaudy (22) 32 D2
Pommerit-le-Vicomte (22) . . . 33 E3
Pommerol (26) 159 F3
Pommeuse (77) 43 H4
Pommevic (82) 168 C1
Pommier (62) 8 A3
Pommier-
   -de-Beaurepaire (38) . . . 130 C6
Pommiers (02) 22 A5
Pommiers (30) 172 D2
Pommiers (36) 111 E2
Pommiers (42) 128 D2
Pommiers (69) 129 H1
Pommiers-la-Placette (38) . . . 145 F1
Pommiers-Moulons (17) . . . 135 G1
Pomoy (70) 87 H3
Pompadour (19) 108 A1
Pompaire (79) 107 H2
Pompéjac (33) 149 H3
Pompertuzat (31) 169 F6
Pompey (54) 48 C4
Pompiac (32) 168 C6
le Pompidou (48) 156 B6
Pompierre (88) 68 D3
Pompierre-sur-Doubs (25) . . . 88 A5
Pompiey (47) 150 C5
Pompignac (33) 135 F5
Pompignan (30) 173 F3
Pompignan (82) 169 E3
Pompogne (47) 150 B5
Pomponne (77) 43 F4
Pomport (24) 136 D6
Pomps (64) 165 H6
Pomy (11) 186 C4
Poncé-sur-le-Loir (72) 78 D2
Poncey-lès-Athée (21) 102 C1
Poncey-sur-l'Ignon (21) . . . 85 F4
le Ponchel (62) 7 F3
Ponches-Estruval (80) 6 D2
Ponchon (60) 20 B5
Poncin (01) 117 F6
Poncins (42) 129 E3
Pondaurat (33) 150 A2
le Pondy (18) 98 A5
Ponet-et-Saint-Auban (26) . . 144 D6
Ponlat-Taillebourg (31) 184 A4
Pons (17) 121 F4
Ponsampère (32) 183 G1
Ponsan-Soubiran (32) 183 H1
Ponsas (26) 144 A3
Ponson-Debat-Pouts (64) . . . 182 D2
Ponson-Dessus (64) 182 D2
Ponsonnas (38) 145 G5
Pont (21) 102 B2
Pont-à-Marcq (59) 3 G6
Pont-à-Mousson (54) 48 C3
Pont-à-Vendin (62) 3 E6
Pont-Arcy (02) 22 C5
Pont-Audemer (27) 15 H3
Pont-Authou (27) 18 A6
Pont-Aven (29) 54 A4
Pont-Bellanger (14) 37 G2
le Pont-Chrétien-
   -Chabenet (36) 110 D1
Pont-Croix (29) 52 D2
Pont-d'Ain (01) 117 F6
Pont-de-Barret (26) 158 C2
Pont-de-Buis-
   -lès-Quimerch (29) 31 G6
Pont-de-Chéruy (38) 130 C3
le Pont-de-Claix (38) 145 G3

Pont-de-Labeaume (07) . . . 157 F1
Pont-de-l'Arche (27) 18 D5
Pont-de-Larn (81) 170 D6
Pont-de-l'Isère (26) 144 A4
Pont-de-Metz (80) 7 F6
le Pont-de-Montvert (48) . . . 156 C4
le Pont-de-Planches (70) . . . 87 E4
Pont-de-Poitte (39) 117 G1
Pont-de-Roide (25) 88 C5
Pont-de-Ruan (37) 94 D1
Pont-de-Salars (12) 154 D5
Pont-de-Vaux (01) 116 C3
Pont-de-Veyle (01) 116 B4
Pont-d'Héry (39) 103 F4
Pont-d'Ouilly (14) 38 C3
Pont-du-Bois (70) 69 F6
Pont-du-Casse (47) 151 F5
Pont-du-Château (63) 127 G3
Pont-du-Navoy (39) 103 E6
Pont-en-Royans (38) 144 D3
Pont-et-Massène (21) 84 D5
Pont-Évêque (38) 130 B5
Pont-Farcy (14) 37 G2
Pont-Hébert (50) 13 F6
Pont-la-Ville (52) 67 G5
Pont-l'Abbé (29) 53 F4
Pont-l'Abbé-d'Arnoult (17) . . 120 D2
Pont-lès-Bonfays (88) 69 F4
Pont-les-Moulins (25) 87 H6
Pont-l'Évêque (14) 15 F4
Pont-l'Évêque (60) 21 G3
Pont-Melvez (22) 32 D4
Pont-Noyelles (80) 7 H5
Pont-Péan (35) 57 E3
Pont-Remy (80) 6 D4
Pont-Saint-Esprit (30) 158 A5
Pont-Saint-Mard (02) 22 A4
Pont-Saint-Martin (44) 74 C6
Pont-Saint-Pierre (27) 18 D5
Pont-Saint-Vincent (54) 48 C6
Pont-Sainte-Marie (10) 66 B3
Pont-Sainte-Maxence (60) . . . 21 E5
Pont-Salomon (43) 143 E1
Pont-Scorff (56) 54 C4
Pont-sur-l'Ognon (70) 87 H4
Pont-sur-Madon (88) 69 F2
Pont-sur-Meuse (55) 47 G4
Pont-sur-Sambre (59) 9 H3
Pont-sur-Seine (10) 65 G1
Pont-sur-Vanne (89) 65 F4
Pont-sur-Yonne (89) 64 D3
Pont-Trambouze (69) 115 G6
Pontacq (64) 182 D3
Pontailler-sur-Saône (21) . . . 86 B6
Pontaix (26) 144 D6
Pontamafrey-
   -Montpascal (73) 146 C2
Pontarion (23) 125 E1
Pontarlier (25) 104 A4
Pontarmé (60) 43 E1
Pontaubault (50) 35 H4
Pontaubert (89) 83 H4
Pontault-Combault (77) . . . 43 E4
Pontaumur (63) 126 C2
Pontavert (02) 22 D4
Pontcarré (77) 43 F4
Pontcey (70) 87 F3
Pontchardon (61) 39 G3
Pontcharra (38) 146 A1
Pontcharra-sur-Turdine (69) . . 129 G2
Pontcharraud (23) 125 H2
Pontchâteau (44) 73 H3
Pontcirq (46) 152 B2
Pontécoulant (14) 38 B3
Ponteilla (66) 201 E3
Ponteils-et-Brésis (30) 156 D4
Pontenx-les-Forges (40) . . . 148 B5
le Pontet (73) 132 B5
le Pontet (84) 175 E2
les Pontets (25) 103 H5
Pontevès (83) 193 F1
Ponteyraud (24) 136 C2
Pontfaverger-
   -Moronvilliers (51) 23 G5
Pontgibaud (63) 126 D2
Pontgouin (28) 61 G2
Ponthévrard (78) 62 D1
Ponthion (51) 46 B5
Ponthoile (80) 6 C3
le Ponthou (29) 32 B3
Ponthoux (39) 117 H3
Pontiacq-Viellepinte (64) . . . 182 D1
Pontigné (49) 77 H4
Pontigny (89) 83 G1
Pontis (04) 160 D2
Pontivy (56) 55 F2
Pontlevoy (41) 79 H5
Pontmain (53) 58 B1
Pontoise (95) 42 B2
Pontoise-lès-Noyon (60) . . . 21 G3
Pontonx-sur-l'Adour (40) . . . 165 F3
Pontorson (50) 35 G4
Pontours (24) 137 F5
Pontoux (71) 102 A4
Pontoy (57) 26 C6
Pontpierre (57) 49 F2
Pontpoint (60) 21 E5
Pontrieux (22) 33 E2
Pontru (02) 8 D5
Pontruet (02) 8 D6
Ponts (50) 35 H3
les Ponts-de-Cé (49) 77 E5
Ponts-et-Marais (76) 6 B4
Pontvallain (72) 78 D3
Popian (34) 172 D5
Popolasca (2B) 203 E6
Porcaro (56) 56 B4
Porcelette (57) 27 E5
Porchères (33) 136 A4
la Porcherie (87) 124 D5
Porcheux (60) 19 H5

Porcheville (78) 41 H3
Porcieu-Amblagnieu (38) . . . 131 E2
Pordic (22) 33 G4
le Porge (33) 134 B5
Pornic (44) 73 H6
Pornichet (44) 73 G4
Porquéricourt (60) 21 G3
Porri (2B) 203 G6
Porspoder (29) 30 C3
Port (01) 117 G5
le Port (09) 185 F6
Port-Brillet (53) 58 B4
Port-de-Bouc (13) 191 G5
Port-de-Lanne (40) 164 D5
Port-de-Piles (86) 94 D3
Port-des-Barques (17) 120 C1
Port-en-Bessin-Huppain (14) . . 13 H5
Port-la-Nouvelle (11) 188 B5
Port-Launay (29) 31 G6
Port-le-Grand (80) 6 D3
Port-Lesney (39) 103 E3
Port-Louis (56) 54 C6
le Port-Marly (78) 42 B4
Port-Mort (27) 41 F1
Port-Saint-Louis-
   -du-Rhône (13) 191 E5
Port-Saint-Père (44) 74 B6
Port-Sainte-Foy-
   -et-Ponchapt (24) 136 C5
Port-Sainte-Marie (47) 150 D5
Port-sur-Saône (70) 87 F3
Port-sur-Seille (54) 48 C3
Port-Vendres (66) 201 G4
Port-Villez (78) 41 G2
la Porta (2B) 203 F6
Porta (66) 199 F4
Portbail (50) 12 B4
Porte-Joie (27) 18 D6
Porté-Puymorens (66) 199 G3
le Portel (62) 1 F4
Portel-des-Corbières (11) . . . 188 A5
Portes (27) 40 C2
Portes (30) 157 E5
les Portes-en-Ré (17) 106 A4
Portes-en-Valdaine (26) . . . 158 C3
Portes-lès-Valence (26) . . . 144 B5
Portet (64) 166 C5
Portet-d'Aspet (31) 184 C5
Portet-de-Luchon (31) 197 E1
Portet-sur-Garonne (31) . . . 169 F6
Portets (33) 149 G1
Portieux (88) 69 H2
Portiragnes (34) 188 D2
Porto-Vecchio (2A) 207 G3
Ports (37) 94 D3
Posanges (21) 85 E5
Poses (27) 18 D5
Possesse (51) 46 C3
la Possonnière (49) 76 D5
la Postolle (89) 65 F3
Postroff (57) 50 A3
Potangis (51) 44 D6
Potelières (30) 157 F5
Potelle (59) 9 G3
la Poterie-au-Perche (61) . . . 40 A6
la Poterie-Cap-d'Antifer (76) . . 16 B4
la Poterie-Mathieu (27) 15 H4
Pothières (21) 84 D1
Potigny (14) 38 D2
Potte (80) 21 F1
Pouan-les-Vallées (10) 66 B1
Pouançay (86) 93 F2
Pouancé (49) 76 A2
Pouant (86) 94 B3
Poubeau (31) 197 E1
Poucharramet (31) 185 E1
Poudenas (47) 167 F1
Poudenx (40) 165 H5
Poudis (81) 170 B6
Pouensac (40) 165 H5
Poueyferré (65) 182 D4
la Pouëze (49) 76 C3
Pouffonds (79) 108 B4
la Pouge (23) 125 F1
le Pouget (34) 172 D5
Pougnadoresse (30) 174 C1
Pougne-Hérisson (79) 93 E6
Pougny (01) 118 A5
Pougny (58) 82 C6
Pougues-les-Eaux (58) 98 D3
Pougy (10) 66 C2
Pouillac (17) 135 G1
Pouillat (01) 117 F3
Pouillé (41) 79 H6
Pouillé (85) 107 E1
Pouillé (86) 109 F2
Pouillé-les-Côteaux (44) . . . 75 F3
Pouillenay (21) 84 D4
Pouilley-Français (25) 103 E1
Pouilley-les-Vignes (25) . . . 103 F1
Pouillon (40) 165 E5
Pouillon (51) 23 E5
Pouilloux (71) 115 G2
Pouilly (57) 26 C6
Pouilly (60) 20 A6
Pouilly-en-Auxois (21) 101 E1
Pouilly-le-Monial (69) 129 H1
Pouilly-lès-Feurs (42) 129 E3
Pouilly-les-Nonains (42) . . . 115 E6
Pouilly-sous-Charlieu (42) . . . 115 E5
Pouilly-sur-Loire (58) 98 C1
Pouilly-sur-Meuse (55) 24 D3
Pouilly-sur-Saône (21) 102 A3
Pouilly-sur-Serre (02) 22 C3
Pouilly-sur-Vingeanne (21) . . 86 B4
le Poujol-sur-Orb (34) 172 A6
Poujols (34) 172 C4
Poulaines (36) 96 C2
Poulainville (80) 7 G5
Poulan-Pouzols (81) 170 B3
Poulangy (52) 68 A5

Pouldergat (29) 53 E2
Pouldouran (22) 33 E2
Pouldreuzic (29) 53 E3
Poule-les-Écharmeaux (69) . . 115 G5
Pouliacq (64) 166 B6
les Poulières (88) 70 C3
Pouligney-Lusans (25) 87 G6
Pouligny-Notre-Dame (36) . . 111 H2
Pouligny-Saint-Martin (36) . . 111 H2
Pouligny-Saint-Pierre (36) . . . 95 G6
le Pouliguen (44) 73 F4
Poullan-sur-Mer (29) 53 E2
Poullaouen (29) 32 B5
Poullignac (16) 122 A6
Poulx (30) 174 B2
Poumarous (65) 183 F3
Poupas (82) 168 B2
Poupry (28) 62 D5
Pouques-Lormes (58) 83 H6
Pourcharesses (48) 156 D5
Pourchères (07) 157 H1
Pourcieux (83) 176 C6
Pourcy (51) 45 E1
Pournoy-la-Chétive (57) . . . 26 B6
Pournoy-la-Grasse (57) . . . 26 C6
Pourrain (89) 83 E2
Pourrières (83) 176 C6
Poursac (16) 122 C1
Poursay-Garnaud (17) 121 F1
Poursiugues-Boucoue (64) . . 166 B5
Pouru-aux-Bois (08) 24 D2
Pouru-Saint-Remy (08) 24 D2
Poussan (34) 189 F1
Poussanges (23) 125 H2
Poussay (88) 69 F2
Pousseaux (58) 83 F4
Poussignac (47) 150 B4
Poussy-la-Campagne (14) . . . 38 D2
Pousthomy (12) 171 F3
le Pout (33) 135 G6
Pouvrai (61) 60 D3
Pouxeux (88) 70 A4
Pouy (65) 184 A2
Pouy-de-Touges (31) 184 D2
Pouy-Loubrin (32) 167 H6
Pouy-Roquelaure (32) 167 H1
Pouydesseaux (40) 166 B2
Pouydraguin (32) 166 D4
Pouylebon (32) 167 F6
Pouzac (65) 183 F4
Pouzauges (85) 92 C5
Pouzay (37) 94 D2
Pouze (31) 185 G1
Pouzilhac (30) 174 C1
le Pouzin (07) 144 A6
Pouzol (63) 113 F6
Pouzolles (34) 188 C1
Pouzols (34) 172 D5
Pouzols-Minervois (11) 187 H2
Pouzy-Mésangy (03) 98 C6
Poyanne (40) 165 F3
Poyans (70) 86 C5
Poyartin (40) 165 F4
Poyols (26) 159 F2
Pozières (80) 8 B5
les Pradeaux (63) 127 G5
Pradelle (26) 159 E2
Pradelles (43) 142 C6
Pradelles (59) 2 D4
Pradelles-Cabardès (11) . . . 187 E1
Pradelles-en-Val (11) 187 F4
Pradère-les-Bourguets (31) . . 168 D5
Prades (07) 157 F2
Prades (09) 199 G1
Prades (43) 142 A4
Prades (66) 200 C3
Prades (81) 170 B5
Prades-d'Aubrac (12) 155 E3
Prades-le-Lez (34) 173 F4
Prades-Salars (12) 154 D5
Prades-sur-Vernazobre (34) . . 188 A1
le Pradet (83) 193 G5
Pradettes (09) 186 A5
Pradières (09) 185 H5
Pradiers (15) 141 E2
Pradinas (12) 154 A5
Pradines (19) 125 F5
Pradines (42) 129 E1
Pradines (46) 152 C3
Pradons (07) 157 G3
Prads-Haute-Bléone (04) . . . 161 E5
Prahecq (79) 108 A4
Prailles (79) 108 A3
Pralognan-la-Vanoise (73) . . 133 G6
Prâlon (21) 85 F6
Pralong (42) 128 D4
Pranles (07) 143 G6
Pranzac (16) 122 D4
Praslay (52) 85 H2
Praslin (10) 66 C5
Prasville (28) 62 C3
Prat (22) 32 D3
Prat-Bonrepaux (09) 184 D5
Prato-di-Giovellina (2B) . . . 203 E6
Prats-de-Carlux (24) 138 C5
Prats-de-Mollo-
   -la-Preste (66) 200 C5
Prats-du-Périgord (24) 152 A1
Pratviel (81) 170 A5
Pratz (39) 117 H3
Prauthoy (52) 86 A3
Pray (41) 79 G3
Praye (54) 69 F1
Prayols (09) 185 H6
Prayssac (46) 152 B3
Prayssas (47) 151 E4

Praz-sur-Arly (74). 132 D2
le Pré-d'Auge (14) 15 E5
Pré-en-Pail (53) 59 G1
Pré-Saint-Évroult (28) 62 A4
le Pré-Saint-Gervais (93). . . . 42 D3
Pré-Saint-Martin (28) 62 A4
Préaux (07) 143 H3
les Préaux (27). 15 G3
Préaux (36) 95 H3
Préaux (53) 59 E6
Préaux (76) 17 H6
Préaux-Bocage (14) 14 B6
Préaux-du-Perche (61). 61 E3
Préaux-Saint-Sébastien (14). . 15 F6
Prébois (38) 145 G6
Précey (50) 35 H4
Préchac (32) 167 H3
Préchac (33) 149 G3
Préchac (65) 182 D5
Préchac-sur-Adour (32). . . . 166 D5
Préchacq-Josbaig (64) 181 H2
Préchacq-les-Bains (40) . . . 165 F3
Préchacq-Navarrenx (64) . . . 181 H2
Précieux (42) 129 E5
Précigné (72) 77 F2
Précilhon (64) 182 A3
Précorbin (50) 37 G1
Précy (18) 98 C2
Précy-le-Sec (89) 83 H4
Précy-Notre-Dame (10) 66 D2
Précy-Saint-Martin (10). . . . 66 D2
Précy-sous-Thil (21) 84 C5
Précy-sur-Marne (77). 43 F3
Précy-sur-Oise (60) 20 C6
Précy-sur-Vrin (89) 64 D6
Prédefin (62) 2 B6
Préfailles (44). 73 G5
Préfontaines (45). 64 A5
Prégilbert (89) 83 G3
Préguillac (17) 121 E3
Préhy (89). 83 G3
Preignac (33) 149 H2
Preignan (32). 167 H4
Preigney (70) 86 D2
Preixan (11) 186 D4
Prémanon (39). 118 C2
Prémery (58) 99 E2
Prémesques (59) 3 F5
Prémeyzel (01). 131 F3
Prémian (34) 171 G6
Premières (21) 102 B1
Prémierfait (10) 66 A1
Prémilhat (03) 112 C4
Prémillieu (01) 131 F2
Prémont (02) 9 E5
Prémontré (02) 22 B3
Prendeignes (46). 153 H1
Préneron (32). 167 F4
la Prénessaye (22). 55 H2
Prenois (21) 85 G6
Prénouvellon (41) 62 B6
Prénovel (39) 117 H2
Prény (54). 48 B2
Préporché (58) 100 A4
Prépotin (61) 40 A6
les Prés (26) 159 G2
Présailles (43) 142 D5
Préseau (59) 9 F2
Présentevillers (25) 88 C4
Préserville (31) 169 G6
Présilly (39) 117 G1
Présilly (74) 118 B5
Presle (73) 132 B5
Presles (14) 37 H3
Presles (38) 145 E3
Presles (95) 42 C1
Presles-en-Brie (77). 43 F5
Presles-et-Boves (02) 22 B5
Presles-et-Thierny (02) 22 C4
Presly (18) 81 G6
Presnoy (45) 63 H6
Pressac (86) 109 F5
Pressagny-l'Orgueilleux (27). . 41 F1
Pressiat (01) 117 F3
Pressignac (16) 123 F2
Pressignac-Vicq (24) 137 F5
Pressigny (52) 86 D2
Pressigny (79) 93 G5
Pressigny-les-Pins (45) 82 A1
Pressins (38) 131 F5
Pressy (62) 2 B6
Pressy-sous-Dondin (71) . . . 115 H2
la Prétière (25). 88 B5
Pretin (39) 103 E4
Prétot-Sainte-Suzanne (50) . . 12 D5
Prétot-Vicquemare (76). . . . 17 F3
Prêtreville (14) 15 F6
Préty (71) 116 C2
Pretz-en-Argonne (55) 47 E3
Preuilly (18) 97 F2
Preuilly-la-Ville (36). 95 F6
Preuilly-sur-Claise (37) 95 F4
Preures (62) 1 G5
Preuschdorf (67) 51 E2
Preuseville (76) 6 B6
Preutin-Higny (54) 25 H5
Preux-au-Bois (59) 9 G3
Preux-au-Sart (59) 9 H2
Préval (72) 60 D3
Prévelles (72) 60 C4
Prévenchères (48) 156 D3
Préveranges (18) 112 A3
Prévessin-Moëns (01). 118 B4
la Prévière (49) 76 A2
Prévillers (60) 20 A3
Prévinquières (12) 154 A4
Prévocourt (57) 49 E3
Prey (27). 41 E4
Prey (88). 70 B4
Preyssac-d'Excideuil (24) . . 138 A1

Prez (08) 23 G1
Prez-sous-Lafauche (52) . . . 68 C3
Priaires (79) 107 G5
Priay (01) 130 D1
Priez (02) 44 A1
Prignac (17) 121 G2
Prignac-en-Médoc (33) . . . 120 C6
Prignac-et-Marcamps (33) . . 135 F3
Prigonrieux (24) 136 D5
Primarette (38). 130 B6
Primat (08) 24 A1
Primelin (29) 52 C2
Primelles (18) 97 F4
Prin-Deyrançon (79) 107 G4
Princay (86) 94 B4
Princé (35) 58 B3
Pringy (51) 46 A4
Pringy (74) 132 A1
Pringy (77) 63 H1
Prinquiau (44) 74 A3
Prinsuéjols (48) 155 G1
Printzheim (67) 50 C4
Prisces (02) 22 D1
Prisches (59) 9 H4
Prissac (36) 110 C2
Prissé (71) 116 B4
Prissé-la-Charrière (79) . . . 107 G5
Privas (07) 157 H1
Privezac (12) 153 H4
Prix-lès-Mézières (08) 24 A1
Priziac (56) 54 C2
Prizy (71) 115 F3
la Proiselière-et-Langle (70) . . 88 A1
Proissans (24) 138 B5
Proisy (02) 9 G6
Proix (02) 9 F6
Projan (32) 166 B5
Promilhanes (46) 153 F4
Prompsat (63) 127 E1
Prondines (63) 126 C3
Pronleroy (60) 20 D4
Pronville (62) 8 C3
Propiac (26) 158 D5
Propières (69) 115 G5
Propriano (2A) 206 D3
Prosnes (51) 45 G1
Prouilly (51) 22 D5
Proupiary (31) 184 C3
Proussy (14) 38 B3
Prouvais (02) 23 E4
Prouville (80) 7 F4
Prouvy (59) 9 F2
Prouzel (80) 20 B1
Provenchère (25) 88 B6
Provenchère (70) 87 G2
Provenchères-
   lès-Darney (88). 69 E4
Provenchères-sur-Fave (88) . . 70 D2
Provency (89). 84 A4
Proverville (10) 67 E4
Proveysieux (38) 145 G2
Proville (59) 8 D3
Provin (59) 3 E6
Provins (77) 65 E1
Proviseux-et-Plesnoy (02). . . 23 E4
Proyart (80) 8 A6
Prudemanche (28). 40 D5
Prudhomat (46) 139 E5
Prugnanes (66) 200 C1
Prugny (10) 66 A4
Pruillé (49) 76 D3
Pruillé-le-Chétif (72) 60 A6
Pruillé-l'Éguillé (72). 78 C1
Pruines (12) 154 B3
Prunay (51) 23 F6
Prunay-Belleville (10) 65 H2
Prunay-Cassereau (41) 79 F3
Prunay-en-Yvelines (78) . . . 62 D1
Prunay-le-Gillon (28). 62 C2
Prunay-le-Temple (78). 41 G4
Prunay-sur-Essonne (91). . . 63 G4
Prunelli-di-Casaccia (2B) . . 203 G5
Prunelli-di-Fiumorbo (2B). . 205 G5
Prunet (07) 157 F2
Prunet (15) 140 B6
Prunet (31) 169 H6
Prunet-et-Belpuig (66) 200 C1
Prunières (05) 160 D2
Prunières (38) 145 G5
Prunières (48) 141 G6
Pruniers (36) 97 E5
Pruniers-en-Sologne (41) . . . 80 C6
Pruno (2B) 203 G6
Prunoy (89) 82 D1
Prusly-sur-Ource (21) 85 E1
Prusy (10) 66 B6
Pruzilly (71) 116 A4
Puberg (67) 50 B3
Publier (74) 119 E3
Publy (39) 117 G1
Puceul (44) 74 C2
le Puch (09) 199 H2
Puch-d'Agenais (47) 150 C4
Puchay (27) 19 F5
Puchevillers (80) 7 G4
le Puech (34) 172 C5
Puéchabon (34) 173 E4
Puéchoursi (81) 170 A6
Puechredon (30) 173 G2
Puellemontier (52) 67 E1
Puessans (25) 87 H5
Puget (84) 175 H4
Puget-Rostang (06) 178 C1
Puget-sur-Argens (83). 178 B6
Puget-Théniers (06) 178 C2
Puget-Ville (83) 193 G3
Pugey (25) 103 F1
Pugieu (01) 131 F2
Puginier (11) 186 B2
Pugnac (33) 135 F3
Pugny (79) 93 E5
Pugny-Chatenod (73) 131 H3

Puichéric (11) 187 G3
le Puid (88). 70 D2
Puihardy (79). 107 G1
Puilacher (34). 172 D6
Puilaurens (11). 200 B1
Puilboreau (17) 106 D4
Puilly-et-Charbeaux (08) . . . 25 E2
Puimichel (04) 177 E2
Puimisson (34) 188 C1
Puimoisson (04) 177 E3
la Puisaye (28). 40 C6
Puiseaux (45) 63 H4
Puiselet-le-Marais (91) 63 F2
Puisenval (76) 6 B6
le Puiset (28) 62 D4
le Puiset-Doré (49) 75 F5
Puiseux (08) 23 H3
Puiseux (28) 41 F6
Puiseux-en-Bray (60). 19 G4
Puiseux-en-France (95). . . . 43 E2
Puiseux-le-Hauberger (60) . . 20 B6
Puiseux-Pontoise (95). 42 B2
Puisieulx (51) 45 F1
Puisieux (62) 8 A4
Puisieux (77) 43 G2
Puisieux-et-Clanlieu (02). . . 9 G6
Puissalicon (34) 188 C1
Puisseguin (33) 136 A4
Puisserguier (34) 188 B2
Puits (21) 84 D2
Puits-et-Nuisement (10) . . . 66 D4
Puits-la-Vallée (60) 20 B3
Puivert (11). 186 C6
Pujaudran (32). 168 D5
Pujaut (30) 174 D2
Pujo (65) 183 E2
Pujo-le-Plan (40) 166 B3
les Pujols (09) 185 H4
Pujols (33) 136 A6
Pujols (47) 151 F4
Pujols-sur-Ciron (33) 149 G2
le Puley (71). 101 E6
Puligny-Montrachet (21). . . 101 F4
Pullay (27) 40 C5
Puligny (54) 48 C6
Pulney (54) 69 F2
Pulnoy (54) 48 D5
Pulvérières (63) 126 D2
Pulversheim (68). 89 F1
Punchy (80) 21 F1
Punerot (88) 68 D1
Puntous (65) 183 H2
Pupillin (39) 103 E4
Pure (08) 24 D2
Purgerot (70) 87 F2
Pusey (70) 87 G3
Pusignan (69) 130 C3
Pussay (91) 63 E3
Pussigny (37). 94 D3
Pusy-et-Épenoux (70) 87 G3
Putanges-Pont-Écrepin (61) . . 38 D4
Puteaux (92) 42 C4
Putot-en-Auge (14) 14 D4
Putot-en-Bessin (14) 14 A4
Puttelange-aux-Lacs (57) . . . 49 H1
Puttelange-
   lès-Thionville (57) 26 C2
Puttigny (57) 49 F3
Puxe (54) 48 A1
Puxieux (54). 48 B1
le Puy (25) 87 G6
le Puy (33) 150 B1
Puy-d'Arnac (19) 139 E4
Puy-de-Serre (85) 107 F1
Puy-du-Lac (17) 121 E1
Puy-en-Velay (43) 142 C4
Puy-Guillaume (63) 127 H1
Puy-l'Évêque (46) 152 A3
le Puy-Notre-Dame (49) . . . 93 G2
Puy-Saint-André (05) 147 E5
Puy-Saint-Eusèbe (05) 160 D2
Puy-Saint-Gulmier (63). . . . 126 C3
Puy-Saint-Martin (26) 158 C2
Puy-Saint-Pierre (05) 147 E5
Puy-Saint-Vincent (05) 146 D5
le Puy-Sainte-Réparade (13). . 176 A5
Puy-Sanières (05) 161 E2
Puybarban (33) 150 A2
Puybegon (81) 170 A4
Puybrun (46) 139 E5
Puycalvel (81) 170 B5
Puycasquier (32) 168 A4
Puycelci (81) 169 H2
Puycornet (82) 152 B6
Puydaniel (31) 185 F2
Puydarrieux (65) 183 G2
la Puye (86) 109 H1
Puygaillard-
   de-Lomagne (82) 168 B2
Puygaillard-de-Quercy (82) . . 169 G1
Puygiron (26) 158 B2
Puygouzon (81) 170 C3
Puygros (73) 132 A4
Puyjourdes (46) 153 F5
Puylagarde (82) 153 F5
Puylaroque (82) 152 D5
Puylaurens (81) 170 B6
Puylausic (32) 184 C1
Puyloubier (13) 176 C6
Puymangou (24) 136 B2
Puymaurin (31) 184 B2
Puyméras (84) 158 C5
Puymiclan (47) 150 D3
Puymirol (47) 151 G4
Puymoyen (16) 122 C4
Puynormand (33) 136 A4
Puyol-Cazalet (40) 166 A5
Puyôô (64) 165 F5
Puyravault (17) 107 E5

Puyravault (85) 106 D3
Puyréaux (16) 122 C2
Puyrenier (24) 122 D5
Puyrolland (17) 107 G6
Puységur (32) 167 H4
Puysségur (31) 168 C4
Puyvalador (66) 200 A3
Puyvert (84) 175 H4
Puzeaux (80) 21 F1
Puzieux (57) 48 D3
Puzieux (88) 69 F2
Py (66) 200 B4
la Pyle (27) 18 B6
Pys (80) 8 B4

Q

Quaëdypre (59) 2 C2
Quaix-en-Chartreuse (38) . . 145 G2
Quantilly (18). 97 H1
Quarante (34) 188 A2
Quarouble (59) 9 G1
Quarré-les-Tombes (89) . . . 84 A6
la Quarte (70) 86 D2
le Quartier (63) 113 E6
Quasquara (2A) 205 E6
Quatre-Champs (08) 24 B4
les Quatre-Routes-
   du-Lot (46) 138 D4
Quatremare (27) 40 D1
Quatzenheim (67) 50 D5
Quéant (62) 8 C3
Queaux (86) 109 G3
Québriac (35). 35 E6
Quédillac (35) 56 C1
Queige (73) 132 D3
Quelaines-Saint-Gault (53) . . 58 C6
Quelmes (62) 2 A4
Quelneuc (56) 56 C5
Quéménéven (29) 53 F1
Quemigny-Poisot (21). 101 G1
Quemigny-sur-Seine (21) . . . 85 E3
Quemper-Guézennec (22). . . 33 E2
Quemperven (22) 32 D2
Quend (80). 6 C2
Quenne (89). 83 G2
Quenoche (70) 87 F4
Quenza (2A) 207 E2
Quercamps (62). 1 H4
Quercitello (2B) 203 F6
Quérénaing (59) 9 F2
Quérigut (09) 199 H2
Quernes (62) 2 B5
Querqueville (50) 12 C1
Querré (49) 76 D2
Querrien (29) 54 B3
Querrieu (80) 7 H5
Quers (70) 87 H2
Quesmy (60) 21 G2
le Quesne (80) 6 D6
le Quesnel (80) 21 E1
le Quesnel-Aubry (60). 20 C4
le Quesnoy (80) 9 G3
le Quesnoy-en-Artois (62) . . 7 E2
Quesnoy-le-Montant (80). . . 6 C4
Quesnoy-sur-Airaines (80) . . 7 E5
Quesnoy-sur-Deûle (59) . . . 3 F4
Quesques (62) 1 G4
Quessigny (27) 41 E3
Quessoy (22) 33 H4
Questembert (56) 56 A6
Questrecques (62) 1 F5
Quet-en-Beaumont (38) . . . 145 H5
Quetigny (21) 101 H6
Quettehou (50) 13 E2
Quettetot (50) 12 C3
Quetteville (14) 15 F3
Quettreville-
   sur-Sienne (50) 35 G1
Queudes (51) 44 D6
la Queue-en-Brie (94) 43 E4
la Queue-les-Yvelines (78) . . 41 H4
Queuille (63) 126 D1
Quevauvillers (80). 20 B1
Quéven (56) 54 C5
Quévert (22). 34 C5
Quevillon (76) 17 F6
Quevilloncourt (54) 69 F1
Quévreville-la-Poterie (76) . . 18 D5
Queyrac (33) 120 C6
Queyrières (43) 142 D3
Queyssac (24) 137 E5
Queyssac-les-Vignes (19) . . 139 E4
Quézac (15) 140 A2
Quézac (48) 156 A4
Quiberon (56) 72 B2
Quiberville (76) 17 F2
Quibou (50) 37 F1
Quié (09) 199 E1
Quiers (77) 43 G6
Quiers-sur-Bézonde (45). . . 63 G6
Quiéry-la-Motte (62) 8 B2
Quierzy (02) 21 H3
Quiestède (62) 2 B4
Quiévelon (59) 10 B3
Quiévrechain (59) 9 G1
Quièvrecourt (76) 19 E1
Quiévy (59) 9 F3
Quilen (62) 1 G6
Quillan (11) 186 D6
Quillebeuf-sur-Seine (27) . . 15 H2
le Quillio (22) 55 F1
Quilly (08) 24 A4
Quilly (44) 74 A3
Quily (56) 56 A4
Quimper (29) 53 F1
Quimperlé (29) 54 B4

Quincampoix (76) 17 H5
Quincampoix-Fleuzy (60) . . 19 G1
Quinçay (86) 108 D1
Quincerot (21) 84 C3
Quincerot (89) 66 B6
Quincey (21) 101 H2
Quincey (70) 87 G3
Quincié-en-Beaujolais (69). . 116 A5
Quincieu (38). 145 E1
Quincieux (69) 130 A2
Quincy (18) 97 F2
Quincy-Basse (02) 22 A4
Quincy-Landzécourt (55) . . 25 E4
Quincy-le-Vicomte (21). . . . 84 C3
Quincy-sous-le-Mont (02). . . 22 B5
Quincy-sous-Sénart (91). . . 43 E5
Quincy-Voisins (77) 43 G3
Quinéville (50) 13 E3
Quingey (25) 103 F2
Quinquempoix (60) 20 C3
Quins (12) 154 B5
Quinsac (24) 123 F6
Quinsac (33) 135 F6
Quinson (04) 177 E4
Quinssaines (03) 112 C4
Quint-Fonsegrives (31) . . . 169 F5
Quintal (74) 132 A2
la Quinte (72) 59 H5
Quintenas (07) 143 H2
Quintenic (22) 34 A4
Quintigny (39) 102 D5
Quintillan (11) 187 G5
Quintin (22) 33 F5
le Quiou (22) 34 D6
Quirbajou (11) 200 A1
Quiry-le-Sec (80) 20 C2
Quissac (30). 173 G3
Quissac (46). 153 E2
Quistinic (56) 54 D4
Quittebeuf (27) 40 D1
Quivières (80) 21 G1
Quœux-Haut-Maînil (62) . . . 7 F2

R

Rabastens (81). 169 H3
Rabastens-de-Bigorre (65) . 183 F1
Rabat-
   les-Trois-Seigneurs (09) . 185 G6
la Rabatelière (85). 91 H3
Rablay-sur-Layon (49). 76 D6
Rabodanges (61) 38 C4
Rabou (05) 160 B2
Rabouillet (66) 200 C2
Racécourt (88) 69 G3
Rachecourt-sur-Marne (52) . . 67 H1
Rachecourt-Suzémont (52). . 67 G2
Râches (59) 8 D1
Racines (10) 65 H5
la Racineuse (71) 102 A5
Racquinghem (62) 2 B4
Racrange (57) 49 F3
Raddon-et-Chapendu (70) . . 88 A1
Radenac (56) 55 G4
Radepont (27) 19 E5
Radinghem (62) 2 A6
Radinghem-en-Weppes (59) . . 3 E5
Radon (61) 60 A1
Radonvilliers (10) 66 D2
Raedersdorf (68) 89 F4
Raedersheim (68) 71 F6
Raffetot (76) 15 H1
Rageade (15) 141 G3
Rahart (41) 79 G1
Rahay (72) 61 E6
Rahling (57) 28 A6
Rahon (25) 88 B6
Rahon (39) 102 C3
Rai (61) 40 A4
Raids (50) 12 D6
Raillencourt-Sainte-Olle (59) . . 8 D3
Railleu (66) 200 A3
Raillicourt (08) 24 A2
Raillimont (02). 23 F2
Raimbeaucourt (59) 8 D1
Rainans (39) 102 C2
Raincheval (80) 7 H4
Raincourt (70) 87 E1
le Raincy (93) 43 E3
Rainfreville (76) 17 F3
Rainneville (80) 7 G5
Rainsars (59) 10 A4
Rainville (88) 69 E2
Rainvillers (60) 20 A4
les Rairies (49). 77 G3
Raismes (59) 9 F1
Raissac (09) 186 A6
Raissac-d'Aude (11) 187 H3
Raissac-sur-Lampy (11). . . . 186 D3
Raival (55) 47 F3
Raix (16) 108 C3
Raizeux (78) 41 G6
Ramasse (01) 117 E5
Ramatuelle (83) 194 B4
Rambaud (05) 160 C2
Rambervillers (88). 70 B2
Rambluzin-
   et-Benoîte-Vaux (55) 47 F2
Rambouillet (55) 41 H6
Rambucourt (55) 48 A4
Ramburelles (80) 6 C5
Rambures (80) 6 C5
Ramecourt (62) 7 G2
Ramecourt (88) 69 F3
Ramerupt (10) 66 C1
Ramicourt (02) 9 E5
Ramillies (59) 9 E3
Rammersmatt (68) 89 E1

Ramonchamp (88). 70 B6
Ramonville-
   Saint-Agne (31) 169 F6
Ramoulu (45) 63 F4
Ramous (64) 165 F5
Ramousies (59) 10 A4
Ramouzens (32). 167 E3
Rampan (50) 13 F6
Rampieux (24) 151 G1
Rampillon (77) 64 C1
Rampoux (46) 152 C2
Rancé (01) 130 A1
Rancenay (25) 103 F1
Rancennes (08) 11 F4
Rances (10) 67 E1
Ranchal (69) 115 G5
Ranchot (39) 103 E2
Ranchy (14) 13 H5
Rancogne (16) 122 D3
Rançonnières (52) 68 C6
Rancon (87) 110 B5
Rançon (87) 110 B5
Rancourt (80) 8 C5
Rancourt (88) 69 F3
Rancourt-sur-Ornain (55) . . 46 D4
Rancy (71) 116 D1
Randan (63) 127 G1
Randens (73) 132 C5
Randevillers (25) 88 A6
Randonnai (61) 40 A5
Rânes (61) 38 D5
Rang (25) 88 B5
Rang-du-Fliers (62) 6 C1
Rangecourt (52) 68 C5
Rangen (67) 50 C5
Ranguevaux (57) 26 B4
Rannée (35) 57 H4
Ranrupt (67) 71 E2
Rans (39) 103 E2
Ransart (62) 8 A3
Ranspach (68) 70 D6
Ranspach-le-Bas (68) 89 G3
Ranspach-le-Haut (68) 89 G3
Rantechaux (25) 104 A2
Rantigny (60) 20 D5
Ranton (86) 93 H3
Rantzwiller (68) 89 F2
Ranville (14) 14 C4
Ranville-Breuillaud (16) . . . 122 A1
Ranzevelle (70) 69 F6
Ranzières (55) 47 G2
Raon-aux-Bois (88) 70 A5
Raon-lès-Leau (54) 50 A6
Raon-l'Étape (88). 70 C2
Raon-sur-Plaine (88) 50 A6
Rapaggio (2B) 205 G1
Rapale (2B) 203 F5
Rapey (88) 69 G3
Rapilly (14) 38 C3
Rapsécourt (51) 46 C2
Raray (60) 21 E6
Rarécourt (55) 47 E2
Rasiguères (66) 200 D1
Raslay (86) 93 H2
Rasteau (84). 158 C5
Ratenelle (71) 116 C2
Ratières (26) 144 B2
Ratte (71) 102 B3
Ratzwiller (67) 50 B2
Raucoules (43) 143 F2
Raucourt (54) 48 D3
Raucourt-au-Bois (59) 9 G3
Raucourt-et-Flaba (08) 24 C3
Raulhac (15). 140 C5
Rauret (43) 142 B6
Rauville-la-Bigot (50) 12 C3
Rauville-la-Place (50) 12 D4
Rauwiller (67) 50 A4
Rauzan (33) 135 H6
Raveau (58) 98 D2
Ravel (63) 127 G2
Ravenel (60) 20 D4
Ravenoville (50). 13 E3
Raves (88) 70 D3
Ravières (89) 84 C2
Ravigny (53). 59 H1
Raville (57). 49 E1
Raville-sur-Sânon (54) 49 E5
Ravilloles (39) 117 H2
la Ravoire (73) 131 H5
Ray-sur-Saône (70) 87 E3
Raye-sur-Authie (62) 7 E2
Rayet (47) 151 G1
Raymond (18) 98 A4
Raynans (25) 88 C4
Rayol-Canadel-sur-Mer (83) . 194 A5
Rayssac (81) 170 D3
Razac-de-Saussignac (24). . 136 C6
Razac-d'Eymet (24) 151 E1
Razac-sur-l'Isle (24) 137 E2
Raze (70) 87 F3
Razecueillé (31) 184 B5
Razengues (32) 168 C5
Razès (87) 110 C6
Razimet (47) 150 C4
Razines (37) 94 C3
Réal (66) 200 A3
Réalcamp (76) 6 C6
Réallon (05) 160 D2
Réalmont (81) 170 C4
Réalville (82) 169 F1
Réans (32) 166 D3
Réau (77) 43 E6
Réaumont (38). 131 F6
Réaumur (85). 92 C5
Réaup-Lisse (47) 150 C6
Réauville (26) 158 B3
Réaux (17) 121 G5
Rebais (77) 44 A4
Rebecques (62) 2 B5
Rébénacq (64) 182 B3
Rebergues (62) 1 H4

243

Rebets (76) 19 E3
Rebeuville (88) 68 D2
Rebigue (31) 169 F6
Rebourguil (12) 171 G3
Reboursin (36) 96 D2
Rebréchien (45) 63 E6
Rebreuve-Ranchicourt (62) 7 H1
Rebreuve-sur-Canche (62) 7 G2
Rebreuviette (62) 7 G2
Recanoz (39) 102 C5
Recey-sur-Ource (21) 85 G2
Réchésy (90) 89 E4
Réchicourt-la-Petite (54) 49 F5
Réchicourt-le-Château (57) 49 G5
Récicourt (55) 47 E1
Réclainville (28) 62 C3
Reclesne (71) 100 C3
Reclinghem (62) 2 A5
Réclonville (54) 49 G6
Recloses (77) 64 A3
Recologne (25) 87 E6
Recologne (70) 86 D4
Recologne-lès-Rioz (70) 87 F4
Recoubeau-Jansac (26) 159 F1
Recoules-d'Aubrac (48) 155 F1
Recoules-de-Fumas (48) 155 H2
Recoules-Prévinquières (12) 155 E4
Récourt (62) 8 C3
Récourt-le-Creux (55) 47 F2
Recouvrance (90) 88 D3
le Recoux (48) 155 G4
Recques-sur-Course (62) 1 G6
Recques-sur-Hem (62) 2 A3
Recquignies (59) 10 A2
le Reculey (14) 37 H3
Reculfoz (25) 103 G6
Recurt (65) 183 H3
Recy (51) 45 H3
Rédange (57) 26 A2
Rédené (29) 54 B4
Redessan (30) 174 C3
Réding (57) 50 A4
Redon (35) 73 H1
la Redorte (11) 187 G3
Redortiers (04) 159 G6
Réez-Fosse-Martin (60) 43 G1
Reffannes (79) 108 B1
Reffroy (55) 47 G6
Reffuveille (50) 37 F5
Régades (31) 184 B4
Régat (09) 186 B5
Regnauville (62) 7 E2
Regnévelle (88) 69 F6
Regnéville-sur-Mer (50) 36 D2
Regnéville-sur-Meuse (55) 25 E6
Regney (88) 69 G3
Régnié-Durette (69) 116 A5
Regnière-Écluse (80) 6 D2
Regniowez (08) 10 D5
Regny (02) 22 B1
Régny (42) 129 E1
la Regrippière (44) 75 F5
Réguiny (56) 55 G3
Réguisheim (68) 71 F6
Régusse (83) 177 F4
Rehaincourt (88) 70 A2
Rehainviller (54) 49 E6
Rehaupal (88) 70 B4
Reherrey (54) 49 G6
Réhon (54) 25 H3
Reichsfeld (67) 71 F2
Reichshoffen (67) 50 D2
Reichstett (67) 51 E5
Reignac (16) 121 H6
Reignac (33) 135 F2
Reignac-sur-Indre (37) 95 F1
Reignat (63) 127 G3
Reigneville-Bocage (50) 12 D4
Reignier (74) 118 C5
Reigny (18) 112 B1
Reilhac (15) 140 A4
Reilhac (46) 153 E1
Reilhaguet (46) 138 C6
Reilhanette (26) 159 F6
Reillanne (04) 176 B3
Reillon (54) 49 G6
Reilly (60) 19 H6
Reims (51) 23 E6
Reims-la-Brûlée (51) 46 B5
Reinhardsmunster (67) 50 B5
Reiningue (68) 89 F2
Reipertswiller (67) 50 C2
Reithouse (39) 117 G1
Réjaumont (32) 167 H3
Réjaumont (65) 183 H1
Rejet-de-Beaulieu (59) 9 G4
Relanges (88) 69 F4
Relans (39) 102 C5
le Relecq-Kerhuon (29) 31 E4
Relevant (01) 116 C6
Rely (62) 2 B5
Remaisnil (80) 7 F3
Rémalard (61) 61 E2
Remaucourt (02) 9 E4
Remaucourt (08) 23 F3
la Remaudière (44) 75 E5
Remaugies (80) 21 E3
Remauville (77) 64 B4
Rembercourt-Sommaisne (55) 47 E2
Rembercourt-sur-Mad (54) 48 B2
Rémécourt (60) 20 D4
Rémelfang (57) 26 D4
Rémelfing (57) 27 H5
Rémeling (57) 26 D3
Remennecourt (55) 46 D4
Remenoville (54) 69 H1
Rémérangles (60) 20 C4
Réméréville (54) 49 E5
Rémering (57) 27 E4

Rémering-lès-Puttelange (57) 49 H2
Remicourt (51) 46 C3
Remicourt (88) 69 F3
Remiencourt (80) 20 C1
Remies (02) 22 B2
Remigny (02) 22 A2
Remigny (71) 101 F4
Rémilly (57) 49 E2
Rémilly (58) 100 A5
Remilly-Aillicourt (08) 24 C2
Remilly-en-Montagne (21) 85 F6
Remilly-les-Pothées (08) 23 H1
Remilly-sur-Lozon (50) 13 E6
Remilly-sur-Tille (21) 86 A6
Remilly-Wirquin (62) 2 A5
Réminiac (56) 56 B5
Remiremont (88) 70 B5
Remoiville (55) 25 E4
Remollon (05) 160 C3
Remomeix (88) 70 D3
Remoncourt (54) 49 G5
Remoncourt (88) 69 F3
Rémondans-Vaivre (25) 88 C5
Remoray-Boujeons (25) 103 H5
Remouillé (44) 91 G1
Remoulins (30) 174 C2
Removille (88) 69 E2
Rempnat (87) 125 F4
la Remuée (76) 15 G1
Remungol (56) 55 F4
Rémuzat (26) 159 E4
Remy (60) 21 E4
Rémy (62) 8 C3
Renac (35) 56 D6
Renage (38) 145 E1
Renaison (42) 114 D6
Renansart (02) 22 B2
Renaucourt (70) 86 D3
la Renaudie (63) 128 B3
la Renaudière (49) 75 G6
Renauvoid (88) 69 H4
Renay (41) 79 G1
Renazé (53) 76 B1
Rencurel (38) 145 E3
René (72) 60 B3
Renédale (25) 103 H3
Renescure (59) 2 B4
Renève (21) 86 B5
Réning (57) 49 G2
Rennemoulin (78) 42 B4
Rennepont (52) 67 F4
Rennes (35) 57 F2
Rennes-en-Grenouilles (53) 59 E1
Rennes-le-Château (11) 186 D6
Rennes-les-Bains (11) 187 E6
Rennes-sur-Loue (25) 103 F3
Renneval (02) 23 E1
Renneville (08) 23 F2
Renneville (27) 19 E4
Renneville (31) 186 A2
Renno (2A) 204 C3
le Renouard (61) 39 F3
Rentières (63) 127 F6
Renty (62) 1 H5
Renung (40) 166 B4
Renwez (08) 11 E6
la Réole (33) 150 B2
la Réorthe (85) 92 A6
Réotier (05) 161 F1
Repaix (54) 49 G5
la Répara-Auriples (26) 158 C1
Réparsac (16) 121 H3
Repel (88) 69 E2
Repentigny (14) 15 E4
Replonges (01) 116 B4
le Reposoir (74) 119 E6
les Repôts (39) 102 C6
Reppe (90) 88 D2
Requeil (72) 78 A2
Réquista (12) 171 E1
Résenlieu (61) 39 G4
la Résie-Saint-Martin (70) 86 D6
Résigny (02) 23 F1
Resson (85) 47 E4
Ressons-l'Abbaye (60) 20 A5
Ressons-le-Long (02) 21 H5
Ressons-le-Matz (60) 21 E3
les Ressuintes (28) 40 C6
Restigné (37) 78 A6
Restinclières (34) 173 G4
le Retail (79) 107 H1
Rétaud (17) 121 E3
Reterre (23) 112 C6
Rethel (08) 23 G4
Retheuil (02) 21 G5
Rethondes (60) 21 G4
Rethonvillers (80) 21 F2
Réthoville (50) 13 E1
Retiers (35) 57 G4
Retjons (40) 149 G6
Retonfey (57) 26 C5
Rétonval (76) 19 F1
Retournac (43) 142 D2
Retschwiller (67) 51 F2
Rettel (57) 26 C2
Rety (62) 1 G3
Retzwiller (68) 89 E3
Reugney (25) 103 G3
Reugny (03) 112 D2
Reugny (37) 79 F5
Reuil (51) 45 E2
Reuil-en-Brie (77) 44 A3
Reuil-sur-Brèche (60) 20 B3
Reuilly (27) 41 E2
Reuilly (36) 97 E3
Reuilly-Sauvigny (02) 44 C2
Reulle-Vergy (21) 101 G2
Reumont (59) 9 F4
la Réunion (47) 150 B4
Reutenbourg (67) 50 C5

Reuves (51) 45 E4
Reuville (76) 17 F3
Reux (14) 15 E4
Réveillon (51) 44 C5
Réveillon (61) 60 D1
Revel (31) 186 C1
Revel (38) 145 H2
Revel-Tourdan (38) 130 B6
Revelles (80) 7 F6
Revens (30) 172 B1
Reventin-Vaugris (38) 130 A6
Revercourt (28) 40 D1
Revest-des-Brousses (04) 176 B2
le Revest-les-Eaux (83) 193 E5
Revest-les-Roches (06) 195 E1
Revest-Saint-Martin (04) 176 C1
Reviers (14) 14 B3
Revigny (39) 102 D6
Revigny-sur-Ornain (55) 46 D4
Réville (50) 13 E2
Réville-aux-Bois (55) 25 E5
Révillon (02) 22 C5
Revonnas (01) 117 E5
Rexingen (67) 50 B3
Rexpoëde (59) 2 C2
Reyersviller (57) 50 C1
Reygade (19) 139 F4
Reynel (52) 68 B3
Reynès (66) 201 E4
Reyniès (82) 169 F2
Reyrevignes (46) 153 F2
Reyrieux (01) 130 A1
Reyssouze (01) 116 C3
Reyvroz (74) 119 E3
Rezay (18) 97 F6
Rezé (44) 74 C5
Rézentières (15) 141 F3
Rezonville (57) 26 A5
Rezza (2A) 204 D4
Rhèges (10) 66 A1
le Rheu (35) 57 E3
Rhinau (67) 71 H2
Rhodes (57) 49 H4
Rhodon (41) 79 H2
Rhuis (60) 21 E5
Ri (61) 38 D4
Ria-Sirach (66) 200 C3
Riaillé (44) 75 E2
le Rialet (81) 171 E6
Rians (18) 98 A2
Rians (83) 192 D1
Riantec (56) 54 C5
Riaucourt (52) 67 H4
Riauville (55) 47 H1
Ribagnac (24) 136 D6
Ribarrou (64) 166 B6
Ribaute (11) 187 G4
Ribaute-les-Tavernes (30) 173 H1
le Ribay (53) 59 F2
Ribeaucourt (55) 68 B1
Ribeaucourt (80) 7 F4
Ribeauville (02) 9 G4
Ribeauvillé (68) 71 F3
Ribécourt-Dreslincourt (60) 21 F4
Ribécourt-la-Tour (59) 8 D4
Ribemont (02) 22 B1
Ribemont-sur-Ancre (80) 7 H5
Ribennes (48) 155 H2
Ribérac (24) 136 D2
Ribes (07) 157 F3
Ribeyret (05) 159 G3
Ribiers (05) 160 A5
Ribouisse (11) 186 B3
Riboux (83) 192 D3
la Ricamarie (42) 129 F6
Ricarville (76) 16 D4
Ricarville-du-Val (76) 17 H3
Ricaud (11) 186 B2
Ricaud (65) 183 F3
les Riceys (10) 66 D6
la Richardais (35) 36 A5
Richardménil (54) 48 C6
Richarville (91) 63 E1
la Riche (37) 78 D5
Riche (57) 49 F3
Richebourg (52) 67 H5
Richebourg (62) 2 D5
Richebourg (78) 41 G4
Richecourt (55) 48 A3
Richelieu (37) 94 B3
Richeling (57) 49 H2
Richemont (57) 26 B4
Richemont (76) 19 G1
Richerenches (84) 158 C4
Richeval (57) 49 H5
Richeville (27) 19 F6
Richtolsheim (67) 71 G3
Richwiller (68) 89 F1
Ricourt (32) 167 E6
Ricquebourg (60) 21 E3
Riec-sur-Belon (29) 54 A4
Riedisheim (68) 89 F2
Riedseltz (67) 51 F2
Riel-les-Eaux (21) 67 E6
Riencourt (80) 7 E6
Riencourt-lès-Bapaume (62) 8 B4
Riencourt-lès-Cagnicourt (62) 8 C3
Riervescemont (90) 88 C2
Riespach (68) 89 E3
Rieucazé (31) 184 B4
Rieucros (09) 186 A4
Rieulay (59) 9 E1
Rieumajou (31) 186 A1
Rieumes (31) 184 D1
Rieupeyroux (12) 154 A5
Rieussec (34) 187 G1
Rieutort-de-Randon (48) 156 A2

Rieux (31) 185 E3
Rieux (51) 44 C4
Rieux (56) 73 H1
Rieux (60) 20 D5
Rieux (76) 6 C5
Rieux-de-Pelleport (09) 185 H4
Rieux-en-Cambrésis (59) 9 E3
Rieux-en-Val (11) 187 F4
Rieux-Minervois (11) 187 F3
Riez (04) 177 E3
Rigarda (66) 200 C3
Rigaud (06) 178 C1
Rignac (12) 154 A4
Rignac (46) 138 D6
Rigney (25) 87 G5
Rignieux-le-Franc (01) 130 C1
Rignosot (25) 87 G5
Rignovelle (70) 88 A2
Rigny (70) 86 D5
Rigny-la-Nonneuse (10) 65 G2
Rigny-la-Salle (55) 47 H6
Rigny-le-Ferron (10) 65 G4
Rigny-Saint-Martin (55) 48 A6
Rigny-sur-Arroux (71) 115 E2
Rigny-Ussé (37) 94 B1
Riguepeu (32) 167 F5
Rilhac-Lastours (87) 124 A4
Rilhac-Rancon (87) 124 B2
Rilhac-Treignac (19) 124 D5
Rilhac-Xaintrie (19) 139 H3
Rillans (25) 87 H5
Rillé (37) 78 B5
Rillieux-la-Pape (69) 130 B2
Rilly-la-Montagne (51) 45 F1
Rilly-Sainte-Syre (10) 66 A2
Rilly-sur-Aisne (08) 24 A4
Rilly-sur-Loire (41) 79 G5
Rilly-sur-Vienne (37) 94 C3
Rimaucourt (52) 68 B3
Rimbach-près-Guebwiller (68) 71 E6
Rimbach-près-Masevaux (68) 88 D1
Rimbachzell (68) 71 E6
Rimbez-et-Baudiets (40) 167 E1
Rimboval (62) 1 H6
Rimeize (48) 141 G6
Rimling (57) 28 A5
Rimogne (08) 10 D6
Rimon-et-Savel (26) 159 E1
Rimondeix (23) 111 H5
Rimons (33) 150 B1
Rimont (09) 185 E5
Rimou (35) 35 G6
Rimplas (06) 162 C6
Rimsdorf (67) 50 A2
Ringeldorf (67) 50 D3
Ringendorf (67) 50 D3
Rinxent (62) 1 F3
Riocaud (33) 136 C6
Riolas (31) 184 C2
Riols (34) 171 G6
les Riols (81) 153 F6
Riom (63) 127 F2
Riom-ès-Montagnes (15) 140 C2
Rioms (26) 159 F5
Rion-des-Landes (40) 165 F2
Rions (33) 149 G1
Riorges (42) 115 E6
Riotord (43) 143 F2
Rioux (17) 121 E4
Rioux-Martin (16) 136 A2
Rioz (70) 87 F5
Riquewihr (68) 71 F4
Ris (63) 127 H1
Ris (65) 183 G6
Ris-Orangis (91) 42 D6
Riscle (32) 166 C4
Risoul (05) 161 F1
Ristolas (05) 147 G6
Rittershoffen (67) 51 F2
Ritzing (57) 26 D2
Riupeyrous (64) 182 C1
Rivarennes (36) 110 D1
Rivarennes (37) 94 C1
Rivas (42) 129 E5
Rive-de-Gier (42) 129 G5
Rivecourt (60) 21 E5
Rivedoux-Plage (17) 106 C4
Rivehaute (64) 181 G1
Rivel (11) 186 B6
la Rivière (33) 135 G4
Rivière (37) 94 B2
la Rivière (38) 145 F2
Rivière (62) 8 A3
la Rivière-de-Corps (10) 66 A3
la Rivière-Drugeon (25) 103 H4
Rivière-Enverse (74) 119 F5
Rivière-les-Fosses (52) 86 A3
Rivière-Saas-et-Gourby (40) 164 D1
la Rivière-Saint-Sauveur (14) 16 B6
Rivière-sur-Tarn (12) 155 F6
Rivières (16) 122 D3
Rivières (30) 157 F5
Rivières (81) 170 A3
les Rivières-Henruel (51) 46 A5
Rivières-le-Bois (52) 86 B2
Riville (76) 16 D3
Rivolet (69) 129 G1
Rix (39) 103 G5
Rix (58) 83 F5

Rixheim (68) 89 G2
la Rixouse (39) 118 A2
Rizaucourt-Buchey (52) 67 F3
Roaillan (33) 149 H3
Roaix (84) 158 C5
Roanne (42) 115 E6
Roannes-Saint-Mary (15) 140 A5
Robécourt (88) 68 D4
Robecq (62) 2 C5
Robersart (59) 9 G3
Robert-Espagne (55) 46 D5
Robert-Magny-Laneuville-à-Rémy (52) 67 F1
Robertot (76) 17 E3
Roberval (60) 21 E6
Robiac-Rochessadoule (30) 157 E5
la Robine-sur-Galabre (04) 160 C6
Robion (84) 175 G3
le Roc (46) 138 C5
le Roc-Saint-André (56) 56 A5
Rocamadour (46) 138 D6
Rocbaron (83) 193 F3
Rocé (41) 79 G2
Roche (38) 130 C4
Roche (42) 128 C4
la Roche-Bernard (56) 73 G2
la Roche-Blanche (44) 75 F3
la Roche-Blanche (63) 127 F4
la Roche-Canillac (19) 139 F2
la Roche-Chalais (24) 136 A2
Roche-Charles-la-Mayrand (63) 127 E6
la Roche-Clermault (37) 94 B2
la Roche-de-Glun (26) 144 A4
la Roche-de-Rame (05) 147 E6
la Roche-Derrien (22) 32 D2
la Roche-des-Arnauds (05) 160 B2
la Roche-en-Brenil (21) 84 B6
Roche-et-Raucourt (70) 86 D3
la Roche-Guyon (95) 41 G2
la Roche-la-Molière (42) 129 F6
la Roche-l'Abeille (87) 124 B4
la Roche-lès-Clerval (25) 88 A5
Roche-lez-Beaupré (25) 87 G6
la Roche-Mabile (61) 59 H1
la Roche-Maurice (29) 31 F4
la Roche-Morey (70) 86 D2
la Roche-Noire (63) 127 F4
la Roche-Posay (86) 95 E5
la Roche-Rigault (86) 94 A3
Roche-Saint-Secret-Béconne (26) 158 C3
la Roche-sur-Foron (74) 118 D6
la Roche-sur-Grane (26) 158 C1
la Roche-sur-le-Buis (26) 159 E5
Roche-sur-Linotte-et-Sorans-les-Cordiers (70) 87 G4
la Roche-sur-Yon (85) 91 G4
la Roche-Vanneau (21) 85 E5
la Roche-Vineuse (71) 116 A3
Rochebaudin (26) 158 C2
la Rochebeaucourt-et-Argentine (24) 122 D5
Rochebrune (05) 160 C3
Rochebrune (26) 159 E4
Rochechinard (26) 144 D4
Rochechouart (87) 123 G2
Rochecolombe (07) 157 G3
Rochecorbon (37) 79 E5
Rochefort (17) 120 C1
Rochefort (73) 131 G4
Rochefort-du-Gard (30) 174 C2
Rochefort-en-Terre (56) 56 A6
Rochefort-en-Valdaine (26) 158 B3
Rochefort-en-Yvelines (78) 42 B6
Rochefort-Montagne (63) 126 D4
Rochefort-Samson (26) 144 C4
Rochefort-sur-Brévon (21) 85 F2
Rochefort-sur-la-Côte (52) 68 A4
Rochefort-sur-Loire (49) 76 D5
Rochefort-sur-Nenon (39) 102 D2
la Rochefoucauld (16) 122 D3
Rochefourchat (26) 159 E2
la Rochegiron (04) 176 B1
Rochegude (26) 158 B5
Rochegude (30) 157 F5
Rochejean (25) 103 H5
la Rochelle (17) 106 C4
la Rochelle (70) 86 D2
la Rochelle-Normande (50) 35 G3
Rochemaure (07) 158 A2
la Rochénard (79) 107 G4
Rochepaule (07) 143 G3
le Rochepot (21) 101 F4
Rocher (07) 157 F2
le Rochereau (86) 94 A6
Roches (23) 111 H4
Roches (41) 80 A2
Roches-Bettaincourt (52) 68 A3
les Roches-de-Condrieu (38) 130 A6
Roches-lès-Blamont (25) 88 C5
les Roches-l'Évêque (41) 79 F2
Roches-Prémarie-Andillé (86) 109 G2
Rocheservière (85) 91 F2
Rochessauve (07) 158 A1
Rochesson (88) 70 C5
Rochetaillée (52) 85 H1
Rochetaillée-sur-Saône (69) 130 A2
Rochetoirin (38) 131 E4
Rochetrejoux (85) 92 B5
la Rochette (04) 178 C2
la Rochette (05) 160 C2
la Rochette (07) 143 E5
la Rochette (16) 122 D1

la Rochette (73) 132 B5
la Rochette (77) 64 A1
la Rochette-du-Buis (26) 159 F5
Rocheville (50) 12 C3
Rochonvillers (57) 26 B3
Rochy-Condé (60) 20 B5
Rocles (03) 113 F3
Rocles (07) 157 F2
Rocles (48) 156 C1
Roclincourt (62) 8 B2
Rocourt (88) 68 D5
Rocourt-Saint-Martin (02) 44 B1
Rocquancourt (14) 14 C5
la Rocque (14) 38 A3
Rocquefort (76) 17 E4
Rocquemont (60) 21 F6
Rocquemont (76) 17 H5
Rocquencourt (60) 20 C2
Rocquencourt (78) 42 B4
Rocques (14) 15 F5
Rocquigny (02) 10 A5
Rocquigny (08) 23 F2
Rocquigny (62) 8 C4
Rocroi (08) 10 D5
Rodalbe (57) 49 F3
Rodelinghem (62) 1 G3
Rodelle (12) 154 C3
Rodemack (57) 26 C2
Roderen (68) 89 E1
Rodern (68) 71 F3
Rodès (66) 200 D2
Rodez (12) 154 C4
Rodilhan (30) 174 B3
Rodome (11) 199 H1
la Roë (53) 58 A6
Roëllecourt (62) 7 G2
Rœschwoog (67) 51 G3
Rœulx (59) 9 E2
Rœux (62) 8 C2
Roézé-sur-Sarthe (72) 78 A1
Roffey (89) 84 A1
Roffiac (15) 141 E4
Rogécourt (02) 22 B2
Rogerville (76) 15 F7
Rogéville (54) 48 B4
Roggenhouse (68) 71 G6
Rogliano (2B) 203 F1
Rogna (39) 117 H3
Rognac (13) 175 G6
Rognaix (73) 132 D4
Rognes (13) 175 H5
Rognon (25) 87 H5
Rognonas (13) 175 E3
Rogny (02) 22 D1
Rogny-les-Sept-Écluses (89) 82 B2
Rogues (30) 172 D3
Rogy (80) 20 B2
Rohaire (28) 40 B5
Rohan (56) 55 G3
Rohr (67) 50 D4
Rohrbach-lès-Bitche (57) 50 B1
Rohrwiller (67) 51 F4
Roiffé (86) 94 A2
Roiffieux (07) 143 H2
Roiglise (80) 21 F2
Roilly (21) 84 C5
Roinville (28) 62 C2
Roinville (91) 63 E1
Roinvilliers (91) 63 F3
Roisel (80) 8 D5
les Roises (55) 68 C1
Roisey (42) 129 H6
Roissard (38) 145 F5
Roissy-en-Brie (77) 43 F4
Roissy-en-France (95) 43 E2
Roiville (61) 39 G3
Roizy (08) 23 F4
Rolampont (52) 68 A6
Rolbing (57) 28 B4
Rollainville (88) 68 D2
Rollancourt (62) 7 F1
Rolleboise (78) 41 G2
Rolleville (76) 15 F1
Rollot (80) 21 E3
Rom (79) 108 D2
Romagnat (63) 127 F3
la Romagne (08) 23 G2
Romagne (33) 135 H6
Romagné (35) 57 H1
la Romagne (49) 92 B2
Romagne (86) 109 E4
Romagne-sous-les-Côtes (55) 25 F5
Romagne-sous-Montfaucon (55) 24 D5
Romagnieu (38) 131 F5
Romagny (50) 37 G5
Romagny (68) 89 E3
Romagny-sous-Rougemont (90) 88 D2
Romain (25) 87 H5
Romain (39) 103 E1
Romain (51) 22 D5
Romain (54) 69 H1
Romain-aux-Bois (88) 68 D5
Romain-sur-Meuse (52) 68 C4
Romainville (93) 42 D4
Roman (27) 40 D4
Romanèche-Thorins (71) 116 B5
Romange (39) 102 D2
Romans (01) 116 C5
Romans (79) 108 A3
Romans-sur-Isère (26) 144 C4
Romanswiller (67) 50 C5
Romazières (17) 108 B6
Romazy (35) 35 G6
Rombach-le-Franc (68) 71 E3
Rombas (57) 26 B4
Rombies-et-Marchipont (59) 9 G2
Rombly (62) 2 B5
Romegoux (17) 120 D1

Romelfing (57). 50A3
Romenay (71). 116D2
Romeny-sur-Marne (02) 44B3
Romeries (59). 9F3
Romescamps (60). 19H2
Romestaing (47). 150B3
Romeyer (26). 145E6
la Romieu (32). 167G2
Romigny (51). 44D1
Romiguières (34). 172B3
Romillé (35). 56D2
Romilly (41). 61G6
Romilly-la-Puthenaye (27) . . 40C2
Romilly-sur-Aigre (28). 61H6
Romilly-sur-Andelle (27). . . . 18D5
Romilly-sur-Seine (10). 65G1
Romont (88). 70A2
Romorantin-Lanthenay (41). . 80C6
Rompon (07). 144A6
Rônai (61). 38D4
Roncenay (10). 66B4
le Roncenay-Authenay (27) . . 40D4
Roncey (50). 37E2
Ronchamp (70). 88B2
Ronchaux (25). 103F3
Ronchères (02). 44C1
Ronchères (89). 82D3
Roncherolles-en-Bray (76) . . 19F3
Roncherolles-
-sur-le-Vivier (76). 17H6
Ronchin (59). 3F5
Ronchois (76). 19G2
Roncourt (57). 26B5
Roncq (59). 3G4
la Ronde (17). 107F3
la Ronde-Haye (50) 12D6
Rondefontaine (25). 103H5
Ronel (81). 170C3
Ronfeugerai (61). 38E4
Rongères (03). 114A4
Ronnet (03). 112D5
Ronno (69). 129F1
Ronquerolles (95). 42C1
Ronsenac (16). 122C5
Ronssoy (80). 8D5
Rontalon (69). 129H4
Rontignon (64). 182C2
Roost-Warendin (59). 8D1
Roppe (90). 88D2
Roppenheim (67). 51G3
Roppentzwiller (68). 89F3
Roppeviller (57). 28C5
la Roque-Alric (84). 158D6
la Roque-Baignard (14). 15E5
la Roque-d'Anthéron (13) . . 175H4
la Roque-Esclapon (83). . . . 178A4
la Roque-Gageac (24). 138A6
la Roque-
-Sainte-Marguerite (12) . . 172B1
la Roque-sur-Cèze (30) . . . 157H6
la Roque-sur-Pernes (84) . . 175G2
Roquebillière (06) 179E1
Roquebrun (34). 172A6
Roquebrune (32). 167F4
Roquebrune (33). 150B1
Roquebrune-
-Cap-Martin (06) 195G2
Roquebrune-
-sur-Argens (83) 178A6
la Roquebrussanne (83) . . . 193E3
Roquecor (82). 151H4
Roquecourbe (81). 170D5
Roquecourbe-
-Minervois (11) 187G3
Roquedur (30) 173E2
Roquefeuil (11) 199H1
Roquefixade (09). 186A6
Roquefort (32). 167H4
Roquefort (40). 166B1
Roquefort (47). 151E6
Roquefort-de-Sault (11). . . . 200A2
Roquefort-
-des-Corbières (11) 188A5
Roquefort-la-Bédoule (13) . . 192C4
Roquefort-
-les-Cascades (09). 186A5
Roquefort-les-Pins (06) . . . 195E3
Roquefort-
-sur-Garonne (31) 184C4
Roquefort-
-sur-Soulzon (12) 171H2
Roquelaure (32). 167H4
Roquelaure-
-Saint-Aubin (32) 168C5
Roquemaure (30) 174D1
Roquemaure (81) 169G3
Roquepine (32) 167G2
Roqueredonde (34). 172B4
Roques (31). 169E6
Roques (32). 167F3
Roquesérière (31). 169G4
Roquessels (34). 172B6
Roquesteron (06) 178C2
Roquestéron-Grasse (06) . . 178C2
Roquetaillade (11). 186D5
Roquetoire (62) 2B5
la Roquette (27). 19E6
la Roquette-
-sur-Siagne (06). 178C5
la Roquette-sur-Var (06) . . . 195F2
Roquettes (31). 169E6
Roquevaire (13). 192C3
Roquevidal (81). 170A5
Roquiague (64). 181Q3
la Roquille (33). 136C6
Rorbach-lès-Dieuze (57) . . . 49G3
Rorschwihr (68). 71F3

Rosans (05) 159F4
Rosay (39) 117F2
Rosay (76) 17H4
Rosay (78) 41G3
Rosay-sur-Lieure (27) 19E5
Rosazia (2A). 204C4
Rosbruck (57). 27F5
Roscanvel (29). 30D5
Roscoff (29) 31H2
Rosel (14) 14B4
Rosenau (68) 89G3
Rosenwiller (67) 50C6
Roset-Fluans (25) 103E2
Rosey (70) 87F4
Rosey (71) 101F6
Rosheim (67). 50C6
la Rosière (70) 70B6
Rosières (07). 157F3
Rosières (43) 142D3
Rosières (60) 43F1
Rosières (81) 170C1
Rosières-aux-Salines (54). . . 48D6
Rosières-en-Haye (54) 48B4
Rosières-en-Santerre (80). . . 21E1
Rosières-près-Troyes (10). . . 66B3
Rosières-sur-Barbèche (25) . . 88B6
Rosières-sur-Mance (70). . . . 87E1
Rosiers-de-Juillac (19) 138B1
Rosiers-d'Égletons (19). . . . 139F1
les Rosiers-sur-Loire (49) . . . 77F5
Rosis (34). 171H5
Rosnay (36) 95H6
Rosnay (51). 22D6
Rosnay (85) 91H5
Rosnay-l'Hôpital (10). 66D2
Rosnoën (29). 31F6
Rosny-sous-Bois (93) 43E4
Rosny-sur-Seine (78). 41G2
Rosoy (60) 20D5
Rosoy (89) 65E4
Rosoy-en-Multien (60) 43H2
Rospez (22) 32D2
Rospigliani (2B). 205F3
Rosporden (29). 53H3
Rosselange (57). 26B4
la Rossière (70) 87E1
Rossfeld (67). 71H2
Rossillon (01). 131F2
Rosteig (67) 50B2
Rostrenen (22). 54D1
Rosult (59) 9E1
Rosureux (25) 104C1
Rotalier (39) 117F1
Rotangy (60) 20A3
Rothau (67) 71E1
Rothbach (67) 50D3
Rotherens (73). 132B5
la Rothière (10) 67E3
Rothois (60) 20A3
Rothonay (39) 117F2
les Rotours (61). 38D4
Rots (14). 14B4
Rott (67) 51F1
Rottelsheim (67) 51E4
Rottier (26) 159F3
Rou-Marson (49). 93G1
Rouairoux (81). 171E6
Rouans (44). 74B5
la Rouaudière (53). 76A1
Roubaix (59). 3G4
Roubia (11). 187H3
Roubion (06). 162B6
Roucamps (14). 14A6
Roucourt (59). 8D2
Roucy (02). 22D5
Roudouallec (56). 54A2
Rouécourt (52). 67H3
Rouède (31). 184C4
Rouellé (61). 38A6
Rouelles (52). 85H2
Rouen (76). 17G6
Rouessé-Fontaine (72) 60A3
Rouessé-Vassé (72). 59G4
Rouet (34) 173F3
Rouez (72) 59G4
Rouffach (68) 71F5
Rouffange (39). 103E1
Rouffiac (15) 139G4
Rouffiac (16). 136B1
Rouffiac (17) 121F3
Rouffiac (81). 170B3
Rouffiac-d'Aude (11) 186D4
Rouffiac-des-Corbières (11) . . 187F6
Rouffiac-Tolosan (31) 169F5
Rouffignac (17) 135F1
Rouffignac-
-de-Sigoulès (24). 136D6
Rouffignac-Saint-Cernin-
-de-Reilhac (24) 137H4
Rouffigny (50) 37E4
Rouffilhac (46). 138C6
Rouffy (51). 45F3
Rougé (44). 57G6
la Rouge (61) 61E3
Rouge-Perriers (27). 40C1
Rougefay (62) 7F2
Rougegoutte (90) 88C2
Rougemont (21) 84C3
Rougemont (25). 87H4
Rougemont-le-Château (90). . 88D2
Rougemontiers (27) 18A5
Rougemontot (25). 87G5
Rougeou (41). 80B6
Rougeries (02). 22D1
Rougeux (52) 86C2
Rougiers (83). 193E3
Rougnac (16). 122D5
Rougnat (23) 112C6
Rougon (04). 177G3
Rouhe (25). 103F2

Rouhling (57). 27G5
Rouillac (16). 122A3
Rouillac (22). 34B6
Rouillé (86). 108C2
Rouillon (72) 60A5
Rouilly (77) 44B6
Rouilly-Sacey (10) 66C3
Rouilly-Saint-Loup (10). 66B3
Roujan (34) 172C6
Roulans (25) 87G6
le Roulier (88) 70B4
Roullée (72) 60B1
Roullens (11). 186D4
Roullet-Saint-Estèphe (16) . . 122B4
Roullours (14). 37H3
Roumagne (47). 150D2
Roumare (76). 17F5
Roumazières-Loubert (16) . . 123E2
Roumégoux (15) 139H5
Roumégoux (81) 170C4
Roumengoux (09). 186B4
Roumens (31) 186B1
Roumoules (04). 177E3
Rountzenheim (67) 51F3
Roupeldange (57). 26D4
Rouperroux (61) 39E6
Rouperroux-le-Coquet (72). . . 60C3
Roupy (02). 21H1
la Rouquette (12). 153C5
Roure (06) 162C6
le Rouret (06). 178D4
Rousies (59). 10A2
Roussac (87) 110C6
Roussas (26). 158B3
Roussay (49). 75G6
Roussayrolles (81). 170A1
Rousseloy (60). 20C5
Roussennac (12) 154A3
Roussent (62). 6D2
les Rousses (39) 118B2
Rousses (48) 156B6
Rousset (05). 160C3
Rousset (13). 176B6
le Rousset (71). 115G1
Rousset-les-Vignes (26) . . . 158D4
la Roussière (27) 40A3
Roussieux (26). 159F4
Roussillon (38). 144A1
Roussillon (84). 175H2
Roussillon-en-Morvan (71). . 100C3
Roussines (16). 123E3
Roussines (36). 110D2
Rousson (30). 157E6
Rousson (89) 65E5
Roussy-le-Village (57). 26B2
Routelle (25) 103E2
Routes (76). 17E3
Routier (11). 186C4
Routot (27). 18A5
Rouvenac (11). 186C6
Rouves (54). 48C3
la Rouvière (30) 174A2
Rouvignies (59). 9F2
Rouville (60) 21F6
Rouville (76). 15H1
Rouvillers (60). 21E4
Rouvray (21). 84B5
Rouvray (27). 41E2
Rouvray (89). 83G1
Rouvray-Catillon (76). 19F3
Rouvray-Saint-Denis (28). . . 62D3
Rouvray-Saint-Florentin (28). . 62B3
Rouvray-Sainte-Croix (45) . . 62C5
Rouvrel (80). 20C1
Rouvres (14). 38D2
Rouvres (28). 41F4
Rouvres-en-Multien (60). . . . 43H1
Rouvres-en-Plaine (21). . . . 102A1
Rouvres-en-Woëvre (55). . . . 25G6
Rouvres-en-Xaintois (88) . . . 69F3
Rouvres-la-Chétive (88) 68D3
Rouvres-les-Bois (36). 96C3
Rouvres-les-Vignes (10) 67F3
Rouvres-Saint-Jean (45). . . . 63F3
Rouvres-sous-Meilly (21) . . 101E1
Rouvrois-sur-Meuse (55) . . . 47G3
Rouvrois-sur-Othain (55) . . . 25G5
Rouvroy (02). 9E6
Rouvroy (62). 8C1
Rouvroy-en-Santerre (80). . . 21E1
Rouvroy-les-Merles (60). . . . 20C2
Rouvroy-Ripont (51) 24B6
Rouvroy-sur-Audry (08) 23H1
Rouvroy-sur-Marne (52) 67H2
Rouvroy-sur-Serre (02) 23F2
le Roux (07). 157E1
Rouxeville (50) 37G1
la Rouxière (44). 75G3
Rouxmesnil-Bouteilles (76) . . 17G2
Rouy (58). 99G3
Rouy-le-Grand (80) 21G1
Rouy-le-Petit (80). 21G1
Rouze (09) 199H2
Rouzède (16) 123E3
Rouziers (15). 139H6
Rouziers-de-Touraine (37). . . 78D4
le Rove (33). 192A3
Roville-aux-Chênes (88). . . . 70A2
Roville-devant-Bayon (54). . . 69G1
Rovon (38). 145E2
Roy-Boissy (60). 19H3
Royan (17). 120C4
Royas (38) 130C5
Royat (63) 127E3
Royaucourt (60). 20C3
Royaucourt-et-Chailvet (02) . . 22B3
Royaumeix (54). 48B4
Roybon (38). 144D2
Roye (70). 88A3

Roye (80) 21F2
Roye-sur-Matz (60) 21F3
Royer (71). 116B1
Royère-de-Vassivière (23) . . 125F2
Royères (87) 124C2
Roynac (26). 158C2
Royon (62) 1H6
Royville (76). 17F3
Roz-Landrieux (35). 35E4
Roz-sur-Couesnon (35) 35F4
Rozay-en-Brie (77). 43G5
le Rozel (50). 12B3
Rozelieures (54). 69H1
Rozérieulles (57). 26B5
Rozerotte (88) 69F3
Rozes (32) 167G3
Rozet-Saint-Albin (02). 44B1
le Rozier (48). 155G6
Rozier-Côtes-d'Aurec (42) . . 142D1
Rozier-en-Donzy (42). 129C3
Rozières-en-Beauce (45). . . . 62C6
Rozières-sur-Crise (02) 22A5
Rozières-sur-Mouzon (88). . . 68D4
Roziers-Saint-Georges (87) . . 124D3
Rozoy-Bellevalle (02) 44C3
Rozoy-le-Vieil (45) 64C5
Rozoy-sur-Serre (02) 23F2
Ruages (58) 83G6
Ruan (45). 62D5
Ruan-sur-Egvonne (41). . . . 61G6
Ruaudin (72) 60B6
Rubécourt-
-et-Lamécourt (08) 24C2
Rubelles (77) 64A1
Rubempré (80) 7F4
Rubercy (14). 13G5
Rubescourt (80). 20D3
Rubigny (08) 23F2
Rubrouck (59) 2B3
Ruch (33). 136A6
Rucqueville (14). 14A4
Rudeau-Ladosse (24) 123E5
Rudelle (46). 153F1
Rue (80) 6C2
la Rue-Saint-Pierre (60). . . . 20C4
la Rue-Saint-Pierre (76). . . . 17H5
Ruederbach (68) 89F3
Rueil-la-Gadelière (28) 40C5
Rueil-Malmaison (92) 42C4
Ruelisheim (68). 89F1
Ruelle-sur-Touvre (16). 122C3
les Rues-des-Vignes (59) . . . 9E4
Ruesnes (59) 9G3
Rueyres (46). 153F1
Ruffec (16). 108C6
Ruffec (36). 110B1
Ruffey-le-Château (25) 87E6
Ruffey-lès-Beaune (21) . . . 101G3
Ruffey-lès-Echirey (21) 85H6
Ruffey-sur-Seille (39). 102C5
Ruffiac (47) 150B4
Ruffiac (56). 56B5
Ruffieu (01). 131F1
Ruffieux (73). 131G2
Ruffigné (44) 57G6
Rugles (27). 40B4
Rugney (88) 69G2
Rugny (89). 84B1
Ruhans (70) 87G5
Ruillé-en-Champagne (72) . . 59H5
Ruillé-Froid-Fonds (53). . . . 58D6
Ruillé-le-Gravelais (53). . . . 58B5
Ruillé-sur-Loir (72). 78D2
Ruisseauville (62) 2A6
Ruitz (62). 8A1
Rullac-Saint-Cirq (12) 154B6
Rully (14) 38A4
Rully (60) 21E6
Rully (71). 101F4
Rumaucourt (62). 8C3
Rumegies (59) 9A6
Rumersheim-le-Haut (68). . . 71G6
Rumesnil (14). 15E4
Rumigny (08). 23G1
Rumigny (80). 20C1
Rumilly (62) 1H5
Rumilly (74). 131H2
Rumilly-en-Cambrésis (59). . . 8D4
Rumilly-lès-Vaudes (10). . . . 66C4
Ruminghem (62). 2A3
Rumont (55). 47F4
Rumont (77). 63H3
Runan (22). 33E2
Rungis (94). 42D5
Ruoms (07). 157G3
Rupéreux (77). 44B6
Ruppes (88). 68D1
Rupt (52) 67H2
Rupt-aux-Nonains (55) 47E5
Rupt-devant-
-Saint-Mihiel (55) 47F3
Rupt-en-Woëvre (55). 47G2
Rupt-sur-Moselle (88). 70B6
Rupt-sur-Othain (55) 25F4
Rupt-sur-Saône (70) 87E3
Rurange-lès-Thionville (57) . . 26C4
Rurey (25) 103F2
Rusio (2B). 205F2
Russ (67) 50B6
Russange (57). 26A2
le Russey (25) 104C1
Russy (14) 13H5
Russy-Bémont (60) 21G6
Rustenhart (68) 71G6
Rustiques (11). 187F3
Rustrel (84). 176A2
Rutali (2B). 203F5
Ruy (38) 130D4

Ruyaulcourt (62) 8C4
Ruynes-en-Margeride (15) . . 141F4
Ry (76) 19E4
Rye (39). 102C4
Ryes (14) 14A3

S

Saâcy-sur-Marne (77) 44A3
Saales (67). 70D2
Saâne-Saint-Just (76) 17F3
Saasenheim (67). 71H3
Sabadel-Latronquière (46) . . 153G1
Sabadel-Lauzès (46) 152D2
Sabaillan (32) 184B1
Sabalos (65). 183F2
Sabarat (09). 185F4
Sabarros (65). 183H3
Sabazan (32). 166D4
Sablé-sur-Sarthe (72) 77F1
les Sables-d'Olonne (85) . . . 91F4
Sablet (84). 158C6
Sablières (07) 157E3
Sablonceaux (17) 120D3
Sablonnières (77). 44B4
Sablons (33). 135H4
Sablons (38). 144A1
Sabonnères (31). 184D1
la Sabotterie (08). 24A3
Sabran (30) 157H6
Sabres (40). 149E6
Saccourvielle (31) 197F1
Sacé (53) 58D4
Sacey (50). 35G5
Saché (37) 94D1
Sachin (62). 2B6
Sachy (08) 24D2
Sacierges-Saint-Martin (36) . . 110D2
Saclas (91). 63E2
Saclay (91). 42C5
Saconin-et-Breuil (02). 21H5
Sacoué (65). 184A5
le Sacq (27). 40D3
Sacquenay (21). 86B4
Sacquenville (27). 40D2
Sacy (51) 45E1
Sacy (89) 83H3
Sacy-le-Grand (60) 20D5
Sacy-le-Petit (60) 21E5
Sadeillan (32) 183G1
Sadillac (24). 136D6
Sadirac (33). 135F6
Sadournin (65) 183G2
Sadroc (19). 138D2
Saessolsheim (67). 50D4
Saffais (54). 48D6
Saffloz (39). 103F6
Saffré (44) 74D2
Saffres (21). 85E6
Sagelat (24) 137H6
Sagnat (23) 111E4
Sagnes-et-Goudoulet (07) . . 143E6
Sagonne (18). 98B5
Sagy (71). 117E1
Sagy (95) 42A2
Sahorre (66). 200B4
Sahune (26). 159E4
Sahurs (76). 18B5
Sai (61). 39E4
Saignes (15). 140B1
Saignes (46). 139E6
Saigneville (80) 6C4
Saignon (84) 176A3
Saiguède (31) 168D6
Sail-les-Bains (42) 114C4
Sail-sous-Couzan (42). . . . 128C3
Sailhan (65) 196D1
Saillac (19). 138D4
Saillac (46). 153E4
Saillagouse (66). 199H4
Saillans (26). 158D1
Saillans (33). 135G4
Saillant (63). 128C6
Saillat-sur-Vienne (87) 123G2
Saillenard (71). 102C6
Sailly (08). 24D2
Sailly (52). 68A2
Sailly (71). 115H2
Sailly (78). 41H2
Sailly-Achâtel (57). 48D3
Sailly-au-Bois (62). 8A4
Sailly-en-Ostrevent (62) 8C2
Sailly-Flibeaucourt (80). 6D3
Sailly-Labourse (62) 2D6
Sailly-Laurette (80) 8A6
Sailly-le-Sec (80). 8A6
Sailly-lez-Cambrai (59) 8D3
Sailly-lez-Lannoy (59). 3G5
Sailly-Saillisel (80). 8C5
Sailly-sur-la-Lys (62) 3E5
Sain-Bel (69) 129G3
Saincaize-Meauce (58) 98D4
Sainghin-en-Mélantois (59). . . 3G5
Sainghin-en-Weppes (59) . . . 3E6
Saignneville (76) 15F1
Sainpuits (89) 83E4
Sains (35). 35H1
Sains-du-Nord (59) 10A4
Sains-en-Amiénois (80) 20C1
Sains-en-Gohelle (62). 8A1
Sains-lès-Fressin (62) 1H6
Sains-lès-Marquion (62). . . . 8D3
Sains-lès-Pernes (62) 2B6
Sains-Morainvillers (60). . . . 20D3
Sains-Richaumont (02) 22C1
le Saint (56). 54B2
Saint-Abit (64). 182C3
Saint-Abraham (56). 56A5

Saint-Acheul (80). 7F3
Saint-Adjutory (16). 123E3
Saint-Adrien (22). 33E4
Saint-Affrique (12). 171G2
Saint-Affrique-
-les-Montagnes (81) 170C6
Saint-Agathon (22) 33E3
Saint-Agil (41) 61F5
Saint-Agnan (02) 44C2
Saint-Agnan (58). 84B6
Saint-Agnan (81). 169H4
Saint-Agnan (89). 64C3
Saint-Agnan-
-de-Cernières (27) 39H3
Saint-Agnan-
-en-Vercors (26). 145E5
Saint-Agnan-
-le-Malherbe (14). 14A6
Saint-Agnan-sur-Erre (61). . . 61E3
Saint-Agnan-sur-Sarthe (61). . 39H6
Saint-Agnant (17). 120C1
Saint-Agnant-
-de-Versillat (23) 111E4
Saint-Agnant-
-près-Crocq (23) 126A3
Saint-Agne (24). 137E5
Saint-Agnet (40). 166B5
Saint-Agnin-sur-Bion (38). . . 130D5
Saint-Agoulin (63). 113C6
Saint-Agrève (07). 143F4
Saint-Aignan (08) 24B2
Saint-Aignan (33). 135G4
Saint-Aignan (41). 96A1
Saint-Aignan (56). 55E1
Saint-Aignan (72). 60B4
Saint-Aignan (82). 168C1
Saint-Aignan-
-de-Couptrain (53). 59F1
Saint-Aignan-
-de-Cramesnil (14) 38D1
Saint-Aignan-des-Gués (45). . 81G1
Saint-Aignan-
-des-Noyers (18) 98B5
Saint-Aignan-
-Grandlieu (44) 74C4
Saint-Aignan-le-Jaillard (45) . 81G2
Saint-Aignan-sur-Roë (53) . . 76A1
Saint-Aignan-sur-Ry (76) . . . 19E4
Saint-Aigny (36). 110B1
Saint-Aigulin (17) 136A2
Saint-Ail (54) 26A5
Saint-Albain (71). 116B3
Saint-Alban (01). 117F6
Saint-Alban (22) 34A4
Saint-Alban (31). 169F4
Saint-Alban-Auriolles (07) . . 157F4
Saint-Alban-d'Ay (07) 143H2
Saint-Alban-
-de-Montbel (73) 131G5
Saint-Alban-de-Roche (38) . . 130D4
Saint-Alban-
-des-Hurtières (73) 132C5
Saint-Alban-
-des-Villards (73). 146B1
Saint-Alban-du-Rhône (38) . . 130A6
Saint-Alban-
-en-Montagne (07) 156D1
Saint-Alban-les-Eaux (42). . . 128C1
Saint-Alban-Leysse (73) . . . 131H4
Saint-Alban-
-sur-Limagnole (48). 141G6
Saint-Albin-
-de-Vaulserre (38) 131G5
Saint-Alexandre (30). 158A5
Saint-Algis (02) 9H6
Saint-Allouestre (56). 55G4
Saint-Alpinien (23) 125H1
Saint-Alyre-d'Arlanc (63) . . 142A1
Saint-Alyre-
-ès-Montagne (63). 141E1
Saint-Amadou (09). 185H4
Saint-Amancet (81). 186C1
Saint-Amand (23) 125H1
Saint-Amand (50) 37G1
Saint-Amand (62) 7H3
Saint-Amand-
-de-Belvès (24) 137H6
Saint-Amand-de-Coly (24) . . 138B4
Saint-Amand-de-Vergt (24) . 137F4
Saint-Amand-
-des-Hautes-Terres (27) . . 18B6
Saint-Amand-
-en-Puisaye (58) 82C4
Saint-Amand-
-Jartoudeix (23) 124D2
Saint-Amand-le-Petit (87). . 125E3
Saint-Amand-les-Eaux (59) . . 9F1
Saint-Amand-Longpré (41). . 79F3
Saint-Amand-
-Magnazeix (87). 110D5
Saint-Amand-
-Montrond (18) 97H6
Saint-Amand-sur-Fion (51). . 46B4
Saint-Amand-
-sur-Ornain (55) 47F6
Saint-Amand-sur-Sèvre (79). . 92C4
Saint-Amandin (15). 140C1
Saint-Amans (09) 185C4
Saint-Amans (11). 186B5
Saint-Amans (48). 156A2
Saint-Amans-
-de-Pellagal (82) 152A5
Saint-Amans-des-Cots (12) . 154C1
Saint-Amans-du-Pech (82) . 151G4
Saint-Amans-Soult (81). . . . 187F1
Saint-Amans-Valtoret (81) . . 187F1
Saint-Amant (16). 122B6
Saint-Amant-de-Boixe (16). . 122B2
Saint-Amant-
-de-Bonnieure (16). 122C2

Saint-Amant-de-Nouère (16). 122 B3
Saint-Amant-Roche-Savine (63) 128 A5
Saint-Amant-Tallende (63) . . 127 F4
Saint-Amarin (68) 70 D6
Saint-Ambreuil (71) 101 G6
Saint-Ambroix (18) 97 F4
Saint-Ambroix (30) 157 F5
Saint-Amé (88) 70 B5
Saint-Amour (39) 117 E2
Saint-Amour-Bellevue (71) . . 116 B4
Saint-Andelain (58) 82 C6
Saint-Andéol (26) 144 D6
Saint-Andéol (38) 145 F4
Saint-Andéol-de-Berg (07) . . 157 H3
Saint-Andéol-de-Clerguemort (48) . . . 156 D5
Saint-Andéol-de-Fourchades (07) 143 F5
Saint-Andéol-de-Vals (07). . . 157 G1
Saint-Andéol-le-Château (69). 129 H5
Saint-Andeux (21). 84 B5
Saint-Andiol (13). 175 E3
Saint-André (31) 184 C2
Saint-André (32) 168 B6
Saint-André (66) 201 F3
Saint-André (73) 147 E2
Saint-André (81) 171 E2
Saint-André-Capcèze (48). . . 156 D4
Saint-André-d'Allas (24) . . . 138 A5
Saint-André-d'Apchon (42). . 114 D6
Saint-André-de-Bâgé (01). . . 116 C4
Saint-André-de-Boëge (74). . 118 D4
Saint-André-de-Bohon (50) . . 13 E5
Saint-André-de-Briouze (61). . 38 C4
Saint-André-de-Buèges (34). 173 E3
Saint-André-de-Chalencon (43) 142 C2
Saint-André-de-Corcy (01) . . 130 B1
Saint-André-de-Cruzières (07) 157 F5
Saint-André-de-Cubzac (33) 135 F4
Saint-André-de-Double (24) 136 C3
Saint-André-de-la-Marche (49). 75 G6
Saint-André-de-la-Roche (06). 195 F2
Saint-André-de-Lancize (48) 156 C5
Saint-André-de-l'Épine (50) . . 13 F6
Saint-André-de-l'Eure (27) . . 41 E3
Saint-André-de-Lidon (17) . . 120 D4
Saint-André-de-Majencoules (30) 173 E2
Saint-André-de-Messei (61). . 38 B5
Saint-André-de-Najac (12) . . 153 G6
Saint-André-de-Roquelongue (11). . . . 187 H4
Saint-André-de-Roquepertuis (30). . . . 157 G5
Saint-André-de-Rosans (05) 159 F4
Saint-André-de-Sangonis (34) 172 D5
Saint-André-de-Seignanx (40) 164 C5
Saint-André-de-Valborgne (30) 156 B6
Saint-André-de-Vézines (12). 155 G6
Saint-André-d'Embrun (05) . . 161 E2
Saint-André-des-Eaux (22). . . 34 D6
Saint-André-des-Eaux (44). . . 73 G4
Saint-André-d'Hébertot (14). . 15 F3
Saint-André-d'Huiriat (01) . . 116 C5
Saint-André-d'Olérargues (30). 157 H6
Saint-André-du-Bois (33) . . . 149 H2
Saint-André-en-Barrois (55) . . 47 E2
Saint-André-en-Bresse (71) . . 102 A6
Saint-André-en-Morvan (58) . . 83 H5
Saint-André-en-Royans (38). . 144 D3
Saint-André-en-Terre-Plaine (89) 84 B5
Saint-André-en-Vivarais (07) 143 F3
Saint-André-et-Appelles (33) 136 C6
Saint-André-Farivillers (60) . . 20 C3
Saint-André-Goule-d'Oie (85). 92 A4
Saint-André-la-Côte (69). . . . 129 G4
Saint-André-Lachamp (07) . . 157 E3
Saint-André-le-Bouchoux (01) 116 D5
Saint-André-le-Coq (63) 127 G1
Saint-André-le-Désert (71) . . 115 H2
Saint-André-le-Gaz (38) 131 F5
Saint-André-le-Puy (42) 129 E4
Saint-André-les-Alpes (04). . 177 H2
Saint-André-les-Vergers (10) . . 66 B3
Saint-André-lez-Lille (59) 3 F5
Saint-André-sur-Cailly (76). . . 17 H5
Saint-André-sur-Orne (14) . . . 14 B5
Saint-André-sur-Sèvre (79). . . 92 D5
Saint-André-sur-Vieux-Jonc (01) 116 D5
Saint-André-Treize-Voies (85). 91 G2
Saint-Androny (33) 135 E2
Saint-Ange-et-Torçay (28) . . . 41 E6
Saint-Ange-le-Viel (77) 64 B3
Saint-Angeau (16) 122 C2
Saint-Angel (03) 112 D3
Saint-Angel (19) 125 H5
Saint-Angel (63) 127 E1

Saint-Anthème (63). 128 C5
Saint-Anthot (21). 85 E6
Saint-Antoine (15). 154 A1
Saint-Antoine (32). 104 A5
Saint-Antoine (32). 168 B1
Saint-Antoine (38). 135 F4
Saint-Antoine-Cumond (24) 136 C2
Saint-Antoine-d'Auberoche (24) 137 G3
Saint-Antoine-de-Breuilh (24) 136 B5
Saint-Antoine-de-Ficalba (47) 151 F4
Saint-Antoine-du-Queyret (33) 136 A6
Saint-Antoine-du-Rocher (37) 78 D4
Saint-Antoine-l'Abbaye (38) . . 144 D2
Saint-Antoine-sur-l'Isle (33) . . 136 B4
Saint-Antonin (06). 178 C2
Saint-Antonin (32). 168 B4
Saint-Antonin-de-Lacalm (81) 170 D4
Saint-Antonin-de-Sommaire (27) 40 A4
Saint-Antonin-du-Var (83) . . 193 C1
Saint-Antonin-Noble-Val (82) 153 E6
Saint-Antonin-sur-Bayon (13) 176 B6
Saint-Aoustrille (36) 96 D4
Saint-Août (36) 97 E6
Saint-Apollinaire (05) 160 D2
Saint-Apollinaire (21) 85 H6
Saint-Apollinaire-de-Rias (07) 143 G5
Saint-Appolinaire (69) 129 F1
Saint-Appolinard (38) 144 D2
Saint-Appolinard (42) 143 H1
Saint-Aquilin (24) 136 D2
Saint-Aquilin-de-Corbion (61) 39 H6
Saint-Aquilin-de-Pacy (27) . . 41 F2
Saint-Araille (31) 184 C2
Saint-Arailles (32) 167 F5
Saint-Arcons-d'Allier (43) . . . 142 A4
Saint-Arcons-de-Barges (43) 142 C6
Saint-Arey (38) 145 G5
Saint-Armel (35) 57 F4
Saint-Armel (56) 72 D1
Saint-Armou (64) 182 C1
Saint-Arnac (66) 200 C1
Saint-Arnoult (14) 15 E3
Saint-Arnoult (41) 79 F3
Saint-Arnoult (60) 19 H2
Saint-Arnoult (76) 17 E5
Saint-Arnoult-des-Bois (28) . . 61 H1
Saint-Arnoult-en-Yvelines (78) 42 A6
Saint-Arroman (32) 183 H1
Saint-Arroman (65) 183 G4
Saint-Arroumex (82) 168 C2
Saint-Astier (24) 137 E3
Saint-Astier (47) 136 C6
Saint-Auban (06) 178 B3
Saint-Auban-d'Oze (05) 160 A3
Saint-Auban-sur-l'Ouvèze (26) 159 F5
Saint-Aubert (59). 9 F3
Saint-Aubert-sur-Orne (61). . . 38 C4
Saint-Aubin (02) 21 H4
Saint-Aubin (10) 65 F1
Saint-Aubin (21) 101 F4
Saint-Aubin (36) 97 E5
Saint-Aubin (39) 102 B3
Saint-Aubin (40) 165 G4
Saint-Aubin (47) 151 G3
Saint-Aubin (59) 10 A3
Saint-Aubin (62) 6 C1
Saint-Aubin (91) 42 B5
Saint-Aubin-Celloville (76) . . . 18 D5
Saint-Aubin-Château-Neuf (89) 83 G2
Saint-Aubin-d'Appenai (61) . . 60 C1
Saint-Aubin-d'Arquenay (14) . . 14 C4
Saint-Aubin-d'Aubigné (35) . . 57 F1
Saint-Aubin-de-Blaye (33) . . 135 F1
Saint-Aubin-de-Bonneval (61) 39 G3
Saint-Aubin-de-Branne (33) 135 H6
Saint-Aubin-de-Cadelech (24) 151 E1
Saint-Aubin-de-Courteraie (61) 39 H6
Saint-Aubin-de-Crétot (76) . . 18 A3
Saint-Aubin-d'Écrosville (27) 40 C1
Saint-Aubin-des-Bois (14) . . . 37 F3
Saint-Aubin-des-Bois (28) . . . 62 A1
Saint-Aubin-des-Châteaux (44) 57 G6
Saint-Aubin-des-Chaumes (58) 83 H5
Saint-Aubin-des-Coudrais (72) 60 D4
Saint-Aubin-des-Grois (61) . . 60 D2

Saint-Aubin-des-Hayes (27) . . 40 B2
Saint-Aubin-des-Landes (35) 57 H3
Saint-Aubin-des-Ormeaux (85) 92 B3
Saint-Aubin-des-Préaux (50) . . 35 G2
Saint-Aubin-du-Cormier (35) 57 H2
Saint-Aubin-du-Désert (53) . . 59 G3
Saint-Aubin-du-Pavail (35). . . 57 G3
Saint-Aubin-du-Perron (50) . . 12 D6
Saint-Aubin-du-Plain (79) . . . 93 E4
Saint-Aubin-du-Thenney (27). 15 G6
Saint-Aubin-en-Bray (60) 19 H4
Saint-Aubin-en-Charollais (71). 115 F2
Saint-Aubin-Épinay (76) 17 H6
Saint-Aubin-Fosse-Louvain (53) 58 C1
Saint-Aubin-la-Plaine (85) . . 106 D1
Saint-Aubin-le-Cauf (76) 17 H2
Saint-Aubin-le-Cloud (79) . . . 93 F6
Saint-Aubin-le-Dépeint (37) . . 78 C3
Saint-Aubin-le-Guichard (27) 40 B2
Saint-Aubin-le-Monial (03) . . 113 F2
Saint-Aubin-le-Vertueux (27). . 15 H6
Saint-Aubin-lès-Elbeuf (76) . . 18 C5
Saint-Aubin-lès-Forges (58) . . 99 E2
Saint-Aubin-Montenoy (80) . . . 7 E6
Saint-Aubin-Rivière (80). 6 D6
Saint-Aubin-Routot (76) 15 G2
Saint-Aubin-sous-Erquery (60) 20 D4
Saint-Aubin-sur-Aire (55) . . . 47 G5
Saint-Aubin-sur-Gaillon (27) . . 41 E1
Saint-Aubin-sur-Loire (71) . . 114 C1
Saint-Aubin-sur-Mer (14) . . . 14 B3
Saint-Aubin-sur-Mer (76) . . . 17 F2
Saint-Aubin-sur-Quillebeuf (27). 15 H2
Saint-Aubin-sur-Scie (76) . . . 17 G2
Saint-Aubin-sur-Yonne (89) . . 65 E6
Saint-Augustin (17). 120 B3
Saint-Augustin (19) 125 E6
Saint-Augustin (77) 43 H4
Saint-Aulaire (19) 138 B2
Saint-Aulais-la-Chapelle (16) 122 A6
Saint-Aulaye (24) 136 B2
Saint-Aunès (34) 173 G5
Saint-Aunix-Lengros (32) . . . 166 D5
Saint-Aupre (38) 131 F6
Saint-Austremoine (43) 141 G3
Saint-Auvent (87) 123 G2
Saint-Avaugourd-des-Landes (85) 91 F6
Saint-Avé (56) 55 G6
Saint-Aventin (31) 197 F1
Saint-Avertin (37) 79 E6
Saint-Avit (16) 136 B2
Saint-Avit (26) 144 B2
Saint-Avit (40) 166 A2
Saint-Avit (41) 61 F5
Saint-Avit (63) 126 B2
Saint-Avit (81) 170 B6
Saint-Avit-de-Soulège (33) . . 136 B6
Saint-Avit-de-Tardes (23) . . . 125 H2
Saint-Avit-de-Vialard (24). . . 137 G5
Saint-Avit-Frandat (32) 168 A2
Saint-Avit-le-Pauvre (23). . . . 125 G1
Saint-Avit-les-Guespières (28) 61 H3
Saint-Avit-Rivière (24). 137 G6
Saint-Avit-Saint-Nazaire (33) 136 C5
Saint-Avit-Sénieur (24) 137 F6
Saint-Avold (57) 49 F1
Saint-Avre (73) 132 C6
Saint-Ay (45) 80 C1
Saint-Aybert (59). 9 G1
Saint-Babel (63) 127 G5
Saint-Baldoph (73) 131 H5
Saint-Bandry (02) 21 H5
Saint-Baraing (39) 102 C3
Saint-Barbant (87) 109 H5
Saint-Bard (23) 126 A2
Saint-Bardoux (26) 144 B3
Saint-Barnabé (22) 55 G2
Saint-Barthélemy (38). 144 C1
Saint-Barthélemy (40) 164 C5
Saint-Barthélemy (50). 37 G5
Saint-Barthélemy (56). 55 E4
Saint-Barthélemy (70). 88 B2
Saint-Barthélemy (77). 44 B4
Saint-Barthélemy-d'Agenais (47) 150 D3
Saint-Barthélemy-d'Anjou (49) 77 E4
Saint-Barthélemy-de-Bellegarde (24) 136 C3
Saint-Barthélemy-de-Bussière (24) 123 F4
Saint-Barthélemy-de-Séchilienne (38) 145 H3
Saint-Barthélemy-de-Vals (26). 144 A3
Saint-Barthélemy-Grozon (07). 143 H4
Saint-Barthélemy-le-Meil (07) 143 G5
Saint-Barthélemy-le-Plain (07) 144 A4
Saint-Barthélemy-Lestra (42). 129 F3
Saint-Basile (07) 143 G4
Saint-Baslemont (88) 69 F4
Saint-Baudel (18). 97 F5

Saint-Baudelle (53) 58 D3
Saint-Baudille-de-la-Tour (38) 130 D3
Saint-Baudille-et-Pipet (38) . . 145 G6
Saint-Bauld (37) 95 F2
Saint-Baussant (54). 48 A3
Saint-Bauzeil (09) 185 G4
Saint-Bauzély (30) 173 H2
Saint-Bauzile (07) 158 A1
Saint-Bauzile (48) 156 A3
Saint-Bauzille-de-la-Sylve (34) 172 D5
Saint-Bauzille-de-Montmel (34) 173 G4
Saint-Bauzille-de-Putois (34) 173 E3
Saint-Bazile (87) 123 G3
Saint-Bazile-de-la-Roche (19) 139 F3
Saint-Bazile-de-Meyssac (19) 139 E4
Saint-Béat (31). 184 A6
Saint-Beaulize (12) 172 A3
Saint-Beauzeil (82) 151 H4
Saint-Beauzély (12) 155 E6
Saint-Beauzile (81) 169 H2
Saint-Beauzire (43) 141 G2
Saint-Beauzire (63) 127 F2
Saint-Bénézet (30) 173 H2
Saint-Bénigne (01) 116 C3
Saint-Benin (59) 9 F4
Saint-Benin-d'Azy (58) 99 F3
Saint-Benin-des-Bois (58). . . . 99 F2
Saint-Benoist-sur-Mer (85) . . 106 B2
Saint-Benoist-sur-Vanne (10) . . 65 G4
Saint-Benoît (01) 131 F3
Saint-Benoît (04) 178 B2
Saint-Benoît (11) 186 C5
Saint-Benoît (86) 109 E1
Saint-Benoît-de-Carmaux (81) 170 C1
Saint-Benoît-des-Ombres (27) 15 H4
Saint-Benoît-des-Ondes (35) . . 35 E4
Saint-Benoît-d'Hébertot (14) . . 15 F3
Saint-Benoît-du-Sault (36) . . 110 D3
Saint-Benoit-en-Diois (26) . . 159 E1
Saint-Bérain (43) 142 A4
Saint-Bérain-sous-Sanvignes (71) 100 D6
Saint-Bérain-sur-Dheune (71) 101 F5
Saint-Bernard (01) 129 H1
Saint-Bernard (21) 101 H2
Saint-Bernard (38) 145 H1
Saint-Bernard (68) 89 E2
Saint-Béron (73) 131 G5
Saint-Berthevin (53) 58 C5
Saint-Berthevin-la-Tannière (53) 58 B2
Saint-Bertrand-de-Comminges (31) 184 A5
Saint-Biez-en-Belin (72) 78 B1
Saint-Bihy (22). 33 F5
Saint-Blaise (06) 195 F2
Saint-Blaise (74) 118 B6
Saint-Blaise-du-Buis (38) . . . 131 F6
Saint-Blaise-la-Roche (67) . . . 71 E1
Saint-Blancard (32) 184 A2
Saint-Blimont (80). 6 C4
Saint-Blin (52) 68 B3
Saint-Boès (64) 165 F5
Saint-Bohaire (41) 79 H3
Saint-Boil (71) 101 F6
Saint-Boingt (54) 69 H1
Saint-Bois (01) 131 F3
Saint-Bomer (28). 61 E4
Saint-Bômer-les-Forges (61) . . 38 A5
Saint-Bon-Tarentaise (73). . . 133 E5
Saint-Bon (51) 44 C5
Saint-Bonnet (16) 122 A5
Saint-Bonnet-Avalouze (19) . . 139 E2
Saint-Bonnet-Briance (87) . . 124 C3
Saint-Bonnet-de-Bellac (87) . . 110 A5
Saint-Bonnet-de-Chavagne (38). 144 D3
Saint-Bonnet-de-Chirac (48). 155 G3
Saint-Bonnet-de-Condat (15). 140 D2
Saint-Bonnet-de-Cray (71) . . 115 E5
Saint-Bonnet-de-Four (03) . . 113 F4
Saint-Bonnet-de-Joux (71) . . 115 G2
Saint-Bonnet-de-Montauroux (48). 142 B6
Saint-Bonnet-de-Mure (69) . . 130 B4
Saint-Bonnet-de-Rochefort (03) 113 G5
Saint-Bonnet-de-Salendrinque (30) 173 F1
Saint-Bonnet-de-Salers (15) 140 D3
Saint-Bonnet-de-Valclérieux (26) 144 C2
Saint-Bonnet-de-Vieille-Vigne (71) 115 F2
Saint-Bonnet-des-Bruyères (69) 115 H4
Saint-Bonnet-des-Quarts (42) 114 D5
Saint-Bonnet-du-Gard (30). . 174 C2
Saint-Bonnet-Elvert (19) . . . 139 F3
Saint-Bonnet-en-Bresse (71) 102 A4
Saint-Bonnet-en-Champsaur (05) 160 B1

Saint-Bonnet-la-Rivière (19) 138 B1
Saint-Bonnet-le-Bourg (63) . . 128 A6
Saint-Bonnet-le-Chastel (63) 128 A6
Saint-Bonnet-le-Château (42) 128 D6
Saint-Bonnet-le-Courreau (42) 128 C4
Saint-Bonnet-le-Froid (43) . . 143 F3
Saint-Bonnet-le-Troncy (69) . . 115 G6
Saint-Bonnet-l'Enfantier (19) 138 C1
Saint-Bonnet-lès-Allier (63) . . 127 G3
Saint-Bonnet-les-Oules (42) 129 F5
Saint-Bonnet-les-Tours-de-Merle (19) . . 139 G4
Saint-Bonnet-près-Bort (19) . . 126 A5
Saint-Bonnet-près-Orcival (63) 126 D4
Saint-Bonnet-près-Riom (63) 127 F2
Saint-Bonnet-sur-Gironde (17). 121 E6
Saint-Bonnet-Tronçais (03). . 112 D1
Saint-Bonnot (58) 99 E1
Saint-Bouize (18). 98 C1
Saint-Brancher (89). 84 A5
Saint-Branchs (37). 95 E1
Saint-Brès (30). 157 F5
Saint-Brès (32). 168 A4
Saint-Brès (34). 173 G5
Saint-Bresson (30) 173 E2
Saint-Bresson (70) 88 A1
Saint-Bressou (46) 153 G1
Saint-Brevin-les-Pins (44). . . . 73 H4
Saint-Briac-sur-Mer (35) 34 C4
Saint-Brice (16) 121 G3
Saint-Brice (33) 150 A1
Saint-Brice (50) 35 H3
Saint-Brice (53) 77 E1
Saint-Brice (61) 38 A6
Saint-Brice (77) 65 E1
Saint-Brice-Courcelles (51). . . 23 E6
Saint-Brice-de-Landelles (50) 37 F6
Saint-Brice-en-Coglès (35) . . . 35 H6
Saint-Brice-sous-Forêt (95). . . 42 D2
Saint-Brice-sous-Rânes (61). . 38 D5
Saint-Brice-sur-Vienne (87). . 123 H2
Saint-Brieuc (22) 33 G4
Saint-Brieuc-de-Mauron (56) 56 B3
Saint-Brieuc-des-Iffs (35) . . . 57 E1
Saint-Bris-des-Bois (17) 121 F3
Saint-Bris-le-Vineux (89). . . . 83 G2
Saint-Brisson (58) 100 B1
Saint-Brisson-sur-Loire (45) . . 82 A3
Saint-Broing (70) 86 D5
Saint-Broing-les-Moines (21) 85 F3
Saint-Broingt-le-Bois (52). . . . 86 B2
Saint-Broingt-les-Fosses (52) 86 A2
Saint-Broladre (35) 35 F4
Saint-Bueil (38) 131 G5
Saint-Calais (72) 61 E6
Saint-Calais-du-Désert (53) . . 59 G1
Saint-Calez-en-Saosnois (72) 60 B3
Saint-Cannat (13) 175 H5
Saint-Caprais (03) 112 D2
Saint-Caprais (18) 97 G4
Saint-Caprais (32) 168 A5
Saint-Caprais (46) 152 B2
Saint-Caprais-de-Blaye (33) 135 F1
Saint-Caprais-de-Bordeaux (33) 135 F6
Saint-Caprais-de-Lerm (47) . . 151 F5
Saint-Capraise-de-Lalinde (24) 137 E5
Saint-Capraise-d'Eymet (24) 151 E1
Saint-Caradec (22) 55 F1
Saint-Caradec-Trégomel (56). 54 C3
Saint-Carné (22) 34 D5
Saint-Carreuc (22) 33 G5
Saint-Cassien (24) 151 G1
Saint-Cassien (38) 145 F1
Saint-Cassin (73) 131 H5
Saint-Cast-le-Guildo (22) 34 B3
Saint-Castin (64) 182 C1
Saint-Célerin (72) 60 C4
Saint-Céneré (53) 58 D4
Saint-Céneri-le-Gérei (61). . . . 59 H2
Saint-Céols (18) 98 A1
Saint-Céré (46) 139 F5
Saint-Cergues (74) 118 D4
Saint-Cernin (15) 140 A4
Saint-Cernin (46) 152 D2
Saint-Cernin-de-Labarde (24) 137 E6
Saint-Cernin-de-Larche (19) 138 C3
Saint-Cernin-de-l'Herm (24) 152 A2
Saint-Césaire (17) 121 F3
Saint-Césaire-de-Gauzignan (30) 173 H1
Saint-Cézaire-sur-Siagne (06) 178 B4
Saint-Cézert (31) 168 D4
Saint-Chabrais (23) 112 A5
Saint-Chaffrey (05) 147 E4
Saint-Chamant (15) 140 A3
Saint-Chamant (19) 139 F3
Saint-Chamarand (46) 152 C1

Saint-Chamas (13). 191 G3
Saint-Chamassy (24). 137 G5
Saint-Chamond (42) 129 G6
Saint-Champ (01) 131 G3
Saint-Chaptes (30) 174 A2
Saint-Charles-de-Percy (14). . 37 H3
Saint-Charles-la-Forêt (53) . . 59 G4
Saint-Chartier (36). 111 G1
Saint-Chef (38) 130 D4
Saint-Chels (46). 153 F4
Saint-Chély-d'Apcher (48). . . 141 G6
Saint-Chély-d'Aubrac (12). . . 155 F2
Saint-Chéron (51) 46 A6
Saint-Chéron (91) 63 E1
Saint-Chinian (34) 188 A1
Saint-Christ-Briost (80). 8 C6
Saint-Christaud (31) 184 D3
Saint-Christaud (32) 167 F6
Saint-Christo-en-Jarez (42). . 129 F5
Saint-Christol (07) 143 F5
Saint-Christol (34) 173 H4
Saint-Christol (84) 176 A1
Saint-Christol-de-Rodières (30). 157 H5
Saint-Christol-lès-Alès (30) . . 173 H1
Saint-Christoly-de-Blaye (33) 135 F3
Saint-Christoly-Médoc (33) 120 D6
Saint-Christophe (03) 114 B5
Saint-Christophe (16) 123 G1
Saint-Christophe (17) 107 E5
Saint-Christophe (23) 111 G6
Saint-Christophe (28) 62 A5
Saint-Christophe (69) 115 H4
Saint-Christophe (73) 131 G6
Saint-Christophe (81) 153 G6
Saint-Christophe (86) 94 C4
Saint-Christophe-à-Berry (02). 21 H4
Saint-Christophe-d'Allier (43) 142 B5
Saint-Christophe-de-Chaulieu (61). 37 H4
Saint-Christophe-de-Double (33) 136 A3
Saint-Christophe-de-Valains (35) 35 G6
Saint-Christophe-des-Bardes (33) 135 H5
Saint-Christophe-des-Bois (35) 57 H2
Saint-Christophe-Dodinicourt (10) 66 D2
Saint-Christophe-du-Bois (49) 92 B3
Saint-Christophe-du-Foc (50) . . 12 B2
Saint-Christophe-du-Jambet (72). 59 H3
Saint-Christophe-du-Ligneron (85) 91 E3
Saint-Christophe-du-Luat (53) 59 E4
Saint-Christophe-en-Bazelle (36) 96 C2
Saint-Christophe-en-Boucherie (36) 97 F3
Saint-Christophe-en-Bresse (71) 101 H5
Saint-Christophe-en-Brionnais (71) 115 F4
Saint-Christophe-en-Champagne (72) . . . 59 G6
Saint-Christophe-en-Oisans (38) 146 B4
Saint-Christophe-et-le-Laris (26) 144 C2
Saint-Christophe-la-Couperie (49) 75 F5
Saint-Christophe-le-Chaudry (18) 112 B1
Saint-Christophe-le-Jajolet (61) 39 E5
Saint-Christophe-sur-Avre (27). 40 B5
Saint-Christophe-sur-Condé (27) 15 H4
Saint-Christophe-sur-Dolaison (43) 142 C4
Saint-Christophe-sur-Guiers (38) 131 G6
Saint-Christophe-sur-le-Nais (37) 78 C3
Saint-Christophe-sur-Roc (79) 108 A2
Saint-Christophe-Vallon (12) 154 B3
Saint-Cibard (33). 136 A4
Saint-Cierge-la-Serre (07). . . 143 H6
Saint-Cierge-sous-le-Cheylard (07) . . . 143 G5
Saint-Ciergues (52). 86 A1
Saint-Ciers-Champagne (17) 121 G5
Saint-Ciers-d'Abzac (33) . . . 135 G3
Saint-Ciers-de-Canesse (33) 135 E3
Saint-Ciers-du-Taillon (17) . . 121 E6
Saint-Ciers-sur-Bonnieure (16) 122 C2
Saint-Ciers-sur-Gironde (33). 135 E1
Saint-Cirgue (81). 170 D2
Saint-Cirgues (43). 141 H3
Saint-Cirgues (46). 153 H1
Saint-Cirgues-de-Jordanne (15) 140 D3
Saint-Cirgues-de-Malbert (15) 140 A4
Saint-Cirgues-de-Prades (07) 157 F2

S

Saint-Cirgues-
-en-Montagne (07) . . . 142 D6
Saint-Cirgues-
-la-Loutre (19) 139 G3
Saint-Cirgues-
-sur-Couze (63) 127 F5
Saint-Cirice (82). 168 B1
Saint-Cirq (24) 137 G5
Saint-Cirq (82) 152 D6
Saint-Cirq-Lapopie (46) . . . 153 E3
Saint-Cirq-Madelon (46). . . 138 B6
Saint-Cirq-Souillaguet (46). . 152 C1
Saint-Civran (36). 110 D2
Saint-Clair (07) 143 H2
Saint-Clair (46) 152 C1
Saint-Clair (82) 151 H6
Saint-Clair (86) 94 A4
Saint-Clair-d'Arcey (27). . . . 40 A2
Saint-Clair-de-Halouze (61). . 38 A5
Saint-Clair-de-la-Tour (38) . 131 E4
Saint-Clair-du-Rhône (38). . 130 A6
Saint-Clair-sur-Epte (95) . . . 19 G6
Saint-Clair-sur-Galaure (38) . 144 C2
Saint-Clair-sur-l'Elle (50). . . . 13 F6
Saint-Clair-sur-
-les-Monts (76) 17 E4
Saint-Clar (32) 168 A3
Saint-Clar-de-Rivière (31). . 185 E1
Saint-Claud (16). 123 E2
Saint-Claude (39) 118 A3
Saint-Claude-de-Diray (41). . 80 A3
Saint-Clément (02) 23 E1
Saint-Clément (03) 114 C6
Saint-Clément (07) 143 E5
Saint-Clément (15) 140 C4
Saint-Clément (19) 138 D1
Saint-Clément (30) 173 G3
Saint-Clément (54) 49 F6
Saint-Clément (89) 65 E4
Saint-Clément-à-Arnes (08) . . 23 H5
Saint-Clément-
-de-la-Place (49) 76 C4
Saint-Clément-
-de-Régnat (63) 127 G1
Saint-Clément-
-de-Rivière (34) 173 F5
Saint-Clément-
-de-Valorgue (63) 128 C5
Saint-Clément-de-Vers (69) . 115 G5
Saint-Clément-
-des-Baleines (17) 106 A4
Saint-Clément-
-des-Levées (49) 77 G6
Saint-Clément-
-les-Places (69) 129 F3
Saint-Clément-
-Rancourdray (50). 37 H5
Saint-Clément-
-sur-Durance (05) 161 E1
Saint-Clément-
-sur-Guye (71) 115 H1
Saint-Clément-
-sur-Valsonne (69). 129 F2
Saint-Clémentin (79). 93 E3
Saint-Clet (22) 33 E3
Saint-Cloud (92) 42 C4
Saint-Cloud-en-Dunois (28) . . 62 A5
Saint-Colomb-
-de-Lauzun (47) 151 E2
Saint-Colomban (44). 91 F1
Saint-Colomban-
-des-Villards (73) 146 B1
Saint-Côme (33) 149 H3
Saint-Côme-de-Fresné (14) . . 14 A3
Saint-Côme-d'Olt (12) 154 D3
Saint-Côme-du-Mont (50) . . . 13 E4
Saint-Côme-
-et-Maruéjols (30) 173 H3
Saint-Congard (56) 56 B5
Saint-Connan (22) 33 E5
Saint-Connec (22) 55 F1
Saint-Constant (15) 154 A1
Saint-Contest (14) 14 B4
Saint-Corneille (72) 60 B5
Saint-Cornier-
-des-Landes (61) 38 A4
Saint-Cosme (68) 89 E2
Saint-Cosme-en-Vairais (72). . 60 C3
Saint-Couat-d'Aude (11) . . . 187 G3
Saint-Couat-du-Razès (11) . . 186 C5
Saint-Coulitz (29). 53 G1
Saint-Coulomb (35). 35 E3
Saint-Coutant (16) 109 F6
Saint-Coutant (79) 108 C4
Saint-Coutant-
-le-Grand (17) 121 E1
Saint-Créac (32) 168 B2
Saint-Créac (65) 183 E4
Saint-Crépin (05) 147 E6
Saint-Crépin (17) 107 F6
Saint-Crépin-aux-Bois (60) . . 21 G4
Saint-Crépin-
-d'Auberoche (24) 137 G3
Saint-Crépin-
-de-Richemont (24) 123 E6
Saint-Crépin-
-et-Carlucet (24). 138 B4
Saint-Crépin-Ibouvillers (60) . 20 A6
Saint-Crespin (76) 18 D1
Saint-Crespin-
-sur-Moine (49) 75 F6
Saint-Cricq (32) 168 C4
Saint-Cricq-Chalosse (40). . . 165 G4
Saint-Cricq-du-Gave (40) . . . 165 E5
Saint-Cricq-Villeneuve (40). . 166 B2
Saint-Cybardeaux (16) 122 A3
Saint-Cybranet (24). 138 A6
Saint-Cyprien (19) 138 B2
Saint-Cyprien (24). 137 H5
Saint-Cyprien (42) 129 G5
Saint-Cyprien (46) 152 B5

Saint-Cyprien (66). 201 G3
Saint-Cyprien-
-sur-Dourdou (12) 154 B3
Saint-Cyr (07) 143 H2
Saint-Cyr (50) 12 D3
Saint-Cyr (71) 101 G6
Saint-Cyr (86) 94 C6
Saint-Cyr (87) 123 H3
Saint-Cyr-
-au-Mont-d'Or (69) 130 A2
Saint-Cyr-de-Favières (42) . . 128 D1
Saint-Cyr-de-Salerne (27) . . . 18 A6
Saint-Cyr-de-Valorges (42) . . 129 E2
Saint-Cyr-des-Gâts (85). . . 107 E1
Saint-Cyr-du-Bailleul (50) . . . 37 H6
Saint-Cyr-du-Doret (17). . . 107 E4
Saint-Cyr-du-Gault (41) 79 F3
Saint-Cyr-du-Ronceray (14) . . 15 F6
Saint-Cyr-en-Arthies (95) . . . 41 H2
Saint-Cyr-en-Bourg (49) 93 H1
Saint-Cyr-en-Pail (53) 59 G1
Saint-Cyr-
-en-Talmondais (85) 91 G6
Saint-Cyr-en-Val (45). 80 D2
Saint-Cyr-la-Campagne (27) . . 18 C6
Saint-Cyr-la-Lande (79). . . . 93 G2
Saint-Cyr-la-Rivière (91) . . . 63 F3
Saint-Cyr-la-Roche (19) . . . 138 B2
Saint-Cyr-la-Rosière (61). . . . 60 D3
Saint-Cyr-le-Chatoux (69). . . 115 H6
Saint-Cyr-le-Gravelais (53) . . 58 B5
Saint-Cyr-l'École (78) 42 B4
Saint-Cyr-
-les-Champagnes (24). . . . 138 B1
Saint-Cyr-les-Colons (89) . . . 83 G2
Saint-Cyr-les-Vignes (42) . . 129 E4
Saint-Cyr-Montmalin (39). . . 103 E4
Saint-Cyr-sous-Dourdan (91) . 42 B6
Saint-Cyr-sur-le-Rhône (69) . 130 A5
Saint-Cyr-sur-Loire (37). . . . 78 D5
Saint-Cyr-sur-Menthon (01) . 116 C4
Saint-Cyr-sur-Mer (83). . . . 192 D5
Saint-Cyr-sur-Morin (77). . . . 44 A3
Saint-Cyran-du-Jambot (36). . 95 G3
Saint-Dalmas-
-le-Selvage (06) 161 G4
Saint-Daunès (46) 152 B4
Saint-Denis (11) 186 D2
Saint-Denis (30). 157 F5
Saint-Denis (89) 65 E4
Saint-Denis (93). 42 D3
Saint-Denis-Catus (46) . . . 152 C2
Saint-Denis-
-Combarnazat (63) 127 G1
Saint-Denis-d'Aclon (76). . . . 17 F2
Saint-Denis-d'Anjou (53). . . . 77 E1
Saint-Denis-d'Augerons (27) . 39 H3
Saint-Denis-d'Authou (28) . . . 61 F3
Saint-Denis-
-de-Cabanne (42) 115 F5
Saint-Denis-
-de-Gastines (53). 58 C2
Saint-Denis-de-Jouhet (36) . 111 G2
Saint-Denis-de-l'Hôtel (45) . . 81 E1
Saint-Denis-de-Mailloc (14) . . 15 F5
Saint-Denis-de-Méré (14). . . 38 B3
Saint-Denis-de-Palin (36) . . 111 H4
Saint-Denis-de-Pile (33) . . . 135 H4
Saint-Denis-de-Vaux (71) . . 101 F5
Saint-Denis-
-de-Villenette (61) 59 E1
Saint-Denis-
-des-Coudrais (72) 60 C4
Saint-Denis-des-Monts (27) . . 18 B6
Saint-Denis-des-Murs (87) . . 124 D3
Saint-Denis-des-Puits (28) . . 61 G2
Saint-Denis-d'Oléron (17). . . 106 B6
Saint-Denis-d'Orques (72) . . 59 F5
Saint-Denis-du-Béhélan (27) . 40 C3
Saint-Denis-du-Maine (53) . . 59 E6
Saint-Denis-du-Payré (85) . . 106 C2
Saint-Denis-du-Pin (17). . . . 107 G5
Saint-Denis-en-Bugey (01) . . 130 D1
Saint-Denis-
-en-Margeride (48) 156 A1
Saint-Denis-en-Val (45). . . . 80 D2
Saint-Denis-
-la-Chevasse (85). 91 G3
Saint-Denis-le-Ferment (27). . 19 G5
Saint-Denis-le-Gast (50) . . . 35 H1
Saint-Denis-le-Thiboult (76) . 19 E4
Saint-Denis-le-Vêtu (50) 37 E2
Saint-Denis-lès-Bourg (01). . 116 D2
Saint-Denis-lès-Martel (46). . 138 D5
Saint-Denis-les-Ponts (28) . . 61 H5
Saint-Denis-lès-Rebais (77) . . 44 A4
Saint-Denis-
-Maisoncelles (14). 37 H2
Saint-Denis-sur-Coise (42) . . 129 F4
Saint-Denis-sur-Huisne (61) . . 60 D1
Saint-Denis-sur-Loire (41). . . 80 A3
Saint-Denis-sur-Ouanne (89) . 82 D2
Saint-Denis-sur-Sarthon (61) . 59 H1
Saint-Denis-sur-Scie (76) . . . 17 G4
Saint-Deniscourt (60) 19 H3
Saint-Denœux (62) 1 G6
Saint-Denoual (22) 34 B4
Saint-Derrien (29) 31 F3
Saint-Désert (71) 101 F5
Saint-Désir (14) 15 F5
Saint-Désirat (07) 144 A2
Saint-Désiré (03) 112 C2
Saint-Dézéry (30). 174 A2
Saint-Didier (21) 84 C6
Saint-Didier (35) 57 G3
Saint-Didier (39) 102 C6
Saint-Didier (58) 83 G6
Saint-Didier (84) 175 G2
Saint-Didier-
-au-Mont-d'Or (69) 130 A2
Saint-Didier-d'Allier (43) . . . 142 B4

Saint-Didier d'Aussiat (01) . . 116 D4
Saint-Didier-
-de-Bizonnes (38) 130 D5
Saint-Didier-
-de-Formans (01). 130 A1
Saint-Didier-de-la-Tour (38) . 131 E5
Saint-Didier-des-Bois (27). . . 18 C6
Saint-Didier-en-Bresse (71) . 102 A4
Saint-Didier-
-en-Brionnais (71) 115 E4
Saint-Didier-en-Donjon (03) . 114 D3
Saint-Didier-en-Velay (43). . 143 E1
Saint-Didier-la-Forêt (03) . . 113 H5
Saint-Didier-
-sous-Aubenas (07). 157 G2
Saint-Didier-
-sous-Écouves (61) 39 E6
Saint-Didier-
-sous-Riverie (69) 129 G4
Saint-Didier-
-sur-Arroux (71) 100 C5
Saint-Didier-
-sur-Beaujeu (69). 115 H5
Saint-Didier-
-sur-Chalaronne (01) 116 B5
Saint-Didier-
-sur-Rochefort (42) 128 C3
Saint-Didier-sur-Doulon (43). 142 A1
Saint-Dié-des-Vosges (88) . . 70 D3
Saint-Dier-d'Auvergne (63) . 127 H4
Saint-Diéry (63) 127 E5
Saint-Dionizy (30) 174 A3
Saint-Disdier (05) 145 H6
Saint-Divy (29). 31 E4
Saint-Dizant-du-Bois (17) . . 121 F6
Saint-Dizant-du-Gua (17) . . 121 E5
Saint-Dizier (52). 46 D6
Saint-Dizier-en-Diois (26) . . 159 F3
Saint-Dizier-la-Tour (23) . . . 112 A5
Saint-Dizier-
-les-Domaines (23) 111 H4
Saint-Dizier-l'Évêque (90). . . 88 D4
Saint-Dizier-Leyrenne (23) . . 111 F6
Saint-Dolay (56) 73 H2
Saint-Domet (23) 112 B6
Saint-Domineuc (35). 35 E6
Saint-Donan (22) 33 F5
Saint-Donat (63) 126 C6
Saint-Donat-
-sur-l'Herbasse (26). 144 B3
Saint-Dos (64) 165 E6
Saint-Doulchard (18) 97 G2
Saint-Drézéry (34) 173 G4
Saint-Dyé-sur-Loire (41) . . . 80 B3
Saint-Ébremond-
-de-Bonfossé (50) 37 F1
Saint-Edmond (71) 115 F5
Saint-Égrève (38) 145 G2
Saint-Élier (27). 40 C3
Saint-Éliph (28) 61 G2
Saint-Élix (32) 168 A6
Saint-Élix-le-Château (31). . 185 E2
Saint-Élix-Séglan (31). 184 C3
Saint-Élix-Theux (32) 183 H1
Saint-Ellier-du-Maine (53). . . 58 B2
Saint-Ellier-les-Bois (61) . . . 59 H1
Saint-Éloi (01) 130 C1
Saint-Éloi (23) 111 F6
Saint-Éloi (58) 99 E4
Saint-Éloi-de-Fourques (27). . 18 B6
Saint-Eloy (29). 31 G5
Saint-Éloy-d'Allier (03) 112 B2
Saint-Éloy-de-Gy (18) 97 G2
Saint-Éloy-la-Glacière (63) . . 128 A5
Saint-Éloy-les-Mines (63) . . 113 E5
Saint-Éloy-les-Tuileries (19) . 124 B6
Saint-Éman (28) 61 H3
Saint-Émiland (71) 101 E4
Saint-Émilion (33) 135 H5
Saint-Ennemond (03) 99 F6
Saint-Épain (37). 94 D2
Saint-Epvre (57) 49 E2
Saint-Erblon (35) 57 F3
Saint-Erblon (53) 76 A1
Saint-Erme-
-Outre-et-Ramecourt (02) . . 22 D4
Saint-Escobille (91) 63 E2
Saint-Esteben (64). 181 E1
Saint-Estèphe (24). 123 F4
Saint-Estèphe (33). 134 D1
Saint-Estève (66) 201 F2
Saint-Estève-Janson (13) . . 176 A4
Saint-Étienne-à-Arnes (08) . . 23 H5
Saint-Étienne-au-Mont (62) . . 1 F4
Saint-Étienne-
-au-Temple (51) 45 H2
Saint-Étienne-aux-Clos (19) . 126 B5
Saint-Étienne-Cantalès (15) . 139 H5
Saint-Étienne-
-d'Albagnan (34) 171 G6
Saint-Étienne-
-de-Baïgorry (64). 180 D3
Saint-Étienne-
-de-Boulogne (07) 157 G1
Saint-Étienne-
-de-Brillouet (85) 106 D1
Saint-Étienne-
-de-Carlat (15) 140 B5
Saint-Étienne-
-de-Chigny (37) 78 C5
Saint-Étienne-
-de-Chomeil (15) 140 B1
Saint-Étienne-
-de-Crossey (38) 131 F6
Saint-Étienne-
-de-Cuines (73) 146 C1
Saint-Étienne-
-de-Fontbellon (07) 157 G2
Saint-Étienne-
-de-Fougères (47) 151 E4

Saint-Étienne-
-de-Fursac (23) 111 E5
Saint-Étienne-
-de-Gourgas (34) 172 C4
Saint-Étienne-de-Lisse (33) . 135 H5
Saint-Étienne-de-l'Olm (30) . 173 H1
Saint-Étienne-
-de-Lugdarès (07) 156 D2
Saint-Étienne-
-de-Maurs (15). 153 H1
Saint-Étienne-
-de-Mer-Morte (44) 91 E2
Saint-Étienne-
-de-Montluc (44) 74 B4
Saint-Étienne-
-de-Puycorbier (24) 136 C3
Saint-Étienne-
-de-Saint-Geoirs (38) 144 D1
Saint-Étienne-
-de-Serre (07) 143 G6
Saint-Étienne-
-de-Tinée (06) 161 H5
Saint-Étienne-
-de-Tulmont (82) 169 F1
Saint-Étienne-de-Valoux (07) . 144 A2
Saint-Étienne-de-Vicq (03) . . 114 B5
Saint-Étienne-
-de-Villeréal (47) 151 G2
Saint-Étienne-
-des-Champs (63) 126 B2
Saint-Étienne-
-des-Guérets (41) 79 G4
Saint-Étienne-
-des-Oullières (69). 116 A6
Saint-Étienne-
-des-Sorts (30) 158 A6
Saint-Étienne-d'Orthe (40) . 164 D5
Saint-Étienne-du-Bois (01) . 117 E4
Saint-Étienne-du-Bois (85). . 91 F2
Saint-Étienne-du-Grès (13) . . 191 E1
Saint-Étienne-
-du-Gué-de-l'Isle (22) 55 H2
Saint-Étienne-
-du-Rouvray (76) 18 C5
Saint-Étienne-
-du-Valdonnez (48) 156 B3
Saint-Étienne-
-du-Vauvray (27) 18 D6
Saint-Étienne-du-Vigan (43) . 142 C6
Saint-Étienne-
-en-Bresse (71) 102 A6
Saint-Étienne-en-Coglès (35) . 35 H6
Saint-Étienne-
-en-Dévoluy (05) 160 A1
Saint-Étienne-
-Estréchoux (34) 172 A5
Saint-Étienne-
-la-Cigogne (79) 107 G5
Saint-Étienne-
-la-Geneste (19) 126 A6
Saint-Étienne-
-la-Thillaye (14) 15 E4
Saint-Étienne-
-la-Varenne (69) 116 A6
Saint-Étienne-l'Allier (27) . . . 15 H4
Saint-Étienne-
-Lardeyrol (43) 142 D4
Saint-Étienne-le-Laus (05) . . 160 C3
Saint-Étienne-
-le-Molard (42) 128 D3
Saint-Étienne-
-les-Orgues (04) 176 C1
Saint-Étienne-
-lès-Remiremont (88) 70 B5
Saint-Étienne-Roilaye (60) . . 21 G5
Saint-Étienne-
-sous-Bailleul (27) 41 F1
Saint-Étienne-
-sous-Barbuise (10) 66 B1
Saint-Étienne-
-sur-Blesle (43) 141 F1
Saint-Étienne-
-sur-Chalaronne (01) 116 B5
Saint-Étienne-
-sur-Reyssouze (01). 116 C3
Saint-Étienne-
-sur-Suippe (51). 23 F5
Saint-Étienne-
-sur-Usson (63) 127 H5
Saint-Étienne-
-Vallée-Française (48) . . . 156 C6
Saint-Eugène (29) 31 E3
Saint-Eugène (17) 121 G5
Saint-Eugène (71) 100 C6
Saint-Eulien (51) 46 C5
Saint-Euphraise-
-et-Clairizet (51). 22 D6
Saint-Euphrône (21) 84 D5
Saint-Eusèbe (71) 101 E6
Saint-Eusèbe (74) 131 H1
Saint-Eusèbe-
-en-Champsaur (05) 146 A6
Saint-Eustache (74) 132 B2
Saint-Eustache-la-Forêt (76). 15 G1
Saint-Eutrope (16) 122 B6
Saint-Eutrope-de-Born (47) . 151 F2
Saint-Évarzec (29) 53 G3
Saint-Exupéry (33) 150 A1
Saint-Exupéry-
-les-Roches (19) 126 A5
Saint-Fargeau (89). 82 C3
Saint-Fargeau-
-Ponthierry (77) 63 H2
Saint-Fargeol (03) 112 D5
Saint-Faust (64) 182 B2
Saint-Félicien (07) 143 H3

Saint-Féliu-d'Amont (66). . . 201 E2
Saint-Féliu-d'Avall (66) 201 E2
Saint-Félix (03) 114 A5
Saint-Félix (16) 122 A6
Saint-Félix (17) 107 G5
Saint-Félix (46) 153 H2
Saint-Félix (60) 20 C5
Saint-Félix (74) 131 H2
Saint-Félix-
-de-Bourdeilles (24) 123 E6
Saint-Félix-
-de-Foncaude (33) 150 A1
Saint-Félix-de-l'Héras (34) . . 172 B3
Saint-Félix-de-Lodez (34) . . 172 D5
Saint-Félix-de-Lunel (12). . . 154 C3
Saint-Félix-
-de-Pallières (30) 173 G2
Saint-Félix-de-Reillac-
-et-Mortemart (24). 137 G4
Saint-Félix-de-Rieutord (09) . 185 H5
Saint-Félix-
-de-Sorgues (12) 171 H3
Saint-Félix-
-de-Tournegat (09) 186 A4
Saint-Félix-
-de-Villadeix (24) 137 F5
Saint-Félix-Lauragais (31). . 186 B1
Saint-Fergeux (08). 23 F3
Saint-Ferjeux (70) 88 A4
Saint-Ferme (33) 150 B1
Saint-Ferréol (74) 132 C3
Saint-Ferréol-
-de-Comminges (31). 184 B2
Saint-Ferréol-
-des-Côtes (63) 128 B5
Saint-Ferréol-
-Trente-Pas (26) 159 E3
Saint-Ferriol (11) 186 D6
Saint-Fiacre (22) 33 E5
Saint-Fiacre (77) 43 G3
Saint-Fiacre-sur-Maine (44) . 74 D6
Saint-Fiel (23) 111 G5
Saint-Firmin (05) 146 A6
Saint-Firmin (54) 69 F2
Saint-Firmin (58) 99 F3
Saint-Firmin (71) 101 E5
Saint-Firmin-des-Bois (45) . . 64 B6
Saint-Firmin-des-Prés (41) . . 79 G1
Saint-Firmin-sur-Loire (45) . . 82 A3
Saint-Flavy (10) 65 H2
Saint-Florent (2B) 203 F4
Saint-Florent (45) 81 E1
Saint-Florent-des-Bois (85) . . 91 H5
Saint-Florent-le-Vieil (49) . . . 76 B5
Saint-Florent-
-sur-Auzonnet (30) 157 E5
Saint-Florent-sur-Cher (18). . 97 G3
Saint-Florentin (36) 96 D3
Saint-Florentin (89) 65 G6
Saint-Floret (63) 127 F5
Saint-Floris (62) 2 C5
Saint-Flour (15) 141 F4
Saint-Flour (63) 127 H4
Saint-Flour-
-de-Mercoire (48) 156 C1
Saint-Flovier (37) 95 G3
Saint-Floxel (50) 12 D3
Saint-Folquin (62) 2 A2
Saint-Fons (69) 130 A3
Saint-Forgeot (71) 100 D3
Saint-Forget (78) 42 B5
Saint-Forgeux (69) 129 G2
Saint-Forgeux-
-Lespinasse (42) 114 D5
Saint-Fort (53) 76 D1
Saint-Fort-sur-Gironde (17) . 121 E5
Saint-Fort-sur-le-Né (16) . . 121 G4
Saint-Fortunat-
-sur-Eyrieux (07) 143 H6
Saint-Fraigne (16) 122 B1
Saint-Fraimbault (61) 58 D1
Saint-Fraimbault-
-de-Prières (53) 59 E2
Saint-Frajou (31) 184 C2
Saint-Franc (73) 131 G5
Saint-Franchy (58) 99 F2
Saint-François-
-de-Sales (73) 132 A3
Saint-François-Lacroix (57) . . 26 D3
Saint-François-
-Longchamp (73) 132 C6
Saint-Frégant (29) 31 E3
Saint-Fréjoux (19) 126 A5
Saint-Frézal-d'Albuges (48) . 156 C2
Saint-Frézal-
-de-Ventalon (48) 156 C5
Saint-Frichoux (11) 187 F3
Saint-Frion (23) 125 H2
Saint-Fromond (50) 13 F6
Saint-Front (16) 122 C2
Saint-Front (43) 143 E4
Saint-Front-
-de-Pradoux (24) 136 D3
Saint-Front-la-Rivière (24) . . 123 F5
Saint-Front-
-sur-Lémance (47) 151 H2
Saint-Front-
-sur-Nizonne (24) 123 E5
Saint-Froult (17) 120 C1
Saint-Fulgent (85) 92 A4
Saint-Fulgent-
-des-Ormes (61) 60 C3
Saint-Fuscien (80) 7 G6
Saint-Gabriel-Brécy (14) . . . 14 A3
Saint-Gal (48) 156 A1
Saint-Gal-sur-Sioule (63) . . 113 F6
Saint-Galmier (42) 129 F5
Saint-Gand (70) 87 E4
Saint-Ganton (35) 56 D6

Saint-Gatien-des-Bois (14) . . 15 F3
Saint-Gaudens (31) 184 B4
Saint-Gaudent (86) 109 E5
Saint-Gaudéric (11) 186 B4
Saint-Gaultier (36). 110 D1
Saint-Gauzens (81) 170 A4
Saint-Gein (40) 166 B3
Saint-Gelais (79) 107 H3
Saint-Gelven (22) 55 E1
Saint-Gély-du-Fesc (34) . . . 173 F5
Saint-Génard (79) 108 B5
Saint-Gence (87) 124 B1
Saint-Généroux (79) 93 G4
Saint-Genès-
-Champanelle (63). 127 E3
Saint-Genès-
-Champespe (63) 126 C6
Saint-Genès-de-Blaye (33) . 135 E2
Saint-Genès-
-de-Castillon (33). 136 A5
Saint-Genès-
-de-Fronsac (33) 135 G4
Saint-Genès-
-de-Lombaud (33) 135 F6
Saint-Genès-du-Retz (63) . . 113 G6
Saint-Genès-
-la-Tourette (63). 127 H5
Saint-Genest (03) 112 D4
Saint-Genest (88) 70 A2
Saint-Genest-
-d'Ambière (86) 94 C5
Saint-Genest-
-de-Beauzon (07) 157 F2
Saint-Genest-
-de-Contest (81) 170 C4
Saint-Genest-Lachamp (07) . 143 F6
Saint-Genest-Lerpt (42) . . . 129 F6
Saint-Genest-Malifaux (42) . 143 F1
Saint-Genest-
-sur-Roselle (87) 124 C3
Saint-Geneys-
-près-Saint-Paulien (43) . . 142 C3
Saint-Gengoulph (02) 44 A1
Saint-Gengoux-
-de-Scissé (71) 116 B2
Saint-Gengoux-
-le-National (71) 116 A1
Saint-Geniès (24) 138 B4
Saint-Geniès-Bellevue (31). . 169 F5
Saint-Geniès-
-de-Comolas (30). 174 D1
Saint-Geniès-
-de-Fontedit (34) 188 C1
Saint-Geniès-
-de-Malgoirès (30). 174 A2
Saint-Geniès-
-de-Varensal (34) 171 H5
Saint-Geniès-
-des-Mourgues (34) 173 G4
Saint-Geniez (04) 160 B5
Saint-Geniez-d'Olt (12) . . . 155 E3
Saint-Geniez-ô-Merle (19) . . 139 G3
Saint-Genis (05) 159 H4
Saint-Genis-
-de-Saintonge (17) 121 F5
Saint-Genis-
-des-Fontaines (66) 201 F3
Saint-Genis-d'Hiersac (16) . . 122 B3
Saint-Genis-du-Bois (33) . . 150 A1
Saint-Genis-
-l'Argentière (69) 129 G3
Saint-Genis-Laval (69) 130 A4
Saint-Genis-
-les-Ollières (69) 129 H3
Saint-Genis-Pouilly (01) . . . 118 B4
Saint-Genis-
-sur-Menthon (01) 116 C4
Saint-Genix-
-sur-Guiers (73) 131 F4
Saint-Genou (36) 96 A4
Saint-Genouph (37) 78 D5
Saint-Geoire-
-en-Valdaine (38) 131 F6
Saint-Geoirs (38) 145 E1
Saint-Georges (15) 141 F4
Saint-Georges (16) 122 C1
Saint-Georges (32) 168 A4
Saint-Georges (47) 151 H3
Saint-Georges (57) 49 H5
Saint-Georges (62) 7 F2
Saint-Georges (82) 153 E5
Saint-Georges-
-Antignac (17) 121 F5
Saint-Georges-Armont (25) . . 88 B5
Saint-Georges-
-Blancaneix (24) 136 C5
Saint-Georges-
-Buttavent (53). 58 D2
Saint-Georges-d'Aunay (14) . 38 A2
Saint-Georges-
-d'Aurac (43) 142 A3
Saint-Georges-
-de-Baroille (42) 128 D2
Saint-Georges-
-de-Bohon (50) 13 E5
Saint-Georges-
-de-Chesné (35). 57 H1
Saint-Georges-
-de-Commiers (38) 145 G4
Saint-Georges-
-de-Didonne (17) 120 C4
Saint-Georges-
-de-Gréhaigne (35) 35 G4
Saint-Georges-
-de-la-Couée (72) 78 D1
Saint-Georges-
-de-la-Rivière (50) 12 B4
Saint-Georges-
-de-Lévéjac (48). 155 G5

Saint-Georges-
-de-Livoye (50) 37 F4
Saint-Georges-
-de-Longuepierre (17). . . . 107 H6
Saint-Georges-
-de-Luzençon (12) 171 H1
Saint-Georges-
-de-Mons (63) 126 D1
Saint-Georges-
-de-Montaigu (85) 91 H2
Saint-Georges-
-de-Montclard (24) 137 E5
Saint-Georges-
-de-Noisné (79) 108 A2
Saint-Georges-
-de-Pointindoux (85) 91 F4
Saint-Georges-
-de-Poisieux (18) 97 H6
Saint-Georges-
-de-Reintembault (35). 37 E6
Saint-Georges-
-de-Reneins (69) 116 A6
Saint-Georges-de-Rex (79). . 107 F4
Saint-Georges-
-de-Rouelley (50) 37 H5
Saint-Georges-d'Elle (50) . . . 13 G6
Saint-Georges-
-des-Agoûts (17) 121 E6
Saint-Georges-
-des-Coteaux (17) 121 E2
Saint-Georges-
-des-Gardes (49) 92 C1
Saint-Georges-
-des-Groseillers (61) 38 B4
Saint-Georges-
-des-Hurtières (73) 132 C5
Saint-Georges-
-des-Sept-Voies (49) 77 F5
Saint-Georges-
-d'Espéranche (38) 130 C5
Saint-Georges-
-d'Oléron (17) 106 B6
Saint-Georges-
-d'Orques (34) 173 F5
Saint-Georges-du-Bois (17) . 107 H5
Saint-Georges-du-Bois (49) . . 77 F4
Saint-Georges-du-Bois (72) . . 60 A6
Saint-Georges-
-du-Mesnil (27) 15 H4
Saint-Georges-
-du-Rosay (72) 60 C4
Saint-Georges-
-du-Vièvre (27) 15 H4
Saint-Georges-en-Auge (14) . 15 E6
Saint-Georges-
-en-Couzan (42) 128 C4
Saint-Georges-
-Haute-Ville (42) 128 D5
Saint-Georges-
-la-Pouge (23) 125 F1
Saint-Georges-Lagricol (43) . 142 C1
Saint-Georges-
-le-Fléchard (53) 59 E5
Saint-Georges-
-le-Gaultier (72) 59 G3
Saint-Georges-
-lès-Baillargeaux (86) 94 C6
Saint-Georges-
-les-Bains (07) 144 A5
Saint-Georges-
-les-Landes (87) 110 C3
Saint-Georges-
-Montcocq (50) 37 G1
Saint-Georges-Motel (27). . . . 41 F4
Saint-Georges-
-Nigremont (23). 125 H2
Saint-Georges-
-sur-Allier (63) 127 G4
Saint-Georges-
-sur-Arnon (36) 97 F3
Saint-Georges-
-sur-Baulche (89) 83 F2
Saint-Georges-sur-Cher (41) . 79 G6
Saint-Georges-sur-Erve (53) . 59 F4
Saint-Georges-sur-Eure (28) . 62 A2
Saint-Georges-
-sur-Fontaine (76) 17 H5
Saint-Georges-
-sur-la-Prée (18) 97 E1
Saint-Georges-sur-l'Aa (59) . . 2 A2
Saint-Georges-
-sur-Layon (49) 93 F1
Saint-Georges-sur-Loire (49) . 76 C5
Saint-Georges-
-sur-Moulon (18) 97 H2
Saint-Georges-
-sur-Renon (01) 116 C6
Saint-Geours-
-d'Auribat (40) 165 F3
Saint-Geours-
-de-Maremne (40) 164 D4
Saint-Gérand (56) 55 F5
Saint-Gérand-de-Vaux (03). . 114 A3
Saint-Gérand-le-Puy (03) . . . 114 B4
Saint-Géraud (47) 150 C2
Saint-Géraud-
-de-Corps (24) 136 C4
Saint-Géréon (44) 75 F4
Saint-Germain (07) 157 G2
Saint-Germain (10) 66 A3
Saint-Germain (54) 69 H1
Saint-Germain (70) 88 A2
Saint-Germain (86) 109 H1
Saint-Germain-
-au-Mont-d'Or (69) 130 A2
Saint-Germain-
-Beaupré (23). 111 E4
Saint-Germain-
-Chassenay (58). 99 F5
Saint-Germain-
-d'Anxure (53) 58 D3

Saint-Germain-d'Arcé (72) . . . 78 B3
Saint-Germain-d'Aunay (61). . 39 G3
Saint-Germain-
-de-Belvès (24) 137 H6
Saint-Germain-
-de-Calberte (48) 156 C5
Saint-Germain-
-de-Clairefeuille (61) 39 G5
Saint-Germain-
-de-Confolens (16) 109 G6
Saint-Germain-
-de-Coulamer (53). 59 G3
Saint-Germain-
-de-Fresney (27) 41 E3
Saint-Germain-
-de-Grave (33) 149 H1
Saint-Germain-de-Joux (01). . 117 H5
Saint-Germain-
-de-la-Coudre (61) 60 D3
Saint-Germain-
-de-la-Grange (78). 42 A4
Saint-Germain-
-de-la-Rivière (33) 135 G4
Saint-Germain-de-Livet (14) . . 15 F6
Saint-Germain-
-de-Longue-Chaume (79) . . 93 F5
Saint-Germain-
-de-Lusignan (17) 121 F5
Saint-Germain-
-de-Marencennes (17). 107 F5
Saint-Germain-
-de-Martigny (61) 39 H6
Saint-Germain-
-de-Modéon (21) 84 B6
Saint-Germain-
-de-Montbron (16). 122 D4
Saint-Germain-
-de-Montgommery (14) . . . 39 F3
Saint-Germain-
-de-Pasquier (27). 18 C6
Saint-Germain-
-de-Prinçay (85). 92 B5
Saint-Germain-
-de-Salles (03) 113 G5
Saint-Germain-de-Tallevende-
-la-Lande-Vaumont (14) . . . 37 H4
Saint-Germain-
-de-Tournebut (50) 12 D3
Saint-Germain-
-de-Varreville (50) 13 E4
Saint-Germain-
-de-Vibrac (17) 121 G6
Saint-Germain-d'Ectot (14). . . 38 A1
Saint-Germain-d'Elle (50). . . . 37 H1
Saint-Germain-
-des-Angles (27) 40 D2
Saint-Germain-des-Bois (18) . 97 H4
Saint-Germain-des-Bois (58) . 83 F6
Saint-Germain-
-des-Champs (89) 84 A5
Saint-Germain-
-des-Essourts (76) 19 E3
Saint-Germain-
-des-Fossés (03) 114 A5
Saint-Germain-
-des-Grois (61) 61 E2
Saint-Germain-
-des-Prés (24) 137 H1
Saint-Germain-des-Prés (45) . 64 B6
Saint-Germain-des-Prés (49) . 75 H3
Saint-Germain-
-des-Prés (81) 170 B6
Saint-Germain-
-des-Vaux (50) 12 A1
Saint-Germain-
-d'Esteuil (33) 134 D1
Saint-Germain-
-d'Étables (76) 17 H2
Saint-Germain-
-du-Bel-Air (46) 152 C2
Saint-Germain-du-Bois (71) . 102 B5
Saint-Germain-
-du-Corbéis (61) 60 A2
Saint-Germain-
-du-Crioult (14) 38 B3
Saint-Germain-du-Pert (14) . . 13 F5
Saint-Germain-
-du-Pinel (35) 58 A5
Saint-Germain-
-du-Plain (71) 101 H6
Saint-Germain-
-du-Puch (33) 135 G5
Saint-Germain-du-Puy (18) . . 97 H2
Saint-Germain-
-du-Salembre (24) 136 D3
Saint-Germain-
-du-Seudre (17) 121 E5
Saint-Germain-du-Teil (48). . 155 G3
Saint-Germain-
-en-Brionnais (71) 115 F3
Saint-Germain-
-en-Coglès (35) 35 H6
Saint-Germain-en-Laye (78) . . 42 B3
Saint-Germain-
-en-Montagne (39) 103 F5
Saint-Germain-
-et-Mons (24) 137 E5
Saint-Germain-
-la-Blanche-Herbe (14) . . . 14 B4
Saint-Germain-
-la-Campagne (27) 15 G6
Saint-Germain-
-la-Chambotte (73) 131 H3
Saint-Germain-
-la-Montagne (42) 115 G5
Saint-Germain-
-la-Poterie (60). 20 A4
Saint-Germain-la-Ville (51). . . 46 A3
Saint-Germain-
-l'Aiguiller (85) 92 C6
Saint-Germain-Langot (14). . . 38 C3

Saint-Germain-
-Laprade (43) 142 C4
Saint-Germain-Laval (42) . . . 128 D2
Saint-Germain-Laval (77) 64 C2
Saint-Germain-
-Lavolps (19) 125 H4
Saint-Germain-Laxis (77) 43 F6
Saint-Germain-
-le-Châtelet (90) 88 D2
Saint-Germain-
-le-Fouilloux (53) 58 C4
Saint-Germain-
-le-Gaillard (28) 61 H2
Saint-Germain-
-le-Gaillard (50) 12 B3
Saint-Germain-
-le-Guillaume (53) 58 C3
Saint-Germain-
-le-Rocheux (21) 85 E2
Saint-Germain-
-le-Vasson (14) 14 C6
Saint-Germain-le-Vieux (61). . 39 G6
Saint-Germain-
-Lembron (63) 127 G6
Saint-Germain-
-lès-Arlay (39) 102 D5
Saint-Germain-
-lès-Arpajon (91) 42 C6
Saint-Germain-
-lès-Belles (87) 124 C4
Saint-Germain-
-lès-Buxy (71) 101 G6
Saint-Germain-
-lès-Corbeil (91) 43 E6
Saint-Germain-
-lès-Paroisses (01) 131 F3
Saint-Germain-
-lès-Senailly (21) 84 C4
Saint-Germain-
-lès-Vergnes (19) 138 D2
Saint-Germain-
-Lespinasse (42) 114 D6
Saint-Germain-l'Herm (63). . 128 A6
Saint-Germain-
-près-Herment (63) 126 B3
Saint-Germain-
-sous-Cailly (76) 17 H5
Saint-Germain-
-sous-Doue (77). 44 A4
Saint-Germain-
-sur-Avre (27) 41 E4
Saint-Germain-sur-Ay (50) . . . 12 C5
Saint-Germain-
-sur-Bresle (80) 6 C6
Saint-Germain-
-sur-Eaulne (76) 19 F1
Saint-Germain-
-sur-École (77) 63 H1
Saint-Germain-sur-Ille (35). . . 57 F1
Saint-Germain-
-sur-l'Arbresle (69). 129 G2
Saint-Germain-
-sur-Meuse (55) 47 H5
Saint-Germain-
-sur-Moine (49) 75 F4
Saint-Germain-
-sur-Morin (77) 43 G4
Saint-Germain-
-sur-Renon (01) 116 D4
Saint-Germain-
-sur-Rhône (74) 117 H6
Saint-Germain-
-sur-Sarthe (72) 60 A3
Saint-Germain-
-sur-Sèves (50) 12 D5
Saint-Germain-
-sur-Vienne (37) 94 A1
Saint-Germain-Village (27). . . 15 H3
Saint-Germainmont (08) 23 F4
Saint-Germé (32) 166 C4
Saint-Germer-de-Fly (60) . . . 19 G4
Saint-Germier (31) 186 A1
Saint-Germier (32) 168 C5
Saint-Germier (79) 108 C2
Saint-Germier (81) 170 C5
Saint-Géron (43) 141 G1
Saint-Gérons (15) 139 H5
Saint-Gervais (30) 157 H6
Saint-Gervais (33) 135 F4
Saint-Gervais (38) 145 E2
Saint-Gervais (85) 90 C2
Saint-Gervais (95) 41 H1
Saint-Gervais-
-d'Auvergne (63) 126 D1
Saint-Gervais-de-Vic (72) 79 E1
Saint-Gervais-
-des-Sablons (61) 39 F3
Saint-Gervais-
-du-Perron (61) 39 F6
Saint-Gervais-
-en-Belin (72) 78 B1
Saint-Gervais-
-en-Vallière (71) 101 H4
Saint-Gervais-la-Forêt (41) . . 80 A4
Saint-Gervais-
-les-Bains (74) 133 E1
Saint-Gervais-
-les-Trois-Clochers (86). . . . 94 C4
Saint-Gervais-
-sous-Meymont (63) 128 A4
Saint-Gervais-
-sur-Couches (71) 101 E4
Saint-Gervais-
-sur-Mare (34) 172 A5
Saint-Gervais-
-sur-Roubion (26) 158 B2
Saint-Gervasy (30) 174 B3
Saint-Gervazy (63) 127 F6
Saint-Géry (24) 136 C4
Saint-Géry (46) 152 D1
Saint-Geyrac (24) 137 G3

Saint-Gibrien (51) 45 H3
Saint-Gildas (22) 33 F5
Saint-Gildas-de-Rhuys (56) . . 72 D2
Saint-Gildas-des-Bois (44) . . . 74 A2
Saint-Gilles (30) 174 B5
Saint-Gilles (35) 57 E2
Saint-Gilles (36) 110 D2
Saint-Gilles (50) 37 F1
Saint-Gilles (51) 22 C6
Saint-Gilles (71) 101 F4
Saint-Gilles-
-Croix-de-Vie (85) 90 D4
Saint-Gilles-de-Crétot (76) . . 18 A3
Saint-Gilles-
-de-la-Neuville (76) 15 G1
Saint-Gilles-des-Marais (61). . 38 A6
Saint-Gilles-du-Mené (22) . . . 55 H1
Saint-Gilles-les-Bois (22) 33 E3
Saint-Gilles-les-Forêts (87) . . 124 D4
Saint-Gilles-Pligeaux (22). . . . 33 E5
Saint-Gilles-
-Vieux-Marché (22) 55 F1
Saint-Gineis-
-en-Coiron (07) 157 H2
Saint-Gingolph (74) 119 G3
Saint-Girod (73) 131 H3
Saint-Girons (09) 185 E5
Saint-Girons-
-d'Aiguevives (33) 135 F2
Saint-Girons-en-Béarn (64) . 165 H1
Saint-Gladie-
-Arrive-Munein (64) 181 F1
Saint-Glen (22) 34 A6
Saint-Goazec (29) 54 A1
Saint-Gobain (02) 22 A3
Saint-Gobert (02). 22 D1
Saint-Goin (64) 181 H2
Saint-Gondon (45) 81 H3
Saint-Gondran (35) 57 E1
Saint-Gonlay (35) 56 C2
Saint-Gonnery (56) 55 G2
Saint-Gor (40) 166 C1
Saint-Gorgon (56) 73 G1
Saint-Gorgon (88) 70 B2
Saint-Gorgon-Main (25) . . . 104 A3
Saint-Gouéno (22) 55 H1
Saint-Gourgon (41) 79 F3
Saint-Gourson (16) 122 D1
Saint-Goussaud (23) 111 E6
Saint-Gratien (80) 7 G5
Saint-Gratien (95) 42 C3
Saint-Gratien-Savigny (58). . . 99 H4
Saint-Gravé (56) 56 B6
Saint-Grégoire (35) 57 F2
Saint-Grégoire (81) 170 C2
Saint-Grégoire-
-d'Ardennes (17) 121 F5
Saint-Griède (32) 166 C4
Saint-Groux (16) 122 C2
Saint-Guen (22) 55 F1
Saint-Guilhem-
-le-Désert (34) 172 D4
Saint-Guillaume (38). 145 F4
Saint-Guinoux (35) 35 E4
Saint-Guiraud (34) 172 C5
Saint-Guyomard (56) 55 H5
Saint-Haon (43) 142 A2
Saint-Haon-le-Châtel (42) . . . 114 D6
Saint-Haon-le-Vieux (42) . . . 114 D6
Saint-Héand (42) 129 F5
Saint-Hélen (22) 36 A6
Saint-Hélier (21) 85 F5
Saint-Hellier (76) 17 H3
Saint-HERBLAIN (44) 74 C5
Saint-Herblon (44). 75 F3
Saint-Hérent (63) 127 F6
Saint-Hernin (29) 54 B1
Saint-Hervé (22) 33 G6
Saint-Hilaire (03) 113 F2
Saint-Hilaire (11) 186 D4
Saint-Hilaire (25) 87 G6
Saint-Hilaire (31) 185 E1
Saint-Hilaire (38) 145 H1
Saint-Hilaire (43) 141 H1
Saint-Hilaire (46) 139 G6
Saint-Hilaire (63) 112 D6
Saint-Hilaire (91) 63 F2
Saint-Hilaire-au-Temple (51) . 45 H2
Saint-Hilaire-Bonneval (87) . 124 B3
Saint-Hilaire-Cottes (62) 2 C5
Saint-Hilaire-
-Cusson-la-Valmitte (42) . . 142 D1
Saint-Hilaire-
-de-Beauvoir (34) 173 G4
Saint-Hilaire-de-Brens (38). . 130 D4
Saint-Hilaire-
-de-Brethmas (30) 173 H1
Saint-Hilaire-de-Briouze (61) . 38 C5
Saint-Hilaire-
-de-Chaléons (44) 74 B6
Saint-Hilaire-de-Clisson (44) . 91 H1
Saint-Hilaire-de-Court (18) . . 97 E1
Saint-Hilaire-
-de-Gondilly (18) 98 C3
Saint-Hilaire-
-de-la-Côte (38) 130 D6
Saint-Hilaire-
-de-la-Noaille (33) 150 B2
Saint-Hilaire-de-Lavit (48) . . 156 D5
Saint-Hilaire-de-Loulay (85) . 91 H1
Saint-Hilaire-
-de-Lusignan (47) 151 E5
Saint-Hilaire-de-Riez (85) . . . 90 D4
Saint-Hilaire-
-de-Villefranche (17) 121 F2
Saint-Hilaire-de-Voust (85) . 107 G1
Saint-Hilaire-
-des-Landes (35) 35 H6
Saint-Hilaire-des-Loges (85) . 107 F2

Saint-Hilaire-
-d'Estissac (24) 137 E4
Saint-Hilaire-d'Ozilhan (30) . 174 C2
Saint-Hilaire-du-Bois (17) . . . 121 F6
Saint-Hilaire-du-Bois (33) . . 150 A1
Saint-Hilaire-
-du-Harcouët (50) 37 F6
Saint-Hilaire-du-Maine (53) . . 58 C3
Saint-Hilaire-du-Rosier (38) . 144 D3
Saint-Hilaire-
-en-Lignières (18) 97 F6
Saint-Hilaire-
-en-Morvan (58) 100 A3
Saint-Hilaire-en-Woëvre (55) . 47 H1
Saint-Hilaire-Foissac (19) . . . 139 G1
Saint-Hilaire-Fontaine (58). . . 99 G5
Saint-Hilaire-la-Croix (63). . . 113 F6
Saint-Hilaire-la-Forêt (85) . . . 91 F6
Saint-Hilaire-la-Gérard (61) . . 39 E6
Saint-Hilaire-la-Gravelle (41) . 61 H6
Saint-Hilaire-la-Palud (79) . . 107 F4
Saint-Hilaire-la-Plaine (23) . . 111 G5
Saint-Hilaire-la-Treille (87) . . 110 C4
Saint-Hilaire-
-le-Château (23) 125 F1
Saint-Hilaire-le-Châtel (61). . . 39 H6
Saint-Hilaire-le-Grand (51) . . 46 A1
Saint-Hilaire-le-Lierru (72) . . . 60 D5
Saint-Hilaire-le-Petit (51) . . . 23 G6
Saint-Hilaire-le-Vouhis (85) . . 92 A5
Saint-Hilaire-
-les-Andrésis (45) 64 C5
Saint-Hilaire-
-les-Courbes (19) 125 E4
Saint-Hilaire-
-les-Monges (63) 126 C3
Saint-Hilaire-
-les-Places (87) 124 A4
Saint-Hilaire-lez-Cambrai (59) . 9 F3
Saint-Hilaire-Luc (19) 139 H1
Saint-Hilaire-Petitville (50) . . 13 E5
Saint-Hilaire-Peyroux (19) . . 138 D2
Saint-Hilaire-
-Saint-Mesmin (45) 80 D1
Saint-Hilaire-
-sous-Charlieu (42) 115 F2
Saint-Hilaire-
-sous-Romilly (10) 65 G1
Saint-Hilaire-
-sur-Benaize (36) 110 B1
Saint-Hilaire-sur-Erre (61). . . 61 E3
Saint-Hilaire-sur-Helpe (59) . . 10 A4
Saint-Hilaire-
-sur-Puiseaux (45) 82 A1
Saint-Hilaire-sur-Risle (61) . . 39 H5
Saint-Hilaire-sur-Yerre (28) . . 61 H5
Saint-Hilaire-Taurieux (19) . . 139 E4
Saint-Hilarion (78) 41 H6
Saint-Hilliers (77) 44 A6
Saint-Hippolyte (12) 154 C1
Saint-Hippolyte (15) 140 C2
Saint-Hippolyte (17) 120 D1
Saint-Hippolyte (25) 88 C6
Saint-Hippolyte (33) 135 H5
Saint-Hippolyte (37) 95 G3
Saint-Hippolyte (66) 201 F1
Saint-Hippolyte (68) 71 F3
Saint-Hippolyte-
-de-Caton (30) 173 H1
Saint-Hippolyte-
-de-Montaigu (30) 174 C1
Saint-Hippolyte-
-du-Fort (30). 173 F2
Saint-Hippolyte-
-le-Graveyron (84) 158 D6
Saint-Honoré (38) 145 H4
Saint-Honoré (71) 17 H3
Saint-Honoré-
-les-Bains (58) 100 A4
Saint-Honorine (43) 142 D4
Saint-Hubert (57). 26 C4
Saint-Huruge (71) 115 H1
Saint-Hymer (14) 15 F4
Saint-Hymetière (39). 117 G3
Saint-Igeaux (22) 33 E6
Saint-Igest (12) 153 G4
Saint-Ignan (31) 184 B3
Saint-Ignat (63) 127 G2
Saint-Igny-de-Roche (71) . . . 115 F5
Saint-Igny-de-Vers (69) 115 G4
Saint-Illide (15) 139 H4
Saint-Illiers-la-Ville (78) 41 G3
Saint-Illiers-le-Bois (78) 41 F3
Saint-Ilpize (43) 141 G2
Saint-Imoges (51) 45 F1
Saint-Ismier (38) 145 H2
Saint-Izaire (12) 171 F2
Saint-Jacques (04) 177 G2
Saint-Jacques-
-d'Aliermont (76) 17 H2
Saint-Jacques-
-d'Ambur (63) 126 D2
Saint-Jacques-
-d'Atticieux (07) 143 H1
Saint-Jacques-
-de-la-Lande (35) 57 E3
Saint-Jacques-
-de-Néhou (50) 12 C4
Saint-Jacques-
-de-Thouars (79) 93 G3
Saint-Jacques-
-des-Arrêts (69) 115 H4
Saint-Jacques-
-des-Blats (15) 140 C4
Saint-Jacques-
-des-Guérets (41) 79 E2
Saint-Jacques-
-en-Valgodemard (05). . . . 146 A6
Saint-Jacques-
-sur-Darnétal (76) 17 H6

Saint-Jacut-de-la-Mer (22) . . . 34 C4
Saint-Jacut-du-Mené (22). . . . 56 A1
Saint-Jacut-les-Pins (56). . . . 56 B6
Saint-Jal (19) 124 D6
Saint-James (50) 35 H5
Saint-Jammes (64) 182 C1
Saint-Jans-Cappel (59) 2 D4
Saint-Jean (31) 169 F5
Saint-Jean-aux-
-Amognes (58). 99 E3
Saint-Jean-aux-Bois (08) 23 G2
Saint-Jean-aux-Bois (60) 21 F5
Saint-Jean-
-Bonnefonds (42) 129 F6
Saint-Jean-Brévelay (56) 55 G5
Saint-Jean-Cap-Ferrat (06) . . 195 F3
Saint-Jean-Chambre (07) . . . 143 G5
Saint-Jean-
-d'Aigues-Vives (09) 186 B6
Saint-Jean-d'Alcapiès (12) . . 171 H2
Saint-Jean-d'Angély (17) . . . 121 F1
Saint-Jean-d'Angle (17) 120 C2
Saint-Jean-d'Ardières (69) . . 116 B5
Saint-Jean-d'Arves (73) 146 C2
Saint-Jean-d'Arvey (73) 132 A4
Saint-Jean-d'Assé (72) 60 A4
Saint-Jean-d'Ataux (24) 136 D3
Saint-Jean-
-d'Aubrigoux (43) 142 B1
Saint-Jean-
-Saint-Jean-d'Aulps (74). . . . 119 F4
Saint-Jean-d'Avelanne (38) . 131 F5
Saint-Jean-de-Barrou (11). . . 187 H5
Saint-Jean-
-de-Bassel (57). 49 H4
Saint-Jean-
-de-Beauregard (91) 42 C5
Saint-Jean-
-de-Belleville (73) 132 C5
Saint-Jean-de-Beugné (85). . 106 D1
Saint-Jean-
-de-Blaignac (33). 135 H4
Saint-Jean-de-Bœuf (21) . . . 101 F1
Saint-Jean-de-Boiseau (44) . . 74 C5
Saint-Jean-de-Bonneval (10) . 66 B4
Saint-Jean-
-de-Bournay (38) 130 C5
Saint-Jean-de-Braye (45) . . . 80 D1
Saint-Jean-de-Buèges (34) . . 173 E3
Saint-Jean-
-de-Ceyrargues (30) 174 A1
Saint-Jean-de-Chevelu (73) . 131 G3
Saint-Jean-de-Côle (24) 123 G5
Saint-Jean-de-Cornies (34). . 173 G4
Saint-Jean-de-Couz (73) 131 G5
Saint-Jean-
-de-Crieulon (30) 173 G2
Saint-Jean-
-de-Cuculles (34) 173 F4
Saint-Jean-de-Daye (50) 13 E4
Saint-Jean-de-Duras (47) . . . 150 D1
Saint-Jean-de-Folleville (76). . 15 H2
Saint-Jean-de-Fos (34) 172 D4
Saint-Jean-de-Gonville (01) . 118 A4
Saint-Jean-
-de-la-Blaquière (34) 172 C4
Saint-Jean-de-la-Croix (49) . . 76 D5
Saint-Jean-de-la-Forêt (61). . . 60 D2
Saint-Jean-de-la-Haize (50) . . 35 H3
Saint-Jean-
-de-la-Léqueraye (27) 15 H4
Saint-Jean-de-la-Motte (72) . . 77 H2
Saint-Jean-
-de-la-Neuville (76) 15 G1
Saint-Jean-de-la-Porte (73). . 132 B5
Saint-Jean-
-de-la-Rivière (50) 12 B4
Saint-Jean-de-la-Ruelle (45). . 80 D1
Saint-Jean-de-Laur (46) 153 F4
Saint-Jean-de-Lier (40) 165 F3
Saint-Jean-de-Linières (49) . . 76 D4
Saint-Jean-de-Liversay (17) . 107 E4
Saint-Jean-de-Livet (14) 15 F5
Saint-Jean-de-Losne (21) . . . 102 A2
Saint-Jean-de-Luz (64) 180 B1
Saint-Jean-de-Marcel (81) . . 170 C1
Saint-Jean-
-de-Marsacq (40) 164 D4
Saint-Jean-de-Maruéjols-
-et-Avéjan (30). 157 F5
Saint-Jean-
-de-Maurienne (73) 146 C1
Saint-Jean-
-de-Minervois (34) 187 H2
Saint-Jean-de-Moirans (38) . 145 F1
Saint-Jean-de-Monts (85). . . . 90 C3
Saint-Jean-de-Muzols (07) . . 144 A3
Saint-Jean-de-Nay (43) 142 B4
Saint-Jean-de-Niost (01). . . . 130 D2
Saint-Jean-de-Paracol (11) . . 186 A5
Saint-Jean-
-de-Rebervilliers (28) 41 E6
Saint-Jean-de-Rives (81) . . . 169 H4
Saint-Jean-de-Sauves (86) . . 94 A4
Saint-Jean-de-Savigny (50) . . 13 G6
Saint-Jean-de-Serres (30). . . 173 G2
Saint-Jean-de-Sixt (74) 132 C1
Saint-Jean-
-de-Soudain (38) 131 E5
Saint-Jean-de-Tholome (74). . 118 D5
Saint-Jean-des-Baisants (50) . 93 G3
Saint-Jean-de-Thurac (47) . . 151 F2
Saint-Jean-
-de-Thurigneux (01) 130 A1
Saint-Jean-de-Touslas (69). . 129 H5
Saint-Jean-de-Trézy (71). . . . 101 F3
Saint-Jean-
-de-Valériscle (30) 157 E5
Saint-Jean-de-Vals (81). 170 C5
Saint-Jean-de-Vaulx (38) . . . 145 G4
Saint-Jean-de-Vaux (71) 101 F5
Saint-Jean-de-Védas (34) . . . 173 F6
Saint-Jean-de-Verges (09) . . 185 H5

248

Saint-Jean-Delnous (12)....171 E1
Saint-Jean-
  -des-Baisants (50).......37 G1
Saint-Jean-des-Bois (61)...37 H4
Saint-Jean-des-Champs (50). 35 G2
Saint-Jean-des-Échelles (72). 61 E4
Saint-Jean-
  -des-Essartiers (14).....37 H4
Saint-Jean-
  -des-Mauvrets (49).......77 E5
Saint-Jean-
  -des-Ollières (63).......127 H4
Saint-Jean-des-Vignes (69). 129 H2
Saint-Jean-d'Estissac (24). 137 E4
Saint-Jean-d'Étreux (39)... 117 E3
Saint-Jean-
  -devant-Possesse (51).....46 C4
Saint-Jean-d'Eyraud (24)... 136 D4
Saint-Jean-d'Hérans (38)... 145 G5
Saint-Jean-d'Heurs (63)... 127 H3
Saint-Jean-d'Illac (33)....134 D5
Saint-Jean-d'Ormont (88)...70 D2
Saint-Jean-du-Bois (72)....77 H1
Saint-Jean-du-Bouzet (82). 168 B2
Saint-Jean-du-Bruel (12)... 172 C2
Saint-Jean-
  -du-Cardonnay (76).......17 G5
Saint-Jean-
  -du-Castillonnais (09)....184 C5
Saint-Jean-du-Corail (50)...37 G5
Saint-Jean-du-Corail-
  -des-Bois (50).........37 F4
Saint-Jean-du-Doigt (29)...32 A2
Saint-Jean-du-Falga (09)...185 H4
Saint-Jean-du-Gard (30)... 173 F1
Saint-Jean-du-Pin (30)....173 G1
Saint-Jean-du-Thenney (27). 15 G6
Saint-Jean-en-Royans (26). 144 D4
Saint-Jean-en-Val (63).....127 G5
Saint-Jean-
  -et-Saint-Paul (12).....171 H2
Saint-Jean-Froidmentel (41). 61 H6
Saint-Jean-Kerdaniel (22)...33 F4
Saint-Jean-Kourtzerode (57). 50 B4
Saint-Jean-la-Bussière (69). 129 F1
Saint-Jean-
  -la-Fouillouse (48).......156 B1
Saint-Jean-la-Poterie (56)..73 H2
Saint-Jean-la-Vêtre (42)... 128 B3
Saint-Jean-Lachalm (43)... 142 B5
Saint-Jean-Lagineste (46). 139 E6
Saint-Jean-Lasseille (66)... 201 F3
Saint-Jean-le-Blanc (14)....38 A3
Saint-Jean-le-Blanc (45)....80 D1
Saint-Jean-
  -le-Centenier (07).......157 H2
Saint-Jean-le-Comtal (32). 167 G5
Saint-Jean-le-Thomas (50)...35 G3
Saint-Jean-le-Vieux (01)....117 F6
Saint-Jean-le-Vieux (38)... 145 H4
Saint-Jean-le-Vieux (64)... 181 E3
Saint-Jean-lès-Buzy (55).....47 H1
Saint-Jean-
  -les-Deux-Jumeaux (77)... 43 H3
Saint-Jean-
  -lès-Longuyon (54)......25 F4
Saint-Jean-Lespinasse (46). 139 E5
Saint-Jean-Lherm (31)....169 G4
Saint-Jean-Ligoure (87).... 124 B4
Saint-Jean-Mirabel (46).... 153 H2
Saint-Jean-
  -Pied-de-Port (64).......180 D3
Saint-Jean-Pierre-Fixte (28). 61 E3
Saint-Jean-
  -Pla-de-Corts (66).......201 E4
Saint-Jean-Poudge (64)... 166 C6
Saint-Jean-Poutge (32)....167 G4
Saint-Jean-Rohrbach (57)...49 G2
Saint-Jean-Roure (07).......143 F5
Saint-Jean-
  -Saint-Germain (37)......95 G2
Saint-Jean-
  -Saint-Gervais (63).......127 G6
Saint-Jean-Saint-Maurice-
  -sur-Loire (42)..........128 D1
Saint-Jean-
  -Saint-Nicolas (05)......160 C1
Saint-Jean-Saverne (67).....50 C4
Saint-Jean-
  -Soleymieux (42).......128 D5
Saint-Jean-
  -sur-Couesnon (35).......57 H1
Saint-Jean-sur-Erve (53).....59 F5
Saint-Jean-
  -sur-Mayenne (53).......58 D4
Saint-Jean-sur-Moivre (51). 46 B3
Saint-Jean-
  -sur-Reyssouze (01)......116 C3
Saint-Jean-sur-Tourbe (51)...46 B1
Saint-Jean-sur-Veyle (01)... 116 C4
Saint-Jean-sur-Vilaine (35)...57 H3
Saint-Jean-Trolimon (29)....53 E4
Saint-Jeannet (04).........177 E2
Saint-Jeannet (06).........195 E2
Saint-Jeanvrin (18).........112 A1
Saint-Jeoire (74)..........119 E5
Saint-Jeoire-Prieuré (73)... 132 A5
Saint-Jeure-
  -d'Andaure (07)..........143 G4
Saint-Jeure-d'Ay (07)....143 H3
Saint-Jeures (43)..........143 E3
Saint-Joachim (44)........73 G3
Saint-Jodard (42)..........128 D2
Saint-Joire (55)...........47 G6
Saint-Jores (50)............12 D5
Saint-Jorioz (74).........132 B2
Saint-Jory (31)............169 E4
Saint-Jory-de-Chalais (24). 123 G5
Saint-Jory-las-Bloux (24)... 137 H1
Saint-Joseph (42).........129 G5
Saint-Joseph (50)..........12 C3

Saint-Joseph-
  -de-Rivière (38).........131 G6
Saint-Joseph-
  -des-Bancs (07).........157 G5
Saint-Josse (62)............1 F6
Saint-Jouan-
  -des-Guérets (35)........36 A5
Saint-Jouan-de-l'Isle (22)...56 C1
Saint-Jouin (14)...........14 D4
Saint-Jouin-Bruneval (76)...16 B4
Saint-Jouin-de-Blavou (61)...60 C1
Saint-Jouin-de-Marnes (79). 93 H4
Saint-Jouin-de-Milly (79)...92 D5
Saint-Jouvent (87).........124 A1
Saint-Juan (25)............87 H6
Saint-Judoce (22)..........34 D6
Saint-Juéry (12)...........171 F3
Saint-Juéry (48)...........141 F6
Saint-Juéry (81)..........170 C2
Saint-Juire-
  -Champgillon (85).......106 D1
Saint-Julia (31)..........170 A6
Saint-Julia-de-Bec (11)....186 D6
Saint-Julien (21)...........86 A5
Saint-Julien (22)...........33 G5
Saint-Julien (34).........171 H6
Saint-Julien (39)..........117 F3
Saint-Julien (69)..........116 A6
Saint-Julien (83).........176 D4
Saint-Julien (88)..........69 E5
Saint-Julien-aux-Bois (19). 139 G3
Saint-Julien-
  -Beychevelle (33)........134 D2
Saint-Julien-Boutières (07). 143 F4
Saint-Julien-Chapteuil (43). 142 D4
Saint-Julien-d'Ance (43)... 142 C1
Saint-Julien-
  -d'Armagnac (40)........166 C2
Saint-Julien-d'Arpaon (48). 156 B5
Saint-Julien-d'Asse (04)....177 E2
Saint-Julien-
  -de-Bourdeilles (24).....137 E1
Saint-Julien-de-Briola (11). 186 B4
Saint-Julien-
  -de-Cassagnas (30).......157 F6
Saint-Julien-de-Chédon (41). 79 D3
Saint-Julien-
  -de-Civry (71)..........115 F3
Saint-Julien-
  -de-Concelles (44).......75 E5
Saint-Julien-
  -de-Coppel (63).........127 G4
Saint-Julien-
  -de-Crempse (24).......137 E4
Saint-Julien-
  -de-Gras-Capou (09).....186 A5
Saint-Julien-de-Jonzy (71). 115 F4
Saint-Julien-
  -de-la-Liègue (27).......41 E1
Saint-Julien-de-la-Nef (30). 173 E2
Saint-Julien-de-Lampon (24). 138 B5
Saint-Julien-
  -de-l'Escap (17)........121 F1
Saint-Julien-
  -de-l'Herms (38)........130 A4
Saint-Julien-de-Mailloc (14). 15 F5
Saint-Julien-
  -de-Peyrolas (30).......157 H5
Saint-Julien-de-Raz (38)... 145 F1
Saint-Julien-
  -de-Toursac (15)........139 H6
Saint-Julien-
  -de-Vouvantes (44).......75 F1
Saint-Julien-
  -des-Chazes (43).......142 A4
Saint-Julien-
  -des-Landes (85).........91 E4
Saint-Julien-
  -des-Points (48).........156 D5
Saint-Julien-d'Eymet (24).. 151 E1
Saint-Julien-d'Oddes (42).. 128 D2
Saint-Julien-du-Gua (07)... 143 G6
Saint-Julien-du-Pinet (43).. 142 D3
Saint-Julien-du-Puy (81)... 170 B4
Saint-Julien-du-Sault (89)...65 E5
Saint-Julien-du-Serre (07). 157 G1
Saint-Julien-du-Terroux (53). 59 F1
Saint-Julien-
  -du-Tournel (48).........156 B3
Saint-Julien-
  -du-Verdon (04).........177 H2
Saint-Julien-
  -en-Beauchêne (05).......159 H2
Saint-Julien-en-Born (40).. 148 A6
Saint-Julien-
  -en-Champsaur (05)......160 C1
Saint-Julien-
  -en-Genevois (74).......118 B5
Saint-Julien-en-Quint (26).. 144 D5
Saint-Julien-
  -en-Saint-Alban (07).....143 H6
Saint-Julien-en-Vercors (26). 145 E4
Saint-Julien-Gaulène (81)... 170 D2
Saint-Julien-la-Geneste (63). 112 D6
Saint-Julien-la-Genête (23). 112 C5
Saint-Julien-la-Vêtre (42)... 128 B3
Saint-Julien-Labrousse (07). 143 G5
Saint-Julien-l'Ars (86)....109 F1
Saint-Julien-le-Châtel (23). 112 B6
Saint-Julien-le-Faucon (14). 15 E6
Saint-Julien-le-Pèlerin (19). 139 G4
Saint-Julien-le-Petit (87)... 125 E2
Saint-Julien-le-Roux (07). 143 H5
Saint-Julien-
  -le-Vendômois (19)......124 B6
Saint-Julien-lès-Gorze (54). 26 A6
Saint-Julien-lès-Metz (57)... 26 C5
Saint-Julien-
  -lès-Montbéliard (25).....88 B4
Saint-Julien-
  -les-Rosiers (30)........157 E6

Saint-Julien-les-Russey (25). 104 C1
Saint-Julien-les-Villas (10)... 66 B3
Saint-Julien-
  -Maumont (19)..........138 D4
Saint-Julien-
  -Molhesabate (43).......143 F2
Saint-Julien-
  -Molin-Molette (42)......143 H1
Saint-Julien-
  -Mont-Denis (73).......146 C1
Saint-Julien-près-Bort (19). 126 A6
Saint-Julien-
  -Puy-Lavèze (63)........126 C4
Saint-Julien-
  -sous-les-Côtes (55)......47 H4
Saint-Julien-sur-Bibost (69). 129 G3
Saint-Julien-
  -sur-Calonne (14)........15 F4
Saint-Julien-sur-Cher (41)...96 D1
Saint-Julien-
  -sur-Dheune (71)........101 E5
Saint-Julien-
  -sur-Garonne (31).......185 E3
Saint-Julien-
  -sur-Reyssouze (01).....116 D3
Saint-Julien-sur-Sarthe (61). 60 C1
Saint-Julien-sur-Veyle (01). 116 C5
Saint-Julien-Vocance (07).. 143 G3
Saint-Junien (87).........123 G2
Saint-Junien-
  -la-Bregère (23)........125 E2
Saint-Junien-
  -les-Combes (87).......110 B6
Saint-Jure (57)...........48 D3
Saint-Jurs (04)...........177 F2
Saint-Just (01)...........117 E5
Saint-Just (07)...........157 H5
Saint-Just (15)...........141 F5
Saint-Just (18)...........97 H3
Saint-Just (24)...........137 E1
Saint-Just (27)...........41 F1
Saint-Just (34)...........173 H5
Saint-Just (35)...........56 D6
Saint-Just (63)...........128 B6
Saint-Just-Chaleyssin (38). 130 B4
Saint-Just-d'Avray (69)... 129 F1
Saint-Just-de-Claix (38)... 144 D3
Saint-Just-en-Bas (42)....128 C3
Saint-Just-en-Brie (77).....43 H6
Saint-Just-en-Chaussée (60). 20 D4
Saint-Just-
  -en-Chevalet (42).......128 C2
Saint-Just-et-le-Bézu (11).. 186 D6
Saint-Just-
  -et-Vacquières (30)......174 A1
Saint-Just-Ibarre (84)....181 E3
Saint-Just-la-Pendue (42).. 129 E2
Saint-Just-le-Martel (87).... 124 C2
Saint-Just-Luzac (17)....120 C2
Saint-Just-Malmont (43)... 143 F1
Saint-Just-
  -près-Brioude (43)......141 G2
Saint-Just-
  -Saint-Rambert (42).....129 E5
Saint-Just-Sauvage (51)....65 H1
Saint-Just-sur-Dive (49)....93 H1
Saint-Just-sur-Viaur (12)... 154 B6
Saint-Justin (32).........167 E6
Saint-Justin (40).........166 C2
Saint-Juvat (22)...........34 D6
Saint-Juvin (08)...........24 C5
Saint-Lactencin (36)......96 B4
Saint-Lager (69)..........116 A6
Saint-Lager-Bressac (07)... 158 A1
Saint-Lamain (39).........102 D5
Saint-Lambert (14).........38 B3
Saint-Lambert (78).........42 B5
Saint-Lambert-du-Lattay (49). 76 D6
Saint-Lambert-
  -et-Mont-de-Jeux (08)..... 24 A4
Saint-Lambert-
  -la-Potherie (49)........76 D4
Saint-Lambert-sur-Dive (61). 39 F4
Saint-Langis-
  -lès-Mortagne (61).......60 D1
Saint-Lanne (65)..........166 D5
Saint-Laon (86)...........93 H3
Saint-Lary (09)...........184 C6
Saint-Lary (32)...........167 G4
Saint-Lary-Boujean (31)... 184 B3
Saint-Lary-Soulan (65)....196 D1
Saint-Lattier (38)........144 D3
Saint-Launeuc (22).........56 B1
Saint-Laure (63)..........127 G2
Saint-Laurent (08).........24 B1
Saint-Laurent (18)........97 F1
Saint-Laurent (22)........32 D3
Saint-Laurent (23)........111 G5
Saint-Laurent (31)........184 B2
Saint-Laurent (47)........150 D5
Saint-Laurent (74)........118 D6
Saint-Laurent-Blangy (62)... 8 B2
Saint-Laurent-
  -Bretagne (64)..........182 C1
Saint-Laurent-
  -Chabreuges (43).......141 G2
Saint-Laurent-d'Agny (69).. 129 H4
Saint-Laurent-
  -d'Aigouze (30).........173 H5
Saint-Laurent-
  -d'Andenay (71).........101 E6
Saint-Laurent-d'Arce (33). 135 F3
Saint-Laurent-
  -de-Belzagot (16).......122 B6
Saint-Laurent-
  -de-Brèvedent (76)......15 F1
Saint-Laurent-
  -de-Carnols (30)........157 H5
Saint-Laurent-
  -de-Cerdans (66)........200 D5
Saint-Laurent-de-Céris (16). 123 E1

Saint-Laurent
  -de-Chamousset (69).....129 F3
Saint-Laurent-
  -de-Cognac (16).........121 G3
Saint-Laurent-de-Condel (14). 14 B6
Saint-Laurent-de-Cuves (50). 37 F4
Saint-Laurent-
  -de-Gosse (40).........164 C5
Saint-Laurent-
  -de-Jourdes (86).......109 F3
Saint-Laurent-
  -de-la-Barrière (17).....107 F6
Saint-Laurent-
  -de-la-Cabrerisse (11)... 187 G4
Saint-Laurent-
  -de-la-Plaine (49).......75 H4
Saint-Laurent-
  -de-la-Prée (17).........106 D6
Saint-Laurent-
  -de-la-Salanque (66)....201 G1
Saint-Laurent-
  -de-la-Salle (85).......107 E1
Saint-Laurent-de-Lévézou (12). 155 E6
Saint-Laurent-de-Lin (37)...78 B4
Saint-Laurent-de-Mure (69). 130 B4
Saint-Laurent-
  -de-Muret (48).........155 G2
Saint-Laurent-de-Neste (65). 183 H4
Saint-Laurent-
  -de-Terregatte (50).......37 E6
Saint-Laurent-
  -de-Trèves (48).........156 B5
Saint-Laurent-de-Vaux (69). 129 H3
Saint-Laurent-
  -de-Veyrès (48)........141 F6
Saint-Laurent-
  -des-Arbres (30)........174 D1
Saint-Laurent-
  -des-Autels (49).........75 F4
Saint-Laurent-
  -des-Bâtons (24)........137 F4
Saint-Laurent-des-Bois (27). 41 E4
Saint-Laurent-des-Bois (41). 80 A1
Saint-Laurent-
  -des-Combes (16).......136 B1
Saint-Laurent-
  -des-Combes (33).......135 H5
Saint-Laurent-
  -des-Hommes (24).......136 C4
Saint-Laurent-
  -des-Mortiers (53).......77 E2
Saint-Laurent-
  -des-Vignes (24)........136 D6
Saint-Laurent-d'Olt (12)... 155 F2
Saint-Laurent-d'Onay (26). 144 C2
Saint-Laurent-du-Bois (33). 150 A1
Saint-Laurent-du-Cros (05). 160 B1
Saint-Laurent-du-Mont (14). 15 E6
Saint-Laurent-du-Mottay (49). 76 B5
Saint-Laurent-du-Pape (07). 144 A6
Saint-Laurent-du-Plan (33). 150 A1
Saint-Laurent-du-Pont (38). 131 G6
Saint-Laurent-
  -du-Tencement (27).......39 H3
Saint-Laurent-du-Var (06).. 195 F3
Saint-Laurent-
  -du-Verdon (04).........177 E4
Saint-Laurent-
  -en-Beaumont (38)......145 H5
Saint-Laurent-
  -en-Brionnais (71).......115 F4
Saint-Laurent-en-Caux (76). 17 F3
Saint-Laurent-
  -en-Gâtines (37)........79 E4
Saint-Laurent-
  -en-Grandvaux (39).......118 A1
Saint-Laurent-
  -en-Royans (26).........144 D4
Saint-Laurent-
  -la-Conche (42).........129 E4
Saint-Laurent-la-Gâtine (28). 41 G5
Saint-Laurent-la-Roche (39). 117 F1
Saint-Laurent-la-Vallée (24). 137 H6
Saint-Laurent-
  -la-Vernède (30).........174 B1
Saint-Laurent-l'Abbaye (58). 82 C6
Saint-Laurent-
  -le-Minier (30).........173 E2
Saint-Laurent-
  -les-Bains (07).........156 D2
Saint-Laurent-
  -les-Églises (87).......124 C1
Saint-Laurent-
  -les-Tours (46).........139 E6
Saint-Laurent-Lolmie (46).. 152 B5
Saint-Laurent-Médoc (33).. 134 D2
Saint-Laurent-Nouan (41)... 80 D3
Saint-Laurent-
  -Rochefort (42).........128 C3
Saint-Laurent-
  -sous-Coiron (07).......157 G2
Saint-Laurent-
  -sur-Gorre (87).........123 H3
Saint-Laurent-
  -sur-Manoire (24).......137 F3
Saint-Laurent-sur-Mer (14). 13 G4
Saint-Laurent-
  -sur-Othain (55)........25 F4
Saint-Laurent-sur-Oust (56). 56 B5
Saint-Laurent-
  -sur-Saône (01).........116 C4
Saint-Laurent-sur-Sèvre (85). 92 C3
Saint-Laurs (79)..........107 G1
Saint-Léger (06)..........178 B1
Saint-Léger (16)..........122 B5
Saint-Léger (17)..........121 F4
Saint-Léger (47)..........150 D5
Saint-Léger (53)..........59 E5

Saint-Léger (62)..........8 B3
Saint-Léger (73)..........132 C6
Saint-Léger (77)..........44 A4
Saint-Léger-aux-Bois (60)... 21 G4
Saint-Léger-aux-Bois (76)... 6 C6
Saint-Léger-Bridereix (23). 111 E4
Saint-Léger-de-Balson (33). 149 F3
Saint-Léger-
  -de-Fougeret (58).......100 A3
Saint-Léger-
  -de-la-Martinière (79)... 108 B4
Saint-Léger-
  -de-Montbrillais (86)......93 H2
Saint-Léger-
  -de-Montbrun (79).......93 G3
Saint-Léger-de-Peyre (48).. 155 H2
Saint-Léger-de-Rôtes (27)... 40 A1
Saint-Léger-des-Aubées (28). 62 C2
Saint-Léger-des-Bois (49)...76 D4
Saint-Léger-des-Prés (35)...35 F6
Saint-Léger-des-Vignes (58). 99 F5
Saint-Léger-du-Bois (71)... 101 E3
Saint-Léger-
  -du-Bourg-Denis (76)...... 18 D4
Saint-Léger-du-Gennetey (27). 18 A5
Saint-Léger-du-Malzieu (48). 141 G5
Saint-Léger-
  -du-Ventoux (84).........159 E5
Saint-Léger-Dubosq (14)....14 D4
Saint-Léger-en-Bray (60)....20 A5
Saint-Léger-en-Yvelines (78). 41 H5
Saint-Léger-
  -la-Montagne (87).......110 D6
Saint-Léger-
  -le-Guérétois (23).......111 F5
Saint-Léger-le-Petit (18)... 98 C2
Saint-Léger-lès-Authie (80)... 7 H4
Saint-Léger-lès-Domart (80)... 7 F4
Saint-Léger-
  -les-Mélèzes (05)........160 C1
Saint-Léger-lès-Paray (71). 115 E2
Saint-Léger-les-Vignes (44). 74 B6
Saint-Léger-Magnazeix (87). 110 C4
Saint-Léger-
  -près-Troyes (10).......66 B4
Saint-Léger-
  -sous-Beuvray (71)......100 B4
Saint-Léger-
  -sous-Brienne (10).......66 D2
Saint-Léger-sous-Cholet (49). 92 C2
Saint-Léger-
  -sous-la-Bussière (71)... 115 H4
Saint-Léger-
  -sous-Margerie (10).......66 D1
Saint-Léger-sur-Bresle (80)... 6 C6
Saint-Léger-
  -sur-Dheune (71)........101 F5
Saint-Léger-sur-Roanne (42). 115 E6
Saint-Léger-sur-Sarthe (61). 60 C1
Saint-Léger-
  -sur-Vouzance (03)......114 D3
Saint-Léger-Triey (21)....86 B6
Saint-Léger-Vauban (89)... 84 B6
Saint-Léomer (86).........110 A3
Saint-Léon (03)...........114 C3
Saint-Léon (31)...........185 G1
Saint-Léon (33)...........135 G6
Saint-Léon (47)...........150 C5
Saint-Léon-d'Issigeac (24). 151 F1
Saint-Léon-sur-l'Isle (24)... 137 E3
Saint-Léon-sur-Vézère (24). 137 H4
Saint-Léonard (32)........168 A3
Saint-Léonard (51)........23 F6
Saint-Léonard (62)........1 F4
Saint-Léonard (76)........16 C3
Saint-Léonard (88)........70 D3
Saint-Léonard-
  -de-Noblat (87).........124 C2
Saint-Léonard-des-Bois (72). 59 H2
Saint-Léonard-des-Parcs (61). 39 G5
Saint-Léonard-
  -en-Beauce (41)........80 A1
Saint-Léopardin-d'Augy (03). 98 D6
Saint-Léry (56)...........56 C3
Saint-Leu-d'Esserent (60)... 20 C4
Saint-Leu-la-Forêt (95).....42 C2
Saint-Lézin (49)..........76 C6
Saint-Lézer (65)..........183 E1
Saint-Lieux-Lafenasse (81). 170 C4
Saint-Lieux-lès-Lavaur (81). 169 H4
Saint-Lin (79)............108 A1
Saint-Lizier (09).........184 D5
Saint-Lizier-du-Planté (32). 184 C1
Saint-Lô (50)............37 G1
Saint-Lô-d'Ourville (50)....12 C4
Saint-Lon-les-Mines (40)... 164 D5
Saint-Longis (72).........60 C2
Saint-Lormel (22).........34 C4
Saint-Lothain (39)........102 D5
Saint-Loube (32)..........184 D1
Saint-Loubert (33)........150 A2
Saint-Loubouer (40).......166 A4
Saint-Louet-sur-Seulles (14). 38 A1
Saint-Louet-sur-Vire (50)....37 G2
Saint-Louis (57)..........50 B4
Saint-Louis (68)..........89 H3
Saint-Louis-
  -de-Montferrand (33)....135 F4
Saint-Louis-en-l'Isle (24)... 136 D3
Saint-Louis-et-Parahou (11). 200 B1
Saint-Louis-lès-Bitche (57)... 50 C2
Saint-Loup (03)..........114 A3
Saint-Loup (17)..........107 G6
Saint-Loup (23)..........112 B5
Saint-Loup (39)..........102 B3
Saint-Loup (41)..........96 D1
Saint-Loup (50)...........35 H3
Saint-Loup (51)...........45 E5

Saint-Loup (58)..........82 C5
Saint-Loup (69)..........129 G2
Saint-Loup (82)..........168 B1
Saint-Loup-Cammas (31)... 169 G4
Saint-Loup-de-Buffigny (10). 65 G2
Saint-Loup-de-Fribois (14)...15 E5
Saint-Loup-de-Gonois (45)... 64 C5
Saint-Loup-de-Naud (77).....64 D1
Saint-Loup-
  -de-Varennes (71).......101 G6
Saint-Loup-
  -des-Chaumes (18).......97 G5
Saint-Loup-des-Vignes (45). 63 G5
Saint-Loup-d'Ordon (89)....64 D6
Saint-Loup-du-Dorat (53)... 59 E6
Saint-Loup-du-Gast (53)....59 E2
Saint-Loup-
  -en-Champagne (08)......23 F4
Saint-Loup-
  -en-Comminges (31).....184 A3
Saint-Loup-Géanges (71)... 101 G4
Saint-Loup-Hors (14).......13 H5
Saint-Loup-Lamairé (79)....93 G5
Saint-Loup-Nantouard (70)... 86 D5
Saint-Loup-sur-Aujon (52)... 85 H1
Saint-Loup-
  -sur-Semouse (70).......87 G1
Saint-Loup-Terrier (08).....24 A3
Saint-Loyer-
  -des-Champs (61).......39 E5
Saint-Lubin-de-Cravant (28). 40 D5
Saint-Lubin-de-la-Haye (28). 41 G4
Saint-Lubin-
  -des-Joncherets (28)......41 E4
Saint-Lubin-
  -en-Vergonnois (41)......79 H3
Saint-Luc (27)...........41 E3
Saint-Lucien (28).........41 G6
Saint-Lumier-
  -en-Champagne (51)......46 B4
Saint-Lumier-
  -la-Populeuse (51).......46 C5
Saint-Lumine-
  -de-Clisson (44).........75 E6
Saint-Lumine-
  -de-Coutais (44).........74 B6
Saint-Lunaire (35)........34 C3
Saint-Luperce (28)........61 H2
Saint-Lupicin (39)........117 H3
Saint-Lupien (10).........65 G2
Saint-Lyé (10)............66 A2
Saint-Lyé-la-Forêt (45)....63 E5
Saint-Lyphard (44).........73 G3
Saint-Lys (31)...........168 D6
Saint-Macaire (33)........149 H2
Saint-Macaire-du-Bois (49)... 93 F2
Saint-Macaire-
  -en-Mauges (49).........75 G6
Saint-Maclou (27).........15 G3
Saint-Maclou-
  -de-Folleville (76).......18 D2
Saint-Maclou-la-Brière (76). 16 C4
Saint-Macoux (86).........108 D5
Saint-Maden (22)..........34 C6
Saint-Magne (33).........149 E2
Saint-Magne-
  -de-Castillon (33).......136 A5
Saint-Maigner (63)........112 D6
Saint-Maigrin (17).........121 G6
Saint-Maime (04).........176 C2
Saint-Maime-
  -de-Péreyrol (24).......137 E4
Saint-Maixant (23)........125 H1
Saint-Maixant (33)........149 H2
Saint-Maixent (72)........60 D5
Saint-Maixent-
  -de-Beugné (79).........107 G2
Saint-Maixent-l'École (79). 108 B3
Saint-Maixent-sur-Vie (85)... 90 D3
Saint-Maixme-
  -Hauterive (28).........40 D6
Saint-Malo (35)...........36 A5
Saint-Malo-de-Beignon (56)... 56 C4
Saint-Malo-de-Guersac (44). 73 H4
Saint-Malo-
  -de-la-Lande (50)........36 D1
Saint-Malo-de-Phily (35)....57 E5
Saint-Malo-
  -des-Trois-Fontaines (56). 56 A3
Saint-Malô-du-Bois (85)....92 C3
Saint-Malo-en-Donziois (58). 83 E6
Saint-Malon-sur-Mel (56)....56 C3
Saint-Mamert (85).........115 H4
Saint-Mamert-du-Gard (30). 173 H3
Saint-Mamet (31).........197 F1
Saint-Mamet-
  -la-Salvetat (15).........139 H5
Saint-Mammès (77)........64 B2
Saint-Mandé (94).........42 D4
Saint-Mandé-
  -sur-Brédoire (17).......108 A6
Saint-Mandrier-sur-Mer (83). 193 G2
Saint-Manvieu-Bocage (14)... 37 G3
Saint-Manvieu-Norrey (14)... 14 B4
Saint-Marc (15)..........141 F5
Saint-Marc-à-Frongier (23). 125 G2
Saint-Marc-à-Loubaud (23). 125 F2
Saint-Marc-du-Cor (41)....61 F6
Saint-Marc-
  -Jaumegarde (13).......176 B6
Saint-Marc-la-Lande (79)... 107 H2
Saint-Marc-le-Blanc (35)....35 G6
Saint-Marc-
  -sur-Couesnon (35)......57 H1
Saint-Marc-sur-Seine (21)... 85 E3
Saint-Marcan (35).........35 F4
Saint-Marceau (08).........24 A2
Saint-Marceau (72).........60 A4
Saint-Marcel (01)........130 B1
Saint-Marcel (08)........23 H1
Saint-Marcel (27)........41 F2

Saint-Marcel (36). 111 E1
Saint-Marcel (54). 26 A5
Saint-Marcel (56). 56 A5
Saint-Marcel (70). 87 E1
Saint-Marcel (71). 101 G5
Saint-Marcel (73). 132 D5
Saint-Marcel-
-Bel-Accueil (38) 130 D4
Saint-Marcel-Campes (81) . . 170 A4
Saint-Marcel-
-d'Ardèche (07) 158 A4
Saint-Marcel-
-de-Careiret (30) 157 H6
Saint-Marcel-
-de-Félines (42) 129 E2
-du-Périgord (24). 137 F5
Saint-Marcel-d'Urfé (42). . . . 128 C2
Saint-Marcel-
-en-Marcillat (03). 112 D5
Saint-Marcel-en-Murat (03) . . 113 F4
Saint-Marcel-l'Éclairé (69) . . 129 F2
Saint-Marcel-
-lès-Annonay (07) 143 H2
Saint-Marcel-
-lès-Sauzet (26) 158 B2
Saint-Marcel-
-lès-Valence (26) 144 B4
Saint-Marcel-Paulel (31). . . 169 G5
Saint-Marcel-sur-Aude (11). . 188 A3
Saint-Marcelin-de-Cray (71). 115 H2
Saint-Marcellin (38) 144 D3
Saint-Marcellin-
-en-Forez (42) 129 E5
Saint-Marcellin-
-lès-Vaison (84) 158 D5
Saint-Marcet (31) 184 B3
Saint-Marcory (24) 151 H1
Saint-Marcouf (14) 13 F5
Saint-Marcouf (50) 13 E3
Saint-Mard (02) 22 C5
Saint-Mard (17) 107 F5
Saint-Mard (54) 69 G1
Saint-Mard (77) 43 F2
Saint-Mard (80) 21 E2
Saint-Mard-de-Réno (61) . . . 60 D1
Saint-Mard-de-Vaux (71) . . . 101 F5
Saint-Mard-lès-Rouffy (51) . . 45 F3
Saint-Mard-sur-Auve (51). . . 46 B2
Saint-Mard-sur-le-Mont (51). 46 C3
Saint-Mards (76) 17 G3
Saint-Mards-
-de-Blacarville (27) 15 H3
Saint-Mards-de-Fresne (27) . . 15 G5
Saint-Mards-en-Othe (10). . . 65 H4
Saint-Marien (23) 112 A3
Saint-Mariens (33) 135 F3
Saint-Mars-de-Coutais (44) . . 74 B6
Saint-Mars-
-de-Locquenay (72). 60 C6
Saint-Mars-d'Égrenne (61). . . 38 A6
Saint-Mars-d'Outillé (72) 78 B1
Saint-Mars-du-Désert (44) . . . 75 E4
Saint-Mars-du-Désert (53) . . 59 G3
Saint-Mars-la-Brière (72) 60 C5
Saint-Mars-la-Jaille (44) 75 F2
Saint-Mars-la-Réorthe (85). . . 92 B4
Saint-Mars-sous-Ballon (72) . 60 B4
Saint-Mars-
-sur-Colmont (53) 58 D2
Saint-Mars-sur-la-Futaie (53). 58 B1
Saint-Mars-
-Vieux-Maisons (77) 44 B5
Saint-Marsal (66). 200 D4
Saint-Martial (07) 143 E5
Saint-Martial (15) 141 E5
Saint-Martial (16) 122 B6
Saint-Martial (17) 107 H6
Saint-Martial (30) 173 E1
Saint-Martial (33) 150 A1
Saint-Martial-
-d'Albarède (24). 137 H1
Saint-Martial-
-d'Artenset (24) 136 C4
Saint-Martial-
-de-Gimel (19) 139 F2
Saint-Martial-
-de-Mirambeau (17) 121 E6
Saint-Martial-
-de-Nabirat (24) 152 B1
Saint-Martial-
-de-Valette (24) 123 F5
Saint-Martial-
-de-Vitaterne (17) 121 F5
Saint-Martial-
-Entraygues (19) 139 F3
Saint-Martial-le-Mont (23) . . 111 H6
Saint-Martial-le-Vieux (23) . . 125 H4
Saint-Martial-sur-Isop (87) . . 109 H5
Saint-Martial-sur-Né (17) . . . 121 G4
Saint-Martial-Viveyrol (24) . . 136 D1
Saint-Martin (32) 167 F6
Saint-Martin (54) 49 G6
Saint-Martin (65) 183 E3
Saint-Martin (66) 200 C1
Saint-Martin (67) 71 F2
Saint-Martin (83) 193 E1
Saint-Martin-au-Bosc (76). . . . 6 C6
Saint-Martin-au-Laërt (62) . . . 2 B4
Saint-Martin-
-aux-Arbres (76) 17 F4
Saint-Martin-aux-Bois (60) . . 20 D3
Saint-Martin-
-aux-Buneaux (76). 16 D2
Saint-Martin-
-aux-Champs (51) 46 A4
Saint-Martin-
-aux-Chartrains (14) 15 F3
Saint-Martin-
-Belle-Roche (71). 116 B3
Saint-Martin-Bellevue (74) . . 132 B1

Saint-Martin-Boulogne (62) . . 1 F4
Saint-Martin-Cantalès (15) . . 139 H3
Saint-Martin-Château (23) . . 125 E2
Saint-Martin-Choquel (62) . . . 1 G4
Saint-Martin-Curton (47) . . . 150 B4
Saint-Martin-d'Abbat (45) . . . 81 F1
Saint-Martin-d'Août (26) . . . 144 B2
Saint-Martin-
-d'Arberoue (64) 181 E1
Saint-Martin-d'Arc (73) 146 D2
Saint-Martin-d'Arcé (49) 77 G4
Saint-Martin-
-d'Ardèche (07) 157 H5
Saint-Martin-
-d'Armagnac (32). 166 D4
Saint-Martin-d'Arrossa (64) . . 180 D2
Saint-Martin-d'Ary (17) 135 H2
Saint-Martin-
-d'Audouville (50) 12 D3
Saint-Martin-d'Auxigny (18) . . 97 H1
Saint-Martin-d'Auxy (71) . . . 101 E6
Saint-Martin-de-Bavel (01) . . 131 F2
Saint-Martin-
-de-Beauville (47) 151 G5
Saint-Martin-
-de-Belleville (73) 132 D6
Saint-Martin-
-de-Bernegoue (79). 107 H4
Saint-Martin-de-Bienfaite-
-la-Cressonnière (14) 15 G6
Saint-Martin-de-Blagny (14) . . 13 G5
Saint-Martin-
-de-Bonfossé (50) 37 F1
Saint-Martin-
-de-Boscherville (76). 17 F6
Saint-Martin-
-de-Bossenay (10) 65 G2
Saint-Martin-
-de-Boubaux (48) 156 D6
Saint-Martin-
-de-Bréthencourt (78) 62 D1
Saint-Martin-
-de-Brômes (04) 176 D3
Saint-Martin-de-Caralp (09) . . 185 G5
Saint-Martin-
-de-Castillon (84). 176 A3
Saint-Martin-de-Cenilly (50). . 37 E2
Saint-Martin-de-Clelles (38) . 145 F5
Saint-Martin-
-de-Commune (71) 101 E4
Saint-Martin-
-de-Connée (53). 59 G3
Saint-Martin-de-Coux (17) . . 135 H3
Saint-Martin-de-Crau (13). . . 191 E2
Saint-Martin-
-de-Fontenay (14) 14 B5
Saint-Martin-
-de-Fraigneau (85). 107 F2
Saint-Martin-
-de-Fressengeas (24) 123 G6
Saint-Martin-
-de-Fugères (43) 142 C5
Saint-Martin-
-de-Goyne (32) 167 H2
Saint-Martin-de-Gurson (24). 136 B4
Saint-Martin-de-Hinx (40). . . 164 C5
Saint-Martin-
-de-Juillers (17) 121 G1
Saint-Martin-
-de-Jussac (87) 123 G2
Saint-Martin-
-de-la-Brasque (84) 176 B4
Saint-Martin-
-de-la-Cluze (38) 145 G4
Saint-Martin-
-de-la-Lieue (14) 15 F5
Saint-Martin-
-de-la-Mer (21). 100 C1
Saint-Martin-
-de-la-Place (49) 77 G6
Saint-Martin-
-de-la-Porte (73). 146 D2
Saint-Martin-de-Lamps (36) . . 96 B3
Saint-Martin-
-de-Landelles (50) 37 F6
Saint-Martin-
-de-Lansuscle (48). 156 C6
Saint-Martin-
-de-l'Arçon (34) 171 H6
Saint-Martin-de-Laye (33) . . 135 H3
Saint-Martin-de-Lenne (12) . . 155 E4
Saint-Martin-de-Lerm (33) . . 150 B1
Saint-Martin-de-Lixy (71) . . . 115 F5
Saint-Martin-
-de-Londres (34) 173 E4
Saint-Martin-de-Mâcon (79). . 93 G3
Saint-Martin-de-Mailloc (14) . . 15 F5
Saint-Martin-de-Mieux (14) . . 38 D3
Saint-Martin-
-de-Nigelles (28) 41 G6
Saint-Martin-
-de-Queyrières (05). 147 E5
Saint-Martin-de-Ré (17) . . . 106 B4
Saint-Martin-
-de-Ribérac (24). 136 D2
Saint-Martin-
-de-Saint-Maixent (79) . . . 108 B3
Saint-Martin-
-de-Salencey (71) 115 H2
Saint-Martin-de-Sallen (14) . . 14 A6
Saint-Martin-
-de-Sanzay (79) 93 G2
Saint-Martin-
-de-Seignanx (40) 164 C5
Saint-Martin-
-de-Sescas (33) 150 A2
Saint-Martin-
-de-Valamas (07) 143 F5

Saint-Martin-
-de-Valgalgues (30). 157 E6
Saint-Martin-
-de-Varreville (50) 13 E4
Saint-Martin-
-de-Vaulserre (38) 131 G5
Saint-Martin-de-Vers (46). . . 152 D2
Saint-Martin-
-de-Villeréal (47) 151 G2
Saint-Martin-
-de-Villereglan (11) 186 D4
Saint-Martin-d'Écublei (61) . . 40 A4
Saint-Martin-
-d'Entraunes (06). 161 G6
Saint-Martin-
-des-Besaces (14) 37 H2
Saint-Martin-des-Bois (41) . . 79 E2
Saint-Martin-
-des-Champs (18) 98 C2
Saint-Martin-
-des-Champs (29) 32 A3
Saint-Martin-
-des-Champs (50) 35 H3
Saint-Martin-
-des-Champs (77) 44 B4
Saint-Martin-
-des-Champs (78) 41 H3
Saint-Martin-
-des-Champs (89) 82 C3
Saint-Martin-
-des-Combes (24) 137 E4
Saint-Martin-
-des-Entrées (14) 14 A4
Saint-Martin-
-des-Fontaines (85) 107 E1
Saint-Martin-des-Lais (03) . . 99 G6
Saint-Martin-
-des-Landes (61) 38 D6
Saint-Martin-
-des-Monts (72) 60 D4
Saint-Martin-
-des-Noyers (85) 92 A5
Saint-Martin-
-des-Olmes (63) 128 B5
Saint-Martin-
-des-Pézerits (61). 39 H6
Saint-Martin-
-des-Plains (63) 127 G5
Saint-Martin-des-Prés (22) . . 33 F6
Saint-Martin-des-Puits (11) . . 187 F5
Saint-Martin-
-des-Tilleuls (85) 92 B3
Saint-Martin-
-d'Estréaux (42) 114 C5
Saint-Martin-
-d'Hardinghem (62). 2 A5
Saint-Martin-d'Hères (38). . . 145 G3
Saint-Martin-d'Heuille (58). . . 99 E3
Saint-Martin-d'Ollières (63) . 127 H6
Saint-Martin-Don (14). 37 G3
Saint-Martin-d'Oney (40) . . . 165 H2
Saint-Martin-d'Ordon (89) . . . 64 D6
Saint-Martin-d'Oydes (09) . . 185 G3
Saint-Martin-du-Bec (76) . . . 15 F1
Saint-Martin-du-Bois (33). . . 135 G4
Saint-Martin-du-Bois (49). . . 76 C2
Saint-Martin-
-du-Boschet (77) 44 B5
Saint-Martin-
-du-Clocher (16). 108 D6
Saint-Martin-
-du-Fouilloux (49) 76 D5
Saint-Martin-
-du-Fouilloux (79) 108 B1
Saint-Martin-du-Frêne (01). . 117 G5
Saint-Martin-du-Lac (71). . . . 115 E4
Saint-Martin-du-Limet (53). . . 76 B1
Saint-Martin-du-Manoir (76) . 15 F1
Saint-Martin-
-du-Mesnil-Oury (14) 15 E6
Saint-Martin-du-Mont (01) . . 117 G5
Saint-Martin-du-Mont (21). . . 85 F5
Saint-Martin-du-Mont (71) . . 117 E1
Saint-Martin-du-Puy (33) . . . 150 B1
Saint-Martin-du-Puy (58) . . . 83 H6
Saint-Martin-du-Tartre (71). . 116 A1
Saint-Martin-du-Tertre (89). . 65 E4
Saint-Martin-du-Tertre (95) . . 42 D1
Saint-Martin-du-Tilleul (27) . . 15 H5
Saint-Martin-du-Var (06). . . . 195 E2
Saint-Martin-
-du-Vieux-Bellême (61) . . . 60 D2
Saint-Martin-du-Vivier (76). . 18 D4
Saint-Martin-d'Uriage (38) . . 145 H4
Saint-Martin-en-Bière (77) . . 63 H2
Saint-Martin-en-Bresse (71). 102 A5
Saint-Martin-
-en-Campagne (76). 17 H1
Saint-Martin-
-en-Gâtinois (71) 101 H4
Saint-Martin-en-Haut (69). . . 129 G4
Saint-Martin-
-en-Vercors (26). 145 E4
Saint-Martin-Gimois (32) . . . 168 B6
Saint-Martin-
-la-Campagne (27) 40 D2
Saint-Martin-
-la-Garenne (78) 41 H2
Saint-Martin-
-la-Méanne (19) 139 F3
Saint-Martin-
-la-Patrouille (71) 115 H1
Saint-Martin-la-Plaine (42) . . 129 G5
Saint-Martin-
-la-Sauveté (42) 128 C2
Saint-Martin-Labouval (46) . 153 E3
Saint-Martin-
-Lacaussade (33). 135 E2
Saint-Martin-Laguépie (81) . 153 G6
Saint-Martin-l'Aiguillon (61). . 38 D6
Saint-Martin-Lalande (11). . . 186 C2

Saint-Martin-l'Ars (86). 109 F4
Saint-Martin-Lars-
-en-Sainte-Hermine (85). . . 107 E1
Saint-Martin-l'Astier (24) . . . 136 C3
Saint-Martin-le-Beau (37) . . . 79 F6
Saint-Martin-
-le-Bouillant (50) 37 F4
Saint-Martin-le-Châtel (01). . 116 D4
Saint-Martin-le-Colonel (26). 144 D4
Saint-Martin-le-Gaillard (76). . 6 A5
Saint-Martin-le-Gréard (50) . . 12 C2
Saint-Martin-le-Hébert (50) . . 12 C3
Saint-Martin-le-Mault (87) . . 110 C3
Saint-Martin-le-Noeud (60) . . 20 A5
Saint-Martin-le-Pin (24) 123 E5
Saint-Martin-le-Redon (46). . 152 A3
Saint-Martin-le-Vieil (11). . . . 186 C2
Saint-Martin-le-Vieux (87) . . 124 A3
Saint-Martin-le-Vinoux (38) . 145 G2
Saint-Martin-les-Eaux (04) . . 176 D3
Saint-Martin-
-lès-Langres (52) 86 A1
Saint-Martin-lès-Melle (79). . 108 B4
Saint-Martin-
-lès-Seyne (04) 160 D4
Saint-Martin-Lestra (42) . . . 129 F3
Saint-Martin-l'Heureux (51) . . 46 A1
Saint-Martin-l'Hortier (76) . . 19 E1
Saint-Martin-Longueau (60). . 21 E5
Saint-Martin-Lys (11). 200 A1
Saint-Martin-Osmonville (76). 17 H4
Saint-Martin-Petit (47) 150 B2
Saint-Martin-Rivière (02) 9 F4
Saint-Martin-
-Saint-Firmin (27) 15 H4
Saint-Martin-
-Sainte-Catherine (23). . . . 124 D1
Saint-Martin-Sepert (19). . . . 124 C6
Saint-Martin-
-sous-Montaigu (71) 101 F5
Saint-Martin-
-sous-Vigouroux (15) 140 D5
Saint-Martin-sur-Armançon (89). 84 B1
Saint-Martin-sur-Cojeul (62). . . 8 B3
Saint-Martin-sur-Écaillon (59) . 9 F3
Saint-Martin-
-sur-la-Chambre (73). 132 C6
Saint-Martin-
-sur-Lavezon (07). 158 A2
Saint-Martin-sur-le-Pré (51) . . 45 H3
Saint-Martin-
-sur-Nohain (58) 82 C6
Saint-Martin-sur-Ocre (45) . . 82 A3
Saint-Martin-sur-Ocre (89) . . 83 E2
Saint-Martin-sur-Ouanne (89) . 82 D1
Saint-Martin-sur-Oust (56) . . 56 B6
Saint-Martin-Terressus (87) . 124 C2
Saint-Martin-
-Valmeroux (15). 140 A3
Saint-Martin-Vésubie (06) . . 162 D6
Saint-Martinien (03) 112 C4
Saint-Martory (31). 184 C4
Saint-Mary (16) 122 D2
Saint-Mary-le-Plain (15) . . . 141 F3
Saint-Masmes (51) 23 G5
Saint-Mathieu (87) 123 F3
Saint-Mathieu-
-de-Tréviers (34) 173 F4
Saint-Mathurin (85). 91 E5
Saint-Mathurin-
-sur-Loire (49) 77 F5
Saint-Matré (46) 152 A4
Saint-Maudan (22) 55 G2
Saint-Maudez (22). 34 C5
Saint-Maugan (35) 56 C2
Saint-Maulvis (80). 6 D6
Saint-Maur (18) 112 B1
Saint-Maur (32) 167 F6
Saint-Maur (36) 96 C5
Saint-Maur (39) 117 G1
Saint-Maur (60) 19 H3
Saint-Maur-des-Bois (50) . . . 37 F3
Saint-Maur-des-Fossés (94) . . 43 E4
Saint-Maur-sur-le-Loir (28) . . 62 A4
Saint-Maurice (52) 86 B1
Saint-Maurice (58) 99 G2
Saint-Maurice (63) 127 F4
Saint-Maurice (67) 71 F2
Saint-Maurice (94) 42 D4
Saint-Maurice-
-aux-Forges (54) 49 G6
Saint-Maurice-
-aux-Riches-Hommes (89) . 65 F3
Saint-Maurice-
-Colombier (25) 88 B5
Saint-Maurice-Crillat (39) . . 117 H1
Saint-Maurice-
-d'Ardèche (07) 157 G3
Saint-Maurice-
-de-Beynost (01) 130 B2
Saint-Maurice-
-de-Cazevieille (30) 174 A1
Saint-Maurice-
-de-Gourdans (01) 130 C2
Saint-Maurice-
-de-Lestapel (47) 151 E2
Saint-Maurice-
-de-Lignon (43) 143 E2
Saint-Maurice-
-de-Rêmens (01). 130 D1
Saint-Maurice-
-de-Rotherens (73) 131 G4
Saint-Maurice-
-de-Satonnay (71) 116 B3
Saint-Maurice-
-de-Tavernole (17). 121 G5
Saint-Maurice-
-de-Ventalon (48). 156 C5
Saint-Maurice-
-des-Champs (71) 116 A1

Saint-Maurice-
-des-Lions (16). 123 F1
Saint-Maurice-
-des-Noues (85). 107 F1
Saint-Maurice-d'Ételan (76). . 15 H2
Saint-Maurice-d'Ibie (07) . . . 157 G3
Saint-Maurice-
-du-Désert (61) 38 C6
Saint-Maurice-
-en-Chalencon (07) 143 G5
Saint-Maurice-
-en-Cotentin (50) 12 B4
Saint-Maurice-
-en-Gourgois (42) 129 E6
Saint-Maurice-
-en-Quercy (46) 153 G1
Saint-Maurice-
-en-Rivière (71) 101 H5
Saint-Maurice-
-en-Trièves (38) 145 G6
Saint-Maurice-
-en-Valgodemard (05). . . . 146 B6
Saint-Maurice-
-la-Clouère (86) 109 E3
Saint-Maurice-
-la-Fougereuse (79). 93 E3
Saint-Maurice-
-la-Souterraine (23) 110 D5
Saint-Maurice-le-Girard (85) . 92 C6
Saint-Maurice-le-Vieil (89) . . 83 E2
Saint-Maurice-
-les-Brousses (87) 124 B3
Saint-Maurice-
-lès-Charencey (61) 40 B5
Saint-Maurice-
-lès-Châteauneuf (71) . . . 115 F5
Saint-Maurice-
-lès-Couches (71) 101 F4
Saint-Maurice-l'Exil (38) . . . 130 A6
Saint-Maurice-
-Montcouronne (91) 42 B6
Saint-Maurice-
-Navacelles (34) 172 D3
Saint-Maurice-
-près-Crocq (23) 126 A2
Saint-Maurice-
-près-Pionsat (63) 112 D6
Saint-Maurice-
-Saint-Germain (28) 61 G1
Saint-Maurice-
-sous-les-Côtes (55) 47 H2
Saint-Maurice-
-sur-Adour (40) 166 A3
Saint-Maurice-
-sur-Aveyron (45) 82 C1
Saint-Maurice-
-sur-Dargoire (69) 129 H5
Saint-Maurice-
-sur-Eygues (26) 158 C5
Saint-Maurice-
-sur-Fessard (45) 64 A6
Saint-Maurice-
-sur-Huisne (61) 61 E2
Saint-Maurice-
-sur-Mortagne (88) 70 A2
Saint-Maurice-
-sur-Moselle (88) 88 C1
Saint-Maurice-
-sur-Vingeanne (21) 86 B4
Saint-Maurice-
-Thizouaille (89). 83 E2
Saint-Maurin (47) 151 G5
Saint-Max (54) 48 D5
Saint-Maxent (80) 6 C5
Saint-Maximin (30) 174 B2
Saint-Maximin (38) 132 A6
Saint-Maximin (60) 20 D6
Saint-Maximin-
-la-Sainte-Baume (83). . . . 193 E2
Saint-Maxire (79) 107 H3
Saint-May (26). 159 E3
Saint-Mayeux (22). 55 E1
Saint-Méard (87) 124 D4
Saint-Méard-de-Drône (24) . 136 D2
Saint-Méard-
-de-Gurçon (24) 136 B5
Saint-Médard (16) 121 H5
Saint-Médard (17) 121 G6
Saint-Médard (31) 184 B4
Saint-Médard (32) 167 G6
Saint-Médard (36) 95 H3
Saint-Médard (46) 152 B3
Saint-Médard (57) 49 F4
Saint-Médard (64) 165 H5
Saint-Médard (79) 108 A4
Saint-Médard-d'Aunis (17) . . 106 D5
Saint-Médard-
-de-Guizières (33) 136 A4
Saint-Médard-
-de-Mussidan (24) 136 D4
Saint-Médard-
-de-Presque (46) 139 E5
Saint-Médard-
-d'Excideuil (24) 137 H1
Saint-Médard-
-d'Eyrans (33) 135 F6
Saint-Médard-
-en-Forez (42) 129 F4
Saint-Médard-
-en-Jalles (33) 134 D5
Saint-Médard-
-la-Rochette (23) 112 A6
Saint-Médard-
-Nicourby (46) 139 F6
Saint-Médard-sur-Ille (35). . . 57 F1
Saint-Méen (29). 31 F3
Saint-Méen-le-Grand (35). . . 56 C2
Saint-Melaine-
-sur-Aubance (49) 77 E5
Saint-Mélany (07) 157 E3
Saint-Méloir-des-Bois (22) . . 34 B5

Saint-Méloir-des-Ondes (35) . . 35 E2
Saint-Même-le-Tenu (44) 91 E2
Saint-Même-
-les-Carrières (16) 121 H4
Saint-Memmie (51) 45 H3
Saint-Menge (88) 69 E3
Saint-Menges (08) 24 C1
Saint-Menoux (03) 113 G1
Saint-Merd-
-de-Lapleau (19) 139 G2
Saint-Merd-la-Breuille (23). . 126 A3
Saint-Merd-
-les-Oussines (19) 125 G4
Saint-Méry (77) 43 G6
Saint-Meslin-du-Bosc (27) . . 18 B6
Saint-Mesmes (77) 43 F3
Saint-Mesmin (10) 66 A2
Saint-Mesmin (21) 85 E3
Saint-Mesmin (24) 138 A1
Saint-Mesmin (85) 92 C5
Saint-Mexant (19) 138 D2
Saint-Mézard (32) 167 H1
Saint-M'Hervé (35) 58 A4
Saint-M'Hervon (35) 56 C1
Saint-Micaud (71) 101 E6
Saint-Michel (02) 10 B6
Saint-Michel (09) 185 G4
Saint-Michel (16) 122 B4
Saint-Michel (31) 184 D1
Saint-Michel (32) 183 H1
Saint-Michel (34) 172 C3
Saint-Michel (45) 63 G5
Saint-Michel (64) 180 D3
Saint-Michel (82) 168 C1
Saint-Michel-Chef-Chef (44) . . 73 H5
Saint-Michel-d'Aurance (07). 143 G5
Saint-Michel-
-de-Bannières (46). 138 D6
Saint-Michel-
-de-Boulogne (07) 157 G1
Saint-Michel-
-de-Castelnau (33). 150 A5
Saint-Michel-
-de-Chabrillanoux (07) 143 H5
Saint-Michel-
-de-Chaillol (05). 160 C1
Saint-Michel-
-de-Chavaignes (72) 60 D5
Saint-Michel-de-Dèze (48) . . 156 D5
Saint-Michel-
-de-Double (24) 136 C3
Saint-Michel-
-de-Feins (53) 76 D2
Saint-Michel-
-de-Fronsac (33) 135 G4
Saint-Michel-
-de-la-Pierre (50) 12 D6
Saint-Michel-de-la-Roë (53) . . 58 A6
Saint-Michel-de-Lanès (11). . 186 A2
Saint-Michel-
-de-Lapujade (33) 150 B2
Saint-Michel-de-Livet (14) . . 15 E6
Saint-Michel-de-Llotes (66) . 200 D3
Saint-Michel-
-de-Maurienne (73) 146 D2
Saint-Michel-
-de-Montaigne (24) 136 A5
Saint-Michel-
-de-Montjoie (50) 37 F4
Saint-Michel-de-Plélan (22) . . 34 C5
Saint-Michel-
-de-Rieufret (33) 149 G1
Saint-Michel-
-de-Saint-Geoirs (38) 145 E1
Saint-Michel-de-Vax (81) . . . 169 H1
Saint-Michel-
-de-Veisse (23) 125 G1
Saint-Michel-
-de-Villadeix (24) 137 F4
Saint-Michel-
-de-Volangis (18) 97 H2
Saint-Michel-
-des-Andaines (61) 38 C6
Saint-Michel-d'Euzet (30) . . . 157 H6
Saint-Michel-
-d'Halescourt (76) 19 G3
Saint-Michel-
-en-Beaumont (38) 145 H5
Saint-Michel-en-Brenne (36) . . 95 G5
Saint-Michel-en-Grève (22) . . 32 B2
Saint-Michel-en-l'Herm (85). 106 D3
Saint-Michel-Escalus (40). . . 164 D2
Saint-Michel-
-et-Chanveaux (49) 75 F1
Saint-Michel-Labadié (81) . . 171 E2
Saint-Michel-le-Cloucq (85) . 107 E2
Saint-Michel-les-Portes (38) . 145 F5
Saint-Michel-
-l'Observatoire (04). 176 C2
Saint-Michel-Loubéjou (46) . 139 E5
Saint-Michel-
-Mont-Mercure (85). 92 C4
Saint-Michel-sous-Bois (62) . . 1 G6
Saint-Michel-sur-Loire (37). . 78 B4
Saint-Michel-
-sur-Meurthe (88) 70 C2
Saint-Michel-sur-Orge (91). . 42 C6
Saint-Michel-
-sur-Rhône (42) 129 H6
Saint-Michel-
-sur-Savasse (26). 144 C3
Saint-Michel-
-sur-Ternoise (62) 7 G1
Saint-Michel-Tuboeuf (61) . . 40 B4
Saint-Mihiel (55) 47 G3
Saint-Mitre-
-les-Remparts (13). 191 G4
Saint-Molf (44) 73 F3
Saint-Momelin (59) 2 B3
Saint-Mont (32) 166 C4
Saint-Montan (07) 158 A3
Saint-Moré (89) 83 H4

Saint-Moreil (23) 124D2
Saint-Morel (08) 24A5
Saint-Morillon (33) 149F1
Saint-Mury-
Monteymond (38) 145H2
Saint-Myon (63) 127F1
Saint-Nabor (67) 71F1
Saint-Nabord (88) 70A5
Saint-Nabord-sur-Aube (10). . 66C1
Saint-Nauphary (82) 169F2
Saint-Nazaire (30) 158A6
Saint-Nazaire (44) 73G4
Saint-Nazaire (66) 201G2
Saint-Nazaire-d'Aude (11). . 187H3
Saint-Nazaire-
de-Ladarez (34) 172A6
Saint-Nazaire-de-Pézan (34) . 173H5
Saint-Nazaire-
de-Valentane (82) 151H5
Saint-Nazaire-
des-Gardies (30) 173G2
Saint-Nazaire-
en-Royans (26) 144D3
Saint-Nazaire-
le-Désert (26) 159E2
Saint-Nazaire-
les-Eymes (38) 145H2
Saint-Nazaire-
sur-Charente (17) 120C1
Saint-Nectaire (63) 127E5
Saint-Nexans (24) 137E6
Saint-Nic (29) 31F6
Saint-Nicodème (22) 32D6
Saint-Nicolas (62) 8B2
Saint-Nicolas-aux-Bois (02) . . 22B3
Saint-Nicolas-
d'Aliermont (76) 17H2
Saint-Nicolas-d'Attez (27) . . . 40C4
Saint-Nicolas-
de-Bliquetuit (76) 17E5
Saint-Nicolas-
de-Bourgueil (37) 78A6
Saint-Nicolas-
de-la-Balerme (47) 151G6
Saint-Nicolas-
de-la-Grave (82) 168C1
Saint-Nicolas-
de-la-Haie (76) 15H1
Saint-Nicolas-
de-la-Taille (76). 15G2
Saint-Nicolas-
de-Macherin (38) 131F6
Saint-Nicolas-
de-Pierrepont (50) 12C4
Saint-Nicolas-de-Port (54) . . 48D5
Saint-Nicolas-de-Redon (44) . 74A1
Saint-Nicolas-
de-Sommaire (61) 40A4
Saint-Nicolas-des-Biefs (03). 114C6
Saint-Nicolas-des-Bois (50) . 37F4
Saint-Nicolas-des-Bois (61) . 59H1
Saint-Nicolas-
des-Laitiers (61) 39H4
Saint-Nicolas-
des-Motets (37) 79F4
Saint-Nicolas-du-Bosc (27). . 18B6
Saint-Nicolas-du-Pélem (22) . 33E6
Saint-Nicolas-du-Tertre (56) . 56B5
Saint-Nicolas-
la-Chapelle (10) 65F1
Saint-Nicolas-
la-Chapelle (73) 132D2
Saint-Nicolas-
lès-Cîteaux (21) 101H2
Saint-Nizier-d'Azergues (69) . 115H6
Saint-Nizier-de-Fornas (42). . 128D6
Saint-Nizier-
du-Moucherotte (38) . . . 145F2
Saint-Nizier-
le-Bouchoux (01) 116D2
Saint-Nizier-le-Désert (01). . 116D6
Saint-Nizier-
sous-Charlieu (42) 115E5
Saint-Nizier-sur-Arroux (71). 100C5
Saint-Nolff (56) 55G6
Saint-Nom-la-Bretèche (78) . 42B4
Saint-Offenge-Dessous (73). 132A3
Saint-Offenge-Dessus (73) . 132A3
Saint-Omer (14). 38C2
Saint-Omer (62). 2B4
Saint-Omer-Capelle (62) . . . 2A2
Saint-Omer-
en-Chaussée (60) 20A3
Saint-Ondras (38) 131F5
Saint-Onen-la-Chapelle (35). 56C2
Saint-Oradoux-
de-Chirouze (23). 126A3
Saint-Oradoux-
près-Crocq (23) 126A2
Saint-Orens (32) 168B4
Saint-Orens-
de-Gameville (31) 169F6
Saint-Orens-Pouy-Petit (32). 167G2
Saint-Ost (32) 183H1
Saint-Ouen (17) 121H2
Saint-Ouen (41). 79G2
Saint-Ouen (80). 7F5
Saint-Ouen (93). 42D3
Saint-Ouen-d'Attez (27). . . . 40C4
Saint-Ouen-d'Aunis (17) . . . 106D4
Saint-Ouen-de-la-Cour (61) . 60D2
Saint-Ouen-de-Mimbré (72). 60A3
Saint-Ouen-
de-Pontcheuil (27) 18C6
Saint-Ouen-
de-Sécherouvre (61) . . . 39H6
Saint-Ouen-
de-Thouberville (27) . . . 18B5
Saint-Ouen-
des-Besaces (14) 37H2

Saint-Ouen-
des-Champs (27) 15H3
Saint-Ouën-des-Toits (53) . . 58C4
Saint-Ouën-des-Vallons (53) . 59E4
Saint-Ouen-Domprot (51). . . 45H6
Saint-Ouen-du-Breuil (76) . . 17G4
Saint-Ouen-
du-Mesnil-Oger (14) . . . 39E1
Saint-Ouen-du-Tilleul (27) . . 18B5
Saint-Ouen-en-Belin (72) . . 78B1
Saint-Ouen-en-Brie (77) . . . 64C1
Saint-Ouen-
en-Champagne (72). . . . 59G6
Saint-Ouen-la-Rouërie (35). . 35G5
Saint-Ouen-l'Aumône (95) . . 42B2
Saint-Ouen-le-Brisoult (61) . 59F2
Saint-Ouen-le-Houx (14) . . . 39F2
Saint-Ouen-le-Mauger (76). . 17F3
Saint-Ouen-le-Pin (14) 15E5
Saint-Ouen-lès-Parey (88) . . 68D4
Saint-Ouen-les-Vignes (37) . 79F5
Saint-Ouen-Marchefroy (28) . 41G4
Saint-Ouen-
sur-Gartempe (87) 110B5
Saint-Ouen-sur-Iton (61) . . . 40B5
Saint-Ouen-sur-Loire (58) . . 99E4
Saint-Ouen-sur-Maire (61) . . 38D5
Saint-Ouen-sur-Morin (77) . . 44A3
Saint-Oulph (10) 65H1
Saint-Ours (63) 126D2
Saint-Ours (73) 132D5
Saint-Outrille (18) 96D2
Saint-Ovin (50) 37E5
Saint-Oyen (73) 132D5
Saint-Pabu (29) 30D3
Saint-Paër (76) 17F5
Saint-Pair (14) 14C5
Saint-Pair-sur-Mer (50) 35G2
Saint-Pal-de-Chalencon (43). 142C1
Saint-Pal-de-Mons (43) . . . 143E2
Saint-Pal-de-Senouire (43) . 142A2
Saint-Palais (03) 112B3
Saint-Palais (18) 97H1
Saint-Palais (33) 135E1
Saint-Palais (64) 181F1
Saint-Palais-
de-Négrignac (17) 135H1
Saint-Palais-
de-Phiolin (17) 121E5
Saint-Palais-du-Né (16) . . . 121G5
Saint-Palais-sur-Mer (17) . . 120B3
Saint-Pancrace (24) 123F6
Saint-Pancrace (73) 146C1
Saint-Pancrasse (38) 145H1
Saint-Pancré (54) 25G3
Saint-Pandelon (40) 165E4
Saint-Pantaléon (46) 152B4
Saint-Pantaléon (84) 175G3
Saint-Pantaléon-
de-Lapleau (19) 139H1
Saint-Pantaléon-
de-Larche (19). 138C3
Saint-Pantaléon-
les-Vignes (26) 158C4
Saint-Pantaly-d'Ans (24) . . . 137H2
Saint-Pantaly-
d'Excideuil (24) 137H1
Saint-Papoul (11) 186C2
Saint-Pardon-
de-Conques (33). 149H2
Saint-Pardoult (17) 107H6
Saint-Pardoux (63) 113F6
Saint-Pardoux (79) 108A1
Saint-Pardoux (87) 110C6
Saint-Pardoux-Corbier (19). . 124C6
Saint-Pardoux-d'Arnet (23) . 126A2
Saint-Pardoux-
de-Drône (24) 136D2
Saint-Pardoux-
du-Breuil (47) 150C3
Saint-Pardoux-
et-Vielvic (24) 137H6
Saint-Pardoux-Isaac (47). . . 150D2
Saint-Pardoux-
la-Croisille (19) 139F2
Saint-Pardoux-
la-Rivière (24) 123F5
Saint-Pardoux-le-Neuf (19) . 126A4
Saint-Pardoux-le-Neuf (23) . 125H2
Saint-Pardoux-le-Vieux (19) . 125H4
Saint-Pardoux-
les-Cards (23) 111H6
Saint-Pardoux-
l'Ortigier (19) 138D1
Saint-Pardoux-
Morterolles (23) 125E2
Saint-Pargoire (34) 172D6
Saint-Parize-en-Viry (58) . . . 99F6
Saint-Parize-le-Châtel (58) . 99E5
Saint-Parres-aux-Tertres (10) . 66B3
Saint-Parres-lès-Vaudes (10) . 66C4
Saint-Parthem (12) 154A2
Saint-Pastour (47) 151F3
Saint-Pastous (65) 182D5
Saint-Paterne (72) 60A2
Saint-Paterne-Racan (37) . . 78H3
Saint-Pathus (77). 43F2
Saint-Patrice (37). 78B6
Saint-Patrice-de-Claids (50) . 12D5
Saint-Patrice-du-Désert (61) . 38C6
Saint-Paul (06) 195E3
Saint-Paul (19) 139F2
Saint-Paul (33) 135E4
Saint-Paul (60) 20A4
Saint-Paul (61) 38A4
Saint-Paul (65) 183H4
Saint-Paul (73) 131G4
Saint-Paul (87) 124C3
Saint-Paul (88) 69E2
Saint-Paul-aux-Bois (02) . . . 21H3

Saint-Paul-
-Cap-de-Joux (81) 170B5
Saint-Paul-de-Baïse (32) . . . 167G4
Saint-Paul-
de-Fenouillet (66). 200C1
Saint-Paul-
de-Jarrat (09). 185H6
Saint-Paul-
-de-Loubressac (46) . . . 152C5
Saint-Paul-de-Salers (15) . . 140B3
Saint-Paul-de-Serre (24) . . . 137E3
Saint-Paul-de-Tartas (43) . . 142C4
Saint-Paul-de-Varax (01) . . . 116D6
Saint-Paul-de-Varces (38) . . 145F3
Saint-Paul-de-Vézelin (42) . . 128D2
Saint-Paul-de-Vern (46) . . . 139F6
Saint-Paul-des-Landes (15) . 139H5
Saint-Paul-d'Espis (82) 151H6
Saint-Paul-d'Izeaux (38) . . . 145F1
Saint-Paul-d'Oueil (31) 197F1
Saint-Paul-du-Bois (49) 93E2
Saint-Paul-du-Vernay (14). . . 13H6
Saint-Paul-d'Uzore (42). . . . 128D3
Saint-Paul-en-Born (40) . . . 148B5
Saint-Paul-en-Chablais (74) . 119F3
Saint-Paul-
en-Cornillon (42) 129E6
Saint-Paul-en-Forêt (83) . . . 178B5
Saint-Paul-en-Gâtine (79) . . 92D6
Saint-Paul-en-Jarez (42) . . . 129G5
Saint-Paul-en-Pareds (85). . . 92B4
Saint-Paul-et-Valmalle (34) . 173E5
Saint-Paul-la-Coste (30) . . . 156D6
Saint-Paul-la-Roche (24) . . . 123H5
Saint-Paul-le-Froid (48). . . . 142A6
Saint-Paul-le-Gaultier (72) . . 59G3
Saint-Paul-le-Jeune (07) . . . 157E4
Saint-Paul-lès-Dax (40) 148D5
Saint-Paul-lès-Durance (13) . 176C4
Saint-Paul-les-Fonts (30) . . 174C1
Saint-Paul-
lès-Monestier (38) 145F5
Saint-Paul-lès-Romans (26) . 144C3
Saint-Paul-Lizonne (24) . . . 136C6
Saint-Paul-Mont-Penit (85) . 91F1
Saint-Paul-sur-Isère (73) . . . 132D4
Saint-Paul-sur-Save (31) . . . 168D4
Saint-Paul-sur-Ubaye (04). . 161G2
Saint-Paul-
-Trois-Châteaux (26) . . . 158B4
Saint-Paulet (11) 186B1
Saint-Paulet-
de-Caisson (30) 157H5
Saint-Paulien (43) 142B3
Saint-Pavace (72) 60A5
Saint-Pé-d'Ardet (31). 184A5
Saint-Pé-de-Bigorre (65). . . 182D4
Saint-Pé-de-Léren (64) . . . 165E6
Saint-Pé-Delbosc (31) 184A4
Saint-Pé-Saint-Simon (47) . . 167E1
Saint-Pée-sur-Nivelle (64). . 180B1
Saint-Pellerin (28) 61G5
Saint-Pellerin (50) 13E5
Saint-Péran (35) 56C3
Saint-Péravy-
la-Colombe (45) 62C6
Saint-Péray (07). 144A5
Saint-Perdon (24) 165H2
Saint-Perdoux (24) 137E6
Saint-Perdoux (46) 153G1
Saint-Père (35). 36A5
Saint-Père (58). 82C5
Saint-Père (89). 83H5
Saint-Père-en-Retz (44). . . . 73H5
Saint-Père-sur-Loire (45). . . 81G2
Saint-Péreuse (58). 99H3
Saint-Pern (35). 56D1
Saint-Perreux (56) 73H1
Saint-Péver (22). 33E4
Saint-Pey-d'Armens (33). . . 135H5
Saint-Pey-de-Castets (33) . . 136A6
Saint-Phal (10) 66A5
Saint-Philbert-
de-Bouaine (85) 91F1
Saint-Philbert-
-de-Grand-Lieu (44). . . . 91F1
Saint-Philbert-
des-Champs (14) 15F4
Saint-Philbert-
du-Peuple (49) 77H5
Saint-Philbert-
en-Mauges (49) 75G6
Saint-Philbert-
sur-Boissey (27) 18B6
Saint-Philbert-sur-Orne (61) . 38C3
Saint-Philbert-sur-Risle (27) . 18A5
Saint-Philibert (21) 101H1
Saint-Philibert (56) 72C1
Saint-Philippe-
d'Aiguille (33) 136A5
Saint-Philippe-
du-Seignal (33). 136C5
Saint-Piat (28) 62B1
Saint-Pierre (04) 178C2
Saint-Pierre (15) 140A1
Saint-Pierre (31) 169G5
Saint-Pierre (39) 118A1
Saint-Pierre (51) 45G3
Saint-Pierre (67) 71G2
Saint-Pierre-à-Arnes (08) . . 23H5
Saint-Pierre-Aigle (02) 21H5
Saint-Pierre-Avez (05) 159H5
Saint-Pierre-Azif (14) 15E3
Saint-Pierre-Bellevue (23). . 125F2
Saint-Pierre-Benouville (76) . 17F3
Saint-Pierre-Bois (67) 71F3
Saint-Pierre-Brouck (59) . . . 2A2
Saint-Pierre-Canivet (14) . . 38C4
Saint-Pierre-Chérignat (23). 124D1
Saint-Pierre-Colamine (63) . 127E5
Saint-Pierre-d'Albigny (73) . 132B4

Saint-Pierre-d'Allevard (38) . 132A6
Saint-Pierre-d'Alvey (73). . . 131G4
Saint-Pierre-d'Amilly (17) . . 107F5
Saint-Pierre-
d'Argençon (05) 159H3
Saint-Pierre-
d'Arthéglise (50) 12B4
Saint-Pierre-
d'Aubézies (32) 167E5
Saint-Pierre-d'Aurillac (33) . 149H2
Saint-Pierre-d'Autils (27). . . 41F1
Saint-Pierre-de-Bailleul (27) . 41F1
Saint-Pierre-de-Bat (33) . . . 149H1
Saint-Pierre-
-de-Belleville (73) 132C5
Saint-Pierre-de-Bœuf (42). . 130A6
Saint-Pierre-
-de-Bressieux (38) 144D1
Saint-Pierre-de-Buzet (47) . 150C5
Saint-Pierre-
de-Cernières (27) 39H3
Saint-Pierre-
de-Chandieu (69) 130B4
Saint-Pierre-
de-Chartreuse (38) 145G1
Saint-Pierre-
de-Chérennes (38) 145E3
Saint-Pierre-de-Chevillé (72) . 78C3
Saint-Pierre-
de-Chignac (24) 137G3
Saint-Pierre-de-Clairac (47) . 151G6
Saint-Pierre-de-Côle (24) . . 137F1
Saint-Pierre-
de-Colombier (07) 157F1
Saint-Pierre-
de-Cormeilles (27) 15G4
Saint-Pierre-
de-Coutances (50) 36D1
Saint-Pierre-de-Curtille (73) . 131G3
Saint-Pierre-de-Frugie (24). . 123H5
Saint-Pierre-de-Fursac (23). 111E5
Saint-Pierre-
de-Genebroz (73) 131G1
Saint-Pierre-de-Jards (36) . . 97E2
Saint-Pierre-
de-Juillers (17) 121G1
Saint-Pierre-
de-la-Fage (34) 172C4
Saint-Pierre-de-Lages (31) . 169G6
Saint-Pierre-de-Lamps (36) . 96B4
Saint-Pierre-de-l'Île (17) . . . 107H6
Saint-Pierre-de-Maillé (86). . 95E6
Saint-Pierre-de-Mailloc (14) . 15F6
Saint-Pierre-
de-Manneville (76) 18B4
Saint-Pierre-de-Méaroz (38) . 145H5
Saint-Pierre-
de-Mésage (38) 145G3
Saint-Pierre-
de-Mézoargues (13) . . . 174D3
Saint-Pierre-de-Mons (33) . 149H2
Saint-Pierre-
de-Nogaret (48) 155G3
Saint-Pierre-
de-Plesguen (35) 34D5
Saint-Pierre-de-Rivière (09) . 185G5
Saint-Pierre-de-Salerne (27) . 18B6
Saint-Pierre-de-Semilly (50) . 37G1
Saint-Pierre-de-Soucy (73) . 132B5
Saint-Pierre-de-Trivisy (81) . 171E4
Saint-Pierre-
de-Varengeville (76) . . . 17F5
Saint-Pierre-
de-Varennes (71) 101E5
Saint-Pierre-
de-Vassols (84) 175G1
Saint-Pierre-
dels-Forcats (66) 200A4
Saint-Pierre-
dels-Thomières (34) . . . 187G1
Saint-Pierre-
d'Entremont (38) 131H6
Saint-Pierre-
d'Entremont (61) 38A4
Saint-Pierre-
d'Entremont (73) 131H6
Saint-Pierre-des-Bois (72). . 59G6
Saint-Pierre-
des-Champs (11) 187F5
Saint-Pierre-des-Corps (37) . 79E5
Saint-Pierre-
des-Échaubrognes (79) . 92D3
Saint-Pierre-des-Fleurs (27) . 18C6
Saint-Pierre-des-Ifs (14) . . . 15E5
Saint-Pierre-des-Ifs (27) . . . 15H4
Saint-Pierre-
des-Jonquières (76). . . . 6B6
Saint-Pierre-des-Landes (53) . 58B3
Saint-Pierre-des-Loges (61) . 39H4
Saint-Pierre-des-Nids (53) . . 59H2
Saint-Pierre-des-Ormes (72) . 60C3
Saint-Pierre-
des-Tripiers (48) 155G5
Saint-Pierre-
-d'Exideuil (86) 108D5
Saint-Pierre-d'Eyraud (24) . 136C5
Saint-Pierre-d'Irube (64) . . 164B6
Saint-Pierre-d'Oléron (17) . . 120A1
Saint-Pierre-
du-Bosguérard (27) . . . 18B6
Saint-Pierre-du-Bû (14). . . . 38D3
Saint-Pierre-du-Champ (43) . 142C2
Saint-Pierre-du-Chemin (85) . 92D6
Saint-Pierre-du-Fresne (14) . 38A2
Saint-Pierre-du-Jonquet (14) . 14D5
Saint-Pierre-du-Lorouër (72) . 78C2
Saint-Pierre-du-Mesnil (27) . 40A3
Saint-Pierre-du-Mont (14). . 13G4
Saint-Pierre-du-Mont (40). . 166A2
Saint-Pierre-du-Mont (58). . 83F6
Saint-Pierre-du-Palais (17) . 135H2
Saint-Pierre-du-Perray (91). 43E6
Saint-Pierre-du-Regard (61) . 38B3
Saint-Pierre-du-Val (27) . . . 16C6

Saint-Pierre-du-Vauvray (27) . 18D6
Saint-Pierre-Église (50). . . . 12D1
Saint-Pierre-
en-Faucigny (74) 118D6
Saint-Pierre-en-Port (76) . . 16D3
Saint-Pierre-en-Vaux (21) . . 101E3
Saint-Pierre-ès-Champs (60) . 19G4
Saint-Pierre-
-la-Bourlhonne (63). . . . 128B4
Saint-Pierre-la-Bruyère (61) . 61E2
Saint-Pierre-la-Cour (53). . . 58B4
Saint-Pierre-la-Garenne (27) . 41F1
Saint-Pierre-la-Noaille (42). . 115E5
Saint-Pierre-la-Palud (69) . . 129G3
Saint-Pierre-la-Rivière (61) . 39F4
Saint-Pierre-la-Roche (07). . 158A2
Saint-Pierre-la-Vieille (14). . 38B3
Saint-Pierre-Lafeuille (46). . 152C3
Saint-Pierre-Langers (50) . . 35G2
Saint-Pierre-Laval (03) 114C5
Saint-Pierre-Lavis (76) 18A2
Saint-Pierre-le-Bost (23) . . . 112A3
Saint-Pierre-le-Chastel (63) . 126D3
Saint-Pierre-le-Moûtier (58) . 98D5
Saint-Pierre-le-Vieux (48) . . 141G6
Saint-Pierre-le-Vieux (71) . . 115H4
Saint-Pierre-le-Vieux (76) . . 17F2
Saint-Pierre-le-Vieux (85) . . 107F3
Saint-Pierre-lès-Bitry (60) . . 21G4
Saint-Pierre-lès-Bois (18) . . 97G6
Saint-Pierre-lès-Elbeuf (76). 18C6
Saint-Pierre-lès-Étieux (18). 98A6
Saint-Pierre-
-lès-Franqueville (02) . . 22D1
Saint-Pierre-
-lès-Nemours (77). 64A3
Saint-Pierre-Montlimart (49) . 75G5
Saint-Pierre-Quiberon (56) . 72B2
Saint-Pierre-Roche (63). . . . 126D3
Saint-Pierre-
-Saint-Jean (07). 157E3
Saint-Pierre-sur-Dives (14) . 39E2
Saint-Pierre-sur-Doux (07) . 143G3
Saint-Pierre-sur-Dropt (47). 150C1
Saint-Pierre-sur-Erve (53) . . 59F5
Saint-Pierre-sur-Orthe (53) . 59G3
Saint-Pierre-sur-Vence (08). 24A2
Saint-Pierre-Tarentaine (14). 37H2
Saint-Pierre-Toirac (46). . . . 153G3
Saint-Pierremont (02). 22D2
Saint-Pierremont (08) 24C4
Saint-Pierremont (88) 70A1
Saint-Pierreville (07) 143G6
Saint-Pierrevillers (55) 25G4
Saint-Plaisir (03) 113F1
Saint-Plancard (31) 184A3
Saint-Planchers (50) 35G2
Saint-Plantaire (36) 111F2
Saint-Point (71) 116A3
Saint-Point-Lac (25). 103H5
Saint-Pois (50) 37G4
Saint-Poix (53). 58B5
Saint-Pol-de-Léon (29) 31H2
Saint-Pol-sur-Mer (59) 2B1
Saint-Pol-sur-Ternoise (62). . 7G1
Saint-Polgues (42) 128C2
Saint-Polycarpe (11) 186D5
Saint-Pompain (79) 107G2
Saint-Pompont (24) 152A1
Saint-Poncy (15) 141F3
Saint-Pons (04) 161F3
Saint-Pons (07) 157H2
Saint-Pons-
de-Mauchiens (34) 172D6
Saint-Pons-
de-Thomières (34) 187G1
Saint-Pons-la-Calm (30) . . . 174C1
Saint-Pont (03). 113H5
Saint-Porchaire (17) 120D2
Saint-Porquier (82) 168D2
Saint-Pouange (10) 66B4
Saint-Pourçain-
-sur-Besbre (03). 114B2
Saint-Pourçain-
-sur-Sioule (03) 113H4
Saint-Prancher (88) 69E2
Saint-Préjet-Armandon (43). 142A2
Saint-Préjet-d'Allier (43) . . 142A5
Saint-Prest (28) 62B1
Saint-Preuil (16). 121H4
Saint-Priest (07) 157H1
Saint-Priest (23) 125H3
Saint-Priest (69). 130B3
Saint-Priest-Bramefant (63) . 127H1
Saint-Priest-d'Andelot (63) . 113G6
Saint-Priest-de-Gimel (19) . 139F1
Saint-Priest-
des-Champs (63) 126D1
Saint-Priest-en-Jarez (42). . 129F6
Saint-Priest-en-Murat (03) . 113F3
Saint-Priest-la-Feuille (23) . 111E5
Saint-Priest-la-Marche (18). 112A3
Saint-Priest-la-Plaine (23). . 111E5
Saint-Priest-la-Prugne (42) . 128B1
Saint-Priest-la-Roche (42) . 128B3
Saint-Priest-la-Vêtre (42) . . 128B3
Saint-Priest-
les-Fougères (24) 123H5
Saint-Priest-Ligoure (87) . . 124B4
Saint-Priest-Palus (23) . . . 124D2
Saint-Priest-sous-Aixe (87). 124C2
Saint-Priest-Taurion (87). . . 124C2
Saint-Prim (38) 130A6
Saint-Privat (07) 157G2
Saint-Privat (19) 139G3
Saint-Privat (34) 172C4
Saint-Privat-d'Allier (43) . . 142B4

Saint-Privat-
-de-Champclos (30). . . . 157G5
Saint-Privat-
-de-Vallongue (48). 156C5
Saint-Privat-des-Prés (24) . 136C2
Saint-Privat-des-Vieux (30). 157E6
Saint-Privat-du-Dragon (43) . 141D4
Saint-Privat-du-Fau (48) . . . 141G5
Saint-Privat-
-la-Montagne (57) 26B5
Saint-Privé (71) 101E6
Saint-Privé (89) 82C3
Saint-Prix (03) 114B5
Saint-Prix (07) 143G5
Saint-Prix (71) 100B4
Saint-Prix (95) 42C2
Saint-Prix-lès-Arnay (21). . . 101E4
Saint-Projet (46) 152D1
Saint-Projet (82) 153F5
Saint-Projet-de-Salers (15) . 140B3
Saint-Projet-
-Saint-Constant (16) . . . 122D3
Saint-Prouant (85). 92B5
Saint-Pryvé-
-Saint-Mesmin (45) 80D1
Saint-Puy (32) 167G3
Saint-Python (59) 9F3
Saint-Quantin-
de-Rançanne (17). 121E5
Saint-Quay-Perros (22) 32C1
Saint-Quay-Portrieux (22). . 33G3
Saint-Quentin (02) 9E6
Saint-Quentin-au-Bosc (76) . 6A5
Saint-Quentin-
de-Baron (33) 135G5
Saint-Quentin-
de-Blavou (61) 60C1
Saint-Quentin-
de-Caplong (33) 136B6
Saint-Quentin-
de-Chalais (16) 136B2
Saint-Quentin-des-Isles (27). 15H6
Saint-Quentin-des-Prés (60). 19G3
Saint-Quentin-
du-Dropt (47) 151F1
Saint-Quentin-
en-Mauges (49) 75H4
Saint-Quentin-
en-Tourmont (80) 6C2
Saint-Quentin-
Fallavier (38). 130C4
Saint-Quentin-
la-Chabanne (23) 125G2
Saint-Quentin-la-Motte-
-Croix-au-Bailly (80) . . . 6B4
Saint-Quentin-
la-Poterie (30) 174B1
Saint-Quentin-la-Tour (09) . 186B5
Saint-Quentin-le-Petit (08) . 23E3
Saint-Quentin-le-Verger (51) . 44D6
Saint-Quentin-les-Anges (53). 76C2
Saint-Quentin-
-lès-Beaurepaire (49) . . . 77G3
Saint-Quentin-
les-Chardonnets (61) . . . 38A4
Saint-Quentin-
les-Marais (51) 46B4
Saint-Quentin-
sur-Charente (16) 123F2
Saint-Quentin-
sur-Coole (51) 45H4
Saint-Quentin-
sur-Indrois (37). 95G1
Saint-Quentin-sur-Isère (38) . 145F1
Saint-Quentin-
sur-le-Homme (50). 35H4
Saint-Quentin-
sur-Nohain (58) 82C6
Saint-Quentin-
sur-Sauxillanges (63) . . 127G5
Saint-Quintin-
-sur-Sioule (63) 113G6
Saint-Quirc (09). 185G2
Saint-Quirin (57) 50A5
Saint-Rabier (24) 138A3
Saint-Racho (71) 115G4
Saint-Rambert-d'Albon (26) . 144A1
Saint-Rambert-
-en-Bugey (01) 131E3
Saint-Raphaël (24) 137H1
Saint-Raphaël (83). 194C2
Saint-Régis-du-Coin (42) . . 143F2
Saint-Règle (37). 79G5
Saint-Remèze (07) 157H4
Saint-Remimont (54). 69G1
Saint-Remimont (88) 69E3
Saint-Rémy (01). 116D5
Saint-Rémy (12) 153G4
Saint-Rémy (14). 38B3
Saint-Rémy (19). 125H4
Saint-Rémy (21). 84C3
Saint-Rémy (24). 136B4
Saint-Rémy (70). 87F1
Saint-Rémy (71) 101G5
Saint-Rémy (79). 107G3
Saint-Rémy (88). 70C2
Saint-Rémy-au-Bois (62). . . . 6D2
Saint-Rémy-aux-Bois (54). . 69G4
Saint-Rémy-Blanzy (02) . . . 22A6
Saint-Rémy-Boscrocourt (76). 6B5
Saint-Rémy-Chaussée (59) . 9H3
Saint-Rémy-de-Blot (63) . . 113F6
Saint-Rémy-
-de-Chargnat (63) 127G5
Saint-Rémy-
-de-Chaudes-Aigues (15) . 141E6
Saint-Rémy-de-
-Maurienne (73). 132C6
Saint-Rémy-de-
-Provence (13) 191F1
Saint-Rémy-de-Sillé (72). . . 59H4

Saint-Rémy-des-Landes (50) . 12 C5
Saint-Rémy-des-Monts (72) . . 60 C3
Saint-Rémy-du-Nord (59) 10 A3
Saint-Rémy-du-Plain (35) . . 35 F6
Saint-Rémy-du-Val (72) 60 B2
Saint-Rémy-en-Bouzemont-Saint-
   -Genest-et-Isson (51) . . 46 B6
Saint-Rémy-en-l'Eau (60) . . . 20 D4
Saint-Rémy-en-Mauges (49) . 75 D6
Saint-Rémy-en-Rollat (03) . . 114 A5
Saint-Renan (29) 30 D4
Saint-Restitut (26) 158 B4
Saint-Révérend (85) 90 D4
Saint-Révérien (58) 99 F1
Saint-Rieul (22) 34 A5
Saint-Rigomer-des-Bois (72) . 60 A2
Saint-Rimay (41) 79 F2
Saint-Riquier (80) 7 E4
Saint-Riquier-en-Rivière (76) . . 6 B6
Saint-Riquier-ès-Plains (76) . . 17 E2
Saint-Rirand (42) 114 D6
Saint-Rivoal (29) 31 C5
Saint-Robert (19) 138 B2
Saint-Robert (47) 151 G5
Saint-Roch (37) 78 D5
Saint-Roch-sur-Égrenne (61) . 38 A6
Saint-Rogatien (17) 106 D5
Saint-Romain (16) 136 B1
Saint-Romain (21) 101 F3
Saint-Romain (63) 128 C5
Saint-Romain (86) 109 E4
Saint-Romain-
   -au-Mont-d'Or (69) 130 A2
Saint-Romain-d'Ay (07). 143 H3
Saint-Romain-
   -de-Benet (17) 120 D3
Saint-Romain-
   -de-Colbosc (76) 15 G1
Saint-Romain-
   -de-Jalionas (38) 130 D3
Saint-Romain-de-Lerps (07) . 144 A4
Saint-Romain-de-
   -Monpazier (24) 151 G1
Saint-Romain-
   -de-Popey (69) 129 G2
Saint-Romain-
   -de-Surieu (38) 130 B6
Saint-Romain-d'Urfé (42) . . 128 B2
Saint-Romain-en-Gal (69) . . 130 A5
Saint-Romain-en-Gier (69) . . 129 H5
Saint-Romain-en-Jarez (42) . 129 G5
Saint-Romain-
   -en-Viennois (84) 158 D5
Saint-Romain-
   -et-Saint-Clément (24) . . . 123 G6
Saint-Romain-la-Motte (42) . 115 E6
Saint-Romain-
   -la-Virvée (33) 135 F4
Saint-Romain-Lachalm (43) . 143 F2
Saint-Romain-
   -le-Noble (47) 151 G6
Saint-Romain-le-Preux (89) . . 64 D6
Saint-Romain-le-Puy (42) . . . 143 G2
Saint-Romain-le-Puy (42) . . . 128 D5
Saint-Romain-
   -les-Atheux (42) 143 F1
Saint-Romain-
   -sous-Gourdon (71). 115 G1
Saint-Romain-
   -sous-Versigny (71) 115 F1
Saint-Romain-sur-Cher (41) . . 80 A6
Saint-Romain-
   -sur-Gironde (17) 120 D5
Saint-Roman (26) 159 F1
Saint-Roman-
   -de-Codières (30). 173 F2
Saint-Roman-
   -de-Malegarde (84) 158 C5
Saint-Romans (38) 144 D3
Saint-Romans-
   -des-Champs (79) 107 H4
Saint-Romans-
   -lès-Melle (79) 108 B4
Saint-Rome (31) 185 H1
Saint-Rome-
   -de-Cernon (12) 171 H2
Saint-Rome-de-Dolan (48) . . 155 G6
Saint-Rome-de-Tarn (12) . . . 171 H1
Saint-Romphaire (50) 37 F1
Saint-Rustice (31) 169 E3
Saint-Saëns (76) 17 H4
Saint-Saire (76) 19 F2
Saint-Salvadou (12) 153 H5
Saint-Salvadour (19) 125 E6
Saint-Salvi-
   -de-Carcavès (81) 171 F4
Saint-Salvy (47) 151 E5
Saint-Salvy-
   -de-la-Balme (81) 170 D5
Saint-Samson (14) 14 D4
Saint-Samson (53) 59 G1
Saint-Samson-
   -de-Bonfossé (50) 37 F1
Saint-Samson-
   -de-la-Roque (27) 15 G2
Saint-Samson-la-Poterie (60) . 19 G3

Saint-Samson-
   -sur-Rance (22) 36 A6
Saint-Sandoux (63) 127 F4
Saint-Santin (12) 153 H2
Saint-Santin-Cantalès (15) . . 139 H4
Saint-Santin-de-Maurs (15) . 153 H2
Saint-Sardos (47) 151 E4
Saint-Sardos (82) 168 D3
Saint-Satur (18) 82 B6
Saint-Saturnin (15) 140 D2
Saint-Saturnin (16) 122 B4
Saint-Saturnin (18) 112 A2
Saint-Saturnin (48) 155 G4
Saint-Saturnin (51) 45 E6
Saint-Saturnin (63) 127 F4
Saint-Saturnin (72) 60 A5
Saint-Saturnin-
   -de-Lenne (12) 155 F4
Saint-Saturnin-
   -de-Lucian (34) 172 D5
Saint-Saturnin-du-Bois (17) . 107 F5
Saint-Saturnin-du-Limet (53) . 76 A1
Saint-Saturnin-lès-Apt (84) . . 175 H2
Saint-Saturnin-
   -lès-Avignon (84) 175 E2
Saint-Saturnin-sur-Loire (49) . 77 E5
Saint-Saud-
   -Lacoussière (24) 123 G5
Saint-Sauflieu (80) 20 C1
Saint-Saulge (59) 99 G2
Saint-Saulve (59) 9 F2
Saint-Saury (15) 139 G5
Saint-Sauvant (17) 121 F3
Saint-Sauvant (86) 108 C3
Saint-Sauves-
   -d'Auvergne (63) 126 C4
Saint-Sauveur (05) 161 G2
Saint-Sauveur (21) 86 B6
Saint-Sauveur (24) 137 E5
Saint-Sauveur (29) 31 G4
Saint-Sauveur (31) 169 F4
Saint-Sauveur (33) 134 D2
Saint-Sauveur (38) 144 D3
Saint-Sauveur (54) 49 H6
Saint-Sauveur (60) 21 F5
Saint-Sauveur (70) 87 H1
Saint-Sauveur (80) 7 F5
Saint-Sauveur (86) 94 D5
Saint-Sauveur-
   -Camprieu (30) 172 D1
Saint-Sauveur-d'Aunis (17) . 107 E4
Saint-Sauveur-
   -de-Carrouges (61) 38 D6
Saint-Sauveur-
   -de-Cruzières (07) 157 F5
Saint-Sauveur-de-Flée (49) . . 76 C2
Saint-Sauveur-
   -de-Ginestoux (48) 156 B1
Saint-Sauveur-
   -de-Landemont (49) 75 E4
Saint-Sauveur-
   -de-Meilhan (47) 150 B3
Saint-Sauveur-
   -de-Montagut (07) 143 G6
Saint-Sauveur-
   -de-Peyre (48) 155 G2
Saint-Sauveur-
   -de-Pierrepont (50) 12 C4
Saint-Sauveur-
   -de-Puynormand (33) 136 A4
Saint-Sauveur-
   -d'Émalleville (76) 15 F1
Saint-Sauveur-
   -des-Landes (35) 35 H6
Saint-Sauveur-
   -en-Diois (26) 158 D1
Saint-Sauveur-
   -en-Puisaye (89) 82 D3
Saint-Sauveur-en-Rue (42) . . 143 G2
Saint-Sauveur-
   -Gouvernet (26) 159 E4
Saint-Sauveur-
   -la-Pommeraye (50) 35 G2
Saint-Sauveur-
   -la-Sagne (63) 128 B6
Saint-Sauveur-
   -la-Vallée (46) 152 D2
Saint-Sauveur-Lalande (24) . 136 C4
Saint-Sauveur-
   -le-Vicomte (50) 12 C4
Saint-Sauveur-Lendelin (50) . 12 D6
Saint-Sauveur-lès-Bray (77) . . 64 D2
Saint-Sauveur-Marville (28) . . 41 E6
Saint-Sauveur-
   -sur-École (77) 63 H1
Saint-Sauveur-
   -sur-Tinée (06) 162 C6
Saint-Sauvier (03) 112 B3
Saint-Sauvy (32) 168 B4
Saint-Savin (33) 135 F2
Saint-Savin (38) 130 D4
Saint-Savin (65) 182 D5
Saint-Savin (86) 109 H1
Saint-Savinien (17) 121 E1
Saint-Saviol (86) 108 D5
Saint-Savournin (13) 192 B3
Saint-Sébastien (23) 111 E3
Saint-Sébastien (38) 145 G5
Saint-Sébastien-
   -d'Aigrefeuille (30). 173 G1
Saint-Sébastien-
   -de-Morsent (27) 40 D2
Saint-Sébastien-
   -de-Raids (50) 12 D6
Saint-Sébastien-
   -sur-Loire (44) 74 D5
Saint-Secondin (86) 109 F3
Saint-Ségal (29) 31 G4
Saint-Séglin (35) 56 D5
Saint-Seine (58) 100 A6
Saint-Seine-en-Bâche (21) . . 102 C2

Saint-Seine-l'Abbaye (21) 85 F5
Saint-Seine-
   -sur-Vingeanne (21). 86 B4
Saint-Selve (33) 149 F1
Saint-Senier-
   -de-Beuvron (50) 35 H4
Saint-Senier-
   -sous-Avranches (50) 35 H3
Saint-Senoch (37) 95 F3
Saint-Senoux (35) 57 E4
Saint-Sériès (34) 173 H4
Saint-Sernin (07) 157 G2
Saint-Sernin (11) 186 A3
Saint-Sernin (47) 150 C1
Saint-Sernin-du-Bois (71) . . 101 E5
Saint-Sernin-du-Plain (71) . . 101 F4
Saint-Sernin-
   -lès-Lavaur (81) 170 B6
Saint-Sernin-
   -sur-Rance (12) 171 F3
Saint-Sérotin (89) 64 D4
Saint-Servais (22) 32 C5
Saint-Servais (29) 31 G4
Saint-Servant (56) 55 H4
Saint-Setiers (19) 125 G4
Saint-Seurin-de-Bourg (33) . 135 E3
Saint-Seurin-
   -de-Cadourne (33) 134 D1
Saint-Seurin-
   -de-Cursac (33) 135 E2
Saint-Seurin-
   -de-Palenne (17) 121 F4
Saint-Seurin-de-Prats (24) . . 136 B5
Saint-Seurin-sur-l'Isle (33) . . 136 A4
Saint-Sève (33) 150 B2
Saint-Sever (40) 165 H3
Saint-Sever-Calvados (14) . . . 37 G3
Saint-Sever-de-Rustan (65) . . 183 F2
Saint-Sever-
   -de-Saintonge (17) 121 F3
Saint-Sever-
   -du-Moustier (12) 171 F4
Saint-Séverin (16) 136 C1
Saint-Séverin-
   -d'Estissac (24) 136 D3
Saint-Séverin-
   -sur-Boutonne (17) 107 H5
Saint-Siffret (30) 174 B2
Saint-Sigismond (45) 62 C6
Saint-Sigismond (49) 76 B4
Saint-Sigismond (74) 119 F5
Saint-Sigismond (85) 107 F3
Saint-Sigismond-
   -de-Clermont (17) 121 F5
Saint-Silvain-
   -Bas-le-Roc (23) 112 A4
Saint-Silvain-
   -Bellegarde (23) 125 H1
Saint-Silvain-
   -Montaigut (23) 111 F5
Saint-Silvain-
   -sous-Toulx (23) 112 A4
Saint-Siméon (27) 15 H4
Saint-Siméon (61) 58 D1
Saint-Siméon (77) 44 A4
Saint-Siméon-
   -de-Bressieux (38) 144 D1
Saint-Simeux (16) 122 A4
Saint-Simon (02) 21 H1
Saint-Simon (15) 140 B5
Saint-Simon (16) 122 A4
Saint-Simon (46) 153 F1
Saint-Simon-
   -de-Bordes (17) 121 F6
Saint-Simon-
   -de-Pellouaille (17) 121 E4
Saint-Sixt (74) 118 D6
Saint-Sixte (42) 128 C3
Saint-Sixte (47) 151 G6
Saint-Solve (19) 138 C1
Saint-Sorlin (69) 129 H4
Saint-Sorlin-d'Arves (73) . . . 146 B2
Saint-Sorlin-de-Conac (17). . 121 E6
Saint-Sorlin-
   -de-Morestel (38) 131 E4
Saint-Sorlin-de-Vienne (38) . 130 B6
Saint-Sorlin-en-Bugey (01). . 130 D2
Saint-Sorlin-en-Valloire (26). 144 B1
Saint-Sornin (03) 113 F3
Saint-Sornin (16) 122 D3
Saint-Sornin (17) 120 C2
Saint-Sornin-la-Marche (87) . 110 A5
Saint-Sornin-Lavolps (19) . . 138 B1
Saint-Sornin-Leulac (87). . . . 110 C5
Saint-Soulan (32) 168 B6
Saint-Souplet (59) 9 F4
Saint-Souplet-sur-Py (51) . . . 23 H6
Saint-Soupplets (77) 43 F2
Saint-Sozy (46) 138 D5
Saint-Stail (88) 70 D2
Saint-Suliac (35) 36 A5
Saint-Sulpice (01) 116 C4
Saint-Sulpice (46) 153 F2
Saint-Sulpice (49) 77 E5
Saint-Sulpice (53) 58 D6
Saint-Sulpice (58) 100 C5
Saint-Sulpice (60) 20 B5
Saint-Sulpice (63) 126 C4
Saint-Sulpice (70) 88 A3
Saint-Sulpice (73) 131 H4
Saint-Sulpice (81) 169 G4
Saint-Sulpice-
   -d'Arnoult (17) 120 D2
Saint-Sulpice-
   -de-Cognac (16) 121 G3
Saint-Sulpice-
   -de-Faleyrens (33) 135 H5
Saint-Sulpice-
   -de-Favières (91) 63 F1
Saint-Sulpice-
   -de-Grimbouville (27) 15 G3

Saint-Sulpice-
   -de-Guilleragues (33) 150 B1
Saint-Sulpice-
   -de-Mareuil (24). 123 E5
Saint-Sulpice-
   -de-Pommeray (41) 79 H3
Saint-Sulpice-
   -de-Pommiers (33) 150 A1
Saint-Sulpice-
   -de-Roumagnac (24) 136 D2
Saint-Sulpice-
   -de-Royan (17) 120 C3
Saint-Sulpice-
   -de-Ruffec (16) 122 D1
Saint-Sulpice-
   -des-Landes (35) 57 F6
Saint-Sulpice-
   -des-Landes (44) 75 F2
Saint-Sulpice-
   -des-Rivoires (38) 131 F5
Saint-Sulpice-
   -d'Excideuil (24) 123 H6
Saint-Sulpice-en-Pareds (85) . 92 C6
Saint-Sulpice-et-Cameyrac (33) . 135 F5
Saint-Sulpice-la-Forêt (35) . . 57 F2
Saint-Sulpice-Laurière (87) . 110 D6
Saint-Sulpice-
   -le-Dunois (23) 111 F4
Saint-Sulpice-
   -le-Guérétois (23) 111 F5
Saint-Sulpice-le-Verdon (85) . 91 G2
Saint-Sulpice-les-Bois (19) . . 125 G4
Saint-Sulpice-
   -les-Champs (23) 125 G1
Saint-Sulpice-
   -les-Feuilles (87) 110 D4
Saint-Sulpice-sur-Lèze (31) . . 185 F2
Saint-Sulpice-sur-Risle (61) . . 40 A4
Saint-Supplet (54) 25 H4
Saint-Sylvain (14) 38 D2
Saint-Sylvain (19) 139 F3
Saint-Sylvain-d'Anjou (49) . . 77 E4
Saint-Sylvestre (07) 144 A4
Saint-Sylvestre (74) 132 A2
Saint-Sylvestre (87) 124 C1
Saint-Sylvestre-Cappel (59) . . 2 C4
Saint-Sylvestre-
   -de-Cormeilles (27) 15 G4
Saint-Sylvestre-
   -Pragoulin (63). 114 A6
Saint-Sylvestre-sur-Lot (47) . 151 G4
Saint-Symphorien (18) 97 G5
Saint-Symphorien (27) 15 G3
Saint-Symphorien (33) 149 F3
Saint-Symphorien (35) 57 E1
Saint-Symphorien (48) 142 A6
Saint-Symphorien (72) 59 G5
Saint-Symphorien (79) 107 G4
Saint-Symphorien-
   -d'Ancelles (71) 116 B5
Saint-Symphorien-
   -de-Lay (42) 129 E1
Saint-Symphorien-
   -de-Mahun (07) 143 G3
Saint-Symphorien-
   -de-Marmagne (71) 100 D5
Saint-Symphorien-
   -de-Thénières (12) 154 D1
Saint-Symphorien-
   -des-Bois (71) 115 F4
Saint-Symphorien-
   -des-Bruyères (61) 40 A4
Saint-Symphorien-
   -des-Monts (50) 37 G6
Saint-Symphorien-
   -d'Ozon (71) 130 A4
Saint-Symphorien-
   -le-Château (28) 62 C1
Saint-Symphorien-
   -le-Valois (50) 12 C5
Saint-Symphorien-
   -sous-Chomérac (07) 158 A4
Saint-Symphorien-
   -sur-Coise (69) 129 F4
Saint-Symphorien-
   -sur-Couze (87) 110 C6
Saint-Symphorien-
   -sur-Saône (21) 102 B2
Saint-Thégonnec (29) 31 H4
Saint-Thélo (22) 55 F1
Saint-Théodorit (30) 173 H2
Saint-Théoffrey (38) 145 G4
Saint-Thibaud-
   -de-Couz (73) 131 H5
Saint-Thibault (10) 66 B4
Saint-Thibault (21) 84 D6
Saint-Thibault (60) 19 H2
Saint-Thibault-
   -des-Vignes (77) 43 F4
Saint-Thibaut (02) 22 C5
Saint-Thibéry (34) 188 D1
Saint-Thiébaud (39) 103 F3
Saint-Thiébault (52) 68 C4
Saint-Thierry (51) 23 E5
Saint-Thois (29) 53 H1
Saint-Thomas (02) 22 D4
Saint-Thomas (31) 168 C6
Saint-Thomas-
   -de-Conac (17) 121 E6
Saint-Thomas-
   -de-Courceriers (53) 59 E3
Saint-Thomas-
   -en-Argonne (51) 46 C1
Saint-Thomas-
   -en-Royans (26) 144 D4
Saint-Thomas-
   -la-Garde (42) 128 D5
Saint-Thomé (07) 158 A3
Saint-Thonan (29) 31 E4

Saint-Thual (35). 34 D6
Saint-Thurial (35) 56 D3
Saint-Thuriau (56). 55 F3
Saint-Thurien (27) 16 D6
Saint-Thurien (29) 54 B3
Saint-Thurin (42) 128 C3
Saint-Tricat (62) 1 G2
Saint-Trimoël (22) 33 H5
Saint-Trinit (84) 159 F6
Saint-Trivier-
   -de-Courtes (01). 116 D2
Saint-Trivier-
   -sur-Moignans (01) 116 C6
Saint-Trojan (33) 135 E3
Saint-Trojan-les-Bains (17) . . 120 B2
Saint-Tropez (83) 194 B4
Saint-Tugdual (56). 54 C2
Saint-Ulphace (72) 61 E4
Saint-Ulrich (68) 89 E3
Saint-Uniac (35) 56 D2
Saint-Urbain (29). 31 F5
Saint-Urbain (85). 90 C2
Saint-Urbain-
   -Maconcourt (52). 68 A2
Saint-Urcisse (47) 151 G6
Saint-Urcisse (81) 169 G2
Saint-Urcize (15) 155 F1
Saint-Usage (10) 67 E5
Saint-Usage (21) 102 B2
Saint-Usuge (71) 102 B6
Saint-Utin (51) 66 D1
Saint-Uze (26) 144 A2
Saint-Vaast-
   -de-Longmont (60) 21 E5
Saint-Vaast-
   -d'Équiqueville (76). 17 H3
Saint-Vaast-Dieppedalle (76) . 17 E3
Saint-Vaast-du-Val (76) 17 G4
Saint-Vaast-en-Auge (14) . . . 15 E4
Saint-Vaast-
   -en-Cambrésis (59) 9 F3
Saint-Vaast-en-Chaussée (80) . 7 F5
Saint-Vaast-la-Hougue (50) . . 13 E1
Saint-Vaast-lès-Mello (60) . . 20 C6
Saint-Vaast-sur-Seulles (14) . . 14 A5
Saint-Vaize (17) 121 E2
Saint-Valbert (70) 87 H1
Saint-Valentin (36). 96 D4
Saint-Valérien (85) 107 E1
Saint-Valérien (89) 64 D4
Saint-Valery-en-Caux (76). . . 17 E2
Saint-Valery-sur-Somme (80) . 6 C3
Saint-Vallerin (71) 101 F6
Saint-Vallier (16) 136 A1
Saint-Vallier (26) 144 A2
Saint-Vallier (71) 115 G1
Saint-Vallier (88) 69 G3
Saint-Vallier-de-Thiey (06) . . 178 C4
Saint-Vallier-sur-Marne (52) . 86 B1
Saint-Varent (79) 93 G4
Saint-Vaury (23) 111 F5
Saint-Venant (62) 2 C5
Saint-Vénérand (43) 142 B5
Saint-Vérain (58) 82 C5
Saint-Véran (05) 147 G6
Saint-Vérand (38) 144 D2
Saint-Vérand (69) 129 G2
Saint-Vérand (71) 116 A4
Saint-Vert (43) 142 A1
Saint-Viance (19) 138 C2
Saint-Viâtre (41) 80 D4
Saint-Victeur (72) 60 A3
Saint-Victor (03) 112 D3
Saint-Victor (07) 143 H3
Saint-Victor (15) 139 H4
Saint-Victor (24) 136 D2
Saint-Victor-de-Buthon (28) . . 61 F2
Saint-Victor-
   -de-Cessieu (38) 131 E5
Saint-Victor-
   -de-Chrétienville (27) 15 H6
Saint-Victor-de-Malcap (30) . 157 F5
Saint-Victor-
   -de-Morestel (38) 131 E3
Saint-Victor-de-Réno (61) . . . 61 E1
Saint-Victor-d'Épine (27). . . . 15 H4
Saint-Victor-des-Oules (30) . 174 B1
Saint-Victor-en-Marche (23) . 111 F5
Saint-Victor-
   -et-Melvieu (12) 171 G1
Saint-Victor-la-Coste (30) . . 174 C1
Saint-Victor-la-Rivière (63) . 127 E5
Saint-Victor-l'Abbaye (76) . . 18 D2
Saint-Victor-
   -Malescours (43) 143 F2
Saint-Victor-
   -Montvianeix (63) 128 A1
Saint-Victor-Rouzaud (09). . . 185 G4
Saint-Victor-sur-Arlanc (43) . 142 B1
Saint-Victor-sur-Avre (27) . . . 40 C5
Saint-Victor-
   -sur-Ouche (63) 128 F1
Saint-Victor-sur-Rhins (42) . 129 E1
Saint-Victour (19) 126 A6
Saint-Victurnien (87) 123 H2
Saint-Vidal (43) 142 B3
Saint-Vigor (27) 41 E2
Saint-Vigor-
   -des-Mézerets (14) 38 A3
Saint-Vigor-des-Monts (50) . . 37 F2
Saint-Vigor-d'Ymonville (76) . 15 G2
Saint-Vigor-le-Grand (14) . . . 13 H5
Saint-Vincent (31) 186 A1
Saint-Vincent (43) 143 C5
Saint-Vincent (63) 127 F5
Saint-Vincent (64) 182 D3
Saint-Vincent (82) 152 C6
Saint-Vincent-Bragny (71) . . 115 E2

Saint-Vincent-
   -Cramesnil (76) 15 G2
Saint-Vincent-
   -de-Barbeyrargues (34). . . 173 G6
Saint-Vincent-
   -de-Barrès (07) 158 A1
Saint-Vincent-
   -de-Boisset (42) 128 D1
Saint-Vincent-
   -de-Connezac (24) 136 D2
Saint-Vincent-
   -de-Cosse (24) 138 A5
Saint-Vincent-
   -de-Durfort (07) 143 H6
Saint-Vincent-
   -de-Lamontjoie (47) 167 H1
Saint-Vincent-
   -de-Mercuze (38) 131 H6
Saint-Vincent-de-Paul (33) . . 135 F4
Saint-Vincent-de-Paul (40) . . 165 E3
Saint-Vincent-
   -de-Pertignas (33) 135 H6
Saint-Vincent-de-Reins (69) . 115 G4
Saint-Vincent-
   -de-Salers (15) 140 B2
Saint-Vincent-
   -de-Tyrosse (40) 164 C4
Saint-Vincent-des-Bois (27) . . 41 F2
Saint-Vincent-des-Landes (44) . 74 D1
Saint-Vincent-des-Prés (71) . 115 H4
Saint-Vincent-des-Prés (72) . . 60 C3
Saint-Vincent-
   -d'Olargues (34) 171 G6
Saint-Vincent-
   -du-Boulay (27) 15 G5
Saint-Vincent-
   -du-Lorouër (72) 78 C1
Saint-Vincent-
   -du-Pendit (46) 139 F6
Saint-Vincent-
   -en-Bresse (71) 102 A6
Saint-Vincent-
   -Jalmoutiers (24) 136 C2
Saint-Vincent-la-Châtre (79) . 108 C4
Saint-Vincent-
   -la-Commanderie (26). . . . 144 C5
Saint-Vincent-le-Paluel (24) . 138 B5
Saint-Vincent-les-Forts (04) . 160 D3
Saint-Vincent-
   -Lespinasse (82) 151 H6
Saint-Vincent-
   -Rive-d'Olt (46) 152 B3
Saint-Vincent-
   -Sterlanges (85) 92 A5
Saint-Vincent-
   -sur-Graon (85) 91 G4
Saint-Vincent-
   -sur-Jabron (04). 159 H6
Saint-Vincent-sur-Jard (85). . 106 A2
Saint-Vincent-sur-l'Isle (24) . 137 G2
Saint-Vincent-sur-Oust (56) . 56 C6
Saint-Vit (25) 103 E1
Saint-Vital (73) 132 C4
Saint-Vite (47) 151 H3
Saint-Vitte (18) 112 C2
Saint-Vitte-sur-Briance (87) . 124 D4
Saint-Vivien (17) 106 D5
Saint-Vivien (24) 136 B5
Saint-Vivien-de-Blaye (33) . . 135 F3
Saint-Vivien-
   -de-Médoc (33) 120 C5
Saint-Vivien-
   -de-Monségur (33) 150 B2
Saint-Voir (03) 114 B3
Saint-Vougay (29) 31 G3
Saint-Vrain (51) 46 C5
Saint-Vrain (91) 63 G1
Saint-Vran (22) 56 A1
Saint-Vulbas (01) 130 D2
Saint-Waast (59) 9 G2
Saint-Wandrille-Rançon (76) . 17 E5
Saint-Witz (95) 43 E2
Saint-Xandre (17) 106 D4
Saint-Yaguen (40) 165 G2
Saint-Yan (71) 115 E3
Saint-Ybard (19) 124 C5
Saint-Ybars (09) 185 F3
Saint-Yon (91) 63 F1
Saint-Yorre (03) 114 A6
Saint-Yrieix-
   -la-Montagne (23) 125 G2
Saint-Yrieix-la-Perche (87) . . 124 A5
Saint-Yrieix-le-Déjalat (19) . 125 F6
Saint-Yrieix-les-Bois (23) . . 111 G6
Saint-Yrieix-sous-Aixe (87) . 123 H2
Saint-Yrieix-
   -sur-Charente (16) 122 B3
Saint-Ythaire (71) 116 A1
Saint-Yvi (29). 53 G3
Saint-Yvoine (63) 127 G5
Saint-Yzan-de-Soudiac (33) . 135 F2
Saint-Yzans-de-Médoc (33) . 134 D1
Saint-Zacharie (83) 192 D3
Sainte-Adresse (76). 15 E2
Sainte-Agathe (63) 128 A3
Sainte-Agathe-
   -d'Aliermont (76) 6 A6
Sainte-Agathe-
   -en-Donzy (42) 129 E2
Sainte-Agathe-
   -la-Bouteresse (42) 128 D3
Sainte-Agnès (06) 195 G4
Sainte-Agnès (38) 145 H2
Sainte-Agnès (39) 117 F1
Sainte-Alauzie (46) 152 B5
Sainte-Alvère (24) 137 E4
Sainte-Anastasie (15) 141 E3
Sainte-Anastasie (30) 174 A2
Sainte-Anastasie-
   -sur-Issole (83) 193 H3

252

Sainte-Anne (25) 103 F3
Sainte-Anne (32) 168 C4
Sainte-Anne (41) 79 G2
Sainte-Anne-d'Auray (56) . . . 55 E6
Sainte-Anne-
-Saint-Priest (87) 124 D3
Sainte-Anne-sur-Brivet (44) . . 74 A3
Sainte-Anne-
-sur-Gervonde (38) 130 D5
Sainte-Anne-sur-Vilaine (35) . 57 E6
Sainte-Aulde (77) 44 A3
Sainte-Aurence-
-Cazaux (32) 183 H1
Sainte-Austreberthe (62) . . . 7 E2
Sainte-Austreberthe (76) . . . 17 F5
Sainte-Barbe (57) 26 C5
Sainte-Barbe (88) 70 B2
Sainte-Barbe-
-sur-Gaillon (27) 41 E1
Sainte-Bazeille (47) 150 B2
Sainte-Beuve-en-Rivière (76) . 19 F1
Sainte-Blandine (38) 131 E5
Sainte-Blandine (79) 108 A4
Sainte-Brigitte (56) 55 E2
Sainte-Camelle (11) 186 A3
Sainte-Catherine (62) 8 B2
Sainte-Catherine (63) 127 H6
Sainte-Catherine (69) 129 G4
Sainte-Catherine-
-de-Fierbois (37) 94 D2
Sainte-Cécile (36) 96 C2
Sainte-Cécile (50) 37 F3
Sainte-Cécile (71) 116 A3
Sainte-Cécile (85) 92 A5
Sainte-Cécile-
-d'Andorge (30) 156 D5
Sainte-Cécile-
-du-Cayrou (81) 169 H2
Sainte-Cécile-
-les-Vignes (84) 158 B5
Sainte-Céronne-
-lès-Mortagne (61) 39 H6
Sainte-Cérotte (72) 78 D1
Sainte-Christie (32) 167 H4
Sainte-Christie-
-d'Armagnac (32) 166 D3
Sainte-Christine (49) 75 H5
Sainte-Christine (63) 113 F6
Sainte-Colombe (05) 159 G5
Sainte-Colombe (16) 122 D2
Sainte-Colombe (17) 135 G1
Sainte-Colombe (21) 84 D5
Sainte-Colombe (25) 103 H4
Sainte-Colombe (33) 136 A5
Sainte-Colombe (35) 57 G5
Sainte-Colombe (40) 165 H4
Sainte-Colombe (46) 153 G1
Sainte-Colombe (50) 12 C4
Sainte-Colombe (69) 130 A5
Sainte-Colombe (76) 17 E3
Sainte-Colombe (77) 65 E1
Sainte-Colombe (89) 84 A4
Sainte-Colombe-
-de-Duras (47) 150 C1
Sainte-Colombe-
-de-la-Commanderie (66). 201 E3
Sainte-Colombe-
-de-Peyre (48) 155 G1
Sainte-Colombe-
-de-Villeneuve (47) 151 F4
Sainte-Colombe-
-des-Bois (58) 82 D6
Sainte-Colombe-
-en-Bruilhois (47) 151 E6
Sainte-Colombe-
-la-Commanderie (27) 40 C1
Sainte-Colombe-
-près-Vernon (27) 41 E1
Sainte-Colombe-
-sur-Gand (42) 129 E2
Sainte-Colombe-
-sur-Guette (11) 200 B2
Sainte-Colombe-
-sur-l'Hers (11) 186 B5
Sainte-Colombe-
-sur-Loing (89) 82 D4
Sainte-Colombe-
-sur-Seine (21) 85 E1
Sainte-Colome (64) 182 B4
Sainte-Consorce (69) 129 H3
Sainte-Croix (01) 130 D2
Sainte-Croix (02) 22 D4
Sainte-Croix (12) 153 G4
Sainte-Croix (24) 137 G6
Sainte-Croix (26) 144 D6
Sainte-Croix (46) 152 B4
Sainte-Croix (71) 117 E1
Sainte-Croix (81) 170 B2
Sainte-Croix-à-Lauze (04) . . 176 B2
Sainte-Croix-aux-Mines (68). . 71 E3
Sainte-Croix-
-de-Caderle (30) 173 F1
Sainte-Croix-
-de-Mareuil (24) 122 D5
Sainte-Croix-
-de-Quintillargues (34) . . 173 F4
Sainte-Croix-du-Mont (33) . 149 H2
Sainte-Croix-
-du-Verdon (04) 177 F4
Sainte-Croix-en-Jarez (42) . 129 H5
Sainte-Croix-en-Plaine (68) . 71 F5
Sainte-Croix-
-Grand-Tonne (14) 14 A4
Sainte-Croix-Hague (50) . . 12 B2
Sainte-Croix-sur-Aizier (27) . 16 D6
Sainte-Croix-sur-Buchy (76) . 19 E3
Sainte-Croix-sur-Mer (14) . . 14 B3
Sainte-Croix-sur-Orne (61) . 38 C4
Sainte-Croix-
-Vallée-Française (48) . . 156 C6
Sainte-Croix-Volvestre (09). . 185 E4

Sainte-Dode (32) 183 G1
Sainte-Eanne (79) 108 B3
Sainte-Engrâce (64) 181 G4
Sainte-Eugénie-
-de-Villeneuve (43) 142 A3
Sainte-Eulalie (07) 143 E6
Sainte-Eulalie (11) 186 D3
Sainte-Eulalie (15) 140 A3
Sainte-Eulalie (33) 135 F5
Sainte-Eulalie (48) 141 H6
Sainte-Eulalie-d'Ans (24) . . 137 H2
Sainte-Eulalie-
-de-Cernon (12) 172 A2
Sainte-Eulalie-d'Eymet (24) . 150 D1
Sainte-Eulalie-d'Olt (12) . . 155 F3
Sainte-Eulalie-en-Born (40) . 148 B4
Sainte-Eulalie-
-en-Royans (26) 144 D4
Sainte-Euphémie (01) 130 A1
Sainte-Euphémie-
-sur-Ouvèze (26) 159 F5
Sainte-Eusoye (60) 20 B3
Sainte-Fauste (36) 96 D5
Sainte-Feyre (23) 111 G5
Sainte-Feyre-
-la-Montagne (23) 125 H2
Sainte-Flaive-
-des-Loups (85) 91 F5
Sainte-Florence (33) 135 H5
Sainte-Florence (85) 92 A4
Sainte-Florine (43) 127 G6
Sainte-Foi (09) 186 B4
Sainte-Fortunade (19) 139 E2
Sainte-Foy (40) 166 B2
Sainte-Foy (71) 115 E4
Sainte-Foy (76) 18 D1
Sainte-Foy (85) 91 E5
Sainte-Foy-
-d'Aigrefeuille (31) 169 G6
Sainte-Foy-
-de-Belvès (24) 152 A1
Sainte-Foy-
-de-Longas (24) 137 F5
Sainte-Foy-
-de-Montgommery (14) . . 39 F3
Sainte-Foy-
-de-Peyrolières (31) 168 D6
Sainte-Foy-la-Grande (33) . 136 C5
Sainte-Foy-la-Longue (33) . 150 A2
Sainte-Foy-
-l'Argentière (69) 129 G3
Sainte-Foy-lès-Lyon (69) . . 130 A3
Sainte-Foy-
-Saint-Sulpice (42) 128 D3
Sainte-Foy-Tarentaise (73) . . 133 F4
Sainte-Gauburge-
-Sainte-Colombe (61) . . 39 H5
Sainte-Gemme (17) 120 D2
Sainte-Gemme (32) 168 B4
Sainte-Gemme (33) 150 B2
Sainte-Gemme (36) 96 A5
Sainte-Gemme (51) 44 D1
Sainte-Gemme (79) 93 F4
Sainte-Gemme (81) 170 C1
Sainte-Gemme-
-en-Sancerrois (18) 82 B5
Sainte-Gemme-
-la-Plaine (85) 106 D2
Sainte-Gemme-
-Martaillac (47) 150 C4
Sainte-Gemme-
-Moronval (28) 41 F5
Sainte-Gemmes (41) 79 H2
Sainte-Gemmes-
-d'Andigné (49) 75 H1
Sainte-Gemmes-
-le-Robert (53) 59 F4
Sainte-Geneviève (02) 23 E2
Sainte-Geneviève (50) 13 E2
Sainte-Geneviève (54) 48 C3
Sainte-Geneviève (60) 20 B6
Sainte-Geneviève (76) 19 E2
Sainte-Geneviève-
-des-Bois (45) 82 B2
Sainte-Geneviève-
-des-Bois (91) 42 D6
Sainte-Geneviève-
-lès-Gasny (27) 41 G2
Sainte-Geneviève-
-sur-Argence (12) 140 C6
Sainte-Hélène (33) 134 C4
Sainte-Hélène (48) 156 B3
Sainte-Hélène (56) 54 D5
Sainte-Hélène (71) 101 F5
Sainte-Hélène (88) 70 B3
Sainte-Hélène-
-Bondeville (76) 16 C3
Sainte-Hélène-du-Lac (73) . 132 A5
Sainte-Hélène-
-sur-Isère (73) 132 C4
Sainte-Hermine (85) 106 D1
Sainte-Honorine-
-de-Ducy (14) 13 H6
Sainte-Honorine-
-des-Pertes (14) 13 H5
Sainte-Honorine-
-du-Fay (14) 14 B5
Sainte-Honorine-
-la-Chardonne (61) 38 B4
Sainte-Honorine-
-la-Guillaume (61) 38 C4
Sainte-Innocence (24) 150 D1
Sainte-Jalle (26) 159 E4
Sainte-Jamme-
-sur-Sarthe (72) 60 A4
Sainte-Julie (01) 130 D2
Sainte-Juliette (82) 152 B5

Sainte-Juliette-
-sur-Viaur (12) 154 C6
Sainte-Léocadie (66) 199 H4
Sainte-Lheurine (17) 121 G5
Sainte-Livrade (31) 168 D5
Sainte-Livrade-sur-Lot (47) . 151 E4
Sainte-Lizaigne (36) 97 E3
Sainte-Luce (38) 145 H5
Sainte-Luce-sur-Loire (44) . 74 D5
Sainte-Lucie-
-de-Tallano (2A) 207 E2
Sainte-Lunaise (18) 97 G4
Sainte-Magnance (89) 84 B5
Sainte-Marguerite (43) 142 A2
Sainte-Marguerite (88) 70 D3
Sainte-Marguerite-
-de-Carrouges (61) 38 D6
Sainte-Marguerite-
-de-l'Autel (27) 40 C3
Sainte-Marguerite-
-de-Viette (14) 15 E6
Sainte-Marguerite-
-d'Elle (14) 13 F6
Sainte-Marguerite-
-des-Loges (14) 15 F6
Sainte-Marguerite-
-en-Ouche (27) 40 A2
Sainte-Marguerite-
-Lafigère (07) 156 D3
Sainte-Marguerite-
-sur-Duclair (76) 17 F5
Sainte-Marguerite-
-sur-Fauville (76) 16 D4
Sainte-Marguerite-
-sur-Mer (76) 17 F2
Sainte-Marie (05) 159 F3
Sainte-Marie (08) 24 A5
Sainte-Marie (15) 140 D5
Sainte-Marie (25) 88 B4
Sainte-Marie (32) 168 B5
Sainte-Marie (35) 56 C6
Sainte-Marie (58) 99 F2
Sainte-Marie (65) 184 A5
Sainte-Marie (66) 201 G2
Sainte-Marie-à-Py (51) 23 H6
Sainte-Marie-au-Bosc (76) . . 16 B4
Sainte-Marie-
-aux-Chênes (57) 26 A5
Sainte-Marie-aux-Mines (68) . 71 E3
Sainte-Marie-Cappel (59) . . 2 C3
Sainte-Marie-d'Alloix (38) . 132 A6
Sainte-Marie-d'Alvey (73) . 131 G4
Sainte-Marie-
-de-Chignac (24) 137 G3
Sainte-Marie-
-de-Cuines (73) 146 C1
Sainte-Marie-
-de-Gosse (40) 164 D5
Sainte-Marie-de-Ré (17) 106 B5
Sainte-Marie-
-de-Vatimesnil (27) 19 F6
Sainte-Marie-de-Vaux (87) . . 123 H2
Sainte-Marie-
-des-Champs (76) 17 E4
Sainte-Marie-du-Bois (50) . 37 G6
Sainte-Marie-du-Bois (53) . 59 E1
Sainte-Marie-
-du-Lac-Nuisement (51) . 46 C6
Sainte-Marie-du-Mont (38) . 131 H6
Sainte-Marie-du-Mont (50) . 13 F4
Sainte-Marie-
-en-Chanois (70) 88 A1
Sainte-Marie-en-Chaux (70) . 87 H2
Sainte-Marie-Kerque (62) . . 2 A2
Sainte-Marie-
-la-Blanche (21) 101 G3
Sainte-Marie-la-Robert (61) . 38 D5
Sainte-Marie-
-Lapanouze (19) 126 A6
Sainte-Marie-Laumont (14) . 37 H3
Sainte-Marie-
-Outre-l'Eau (14) 37 G3
Sainte-Marie-sur-Ouche (21) . 85 F6
Sainte-Marthe (27) 40 C3
Sainte-Marthe (47) 150 C3
Sainte-Maure (10) 66 B3
Sainte-Maure-
-de-Peyriac (47) 167 E1
Sainte-Maure-
-de-Touraine (37) 94 D2
Sainte-Maxime (83) 194 B3
Sainte-Même (17) 121 F2
Sainte-Menehould (51) 46 C2
Sainte-Mère (32) 168 A2
Sainte-Mère-Église (50) . . 13 E4
Sainte-Mesme (78) 62 D1
Sainte-Mondane (24) 138 B5
Sainte-Montaine (18) 81 G5
Sainte-Nathalène (24) 138 B5
Sainte-Néomaye (79) 108 A3
Sainte-Olive (01) 116 C6
Sainte-Opportune (61) 38 C4
Sainte-Opportune-
-du-Bosc (27) 40 C1
Sainte-Opportune-
-la-Mare (27) 17 H2
Sainte-Orse (24) 137 H2
Sainte-Osmane (72) 78 D1
Sainte-Ouenne (79) 107 H2
Sainte-Pallaye (89) 83 G3
Sainte-Paule (69) 129 G1
Sainte-Pazanne (44) 74 B6
Sainte-Pexine (85) 106 D1
Sainte-Pience (50) 37 E3
Sainte-Pôle (54) 49 G6
Sainte-Preuve (02) 22 D3
Sainte-Radegonde (12) . . 154 D6
Sainte-Radegonde (17) . . 120 D2
Sainte-Radegonde (24) . . 151 F1
Sainte-Radegonde (32) . . 167 H3
Sainte-Radegonde (33) . . 136 A6

Sainte-Radegonde (71) . . 100 B6
Sainte-Radegonde (79) . . 93 G3
Sainte-Radegonde (86) . . 109 G1
Sainte-Radegonde-
-des-Noyers (85) 106 D3
Sainte-Ramée (17) 121 E6
Sainte-Reine (70) 87 E4
Sainte-Reine (73) 132 B4
Sainte-Reine-
-de-Bretagne (44) 73 H3
Sainte-Ruffine (57) 26 B5
Sainte-Sabine (21) 101 F2
Sainte-Sabine-Born (24) . . 151 G1
Sainte-Sabine-
-sur-Longève (72) 60 A4
Sainte-Savine (10) 66 B3
Sainte-Scolasse-
-sur-Sarthe (61) 39 G6
Sainte-Segrée (80) 19 H1
Sainte-Sève (29) 31 H3
Sainte-Sévère (16) 121 H3
Sainte-Sévère-
-sur-Indre (36) 111 H2
Sainte-Sigolène (43) 143 E2
Sainte-Solange (18) 97 H2
Sainte-Soline (79) 108 C4
Sainte-Souline (16) 122 A6
Sainte-Soulle (17) 106 D4
Sainte-Suzanne (09) 185 F3
Sainte-Suzanne (25) 88 C4
Sainte-Suzanne (53) 59 F4
Sainte-Suzanne-
-sur-Vire (50) 37 G1
Sainte-Terre (33) 135 H5
Sainte-Thérence (03) 112 C4
Sainte-Thorette (18) 97 F3
Sainte-Tréphine (22) 33 E6
Sainte-Trie (24) 138 A1
Sainte-Tulle (04) 176 C3
Sainte-Valière (11) 187 H3
Sainte-Vaubourg (08) 24 A4
Sainte-Verge (79) 93 G3
Sainte-Vertu (89) 84 A2
Sainteny (50) 13 E5
Saintes (17) 121 E3
Saintes-Maries-
-de-la-Mer (13) 190 C4
Saintines (60) 21 E5
Saintry-sur-Seine (91) 43 E6
Saints (77) 43 H5
Saints (89) 83 E3
Saints-Geosmes (52) 86 B1
Sainville (28) 62 D2
Saires (86) 94 B4
Saires-la-Verrerie (61) 38 B5
Saisies (11) 186 D2
Saisseval (80) 7 F6
Saisy (71) 101 E4
Saivres (79) 108 A2
le Saix (05) 160 A3
Saïx (81) 170 C6
Saix (86) 93 H2
Saizenay (39) 103 F3
Saizerais (54) 48 C4
Saizy (58) 83 G6
Sajas (31) 184 D2
Salagnac (24) 138 A1
Salagnon (38) 130 D4
Salaise-sur-Sanne (38) 144 A1
Salans (39) 103 E2
Salasc (34) 172 C5
Salaunes (33) 134 D4
Salavas (07) 157 G4
Salavre (01) 117 E3
Salazac (30) 157 H5
Salbris (41) 81 E5
les Salces (48) 155 G3
Saléchan (65) 184 A5
Saleich (31) 184 C5
Saleignes (17) 108 B6
Saleilles (66) 201 F2
les Salelles (07) 157 E4
les Salelles (48) 155 G5
Salency (60) 21 G3
Salenthal (67) 50 C5
Saléon (05) 159 H4
Salérans (05) 159 H5
Salernes (83) 193 G1
Salers (15) 140 B3
Sales (74) 131 H2
Salesches (59) 9 G3
la Salette-Fallavaux (38) . . 146 A5
Salettes (26) 158 C2
Salettes (43) 142 C5
Saleux (80) 7 F6
Salice (2A) 204 D4
Saliceto (2B) 205 F1
Saliès (81) 170 C3
Salies-de-Béarn (64) 165 F6
Salies-du-Salat (31) 184 C4
Salignac (04) 160 B6
Salignac (33) 135 G4
Salignac-
-de-Mirambeau (17) 121 F6
Salignac-Eyvigues (24) 138 B4
Salignac-sur-Charente (17) . 121 G3
Saligney (39) 102 D1
Saligny (85) 91 G3
Saligny (89) 65 E4
Saligny-le-Vif (18) 98 B3
Saligny-sur-Roudon (03) . . 114 C2
Saligos (65) 182 D6
Salindres (30) 157 E6
Salinelles (30) 173 G3
Salins (15) 140 A2
Salins (77) 64 C2
Salins-les-Bains (39) 103 F4
Salins-les-Thermes (73) . . 132 D5
Salives (21) 85 H3
Sallagriffon (06) 178 C2

Sallanches (74) 133 E1
Sallaumines (62) 8 B1
la Salle (71) 116 B3
la Salle (88) 70 C2
la Salle-de-Vihiers (49) . . . 92 D1
la Salle-en-Beaumont (38) . 145 H5
la Salle-
-et-Chapelle-Aubry (49) . 76 B4
la Salle-les-Alpes (05) . . 147 E4
la Salle-Prunet (48) 156 B5
Salleboeuf (33) 135 F5
Sallèdes (63) 127 G4
Sallèles-Cabardès (11) . . 187 E2
Sallèles-d'Aude (11) 188 A3
Sallen (14) 37 H1
Sallenelles (14) 14 C4
Sallenôves (74) 118 B6
Sallertaine (85) 90 D2
Salles (33) 148 D2
Salles (47) 151 G3
Salles (65) 182 D4
Salles (79) 108 B3
Salles (81) 170 B1
Salles-Adour (65) 183 E3
Salles-Arbuissonnas-
-en-Beaujolais (69) 116 A6
Salles-Courbatiès (12) 153 G3
Salles-Curan (12) 154 D6
Salles-d'Angles (16) 121 G4
Salles-d'Armagnac (32) . . 166 D3
Salles-d'Aude (11) 188 B3
Salles-de-Barbezieux (16) . 121 H5
Salles-de-Belvès (24) 151 H1
les Salles-de-Castillon (33) . 136 A5
Salles-de-Villefagnan (16) . 122 C1
les Salles-du-Gardon (30) . 157 E6
Salles-et-Pratviel (31) 197 F1
Salles-la-Source (12) 154 C4
Salles-Lavalette (16) 122 C6
les Salles-Lavauguyon (87) . 123 F3
Salles-Mongiscard (64) . . 165 F6
Salles-sous-Bois (26) 158 C3
Salles-sur-Garonne (31) . . 185 E2
Salles-sur-l'Hers (11) 186 A2
Salles-sur-Mer (17) 106 D5
les Salles-sur-Verdon (83) . 177 F3
Sallespisse (64) 165 G5
Salmagne (55) 47 F4
Salmaise (21) 85 E5
Salmbach (67) 51 G2
Salmiech (12) 154 C6
Salomé (59) 3 E6
Salon (10) 45 F6
Salon (24) 137 F4
Salon-de-Provence (13) . . 191 G2
Salon-la-Tour (19) 124 C5
Salonnes (57) 49 E4
Salornay-sur-Guye (71) . . 115 H2
Salouël (80) 7 F6
Salperwick (62) 2 B4
Salsein (09) 184 D6
Salses-le-Château (66) . . . 201 F1
Salsigne (11) 187 E2
Salt-en-Donzy (42) 129 E3
Salvagnac (81) 169 G3
Salvagnac-Cajarc (12) . . . 153 F3
la Salvetat-Belmontet (82) . 169 F2
la Salvetat-Lauragais (31) . 169 H6
la Salvetat-Peyralès (12) . 153 H5
la Salvetat-Saint-Gilles (31) . 169 E5
la Salvetat-sur-Agout (34) . 171 F5
Salvezines (11) 200 B1
Salviac (46) 152 B1
Salvizinet (42) 129 E3
Salza (11) 187 F5
Salzuit (43) 141 H2
Samadet (40) 166 A5
Saman (31) 184 B3
Samaran (32) 183 H1
Samatan (32) 168 B6
Samazan (47) 150 B3
Sambin (41) 79 H5
Sambourg (89) 84 A2
Saméon (59) 4 A6
Samer (62) 1 F5
Samerey (21) 102 B2
Sames (64) 165 E5
Sammarçolles (86) 94 A3
Sammeron (77) 43 H3
Samoëns (74) 119 F5
Samognat (01) 117 G4
Samogneux (55) 25 E6
Samois-sur-Seine (77) 64 B2
Samonac (33) 135 E3
Samoreau (77) 64 B2
Samouillan (31) 184 C3
Samoussy (02) 22 C3
Sampans (39) 102 C2
Sampigny (55) 47 G4
Sampigny-
-lès-Maranges (71) 101 F4
Sampolo (2A) 205 E5
Sampzon (07) 157 G4
Samson (25) 103 F3
Samsons-Lion (64) 182 D1
Samuran (31) 184 A5
San-Damiano (2B) 203 G6
San-Gavino-
-d'Ampugnani (2B) 203 G6
San-Gavino-di-Carbini (2A) . 207 F2
San-Gavino-
-di-Fiumorbo (2B) 205 F5
San-Gavino-di-Tenda (2B) . 203 F5
San-Giovanni-
-di-Moriani (2B) 205 G1
San-Giuliano (2B) 205 G2
San-Lorenzo (2B) 205 F1
San-Martino-di-Lota (2B) . 203 G3
San-Nicolao (2B) 205 G2

Sanary-sur-Mer (83) 192 D5
Sancé (71) 116 B3
Sancergues (18) 98 C2
Sancerre (18) 82 B6
Sancey-le-Grand (25) 88 B6
Sancey-le-Long (25) 88 B6
Sancheville (28) 62 B4
Sanchey (88) 69 H4
Sancoins (18) 98 C5
Sancourt (27) 19 G5
Sancourt (59) 8 D3
Sancourt (80) 21 G1
Sancy (54) 26 A3
Sancy (77) 43 G3
Sancy-les-Cheminots (02) . 22 B4
Sancy-les-Provins (77) . . 44 B5
Sand (67) 71 G2
Sandarville (28) 62 A3
Sandaucourt (88) 69 E3
Sandillon (45) 81 E1
Sandouville (76) 15 G2
Sandrans (01) 116 C6
Sangatte (62) 1 G2
Sanghen (62) 1 G4
Sanguinet (40) 148 C2
Sanilhac (07) 157 F3
Sanilhac-Sagriès (30) 174 B2
Sannat (23) 112 B6
Sannerville (14) 14 C4
Sannes (84) 176 A4
Sannois (95) 42 D3
Sanous (65) 183 E1
Sanry-lès-Vigy (57) 26 C5
Sanry-sur-Nied (57) 26 D6
Sans-Vallois (88) 69 F4
Sansa (66) 200 A3
Sansac-de-Marmiesse (15). . 140 A5
Sansac-Veinazès (15) 154 B1
Sansais (79) 107 G4
Sansan (32) 167 H6
Sanssac-l'Église (43) 142 B4
Sanssat (03) 114 A4
Santa-Lucia-
-di-Mercurio (2B) 205 F2
Santa-Lucia-
-di-Moriani (2B) 205 H1
Santa-Maria-di-Lota (2B) . 203 G3
Santa-Maria-
-Figaniella (2A) 207 E2
Santa-Maria-Poggio (2B) . 205 G2
Santa-Maria-Siché (2A) . 204 D6
Santa-Reparata-
-di-Balagna (2B) 202 D5
Santa-Reparata-
-di-Moriani (2B) 205 G2
Sant'Andréa-di-Bozio (2B) . 205 F2
Sant'Andréa-
-di-Cotone (2B) 205 G2
Sant'Andréa-d'Orcino (2A) . 204 C5
Santans (39) 102 D3
Sant'Antonino (2B) 202 C5
Santeau (45) 63 F5
Santec (29) 31 G2
Santenay (21) 101 F4
Santenay (41) 79 G4
Santeny (94) 43 E5
Santes (59) 3 F5
Santeuil (28) 62 C2
Santeuil (95) 42 A1
Santigny (89) 84 B4
Santilly (28) 62 D4
Santilly (71) 116 A1
Santo-Pietro-di-Tenda (2B) . 203 F5
Santo-Pietro-
-di-Venaco (2B) 205 E3
Santoche (25) 88 A5
Santosse (21) 101 F3
Santranges (18) 82 B5
Sanvensa (12) 153 G5
Sanvignes-les-Mines (71) . 100 D6
Sanxay (86) 108 C2
Sanzey (54) 48 A4
Saon (14) 13 G5
Saône (25) 103 G1
Saonnet (14) 13 G5
Saorge (06) 179 G1
Saosnes (72) 60 B3
Saou (26) 158 C2
le Sap (61) 39 G3
le Sap-André (61) 39 G4
Sapignicourt (51) 46 C5
Sapignies (62) 8 B4
Sapogne-et-Feuchères (08) . 24 B2
Sapogne-sur-Marche (08) . 25 E2
Sapois (39) 103 F5
Sapois (88) 70 B5
Saponay (02) 22 B6
Saponcourt (70) 87 F1
le Sappey (74) 118 C5
le Sappey-
-en-Chartreuse (38) 145 G2
Saramon (32) 168 A6
Saran (45) 62 D6
Saraz (25) 103 F3
Sarbazan (40) 166 B1
Sarcé (72) 78 B2
Sarceaux (61) 39 E5
Sarcelles (95) 42 D3
Sarcenas (38) 145 G1
Sarcey (52) 68 A5
Sarcey (69) 129 G2
Sarcos (32) 184 B1
Sarcus (60) 19 H2
Sarcy (51) 22 D6
Sardan (30) 173 G3
Sardent (23) 111 G6
Sardieu (38) 144 D1
Sardon (63) 127 F5
Sardy-lès-Épiry (58) 99 H2
Sare (64) 180 B1
Sargé-lès-le-Mans (72) . . 60 B5

Sargé-sur-Braye (41)....61 E6
Sari-d'Orcino (2A)....204 C5
Sari-Solenzara (2A)....205 G6
Sariac-Magnoac (65)....183 H2
Sarlabous (65)....183 F4
Sarlande (24)....124 A6
Sarlat-la-Canéda (24)....138 A5
Sarliac-sur-l'Isle (24)....137 G2
Sarniguet (65)....183 E2
Sarnois (60)....19 H2
Saron-sur-Aube (51)....44 D6
Sarp (65)....184 A5
Sarpourenx (64)....165 G6
Sarragachies (32)....166 D4
Sarrageois (25)....103 H5
Sarraguzan (32)....183 G2
Sarralbe (57)....49 H2
Sarraltroff (57)....50 A4
Sarran (19)....125 F6
Sarrance (64)....182 A4
Sarrancolin (65)....183 G5
Sarrant (32)....168 A3
Sarras (07)....144 A2
Sarrazac (24)....123 H6
Sarrazac (46)....138 D4
Sarraziet (40)....166 A4
Sarre-Union (67)....50 A2
Sarrebourg (57)....50 A4
Sarrecave (31)....184 A3
Sarreguemines (57)....27 H5
Sarreinsming (57)....27 H5
Sarremezan (31)....184 A3
Sarrewerden (67)....50 A3
Sarrey (52)....68 B5
Sarriac-Bigorre (65)....183 F1
Sarrians (84)....175 F1
Sarrigné (49)....77 E4
Sarrogna (39)....117 G2
Sarrola-Carcopino (2A)....204 C5
Sarron (40)....166 B5
Sarrouilles (65)....183 F3
Sarroux (19)....126 A6
Sarry (51)....45 H3
Sarry (71)....115 E4
Sarry (89)....84 B3
le Sars (62)....8 B4
Sars-et-Rosières (59)....9 E1
Sars-le-Bois (62)....7 H2
Sars-Poteries (59)....10 A3
Sartène (2A)....206 D3
Sartes (88)....68 B3
Sartilly (50)....35 G3
Sarton (62)....7 H4
Sartrouville (78)....42 C3
Sarzay (36)....111 G1
Sarzeau (56)....72 D2
Sasnières (41)....79 F2
Sassangy (71)....101 F6
Sassay (41)....80 A5
Sassegnies (59)....9 H3
Sassenage (38)....145 G2
Sassenay (71)....101 H5
Sassetot-le-Malgardé (76)....17 F3
Sassetot-le-Mauconduit (76)....16 D3
Sasseville (76)....17 E3
Sassey (27)....41 E2
Sassey-sur-Meuse (55)....24 D4
Sassierges-Saint-Germain (36)....96 D5
Sassis (65)....182 D6
Sassy (14)....14 D6
Sathonay-Camp (69)....130 A2
Sathonay-Village (69)....130 A2
Satillieu (07)....143 H3
Satolas-et-Bonce (38)....130 C4
Saturargues (34)....173 H4
Saubens (31)....169 E6
Saubion (40)....164 C4
Saubole (64)....182 D2
Saubrigues (40)....164 C5
Saubusse (40)....164 D4
Saucats (33)....149 F1
Saucède (64)....181 H2
la Saucelle (28)....40 D6
Sauchay (76)....17 H2
Sauchy-Cauchy (62)....8 D3
Sauchy-Lestrée (62)....8 D3
Sauclières (12)....172 C2
Saudemont (62)....8 C3
Saudoy (51)....44 D5
Saudron (52)....68 B1
Saudrupt (55)....46 D5
Saugeot (39)....117 H1
Saugnac-et-Cambran (40)....165 E4
Saugnacq-et-Muret (40)....148 D3
Saugon (33)....135 F2
Saugues (43)....142 A5
Sauguis-Saint-Étienne (64)....181 G3
Saugy (18)....97 F4
Saujac (12)....153 F4
Saujon (17)....120 C3
la Saulce (05)....160 B3
Saulce-sur-Rhône (26)....158 B1
Saulces-Champenoises (08)....23 H4
Saulces-Monclin (08)....23 H3
Saulcet (03)....113 H4
Saulchery (02)....44 B3
le Saulchoy (60)....20 B2
Saulchoy (62)....6 D2
Saulchoy-sous-Poix (80)....20 A1
Saulcy (10)....67 F3
le Saulcy (88)....70 D1
Saulcy-sur-Meurthe (88)....70 D3
Saules (25)....103 H2
Saules (71)....101 F6
Saulgé (86)....109 H3
Saulgé-l'Hôpital (49)....77 E6
Saulges (53)....59 F5
Saulgond (16)....123 G1
Sauliac-sur-Célé (46)....153 E3
Saulieu (21)....100 C1

Saulles (52)....86 C2
Saulmory-et-Villefranche (55)....24 D4
Saulnay (36)....95 H4
Saulnes (54)....25 H3
Saulnières (28)....41 E5
Saulnières (35)....57 F4
Saulnot (70)....88 B3
Saulny (57)....26 B5
Saulon-la-Chapelle (21)....102 A1
Saulon-la-Rue (21)....101 H1
la Saulsotte (10)....65 F1
Sault (84)....176 A1
Sault-Brénaz (01)....131 E2
Sault-de-Navailles (64)....165 G5
Sault-lès-Rethel (08)....23 G4
Sault-Saint-Remy (08)....23 H4
Saultain (59)....9 F2
Saulty (62)....7 H3
Saulvaux (55)....47 G5
Saulx (70)....87 G2
Saulx-le-Duc (21)....85 H4
Saulx-lès-Champlon (55)....47 H2
Saulx-les-Chartreux (91)....42 C5
Saulx-Marchais (78)....42 A4
Saulxerotte (54)....69 E1
Saulxures (67)....71 E2
Saulxures-lès-Bulgnéville (88)....68 D4
Saulxures-lès-Nancy (54)....48 D5
Saulxures-lès-Vannes (54)....68 D1
Saulxures-sur-Moselotte (88)....70 C6
Saulzais-le-Potier (18)....112 C1
Saulzet (03)....113 G5
Saulzet-le-Froid (63)....126 D4
Saulzoir (59)....9 F3
Saumane (04)....176 C1
Saumane (30)....173 E1
Saumane-de-Vaucluse (84)....175 F2
Sauméjan (47)....150 B5
Saumeray (28)....61 H3
Saumont (47)....151 E6
Saumont-la-Poterie (76)....19 F3
Saumos (33)....134 C4
Saumur (49)....77 G6
Saunay (37)....79 F3
la Saunière (23)....111 G5
Saunières (71)....102 A4
Sauqueville (76)....17 G2
Saurais (79)....108 B1
Saurat (09)....185 G6
Sauret-Besserve (63)....126 D1
Saurier (63)....127 E5
Sausheim (68)....89 F1
Saussan (34)....173 F6
Saussay (28)....41 F4
Saussay (76)....19 F5
Saussay-la-Campagne (27)....19 F5
la Saussaye (27)....18 C6
Saussemesnil (50)....12 D2
Saussenac (81)....170 D2
Saussens (31)....169 H5
Saussey (21)....101 F3
Saussey (50)....36 D2
Saussignac (24)....136 C6
Saussines (34)....173 G4
Saussy (21)....85 G5
Sautel (09)....186 A5
Sauternes (33)....149 G2
Sauteyrargues (34)....173 G3
Sauto (66)....200 A4
Sautron (44)....74 C4
la Sauvagère (61)....38 C5
les Sauvages (69)....129 F2
Sauvagnac (16)....123 F3
Sauvagnas (47)....151 F5
Sauvagnat (63)....126 C3
Sauvagnat-Sainte-Marthe (63)....127 F5
Sauvagney (25)....87 E6
Sauvagnon (64)....182 B1
Sauvagny (03)....113 E3
Sauvain (42)....128 C4
Sauvat (15)....140 A1
Sauve (30)....173 G2
la Sauve (33)....135 G4
Sauvelade (64)....181 H1
Sauverny (01)....118 B3
Sauvessanges (63)....128 C6
la Sauvetat (32)....167 H3
la Sauvetat (43)....127 F4
la Sauvetat-de-Savères (47)....151 G5
la Sauvetat-du-Dropt (47)....150 D1
la Sauvetat-sur-Lède (47)....151 F3
Sauveterre (30)....174 D1
Sauveterre (32)....184 C1
Sauveterre (65)....167 E6
Sauveterre (81)....187 F1
Sauveterre (82)....152 B5
Sauveterre-de-Béarn (64)....181 F1
Sauveterre-de-Comminges (31)....184 A5
Sauveterre-de-Guyenne (33)....150 A1
Sauveterre-de-Rouergue (12)....154 A4
Sauveterre-la-Lémance (47)....151 H2
Sauveterre-Saint-Denis (47)....151 F6
Sauviac (32)....183 H1
Sauviac (33)....149 H3
Sauvian (34)....188 C2
Sauviat (63)....128 A3
Sauviat-sur-Vige (87)....124 D3

Sauvignac (16)....136 A2
Sauvigney-lès-Gray (70)....86 D5
Sauvigney-lès-Pesmes (70)....86 C6
Sauvigny (55)....68 D1
Sauvigny-le-Beuréal (89)....84 B5
Sauvigny-le-Bois (89)....84 A4
Sauvigny-les-Bois (58)....99 E4
Sauville (08)....24 D3
Sauville (88)....68 D4
Sauvillers-Mongival (80)....20 D2
Sauvimont (32)....184 C1
Sauvoy (55)....47 H5
Saux (46)....152 A4
Saux-et-Pomarède (31)....184 B3
Sauxillanges (63)....127 G5
Sauze (06)....161 G6
le Sauze-du-Lac (05)....160 D3
Sauzé-Vaussais (79)....108 C5
Sauzelles (36)....95 F6
Sauzet (26)....158 B2
Sauzet (30)....174 A2
Sauzet (46)....152 B4
la Sauzière-Saint-Jean (81)....169 G2
Sauzon (56)....72 A3
Savarthès (31)....184 B4
Savas (07)....143 H1
Savas-Mépin (38)....130 C5
Savasse (26)....158 B2
Savenay (44)....74 A4
Savenès (82)....168 D3
Savennes (23)....111 G6
Savennes (63)....126 B5
Savennières (49)....76 D5
Saverdun (09)....185 G3
Savères (31)....184 D2
Saverne (67)....50 C4
Saveuse (80)....7 F6
Savianges (71)....101 F6
Savières (10)....66 A2
Savigna (39)....117 G2
Savignac (12)....153 G4
Savignac (33)....135 G4
Savignac-de-Duras (47)....150 C1
Savignac-de-l'Isle (33)....135 G4
Savignac-de-Miremont (24)....137 G4
Savignac-de-Nontron (24)....123 F5
Savignac-Lédrier (24)....138 A1
Savignac-les-Églises (24)....137 G2
Savignac-les-Ormeaux (09)....199 F2
Savignac-Mona (32)....168 C6
Savignac-sur-Leyze (47)....151 G3
Savignargues (30)....173 H2
Savigné (86)....109 E5
Savigné-l'Évêque (72)....60 B5
Savigné-sous-le-Lude (72)....77 H3
Savigné-sur-Lathan (37)....78 B5
Savigneux (01)....130 A1
Savigneux (42)....128 D4
Savignies (60)....20 A4
Savigny (50)....37 E1
Savigny (52)....86 D2
Savigny (69)....129 G2
Savigny (74)....118 A6
Savigny (88)....69 G2
Savigny-en-Revermont (71)....117 F1
Savigny-en-Sancerre (18)....82 B5
Savigny-en-Septaine (18)....98 A3
Savigny-en-Terre-Plaine (89)....84 B5
Savigny-en-Véron (37)....94 A1
Savigny-le-Sec (21)....85 H5
Savigny-le-Temple (77)....43 E6
Savigny-le-Vieux (50)....37 G6
Savigny-lès-Beaune (21)....101 G3
Savigny-Lévescault (86)....109 F2
Savigny-Poil-Fol (58)....100 A5
Savigny-sous-Faye (86)....94 B4
Savigny-sous-Mâlain (21)....85 F6
Savigny-sur-Aisne (08)....24 B5
Savigny-sur-Ardres (51)....22 C6
Savigny-sur-Braye (41)....79 E1
Savigny-sur-Clairis (89)....64 D5
Savigny-sur-Grosne (71)....116 A1
Savigny-sur-Orge (91)....42 D5
Savigny-sur-Seille (71)....116 D1
Savilly (21)....100 D2
Savines-le-Lac (05)....160 D2
Savins (77)....64 D1
Savoillan (84)....159 F6
Savoisy (21)....84 D2
Savolles (21)....86 A5
Savonnières (37)....78 C6
Savonnières-devant-Bar (55)....47 E4
Savonnières-en-Perthois (55)....47 E6
Savouges (21)....101 H2
Savournon (05)....159 H3
Savoyeux (70)....86 D4
Savy (02)....21 H1
Savy-Berlette (62)....8 A2
Saxel (74)....118 D4
Saxi-Bourdon (58)....99 F3
Saxon-Sion (54)....69 F2
Sayat (63)....127 E2
Saze (30)....174 D2
Sazeray (36)....111 H3
Sazeret (03)....113 F4
Sazilly (37)....94 C2
Sazos (65)....182 D6
Scaër (29)....54 A2
Scata (2B)....203 G6
Sceau-Saint-Angel (24)....123 F5
Sceautres (07)....157 H2
Sceaux (89)....84 B4
Sceaux (92)....42 C4
Sceaux-d'Anjou (49)....76 D3
Sceaux-du-Gâtinais (45)....63 H5
Sceaux-sur-Huisne (72)....60 D5
Scey-Maisières (25)....103 G2

Scey-sur-Saône-et-Saint-Albin (70)....87 F3
Schaeffersheim (67)....71 H1
Schaffhouse-près-Seltz (67)....51 G2
Schaffhouse-sur-Zorn (67)....50 D4
Schalbach (57)....50 B3
Schalkendorf (67)....50 D3
Scharrachbergheim-Irmstett (67)....50 D5
Scheibenhard (67)....51 G2
Scherlenheim (67)....50 D4
Scherwiller (67)....71 F2
Schillersdorf (67)....50 D3
Schiltigheim (67)....51 E5
Schirmeck (67)....71 E1
Schirrhein (67)....51 F3
Schirrhoffen (67)....51 F3
Schleithal (67)....51 G2
Schlierbach (68)....89 G2
Schmittviller (57)....28 A6
Schneckenbusch (57)....50 A3
Schnersheim (67)....50 D5
Schœnau (67)....71 H3
Schœnbourg (67)....50 B3
Schœneck (57)....27 G4
Schœnenbourg (67)....51 F2
Schopperten (67)....50 A2
Schorbach (57)....50 C1
Schweighouse-sur-Moder (67)....51 E3
Schweighouse-Thann (68)....89 E2
Schwenheim (67)....50 C4
Schwerdorff (57)....27 E3
Schweyen (57)....28 B5
Schwindratzheim (67)....50 D4
Schwoben (68)....89 F3
Schwobsheim (67)....71 G3
Sciecq (79)....107 H3
Scientrier (74)....118 D5
Scieurac-et-Flourès (32)....167 E5
Sciez (74)....118 D3
Scillé (79)....107 G1
Scionzier (74)....119 E6
Scolca (2B)....203 F5
Scorbé-Clairvaux (86)....94 C5
Scrignac (29)....32 B5
Script (51)....46 C5
Scy-Chazelles (57)....26 B5
Scye (70)....87 F3
Séailles (32)....166 D4
la Séauve-sur-Semène (43)....143 E1
Sébazac-Concourès (12)....154 C4
Sébécourt (27)....40 D3
Sébeville (50)....13 E4
Seboncourt (02)....9 F5
Sebourg (59)....9 G2
Sébrazac (12)....154 C3
Séby (64)....166 A6
Secenans (70)....88 B4
Séchault (08)....24 B6
Sécheras (07)....144 A3
Sécheval (08)....11 E6
Séchilienne (38)....145 H3
Séchin (25)....87 H6
Seclin (59)....3 F6
Secondigné-sur-Belle (79)....108 A5
Secondigny (79)....107 H1
Secourt (57)....48 D3
Secqueville-en-Bessin (14)....14 B4
Sedan (08)....24 C2
Sédeilhac (31)....184 A3
Séderon (26)....159 G5
Sedze-Maubecq (64)....182 D1
Sedzère (64)....182 D2
Seebach (67)....51 F2
Sées (61)....39 F6
Séez (73)....133 F4
Ségalas (47)....151 E2
Ségalas (65)....183 F1
la Ségalassière (15)....139 H5
Séglien (56)....54 D2
Ségny (01)....118 B4
Segonzac (16)....121 H4
Segonzac (19)....138 B2
Segonzac (24)....136 D2
Ségos (32)....166 B5
Ségoufielle (32)....168 D5
Segré (49)....75 H1
Ségreville (31)....169 H6
Ségrie (72)....59 H4
Ségrie-Fontaine (61)....38 C4
Segrois (21)....101 G2
Ségry (36)....97 E5
la Séguinière (49)....92 B2
Ségur (12)....155 E5
le Ségur (81)....170 B1
Ségur-le-Château (19)....124 B6
Ségur-les-Villas (15)....140 D2
Ségura (09)....185 H5
Séguret (84)....158 C5
Ségus (65)....182 D4
Seich (65)....183 H5
Seichamps (54)....48 D5
Seichebrières (45)....63 F6
Seiches-sur-le-Loir (49)....77 F3
Seignalens (11)....186 B4
Seigné (17)....121 H1
Seignelay (89)....83 G1
Seigneulles (55)....47 E4
Seignosse (40)....164 C4
Seigny (21)....84 D5
Seigy (41)....96 A1
Seilh (31)....169 E4
Seilhac (19)....139 E1
Seilhan (31)....184 A4
Seillans (83)....178 A4
Seillonnaz (01)....131 E2
Seillons-Source-d'Argens (83)....176 D3

Seine-Port (77)....63 H1
Seingbouse (57)....49 G1
Seissan (32)....167 H6
le Sel-de-Bretagne (35)....57 F5
Selaincourt (54)....69 E1
Selens (02)....21 H4
Sélestat (67)....71 G3
Séligné (79)....108 A5
Séligney (39)....102 D4
la Selle-Craonnaise (53)....76 B1
la Selle-en-Coglès (35)....35 H5
la Selle-en-Hermoy (45)....64 B6
la Selle-en-Luitré (35)....58 A2
la Selle-Guerchaise (35)....58 A6
la Selle-la-Forge (61)....38 B4
la Selle-sur-le-Bied (45)....64 B5
Selles (27)....15 H4
Selles (51)....23 G5
Selles (62)....1 G4
Selles (70)....69 F6
Selles-Saint-Denis (41)....80 D6
Selles-sur-Cher (41)....96 B1
Selles-sur-Nahon (36)....96 B3
Sellières (39)....102 D5
Selommes (41)....79 G2
Seloncourt (25)....88 C4
Selongey (21)....86 A4
Selonnet (04)....160 D6
Seltz (67)....51 G2
la Selve (02)....23 E3
la Selve (12)....171 E1
Sem (09)....198 D1
Sémalens (81)....170 B5
Semallé (61)....60 A1
Semarey (21)....101 F1
Sembadel (43)....142 B2
Sembas (47)....151 F4
Semblançay (37)....78 D4
Sembleçay (36)....96 C1
Semboués (32)....167 E6
Séméac (65)....183 E3
Séméacq-Blachon (64)....166 C6
Semécourt (57)....26 B5
Sémelay (58)....100 A5
Semens (33)....149 H2
Sementron (89)....83 E3
Sémeries (59)....10 A4
Semerville (41)....62 A6
Semezanges (21)....101 G1
Sémézies-Cachan (32)....168 A6
Semide (08)....24 A5
Semillac (17)....121 E6
Semilly (52)....68 B3
Semmadon (70)....87 E2
Semoine (10)....45 F5
Semond (21)....85 E2
Semondans (25)....88 B4
Semons (38)....130 C6
Semousies (59)....10 A3
Semoussac (17)....121 E6
Semoutiers-Montsaon (52)....67 H5
Semoy (45)....62 D6
Sempesserre (32)....168 A1
Sempigny (60)....21 G3
Sempy (62)....1 G6
Semur-en-Auxois (21)....84 C5
Semur-en-Brionnais (71)....115 E4
Semur-en-Vallon (72)....60 D5
Semussac (17)....120 C4
Semuy (08)....24 A4
Sénac (65)....183 F2
Senaide (88)....69 E6
Sénaillac-Latronquière (46)....139 G6
Sénaillac-Lauzès (46)....153 E2
Senailly (21)....84 C4
Senan (89)....83 F1
Senantes (28)....41 G5
Senantes (60)....19 H4
Sénarens (31)....184 C2
Senargent-Mignafans (70)....88 A3
Senarpont (80)....6 C6
Sénas (13)....191 G2
Senaud (39)....117 E3
Senaux (81)....171 F4
Sencenac-Puy-de-Fourches (24)....137 F1
Senconac (09)....199 F1
Sendets (33)....149 H3
Sendets (64)....182 C2
Séné (56)....72 D1
Sénéchas (30)....157 E5
Sénergues (12)....154 B2
Sénestis (47)....150 C3
Séneujols (43)....142 B5
Senez (04)....177 G2
Sénezergues (15)....154 B1
Sengouagnet (31)....184 B5
Sénierques (46)....152 D1
Senillé (86)....94 D5
Seninghem (62)....1 H4
Senlecques (62)....1 G5
Senlis (60)....20 D6
Senlis (62)....2 A6
Senlis-le-Sec (80)....8 B5
Sennecey-le-Grand (71)....116 B1
Sennecey-lès-Dijon (21)....85 H6
Sennely (45)....81 F3
Sennevières (37)....95 G2
Senneville-sur-Fécamp (76)....16 C3
Sennevoy-le-Bas (89)....84 C2
Sennevoy-le-Haut (89)....84 C2
Senon (55)....25 G5
Senonches (28)....40 D6
Senoncourt (70)....87 F1
Senoncourt-les-Maujouy (55)....47 F2
Senones (88)....70 D2

Senonges (88)....69 F4
Senonnes (53)....76 A1
Senots (60)....20 A6
Senouillac (81)....170 A2
Sénoville (50)....12 B3
Senozan (71)....116 B3
Sens (89)....65 E4
Sens-Beaujeu (18)....82 A6
Sens-de-Bretagne (35)....35 G6
Sens-sur-Seille (71)....102 B5
Sentein (09)....184 C6
Sentelie (80)....20 A2
Sentenac-de-Sérou (09)....185 F5
Sentenac-d'Oust (09)....185 E6
Sentheim (68)....88 D2
Sentilly (61)....38 D4
la Sentinelle (59)....9 F2
Sentous (65)....183 G2
Senuc (08)....24 B5
Senven-Léhart (22)....33 E5
Sépeaux (89)....64 D6
Sepmeries (59)....9 F2
Sepmes (37)....95 E3
Seppois-le-Bas (68)....89 E4
Seppois-le-Haut (68)....89 E4
Sept-Forges (61)....59 E1
Sept-Frères (14)....37 G3
Sept-Meules (76)....6 B5
Sept-Saulx (51)....45 G1
Sept-Sorts (77)....43 H3
Sept-Vents (14)....37 H1
Septème (38)....130 B5
Septèmes-les-Vallons (13)....192 A3
Septeuil (78)....41 G3
Septfonds (82)....152 D6
Septfontaines (25)....103 H3
Septmoncel (39)....118 A3
Septmonts (02)....22 A5
Septsarges (55)....24 D5
Septvaux (02)....22 A3
Sepvigny (55)....47 H6
Sepvret (79)....108 B4
Sepx (31)....184 C3
Sequedin (59)....3 F5
Serdinya (66)....200 B3
Sère (32)....184 A1
Sère-en-Lavedan (65)....182 D4
Sère-Lanso (65)....183 E4
Sère-Rustaing (65)....183 G2
Sérécourt (88)....69 E5
Séreilhac (87)....123 H3
Serémange-Erzange (57)....26 B3
Sérempuy (32)....168 B4
Sérénac (81)....170 D2
Sérent (56)....55 H5
Sérévillers (60)....20 D2
Serez (27)....41 F3
Sérézin-de-la-Tour (38)....130 D5
Sérézin-du-Rhône (69)....130 A4
Sergeac (24)....137 H4
Sergenaux (39)....102 C4
Sergenon (39)....102 C4
Sergines (89)....65 E3
Sergy (01)....118 B4
Sergy (02)....44 C1
Séricourt (62)....7 G2
Sériers (15)....141 E4
Sérifontaine (60)....19 G5
Sérignac (46)....152 A3
Sérignac (82)....168 C2
Sérignac-Péboudou (47)....151 E2
Sérignac-sur-Garonne (47)....151 E5
Sérignan (34)....188 D3
Sérignan-du-Comtat (84)....158 B6
Sérigné (85)....107 E2
Sérigny (61)....60 D2
Sérigny (86)....94 B4
Sérilhac (19)....139 E3
Seringes-et-Nesles (02)....22 B6
Séris (41)....80 B2
Serley (71)....102 B4
Sermages (58)....100 A3
Sermaise (49)....77 G4
Sermaise (91)....42 B6
Sermaises (45)....63 F3
Sermaize (60)....21 G2
Sermaize-les-Bains (51)....46 D4
Sermamagny (90)....88 C2
Sermange (39)....102 D1
Sermano (2B)....205 F2
Sermentizon (63)....127 H3
Sermérieu (38)....131 E4
Sermersheim (67)....71 G2
Sermesse (71)....102 A4
Sermiers (51)....45 F1
Sermizelles (89)....83 H4
Sermoise (02)....22 B5
Sermoise-sur-Loire (58)....99 E4
Sermoyer (01)....116 C2
Sernhac (30)....174 C2

Serocourt (88) 69 E5
Séron (65) 182 D2
Serpaize (38) 130 E5
la Serpent (11) 186 D5
Serques (62) 2 A3
Serqueux (52) 68 D6
Serqueux (76) 19 F2
Serquigny (27) 40 B1
Serra-di-Ferro (2A) 206 C2
Serra-di-Fiumorbo (2B) 205 G5
Serra-di-Scopamène (2A) 207 E2
Serralongue (66) 200 D5
Serraval (74) 132 C2
la Serre (12) 171 F3
la Serre-
-Bussière-Vieille (23) 112 B6
Serre-les-Moulières (39) 102 D1
Serre-les-Sapins (25) 103 F1
Serre-Nerpol (38) 145 E2
Serres (05) 159 H3
Serres (11) 187 E6
Serres (54) 49 E5
Serres-Castet (64) 182 B1
Serres-et-Montguyard (24) . . . 151 E1
Serres-Gaston (40) 166 A4
Serres-Morlaàs (64) 182 C2
Serres-Sainte-Marie (64) 182 A1
Serres-sur-Arget (09) 185 G5
Serreslous-et-Arribans (40) . . . 165 H4
Serriera (2A) 204 B2
Serrières (07) 144 A1
Serrières (71) 116 A4
Serrières-de-Briord (01) 131 E2
Serrières-
-en-Chautagne (73) 131 G2
Serrières-sur-Ain (01) 117 F5
Serrigny (89) 84 A2
Serrigny-en-Bresse (71) 102 A5
Serris (77) 43 F4
Serrouville (54) 26 A3
Serruelles (18) 97 G4
Sers (16) 122 D4
Sers (65) 183 E6
Servais (02) 22 A3
Serval (02) 22 C5
Servance (70) 88 B1
Servanches (24) 136 B3
Servant (63) 113 F5
Servas (01) 116 D5
Servas (30) 157 F6
Servaville-Salmonville (76) . . . 17 H6
Serverette (48) 155 H1
Serves-sur-Rhône (26) 144 A3
Servian (34) 188 C5
Servières (48) 155 H2
Servières-le-Château (19) . . . 139 F3
Serviers-et-Labaume (30) . . . 174 B1
Serviès (81) 170 B5
Serviès-en-Val (11) 187 F4
Servignat (01) 116 D3
Servigney (70) 87 H2
Servigny (50) 36 D1
Servigny-lès-Raville (57) 49 E1
Servigny-
-lès-Sainte-Barbe (57) 26 C5
Serville (28) 41 F4
Servilly (03) 114 B4
Servin (25) 88 A6
Servins (62) 8 A1
Servon (50) 35 G4
Servon (77) 43 E5
Servon-Melzicourt (51) 24 B6
Servon-sur-Vilaine (35) 57 G3
Servoz (74) 133 E1
Sery (08) 23 G3
Sery (89) 83 G3
Séry-lès-Mézières (02) 22 B1
Séry-Magneval (60) 21 F6
Serzy-et-Prin (51) 22 D6
Sessenheim (67) 51 F3
Sète (34) 189 F1
Setques (62) 2 A4
Seugy (95) 42 D1
Seuil (08) 23 H4
Seuil-d'Argonne (55) 46 D2
Seuillet (03) 114 A5
Seuilly (37) 94 A2
Seur (41) 79 H4
le Seure (17) 121 G2
Seurre (21) 102 A3
Seux (80) 7 F6
Seuzey (55) 47 G2
Sevelinges (42) 115 F6
Sevenans (90) 88 C3
Sévérac (44) 73 H2
Sévérac-le-Château (12) 155 F4
Sévérac-l'Église (12) 155 E4
Seveux (70) 86 D4
Sévignac (22) 34 B3
Sévignacq (64) 182 C1
Sévignacq-Meyracq (64) 182 B4
Sévigny (61) 39 E4
Sévigny-la-Forêt (08) 10 D6
Sévigny-Waleppe (08) 23 E3
Sévis (76) 17 H4
Sevrai (61) 38 D5
Sevran (93) 43 E3
Sèvres (92) 42 C4
Sèvres-Anxaumont (86) 109 F1
Sevrey (71) 101 G6
Sévrier (74) 132 B2
Sévry (18) 98 D2
Sewen (68) 88 D1
Sexcles (19) 139 F4
Sexey-aux-Forges (54) 48 C6
Sexey-les-Bois (54) 48 B5
Sexfontaines (52) 67 H4
Seychalles (63) 127 G3
Seyches (47) 150 D2
Seyne (04) 160 D4
la Seyne-sur-Mer (83) 193 E5

Seynes (30) 174 A1
Seynod (74) 132 A2
Seyre (31) 185 H2
Seyresse (40) 165 E4
Seyssel (01) 131 G1
Seyssel (74) 131 G1
Seysses (31) 169 E6
Seysses-Savès (32) 168 C6
Seyssinet-Pariset (38) 145 G2
Seyssins (38) 145 G2
Seyssuel (38) 130 A5
Seythenex (74) 132 C3
Seytroux (74) 119 F4
Sézanne (51) 44 D5
Siarrouy (65) 183 E2
Siaugues-Sainte-Marie (43) . . . 142 A3
Sibiril (29) 31 G2
Sibiville (62) 7 G2
Siccieu-Saint-Julien-
-et-Carisieu (38) 130 D3
Sichamps (58) 99 E2
Sickert (68) 88 D1
Sideville (50) 12 C2
Sidiailles (18) 112 B2
Siecq (17) 121 H2
Siegen (61) 51 G2
les Sièges (89) 65 F4
Sierck-les-Bains (57) 26 C2
Sierentz (68) 89 G2
Siersthal (57) 50 B1
Sierville (76) 17 G5
Siest (40) 164 D4
Sieurac (81) 170 B3
Sieuras (09) 185 F3
Siévoz (38) 145 H5
Siewiller (67) 50 B3
Sigale (06) 178 C2
Sigalens (33) 150 A3
Sigean (11) 188 A5
Sigloy (45) 81 F2
Signac (31) 184 A6
Signes (83) 193 E4
Signéville (52) 68 A3
Signy-l'Abbaye (08) 23 G2
Signy-le-Petit (08) 10 C6
Signy-Montlibert (08) 25 E3
Signy-Signets (77) 43 H1
Sigogne (16) 121 H3
Sigolsheim (68) 71 F4
Sigonce (04) 176 D1
Sigottier (05) 159 H3
Sigoulès (24) 136 D6
Sigournais (85) 92 B5
Sigoyer (04) 160 B4
Sigoyer (05) 160 B3
Siguer (09) 199 E1
Sigy (77) 64 D1
Sigy-en-Bray (76) 19 F3
Sigy-le-Châtel (71) 115 H2
Silfiac (56) 55 E2
Silhac (07) 143 H5
Sillans (38) 145 E1
Sillans-la-Cascade (83) 193 G3
Sillars (86) 109 H3
Sillas (33) 150 A3
Sillé-le-Guillaume (72) 59 G4
Sillé-le-Philippe (72) 60 B5
Sillegny (57) 48 C2
Sillery (51) 23 F6
Silley-Amancey (25) 103 G3
Silley-Bléfond (25) 87 H6
Sillingy (74) 132 A1
Silly-en-Gouffern (61) 39 F4
Silly-en-Saulnois (57) 48 D2
Silly-la-Poterie (02) 44 A1
Silly-le-Long (60) 43 F2
Silly-sur-Nied (57) 26 D5
Silly-Tillard (60) 20 B5
Silmont (55) 47 F5
Siltzheim (67) 27 H5
Silvareccio (2B) 203 G6
Silvarouvres (52) 67 F5
Simacourbe (64) 182 D1
Simandre (71) 116 C1
Simandre-sur-Suran (01) 117 F4
Simandres (69) 130 A4
Simard (71) 102 A6
Simencourt (62) 8 A3
Simeyrols (24) 138 B5
Simiane-Collongue (13) 192 B3
Simiane-la-Rotonde (04) 176 B2
Simorre (32) 184 B1
Simplé (53) 58 C6
Sin-le-Noble (59) 8 D2
Sinard (38) 145 G4
Sinceny (02) 21 H3
Sincey-lès-Rouvray (21) 84 B5
Sindères (40) 165 F1
Singles (63) 126 B5
Singleyrac (24) 136 D6
Singly (08) 24 A2
Singrist (67) 50 C5
Sinsat (09) 199 E1
Sinzos (65) 183 F3
Sion (32) 166 D4
Sion-les-Mines (44) 57 F6
Sioniac (19) 139 E4
Sionne (88) 68 C2
Sionviller (54) 49 F5
Siorac-de-Ribérac (24) 136 D2
Siorac-en-Périgord (24) 137 H6
Siouville-Hague (50) 12 B3
Sirac (32) 168 A4
Siracourt (62) 7 G1
Siradan (65) 184 A5
Siran (15) 139 G5
Siran (34) 187 G2
Sireix (65) 182 D5
Sireuil (16) 122 B4
Sirod (39) 103 F5
Siros (64) 182 B1

Sisco (2B) 203 G3
Sissonne (02) 22 D3
Sissy (02) 22 B1
Sistels (82) 168 B1
Sisteron (04) 160 B5
Sivergues (84) 176 A3
Sivignon (71) 115 H3
Sivry (54) 48 C4
Sivry-Ante (51) 46 C2
Sivry-Courtry (77) 64 B1
Sivry-la-Perche (55) 47 E1
Sivry-sur-Meuse (55) 25 E5
Six-Fours-les-Plages (83) . . . 193 E5
Sixt-Fer-à-Cheval (74) 119 G6
Sixt-sur-Aff (35) 56 C5
Sizun (29) 31 G5
Smarves (86) 109 E2
Smermesnil (76) 6 B6
Soccia (2A) 204 D3
Sochaux (25) 88 C4
Socourt (88) 69 G2
Socx (59) 2 C2
Sode (31) 197 F1
Sœurdres (49) 76 D2
Sognolles-en-Montois (77) . . . 64 D1
Sogny-aux-Moulins (51) 45 H3
Sogny-en-l'Angle (51) 46 C4
Soignolles (14) 38 D2
Soignolles-en-Brie (77) 43 F6
Soindres (78) 41 G3
Soing-Cubry-
-Charentenay (70) 87 E3
Soings-en-Sologne (41) 80 B5
Soirans (21) 102 B1
Soissons (02) 22 A5
Soissons-sur-Nacey (21) 102 C1
Soisy-Bouy (77) 65 E1
Soisy-
-sous-Montmorency (95) . . . 42 C3
Soisy-sur-École (91) 63 H1
Soisy-sur-Seine (91) 42 D6
Soize (02) 23 E2
Soizé (28) 61 F4
Soizy-aux-Bois (51) 44 D4
Solaize (69) 130 A4
Solaro (2B) 205 G6
Solbach (67) 71 E1
Soleilhas (04) 178 A3
Solemont (25) 88 B5
Solente (60) 21 F2
le Soler (66) 201 E2
Solérieux (26) 158 B4
Solers (77) 43 F6
Solesmes (59) 9 F3
Solesmes (72) 77 F1
Soleymieu (38) 130 D3
Soleymieux (42) 128 D5
Solférino (40) 148 C6
Solgne (57) 48 D2
Soliers (14) 38 D1
Solignac (87) 124 B3
Solignac-sous-Roche (43) . . . 142 D2
Solignac-sur-Loire (43) 142 C4
Solignat (63) 127 F5
Soligny-la-Trappe (61) 39 H6
Soligny-les-Étangs (10) 65 F2
Sollacaro (2A) 206 D2
Sollières-Sardières (73) 147 F1
Solliès-Pont (83) 193 F4
Solliès-Toucas (83) 193 F4
Solliès-Ville (83) 193 F4
Sologny (71) 116 A3
Solomiac (32) 168 B3
Solre-le-Château (59) 10 B3
Solrinnes (59) 10 B3
Solterre (45) 82 A1
Solutré-Pouilly (71) 116 A4
Somain (59) 9 E2
Sombacour (25) 103 H3
Sombernon (21) 85 F6
Sombrin (62) 7 H3
Sombrun (65) 166 D6
Somloire (49) 92 D3
Sommaing (59) 9 F2
Sommancourt (52) 67 G1
Sommauthe (08) 24 C4
Somme-Bionne (51) 46 B2
Somme-Suippe (51) 46 B1
Somme-Tourbe (51) 46 B1
Somme-Vesle (51) 46 B3
Somme-Yèvre (51) 46 C3
Sommecaise (89) 82 D1
Sommedieue (55) 47 G1
Sommeilles (55) 46 D3
Sommelans (02) 44 B1
Sommelonne (55) 46 D5
Sommepy-Tahure (51) 23 H6
Sommerance (08) 24 C5
Sommereux (60) 20 A2
Sommeron (02) 10 A5
Sommervieu (14) 14 A3
Sommerviller (54) 49 E5
Sommery (76) 19 E2
Sommesnil (76) 17 E4
Sommesous (51) 45 G5
la Sommette (25) 104 B1
Sommette-Eaucourt (02) 21 H2
Sommeval (10) 66 A4
Sommevoire (52) 67 F2
Sommières (30) 173 H4
Sommières-du-Clain (86) . . . 109 E4
Sompt (79) 108 B5
Sompuis (51) 45 H5
Somsois (51) 46 A5
Son (08) 23 G3
Sonac (46) 153 F1
Sonchamp (78) 42 A6
Soncourt (88) 69 E2
Soncourt-sur-Marne (52) 67 H3

Sondernach (68) 70 D5
Sondersdorf (68) 89 F4
la Sône (38) 144 D3
Songeons (60) 19 H3
Songeson (39) 103 E6
Songieu (01) 131 G1
Songy (51) 46 A4
Sonnac (12) 153 H3
Sonnac (17) 121 H2
Sonnac-sur-l'Hers (11) 186 B5
Sonnay (39) 144 B1
Sonnaz (73) 131 H4
Sonneville (16) 122 A2
Sonthonnax-
-la-Montagne (01) 117 F4
Sonzay (37) 78 C4
Soorts-Hossegor (40) 164 B4
Soppe-le-Bas (68) 89 E2
Soppe-le-Haut (68) 88 D2
Sor (09) 184 D6
Sorans-lès-Breurey (70) 87 F5
Sorbais (02) 10 A6
Sorbets (32) 166 D4
Sorbets (40) 166 B5
Sorbey (55) 25 G4
Sorbey (57) 26 C6
Sorbier (03) 114 B3
Sorbiers (05) 159 G4
Sorbiers (42) 129 F5
Sorbo-Ocagnano (2B) 203 G6
Sorbollano (2A) 207 E2
Sorbon (08) 23 G3
Sorbs (34) 172 C3
Sorcy-Bauthémont (08) 23 H3
Sorcy-Saint-Martin (55) 47 H5
Sorde-l'Abbaye (40) 165 E5
Sore (40) 149 F4
Soréac (65) 183 F2
Sorède (66) 201 F4
Sorel (80) 8 C5
Sorel-en-Vimeu (80) 7 E5
Sorel-Moussel (28) 41 F4
Sorèze (81) 186 C1
Sorgeat (09) 199 G2
Sorges (24) 137 G1
Sorgues (84) 175 E2
Sorigny (37) 95 E1
les Sorinières (44) 74 D6
Sorio (2B) 203 F5
Sormery (89) 65 H5
Sormonne (08) 23 H1
Sornac (19) 125 H4
Sornay (70) 86 D6
Sornay (71) 116 D1
Sorquainville (76) 16 D4
Sorrus (62) 6 D1
Sort-en-Chalosse (40) 165 F4
Sortosville (50) 12 D3
Sortosville-
-en-Beaumont (50) 12 B4
Sos (47) 167 E1
Sospel (06) 195 G1
Sossais (86) 94 C4
Sost (65) 183 H5
Sotta (2A) 207 F4
Sottevast (50) 12 C3
Sotteville (50) 12 B3
Sotteville-lès-Rouen (76) 17 G6
Sotteville-sous-le-Val (76) . . . 18 D5
Sotteville-sur-Mer (76) 17 F2
Soturac (46) 151 H3
Sotzeling (57) 49 F3
Souain-Perthes-
-lès-Hurlus (51) 46 A1
Soual (81) 170 B6
Souancé-au-Perche (28) 61 F3
Souanyas (66) 200 B3
Souastre (62) 7 H3
Soubès (34) 172 C4
Soubise (17) 120 C1
Soublecause (65) 166 D6
Soubran (17) 121 F6
Soubrebost (23) 125 E1
Soucé (53) 58 D1
Soucelles (49) 77 E3
la Souche (07) 157 F2
Souchez (62) 8 B1
Soucht (57) 28 B6
Soucia (39) 117 H1
Soucieu-en-Jarrest (69) 129 H4
Soucirac (46) 152 D1
Souclin (01) 131 E2
Soucy (02) 21 H5
Soucy (89) 65 E2
Soudaine-Lavinadière (19) . . . 125 E5
Soudan (44) 57 H6
Soudan (79) 108 B2
Soudat (24) 123 E4
Souday (41) 61 F5
Soudé (51) 45 H5
Soudeilles (19) 125 G6
Soudorgues (30) 173 F1
Soudron (51) 45 G4
Soueich (31) 184 B4
Soueix-Rogalle (09) 185 E6
Souel (81) 170 A1
Soues (65) 183 E3
Soues (80) 7 E5
Souesmes (41) 81 F5
Souffelweyersheim (67) 51 E5
Soufflenheim (67) 51 F3
Souffrignac (16) 123 E4
Sougé (36) 96 B4
Sougé (41) 79 E2
Sougé-le-Ganelon (72) 59 H3
Sougéal (35) 35 G5
Sougères-en-Puisaye (89) . . . 83 E4
Sougraigne (11) 187 E6
Sougy (45) 62 C5

Sougy-sur-Loire (58) 99 F5
les Souhesmes-
-Rampont (55) 47 E2
Souhey (21) 84 D5
le Souich (62) 7 G3
Souilhanels (11) 186 B2
Souilhe (11) 186 B2
Souillac (46) 138 C5
Souillé (72) 60 A4
Souilly (55) 47 F2
Soula (09) 185 H6
Soulac-sur-Mer (33) 120 B5
Soulages (15) 141 G3
Soulages-Bonneval (12) 154 D1
Soulaincourt (52) 67 F2
Soulaines-Dhuys (10) 67 F2
Soulaines-sur-Aubance (49) . . . 77 E5
Soulaire-et-Bourg (49) 77 E3
Soulaires (28) 62 B1
Soulan (09) 185 E6
Soulanges (51) 46 A4
Soulangis (18) 97 H2
Soulangy (14) 38 D3
Soulatgé (11) 187 F6
Soulaucourt-sur-Mouzon (52) . . . 68 D4
Soulaures (24) 151 H1
Soulce-Cernay (25) 88 C6
Soulgé-sur-Ouette (53) 59 E5
le Soulié (34) 171 F6
Soulières (51) 45 E3
Soulignac (33) 149 H1
Souligné-Flacé (72) 59 H6
Souligné-sous-Ballon (72) . . . 60 B3
Soulignonne (17) 120 D2
Souligny (10) 66 A4
Soulitré (72) 60 C5
Soullans (85) 90 D3
Soulles (50) 37 F2
Soulom (65) 182 D5
Soulomès (46) 152 D2
Soulosse-
-sous-Saint-Élophe (88) . . . 68 D2
Soultz-Haut-Rhin (68) 71 E6
Soultz-les-Bains (67) 50 D6
Soultz-sous-Forêts (67) 51 F2
Soultzbach-les-Bains (68) . . . 71 E5
Soultzeren (68) 71 E5
Soultzmatt (68) 71 E5
Soulvache (44) 57 G5
Soumaintrain (89) 65 H6
Soumans (23) 112 B4
Soumensac (47) 150 D1
Souméras (17) 135 F1
Soumont (34) 172 C4
Soumont-Saint-Quentin (14) . . . 38 D2
Soumoulou (64) 182 C2
Soupex (11) 186 B2
Soupir (02) 22 C4
Souppes-sur-Loing (77) 64 A4
Souprosse (40) 165 G3
Souraïde (64) 180 C1
Source Seine (21) 85 F5
Sourcieux-les-Mines (69) . . . 129 G3
le Sourd (02) 9 H6
Sourdeval (50) 37 G4
Sourdeval-les-Bois (50) 37 E3
Sourdon (80) 20 C2
Sourdun (77) 65 E1
le Sourn (56) 55 E3
Sournia (66) 200 C2
Sourniac (15) 140 A2
Sourribes (04) 160 B6
Sours (28) 62 B2
Soursac (19) 139 H2
Sourzac (24) 136 D3
sous-Parsat (23) 111 G6
Sousceyrac (46) 139 G5
Sousmoulins (17) 135 G1
Souspierre (26) 158 C2
Soussac (33) 136 A6
Soussans (33) 135 E3
Soussey-sur-Brionne (21) . . . 85 E5
Soustelle (30) 156 D6
Soustons (40) 164 C3
Sousville (38) 145 H5
Souternon (42) 128 C2
la Souterraine (23) 110 D4
Soutiers (79) 108 A1
Souvans (39) 102 D3
Souvignargues (30) 173 H3
Souvigné (16) 122 B1
Souvigné (37) 78 C4
Souvigné (79) 108 B3
Souvigné-sur-Même (72) 60 D4
Souvigné-sur-Sarthe (72) 77 F1
Souvigny (03) 113 G2
Souvigny-de-Touraine (37) . . . 79 G5
Souvigny-en-Sologne (41) . . . 81 F3
Souyeaux (65) 183 F3
Souzay-Champigny (49) 93 H1
Souzy (69) 129 F3
Souzy-la-Briche (91) 63 F1
Soveria (2B) 205 E2
Soyans (26) 158 C2
Soyaux (16) 122 C4
Soye (25) 88 A5
Soye-en-Septaine (18) 97 H3
Soyécourt (80) 8 B6
Soyers (52) 86 D1
Soyons (07) 144 A5
Sparsbach (67) 50 C3
Spay (72) 60 A6
Spechbach-le-Bas (68) 89 F2
Spechbach-le-Haut (68) 89 F2
Speloncato (2B) 202 D5
Spéracèdes (06) 178 C4
Spézet (29) 54 A1
Spicheren (57) 27 G4
Spincourt (55) 25 G5
Sponville (54) 48 A2
Spoy (10) 67 E4

Spoy (21) 86 A5
Spycker (59) 2 B2
Squiffiec (22) 33 E3
Staffelfelden (68) 89 F1
Stains (93) 42 D3
Stainville (55) 47 E5
Staple (59) 2 C4
Stattmatten (67) 51 F3
Stazzona (2B) 205 G1
Steenbecque (59) 2 C4
Steene (59) 2 B2
Steenvoorde (59) 2 D3
Steenwerck (59) 3 E4
Steige (67) 71 E2
Steinbach (68) 89 E1
Steinbourg (67) 50 C4
Steinbrunn-le-Bas (68) 89 F2
Steinbrunn-le-Haut (68) 89 F2
Steinseltz (67) 51 F1
Steinsoultz (68) 89 F3
Stenay (55) 24 D4
Sternenberg (68) 89 E2
Stetten (68) 89 G3
Stigny (89) 84 C2
Still (67) 50 C6
Stiring-Wendel (57) 27 G4
Stonne (08) 24 C3
Storckensohn (68) 70 D6
Stosswihr (68) 71 E5
Stotzheim (67) 71 G2
Strasbourg (67) 51 E5
Strazeele (59) 2 D4
Strenquels (46) 138 C4
Strueth (68) 89 E3
Struth (67) 50 B3
Stuckange (57) 26 C3
Stundwiller (67) 51 F2
Sturzelbronn (57) 28 C5
Stutzheim-Offenheim (67) . . . 50 D5
Suarce (90) 89 E3
Suaux (16) 123 E2
le Subdray (18) 97 G3
Sublaines (37) 95 G1
Subles (14) 13 H5
Subligny (18) 82 B5
Subligny (50) 35 H3
Subligny (89) 64 D3
Suc-et-Sentenac (09) 198 D1
Succieu (38) 130 D5
Sucé-sur-Erdre (44) 74 D4
Sucy-en-Brie (94) 43 E5
Suèvres (41) 80 A3
Sugères (63) 127 H4
Sugny (08) 24 A5
Suhescun (64) 181 E2
Suilly-la-Tour (58) 82 C6
Suin (71) 115 H3
Suippes (51) 46 A1
Suisse (57) 49 F2
Suizy-le-Franc (51) 44 D3
Sulignat (01) 116 C5
Sully (14) 13 H5
Sully (60) 19 G3
Sully (71) 101 F3
Sully-la-Chapelle (45) 63 F6
Sully-sur-Loire (45) 81 G2
Sulniac (56) 55 H6
Sumène (30) 173 E2
Sundhoffen (68) 71 F5
Sundhouse (67) 71 G3
Supt (39) 103 F4
Surat (63) 127 G1
Surba (09) 185 G6
Surbourg (67) 51 E2
Surcamps (80) 7 E4
Surdoux (87) 124 D4
Suré (61) 60 C2
Suresnes (92) 42 C4
Surfonds (72) 60 C6
Surfontaine (02) 22 B1
Surgères (17) 107 F5
Surgy (58) 83 F4
Suriauville (88) 69 E4
Surin (79) 107 H2
Surin (86) 109 E6
Suris (16) 123 F2
Surjoux (01) 117 H6
Surmont (25) 88 B6
Surques (62) 1 G4
Surrain (14) 13 G5
Surtainville (50) 12 B3
Surtauville (27) 18 C6
Survie (61) 39 F4
Surville (14) 15 F3
Surville (27) 18 C6
Surville (50) 12 C5
Survilliers (95) 43 E2
Sury (08) 24 A1
Sury-aux-Bois (45) 63 G6
Sury-en-Vaux (18) 82 B6
Sury-ès-Bois (18) 82 A5
Sury-le-Comtal (42) 129 E5
Sury-près-Léré (18) 82 B5
Surzur (56) 73 E1
Sus (64) 181 G2
Sus-Saint-Léger (62) 7 H3
Susmiou (64) 181 G2
Sussac (87) 124 D4
Sussargues (34) 173 G4
Sussat (03) 113 F5
Sussey (21) 100 D1
Susville (38) 145 G5
Sutrieu (01) 131 F1
Suzan (09) 185 F5
Suzanne (08) 24 A3
Suzanne (80) 8 B5
Suzannecourt (52) 67 H2
Suze (26) 144 C6
Suze-la-Rousse (26) 158 B5
la Suze-sur-Sarthe (72) 77 H1

Suzette (84) 158 D6
Suzoy (60) 21 G3
Suzy (02) 22 F3
Sy (08) 24 B3
Syam (39) 103 F6
Sylvains-les-Moulins (27) . . . 40 D3
Sylvanès (12) 171 H3
le Syndicat (88) 70 B5

T

Tabaille-Usquain (64) 181 G1
Tabanac (33) 135 F6
la Table (73) 132 B5
le Tablier (85) 91 G5
Tabre (09) 186 B5
la Tâche (16) 122 D2
Tachoires (32) 167 H6
Tacoignières (78) 41 G4
Taden (22) 36 A4
Tadousse-Ussau (64) 166 C5
Taglio-Isolaccio (2B) 203 G6
la Tagnière (71) 100 C6
Tagnon (08) 23 G4
Tagolsheim (68) 89 F2
Tagsdorf (68) 89 F3
Tailhac (43) 141 H4
Taillades (84) 175 F3
le Taillan-Médoc (33) 135 E5
Taillancourt (55) 68 D1
Taillant (17) 121 E1
Taillebois (61) 38 C4
Taillebourg (17) 121 E2
Taillebourg (47) 150 C3
Taillecavat (33) 150 C1
Taillecourt (25) 88 C4
la Taillée (85) 107 E3
Taillefontaine (02) 21 G5
Taillepied (50) 12 C4
Taillet (66) 200 D4
Taillette (08) 10 D5
Taillis (35) 57 H2
Tailly (08) 24 D4
Tailly (21) 101 G3
Tailly (80) 7 E5
Tain-l'Hermitage (26) 144 A3
Taingy (89) 83 F4
Taintrux (88) 70 C1
Taisnières-en-Thiérache (59) . . 9 H4
Taisnières-sur-Hon (59) 9 H2
Taissy (51) 23 F6
Taïx (81) 170 C2
Taizé (71) 116 A2
Taizé (79) 93 G4
Taizé-Aizie (16) 108 D6
Taizy (08) 23 G3
Tajan (65) 183 H3
Talairan (11) 187 G5
Talais (33) 120 B5
Talange (57) 26 B4
Talant (21) 85 H6
Talasani (2B) 203 G6
la Talaudière (42) 129 F5
Talazac (65) 183 E2
Talcy (41) 80 A2
Talcy (89) 84 B4
Talence (33) 135 E5
Talencieux (07) 144 A2
Talensac (35) 56 D3
Talissieu (01) 131 G2
Talizat (15) 141 E3
Tallans (25) 87 H5
Tallard (05) 160 B3
Tallenay (25) 87 F5
Tallende (63) 127 F4
Taller (40) 165 E2
Talloires (74) 132 B2
Tallone (2B) 205 G3
le Tallud (79) 93 F6
Tallud-Sainte-Gemme (85) . . . 92 C6
Talmas (80) 7 G5
Talmay (21) 86 B6
Talmont-Saint-Hilaire (85) . . . 91 F6
Talmont-sur-Gironde (17) . . . 120 C4
Talmontiers (60) 19 G5
Talon (58) 83 F6
Talus-Saint-Prix (51) 44 D4
Taluyers (69) 129 H4
Tamerville (50) 12 D3
Tamnay-en-Bazois (58) 99 H3
Tamniès (24) 138 A4
Tanavelle (15) 141 E4
Tanay (21) 86 A5
Tancarville (76) 15 G2
Tancoigné (49) 93 F1
Tancon (71) 115 F6
Tanconville (54) 49 H5
Tancrou (77) 43 H2
Tangry (62) 7 G1
Taninges (74) 119 E5
Tanis (50) 35 G4
Tanlay (89) 84 B1
Tannay (08) 24 B3
Tannay (58) 83 G6
Tanneron (83) 178 C5
Tannerre-en-Puisaye (89) . . . 82 D2
Tannières (02) 22 B6
Tannois (55) 47 E5
Tanques (61) 39 E5
Tantonville (54) 69 F1
le Tanu (50) 35 H2
Tanus (81) 170 D1
Tanville (61) 39 E6
Tanzac (17) 121 E4
Taponas (69) 116 B5
Taponnat-Fleurignac (16) . . . 122 D3
Tarabel (31) 169 G6

Taradeau (83) 177 H6
Tarare (69) 129 F2
Tarascon (13) 174 D3
Tarascon-sur-Ariège (09) . . . 199 E1
Tarasteix (65) 183 E2
Tarbes (65) 183 E3
Tarcenay (25) 103 G2
Tardes (23) 112 B5
Tardets-Sorholus (64) 181 G2
la Tardière (85) 92 C6
Tardeghem (59) 2 C3
Tarentaise (42) 143 G1
Tarerach (66) 200 C2
Targassonne (66) 199 H4
Target (03) 113 F4
Targon (33) 135 G6
Tarnac (19) 125 F4
Tarnès (33) 135 G4
Tarnos (40) 164 B5
Taron-Sadirac-
  -Viellenave (64) 166 B6
Tarquimpol (57) 49 G4
Tarrano (2B) 205 G2
Tarsac (32) 166 C4
Tarsacq (64) 182 A1
Tarsul (21) 85 G4
Tart-l'Abbaye (21) 102 B1
Tart-le-Bas (21) 102 B1
Tart-le-Haut (21) 102 A1
Tartaras (42) 129 H5
Tartas (40) 165 G3
Tartécourt (70) 87 F1
Tartiers (02) 21 H4
Tartigny (60) 20 C2
Tartonne (04) 177 G1
le Tartre (71) 102 C5
le Tartre-Gaudran (78) 41 G5
Tarzy (08) 10 C6
Tasque (32) 166 D5
Tassé (72) 77 G1
Tassenières (39) 102 C4
Tassillé (72) 59 G5
Tassin-la-Demi-Lune (69) . . . 130 A3
Tasso (2A) 205 E5
Tatinghem (62) 2 A4
le Tâtre (16) 121 H6
Taugon (17) 107 E3
Taulé (29) 31 H3
Taulignan (26) 158 C3
Taulis (66) 200 D4
Taupont (56) 56 A4
Tauriac (33) 135 F3
Tauriac (46) 139 E5
Tauriac (81) 169 G3
Tauriac-de-Camarès (12) . . . 172 A4
Tauriac-de-Naucelle (12) . . . 154 A4
Tauriers (07) 157 F2
Taurignan-Castet (09) 184 D5
Taurignan-Vieux (09) 184 D5
Taurinya (66) 200 C3
Taussac (12) 140 C6
Taussac-la-Billière (34) 172 A5
Tautavel (66) 201 E1
Tauves (63) 126 C5
Tauxières-Mutry (51) 45 F2
Tauxigny (37) 95 F1
Tavaco (2A) 204 D5
Tavant (37) 94 C2
Tavaux (39) 102 C3
Tavaux-et-Pontséricourt (02) . 22 D2
Tavel (30) 174 D2
Tavera (2A) 204 D4
Taverny (71) 100 C3
Tavernes (83) 193 F1
Taverny (95) 42 C2
Tavers (45) 80 B2
Tavey (70) 88 C3
Taxat-Senat (03) 113 G5
Taxenne (39) 102 D1
Tayac (33) 136 A4
Taybosc (32) 168 A4
Tayrac (12) 154 A4
Tayrac (47) 151 G6
Tazilly (58) 100 A5
le Tech (66) 200 D5
Têche (38) 145 E2
Técou (81) 170 A3
Teigny (58) 83 G6
le Teil (07) 158 A2
Teilhède (63) 127 E1
Teilhet (09) 186 A4
Teilhet (63) 113 E6
Teillay (35) 57 F5
Teillé (44) 75 G4
Teillé (72) 60 B4
Teillet (81) 170 D3
Teillet-Argenty (03) 112 C4
le Teilleul (50) 37 H6
Teillots (24) 138 A2
Teissières-de-Cornet (15) . . . 140 A4
Teissières-lès-Bouliès (15) . . . 140 B5
Telgruc-sur-Mer (29) 31 E6
Tellancourt (54) 25 G3
Tellecey (21) 86 B6
Tellières-le-Plessis (61) 39 G6
Teloché (72) 78 B1
le Temple (33) 134 C5
le Temple (41) 61 F6
le Temple-de-Bretagne (44) . . 74 B2
Temple-Laguyon (24) 137 H2
le Temple-sur-Lot (47) 151 E4
Templemars (59) 3 F5
Templeuve (59) 3 G6
Templeux-la-Fosse (80) 8 C5
Templeux-le-Guérard (80) . . . 8 D5
Tenay (01) 131 E1
Tence (43) 143 F3
Tencin (38) 145 H1
Tende (06) 163 F6

Tendon (88) 70 B4
Tendron (18) 98 B4
Tendu (36) 111 H4
Teneur (62) 7 F1
Tennie (72) 59 H4
Tenteling (57) 49 H1
Tercé (86) 109 F2
Tercillat (23) 111 H3
Tercis-les-Bains (40) 165 E4
Terdeghem (59) 2 C3
Tergnier (02) 22 A2
Terjat (03) 112 D5
Termes (08) 24 B5
Termes (11) 187 F5
Termes (48) 141 F6
Termes-d'Armagnac (32) . . . 166 D4
Termignon (73) 147 F1
Terminiers (28) 62 C5
Ternand (69) 129 G1
Ternant (17) 121 F1
Ternant (21) 101 G1
Ternant (58) 100 A6
Ternant-les-Eaux (63) 127 F6
Ternas (62) 7 G2
Ternat (52) 85 H1
Ternay (41) 79 E2
Ternay (69) 130 A4
Ternay (86) 93 H3
les Ternes (15) 141 E4
Ternuay-Melay-
  -et-Saint-Hilaire (70) 88 B1
Terny-Sorny (02) 22 A4
Terramesnil (80) 7 G4
la Terrasse (38) 145 H1
la Terrasse-sur-Dorlay (42) . . 129 G6
Terrats (66) 201 E3
Terraube (32) 167 H2
Terre-Clapier (81) 170 D3
Terre-Natale (52) 86 C1
Terrebasse (31) 184 C3
Terrefondrée (21) 85 G2
Terrehault (72) 60 C4
les Terres-de-Chaux (25) . . . 88 C6
la Terrisse (12) 154 D1
Terroles (11) 187 E5
Terron-sur-Aisne (08) 24 A4
Terrou (46) 139 F6
Tersanne (26) 144 B2
Tersannes (87) 110 B4
Terssac (81) 170 B2
le Tertre-Saint-Denis (78) . . . 41 G3
Tertry (80) 8 D6
Terville (57) 26 B3
Tessancourt-
  -sur-Aubette (78) 42 A2
Tessé-Froulay (61) 38 C6
Tessel (14) 14 A5
Tesson (17) 121 E4
Tessonnière (79) 93 G5
la Tessoualle (49) 92 C3
Tessy-sur-Vire (50) 37 G2
la Teste-de-Buch (33) 148 B1
Tétaigne (08) 24 D2
Téteghem (59) 2 C1
Téterchen (57) 27 E4
Téthieu (40) 165 E3
Teting-sur-Nied (57) 49 F1
Teuillac (33) 135 F3
Teulat (81) 169 G5
Teurthéville-Bocage (50) . . . 12 D2
Teurthéville-Hague (50) 12 B2
Teyjat (24) 123 E4
Teyran (34) 173 G5
Teyssières (26) 158 D3
Teyssieu (46) 139 F5
Teyssode (81) 170 A5
Thaas (51) 45 E4
Thaims (17) 120 D1
Thairé (17) 107 D6
Thaix (58) 99 H5
Thal-Drulingen (67) 50 A3
Thal-Marmoutier (67) 50 C4
Thalamy (19) 126 B5
Thann (68) 89 E1
Thannenkirch (68) 71 F3
Thanvillé (67) 71 F2
Thaon (14) 14 B4
Thaon-les-Vosges (88) 69 H3
Tharaux (30) 157 F5
Tharoiseau (89) 83 H5
Tharot (89) 83 H4
Thaumiers (18) 98 A5
Thauron (23) 125 E1
Thauvenay (18) 82 B6
Thèbe (65) 184 A5
Théding (57) 49 G1
Thédirac (46) 152 C2
Thégra (46) 139 E6
Théhillac (56) 73 H2
le Theil (03) 113 G3
le Theil (50) 12 D2
le Theil (61) 61 E1
le Theil-Bocage (14) 38 A3
le Theil-de-Bretagne (35) . . . 57 G4
le Theil-en-Auge (14) 15 F3
le Theil-Nolent (27) 15 H5
Theil-Rabier (16) 108 C6
Theil-sur-Vanne (89) 65 F4
Theillay (41) 81 E4
Theillement (27) 18 B5
Theix (56) 73 F1
Theizé (69) 129 G1
Thel (69) 115 G6
Théligny (72) 61 E4
Thélis-la-Combe (42) 143 G1
Thélod (54) 48 C6
Thelonne (08) 24 C2
Théméricourt (95) 42 A2
Thémines (46) 153 F1

Théminettes (46) 153 F1
Thénac (17) 121 E3
Thénac (24) 136 C6
Thenailles (02) 23 E1
Thenay (36) 110 D1
Thenay (41) 79 H5
Thenelles (02) 22 B1
Thénésol (73) 132 C3
Theneuil (37) 94 C2
Theneuille (03) 113 E1
Thénezay (79) 93 H5
Thénioux (18) 97 E1
Thenissey (21) 85 E4
Thénisy (77) 64 D1
Thennelières (10) 66 B3
Thennes (80) 20 D1
Thénorgues (08) 24 C4
Théoule-sur-Mer (06) 178 C6
Therdonne (60) 20 B4
Thérines (60) 19 H3
Thermes-Magnoac (65) 184 A2
Thérondels (12) 140 C5
Thérouanne (62) 2 B5
Thérouldeville (76) 16 D3
Thervay (39) 102 D1
Thésée (41) 79 H6
Thésy (39) 103 F4
Theuley (70) 87 E3
Théus (05) 160 C3
Theuville (28) 62 B3
Theuville (95) 42 B1
Theuville-aux-Maillots (76) . . 16 D3
Thevet-Saint-Julien (36) . . . 111 H1
Théville (50) 12 D2
Thevray (27) 40 B2
They-sous-Montfort (88) . . . 69 E3
They-sous-Vaudemont (54) . . 69 F2
Theys (38) 146 A1
Théza (66) 201 F3
Thézac (17) 120 D3
Thézac (47) 151 H5
Thézan-des-Corbières (11) . . 187 H4
Thézan-lès-Béziers (34) . . . 188 B1
Thèze (04) 160 A4
Thèze (64) 166 B6
Thézey-Saint-Martin (54) . . . 48 D3
Théziers (30) 174 C3
Thézillieu (01) 131 F2
Thézy-Glimont (80) 20 D1
Thiais (94) 42 D5
Thiancourt (90) 88 D4
Thianges (58) 99 F4
Thiant (59) 9 F2
Thiat (87) 110 A4
Thiaucourt-Regniéville (54) . . 48 A3
Thiaville-sur-Meurthe (54) . . . 70 C2
Thiberville (27) 15 G5
Thibie (51) 45 G3
Thibivillers (60) 19 H5
Thibouville (27) 40 B1
Thicourt (57) 49 F2
Thiébauménil (54) 69 E3
Thiéblemont-Farémont (51) . . 46 B5
Thiébouhans (25) 88 C6
Thieffrain (10) 66 D4
Thieffrans (70) 87 H4
Thiéfosse (88) 70 B5
Thiel-sur-Acolin (03) 114 B2
Thiembronne (62) 1 H5
Thiénans (70) 87 H4
Thiennes (59) 2 C5
Thiepval (80) 8 A4
Thiergeville (76) 16 D3
Thiernu (02) 22 D1
Thiers (63) 128 A2
Thiers-sur-Thève (60) 43 E1
Thierville (27) 18 A6
Thierville-sur-Meuse (55) . . . 47 F1
Thiéry (06) 178 D1
Thiescourt (60) 21 F3
Thiétreville (76) 16 D3
le Thieulin (28) 61 G2
Thieulloy-la-Ville (80) 19 H1
Thieulloy-l'Abbaye (80) 20 A1
Thieuloy-Saint-Antoine (60) . . 20 A2
la Thieuloye (62) 7 H1
Thieux (60) 20 C3
Thieux (77) 43 F2
Thiéville (14) 39 E2
Thièvres (62) 7 H4
Thièvres (80) 7 H4
Thiézac (15) 140 C4
Thignonville (45) 63 F3
Thil (01) 130 D2
Thil (10) 67 F2
le Thil (27) 19 F5
Thil (31) 168 D4
Thil (51) 23 E5
Thil (54) 26 A2
Thil-Manneville (76) 17 G2
le Thil-Riberpré (76) 19 F2
Thil-sur-Arroux (71) 100 B5
Thilay (08) 11 F6
le Thillay (95) 42 D2
le Thillot (88) 70 B6
les Thilliers-en-Vexin (27) . . . 19 F6
Thillois (51) 23 E6
Thillombois (55) 47 E4
Thillot (55) 47 H2
le Thillot (88) 70 C6
Thilouze (37) 94 D1
Thimert-Gâtelles (28) 41 E6
Thimonville (57) 49 E2
Thimory (45) 81 H1
Thin-le-Moutier (08) 23 H2
Thiolières (63) 128 B5
Thionne (03) 114 A3
Thionville (57) 26 B3
Thiouville (76) 18 A2
Thiraucourt (88) 69 F3

Thiré (85) 106 D1
Thiron-Gardais (28) 61 F3
This (08) 24 A1
Thivars (28) 62 A2
Thivencelle (59) 9 G1
Thiverny (60) 20 D6
Thiverval-Grignon (78) 42 A4
Thivet (52) 68 A6
Thiviers (24) 123 G6
Thiville (28) 62 A5
Thizay (36) 96 D4
Thizay (37) 94 A2
Thizy (69) 115 G6
Thizy (89) 84 B4
Thoard (04) 160 C6
Thodure (38) 144 C1
Thoigné (72) 60 B3
Thoiras (30) 173 G1
Thoiré-sous-Contensor (72) . . 60 B3
Thoiré-sur-Dinan (72) 78 C2
Thoires (21) 67 E6
Thoirette (39) 117 F4
Thoiria (39) 117 H2
Thoiry (01) 118 B4
Thoiry (73) 132 A4
Thoiry (78) 41 H4
Thoissey (01) 116 B5
Thoissia (39) 117 F3
Thoisy-la-Berchère (21) 100 D1
Thoisy-le-Désert (21) 101 E1
Thoix (80) 20 A2
Thol-lès-Millières (52) 68 C4
Thollet (86) 110 B3
Thollon-les-Mémises (74) . . . 119 F3
le Tholonet (13) 176 B6
le Tholy (88) 70 B4
Thomer-la-Sôgne (27) 40 D3
Thomery (77) 64 B2
Thonac (24) 138 A4
Thônes (74) 132 C2
Thonnance-lès-Joinville (52) . . 67 H1
Thonnance-les-Moulins (52) . . 68 A2
Thonne-la-Long (55) 25 F3
Thonne-le-Thil (55) 25 E3
Thonne-les-Près (55) 25 E3
Thonnelle (55) 25 E3
Thonon-les-Bains (74) 119 E3
les Thons (88) 69 E6
Thonville (57) 49 F2
le Thor (84) 175 F2
Thorailles (45) 64 B6
Thoraise (25) 103 F1
Thorame-Basse (04) 161 E6
Thorame-Haute (04) 161 F6
Thoras (43) 142 A5
Thoré-la-Rochette (41) 79 F2
Thorée-les-Pins (72) 77 H3
Thorens-Glières (74) 118 C6
Thorey (89) 84 B1
Thorey-en-Plaine (21) 102 A1
Thorey-Lyautey (54) 69 F1
Thorey-sous-Charny (21) . . . 84 D6
Thorey-sur-Ouche (21) 101 F2
Thorigné (79) 108 A4
Thorigné-d'Anjou (49) 76 D3
Thorigné-en-Charnie (53) . . . 59 F5
Thorigné-Fouillard (35) 57 F2
Thorigné-sur-Dué (72) 60 D5
Thorigny (85) 91 H5
Thorigny-
  -sur-le-Mignon (79) 107 G5
Thorigny-sur-Marne (77) . . . 43 F4
Thorigny-sur-Oreuse (89) . . . 65 F3
le Thoronet (83) 177 G6
Thorrenc (07) 144 A2
Thors (10) 67 F3
Thors (17) 121 G2
Thory (80) 20 D2
Thory (89) 84 A4
Thoste (21) 84 C5
le Thou (17) 107 E5
Thou (18) 82 A5
Thou (45) 82 B4
Thouarcé (49) 77 E6
Thouars (79) 93 G3
Thouars-sur-Arize (09) 185 G3
Thouars-sur-Garonne (47) . . 150 D5
Thouarsais-Bouildroux (85) . . 92 C6
le Thoult-Trosnay (51) 44 D4
le Thour (08) 23 F3
le Thoureil (49) 77 F5
Thourie (35) 57 G5
Thouron (87) 124 B1
Thourotte (60) 21 F4
Thoury (41) 80 B3
Thoury-Férottes (77) 64 C3
Thoux (32) 168 C4
Thubœuf (53) 59 E1
Thuès-entre-Valls (66) 200 A4
Thueyts (07) 157 F1
Thugny-Trugny (08) 23 H4
la Thuile (73) 132 A5
les Thuiles (04) 161 F3
Thuilley-aux-Groseilles (54) . . 48 B6
Thuillières (88) 69 F4
Thuir (66) 201 E3
le Thuit (27) 19 E6
le Thuit-Anger (27) 18 C6
Thuit-Hébert (27) 18 B5
le Thuit-Signol (27) 18 B6
le Thuit-Simer (27) 18 B6
Thulay (25) 88 C5
Thumeréville (54) 25 H6
Thumeries (59) 3 F6
Thun-l'Évêque (59) 9 E3
Thun-Saint-Amand (59) 4 A6
Thun-Saint-Martin (59) 9 E3

Thurageau (86) 94 B5
Thuré (86) 94 C5
Thuret (63) 127 G1
Thurey (71) 102 A5
Thurey-le-Mont (25) 87 G5
Thurins (69) 129 H4
Thury (21) 101 E3
Thury (89) 83 E4
Thury-en-Valois (60) 43 H1
Thury-Harcourt (14) 14 B6
Thury-sous-Clermont (60) . . . 20 C5
Thusy (74) 131 H1
Thuy (65) 183 F2
Thyez (74) 119 E5
Tibiran-Jaunac (65) 183 H4
Tichey (21) 102 B3
Tieffenbach (67) 50 B3
Tiercé (49) 77 E3
Tiercelet (54) 26 A2
le Tiercent (35) 35 G6
Tierceville (14) 14 A3
Tieste-Uragnoux (32) 166 D5
la Tieule (48) 155 G4
Tiffauges (85) 92 A3
Tigeaux (77) 43 G4
Tigery (91) 43 E4
Tignac (09) 199 F2
Tigné (49) 93 F1
Tignécourt (88) 69 E5
Tignes (73) 133 G5
le Tignet (06) 178 C4
Tignieu-Jameyzieu (38) 130 C3
Tigny-Noyelle (62) 6 C2
Tigy (45) 81 F2
Til-Châtel (21) 86 A4
Tilh (40) 165 F5
Tilhouse (65) 183 G4
Tillac (32) 167 F6
Tillay-le-Péneux (28) 62 C4
Tillé (60) 20 B4
Tillenay (21) 102 B2
le Tilleul (76) 16 B4
Tilleul-Dame-Agnès (27) . . . 40 C2
le Tilleul-Lambert (27) 40 C2
le Tilleul-Othon (27) 40 B1
Tilleux (88) 68 D3
Tillières (49) 92 A3
Tillières-sur-Avre (27) 40 D5
Tilloloy (80) 21 E2
Tilloy (79) 108 B5
Tilloy-et-Bellay (51) 46 B2
Tilloy-Floriville (80) 6 C5
Tilloy-lès-Conty (80) 20 B1
Tilloy-lès-Hermaville (62) . . . 7 H2
Tilloy-lès-Mofflaines (62) . . . 8 B2
Tilloy-lez-Cambrai (59) 8 D3
Tilloy-lez-Marchiennes (59) . . 9 E1
Tilly (27) 41 G1
Tilly (36) 110 C3
Tilly (78) 41 G3
Tilly-Capelle (62) 7 F1
Tilly-la-Campagne (14) 14 C5
Tilly-sur-Meuse (55) 47 G2
Tilly-sur-Seulles (14) 14 A4
Tilques (62) 2 A4
Tincey-et-Pontrebeau (70) . . . 87 E3
Tinchebray (61) 38 A4
Tincourt-Boucly (80) 8 C5
Tincques (62) 5 H2
Tincry (57) 49 E3
Tinqueux (51) 23 E6
Tinteniac (35) 35 E6
Tintry (71) 101 E4
Tintury (58) 99 G3
Tiranges (43) 142 D1
Tirent-Pontéjac (32) 168 B6
Tirepied (50) 37 E4
Tissey (89) 84 A1
le Titre (80) 6 D3
Tivernon (45) 62 D4
Tiviers (15) 141 F4
Tizac-de-Curton (33) 135 G5
Tizac-de-Lapouyade (33) . . . 135 G3
Tocane-Saint-Apre (24) 137 E2
Tocqueville (27) 16 D6
Tocqueville (50) 13 E1
Tocqueville-en-Caux (76) . . . 17 F3
Tocqueville-les-Murs (76) . . . 16 D4
Tocqueville-sur-Eu (76) 17 H1
Tœufles (80) 6 C4
Toges (08) 24 B4
Togny-aux-Bœufs (51) 46 A4
Tolla (2A) 204 D5
Tollaincourt (88) 68 D5
Tollent (62) 7 E2
Tollevast (50) 12 C2
la Tombe (77) 64 D2
Tombebœuf (47) 151 E2
Tomblaine (54) 48 D5
Tomino (2B) 203 G2
les Tonils (26) 158 D1
Tonnac (81) 170 A1
Tonnay-Boutonne (17) 121 E1
Tonnay-Charente (17) 120 D1
Tonneins (47) 150 D4
Tonnerre (89) 84 A1
Tonneville (50) 12 B2
Tonnoy (54) 48 D6
Tonquédec (22) 32 C3
Torcé (35) 57 H3
Torcé-en-Vallée (72) 60 C4
Torcé-Viviers-
  -en-Charnie (53) 59 F4
Torcenay (52) 86 C1
Torchamp (61) 38 A6
Torchefelon (38) 131 E5
Torcheville (57) 49 G3
Torcieu (01) 131 E1
Torcy (62) 1 F5

Torcy (71) . . . 101 E5
Torcy (77) . . . 43 F4
Torcy-en-Valois (02) . . . 44 B2
Torcy-et-Pouligny (21) . . . 84 C5
Torcy-le-Grand (10) . . . 66 B1
Torcy-le-Grand (76) . . . 17 H3
Torcy-le-Petit (10) . . . 66 B1
Torcy-le-Petit (76) . . . 17 H3
Tordères (66) . . . 201 E3
Tordouet (14) . . . 15 F6
Torfou (49) . . . 92 A2
Torfou (91) . . . 63 F1
Torigni-sur-Vire (50) . . . 37 G2
Tornac (30) . . . 173 G2
Tornay (52) . . . 86 C2
le Torp-Mesnil (76) . . . 17 F3
Torpes (25) . . . 103 F1
Torpes (71) . . . 102 B5
le Torpt (27) . . . 15 G3
le Torquesne (14) . . . 15 F4
Torreilles (66) . . . 201 G2
Torsac (16) . . . 122 C5
Torsiac (43) . . . 141 F1
Tortebesse (63) . . . 126 C3
Tortefontaine (62) . . . 7 E2
Tortequesne (62) . . . 8 C2
Torteron (18) . . . 98 C3
Torteval-Quesnay (14) . . . 38 A1
Tortezais (03) . . . 113 E3
Tortisambert (14) . . . 39 F2
Torvilliers (10) . . . 66 A3
Torxé (17) . . . 121 E1
Tosny (27) . . . 19 E6
Tosse (40) . . . 164 C4
Tossiat (01) . . . 117 E5
Tostat (65) . . . 183 E2
Tostes (27) . . . 18 C6
Totainville (88) . . . 69 E2
Tôtes (76) . . . 17 G4
Touchay (18) . . . 97 F6
la Touche (26) . . . 158 B3
les Touches (44) . . . 74 C3
les Touches-de-Périgny (17) . . . 121 H1
Toucy (89) . . . 83 E2
Toudon (06) . . . 195 E1
Touët-de-l'Escarène (06) . . . 195 E1
Touët-sur-Var (06) . . . 178 D5
Touffailles (82) . . . 152 A5
Toufflers (59) . . . 3 G5
Touffréville (14) . . . 14 C4
Touffréville (27) . . . 19 E5
Touffreville-la-Cable (76) . . . 15 H2
Touffreville-la-Corbeline (76) . . . 17 E5
Touffreville-sur-Eu (76) . . . 6 A5
Touget (32) . . . 168 B4
Touille (31) . . . 184 C4
Touillon (21) . . . 84 D1
Touillon-et-Loutelet (25) . . . 104 A5
Toujouse (32) . . . 166 C3
Toul (54) . . . 48 B5
Toulaud (07) . . . 144 A5
Toulenne (33) . . . 149 H2
Touligny (08) . . . 24 A2
Toulis-et-Attencourt (02) . . . 22 C2
Toulon (83) . . . 193 E5
Toulon-sur-Allier (03) . . . 113 H2
Toulon-sur-Arroux (71) . . . 100 C4
Toulonjac (12) . . . 153 G4
Toulouges (66) . . . 201 E2
Toulouse (31) . . . 169 E5
Toulouse-le-Château (39) . . . 102 D5
Toulouzette (40) . . . 165 G3
Toulx-Sainte-Croix (23) . . . 112 A4
Touques (14) . . . 15 E3
le Touquet-Paris-Plage (62) . . . 1 E6
Touquettes (61) . . . 39 H4
Touquin (77) . . . 43 H5
la Tour (06) . . . 179 E2
la Tour (74) . . . 118 D5
la Tour-Blanche (24) . . . 122 D6
la Tour-d'Aigues (84) . . . 176 B4
la Tour-d'Auvergne (63) . . . 126 C5
Tour-de-Faure (46) . . . 153 E2
la Tour-de-Salvagny (69) . . . 129 H2
la Tour-de-Sçay (25) . . . 87 G5
la Tour-du-Crieu (09) . . . 185 H4
la Tour-du-Meix (39) . . . 117 G2
le Tour-du-Parc (56) . . . 73 E2
la Tour-du-Pin (38) . . . 131 E5
Tour-en-Bessin (14) . . . 13 H5
Tour-en-Jarez (42) . . . 129 F5
Tour-en-Sologne (41) . . . 80 B4
la Tour-Saint-Gelin (37) . . . 94 C3
la Tour-sur-Orb (34) . . . 172 A5
Tourailles (41) . . . 79 G3
les Tourailles (61) . . . 38 C4
Tourbes (34) . . . 188 D1
Tourcelles-Chaumont (08) . . . 24 A4
Tourch (29) . . . 53 H2
Tourcoing (59) . . . 3 G4
Tourdun (32) . . . 167 E5
la Tourette (42) . . . 128 D6
la Tourette-Cabardès (11) . . . 187 E2
Tourette-du-Château (06) . . . 195 E1
Tourgéville (14) . . . 15 E3
la Tourlandry (49) . . . 92 D2
Tourlaville (50) . . . 12 C2
Tourliac (47) . . . 151 G1
Tourly (60) . . . 20 A6
Tourmignies (59) . . . 3 F6
Tourmont (39) . . . 103 E4
Tournai-sur-Dive (61) . . . 39 E4
Tournan (32) . . . 184 B1
Tournan-en-Brie (77) . . . 43 F5
Tournans (25) . . . 87 H5
Tournavaux (08) . . . 11 F6
Tournay (65) . . . 183 F2
Tournay-sur-Odon (14) . . . 14 A5
le Tourne (33) . . . 135 F6
Tournebu (14) . . . 14 B6
Tournecoupe (32) . . . 168 B3

Tournedos-Bois-Hubert (27) . . . 40 C2
Tournedos-sur-Seine (27) . . . 18 D6
Tournefeuille (31) . . . 169 E5
Tournefort (06) . . . 178 D2
Tournehem-sur-la-Hem (62) . . . 1 H3
Tournemire (12) . . . 172 A2
Tournemire (15) . . . 140 B4
Tournes (08) . . . 24 A1
le Tourneur (14) . . . 37 H2
Tourneville (27) . . . 40 D1
Tournières (14) . . . 13 G5
Tournissan (11) . . . 187 G4
Tournoisis (45) . . . 62 B6
Tournon (73) . . . 132 C4
Tournon-d'Agenais (47) . . . 151 H4
Tournon-Saint-Martin (36) . . . 95 F6
Tournon-Saint-Pierre (37) . . . 95 F6
Tournon-sur-Rhône (07) . . . 144 A3
Tournous-darré (65) . . . 183 G2
Tournous-devant (65) . . . 183 G2
Tournus (71) . . . 116 C1
Tourny (27) . . . 41 E1
Tourouvre (61) . . . 40 A6
Tourouzelle (11) . . . 187 G3
Tourreilles (11) . . . 186 D5
les Tourreilles (31) . . . 183 H4
Tourrenquets (32) . . . 168 A4
Tourrette-Levens (06) . . . 195 F2
les Tourrettes (26) . . . 158 B1
Tourrettes (83) . . . 178 B5
Tourrettes-sur-Loup (06) . . . 195 E3
Tourriers (16) . . . 122 C2
Tours (37) . . . 78 D5
Tours-en-Savoie (73) . . . 132 D4
Tours-en-Vimeu (80) . . . 6 C4
Tours-sur-Marne (51) . . . 45 F2
Tours-sur-Meymont (63) . . . 128 A4
Tourtenay (79) . . . 93 G3
Tourteron (08) . . . 24 A3
Tourtoirac (24) . . . 137 H2
Tourtour (83) . . . 193 G1
Tourtouse (09) . . . 184 D4
Tourtrès (47) . . . 151 E3
Tourtrol (09) . . . 186 A4
Tourves (83) . . . 193 E2
Tourville-en-Auge (14) . . . 15 F3
Tourville-la-Campagne (27) . . . 18 B6
Tourville-la-Chapelle (76) . . . 17 H2
Tourville-la-Rivière (76) . . . 18 C5
Tourville-les-Ifs (76) . . . 16 C3
Tourville-sur-Arques (76) . . . 17 G2
Tourville-sur-Odon (14) . . . 14 B5
Tourville-sur-Pont-Audemer (27) . . . 15 H3
Tourville-sur-Sienne (50) . . . 36 D1
Toury (28) . . . 62 D4
Toury-Lurcy (58) . . . 99 E6
Toury-sur-Jour (58) . . . 99 E6
Tourzel-Ronzières (63) . . . 127 F5
Toussaint (76) . . . 16 C3
Toussieu (69) . . . 130 B4
Toussieux (01) . . . 130 A1
Tousson (77) . . . 63 G3
Toussus-le-Noble (78) . . . 42 B5
Toutainville (27) . . . 15 G3
Toutenant (71) . . . 102 A4
Toutencourt (80) . . . 7 H5
Toutens (31) . . . 186 A1
Toutlemonde (49) . . . 92 C2
Toutry (21) . . . 84 B4
Touvérac (16) . . . 121 H6
le Touvet (38) . . . 131 H6
Touville (27) . . . 18 A5
Touvois (44) . . . 91 E2
Touvre (16) . . . 122 C4
Touzac (16) . . . 121 H6
Touzac (46) . . . 152 A3
Tox (2B) . . . 205 G2
Toy-Viam (19) . . . 125 F4
Tracy-Bocage (14) . . . 38 A1
Tracy-le-Mont (60) . . . 21 G4
Tracy-le-Val (60) . . . 21 G4
Tracy-sur-Loire (58) . . . 82 B6
Tracy-sur-Mer (14) . . . 14 A3
Trades (69) . . . 115 H4
Traenheim (67) . . . 50 C6
Tragny (57) . . . 48 D2
Traînel (10) . . . 65 F2
Traînou (45) . . . 63 E6
le Trait (76) . . . 17 E6
Traitiéfontaine (70) . . . 87 F5
Traize (73) . . . 131 G4
Tralaigues (63) . . . 126 B2
Tralonca (2B) . . . 205 F2
Tramain (22) . . . 34 A5
Tramayes (71) . . . 116 A4
Trambly (71) . . . 115 H4
Tramecourt (62) . . . 7 F1
Tramery (51) . . . 22 D6
Tramezaïgues (65) . . . 196 D1
Tramolé (38) . . . 130 D5
Tramont-Émy (54) . . . 69 E2
Tramont-Lassus (54) . . . 69 E2
Tramont-Saint-André (54) . . . 69 E2
Tramoyes (01) . . . 130 B2
Trampot (88) . . . 68 B2
Trancault (10) . . . 65 F2
la Tranche-sur-Mer (85) . . . 106 B3
la Tranclière (01) . . . 117 E5
Trancrainville (28) . . . 62 D4
Trangé (72) . . . 60 A5
le Tranger (36) . . . 95 H4
Trannes (10) . . . 67 E3
Tranqueville-Graux (88) . . . 69 E2
Trans (53) . . . 59 F3
Trans-en-Provence (83) . . . 177 H6
Trans-la-Forêt (35) . . . 35 F5
Trans-sur-Erdre (44) . . . 75 E3
le Translay (80) . . . 6 C5
le Transloy (62) . . . 8 C4
Tranzault (36) . . . 111 H2

Trappes (78) . . . 42 B4
Trassanel (11) . . . 187 E2
Traubach-le-Bas (68) . . . 89 E3
Traubach-le-Haut (68) . . . 89 E3
Trausse (11) . . . 187 F2
Travaillan (84) . . . 158 C6
Travecy (02) . . . 22 A2
Traversères (32) . . . 167 H6
Traves (70) . . . 87 F3
le Travet (81) . . . 170 D3
Trayes (79) . . . 93 E6
Tréal (56) . . . 56 B5
Tréauville (50) . . . 12 B3
Trébabu (29) . . . 30 C5
Treban (03) . . . 113 G3
Trébas (81) . . . 170 D1
Trébédan (22) . . . 34 C6
Trèbes (11) . . . 187 E3
Trébeurden (22) . . . 32 C2
Trébons (65) . . . 183 E4
Trébons-de-Luchon (31) . . . 197 F1
Trébons-sur-la-Grasse (31) . . . 186 A1
Trébrivan (22) . . . 32 C6
Trébry (22) . . . 33 H6
Tréclun (21) . . . 102 B1
Trécon (51) . . . 45 F4
Trédaniel (22) . . . 33 H6
Trédarzec (22) . . . 33 E2
Trédias (22) . . . 34 B6
Trédion (56) . . . 55 H5
Trédrez-Locquémeau (22) . . . 32 B2
Tréduder (22) . . . 32 B3
Trefcon (02) . . . 8 D6
Treffendel (35) . . . 56 D3
Treffiagat (29) . . . 53 E4
Treffieux (44) . . . 74 D1
Trefflean (56) . . . 55 G6
Treffort (38) . . . 145 G5
Treffort-Cuisiat (01) . . . 117 E4
Treffrin (22) . . . 32 B6
Tréflaouénan (29) . . . 31 G3
Tréflévénez (29) . . . 31 F4
Tréflez (29) . . . 31 F3
Tréfols (51) . . . 44 C4
Tréfumel (22) . . . 34 D6
Trégarantec (29) . . . 31 F3
Trégarvan (29) . . . 31 H3
Trégastel (22) . . . 32 C1
Tréglamus (22) . . . 32 D3
Tréglonou (29) . . . 30 D3
Trégomeur (22) . . . 33 F4
Trégon (22) . . . 34 C4
Trégonneau (22) . . . 33 E3
Trégourez (29) . . . 53 H2
Tréguennec (29) . . . 53 E3
Trégueux (22) . . . 33 G4
Tréguidel (22) . . . 33 F3
Tréguier (22) . . . 33 E2
Trégunc (29) . . . 53 H4
Tréhet (41) . . . 78 D2
Tréhorenteuc (56) . . . 56 B3
le Tréhou (29) . . . 31 G5
Treignac (19) . . . 125 E5
Treignat (03) . . . 112 B3
Treigny (89) . . . 82 D4
Treilles (11) . . . 188 A6
Treilles-en-Gâtinais (45) . . . 64 A5
Treillières (44) . . . 74 C4
Treix (52) . . . 68 A4
Treize-Septiers (85) . . . 91 H1
Treize-Vents (85) . . . 92 C3
Tréjouls (82) . . . 152 B5
Trélans (48) . . . 155 F3
Trélazé (49) . . . 77 E5
Trélévern (22) . . . 32 D1
Trelins (42) . . . 128 D3
Trélissac (24) . . . 137 F2
Trélivan (22) . . . 34 C5
Trelly (50) . . . 35 H1
Trélon (59) . . . 10 B4
Trélou-sur-Marne (02) . . . 44 C2
Trémaouézan (29) . . . 31 F4
Trémargat (22) . . . 32 D6
Trémauville (76) . . . 16 D4
la Tremblade (17) . . . 120 B2
Tremblay (35) . . . 35 G6
le Tremblay (49) . . . 76 B2
Tremblay-en-France (93) . . . 43 E3
Tremblay-les-Villages (28) . . . 41 F6
le Tremblay-Omonville (27) . . . 40 C1
le Tremblay-sur-Mauldre (78) . . . 42 A4
Tremblecourt (54) . . . 48 B4
le Tremblois (70) . . . 86 C5
Tremblois-lès-Carignan (08) . . . 25 C2
Tremblois-lès-Rocroi (08) . . . 10 D6
Trémeheuc (35) . . . 35 F5
Trémel (22) . . . 32 B3
Tréméloir (22) . . . 33 G4
Trémentines (49) . . . 75 H6
Tréméoc (29) . . . 53 F3
Tréméreuc (22) . . . 34 D4
Trémery (57) . . . 26 C4
Trémeur (22) . . . 34 B6
Tréméven (22) . . . 33 F3
Tréméven (29) . . . 54 B4
Trémilly (52) . . . 67 F2
Tréminis (38) . . . 145 G6
Trémoins (70) . . . 88 B3
Trémolat (24) . . . 137 G5
Trémons (47) . . . 151 H4
Trémont (49) . . . 93 E1
Trémont (61) . . . 39 G6
Trémont-sur-Saulx (55) . . . 46 D5
Trémonzey (88) . . . 69 G6
Trémorel (22) . . . 56 B2
Trémouille (15) . . . 140 C1
Trémouille-Saint-Loup (63) . . . 126 B5
Trémouilles (12) . . . 154 C5

Trémoulet (09) . . . 185 H4
Trémuson (22) . . . 33 G4
Trenal (39) . . . 102 C6
Trensacq (40) . . . 149 E5
Trentels (47) . . . 151 G3
Tréogan (22) . . . 54 B1
Tréogat (29) . . . 53 E3
Tréon (28) . . . 41 E5
Tréouergat (29) . . . 30 D3
Trépail (51) . . . 45 G1
le Tréport (76) . . . 6 A4
Trépot (25) . . . 103 G1
Treprel (14) . . . 38 C3
Trept (38) . . . 130 D4
Trésauvaux (55) . . . 47 H2
Tresboeuf (35) . . . 57 F5
Trescault (62) . . . 8 D4
Treschenu-Creyers (26) . . . 145 F6
Trescléoux (05) . . . 159 H4
Trésilley (70) . . . 87 F5
Treslon (51) . . . 22 D6
Tresnay (58) . . . 99 E6
Trespoux-Rassiels (46) . . . 152 C4
Tresques (30) . . . 174 C1
Tressan (34) . . . 172 D6
Tressandans (25) . . . 87 H4
Tressange (57) . . . 26 A3
Tressé (35) . . . 35 E5
Tresserre (66) . . . 201 E3
Tresserve (73) . . . 131 H4
Tresses (33) . . . 135 F5
Tressignaux (22) . . . 33 F3
Tressin (59) . . . 3 G5
Tresson (72) . . . 78 D1
Treteau (03) . . . 114 B3
la Trétoire (77) . . . 44 A4
Trets (13) . . . 192 D2
Treuzy-Levelay (77) . . . 64 B3
Trévé (22) . . . 55 E1
Trévenans (90) . . . 88 C3
Tréveneuc (22) . . . 33 G3
Tréveray (55) . . . 47 F6
Trévérec (22) . . . 33 E3
Trévérien (35) . . . 34 D6
Trèves (30) . . . 172 C1
Trèves (69) . . . 129 H5
Trévien (81) . . . 170 C1
Trévières (14) . . . 13 G5
Trévignin (73) . . . 131 H3
Trévillach (66) . . . 200 C3
Tréville (11) . . . 186 B2
Trévillers (25) . . . 88 D6
Trévol (03) . . . 113 H1
Trévou-Tréguignec (22) . . . 32 D1
Trévoux (01) . . . 130 A1
le Trévoux (29) . . . 54 A4
Trévron (22) . . . 34 D6
Trézelles (03) . . . 114 B4
Trézény (22) . . . 32 D2
Tréziers (11) . . . 186 B5
Trézilidé (29) . . . 31 G3
Trézioux (63) . . . 127 H3
Triac-Lautrait (16) . . . 122 A4
le Triadou (34) . . . 173 F4
Triaize (85) . . . 106 C2
Tribehou (50) . . . 13 E6
Trichey (89) . . . 66 B6
Tricot (60) . . . 20 D3
Trie-Château (60) . . . 19 H6
Trie-la-Ville (60) . . . 19 H6
Trie-sur-Baïse (65) . . . 183 G2
Triel-sur-Seine (78) . . . 42 B3
Triembach-au-Val (67) . . . 71 F2
Trieux (54) . . . 26 A3
Trigance (83) . . . 177 H3
Trignac (44) . . . 73 G4
Trigny (51) . . . 22 D5
Triguères (45) . . . 64 C6
Trilbardou (77) . . . 43 F3
Trilla (66) . . . 200 C2
Trilport (77) . . . 43 G3
Trimbach (67) . . . 51 G2
Trimer (35) . . . 34 D6
la Trimouille (86) . . . 110 B2
Trinay (45) . . . 62 D5
la Trinitat (15) . . . 155 E1
la Trinité (06) . . . 195 F2
la Trinité (27) . . . 41 E2
la Trinité (50) . . . 37 F4
la Trinité (73) . . . 132 B5
la Trinité-de-Réville (27) . . . 39 H3
la Trinité-de-Thouberville (27) . . . 18 B5
la Trinité-des-Laitiers (61) . . . 39 G4
la Trinité-du-Mont (76) . . . 15 H1
la Trinité-Porhoët (56) . . . 55 H2
la Trinité-sur-Mer (56) . . . 72 C1
la Trinité-Surzur (56) . . . 73 E1
Triors (26) . . . 144 C3
le Trioulou (15) . . . 153 H1
Tripleville (41) . . . 62 B6
Triquerville (76) . . . 18 A3
Triqueville (27) . . . 15 G3
Trith-Saint-Léger (59) . . . 9 F2
Tritteling-Redlach (57) . . . 49 F1
Trivy (71) . . . 115 H3
Trizac (15) . . . 140 D2
Trizay (17) . . . 120 D1
Trizay-Coutretot-Saint-Serge (28) . . . 61 F3
Trizay-lès-Bonneval (28) . . . 62 A4
Troarn (14) . . . 14 C4
Troche (19) . . . 124 C6
Trochères (21) . . . 86 B6
Trocy-en-Multien (77) . . . 43 G2
Troësnes (02) . . . 44 A1
Troguéry (22) . . . 33 E2
Trogues (37) . . . 94 D3
les Trois-Domaines (55) . . . 47 F3

Trois-Fonds (23) . . . 112 A4
Trois-Fontaines-l'Abbaye (51) . . . 46 D5
Trois-Monts (14) . . . 14 B6
les Trois-Moutiers (86) . . . 93 H2
Trois-Palis (16) . . . 122 B4
les Trois-Pierres (76) . . . 15 G1
Trois-Puits (51) . . . 23 E6
Trois-Vèvres (58) . . . 99 F4
Trois-Villes (64) . . . 181 G3
Troisfontaines (57) . . . 50 A5
Troisfontaines-la-Ville (52) . . . 67 G1
Troisgots (50) . . . 37 G2
Troissereux (60) . . . 20 A4
Troissy (51) . . . 44 D2
Troisvaux (62) . . . 7 G1
Troisvilles (59) . . . 9 F4
la Tronche (38) . . . 145 G2
le Tronchet (35) . . . 35 E5
le Tronchet (72) . . . 60 A4
Tronchoy (89) . . . 84 A1
Tronchy (71) . . . 102 A6
le Troncq (27) . . . 18 B6
Trondes (54) . . . 48 A5
Tronget (03) . . . 113 G3
le Tronquay (14) . . . 13 G6
le Tronquay (27) . . . 19 F4
Tronsanges (58) . . . 98 D2
Tronville (54) . . . 48 B1
Tronville-en-Barrois (55) . . . 47 F5
Troo (41) . . . 79 E2
Trosly-Breuil (60) . . . 21 G5
Trosly-Loire (02) . . . 21 H4
Trouans (10) . . . 45 G6
Troubat (65) . . . 184 A5
Trouhans (21) . . . 102 B2
Trouhaut (21) . . . 85 F5
Trouillas (66) . . . 201 E3
Trouley-Labarthe (65) . . . 183 F2
Troussencourt (60) . . . 20 B3
Troussey (55) . . . 47 H5
Troussures (60) . . . 20 A5
Trouvans (25) . . . 87 H5
Trouville (76) . . . 15 H1
Trouville-la-Haule (27) . . . 15 H2
Trouville-sur-Mer (14) . . . 15 E3
Trouy (18) . . . 97 G3
Troye-d'Ariège (09) . . . 186 B5
Troyes (10) . . . 66 B3
Troyon (55) . . . 47 G2
Truchtersheim (67) . . . 50 D5
Trucy (02) . . . 22 C4
Trucy-l'Orgueilleux (58) . . . 83 F5
Trucy-sur-Yonne (89) . . . 83 G3
le Truel (12) . . . 171 G1
Trugny (21) . . . 102 A3
Truinas (26) . . . 158 D2
Trumilly (60) . . . 21 F6
Trun (61) . . . 39 E4
Trungy (14) . . . 13 H6
Truttemer-le-Grand (14) . . . 37 H4
Truttemer-le-Petit (14) . . . 37 H4
Truyes (37) . . . 95 F1
Tubersent (62) . . . 1 F6
Tuchan (11) . . . 187 G6
Tucquegnieux (54) . . . 26 A4
Tudeils (19) . . . 139 E4
Tudelle (32) . . . 167 F4
Tuffé (72) . . . 60 C5
Tugéras-Saint-Maurice (17) . . . 121 G6
Tugny-et-Pont (02) . . . 21 H1
la Tuilière (42) . . . 128 B1
Tulette (26) . . . 158 C5
Tulle (19) . . . 139 E2
Tullins (38) . . . 145 E1
Tully (80) . . . 6 B4
Tupigny (02) . . . 9 G5
Tupin-et-Semons (69) . . . 130 A5
la Turballe (44) . . . 73 F3
la Turbie (06) . . . 195 G2
Turcey (21) . . . 85 F5
Turckheim (68) . . . 71 F4
Turenne (19) . . . 138 D4
Turgon (16) . . . 122 D1
Turgy (10) . . . 66 B5
Turny (89) . . . 65 G5
Turquant (49) . . . 93 H1
Turquestein-Blancrupt (57) . . . 50 A6
Turqueville (50) . . . 13 E4
Turretot (76) . . . 15 F1
Turriers (04) . . . 160 C3
Tursac (24) . . . 137 H4
Tusson (16) . . . 122 B1
Tuzaguet (65) . . . 183 H4
le Tuzan (33) . . . 149 F3
Tuzie (16) . . . 122 C1

U

Ugine (73) . . . 132 C3
Uglas (65) . . . 183 H4
Ugnouas (65) . . . 183 E2
Ugny (54) . . . 25 G4
Ugny-le-Gay (02) . . . 21 H2
Ugny-l'Équipée (80) . . . 21 G1
Ugny-sur-Meuse (55) . . . 47 H5
Uhart-Cize (64) . . . 180 D3
Uhart-Mixe (64) . . . 181 F2
Uhlwiller (67) . . . 51 E3
Uhrwiller (67) . . . 50 D3
Ulcot (79) . . . 93 F3
les Ulis (91) . . . 42 C5
Ully-Saint-Georges (60) . . . 20 C6
les Ulmes (49) . . . 93 G1
Umpeau (28) . . . 62 C1
Unac (09) . . . 199 F1
Uncey-le-Franc (21) . . . 85 E6
Unchair (51) . . . 22 D6
Ungersheim (68) . . . 71 F6
Unias (42) . . . 129 E4
Unienville (10) . . . 67 E3
Unieux (42) . . . 129 E6
l'Union (31) . . . 169 F5
Unverre (28) . . . 61 G4
Unzent (09) . . . 185 G3
Upaix (05) . . . 160 A4
Upie (26) . . . 144 B6
Ur (66) . . . 199 G4
Urau (31) . . . 184 C5
Urbalacone (2A) . . . 206 D1
Urbanya (66) . . . 200 B3
Urbeis (67) . . . 71 E2
Urbès (68) . . . 70 D6
Urbise (42) . . . 114 D4
Urçay (03) . . . 112 D1
Urcel (02) . . . 22 B4
Urcerey (90) . . . 88 C3
Urciers (36) . . . 112 A2
Urcuit (64) . . . 164 C6
Urcy (21) . . . 101 G1
Urdens (32) . . . 168 A3
Urdès (64) . . . 165 H6
Urdos (64) . . . 182 A6
Urepel (64) . . . 180 C4
Urgons (40) . . . 166 A4
Urgosse (32) . . . 166 D4
Uriménil (88) . . . 69 H4
Urmatt (67) . . . 50 C6
Urost (64) . . . 182 D2
Urou-et-Crennes (61) . . . 39 E4
Urrugne (64) . . . 180 A1
Urs (09) . . . 199 F1
Urschenheim (68) . . . 71 G4
Urt (64) . . . 164 C6
Urtaca (2B) . . . 203 E5
Urtière (25) . . . 88 C3
Uruffe (54) . . . 48 A6
Urval (24) . . . 137 G6
Urville (10) . . . 67 E4
Urville (14) . . . 14 C6
Urville (50) . . . 12 D3
Urville (88) . . . 68 D4
Urville-Nacqueville (50) . . . 12 B1
Urvillers (02) . . . 22 A1
Ury (77) . . . 63 H3
Urzy (58) . . . 99 E3
Us (95) . . . 42 A2
Usclades-et-Rieutord (07) . . . 143 E6
Usclas-d'Hérault (34) . . . 172 D6
Usclas-du-Bosc (34) . . . 172 C4
Usinens (74) . . . 118 A6
Ussac (19) . . . 138 C2
Ussat (09) . . . 199 E1
Usseau (79) . . . 107 G5
Usseau (86) . . . 94 C4
Ussel (15) . . . 141 E3
Ussel (19) . . . 125 H5
Ussel (46) . . . 152 D2
Ussel-d'Allier (03) . . . 113 G5
Usson (63) . . . 127 G5
Usson-du-Poitou (86) . . . 109 F4
Usson-en-Forez (42) . . . 142 C1
Ussy (14) . . . 38 D3
Ussy-sur-Marne (77) . . . 43 H3
Ustaritz (64) . . . 180 C1
Ustou (09) . . . 198 C1
Utelle (06) . . . 195 F1
Uttenheim (67) . . . 71 G1
Uttenhoffen (67) . . . 50 D3
Uttwiller (67) . . . 50 C3
Uvernet-Fours (04) . . . 161 F4
Uxeau (71) . . . 100 B6
Uxegney (88) . . . 69 H4
Uxelles (39) . . . 117 H1
Uxem (59) . . . 2 C1
Uz (65) . . . 182 D5
Uza (40) . . . 164 D1
Uzan (64) . . . 166 A6
Uzay-le-Venon (18) . . . 97 H5
Uzech (46) . . . 152 C2
Uzein (64) . . . 182 B1
Uzel (22) . . . 33 H6
Uzelle (25) . . . 88 A4
Uzemain (88) . . . 69 H5
Uzer (07) . . . 157 F3
Uzer (65) . . . 183 F2
Uzerche (19) . . . 124 D6
Uzès (30) . . . 174 B2
Uzeste (33) . . . 149 G3
Uzos (64) . . . 182 B2

V

Vaas (72) . . . 78 B3
Vabre (81) . . . 170 D5
Vabre-Tizac (12) . . . 153 H5
Vabres (15) . . . 141 E4

Vabres (30). 173 F1
Vabres-l'Abbaye (12). 171 G2
Vacherauville (55) 25 E6
Vachères (04) 176 B2
Vachères-en-Quint (26) . . . 144 D6
Vacheresse (74) 119 F3
la Vacheresse-
   -et-la-Rouillie (88) 68 D4
la Vacherie (27) 40 D1
Vacognes-Neuilly (14) 14 A5
la Vacquerie (14) 37 H1
la Vacquerie-et-Saint-Martin-
   -de-Castries (34) 172 D4
Vacquerie-le-Boucq (62) 7 F2
Vacqueriette-Erquières (62) . . . 7 F2
Vacqueville (54) 70 C1
Vacqueyras (84). 158 C6
Vacquiers (34) 173 G3
Vacquiers (31) 169 F4
Vadans (39) 103 E4
Vadans (70) 86 C6
Vadelaincourt (55) 47 F2
Vadenay (51) 45 H2
Vadencourt (02) 9 G5
Vadencourt (80) 7 H5
Vadonville (55) 47 G4
Vagnas (07) 157 G4
Vagney (88) 70 B5
Vahl-Ebersing (57). 49 G1
Vahl-lès-Bénestroff (57) . . . 49 G3
Vahl-lès-Faulquemont (57) . . 49 F2
Vaiges (53) 59 E5
Vailhan (34) 172 C6
Vailhauquès (34) 173 E6
Vailhourles (12) 153 F5
Vaillac (46) 152 D1
Vaillant (52) 85 H2
Vailly (10) 66 B2
Vailly (74) 119 E3
Vailly-sur-Aisne (02) 22 B4
Vailly-sur-Sauldre (18). 82 A5
Vains (50) 35 H3
Vairé (85) 91 E5
Vaire-Arcier (25) 87 G6
Vaire-le-Petit (25). 87 G6
Vaire-sous-Corbie (80) 7 H6
Vaires-sur-Marne (77) 43 E4
Vaison-la-Romaine (84) . . . 158 D5
Vaïssac (82) 169 G1
Vaite (70) 86 D3
la Vaivre (70) 69 H6
Vaivre-et-Montoille (70) 87 F3
le Val (83) 193 F2
le Val-d'Ajol (88) 70 A6
Val-d'Auzon (10) 66 C2
le Val-David (27) 41 E2
Val-de-Bride (57) 49 F4
Val-de-Chalvagne (04) 178 B2
Val-de-Fier (74) 131 H1
le Val-de-Gouhenans (70) . . 88 A3
le Val-de-Guéblange (57) . . . 49 H2
Val-de-la-Haye (76) 18 C5
Val-de-Mercy (89) 83 G3
Val-de-Meuse (52) 68 C6
Val-de-Reuil (27) 18 D6
Val-de-Roulans (25). 87 H5
Val-de-Saâne (76) 17 F4
Val-de-Vesle (51) 45 G1
Val-de-Vière (51) 46 B4
Val-d'Épy (39) 117 F3
Val-des-Marais (51). 45 F4
Val-des-Prés (05) 147 E4
le Val-d'Esnoms (52) 86 A3
Val-d'Isère (73) 133 G5
Val-d'Izé (35) 57 H2
Val-d'Ornain (55) 46 D4
Val-et-Châtillon (54) 49 H6
Val-Maravel (26) 159 G2
le Val-Saint-Éloi (70) 87 G2
le Val-Saint-Germain (91) . . . 42 B6
le Val-Saint-Père (50). 35 H4
Val-Suzon (21) 85 G5
Valady (12). 154 B3
Valailles (27) 15 H5
Valaire (41) 79 H5
Valanjou (49) 93 E1
Valaurie (26) 158 B4
Valavoire (04). 160 B5
Valay (70) 86 D6
Valbeleix (63) 127 E6
Valbelle (04). 160 A6
Valbois (55) 47 H3
Valbonnais (38) 145 H5
Valbonne (06) 178 D4
Valcabrère (31) 184 A5
Valcanville (50) 13 E2
Valcebollère (66) 199 H5
Valcivières (63) 128 B5
Valcourt (52) 46 D6
Valdahon (25) 104 A2
Valdampierre (60) 20 A5
Valdeblore (06) 162 C6
le Valdécie (50) 12 C4
Valderiès (81). 170 C2
Valderoure (06) 178 B3
Valdieu-Lutran (68) 89 E3
Valdivienne (86) 109 G2
Valdoie (90) 88 C2
Valdrôme (26) 159 G3
Valdurenque (81) 170 D6
Valeille (42) 129 F3
Valeilles (82) 151 H4
Valeins (01) 116 B5
Valempoulières (39) 103 F5
Valençay (36) 96 B2
Valence (16) 122 D2
Valence (26) 144 B5
Valence (82) 151 G4
Valence-d'Albigeois (81) . . . 170 D2
Valence-en-Brie (77) 64 B2
Valence-sur-Baïse (32) . . . 167 G3

Valenciennes (59) 9 F2
Valencin (38) 130 B4
Valencogne (38) 131 F5
Valennes (72) 61 E6
Valensole (04) 177 E3
Valentigney (25) 88 C4
Valentine (31) 184 B4
Valenton (94) 42 D5
Valergues (34) 173 G5
Valernes (04) 160 B5
Valescourt (60). 20 D4
Valette (15). 140 B2
la Valette (38) 145 H4
la Valette-du-Var (83). 193 F5
Valeuil (24) 137 E1
Valeyrac (33) 120 C6
Valezan (73) 133 E4
Valff (67) 71 G1
Valfin-sur-Valouse (39) 117 F3
Valflaunès (34). 173 F4
Valfleury (42) 129 G5
Valframbert (61) 60 A1
Valfroicourt (88) 69 F4
la Valette (17) 107 F6
Valgorge (07) 157 E2
Valhey (54) 49 E5
Valhuon (62) 7 G1
Valiergues (19) 125 H6
Valignat (03) 113 G5
Valigny (03) 98 B6
Valines (80) 6 C4
Valjouffrey (38) 146 A5
Valjouze (15) 141 E3
la Valla-en-Gier (42) 129 G6
la Valla-sur-Rochefort (42). . 128 C3
Vallabrègues (30) 174 C3
Vallabrix (30) 174 B1
Vallan (89) 83 F2
Vallangoujard (95). 42 B1
Vallans (79) 107 G4
Vallant-Saint-Georges (10) . . 66 A2
Vallauris (06) 195 E4
la Valle-d'Alesani (2B) 205 G2
Valle-di-Campoloro (2B) . . . 205 G2
Valle-di-Mezzana (2A) 204 C5
Valle-di-Rostino (2B) 203 F6
Valle-d'Orezza (2B) 205 G1
Vallecalle (2B) 203 F5
la Vallée (76) 120 D1
la Vallée-au-Blé (02) 9 H6
la Vallée-Mulâtre (02) 9 F5
Vallègue (31) 186 A1
Valleiry (74) 118 B5
Vallenay (18) 97 G5
Vallentigny (10) 67 E2
Vallerange (57) 49 F2
Vallérargues (30) 157 G6
Valleraugue (30) 173 E1
Vallères (37) 78 C6
Valleret (52) 67 G1
Vallereuil (24) 137 E3
Vallerois-le-Bois (70). 87 H4
Vallerois-Lorioz (70) 87 G4
Valleroy (25) 87 G5
Valleroy (52) 86 D2
Valleroy (54) 26 A4
Valleroy-aux-Saules (88). . . . 69 F3
Valleroy-le-Sec (88). 69 F4
Vallery (89). 64 C4
Vallesvilles (31) 169 G5
Vallet (44). 75 E6
Valletot (27) 15 H3
Vallica (2B) 202 D6
Vallière (23) 125 G2
Vallières (10) 66 B6
Vallières (74) 131 H1
Vallières-les-Grandes (41) . . 79 G5
Valliguières (30) 174 C2
Valliquerville (76) 17 E4
Valloire (73) 146 D2
Vallois (54). 70 A1
les Vallois (88) 69 F4
Vallon-en-Sully (03) 112 D2
Vallon-Pont-d'Arc (07) 157 G4
Vallon-sur-Gée (72) 59 H6
Vallorcine (74) 119 H6
Vallouise (05) 146 D5
Valmanya (66) 200 C4
Valmascle (34) 172 B5
Valmeinier (73) 146 D2
Valmestroff (57). 26 C3
Valmigère (11) 187 E5
Valmondois (95) 42 C2
Valmont (57) 49 F1
Valmont (76) 16 D3
Valmunster (57). 26 D4
Valmy (51) 46 C2
Valognes (50) 12 D3
Valojoulx (24) 138 A4
Valonne (25) 88 B5
Valoreille (25) 88 C6
Valouse (26) 158 D3
Valprionde (46) 152 A4
Valprivas (43). 142 D1
Valpuiseaux (91) 63 G2
Valras-Plage (34) 188 C3
Valréas (84) 158 C4
Valros (34) 188 D1
Valroufié (46) 152 D3
Vals (09) 186 A4
Vals-des-Tilles (52) 85 H3
Vals-le-Chastel (43) 141 H2
Vals-les-Bains (07) 157 G1
Vals-près-le-Puy (43) 142 C4
Valsemé (14) 15 E4
Valserres (05) 160 C3
Valsonne (69) 129 F1
le Valtin (88) 70 D4
Valuéjols (15) 141 E4
Valvignères (07) 157 H3
Valz-
   -sous-Châteauneuf (63) . . 127 H6

Valzergues (12) 153 H3
Vanault-le-Châtel (51) 46 B4
Vanault-les-Dames (51) 46 C4
Vançais (79) 108 C4
Vancé (72) 78 D1
la Vancelle (67) 71 F2
Vanclans (25) 104 A2
Vandeins (01). 116 D4
Vandelainville (54). 26 A6
Vandelans (70). 87 G5
Vandeléville (54) 69 E2
Vandélicourt (60). 21 F4
Vandenesse (58) 99 H4
Vandenesse-en-Auxois (21) . 101 F1
Vandeuil (51) 22 D6
Vandières (51) 44 D1
Vandières (54) 48 B3
Vandœuvre-lès-Nancy (54). . 48 C5
Vandoncourt (25). 88 D4
Vandré (17) 107 F6
Vandrimare (21). 19 E5
Vandy (08) 24 A4
Vanlay (10) 66 A5
Vannaire (21) 85 E1
Vanne (70) 87 E3
le Vanneau-Irleau (79) 107 G3
Vannecourt (57) 49 F3
Vannecrocq (27) 15 G3
Vannes (56) 55 G6
Vannes-le-Châtel (54) 48 A6
Vannes-sur-Cosson (45) . . . 81 F3
Vannoz (39) 103 F5
Vanosc (07) 143 G2
les Vans (07) 157 E4
Vantoux (57) 26 C5
Vantoux-et-Longevelle (70) . . 87 E5
Vanves (92) 42 C4
Vanvey (21) 85 F1
Vanvillé (77). 64 D1
Vanxains (24). 136 C2
Vany (57) 26 C5
Vanzac (17). 121 G6
Vanzay (79) 108 C4
Vanzy (74) 118 A6
Vaour (81) 169 H1
Varacieux (38) 144 D2
Varades (44). 76 B5
Varages (83) 193 E1
Varaignes (24) 123 E4
Varaire (46) 153 E4
Varaize (17) 121 G1
Varambon (01). 117 E6
Varanges (21) 102 A1
Varangéville (54) 48 D5
Varaville (14) 14 D4
Varces-Allières-
   -et-Risset (38) 145 G3
Vareilles (23) 110 D4
Vareilles (71) 115 F4
Vareilles (89) 65 F4
Varen (82) 153 F6
Varengeville-sur-Mer (76) . . 17 G2
Varenguebec (50) 12 D4
la Varenne (49). 75 E4
Varenne-l'Arconce (71) 115 F4
Varenne-
   -Saint-Germain (71) 115 F4
Varennes (24) 137 F5
Varennes (31) 185 H1
Varennes (37) 95 F3
Varennes (80) 7 H4
Varennes (82) 169 F3
Varennes (86) 94 B5
Varennes (89) 83 H1
Varennes-Changy (45) 82 A1
Varennes-en-Argonne (55) . . 24 C6
Varennes-Jarcy (91) 43 E5
Varennes-le-Grand (71) . . . 101 G4
Varennes-lès-Mâcon (71) . . 116 B4
Varennes-lès-Narcy (58) . . . 98 D1
Varennes-
   -Saint-Honorat (43) 142 A3
Varennes-
   -Saint-Sauveur (71). 117 E2
Varennes-sous-Dun (71) . . . 115 G4
Varennes-sur-Allier (03) . . . 114 A4
Varennes-sur-Fouzon (36). . . 96 C1
Varennes-sur-Loire (49) 94 A1
Varennes-sur-Morge (63) . . 127 F1
Varennes-sur-Seine (77) . . . 64 C2
Varennes-sur-Tèche (03) . . . 114 B4
Varennes-sur-Usson (63) . . 127 G5
Varennes-Vauzelles (58) . . . 98 D3
Varès (47). 150 D3
Varesnes (60) 21 G3
Varessia (39) 117 F1
Varetz (19) 138 C2
Varilhes (09). 185 H5
Varinfroy (60) 43 H2
Variscourt (02) 23 E4
Varize (28) 62 B5
Varize (57) 49 E1
Varmonzey (88) 69 G2
Varneville (55) 47 H3
Varneville-Bretteville (76). . . 17 G4
Varogne (70) 87 G2
Varois-et-Chaignot (21). 85 H6
Varouville (50) 12 D1
Varrains (49) 93 H1
Varreddes (77) 43 G2
Vars (05). 161 F2
Vars (16) 122 B3
Vars (70) 86 C4
Vars-sur-Roseix (19) 138 B2
Varsberg (57). 27 E5
Varzay (17) 121 E3
Varzy (58) 83 E6
Vascœuil (27). 19 E4
Vasles (79) 108 C1
Vasperviller (57) 50 A5
Vassel (63) 127 G3

Vasselay (18) 97 G2
Vasselin (38) 131 E4
Vassens (02) 21 H4
Vasseny (02) 22 B5
Vassieux-en-Vercors (26) . . 145 E5
Vassimont-
   -et-Chapelaine (51) 45 G5
Vassincourt (55). 46 D4
Vassogne (02) 22 C4
Vassonville (76) 17 G4
Vassy (14) 38 A3
Vassy (89) 84 B4
le Vast (50) 13 E2
Vasteville (50) 12 B2
les Vastres (43) 143 E4
Vatan (36) 96 D3
Vathiménil (54) 70 B1
Vatierville (76) 19 F1
Vatilieu (38) 145 E2
Vatimont (57). 49 E2
Vatry (51) 45 G4
Vattetot-
   -sous-Beaumont (76) 16 C4
Vattetot-sur-Mer (76). 16 B3
Vatteville (27) 19 E6
Vatteville-la-Rue (76) 17 E6
Vaubadon (14) 13 G6
Vauban (71) 115 F4
Vaubecourt (55) 47 E3
Vaubexy (88) 69 G3
Vaucelles (14) 13 H5
Vaucelles-et-Beffecourt (02) . 22 B3
Vauchamps (25). 87 G6
Vauchamps (51). 44 D4
Vauchassis (10) 66 A4
Vauchelles (60) 21 G3
Vauchelles-lès-Authie (80) . . . 7 H4
Vauchelles-lès-Domart (80) . . 7 E4
Vauchelles-les-Quesnoy (80) . . 6 D4
Vauchignon (21) 101 F3
Vauchonvilliers (10). 66 D3
Vauchoux (70) 87 F3
Vauchrétien (49) 77 E6
Vauciennes (51) 45 E2
Vauciennes (60). 21 G6
Vauclaix (58) 100 A1
Vauclerc (51) 46 B5
Vaucluse (25) 88 B6
Vauclusotte (25). 88 C6
Vaucogne (10) 66 C1
Vauconcourt-Nervezain (70). . 87 E3
Vaucouleurs (55) 47 H6
Vaucourt (54) 49 F5
Vaucourtois (77) 43 G3
Vaudancourt (60). 19 G6
Vaudebarrier (71) 115 G3
Vaudelnay (49) 93 G2
Vaudeloges (14). 39 E3
Vaudemange (51) 45 G2
Vaudémont (54) 69 F2
Vaudes (10) 66 B4
Vaudesincourt (51) 23 G6
Vaudesson (02) 22 B4
Vaudeurs (89) 65 F5
Vaudevant (07) 143 H3
Vaudeville (54) 69 G1
Vaudéville (88) 70 A3
Vaudeville-le-Haut (55). 68 C1
Vaudherland (95) 43 E2
Vaudigny (54) 69 G1
le Vaudioux (39). 103 F6
Vaudoncourt (55) 25 G5
Vaudoncourt (88). 68 D3
le Vaudoué (77) 63 H3
Vaudoy-en-Brie (77) 43 H5
Vaudreching (57) 26 D4
Vaudrecourt (52) 68 D4
Vaudrémont (52) 67 G4
le Vaudreuil (27) 18 D6
Vaudreuille (31) 186 B1
Vaudreville (50) 12 D3
Vaudrey (39) 102 D3
Vaudricourt (62). 2 D6
Vaudricourt (80). 6 B4
Vaudrimesnil (50) 12 D6
Vaudringhem (62) 1 H5
Vaudrivillers (25). 88 A6
Vaudry (14) 37 H3
Vaufrey (25) 88 D5
Vaugines (84). 176 A4
Vaugneray (69) 129 H3
Vaugrigneuse (91). 42 B6
Vauhallan (91) 42 C5
Vaujany (38). 146 A2
Vaujours (93) 43 E3
Vaulandry (49) 77 H3
Vaulnaveys-le-Bas (38) . . . 145 G3
Vaulnaveys-le-Haut (38) . . . 145 G3
Vaulry (87) 110 B6
Vault-de-Lugny (89). 83 H5
Vaulx (62) 7 F2
Vaulx (74) 132 A1
Vaulx-en-Velin (69) 130 B3
Vaulx-Milieu (38) 130 C4
Vaulx-Vraucourt (62) 8 C4
le Vaumain (60) 19 H5
Vaumas (03) 114 B3
Vaumeilh (04) 160 B5
Vaumoise (60) 21 G6
Vaumort (89) 65 F4
Vaunac (24) 137 G1
Vaunaveys-la-Rochette (26) . 144 C6
Vaunoise (61). 60 C2
la Vaupalière (76) 17 G6
Vaupillon (28) 61 F1
Vaupoisson (10). 66 C1
Vauquois (55) 24 D6
Vauréal (95) 42 B2
Vaureilles (12) 153 H3

le Vauroux (60) 19 H5
Vautebis (79) 108 B1
Vautebis (77) 108 B1
Vauthiermont (90) 88 D2
Vautorte (53) 58 C3
Vauvenargues (13) 176 B5
Vauvert (30) 174 A4
Vauville (14) 15 E3
Vauville (50). 12 B2
Vauvillers (70) 69 F6
Vauvillers (80). 8 A6
Vaux (03) 112 D3
Vaux (31) 186 A1
Vaux (57) 26 B5
Vaux (86) 108 D4
Vaux-Andigny (02) 9 F5
Vaux-Champagne (08) 23 H4
Vaux-devant-Damloup (55) . . 25 F6
Vaux-en-Amiénois (80) 7 F5
Vaux-en-Beaujolais (69) . . . 115 H6
Vaux-en-Bugey (01). 130 D1
Vaux-en-Dieulet (08) 24 C4
Vaux-en-Pré (71) 115 H1
Vaux-en-Vermandois (02). . . 21 H1
Vaux-et-Chantegrue (25). . . 103 H5
Vaux-Lavalette (16) 122 C6
Vaux-le-Moncelot (70). 87 E4
Vaux-le-Pénil (77) 64 A1
Vaux-lès-Mouron (08) 24 B5
Vaux-lès-Mouzon (08) 24 D3
Vaux-lès-Palameix (55) 47 G2
Vaux-lès-Prés (25) 103 F1
Vaux-lès-Rubigny (08). 23 F2
Vaux-lès-Saint-Claude (39). . 117 H3
Vaux-Marquenneville (80) . . . 6 D5
Vaux-Montreuil (08) 23 H3
Vaux-Rouillac (16) 122 A3
Vaux-Saules (21) 85 F5
Vaux-sous-Aubigny (52) 86 A3
Vaux-sur-Aure (14) 13 H5
Vaux-sur-Blaise (52) 67 G1
Vaux-sur-Eure (27) 41 E2
Vaux-sur-Lunain (77) 64 C4
Vaux-sur-Mer (17) 120 C3
Vaux-sur-Poligny (39) 103 E5
Vaux-sur-Saint-Urbain (52) . . 68 A2
Vaux-sur-Seine (78) 42 A2
Vaux-sur-Seulles (14) 14 A4
Vaux-sur-Somme (80) 7 H6
Vaux-sur-Vienne (86) 94 D4
Vaux-Villaine (08) 23 H1
Vauxaillon (02) 22 B4
Vauxbons (52) 85 H1
Vauxbuin (02) 22 A5
Vauxcéré (02). 22 C5
Vauxrenard (69). 116 A5
Vauxrezis (02) 22 A4
Vauxtin (02) 22 C5
Vavincort (55) 47 E4
Vavray-le-Grand (51). 46 B4
Vavray-le-Petit (51) 46 B4
Vaxainville (54) 49 G6
Vaxoncourt (88) 69 H3
Vaxy (57) 49 E3
Vay (44). 74 C2
Vaychis (09) 199 F2
Vaylats (46) 153 E4
Vayrac (46) 138 D5
Vayres (33) 135 G5
Vayres (87) 123 G3
Vayres-Elmalou (43) 142 B3
Vayres-sur-Essonne (91). . . . 63 G2
Vazeilles-Limandre (43) . . . 142 B3
Vazeilles-près-Saugues (43). 142 A5
Vazerac (82) 152 B6
Veauce (03) 113 F5
Veauche (42) 129 E5
Veauchette (42) 129 E5
Veaugues (18) 98 B1
Veaunes (26) 144 B3
Veauville-lès-Baons (76) . . . 17 E4
Veauville-lès-Quelles (76) . . 17 E3
Vèbre (09) 199 F1
Vebret (15) 140 B1
Vebron (48) 156 B5
Veckersviller (57). 50 B3
Veckring (57) 26 D3
Vecoux (88) 70 B5
Vecquemont (80). 7 H6
Vecqueville (52) 67 H1
Vedène (84) 175 E2
Védrines-Saint-Loup (15) . . 141 G4
Végennes (19) 139 E4
Veho (54) 49 G6
Veigné (37) 79 E6
Veigy-Foncenex (74) 118 C4
Veilhes (81) 169 H5
Veilleins (41) 80 C5
Veilly (21) 101 E2
Veix (19) 125 E5
Velaine-en-Haye (54) 48 B5
Velaine-sous-Amance (54) . . 48 D5
Velaines (55) 47 F5
Velanne (38). 131 F5
Velars-sur-Ouche (21) 85 G6
Velaux (13) 175 H6
Velennes (60) 20 B4
Velennes (80) 20 B1
Velesmes-Échevanne (70) . . 86 D5
Velesmes-Essarts (25). 103 F1
Velet (70) 86 C5
Vélieux (34) 187 G2
Vélines (24) 136 B5
Vélizy-Villacoublay (78) 42 C4
Velle-le-Châtel (70) 87 F3
Velle-sur-Moselle (54) 48 D6
Vellèches (86) 94 D4
Vellechevreux-
   -et-Courbenans (70) 88 A4
Velleclaire (70) 87 E5
Vellefaux (70). 87 G4
Vellefrey-et-Vellefrange (70). . 87 E5

Vellefrie (70) 87 G2
Velleguindry-
   -et-Levrecey (70) 87 F4
Velleminfroy (70). 87 H3
Vellemoz (70). 87 E4
Velleron (84) 175 F2
Vellerot-lès-Belvoir (25) 88 B5
Vellerot-lès-Vercel (25) 104 A1
Velles (36) 96 C6
Velles (52) 86 D1
Vellescot (70). 88 D3
Vellevans (25). 88 A6
Vellexon-Queutrey-
   -et-Vaudey (70) 87 E4
Velloreille-lès-Choye (70) . . . 86 D5
Velluire (85) 107 E2
Velogny (21). 84 D5
Velone-Orneto (2B) 205 G1
Velorcey (70) 87 G2
Velosnes (55) 25 F3
Velotte-et-Tatignécourt (88) . 69 G3
Vélu (62). 8 C4
Velving (57) 27 E4
Vélye (51) 45 G3
Velzic (15). 140 B4
Vémars (95) 43 E2
Venables (27) 19 E6
Venaco (2B) 205 E3
Venansault (85) 91 F4
Venanson (06) 162 D6
Venarey-les-Laumes (21) . . . 84 D4
Venarsal (19) 138 D2
Venas (03) 113 E2
Venasque (84) 175 G2
Vence (06) 195 E3
Vendargues (34) 173 G5
Vendat (03) 113 H5
Vendays-Montalivet (33) . . . 120 B6
Vendenesse-
   -lès-Charolles (71) 115 G3
Vendenesse-sur-Arroux (71). 115 E1
Vendenheim (67). 51 E5
Vendes (14) 14 A5
Vendeuil (02) 22 A2
Vendeuil-Caply (60). 20 C3
Vendeuvre (14) 39 E2
Vendeuvre-du-Poitou (86) . . . 94 B5
Vendeuvre-sur-Barse (10) . . . 66 D4
Vendeville (59). 3 F5
Vendhuile (02). 8 D5
Vendières (02) 44 C4
Vendin-le-Vieil (62) 3 E6
Vendin-lès-Béthune (62) 2 D6
Vendine (31) 169 H5
Vendœuvres (36). 96 A5
Vendoire (24) 122 C6
Vendôme (41) 79 G2
Vendranges (42) 128 D1
Vendrennes (85) 92 A4
Vendres (34) 188 C3
Vendresse (08). 24 B3
Vendresse-Beaulne (02) 22 C4
Vendrest (77) 43 H2
la Vendue-Mignot (10). 66 B4
Vénéjan (30) 158 A6
Venelles (13) 176 A5
Vénérand (17) 121 F2
Venère (70) 86 D6
Vénérieu (38). 130 D4
Vénérolles (02) 9 G5
Venerque (31) 185 G1
Vènes (81) 170 C4
Venesmes (18). 97 G5
Vénestanville (76) 17 F3
Venette (60) 21 F4
Veneux-les-Sablons (77) . . . 64 B2
Veney (54) 70 C1
Vengeons (50) 37 G4
Venise (25) 87 G6
Venisey (70) 87 F1
Vénissieux (69) 130 A3
Venizel (02) 22 A5
Venizy (89) 65 G5
Vennans (25) 87 G6
Vennecy (45) 63 E6
Vennes (25) 104 A1
Vennezey (54) 69 H1
Venon (27) 40 D1
Venon (38) 145 G2
Venosc (38) 146 B4
Vénosc (89) 83 G1
Venoy (89) 83 G2
Vensac (33) 120 C6
Vensat (63) 113 G6
Ventabren (13). 175 H6
Ventavon (04) 160 A4
Ventelay (51) 22 D5
Venterol (04) 160 B3
Venterol (26) 158 D4
les Ventes (27) 40 D3
les Ventes-de-Bourse (61). . . 60 B1
Ventes-Saint-Rémy (76) 19 E2
Venteuges (43) 141 H4
Venteuil (51) 45 E2
Venthon (73) 132 C3
Ventiseri (28) 205 G5
Ventouse (16) 122 D2
Ventron (88) 70 C6
la Ventrouze (61) 40 B6
Venzolasca (2B) 203 G6
Ver (50). 35 H1
Ver-lès-Chartres (28) 62 B2

Ver-sur-Launette (60). 43 F2
Ver-sur-Mer (14). 14 B3
Vérac (33). 135 G4
Véranne (42). 143 H1
Vérargues (34). 173 H4
Véraza (11). 186 D5
Verberie (60). 21 E5
Verbiesles (52). 68 A5
Vercel-Villedieu-
-le-Camp (25). 104 A1
Verchain-Maugré (59). 9 F2
Verchaix (74). 119 F5
les Verchers-sur-Layon (49). . 93 F2
Verchin (62). 2 A6
Verchocq (62). 1 H5
Vercia (39). 117 F1
Verclause (26). 159 F4
Vercoiran (26). 159 E5
Vercourt (80). 6 C2
Verdaches (04). 160 D5
Verdalle (81). 170 C6
Verdelais (33). 149 H2
Verdelot (77). 44 B4
Verdenal (54). 49 G6
Verderel-lès-Sauqueuse (60). . 20 B4
Verderonne (60). 20 D5
Verdes (41). 62 A6
Verdèse (2B). 205 G1
Verdets (64). 181 H2
le Verdier (81). 170 A2
la Verdière (83). 176 D5
Verdigny (18). 82 B6
Verdille (16). 122 A2
Verdilly (02). 44 B2
Verdon (24). 137 E6
Verdon (51). 44 D3
le Verdon-sur-Mer (33). 120 B4
Verdonnet (21). 84 C2
Verdun (09). 199 F1
Verdun (55). 47 F1
Verdun-en-Lauragais (11). . . . 186 C2
Verdun-sur-Garonne (82). . . . 168 D3
Verdun-sur-le-Doubs (71). . . . 101 H4
Vereaux (18). 98 C4
Verel-de-Montbel (73). 131 G5
Verel-Pragondran (73). 131 H4
Véretz (37). 79 E6
Vereux (70). 86 D4
Verfeil (31). 169 G5
Verfeil (82). 153 F6
Verfeuil (30). 157 G6
Vergaville (57). 49 G3
Vergéal (35). 57 H3
la Vergenne (70). 88 A3
le Verger (35). 56 D3
Vergeroux (17). 106 D6
Verges (39). 103 E6
Vergetot (76). 16 B4
Vergezac (43). 142 B4
Vergèze (30). 174 A4
Vergheas (63). 112 D6
Vergies (80). 6 D5
Vergigny (89). 65 G6
Vergisson (71). 116 A4
Vergné (17). 107 G5
la Vergne (17). 121 F1
Vergoignan (32). 166 C4
Vergoncey (50). 35 H4
Vergongheon (43). 141 G1
Vergonnes (49). 76 A2
Vergons (04). 178 A2
Vergranne (25). 87 H5
Vergt (24). 137 F4
Vergt-de-Biron (24). 151 E2
le Verguier (02). 8 D6
Véria (39). 117 F2
Vérignon (83). 177 F4
Vérigny (28). 62 A1
Vérin (42). 130 A6
Vérines (17). 106 D4
Vérissey (71). 102 A6
Verjon (01). 117 E3
Verjux (71). 101 H4
Verlans (70). 88 C3
Verlhac-Tescou (82). 169 F2
Verlin (89). 64 D6
Verlincthun (62). 1 F5
Verlinghem (59). 3 F4
Verlus (32). 166 C5
Vermand (02). 8 D6
Vermandovillers (80). 8 B2
Vermelles (62). 2 D6
Vermenton (89). 83 G3
le Vermont (88). 70 D2
Vern-d'Anjou (49). 76 C3
Vern-sur-Seiche (35). 57 F3
Vernais (18). 98 B5
Vernaison (69). 130 A4
Vernajoul (09). 185 H5
Vernancourt (51). 46 C4
Vernantes (49). 77 H5
Vernantois (39). 117 G1
la Vernarède (30). 156 D5
Vernas (38). 130 D3
Vernassal (43). 142 B3
Vernaux (09). 199 F1
Vernay (69). 115 H5
la Vernaz (74). 119 E3
Verne (25). 87 H5
Vernègues (13). 191 H2
Verneiges (23). 112 B4
le Verneil (73). 132 B5
Verneil-le-Chétif (72). 78 B2
Verneix (03). 112 D3
la Vernelle (36). 96 B1
le Vernet (03). 114 A6
le Vernet (04). 160 D5
le Vernet (09). 185 H3
Vernet (31). 185 F1
le Vernet (43). 142 B4

Vernet-la-Varenne (63). 127 H6
Vernet-les-Bains (66). 200 C3
le Vernet-
-Sainte-Marguerite (63). . 127 E4
Verneugheol (63). 126 B3
Verneuil (16). 123 F3
Verneuil (18). 98 A5
Verneuil (51). 44 D2
Verneuil (58). 99 G5
Verneuil-
-en-Bourbonnais (03). . . . 113 H4
Verneuil-en-Halatte (60). . . . 20 D6
Verneuil-Grand (55). 25 F3
Verneuil-le-Château (37). . . . 94 C3
Verneuil-l'Étang (77). 43 G6
Verneuil-Moustiers (87). . . . 110 B3
Verneuil-Petit (55). 25 F3
Verneuil-sous-Coucy (02). . . . 22 A3
Verneuil-sur-Avre (27). 40 C5
Verneuil-sur-Igneraie (36). . . 111 H1
Verneuil-sur-Indre (37). . . . 95 G3
Verneuil-sur-Seine (78). . . . 42 B3
Verneuil-sur-Serre (02). . . . 22 C2
Verneuil-sur-Vienne (87). . . . 124 A2
Verneusses (27). 39 H3
Verneville (57). 26 A5
Vernie (72). 59 H4
Vernierfontaine (25). 103 H2
Vernines (63). 126 D4
Verniolle (09). 185 H4
Vernioz (38). 130 A6
Vernix (50). 37 F4
Vernoil-le-Fourrier (49). . . . 77 H5
le Vernois (39). 102 D5
Vernois-lès-Belvoir (25). . . . 88 B6
Vernois-lès-Vesvres (21). . . . 85 H3
Vernois-sur-Mance (70). 86 D1
Vernols (15). 140 D2
Vernon (07). 157 F3
Vernon (27). 41 F2
Vernon (86). 109 F2
Vernonvilliers (10). 67 E3
Vernosc-lès-Annonay (07). . . . 143 H2
Vernot (21). 85 G4
la Vernotte (70). 87 E4
Vernou-en-Sologne (41). 80 C4
Vernou-la-Celle-
-sur-Seine (77). 64 C2
Vernou-sur-Brenne (37). 79 E5
Vernouillet (28). 41 F5
Vernouillet (78). 42 B3
Vernoux (01). 116 D2
Vernoux-en-Gâtine (79). 93 E6
Vernoux-en-Vivarais (07). . . . 143 H5
Vernoux-sur-Boutonne (79). . . 108 A5
le Vernoy (25). 88 B3
Vernoy (89). 64 D5
Vernusse (03). 113 F4
Verny (57). 26 C6
Vero (2A). 204 D4
Véron (89). 65 E5
Véronne (26). 158 D1
Véronnes (21). 86 A4
Verosvres (71). 115 G3
Verpel (08). 24 C5
la Verpillière (38). 130 C4
Verpillières (80). 21 F2
Verpillières-sur-Ource (10). . 67 E5
Verquières (13). 175 E3
Verquigneul (62). 2 D6
Verquin (62). 2 D6
Verrens-Arvey (73). 132 C4
Verreries-
-de-Moussans (34). 187 G1
Verrey-sous-Drée (21). 85 E4
Verrey-sous-Salmaise (21). . . 85 E3
Verricourt (10). 66 C2
Verrie (49). 77 G6
la Verrie (85). 92 B3
Verrières (08). 24 B4
Verrières (10). 66 B4
Verrières (12). 155 F6
Verrières (16). 121 H4
Verrières (51). 46 C2
Verrières (61). 61 E2
Verrières (63). 127 E5
Verrières (86). 109 E5
Verrières-de-Joux (25). 104 B4
Verrières-du-Grosbois (25). . . 103 H1
Verrières-en-Forez (42). . . . 128 C5
Verrières-le-Buisson (91). . . 42 C5
Verrue (86). 94 A4
Verruyes (79). 108 A2
Vers (46). 152 D3
Vers (71). 116 B1
Vers (74). 118 B5
vers-en-Montagne (39). 103 F5
Vers-Pont-du-Gard (30). 174 C2
vers-sous-Sellières (39). . . . 102 D5
Vers-sur-Méouge (26). 159 G5
vers-sur-Selles (80). 7 F6
Versailles (78). 42 B4
Versailleux (01). 130 C1
la Versanne (42). 143 G1
Versaugues (71). 115 E3
Verseilles-le-Bas (52). 86 A2
Verseilles-le-Haut (52). . . . 86 B2
Versigny (02). 22 B2
Versigny (60). 21 E6
Versols-et-Lapeyre (12). . . . 171 H3
Verson (14). 14 B5
Versonnex (01). 118 B4
Versonnex (74). 131 H1
le Versoud (38). 145 H2
Vert (40). 149 H6
Vert (78). 41 H3
le Vert (79). 107 H5
Vert-en-Drouais (28). 41 F5
Vert-le-Grand (91). 42 D6

Vert-le-Petit (91). 63 G1
Vert-Saint-Denis (77). 64 A1
Vert-Toulon (51). 45 E4
Vertain (59). 9 F3
Vertaizon (63). 127 G3
Vertamboz (39). 117 H1
Vertault (21). 84 C1
Verteillac (24). 136 D1
Verteuil-d'Agenais (47). . . . 150 D3
Verteuil-sur-Charente (16). . . 121 G2
Verthemex (73). 131 G4
Vertheuil (33). 134 D1
Vertolaye (63). 128 B4
Verton (62). 6 C1
Vertou (44). 74 D5
Vertrieu (38). 130 D2
Vertus (51). 45 F3
Vervant (16). 122 B2
Vervant (17). 121 F1
Vervezelle (88). 70 B3
Vervins (02). 10 A6
Véry (55). 24 D6
Verzé (71). 116 A3
Verzeille (11). 187 E4
Verzenay (51). 45 G1
Verzy (51). 45 G1
Vesaignes-
-sous-Lafauche (52). 68 B3
Vesaignes-sur-Marne (52). . . . 68 A6
Vesancy (01). 118 B3
Vesc (26). 158 D3
Vescemont (90). 88 C2
Vescheim (57). 50 B4
Vescles (39). 117 G3
Vescours (01). 116 C2
Vescovato (2B). 203 G6
Vesdun (18). 97 H3
Vésigneul-sur-Marne (51). . . . 46 A4
Vésines (01). 116 B3
le Vésinet (78). 42 B3
Vesles-et-Caumont (02). 22 D2
Veslud (02). 22 C3
Vesly (27). 19 G6
Vesly (50). 12 C5
Vesoul (70). 87 G3
la Vespière (14). 15 G6
Vesseaux (07). 157 G2
Vessey (50). 35 G5
Vestric-et-Candiac (30). . . . 174 A4
Vesvres (21). 85 E6
Vesvres-
-sous-Chalancey (52). . . . 86 A3
Vétheuil (95). 41 H2
Vétraz-Monthoux (74). 118 C5
Vétrigne (90). 88 D2
Veuil (36). 96 B2
Veuilly-la-Poterie (02). . . . 44 A2
Veules-les-Roses (76). 17 E2
Veulettes-sur-Mer (76). 16 D2
le Veurdre (03). 98 D6
Veurey-Voroize (38). 145 F1
la Veuve (51). 45 H2
Veuvey-sur-Ouche (21). 101 F2
Veuxhaulles-sur-Aube (21). . . 67 F6
Vevy (39). 102 D6
Vexaincourt (88). 70 D1
le Vey (14). 38 B3
Veynes (05). 160 A2
Veyrac (87). 124 A2
Veyras (07). 157 H1
Veyre-Monton (63). 127 F4
Veyreau (12). 155 H6
Veyrier-du-Lac (74). 132 B2
Veyrières (15). 140 A1
Veyrières (19). 126 A5
Veyrignac (24). 138 B6
Veyrines-de-Domme (24). 137 H6
Veyrines-de-Vergt (24). 137 F4
Veyrins-Thuellin (38). 131 F4
les Veys (50). 13 F5
Veyssilieu (38). 130 D4
Vez (60). 21 G6
Vézac (15). 140 B5
Vézac (24). 138 A6
Vézannes (89). 83 H1
Vézaponin (02). 21 H4
Vèze (15). 141 E2
la Vèze (25). 103 G1
Vézelay (89). 83 H5
Vézelise (54). 69 F1
Vézelois (90). 88 D3
Vezels-Roussy (15). 140 B6
Vézénobres (30). 173 H1
Vézeronce-Curtin (38). 131 E4
Vezet (70). 87 E4
le Vézier (51). 44 C4
Vézières (86). 94 A2
Vézillon (27). 19 E6
Vézilly (02). 44 D1
Vezin-le-Coquet (35). 57 E2
Vézinnes (89). 84 A1
Vezins (49). 92 D2
Vézins-de-Lévézou (12). 155 E5
Vezot (72). 60 B2
Vezzani (2B). 205 F3
Viabon (28). 61 H3
Viala-du-Pas-de-Jaux (12). . . 172 A2
Viala-du-Tarn (12). 171 G1
Vialas (48). 156 D4
Vialer (64). 166 C6
Viam (19). 125 F4
Viane (81). 171 H4
Vianges (21). 100 D2
Vianne (47). 150 D5
Viâpres-le-Petit (10). 66 B1
Viarmes (95). 42 D1
Vias (34). 188 D2
Viazac (46). 153 G2
le Vibal (12). 154 D5

Vibersviller (57). 49 H3
Vibeuf (76). 17 F4
Vibrac (16). 122 A4
Vibrac (17). 121 G6
Vibraye (72). 61 E5
Vic-de-Chassenay (21). 84 C5
Vic-des-Prés (21). 101 F2
Vic-en-Bigorre (65). 183 E1
Vic-Fezensac (32). 167 F4
Vic-la-Gardiole (34). 173 F6
Vic-le-Comte (63). 127 G4
Vic-le-Fesq (30). 173 H3
Vic-sous-Thil (21). 84 C6
Vic-sur-Aisne (02). 21 H5
Vic-sur-Cère (15). 140 C4
Vic-sur-Seille (57). 49 E4
Vicdessos (09). 198 D1
le Vicel (50). 13 E2
Vichel (63). 127 G6
Vichel-Nanteuil (02). 44 B1
Vichères (28). 61 F3
Vicherey (88). 69 E2
Vico (2A). 204 C4
la Vicogne (80). 7 G4
la Vicomté-sur-Rance (22). . . 36 A6
Vicq (03). 113 G5
Vicq (52). 68 C6
Vicq (59). 9 G1
Vicq (78). 42 A4
Vicq-d'Auribat (40). 165 F3
Vicq-Exemplet (36). 112 A1
Vicq-sur-Breuilh (87). 124 C4
Vicq-sur-Gartempe (86). 95 F6
Vicq-sur-Nahon (36). 96 B2
Vicques (14). 39 E3
Victot-Pontfol (14). 39 E1
Vidai (61). 60 C1
Vidaillac (46). 153 F4
Vidaillat (23). 125 F1
Vidauban (83). 194 A2
Videcosville (50). 12 D2
Videix (87). 123 F3
Videlles (91). 63 G2
Vidou (65). 183 G2
Vidouze (65). 182 D1
Viefvillers (60). 20 B3
le Vieil-Baugé (49). 77 G4
le Vieil-Dampierre (51). . . . 46 C3
le Vieil-Évreux (27). 41 E2
Vieil-Hesdin (62). 7 F2
Vieil-Moutier (62). 1 G4
Vieille-Brioude (43). 141 H2
Vieille-Chapelle (62). 2 D5
Vieille-Église (62). 1 H2
Vieille-Église-
-en-Yvelines (78). 42 A5
la Vieille-Loye (39). 102 D3
la Vieille-Lyre (27). 40 B3
Vieille-Toulouse (31). 169 F6
Vieilles-Maisons-
-sur-Joudry (45). 81 G1
Vieillespesse (15). 141 F1
Vieillevie (15). 154 B2
Vieillevigne (31). 185 H1
Vieillevigne (44). 91 G1
Vieilley (25). 87 F6
Vieilmoulin (21). 85 F6
Viel-Arcy (02). 22 C5
Viel-Saint-Remy (08). 23 H2
Viella (32). 166 C5
Viella (65). 183 E6
Vielle-Adour (65). 183 G4
Vielle-Aure (65). 183 G6
Vielle-Louron (65). 183 G6
Vielle-Saint-Girons (40). . . . 164 C1
Vielle-Soubiran (40). 166 C1
Vielle-Tursan (40). 166 A3
Viellenave-d'Arthez (64). . . . 182 B1
Viellenave-
-de-Navarrenx (64). 181 G1
Viellségure (64). 181 H1
Vielmanay (58). 98 D1
Vielmur-sur-Agout (81). 170 B5
Vielprat (43). 142 C5
Viels-Maisons (02). 44 B3
Vielverge (21). 102 C1
Viennay (79). 93 F6
Vienne (38). 130 A5
Vienne-en-Arthies (95). 41 H2
Vienne-en-Bessin (14). 14 A3
Vienne-en-Val (41). 81 E2
Vienne-la-Ville (51). 46 C1
Vienne-le-Château (51). 24 C6
Viens (84). 176 B2
Vienville (88). 70 C4
Vieu (01). 131 F2
Vieu-d'Izenave (01). 117 F6
Vieure (03). 113 E2
Vieussan (34). 172 A5
Vieuvicq (28). 61 H3
Vieuvy (53). 58 C1
Vieux (14). 14 B5
Vieux (81). 170 A2
Vieux-Boucau-
-les-Bains (40). 164 C3
le Vieux-Bourg (14). 15 F3
le Vieux-Bourg (22). 33 F5
le Vieux-Cérier (16). 122 D1

Vieux-Champagne (77). 44 A6
Vieux-Charmont (25). 88 C4
Vieux-Château (21). 84 B5
Vieux-Condé (59). 9 F1
Vieux-Ferrette (68). 89 F4
Vieux-Fumé (14). 39 E2
Vieux-lès-Asfeld (08). 23 F4
Vieux-Lixheim (57). 50 A4
le Vieux-Manoir (76). 17 H5
le Vieux-Marché (22). 32 C3
Vieux-Mareuil (24). 123 E6
Vieux-Mesnil (59). 9 H3
Vieux-Moulin (60). 21 F5
Vieux-Moulin (88). 70 D2
Vieux-Pont (61). 38 D5
Vieux-Pont-en-Auge (14). . . . 15 E6
Vieux-Port (27). 15 H2
Vieux-Reng (59). 10 A2
Vieux-Rouen-sur-Bresle (76). . 6 C6
la Vieux-Rue (76). 17 H6
Vieux-Ruffec (16). 109 E6
Vieux-Thann (68). 89 E1
Vieux-Viel (35). 35 G5
Vieux-Villez (27). 41 E1
Vieux-Vy-sur-Couesnon (35). . . 35 G6
Vieuzos (65). 183 H2
Viévigne (21). 86 A5
Viéville (52). 67 H3
Viéville-en-Haye (54). 48 B3
Viévy (21). 101 E3
Vievy-le-Rayé (41). 79 H1
Viey (65). 183 E6
Vif (38). 145 G3
Viffort (02). 44 C3
le Vigan (30). 172 D2
le Vigan (46). 152 C1
le Vigean (15). 140 A2
le Vigeant (86). 109 G4
le Vigen (87). 124 B3
Vigeois (19). 138 C1
Viger (65). 182 D4
Viggianello (2A). 206 D3
Vignacourt (80). 7 F5
Vignale (2B). 203 G5
Vignats (14). 39 E3
le Vignau (40). 166 B3
Vignaux (31). 168 C4
les Vigneaux (05). 147 E5
Vignec (65). 183 G6
Vignely (77). 43 F3
Vignemont (60). 21 F4
les Vignes (48). 155 G5
Vignes (64). 166 A6
Vignes (89). 84 B4
Vignes-la-Côte (52). 68 A3
Vigneul-
-sous-Montmédy (55). 25 E3
Vigneulles (54). 48 D6
Vigneulles-
-lès-Hattonchâtel (55). . . 47 H2
Vigneux-de-Bretagne (44). . . . 74 C4
Vigneux-Hocquet (02). 23 E1
Vigneux-sur-Seine (91). 42 D5
Vignevieille (11). 187 F5
Vignieu (38). 131 E4
Vignoc (35). 57 E1
Vignol (58). 83 G6
Vignoles (21). 101 G3
Vignolles (16). 122 A5
Vignols (19). 138 B1
Vignonet (33). 135 H5
Vignory (52). 67 H3
Vignot (55). 47 H4
Vignoux-sous-les-Aix (18). . . 97 H2
Vignoux-sur-Barangeon (18). . 97 F2
Vigny (57). 48 D2
Vigny (95). 42 A2
Vigoulant (36). 111 H3
Vigoulet-Auzil (31). 169 F6
Vigoux (36). 110 D2
Vigueron (82). 168 C3
Vigy (57). 26 C4
Vihiers (49). 93 E2
Vijon (36). 111 H3
Vilcey-sur-Trey (54). 48 B3
Vildé-Guingalan (22). 34 C5
le Vilhain (03). 113 E2
Vilhonneur (16). 122 D4
Villabé (91). 42 D6
Villabon (18). 98 A2
Villac (24). 138 B2
Villacerf (10). 66 A2
Villacourt (54). 69 H1
Villadin (10). 65 G3
Villafans (70). 88 A3
Village-Neuf (68). 89 H3
Villaines-en-Duesmois (21). . . 85 E3
Villaines-la-Carelle (72). . . 60 B2
Villaines-la-Gonais (72). . . . 60 D4
Villaines-la-Juhel (53). . . . 59 F2
Villaines-les-Prévôtes (21). . 84 C4
Villaines-les-Rochers (37). . 94 C1
Villaines-sous-Bois (95). . . . 42 D2
Villaines-sous-Lucé (72). . . . 78 C1
Villaines-
-sous-Malicorne (72). . . . 77 G2
Villainville (76). 16 B4
Villalet (27). 40 D3
Villalier (11). 187 E3
Villamblain (45). 62 B6
Villamblard (24). 137 E4
Villamée (35). 58 C1
Villampuy (28). 62 B5
Villandraut (33). 149 G3
Villandry (37). 78 C6
Villanière (11). 187 E2
Villanova (2A). 204 B5
Villapourçon (58). 100 B4
Villar-d'Arène (05). 146 C3

Villar-en-Val (11). 187 E4
Villar Loubière (05). 146 B5
Villar-Saint-Anselme (11). . . 186 D5
Villar-Saint-Pancrace (05). . 147 E5
Villard (23). 111 F4
Villard (74). 118 D4
Villard-Bonnot (38). 145 H2
Villard-de-Lans (38). 145 F3
Villard-d'Héry (73). 132 B5
Villard-Léger (73). 132 B5
Villard-Notre-Dame (38). . . . 146 A4
Villard-Reculas (38). 146 A3
Villard-Reymond (38). 146 A4
Villard-Saint-
-Christophe (38). 145 G4
Villard-Saint-Sauveur (39). . 118 A3
Villard-Sallet (73). 132 B5
Villard-sur-Bienne (39). . . . 118 A2
Villard-sur-Doron (73). 132 D3
Villardebelle (11). 187 E5
Villardonnel (11). 187 E2
Villards-d'Héria (39). 117 H3
les Villards-sur-Thônes (74). 132 C1
Villarembert (73). 146 C2
Villargent (70). 88 A4
Villargoix (21). 84 C6
Villargondran (73). 146 C1
Villariès (31). 169 F4
Villarlurin (73). 132 D5
Villarodin-Bourget (73). . . . 147 E2
Villaroger (73). 133 F4
Villaroux (73). 132 B5
Villars (24). 123 E4
Villars (28). 62 B4
Villars (42). 129 F6
le Villars (71). 116 C2
Villars (84). 176 A2
Villars-Colmars (04). 161 F5
Villars-en-Azois (52). 67 F5
Villars-en-Pons (17). 121 E4
Villars-et-Villenotte (21). . . 84 D4
Villars-Fontaine (21). 101 G2
Villars-le-Pautel (70). 87 E1
Villars-le-Sec (90). 88 D4
Villars-lès-Blamont (25). . . . 88 D5
Villars-les-Bois (17). 121 G2
Villars-les-Dombes (01). . . . 130 B1
Villars-Saint-Georges (25). . 103 E2
Villars-Santenoge (52). 85 G2
Villars-sous-Dampjoux (25). . 88 C5
Villars-sous-Écot (25). 88 B5
Villars-sur-Var (06). 195 E1
Villarzel-Cabardès (11). . . . 187 E3
Villarzel-du-Razès (11). . . . 186 D5
Villasavary (11). 186 C3
Villate (31). 185 F1
Villaudric (31). 169 F3
Villautou (11). 186 A4
Villavard (41). 79 G2
Villaz (74). 132 B1
Ville (60). 21 G3
Villé (67). 71 F2
Ville-au-Montois (54). 25 H4
Ville-au-Val (54). 48 C3
la Ville-aux-Bois (10). 67 E2
la Ville-aux-Bois-
-lès-Dizy (02). 23 E2
la Ville-aux-Bois-
-lès-Pontavert (02). 22 D4
la Ville-aux-Clercs (41). . . . 61 G6
la Ville-aux-Dames (37). . . . 79 E5
Ville-d'Avray (92). 42 C4
Ville-devant-Belrain (55). . . 47 F3
Ville-devant-Chaumont (55). . 25 F5
Ville-di-Paraso (2B). 202 D5
Ville-di-Pietrabugno (2B). . . 203 G4
la Ville-Dieu-
-du-Temple (82). 168 D1
Ville-Dommange (51). 23 E6
la Ville-du-Bois (91). 42 C5
Ville-du-Pont (25). 104 B3
Ville-en-Blaisois (52). 67 G2
Ville-en-Sallaz (74). 118 D5
Ville-en-Selve (51). 45 F1
Ville-en-Tardenois (51). . . . 45 E1
Ville-en-Vermois (54). 48 D6
Ville-en-Woëvre (55). 47 H1
la Ville-ès-Nonais (35). . . . 36 A6
Ville-Houdlémont (54). 25 G3
Ville-la-Grand (74). 118 C4
Ville-Langy (58). 99 F4
Ville-le-Marclet (80). 7 F5
Ville-Saint-Jacques (77). . . . 64 B2
Ville-Savoye (02). 22 C6
Ville-sous-Anjou (38). 144 A1
Ville-sous-la-Ferté (10). . . . 67 F5
la Ville-sous-Orbais (51). . . 44 D3
Ville-sur-Ancre (80). 8 A5
Ville-sur-Arce (10). 66 D5
Ville-sur-Cousances (55). . . . 47 E2
Ville-sur-Illon (88). 69 G4
Ville-sur-Jarnioux (69). . . . 129 G1
Ville-sur-Lumes (08). 24 B1
Ville-sur-Retourne (08). . . . 23 H5
Ville-sur-Saulx (55). 46 D5
Ville-sur-Terre (10). 67 F2
Ville-sur-Tourbe (51). 46 C1
Ville-sur-Yron (54). 26 A5
Villeau (28). 62 B4
Villebadin (61). 39 F4
Villebarou (41). 79 H3
Villebaudon (50). 37 F2
Villebazy (11). 187 E4
Villebéon (77). 64 C4
Villebernier (49). 93 H1
Villeberny (21). 85 E5
Villebichot (21). 101 H2
Villeblevin (89). 64 C3
Villebois (01). 131 E2
Villebois-Lavalette (16). . . . 122 C5
Villebois-les-Pins (26). . . . 159 G4

Villebon (28) 61 H2
Villebon-sur-Yvette (91) . . . 42 C5
Villebougis (89) 64 D4
Villebourg (37) 78 C3
Villebout (41) 61 G6
Villebramar (47) 151 E4
Villebret (03) 112 D4
Villebrumier (82) 169 F3
Villecelin (18) 97 F5
Villecerf (77) 64 B3
Villecey-sur-Mad (54) 26 A6
Villechantria (39) 117 F3
Villechauve (41) 79 F3
Villechenève (69) 129 F3
Villechétif (10) 66 B3
Villechétive (89) 65 F5
Villechien (50) 37 G6
Villecien (89) 65 E6
Villécloye (55) 25 E3
Villecomtal (12) 154 C3
Villecomtal-sur-Arros (32) . . 183 F1
Villecomte (21) 85 H4
Villeconin (91) 63 E1
Villecourt (80) 21 G1
Villecresnes (94) 43 E5
Villecroze (83) 193 G1
Villedaigne (11) 187 H3
Villedieu (15) 141 E4
Villedieu (17) 108 A6
Villedieu (21) 84 D1
la Villedieu (23) 125 F3
les Villedieu (25) 103 H5
la Villedieu (48) 156 A1
Villedieu (84) 158 C5
la Villedieu-du-Clain (86) . . 109 E2
la Villedieu-
en-Fontenette (70) 87 G2
Villedieu-la-Blouère (49) . . . 75 G6
Villedieu-le-Château (41) . . . 78 D2
Villedieu-lès-Bailleul (61) . . 39 E4
Villedieu-les-Poêles (50) . . . 37 E4
Villedieu-sur-Indre (36) . . . 96 B5
Villedômain (37) 95 H3
Villedômer (37) 79 F4
Villedoux (17) 106 D4
Villedubert (11) 187 E3
Villefagnan (16) 108 C6
Villefargeau (89) 83 F2
Villefavard (87) 110 C5
Villeferry (21) 85 E5
Villefloure (11) 187 E4
Villefollet (79) 108 A5
Villefontaine (38) 130 C4
Villefort (11) 186 C5
Villefort (48) 156 D3
Villefranche (32) 184 B1
Villefranche (89) 64 D6
Villefranche-
d'Albigeois (81) 170 D3
Villefranche-d'Allier (03) . . . 113 E3
Villefranche-
de-Conflent (66) 200 B3
Villefranche-
de-Lauragais (31) 185 H1
Villefranche-
de-Lonchat (24) 136 B4
Villefranche-de-Panat (12) . . 171 F1
Villefranche-
de-Rouergue (12) 153 G4
Villefranche-
du-Périgord (24) 152 A2
Villefranche-
du-Queyran (47) 150 C4
Villefranche-
le-Château (26) 159 G5
Villefranche-sur-Cher (41) . . 96 D1
Villefranche-sur-Mer (06) . . 195 F3
Villefranche-sur-Saône (69) . 129 H1
Villefrancoeur (41) 79 H3
Villefrancon (70) 86 D5
Villefranque (64) 164 B6
Villefranque (65) 166 D6
Villegailhenc (11) 187 E3
Villegats (16) 122 C1
Villegats (27) 41 F2
Villegaudin (71) 102 A5
Villegenon (18) 81 H5
Villegly (11) 187 E2
Villegongis (36) 96 B4
Villegouge (33) 135 G4
Villegouin (36) 96 A4
Villegusien-le-Lac (52) 86 B2
Villeherviers (41) 80 C6
Villejésus (16) 122 B2
Villejoubert (16) 122 C2
Villejuif (94) 42 D4
Villejust (91) 42 C5
Villelaure (84) 176 A4
Villeloin-Coulangé (37) . . . 95 H2
Villelongue (65) 182 D5
Villelongue-d'Aude (11) . . . 186 C5
Villelongue-
de-la-Salanque (66) 201 F2
Villelongue-dels-Monts (66) 201 F4
Villeloup (10) 65 H2
Villemade (82) 169 E1
Villemagne (11) 186 C2
Villemagne-
l'Argentière (34) 172 A5
Villemain (79) 108 B6
Villemandeur (45) 64 A6
Villemanoche (89) 64 D3
Villemardy (41) 79 G2
Villemaréchal (77) 64 B3
Villemareuil (77) 43 G3
Villematier (31) 169 F3
Villemaur-sur-Vanne (10) . . 65 G3
Villembits (65) 183 G2
Villembray (60) 19 H4
Villemer (77) 64 B3
Villemer (89) 83 F1

Villemereuil (10) 66 B4
Villemeux-sur-Eure (28) . . . 41 F5
Villemoirieu (38) 130 D3
Villemoiron-en-Othe (10) . . 65 H4
Villemoisan (49) 75 H3
Villemoisson-sur-Orge (91) . 42 D5
Villemolaque (66) 201 F3
Villemomble (93) 43 E3
Villemontais (42) 128 C1
Villemontoire (02) 22 A5
Villemorien (10) 66 C5
Villemorin (17) 108 A6
Villemort (86) 110 A1
Villemotier (01) 117 E3
Villemoustaussou (11) 187 E3
Villemoutiers (45) 63 H6
Villemoyenne (10) 66 C4
Villemur (65) 183 H3
Villemur-sur-Tarn (31) 169 F3
Villemurlin (45) 81 G3
Villemus (04) 176 C3
Villenauxe-la-Grande (10) . . 44 C6
Villenauxe-la-Petite (77) . . . 65 E2
Villenave (40) 165 G1
Villenave-de-Rions (33) . . . 149 G1
Villenave-d'Ornon (33) . . . 135 G6
Villenave-près-Béarn (65) . . 182 D1
Villenave-
près-Marsac (65) 183 E2
Villenavotte (89) 64 D4
Villeneuve (01) 116 B6
Villeneuve (04) 176 D2
Villeneuve (09) 184 C5
Villeneuve (12) 153 G4
la Villeneuve (23) 126 A2
Villeneuve (33) 135 E3
Villeneuve (63) 127 F6
la Villeneuve (71) 102 A4
la Villeneuve-
au-Châtelot (10) 65 G1
Villeneuve-au-Chemin (10) . . 65 H5
la Villeneuve-au-Chêne (10) . 66 D4
la Villeneuve-Bellenoye-
et-la-Maize (70) 87 G2
Villeneuve-d'Allier (43) . . . 141 G2
Villeneuve-d'Amont (25) . . . 103 G4
Villeneuve-d'Ascq (59) 3 G5
Villeneuve-d'Aval (39) 103 E3
Villeneuve-de-Berg (07) . . . 157 H2
Villeneuve-de-Duras (47) . . . 136 C6
Villeneuve-de-la-Raho (66) . 201 F3
Villeneuve-de-Marc (38) . . . 130 C5
Villeneuve-de-Marsan (40) . 166 B2
Villeneuve-de-Rivière (31) . 184 A4
Villeneuve-
d'Entraunes (06) 161 G6
Villeneuve-d'Olmes (09) . . . 186 A6
Villeneuve-du-Latou (09) . . . 185 F3
Villeneuve-du-Paréage (09) . 185 H4
la Villeneuve-
en-Chevrie (78) 41 G2
Villeneuve-
en-Montagne (71) 101 F5
Villeneuve-Frouville (41) . . . 79 H2
Villeneuve-la-Comptal (11) . 186 B2
Villeneuve-
la-Comtesse (17) 107 F5
Villeneuve-la-Dondagre (89) . 64 D5
Villeneuve-la-Garenne (92) . 42 D3
Villeneuve-la-Guyard (89) . . 64 C3
Villeneuve-la-Lionne (51) . . 44 C5
Villeneuve-la-Rivière (66) . . 201 E2
Villeneuve-l'Archevêque (89) . 65 F4
Villeneuve-le-Comte (77) . . 43 G4
Villeneuve-le-Roi (94) 42 D5
Villeneuve-Lécussan (31) . . 183 H3
Villeneuve-
lès-Avignon (30) 174 D2
Villeneuve-lès-Béziers (34) . 188 C2
Villeneuve-lès-Bordes (77) . 64 C1
Villeneuve-lès-Bouloc (31) . 169 F4
Villeneuve-lès-Cerfs (63) . . 127 G1
la Villeneuve-
lès-Charleville (51) 44 D4
la Villeneuve-
lès-Charnod (39) 117 F3
la Villeneuve-
les-Convers (21) 85 E4
Villeneuve-
les-Corbières (11) 187 H5
Villeneuve-les-Genêts (89) . 82 D2
Villeneuve-lès-Lavaur (81) . 169 H5
Villeneuve-
lès-Maguelone (34) 173 F6
Villeneuve-
lès-Montréal (11) 186 C3
Villeneuve-Loubet (06) . . . 195 E3
Villeneuve-Minervois (11) . . 187 F2
Villeneuve-Renneville-
Chevigny (51) 45 F3
Villeneuve-Saint-Denis (77) . 43 F4
Villeneuve-
Saint-Georges (94) 42 D5
Villeneuve-
Saint-Germain (02) 22 A5
Villeneuve-
Saint-Nicolas (28) 62 B3
Villeneuve-Saint-Salves (89) . 83 G1
Villeneuve-Saint-
Vistre-et-Villevotte (51) . . 44 D6
Villeneuve-
sous-Charigny (21) 84 D5
Villeneuve-
sous-Dammartin (77) 43 E2
Villeneuve-
sous-Pymont (39) 102 D6
la Villeneuve-
sous-Thury (60) 43 H1
Villeneuve-sur-Allier (03) . . 113 H1
Villeneuve-sur-Auvers (91) . 63 F1
Villeneuve-sur-Bellot (77) . . 44 B4

Villeneuve-sur-Cher (18) . . . 97 F3
Villeneuve-sur-Conie (45) . . 62 C5
Villeneuve-sur-Fère (02) . . . 44 C1
Villeneuve-sur-Lot (47) . . . 151 F4
Villeneuve-sur-Verberie (60) . 21 E6
Villeneuve-sur-Vère (81) . . . 170 B2
Villeneuve-sur-Yonne (89) . . 65 E5
Villeneuve-Tolosane (31) . . 169 E6
Villeneuvette (34) 172 C5
Villennes-sur-Seine (78) . . . 42 B3
Villenouvelle (31) 185 H1
Villenoy (77) 43 G3
Villentrois (36) 96 B2
Villeny (41) 80 C3
Villepail (53) 59 G2
Villeparisis (77) 43 E3
Villeparois (70) 87 G3
Villeperdrix (26) 159 E3
Villeperdue (37) 94 D1
Villeperrot (89) 64 D3
Villepinte (11) 186 C2
Villepinte (93) 43 E3
Villeporcher (41) 79 F3
Villepot (44) 57 H6
Villequier (76) 17 E5
Villequier-Aumont (02) 21 H2
Villequiers (18) 98 B3
Viller (57) 49 F2
Villerable (41) 79 F2
Villerbon (41) 80 A3
Villeréal (47) 151 G4
Villereau (45) 63 E5
Villereau (59) 9 G3
Villerest (42) 128 D1
Villeret (02) 8 D5
Villeret (10) 67 E1
Villereversure (01) 117 F3
Villermain (41) 80 B1
Villeromain (41) 79 G2
Villeron (95) 43 E2
Villerouge-Termenès (11) . . 187 G5
Villeroy (77) 43 F3
Villeroy (80) 6 C5
Villeroy (89) 64 D4
Villeroy-sur-Méholle (55) . . 47 H6
Villers (42) 115 F5
Villers (88) 69 G3
Villers-Agron-Aiguizy (02) . . 44 D1
Villers-Allerand (51) 45 F1
Villers-au-Bois (62) 8 A2
Villers-au-Flos (62) 8 C4
Villers-au-Tertre (59) 8 D2
Villers-aux-Bois (51) 45 E3
Villers-aux-Érables (80) . . . 20 D1
Villers-aux-Nœuds (51) 45 F1
Villers-aux-Vents (55) 46 D4
Villers-Bocage (14) 14 A5
Villers-Bocage (80) 7 G5
Villers-Bouton (70) 87 F5
Villers-Bretonneux (80) 7 H6
Villers-Brûlin (62) 7 H2
Villers-Buzon (25) 103 E1
Villers-Campsart (80) 6 D6
Villers-Canivet (14) 38 C3
Villers-Carbonnel (80) 8 C6
Villers-Cernay (08) 24 C2
Villers-Châtel (62) 8 A1
Villers-Chemin-et-Mont-
lès-Étrelles (70) 87 E5
Villers-Chief (25) 104 A1
Villers-Cotterêts (02) 21 G6
Villers-devant-Dun (55) 24 D4
Villers-devant-le-Thour (08) . 23 F4
Villers-devant-Mouzon (08) . 24 C2
Villers-Écalles (76) 17 F5
Villers-en-Argonne (51) 46 D2
Villers-en-Arthies (95) 41 H2
Villers-en-Cauchies (59) . . . 9 E3
Villers-en-Haye (54) 48 B4
Villers-en-Ouche (61) 39 H3
Villers-en-Prayères (02) 22 C5
Villers-en-Vexin (27) 19 F6
Villers-Farlay (39) 103 E3
Villers-Faucon (80) 8 D5
Villers-Franqueux (51) 23 E5
Villers-Grélot (25) 87 G5
Villers-Guislain (59) 8 D5
Villers-Hélon (02) 22 A6
Villers-la-Chèvre (54) 25 G3
Villers-la-Combe (25) 104 A1
Villers-la-Faye (21) 101 G2
Villers-la-Montagne (54) . . . 25 H4
Villers-la-Ville (70) 88 A4
Villers-le-Château (51) 45 G3
Villers-le-Lac (25) 104 C2
Villers-le-Rond (54) 25 F4
Villers-le-Sec (02) 22 B1
Villers-le-Sec (51) 46 C4
Villers-le-Sec (55) 47 F6
Villers-le-Sec (70) 87 G3
Villers-le-Tilleul (08) 24 B2
Villers-le-Tourneur (08) 23 H2
Villers-les-Bois (39) 102 D4
Villers-lès-Cagnicourt (62) . . 8 C3
Villers-lès-Guise (02) 9 G6
Villers-lès-Luxeuil (70) 87 G2
Villers-lès-Mangiennes (55) . 25 F5
Villers-lès-Moivrons (54) . . . 48 D4
Villers-lès-Nancy (54) 48 C5
Villers-les-Ormes (36) 96 C4
Villers-les-Pots (21) 102 B1
Villers-lès-Roye (80) 21 E2
Villers-Marmery (51) 45 G1
Villers-Outréaux (59) 9 E5
Villers-Pater (70) 87 G4
Villers-Plouich (59) 8 D4
Villers-Pol (59) 9 G2
Villers-Robert (39) 102 C4

Villers-Rotin (21) 102 C2
Villers-Saint-
Barthélemy (60) 20 A5
Villers-Saint-Christophe (02) . 21 G1
Villers-Saint-
Frambourg (60) 21 E6
Villers-Saint-Genest (60) . . . 43 G1
Villers-Saint-Martin (25) . . . 88 A6
Villers-Saint-Paul (60) 20 D6
Villers-Saint-Sépulcre (60) . . 20 B5
Villers-Semeuse (08) 24 B1
Villers-Sir-Simon (62) 7 H2
Villers-Sire-Nicole (59) 10 A2
Villers-sous-Ailly (80) 7 E4
Villers-sous-Chalamont (25) . 103 G4
Villers-sous-Châtillon (51) . . 45 E1
Villers-sous-Foucarmont (76) . 6 B6
Villers-sous-Montrond (25) . 103 G2
Villers-sous-Pareid (55) 47 H1
Villers-sous-Prény (54) 48 B3
Villers-sous-Saint-Leu (60) . 20 C6
Villers-Stoncourt (57) 49 E2
Villers-sur-Auchy (60) 19 G4
Villers-sur-Authie (80) 6 C2
Villers-sur-Bar (08) 24 B2
Villers-sur-Bonnières (60) . . 20 A3
Villers-sur-Coudun (60) 21 F4
Villers-sur-Fère (02) 44 C1
Villers-sur-le-Mont (08) 24 A2
Villers-sur-le-Roule (27) . . . 19 E6
Villers-sur-Mer (14) 15 E3
Villers-sur-Meuse (55) 47 F2
Villers-sur-Nied (57) 49 E3
Villers-sur-Port (70) 87 F2
Villers-sur-Saulnot (70) 88 B4
Villers-sur-Trie (60) 19 H5
Villers-Tournelle (80) 20 D2
Villers-Vaudey (70) 86 D3
Villers-Vermont (60) 19 G3
Villers-Vicomte (60) 20 B2
Villerserine (39) 102 D4
Villersexel (70) 88 A4
Villerupt (54) 26 A2
Villerville (14) 16 A6
Villery (10) 66 A4
Villes (01) 117 H6
Villes-sur-Auzon (84) 175 G1
Villeselve (60) 21 G2
Villeseneux (51) 45 G4
Villesèque (46) 152 C4
Villesèque-
des-Corbières (11) 187 H5
Villesèquelande (11) 186 D3
Villesiscle (11) 186 C3
Villespassans (34) 188 A2
Villespy (11) 186 C2
Villetaneuse (93) 42 D3
la Villetelle (23) 126 A2
Villetelle (34) 173 H4
Villethierry (89) 64 C3
Villeton (47) 150 C4
Villetoureix (24) 136 D2
Villetritouls (11) 187 F4
Villetrun (41) 79 G2
la Villette (14) 38 B3
Villette (54) 25 F4
Villette (78) 41 H3
Villette-d'Anthon (38) 130 C3
Villette-de-Vienne (38) 130 B4
Villette-lès-Arbois (39) 103 E4
Villette-lès-Dole (39) 102 C3
Villette-sur-Ain (01) 130 D1
Villette-sur-Aube (10) 66 B1
Villettes (27) 40 D1
les Villettes (43) 143 E2
Villeurbanne (69) 130 A3
Villevallier (89) 65 E6
Villevaudé (77) 43 F3
Villevenard (51) 45 E4
Villevêque (49) 77 E4
Villeveyrac (34) 173 E6
Villevieille (30) 173 H4
Villevieux (39) 102 C5
Villevocance (07) 143 G2
Villevoques (45) 64 A5
Villexanton (41) 80 A2
Villexavier (17) 121 F6
le Villey (39) 102 C4
Villey-le-Sec (54) 48 B5
Villey-Saint-Étienne (54) . . . 48 B5
Villey-sur-Tille (21) 85 H4
Villez-sous-Bailleul (27) . . . 41 F1
Villez-sur-le-Neubourg (27) . 40 D1
Villié-Morgon (69) 116 A5
Villiers (36) 95 H4
Villiers (86) 94 A6
Villiers-Adam (95) 42 C2
Villiers-au-Bouin (37) 78 B4
Villiers-aux-Corneilles (51) . 44 D6
Villiers-Charlemagne (53) . . 58 D6
Villiers-Couture (17) 122 A1
Villiers-en-Bière (77) 63 H1
Villiers-en-Bois (79) 107 H5
Villiers-en-Désœuvre (27) . . 41 F3
Villiers-en-Lieu (52) 46 C5
Villiers-en-Morvan (21) 100 C2
Villiers-en-Plaine (79) 107 G2
Villiers-Fossard (50) 13 F6
Villiers-Herbisse (10) 45 G6
Villiers-le-Bâcle (91) 42 B5
Villiers-le-Bel (95) 42 D2
Villiers-le-Bois (10) 66 B6
Villiers-le-Duc (21) 85 F2
Villiers-le-Mahieu (78) 41 H4
Villiers-le-Morhier (28) 41 G6
Villiers-le-Pré (50) 35 H5
Villiers-le-Roux (16) 108 C6
Villiers-le-Sec (14) 14 A3
Villiers-le-Sec (52) 67 H5
Villiers-le-Sec (58) 83 F6
Villiers-le-Sec (95) 42 D2

Villiers-lès-Aprey (52) 86 A2
Villiers-les-Hauts (89) 84 B2
Villiers-Louis (89) 65 E4
Villiers-Saint-Benoît (89) . . 82 D2
Villiers-Saint-Denis (02) . . . 44 A3
Villiers-Saint-Fréderic (78) . . 42 A4
Villiers-Saint-Georges (77) . 44 B6
Villiers-Saint-Orien (28) . . . 62 B4
Villiers-sous-Grez (77) 64 A3
Villiers-sous-Mortagne (61) . 60 D1
Villiers-sous-Praslin (10) . . . 66 C5
Villiers-sur-Chizé (79) 108 A5
Villiers-sur-Loir (41) 79 F2
Villiers-sur-Marne (94) 43 E4
Villiers-sur-Morin (77) 43 G4
Villiers-sur-Orge (91) 42 C6
Villiers-sur-Seine (77) 65 E2
Villiers-sur-Suize (52) 68 A6
Villiers-sur-Tholon (89) 83 E1
Villiers-sur-Yonne (58) 83 G5
Villiers-Vineux (89) 65 H6
Villiersfaux (41) 79 F2
Villieu-Loyes-Mollon (01) . . 130 D1
Villing (57) 27 E4
Villognon (16) 122 B2
Villon (89) 84 B1
Villoncourt (88) 70 A3
Villons-les-Buissons (14) . . 14 B4
Villorceau (45) 80 B2
Villosanges (63) 126 C2
Villotran (60) 20 A5
Villotte (88) 68 D5
Villotte-devant-Louppy (55) . 46 D3
Villotte-Saint-Seine (21) . . . 85 F5
Villotte-sur-Aire (55) 47 F4
Villotte-sur-Ource (21) 85 E1
Villouxel (88) 68 C2
Villuis (77) 65 E2
Villy (08) 24 D3
Villy (89) 83 H1
Villy-Bocage (14) 14 A5
Villy-en-Auxois (21) 85 E5
Villy-en-Trodes (10) 66 D4
Villy-le-Bois (10) 66 B4
Villy-le-Bouveret (74) 118 C6
Villy-le-Maréchal (10) 66 B4
Villy-le-Moutier (21) 101 H3
Villy-le-Pelloux (74) 118 C6
Villy-lez-Falaise (14) 38 D3
Villy-sur-Yères (76) 6 B5
Vilory (70) 87 G2
Vilosnes-Haraumont (55) . . 25 E5
Vilsberg (57) 50 B4
Vimarcé (53) 59 G4
Vimenet (12) 155 E4
Viménil (88) 70 B3
Vimines (73) 131 H5
Vimont (14) 38 D1
Vimory (45) 64 A6
Vimoutiers (61) 39 F3
Vimpelles (77) 64 D2
Vimy (62) 8 B2
Vinantes (77) 43 F2
Vinassan (11) 188 B3
Vinax (17) 108 A6
Vinay (38) 145 E2
Vinay (51) 45 E2
Vinça (66) 200 C3
Vincelles (39) 117 F1
Vincelles (51) 44 D2
Vincelles (71) 102 B6
Vincelles (89) 83 G3
Vincelottes (89) 83 G3
Vincennes (94) 42 D4
Vincent (39) 102 C5
Vincey (88) 69 H2
Vincly (62) 2 A6
Vincy-Manœuvre (77) 43 G2
Vincy-Reuil-et-Magny (02) . . 23 E2
Vindecy (71) 115 E3
Vindefontaine (50) 12 D4
Vindelle (16) 122 B3
Vindey (51) 44 D5
Vindrac-Alayrac (81) 170 A1
Vinets (10) 66 B2
Vineuil (36) 96 C4
Vineuil (41) 80 A4
Vineuil-Saint-Firmin (60) . . 43 E1
la Vineuse (71) 115 H2
Vinezac (07) 157 F3
Vingrau (66) 201 E1
Vingt-Hanaps (61) 60 A1
Vinnemerville (76) 16 C3
Vinneuf (89) 64 D3
Vinon (18) 98 B1
Vinon-sur-Verdon (83) 176 C4
Vins-sur-Caramy (83) 193 G2
Vinsobres (26) 158 D4
le Vintrou (81) 171 E6
Vinzelles (63) 127 G2
Vinzelles (71) 116 B4
Vinzier (74) 119 E3
Vinzieux (07) 143 H1
Viocourt (88) 69 E3
Viodos-Abense-de-Bas (64) . 181 G2
Violaines (62) 3 E6
Violay (42) 129 F2
Violès (84) 158 C6
Violot (52) 86 B2
Viols-en-Laval (34) 173 E4
Viols-le-Fort (34) 173 E4
Vioménil (88) 69 G5
Vion (07) 144 A3
Vion (72) 77 G1
Vions (73) 131 G2
Vionville (57) 48 B1
Viozan (32) 183 H1
Viplaix (03) 112 B2
Vira (09) 186 A5
Vira (66) 200 C1
Virac (81) 170 B1

Virandeville (50) 12 B2
Virargues (15) 140 D3
Virazeil (47) 150 C3
Vire (14) 37 H3
Viré (71) 116 B3
Viré-en-Champagne (72) . . . 59 F5
Vire-sur-Lot (46) 152 A3
Vireaux (89) 84 B2
Virecourt (54) 69 G1
Virelade (33) 149 G1
Vireux-Molhain (08) 11 E4
Vireux-Wallerand (08) 11 E4
Virey (50) 37 F6
Virey-le-Grand (71) 101 G5
Virey-sous-Bar (10) 66 C4
Virginy (51) 46 C1
Viriat (01) 116 D4
Viricelles (42) 129 F4
Virieu (38) 131 E5
Virieu-le-Grand (01) 131 F2
Virieu-le-Petit (01) 131 G1
Virigneux (42) 129 F4
Virignin (01) 131 G3
Viriville (38) 144 D1
Virlet (63) 112 D5
Virming (57) 49 G2
Viroflay (78) 42 C4
Virollet (17) 121 E4
Vironchaux (80) 6 D2
Vironvay (27) 18 D6
Virsac (33) 135 F3
Virson (17) 107 E5
Virville (76) 15 G1
Viry (39) 117 H4
Viry (71) 115 G2
Viry (74) 118 B5
Viry-Châtillon (91) 42 D5
Viry-Noureuil (02) 21 H2
Vis-en-Artois (62) 8 C3
Visan (84) 158 C4
Viscomtat (63) 128 B2
Viscos (65) 182 D5
Viserny (21) 84 C4
Visker (65) 183 E3
Vismes (80) 6 C5
Visoncourt (70) 87 H2
Vissac-Auteyrac (43) 142 A3
Vissec (30) 172 D3
Visseiche (35) 57 H4
Viterbe (81) 170 A5
Viterne (54) 48 C6
Vitot (27) 40 C1
Vitrac (15) 139 H6
Vitrac (24) 138 A6
Vitrac (63) 126 D1
Vitrac-en-Viadène (12) 140 D6
Vitrac-Saint-Vincent (16) . . 123 E3
Vitrac-sur-Montane (19) . . . 139 F1
Vitrai-sous-Laigle (61) 40 B5
Vitray (03) 112 D1
Vitray-en-Beauce (28) 62 A3
Vitré (35) 58 A4
Vitré (79) 108 B4
Vitreux (39) 102 D1
Vitrey (54) 69 F1
Vitrey-sur-Mance (70) 86 D2
Vitrimont (54) 49 E6
Vitrolles (05) 160 B3
Vitrolles (13) 192 A2
Vitrolles-en-Luberon (84) . . 176 B3
Vitry-aux-Loges (45) 63 F6
Vitry-en-Artois (62) 8 C2
Vitry-en-Charollais (71) . . . 115 E2
Vitry-en-Montagne (52) . . . 85 H1
Vitry-en-Perthois (51) 46 B5
Vitry-la-Ville (51) 46 A4
Vitry-Laché (58) 99 G2
Vitry-le-Croisé (10) 67 E4
Vitry-le-François (51) 46 B5
Vitry-lès-Cluny (71) 115 H2
Vitry-lès-Nogent (52) 68 B6
Vitry-sur-Loire (71) 99 H6
Vitry-sur-Orne (57) 26 B4
Vitry-sur-Seine (94) 42 D4
Vittarville (55) 25 F4
Vitteaux (21) 85 E5
Vittefleur (76) 17 E3
Vittel (88) 69 E4
Vittersbourg (57) 49 H2
Vittoncourt (57) 49 E2
Vittonville (54) 48 C2
Vitz-sur-Authie (80) 7 E3
Viuz-en-Sallaz (74) 118 D5
Viuz-la-Chiésaz (74) 132 A2
Vivaise (02) 22 B3
Vivans (42) 114 D5
Vivario (2B) 205 E3
Viven (64) 166 B6
Viverols (63) 128 C6
Vivès (66) 201 E4
Vivey (52) 85 H2
le Vivier (66) 200 C1
Vivier-au-Court (08) 24 B1
le Vivier-sur-Mer (35) 35 E4
Vivières (02) 21 G5
Viviers (07) 158 A3
Viviers (57) 49 E3
Viviers (89) 84 A2
Viviers-du-Lac (73) 131 H4
Viviers-le-Gras (88) 69 E4
Viviers-lès-Lavaur (81) 169 H5
Viviers-lès-Montagnes (81) . 170 C6
Viviers-lès-Offroicourt (88) . . 69 F3
Viviers-sur-Artaut (10) 66 D5
Viviers-sur-Chiers (54) 25 G4
Viviès (09) 186 A4
Viville (16) 122 A5
Vivoin (72) 60 A3
Vivonne (86) 109 E2
Vivy (49) 77 G6

260

Vix (21)............85 E1
Vix (85)............107 E3
Vizille (38)............145 G3
Vizos (65)............183 E6
Vocance (07)............143 G2
Vodable (63)............127 F5
Voegtlinshoffen (68)............71 F5
Voelfling-
  -lès-Bouzonville (57)............27 E4
Vœllerdingen (67)............50 A2
Vœuil-et-Giget (16)............122 D4
Vogelgrun (68)............71 G5
Voglans (73)............131 H4
Vogüé (07)............157 G2
Voharies (02)............22 D1
Void-Vacon (55)............47 H5
Voigny (10)............67 F3
Voilemont (51)............46 C2
Voillans (25)............88 A5
Voillecomte (52)............67 F1
Voimhaut (57)............49 G2
Voinémont (54)............69 F1
Voingt (63)............126 B3
Voinsles (77)............43 H5
Voipreux (51)............45 F3
Voires (25)............103 H2
Voiron (38)............145 F1
Voiscreville (27)............18 A5
Voise (28)............62 C2
Voisenon (77)............43 F6
Voisey (52)............86 D1
Voisines (52)............86 A1
Voisines (89)............65 E3
Voisins-le-Bretonneux (78)............42 B5
Voissant (38)............131 G5
Voissay (17)............121 F1
Voiteur (39)............102 D5
la Voivre (70)............88 A1
la Voivre (88)............70 C2
les Voivres (88)............69 G5
Voivres-lès-le-Mans (72)............60 A6
Volckerinckhove (59)............2 B3
Volesvres (71)............115 F2
Volgelsheim (68)............71 G5
Volgré (89)............83 E1
Volksberg (67)............50 B2
Vollore-Montagne (63)............128 B3
Vollore-Ville (63)............128 A3
Volmerange-lès-Boulay (57)............26 D5
Volmerange-les-Mines (57)............26 B2
Volmunster (57)............28 B5
Volnay (21)............101 G3
Volnay (72)............60 C6
Volon (70)............86 D3
Volonne (04)............160 B6
Volpajola (2B)............203 F5
Volstroff (57)............26 C3
Volvent (26)............159 E2
Volvic (63)............127 F4
Volx (04)............176 D3
Vomécourt (88)............70 D2
Vomécourt-sur-Madon (88)............69 G2
Voncourt (52)............86 D2
Voncq (08)............24 A4
Vonges (21)............86 B6
Vongnes (01)............131 G2
Vonnas (01)............116 C4
Voray-sur-l'Ognon (70)............87 F6
Voreppe (38)............145 F1
Vorey (43)............142 C2
Vorges (02)............22 C4
Vorges-les-Pins (25)............103 F2
Vorly (18)............97 H4
Vornay (18)............98 A4
Vosbles (39)............117 F3
Vosne-Romanée (21)............101 H2
Vosnon (10)............65 H5
Vou (37)............95 F2
Vouarces (51)............45 E6
Voudenay (21)............100 D2
Voué (10)............66 B2
Vouécourt (52)............67 H3
Vougécourt (70)............69 F6
Vougeot (21)............101 H2
Vougrey (10)............66 C5
Vougy (42)............115 E6
Vougy (74)............119 E6
Vouharte (16)............122 B2
Vouhé (17)............107 E5
Vouhé (79)............108 A1
Vouhenans (70)............88 A3
Vouillé (79)............107 H3
Vouillé (86)............94 A6
Vouillé-les-Marais (85)............107 E4
Vouillers (51)............46 C5
Vouillon (36)............96 D5
Vouilly (14)............13 F5
Voujeaucourt (25)............88 C4
Voulaines-les-Templiers (21)............85 F2
Voulangis (77)............43 G4
Voulême (86)............108 D5
Voulgézac (16)............122 B5
Voulon (86)............108 D3
Voulpaix (02)............9 H6
la Voulte-sur-Rhône (07)............144 A6
Voultegon (79)............93 E3
Voulton (77)............44 B6
Voulx (77)............64 C3
Vouneuil-sous-Biard (86)............109 E1
Vouneuil-sur-Vienne (86)............94 D6
Vourey (38)............145 F1
Vourles (69)............130 A4
Voussac (03)............113 F4
Voutenay-sur-Cure (89)............83 H4
Voutezac (19)............138 C1
Vouthon (16)............122 D4
Vouthon-Bas (55)............68 C1
Vouthon-Haut (55)............68 C1
Voutré (53)............59 H4
Vouvant (85)............107 F1
Vouvray (37)............79 E5

Vouvray-sur-Huisne (72)............60 D5
Vouvray-sur-Loir (72)............78 C3
Vouxey (88)............69 E2
Vouzailles (86)............94 A6
Vouzan (16)............122 D4
Vouzeron (18)............97 F1
Vouziers (08)............24 A4
Vouzon (41)............81 E3
Vouzy (51)............45 F3
Voves (28)............62 B3
Vovray-en-Bornes (74)............118 C6
Voyenne (02)............22 C2
Voyennes (80)............21 G1
Voyer (57)............50 A5
la Vraie-Croix (56)............55 H6
Vraignes-en-Vermandois (80)............8 D6
Vraignes-lès-Hornoy (80)............19 H1
Vraincourt (52)............67 H3
Vraiville (27)............18 C6
Vraux (51)............45 G2
Vrécourt (88)............68 D4
Vred (59)............8 D1
Vregille (70)............87 E6
Vregny (02)............22 B5
Vrély (80)............21 E1
le Vrétot (50)............12 B3
Vriange (39)............102 D1
Vrigne-aux-Bois (08)............24 B1
Vrigne-Meuse (08)............24 B2
Vrigny (45)............63 F5
Vrigny (51)............23 E6
Vrigny (61)............39 E5
Vritz (44)............76 A3
Vrizy (08)............24 A4
Vrocourt (60)............19 H3
Vroil (51)............46 D4
Vron (80)............6 D2
Vroncourt (54)............69 F1
Vroncourt-la-Côte (52)............68 C4
Vroville (88)............69 G3
Vry (57)............26 C5
Vue (44)............74 B5
Vuillafans (25)............103 H2
Vuillecin (25)............104 A3
Vuillery (02)............22 A4
Vulaines (10)............65 G4
Vulaines-lès-Provins (77)............64 D1
Vulaines-sur-Seine (77)............64 B2
Vulbens (74)............118 A5
Vulmont (57)............48 D3
Vulvoz (39)............117 H3
Vy-le-Ferroux (70)............87 F3
Vy-lès-Filain (70)............87 F3
Vy-lès-Lure (70)............88 A3
Vy-lès-Rupt (70)............87 E3
Vyans-le-Val (70)............88 C4
Vyt-lès-Belvoir (25)............88 B5

W

Waben (62)............6 C1
Wacquemoulin (60)............21 E4
Wacquinghen (62)............1 F3
Wadelincourt (08)............24 C2
Wagnon (08)............23 H2
Wahagnies (59)............3 F6
Wahlbach (68)............89 F3
Wahlenheim (67)............51 E4
Wail (62)............7 F2
Wailly (62)............8 B3
Wailly-Beaucamp (62)............6 D1
Walbach (68)............71 E5
Walbourg (67)............51 E3
la Walck (67)............50 D3
Waldersbach (67)............71 E1
Waldhambach (67)............50 B2
Waldhouse (57)............28 B5
Waldighofen (68)............89 F3
Waldolwisheim (67)............50 C4
Waldweistroff (57)............26 D3
Waldwisse (57)............26 D2
Walheim (68)............89 F3
Walincourt-Selvigny (59)............9 E4
Wallers (59)............9 E1
Wallers-en-Fagne (59)............10 B4
Wallon-Cappel (59)............2 C4
Walschbronn (57)............28 B5
Walscheid (57)............50 A5
Waltembourg (57)............50 B4
Waltenheim (68)............89 G2
Waltenheim-sur-Zorn (67)............50 D4
Waly (55)............47 E2
Wambaix (59)............9 E4
Wambercourt (62)............7 E1
Wambez (60)............19 H3
Wambrechies (59)............3 F4
Wamin (62)............7 E1
Wanchy-Capval (76)............6 A6
Wancourt (62)............8 B3
Wandignies-Hamage (59)............9 E1
Wangen (67)............50 C5
Wangenbourg-
  -Engenthal (67)............50 B5
Wannehain (59)............3 G5
Wanquetin (62)............8 A2
la Wantzenau (67)............51 F5
Warcq (08)............24 A1
Warcq (55)............25 G6
Wardrecques (62)............2 B4
Wargemoulin-Hurlus (51)............46 B1
Wargnies (80)............7 G5
Wargnies-le-Grand (59)............9 G2
Wargnies-le-Petit (59)............9 G2
Warhem (59)............2 C2
Warlaing (59)............9 E1
Warlencourt-Eaucourt (62)............8 B4
Warlincourt-lès-Pas (62)............7 H3
Warloy-Baillon (80)............7 H5

Warluis (60)............20 B5
Warlus (62)............8 A2
Warlus (80)............7 E6
Warluzel (62)............7 H3
Warmeriville (51)............23 F5
Warnécourt (08)............24 A1
Warneton (59)............3 F4
Warsy (80)............21 E2
Warvillers (80)............21 E1
Wasigny (08)............23 G2
Wasnes-au-Bac (59)............9 E2
Wasquehal (59)............3 G5
Wasselonne (67)............50 C5
Wasserbourg (68)............71 E5
Wassy (52)............67 G1
le Wast (62)............1 G4
Watigny (02)............10 B6
Watronville (55)............47 G1
Watten (59)............2 A3
Wattignies (59)............3 F5
Wattignies-la-Victoire (59)............10 A3
Wattrelos (59)............3 G4
Wattwiller (68)............89 E1
Wavignies (60)............20 C3
Waville (54)............26 A6
Wavrans-sur-l'Aa (62)............2 A4
Wavrans-sur-Ternoise (62)............7 G1
Wavrechain-sous-Denain (59)............9 F2
Wavrechain-sous-Faulx (59)............9 E2
Wavrille (55)............25 E5
Wavrin (59)............3 F5
Waziers (59)............8 D1
Weckolsheim (68)............71 G5
Wegscheid (68)............88 D1
Weinbourg (67)............50 C3
Weislingen (67)............50 B3
Weitbruch (67)............51 E4
Weiterswiller (67)............50 C3
Welles-Pérennes (60)............20 D3
Wemaers-Cappel (59)............2 C3
Wentzwiller (68)............89 G3
Werentzhouse (68)............89 F4
Wervicq-Sud (59)............3 F4
West-Cappel (59)............2 C2
Westhalten (68)............71 F5
Westhoffen (67)............50 C5
Westhouse (67)............71 G1
Westhouse-
  -Marmoutier (67)............50 C5
Westrehem (62)............2 B6
Wettolsheim (68)............71 F5
Weyer (67)............50 A3
Weyersheim (67)............51 E4
Wickerschwihr (68)............71 F5
Wickersheim-
  -Wilshausen (67)............50 D4
Wicquinghem (62)............1 H5
Wicres (59)............3 E5
Widehem (62)............1 F5
Widensolen (68)............71 G4
Wiège-Faty (02)............9 G6
Wiencourt-l'Équipée (80)............8 A6
Wierre-au-Bois (62)............1 F5
Wierre-Effroy (62)............1 F4
Wiesviller (57)............27 H5
Wignehies (59)............10 A5
Wignicourt (08)............24 A3
Wihr-au-Val (68)............71 E5
Wildenstein (68)............70 D5
Wildersbach (67)............71 E1
Willeman (62)............7 F2
Willems (59)............3 G5
Willencourt (62)............7 F3
Willer (68)............89 F3
Willer-sur-Thur (68)............89 E1
Willeroncourt (55)............47 F5
Willerval (62)............8 B2
Willerwald (57)............49 H2
Willgottheim (67)............50 D5
Williers (08)............25 E2
Willies (59)............10 B4
Wilwisheim (67)............50 D4
Wimereux (62)............1 F4
Wimille (62)............1 F4
Wimmenau (67)............50 C3
Wimy (02)............10 A5
Windstein (67)............28 D6
Wingen (67)............51 E1
Wingen-sur-Moder (67)............50 C2
Wingersheim (67)............50 D4
Wingles (62)............3 E6
Winkel (68)............89 F4
Winnezeele (59)............2 C3
Wintersbourg (57)............50 B4
Wintershouse (67)............51 E4
Wintzenbach (67)............51 G2
Wintzenheim (67)............71 F4
Wintzenheim-
  -Kochersberg (67)............50 D5
Wirwignes (62)............1 F4
Wiry-au-Mont (80)............6 D5
Wisches (67)............50 B6
Wisembach (88)............71 E3
Wiseppe (55)............24 D1
Wismes (62)............1 H5
Wisques (62)............2 A4
Wissant (62)............1 F3
Wissembourg (67)............51 F1
Wissignicourt (02)............22 B3
Wissous (91)............42 D5
Witry-lès-Reims (51)............23 F5
Wittelsheim (68)............89 F1
Wittenheim (68)............89 F1
Witternesse (62)............2 B5
Witternheim (67)............71 H2
Wittersdorf (68)............89 F3
Wittersheim (67)............50 D4
Wittes (62)............2 B5
Wittisheim (67)............71 G3
Wittring (57)............50 A1

Wiwersheim (67)............50 D5
Wizernes (62)............2 A4
Woël (55)............47 H2
Woelfling-
  -lès-Sarreguemines (57)............28 A5
Wœrth (67)............51 E2
Woignarue (80)............6 B4
Woimbey (55)............47 G2
Woincourt (80)............6 B4
Woippy (57)............26 B5
Woirel (80)............6 D5
Wolfersdorf (68)............89 E3
Wolfgantzen (68)............71 G5
Wolfisheim (67)............51 E5
Wolfskirchen (67)............50 A3
Wolschheim (67)............50 C4
Wolschwiller (68)............89 G4
Wolxheim (67)............50 D6
Wormhout (59)............2 C3
Woustviller (57)............49 H1
Wuenheim (68)............71 E6
Wuisse (57)............49 F3
Wulverdinghe (59)............2 B3
Wy-Dit-Joli-Village (95)............42 A1
Wylder (59)............2 C2

X

Xaffévillers (88)............70 A2
Xaintrailles (47)............150 C5
Xaintray (79)............107 H2
Xambes (16)............122 B2
Xammes (54)............48 A2
Xamontarupt (88)............70 B4
Xanrey (57)............49 F4
Xanton-Chassenon (85)............107 F2
Xaronval (88)............69 G2
Xermaménil (54)............49 E6
Xertigny (88)............69 H5
Xeuilley (54)............48 C6
Xirocourt (54)............69 G2
Xivray-et-Marvoisin (55)............48 A1
Xivry-Circourt (54)............25 H5
Xocourt (57)............48 D3
Xonrupt-Longemer (88)............70 D4
Xonville (54)............48 A2
Xouaxange (57)............49 H5
Xousse (54)............49 G5
Xures (54)............49 F5

Y

Y (80)............21 G1
Yainville (76)............17 F6
Yaucourt-Bussus (80)............7 E4
Ychoux (40)............148 C4
Ydes (15)............140 A1
Yébleron (76)............16 D4
Yèbles (77)............43 F6
Yenne (73)............131 G3
Yermenonville (28)............62 B1
Yerres (91)............43 E5
Yerville (76)............17 E4
Yèvre-la-Ville (45)............63 G4
Yèvres (28)............61 H4
Yèvres-le-Petit (10)............66 D1
Yffiniac (22)............33 H5
Ygos-Saint-Saturnin (40)............165 G1
Ygrande (03)............113 F2
Ymare (76)............18 D5
Ymeray (28)............62 C1
Ymonville (28)............62 C3
Yolet (15)............140 B5
Yoncq (08)............24 C3
Yonval (80)............6 D4
Youx (63)............113 E5
Yport (76)............16 C3
Ypreville-Biville (76)............16 D4
Yquebeuf (76)............17 H5
Yquelon (50)............35 G2
Yronde-et-Buron (63)............127 G4
Yrouerre (89)............84 A2
Yssac-la-Tourette (63)............127 F2
Yssandon (19)............138 B2
Yssingeaux (43)............142 D3
Ytrac (15)............140 A5
Ytres (62)............8 C4
Yutz (57)............26 B3
Yvecrique (76)............17 E4
Yvernaumont (08)............24 A2
Yversay (86)............94 B6
Yves (17)............106 D6
les Yveteaux (61)............38 C5
Yvetot (76)............17 E4
Yvetot-Bocage (50)............12 D3
Yvias (22)............33 F2
Yviers (16)............136 A1
Yvignac-la-Tour (22)............34 C6
Yville-sur-Seine (76)............17 F6
Yvoire (74)............118 C3
Yvoy-le-Marron (41)............80 D3
Yvrac (33)............135 F5
Yvrac-et-Malleyrand (16)............122 D3
Yvrandes (61)............38 A4
Yvré-le-Pôlin (72)............78 A1
Yvré-l'Évêque (72)............60 B5
Yvrench (80)............7 E3
Yvrencheux (80)............7 E3
Yzengremer (80)............6 B4
Yzernay (49)............92 D3
Yzeron (69)............129 G3
Yzeure (03)............113 H2
Yzeures-sur-Creuse (37)............95 F5
Yzeux (80)............7 F5
Yzosse (40)............165 E4

Z

Zaessingue (68)............89 F3
Zalana (2B)............205 G2
Zarbeling (57)............49 F3
Zegerscappel (59)............2 B3
Zehnacker (67)............50 C5
Zeinheim (67)............50 C5
Zellenberg (68)............71 F4
Zellwiller (67)............71 G1
Zérubia (2A)............207 E2
Zermezeele (59)............2 C3
Zetting (57)............27 H5
Zévaco (2A)............205 E6
Zicavo (2A)............205 E6
Zigliara (2A)............205 E5
Zilia (2B)............202 C6
Zilling (57)............50 B4
Zillisheim (68)............89 F2
Zimmerbach (68)............71 E4
Zimmersheim (68)............89 F2
Zimming (57)............49 F1
Zincourt (88)............69 H3
Zinswiller (67)............50 D2
Zittersheim (67)............50 C3
Zœbersdorf (67)............50 D4
Zommange (57)............49 G4
Zonza (2A)............207 F2
Zoteux (62)............1 G5
Zouafques (62)............1 H3
Zoufftgen (57)............26 B2
Zoza (2A)............207 E2
Zuani (2B)............205 G2
Zudausques (62)............2 A4
Zutkerque (62)............1 H3
Zuydcoote (59)............2 C1
Zuytpeene (59)............2 C3

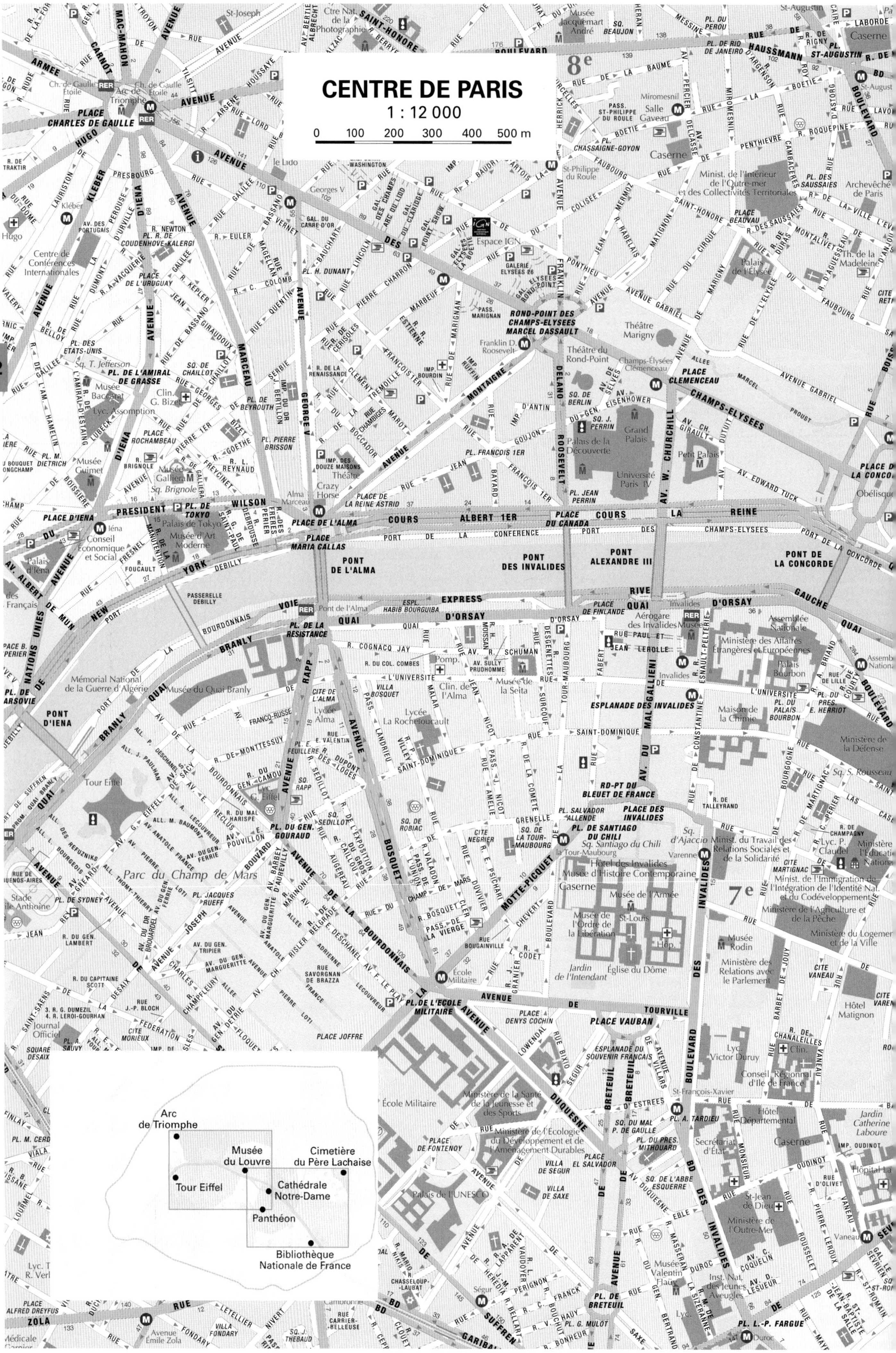

CENTRE DE PARIS

1 : 12 000

0 100 200 300 400 500 m

262

8e

7e

Espace IGN
GALERIE
ELYSEES 26

ROND-POINT DES
CHAMPS-ELYSEES
MARCEL DASSAULT

CHAMPS-ELYSEES

PLACE
CHARLES DE GAULLE

PLACE D'IENA

PLACE DE L'ALMA
PLACE
MARIA CALLAS

PONT
DE L'ALMA

PONT
DES INVALIDES

PONT
ALEXANDRE III

PONT DE
LA CONCORDE

COURS ALBERT 1ER
PLACE
DE LA REINE ASTRID

VOIE EXPRESS
RIVE GAUCHE

QUAI D'ORSAY

Tour Eiffel

Parc du Champ de Mars

Musée du Quai Branly

Mémorial National
de la Guerre d'Algérie

PONT
D'IENA

PL. DE LA
RESISTANCE

ESPLANADE DES INVALIDES

Hôtel des Invalides

Église du Dôme

Musée Rodin

PLACE
VAUBAN

PLACE DE
L'ECOLE
MILITAIRE

École
Militaire

Palais de l'UNESCO

Arc
de Triomphe

Musée
du Louvre

Cimetière
du Père Lachaise

Tour Eiffel

Cathédrale
Notre-Dame

Panthéon

Bibliothèque
Nationale de France

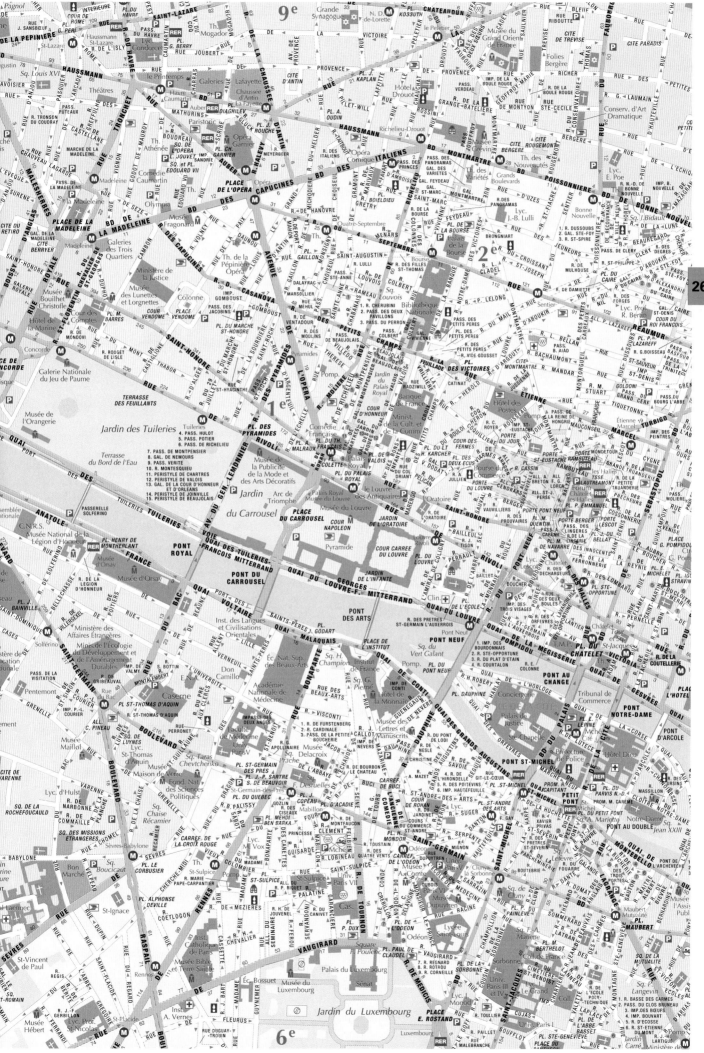

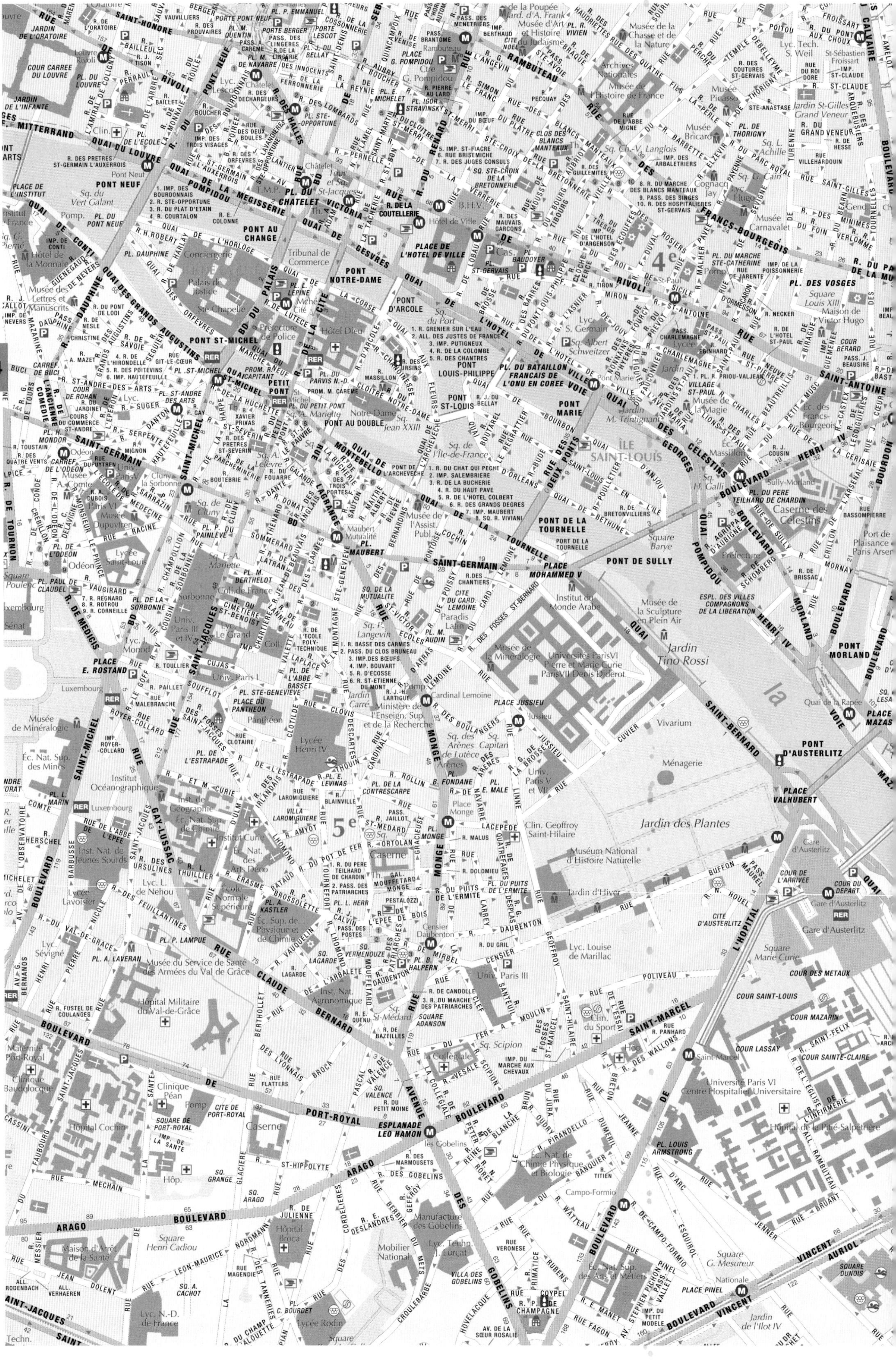

RUE SAINT-HONORÉ
RIVOLI
QUAI DU LOUVRE
PONT NEUF
QUAI DE LA MÉGISSERIE
PONT AU CHANGE
QUAI DE GESVRES
PLACE DE L'HOTEL DE VILLE
Hôtel de Ville
B.H.V.
RAMBUTEAU
Ctre G. Pompidou
Archives Nationales
Musée de l'Histoire de France
Musée Picasso
Musée Carnavalet
FRANCS-BOURGEOIS
PL. DES VOSGES
Square Louis XIII
Maison de Victor Hugo
4e
PONT NOTRE-DAME
PONT D'ARCOLE
Tribunal de Commerce
Conciergerie
Palais de Justice
Ste-Chapelle
Préfecture de Police
Hôtel Dieu
Notre-Dame
Sq. Jean XXIII
PONT AU DOUBLE
PETIT PONT
PONT ST-MICHEL
PONT LOUIS-PHILIPPE
PONT ST-LOUIS
PONT MARIE
ÎLE SAINT-LOUIS
PONT DE LA TOURNELLE
PONT DE SULLY
QUAI DES CÉLESTINS
Caserne des Célestins
SAINT-ANTOINE
PONT MORLAND
BOULEVARD HENRI IV
Institut du Monde Arabe
Musée de la Sculpture en Plein Air
Jardin Tino Rossi
QUAI SAINT-BERNARD
PONT D'AUSTERLITZ
PLACE VALHUBERT
Jardin des Plantes
Ménagerie
Vivarium
Muséum National d'Histoire Naturelle
Gare d'Austerlitz
Université Paris VI Centre Hospitalier Universitaire
Hôpital de la Pitié-Salpêtrière
BOULEVARD SAINT-GERMAIN
BOULEVARD SAINT-MICHEL
RUE SAINT-JACQUES
Sorbonne
Panthéon
Lycée Henri IV
5e
RUE MONGE
Arènes de Lutèce
Jardin du Luxembourg
Sénat
Odéon
Institut Océanographique
Institut Curie
École Normale Supérieure
Musée du Service de Santé des Armées du Val de Grâce
Hôpital Militaire du Val-de-Grâce
BOULEVARD DE PORT-ROYAL
Hôpital Cochin
BOULEVARD ARAGO
AVENUE DES GOBELINS
Manufacture des Gobelins
Mobilier National
Maison d'Arrêt de la Santé
Square Henri Cadiou
Hôpital Broca
Lycée Rodin
BOULEVARD SAINT-MARCEL
BOULEVARD DE L'HÔPITAL
PLACE PINEL
BOULEVARD VINCENT AURIOL

France administrative (F)

NL Overzicht departementen

D Departementskarte **GB** Département map

Mapa departamental (E)

Carta dipartimentale (I)

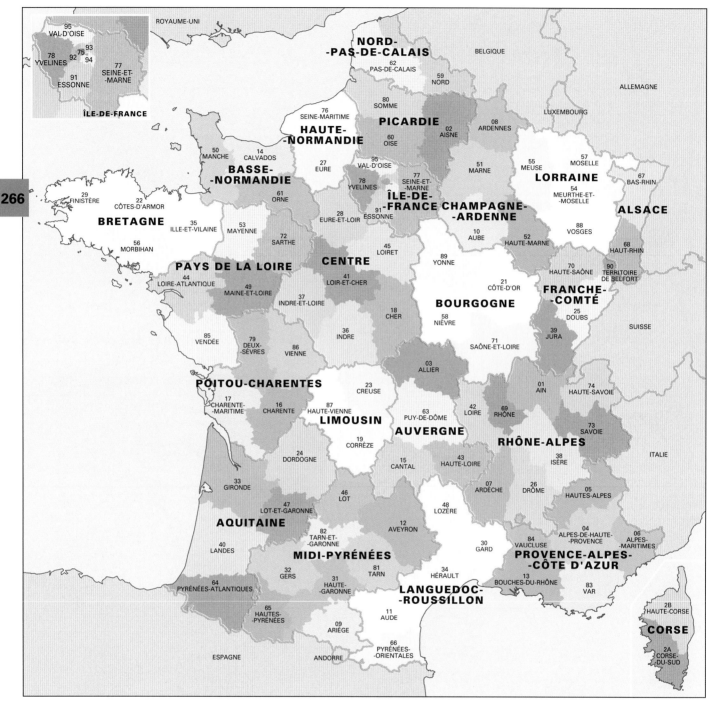

01	Ain	24	Dordogne	48	Lozère	72	Sarthe
02	Aisne	25	Doubs	49	Maine-et-Loire	73	Savoie
03	Allier	26	Drôme	50	Manche	74	Haute-Savoie
04	Alpes-de-Haute-Provence	27	Eure	51	Marne	75	Paris
05	Hautes-Alpes	28	Eure-et-Loir	52	Haute-Marne	76	Seine-Maritime
06	Alpes-Maritimes	29	Finistère	53	Mayenne	77	Seine-et-Marne
07	Ardèche	30	Gard	54	Meurthe-et-Moselle	78	Yvelines
08	Ardennes	31	Haute-Garonne	55	Meuse	79	Deux-Sèvres
09	Ariège	32	Gers	56	Morbihan	80	Somme
10	Aube	33	Gironde	57	Moselle	81	Tarn
11	Aude	34	Hérault	58	Nièvre	82	Tarn-et-Garonne
12	Aveyron	35	Ille-et-Vilaine	59	Nord	83	Var
13	Bouches-du-Rhône	36	Indre	60	Oise	84	Vaucluse
14	Calvados	37	Indre-et-Loire	61	Orne	85	Vendée
15	Cantal	38	Isère	62	Pas-de-Calais	86	Vienne
16	Charente	39	Jura	63	Puy-de-Dôme	87	Haute-Vienne
17	Charente-Maritime	40	Landes	64	Pyrénées-Atlantiques	88	Vosges
18	Cher	41	Loir-et-Cher	65	Hautes-Pyrénées	89	Yonne
19	Corrèze	42	Loire	66	Pyrénées-Orientales	90	Territoire de Belfort
2A	Corse-du-Sud	43	Haute-Loire	67	Bas-Rhin	91	Essonne
2B	Haute-Corse	44	Loire-Atlantique	68	Haut-Rhin	92	Hauts-de-Seine
21	Côte-d'Or	45	Loiret	69	Rhône	93	Seine-Saint-Denis
22	Côtes-d'Armor	46	Lot	70	Haute-Saône	94	Val-de-Marne
23	Creuse	47	Lot-et-Garonne	71	Saône-et-Loire	95	Val-d'Oise

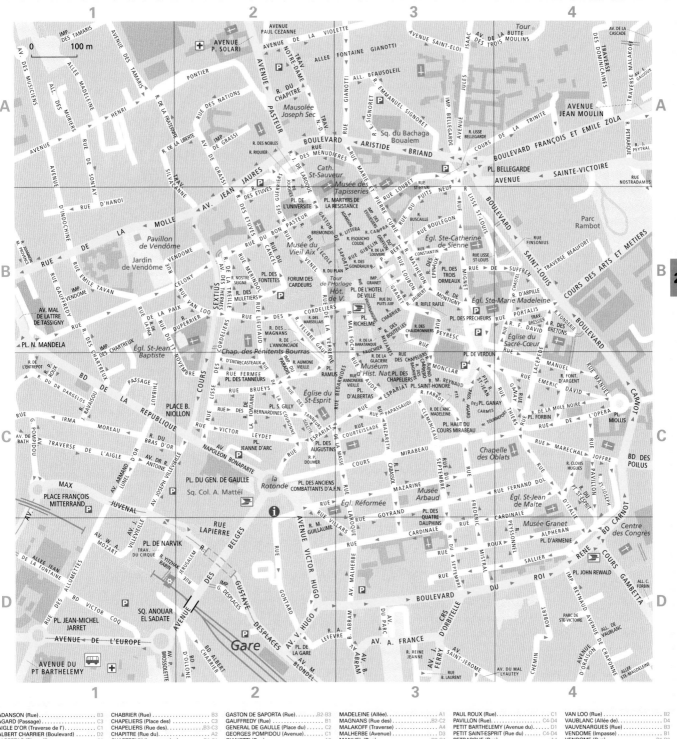

ADANSON (Rue).....................B3
AGARD (Passage)...................C3
AIGLE D'OR (Traverse de l')........C1
ALBERT CHARRIER (Boulevard).......D2
ALBERTAS (Place d')................C3
ALLUMETTES (Rue des)..............C1
ANATOLE FRANCE (Avenue)...........D2
ANCIENNE MADELEINE (Rue de l')....C3
ANCIENS COMBATTANTS D'A.F.N.
  (Place des)......................C3
ANDRE LEFEVRE (Rue)...........D2-D3
ANNONCIADE (Rue de l')............C2
ANNONERIE VIEILLE (Rue)...........C2
ANOUAR EL SADATE (Square).........D1
ARISTIDE BRIAND (Boulevard).....A2-A3
ARMAND LUNEL (Avenue).............C1
ARMENIE (Place d')................D4
ARPILLE (Rue d')..................B3
ARTS ET METIERS (Cours des).......B4
AUDE (Rue)........................C2
AUGUSTINS (Place des).............C2
AUMONE VIEILLE (Rue)..............C2
BAGNIERS (Rue des)................C3
BARATANQUE (Rue de la)............B3
BARTHELEMY NIOLLON (Place)........C1
BATH (Avenue de)..................C1
BEAUFORT (Traverse)...............B3
BEAUSOLEIL (Allée)................A3
BEDARRIDES (Allée)................B3
BELGES (Avenue des)...........D1-C2
BELLEGARDE (Impasse)..............A3
BELLEGARDE (Place)................A3
BENJAMIN ABRAM (Avenue)...........D3
BERNARDINES (Rue des).............C2
BON PASTEUR (Rue du)..............B2
BONIFACE LAURENT (Rue)............B3
BOULEGON (Rue)....................B3
BOUTEILLES (Rue des)..............B3
BRAS D'OR (Rue du)............C1-C2
BREMONDIS (Rue)...............B2-B3
BRESSIER (Traverse)...............B4
BRETONS (Rue des).................B4
BRUEYS (Rue)......................C2
BUENO CARRIERO (Rue)..............C4
BUSCAILLE (Rue)...................B3
BUTTE DES TROIS MOULINS
  (Avenue de la)...................A4
CAMPRA (Rue)......................B3
CANCEL (Rue du)...................B2
CARDEURS (Forum des)..............B2
CARDINALE (Rue)...............C3-C4
CARMES (Petite rue des)...........C4
CARNOT (Boulevard)............B4-C4
CASCADE (Avenue de la)............A4
CELONY (Rue)..................B1-B2

CHABRIER (Rue)....................B3
CHAPELIERS (Place des)............C3
CHAPELIERS (Rue des)..........B3-C3
CHAPITRE (Rue du).................A2
CHARTREUX (Impasse des).......B1-C1
CHARTREUX (Rue des)...........B1-C1
CHASTEL (Rue).................B3-B4
CHAUDRONNIERS (Rue des)...........B3
CIRQUE (Traverse du)..............D1
CLAUDE FORBIN (Allée).............D4
CLEMENCEAU (Rue)..................C2
CLOVIS HUGUES (Rue)...............C4
CONSTANTIN (Rue)..................B3
CORDELIERS (Rue des)..........B2-B3
COURONNE (Rue de la)..............C2
COURTEISSADE (Rue)................C2
CRAPONNE (Avenue de)..............C1
DOCTEUR DARGELOS (Rue du).........C1
DOCTEUR RENEE ANTOINE (Avenue)....C1
DOMINICAINES (Traverse des).......A4
DUPERRIER (Rue)...............B1-B2
ECOLE (Rue de l').................B2
EMERIC DAVID (Rue)............C3-C4
EMILE GAUJOUX (Avenue)............B1
EMILE TAVAN (Rue).................B1
EMMANUEL SIGNORET (Rue)...........A3
ENTRECASTEAUX (Rue d')........A2-B2
ENTREPOT (Rue de l')..............C1
EPINAUX (Rue des).................C2
ESPARIAT (Rue)................C2-C3
ESQUICHO COUDE (Rue)..............B3
ETUVES (Rue des)..................B2
EUROPE (Avenue de l').............D1
EYGUESIERS (Impasse des)..........C1
FABROT (Rue)......................C3
FAUCHIER (Rue)................B3-C3
FELIBRE GAUT (Rue)............B2-C2
FELICIEN DAVID (Rue)..............B4
FERMEE (Rue)......................C2
FINSONIUS (Rue)...................B3
FONDERIE (Rue)....................B4
FONTAINE (Rue de la)..............C2
FONTAINE D'ARGENT (Rue)...........C4
FONTAINE GIANOTTI (Allée).....A2-A3
FONTETES (Place des)..............B2
FORBIN (Rue)......................C3
FRANCOIS ET EMILE ZOLA (Bd)...A3-A4
FRANCOIS MITTERRAND (Place).......C1
FRATERNITE (Rue de la)........A1-A2
FREDERIC MISTRAL (Rue)............C3
GAMBETTA (Cours)..............D3-D4
GANAY (Place).....................C3
GANAY (Rue).......................C3
GARE (Place de la)................D2

GASTON DE SAPORTA (Rue).......B2-B3
GAUFFREDY (Rue)...................B1
GENERAL DE GAULLE (Place du)......C2
GEORGES POMPIDOU (Avenue).........C1
GIANOTTI (Rue)....................A3
GIBELIN (Rue).....................B3
GLACIERE (Rue de la)..............C2
GONDRAUX (Rue des)................B3
GOYRAND (Rue).....................C3
GONTARD (Rue).................C2-D2
GRANET (Impasse)..............C3-D3
GRANET (Rue)......................C3
GRASSI (Avenue de)............A2-B2
GRASSI (Impasse de)...............A2
GRIFFON (Rue du)..................B3
GUERRIERS (Rue des)...........B2-B3
GUSTAVE DESPLACES (Impasse).......B3
GUSTAVE DESPLACES (Rue)...........D2
HANOI (Rue d')....................A1
HAUT DU COURS MIRABEAU (Place)....C3
HENRI PONTIER (Avenue)........A1-A2
HOTEL DE VILLE (Place de l')......B2
INDOCHINE (Avenue d').........A1-B1
IRMA MOREAU (Rue).................C1
ISOLETTE (Rue)....................C1
ITALIE (Rue d')...............C4-D4
JACQUES DE LAROQUE (Rue)......A2-B2
JAUBERT (Rue).....................B3
JEAN DE LA FONTAINE (Allée).......D1
JEAN JAURES (Avenue)..........A2-B2
JEAN MOULIN (Avenue)..............A4
JEAN PEYTRAL (Rue)................A4
JEAN-MICHEL JARRET (Place)........D1
JEANNE D'ARC (Rue)................C2
JERUSALEM (Rue)...................D2
JOANNON MARCEL PROVENCE (Rue).....B1
JOHN REWALD (Place)...............D4
JOSEPH CABASSOL (Rue).........C3-D3
JOSEPH RAVAISOU (Rue).............C1
JOSEPH VILLEVIEILLE (Rue).....D1-C2
JOUQUES (Rue de)..............A2-B2
JULES FERRY (Avenue)..............D3
JULES ISAAC (Avenue)..............A4
11 NOVEMBRE (Rue du)..........B1-C2
LACEPEDE (Rue)................B4-C4
LAPIERRE (Rue)....................C2
LAROQUE (Rue).................D3-D3
LIEUTAUD (Rue)................B2-C2
LISSE BELLEGARDE (Rue)........A3-B3
LISSE DES CORDELIERS (Rue)....B2-B3
LISSE SAINT-LOUIS (Rue).......B3-B4
LITTERA (Rue).....................B3
LOUBET (Rue)..................A3-B3
LOUBON (Rue)......................B3
LOUVIERE (Rue de la)..............B3

MADELEINE (Allée).................A1
MAGNANS (Rue des).............B2-C2
MALAKOFF (Traverse)...............A4
MALHERBE (Avenue).................D3
MANUEL (Rue)..................B3-C4
MARCEL GUILLAUME (Rue)........D2-D3
MARECHAL DE LATTRE DE TASSIGNY
  (Avenue).........................B1
MARECHAL FOCH (Rue)...........B3-C3
MARECHAL JOFFRE (Rue).............C4
MARECHAL LYAUTEY (Avenue du)......D3
MARIE ET PIERRE CURIE (Rue)...A3-B3
MARIUS REYNAUD (Rue)..............B3
MARSEILLAIS (Rue des).........B3-B4
MARTYRS DE LA RESISTANCE (Place)..B3
MASSE (Rue de la).............C2-C3
MATHERON (Rue)....................B3
MAURICE BLONDEL (Avenue)..........D2
MAX JUVENAL (Avenue)..........C1-D1
MAZARINE (Rue)................C2-C3
MEJANES (Rue).....................C3
MENUDIERES (Rue des)..........A2-A3
MERINDOL (Avenue d')..........A1-B1
MIGNET (Rue)..................A3-B3
MIOLLIS (Place)...................C4
MIRABEAU (Cours)..............C2-C3
MOLLE (Rue de la).............B1-B2
MONCLAR (Rue).................B3-C3
MONTIGNY (Rue de).................B3
MULE NOIRE (Rue de la)........B3-B4
MULETIERS (Rue des)...............B2
MURIERS (Allée des)...............A1
MUSICIENS (Avenue des)............A1
NAPOLEON BONAPARTE (Avenue).......C2
NARVIK (Place de).................D2
NAZARETH (Rue)....................C3
NELSON MANDELA (Rue)..............B1
NOBLES (Rue des)..................A2
NOSTRADAMUS (Rue).............A4-B4
NOSTRE SEIGNE (Rue)...............B2
NOTRE-DAME (Traverse).........B1-C2
OPERA (Rue de l').................C4
ORAISON (Avenue d')...............A2
ORBITELLE (Cours d')..............D3
PARC (Avenue du)..................D3
PAPASSAUDI (Rue)..................C3
PARADIS (Impasse du)..............C2
PASTEUR (Avenue)..................A2
PAUL BERT (Rue)...................D3
PAUL CEZANNE (Avenue).............A2
PAUL D'OLLONE (Rue)...............C2
PAUL DOUMER (Rue).................C2

PAUL ROUX (Rue)...................C1
PAVILLON (Rue)................C4-D4
PETIT BARTHELEMY (Avenue du)......D1
PETIT SAINT-ESPRIT (Rue du)...C4-D4
PETRARQUE (Rue)...................A4
PEYRESC (Rue).....................C3
PEYSSONNEL (Rue)..............C4-D4
PHILIPPE SOLARI (Avenue)..........A2
PIERRE BROSSOLETTE (Avenue).......D1
PLAN (Rue du).................B2-B3
POILUS (Boulevard des)........B3-B4
PORTALIS (Rue)................B3-B4
PRECHEURS (Place des).............B3
PUITS JUIF (Rue du)...............B3
PUITS NEUF (Rue du)...........A3-B3
QUATRE DAUPHINS (Place des).......C3
RAMUS (Rue).......................C2
REINE JEANNE (Rue)................A2
REPUBLIQUE (Boulevard de la)..C1-C2
REYNAUD (Impasse).................C2
RICHELME (Place)..................B3
RIFLE RAFLE (Rue).................B3
RIQUIER (Rue).....................A2
ROBERT (Chemin)...................D1
ROI RENE (Boulevard du).......D2-D3
ROUX ALPHERAN (Rue)...........D3-D4
SAINT-ELOI (Avenue)...............A4
SAINT-HENRI (Rue).............A3-B3
SAINT-HONORE (Place)..............B3
SAINT-JEAN (Petite rue).......C3-C4
SAINT-JEROME (Avenue).............D4
SAINT-JOSEPH (Rue)................C4
SAINT-LOUIS (Boulevard).......A3-B4
SAINTE-MAGDELEINE (Allée).....A3-A4
SAINTE-VICTOIRE (Parc de).........D4
SAINTE-VICTOIRE (Avenue)..........A4
SALLIER (Rue).................D3-D4
SERAPHIN GILLY (Place)............C2
SEXTIUS (Cours)...................B2
SILVACANNE (Traverse).........A1-B2
SONTAY (Rue)..................A1-B1
SUFFREN (Rue de)..............B3-B4
TAMARIS (Avenue des)..............A1
TAMARIS (Impasse des).............A1
TANNEURS (Place des)..............C2
TANNEURS (Rue des)................C2
THERMES (Avenue des)..............B2
THIBAUT (Passage).................C1
THIERS (Rue)..................C3-C4
TOURNEFORT (Rue)..................C4
TREILLE (Rue de la)...............B2
TRINITE (Cours de la).........A3-A4
TROIS ORMEAUX (Place des).........B2
UNIVERSITE (Place de l')..........B2

VAN LOO (Rue).....................B2
VAUBLANC (Allée de)...............D4
VAUVENARGUES (Rue)................B3
VENDOME (Impasse).................B1
VENDOME (Rue).................B1-B2
VENEL (Rue).......................B2
VERDUN (Place de).................C3
VERRERIE (Rue de la)..........B2-C3
VICTOR COQ (Boulevard)............D1
VICTOR HUGO (Avenue)..........C2-D2
VICTOR LEYDET (Rue)...........C2-C3
VILLARS (Rue).................C2-C3
VIOLETTE (Avenue de la).......A2-A3
WOLFGANG-AMADEUS MOZART
  (Avenue).....................C1-D1
YITZHAK RABIN (Rue)...........D1-D2
YVES MONTAND (Allées).............D1

ABBAYE (Impasse de l') A2
ADEODAT LEFEVRE (Rue) C3-C4
AGUESSEAU (Place d') C3
AIME MERCHEZ (Rue) C1
ALBERT 1ER (Mail) D2-D3
ALBERT CATOIRE (Rue) C2
ALBERT DAUPHIN (Passage) C2
ALBERT DAUPHIN (Rue) C2
ALBERT ROZE (Rue) C1-D2
ALEXANDRE FATTON (Rue) C4-D4
ALFRED MANESSIER (Rue) A2
ALLART (Rue) A1-B1
ALPHONSE FIQUET (Passage) D4
ALPHONSE PAILLAT (Rue) D2-D3
ALSACE LORRAINE (Boulevard d') . . C4-D4
AMIRAL COURBET (Rue) D3-C4
AMIRAL LEJEUNE (Rue de l') C1
AMONT (Port d') B4-C4
ANATOLE FRANCE (Rue) B3-C3
ANDRE (Rue) B3-C3
ANTONIN (Rue) B3
ARBRE AUX QUARANTE ECUS
(Promenade de l') B4
ARC-EN-CIEL (Résidence) A1
ARCHERS (Rue des) B3-A4
ARISTIDE BRIAND (Place) B3-B4
ARTUS (Cour) B1
AUGUSTINS (Rue des) B4-C4
BAILLAGE (Passage du) B1
BAILLON (Rue) A2-B2
BAINS NEVEUX (Passage des) B2
BARABAN (Boulevard) A3-B4
BARETTE (Rue de la) C4
BARRIERE DU GAYANT (Passage des) . . A1
BASSE DES TANNEURS (Rue) B2
BAUDELOCQUE (Rue) A2-A3
BEAUVAIS (Rue de) C1-C2
BECQUERELLES (Passage des) A3
BECQUERELLES (Rue des) A3
BELFORT (Boulevard de) D3-D4
BELIDOR (Rue) B4
BELU (Quai) B4
BELU (Passage) B4
BLANQUETAQUE (Rue) B4
BOERS (Rue des) B3-B4
BONDES (Rue des) B3
BONNARDS (Rue des) B3-B4
BONVALLET (Rue) A1
BOUT DE LA VEILLERE (Rue) A2
BRIQUES (Rue des) B1
BUISSONS (Impasse des) A1
CAMILLE CLAUDEL (Rue) B1
CANGE (Boulevard du) B4
CANNETTES (Rue des) C4
CANTERAINE (Rue) B3

CARDON (Rue) C4
CARNOT (Boulevard) C1-D1
CASTILLE (Rue de) D4
CATHERINE DE LICE (Rue de) A3
CAUDRON (Rue) D3-D4
CAUMARTIN (Rue) C1
CELESTINS (Boulevard des) A3
CERISY (Rue) C1
CHAPEAU DE VIOLETTES (Rue du) . . . B2
CHARLES DE FOUCAULD (Rue) D4
CHARLES NUNGESSER (Rue) B1
CHARLES TELLIER (Quai) A1-B1
CHAUDRONNIERS (Rue des) B2-C2
CLAIRONS (Passage des) A3
CLAIRONS (Rue des) B3-A4
CLAUDIUS-ANTOINE SERRASSAINT
(Rue) D4
CLOITRE DE LA BARGE (Rue du) C3
COCHER (Rue du) B2-C2
COCHES (Passage des) A3
COCHES (Rue des) B3-C3
COMMANDANT DEFONTAINE
(Rue du) B2
CONDE (Rue de) B2
CONTRE HALAGE (Chemin de) A4
CONTRESCARPE (Rue de la) D4
CORDELIERS (Rue des) C2
CORDIER (Rue) A4
CORMONT (Rue) C3
CORPS NUDS SANS TESTE (Rue du) . . B1
CORROYERS (Rue des) B1
CRESSENT (Rue) B1
CRIGNONS (Rue des) C3
CYPRES CHAUVES (Allée des) A4-B4
DAHOMEY (Impasse du) A1-A2
DALLERY (Rue) C2
DAME JEANNE (Rue) B4
DAMIS (Rue) C1
DARLINGTON (Square de) A2-A3
DAVELUY (Rue) B3
DEBAUSSAUX (Rue) B3
DECOURT (Rue) A4
DELAHAYE (Rue) A1
DELAMBRE (Rue) C2
DEPORTES (Rue des) A2-A3
DESPREZ (Rue) C1-D1
2EME D.B. (Rue de la) C1-C2
DODANE (Rue de la) B3-B4
DOM BOUQUET (Rue) D1
DOM GRENIER (Rue) D1
DON (Passage du) B3
DON (Rue du) B3
DOUBLES CHAISES (Rue des) B2
DUMERIL (Rue) C2
DUPETIT (Impasse) D4

DUPUIS (Rue) C4
DUSEVEL (Rue) C3
DUTHOIT (Rue) D2-D3
ECLUSE (Quai de l') A2-B2
ECUYER (Rue de l') B1
EDISON DUMIN (Square) C1
EDMOND FONTAINE (Rue) A3-B3
EDOUARD BRANLY (Esplanade) D1
EDOUARD DAVID (Rue) B1
ELOI MOREL (Rue) A3-A4
EMILE ZOLA (Rue) D3
ENGOULVENT (Rue d') B3-B4
ENTONNOIR (Rue de l') B2
ERNEST CAUVIN (Rue) C3-D3
FAIDHERBE (Boulevard) B1-C1
FAUVEL (Square) B2
FERNEL (Rue) B2
FEURRE (Place au) B2
FIL (Place au) B2-C2
FLAMANT (Rue) B1
FLATTERS (Rue des) B3-C3
FLORIMOND LEROUX (Rue) B2
FONTAINE D'AMOUR (Rue de la) A3
FOSSE (Rue du) D4
FOSSIER (Impasse) D4
FRANÇAIS LIBRES (Rue des) A3
FRANCOIS MEUSNIER (Rue) D1
FRANCS MURIERS (Rue des) B2-B3
FREDERIC PETIT (Rue) C1-D1
FUSILLES (Boulevard des) A2-A3
GAMBETTA (Square) C2
GANTIERS (Rue des) B3
GARIBALDI (Boulevard) B1
GAUDISSART (Rue) B3-B4
GAULTHIER DE RUMILLY (Rue) D2
GENERAL DE GAULLE (Avenue du) . . . A4
GENERAL LECLERC (Rue du) B2-C2
GEORGES ANTOINE (Rue) C1
GERMAIN BLEUET (Rue) C4
GLORIETTE (Rue) C4
GRAINVILLE (Rue de) B3
GRAND VIDAME (Rue du) B1
GRANGES (Rue des) B3
GRENIER ET BERNARD (Rue) B3
GRESSET (Rue du) C2
GUIDE (Rue au) A2-B2
GUYENCOURT (Rue du) C1
HALAGE (Chemin de) B3-A4
HALLES (Rue des) B2-C2
HAUTE DES TANNEURS (Rue) B2-B3
HAUTES CORNES (Rue des) B3
HENRI BARBUSSE (Rue) C1
HENRI DUNANT (Rue) B1-B2
HENRI IV (Rue) C3
HENRI SENE (Square) C1

HENRIETTE DUMUIN (Rue) B1-B2
HENSON (Allée des) A1
HOCQUET (Rue au) B4
HOCQUET (Place du) B3-C4
HOTEL DE VILLE (Place de l') C2
HOTOIE (Rue de la) B1-B2
HUCHERS (Rue des) B2
HUGUENOTS (Rue des) D1
JACOBINS (Rue des) C2-D3
JARDIN DES PLANTES
(Boulevard du) A2-B2
JEAN CALVIN (Rue) B1-C2
JEAN CATELAS (Rue) B1-C2
JEAN GODRIS (Place) B2
JEAN GODRIS (Rue) B2
JEAN JAURES (Rue) B1
JEAN MERMOZ (Rue) C4
JEAN XXIII (Rue) C4
JEANNE NATIERE (Rue) B3
JORON (Impasse) B3-C3
JOURS (Promenade des) A3-A4
JULES BARNI (Rue) D4
JULES BOCQUET (Square) C3
JULES LARDIERE (Rue) C2-D2
JULES LEFEBVRE (Rue) D1
KRUGER (Place) A2
LAFAYETTE (Rue) A2
LAFLEUR (Place) C2
LAFLEUR (Venelle) C2
LAMARCK (Rue) D2-C3
LAMARTINE (Rue) C4-D4
LAMETH (Rue) C4
LAVALARD (Rue) C2
LAVOISIER (Résidence) A3
LE NOTRE (Rue) D1-D2
LEDIEU (Rue) A1-B1
LEMERCHIER (Rue) D3
LEON BLUM (Rue) C2
LEON DEBOUVERIE (Place) C2
LEON GONTIER (Place) C2
LESUEUR (Rue) C3
LHOMOND (Rue) C1
LIN (Rue au) B2
LOGIS DU ROI (Passage du) C3
LOMBARDS (Rue des) C2-C3
LONGUEVILLE (Place) C1
LOUIS DEWAILLY (Place) C1
LOUIS SELLIER (Place) A1-B1
LOUVELS (Rue des) D1-D2
MAI (Rue de) A3
MAIGNAN LARIVIERE (Boulevard) . . . D1-D2
MAJOTS (Rue des) B4
MALMAISON (Rue de la) C2
MARC SANGNIER (Rue) C1
MARCHE AUX CHEVAUX (Rue du) B2
MARCHE AUX HERBES (Square du) . . B2-B3

MARCHE LANSELLES (Rue du) B2-C2
MARECHAL DE LATTRE DE TASSIGNY
(Rue du) C1-D1
MARECHAL JOFFRE (Place du) C1
MARISSONS (Rue des) B3
MARMOUSETS (Venelle des) B3
MAROTTE (Rue) C2
MARTIN BLEU DIEU (Rue) B2
MATTRE (Rue le) D2
MAUBERT (Place) B2
MAURICE THEDIE (Rue) C1
MAURICE VAST (Place) C1
METZ (Rue de) B2-C2
METZ L'EVEQUE (Rue) C3-C4
MICHEL CARBONNELLE (Rue) A3
MINIMES (Rue des) A3
MONMIGNON (Impasse) A3
MORLIERE (Rue de la) C4
MOTTE (Rue) B3-B4
MOULIN NEUF (Rue du) B4
NOTRE-DAME (Place) C3
NOYON (Rue de) D4
ORATOIRE (Rue de l') C4
OREE DU BOIS (Rue de l') A1
ORFEVRES (Rue des) B2-B3
OTAGES (Rue des) C4
PARCHEMINIERS (Rue des) A3
PARIS (Rue de) D1
PARMENTIER (Place) B3-B4
PASSERELLE (Quai de la) B1
PASTEUR (Boulevard) D1-D2
PAUL TELLIER (Rue) D4
PERU LOREL (Rue) D3
PHILIPPE D'AUXY (Rue) A4
PIERRE DUBOIS (Rue) C4
PIERRE L'HERMITE (Rue) D3
PIERRE MARIE SAGUEL (Square) C2
PIERRE MENDES FRANCE (Avenue) . . C1
PIERRE MENDES-FRANCE (Square) . . C2
PINGRE (Rue) B1
PLEIADE (Allée de la) C3-C4
PLUMETTE (Rue de la) B3
PONT A MOINET (Rue du) B3
PONT BECQUET (Rue du) B3
PORION (Rue) C3
PORT (Boulevard du) B1
PORT D'AVAL (Boulevard du) B1-B2
POTIER (Rue) A2
POUDRIERE (Rue de la) C1
PUVIS DE CHAVANNES (Rue) D2
RABUISSONS (Rue des) D2
RENE GOBLET (Place) D3-D4
REPUBLIQUE (Rue de la) C2-D2
RESISTANCE (Rue de la) A2-B2
RINCHEVAUX (Rue de la) B3

RIQUIER (Rue) B2
ROBERT DE LUZARCHES (Rue) C3
ROBERT PIERRE (Rue) C1
ROUEN (Rue de) D1
SAINT-DIDIER (Impasse) D1
SAINT-GERMAIN (Rue) B2
SAINT-GERMAIN (Place) B2
SAINT-HONORE (Rue) D1
SAINT-JACQUES (Rue) B1-B2
SAINT-JULIEN (Place) A3
SAINT-LEU (Petite rue) B3
SAINT-LEU (Rue) A3-B3
SAINT-MARTIN AUX WAIDES (Rue) . . C2-C3
SAINT-MAURICE (Quai) A2
SAINT-MICHEL (Place) C3
SAINT-PATRICE (Rue) C2
SAINT-PIERRE (Chaussée) A2
SAINT-ROCH (Rue) B1
SAINT-SULPICE (Boulevard) A2-A3
SAINTE-CATHERINE (Placette) B2
SAINTE-CATHERINE (Rue) B2
SAINTES-CLAIRES (Rue des) A3
SAMAROBRIVA (Passerelle) B4
SANDRINE (Passage) A3
SERGENTS (Rue des) C2-C3
SIRE FIRMIN LEROUX (Rue) C2
SŒURS GRISES (Square des) B1
SOMME (Quai de la) A2
SOURIRE D'AVRIL (Rue du) A2-B2
STROCK (Passage) A2
SUZANNE FILACHET (Allée) A4
TAGAULT (Rue) B2
TEINTURIERS (Rue des) A1-A2
TEINTURIERS PROLONGEE (Rue des) . . A1
TOURNECOEFFE (Impasse) B2
TROIS CAILLOUX (Rue des) C2-C3
TURPIN (Rue) B4-C4
UNION (Rue de l') D1
VADE (Rue) C4
VALLEE (Rue de la) C4
VANMARCKE (Rue) B3
VASCOSAN (Rue) D4
VEILLERE (Grande rue de la) B2
VEILLERE (Petite rue de la) B2-B3
VERGEAUX (Rue des) C2
VEZIER (Impasse) A2
VICTOR HUGO (Rue) C3-D3
VINCENT AURIOL (Rue) D3-D4
VIVIEN (Rue) D3
VIVIER (Rue) C4
VOCLIN (Rue) B1
VOGEL (Place) B2
VULFRAN WARME (Rue) D4

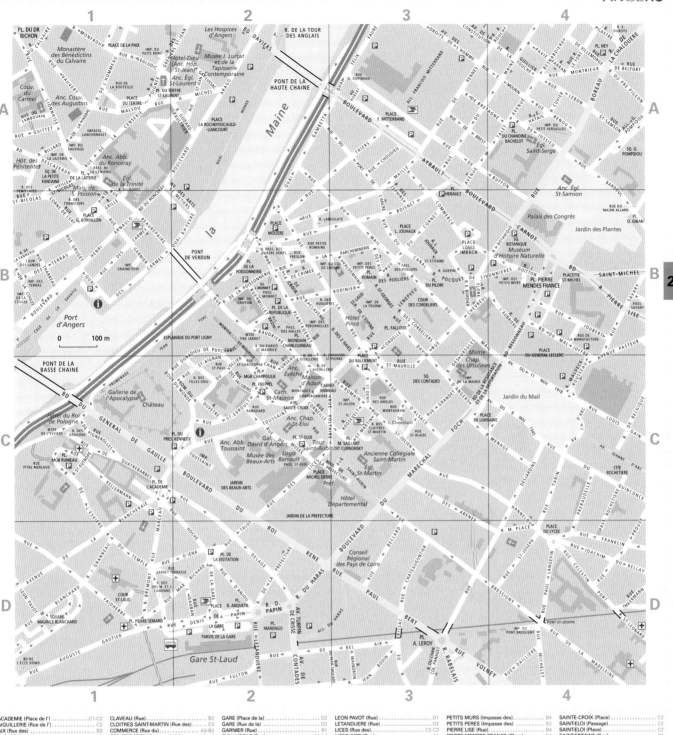

ACADEMIE (Place de l') C1-C2
AIGUILLERIE (Rue de l') C2
AIX (Rue des) B3
ALSACE (Rue d') C3
ANDRE LEROY (Place) C2
ANGLES (Rue des) A1-A2
ANJOU (Rue d') D2
ARAGO (Boulevard) A1-A2
ARENES (Rue des) C3-D4
ARTS ET METIERS (Avenue des) B4
AUBRIERE (Rue de l') B4
AUGUSTE GAUTIER (Rue) C1
AUGUSTE MICHEL (Rue) A1-B1
AYRAULT (Boulevard) A3
BARDOUL (Rue) A4-B4
BASSE CHAINE (Pont de la) C1
BAUDRIERE (Rue) B2
BEAUREPAIRE (Rue) A1-B1
BEAUX-ARTS (Jardin des) C2
BECLARD (Rue) C4
BEL AIR (Rue du) D2-D3
BELFORT (Rue de) A4
BELGIQUE (Rue de) B4
BELLE POIGNEE (Rue) A1
BERNARD ANQUETIL (Place) D2
BESNARDIERE (Avenue) A4
BESSONNEAU (Boulevard) B4-C4
BILLARD (Rue) A1
BLANCHERAIE (Avenue de la) C1-D1
BODINIER (Rue) B2-B3
BOISNET (Rue) B3
BOREAU (Rue) A4-B4
BOTANIQUE (Rue) B4
BOTANIQUE (Square) B4
BOUT DU MONDE (Promenade du) C1
BOUTEILLE (Rue de la) A2
BRESSIGNY (Rue) C3-C4
BREST (Rue de) A3-A4
BRETAGNE (Rue de) A3-A4
BRISSAC (Rue de) B3-B4
BUFFON (Rue de) A3-B4
CALVAIRE (Rue du) A1
CANAL (Rue du) B3
CHALOUERE (Rue de la) A4
CARMES (Quai des) B1
CARMES (Rue des) A1
CARNOT (Boulevard) A3-B4
CELESTIN PORT (Rue) D4
CENSERIE (Passage de la) A1
CENSERIE (Rue de la) A1
CHANOINE BACHELOT (Place du) A3
CHANOINE COLONEL PANAGET (Rue du) A3
CHANOINE URSEAU (Rue) B2-C2
CHAPERONNIERE (Rue) C3
CHATEAUGONTIER (Rue) D2
CHAUSSEE SAINT-PIERRE (Rue) C2-C3
CHEVREUL (Rue) B3-B4
CHOUDIEU (Rue) A3

CLAVEAU (Rue) B2
CLOITRES SAINT-MARTIN (Rue des) C3
COMMERCE (Rue du) A3-B3
CONSTITUTION (Avenue de la) A3-A4
CONTADES (Avenue de) C2
CONTADES (Square de) C2
CORDELIERS (Cour des) B3
CORDELIERS (Rue des) B3
CORDELLE (Rue) B3-C3
CORNE DE CERF (Rue) B2
CORNEILLE (Rue) C2-C3
CORNET (Rue du) B3
COULEE (Impasse de la) B1
COULEE (Rue de la) B1
CRIMEE (Rue de la) B2
CROIX (Rue de la) B2
CUL DE CHEVAL (Impasse du) B2
CUVIER (Rue) A4
DAILLIERE (Rue) C3
DAVID D'ANGERS (Rue) B3-C3
DAVIERS (Boulevard) A2
DELAGE (Rue) C1-D2
DENIS PAPIN (Rue) D1-D2
DESCAZEAUX (Boulevard) A1
DESJARDINS (Rue) D3-C4
DEUX HAIES (Rue des) B2-B3
DOCTEUR BICHON (Place du) A1
DOCTEURS M. ET J. CANONNE (Rue des) D1
DONADIEU DE PUYCHARIC (Rue) C1-B2
DRAGONS (Rue des) C1
DROITS DE L'HOMME (Avenue des) A4
DU PETIT THOUARS (Rue) D2-D3
DUVETRE (Rue) C2
ECCE HOMO (Boulevard de l') D1
EMILE BORDIER (Rue) A4
EMILE HATAIS (Rue) A4
ERNEST DUBOYS (Rue) A4
ERNEST MOURIN (Rue) A4
ESPINE (Rue de l') B3
ESVIERE (Montée de l') C1
ESVIERE (Rue de l') C1-C2
FAIDHERBE (Rue) D1
FALLOUX (Rue de) B2
FARRAN (Rue) A4
FELIX FAURE (Quai) A2
FILLES DIEU (Rue des) C1
FLORE (Rue) B2
FOURMI (Impasse de la) B2
FRANCOIS MITTERRAND (Allée) A2-B3
FRANCOIS MITTERRAND (Place) A3
FRANKLIN (Rue) B2
FRANKLIN ROOSEVELT (Rue) A1-B1
FREPPEL (Place) C2
FRESLON (Rue) B2
FULTON (Rue) D2

GARE (Parvis de la) D2
GARE (Place de la) D2
GARE (Rue de la) D2
GARNIER (Rue des) B1
GAY-LUSSAC (Rue) A1-A2
GENERAL DE GAULLE (Boulevard du) C1-C2
GENERAL LECLERC (Place du) B4-C4
GEORGES POMPIDOU (Allée) A4
GEORGES POMPIDOU (Square) A4
GODARD-FAULTRIER (Rue) B1
GODET (Rue du) A1-B1
GRAINETIERE (Impasse) B1
GRANDET (Rue) B3
GREGOIRE BORDILLON (Place) B1
GRENIERS SAINT-JEAN (Rue des) A2
GRIFFON (Impasse du) B2
GRILLE (Rue) B1
GRUGET (Rue) B1
GUEPIN (Rue) B1
GUILLIER DE LA TOUCHE (Rue) A1
GUITTET (Rue) A1
HALLES (Passage des) B2
HANNELOUP (Rue) C3-D4
HARAS (Allée du) D2-D3
HARAS (Rue du) D2
HARPE (Rue de la) A2
HAUTE CHAINE (Pont de la) A2
HENRI ARNAULD (Boulevard) A2
HENRI LEGLUDIC (Rue) C1-D1
HERAULT (Place) B3
HIPPOLYTE MAINDRON (Rue) D3
HOCHE (Rue) C1-D1
HOMMEAU (Rue de l') B3
HOULIERES (Rue des) B2
8 MAI 1945 (Avenue du) C3-D4
IENA (Rue d') D1-D2
INKERMANN (Rue) D4
JACOBINS (Rue des) C1
JACQUES GRANNEAU (Rue) C1
JEAN BODIN (Rue) B3
JEAN MONNET (Passage) C1
JEAN MONNET (Square) C1
JEAN TURC (Promenade) C1-B2
JEANNE D'ARC (Avenue) C4
JOACHIM DU BELLAY (Rue) B4
JOUBERT (Rue) A4
JULES DAUBAN (Rue) D2
JULES GUITTON (Rue) D2
JUSSIEU (Rue de) A4
KELLERMANN (Rue) C1
LABOULAYE (Place de) B2
LAITERIE (Impasse de la) A1
LAITERIE (Place de la) A1
LANCHENAULT (Impasse) A1
LANDES (Cour des) B1
LEBON (Rue) A4
LENEPVEU (Rue) B3
LEON JOUHAUX (Place) B3
LEON JOUHAUX (Rue) B3

LEON PAVOT (Rue) D1
LETANDUERE (Rue) D1
LICES (Rue des) C2-C3
LIONNAISE (Rue) A1
LORRAINE (Place de) C3-C4
LOUIS DE ROMAIN (Rue) C1
LOUIS GAIN (Rue) C4
LOUIS IMBACH (Place) B3
LYCEE (Place du) C4
MADELEINE (Rue de la) D4
MAIL (Rue du) A2-C4
MAILLE (Rue du) B3
MAINE (Rue du) A3-A4
MAIRIE (Impasse de la) B4
MAJOR ALLARD (Rue du) B4
MALSOU (Rue) A1
MANUFACTURE (Rue de la) B4
MARCEAU (Rue) C1-C2
MARECHAL FOCH (Boulevard du) D2-C3
MARECHAL JOFFRE (Boulevard du) B4-C4
MARENGO (Rue) D2
MARIE PLACE (Rue) D2
MARIE TALET (Avenue) A3-A4
MAURICE BLANCHARD (Place) D1
MAURICE BLANCHARD (Square) D1
MAURICE SAILLANT DIT CURNONSKY C2
MAX RICHARD (Rue) D1-D2
MENAGE (Rue) C4
MICHEL DEBRE (Place) C3
MICHELET (Rue) C4
MILLET (Rue) B2
MOLIERE (Rue) B2
MONDAIN CHANLOUINEAU (Place) B2
MONFROUX (Rue) A1
MONGE (Quai) A2-B2
MONSEIGNEUR CHAPPOULIE (Place) C1
MONSEIGNEUR RUMEAU (Place) C1
MONTAUBAN (Rue) C1
MONTAULT (Rue) C2
MONTRIEUX (Rue) A4
MUSEE (Rue du) C2
NEY (Rue) A4
OISELLERIE (Rue de l') B2
OLIVIER GIRAN (Rue) B4
11 NOVEMBRE 1918 (Avenue du) C3
PARCHEMINERIE (Rue de la) B2-B3
PARVIS SAINT-MAURICE (Rue du) C2
PASTEUR (Avenue) A4
PAUL BERT (Rue) D2-D3
PAUL LANGEVIN (Rue) D4
PAVIE (Rue) A4
PENITENTES (Rue des) A1-B1
PERONNELLES (Impasse des) B2
PETIT VERSAILLES (Rue du) A2
PETITE FONTAINE (Square de la) A1
PETITE ROMAINE (Rue) B2

PETITS MURS (Impasse des) B4
PETITS PERES (Impasse des) B4
PIERRE LISE (Rue) B4
PIERRE MENDES FRANCE (Place) B4
PIERRE SEMARD (Place) D1
PIGNEROLLES (Rue de) C1
PILASTRE (Rue) A4
PILORI (Place du) B2
PINTE (Rue) A1-B1
PITRE MERLAUD (Rue) C1
PLANTAGENET (Rue) B2-C2
POCQUET DE LIVONNIERES (Rue) B3-C3
POELIERS (Passage des) B3
POELIERS (Rue des) B3
POISSONNERIE (Place de la) B2
POISSONNERIE (Rue de la) B2
PONT BRESSIGNY (Impasse du) C4
PORT DE L'ANCRE (Rue du) A2-B3
PORT LIGNY (Esplanade du) B1-B2
PRE PIGEON (Rue du) A4
PREBAUDELLE (Rue) C4-D4
PREFECTURE (Jardin de la) C2
PREFECTURE (Mail de la) C2-C3
PREFECTURE (Rue de la) C2
PRESIDENT KENNEDY (Place du) C1-C2
PROUST (Rue) A4
PUITS ROND (Impasse du) A1
QUATRE VENTS (Passage des) A1
QUATREBARBES (Rue de) C1
QUINCONCE (Rue du) C4
RABELAIS (Rue) C3
RALLIEMENT (Place du) B3-C3
RAMEAU (Carrefour) C2
RANGEARD (Rue) C2
RENE BAZIN (Allée) D1
RENE BREMONT (Rue) D1
RENE ROUCHY (Square) A4
RENNES (Rue de) A3
RENOU (Rue) A4
REPUBLIQUE (Place de la) B2
RESISTANCE ET DE LA DEPORTATION (Boulevard de la) C3-C4
ROBERT (Avenue) C3
ROBERT FEVRE (Quai) B1-B2
ROBERT LE FORT (Rue) A4
ROCHEFOUCAULD-LIANCOURT (Place de la) A1
ROCHETIERE (Cité) C4
ROCHETIERE (Passage) C4
ROE (Rue de la) B2-B3
ROI RENE (Boulevard du) C3-C4
ROMAIN (Rue) B2
RONCERAY (Boulevard du) A1-B1
SAINT-AIGNAN (Rue) C1
SAINT-AUBIN (Rue) C2-C3
SAINT-BLAISE (Rue) C4
SAINT-CHRISTOPHE (Rue) C2
SAINT-DENIS (Rue) C3

SAINTE-CROIX (Place) C2
SAINT-ELOI (Passage) C2
SAINT-ELOI (Square) C2
SAINT-ETIENNE (Rue) B3
SAINT-EUTROPE (Rue) C1
SAINT-EVROULT (Rue) C2
SAINT-GEORGES (Rue) B3
SAINT-JEAN (Rue) A2
SAINT-JOSEPH (Rue) D4
SAINT-JULIEN (Impasse) C3
SAINT-JULIEN (Rue) C3
SAINT-LAUD (Cour) D2
SAINT-LAUD (Rue) B2-D3
SAINT-LEONARD (Rue) A4
SAINT-MARTIN (Rue) C3
SAINT-MAURICE (Montée) B2-C2
SAINT-MAURILLE (Rue) B3-C3
SAINT-MICHEL (Boulevard) B4
SAINT-MICHEL (Placette) B4
SAINT-NICOLAS (Rue) B1
SAINT-PAUL (Rue) B2-C2
SAINT-SAMSON (Rue) A4
SARRETTERRASSE (Rue) D1-D2
SAUVAGE (Impasse du) A1
SAVARY (Passage) B4
SAVARY (Rue) B4-C4
SAVATTE (Cale de la) A1
SAINT-JOSEPH (Pont) D4
TALOT (Rue) C2-D2
TAMBOURIN (Rue du) A1
TANNERIE (Rue de la) B1
TARIN (Rue) C4-D4
TEMPLE (Rue du) D1
TERRAS (Rue des) A1
TERTRE (Rue du) A1
TERTRE SAINT-LAURENT (Place du) A1-A2
THARREAU (Rue) A4
THIERS (Rue) B2-A3
TIRE JARRET (Montée) B2
TONNELIERS (Rue des) A1-B1
TOUR DES ANGLAIS (Rue de la) A1-A2
TOUSSAINT (Impasse) C2
TOUSSAINT (Rue) C2
TURPIN DE CRISSE (Avenue) D3
URSULES (Rue des) B3-C3
VALDEMAINE (Rue) B3
VAUVERT (Rue) A1
VERDUN (Pont de) B1-B2
VIEILLE SAINT-NICOLAS (Rue) A1
VILLEMORGE (Rue de) A4
VISITATION (Rue de la) C1-D1
VOLLIER (Rue du) B2-C2
VOLNEY (Rue) C3-D4
VOLTAIRE (Rue) C2-C3
WALDECK-ROUSSEAU (Rue) C4
ZEPHIRS (Rue des) A3-B3

AVIGNON

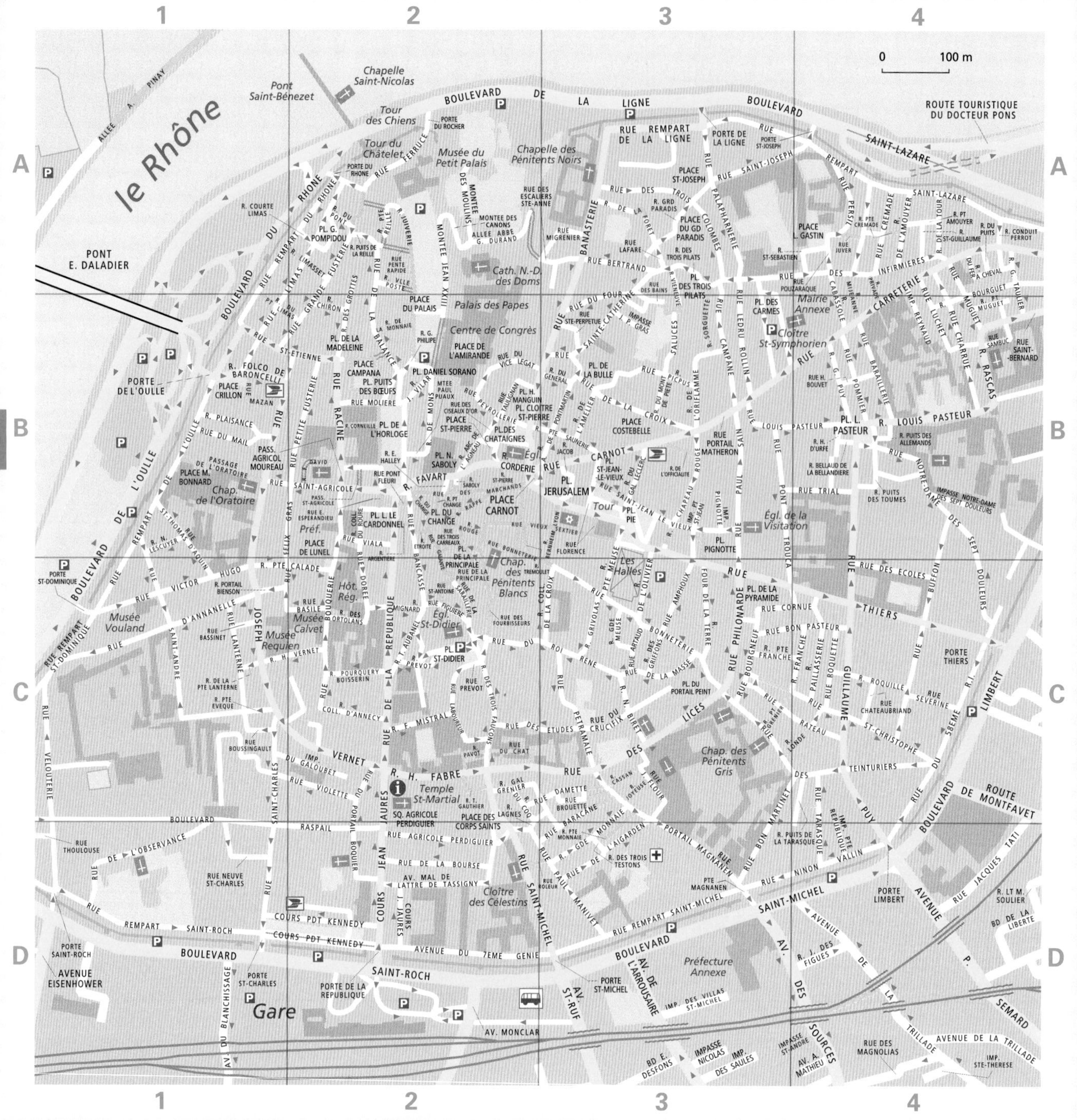

0 100 m

le Rhône

ROUTE TOURISTIQUE DU DOCTEUR PONS

ABBE GEORGES DURAND (Allée)....... A2
AGRICOL MOUREAU (Passage) B2
AGRICOLE PERDIGUIER (Rue)....... D2
AGRICOLE PERDIGUIER (Square)...... C2
AIGARDEN (Rue de l')...... C3-D3
AMELIER (Rue de l').......... B3
AMIRANDE (Place de l')....... B2
AMOUYER (Rue de l')........... A4
AMPHOUX (Rue)....... B3-C4
ANNANELLE (Rue d')........ C1
ANSELME MATHIEU (Avenue)..... D4
ANTOINE PINAY (Allée)...... A1
ARCADE DE L'AGNEAU (Rue)..... B2
ARGENTIERE (Rue)....... C2
ARMAND DE PONTMARTIN (Rue) ... A4
ARROUSAIRE (Avenue de l')...... D3
ARTAUD (Rue)....... B2
BAINS (Rue des)........ B3
BALANCE (Rue de la)........ A2-B2
BANASTERIE (Rue)........ B2-A3
BANCASSE (Rue)........ B2-C2
BARACANE (Rue)........ D2-C3
BARAILLERIE (Rue)........ B4
BASILE (Rue)........ C1-C2
BASSINET (Rue)........ C1
BELLAUD DE LA BELLANDIERE (Rue).. B4
BERNHEIM LYON (Rue)........ B3-C3
BERTRAND (Rue)........ A3
BLANCHISSAGE (Avenue du)..... D1
BON MARTINET (Rue)........ D3-C4
BON PASTEUR (Rue)........ C3-C4
BONNETERIE (Rue)........ B2-C3
BOUQUERIE (Rue)........ C2
BOURGNEUF (Rue)........ C2
BOURGUET (Rue)........ A4-B4
BOURSE (Rue de la)........ D2
BOUSSINGAULT (Rue)........ C3
BROUETTE (Rue)........ C3-C4
BUFFON (Rue)........ B4-C4
BULLE (Place de la)........ B2
CABASSOLE (Rue)........ A4-B4
CAMPANA (Rue)........ B2
CAMPANE (Rue)........ A3-B3
CANONS (Montée des)........ A2
CARMES (Place des)........ B2
CARNOT (Rue)........ B2
CARNOT (Place)........ B3
CARRETERIE (Rue)........ B3-A4
CASSAN (Rue)........ A3
CHANGE (Place du)........ B2
CHANGE (Rue du)........ B2
CHAPEAU ROUGE (Rue du)........ B2
CHARRUE (Rue)........ A4-B4
CHAT (Rue du)........ C2
CHATAIGNES (Place des)........ B2
CHATEAUBRIAND (Rue)........ C4
CHIRON (Rue)........ B2
58EME R.I. (Rue du)........ C4-D4

CISEAUX D'OR (Rue des)........... B2
CLOITRE SAINT-PIERRE (Place)...... B2
COLLEGE D'ANNECY (Rue)...... C2
COLLEGE DE LA CROIX (Rue)...... C2
COLLEGE DU ROURE (Rue)...... B2
CONDUIT PERROT (Rue)........ A4
COQ (Rue du)........ B2
CORDERIE (Rue)........ B2
CORNEILLE (Rue)........ B2
CORNUE (Rue)........ C3-C4
CORPS SAINTS (Place des)....... C2
COSTEBELLE (Place)........ B3
COURTE LIMAS (Rue)........ A2
CREMADE (Rue)........ A4
CRILLON (Rue)........ B1
CROIX (Rue de la)........ B3
CRUCIFIX (Rue du)........ C3
DAMETTE (Rue)........ C2-C3
DANIEL SORANO (Place)........ B2
DOCTEUR PONS (Route touristique du).. A4
DOREE (Rue)........ C3
EDMOND HALLEY (Rue)........ B2
EDOUARD DALADIER (Pont)........ A1-B1
EISENHOWER (Avenue)........ D1
EMILE DESPONS (Rue)........ B3
EMILE ESPERANDIEU (Rue)........ C2
ETROITE (Rue)........ C2
ETUDES (Rue des)........ C2-C3
FAVART (Rue)........ B2
FELICIEN DAVID (Rue)........ B2
FELIX GRAS (Rue)........ C1-B2
FER A CHEVAL (Rue du)........ A4
FERRUCE (Rue)........ A2
FIGUIERE (Rue)........ C3
FLORENCE (Rue)........ B3
FOLCO DE BARONCELLI (Rue)...... B2
FORET (Rue de la)........ A3
FOUR (Rue du)........ A3-B3
FOUR DE LA TERRE (Rue)........ B3-C3
FOURBISSEURS (Rue des)........ B2-C2
FRANCHE (Rue)........ C3-C4
FREDERIC MISTRAL (Rue)........ C2
GAL (Rue du)........ B2
GALANTE (Rue)........ B2-C2
GALOUBET (Impasse du)........ C1-C2
GEORGES POMPIDOU (Place)..... A2
GENERAL LECLERC (Rue du)...... A3
GEORGES TAULIER (Rue)........ A4-B4
GERARD PHILIPE (Rue)........ B2
GRAND PARADIS (Place du)...... A3
GRAND PARADIS (Rue)........ A3
GRANDE FUSTERIE (Rue)........ B1-A2
GRANDE MEUSE (Rue)........ B2
GRANDE MONNAIE (Rue)........ C2-D3
GRENIER (Galerie)........ C3
GRIFFONS (Rue des)........ C3

GRIVOLAS (Rue)........... C3
GROTTES (Rue des)........... A2-B2
GUILLAUME PUY (Rue)........ B4-D4
HENRI BOUVET (Rue)........ B4
HENRI FABRE (Rue)........ B4
HENRI MANGUIN (Rue)........ B3
HONORE D'URFE (Rue)........ B3
HORLOGE (Place de l')........ B2
INFIRMIERES (Rue des)........ A3-A4
JACOB (Rue)........ B3
JACQUES TATI (Rue)........ D3-D4
JEAN XXIII (Montée)........ A2
JEAN DES FIGUES (Rue)........ D4
JEAN JAURES (Cours)........ C2-D2
JEAN VILAR (Rue)........ B2
JEAN-PIERRE GRAS (Impasse)...... B3
JERUSALEM (Place)........ B3
JOSEPH VERNET (Rue)........ C1-B2
JOYEUSE (Rue)........ A2
JUVERNE (Rue)........ A2
JULES FLOUR (Rue)........ C3
JUVER (Rue)........ A4
LABOUREUR (Rue)........ B2
LAFARE (Rue)........ A3
LAGNES (Rue)........ D2-C3
LANTERNE (Rue)........ B2
LEDRU ROLLIN (Rue)........ A3-B3
LIBERTE (Boulevard de la)........ D4
LICES (Rue des)........ C2-C3
LIGNE (Boulevard de la)........ A3
LIGNE (Porte de la)........ A3
LIMAS (Rue)........ B1-A2
LIMASSET (Rue)........ A1-A2
LONDE (Boulevard de la)........ C3-C4
LOUIS GASTIN (Rue)........ A4
LOUIS LE CARDONNEL (Place)...... B2
LOUIS PASTEUR (Place)........ B4
LOUIS PASTEUR (Rue)........ B3-B4
LUCHET (Rue)........ A4
LUNEL (Place de)........ C2
MADELEINE (Place de la)........ B2
MAGNANEN (Porte)........ D3
MAGNOLIAS (Rue des)........ D4
MAIL (Rue du)........ B1
MARCHANDS (Rue des)........ B2
MARECHAL DE LATTRE DE TASSIGNY (Avenue)........ D2
MASSE (Rue de la)........ B1
MAURICE BONNARD (Place)........ B1
MAZAN (Rue)........ B2
MIGNARD (Rue)........ C2
MIGRENIER (Rue)........ A2
MIJEANNE (Rue)........ A4-B4
MOLIERE (Rue)........ B2

MONCLAR (Avenue)........... D2
MONNAIE (Rue de la)........ B2
MONS (Rue du)........ B2
MONT DE PIETE (Rue du)........ B3
MONTFAVET (Route de)........ D4
MOULINS (Montée des)........ A2
MUGUET (Rue)........ A4-B4
NEUVE SAINT-CHARLES (Rue)...... C1-D1
NICOLAS (Impasse)........ D3
NICOLAS LESCUYER (Rue)........ B1
NICOLAS SABOLY (Place)........ B2
NINON VALLIN (Rue)........ D3-D4
NOEL BIRET (Rue)........ D2
NOTRE-DAME DES SEPT DOULEURS (Impasse)........ B4
NOTRE-DAME DES SEPT DOULEURS (Rue)........ B4-C4
OBSERVANCE (Rue de l')........ C1-D1
OFFICIALITE (Rue de l')........ B2
OLIVIER (Rue de l')........ B3-C3
ORATOIRE (Passage de l')........ B1
ORIFLAMME (Rue de l')........ B3
ORTOLANS (Rue des)........ C2
OULLE (Boulevard de l')........ B1-C1
OULLE (Porte de l')........ B1
PALAIS (Place du)........ A2-B2
PALAPHARNIER (Rue)........ A2
PAUL MANIVET (Rue)........ D2-D3
PAUL PUAUX (Montée)........ B2
PAUL SAIN (Rue)........ C2
PAVOT (Rue)........ C3
PENTE RAPIDE (Rue)........ A2
PERSIL (Rue)........ A4
PETIT AMOUYER (Rue)........ A4
PETIT CHANGE (Rue)........ B2
PETIT GRENIER (Rue)........ B2
PETIT LIMAS (Rue)........ A1-A2
PETIT MUGUET (Rue du)........ B4
PETIT SAINT-JEAN (Impasse)...... B4
PETITE CALADE (Rue)........ C1-C2
PETITE CREMADE (Rue)........ A4
PETITE FRANCHE (Rue)........ C3
PETITE FUSTERIE (Rue)........ B2
PETITE LANTERNE (Rue de la)...... B2
PETITE MEUSE (Rue)........ B3-C3
PETITE MONNAIE (Rue)........ C2-D3
PETITE REILLE (Rue)........ B2
PETITE SAUNERIE (Rue)........ B2-B3
PETRAMALE (Rue)........ C3
PEYROLLERIE (Rue)........ B2
PHILONARDE (Rue)........ C3
PICPUS (Rue)........ B3
PIE (Place)........ B3
PIERRE SEMARD (Avenue)........ D4
PIGNOTTE (Impasse)........ B3
PIGNOTTE (Place)........ B3

PLAISANCE (Rue)........... B1
POMMIER (Rue)........ B4
PONT (Rue du)........ A2
PONT FLEURI (Rue)........ B2
PONTTROUCA (Rue)........ B3-C4
PORTAIL BIENSON (Rue)........ B2
PORTAIL BOQUIER (Rue du)...... C2-D2
PORTAIL MAGNANEN (Rue)...... C3-D3
PORTAIL MATHERON (Rue)...... B3
PORTAIL PEINT (Rue du)........ C2
PORTE EVEQUE (Rue)........ C1
POURQUERY BOISSERIN (Rue)...... C2
POUZARAQUE (Rue)........ A4
PRESIDENT KENNEDY (Cours)...... D1-D2
PREVOT (Rue)........ C2
PRINCIPALE (Place de la)........ B2
PRINCIPALE (Rue de la)........ B2-C2
PRIVADE (Rue)........ A4-B4
PUITS (Rue des)........ A4
PUITS DE LA REILLE (Rue)........ A4
PUITS DE LA TARASQUE (Rue)...... C4-D4
PUITS DES ALLEMANDS (Rue)...... B4
PUITS DES BOEUFS (Place)...... B2
PUITS DES TOUMES (Rue)........ B4
PYRAMIDE (Place de la)........ C3
RACINE (Rue)........ B2
RAPPE (Rue)........ B2
RASCAS (Rue)........ B4
RASPAIL (Boulevard)........ C1-D2
RATEAU (Rue)........ B4
REMPART DE LA LIGNE (Rue)...... A3-A4
REMPART DE L'OULLE (Rue)...... B1-C1
REMPART DU RHONE (Rue)...... B1-A2
REMPART SAINT-LAZARE (Rue)..... A3-A4
REMPART SAINT-ROCH (Rue)...... C1-D1
REMPART ST-DOMINIQUE (Rue)..... C1
REPUBLIQUE (Porte de la)........ D1
REPUBLIQUE (Rue de la)........ B2-C2
REYNAUD (Impasse)........ A4-B4
RHONE (Boulevard du)........ B1-A2
RHONE (Porte du)........ A2
ROCHER (Porte du)........ A2
RO RENE (Rue du)........ C2-C3
ROLEUR (Rue des)........ C2-D3
ROQUETTE (Rue)........ C3
ROQUILLE (Rue)........ C3
ROUGE (Rue)........ B2
SABOLY (Rue)........ B2
SAINT-AGRICOLE (Passage)...... B2
SAINT-AGRICOLE (Rue)........ B1-B2
SAINT-ANDRE (Impasse)........ D3-D4
SAINT-ANDRE (Rue)........ B1-C1
SAINT-ANTOINE (Rue)........ B2
SAINT-BERNARD (Rue)........ B4
SAINT-CHARLES (Porte)........ D1
SAINT-CHARLES (Rue)........ C1-D1
SAINT-CHRISTOPHE (Rue)........ C3-C4

SAINT-DIDIER (Place)........... C2
SAINT-DOMINIQUE (Porte)........ C1
SAINT-ETIENNE (Rue)........ B1-B2
SAINT-GUILLAUME (Rue)........ A4
SAINT-JEAN LE VIEUX (Place)...... B3
SAINT-JEAN LE VIEUX (Rue)...... B3
SAINT-JOSEPH (Place)........ A3
SAINT-JOSEPH (Porte)........ A3
SAINT-JOSEPH (Rue)........ A3-A4
SAINT-LAZARE (Boulevard)........ A3-A4
SAINT-MICHEL (Boulevard)........ D3-D4
SAINT-MICHEL (Porte)........ D3
SAINT-MICHEL (Rue)........ C2-D3
SAINT-PIERRE (Place)........ B2
SAINT-PIERRE (Rue)........ B2
SAINT-ROCH (Boulevard)........ D1-D3
SAINT-ROCH (Porte)........ D1
SAINT-RUF (Avenue)........ D3
SAINT-SEBASTIEN (Rue)........ A4
SAINT-THOMAS D'AQUIN (Rue)..... B1-C1
SAINTE-CATHERINE (Rue)........ A3-B3
SAINTE-PERPETUE (Rue)........ B3
SAINTE-THERESE (Impasse)........ D4
SALUCES (Rue)........ B3
SAMBUC (Rue)........ C2
SARAILLERIE (Rue de la)........ C2
SAULES (Impasse des)........ D2
SEMARD (Avenue du)........ D2-D3
SEVERINE (Rue)........ C3
SORGUETTE (Rue)........ A3-B3
SOURCES (Avenue des)........ D3-D4
TARASQUE (Rue)........ C4-D4
TAULIGNAN (Rue)........ B2
TEINTURIERS (Rue des)........ C3-C4
THEODORE AUBANEL (Rue)...... D3
THEOPHILE GAUTHIER (Rue)...... B2
THIERS (Porte)........ C4
THIERS (Rue)........ C3-C4
THOULOUSE (Rue)........ D1
TOUR (Rue de la)........ A4
TREMOULET (Rue)........ B3
TRIAL (Rue)........ B3-B4
TRILLADE (Avenue de la)........ D4
TROIS CARREAUX (Rue des)........ B2
TROIS COLOMBES (Rue des)...... A3
TROIS FAUCONS (Rue des)........ C2
TROIS PILATS (Rue des)........ A3
TROISTESTONS (Rue des)........ D3
TROIS-PILATS (Rue des)........ D3
VELOUTERIE (Rue)........ C1-D1
VIALA (Rue)........ B1-B2
VICE LEGAT (Rue du)........ B2-B3
VICTOR HUGO (Rue)........ A2
VIEILLE POSTE (Rue)........ B2
VIEUX SEXTIER (Rue)........ B2-B3
VILLAS ST-MICHEL (Impasse du)..... D3
VIENEUVE (Rue)........ A3-B3
VIOLETTE (Rue)........ C1-C2

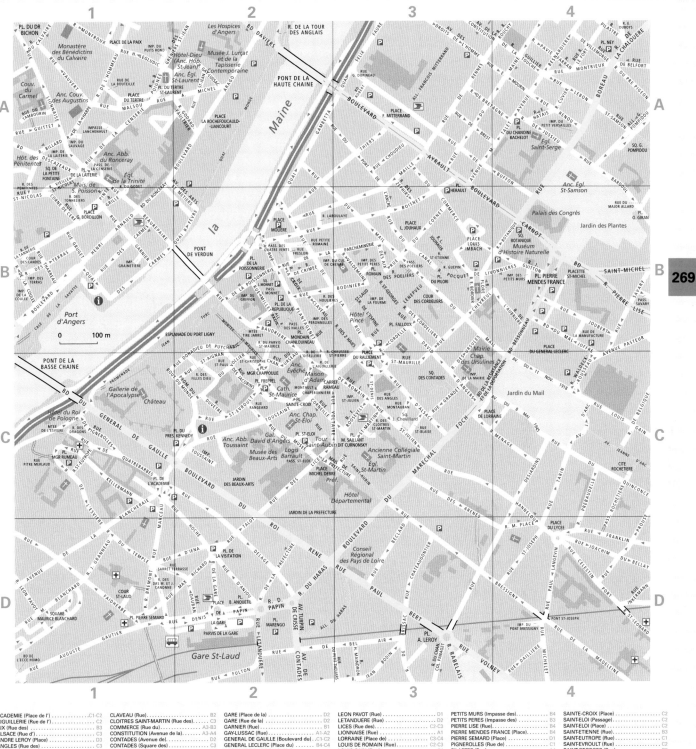

ACADEMIE (Place de l') C1-C2
AIGUILLERIE (Rue de l') C2
AIX (Rue des) B3
ALSACE (Rue d') C3
ANDRE LEROY (Place) D3
ANGLES (Rue des) C3
ANJOU (Rue d') D2
ARAGO (Boulevard) A1-A2
ARENES (Rue des) C3-D4
ARTS ET METIERS (Avenue des) A1-B2
AUBRIERE (Rue de l') B4
AUGUSTE GAUTIER (Rue) A3
AUGUSTE MICHEL (Rue) A1-A2
AYRAULT (Boulevard) A3
BARDOUL (Rue) A3
BASSE CHAINE (Pont de la) C1
BAUDRIERE (Rue) B2-B3
BEAUREPAIRE (Rue) A1-B1
BEAUX-ARTS (Jardin des) C2
BEL AIR (Rue de) D2-D3
BELFORT (Rue de) A4
BELGIQUE (Rue de) C4
BELLE POIGNEE (Rue) A2
BERNARD ANQUETIL (Place) D1
BESNARDIERE (Avenue) B4-C4
BESSONNEAU (Boulevard) B4-C4
BILLARD (Rue du) A1
BLANCHERAIE (Avenue de la) C1-D1
BODINIER (Rue) B2-B3
BOISNET (Rue) B2-B3
BOREAU (Rue) A4-B4
BOTANIQUE (Rue) B4
BOTANIQUE (Square) B4
BOUT DU MONDE (Promenade du) C1-C2
BOUTEILLE (Rue de la) A2
BRESSIGNY (Rue) C3-D4
BREST (Rue de) A3-A4
BRETAGNE (Rue de) A3-A4
BRISSAC (Rue de) D3
BUFFON (Rue de) A4
CALVAIRE (Rue du) A1
CANAL (Rue du) B3
CARMES (Quai des) B1
CARMES (Rue des) B1
CARNOT (Boulevard) A3-B4
CELESTIN PORT (Rue) D4
CENSERIE (Passage de la) A1
CENSERIE (Rue de la) A1
CHALOUERE (Rue de la) A4
CHANOINE BACHELOT (Place du) A4
CHANOINE COLONEL PANAGET (Place du) ..B2-C2
CHANOINE URSEAU (Rue du) B2-C2
CHAPERONNIERE (Rue) C2
CHATEAUGONTIER (Rue) D3
CHAUSSEE SAINT-PIERRE (Rue) C2-C3
CHEVREUL (Rue) B3-B4
CHOUDIEU (Rue) A3

CLAVEAU (Rue) B2
CLOITRES SAINT-MARTIN (Rue des) C3
COMMERCE (Rue du) A3-B3
CONSTITUTION (Avenue de la) A3-A4
CONTADES (Avenue de) D2
CONTADES (Square des) A3
CORDELIERS (Cour des) B3
CORDELIERS (Rue des) B3
CORDELLE (Rue) B3-C3
CORNE DE CERF (Rue) B1
CORNEILLE (Rue) C2-C3
CORNET (Rue du) B3
COULEE (Impasse de la) B1
COULEE (Rue de la) B1
CRIMEE (Rue de) B2
CROIX (Rue de la) B1
CUL DE CHEVAL (Impasse du) B2-B3
CUVIER (Rue) A4
DAILLAIRE (Rue) B1
DAVID D'ANGERS (Rue) B3-C3
DAVIERS (Boulevard) A2
DELAGE (Rue) D2
DENIS PAPIN (Rue) D1-D2
DESCAZEAUX (Boulevard) A1
DESJARDINS (Rue) D3-C4
DEUX HAIES (Rue des) B3
DOCTEUR BICHON (Place du) A1
DOCTEURS M. ET J. CANONNE (Rue des) ..A1
DONADIEU DE PUYCHARIC (Rue des) A1
DRAGONS (Rue des) C1
DROITS DE L'HOMME (Avenue des) C1-D2
DU PETIT THOUARS (Rue) D2-D3
DUVETRE (Rue) C3
ECCE HOMO (Boulevard de l') D1
EMILE BORDIER (Rue) A2
EMILE HATAIS (Rue) A4
ERNEST DUBOYS (Rue) A4
ERNEST MOURIN (Rue) A4
ESPINE (Rue de l') B3
ESVIERE (Montée de l') C1
ESVIERE (Rue de l') C1-D1
FAIDHERBE (Rue) D2
FALLOUX (Place) B3
FARRAN (Rue) D2
FELIX FAURE (Quai) A2
FILLES DIEU (Rue des) C2
FLORE (Rue) B2
FOURMI (Impasse de la) B2
FRANCOIS MITTERRAND (Allée) A3-B3
FRANCOIS MITTERRAND (Place) A3-B3
FRANKLIN (Rue) A2
FRANKLIN ROOSEVELT (Rue) C2
FREPPEL (Place) C2
FRESLON (Rue) B2
FULTON (Rue) D2
GABRIEL DUPINEAU (Rue) D2
GAMBETTA (Quai) B2-B3
GARE (Parvis de la) D2

GARE (Place de la) D2
GARE (Rue de la) D2
GARNIER (Rue) B1
GAY-LUSSAC (Rue) A1-A2
GENERAL DE GAULLE (Boulevard du) C1-C2
GENERAL LECLERC (Place du) B4-C4
GEORGES POMPIDOU (Allée) A4
GEORGES POMPIDOU (Square) A4
GODARD-FAULTRIER (Rue) A2
GODET (Rue) B2
GRAINETIERE (Impasse) B1
GRANDET (Rue) B2-B3
GREGOIRE BORDILLON (Place) B1
GRENIERS SAINT-JEAN (Rue des) A1-A2
GRIFFON (Impasse du) B2
GRILLE (Rue) B1
GRUGET (Rue) B1
GUEPIN (Rue) B2
GUILLIER DE LA TOUCHE (Rue) A4
GUITTET (Rue) A1
HALLES (Passage des) B2
HANNELOUP (Rue) C3
HARAS (Allée du) D2-D3
HARAS (Rue du) D2-D3
HARPE (Rue de la) A2
HAUTE CHAINE (Pont de la) A2
HENRI ARNAULD (Boulevard) B1
HENRI LEGLUDIC (Rue) A4
HIPPOLYTE MAINDRON (Rue) C3
HOCHE (Rue) C1
HOMMEAU (Rue de l') A2
HOULIERES (Rue des) B2-B3
8 MAI 1945 (Avenue du) C3-C4
IENA (Rue d') D1
INKERMANN (Rue) D4
JACOBINS (Rue des) C2
JACQUES GRANNEAU (Rue) D2
JEAN BODIN (Rue) D3
JEAN MONNET (Passage) C2
JEAN MONNET (Square) C2
JEAN TURC (Promenade) C2
JEANNE D'ARC (Avenue) C4
JOACHIM DU BELLAY (Rue) C4
JOUBERT (Rue) B4
JULES DAUBAN (Rue) D2
JULES GUITTON (Rue) B4
JUSSIEU (Rue de) A4
KELLERMANN (Rue) C1
LABOULAYE (Rue) B2
LAITERIE (Impasse de la) A1
LAITERIE (Place de la) A1
LANCHENAULT (Impasse) A1
LANDES (Cour des) A1
LEBON (Rue) A4
LENEPVEU (Rue) B3
LEON JOUHAUX (Place) B3
LEON JOUHAUX (Rue) B3

LEON PAVOT (Rue) D1
LETANDUERE (Rue) D2
LICES (Rue des) B4
LIONNAISE (Rue) A1
LORRAINE (Place de) C3-C4
LOUIS DE ROMAIN (Rue) C3
LOUIS GAIN (Rue) C4
LOUIS IMBACH (Place) B3-B4
LYCEE (Rue du) D4
MADELEINE (Rue de la) C4
MAIL (Rue du) A2-C4
MAILLE (Rue de) B2-B4
MAINE (Rue du) A3-A4
MAIRIE (Impasse de la) B4
MAJOR ALLARD (Rue du) B4
MALSOU (Rue) A1
MANUFACTURE (Rue de la) D4
MARCEAU (Rue) C1-D1
MARECHAL FOCH (Boulevard du) C2-C3
MARECHAL JOFFRE (Boulevard du) B4-C4
MARENGO (Place) D2
MARIE TALET (Avenue) A3-A4
MAURICE BLANCHARD (Rue) D1
MAURICE BLANCHARD (Square) D1
MAURICE SAILLANT DIT CURNONSKY
(Place) C3-C4
MAX RICHARD (Rue) D1-D2
MENAGE (Rue) C4
MICHEL DEBRE (Rue) C3
MICHELET (Rue) D4
MILLET (Rue) B2
MONDAIN CHANLOUINEAU (Place) B2
MONFROUX (Rue) A4
MONGE (Quai) A2-B2
MONSEIGNEUR CHAPPOULIE (Place) C2
MONSEIGNEUR RUMEAU (Place) C1
MONTAUBAN (Rue) C3
MONTAULT (Rue) C3
MONTRIEUX (Rue) A4
MUSEE (Rue du) C3
NEY (Rue) D2
OISELLERIE (Rue de l') B2
OLIVIER GIRAN (Rue) B4
11 NOVEMBRE 1918 (Avenue du) C4
PAIX (Place de la) A1-B2
PARCHEMINERIE (Rue de la) B2-B3
PARVIS SAINT-MAURICE (Rue du) C2
PASTEUR (Avenue) B4-C4
PAUL BERT (Rue) D2-D3
PAUL LANGEVIN (Rue) D4
PAVIE (Rue) A4
PENITENTES (Impasse des) A1-B1
PERONNELLES (Impasse des) B3
PETIT VERSAILLES (Impasse du) A4
PETITE FONTAINE (Square de la) A1
PETITE ROMAINE (Rue) B2

PETITS MURS (Impasse des) B4
PETITS PERES (Impasse des) B3
PIERRE LISE (Rue) B4
PIERRE MENDES FRANCE (Place) B4
PIERRE SEMARD (Place) D1
PIGNEROLLES (Rue de) C1
PILASTRE (Rue) A4
PILORI (Place du) B3
PINTE (Rue) A1-B1
PITRE MERLAUD (Rue) C1
PLANTAGENET (Rue) B2-C2
POCQUET DE LIVONNIERES (Rue) B3-B4
POELIERS (Passage des) B3
POELIERS (Rue des) B3
POISSONNERIE (Place de la) B2
POISSONNERIE (Rue de la) B2
PONT BRESSIGNY (Impasse du) D4
PORT DE L'ANCRE (Rue) A2-B3
PORT LIGNY (Esplanade du) C1-B2
PRE PIGEON (Rue) A4
PREBAUDELLE (Rue) C4-D4
PREFECTURE (Jardin de la) C3
PREFECTURE (Mail de la) C2-C3
PRESIDENT KENNEDY (Place du) C1-C2
PROUST (Rue) C4-D4
PUITS ROND (Impasse du) A1
QUATRE VENTS (Passage des) B2
QUATREBARBES (Rue de) C1
QUINCONCE (Rue du) C4
RABELAIS (Rue) B1
RALLIEMENT (Place du) B3-C3
RAMEAU (Carrefour) C3
RANGEARD (Rue) C2
RENE BAZIN (Allée) B1
RENE BREMONT (Rue) D2
RENE ROUCHY (Rue) A4
RENNES (Rue de) A3-A4
RENOU (Rue) A4
REPUBLIQUE (Place de la) B2
RESISTANCE ET DE LA DEPORTATION
(Boulevard de la) C3-C4
ROBERT (Place) C3-C4
ROBERT FEVRE (Quai) B1-B2
ROBERT LE FORT (Rue) A4
ROCHEFOUCAULD-LIANCOURT
(Place) A1-B2
ROCHETIERE (Cité) D4
ROCHETIERE (Passage) D4
ROE (Rue de la) B2
ROI RENE (Boulevard du) C1-D2
ROMAIN (Rue) C3
RONCERAY (Boulevard du) A1-B1
SAINT-AIGNAN (Rue) C2
SAINT-AUBIN (Rue) C2-C3
SAINT-BLAISE (Rue) C3
SAINT-CHRISTOPHE (Rue) C2-C3
SAINT-DENIS (Rue) C3

SAINTE-CROIX (Place) C2
SAINT-ELOI (Passage) C2
SAINT-ELOI (Rue) C2
SAINT-ETIENNE (Rue) B3
SAINT-EUTROPE (Rue) C2
SAINT-EVROULT (Rue) C2
SAINT-GEORGES (Rue) B3
SAINT-JEAN (Rue) A2
SAINT-JOSEPH (Rue) D4
SAINT-JULIEN (Impasse) C3
SAINT-JULIEN (Rue) C3
SAINT-LAUD (Cour) D1
SAINT-LAUD (Rue) B2-B3
SAINT-LEONARD (Rue) D4
SAINT-MARTIN (Rue) C3
SAINT-MAURICE (Montée) B2-C2
SAINT-MAURILLE (Rue) B3-C3
SAINT-MICHEL (Boulevard) B4
SAINT-MICHEL (Placette) B4
SAINT-NICOLAS (Rue) B1
SAINT-PAUL (Rue) B2-C2
SAINT-SAMSON (Rue) A4
SAINT-SERGE (Rue) A4
SAVARY (Passage) B4
SAVARY (Rue) B4-C4
SAVATTE (Cale de la) B1
SAUVAGE (Impasse du) A1
SARRET TERRASSE (Rue) D1-D2
TALOT (Rue) D2
TAMBOURIN (Rue) A1
TANNERIE (Rue de la) B1
TARIN (Rue) C4-D4
TEMPLE (Rue du) D1
TERRAS (Impasse des) B1
TERRAS (Rue des) B1
TERTRE SAINT-LAURENT (Place du) A1-A2
THARREAU (Rue) A4
THIERS (Rue) B2-A3
TIRE JARRET (Montée) B2
TONNELIERS (Rue des) A1-B1
TOUR DES ANGLAIS (Rue de la) A2
TOUSSAINT (Impasse) C2
TOUSSAINT (Rue) C2
TURPIN DE CRISSE (Avenue) A3-B3
URSULES (Rue des) B3-C3
VALDEMAINE (Rue des) B3
VAUVERT (Rue) A1
VERDUN (Pont de) B1-B2
VIEILLE SAINT-NICOLAS (Rue) A1-B1
VILLEMORGE (Rue de) A4
VISITATION (Place de la) C2
VOLLIER (Rue du) B2-C2
VOLNEY (Rue) D3-D4
VOLTAIRE (Rue) C2-C3
WALDECK-ROUSSEAU (Rue) A3-B3
ZEPHIRS (Rue des) B3

AVIGNON

le Rhône

0   100 m

ABESQUE (Rue de l') C2
ALBERT 1ER (Rue) B2-C2
ALBRET (Place d') B4
ALLEES MARINES (Avenue des) A1-B2
ALLEES MARINES (Rond-point des) .. A1
ALLEES PAULMY (Avenue des) C1-B2
ALSACE-LORRAINE (Boulevard) B3-C4
AMIRAL ANTOINE SALA (Quai)....... B3
AMIRAL BERGERET (Quai) B3-C3
AMIRAL DUBOURDIEU (Quai) C2-C3
AMIRAL JAUREGUIBERRY (Quai) C2-D2
AMIRAL LESPES (Quai) B2-B3
ANCIENNE HALLE (Impasse de l') C2
ANDRE BOUILLAR (Rue) B2
ANDRE GRIMARD (Avenue) D2-D3
ANTOINE LABARTHE (Rue) C1
AQUITAINE (Avenue de l') D3-D4
ARGENTERIE (Rue) C2
ARISTIDE BRIAND (Rue) B4
ARSENAL (Place de l') C3
AUGUSTIN CHAHO (Quai) C3-D3
AUGUSTINS (Rue des) C2-D2
BAB (Boulevard du) A1-B1
BAIGNADE (Chemin de la) D2-D3
BAIGNADE (Rue de la) D3
BALAN (Passage) B4
BALTET (Rue de) B4
BASQUES (Place des) B2
BASQUES (Rue des) C2-D2
BASQUES (Ruelle des) C2
BASTION ROYAL (Rue du) D2-D3
BELFORT (Rue de) B4
BENOIT SOURIGUES (Rue) B4
BERNADOU (Rue) C2
BERNARD DE LACARRE (Place) C2
BERNEDE (Rue) C2
BOUFFLERS (Allée) B3-C4
BOURGNEUF (Rue) C2
CABOTTE (Rue de la) A4-B4
CANAL (Rue du) C2
CAPITAINE PELLOT (Rue) C4
CAPITAINE RESPLANDY
(Avenue) C4-D4
CARDINAL GODIN (Rue) C3
CARDINAL LAVIGERIE (Avenue du) ..B1-C1
CARLITO OYARZUN (Rue) D1
CARMES (Rue des) C2
CASERNE DES DOUANES (Rue de la) . A1
CHANOINE DUBARAT (Square) C2
CHANOINE LAMARQUE (Avenue) D2
CHARCUTIERE (Rue) C2
CHARLES DE GAULLE (Place) B2
CHARLES FLOQUET (Rue) B4
CHATEAU (Rue du) B3
CHATEAU VIEUX (Place du) C2

CITADELLE (Avenue de la) A4
COMMANDANT ROQUEBERT
(Quai du) C2
COMMANDANT WILLIAM BOISSEL
(Avenue) C4
CORDELIERS (Rue des) C3
CORDIERS (Allée des) D2
CORSAIRES (Quai des) B3-C3
COURSIC (Rue de) C3
COUVENT (Rue du) B4
DANIEL ARGOTE (Rue) B4
DENIS ETCHEVERRY (Rue) B4
DOCTEUR LEON MOYNAC (Avenue du) . D2
DOCTEUR MAURICE DELAY
(Avenue) A4
DOUER (Rue) C1
DUBROCQ (Avenue) A1
DUVERGIER DE HAURANNE
(Avenue) C4-D4
EDOUARD DUCERE (Rue) B2
ERROBI ALDE (Chemin) D3-D4
ESCANET (Rue de l') A4
ESPAGNE (Rue d') C2-D2
ESTE (Petite rue de l') B4
ESTE (Rue de l') B4
FAURES (Rue des) C2
FERIA (Passage de la) B1-B2
FERNAND FORGUES (Avenue) D1
FORT (Chemin du) A4
FREDERIC BASTIAT (Rue) B3-C4
GABRIEL DELUC (Avenue) B1
GALUPERIE (Quai) C2
GAMBETTA (Impasse) C2
GAMBETTA (Square) B3
GARDIN (Ruelle) C2
GAYON (Impasse) C2
GENDARMERIE (Rue de la) A4
GENERAL BOURBAKI (Rue) B4-C4
GENERAL DUCASSE (Avenue du) A1
GENIE (Pont du) D2-D3
GENTIL ADER (Rue) C1
GIRATOIRE DE BALICHON A1
GIRATOIRE DE LA NAUTIQUE C4
GIRATOIRE DU BASTION ROYAL D3
GLAIN (Allée de) D3-D4
GOSSE (Rue) C2-D2
GOUVERNEURS (Rue des) C2
GRAMONT (Rue de) B2
GRAOUILLATS (Rue des) A3-B3
GRENET (Pont) A1
GUSTAVE EIFFEL (Rue) D3-D4
GUILHAMIN (Rue) C2
HALAGE DE LA NIVE (Chemin de) D2
HARRY OWEN ROE (Rue) D2
HENRI GRENET (Avenue) A1

HUGUES (Rue) B3
JACOBINS (Rue des) C3
JACQUES LAFFITTE (Rue) B3-C3
JACQUES PORTE (Place) C2
JEAN D'AMOU (Boulevard) B4
JEAN MOLINIE (Rue) B1-C1
JEAN ROSTAND (Avenue) C1
JEU DE PAUME (Rue du) C3
JULES LABAT (Rue) B2
JULES MAUMEJEAN (Passage) B4
JUSTIN BOURDAA (Placette) A4
LABOURD (Pont du) D2-D3
LAGREOU (Rue) C2
LATOURNERIE (Impasse) C2
LAUGA (Rond-point de) D2
LEGION TCHEQUE (Avenue de la) C1
LEON BONNAT (Avenue) B2
LESSEPS (Quai de) A1-B3
LIBERTE (Place de la) B2-B3
LIGNY (Allée de) D4
LISSES (Rue des) C3
LORMAND (Rue) B2-C2
LOUIS PASTEUR (Place) C2
LOUISE DARRACQ (Avenue) B1-B2
LUC (Rue de) C2
MADIM (Cité) A4
MAGNOLIAS (Résidence les) A4
MARECHAL DE LAUTREC (Rue du) ..C1-D1
MARECHAL FOCH (Avenue du) B1
MARECHAL HARISPE (Avenue) B1-B2
MARECHAL LECLERC (Avenue du) B2
MARECHAL SOULT (Avenue) D1
MARENGO (Pont) C2-C3
MARENGO (Rue) C2
MARHUM (Avenue de) C1
MARSAN (Rue de) C2
MARTIN DE BARCOS (Allée) D4
MAUBEC (Rue de la) A4-B4
MAURICE GOALARD (Rue) A1-B2
MAYOU (Place) B3-C3
MENIGNE SAUBE LE BILE (Rue) C1
MIRADOUR (Rue) D4
MONNAIE (Rue de la) C2
MONSEIGNEUR FRANCOIS LACROIX
(Place) C3
MONSEIGNEUR VANSTEENBERGHE
(Place) C2
MONTALIBET (Rue) D1
MONTAUT (Place) C2
MONTAUT (Rue) C2
MORACIN (Rue) A4
MOULIN (Rue du) B4
NEUVE (Rue) B4
NIVE (Chemin de halage de la) D2
NOTRE-DAME (Rue) C2

ORBE (Rue) C2
11 NOVEMBRE 1918 (Avenue du) ..B1-C2
PAMPELUNE (Avenue de) D1-D2
PANNECAU (Pont) C2-C3
PANNECAU (Rue) C3
PARACHUTISTES SAS (Avenue des) .. A4
PASSEMILLON (Rue) C2-D2
PAUL BERT (Place) C3
PAULMY (Allée) B1
PELLETIER (Rue) C3-D3
PEREIRE (Place) A3-A4
PIECE NOYEE (Rond-point de la) A1
PIERRE LESCA (Rue) C3
PIERRE RECTORAN (Rue) D2
PILORI (Rue du) C2
PLACHOTTE (Place de la) D3
PLATANES (Allée des) D3
POISSONNERIE (Rue) C2
PONTRIQUE (Rue) C3
PORT DE BERTACO (Rue) C2
PORT DE CASTETS (Rue) C2
PORT DE SUZEYE (Rue) C2
PORT NEUF (Impasse) C2
PORT NEUF (Rue) B2-C2
PORT NEUF (Ruelle) C2
PORTETENY (Allée) D4
PORTETENY (Rond-point) D4
POTERNE (Allée de la) C1-C2
POYDENOT (Impasse) D4
POYDENOT (Rue) C4-D4
PREBENDES (Rue des) C2
PUSTERLE (Passage de la) D2
49EME REGIMENT D'INFANTERIE
(Rue du) B2
RAVIGNAN (Rue de) C3-C4
RAYMOND DE MARTRES (Avenue).... D1
REDUIT (Esplanade du) B3
REDUIT (Place du) B3
REMPART LACHEPAILLET
(Boulevard) B2-D2
REPUBLIQUE (Place de la) B3-B4
ROSE DES VENTS (Allée) D4
ROSES (Allée des) C1
SABATERIE (Rue) C2
SAINT-ESPRIT (Pont) B3
SAINT-BERNARD (Chemin de) A2
SAINTE-CATHERINE (Passage) B4
SAINTE-CATHERINE (Rue) B4
SAINTE-URSULE (Place) A3-B3
SAINTE-URSULE (Rue) A2-A3
SAINT-LEON (Carrefour) C1-D1
SALIE (Rue de la) C3
SAUBIOLE (Rue de) C3
TARRIDES (Allée des) B2-C2
TEMPLE (Rue du) B2

TENE (Impasse du) B4
TENE (Rue du) B4
THIERS (Rue) B2-C2
TOMBELOLY (Rue) A4
TONNELIERS (Rue des) C3
TOUR DE SAULT (Rue) D2
TRINQUET (Rue du) D3
ULYSSE DARRACQ (Rue) B4
VAUBAN (Rue) B1-B2
VICTOIRES (Place des) D2
VICTOR HUGO (Rue) C2-C3
VIEILLE BOUCHERIE (Rue) C2
VISITANDINES (Rue des) C3

BORDEAUX

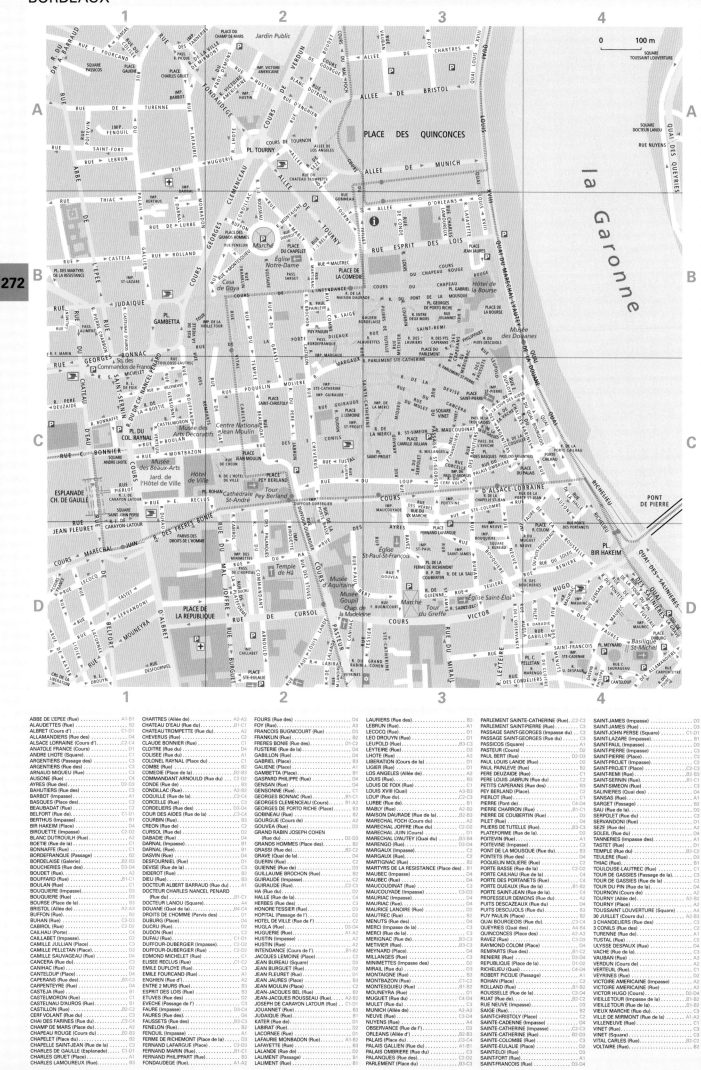

272

ABBE DE L'EPEE (Rue) A1-B1	CHARTRES (Allée de) A2-A3	FOURS (Rue des) D4	LAURIERS (Rue des) B3	PARLEMENT SAINTE-CATHERINE (Rue) . .C2-C3	SAINT-JAMES (Impasse) D3
ALAUDETTES (Rue) B2	CHATEAU D'EAU (Rue du) B1-C1	FOY (Rue) A3	LEBRUN (Rue) A1	PARLEMENT SAINT-PIERRE (Rue) C3	SAINT-JAMES (Rue) D3
ALBRET (Cours d') C1-D1	CHATEAU TROMPETTE (Rue du) A2	FRANCOIS BUGNICOURT (Rue) D3	LECOCQ (Rue) D1	PASSAGE SAINT-GEORGES C3	SAINT-JOHN PERSE (Square) C1-D1
ALLAMANDIERS (Rue des) D4	CHEVERUS (Rue) B2-C2	FRANKLIN (Rue) B2	LEO DROLYN (Rue) D1	PASSAGE SAINT-GEORGES (Rue du) C3	SAINT-LAZARE (Impasse) B1
ALSACE LORRAINE (Cours d') C2-C2	CLAUDE BONNIER (Rue) C1	FUSTERIE (Rue de la) C3	LEUPOLD (Rue) B3-C3	PASTEUR (Cours) D2	SAINT-PAUL (Impasse) D3
ANATOLE FRANCE (Cours) C1	CLOITRE (Rue du) D4	GABILLON (Rue) D4	LEYTEIRE (Rue) C3-D3	PASTEUR (Cours) D2	SAINT-PIERRE (Impasse) C2
ANDRE LHOTE (Square) C1	COLISEE (Rue du) A1	GABRIEL (Rue) B3	LHOTE (Rue) .A2	PAUL BERT (Rue) D2-D3	SAINT-PIERRE (Place) C2
ARGENTIERS (Passage des) C3	COLONEL RAYNAL (Place du) C1	GALIENE (Place) A1	LIBERATION (Cours de la) D1	PAUL LOUIS LANDE (Rue) D2	SAINT-PROJET (Passage) C3
ARGENTIERS (Rue des) C3	COMBE (Rue) B2	GAMBETTA (Place) B1	LIGIER (Rue) .D1	PAUL PAINLEVE (Rue) B2	SAINT-PROJET (Place) C2-C3
ARNAUD MIQUEU (Rue) C1	COMEDIE (Place de la) B2-B3	GAMBETTA (Rue) C1	LOS ANGELES (Allée de) A3	PERE DEUZAIDE (Rue) B1	SAINT-REMI (Rue) B2-B3
AUSONE (Rue) C3	COMMANDANT ARNOULD (Rue du) . . .C2-C2	GASPARD PHILIPPE (Rue) C3	LOUIS (Rue) .B3	PETITS CAPERANS (Rue des) B3	SAINT-SERNIN (Rue) B1
AYRES (Rue des) D2-D3	CONDE (Rue de) B3	GENSAN (Rue) D4	LOUIS DE FOX (Rue) C1	PEY BERLAND (Place) C2	SAINT-SIMEON (Rue) C3
BAHUTIERS (Rue des) B3-C3	CONDILLAC (Rue) A2	GENSONNE (Rue) C1	LOUIS XVIII (Quai) A3-B3	PIERLOT (Rue) C1	SALINIERES (Quai des) D4
BARBOT (Impasse) A1	COQUILLE (Rue de la) C3	GEORGES BONNAC (Rue) B1-C1	LOUP (Rue du) C2-C3	PIERRE (Pont de) C4-D4	SANSAS (Rue) A1
BASQUES (Rue des) C2	CORCELLE (Rue) C3	GEORGES CLEMENCEAU (Cours) B1-A2	LURBE (Rue de) B1	PIERRE CHARRON (Rue) B1-C1	SARGET (Passage) B2
BEAUBADAT (Rue) C2	CORDELIERS (Rue des) D3-D4	GEORGES DE PORTO RICHE (Place) B3	MABLY (Rue) A2-B2	PIERRE DE COUBERTIN (Rue) D3	SAU (Rue de la) C3
BELFORT (Rue) D1	COUR DES AIDES (Rue de la) C3-C4	GOBINEAU (Rue) B2	MAISON DAURADE (Rue de la) B2-B3	PILET (Rue) .D4	SERPOLET (Rue du) D4
BERTHUS (Impasse) B1	COURBIN (Rue) B3	GOURGUE (Cours de) A2	MARECHAL FOCH (Cours du) A2	PILIERS DE TUTELLE (Rue des) B3-C3	SERVANDONI (Rue) D1
BIR HAKEIM (Place) D4	CREON (Rue) C1	GOUVEA (Rue) D3	MARECHAL JOFFRE (Rue du) C2-D2	PLATEFORME (Rue de la) D2	SEZE (Rue de) B1
BIROUETTE (Impasse) C2-D2	CREON (Rue) C1	GRAND RABIN JOSEPH COHEN	MARECHAL JUIN (Cours) C1	POITEVIN (Rue) A1	SOLEIL (Rue du) D4
BLANC DUTROUILH (Rue) A2	CURSOL (Rue de) D2	(Rue du) D2-D3	MARECHAL LYAUTEY (Quai du) B3-B4	POITEVINE (Impasse) A1	TANNERIES (Impasse des) A1
BOETIE (Rue de la) C1	DABADIE (Rue) D4	GRANDS HOMMES (Place des) B2	MARENGO (Rue) D3-D4	PONT DE LA MOUSQUE (Rue du) B3	TASTET (Rue de) C1
BONNAFFE (Rue) C1	DARNAL (Impasse) B1	GRASSI (Rue de) B2-C2	MARGAUX (Rue) C2	PONTETS (Rue des) C4	TEMPLE (Rue du) B2-C2
BORDERANLOGUE (Passage) B2	DARNAL (Rue) B1	GRAVE (Cours de la) D3	MARGAUX (Rue) C2	PORTE BASSE (Rue de la) C2-D2	TEULERE (Rue) B1
BORDELAISE (Galerie) B2-B3	DASVIN (Rue) C3	GUERIN (Rue) C3	MARTIGNAC (Rue) D2	PORTE CAILHAU (Rue de la) C4	THIAC (Rue) .B1
BOUDET (Rue) D3-D4	DESFOURNIEL (Rue) D1	GUIENNE (Rue de) D3	MARTYRS DE LA RESISTANCE (Place des) .B1	PORTE DES PORTANETS (Rue de la) C4	TOULOUSE-LAUTREC (Rue) C1
BOUFFARD (Rue) B1-C1	DEVISE (Rue de la) C3	GUILLAUME BROCHON (Rue) B2	MAUBEC (Impasse) D4	PORTE DIJEAUX (Rue de la) B1-B2	TOUR DE GASSIES (Passage de la) C4
BOUGUIERE (Impasse) D3	DIDEROT (Rue) B2	GUIRAUDE (Impasse) B2	MAUBEC (Rue) D4	PORTE SAINT-JEAN (Rue de la) C2	TOUR DE GASSIES (Rue de la) C4
BOUGUIERE (Rue) D3	DIEU (Rue) B3	GUIRAUDE (Rue) C2	MAUCOUDINAT (Rue) C3	POUPARE (Passage) C4	TOUR DU PIN (Rue de la) C4
BOURSE (Place de la) B3	DOCTEUR ALBERT BARRAUD (Rue du) . . .A1	HA (Rue de) .C2	MAUCOUYADE (Impasse) D3	PROFESSEUR DEMONS (Rue) A1	TOURNON (Cours du) A2
BRISTOL (Allée de) A2-A3	DOCTEUR CHARLES NANCEL PENARD	HALLE (Rue de la) C4	MAURIAC (Rue) D4	PUITS DESCAZEAUX (Rue du) D4	TOURNY (Allée de) A2-B2
BUFFON (Rue) B2	(Rue du) B1-C1	HERBES (Rue des) C3	MAURIAC (Rue) D4	PUITS DESCUJOLS (Rue du) B3	TOURNY (Place) A2
BUHAN (Rue) C2-D2	DOUANE (Quai de la) B4-C4	HONORE TESSIER (Rue) D2	MAURICE LANOIRE (Rue) D2	PUY PAULIN (Rue) B2	TOUSSAINT LOUVERTURE (Square) A4
CABIROL (Rue) C2	DROITS DE L'HOMME (Parvis des) D1	HOPITAL (Passage de l') D2	MAUTREC (Rue) B2	30 JUILLET (Rue du) A2-B3	3 CHANDELIERS (Rue des) C3
CAILHAU (Porte) C4	DUBURG (Place) C4	HOTEL DE VILLE (Rue de l') C2	MENUTS (Rue des) D4	QUAI BOURGEOIS (Rue du) C3-C4	3 CONILS (Rue des) C3
CAILLABET (Impasse) D2	DUCRU (Rue) D3-D4	HUGLA (Rue) .D4	MERCI (Impasse de la) C3	QUEYRIES (Quai des) A4-B4	TUSTAL (Rue) C3
CAMILLE JULLIAN (Place) C3	DUDON (Rue) C2	HUGUERIE (Rue) A1-A2	MERIGNAC (Rue de) B3	QUINCONCES (Place des) A2-A3	ULYSSE DESPAUX (Rue) D4
CAMILLE PELLETAN (Place) C2-C2	DUFAU (Rue) C1-D1	HUSTIN (Impasse) A2	METIVIER (Rue) B3-C3	RAVEZ (Rue) C3-D3	VACHE (Rue de la) C3
CAMILLE SAUVAGEAU (Rue) D4	DUFFOUR-DUBERGIER (Impasse) C2	HUSTIN (Rue) A1-A2	MEYNARD (Place) D4	RAYMOND COLOM (Place) C3	VAUBAN (Rue) A3
CANCERA (Rue) C3	DUFFOUR-DUBERGIER (Rue) C2-D2	INTENDANCE (Cours de l') B1-B2	MILLANGES (Rue) C3	REMPARTS (Rue des) B1-C2	VERDUN (Cours de) A2
CANIHAC (Rue) C2	EDMOND MICHELET (Rue) C2	JACQUES LEMOINE (Rue) C2	MINIMETTES (Impasse des) D2	RENIERE (Rue) D4	VERTEUIL (Rue) C1
CANTELOUP (Place) D4	ELISEE RECLUS (Rue) C1	JEAN BUREAU (Square) D3	MIRAIL (Rue du) C3-D3	REPUBLIQUE (Place de la) D1-D2	VEYRINES (Rue) D2
CANTELOUP (Rue) D4	EMILE DUPLOYE (Rue) B2	JEAN FLEURET (Rue) C1	MONTAGNE (Rue) C1-C2	RICHELIEU (Quai) C4-D4	VICTOIRE AMERICAINE (Impasse) A2
CAPERANS (Rue des) B3-C3	EMILE FOURCAND (Rue) A1	JEAN JAURES (Place) B3	MONTBAZON (Rue) C1-C2	ROBERT PICQUE (Passage) A1	VICTOIRE AMERICAINE (Rue) A2
CARPENTEYRE (Rue) D4	ENGHIEN (Rue d') A2	JEAN MOULIN (Place) C2	MONTESQUIEU (Rue) B1-B2	ROHAN (Rue) .C2	VICTOR HUGO (Cours) D2-D4
CASTEJA (Rue) B1	ENTRE 2 MURS (Rue) B2	JEAN-JACQUES BEL (Rue) B2	MOUNEYRA (Rue) D1	ROLLAND (Rue) B3-B2	VIEILLE TOUR (Impasse de la) B1-B2
CASTELMORON (Rue) C1	ESPRIT DES LOIS (Rue) B3	JEAN-JACQUES ROUSSEAU (Rue) A2-B2	MUGUET (Rue du) C4-D4	ROUSSELLE (Rue de la) D3-D4	VIEILLE TOUR (Rue de la) B1-B2
CASTELNAU D'AUROS (Rue) C1	ETUVES (Rue des) C3	JOSEPH DE CARAYON LATOUR (Rue) . . .C1-D1	MULET (Rue du) C2	RUAT (Rue) B2-C2	VIEUX MARCHE (Rue) C2
CASTILLON (Rue) B2-C2	EVECHE (Passage de l') C1-D1	JOUANNET (Rue) B3	MUNCH (Rue de) C3	RUE NEUVE (Impasse) D3	VILLE DE MIRMONT (Rue) A1-A2
CERF VOLANT (Rue) C3-C4	FAURE (Impasse) D3-D4	JUDAIQUE (Rue) B1	NEUVE (Rue) C3-D3	SAIGE (Rue) .B2	VILLENEUVE (Rue) C1
CHAI DES FARINES (Rue du) C3-C4	FAURES (Rue des) D3-D4	KATER (Rue de) D1	NUYENS (Rue) A4	SAINT-CHRISTOLY (Place) B2	VINET (Square) B2-C2
CHAMP DE MARS (Rue du) A1	FAUSSETS (Rue des) B3-C3	LABIRAT (Rue) D3	OBSERVANCE (Rue de l') D4	SAINTE-CADENNE (Impasse) D4	VITAL CARLES (Rue) B2-C2
CHAPEAU ROUGE (Cours du) B2-B3	FELENON (Rue) B2	LACORNEE (Rue) D1	ORLEANS (Allée d') B2-B3	SAINTE-CATHERINE (Rue) B2-D3	VOLTAIRE (Rue) B2
CHAPELET (Place du) B2	FENOUIL (Impasse) A1	LAFARGUE (Rue) B2	PALAIS (Rue du) C3-C4	SAINTE-COLOMBE (Rue) C2	
CHAPELLE SAINT-JEAN (Rue de la) C3	FERME DE RICHEMONT (Place de la) D3	LAFAURIE MONBADON (Rue) B1	PALAIS GALLIEN (Rue du) A1-B1	SAINTE-EULALIE (Rue) D2	
CHARLES DE GAULLE (Esplanade) C1-D1	FERNAND LAFARGUE (Place) C3-D3	LAFFITE (Rue) B3	PALAIS OMBRIERE (Rue du) C3	SAINT-ELOI (Rue) D3	
CHARLES GRUET (Place) A1	FERNAND MARIN (Rue) B1-C1	LALANDE (Rue) B2	PALANQUES (Rue des) C2-D2	SAINT-FORT (Rue) A1	
CHARLES LAMOUREUX (Rue) A3	FERNAND PHILIPPART (Rue) B3	LALIMENT (Passage) B1	PARLEMENT (Place du) B3-C3	SAINT-FRANCOIS (Rue) D3-D4	
	FONDAUDEGE (Rue) A1-A2	LALIMENT (Passage) B1			

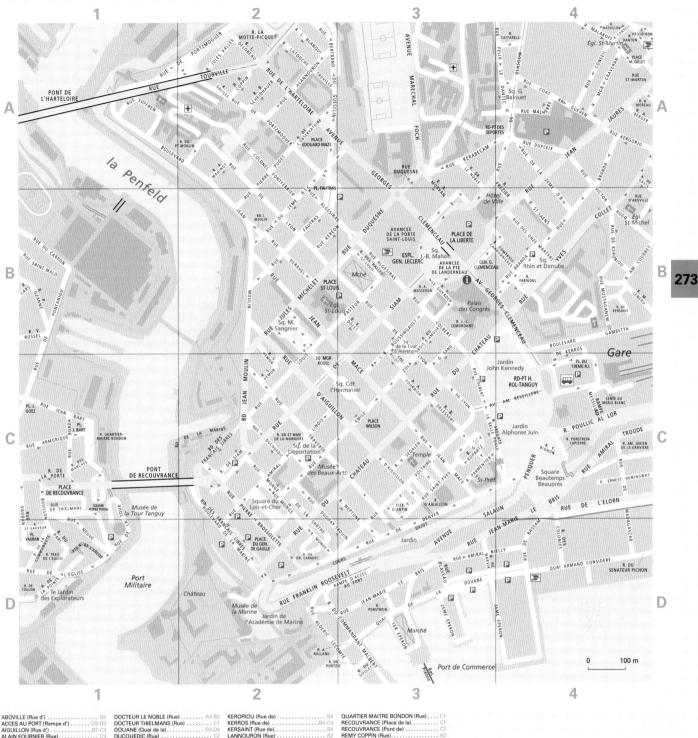

ABOVILLE (Rue d') B4
ACCES AU PORT (Rampe d') D2-D3
AIGUILLON (Rue d') B2-C3
ALAIN FOURNIER (Rue) C3
ALBERT ROLLAND (Rue) D3
ALDERIC LECOMTE (Rue) A4
ALEXANDRE MASSERON (Rue) B3
ALGESIRAS (Rue) B2-B3
AMIRAL COURBET (Rue) B4
AMIRAL JURIEN DE LA GRAVIERE
    (Rue) C4
AMIRAL LINOIS (Rue) C2-D2
AMIRAL NIELLY (Rue) D3-D4
AMIRAL REVEILLERE (Avenue) C3-C4
AMIRAL RONARC'H (Rue) D1
AMIRAL TROUDE (Rue) C4
ANDRE BERGER (Rue) A4
ANDRE MAGINOT (Rue) A2
ANTIN (Cité d') C4
ARMAND CONSIDERE (Quai) D4
ARMORIQUE (Rue) C1
AUGUSTIN MORVAN (Rue) A3-B3
BAC PIETON D3
BASSAM (Rue de) C4-D4
BENJAMIN DELESSERT (Rue) C4
BERNARD SCHEIDHAUER (Rue) A2
BERTRAND DU GUESCLIN (Rue) A2
BLAVEAU (Rue) D2
BOIS D'AMOUR (Rue) B3
BORDA (Rue) C1
BOUILLON (Rue) C1-D1
BRANDA (Rue) A4-B4
CAFFARELLI (Rue) A4
CARPON (Rue du) B1
CHATEAU (Rue du) D2-B4
COAT AR GUEVEN (Rue) A4
COLBERT (Rue) B3-C3
COLONEL FONTFERRIER (Rue) A2-B2
COLONEL PICOT (Rue) B3-C3
COLONIES (Rue des) C4-D4
COMMANDANT MALBERT (Rue du) . . D2-D3
COMMUNAUTE (Rue de la) C3
COMTESSE CARBONNIERES (Rue) . . .B3-B4
CONSEIL (Rue) A4
DAJOT (Cours) D2-C3
DANTON (Rue) A4
DENVER (Rue de) D2-D4
DEPORTES (Rond-point des) A4
2EME D.B. (Rue de la) A4-B4
2EME EPERON D3
2EME R.I.C. (Rue du) B2-A3
19EME R.I. (Place du) C4
DOCTEUR CARADEC (Rue du) D2
DOCTEUR ET MADAME DE LA MARNIERE
    (Rue) C2

DOCTEUR LE NOBLE (Rue) A3-B3
DOCTEUR THIELMANS (Rue) C1
DOUANE (Quai de la) D3-D4
DUCOUEDIC (Rue) C3
DUGUAY-TROUIN (Rue) C2-D3
DUPLEIX (Rue) A4
DUQUESNE (Rue) B2-B3
EDOUARD MAZE (Place) A3
EGLISE (Petite rue de l') D1
EGLISE (Rue de l') D1
ELORN (Rue de l') D4
EMILE ZOLA (Rue) C2-B3
ERNEST HEMINGWAY (Rue) C4
ETIENNE DOLET (Rue) B3
FARIGOUL (Rue) B4
FAUTRAS (Place) A2-B2
FAUTRAS (Rue) B2
FELIX LE DANTEC (Rue) A4
FRANCAIS LIBRES (Boulevard des) . . C2-D2
FRANKLIN ROOSEVELT (Rue) D2-D3
FREDERIC LE GUYADER (Rue) B3
FREGATE LA BELLE POULE (Rue) . . . C3-C4
FREZIER (Rue) A3-B4
GALILEE (Rue) A2
GAMBETTA (Boulevard) B4
GASTE (Rue de) A4
GENERAL DE GAULLE (Place du) . . . C3
GENERAL GEORGES CLEMENCEAU (Rue) .B3
GENERAL LECLERC (Esplanade) B3
GEORGE SAND (Rue) D3-C3
GEORGES CLEMENCEAU (Avenue) . . A2-C3-A4
GLASGOW (Rue de) A2
GOULET (Rue du) D3
GUY ROPARTZ (Rue) A2
HALLES SAINT-LOUIS (Rue des) B2-B3
HARTELOIRE (Pont de l') A1
HARTELOIRE (Rue de l') A2
HENRI MOREAU (Rue) A4
HENRI ROL-TANGUY (Rond-point) . . C4
JEAN BART (Place) C1
JEAN BART (Rue) C1
JEAN JAURES (Rue) B3-A4
JEAN MACE (Rue) B2-C3
JEAN MOULIN (Boulevard) A1-C2
JEAN-BAPTISTE BOUSSINGAULT
    (Rue) B3-C3
JEAN-JULIEN LEMORDANT (Rue) . . . B3
JEAN-MARIE LE BRIS (Rue) D3-C4
JOSEPH GOEZ (Place) C1
JULES MICHELET (Rue) B2
JULES VALLES (Rue) A2-A3
KERABECAM (Rue) A4
KERAVEL (Rue) B2
KEREON (Rue) B2-B3
KERGORJU (Rue) A4

KERORIOU (Rue de) B4
KERROS (Rue de) B4-C4
KERSAINT (Rue de) B4
LANNOURON (Rue) A2
LARS (Rue) B1
LATOUCHE TREVILLE (Rue) A2
LIBERTE (Place de la) B3
LOIR ET CHER (Square du) C2-D2
LOUIS BLANQUI (Rue) A2
LOUIS DELOBEAU (Rue) A2
LOUIS HEMON (Rue) B2-C2
LOUIS PASTEUR (Rue) C2-B3
LYON (Rue de) A2-C4
MADAGASCAR (Rue de) C4-D4
MALAKOFF (Rue) A4
MALHERBE (Rue) A4
MARCHES (Rue des) C1
MARECHAL FOCH (Avenue) A3
MARENGO (Rue) A4
MARIE LENERU (Rue) B4
MARINE (Boulevard de la) C1-D2
MASSILLON (Rue) A4
MAURICE GILLET (Place) A4
MERLE BLANC (Sente du) C4
MESSILIAU (Rampe) C4
MONGE (Rue) C2-D2
MONSEIGNEUR GRAVERAN (Rue) . . . A4
MONSEIGNEUR ROULL (Square) B2-C2
MOSTAGANEM (Rue) B4
MOTTE PICQUET (Rue la) A2
NARVIK (Rue de) D3
NEPTUNE (Rue) C2-D3
NEUVE (Rue) C1-D1
OBSERVATOIRE (Rue de l') A2
11 MARTYRS (Rue des) B4
PARC (Rue du) A2
PARMENTIER (Rue) C3-C4
PETIT MOULIN (Rue du) A2-A3
PIERRE BROSSOLETTE (Rue) C2-D2
PIERRE OZANNE (Rue) B1
PIERRE PERON (Square) C1
PIERRE PUGET (Rue) A2-B2
POINTE (Rue de la) D1
PONTANIOU (Rue de) B1-C1
PORSTREIN (Rue) D3
PORSTREIN LAPIERRE (Rue) C4
PORTE (Rue de la) C1
PORTE DE LANDERNEAU
    (Avancée de la) B3
PORTE SAINT-LOUIS (Avancée de la) . . B3
PORTZIC (Rue du) D3
PORTZMOGUER (Rue de) A1-A2
POULLIC AL LOR (Rue) C4
1ER EPERON D3
PROUD'HON (Rue) A4

QUARTIER MAITRE BONDON (Rue) . . . C1
RECOUVRANCE (Place de la) C1
RECOUVRANCE (Pont de) C2
REMY COPPIN (Rue) A2
REPUBLIQUE (Rue de la) B4
SAINT-LOUIS (Place) B3
SAINT-MALO (Rue) B1
SAINT-MARTIN (Rue) A4
SAINT-SAENS (Rue) B4
SAINT-SAUVEUR (Rue) D1
SAINT-YVES (Rue) C3
SALAUN PENQUER (Avenue) D3-C4
SARTHE (Rue de la) C2-D2
SENATEUR PICHON (Rue du) D4
SIAM (Rue de) C2-B3
SUFFREN (Rue) A1
TOULON (Rue de) C1
TOUR (Rue de la) C1-D1
TOURVILLE (Rue) A1-A2
TRAVERSE (Rue) C2-D3
TRAVERSE DE L'EGLISE (Rue) D1
3EME EPERON D3-D4
VAUBAN (Place) C1
VAUBAN (Rue) C1-D1
VICTOR HUGO (Rue) A4-B4
VICTOR ROSSEL (Rue) B1
VICTOR SEGALEN (Rue) C3
VOLTAIRE (Rue) D2-C3
WILSON (Place) C3
YVES BIGNON (Rue) C4
YVES COLLET (Rue) A4-B4

CAEN

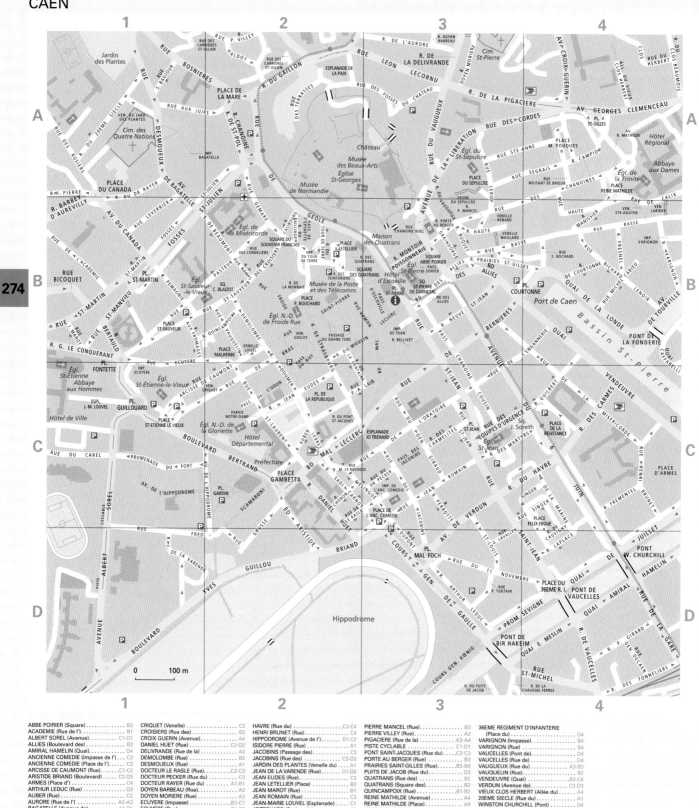

274

ABBE POIRIER (Square) B3
ACADEMIE (Rue de l') B1
ALBERT SOREL (Avenue) C1-D1
ALLIES (Boulevard des) B3
AMIRAL HAMELIN (Quai) D4
ANCIENNE COMEDIE (Impasse de l') . . . C3
ANCIENNE COMEDIE (Place de l') C3
ARCISSE DE CAUMONT (Rue) C1-C2
ARISTIDE BRIAND (Boulevard) C2-D3
ARMES (Place d') C4
ARTHUR LEDUC (Rue) D3
AUBER (Rue) C2-C2
AURORE (Rue de l') A2-A3
BAGATELLE (Avenue de) A1-B1
BAGATELLE (Impasse) A1
BAILLAGE (Rue du) B2
BARBEY D'AUREVILLY (Rue) A1-B1
BASSE (Rue) B3-B4
BELLIVET (Rue) B3
BENARD (Venelle) B3
BERNIERES (Rue de) B3-C3
BERTAULD (Rue) B2
BERTRAND (Boulevard) C1-C2
BICOQUET (Rue) B1
BIEF (Passage du) B2-C2
BIR HAKEIM (Pont de) D3
BOSNIERES (Rue de) A1-A2
BRAS (Rue de) B2
BUQUET (Rue) B3
CAFFARELLI (Quai) B4-C4
CALIBOURG (Rue) B2
CALIX (Rue de) A4-B4
CAMILLE BLAIZOT (Square) B1
CAMPION (Rue) A4
CANADA (Avenue du) A1-B1
CANADA (Place du) A1
CAREL (Rue du) C1
CARMELITES (Rue des) C3
CARMES (Rue des) C4
CARRIERES SAINT-JULIEN
(Rue des) A1-A2
CAUVIGNY (Rue de) C4-D4
CHANOINE COUSIN (Passage) B3-C3
CHANOINE RUEL (Rue) B3
CHANOINE XAVIER DE SAINT-POL
(Rue) A2
CHANOINES (Rue des) B3-A4
CHAUSSEE FERREE (Rue de la) D3
CHORON (Rue) C2
CLOS BEAUMOIS (Rue du) A4
CLOS HERBERT (Rue des) A4
CORDELIERS (Rue des) B2
CORDES (Rue des) A3-A4
COURTONNE (Place) B3-B3
COURTONNE (Rue de) B4

CRIQUET (Venelle) C2
CROISIERS (Rue des) B2
CROIX GUERIN (Avenue) A4
DANIEL HUET (Rue) C2-D2
DELIVRANDE (Rue de la) A3
DEMOLOMBE (Rue) B2
DESMOUEUX (Rue) A1
DOCTEUR LE RASLE (Rue) C2-C3
DOCTEUR PECKER (Rue du) C3
DOCTEUR RAYER (Rue du) A1-B1
DOYEN BARBEAU (Rue) A3
ECUYERE (Impasse) B1-C1
ECUYERE (Rue) B1-C2
ELIE DE BEAUMONT (Rue) B1-B2
ENGANNERIE (Passage de l') C3-B4
EPINETTE (Passage de l') B2
EQUIPES D'URGENCE (Rue des) C3-C4
ESCOVILLE (Passage d') B3
EUGENE MESLIN (Quai) D3-D4
FELIX EBOUE (Place) C4-D4
FONDERIE (Pont de la) B4
FONTAINE (Rue de la) B2-C2
FONTETTE (Place) B1
FORT (Promenade du) C1-C2
FOSSES DU CHATEAU (Rue des) A2-A3
FRED SCAMARONI (Rue) D1-D2
FREMENTEL (Rue) C4
FRESNEL (Rue) C4
FROIDE (Rue) B2
FROMAGES (Rue aux) B1
GABRIEL DUPONT (Rue) C3-D3
GAILLON (Rue du) A2
GAMBETTA (Place) C2
GARDIN (Place) C2
GARE (Rue de la) D4
GASTON LAVALLEY (Rue) C3-D3
GEMARE (Rue) A2-B2
GENERAL DECAEN (Rue) D4
GENERAL GIRAUD (Rue) D3
GENERAL KŒNIG (Cours) D3
GEOLE (Rue de) A2-B3
GEORGES CLEMENCEAU (Avenue) . . . A4
GEORGES LEBRET (Rue) C2
GOSLEY (Venelle) B2
GRAINDORGE (Rue des) B3
GRANDTURC (Passage du) B2
GRUSSE (Rue) C2-D2
GUILBERT (Rue) B4-C4
GUILLAUME LE CONQUERANT (Rue) . . . B1
GUILLOUARD (Place) C1
HALDOT (Rue) A2
HAMON (Rue) B2-B3
HAUTE (Rue) B3-A4

HAVRE (Rue du) C3-C4
HENRI BRUNET (Rue) C4
HIPPODROME (Avenue de l') D1-C2
ISIDORE PIERRE (Rue) A1
JACOBINS (Passage des) C3
JACOBINS (Rue des) C3-D3
JARDIN DES PLANTES (Rue du) A1
JEAN DE LA VARENDE (Rue) D1-D2
JEAN EUDES (Rue) B3
JEAN LETELLIER (Place) B2
JEAN MAROT (Rue) B1
JEAN ROMAIN (Rue) C3
JEAN-MARIE LOUVEL (Esplanade) C1
JOTREHARD (Esplanade) C3
JUIFS (Rue aux) A1-A2
JUILLET (Quai de) C4-D4
LAPLACE (Rue) C4-D4
LARIEUX (Venelle) A4-B4
LEON LECORNU (Rue) A2-A3
LEROY (Rue) A3-B3
LEVERRIER (Rue) A1-B1
LIBERATION (Avenue de la) A3-B3
LOISEL (Venelle) B2-C2
LONDE (Quai de la) B4
MAILLARD (Venelle) B3
MALHERBE (Place) B2
MANISSIER (Rue) B3
MARE (Place de la) A2
MARECHAL FOCH (Place) D3
MARECHAL LECLERC (Boulevard) . . . B2-C3
MARINE (Rue de la) C4-D4
MARTHE LE ROCHOIS (Rue) C2
MARTYRS (Rue des) C3-C4
MAURICE FOUQUES (Place) A4
MELINGUE (Rue) C2-C3
MICHEL CABIEU (Rue) A3
MISERICORDE (Rue de la) B3-C4
MOISANT DE BRIEUX (Rue) A4
MONNAIE (Rue de la) B2
MONTOIR POISSONNERIE (Rue) B3
MOULIN (Rue du) C3
NAMPS (Rue aux) B2
NEUVE SAINT-JEAN (Rue) B2
NOTRE-DAME (Parvis) C2
ODON (Passage de l') C2
ORATOIRE (Rue de l') C2-C3
PAIX (Esplanade de la) A2
PASTEUR (Rue) B1-B2
PAUL DOUMER (Rue) B2-C2
PAUL TOUTAIN (Rue) D3
PEMAGNIE (Rue) B1
PIERRE AIME LAIR (Rue) C2-C3
PIERRE BOUCHARD (Place) B2
PIERRE GIRARD (Rue) D4

PIERRE MANCEL (Rue) B3
PIERRE VILLEY (Rue) A2
PIGACIERE (Rue de la) A3-A4
PISTE CYCLABLE C1-D1
PONT SAINT-JACQUES (Rue du) C2-C3
PORTE AU BERGER (Rue) B3
PRAIRIES SAINT-GILLES (Rue) B3-B4
PUITS DE JACOB (Rue du) A3
QUATRANS (Rue des) B2
QUATRANS (Square des) B2
QUINCAMPOIX (Rue) B1-B2
REINE MATHILDE (Avenue) A4
REINE MATHILDE (Place) A4
RENE PERROTTE (Rue) C3
REPUBLIQUE (Place de la) C4
RESISTANCE (Place de la) C4
RICHARD LENOIR (Rue) B3
ROSIERS (Rue des) A1
SADI CARNOT (Rue) B3
SAINT-ETIENNE LE VIEUX (Place) . . . C2-C3
SAINT-GILLES (Place) A4
SAINT-JEAN (Place) C3
SAINT-JEAN (Rue) B3-B4
SAINT-JULIEN (Fossés) B1-A2
SAINT-LAURENT (Rue) C2
SAINT-LOUIS (Rue) C3-D3
SAINT-MANVIEU (Rue) B1
SAINT-MARTIN (Place) B1
SAINT-MARTIN (Rue) D3-D4
SAINT-PIERRE (Place) B3
SAINT-PIERRE (Rue) B2-B3
SAINT-PIERRE DE DARNETAL (Square) . . B3
SAINT-SAUVEUR (Place) B2
SAINT-SAUVEUR (Rue) B1-B2
SAINTE-AGATHE (Venelle) A3
SAINTE-ANNE (Rue) A3-A4
SAMUEL BOCHARD (Rue) B3
SEGRAIS (Rue) A3-A4
SEPULCRE (Degré de) A3
SEPULCRE (Place du) A3
SEVIGNE (Promenade) D3-D4
SINGER (Rue) C4-D4
6 JUIN (Avenue du) B3-D4
SOHIER (Rue) B3
SOPHRONYME BAUJOUR (Rue) A1
SOUVENIR FRANCAIS (Square du) B2
STRASBOURG (Rue de) B2-C2
TEINTURIERS (Rue des) B2
TERRASSES (Rue des) B2
THAN (Rue de) B3
TONNELIERS (Rue des) D4
TOUR DE TERRE (Impasse du) B2
TOUR DE TERRE (Rue) B2
TOURVILLE (Avenue de) B4

36EME REGIMENT D'INFANTERIE
(Place du) D4
VARIGNON (Impasse) B4
VARIGNON (Rue) B4
VAUCELLES (Pont de) D4
VAUCELLES (Rue de) D4
VAUGUEUX (Rue du) A3-B3
VAUQUELIN (Rue) B2
VENDEUVRE (Rue) B3-C4
VERDUN (Avenue de) C3-D3
VIEUX CLOS HERBERT (Allée du) A4
20EME SIECLE (Rue du) A1
WINSTON CHURCHILL (Pont) D4
YVES GUILLOU (Boulevard) D1-D2

CANNES

0   100 m

ACHARD (Rue)............................B3
ALBERT EDOUARD (Jetée).........C2-D2
ALBERT FROMER (Place)............C2
ALGER (Rue d')...........................C4
ALLIEIS (Rue)...........................C3
ALSACE (Boulevard d')..........C2-C3-B4
ANCIENS COMBATTANTS A F N
(Avenue)............................C1
ANDRE CHAUDE (Rue)..............B2
ANTIBES (Rue d')...................C2-C4
ARCADES (Passage des)............C1
AUBANEL (Rue)........................B2
AUBER (Rue)......................A2-B2
BACHAGA SAID BOUALAM
(Avenue).........................C1-C2
BARON (Rue)...........................B4
BARONNE (Avenue de la)..........A2-A3
BARRI (Rue du)........................D1
BATEGUIER (Rue du)................C2
BEAULIEU (Traverse).................A1
BEL AIR (Chemin de)..............B1-C2
BELFORT (Rue de)....................B1
BELGES (Rue des)..................C2-C3
BENEFIAT (Avenue de)..............A4
BERGERIE (Impasse).................C1
BIVOUAC NAPOLEON (Rue)..........C2
BOCAGE (Allée du)................B1-C1
BOCAGE (Impasse du)..............B1-C1
BONE (Rue de)........................C4
BORNIOL (Rue)......................B1-B4
BOUCHERIE (Rue de la)..........C1-D1
BOUCICAUT (Rue)..................A3-B3
BRANLY (Avenue)..................C4-D4
BROUGHAM (Square)................C2
BUTTURA (Rue)........................C2
CAIRE (Rue).......................A3-A4
CAMPESTRA (Rue)................A1-A2
CANADA (Rue de)..................A1-D4
CARNOT (Boulevard)..............A2-C2
CASTRE (Place de la)................D1
CASTRE (Rue de la)................D1
CHABAUD (Rue).......................B4
CHAMPS (Impasse des)..............A3
CHATAIGNIER (Rue du)..............B2
CHATEAUDUN (Passage)..........B3-B4
CHATEAUNEUF (Rue du)..........C3-C4
CHATEAUVERT (Rue du)............B1
COLLINE (Traverse de la)............C3
COLMAR (Rue de)....................B4
COLONEL TAJASQUE (Impasse)....A1
COMMANDANT ANDRE (Rue)....C3-D3
COMMANDANT BRET (Avenue du)..C4
COMMANDANT LAMY (Rue)........C4
COMMANDANT MARIA (Place du)..B3

COMMANDANT VIDAL (Rue).........C4
CONSTANTINE (Rue de)..............C4
COSTE CORAIL (Rue)..............C1-D1
CROISETTE (Boulevard de la)....C2-D4
CROIX (Rue de la)................B1-C1
DANIELE (Chemin)....................B1
DELAUP (Boulevard)..................B1
DENANS (Impasse)....................B3
DIX-HUIT JUIN (Place du)..........C1
DOCTEUR BERNARD (Avenue du)..A1
DOCTEUR BUDIN (Rue du)..........C1
DOCTEUR CALMETTE (Rue du)..A3-B3
DOCTEUR P GAZAGNAIRE (Rue du)..C1
DUBOYS D'ANGERS (Rond-point)..C4
EDITH CAVELL (Rue)..................C2
ÉGLISE (Place de l')..................D1
EMILE NEGRIN (Rue)..................C4
EMMANUEL SIGNORET (Rue)........C4
ETATS-UNIS (Rue des)..............C2
FELIX FAURE (Boulevard de la)..C1-C2
FERRAGE (Boulevard de la)......C1-C2
FERRY (Rue)...........................C1
FLORIAN (Rue)........................C1
FLOTTE (Avenue de la)............A2-A3
FONTAINE (Rue de la)..............C4
FORVILLE (Rue)........................C1
FRANCOIS EINESY (Rue)..........C4-D4
FREDERIC AMOURETTI (Rue)....B1-C1
FREDERIC MISTRAL (Rue)............B2
FRERES (Rue des)....................C1
FRERES CASANOVA (Rue des)......C2
FRERES GAUDINO-JOLY (Square des)..B4
FRERES PRADIGNAC (Rue des)......C2
GABRES (Rue des)....................C3
GABRES (Traverse des)..............B4
GALEOTTI (Impasse)..................D1
GAMBETTA (Place).....................C3
GARE (Place de la)....................C2
GENERAL DE GAULLE (Place)........C2
GENERAL FERRIE (Rue)..............C4
GEORGES CLEMENCEAU (Rue)......D1
GEORGES MONOD (Rue)..............C4
GEORGES POMPIDOU (Esplanade)..C2
GERARD MONOD (Rue)................C4
GERARD PHILIPE (Place)..............B2
GRAND DUFAY (Carrefour)..........A4
GRAND PIN (Avenue du)..............A4
GRASSE (Avenue de)..............C1-B2
GUYNEMER (Boulevard)..............C1
HALLES (Rue des)....................C1
HAUTE (Rue)......................C1-D1
HELENE VAGLIANO (Rue)............C3
HENRI GERMAIN (Rue)..............A2
HENRI PASCHKE (Rue)............B1-C1
HENRI RUHL (Rue)....................C4
HOCHE (Rue).......................C2-C3

HONORE ESCARRAS (Rue)..........B1
HOTEL DE VILLE (Place de l')....C1-D1
ISOLA BELLA (Avenue)............B3-B4
JEAN DAUMAS (Rue)................C4
JEAN DE LATTRE DE TASSIGNY
(Avenue).......................A1-A3
JEAN DE RIOUFFE (Rue)............C2
JEAN GOUJON (Rue)................B2
JEAN HADDAD SIMON (Rue)........B3
JEAN HIBERT (Boulevard)..........C1
JEAN JAURES (Rue)................C2-C4
JEAN MERO (Rue)....................C4
JEAN NOBLES (Rue)..................B1
JEAN-BAPTISTE DUMAS (Rue)......C4
LAFAYETTE (Rue)....................C2
LATTRE DE TASSIGNY (Avenue de)..B1-B2
LAUBEUF (Quai)..................D1-D2
LEANDRE SARDOU (Avenue)......A4-B4
LECERF (Rue)........................C4
LEGOFF (Impasse)..............B3-B4
LEGOFF (Rue)........................B4
LEON NOEL (Rue)..................B2-B4
LEOPOLD BUCQUET (Rue)..........B2
LERINS (Rue d')......................C4
LIBERTE (Allée de la)............D1-D2
LORRAINE (Boulevard de)..........A3
LOUIS ARDISON (Rue)..............C2
LOUIS BLANC (Rue).................C1
LOUIS BRAILLE (Rue).................B3
LOUIS NOUVEAU (Rue)..............C1
LOUIS PASTOUR (Rue)............B4-C4
LOUIS PERRISSOL (Rue).............C1
LYCKLAMA (Rue)....................B3
LYS (Rue du).........................B4
MACE (Rue).......................C3-D3
MADELEINE (Allée)..................B1
MAL DE LOGIS J FELLEGARA (Rue)..A2
MARCEAU (Impasse)..................C3
MARCEAU (Rue).......................C3
MARCEAU (Traverse)................C3
MARCELLIN BERTHELOT (Rue)...A3-B3
MARCHE FORVILLE (Rue du)........C1
MARECHAL FOCH (Rue)..............C2
MARECHAL GALLIENI (Avenue)...A2-C2
MARECHAL JOFFRE (Rue)............C2
MARIUS AUNE (Rue)................B2
MARIUS ISAIA (Rue)................C1
MARNE (Rue de la)..............B1-C1
MASSUQUE (Place)..................D1
MAURICE DERCHE (Avenue).......A1-A2
MEDECIN LT B. LEPINE (Rue)......C4
MERIMEE (Square)....................C2
MERLE (Rue).......................B3-B4
MERVILLE (Chemin de)..............A1
METZ (Rue de)........................B4

MEUSE (Rue de la)..................B1
MEYNADIER (Rue).................C1-C2
MICHEL ANGE (Rue)..................C4
MIGNO (Rue)........................A3
MILTON (Rue)........................A2
MIMONT (Rue de)..............B2-B3
MIMONT (Traverse)..................B2
MIMOSAS (Rue des)..................C3
MIREILLE (Impasse)..............B1-B2
MIREILLE (Rue)........................B2
MISERICORDE (Rue de la)..........C1
MOLIERE (Rue)........................C4
MONTAIGNE (Rue)....................B2
MONTBOISSIER (Rue)................D1
MONTCHEVALIER (Rue)..............D1
MONTFIAL (Rue)......................A3
MONTFLEURY (Boulevard)..........B4
MOZART (Rue)....................A2-B2
MULHOUSE (Rue de)................B4
NANCY (Rue de).......................B1
NOTRE-DAME (Rue)..............C2-C3
ONZE NOVEMBRE (Impasse du)....B2
ONZE NOVEMBRE (Rue du)..........B2
ORAN (Rue d')........................C4
ORPHELINAT (Rue de l')..............B3
OXYBIA (Impasse).....................A3
PANISSE (Rue)........................C2
PANTIERO (Promenade de la)....D1-C2
PARC DES VALLERGUES (Allée du)..A1
PAUL MERO (Square)..............B1-C1
PERE MURET (Rue du)..............B2
PERGOLA (Avenue de la)........B2-B3
PETIT JUAS (Avenue du)..........A1-C2
PETIT JUAS (Traverse du)........A1-B1
PHALENES (Rue des)..................A2
PHILIBERT DELORME (Rue)..........A2
PIERRE GRAGLIA (Rue)..............C1
PIERRE PUGET (Rue)................B2
PIERRE SEMARD (Place).............C3
PIERVAL (Avenue de)................A4
PIERVAL (Rue de)..................A4-B4
POILUS (Impasse des)............A2-A3
POMPE (Rue de la)..................C2
PONS (Rue)...........................A3
PORT (Rue du)........................D1
POUSSIN (Rue le)....................B2
PRADO (Rue du)......................A3
PRADO-PROVENCE (Avenue)........A3
PRE (Rue du).....................C1-C2
PREYRE (Rue)........................C1
PRINCE DE GALLES (Avenue).....A3-A4
QUATORZE JUILLET (Rue du)........C4
QUEBEC (Allée de)..................A3
RABELAIS (Impasse)..................B2
RAMPE (Rue de la)..................D1

RAPHAEL (Rue)........................B2
RAYMOND MATHIEU (Rue)......C1-D1
REBOULIN (Impasse)..................B3
RENE VIGLIENO (Rue)................A2
REPUBLIQUE (Boulevard de la)..A3-C4
REYER (Rue)...........................A2
RICHEMONT (Impasse)..............A3
RIGUE (Rue)...........................C1
ROBERT FAVRE LE BRET
(Promenade)....................D2-D3
ROCHER (Rue du)....................B1
ROGER (Rue)...........................B1
ROGER RENAUDIE (Rue)..........B2-B3
ROLAND GARROS (Rue)..............B1
ROUAZE (Rue)........................D4
ROUGUIERE (Rue)....................C2
ROUMANILLE (Rue)..................A1
SAINT-ANTOINE (Petite rue)....C1-D1
SAINT-ANTOINE (Rue)..............C1
SAINTE-ROSE (Allée)..............B1-A2
SAINT-HONORE (Rue)................C2
SAINT-JEAN (Avenue)............A1-B2
SAINT-JEAN (Traverse)..............A1
SAINT-LOUIS (Avenue)..........B1-B2
SAINT-LOUIS (Impasse de)......A1-B1
SAINT-NICOLAS (Avenue)..........B2
SAINT-NICOLAS (Chemin)........B2-B3
SAINT-PIERRE (Quai)................D1
SAINT-VICTOR (Rue)................B4
SAISSY (Avenue)......................A4
SAPHORA (Impasse)..................A3
SERBES (Rue des)....................C3
SERGENT BOBILLOT (Rue du)......B3
SERGENT GAZAN (Rue)..............B1
SHAKESPEARE (Rue)..................A2
SQUARE GOUPILLERE (Rue du).....B1
ST-NICOLAS (Place).................C3
STRASBOURG (Rue de)..........B4-C4
SUFFREN (Rue de)....................B2
SUQUET (Place du)..................C1
SUQUET (Rue du)....................C1
TEISSEIRE (Rue)......................C3
TONY ALLARD (Rue)..................C4
TOUR (Escalier de la)................D1
TOUR (Traverse de la)............C1-D1
TURCKHEIM (Rue de)................B4
VALLAURIS (Avenue de)..........A3-A4
VALLERGUES (Ancien chemin des)..A1
VALLERGUES (Traverse des)........B1
VAUBAN (Place)......................B2
VENIZELOS (Rue)....................C2
VERDUN (Rue de)................A2-A3
VICTOR COUSIN (Rue)............C3-C4
VICTOR TUBY (Boulevard)..........C1
VINGT-QUATRE AOUT (Rue)......C2-C3

YUCCAS (Allée des)................A2

CLERMONT-FERRAND

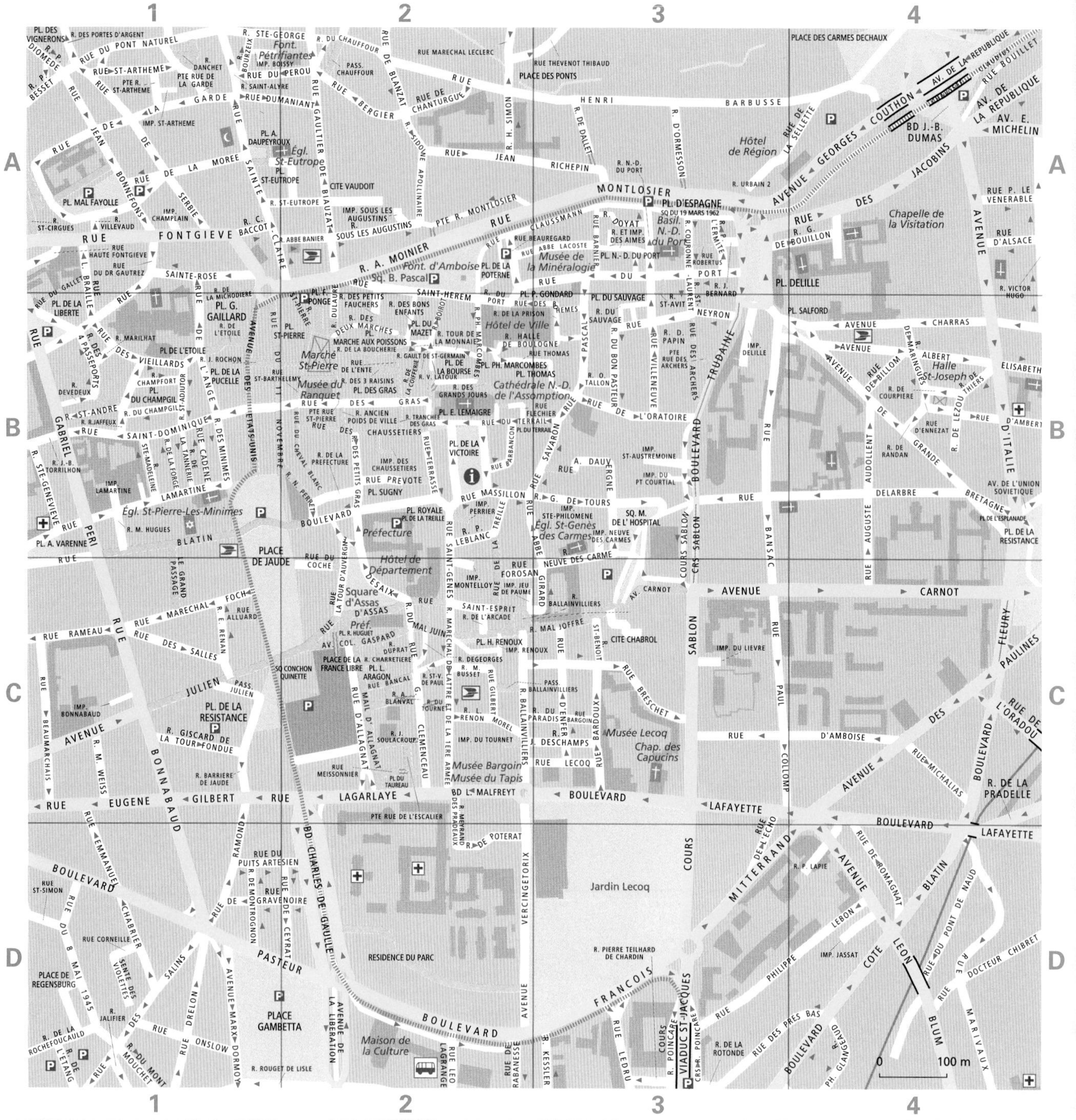

[Map of Clermont-Ferrand with grid references 1–4 (columns) and A–D (rows)]

ABBE BANIER (Rue) ... A1-A2
ABBE DAUPEYROUX (Place) ... A1
ABBE GIRARD (Rue) ... B2-C3
ABBE LACOSTE (Rue) ... A3
AIMES (Rue des) ... A3
ALBERT ELISABETH (Avenue) ... B4
ALEXANDRE VAROENNE (Place) ... B1
ALLAGNAT (Mail d') ... C2
ALLAGNAT (Rue d') ... C2
ALLUARD (Rue) ... C1
ALSACE (Rue d') ... A4
AMBERT (Rue d') ... B4
AMBOISE (Rue d') ... C3-C4
ANCIEN POIDS DE VILLE (Rue) ... B2
ANDRE MOINIER (Rue) ... A2-A3
ANGE (Rue de l') ... A1-B1
ANTOINE DAUVERGNE (Rue) ... A2
ARCADE (Rue de l') ... C2
ARCHERS (Petite rue des) ... B3
ARCHERS (Rue des) ... B3
ARTAUD BLANVAL (Rue) ... C2
ASSAS (Rue d') ... C2
AUGUSTE AUDOLLENT (Rue) ... B4-C4
BALLAINVILLIERS (Passage) ... C2
BALLAINVILLIERS (Rue) ... C2-C3
BANCAL (Rue) ... C2
BANSAC (Rue) ... B3-C3
BARBANCON (Rue) ... B3
BARDOUX (Boulevard) ... C3
BARGOIN (Rue) ... C3
BARNIER (Rue) ... C3
BARRIERE DE JAUDE (Rue) ... C1
BEAUMARCHAIS (Rue) ... C1
BEAUREGARD (Rue) ... A2
BERGIER (Rue) ... A2
BILLOM (Rue de) ... B4
BLANZAT (Rue de) ... A2
BLATIN (Rue) ... B1-C1
BOHEMES (Rue des) ... B2-B3
BOIROT (Rue) ... B2
BOISSY (Impasse) ... A1
BON PASTEUR (Rue du) ... B3
BONNABAUD (Impasse) ... B1
BONNABAUD (Rue) ... B1-C1
BONS ENFANTS (Rue des) ... A2-B2
BOUCHERIE (Rue de la) ... B2
BOUILLET (Rue) ... A4
BOURSE (Place de la) ... B2
BOURZEIX (Rue) ... A1
BRESCHET (Rue) ... C3
CADENE (Rue) ... B1
CARMES DECHAUX (Place des) ... C3-C4
CARNOT (Avenue) ... C3-C4
CEYRAT (Rue) ... D1
CHABROL (Cité) ... C3
CHAMPFORT (Rue) ... B1
CHAMPGIL (Place du) ... B1
CHAMPGIL (Rue) ... B1

CHAMPLAIN (Impasse) ... A1
CHANTURGUE (Rue de) ... A1
CHARLES DE GAULLE (Boulevard) ... C2-D2
CHARRAS (Avenue) ... B3-B4
CHARRETIERE (Rue) ... C2
CHAUFFOUR (Passage) ... A2
CHAUFFOUR (Rue du) ... A2
CHAUSSETIERS (Impasse des) ... B2
CHAUSSETIERS (Rue des) ... B2
CHEVAL BLANC (Rue du) ... B2
CLAUDE BACCOT (Rue) ... A2
CLAUDIUS (Chaussée) ... A4
CLAUSSMANN (Rue) ... B2-A3
COCHE (Rue du) ... C2
COIFFERIE (Rue de la) ... B2
COLONEL GASPARD (Avenue) ... C2
CORNEILLE (Rue) ... D1
COTE BLATIN (Boulevard) ... D3-D4
COURONNE (Rue de la) ... A3
COURPIERE (Rue de) ... B4
DALLET (Rue de) ... B4
DANCHET (Rue) ... A1
DEGEORGES (Rue) ... C2
DELARBRE (Rue) ... B3-B4
DELILLE (Impasse) ... B3
DELILLE (Place) ... B3
DENIS PAPIN (Rue) ... B3
DESAIX (Boulevard) ... C3
DEUX MARCHES (Rue des) ... B2
DEVEDEUX (Rue) ... B1
19 MARS 1962 (Square du) ... A3
DOCTEUR CHIBRET (Rue du) ... D4
DOCTEUR GAUTREZ (Rue du) ... A1
DOYAT (Rue) ... A3
DRELON (Rue) ... C1
DULAURE (Rue) ... A2
DUMANIANT (Rue) ... A1-A2
DUPRAT (Rue) ... B2
ECHO (Rue de l') ... C3-D3
EDMOND LEMAIGRE (Rue) ... B2
EDOUARD MICHELIN (Avenue) ... A4
EMMANUEL CHABRIER (Rue) ... C1-D1
ENFER (Rue d') ... B2
ENNEZAT (Rue d') ... B3
ENTE (Rue de l') ... B2
ERNEST RENAN (Rue) ... C1
ESCALIER (Petite rue de l') ... C2
ESPAGNE (Place d') ... A3
ESPLANADE (Place de l') ... B4
ETANG (Rue de l') ... D1
ETATS UNIS (Rue des) ... B1
ETOILE (Place de l') ... B1
ETOILE (Rue de l') ... B1
EUGENE GILBERT (Rue) ... C1
FLECHIER (Rue) ... B2
FLEURY (Boulevard) ... B4-D4
FONTGIEVE (Rue) ... A1

FORGE (Rue de la) ... B1
FOROSAN (Rue) ... C2-C3
FRANCE LIBRE (Place de la) ... C2
FRANCIS PONGE (Rue) ... A2
FRANCOIS MITTERRAND (Bd) ... D2-D4
GABRIEL PERI (Rue) ... B1
GALLET (Rue du) ... A1-B1
GAMBETTA (Place) ... D1
GARDE (Petite rue de la) ... A1
GARDE (Rue de la) ... A1
GAULT DE ST-GERMAIN (Rue) ... B2
GAULTIER DE BIAUZAT (Rue) ... B1
GEORGES CLEMENCEAU (Rue) ... C2
GEORGES COUTHON (Avenue) ... A3-A4
GILBERT GAILLARD (Place) ... B1
GILBERT MOREL (Rue) ... C2
GISCARD DE LATOUR FONDUE (Rue) ... C1
GODEFROY DE BOUILLON (Rue) ... A3-A4
GRANDE BRETAGNE (Avenue de) ... B4
GRANDS JOURS (Rue des) ... B2
GRAS (Place des) ... B2
GRAS (Rue des) ... B2
GRAVENOIRE (Rue) ... D1-D2
GREGOIRE DE TOURS (Rue) ... B2-B3
HALLE DE BOULOGNE (Rue) ... B2-B3
HAUTE FONTGIEVE (Rue) ... A1
HENRI BARBUSSE (Rue) ... A3-A4
HENRI SIMON (Rue) ... A2
HIPPOLYTE RENOUX (Rue) ... C2
ITALIE (Rue d') ... A4-B4
JEAN-BAPTISTE TORRILHON (Rue) ... A3
JACOBINS (Rue des) ... A3-A4
JACQUES BERNARD (Rue) ... C2
JALIFIER (Rue) ... D1
JASSAT (Impasse) ... D4
JAUDE (Place de) ... C2
JEAN BONNEFONS (Rue) ... B3
JEAN DESCHAMPS (Rue) ... C2-C3
JEAN RICHEPIN (Rue) ... A2-A3
JEAN ROCHON (Rue) ... B1
JEAN SOULACROUP (Rue) ... B1
JEAN-BAPTISTE DUMAS (Boulevard) ... A4
JEU DE PAUME (Rue du) ... C2
JULIEN (Avenue) ... B1-C2
JULIEN (Passage) ... C1
KESSLER (Rue) ... D2
LAFAYETTE (Boulevard) ... C2-D3
LAGARLAYE (Rue) ... C1-C2
LAMARTINE (Impasse) ... B1
LAMARTINE (Rue) ... B1
LE GRAND PASSAGE ... C2
LECOQ (Rue) ... C2-C3
LEDRU (Rue) ... D2
LEON LAGRANGE (Rue) ... D2
LEON BLUM (Avenue) ... C4-D4
LEON MALFREYT (Boulevard) ... C2
LEZOUX (Rue de) ... B4

LIBERATION (Avenue de la) ... D2
LIBERTE (Place de la) ... B1
LIEVRE (Impasse du) ... C3
LOUIS ARAGON (Place) ... C2
LOUIS BRAILLE (Rue) ... A1-B1
LOUIS RENON (Rue) ... C2
MARCHE AUX POISSONS (Place) ... B2
MARECHAL DE LATTRE ET DE LA 1ERE ARMEE (Rue) ... C2
MARECHAL FAYOLLE (Place) ... A1
MARECHAL FOCH (Rue) ... C2
MARECHAL JOFFRE (Rue) ... C2-C3
MARECHAL JUIN (Rue) ... B2-C2
MARECHAL LECLERC (Rue) ... A2
MARILHAT (Rue) ... B2
MARINGUES (Rue de) ... B4
MARINIAUX (Rue) ... D4
MARX DORMOY (Avenue) ... D1
MASSILLON (Rue) ... B2
MAURICE BUSSET (Rue) ... C1
MAURICE WEISS (Rue) ... C1
MAZET (Rue du) ... B2
MEISSONNIER (Rue) ... C1
MEYRAND DES PRADEAUX (Rue) ... C2-D2
MICHALIAS (Rue) ... D4
MICHEL DE L'HOSPITAL (Square) ... B3
MICHEL HUGUES (Rue) ... B1
MICHODIERE (Rue de la) ... A1-B1
MINIMES (Rue des) ... B1
MONT MOUCHET (Rue du) ... D1
MONTELLOY (Impasse) ... C2
MONTLOSIER (Petite rue) ... A2-A3
MONTLOSIER (Rue) ... A2-A3
MONTROGNON (Rue de) ... D1
MOREE (Rue de la) ... A2
NESTOR PERRET (Rue) ... B2
NEUVE DES CARMES (Impasse) ... B3-C3
NEUVE DES CARMES (Rue) ... B3-C3
NOTRE DAME DU PORT (Place) ... A3
NOTRE DAME DU PORT (Rue) ... A3
OMER TALLON (Rue) ... A3
ONSLOW (Rue) ... C1
11 NOVEMBRE (Rue du) ... A1-B1
ORADOU (Rue de l') ... C4
ORATOIRE (Rue de l') ... B2
ORMESSON (Rue d') ... A3
PARADIS (Rue du) ... C2-C3
PARC (Résidence du) ... D2
PASCAL (Rue) ... A3-B2
PASTEUR (Boulevard) ... D1-D2
PAUL COLLOMP (Rue) ... C3
PAUL DIOMEDE (Rue) ... A1
PAUL GONDARD (Rue) ... B2
PAUL LAPIE (Rue) ... D2
PAULINES (Avenue des) ... C4
PEROU (Rue) ... A1-A2

PERRIER (Impasse) ... B2
PETIT COURTIAL (Impasse du) ... B3
PETITS FAUCHERS (Rue des) ... A2-B2
PETITS GRAS (Rue des) ... B2
PHILIPPE GLANGEAUD (Rue) ... D4
PHILIPPE LEBON (Rue) ... D3-D4
PHILIPPE MARCOMBES (Rue) ... A2-B2
PHILIPPE MARCOMBES (Place) ... B2
PIERRE BESSET (Rue) ... A1
PIERRE L'ERMITE (Rue) ... A3
PIERRE LE VENERABLE (Rue) ... A4
PIERRE TEILHARD DE CHARDIN (Rue) ... D3
PONT DE NAUD (Rue du) ... A1
PONT NATUREL (Rue du) ... A1
PONTS (Place des) ... A2
PORT (Rue du) ... B2-A3
PORTES D'ARGENT (Rue des) ... A1
POTERAT (Rue de) ... D2
POTERNE (Place de la) ... A2
PRADELLE (Rue de la) ... D4
PREFECTURE (Rue de la) ... B2
PRES BAS (Rue des) ... D3-D4
PREVOTE (Rue) ... B2
PRISON (Rue de la) ... B2
PUITS ARTESIEN (Rue du) ... D1-D2
4 PASSEPORTS (Rue des) ... B1
RABANESSE (Rue) ... D2
RAMEAU (Rue) ... C1
RAMOND (Rue) ... C1-D1
RANDAN (Rue de) ... B4
RAYMOND POINCARE (Cours) ... D3
REGENSBURG (Place de) ... D1
RENOUX (Impasse) ... C2
REPUBLIQUE (Avenue de la) ... A4
RESISTANCE (Place de la) ... C2-B4
RIBEYRE JAFFEUX (Rue) ... B2
ROBERT HUGUET (Rue) ... A3
ROBERTUS (Rue) ... A3
ROCHEFOUCAULD (Rue de la) ... D1
ROMAGNAT (Rue de) ... C4-D4
ROTONDE (Rue de la) ... D3
ROUGET DE LISLE (Rue) ... D1-D2
ROYALE (Place) ... B2
SABLON (Cours) ... B3-C3
SAINT-ADJUTOR (Rue) ... A1
SAINT-ALYRE (Rue) ... A1
SAINT-ANDRE (Rue) ... B1
SAINT-ARTHEME (Impasse) ... A1
SAINT-ARTHEME (Petite rue) ... A1
SAINT-AUSTREMOINE (Impasse) ... B3
SAINT-AVIT (Rue) ... A3-B3
SAINT-BARTHELEMY (Rue) ... B2
SAINT-BENOIT (Rue) ... C2
SAINT-CIRGUES (Rue) ... A1
SAINT-DOMINIQUE (Rue) ... B1
SAINT-ESPRIT (Rue) ... C2

SAINT-EUTROPE (Place) ... A2
SAINT-EUTROPE (Rue) ... A1-A2
SAINT-GENES (Rue) ... B2-C2
SAINT-HEREM (Rue) ... A2-B2
SAINT-LAURENT (Rue) ... A3-B3
SAINT-PIERRE (Petite rue) ... B2
SAINT-PIERRE (Place) ... B2
SAINT-SIMON (Rue) ... D1
SAINT-VINCENT DE PAUL (Rue) ... A4
SAINTE-CLAIRE (Rue) ... A1-A2
SAINTE-GENEVIEVE (Rue) ... B1
SAINTE-GEORGE (Rue) ... A1-A2
SAINTE-MADELEINE (Rue) ... B1
SAINTE-PHILOMENE (Impasse) ... B3
SAINTE-ROSE (Rue) ... A1-B1
SAVARON (Rue) ... A2
SELLETTE (Rue de la) ... A3-A4
SERBIE (Rue de) ... A1
SIDOINE APOLLINAIRE (Rue) ... A4
SOUS LES AUGUSTINS (Impasse) ... A2
SOUS LES AUGUSTINS (Rue) ... A2
SUGNY (Place) ... B2
TANNERIE (Rue de la) ... B1
TAUREAU (Place du) ... C2
TERRAIL (Place du) ... B3
TERRAIL (Rue du) ... B2-B3
TERRASSE (Rue) ... C2
THEVENOT THIBAUD (Rue) ... A2
THIERS (Rue de) ... B4
THOMAS (Place) ... B2
THOMAS (Rue) ... B2-B3
TOUR D'AUVERGNE (Rue la) ... B2-B3
TOUR DE LA MONNAIE (Rue) ... B2
TOURNET (Rue de) ... C2
TOURNET (Impasse du) ... C2
TRANCHEE DES GRAS (Rue) ... B2
TREILLE (Rue de la) ... B2-C2
3 RAISINS (Rue des) ... B2
TRUDAINE (Boulevard) ... B3
UNION SOVIETIQUE (Avenue de l') ... B4
URBAIN 2 (Cité) ... A3
VAUDOIT (Cité) ... A3
VERCINGETORIX (Avenue) ... C2-D2
VERDIER LATOUR (Rue) ... C2
VIADUC SAINT-JACQUES ... D3
VICTOIRE (Place de la) ... B2
VICTOR HUGO (Rue) ... A4
VIEILLARDS (Rue des) ... B1
VIGNERONS (Place des) ... A1
VILLENEUVE (Rue) ... A3-B3
VILLEVAUD (Rue) ... A1
VIOLETTES (Sente des) ... D1

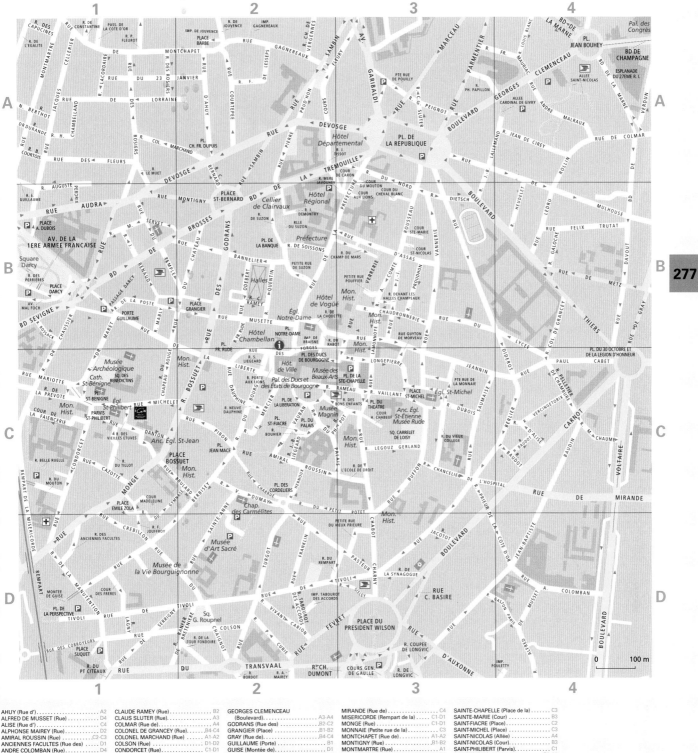

277

AHUY (Rue d') A2
ALFRED DE MUSSET (Rue) D4
ALISE (Rue d') B3
ALPHONSE MAIREY (Rue) D2
AMIRAL ROUSSIN (Rue) C2-C3
ANCIENNES FACULTES (Rue des) D1
ANDRE COLOMBAN (Rue) D4
ANDRE MALRAUX (Rue) A4
ASSAS (Rue d') B2-B3
AUDRA (Rue) B1
AUGUSTE COMTE (Rue) B3
AUGUSTE DUBOIS (Place) B1
AUGUSTE PERDRIX (Rue) A1-B1
AUXONNE (Rue d') D3
BANNELIER (Rue) B1-B2
BANQUE (Place de la) B2
BARBE (Place) A2
BELLE RUELLE (Rue) C1
BENEDICTINS (Square des) C1
BERBISEY (Rue) D1-C2
BERLIER (Rue) D3-C4
BERNARD COURTOIS (Rue) A1
BONS ENFANTS (Rue des) C2
BORDOT (Rue) D2
BOSSACK (Rue) B2
BOSSUET (Place) C1-C2
BOSSUET (Rue) C2
BOUHIER (Rue) C2
BOURG (Rue du) C2
BRAISNE (Impasse de) B2
BROSSES (Boulevard de) B1-B2
BRULARD (Rue) C1
BUFFON (Rue) C3-D3
CAPUCINES (Rue des) A1
CARDINAL DE GIVRY (Allée) A4
CARNOT (Boulevard) D3-C4
CARON (Cour de) A3-B3
CARRELET DE LOISY (Square) C1
CAZOTTE (Rue) C1
CHABOT CHARNY (Rue) C3-D3
CHAIGNOT (Rue du) D1-D2
CHAMP DE MARS (Rue du) B2-B3
CHAMPAGNE (Boulevard de) A4
CHANCELIER DE L'HOSPITAL (Rue) . . . C3-C4
CHAPEAU ROUGE (Rue) B1-C1
CHARLES DE VERGENNES (Rue) A2
CHARLES DUMONT (Rue) D2
CHARLES FRANCOIS DUPUIS (Place) . . . A2
CHARRUE (Rue) C2
CHATEAU (Rue du) B1-B2
CHAUDRONNERIE (Rue) B3
CHEVAL BLANC (Cour du) B3
CHOUETTE (Rue de la) B2-B3
CLAUDE BASIRE (Rue) D3
CLAUDE BERNARD (Rue) A2-B2

CLAUDE RAMEY (Rue) B2
CLAUS SLUTER (Rue) A3
COLMAR (Rue de) A4
COLONEL DE GRANCEY (Rue) B4-C4
COLONEL MARCHAND (Rue) A1-A2
COLSON (Rue) D1-D2
CONDORCET (Rue) C1-D1
CONSTANTINE (Rue de) A1
CORDELIERS (Place des) C2
CORROYEURS (Rue des) D1
COTE D'OR (Passage de la) A1
COURTEPEE (Rue) A2
CREBILLON (Rue) C1

DANTON (Rue) C1
DARCY (Passage) B1
DARCY (Place) B1
DAUPHINE (Rue) C2
DAVOUT (Rue) B4
DEVANT LES HALLES CHAMPEAUX
(Rue) B3
DEVOSGE (Rue) B1-A3
DIDEROT (Rue) C2-C3
DIETSCH (Rue) B3
DOCTEUR CHAUSSIER (Rue) B1-C1
DOCTEUR DURANDE (Rue) D1
DOCTEUR MARET (Rue) C1
DUBOIS (Rue) C2
DUCS DE BOURGOGNE
(Place des) B2-C3
ECOLE DE DROIT (Rue de l') C2-C3
EGALITE (Rue de l') A1
EMILE ZOLA (Place) C1
EUGENE GUILLAUME (Rue) B1
FAIENCERIE (Cour de la) C1
FELIX TRUTAT (Rue) B4
FERDINAND DE LESSEPS (Rue) A1
FEVRET (Rue) D2-D3
FLEURS (Rue des) A1
FLEURY (Cours) A2-A3
FORGES (Rue des) B2-C2
FRANCOIS BAUDOT (Rue) C4
FRANCOIS JOUFFROY (Rue) D1
FRANCOIS MAURIAC (Rue) A3-A4
FRANCOIS RUDE (Place) B2
FRANCOIS RUDE (Rue) B2
FRANKLIN (Rue) D2
FRERES (Cour des) D1
GABRIEL PEIGNOT (Rue) A3
GAGNEREAUX (Impasse) A2
GAGNEREAUX (Rue) A2
GALOCHE (Rue) B4
GARIBALDI (Avenue) A3
GASTON PARIS (Rue) D3-D4
GENERAL DE GAULLE (Cours) D3

GEORGES CLEMENCEAU
(Boulevard) A3-A4
GODRANS (Rue des) B2-C2
GRANGIER (Place) B1-B2
GRAY (Rue de) B4-C4
GUILLAUME (Porte) B1
GUISE (Montée de) D1
GUYTON DE MORVEAU (Rue) B3-C3
GYMNASE (Rue du) D1-C2
HENRI BAUDOT (Rue) C4
HENRI CHABEUF (Cour) C3
HENRY CHAMBELLAND (Rue) A1
HERNOUX (Rue) C2
HEUDELET (Rue) A4-B4
JACOTOT (Rue) D3
JACQUES CELLERIER (Rue) A1-B1
JAMES DEMONTRY (Rue) B2
JEAN BOUHEY (Place) A4
JEAN DE CIREY (Rue) A4
JEAN MACE (Place) C2
JEAN RENAUD (Rue) A2
JEAN-BAPTISTE BAUDIN (Rue) D3-C4
JEAN-BAPTISTE LALLEMAND (Rue) . . B3-A4
JEAN-BAPTISTE LIEGEARD (Rue) B2
JEAN-JACQUES ROUSSEAU (Rue) . . . A3-B3
JEANNIN (Rue) B3-C4
JOSEPH TISSOT (Rue) A2
JOUVENCE (Impasse de) A2
JOUVENCE (Rue de) A2
JULES MERCIER (Rue) B2
LACORDAIRE (Rue) A1
LAGNY (Rue) D1
LAMONNOYE (Rue) B3-C3
LEDRU ROLLIN (Rue) A4-B4
LEGOUZ GERLAND (Rue) C3
LIBERATION (Place de la) B3
LIBERTE (Rue de la) B1-C2
LIONS (Cour aux) B3
LONGEPIERRE (Rue) C3
LONGVIC (Rue de) D3
LORRAINE (Rue de) A1-A2
LOUIS BLANC (Rue) A4
LYCEE (Rue du) B3-C4
MABLY (Rue) B1
MADELEINE (Cour) C1
MANUTENTION (Rue de la) D1
MARECHAL FOCH (Avenue) B1
MARCEAU (Rue) C4
MARNE (Boulevard de la) A4
MAURICE CHEVALIER (Rue) C4
MERE JAVOUHEY (Rue) A2-B2
METZ (Rue de) B4
MICHEL SERVET (Rue) B1-B2
MICHELET (Rue) C1-C2

MIRANDE (Rue de) C4
MISERICORDE (Rempart de la) C1-D1
MONGE (Rue) C1-D1
MONNAIE (Petite rue de la) C2
MONTCHAPET (Rue de) A1-A2
MONTIGNY (Rue) B1-B2
MONTMARTRE (Rue) A1
MOUTON (Cour du) A3-B3
MOUTON (Rue du) C1
MUET (Rue du) A1-B1
MULHOUSE (Rue de) A3-B4
MUSETTE (Rue) B2
NEUVE DAUPHINE (Rue) C2
NICOLAS BERTHOT (Rue) A1
NORD (Rue du) A3-B3
NOTRE DAME (Place) B2-C2
ODEBERT (Rue) B2
PALAIS (Rue du) C2
PALAIS (Rue du) C2-C3
PARMENTIER (Rue) A3
PAUL CABET (Rue) C4
PELLETIER DE CHAMBURE (Rue) C4
PERRIERES (Rue des) B1
PERSPECTIVE (Place de la) D1
PETIT CITEAUX (Rue du) D1
PETIT POTET (Rue du) C2-C3
PHILIBERT PAPILLON (Rue) A3-A4
PHILIPPE POT (Rue) C2-C3
PIERRE CURIE (Rue) D2
PIERRE FLEUROT (Rue) A1
PIERRE PRUD'HON (Rue) C2
PIRON (Rue) C2
PORTE AUX LIONS (Rue) B2
POSTE (Rue de la) B1
POUFFIER (Petite rue de) B3
POUILLY (Petite rue de) A3
POULETTY (Impasse) D4
PREFECTURE (Rue de la) B2-A3
PRESIDENT WILSON (Place du) D3
PREVOTE (Rue de la) B3
PRIEUR DE LA COTE D'OR (Rue) C3-D4
PROUDHON (Rue) B3
QUENTIN (Rue) B2
RABOT (Rue du) B3
RAMEAU (Rue) C2-C3
RANFER DE BRETENIERE (Rue) D1-D2
REMPART (Rue du) D2-D3
REPUBLIQUE (Place de la) A3
ROSIERS (Rue des) A1-B1
SAINT-BENIGNE (Place) B2
SAINT-BERNARD (Place) B2
SAINTE-ANNE (Rue) C2-D2

SAINTE-CHAPELLE (Place de la) C3
SAINTE-MARIE (Cour) B3
SAINT-FIACRE (Place) C2
SAINT-MICHEL (Place) C3
SAINT-NICOLAS (Allée) A4
SAINT-NICOLAS (Cour) B3
SAINT-PHILIBERT (Parvis) C1
SAMBIN (Rue) B2-A3
SAUMAISE (Rue) C3
SERRIGNY (Rue de) D1-D2
SEVIGNE (Boulevard) B1
SISLEY (Rue) D2-D3
SOISSONS (Rue de) B2
STEPHEN LIEGEARD (Rue) C2
SUQUET (Place) D1
SUZON (Petite rue de) B2
SUZON (Rue du) B2
SUZON (Ruelle du) B2
SYNAGOGUE (Rue de la) D3
TABOUROT DES ACCORDS (Impasse) . . D2
TABOUROT DES ACCORDS (Rue) D2
TEMPLE (Rue du) B1-B2
THEATRE (Place du) C2
THIERS (Boulevard) A3-C4
TILLOT (Rue du) C1
TIVOLI (Rempart) D1
TIVOLI (Rue de) D1-D3
TOUR FONDOIRE (Rue de la) D1
TRANSVAAL (Rue du) D1-D3
TREMOUILLE (Boulevard de la) B2-A3
30 OCTOBRE ET DE LA LEGION
D'HONNEUR (Place du) B3
TURGOT (Rue) C2-D2
VAILLANT (Rue) C3
VANNERIE (Rue) B3-C3
VAUBAN (Rue) C2
VERCINGETORIX (Rue) C4
VERDUN (Boulevard de) A4-B4
VERRERIE (Rue) B3-C3
VICTOR DUMAY (Rue) D1-D3
VIEILLES ETUVES (Rue des) C1
VIEUX COLLEGE (Rue du) C3
VIEUX PRIEURE (Petite rue du) D3
27EME REGIMENT D'INFANTERIE
(Esplanade du) A4
23 JANVIER (Rue du) A1-A2
VIVANT CARION (Rue) D2
VOLTAIRE (Boulevard) C4-D4

GRENOBLE

ABBE DE LA SALLE (Rue)........B4
ABEL SERVIEN (Rue)........A4
ABREUVOIR (Rue de l')........B3
AGIER (Rue)........A3
AGUTTE SEMBAT (Boulevard)........B3-C3
AIGLE (Rue de l')........D2
ALBERT 1ER DE BELGIQUE........C4-D4
ALEXANDRE 1ER DE YOUGOSLAVIE
(Rue)........B2-B3
ALMA (Rue de l')........A4-B4
ALPHAND (Rue)........B4
ALPHONSE TERRAY (Rue)........A3
ALSACE (Rue d')........C3-C4
ALSACE LORRAINE (Avenue)........B1-B2
AMIRAL COURBET (Rue)........B2
AMOUREUX (Cour des)........C4
ANCIEN CHAMP DE MARS (Rue de l')........B2
ANDRE MAGINOT (Rue)........D2-D3
ANDRE MALRAUX (Place)........C3-C4
ANDRE REAL (Rue)........A4
APVRIL (Place d')........C4
ARAGO (Rue)........A1
ARISTIDE BERGES (Rue)........A1-B1
ARISTIDE BRIAND (Place)........A1
ARSONVAL (Rue d')........A1-B1
ARTS (Rue des)........C1
AUBERT DUBAYET (Rue)........C2-C3
AUGEREAU (Rue)........D2
AUGUSTE GACHE (Rue)........A4-B4
AUGUSTINS (Rue des)........A3
BAINS (Rue des)........C1
BARBILLON (Rue)........A1
BARNAVE (Rue)........B2
BARRAL (Rue)........B2
BAYARD (Rue)........B3
BEAUBLACHE (Rue)........A4-B4
BEAUREGARD (Chemin)........B1
BEAUXTAILLEURS (Rue des)........A4
BECCARIA (Rue)........C4
BEETHOVEN (Rue)........D1
BELGRADE (Rue de)........A3-B3
BERANGER (Rue)........C2-B3
BERGERS (Rue des)........C2
BERRIAT (Cours)........B1-C2
BERTHE DE BOISSIEUX (Rue)........D2-D3
BERULLE (Place de)........B3
BEYLE STENDHAL (Rue)........B4-C4
BILLEREY (Rue)........B2
BLANC FONTAINE (Rue)........B2
BOIS D'ARTAS (Chemin)........D1
BOISSET (Rue)........B1
BONNE (Rue de)........B3
BONS ENFANTS (Rue des)........C2
BOSSUS (Cour des)........C4

BRESSIEUX (Rue)........B3
BROCHERIE (Impasse)........A4
BROCHERIE (Rue)........A4
CAMILLE DESMOULINS (Rue)........D1
CAPUCE (Chemin de la)........D2
CASIMIR BRENIER (Rue)........B1-A2
CASIMIR PERIER (Rue)........B4-C4
CHALEMONT (Montée)........A3
CHAMPIONNET (Place)........B4-C4
CHAMPOLLION (Rue)........B4-C4
CHARLES GOUNOD (Rue)........D1
CHARLES MICHELS (Square)........D1
CHARLES TARTARI (Rue)........C3-C4
CHARLES TESTOUD (Rue)........D1-D2
CHARPEL (Rue.)........D2
CHAULNES (Cour de)........A3
CHENOISE (Rue)........A4
CITADELLE (Pont de la)........A4
CLAUDE BERNARD (Rue)........A1-A2
CLAUDE BROSSE (Quai)........A3
CLAVEYSON (Place)........A3
CLEMENT (Rue.)........C1
CLERCS (Rue des)........A3-A4
CLOT BEY (Rue)........B2-B3
COLBERT (Rue)........C1
COLONEL BOUGAULT (Rue)........D4
COLONEL DENFERT ROCHEREAU
(Rue)........B1
COLONEL DUMONT (Rue)........D2
COLONEL LANOYERIE (Rue)........D1-D2
COMBATTANTS D'AFRIQUE DU NORD
(Allée des)........C4-D4
COMMANDANT GILOT (Rue)........D2
COMMANDANT ROZAN (Rue)........D2
CONDILLAC (Rue)........B3-B4
CONDORCET (Rue)........C2
CORATO (Voie de)........A1-A4
CORNEILLE (Rue)........B4
CORNELIE GEMOND (Rue)........B4
CREPU (Rue)........B1-C1
CREQUI (Quai)........A2
CUJAS (Rue)........A3
CYMAISE (Place de la)........A3
DAUPHINE (Rue du)........D1
DAUPHINS (Passage des)........B3
DESAIX (Rue)........D1
DIABLES BLEUS (Boulevard des)........D4
DIODORE RAHOULT (Rue)........B3
DOCTEUR BALLY (Rue du)........B3
DOCTEUR HERMITE (Rue du)........D1
DOCTEUR LEON MARTIN (Place du)........B3-C3
DOCTEUR MAZET (Rue du)........A2-B2
DOCTEUR VALOIS (Square du)........B3
DOMINIQUE VILLARS (Rue)........B3

DOUDART DE LAGREE (Rue)........C2-D2
DOYEN GOSSE (Place)........A1-B1
DROITS DE L'HOMME (Parvis des)........A3
EDGAR QUINET (Rue)........B1-C1
EDOUARD BRANLY (Rue)........A1
EDOUARD REY (Boulevard)........A2-B3
ELISEE RECLUS (Rue)........D3
EMILE AUGIER (Rue)........B1-A2
EMILE GUEYMARD (Rue)........A1-B1
ESPLANADE (Boulevard de l')........A1
ESTOC (Rue de l')........A1
ETIENNE FOREST (Rue)........B1-B2
ETIENNE MARCEL (Rue)........C1
ETOILE (Place de l')........B3-C3
EUGENE FAURE (Rue)........B4
EXPILLY (Rue)........B4
EYMARD (Impasse)........D1-D2
FANTIN LATOUR (Rue)........B4-C4
FELIX POULAT (Rue)........A3
FELIX VIALLET (Avenue)........B1-B2
FER A CHEVAL (Rue du)........A4
FONTAINE (Cours la)........C2-B3
FRANCE (Quai de)........A2
FRANCOIS MITTERRAND (Esplanade)........A3
FRANCOIS RAOULT (Rue)........B3-C3
FREDERIC TAULIER (Rue)........A4
GABRIEL PERI (Rue)........B1-C1
GALILEE (Rue)........C1
GAMBETTA (Boulevard)........A2-D3
GARE (Place de la)........B1
GENERAL CHAMPON (Avenue)........D4
GENERAL DE BEYLIE (Rue)........B4
GENERAL DURAND (Rue)........C2
GENERAL JANSSEN (Rue)........D2
GENERAL MARCHAND (Rue)........B4
GENERAL RAMBEAUD (Rue)........C2
GENISSIEU (Rue)........C2
GENTIL BERNARD (Rue)........B2
GODEFROY SILVESTRI (Square)........C4
GORDES (Rue de)........A3
GRAILLE (Quai de la)........A1
GRANDE RUE........A3-B3
GRENETTE (Place)........A3
GUETAL (Rue)........B3
GUSTAVE RIVET (Place)........D3
GUY ALLARD (Rue)........D2
GUY PAPE (Rue)........A2
HAUQUELIN (Rue)........A4
HAXO (Rue)........B4-C4
HEBERT (Rue)........B3
HECTOR BERLIOZ (Rue)........A3
HENRI DING (Rue)........D3
HERBES (Place aux)........A3-A4
HIPPOLYTE BOUVIER (Rue)........C1
HOCHE (Rue)........C3

HUBERT DUBEDOUT (Place)........A2
HUMBERT II (Rue)........C2-C3
IRVOY (Rue)........C4
ISERE (Rue de l')........A1
JACQUELINE MARVAL (Place)........C2-D2
JARDIN HOCHE (Allée du)........C3-D3
JAY (Rue)........B2
JEAN ACHARD (Place)........B3-B4
JEAN BISTESI (Rue)........C4-D4
JEAN BOCQ (Rue)........C4-D4
JEAN JAURES (Cours)........D1-A2
JEAN MACE (Rue)........A1-B1
JEAN PAIN (Boulevard)........C4
JEAN PERROT (Avenue)........C4
JEAN PREVOST (Rue)........C1-D1
JEAN-BAPTISTE PRADEL (Rue)........C2
JEAN-FRANCOIS HACHE (Rue)........B4
JEAN-JACQUES ROUSSEAU (Rue)........A3-B4
JESUS (Chemin)........C2
JOSEPH REY (Rue)........B1-D1
JULES VIOLLE (Rue)........A1
KLEBER (Rue)........D2
LAFAYETTE (Rue)........B3-A4
LAKANAL (Rue)........C2-C3
LAMARTINE (Rue)........B3-C3
LAVALETTE (Place de)........A4
LAZARE CARNOT (Rue)........C2
LESDIGUIERES (Rue)........C3
LIBERTE (Rue de la)........B3-B4
LIEUTENANT CHANARON (Rue du)........D1
LIEUTENANT DE QUINSONAS (Rue du)........D1
LIEUTENANT-COLONEL TROCARD
(Rue)........D2
LIONNE (Rue de)........A3
LONDRES (Rue de)........D1
LORRAINE (Rue de)........A4
LOUIS VALLIER (Impasse)........D1
LYCEE (Passage du)........B3
LYON (Route de)........A1
MABLY (Rue)........A3
MADELEINE (Rue)........A3-A4
MALLIFAUD (Rue)........D3-D4
MANEGE (Rue du)........C4
MARCEAU (Rue)........D1
MARCEL BENOIT (Rue)........B1-B2
MARCEL DEPREZ (Rue)........A2-B2
MARCEL PORTE (Rue)........D3-D4
MARCEL REYMOND (Cour)........A4
MARECHAL DODE (Rue)........B3
MARECHAL FOCH (Boulevard)........D2-D3
MARECHAL JOFFRE (Boulevard)........D4
MARECHAL LYAUTEY (Boulevard)........C3-C4
MARECHAL RANDON (Avenue)........A4
MARIUS GONTARD (Pont)........A2-A3
MARIUS GONTARD (Rue)........A2-A3

MAURICE GIGNOUX (Rue)........A2-A3
MEGISSERIE (Rue de la)........C1
METZ (Place de)........C4
MICHELET (Rue)........B3-C4
MIKADO (Cour du)........C4
MILLET (Rue)........B3-B4
MINIMES (Rue des)........A4
MIRIBEL (Rue de)........A3-B3
MOIDIEU (Rue)........A2-B3
MOLIERE (Rue)........B3
MOMES (Cour des)........C4
MONTAGNES RUSSES
(Chemin des)........C1-C2
MONTORGE (Rue)........B1
MOULIN DE CANEL (Rue du)........B1
MOUNIER (Quai)........A4
NARVIK (Rue de)........D3
NESTOR CORNIER (Rue)........C1
NEW YORK (Rue de)........D1
NICOLAS CHORIER (Rue)........B1-C1
NOTRE-DAME (Place)........A4
NURSERY (Rue de la)........B1-C1
PAIX (Rue de la)........B3-A4
PALAIS (Rue du)........A3-A4
PALAIS DE JUSTICE (Passage du)........A3
PALANKA (Rue de)........A2-B3
PAPET (Rue)........B3
PARIS (Rue de)........C1
PASTEUR (Rue)........B3-C3
PAUL BERT (Rue)........B3-C3
PAUL DIJON (Rue)........D4
PAUL JANET (Rue)........C1
PAUL MISTRAL (Place)........C4-D4
PAUL VALLIER (Rue)........C4
PERE MARION (Rue)........B3
PERRIERE (Quai)........A2-A3
PHALANSTERE (Rue du)........C2
PHILIS DE LA CHARCE (Rue)........B3
PIERRE ARTHAUD (Rue)........C1
PIERRE DUCLOT (Rue)........A4
PIERRE DUPONT (Rue)........D1
PIERRE LOTI (Rue)........D4
PIERRE SEMARD (Rue)........B1
PIERRE TERMIER (Rue)........D1
PINAL (Rue)........B1-B2
PONT SAINT-JAIME (Rue du)........A4
PORTE DE FRANCE (Pont de la)........A2
POSTE (Rue de la)........B3
PRESIDENT CARNOT (Rue)........B3
400 COUVERTS (Rue des)........B1-C1
4 SEPTEMBRE (Rue du)........B1
4EME REGIMENT DU GENIE
(Rue du)........C1
RAOUL BLANCHARD (Rue)........B3-B4

RAYMOND BANK (Rue)........B1
RENAULDON (Rue)........A4
REPUBLIQUE (Place de la)........B3-B4
ROBERT DUBARLE (Rue)........D3
SAINT-ANDRE (Place)........A3
SAINT-BRUNO (Place)........C1
SAINTE-CLAIRE (Place)........B4
SAINTE-URSULE (Rue)........A4
SAINT-FRANCOIS (Rue)........B3
SAINT-HUGUES (Rue)........A4
SAINT-JACQUES (Rue)........B3
SAINT-JOSEPH (Rue)........C3-C4
SAINT-LAURENT (Pont)........A3-A4
SAINT-NICOLAS (Rue)........A2
SAULT (Rue de)........B3
SERGENT BOBILLOT (Rue)........D2
SERVAN (Rue)........B3
STALINGRAD (Rue de)........A4-B4
STEPHANE JAY (Quai)........A2-A4
STRASBOURG (Rue de)........C3-C4
SUEDE (Avenue de)........C1
TEMPLE (Place du)........A4
THIERS (Rue)........D1-B2
TILLEULS (Place des)........A4
TRES CLOITRES (Rue)........A4
TROCADERO (Rue du)........C1
TURENNE (Rue de)........C1-D2
VALBONNAIS (Rue du)........D1
VALENTIN HAUY (Place)........C4
VAUBAN (Rue)........B2-B3
VAUCANSON (Place)........B4
VERDUN (Place)........B4
VICAT (Rue)........B3
VICTOR HUGO (Place)........B2-B3
VIEUX TEMPLE (Rue du)........A4
VIZILLE (Avenue de)........B1-D1
VIZILLE (Impasse de)........C1
VOLTAIRE (Rue)........B4

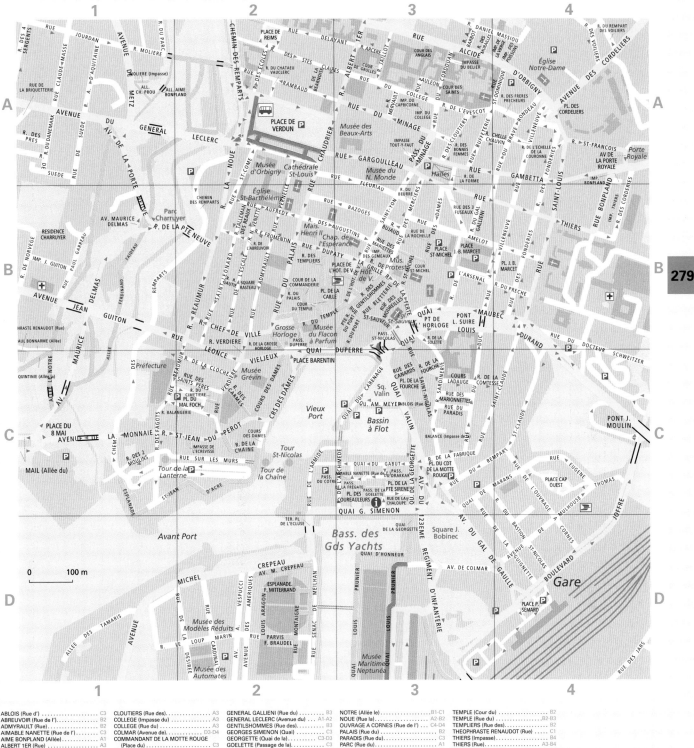

ABLOIS (Rue d') C3
ABREUVOIR (Rue de l') B2
ADMYRAULT (Rue) B2
AIMABLE NANETTE (Rue de l') C3
AIME BONPLAND (Allée) A1
ALBERT 1ER (Rue) A3
ALCIDE D'ORBIGNY (Rue) A3-A4
ALIENOR D'AQUITAINE (Rue) A1
AMELOT (Rue) B3-B4
AMERIGO VESPUCCI (Avenue) D2
AMERIQUES (Avenue) D2
AMIRAL MEYER (Quai) C3
AMOS BARBOT (Rue) A3
ANGLAIS (Cour des) A3
ARCERE (Rue) A3
ARCHIMEDE (Rue de l') C3
ARMIDE (Rue de l') D2-C3
ARSENAL (Rue de l') B3
AUFREDY (Rue) B2
AUGUSTINS (Rue des) B2-B3
BALANCE (Impasse de la) C3
BALANGERIE (Rue) C1-C2
BARENTIN (Place) B3
BASTION SAINT-NICOLAS (Rue de) . . C3-D4
BAZOGES (Rue) B2-B3
BEARNOISE (Rue de la) A2
BELIER (Impasse du) A3
BEURRE (Rue du) B3
BLETTERIE (Rue) B3
BONNES FEMMES (Rue des) A3
BONPLAND (Impasse) A4
BONPLAND (Rue) A4-B4
BRAVE RONDEAU (Rue) B3-A4
BRIQUETTERIE (Rue de la) A1
BUFFETERIE (Rue) A3-B4
BUJAUD (Rue) B3
CAILLE (Palce de la) C3
CANARDS (Rue des) C3
CAP OUEST (Place) C4
CAPRICORNE (Impasse du) A3
CARDINAL (Rue) D2
CARENAGE (Quai du) C3
CARMES (Rue des) C2
123EME REGIMENT D'INFANTERIE (Avenue du) . . . C3-D3
CHAINE (Rue de la) C2
CHALOUPE (Rue de la) C3
CHARLES PROU (Allée) A1
CHARRUYER (Résidence) B1
CHATEAU VAUCLERC (Rue du) A2
CHAUDRIER (Rue) B2-A3
CHEF DE VILLE (Rue) B2
CIMETIERE (Rue du) C2
CLAUDE MASSE (Rue) A1
CLOCHE (Rue de la) B2

CLOUTIERS (Rue des) A3
COLLEGE (Impasse du) A3
COLLEGE (Rue du) A3
COLMAR (Avenue de) D3-D4
COMMANDANT DE LA MOTTE ROUGE (Place du) . . . C3
COMMANDERIE (Cour de la) B2
COMTESSE (Rue de la) C3-C4
CORDELIERS (Avenue des) A4
CORDELIERS (Place des) A4
CORDERIES (Rue des) A4-B4
CORDOUAN (Rue) A3
COUREAULEURS (Place des) C3
COTRE (Passage du) C3
CREPEAU (Avenue) D1-D2
DAMES (Cours des) C3
DAMES (Rue des) B3
DANEMARK (Rue) A1
DANIEL MASSIOU (Rue) A3-A4
DELAYANT (Rue) A2-A3
2 MOULINS (Rue des) C1
DESIREE (Rue) D1-D2
DOCTEUR SCHWEITZER (Rue du) B4
DRAKKAR (Passage du) C3
DUC (Rue du) A1
DUPATY (Rue) B2-B3
DUPERRE (Passage) B2-C2
DUPERRE (Quai) C2-C3
ECHELLE CHAUVIN (Rue) A3-A4
ECHELLE DE LA COURONNE (Rue) A4
ECLUSE (Terre plein de l') C2-D2
ECOLES (Rue des) A2
ECREVISSE (Impasse de l') C2
ESCALE (Rue de l') B2
EUGENE FROMENTIN (Rue) B2
EVESCOT (Rue de l') A3-A4
FABRIQUE (Rue de la) C3
FAGOTS (Rue des) C3
FERDINAND FAIDEAU (Allée) A1-C1
FERNAND BRAUDEL (Parvis) D2
FERTE (Rue de la) B3
FLEURIAU (Rue) A2-B2
FONDERIES (Rue des) A4-B4
FORME (Rue de la) A3-B3
FOURCHE (Passage de la) C3
FOURCHE (Place de la) C3
FRANÇOIS MITTERRAND (Esplanade) . . D2
FREGATE (Passage de la) C3
FRERES PRECHEURS (Rue des) A4
GABUT (Quai du) C3
GAMBETTA (Rue) A4
GARGOULLEAU (Rue) A2-A3
GEMEAUX (Rue des) B3
GENERAL DE GAULLE (Avenue du) . . C3-D4

GENERAL GALLIENI (Rue du) B3
GENERAL LECLERC (Avenue du) . . . A1-A2
GENTILSHOMMES (Rue des) B3
GEORGES SIMENON (Quai) C3
GEORGETTE (Quai de la) C3-D3
GOELETTE (Passage de la) C3
GRILLE (Rue de la) B3
GROLLES (Rue des) A3
GROSSE HORLOGE (Rue de la) B2-C2
GUIGNETTE (Rue de la) C3-D4
HONNEUR (Quai d') D3
HORLOGE (Rue de l') B2
HOTEL DE VILLE (Place de l') B3
HOTEL DE VILLE (Rue de l') B3
8 MAI (Place du) C1
ITOUT Y FAUT (Impasse) A1
JAILLOT (Rue) A3
JARS (Rue des) D4
JEAN BAPTISTE MARCET (Place) B4
JEAN GUITON (Avenue) B1
JEAN GUITON (Impasse) B1
JEAN MOULIN (Pont) C4
JOFFRE (Boulevard) D3-C4
JOURDAN (Rue) A1
LA ROCHELLE (Rue de) B3
LADAUGE (Cours) C3
LEONCE VIELJEUX (Rue) B1-C2
LOUIS ARAGON (Rue) D2
LOUIS DURAND (Quai) C3-B4
LOUIS PRUNIER (Quai) D3
LOUIS SUIRE (Pont) C2-D2
LOUP MARIN (Rue le) D1-D2
MAIL (Allée du) C1
MARANS (Quai de) C3-C4
MARECHAL FOCH (Place du) C2
MARIETTES (Rue des) B3
MARIONNETTES (Rue des) C3
MAUBEC (Quai) B3
MAURICE DELMAS (Avenue) B1-C2
MERCIERS (Rue des) A3-B3
MERVAULT (Rue) A3
METZ (Avenue de) A1
MICHEL CREPEAU (Avenue) D1-D2
MINAGE (Passage du) A3
MINAGE (Rue du) A3
MOLIERE (Impasse) A2
MOLIERE (Rue) A3-B3
MONNAIE (Rue de la) C1
MONTAIGNE (Rue) D2
MOUREILLES (Rue des) B3
MULHOUSE (Avenue de) C4-D4
MURAILLES (Rue des) A3
NICOLAS VENETTE (Rue) B2
NORVEGE (Rue de) B1

NOTRE (Allée le) B1-C1
NOUE (Rue la) A2-B2
OUVRAGE A CORNES (Rue de l') . . . C4-D4
PALAIS (Rue du) B2
PARADIS (Rue du) C3
PAUL BONNARME (Allée) B1-C1
PAUL GARREAU (Rue) B1
PAULEON (Rue) A3
PERNELLE (Rue) A2-B2
PETITE SIRENE (Place de la) C3
PIERRE SEMARD (Place) D4
POISSONS (Impasse des) A3-A4
PORT (Petite rue du) C2-B3
PORT (Rue du) B3-C3
PORTE NEUVE (Avenue de la) A1-B2
PORTE NEUVE (Rue de la) B1-B2
PORTE ROYALE (Avenue de la) A4
PRECHE (Rue du) B3-B4
PRES (Rue des) A1
QUINTINIE (Allée la) C1
RAMBAUD (Rue) A2-A3
RASTEAU (Square) B2
REAUMUR (Rue) B2
REIMS (Place de) A2
REMPART DES VOILIERS (Rue du) . . . A4
REMPART SAINT-CLAUDE (Rue du) . . C3-C4
REMPARTS (Chemin des) C1-C2
RENE GAUTIER (Rue) A4
SAINT-CLAUDE (Rue) C3-B4
SAINT-COME (Rue) B2
SAINT-DOMINIQUE (Rue) A4
SAINT-FRANCOIS (Rue) A4
SAINT-JEAN D'ACRE (Esplanade) . . D1-B1
SAINT-JEAN DU PEROT (Rue) C2-C3
SAINT-LEONARD (Rue) B3
SAINT-LOUIS (Rue) A4-B4
SAINT-MICHEL (Cour) B3
SAINT-MICHEL (Place) B3
SAINT-MICHEL (Rue) B3
SAINT-NICOLAS (Passerelle) B3
SAINT-NICOLAS (Rue) B3-C3
SAINT-SAUVEUR (Rue) B3
SAINTES CLAIRES (Rue des) A2-A3
SARDINERIE (Rue) C3-C3
SENAC DE MEILHAN (Rue) D2
SOLETTE (Rue de la) B3-C3
SUEDE (Rue de) A1-B1
SUR LES MURS (Rue) C1-C2
TALLEMANT DES REAUX (Rue) B2
TAMARIS (Allée des) D1

TEMPLE (Cour du) B2
TEMPLE (Rue du) B2-B3
TEMPLIERS (Rue des) B2
THEOPHRASTE RENAUDOT (Rue) C1
THIERS (Impasse) B4
THIERS (Rue) A3-B4
3 FUSEAUX (Rue des) B3
VALIN (Quai) C3
VERDIERE (Rue) B2-C2
VERDUN (Place de) A2
VIERGE (Impasse de la) A3-A4
VILLENEUVE (Rue) B3-A4
VOILIERS (Rue des) A4

LILLE

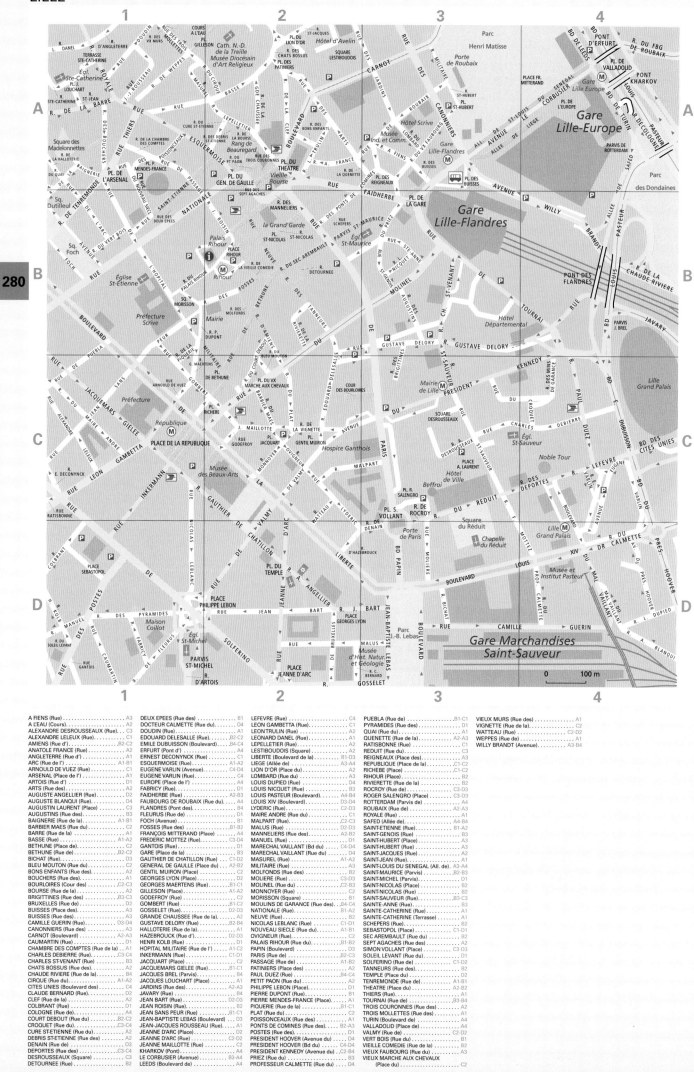

A FIENS (Rue) A3
A L'EAU (Cours) A2
ALEXANDRE DESROUSSEAUX (Rue). C3
ALEXANDRE LELEUX (Rue) C1
AMIENS (Rue d') B2-C2
ANATOLE FRANCE (Rue) A2
ANGLETERRE (Rue d') A1
ARC (Rue de l') A1-B1
ARNOULD DE VUEZ (Rue) C1
ARSENAL (Place de l') C1
ARTOIS (Rue d') D1
ARTS (Rue des) A2
AUGUSTE ANGELLIER (Rue) D2
AUGUSTE BLANQUI (Rue) D4
AUGUSTIN LAURENT (Place) ... C4
AUGUSTINS (Rue des) B3
BAIGNERIE (Rue de la) A1-B1
BARBIER MAES (Rue du) C2
BARRE (Rue de la) A1
BASSE (Rue) A1-A2
BETHUNE (Place) C2
BETHUNE (Rue de) B2-C2
BICHAT (Rue) D3
BLEU MOUTON (Rue du) C2
BONS ENFANTS (Rue des) A2
BOUCHERS (Rue des) A1
BOURLOIRES (Cour des) C2-C3
BOURSE (Rue de la) A2
BRIGITTINES (Rue des) B3-C3
BRUXELLES (Rue de) D3
BUISSES (Place des) A3
BUISSES (Rue des) A3
CAMILLE GUERIN (Rue) D3-D4
CANONNIERS (Rue des) A3
CARNOT (Boulevard) A2-A3
CAUMARTIN (Rue) D1
CHAMBRE DES COMPTES (Rue de la) A1
CHARLES DEBIERRE (Rue) C3-C4
CHARLES ST-VENANT (Rue) B3
CHATS BOSSUS (Rue des) A2
CHAUDE RIVIERE (Rue de la) .. B4
CIRQUE (Rue du) A1-A2
CITES UNIES (Boulevard des) . C4
CLAUDE BERNARD (Rue) D2
CLEF (Rue de la) A2
COLBRANT (Rue) D1
COLOGNE (Rue de) A4
COURT DEBOUT (Rue du) B2-C2
CROQUET (Rue du) C3
CURE ST-ETIENNE (Rue du) ... A2
DEBRIS ST-ETIENNE (Rue) A2
DENAIN (Rue de) D2
DEPORTES (Rue des) C3-C4
DESROUSSEAUX (Square) C3
DETOURNEE (Rue) B2

DEUX EPEES (Rue des) B1
DOCTEUR CALMETTE (Rue du) .. D4
DOUDIN (Rue) A1
EDOUARD DELESALLE (Rue) B2-C2
EMILE DUBUISSON (Boulevard) . B4-C4
ERFURT (Pont d') A4
ERNEST DECONYNCK (Rue) C1
ESQUERMOISE (Rue) A1-A2
EUGENE VARLIN (Avenue) C4-D4
EUGENE VARLIN (Rue) C4
EUROPE (Place de l') A4
FABRICY (Rue) D1
FAIDHERBE (Rue) A2-B3
FAUBOURG DE ROUBAIX (Rue du) A4
FLANDRES (Pont des) B4
FLEURUS (Rue de) D1
FOCH (Avenue) B1
FOSSES (Rue des) B1-B2
FRANÇOIS MITTERAND (Place) . A3
FREDERIC MOTTEZ (Rue) C3-D4
GANTOIS (Rue) D1
GARE (Place de la) B3
GAUTHIER DE CHATILLON (Rue) . C1-D2
GENERAL DE GAULLE (Place du) A2-B2
GENTIL MUIRON (Place) C2
GEORGES LYON (Place) D2
GEORGES MAERTENS (Rue) B1-C1
GILLESON (Place) A1-A2
GODEFROY (Rue) C2
GOMBERT (Rue) C2
GOSSELET (Rue) D2-D3
GRANDE CHAUSSEE (Rue de la) . A2
GUSTAVE DELORY (Rue) B2-B4
HALLOTERIE (Rue de la) A1
HAZEBROUCK (Rue d') D2-D3
HENRI KOLB (Rue) D1
HOPITAL MILITAIRE (Rue de l') A1-C2
INKERMANN (Rue) C1-D1
JACQUART (Place) C2
JACQUEMARS GIELEE (Rue) B1-C1
JACQUES BREL (Parvis) B4
JACQUES LOUCHART (Place) ... A1
JARDINS (Rue des) A2-A3
JAVARY (Rue) B4
JEAN BART (Rue de) D2-D3
JEAN ROISIN (Rue) B2
JEAN SANS PEUR (Rue) B1-C1
JEAN-BAPTISTE LEBAS (Boulevard) D3
JEAN-JACQUES ROUSSEAU (Rue) . A1
JEANNE D'ARC (Place) C2-D2
JEANNE D'ARC (Rue) C2-D2
JEANNE MAILLOTTE (Rue) B1
KHARKOV (Pont) A4
LE CORBUSIER (Avenue) B3-A4
LEEDS (Boulevard de) A4

LEFEVRE (Rue) C4
LEON GAMBETTA (Rue) B1-D1
LEON TRULIN (Rue) A2
LEONARD DANEL (Rue) A1
LEPELLETIER (Rue) A2
LESTIBOUDOIS (Square) A2
LIBERTE (Boulevard de la) .. B1-D3
LIEGE (Allée de) A3-A4
LION D'OR (Place du) A2
LOMBARD (Rue) A3
LOUIS DUPIED (Rue) D4
LOUIS NICQUET (Rue) B3
LOUIS PASTEUR (Boulevard) .. A4-B4
LOUIS XIV (Boulevard) D3-D4
LYDERIC (Rue) C2-D2
MAIRE ANDRE (Rue) C1
MALPART (Rue) C2-C3
MALUS (Rue) D2-D3
MANNELIERS (Rue des) A2-B2
MANUEL (Rue) D1
MARECHAL VAILLANT (Bd du) .. C4-D4
MARECHAL VAILLANT (Rue du) . D4
MASUREL (Rue) A1-A2
MILITAIRE (Rue) A3
MOLFONDS (Rue des) B2
MOLINEL (Rue du) C2-B3
MOLINEL (Rue du) B3
MONNOYER (Rue) C2
MORISSON (Square) B1
MOULINS DE GARANCE (Rue de) B4-C4
NATIONALE (Rue de la) B1-B2
NEUVE (Rue) A2
NICOLAS LEBLANC (Rue) C1-D1
NOUVEAU SIECLE (Rue du) A1-B1
OVIGNEUR (Rue) C2
PALAIS RIHOUR (Rue du) B1-B2
PAPIN (Rue) D3
PARIS (Rue de) B2-C3
PASSAGE (Rue du) A1-B2
PATINIERS (Place des) A2
PAUL DUEZ (Rue) B4-C4
PETIT PAON (Rue du) A2
PHILIPPE LEBON (Place) C2
PIERRE DUPONT (Rue) B1
PIERRE MENDES-FRANCE (Place) A2
PIQUERIE (Rue de la) B1-C1
PLAT (Rue du) C2
POISSONCEAUX (Rue des) A1
PONTS DE COMINES (Rue des) . A2
POSTES (Rue des) C1-D1
PRESIDENT HOOVER (Avenue du) D4
PRESIDENT HOOVER (Bd du) ... D4
PRESIDENT KENNEDY (Avenue du) C2-B4
PRIEZ (Rue du) B3
PROFESSEUR CALMETTE (Rue du) D4

PUEBLA (Rue de) B1-C1
PYRAMIDES (Rue des) D1
QUAI (Rue du) A1
QUENETTE (Rue de la) A2-A3
RATISBONNE (Rue) C1
REDUIT (Rue du) C3
REIGNAUX (Place des) A3
REPUBLIQUE (Place de la) ... C1-C2
RICHEBE (Place) C1-C2
RIHOUR (Place) B2
RIVIERETTE (Rue de la) B2
ROCROY (Rue de) C3-D3
ROGER SALENGRO (Place) C3-D3
ROTTERDAM (Parvis de) A4
ROUBAIX (Rue de) A2-A3
ROYALE (Rue) A1
SAFED (Allée de) A4-B4
SAINT-ETIENNE (Rue) B1-A2
SAINT-GENOIS (Rue) B3
SAINT-HUBERT (Place) A3
SAINT-HUBERT (Rue) A3
SAINT-JACQUES (Rue) A3
SAINT-JEAN (Rue) A1
SAINT-LOUIS DU SENEGAL (All. de) A3-A4
SAINT-MAURICE (Parvis) B2-B3
SAINT-MAURICE (Rue) D1
SAINT-NICOLAS (Parvis) B2
SAINT-NICOLAS (Rue) B2
SAINT-SAUVEUR (Rue) B3-C3
SAINTE-ANNE (Rue) B3
SAINTE-CATHERINE (Rue) A1
SAINTE-CATHERINE (Terrasse) A1
SCHEPERS (Rue) B2
SEBASTOPOL (Place) C1-D1
SEC AREMBAULT (Rue du) B2
SEPT AGACHES (Rue des) B2
SIMON VOLLANT (Place) C3-D3
SOLEIL LEVANT (Rue du) D1
SOLFERINO (Rue) C1-D2
TANNEURS (Rue des) B2
TEMPLE (Place du) D2
TENREMONDE (Rue de) A1-B1
THEATRE (Place du) A2
THIERS (Rue) A1
TOURNAI (Rue de) B3-B4
TROIS COURONNES (Rue des) .. A2
TROIS MOLLETTES (Rue des) .. A1
TURIN (Boulevard de) A4
VALLADOLID (Place de) A4
VALMY (Rue de) C2-D2
VERT BOIS (Rue du) B1
VIEILLE COMEDIE (Rue de la) B2
VIEUX FAUBOURG (Rue du) A3
VIEUX MARCHE AUX CHEVAUX
(Place du) C2

VIEUX MURS (Rue des) A1
VIGNETTE (Rue de la) C2
WATTEAU (Rue) C2-D2
WEPPES (Rue de) A1
WILLY BRANDT (Avenue) A3-B4

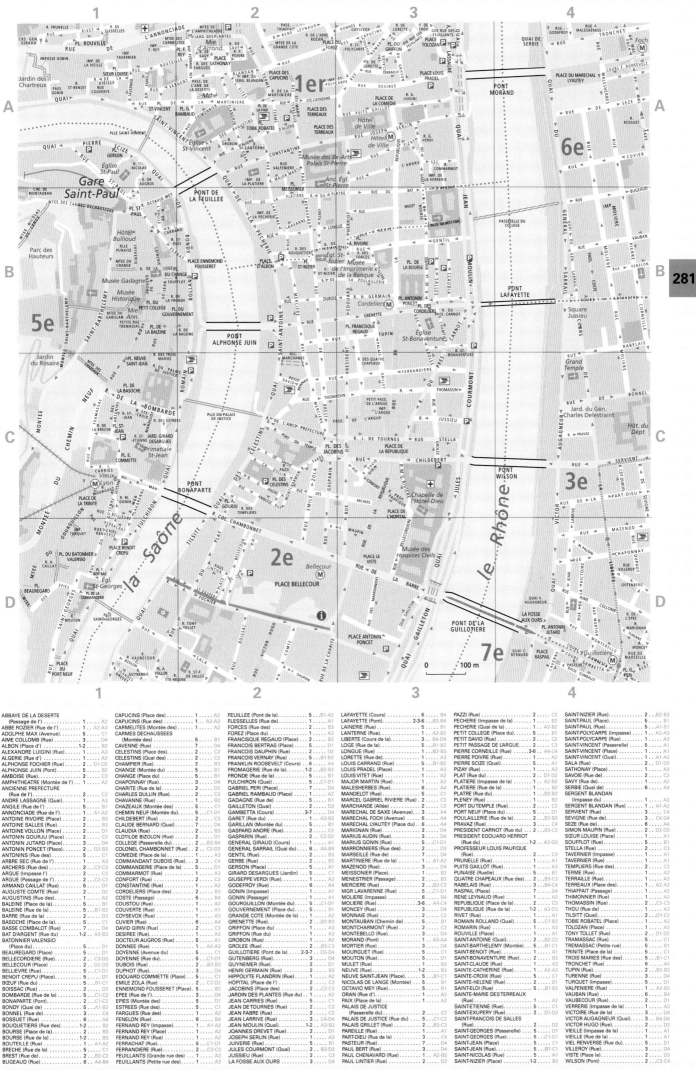

ABBAYE DE LA DESERTE
  (Passage de l') .... 1 ... A2
ABBE ROZIER (Rue de l') ...... 1 .. A2-A3
ADOLPHE MAX (Avenue) .... 5 .. C1
AIME COLLOMB (Rue) .... 3 .. D4
ALBON (Place d') .... 1-2 .. B2
ALEXANDRE LUIGINI (Rue) ...... 1 .. A3
ALGERIE (Rue d') .... 1 .. A2
ALPHONSE FOCHIER (Rue) .... 2 .. D1-D2
ALPHONSE JUIN (Pont) .... 5 .. B2
AMBOISE (Rue) .... 2 .. C2
AMPHITHEATRE (Montée de l')
  (Rue de l') .... 2 ... C2
ANDRE LASSAGNE (Quai) .... 1 .. A3
ANGILE (Rue de l') .... 5 .. B1
ANNONCIADE (Rue de l') .... 1 .. A1-A2
ANTOINE RIVOIRE (Place) ...... 2 .. B3
ANTOINE SALLES (Rue) .... 2 .. B3
ANTOINE VOLLON (Rue) .... 2 .. D1
ANTONIN GOURJU (Place) .... 2 .. C1
ANTONIN JUTARD (Place) .... 3 .. C4
ANTONIN PONCET (Place) .... 2 .. D2-B3
ARBRE SEC (Rue de l') .... 1 .. C1
ARCHERS (Rue des) .... 2 .. C2-C3
ARGUE (Impasse l') .... 2 .. C2
ARGUE (Passage de l') .... 2 .. C2-C3
ARMAND CAILLAT (Rue) .... 5 .. D1
AUGUSTE COMTE (Rue) .... 2 .. D2
AUGUSTINS (Rue des) .... 1 .. A2
BALEINE (Place de la) .... 5 .. B1-B2
BARRE (Rue de la) .... 2 .. C2
BASOCHE (Place de la) .... 5 .. C1
BASSE COMBALOT (Rue) .... 7 .. D4
BAT D'ARGENT (Rue du) .... 1-2 .. A3-B3
BATONNIER VALENSIO
  (Place de l') .... 5 ... D1
BEAUREGARD (Place) .... 5 .. D1
BELLECORDIERE (Rue de la) .... 2-3 .. C3-C4
BELLECOUR (Place) .... 2 .. D2-D3
BELLIEVRE (Rue de) .... 5 .. C1-D1
BENOIT CREPU (Place) .... 5 .. D1
BŒUF (Rue du) .... 5 .. B1-C1
BOISSAC (Rue) .... 2 .. C2
BOMBARDE (Rue de la) .... 5 .. C1-C2
BONAPARTE (Pont) .... 2 .. C1-C2
BONDY (Quai de) .... 5 .. A1-B2
BONNEL (Rue de) .... 3 .. C4
BOSSUET (Rue) .... 6 .. A4
BOUQUETIERS (Rue des) .... 1 .. B2
BOURSE (Place de la) .... 2 .. B3
BOURSE (Rue de la) .... 2 .. B3
BOUTEILLE (Rue) .... 1 .. A1-A2
BRECHE (Rue de la) .... 5 .. C1
BREST (Rue de) .... 2 .. B2-C2
BUGEAUD (Rue) .... 6 .. A4-B4

CAPUCINS (Place des) .... 1 .. A2
CAPUCINS (Rue des) .... 1 .. A2-A3
CARMELITES (Montée des) ...... 1 .. A2
CARMES DECHAUSSEES
  (Montée des) .... 5 ... B1
CAVENNE (Rue) .... 7 .. D4
CELESTINS (Place des) .... 2 .. C2
CELESTINS (Quai des) .... 2 .. C2
CHAMPIER (Rue) .... 2 .. B3
CHANGE (Montée du) .... 5 .. B1
CHANGE (Place du) .... 5 .. B1
CHAPONNAY (Rue) .... 3 .. D4
CHARITE (Rue de la) .... 2 .. D2
CHARLES DULLIN (Rue) .... 2 .. C2
CHAVANNE (Rue) .... 1 .. B2
CHAZEAUX (Montée des) .... 5 .. C1-D1
CHEMIN NEUF (Montée du) ...... 5 .. C1-D1
CHILDEBERT (Rue) .... 2 .. C3
CLAUDE BERNARD (Quai) .... 7 .. D4
CLAUDIA (Rue) .... 2 .. B3
CLOTILDE BIZOLON (Rue) .... 2 .. D1
COLLEGE (Passerelle du) ...... 1 .. B4
COLONEL CHAMBONNET (Rue) ..... 2 .. C2-D2
COMEDIE (Place de la) .... 1 .. A3
COMMANDANT DUBOIS (Rue) ...... 3 .. C4
COMMANDERIE (Place de la) .... 5 .. C1
COMMARMOT (Rue) .... 1 .. A3
CONFORT (Rue) .... 2 .. C3
CONSTANTINE (Rue) .... 1 .. A2
CORDELIERS (Place des) .... 2 .. B3
COSTE (Passage) .... 6 .. B4
COUSTOU (Rue) .... 1 .. A2
COUVERTE (Rue) .... 1 .. A1
CUVIER (Rue) .... 6 .. A4
DAVID GIRIN (Rue) .... 2 .. C1
DESIREE (Rue) .... 1 .. A3
DOCTEUR AUGROS (Rue du) ...... 1 .. A1
DONNEE (Rue) .... 1 .. A2-A3
DOYENNE (Rue du) .... 5 .. C1
DUBOIS (Rue) .... 2 .. B2-B3
DUPHOT (Rue) .... 3 .. D4
EDOUARD COMMETTE (Place) ..... 5 .. C1
EMILE ZOLA (Rue) .... 2 .. C2-D2
ENNEMOND FOUSSERET (Place) ... 5 .. B1
EPIES (Montée des) .... 5 .. D1
ESTREES (Rue des) .... 5 .. C1
FARGUES (Rue des) .... 1 .. A2
FENELON (Rue) .... 6 .. B4
FERNAND REY (Impasse) .... 1 .. A1-A2
FERNAND REY (Rue) .... 1 .. A2
FERRACHAT (Rue) .... 5 .. C1-D1
FERRANDIERE (Rue) .... 2 .. C2-C3
FEUILLANTS (Grande rue des) .. 1 .. A3
FEUILLANTS (Petite rue des) .. 1 .. A3

FEUILLEE (Pont de la) .... 5 .. B1-A2
FLESSELLES (Rue de) .... 1 .. A1
FORCES (Rue des) .... 2 .. B3
FOREZ (Rue du) .... 1 .. B2
FRANCISQUE REGAUD (Place) .... 2 .. B3
FRANCOIS BERTRAS (Rue) .... 5 .. D1
FRANCOIS DAUPHIN (Rue) .... 2 .. D2
FRANCOIS VERNAY (Rue) .... 5 .. B1-B2
FRANKLIN ROOSEVELT (Cours) ... 6 .. A4
FRONDE (Rue de la) .... 5 .. B1
FROMAGERIE (Rue de la) .... 1-2 .. B2
FULCHIRON (Quai) .... 5 .. C1-D1
GABRIEL PERI (Place) .... 7 .. D4
GABRIEL RAMBAUD (Place) ...... 1 .. A2
GADAGNE (Rue de) .... 5 .. B1
GAILLETON (Quai) .... 2 .. D3
GAMBETTA (Cours) .... 3-7 .. D4
GARET (Rue du) .... 1 .. A3-B3
GARILLAN (Montée du) .... 5 .. C1
GASPARD ANDRE (Rue) .... 2 .. C2
GASPARIN (Rue) .... 2 .. C2-D2
GENERAL GIRAUD (Cours) .... 1 .. A1
GENERAL SARRAIL (Quai du) .... 6 .. A4-B4
GENTIL (Rue) .... 2 .. B3
GERBE (Rue) .... 1 .. A1-A2
GERSON (Place) .... 5 .. A1
GIUSEPPE VERDI (Rue) .... 1 .. A3
GODEFROY (Rue) .... 6 .. A4
GONIN (Impasse) .... 1 .. A1
GOURGUILLON (Montée du) ...... 5 .. C1-D1
GOUVERNEMENT (Rue du) .... 5 .. B1
GRANDE COTE (Montée de la) ... 1 .. A2
GRENETTE (Rue) .... 2 .. B2-B3
GRIFFON (Place du) .... 1 .. A2
GRIFFON (Rue du) .... 1 .. A2
GROBON (Rue) .... 1 .. A3-A4
GROLEE (Rue) .... 2 .. B3-C3
GUILLOTIERE (Pont de la) ..... 2-3-7 .. D3-D4
GUTENBERG (Rue) .... 3 .. D4
GUYNEMER (Rue) .... 2 .. D1
HENRI GERMAIN (Rue) .... 2 .. B3
HIPPOLYTE FLANDRIN (Rue) ..... 1 .. A2
HOPITAL (Place de l') .... 2 .. C3
JACOBINS (Place des) .... 2 .. C2-C3
JARDIN DES PLANTES (Rue) ..... 1 .. A2
JEAN CARRIES (Rue) .... 2 .. C1
JEAN DE TOURNES (Rue) .... 2 .. C3
JEAN FABRE (Rue) .... 2 .. C2
JEAN LARRIVE (Rue) .... 3 .. C4-D4
JEAN MOULIN (Quai) .... 1-2 .. A3-B3
JOANNES DREVET (Rue) .... 2 .. D1
JOSEPH SERLIN (Rue) .... 1 .. A3
JUIVERIE (Rue) .... 5 .. B1
JULES COURMONT (Quai) .... 2 .. B3-D3
JUSSIEU (Rue) .... 2 .. B3-C3
LA FOSSE AUX OURS .... 3 .. D4

LAFAYETTE (Cours) .... 6 .. B4
LAFAYETTE (Pont) .... 2-3-6 .. B3-B4
LAINERIE (Rue) .... 5 .. B1
LANTERNE (Rue) .... 1 .. A2
LIBERTE (Cours de la) .... 3 .. B4-D4
LONGE (Rue de la) .... 5 .. B1-B2
LONGUE (Rue) .... 2 .. B2-B3
LORETTE (Rue de) .... 5 .. B1-B2
LOUIS CARRAND (Rue) .... 5 .. B1-B2
LOUIS PRADEL (Place) .... 1 .. A3
LOUIS VITET (Rue) .... 2 .. C2
MAJOR MARTIN (Rue) .... 1 .. A2
MALESHERBES (Rue) .... 6 .. A4
MANDELOT (Rue) .... 5 .. B1
MARCEL GABRIEL RIVIERE (Rue) . 2 .. C3
MARCHANDE (Allée) .... 5 .. B1
MARECHAL DE SAXE (Avenue) .... 3 .. A4
MARECHAL FOCH (Avenue) .... 6 .. A4
MARECHAL LYAUTEY (Place) ..... 6 .. A4
MARIGNAN (Rue) .... 3 .. D4
MARIUS AUDIN (Rue) .... 2 .. D4
MARRONNIERS (Rue des) .... 2 .. D2
MARSEILLE (Rue de) .... 7 .. D4
MARTINIERE (Rue de la) .... 1 .. A1-A2
MAZENOD (Rue) .... 3 .. C4
MEISSONIER (Place) .... 1 .. A2
MENESTRIER (Passage) .... 1 .. B2
MERCIERE (Rue) .... 2 .. B2-C2
MGR LAVARENNE (Rue) .... 5 .. B4-C4
MOLIERE (Rue) .... 3-6 .. A4-C4
MONCEY (Rue) .... 3 .. D4
MONNAIE (Rue) .... 2 .. C2
MONTAUBAN (Chemin de) .... 5 .. B1
MONTCHARMONT (Rue) .... 2 .. B3
MONTEBELLO (Rue) .... 3 .. D4
MORAND (Pont) .... 1 .. A3-A4
MORGUET (Rue des) .... 2 .. C2
MOUTON (Rue) .... 5 .. D1
MULET (Rue) .... 1 .. B3
NEUVE (Rue) .... 1-2 .. B3
NEUVE SAINT-JEAN (Place) ..... 5 .. B1
NICOLAS DE LANGE (Montée) .... 5 .. B1
OCTAVIO MEY (Rue) .... 5 .. A1
PALAIS DE JUSTICE
  (Passerelle du) .... 5 .. C2
PALAIS DE JUSTICE (Rue du) ... 5 .. C1-C2
PALAIS GRILLET (Rue) .... 2 .. B3-C3
PAREILLE (Rue) .... 5 .. A1
PART-DIEU (Rue de la) .... 3 .. D4
PASTEUR (Pont) .... 7 .. D4
PAUL BERT (Rue) .... 3 .. D4
PAUL CHENAVARD (Rue) .... 1-2 .. A2-B2
PAUL LINTIER (Rue) .... 2 .. D2

PAZZI (Rue) .... 2 .. C2
PECHERIE (Impasse de la) ..... 1 .. B2
PECHERIE (Quai de la) .... 1 .. A2-B2
PETIT COLLEGE (Place du) ..... 5 .. B1
PETIT DAVID (Rue) .... 2 .. B3
PETIT PASSAGE DE L'ARGUE ..... 2 .. C2
PIERRE CORNEILLE (Rue) .... 3-6 .. A4-C4
PIERRE POIVRE (Rue) .... 1 .. A2
PIERRE SCIZE (Quai) .... 5 .. A1
PIZAY (Rue) .... 1 .. A3
PLAT (Rue du) .... 2 .. D1-D2
PLATIERE (Impasse de la) ..... 1 .. B2
PLATIERE (Rue de la) .... 1 .. B2
PLATRE (Rue du) .... 1 .. B2-B3
PLENEY (Rue) .... 1 .. B2
PORT DU TEMPLE (Rue) .... 2 .. C2
PORT NEUF (Place du) .... 5 .. D1
POULAILLERIE (Rue de la) ..... 2 .. B2-B3
PRAVAZ (Rue) .... 3 .. C4
PRESIDENT CARNOT (Rue du) .... 2 .. B3-C3
PRESIDENT EDOUARD HERRIOT
  (Rue) .... 1-2 .. A3-D3
PROFESSEUR LOUIS PAUFIQUE
  (Rue) .... 2 .. B3
PRUNELLE (Rue) .... 1 .. A1
PUITS GAILLOT (Rue) .... 1 .. A3
PUNAISE (Ruelle) .... 5 .. B1
QUATRE CHAPEAUX (Rue des) .... 2 .. B3-C3
RABELAIS (Rue) .... 6 .. B4-C4
RASPAIL (Place) .... 7 .. D4
RENE LEYNAUD (Rue) .... 1 .. A2
REPUBLIQUE (Place de la) ..... 2 .. C3
REPUBLIQUE (Rue de la) .... 1-2 .. A3-D3
RIVET (Rue) .... 1 .. A1
ROMAIN ROLLAND (Quai) .... 5 .. C1-D2
ROMARIN (Rue) .... 1 .. A2
ROUVILLE (Place) .... 1 .. A1
SAINT-ANTOINE (Quai) .... 2 .. C2
SAINT-BARTHELEMY (Montée) .... 5 .. B1-C1
SAINT-BENOIT (Rue) .... 5 .. A1
SAINT-BONAVENTURE (Rue) ...... 2 .. B3
SAINT-CLAUDE (Rue) .... 1 .. A3
SAINTE-CATHERINE (Rue) .... 1 .. A2-A3
SAINTE-CROIX (Rue) .... 5 .. C1
SAINTE-HELENE (Rue) .... 2 .. D2
SAINT-ELOI (Rue) .... 1 .. B1-B2
SAINTE-MARIE DES TERREAUX
  (Rue) .... 1 .. A2
SAINT-ETIENNE (Rue) .... 5 .. C1
SAINT-EXUPERY (Rue) .... 2 .. D1-D2
SAINT-FRANCOIS DE SALLES
  (Rue) .... 2 .. D2
SAINT-GEORGES (Passerelle) ... 5 .. D1
SAINT-GEORGES (Rue) .... 5 .. D1
SAINT-JEAN (Place) .... 5 .. C1
SAINT-JEAN (Rue) .... 5 .. B1-C1
SAINT-NICOLAS (Rue) .... 5 .. A1
SAINT-NIZIER (Place) .... 1-2 .. B2

SAINT-NIZIER (Rue) .... 2 .. B2-B3
SAINT-PAUL (Place) .... 5 .. B2
SAINT-PAUL (Rue) .... 5 .. A1-B1
SAINT-POLYCARPE (Impasse) .... 1 .. A2-A3
SAINT-POLYCARPE (Rue) .... 1 .. A3
SAINT-VINCENT (Passerelle) ... 5 .. A1
SAINT-VINCENT (Quai) .... 1 .. A1-A2
SAINT-VINCENT (Rue) .... 1 .. A2
SALA (Rue) .... 2 .. D1-D2
SATHONAY (Place) .... 1 .. A2
SAVOIE (Rue de) .... 2 .. C2
SAVY (Rue de) .... 1 .. A2
SERBIE (Quai de) .... 6 .. A4
SERGENT BLANDAN
  (Impasse du) .... 1 .. A2
SERGENT BLANDAN (Rue) .... 1 .. A1-A2
SERGENT (Rue) .... 5 .. C1
SEVIGNE (Rue de) .... 3 .. C4-D4
SEZE (Rue de) .... 6 .. A4
SIMON MAUPIN (Rue) .... 2 .. D2-D3
SŒUR LOUISE (Place) .... 1 .. B1
SOUFFLOT (Rue) .... 2 .. C3
STELLA (Rue) .... 2 .. C3
TAVERNIER (Passage) .... 1 .. A2
TAVERNIER (Rue) .... 1 .. A1
TEMPLIERS (Rue des) .... 2 .. C1
TERME (Rue) .... 1 .. A2
TERRAILLE (Rue) .... 1 .. A2
TERREAUX (Rue des) .... 1 .. A2-A3
THIAFFAIT (Passage) .... 1 .. A2-A3
THIMONNIER (Rue) .... 1 .. A2
THOMASSIN (Rue) .... 2 .. B3
THOU (Rue de) .... 1 .. A3
TILSITT (Quai) .... 2 .. D1-C2
TOBIE ROBATEL (Place) .... 1 .. A2
TOLOZAN (Place) .... 1 .. A3
TONY TOLLET (Rue) .... 2 .. D1-D2
TRAMASSAC (Petite rue) .... 5 .. C1
TREMASSAC (Place de la) ...... 5 .. C1
TRINITE (Place de la) .... 5 .. C1
TROIS MARIES (Rue des) .... 5 .. C1
TRONCHET (Rue) .... 6 .. A4
TUPIN (Rue) .... 2 .. B2-B3
TURENNE (Rue de) .... 3 .. D4
TURQUET (Impasse) .... 5 .. D1
VALFENERE (Rue de) .... 1 .. A2-B2
VAUBANCOURT (Rue) .... 2 .. A3
VAUBAN (Rue) .... 6 .. A4
VERRERIE (Impasse de la) ..... 1 .. A3
VICTOR HUGO (Rue) .... 2 .. D2
VICTOR AUGAGNEUR (Quai) ...... 3 .. B4-D4
VIEILLE (Impasse de la) ...... 1 .. A1
VIEILLE (Rue) .... 1 .. A1
VIEL RENVERSE (Rue) .... 5 .. D1
VILLEROY (Rue) .... 3 .. D4
VISTE (Rue de la) .... 2 .. D3
WILSON (Pont) .... 2 .. C3-C4

MARSEILLE

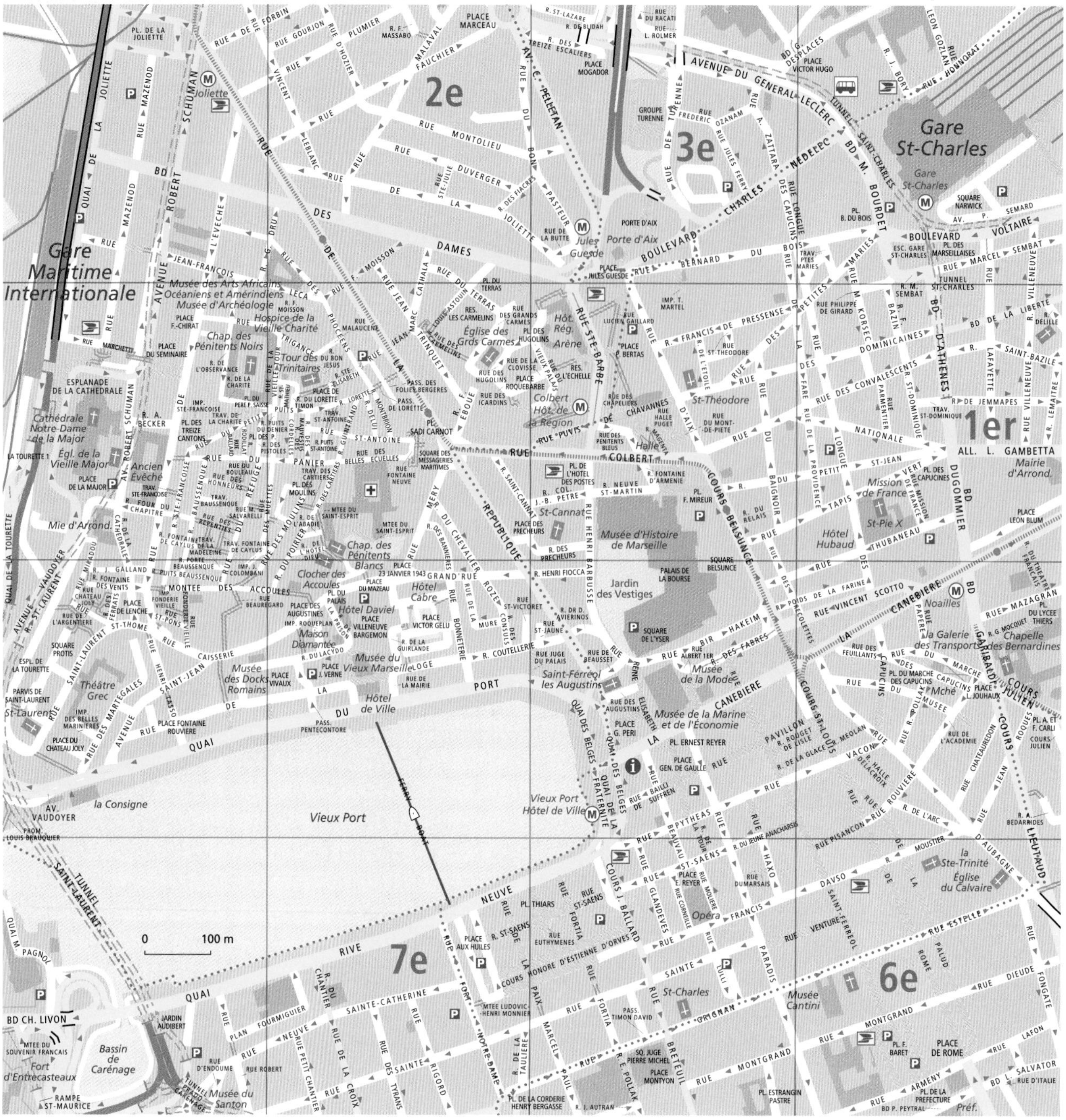

282

2e · *3e* · *1er* · *7e* · *6e*

Gare Maritime Internationale · Gare St-Charles · Vieux Port · Porte d'Aix

Cathédrale Notre-Dame de la Major · Musée des Arts Africains Océaniens et Amérindiens · Musée d'Archéologie · Hospice de la Vieille Charité · Musée d'Histoire de Marseille · Jardin des Vestiges · Palais de la Bourse · Hôtel de Ville · Musée des Docks Romains · Musée du Vieux Marseille · Saint-Ferréol les Augustins · Musée de la Marine et de l'Économie · Musée de la Mode · la Galerie des Transports · Opéra · Musée Cantini · Ste-Trinité Église du Calvaire · Fort d'Entrecasteaux · Bassin de Carénage · Musée du Santon · Préf. · Place de Rome

0 100 m

ABADIE (Rue de l') ....2....B2
ACADEMIE (Rue de l') ....1....C4
ACCOULES (Montée des) ....2....C1-C2
AIX (Porte d') ....3....A3
AIX (Rue d') ....1....A3-B3
ALBERT 1ER (Rue) ....1....C4
ANTOINE BECKER (Rue) ....1....C4
ANTOINE ZATTARA (Rue) ....2....C2-C3
ARC (Rue de l') ....7....D4
ARGENTIERE (Rue de l') ....1....C4
ARMAND BEDARRIDES (Rue) ....6....C4
ARMENY (Rue) ....6....D4
ATHENES (Boulevard d') ....1....C4-C4
AUBAGNE (Rue d') ....1....C4-D4
AUDIBERT (Jardin) ....2....D1
AUGUSTE ET FRANCOIS CARLI (Place) ....1-6....C4
AUGUSTINES (Rue des) ....2....C2
AUGUSTINS (Rue des) ....2....C2
BAIGNOIR (Rue du) ....2....B3
BAILLI DE SUFFREN (Rue du) ....1....C3-C4
BALLARD (Rue) ....2....B1
BANNIERES (Rue des) ....2....B2-B2
BAUSSENQUE (Rue) ....2....B1-C1
BAUSSENQUE (Traverse) ....2....B1
BEAUREGARD (Rue) ....2....C1
BEAUSSET (Rue du) ....2....C2
BEAUVAU (Rue) ....1....C3-C4
BELGES (Quai des) ....1-2....C3
BELLES ECUELLES (Rue des) ....2....B1
BELLES MARINIERES (Impasse des) ....1....A3-A4
BELSUNCE (Cours) ....1....B3-C4
BELSUNCE (Square) ....1....B4
BERNARD DU BOIS (Place) ....1....A4
BERNARD DU BOIS (Rue) ....1....A3-A4
BIR HAKEIM (Rue) ....1....C4
BLIDAH (Rue d') ....3....A3
BON JESUS (Rue du) ....2....B1
BON PASTEUR (Rue du) ....2....A2-B2
BONNETERIE (Rue de la) ....2....C1
BOULEAU (Rue du) ....2....C1
BRETEUIL (Rue) ....1-6....D3
BUTTE (Rue de la) ....2....B1
CAISSERIE (Rue) ....2....A2-A3
CAMILLE PELLETAN (Avenue) ....2-3....A3-A4
CANEBIERE (La) ....1-2....C3-C4
CAPUCINES (Place des) ....1....C4
CARMELINS (Rue des) ....2....B2
CARTIERS (Rue des) ....2....B1
CARTIERS (Traverse des) ....2....B1
CATHEDRALE (Esplanade de la) ....2....B1
CATHEDRALE (Rue de la) ....2....B1-C1
CHANTIER (Rue du) ....7....D3
CHAPELIERS (Rue des) ....2....B2
CHARITE (Rue de la) ....2....B1-B2
CHARITE (Traverse de la) ....2....B1
CHARLES LIVON (Boulevard) ....7....C1
CHARLES NEDELEC (Boulevard) ....1-3....A3-A4
CHATEAU JOLY (Rue du) ....2....A1
CHATEAU JOLY (Traverse) ....2....A1
CHATEAUREDON (Rue) ....1....C4
CHEVALIER ROZE (Rue du) ....2....B2-C2
CLOVISSE (Rue de la) ....2....B1
COLBERT (Rue) ....1-2....B2-B3

COLONEL J.-B. PETRE (Rue) ....1....B2-C2
CONSULS (Rue des) ....2....C2
CONVALESCENTS (Rue des) ....1....B3-B4
CORDELLES (Rue des) ....2....B2
CORDERIE HENRY BERGASSE (Place de la) ....6-7....D2
CORNEILLE (Rue) ....1....C4
COUTELLERIE (Rue de la) ....2....C2-C3
CROIX (Rue de la) ....7....D3
DAMES (Boulevard des) ....2....A1-A3
DAVIEL (Place) ....2....C2
DELILLE (Place) ....2....A4-B4
DELUI (Rue) ....2....B2
DIEUDE (Rue) ....6....D4
DOCTEUR DENIS AVIERINOS (Rue) ....1....C3
DOMINICAINES (Rue des) ....1....B4-C4
DUGOMMIER (Boulevard) ....1....B4-C4
DUMARSAIS (Rue) ....7....D4
DUVERGER (Rue) ....2....A2
ECHELLE (Résidence l') ....1....B3
EMILE POLLAK (Rue) ....6....D4
ENDOUME (Rue d') ....7....D1
ERNEST REYER (Rue) ....2....C3
ESTELLE (Rue) ....1-6....D4
ESTRANGIN PASTRE (Place) ....6....D4
ETOILE (Rue de l') ....2....C1
EUTHYMENES (Rue) ....1....D2-D3
EVECHE (Rue de l') ....2....A1-C1
FABRES (Rue des) ....1....C4
FARE (Rue de la) ....2....A3-B4
FAUCHIER (Rue) ....2....A1-A2
FELIX BARET (Place) ....1....C4
FELIX EBOUE (Rue) ....2....C1
FERRATS (Rue des) ....2....C1
FERRY-BOAT ....2....C2-C3
FEUILLANTS (Rue des) ....1....C4
FIACRES (Rue des) ....2....A2-A3
FOLIES BERGERES (Passage des) ....2....B2
FONDERIE VIEILLE (Impasse) ....2....C1
FONDERIE VIEILLE (Rue) ....2....C1
FONGATE (Rue) ....6....D4
FONTAINE D'ARMENIE (Rue) ....2....C1
FONTAINE DE CAYLUS (Rue) ....2....B1
FONTAINE DE CAYLUS (Traverse) ....2....B1
FONTAINE DES VENTS (Rue) ....2....B1
FONTAINE NEUVE (Rue) ....2....B2
FONTAINE ROUVIERE (Rue) ....2....B1
FORBIN (Rue) ....2....A1-A2
FORT NOTRE-DAME (Rue) ....1-7....D3
FORTIA (Rue) ....1....D3
FOUR DU CHAPITRE (Rue) ....2....B1
FRANCIS CHIRAT (Rue) ....2....B1
FRANCIS DAVSO (Rue) ....1....C4
FRANCIS DE PRESSENSE (Rue) ....1....B3-B4
FRANCIS-CHIRAT (Rue) ....2....B1
FRANCOIS MASSABO (Rue) ....2....A2
FRANCOIS MOISSON (Place) ....2....B2
FRANCOIS MOISSON (Rue) ....2....B2
FREDERIC OZANAM (Rue) ....3....C3-D3
GABRIEL PERI (Rue) ....2....C2
GARE SAINT-CHARLES (Escalier) ....1....A4

GARIBALDI (Boulevard) ....1....C4
GENERAL DE GAULLE (Place) ....1....C3
GENERAL LECLERC (Avenue du) ....3....A3-A4
GILBERT DRU (Rue) ....1....B1-B2
GLACE (Rue de la) ....1....C3-C4
GLANDEVES (Rue) ....1....C4
GOURJON (Rue) ....2....A1-A2
GRAND'RUE ....2....B2
GRANDS CARMES (Place des) ....2....B2-B3
GRANDS CARMES (Rue des) ....2....B2
GRIGNAN (Rue) ....1-6....D2-D4
GUINTRAND (Rue) ....6....D4
GUIRLANDE (Rue de la) ....2....C2
GUSTAVE DESPLACES (Boulevard) ....3....A3-A4
GUSTAVE RICARD (Rue) ....6....D4
GUY MOCQUET (Rue) ....1....B4
HALLE DELACROIX (Rue) ....1....B4
HALLE PUGET (Rue) ....1....B4
HAXO (Rue) ....1....C3-D3
HENRI BARBUSSE (Rue) ....1....B3-B4
HENRI FIOCCA (Rue) ....1....C4
HENRITASSO (Rue) ....2....A2
HONNEURS (Rue des) ....2....B1
HONNORAT (Rue) ....1-3....A4
HONORE D'ESTIENNE D'ORVES (Cours) ....1....D2-D3
HOTEL DES POSTES (Rue de l') ....1....D2-D3
HOTEL-DIEU (Rue de l') ....2....B2
HOZIER (Rue d') ....2....A2
HUGOLINS (Place des) ....2....B2
HUGOLINS (Rue des) ....2....B2-B3
HUILES (Place aux) ....1....D3
ICARDINS (Rue des) ....2....B2
ITALIE (Rue d') ....6....D4
JACQUES BORY (Rue) ....1....B4
JEAN BALLARD (Cours) ....1....D3
JEAN GALLAND (Impasse) ....2....B1-C1
JEAN GALLAND (Rue) ....2....C1
JEAN ROQUES (Rue) ....6....C4
JEAN TRINQUET (Rue) ....2....A2
JEAN-FRANCOIS LECA (Rue) ....2....A1-B2
JEAN-MARC CATHALA (Rue) ....2....A2
JEMMAPES (Rue de) ....1....B4
JEUNE ANACHARSIS (Rue du) ....1....D3-D4
JOLIETTE (Place de la) ....2....A1
JOLIETTE (Quai de la) ....2....A1
JOLIETTE (Rue de la) ....2....A1-A2
JOSEPH AUTRAN (Rue) ....6....D3
JUGE DU PALAIS (Rue) ....1....D3
JUGE PIERRE MICHEL (Square) ....6....D3
JULES FERRY (Rue) ....2....A2
JULES GUESDE (Place) ....2-3....A3
JULES VERNE (Rue) ....2....C2
JULIEN (Cours) ....1-6....C4
LACYDON (Rue du) ....2....C1
LAFAYETTE (Rue) ....1....A4-B4
LAFON (Rue) ....6....D4
LEMAITRE (Rue) ....2....B2
LENCHE (Place de) ....2....B1
LEON BLUM (Place) ....1....B4
LEON GAMBETTA (Allée) ....1....B4
LEON GOZLAN (Rue) ....2....C1
LEON JOUHAUX (Résidence) ....2....C4

LIBERTE (Boulevard de la) ....1....C4
LIEUTAUD (Cours) ....6....C4-D4
LOGE (Rue de la) ....2....C2
LONGUE DES CAPUCINS (Rue) ....1....A3-C4
LORETTE (Passage de) ....2....A1-B2
LORETTE (Place de) ....2....B2
LORETTE (Rue) ....2....B2
LOUIS ASTOUIN (Rue) ....2....B2
LOUIS BRAUQUIER (Promenade) ....2....C4
LOUIS SALVATOR (Boulevard) ....1....B2-B3
LUCIEN GAILLARD (Rue) ....1-2....B3
LUCIEN ROLMER (Rue) ....3....A3
LUDOVIC-HENRI MONNIER (Montée) ....1....D3
LULLI (Rue) ....1....C4
LYCEE THIERS (Rue du) ....1....B4
MADELEINE (Traverse de la) ....2....B1
MAGENTA (Rue) ....2....A1
MAIRE (Rue de la) ....2....C2
MAJOR (Place de la) ....2....B1
MALAUCENE (Rue) ....2....A2
MALAVAL (Rue) ....2....A2
MARCEAU (Place) ....2....A2
MARCEL PAGNOL (Quai) ....2-3....D1
MARCHE DES CAPUCINS (Place du) ....1....C4
MARCHE DES CAPUCINS (Rue du) ....1....C4
MARCHETTI (Rue) ....2....B2-C2
MARECHAL LECLERC (Avenue du) ....3....A2-A3
MARSEILLAISES (Place des) ....1....A4
MARTEGALES (Rue des) ....2....B1
MAURICE BOURDET (Boulevard) ....2....A1
MAURICE KORSEC (Rue) ....1....C4
MAUVESTIS (Rue des) ....2....B2
MAZAGRAN (Rue) ....1....C4
MAZEAU (Place du) ....2....B2
MAZENOD (Rue) ....2....A1-B1
MEOLAN (Rue) ....2....B2-C2
MERY (Rue) ....2....B1-B2
MESSAGERIES MARITIMES (Square des) ....2....B1
MICHEL SALVARELLI (Rue) ....2....B1
MIRADOU (Rue) ....2....C1
MISSION DE FRANCE (Rue) ....1....B4
MOGADOR (Place) ....3....A3
MOLIERE (Rue) ....1....C4
MONTBRION (Rue) ....1....D3
MONTEE NEUVE (Rue) ....2....B1
MONTE-DE-PIETE (Rue du) ....1....B4
MONTGRAND (Rue) ....6....D3-D4
MONTOLIEU (Rue) ....2....A2-A3
MONTYON (Rue) ....6....D4
MOULINS (Place des) ....2....B1
MOUSTIER (Rue) ....1....C4
MURE (Rue de la) ....2....C1
MUSEE (Rue du) ....1....C4
NARWICK (Square) ....1....A4
NATIONALE (Rue) ....1....B4-C4
NEUVE SAINTE-CATHERINE (Rue) ....7....D1
NEUVE SAINT-MARTIN (Rue) ....1....B4-C4
OBSERVANCE (Rue de l') ....2....B1
PAIX MARCEL PAUL (Rue de la) ....1....C4
PALAIS (Place du) ....2....C1
PALAIS DE LA BOURSE (Place du) ....1....C3

PALUD (Rue de la) ....1-6....C4
PANIER (Rue du) ....2....B1-B2
PAPERE (Rue) ....2....C2
PARADIS (Rue) ....1....C3-D3
PARMENTIER (Rue) ....1....B4
PAUL PEYTRAL (Boulevard) ....6....D4
PAVILLON (Rue) ....1....C4
PENITENTS BLEUS (Rue des) ....1....B3-B4
PENTECONTORE (Passage) ....2....C1
PERE PIERRE SAISSE (Place du) ....2....C3
PETIT CHANTIER (Rue) ....7....D2
PETIT PUITS (Rue du) ....2....B1
PETIT SAINT-JEAN (Rue du) ....2....B2
PETITES MARIES (Rue des) ....1....B3-B4
PETITES MARIES (Traverse) ....1....B4
PHILIPPE DE GIRARD (Rue) ....1....B4-C4
PHOCEENS (Rue des) ....2....A1-B2
PIERRE BERTAS (Place) ....2....C3
PIERRE SEMARD (Avenue) ....1....B4
PISANCON (Rue) ....1....C4
PISTOLES (Place des) ....2....B1
PISTOLES (Rue des) ....2....B1
PLAN FOURMIGUIER (Rue) ....7....D1-D2
PLUMIER (Rue) ....2....A2
POIDS DE LA FARINE (Rue du) ....2....B2-C2
POIRIER (Rue du) ....2....C1
PORTE (Quai du) ....2....C1
PORTE BEAUSSENQUE (Rue) ....2....C1
PRECHEURS (Place des) ....1....B2-B3
PRECHEURS (Rue des) ....2....B2
PREFECTURE (Place de la) ....6....D4
PRISON (Rue de la) ....2....C2
PROTIS (Square) ....2....C1
PROVIDENCE (Rue de la) ....2....C1
PUITS BEAUSSENQUE (Rue) ....2....C1
PUITS DU DENIER (Rue) ....2....B1
PUITS SAINT-ANTOINE (Rue) ....2....B1
PUVIS DE CHAVANNES (Rue) ....1-2....C4
PYTHEAS (Rue) ....1....C4
RACATI (Rue) ....3....A3
RECOLLETTES (Rue des) ....1....C4
REFUGE (Rue du) ....2....B1
REINE ELISABETH (Rue) ....1....C4
RELAIS (Rue du) ....2....B1
REPENTIES (Rue des) ....2....B1
REPUBLIQUE (Rue de la) ....1-2....A1-C2
RIGORD (Rue) ....7....D3
RIVE NEUVE (Quai) ....1-7....D1-D3
ROBERT (Rue) ....2....A1
ROBERT SCHUMAN (Avenue) ....2....A1-B1
RODILAT (Rue) ....2....A1
RODOLPHE POLLAK (Rue) ....1....C4
ROME (Rue de) ....1....C4-D4
ROME (Rue de) ....1-6....C4-D4
ROQUEBARBE (Impasse) ....2....C1
ROUGET DE L'ISLE (Rue) ....2....C2
ROUVIERE (Rue) ....2....C1
SADI CARNOT (Place) ....2....B2-C2
SAINT-ANTOINE (Rue) ....2....B2
SAINT-ANTOINE (Traverse) ....2....B2
SAINT-BAZILE (Rue) ....1....B4-C4
SAINT-CANNAT (Place) ....1-2....B2-B3
SAINT-CHARLES (Esplanade) ....1....A4

SAINT-DOMINIQUE (Rue) ....1....B4
SAINT-DOMINIQUE (Traverse) ....1....B4
SAINTE (Rue) ....1-7....D1-D2
SAINTE-BARBE (Rue) ....2....B2
SAINTE-ELISABETH (Rue) ....2....B2
SAINTE-FRANCOISE (Impasse) ....2....B2
SAINTE-FRANCOISE (Rue) ....2....B1-C1
SAINTE-FRANCOISE (Traverse) ....2....B2
SAINTE-JULIE (Rue) ....2....A2
SAINT-ESPRIT (Montée du) ....2....B2-D2
SAINT-FERREOL (Rue) ....1....C3-D4
SAINT-JAUME (Rue) ....2....C1
SAINT-JEAN (Avenue) ....2....C1
SAINT-LAURENT (Parvis de) ....2....C1
SAINT-LAURENT (Rue) ....2....B1-C1
SAINT-LAZARE (Rue) ....3....A3
SAINT-LOUIS (Cours) ....1....C4
SAINT-MARTHE (Rue) ....2....B2
SAINT-MAURICE (Rampe) ....7....D1
SAINT-PONS (Rue) ....2....C1
SAINT-SAENS (Rue) ....1....D2-D3
SAINT-THEODORE (Rue) ....1....B2
SAINT-THEODORE (Rue) ....2....B1
SAINT-VICTORET (Rue) ....2....B1
SEMINAIRE (Rue du) ....2....B1
SOUVENIR FRANCAIS (Montée du) ....7....D1
TANCREDE MARTEL (Impasse) ....1....C4
TAPIS VERT (Rue) ....1....B3-B4
TAULIERE (Rue de la) ....2....A2
TERRAS (Place du) ....2....A2-B2
TERRAS (Rue du) ....2....A2-B2
THEATRE FRANCAIS (Rue du) ....1....B4
THIARS (Place) ....1....D3
THUBANEAU (Rue) ....1....C3-B4
TIMON (Rue) ....2....C1
TIMON DAVID (Passage) ....7....D3
TOUR (Rue de la) ....2....B1
TOURETTE (Esplanade de la) ....2....C1
TOURETTE (Quai de la) ....2....C1
TOURETTE 1 (Rue) ....2....C1
TREIZE CANTONS (Place des) ....2....B1
TREIZE ESCALIERS (Rue) ....3....A3
TRIGANCE (Rue) ....2....B1
TUNNEL PRADO CARENAGE ....7....D1
TUNNEL SAINT-CHARLES ....1-3....A3-A4
TUNNEL SAINT-LAURENT ....2....C1-D1
TURENNE (Rue de) ....3....A3
TYRANS (Rue des) ....7....D2
VACON (Rue) ....1....C4
VAUDOYER (Avenue) ....2....B1-C1
VICTOR GELU (Place) ....2....C2
VICTOR HUGO (Rue) ....3....A3-A4
VIEILLETOUR (Rue de la) ....2....B2
VIEUX PALAIS (Rue du) ....2....B1
VINCENT LEBLANC (Rue) ....2....C4
VINCENT SCOTTO (Rue) ....1....C4-C4
23 JANVIER 1943 (Place) ....2....B2
VIVAUX (Rue) ....1....C2-C2
VOLTAIRE (Boulevard) ....1....A4
YSER (Square de l') ....1....C3

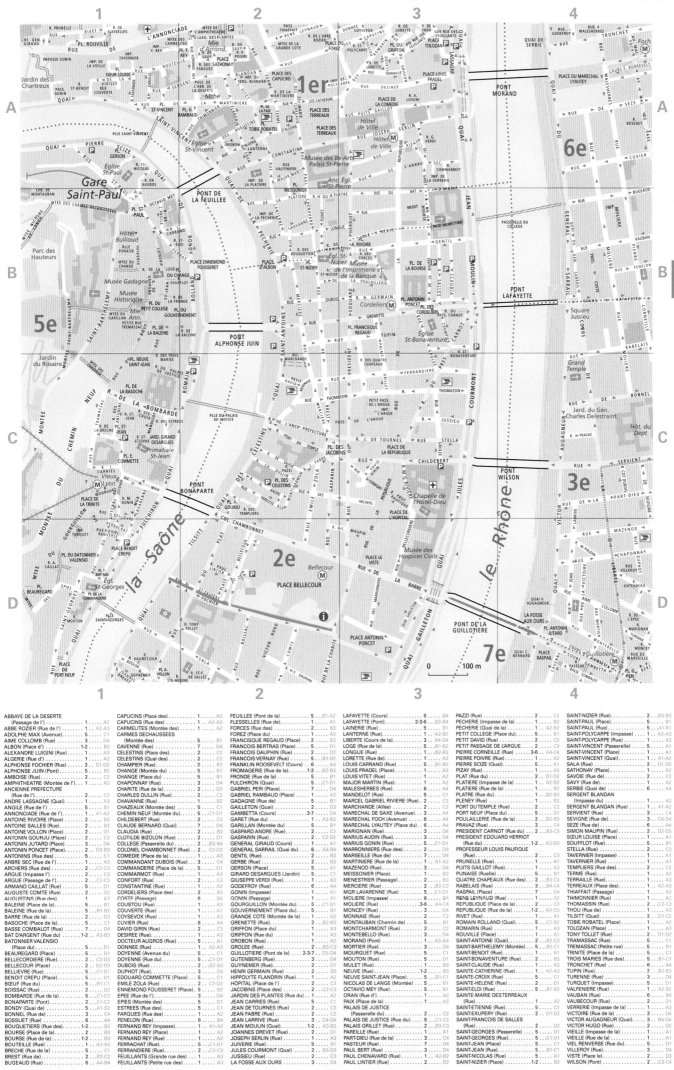

Map of Marseille (Gare Maritime Internationale, Vieux Port, Gare St-Charles; districts 1er, 2e, 3e, 6e, 7e). Scale: 0 – 100 m.

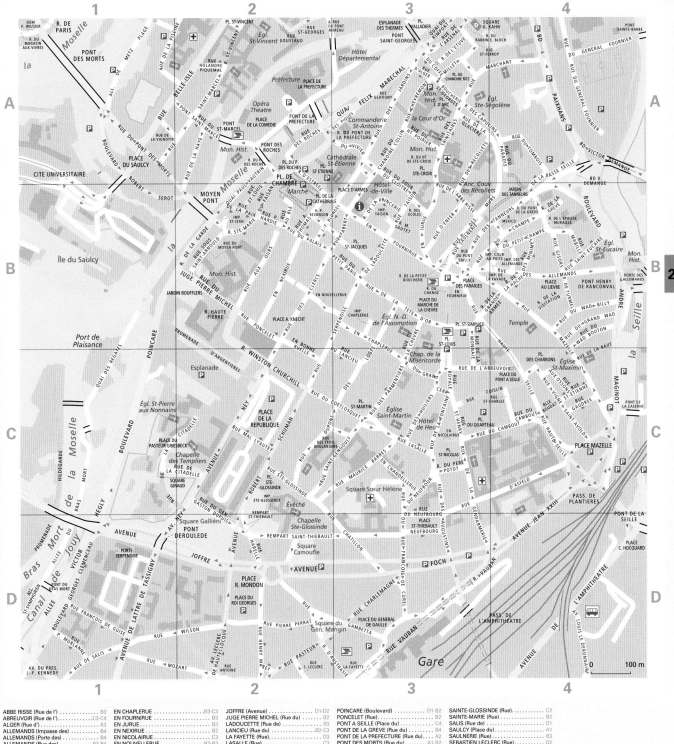

ABBE RISSE (Rue de l') B3
ABREUVOIR (Rue de l') C3-C4
ALGER (Rue d') A3
ALLEMANDS (Impasse des) B4
ALLEMANDS (Porte des) B4
ALLEMANDS (Rue des) B3-B4
AMBROISE THOMAS (Rue) B2
AMPHITHEATRE (Avenue de l') C4-D4
AMPHITHEATRE (Passage de l') ... D3-D4
ANDRE MAGINOT (Boulevard) A4-C4
ANTOINE (Rue) D2
ARGENTIERES (Promenade d') B1-C2
ARMAND KNECHT (Place) B2
ARMES (Place d') A3-B3
ARSENAL (Rue de l') A3
ASFELD (Rue d') D3-C4
AUGUSTINS (Rue des) C3-D3
AUSTRASIE (Rue d') D2-D3
BASSE SEILLE (Rue de la) A4-B4
BAUE (Rue de la) B4-C4
BELLE-ISLE (Rue) A1-A2
BLE (Rue au) B2
BOUCHERIE SAINT-GEORGES (Rue) B3
BOUDAT (Ruelle) C4
BOUFFLERS (Jardin) B2
BRAS MORT (Allée du) C1-C2
BRAS MORT (Pont du) D1
CAMBOUT (Rue du) C3-C4
CAMILLE HOCQUARD (Place) C4
CAPUCINS (Rue des) A3-A4
CASERNE (Pont de la) C4
CATHEDRALE (Place de la) A2
CHAMBRE (Place de) B2
CHAMPE (Rue de la) B3-B4
CHANGE (Rue du) B3
CHANOINE COLLIN (Rue du) A3
CHANOINE RITZ (Place du) A3
CHAPLERUE (Impasse) B3
CHARLEMAGNE (Rue) D2
CHARRONS (Place des) B4-C4
CHATILLON (Rue) C2-D3
CHEVRE (Rue de la) B3-C3
CHEVREMONT (Rue) B4
CITADELLE (Rue de la) C1-C2
CLERCS (Rue des) B2
COETLOSQUET (Rue du) C2-C3
COFFE MILLET (Rue du) C3
COISLIN (Rue) C3-C4
COMEDIE (Place de la) A2
COUR AU PUITS (Impasse) B4
DEROULEDE (Pont) D1
DUPONT DES LOGES (Rue) C2-B3
EN BONNE RUELLE B2-C2
EN CHANDELLERUE C3

EN CHAPLERUE B3-C3
EN FOURNIRUE B3
EN JURUE B3
EN NEXIRUE B2
EN NICOLAIRUE C3
EN NOUVELLERUE B2-B3
ENFER (Rue d') B3
EPAISSE MURAILLE (Rue de l') B4
ESTREES (Rue d') A2-B2
ETUVE (Rue de l') A3
FABERT (Rue) B2-B3
FAISAN (Rue du) A2-B2
FAVADE (Impasse de la) B3-B4
FELIX MARECHAL (Quai) A2-A3
FOCH (Avenue) D2-D3
FONTAINE (Rue de la) C3
FOUR DU CLOITRE (Rue du) A3
FRANCOIS DE CUREL (Rue) D3
FRANCOIS DE GUISE (Rue) C4
GAMBETTA (Rue) D2-D3
GARDE (Rue de la) B2
GAUDREE (Rue) B2
GENDARMERIE (Rue de la) C3-D3
GENERAL DE GAULLE (Place du) D3
GENERAL FOURNIER (Rue du) A4
GENERAL GASTON DUPUIS
  (Rue) C2-C2
GEORGES CLEMENCEAU (Boulevard) .. D1
GIRAUD (Square) C2
GISORS (Rue des) B4
GLACIERE (Rue de la) A3-A4
GLATIGNY (Rue) A3
GOUSSAUD (Rue) A2
GRAND CERF (Rue) B3
GRAND WAD (Rue du) C4
GRANDE ARMEE (Rue de la) B3
GREVE (Rue de la) B4
GUSTAVE KAHN (Square) A3
HACHE (Rue de la) B4
HARELLE (Rue) C4
HAUT DE SAINTE-CROIX (Rue du) A3
HAUT POIRIER (Rue du) A3
HAUTE PIERRE (Rue) B2
HAUTE SEILLE (Rue) B3-B4
HAYE (Rue de la) A2
HENRY DE RANCONVAL (Pont) B4
HENRY MARET (Rue) C3
HILDEGARDE (Promenade) C1-D1
HOLANDRE PIQUEMAL (Rue) A2
HUILIERS (Rue des) C3
JACQUES-FRANCOIS BLONDEL
  (Rue) A3
JARDINS (Rue des) A3
JEAN XXIII (Avenue) D2
JEANNE D'ARC (Place) A3

JOFFRE (Avenue) D1-D2
JUGE PIERRE MICHEL (Rue du) B2
LADOUCETTE (Rue de) B3
LANCIEU (Rue du) B2-C2
LA FAYETTE (Rue) D3
LASALLE (Rue de la) C3
LATTRE DE TASSIGNY (Avenue de) D1
LECLERC DE HAUTECLOCQUE
  (Avenue) D2
LIEVRE (Rue au) B4
LOUIS LE DEBONNAIRE (Avenue) D4
MABILLE (Rue) B4
MAGASIN AUX VIVRES (Rue du) A1
MARCHANT (Rue) A3-A4
MARCHE DE LA CHEVRE (Place du) B3
MARECHAL LYAUTEY (Rue) C3
MARIE SAUTET (Rue) B3
MAURICE BARRES (Rue) C2-C3
MAZELLE (Place) C4
MAZELLE (Rue) B3-C4
METZ PLAGE (Allée de) A1
MEXICO (Rue) B4
MINIMES (Rue des) B4
MONNAIE (Rue de la) B3-C3
MORTS (Pont des) A1
MOYEN PONT (Pont du) B2
MOYEN PONT (Rue du) B2
MOZART (Rue) D1-D2
MURS (Rue des) B3-B4
NEUFBOURG (Rue du) C3-D3
NEY (Avenue) D1-D2
OSSONS (Rue aux) C4
OURS (Rue aux) B2
PAIX (Rue de la) B2
PAIXHANS (Boulevard) A4
PALAIS (Rue du) A2
PARADIS (Rue du) B3
PARIS (Rue de) A1
PARMENTIERS (Rue des) C3
PASTEUR (Rue) D2
PASTEUR GRIESBECK (Place du) C2
PAUL BEZANSON (Rue) B2-B3
PAUL VAUTRIN (Quai) A2-B2
PAUL WILTZER (Quai) A1
PERE POTOT (Rue du) B4
PETIT CHAMPE (Rue) B4
PETIT PARIS (Rue) B2
PETITE BOUCHERIE (Rue de la) B2
PIERRE HARDIE (Rue) B2
PIERRE MORLANNE (Rue) D1
PIERRE PERRAT (Rue) D2
PIQUES (Rue des) A2-A3
PISCINE (Rue de la) A1-A2
PLANTIERES (Passage de) C4

POINCARE (Boulevard) D1-B2
PONCELET (Rue) B2
PONT A SEILLE (Place du) B4
PONT DE LA GREVE (Rue du) B4
PONT DE LA PREFECTURE (Rue du) A2
PONT DES MORTS (Rue du) A1-B2
PONT DES ROCHES (Place du) A2
PONT DES ROCHES (Rue du) A2
PONT MOREAU (Rue du) A2-A3
PONT SAILLY (Rue du) B3
PONT SAINT-MARCEL (Rue du) A1-A2
PREFECTURE (Place de la) A2-A3
PREFECTURE (Pont de la) A2
PRESIDENT J.F. KENNEDY (Avenue du) . D1
PRINCERIE (Rue de la) B3
QUARTEAU (Place du) C3
RABBIN ELIE BLOCH (Rue du) A3
RAYMOND MONDON (Place) D2
RECOLLETS (Rue des) B3-A4
REGATES (Quai des) B1-C1
REPUBLIQUE (Place de la) C2
RIMPORT (Quai du) A3
ROBERT SCHUMAN (Avenue) C2-D2
ROBERT SEROT (Boulevard) A1-B2
ROCHES (Place des) A2
ROCHES (Rue des) A2
ROI GEORGE (Place du) D2
ROYALE (Rue) C3
SAINT-CHARLES (Rue) C3
SAINT-ETIENNE (Place) B2-B3
SAINT-ETIENNE (Rue) C4
SAINT-EUCAIRE (Rue) B4
SAINT-FERROY (Rue) A3
SAINT-GENGOULF (Rue) C2-C3
SAINT-GEORGES (Pont) A3
SAINT-GEORGES (Rue) A2
SAINT-HENRY (Rue) C3
SAINT-JACQUES (Place) B3
SAINT-JEAN (Impasse) B2
SAINT-LOUIS (Place) B3-C3
SAINT-LOUIS (Rue) B3-C3
SAINT-MARCEL (Pont) A2
SAINT-MARCEL (Rue) A1-A2
SAINT-MARTIN (Place) C3
SAINT-NICOLAS (Rue) C3
SAINT-SIMPLICE (Place) B3
SAINT-SYMPHORIEN (Allée) D1
SAINT-THIEBAULT (Rue) C3
SAINT-THIEBAULT (Rempart) C2-D3
SAINT-VINCENT (Place) A2
SAINT-VINCENT (Rue) A2
SAINTE-BARBE (Rue) A4
SAINTE-CROIX (Place) A3
SAINTE-GLOSSINDE (Impasse) C2
SAINTE-GLOSSINDE (Place) C2

SAINTE-GLOSSINDE (Rue) C2
SAINTE-MARIE (Rue) B2
SALIS (Rue de) D1
SAULCY (Place du) A1
SAULNERIE (Rue) B3
SEBASTIEN LECLERC (Rue) D2
SEILLE (Pont de la) D4
SERPENOISE (Porte) D1
SERPENOISE (Rue) C2-B3
SOUS SAINT-ARNOULD (Rue) B2
TAISON (Impasse) B3
TAISON (Rue) A3-B3
TANNEURS (Jardin des) B4
TANNEURS (Rue des) B3-B4
TETE D'OR (Rue de la) B3
THERMES (Esplanade des) A3
TOMBOIS (Rue du) A4
TRINITAIRES (Rue des) A3
TROIS BOULANGERS (Rue des) C2-C3
TURMEL (Rue) B4
UNIVERSITAIRE (Cité) A1-B1
VALLADIER (Place) A3
VAUBAN (Rue) D3-D4
VICTOR DEMANGE (Boulevard) A4-B4
VIGNE SAINT-AVOLD (Rue) C4
VIGNETTE (Rue de la) A1-A2
VISITATION (Rue de la) B4
VIVIER (Rue du) A2-A3
WAD BILLY (Rue du) B4
WAD BOUTON (Rue du) B4-C4
WILSON (Rue) D1-D2
WINSTON CHURCHILL (Rue) B2-C2

MONTPELLIER

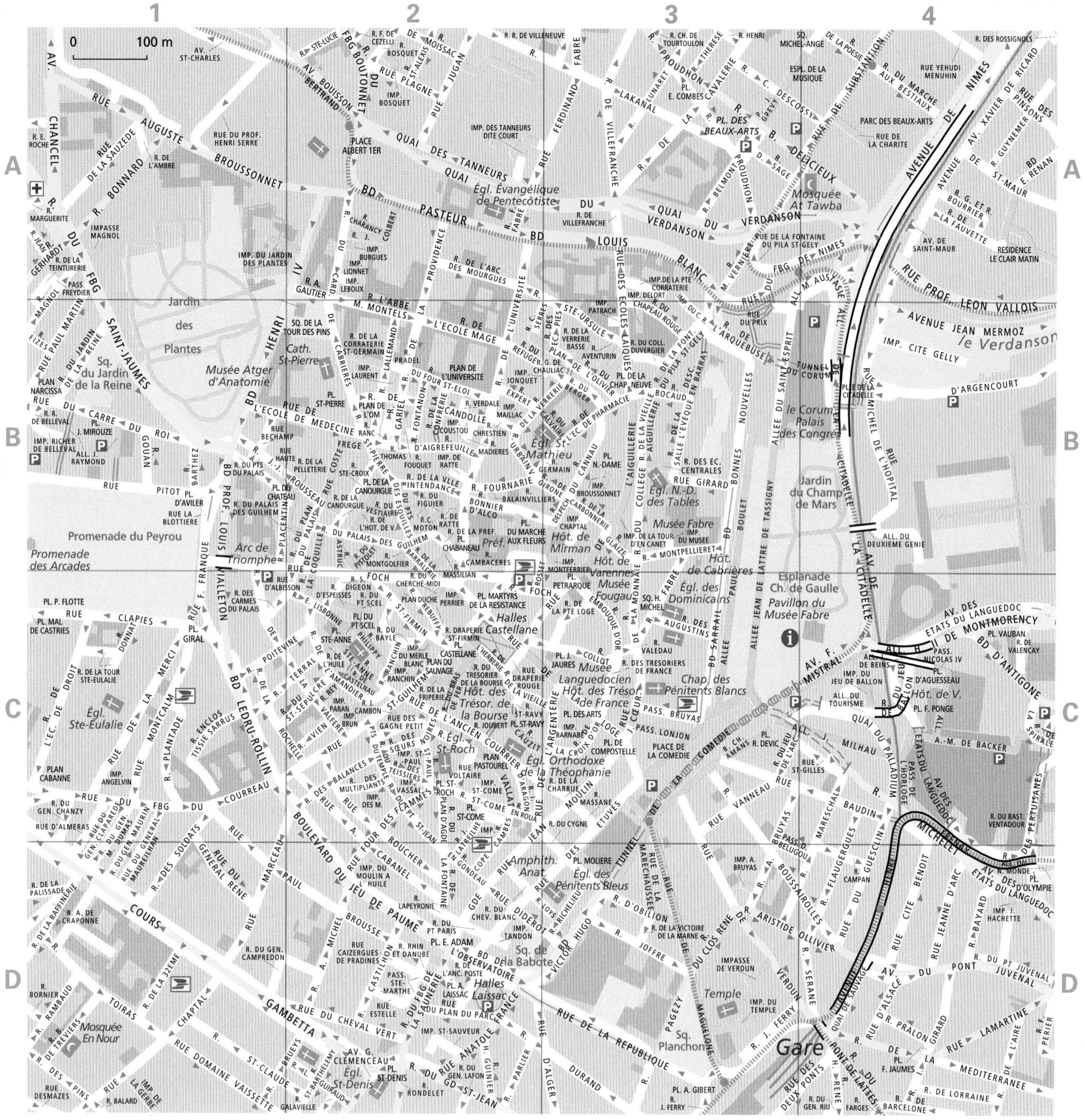

1
2
3
4
A
B
C
D
0 100 m
Jardin des Plantes
Musée Atger d'Anatomie
Cath. St-Pierre
Promenade du Peyrou
Promenade des Arcades
Arc de Triomphe
Égl. Évangélique de Pentecôtiste
Mosquée At Tawba
Égl. St-Mathieu
Préf.
Hôt. de Mirman
Hôt. de Varennes
Musée Fougau
Égl. N.-D. des Tables
Musée Fabre
Hôt. de Cabrières
Égl. des Dominicains
le Corum Palais des Congrès
Jardin du Champ de Mars
Esplanade Ch. de Gaulle
Pavillon du Musée Fabre
Halles Castellane
Hôt. des Trésor. de la Bourse
Musée Languedocien Hôt. des Trésor. de France
Chap. des Pénitents Blancs
Égl. St-Roch
Égl. Orthodoxe de la Théophanie
Égl. Ste-Eulalie
Amphith. Anat.
Égl. des Pénitents Bleus
Sq. de la Babote
Halles Laissac
Temple
Sq. Planchon
Gare
Mosquée En Nour
Égl. St-Denis
Hôt. de V.
le Verdanson
BD PASTEUR
QUAI DU VERDANSON
BD LOUIS BLANC
BD HENRI IV
AVENUE DE NIMES
RUE PROF. LEON VALLOIS
AVENUE JEAN MERMOZ
AV. DE LA CITADELLE
BD D'ANTIGONE
BD LEDRU-ROLLIN
BD PROF. LOUIS VIALLETON
COURS GAMBETTA
BOULEVARD DU JEU DE PAUME
RUE DE LA REPUBLIQUE
RUE DOMAINE VAISSETTE

ABBE MARCEL MONTELS (Rue l') . . . A2-B2
ADAM DE CRAPONNE (Rue) . . . D1
AGUESSEAU (Place d') . . . C4
AIGREFEUILLE (Rue d') . . . B2
AIGUILLERIE (Rue de l') . . . C2-B3
AIRE (Rue de l') . . . D4
ALBERT 1ER (Place) . . . A2
ALBISSON (Rue d') . . . B2-C2
ALEXANDRE CABANEL (Rue) . . . C2-D2
ALEXANDRE LAISSAC (Place) . . . D2
ALFRED BRUYAS (Impasse) . . . D3
ALFRED BRUYAS (Rue) . . . C3-D3
ALGER (Rue d') . . . D2-D3
ALMERAS (Rue d') . . . C1-D1
ALSACE (Rue d') . . . D4
AMANDIER (Rue de l') . . . C2
AMBRE (Rue de l') . . . A1
ANATOLE FRANCE (Rue) . . . D2
ANCIEN COURRIER (Rue de l') . . . C2
ANCIENNE POSTE (Rue de l') . . . D2
ANDRE MICHEL (Rue) . . . D2
ANGELVIN (Impasse) . . . C1
ANNE-MARIE DE BACKER (Allée) . . . C4
ANTIGONE (Boulevard d') . . . C4
ARC DES MOURGUES (Rue de l') . . . A2
ARGENCOURT (Rue d') . . . B4
ARGENTERIE (Rue de l') . . . C2-C3
ARISTIDE OLLIVIER (Rue) . . . D3-D4
ARMAND GAUTIER (Rue) . . . A2
ARQUEBUSE (Rue de l') . . . B3
ARTS (Place des) . . . C3
ASTRUC (Rue) . . . B2-C2
AUGUSTE BROUSSONNET (Rue) . . . A1-A2
AUGUSTE GIBERT (Place) . . . D3
AUGUSTINS (Rue des) . . . C3
AVENTURIN (Rue) . . . B3
AVILER (Place d') . . . B1
BALAINVILLIERS (Rue) . . . B2
BALANCES (Rue des) . . . C2
BALARD (Rue) . . . D1
BARCELONE (Rue de) . . . D4
BARNABE (Impasse) . . . C3
BARRALERIE (Rue de la) . . . B2-C2
BARTHEZ (Rue) . . . B1
BASTION VENTADOUR (Rue du) . . . C4-D4
BAUDIN (Rue) . . . C3-C4
BAYARD (Rue) . . . D4
BAYLE (Rue du) . . . C2
BEAUX-ARTS (Parc des) . . . A4
BECHAMP (Rue) . . . B1
BELMONT (Rue) . . . A3
BERGER (Rue du) . . . B3
BERNARD DE TREVIERS (Rue) . . . D1
BERNARD DELICIEUX (Rue) . . . A3-A4
BLOTTIERE (Rue la) . . . B1
BOCAUD (Rue) . . . B3
BONNARD (Rue) . . . A1
BONNES NOUVELLES (Bd) . . . B3
BONNIER D'ALCO (Rue) . . . B2
BORNIER (Rue) . . . D1
BOSQUET (Impasse) . . . A2
BOSQUET (Rue) . . . A2
BOUISSON BERTRAND (Av.) . . . A1-A2
BOUSSAIROLLES (Rue) . . . C3-D4
BRAS DE FER (Rue du) . . . C2
BROUSSONNET (Impasse) . . . B3
BRUEYS (Rue) . . . D1-D2
BRUN (Impasse) . . . C2
BRUYAS (Passage) . . . C3
BURGUES (Impasse) . . . A2
CABANNE (Plan) . . . C1
CAIZERGUES DE PRADINES (Rue) . . . D2
CALVAIRE (Rue du) . . . B2-B3
CAMBACERES (Rue) . . . B2-C2
CAMILLE DESCOSSY (Rue) . . . A3-A4
CAMPAN (Rue) . . . D4
CANDOLLE (Rue de) . . . B2
CANNAU (Rue du) . . . B3
CANOURGUE (Place de la) . . . B2
CANOURGUE (Rue de la) . . . B2
CARBONNERIE (Rue de la) . . . B3
CARDINAL DE CABRIERES (Rue du) . . . A2-B2
CARMES DU PALAIS (Rue des) C1-C2
CARRE DU ROI (Rue du) . . . B1
CASTEL MOTON (Rue) . . . B2
CASTELLANE (Place) . . . C2
CASTELNAU (Rue de) . . . C2
CASTILHON (Rue) . . . D2
CAUZIT (Rue) . . . C2-C3
CAVALERIE (Rue de la) . . . A3
CHABANEAU (Place) . . . B2
CHANCEL (Avenue) . . . A1
CHAPEAU ROUGE (Imp. du) . . . A3-B3
CHAPEAU ROUGE (Rue du) . . . B3
CHAPELLE NEUVE (Place de la) . . . B3
CHAPTAL (Impasse) . . . B3
CHAPTAL (Rue) . . . D1
CHARANCY (Rue) . . . A2
CHARITE (Rue de la) . . . A4
CHARLES AMANS (Rue) . . . C3
CHARLES DE TOURTOULON (Rue) . . . A3
CHARRUE (Rue de la) . . . C2-C3
CHATEAU (Place du) . . . B1
CHERCHE-MIDI (Rue du) . . . C2
CHEVAL BLANC (Rue du) . . . D2
CHEVAL VERT (Rue du) . . . D1-D2
CHRESTIEN (Rue) . . . B2
CITADELLE (Allée de la) . . . A4-B4
CITADELLE (Avenue de la) . . . B4-C4
CITADELLE (Passerelle de la) . . . B4
CITE BENOIT (Rue) . . . C4-D4
CITE GELLY (Impasse) . . . B4
CLAIR MATIN (Résidence le) . . . A4
CLAPIES (Rue) . . . C1
CLAUDE SERRES (Rue) . . . B2-A3
CLOS RENE (Rue du) . . . D3
COLLEGE (Rue du) . . . B3
COLLEGE DUVERGIER (Rue du) . . . B3
COLLOT (Rue) . . . C3
COMEDIE (Place de la) . . . C3
COMPOSTELLE (Place de) . . . C3
CONFRERIE (Rue de la) . . . B2
COPE CAMBES (Impasse) . . . C2-D2
COPE CAMBES (Rue) . . . C2-D2
COQUILLE (Rue de la) . . . B2-C2
CORRATERIE SAINT-GERMAIN (Rue de la) . . . B2
COSTE FREGE (Rue) . . . B2
COUSTOU (Impasse) . . . B2
CROIX D'OR (Rue de la) . . . C3
CYGNE (Rue du) . . . C2-D3
DANIEL SAGE (Rue) . . . A3
DAVID BELUGOU (Passage) . . . C3-D4
DELORT (Impasse) . . . B3
DELPECH (Rue) . . . B3
DESMAZES (Rue) . . . D1
DEUX PONTS (Rue des) . . . D4
DEUXIEME GENIE (Allée du) . . . B4
DIDEROT (Rue) . . . D2-D3
DOMAINE VAISSETTE (Rue) . . . D1
DONNAT (Rue) . . . C1
DRAPERIE ROUGE (Rue) . . . C2
DRAPERIE SAINT-FIRMIN (Rue) . . . C2
DU GUESCLIN (Rue) . . . C4-D4
DUCHE (Plan) . . . C2
DURAND (Rue) . . . D2-D3
ECOLE DE DROIT (Rue de l') . . . C1
ECOLE DE MEDECINE (Rue de l') . . . B1-B2
ECOLE DE PHARMACIE (Rue de l') B3
ECOLE MAGE (Rue de l') . . . B2
ECOLES CENTRALES (Rue des) . . . B3
ECOLES LAIQUES (Rue des) . . . A3-B3
ECOLES PIES (Rue des) . . . B3
EDOUARD ADAM (Place) . . . D2
EDOUARD ROCHE (Rue) . . . A1
EMBOUQUE D'OR (Rue) . . . C3
EMILE COMBES (Place) . . . A3
EN BARRAT (Descente) . . . B3
EN GONDEAU (Rue) . . . D2
EN ROUAN (Rue) . . . C2
ENCLOS TISSIE SARRUS (Rue) . . . C1
ERNEST RENAN (Boulevard) . . . A4
ESPEISSES (Rue d') . . . C2
ESTELLE (Rue) . . . D2
ETATS DU LANGUEDOC (Avenue des) . . . C4-D4
ETUVES (Rue des) . . . D2-C3
EUGENE LISBONNE (Rue) . . . C2
EXPERT (Rue) . . . B2
FABRE (Rue) . . . B3-C3
FARGES (Rue) . . . D4
FBG BOUTONNET (Rue du) . . . A2
FBG DE LA SAUNERIE (Rue du) . . . D2
FBG DE NIMES (Rue du) . . . B3-A4
FBG DU COURREAU (Rue du) . . . C1
FBG SAINT-JAUMES (Rue du) A1-B1
FAUVETTE (Rue de la) . . . A4
FERDINAND FABRE (Rue) . . . A2-A3
FIGUIER (Rue du) . . . B2
FIZES (Rue) . . . B1
FLAUGERGUES (Rue) . . . C4-D4
FOCH (Rue) . . . B1-C3
FONTAINE (Rue de la) . . . D2
FONTAINE DU PILA SAINT-GELY (Rue de la) . . . A3-B3
FONTANON (Rue) . . . B2
FOUQUET (Rue) . . . B2
FOUR DES FLAMMES (Rue) . . . C2-D2
FOUR SAINT-ELOI (Rue du) . . . B2
FOURNARIE (Rue) . . . B2
FRANCEZE DE CEZELLI (Rue) . . . A2
FRANCIS MONGE (Place) . . . C4
FRANCIS PONGE (Place) . . . C4
FRANCOIS FRANQUE (Rue) . . . B1-C1
FRANCOIS JAUMES (Place) . . . D4
FRANCOIS PERIER (Rue) . . . D4
FREDERIC MISTRAL (Avenue) . C3-C4
FREYDIER (Passage) . . . A1
FRIPERIE (Rue de la) . . . C2
GAGNE PETIT (Rue des) . . . C2
GALAVIELLE (Rue) . . . D2
GAMBETTA (Cours) . . . C1-D2
GARIEL (Rue) . . . B2
GENERAL CAMPREDON (Rue du) . . . D1-D2
GENERAL CHANZY (Rue du) . . . C1
GENERAL CLAPAREDE (Rue du) . . . C1-D1
GENERAL LAFON (Rue du) . . . D2
GENERAL MATHIEU DUMAS (Rue du) . . . C1-D1
GENERAL MAUREILHAN (Rue du) . . . C1-D1
GENERAL MAURIN (Rue du) . . . C1-D1
GENERAL RENE (Rue du) . . . C1-D1
GENERAL RIU (Rue du) . . . D4
GEORGES CLEMENCEAU (Av.) . . . D2
GERBE (Impasse de la) . . . D1
GERHARDT (Rue) . . . A1
GERMAIN (Rue) . . . B2-B3
GIRAL (Place) . . . C1
GIRARD (Rue) . . . B3
GIRONE (Rue de) . . . B2-B3
GLAIZE (Rue) . . . B3
GOUAN (Rue) . . . B1
GRAND SAINT-JEAN (Rue du) . . . D2
GUI DE CHAULIAC (Rue) . . . B3
GUY ET ROBERT BOURRIER (R.) . A4
GUYNEMER (Rue) . . . A4
HAUTE (Rue) . . . B1-B2
HENRI (Rue) . . . A3
HENRI FRENAY (Avenue) . . . C4-D4
HENRI GUINIER (Rue) . . . D2
HENRI II DE MONTMORENCY (Allée) . . . C4
HENRI IV (Boulevard) . . . B1-A2
HENRI MICHEL (Square) . . . C3
HENRI RENE (Rue) . . . D4
HERBERIE (Rue de l') . . . C2
HORLOGE (Passage de l') . . . C4
HOTEL DE VILLE (Rue de l') . . . B2
HUILE (Rue de l') . . . C2
ISIDORE GIRARD (Rue) . . . D4
JACQUES CŒUR (Rue) . . . C3
JACQUES D'ARAGON (Rue) . . . C2
JACQUES MIROUZE (Place) . . . B1
JARDIN DE LA REINE (Rue du) . . . B1
JARDIN DES PLANTES (Impasse du) . . . A1-A2
JEAN (Rue) . . . A1
JEAN DE BEINS (Allée) . . . C4
JEAN DE LATTRE DE TASSIGNY (Allée) . . . B3-C3
JEAN JAURES (Place) . . . C2-C3
JEAN MERMOZ (Avenue) . . . A4-B4
JEAN MOULIN (Grande rue) . D2-C3
JEAN RAYMOND (Allée) . . . B1
JEAN-JACQUES ROUSSEAU (Rue) . . . B1-B2
JEANNE D'ARC (Rue) . . . D4
JEANNE HACHETTE (Impasse) . . . D4
JEU DE BALLON (Impasse du) . . . C4
JEU DE BALLON (Rue du) . . . C3-C4
JEU DE L'ARC (Rue du) . . . C3-C4
JEU DE PAUME (Bd du) . . . C1-D2
JOACHIM COLBERT (Rue) . . . A2
JOFFRE (Rue) . . . D3
JONQUET (Impasse) . . . B2-B3
JOSEPH CAMBON (Rue) . . . C2
JOUBERT (Rue) . . . C2
JUGAN (Rue) . . . A2
JULES FERRY (Rue) . . . D3-D4
JULES GREVY (Rue) . . . A3
JULES LATREILHE (Rue) . . . C2-D2
JULES MILHAU (Allée) . . . C3-C4
LAKANAL (Rue) . . . A2-A3
LALLEMAND (Rue) . . . B2
LAMARTINE (Rue) . . . D4
LAPEYRONIE (Rue) . . . D2
LAURENT (Impasse) . . . B2
LEBOUX (Impasse) . . . A2
LEDRU-ROLLIN (Boulevard) . . . C1
LIONNET (Impasse) . . . A2
LOGE (Rue de la) . . . C2-C3
LONJON (Passage) . . . C3
LORRAINE (Rue de) . . . D4
LOUIS BLANC (Boulevard) . . . A2-B3
LOUISE GUIRAUD (Rue) . . . D2
LOYS (Rue) . . . D2-D3
LUNARET (Rue) . . . A3
MADIERES (Rue) . . . B2
MAGNOL (Impasse) . . . A1
MAGNOL (Rue) . . . A1-B1
MAGUELONE (Rue de) . . . C3-D3
MAILLAC (Impasse) . . . B2
MARCEAU (Rue) . . . D1-C2
MARCHE AUX BESTIAUX (Rue du) . . . A4
MARCHE AUX FLEURS (Place du) . . . B2-B3
MARECHAL DE CASTRIES (Place) C1
MARECHAUSSEE (Rue de la) . C3-D3
MARESCHAL (Rue) . . . D3-C4
MARGUERITE (Rue) . . . A1
MARTYRS DE LA RESISTANCE (Place) . . . C2
MASSANE (Rue) . . . C3
MASSILIAN (Rue) . . . B2
MEDITERRANEE (Rue de la) . . . D4
MERCI (Rue de la) . . . C1
MERLE BLANC (Impasse du) . . . C2
MICHEL AUSTASIE (Allée) . . . B3-A4
MICHEL DE L'HOPITAL (Rue) . . . B4
MICHEL VERNIERE (Rue) . . . A3
MICHEL-ANGE (Square) . . . A3
MICHELET (Rue) . . . C3-D4
MOISSAC (Rue de) . . . A2
MOLIERE (Place) . . . C3-D3
MONNAIE (Rue de la) . . . B3-C3
MONTCALM (Rue) . . . C1
MONTFERRIER (Impasse) . . . B3
MONTGOLFIER (Rue) . . . B2-C2
MONTPELLIERET (Rue) . . . B3
MOULIN A L'HUILE (Impasse du) . D2
MULTIPLIANTS (Impasse des) . . . C2
MULTIPLIANTS (Rue des) . . . C2
MUSEE (Impasse du) . . . B3
MUSIQUE (Esplanade de la) . A3-A4
NARCISSA (Plan) . . . B1
NICOLAS IV (Passage) . . . C4
NIMES (Avenue de) . . . A4
NOTRE-DAME (Place) . . . B3
NOUVEAU MONDE (Allée du) . . . D4
OBILION (Rue d') . . . D3
OBSERVATOIRE (Boulevard de l') D2
OLYMPIE (Place d') . . . D4
OM (Plan de l') . . . B2
PAGEZY (Rue) . . . D3
PALAIS DES GUILHEM (Rue du) . . . B1-B2
PALISSADE (Rue de la) . . . D1
PALLADIUM (Quai du) . . . C4
PARAN (Impasse) . . . C2
PARLIER (Rue) . . . D2
PASTEUR (Boulevard) . . . A2
PASTOUREL (Plan) . . . C2
PATRACH (Impasse) . . . B3
PAUL BOULET (Allée) . . . B3-C3
PAUL BROUSSE (Rue) . . . C1-D2
PAUL MARTIN (Rue) . . . A1-B1
PELLETERIE (Rue de la) . . . B1-B2
PERRIER (Impasse) . . . C2
PERTUISANES (Rue des) . . . C4-D4
PETIT PARIS (Rue du) . . . D2
PETIT SAINT-JEAN (Rue du) . C2-D2
PETIT SCEL (Place du) . . . C2
PETIT SCEL (Rue du) . . . C2
PETITE CORRATERIE (Im. de la) . A3
PETITE LOGE (Rue de la) . . . C3
PETRARQUE (Place) . . . C3
PHILIPPY (Rue) . . . C2
PIERRE FLOTTE (Place) . . . C1
PINS (Rue des) . . . D1
PINSONS (Rue des) . . . A4
PISTOLET (Rue du) . . . B2
PITOT (Rue) . . . B1
PLACENTIN (Rue) . . . B1
PLAGNE (Rue) . . . A2
PLAN D'AGDE (Rue du) . . . C2-D2
PLAN DE L'OLIVIER (Rue du) . . B2-B3
PLAN DU PALAIS (Rue du) . . . B2
PLAN DU PARC (Rue du) . . . D2
PLANTADE (Rue) . . . C1
POESIE (Rue de la) . . . A4
POITEVINE (Rue) . . . C1-C2
PONT DE LATTES (Rue du) . . . D4
PONT JUVENAL (Avenue du) . . . D4
PONT JUVENAL (Rue du) . . . D4
PRADEL (Rue) . . . B2
PRALON (Rue) . . . D4
PREFECTURE (Rue de la) . . . B2
PRIX (Rue du) . . . A3-B3
PROFESSEUR HENRI SERRE (Rue du) . . . A1-A2
PROFESSEUR LEON VALLOIS (Rue) . . . A4-B4
PROFESSEUR LOUIS VIALLETON (Boulevard) . . . B1-C1
PROUDHON (Rue) . . . A3
PROVIDENCE (Rue de la) . . . A2-B2
PUITS DES ESQUILLES (Rue du) . B2
PUITS DU PALAIS (Rue du) . . . B1
PUITS DU TEMPLE (Rue du) . . . C2
RAFFINERIE (Rue de la) . . . D1
RAMBAUD (Rue) . . . D1
RANC (Rue) . . . B2
RANCHIN (Impasse) . . . C2
RANCHIN (Rue) . . . C2
RATTE (Impasse de) . . . B2
RATTE (Rue de) . . . B2
REBUFFY (Rue) . . . C2
REFUGE (Rue du) . . . B2-B3
RENAUD DE VILLENEUVE (Rue) . A3
RENE DEVIC (Place) . . . C3
REPUBLIQUE (Rue de la) . . . D2-D3
REY (Rue) . . . C2
RHIN ET DANUBE (Rue) . . . D2
RICHELIEU (Rue) . . . D3
RICHER DE BELLEVAL (Impasse) . B1
RICHER DE BELLEVAL (Rue) . . . B1
ROCHELLE (Rue de la) . . . C1-C2
RONDELET (Rue) . . . D2
ROSSET (Rue) . . . C2-B3
ROSSIGNOLS (Rue des) . . . A4
ROUCHER (Rue) . . . C2-D2
SAINT-ALEXIS (Rue) . . . A2
SAINT-BARTHELEMY (Rue) . . . D2
SAINT-CHARLES (Avenue) . . . A1-A2
SAINT-CLAUDE (Rue) . . . D1-D2
SAINT-COME (Impasse) . . . C2
SAINT-COME (Place) . . . C2
SAINT-COME (Rue) . . . C2
SAINT-DENIS (Place) . . . D2
SAINT-ESPRIT (Allée du) . . . B3
SAINT-FIRMIN (Rue) . . . B2-C2
SAINT-GILLES (Rue) . . . C3-C4
SAINT-GUILHEM (Rue) . . . C1-C2
SAINT-MAUR (Avenue de) . . . A4
SAINT-PAUL (Impasse) . . . C2
SAINT-PAUL (Rue) . . . C2
SAINT-PIERRE (Place) . . . B2
SAINT-PIERRE (Rue) . . . B2
SAINT-RAVY (Place) . . . C2
SAINT-RAVY (Rue) . . . C2
SAINT-ROCH (Place) . . . C2
SAINT-SAUVEUR (Impasse) . . . D2
SAINT-SEPULCRE (Rue du) . . . C1-C2
SAINTE-ANNE (Place) . . . C2
SAINTE-ANNE (Rue) . . . C2
SAINTE-CROIX (Rue) . . . B2
SAINTE-LUCIE (Rue) . . . A2
SAINTE-MARTHE (Passage) . . . D2
SAINTE-URSULE (Rue) . . . A2-B3
SALLE L'EVEQUE (Rue de la) . . . B3
SARRAIL (Boulevard) . . . B3-C3
SAUVAGE (Plan du) . . . C2
SAUVAGE (Quai de) . . . D4
SAUZEDE (Rue de la) . . . A1
SERANE (Rue) . . . D4
SŒURS NOIRES (Rue des) . . . C2
SOLDATS (Rue des) . . . C1-D1
SPIRALE (Rue de la) . . . C4
STANISLAS DIGEON (Rue) . . . C2
SUBSTANTION (Rue de) . . . A4
TANDON (Impasse) . . . D2
TANNEURS (Quai des) . . . A2-A3
TANNEURS DITE COURT (Impasse des) . . . A2-A3
TEINTURERIE (Rue de la) . . . A1-B1
TEISSIERS (Rue des) . . . C2
TEMPLE (Impasse du) . . . D3
TERRAL (Rue) . . . C1-C2
THERESE (Rue) . . . A3
THOMAS (Rue) . . . B2
TOIRAS (Rue) . . . D1
TOUR D'EN CANET (Imp. de la) . . B3
TOUR DES PINS (Square de la) . . B2
TOUR SAINTE-EULALIE (Rue de la) . . . C1
TOURISME (Allée du) . . . C4
32EME (Rue de la) . . . D1
TRESORIER DE LA BOURSE (Rue du) . . . C2
TRESORIERS DE FRANCE (Rue des) . . . C3
TUNNEL DE LA COMEDIE . . . C3-D3
TUNNEL DU CORUM . . . B3-B4
UNIVERSITE (Plan de l') . . . B2
UNIVERSITE (Rue de l') . . . A2-B2
URBAIN V (Rue) . . . B2
VALEDAU (Rue) . . . C3
VALENCAY (Rue de) . . . C4
VALFERE (Rue de la) . . . B1-C2
VALLAT (Rue) . . . C2
VANNEAU (Rue) . . . C3
VASSAL (Impasse) . . . C2
VAUBAN (Place) . . . C4
VERDALE (Rue) . . . B2
VERDANSON (Quai du) . . . A2-A4
VERDUN (Impasse de) . . . D3
VERDUN (Rue de) . . . C3-D4
VERRERIE (Rue de la) . . . B2-B3
VERRERIE BASSE (Rue de la) . . . B3
VESTIAIRE (Rue du) . . . B2
VICTOIRE DE LA MARNE (Rue de la) . . . D3
VICTOR HUGO (Boulevard) . . D2-C3
VIEILLE (Rue de la) . . . C2-C3
VIEILLE AIGUILLERIE (Rue de la) . B3
VIEILLE INTENDANCE (Rue de la) B2
VIEN (Rue) . . . C2
VILLEFRANCHE (Rue de) . . . A3
VOLTAIRE (Rue) . . . C2
XAVIER DE RICARD (Avenue) . . . A4
YEHUDI MENUHIN (Rue) . . . A4

0   100 m

ABBE DIDELOT (Rue) D3-D4
ACQUES MURIET (Allée) A4
ALBERT 1ER (Boulevard) A1-B1
ALEXANDRE 1ER (Place) D3
ALLIANCE (Place d') B4
AMERICAN LEGION (Boulevard de l') . . D2
AMERVAL (Rue d') B3
ANDRE MAGINOT (Place) C3
ANDRE SCHOCK (Rue) D2
ARLETTE GRUSS (Allée) A2-B2
ARMEE PATTON (Rue de l') B1-C2
ARSENAL (Place de l') A2-A3
ARTS (Cours des) C3-C4
BAILLY B4
BARON LOUIS (Rue) A1-A2
BASSOMPIERRE (Rue) C1
BEAUVAU (Rue) C1
BEGONIAS (Rue des) C1-D1
BELFORT (Rue de) D1
BENIT (Rue) C3
BERNARD FEDER (Allée) A4
BICHAT (Square) A2
BLEU (Passage) C3
BLONDLOT (Parc) B2
BLONDLOT (Rue) B2-C3
BON PAYS (Impasse du) B3
BOUDONVILLE (Rue de) A1
BRACONNOT (Rue) A3
CALLOT (Rue) B3
CARDINAL TISSERANT (Rue du) D1
CARMES (Rue des) B3-C3
CARNOT (Place) B2-B3
CARRIERE (Place de la) A3-B4
CHANOINES (Rue des) A3
CHANZY (Rue) C3
CHARITE (Rue de la) A3
CHARLES III (Rue) D4
CHARLES V (Boulevard) A2
CHEVAL BLANC (Rue du) B4
CHRISTIAN PFISTER (Rue) D1
CLAUDE CHARLES (Rue) B4
CLAUDE LE LORRAIN (Quai) A1-C2
CLERIN (Impasse) D1
CLODION (Rue) C1
CLOITRE (Rue du) B4-C4
COLONEL DRIANT (Place) B4
COLONEL FABIEN (Place) A3-B3
COMMANDERIE (Place de la) D1
COMMANDERIE (Rue de la) D1-C2
CORDELIERS (Rue des) A3
COUARAIL SAINT-SEBASTIEN
(Place du) C3

CRAMPEL (Rue) C2
CROIX DE BOURGOGNE
(Passage de la) D1
CROIX DE BOURGOGNE (Place) D1-D2
CYFFLE (Rue) D3-D4
DAMES (Rue des) A3
DESILLES (Rue) A1-A2
DIDION (Rue) C4
DOCTEUR SCHMITT (Rue du) C4
DOMBASLE (Place) B3-C3
DOMINICAINS (Passage des) C3-C3
DOMINICAINS (Rue des) B4-C4
DOMINIQUE CALMET (Rue) B3-C3
DOMREMY (Square) C1
DRAGEE (Ilot de la) C4-D4
DUC ANTOINE (Rue du) A3
DUC RAOUL (Rue du) A3
ECURIES (Rue des) A3
EMILE BADEL (Allée) A4
ESPRIT (Ruelle de l') A1-A2
ETANG SAINT-JEAN (Place de l') D2
ETATS (Rue des) A3
FABRIQUES (Rue des) D4
FAIENCERIE (Rue de la) C3
FERRI III (Rue) D2
FOCH (Avenue) D1-D2
FOSSE AUX CHEVAUX (Cour du) . . . A3
FOUR (Rue du) C4
FRANCOIS DE NEUFCHATEAU (Rue) . . D1
FRANCOIS JACOB (Passage) B2
FRERES HENRY (Rue des) A2
FUSILLES (Pont des) D3
GABRIEL MOUILLERON (Rue) D2-D3
GAMBETTA (Rue) B3-B4
GENERAL DE GAULLE (Place du) . . . A3
GENERAL DROUOT (Rue) C4-D4
GENERAL HOCHE (Rue) D1
GENERAL LECLERC (Avenue) D4
GEORGES CHEPFER (Allée) A3
GILBERT (Rue) B4
GIRARDET (Rue) B4
GLACIS (Rue des) A2
GODEFROY DE BOUILLON (Place) . . . B1
GODRON (Rue) B4
GRAND RABBIN HAGUENAUER
(Rue du) C3
GRAND VERGER (1ERE ruelle du) . . . C1
GRAND VERGER (Rue du) C1
GRANDE RUE A3-B3
GUERRIER DE DUMAST (Rue) B2-B3
GUIBAL (Rue) B4
GUISE (Rue de) A2-A3
GUSTAVE SIMON (Rue) B3
HACHE (Rue de la) D3-C4

HALDAT (Passage de) B2
HAUT BOURGEOIS (Rue du) A2-A3
HENRI MENGIN (Place) C3
HENRI POINCARE (Rue) C2-B3
HERE (Rue) B3-B4
HERMITE (Rue) A2-B2
INSURRECTION DU GHETTO
DE VARSOVIE (Boulevard de l') D3-D4
ISABEY (Rue) A1-C2
JACQUARD (Rue) B2
JACQUES BELLANGE (Rue) D2
JACQUES MURIET (Allée) A3-A4
JACQUINOT (Rue) A1
JACQUOT (Rue) B2
JAMERAI DUVAL (Rue) D3
JEAN PROUVE (Rue) C2-D2
JEANNE D'ARC (Rue) C1-D2
JEANNOT (Rue) B2
JENNESSON (Rue) B1
JOFFRE (Boulevard) C2-D3
JOSEPH MALVAL (Place) A3
KENNEDY (Viaduc) C2-D2
KLEBER (Rue) D1
LACORDAIRE (Rue) C4
LACRETELLE (Rue) C1
LAFAYETTE (Place) B3
LAVOIR SAINT-JEAN (Rue du) D2
LAXOU (Rue de) C1
LAZARE CARNOT (Rue) B1
LEON TONNELIER (Allée) A3-A4
LEOPOLD (Cours) A2-B3
LEOPOLD LALLEMENT (Rue) C3
LEPOIS (Rond-point) B2
LEPOIS (Rue) B2
LIBERATION (Avenue de la) B1
LORRAINE (Rue de) C1-C2
LOUPS (Rue des) A3
LUXEMBOURG (Place de) A2
LYAUTEY (Rue) B4
LYCEE (Rue du) B3-B4
MABLY (Rue) C3
MANEGE (Rue du) B4-C4
MARCEAU (Passage) B3
MARECHAUX (Rue des) B3
MAURE QUI TROMPE (Rue du) A3-B4
MAURICE BARRES (Rue) B4
MAZAGRAN (Rue) A1-B1
MENSIAUX (Ruelle des) A1-B1
METZ (Rue de) A2-B3
MICHEL NEY (Rue) A1-A2
MICHOTTES (Rue des) C4-D4
MILTON (Avenue) A1-B1
MON DESERT (Rue de) D3
MONNAIE (Rue de la) B3

MONSEIGNEUR RUCH (Place) B4
MONSEIGNEUR THOUVENIN (Rue) . . . C3
MONSEIGNEUR TROUILLET (Rue) . . . C3
MONTESQUIEU (Rue) B4-C4
MOREY (Rue) C2
MOULIN (Rue du) A3
MOZART (Rond-point) A3
MULHOUSE (Rue de) D3
NICKLES (Rue des) B1
NOTRE-DAME (Rue) C3
NOTRE-DAME DES ANGES (Rue) C1
OBELISQUE (Allée de l') B2-B3
ORATOIRE (Rue de l') B1
PALISSOT (Rue) D1
PEPINIERE (Terrasse) A3-B4
PETIT BOURGEOIS (Rue du) A2-A3
PHALSBOURG (Rue de) D4
PIERRE CHALNOT (Rue) D2
PIERRE FOURIER (Rue) B4
PIERRE GRINGOIRE (Rue) B4
PIERRE-ALAIN GORIUS (Square) D4
PIROUX (Rue) C2
PONT MOUJA (Rue du) C3
PONTS (Rue des) C3-D4
PREFET CLAUDE ERIGNAC (rue du) . . B4
PRESIDENT HUSSON (Rond-point du) . A4
PRIMATIALE (Rue de la) B4
QUATRE EGLISES (Rue des) C3-D4
RAME (Passage de la) C1-C2
RAUGRAFF (Rue) C3
RAVINELLE (Passage de la) A1
RAVINELLE (Rue de la) A1-B2
RAYMOND POINCARE (Rue) D1-D2
RENE D'ANJOU (Rue) A2
REPUBLIQUE (Place de la) C2
RIGNY (Rue de) B1
ROME (Rue de) B1
ROTONDE (Rue de la) D2
SAINT-ANTOINE (Ruelle) C2
SAINT-DIZIER (Rue) B3-B4
SAINT-EPVRE (Place) A3
SAINT-EPVRE (Terre-plein) A3
SAINT-GEORGES (Rue) C3-B4
SAINT-JEAN (Rue) C2
SAINT-JULIEN (Rue) B4-C4
SAINT-LAMBERT (Impasse) D1
SAINT-LAMBERT (Rue) D1
SAINT-LEON (Esplanade) C2
SAINT-LEON (Rue) C2
SAINT-MICHEL (Rue) A2-A3
SAINT-NICOLAS (Rue) C4-D4
SAINT-SEBASTIEN (Rue) C3
SAINT-THIEBAUT (Rue) C3
SAINT-URBAIN (Rue de) B3

SAINTE-ANNE (Rue) C4
SAINTE-CATHERINE (Rue) B4
SALPETRIERE (Rue de la) D4
SEBASTIEN BOTTIN (Passage de la) . . B2-C2
SERRE (Rue) B2-C2
SŒURS MACARONS (Rue des) C4
SOURCE (Rue de la) A3-B3
SOUVENIR (Esplanade du) A2
STANISLAS (Place) B4
STANISLAS (Porte) C2
STANISLAS (Rue) C2-B3
TEMERAIRE (Rue) C1-D1
THIERRY ALIX (Rue) B1
THIERS (Place) C2
THIONVILLE (Rue de) B1
TIERCELINS (Rue des) C4
TURIQUE (Rue de) B1-C1
VAUDEMONT (Place de) B3
VERDUN (Rue de) A1
VICTOR BASCH (Square) B2
VICTOR HUGO (Rue) B1-C1
VICTOR HUGO (Ruelle) C1
VICTOR POIREL (Rue) C2-C3
VILLERS (Rue de) C1
26EME REGIMENT D'INFANTERIE
(Boulevard du) A4
VISITATION (Rue de la) B3-C3
VOSGES (Place des) D4
YSER (Square de l') B1

NANTES

0   100 m

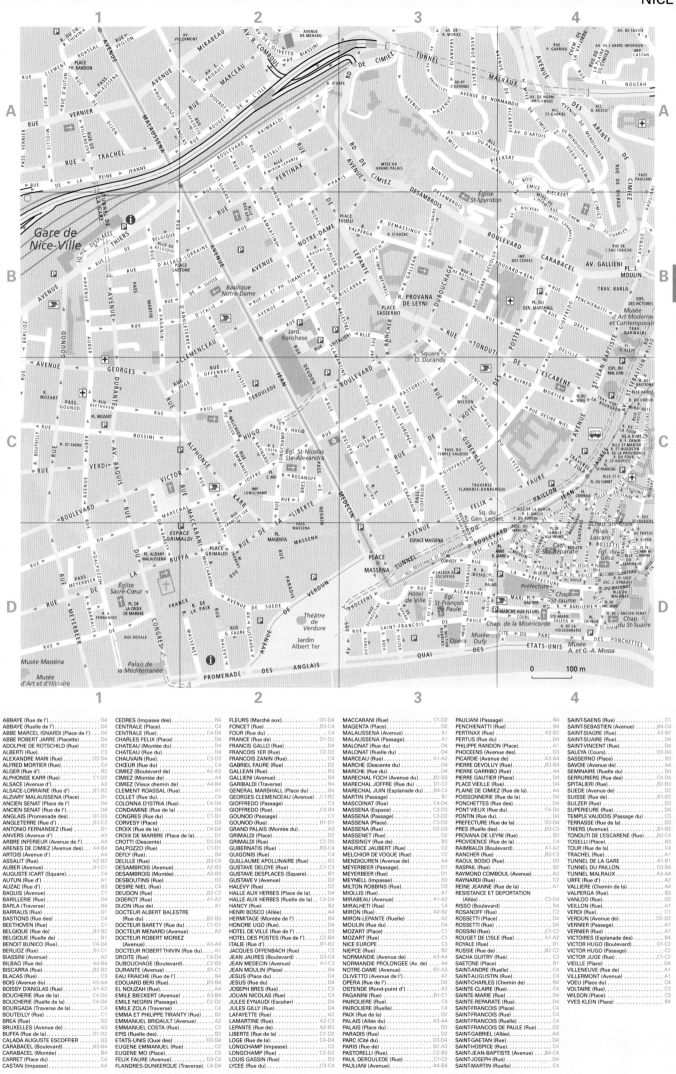

ABBAYE (Rue de l') D4
ABBAYE (Ruelle de l') D4
ABBE MARCEL ISNARDI (Place de l') .. D4
ABBE ROBERT JARRE (Placette) D4
ADOLPHE DE ROTSCHILD (Rue) B3
ALBERTI (Rue) C3
ALEXANDRE MARI (Rue) D3-D4
ALFRED MORTIER (Rue) C4
ALGER (Rue d') B2
ALPHONSE KARR (Rue) C1-D2
ALSACE (Avenue d') A3
ALSACE-LORRAINE (Rue d') B1-B2
ALZIARY MALAUSSENA (Place) D1
ANCIEN SENAT (Place de l') D4
ANCIEN SENAT (Rue de l') D4
ANGLAIS (Promenade des) D1-D3
ANGLETERRE (Rue d') B1
ANTONIO FERNANDEZ (Rue) D1
ANVERS (Avenue d') A3
ARBRE INFERIEUR (Avenue de l') ... A4
ARENES DE CIMIEZ (Avenue des) A4-B4
ARTOIS (Avenue d') A4
ASSALIT (Rue) A2-B2
AUBER (Avenue) B1-C1
AUGUSTE ICART (Square) A1
AUTUN (Rue d') A1
AUZAC (Rue d') B3
BAQUIS (Avenue) C1
BARILLERIE (Rue) D4
BARLA (Rue) B4
BARRALIS (Rue) D1
BASTIONS (Rue des) C4
BEETHOVEN (Rue) C1
BELGIQUE (Rue de) B1-B2
BELGIQUE (Ruelle de) B1
BENOIT BUNICO (Rue) C4-D4
BERLIOZ (Avenue) B1-C1
BIASSINI (Avenue) A2
BILBAO (Rue de) A4-B4
BISCARRA (Rue) B3-B3
BLACAS (Rue) B3
BOIS (Avenue du) A3-A4
BOISSY D'ANGLAS (Rue) A2
BOUCHERIE (Rue de la) C4-D4
BOUCHERIE (Ruelle de la) D4
BOURGADA (Traverse de la) C4
BOUTEILLY (Rue) C1
BREA (Rue) D3
BRUXELLES (Avenue de) A3
BUFFA (Rue de la) D1-D2
CALADA AUGUSTE ESCOFFIER (Rue) ... D4
CARABACEL (Boulevard) B3-B4
CARABACEL (Montée) B4
CARRET (Place du) C4
CASTAN (Impasse) A4

CEDRES (Impasse des) B4
CENTRALE (Place) C4
CENTRALE (Rue) C4-D4
CHARLES FELIX (Place) D4
CHATEAU (Rue du) D4
CHATEAU (Montée du) D4
CHAUVAIN (Rue) C3-C4
CHŒUR (Rue du) D4
CIMIEZ (Boulevard de) A2-A3
CIMIEZ (Montée de) A4
CIMIEZ (Vieux chemin de) A4-B4
COLLET (Rue du) D4
COLONNA D'ISTRIA (Rue) D4
CONDAMINE (Rue de la) D4
CONGRES (Rue du) C1-D1
CORVESY (Rue) D4
CROIX (Rue de la) C4-D4
CROIX DE MARBRE (Place de la) D1
CROTTI (Descente) D3-D4
DALPOZZO (Rue) C1-D1
DEFLY (Rue) B4
DELILLE (Rue) B3-C4
DESAMBROIS (Avenue) A2-B3
DESAMBROIS (Montée) A2-B3
DESBOUTINS (Rue) D3
DESIRE NIEL (Rue) C4
DEUDON (Rue) B2-C2
DIDEROT (Rue) A1
DIJON (Rue de) A1
DOCTEUR ALBERT BALESTRE
   (Rue) B2-B3
DOCTEUR BARETY (Rue du) C1-D1
DOCTEUR MENARD (Rue) B1-C1
DOCTEUR ROBERT MORIEZ
   (Avenue) A3-A4
DOCTEUR ROBERT THIVIN (Rue du) ... A1
DROITE (Rue) D4
DUBOUCHAGE (Boulevard) C2-B3
DURANTE (Avenue) B1-C1
EAU FRAICHE (Rue de l') B4
EDOUARD BERI (Rue) B3-B4
EL NOUZAH (Rue) A4
EMILE BIECKERT (Avenue) A3-B4
EMILE NEGRIN (Passage) C2-D2
EMILE ZOLA (Traverse) C2
EMMA ET PHILIPPE TIRANTY (Rue) ... B2
EMMANUEL BRIDAULT (Rue) C2
EMMANUEL COSTA (Rue) C2
EPIS (Ruelle des) D3-D4
EUGENE EMMANUEL (Rue) D1-D2
EUGENE MO (Rue) C2
FELIX FAURE (Rue) C4-D4
FLANDRES-DUNKERQUE (Traverse) C4-D4

FLEURS (Marché aux) D3-D4
FONCET (Rue) B3-C4
FOUR (Rue du) D4
FRANCE (Rue de) D1-D3
FRANCIS GALLO (Rue) D4
FRANCOIS 1ER (Rue) C2-D2
FRANCOIS ZANIN (Rue) D4
GABRIEL FAURE (Rue) D4
GALLEAN (Rue) B3
GALLIENI (Avenue) B4
GARIBALDI (Traverse) B4
GENERAL MARSHALL (Place du) B4
GEORGES CLEMENCEAU (Avenue) C1-C2
GIOFFREDO (Passage) C3-C4
GIOFFREDO (Rue) C3-B4
GOUNOD (Passage) C2-C2
GOUNOD (Rue) B1-C1
GRAND PALAIS (Montée du) A3
GRIMALDI (Place) D1
GRIMALDI (Rue) C2-D2
GUBERNATIS (Rue de) C3-C4
GUIGONIS (Rue) C4
GUILLAUME APOLLINAIRE (Rue) B3
GUSTAVE DELOYE (Rue) C2-C3
GUSTAVE DESPLACES (Square) B1
GUSTAVE V (Avenue) D2
HALEVY (Rue) D2
HALLE AUX HERBES (Place de la) ... D4
HALLE AUX HERBES (Ruelle de la) .. D4
HANCY (Rue) B2
HENRI BOSCO (Allée) B4
HERMITAGE (Montée de l') B4
HONORE UGO (Rue) D4
HOTEL DE VILLE (Rue de l') C4
HOTEL DES POSTES (Rue de l') C2-B4
ITALIE (Rue d') B1-B2
JACQUES OFFENBACH (Rue) C2
JEAN JAURES (Boulevard) D3-C4
JEAN MEDECIN (Avenue) B1-C1
JEAN MOULIN (Place) B4
JESUS (Place du) D4
JESUS (Rue du) D4
JOSEPH BRES (Rue) D4
JOUAN NICOLAS (Rue) C4
JULES EYNAUDI (Escalier) D4
JULES GILLY (Rue) D4
LAFAYETTE (Rue) C4
LAMARTINE (Rue) A2-A3
LEPANTE (Rue de) A3-B3
LIBERTE (Rue de la) C2-C3
LOGE (Rue de la) C4-D4
LONGCHAMP (Impasse) C2
LONGCHAMP (Rue) C2-C2
LOUIS GASSIN (Rue) D4
LYCEE (Rue du) C3-C4

MACCARANI (Rue) C1-D2
MAGENTA (Place) D2
MALAUSSENA (Avenue) A1
MALAUSSENA (Passage) A1
MALONAT (Rue du) D4
MALONAT (Ruelle du) D4
MARCEAU (Rue) A1-A2
MARCHE (Descente du) D4
MARCHE (Rue du) D4
MARECHAL FOCH (Avenue du) B2-B3
MARECHAL JOFFRE (Rue du) D1-C2
MARECHAL JUIN (Esplanade du) B4-C4
MARTIN (Passage) B1
MASCOINAT (Rue) C4-D4
MASSENA (Espace) C3-D3
MASSENA (Passage) C2
MASSENA (Place) D2-D3
MASSENA (Rue) D2-D3
MASSENET (Rue) D2
MASSINGY (Rue de) B3
MAURICE JAUBERT (Rue) C2
MELCHIOR DE VOGUE (Rue) C2
MENDIGUREN (Avenue de) A4
MEYERBEER (Passage) D1
MEYERBEER (Rue) D1
MEYNELL (Impasse) C2
MILTON ROBBINS (Rue) A1
MIOLLIS (Rue) A1
MIRABEAU (Avenue) A1-A2
MIRALHETI (Rue) D4
MIRON (Rue) A2-B2
MIRON-LEPANTE (Ruelle) A2-B2
MOULIN (Place) B4
MOZART (Place) C1
MOZART (Rue) C1
NICE EUROPE B1
NIEPCE (Rue) B2
NORMANDIE (Avenue de) A4
NORMANDIE PROLONGEE (Av. de) A4
NOTRE-DAME (Avenue) B2-A3
OLIVETTO (Avenue de l') A2
OPERA (Rue de l') D4
OSTENDE (Rond-point d') A3
PAGANINI (Rue) B1-C1
PAIX (Rue de la) D1
PALAIS (Allée du) A3-A4
PALAIS (Place du) D4
PARADIS (Rue) D2
PARC (Cité du) D4
PARIS (Rue de) B2-A3
PASTORELLI (Rue) C2-B3
PAUL DEROULEDE (Rue) C1-C2
PAULIANI (Avenue) A4-B4

PAULIANI (Passage) B4
PENCHIENATTI (Rue) B4
PERTINAX (Rue) A2-B2
PERTUS (Rue du) D4
PHILIPPE RANDON (Place) A1
PHOCEENS (Avenue des) D4
PICARDIE (Avenue de) A3-A4
PIERRE DEVOLUY (Rue) B3-B4
PIERRE GARRIBO (Rue) D4
PIERRE GAUTIER (Place) D4
PLACE VIEILLE (Rue) D4
PLAINE DE CIMIEZ (Rue de la) A4
POISSONNERIE (Rue de la) D4
PONCHETTES (Rue des) D4
PONT VIEUX (Rue du) C4-D4
PONTIN (Rue du) C3
PREFECTURE (Rue de la) D3-D4
PRES (Ruelle des) B3-C3
PROVANA DE LEYNI (Rue) B3
PROVIDENCE (Rue de la) C4
RAIMBALDI (Boulevard) A1-A2
RANCHER (Rue) B3-C3
RAOUL BOSIO (Rue) D3
RASPAIL (Rue) B2
RAYNARDI (Rue) C2
REINE JEANNE (Rue de la) A4
RESISTANCE ET DEPORTATION
   (Allée) C3-D4
RISSO (Boulevard) B4
ROSANOFF (Rue) C2
ROSSETTI (Place) D4
ROSSETTI (Rue) D4
ROSSINI (Rue) B1-C2
ROUGET DE L'ISLE (Rue) A1-A2
ROYALE (Rue) D4
RUSSIE (Rue de) B2-C2
SACHA GUITRY (Rue) D4
SAETONE (Place) B1
SAINT-ANDRE (Ruelle) D4
SAINT-AUGUSTIN (Rue) C4
SAINT-CHARLES (Chemin de) B4
SAINTE-CLAIRE (Rue) C4
SAINTE-MARIE (Rue) C4
SAINTE-REPARATE (Rue) D4
SAINT-FRANCOIS (Place) C4
SAINT-FRANCOIS (Ruelle) C4
SAINT-FRANCOIS DE PAULE (Rue) D3
SAINT-GABRIEL (Allée) A4
SAINT-GAETAN (Rue) C3
SAINT-HOSPICE (Rue) C4
SAINT-JEAN-BAPTISTE (Avenue) B4-C4
SAINT-JOSEPH (Rue) D4
SAINT-MARTIN (Ruelle) C4

SAINT-SAENS (Rue) C1
SAINT-SEBASTIEN (Avenue) B4-C4
SAINT-SIAGRE (Rue) D4
SAINT-SIAGRE (Rue) A2-B2
SAINT-SUAIRE (Rue) D4
SAINT-VINCENT (Rue) D4
SALEYA (Cours) D3-D4
SASSERNO (Place) B3
SAVOIE (Avenue de) A4
SEMINAIRE (Ruelle du) D4
SERRURIERS (Rue des) C4-D4
SPITALIERI (Rue) B2-B3
SUEDE (Avenue de) D2
SUISSE (Rue de) B1-B2
SULZER (Rue) D3
SUPERIEURE (Rue) D4
TEMPLE VAUDOIS (Passage du) C3
TERRASSE (Rue de la) D4
THIERS (Avenue) B1-B2
TONDUTI DE L'ESCARENE (Rue) B3-C4
TOSELLI (Place) B3
TOUR (Rue de la) C4
TRACHEL (Rue) A1
TUNNEL DE LA GARE A1-B1
TUNNEL DU PAILLON D3-B4
TUNNEL MALRAUX A3-A4
URFE (Rue d') A2
VALLIERE (Chemin de la) A3
VANLOO (Rue) D1
VEILLON (Rue) C1
VERDI (Rue) C1
VERDUN (Avenue de) D2
VERNIER (Passage) A1
VERNIER (Rue) A1
VICTOIRES (Esplanade des) B4
VICTOR HUGO (Boulevard) D1-C2
VICTOR HUGO (Rue) C1-C2
VICTOR JUGE (Rue) D4
VIEILLE (Place) D4
VILLENEUVE (Rue de) A1
VILLERMONT (Avenue) A1
VOEU (Place du) C4
VOLTAIRE (Rue) C3
WILSON (Place) C3
YVES KLEIN (Place) B4

Jardin de la Fontaine

0   100 m

ABATTOIR (Rue de l') D1
ABBE DE SAUVAGES (Rue de l') B2
ADRIEN (Rue) A1
AGAU (Rue de l') A2
AGRIPPA (Rue) A1-B1
ALBENAS (Rue d') A2
ALEXANDRE DUCROS (Rue) C2-C3
ALEXANDRE PIEYRE (Rue) D1
ALPHONSE DAUDET (Boulevard) A2-B2
AMIRAL COURBET (Boulevard) B3-A4
ANATOLE FRANCE (Rue) A2
ANCIENNE POSTE (Rue de l') A3-B3
ANDRE MALRAUX (Rue) A2
ANGOULEME (Rue d') A4-B4
ANTOINE CHAMPROUX (Rue) D1
ANTONIN (Square) A2
AQUEDUC (Impasse) D2
AQUEDUC (Rue de l') A3-A4
AQUITAINE (Rue d') A3
ARC DUGRAS (Rue de l') A3
ARENES (Boulevard des) C3
ARENES (Place des) C3
ARENES (Rue des) B3-C3
ARISTIDE BRIAND (Place) B1
ARLIER (Rue d') D2
ASPIC (Plan de l') B3
ASPIC (Rue de l') B2-C3
ASSAS (Place d') B2
AUGUSTE (Rue) A2-B2
AUGUSTE PELLET (Rue) B3
BACHALAS (Rue) A3
BADUEL (Rue) A3
BALORE (Rue) A2
BAT D'ARGENT (Rue) A3
BAUDIN (Rue) A3
BAYARD (Rue) C3-C4
BEAUCAIRE (Rue de) A4
BECDELIEVRE (Rue) C1-B2
BELLECROIX (Place) B3
BENEDICTINS (Rue des) A1-A2
BENOIT MALON (Rue) B1-C1
BERNARD ATON (Rue) D3-C4
BERNARD LAZARE (Rue) B1
BERNIS (Rue) B2-B3
BIENFAISANCE (Rue de la) C1
BIGOT (Rue) C2-C3
BOISSY D'ANGLAS (Rue) C4
BONS ENFANTS (Rue des) A4
BOSSUET (Rue) D2
BOUCARIE (Rue de la) A2
BOURDALOUE (Rue) D2-C3
BOURGOGNE (Rue de) A3
BRICONNET (Rue) C3-C4
BRIDAINE (Rue) B2
BROQUIERS (Rue des) B3
BRUEYS (Rue) D1-D2
BRUXELLES (Boulevard de) C3
CADEREAU (Rue du) B1

CAISSARGUES (Rue de) D4
CALADE (Place de la) B2
CALADE (Rue de la) B2
CALQUIERES (Impasse des) B3-B4
CALQUIERES (Rue des) B3-B4
CARDINAL DE CABRIERES (Rue) B4
CARNOT (Avenue) B4-C4
CART (Rue) C2
CASERNETTE (Rue de la) D1-C2
CEDRES (Rue des) D1
CHAFFOY (Rue) C1
CHAPELIERS (Rue des) B3
CHAPITRE (Place du) B3
CHAPITRE (Rue du) A3
CHARLEMAGNE (Rue) D2-D3
CHARLES BABUT (Rue) A3-B3
CHARLES MARTEL (Rue) D2
CHASSAINTES (Rue des) B1-B2
CHATEAU (Place du) A3
CHATEAU FADAISE (Rue) B2-C2
CHILDEBERT (Rue) B2
CIRQUE ROMAIN (Rue du) D1-D2
CITE DOCTEUR REBOUL (Rue) A4
CITE FOULC (Rue de la) C3-D3
CLAUDE BROUSSON (Rue) A2
CLERISSEAU (Rue) A2-A3
CLOVIS (Rue) B2
COLBERT (Rue) B4
CONDE (Rue de) A4
CORCOMAIRE (Rue) B2
CORCONNE (Rue) B2
CORNEILLE (Rue) B2
COURONNE (Rue de la) B3
COURT DE GEBELIN (Rue) D3-D4
COURTIEU (Rue du) A3
CREBILLON (Rue) A2
CREMIEUX (Rue) A3
CURATERIE (Rue) B3
DAGOBERT (Rue) C2-D2
DELON SOUBEYRAN (Rue) D1
DEPARCIEUX (Rue) D3
DEYRON (Rue) B2
DHUODA (Rue) D1-D2
DOCTEUR CALMETTE (Impasse du) D4
DOCTEUR CALMETTE (Rue) D4
DOREE (Rue) B3
DU GUESCLIN (Rue) C3
DUMAS (Rue) A3
DUMONT D'URVILLE (Rue) D1
ECLUSE (Impasse de l') B4
ECLUSE (Rue de l') A4-B4
ECOLE VIEILLE (Rue de l') A3-B3
EMILE JAMAIS (Rue) C1-C2
EMILE ZOLA (Rue) C1-C2
ENCLOS REY (Rue) A3
ERNEST RENAN (Rue) B1-C1
ESCLAFIDOUS (Place des) A3

ETIENNE SAINTENAC (Boulevard) A3-A4
ETOILE (Rue de l') B2-B3
FENELON (Rue) B4
FERNAND PELLOUTIER (Rue) C1-B2
FERRAGE (Rue de la) A3
FEUCHERES (Avenue) C4
FLAMANDE (Rue) A4
FLECHIER (Rue) B3
FLORIAN (Rue) C1
FLOTTES (Rue des) B1-B2
FONTAINE (Quai de la) A2
FORT (Montée du) A2
FORT (Rue du) A2
FOURBISSEURS (Rue des) B3
FRANCOIS 1ER (Rue) D1-D2
FREDERIC MISTRAL (Rue) D1
FREDERIC PAULHAN (Rue) A4
FRERES MINEURS (Rue des) B2
FRESQUE (Rue) B2-B3
GABRIEL PERI (Place) A4
GAL PERRIER (Rue) B2-A3
GAMBETTA (Boulevard) A2-A3
GARANCE (Rue de la) A3
GASTON BOISSIER (Rue) B1-B2
GASTON MARUEJOLS (Rue) C4
GAUDE (Rue de la) A3
GAUTHIER (Rue) A2-A3
GENERAC (Rue de) D2
GEORGES POMPIDOU (Avenue) C1-D1
GERGONNE (Rue) B2
GODIN (Rue) B2
GRAND COUVENT (Place du) A2
GRAND COUVENT (Rue du) A2
GRAND RUE A3
GRANDTEMPLE (Place du) B3
GRAVEROL (Rue) A2
GREFFES (Rue des) B3
GRETRY (Rue) B1-B2
GRIZOT (Rue) B3-B4
GUERIN (Passage) A3-A4
GUILLEMETTE (Rue) D3-D4
GUIRAN (Rue) C2
GUIZOT (Rue) A3
HALLES (Rue des) A3
HENRI BATAILLE (Rue) D2
HENRI ESPERANDIEU (Rue) D1
HENRI IV (Rue) C2
HENRI REVOIL (Rue) D1
HERBES (Place aux) B3
HORLOGE (Place de l') B2-B3
HORLOGE (Rue de l') B3
HOTEL DE VILLE (Place de l') B3
HOTEL DE VILLE (Rue de l') B3
HUBERT ROUGER (Place) C1-C2
HUGUES CAPET (Rue) C1-C2
8 MAI 1945 (Place du) C3
IMBERT (Rue) A3

ISABELLE (Rue) C1
JARDINS (Rue des) B4
JEAN JAURES (Avenue) B1-D1
JEAN REBOUL (Rue) C2
JEAN ROBERT (Rue) C2
JEANNE D'ARC (Rue) C3
JULES GUESDE (Place) C1
LA PLACETTE C1
LAMPEZE (Rue de la) A2
LEONCE GUIRAUD (Rue) C2
LEOPOLD MORICE (Rue) C1
LIBERATION (Boulevard de la) B3-C3
LITTRE (Rue) A2-B2
LOMBARDS (Rue des) A3
LOUIS LAGET (Rue) C2
LOUIS RAOUL (Rue) B2
LOUVRE (Petite rue du) C4
LOYE (Rue de) D4
LUXEMBOURG (Impasse du) B4
MADELEINE (Place de la) B2
MADELEINE (Rue de la) B2-B3
MAGAILLE (Rue) C4
MAIL (Rue du) C1-C2
MAISON CARREE (Place de la) B2
MAISON CARREE (Rue de la) B2
MARCHANDS (Rue des) B3
MARCHE (Impasse du) B3
MARCHE (Rue du) B3
MARESCHAL (Rue) B2
MARRONNIERS (Rue des) D4
MASSILLON (Rue) D3
MATHIEU LACROIX (Rue) C2
MAUBET (Rue) B2
MENARD (Rue) A2
MOLIERE (Rue) B2
MONJARDIN (Rue) B4-C4
MONNAIE (Rue de la) B2-B3
MONTCALM (Place) C2
MONT DUPLAN (Avenue du) A4
MURIER D'ESPAGNE (Passage du) A3
MURIER D'ESPAGNE (Rue du) A3
NANTILDE (Rue) D2
NATIONALE (Rue) A3-A4
NATOIRE (Boulevard) D4
NERVA (Rue) A2
NOTRE DAME (Rue) C1
ONU (Rue de l') C1
11 NOVEMBRE 1918 (Place du) C3
ORANGERS (Rue des) A3
ORATOIRE (Place de l') C1
ORATOIRE (Ruelle) B3
PABLO PICASSO (Place) A2
PAIX (Rue de la) D1
PAPIN (Rue) A4
PARISIERE (Rue) B2
PASTEUR (Rue) A1-A2
PATINES (Rue des) B3
PECOLET (Rue) B3
PEPIN LE BREF (Rue) D2

PETITS SOULIERS (Rue des) B3
PHARAMOND (Rue) D2-D3
PIERRE SEMARD (Rue) A4
PITIE (Rue de la) C1-C2
PLANAS (Rue) A2
PLOTINE (Rue) A2
POISE (Rue) B3
POISSONNERIE (Rue de la) B3
PORTE D'ALES (Rue) A3
PORTE DE FRANCE (Place de la) C2
PORTE DE FRANCE (Rue) B2-C2
PRADIER (Rue) B4-C4
PRAGUE (Boulevard de) C3-B4
PRESTON (Rue de) B4
PREVOTE (Rue de la) B3
QUATREFAGES (Rue) D4
QUESTEL (Place) B2
RABAUD ST-ETIENNE (Rue) B1
RACINE (Rue) B2
RANDON (Impasse) B4
RANGUEIL (Rue) A3
RAYMOND MARC (Rue) C4
REGALE (Rue) B3-C3
REPUBLIQUE (Rue de la) A2
REVOLUTION (Place de la) A2
RICHELIEU (Rue) A4
RIVAROL (Rue) D3
ROBERT (Rue) C2
ROUGET DE LISLE (Rue) A1-A2
ROUSSY (Rue) B4-C4
RUFFI (Rue) C3-D3
RULMAN (Rue) D3
SAINT-ANTOINE (Rue) B2
SAINT-CASTOR (Rue) A3-B3
SAINT-CHARLES (Rue) A3
SAINT-DOMINIQUE (Rue) B1
SAINT-FRANCOIS (Rue) C2
SAINT-GILLES (Rue de) D2-D3
SAINT-LAURENT (Rue) B1
SAINT-MARC (Rue) B3
SAINT-MATHIEU (Rue) C2
SAINT-REMI (Rue) D2
SAINT-THOMAS (Rue) B3
SAINT-YON (Rue) D1
SAINTE-AGNES (Rue) C1
SAINTE-ANNE (Rue) C1
SAINTE-CATHERINE (Rue) C1
SAINTE-EUGENIE (Place) B3
SAINTE-EUGENIE (Ruelle) B3
SAINTE-FELICITE (Rue) D3-D4
SAINTE-MARGUERITE (Rue) B1-B2
SAINTE-URSULE (Rue) C2-C3
SALAMANDRE (Place de la) B3
SALAMANDRE (Rue de la) B3
SAURIN (Rue) A3
SAUVE (Rue de) B1
SCATISSE (Rue) C4-D4

SEGUIER (Rue) A4-B4
SERGENT TRIAIRE (Boulevard) D3-C4
SERVIE (Rue de) C4
SEVERINE (Impasse) D1
SEVERINE (Place) D1
STANISLAS CLEMENT (Rue) B1-B2
SUFFREN (Rue) D2
SUGER (Rue) D2-D3
TALABOT (Boulevard) C4
TEDENAT (Rue) C2
TERRAUBE (Rue) D4
THEODORE AUBANEL (Rue) D2
THIERRY (Rue) D2
THOUMAYNE (Rue) B2
TILLEULS (Rue des) B1-D1
TITUS (Rue) A1
TONDEURS (Rue des) A3-B3
TOUR DE L'EVEQUE (Rue) D3
TOUR MAGNE (Rue de la) A1
TRAJAN (Rue) A1-A2
TRAUCAT (Rue) A3
TRAVERSIERE (Rue) B3
TRELYS (Rue) B3
TRESORERIE (Rue de la) B3
TROIS MAURES (Rue des) C2-C3
TURENNE (Rue) A4
TURGOT (Rue) B4
VACHER (Plan) A2
VAISSETTE (Rue) A3
VAUBAN (Rue) D1-D2
VERDET (Rue) B4
VERDUN (Rue de) D1
VESPASIEN (Rue) A2
VICTOR HUGO (Boulevard) B2-C3
VIDAL (Rue) A3
VIEILLE TRIPERIE (Rue de la) B3
VIERGE (Rue de la) A3
VIERNE (Pont de l') A1-B1
VIEUX NIMES (Passage du) B3
VILLEPERDRIX (Rue) C2
VINCENT FAITA (Rue) A4
VIOLETTE (Rue de la) B3
VOLTAIRE (Rue) A2-B2
VOULAND (Rue) A2
XAVIER SIGALON (Rue) A3

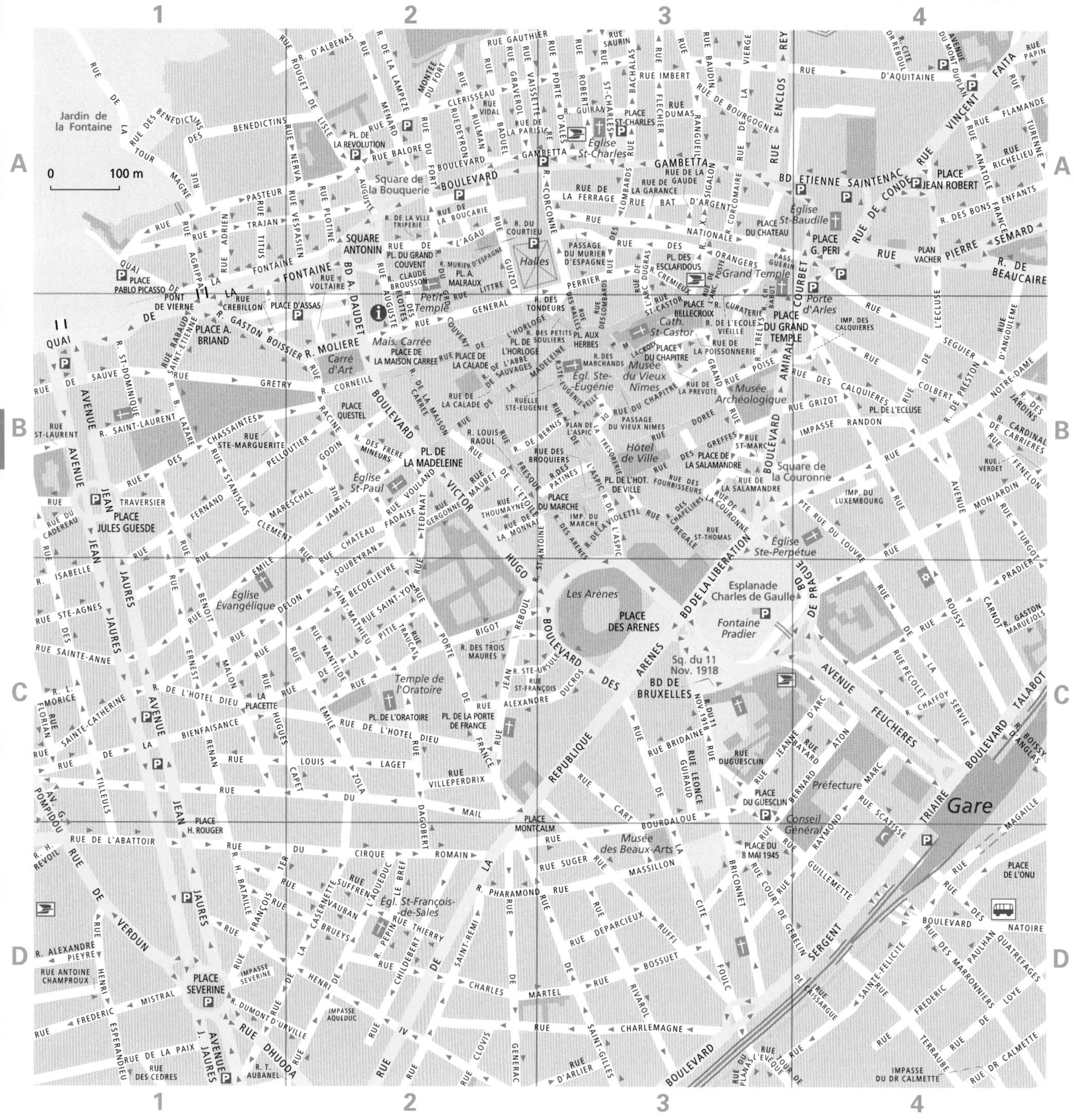

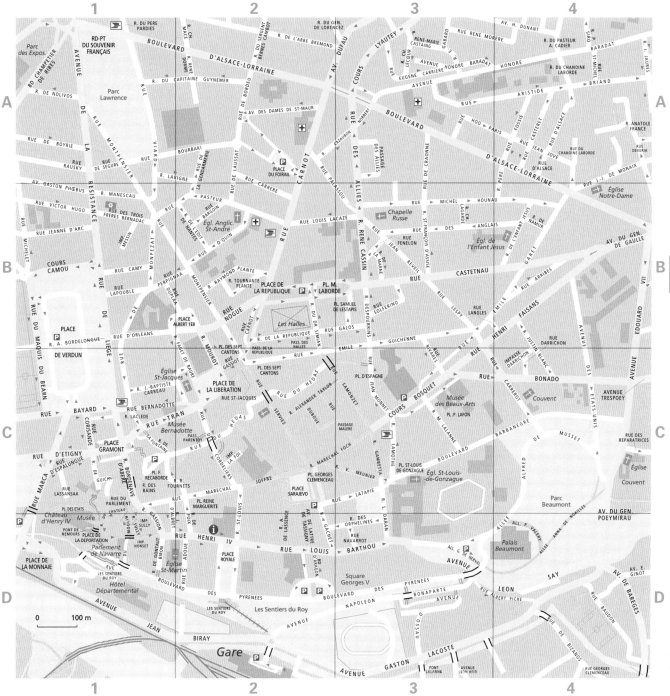

ABBE BREMOND (Rue de l') A2-A3
ADOUE (Rue) D2
ALBERT 1ER (Place) B2
ALBERT PICHE (Rue) D3-D4
ALEXANDER TAYLOR (Rue) C2-C3
ALFRED DE LASSENCE (Rue) C2-D2
ALFRED DE MUSSET (Allée) D3-C4
ALLIES (Passage des) A3
ALLIES (Rue des) A3-B3
ALSACE (Rue d') A4
ALSACE-LORRAINE (Boulevard d') . . A1-B4
AMBROISE BORDELONGUE (Rue) B4
ANATOLE FRANCE (Rue) A4
ANGLAIS (Rue des) B3-B4
ANNA DE NOAILLES (Allée) D3-C4
ARAGON (Boulevard d') D2
ARISTIDE BRIAND (Rue) A3-A4
ARRIBES (Rue) B4
BAINS (Rue des) C1
BARBANEGRE (Boulevard) C3-C4
BAREGES (Avenue de) D4
BARGOIN (Rue) B1
BAUDON (Rue) D4
BAYARD (Rue) C1
BERNADOTTE (Rue) C1-C2
BIZANOS (Rue de) D4
BONADO (Rue) C3-C4
BORDENAVE D'ABERE (Rue) C1
BORDEU (Rue de) A2
BOSQUET (Cours) C3
BOURBAKI (Rue) A1-A2
BOYRIE (Rue de) A1
CAMOU (Cours) B1
CAMY (Rue) B1
CAPITAINE GUYNEMER (Rue du) . . A1-A2
CARNOT (Rue) A2-C2
CARRERE (Rue) A2-B2
CARREROT (Rue) B3-C3
CASTERET (Rue) A4
CASTETNAU (Rue) B3-B4
CAZAUBON NORBERT (Rue) A2-A3
CHAMPETIER DE RIBES (Boulevard) . . A1
CHANOINE LABORDE (Rue du) A4-B4
CHARLES LAGARDE (Rue) B3
CHARLES LECOEUR (Rue) A3
CHARLES MACE (Rue) A2
CHATEAU (Rue du) C1-D1
CORDELIERS (Rue des) C2
CORISANDE (Rue) C1
CRAONNE (Rue de) A3-B3
DAMES DE SAINT-MAUR (Av. des) . . A2
DARRICHON (Impasse) B4-C4
DARRICHON (Rue) B3
DEPORTATION (Place de la) D1
DESPOURRINS (Rue) B3

DEVERIA (Rue) A4
DOCTEUR SIMIAN (Rue du) B2-C2
DUBOUE (Rue) B2
DUFAU (Rue) C2-C3
DUFAU (Avenue) A2-A3
DUPLAA (Rue) B1-B2
EDIT DE NANTES (Rue de l') B2
EDOUARD VII (Avenue) B4-C4
EMILE GARET (Rue) C3-B4
EMILE GINOT (Avenue) D4
EMILE GUICHENNE (Rue) C2-B3
ENFANT JESUS (Rue de l') B4
ERNEST GABARD (Rue) A3
ESPAGNE (Place d') C3
ESPALUNGUE (Rue d') C1
ETATS (Place des) C1
ETATS-UNIS (Avenue des) B4-C4
ETIGNY (Rue d') C1
EUGENE CARRIERE (Rue) A3
FAGET DE BAURE (Rue) B1-B2
FENELON (Rue) B3
FOI (Impasse la) C2
FOIRAIL (Place du) A2
FOIX (Rue de) C2-D2
FONTAINE (Rue de la) C1
FOSSIE (Rue) A4
FRANÇOIS RECABORDE (Place) C2
GACHET (Rue) C2-D2
GALOS (Rue) B2-B3
GAMBETTA (Rue) C3
GASSION (Rue) C1-D1
GASSIOT (Rue) B2
GASTON LACOSTE (Avenue) D2-D3
GASTON PHŒBUS (Avenue) A1-B1
GAVE (Impasse du) D1
GENDARMERIE (Rue de la) A2-B2
GENERAL DE GAULLE (Avenue du) . . B4
GENERAL DE LORENCEZ (Rue du) . A2-A3
GENERAL POEYMIRAU (Av. du) . . . C4-D4
GEORGES CLEMENCEAU (Place) D4
GEORGES CLEMENCEAU (Rue) D4
GERARD DE NERVAL (Allée) D3
GONTAUT BIRON (Place) C2
GRAMONT (Place) C1
GUICHE (Rue) C1
HALLES (Passage des) B2-C2
HEDAS (Rue du) C1-C3
HENRI DUNANT (Avenue) B1
HENRI FAISANS (Rue) C3-B4
HENRI IV (Impasse) C2
HENRI IV (Rue) D1-D2
HONORE BARADAT (Avenue) A3-A4
HONSET (Impasse) D1
HOO PARIS (Rue) A3
JEAN-BAPTISTE CARREAU (Rue) . . C1-C2
JEAN BIRAY (Avenue) D1-D2

JEAN JAURES (Rue) A4
JEAN JOVE (Rue) A4
JEAN MONNET (Rue) B3-C3
JEAN REVEIL (Rue) B3
JEAN-JACQUES DE MONAIX (Rue) . . A4-B4
JEANNE D'ALBRET (Rue) C1-D1
JEANNE D'ARC (Rue) B1
JUSTIN BLANC (Rue) B4-C4
LACLEDE (Rue) C1
LALANNE (Pont) D3
LAMOTHE (Rue) C3
LANGLES (Rue) B3-B4
LAPOUBLE (Rue) B1
LASSANSAA (Rue) C1
LATAPIE (Rue) C2-C3
LATTRE DE TASSIGNY (Avenue de) . C2-D2
LAUSSAT (Rue de) A2-B2
LAVIGNE (Rue) A1-A2
LEON DARAN (Rue) C3-D3
LEON HEID (Rue) D3
LEON SAY (Avenue) D3-D4
LESPY (Rue) B3
LIBERATION (Place de la) C2
LIEGE (Rue de) B1-C1
LOUIS BARTHOU (Rue) D2-D3
LOUIS LACAZE (Rue) B2-B3
LYAUTEY (Cours) A3
MALERE (Passage) C3
MANESCAU (Rue) B1
MAQUIS DU BEARN (Rue du) B1-C1
MARCA (Rue) C1
MARECHAL FOCH (Rue) C2
MARECHAL JOFFRE (Rue) C1-C2
MARGUERITE LABORDE (Place) B3
MARNE (Rue de la) B3
MATHIEU LALANNE (Rue) C3
MESSIN (Impasse) B1
MICHEL HOUNAU (Rue) B3-B4
MICHELET (Rue) A1-B1
MONNAIE (Place de la) D1
MONPEZAT (Impasse) B1
MONPEZAT (Rue) A1
MONTPENSIER (Rue) A1-C2
MOULIN (Rue du) C1-D1
MOUROT (Rue) B2
NAMUR (Rue de) B4
NAPOLEON BONAPARTE (Avenue) . . D3
NAVARROT (Rue) D3
NEMOURS (Pont de) D1
NOGUE (Rue) B2
NOLIVOS (Rue de) A1
ORLEANS (Rue d') B1-B2
ORPHELINES (Rue des) D2-D3
OSSAU (Avenue d') D3

PALASSOU (Rue) A2-B3
PARENTOY (Passage) C2
PARLEMENT (Rue du) C1-D1
PASTEUR (Rue) B1-B2
PASTEUR ALPHONSE CADIER
(Rue du) A4
PAUL LAFON (Place) C3
PAUL VALERY (Allée) D4
PAULINE SIRO (Rue) A4
PERE (Rue du) A4-B4
PERE PARDIES (Rue du) A1
PERPIGNAA (Rue) B1-B2
PYRENEES (Boulevard des) D1-D3
RAUSKY (Rue) A1
RAYMOND PLANTE (Rue) B2
REINE MARGUERITE (Place) C2
RENE CASSIN (Rue) B3
RENE DORME (Rue) A2
RENE FOURNETS (Rue) C1-C2
RENE MARIE CASTAING (Rue) A3
RENE MORERE (Rue) A3-A4
REPARATRICES (Rue des) C4
REPUBLIQUE (Passage de la) B2-C2
REPUBLIQUE (Place de la) B2
REPUBLIQUE (Rue de la) B2
RESISTANCE (Avenue de la) A1-B1
RIVARES (Rue) B3-C3
ROYALE (Place) D2
SAINT-FRANÇOIS D'ASSISE (Rue) . . . B3
SAINT-JACQUES (Rue) C2
SAINT-LOUIS (Rue) C2-D2
SAINT-LOUIS DE GONZAGUE (Place) . C3
SAINT-MICHEL (Rue) A4
SAMONZET (Rue) C2-C3
SAMUEL DE LESTAPIS (Place) B3
SARAJEVO (Place) C3
SEGURE (Rue de) A1
SENTIERS DU ROY (les) D1-D2
SEPT CANTONS (Place des) B2
SERGENT BERNES CAMBOT (Rue du) . A2
SERVIEZ (Rue) B2
SOLFERINO (Rue) B3
SOUVENIR FRANÇAIS (Rond-point du) . A1
SULLY (Impasse) D1
SULLY (Rue) C1-D1
TOURNANTE PLANTE (Rue) B2
TRAN (Rue) C1-C2
TRESPOEY (Avenue) C4
TROIS FRERES BERNADAC (Rue des) . B1
VALERY MEUNIER (Rue) C2-C3
VERDUN (Place de) C1
VIARD (Rue) A1-B1
VICTOR HUGO (Rue) B1

PERPIGNAN

(Map of Perpignan with grid references A–D / 1–4, including Jardin Exotique, Av. Louis Torcatis, Pont Joffre, Promenade des Platanes, Palais des Congrès, Square Bir Hakeim, Le Castillet, Cathédrale St-Jean-Baptiste, Palais des Rois de Majorque, Jardin des Remparts, etc.)

ABREVOIRS (Rue des) ..A2-B2
ACADEMIE (Rue de l') ..B1
ACCES A LA CITADELLE (Rue d') ..C3
ALBERT CALMETTE (Rue) ..D4
ALBERT CAMUS (Avenue) ..C4
ALFRED DE MUSSET (Rue) ..A4-B4
ALFRED NOBEL (Quai) ..B1
ALPHONSE DAUDET (Rue) ..D2
ALPHONSE SIMON (Rue) ..A2
ALSACE LORRAINE (Rue) ..B2
AMANDIERS (Impasse des) ..B3-C3
AMANDIERS (Place des) ..C3
AMANDIERS (Rue des) ..B3-C3
AMANDIERS (Traverse des) ..B3
AMBROISE PARE (Rue) ..B2-B3
AMIRAL BARRERA (Rue) ..B2-B3
AMIRAL RIBEIL (Rue) ..B2
ANATOLE FRANCE (Bd) ..B4-C4
ANATOLE FRANCE (Res.) ..C4
ANCIENNE COMEDIE (Rue de l') ..B3
ANDRE BOSCH (Rue) ..C1
ANDRE FONS GODAIL (Rue) ..A4
ANDRE GRETRY (Rue) ..B3
ANGE (Rue de l') ..B3
ANGEL GUIMERA (Rue) ..D1-D2
ANGUILLE (Rue de l') ..B2
ANGUILLE (Traverse de l') ..B2
ANTOINE DE LAVOISIER (Rue) ..D1
ANTOINE DE SAINT-EXUPERY (Rue) ..D4
ANTOINE QUEYA (Rue) ..C2-D2
ARCHERS (Rue des) ..C2-D2
ARGENTERIE (Rue des) ..B2-B3
ARISTIDE BRIAND (Bd) ..D3-C4
ARMAND IZARN (Rue) ..D2
ARSENE D'ARSONVAL (Rue) ..D4
AUGUSTE RENOIR (Rue) ..D2
AUGUSTIN THIERRY (Rue) ..C1
AUGUSTINS (Rue des) ..B3-C3
BABY (Rue) ..A4
BALCON (Rue du) ..D4
BALEARES (Avenue des) ..C2-D2
BARCELONE (Quai de) ..B1-C1
BARRE (Traverse de la) ..B4
BASSE (Traverse de la) ..A2
BASTION SAINT-DOMINIQUE (Rue) ..A3-B3
BASTION SAINT-FRANÇOIS (Rue) ..C1
BERGERE (Impasse) ..A3-B3
BODIN DE BOISMORTIER Place ..B2
BOHEMIENS (Rue des) ..B4-C4
BOSQUET (Rue du) ..C3
CAMELIAS (Allée des) ..A4
CAMILLE DESMOULINS (Rue) ..A1-B1
CAMILLE JOURDAN (Rue) ..B1
CAMILLE PELLETAN (Rue) ..B1
CAPCIR (Rue du) ..C1
CAPUCINES (Impasse des) ..A4
CARDEURS (Impasse des) ..B2

CARDEURS (Rue des) ..B2
CARLITTE (Rue du) ..D1
CARMES (Rue des) ..C3-C4
CASERNE SAINT-JACQUES (Rue de la) ..B4
CASERNE SAINT-MARTIN (Rue) ..D1
CASTILLET (Rue du) ..A2-A3
CATALOGNE (Place de) ..A2
CELESTIN MANALT (Allée) ..B1
CHANTIER (Rue du) ..D1
CHARLES DE MONTESQUIEU (Rue) ..D1
CHARLES PERRAULT (Rue) ..B4
CHATEAU (Rue du) ..C2
CHEVALET (Rue du) ..B2
CIMETIERE SAINT-MATHIEU (Rue du) ..C1
CITE BARTISSOL (Impasse) ..A2-A3
CITE BARTISSOL (Rue) ..A3
CLAUDE ROUGET DE LISLE (Rue) ..A2
CLOCHE D'OR (Rue) ..B2-B3
COLONEL ALFRED ARBANERE (Place) ..C1
COLONEL DOMINIQUE CAYROL (Rue) ..C2
COMMANDANT JEAN BAZY (Rue) ..D1
COMMANDANT MICHEL DOUTRES (Rue) ..C3-D3
COMMERES (Rue des) ..C2
COQUELICOTS (Rue des) ..A4
CORBIERES (Rue des) ..C1
CORDONNIERS (Rue des) ..B2
CORSE (Rue de la) ..B4
COTE DES CARMES (Rue) ..C3
COTE SAINT-SAUVEUR (Rue) ..B3-C3
COUVENT DE LA MERCI (Rue) ..C2
CROIX ROUGE (Rond-Point de la) ..D3
CURASSIERS (Rue des) ..C3
CYCLAMENS (Rue des) ..A4
DAGOBERT (Impasse) ..C1
DAGOBERT (Rue) ..C1-C2
DENIS DIDEROT (Rue) ..A4-B4
DENIS PAPIN (Rue) ..D4
DEVEZE (Rue de la) ..D4
DOCTEUR ALFRED RIVES (Rue) ..C1-D1
DOCTEUR LUDWIG LAZARUS ZAMENHOFF (Rue) ..B1-C1
DOCTEUR POUS (Rue du) ..B1
DOCTEUR RENE PUIG (Place du) ..C2
DRAGONS (Rue des) ..C2
ECOLE (Rue de l') ..A2
EDMOND BARTISSOL (Rue) ..A2
EDMOND ROSTAND (Rue) ..B4

EDNE MARIOTTE (Rue) ..D4
EGLISE LA REAL (Rue de l') ..C3
EGLISE SAINT-JACQUES (Rue) ..B4
ELIE DELCROS (Rue) ..A3
EMILE ZOLA (Impasse) ..B3
EMILE ZOLA (Rue) ..B3
EMMANUEL BROUSSE (Rue) ..B2
EN CALCE (Rue d') ..B3
ENFER (Rue de l') ..B2
ERCKMANN CHATRIAN (Rue) ..A3
ESPLANADES (Place des) ..C3
ETROITE (Rue) ..C2
EUGENE CHEVREUL (Rue) ..D4
EUGENE SAUVY (Rue) ..D2
FABRIQUES COUVERTES (Rue des) ..B2
FABRIQUES D'EN NABOT (Rue) ..B2
FABRIQUES D'EN NADALS (Rue) ..B2
FARINES (Rue des) ..B2
FELIX MERCADER (Bd) ..C1-D2
FERDINAND BUISSON (Rue) ..D4
FIGUIER (Rue du) ..B3
FONT FROIDE (Rue) ..B2-B3
FONTAINE NEUVE (Impasse) ..C2-C3
FONTAINE NEUVE (Rue) ..B4
FOUR SAINT-FRANÇOIS (Rue) ..C1-C2
FOUR SAINT-JACQUES (Rue du) ..B3
FOUR SAINT-JEAN (Rue du) ..B3
FOURCADE ABLARD (Impasse) ..B1
FRANCE LIBRE (Bd de la) ..A1-B1
FRANCISCO FERRER (Rue) ..A1-B1
FRANÇOIS ARAGO (Place) ..B2
FRANÇOIS ARAGO (Rue) ..C1-C2
FRANÇOIS BOHER (Rue) ..C2
FRANÇOIS LLUCIA (Rue) ..B4
FRANÇOIS PALMAROLE (Cours) ..A2-A3
FRANÇOIS RABELAIS (Rue) ..B3
FRANÇOIS VILLON (Rue) ..B4
FREDERIC ESCANYE (Rue) ..A2
FUSTERIE (Place de la) ..B2-B3
GABRIEL DE MABLY (Rue) ..D1
GABRIEL PERI (Place) ..B2
GALERIES (Impasse des) ..C3-C4
GENERAL DE LABEDOYERE (Rue) ..C2
GENERAL DE LARMINAT (Pont) ..A2
GENERAL DERROJA (Rue) ..C2
GENERAL GUILLAUT (Rue) ..D2
GENERAL LECLERC (Avenue du) ..A1
GENERAL LEGRAND (Rue du) ..B1
GEORGES CLEMENCEAU (Boulevard) ..B1-A2
GEORGES GUYNEMER (Avenue) ..C4-D4
GEORGES PEZIERES (Rue) ..D2-D3

GEORGES RIVES (Rue) ..D1-D2
GEORGES SOREL (Rue) ..B4
GILBERT BRUTUS (Avenue) ..C1-D1
GLACIS (Rue du) ..C2
GRANDE DES FABRIQUES (Rue) ..A2-B2
GRANDE LA MONNAIE (Rue) ..B2-C2
GRANDE LA REAL (Impasse) ..C2-C3
GRANDE LA REAL (Rue) ..C2-C3
GUERRE (Pont de) ..B1
GUILLAUME DAUDER DE SELVA (Rue) ..B2-B3
GUSTAVE EIFFEL (Rue) ..D4
GUSTAVE FLAUBERT (Rue) ..A1-B1
HENRI ABBADIE (Rue) ..C2
HENRI BERTON (Rue) ..B4
HENRI LE CHATELIER (Rue) ..D4
HENRI MOISSAN (Rue) ..D4
HENRI POINCARE (Rue) ..D2-D3
HIPPOLYTE TAINE (Rue) ..B3
HOCHE (Rue) ..B2
HONORE DE BALZAC (Rue) ..A4-B4
HORLOGE (Rue de l') ..A2-B3
HORTENSIAS (Rue des) ..A4
HUILE (Place de l') ..B2
8 MAI 1945 (Rue du) ..B2
HYACINTHE MANERA (Rue) ..C4
HYACINTHE RIGAUD (Place) ..B2
HYACINTHE RIGAUD (Rue) ..B2
ILLIBERIS (Rue d') ..C4
INCENDIE (Rue de l') ..B2
JACINT VERDAGUER (Rue) ..D1
JACQUES DUGOMMIER (Rue) ..C2
JACQUES MACH (Rue) ..C4
JACQUES MANUEL (Rue) ..A2-B2
JACQUES PREMIER (Rue) ..C2
JARDIN BOTANIQUE (Rue du) ..B1-C1
JARDIN BOTANIQUE (Traverse du) ..B1
JARDIN D'ENFANTS (Rue du) ..A4
JASMIN (Rue du) ..C3-C4
JEAN BAILLY (Rue) ..D1
JEAN BOURRAT (Boulevard) ..B3-C4
JEAN DE CAZANYOLA (Rue) ..C2
JEAN DE LATTRE DE TASSIGNY (Rue) ..C2
JEAN JAURES (Place) ..B2
JEAN MERMOZ (Avenue) ..C4
JEAN MOULIN (Place) ..C3
JEAN PAYRA (Place) ..A2
JEAN PAYRA (Rue) ..A2
JEAN RACINE (Rue) ..A3
JEAN RIERE (Rue) ..C2
JEAN-BAPTISTE DUCHALMEAU (Rue) ..C2

JEAN-BAPTISTE MOLIERE (Place) ..B2
JEAN-BAPTISTE MOLIERE (Rue) ..A3-A4
JEAN-JACQUES ROUSSEAU (Impasse) ..B2
JEAN-JACQUES ROUSSEAU (Rue) ..B2
JERUSALEM (Impasse) ..A2-A3
JEU DE PAUME (Rue du) ..B4
JOACHIM DU BELLAY (Rue) ..D3
JOFFRE (Pont) ..A2
JOSEPH ANGLADA (Rue) ..C2
JOSEPH BERTRAND (Rue) ..C2
JOSEPH CASSANYES (Place) ..B4
JOSEPH CHARPENTIER (Imp.) ..A4
JOSEPH DENIS (Rue) ..C1
JOSEPH PAL (Rue) ..D3-D4
JOSEPH POMAROLA (Rue) ..D2
JOSEPH ROUS (Avenue) ..A1-A2
JOSEPH SAUVY (Rue) ..B1
JOSEPH SIRE (Impasse) ..C2
JOSEPH TASTU (Rue) ..D1
JOSEPH TIXEIRE (Rue) ..D1-D2
JOTGLARS (Rue des) ..C2
JULES DE CARSALADE DU PONT (Cours) ..A3-B4
JULES MICHELET (Rue) ..B4
JULES PAMS (Rue) ..B1
JULIEN PANCHOT (Avenue) ..C1
JUSTIN BARDOU JOB (Place) ..C1
JUSTIN BARDOU JOB (Rue) ..C1
LANTERNE (Rue de la) ..C1-C2
LAZARE ESCARGUEL (Cours) ..B1-C1
LAZARE ESCARGUEL (Rue) ..C1
LEON GAMBETTA (Place) ..B2
LEON BOURGEOIS (Rue) ..C4
LEVIS (Rue du Pont) ..C2
LICES (Rue des) ..C2-D2
LIEUTENANT PRUNETA (Rue) ..C1-D1
LOGE (Rue de la) ..B2
LOUIS AUGUSTE BLANQUI (Rue) ..B3-C3
LOUIS BAUSIL (Rue) ..B4
LOUIS BEGUIN (Rue) ..B4
LOUIS BLANC (Rue) ..A2-B2
LOUIS CAULAS (Rue) ..B3
LOUIS ESPARRE (Rue) ..C4
LOUIS PASTEUR (Rue) ..B1-B2
LOUIS PRAT (Allée) ..A4
LOUIS TORCATIS (Avenue) ..A1
LOUIS-AUGUSTE BLANQUI (Place) ..B3

LUNE (Rue de la) ..B3
LYCEE (Rue du) ..C1
MACONS (Rue des) ..C1-C2
MAGENTA (Pont) ..A2
MAILLY (Rue) ..B3
MAIN DE FER (Rue de la) ..B3
MANCHE (Rue de la) ..B3
MARCEL OMS (Place) ..B2
MARCEL PARAZOLS (Rue) ..D2-D3
MARCELIN ALBERT (Avenue) ..C1
MARCELIN BERTHELOT (Rue) ..D1
MARCHANDS (Rue des) ..B2
MARCHE AUX BESTIAUX (Rue) ..A1-A2
MARCHE DE GROS (Rue) ..A1-B1
MARECHAL FERDINAND FOCH (Rue) ..B1-B2
MARECHAL LANNES (Rue) ..C2
MARECHAL NEY (Rue) ..C2
MARENGO (Rue) ..B3-B4
MARIANO FORTUNY (Rue) ..D1-D2
MARIE LOUIS DE LASSUS (Rue) ..A4
MAS SAINT-JEAN (Impasse du) ..B3
MATHOUETS (Place des) ..C1
MAURELL (Rue) ..C2
MAXIMILIEN DE SULLY (Rue) ..B1
MAXIMILIEN SEBASTIEN FOY (Rue) ..C1
MEDITERRANEE (Rond-point de la) ..A1
MERCADERS (Rue des) ..B3-B4
MERCADERS (Traverse des) ..B4
MICHEL CAROLA (Rue) ..B4-C4
MICHEL DE MONTAIGNE (Rue) ..A3-B4
MICHEL DOM BRIAL (Rue) ..B2-C2
MICHEL TORRENT (Rue) ..B1
MIDI (Rue du) ..C2
MIGUEL MUCIO (Rue) ..D2
MIMOSAS (Rue des) ..A4
MIRANDA (Rue de) ..B3
MOULIN PARES (Rue) ..B3
MUSEE (Rue du) ..B3
NEUVE (Rue) ..B3
NICOLAS POUSSIN (Rue) ..D1-D2
NICOLAS SADI CARNOT (Quai) ..B2
NOTRE-DAME (Rue) ..A2
ORFEVRES (Rue des) ..B2
PALADINS (Rue des) ..C2
PALMIERS (Avenue des) ..A1
PAQUERETTES (Impasse des) ..A4
PARADIS (Rue) ..B3-B4

PARFUMS (Sentier des) ..A3
PARIS (Rue de) ..B1
PAUL COURTY (Rue) ..B3
PAUL DE LAMER (Rue) ..B3
PAUL HAULTESTOY (Rue) ..D3-D4
PERE PIGNE (Rue du) ..B3
PERVENCHES (Avenue des) ..A4
PETIT SAINT-CHRISTOPHE (Rue) ..C2-B3
PETITE LA MONNAIE (Rue) ..B2
PETITE LA REAL (Rue) ..B3-C3
PHILIPPE LEBON (Rue) ..D4
PIERRE BOURDAN (Quai) ..B1
PIERRE CAMBRES (Avenue) ..D2
PIERRE CARTELET (Rue) ..B1-C1
PIERRE CORNEILLE (Rue) ..C2-C3
PIERRE CURIE (Rue) ..B1
PIERRE DE MARIVAUX (Impasse) ..B2
PIERRE DE MARIVAUX (Rue) ..B2-C3
PIERRE DUPONT (Rue) ..A2
PIERRE LOTI (Rue) ..A3
PIERRE PUIGGARY (Rue) ..A1-B1
PIERRE RAMEIL (Rue) ..A1-B1
PIERRE RONSARD (Rue) ..A4
PIERRE TALRICH (Rue) ..C1-C2
PIERRE TROUEE (Rue) ..C2
PIERRE-EMILE ROUX (Rue) ..D1
PINTE (Rue de la) ..B2
POIDS DE LA FARINE (Rue du) ..B3
POILUS (Place des) ..B2-C2
POISSONNERIE (Rue de la) ..B2
POMPE DES JARDINIERS (Rue de la) ..B3
PORTE D'ASSAUT (Rue) ..C2
PORTE DE CANET (Rue de la) ..B3
POTERNE (Passage de la) ..C1
POTIERS (Rue des) ..B3-C4
PRAGUE (Rue de) ..C2-B3
PRESSOIR (Rue du) ..B2-B3
PUITS DES CHAINES (Rue des) ..C1-C2
PYRENEES (Boulevard des) ..C1-C1
4 SEPTEMBRE (Rue du) ..B1
QUINZE DEGRES (Rue des) ..B3
RAMON LULL (Rue) ..B3-B4
RAPHAEL (Rue) ..D2
REMPART VILLENEUVE (Rue) ..B1-A2
REMPARTS LA REAL (Rue des) ..C2-C3-D3
REMPARTS SAINT-JACQUES (Rue des) ..B3-B4
RENE DESCARTES (Rue) ..A3
RENE LAENNEC (Rue) ..D4
RENE PADRATILLA (Rue) ..D4
RENE WALDECK ROUSSEAU (Rue) ..C4
REPOS (Rue du) ..D1
REPUBLIQUE (Place de la) ..B2
REPUBLIQUE (Rue de la) ..B1-B2
REVOLUTION FRANCAISE (Place) ..B2-C2
REVOLUTION FRANCAISE (Rue)

RUISSEAU (Rue du) ..B3
RUSCINO (Résidence) ..A4
SAINT-FRANÇOIS (Pont) ..B1-C1
SAINT-FRANÇOIS de PAULE (Rue) ..B3
SAINT-JEAN (Rue) ..B2
SAINT-JOSEPH (Place) ..B3-B4
SAINT-JOSEPH (Rue) ..B3-B4
SAINT-LEON (Rue) ..C1
SAINT-MATHIEU (Rue) ..C2
SAINTE-CATHERINE (Rue) ..C2
SAINTE-MADELEINE (Rue) ..B2-C2
SALPETRIERE (Impasse de la) ..A3
SAPONNAIRE (Rue) ..C2
SARE (Place) ..C1
SAVONNERIE (Rue de la) ..C3
SEBASTIEN VAUBAN (Quai) ..B1-A2
SEBASTIEN VAUBAN (Rue) ..B1
SEBASTIEN VAUBAN (Traverse) ..B1
SEBASTOPOL (Impasse de) ..C1
SENTIER (Rue du) ..B3
SOMMEIL (Rue du) ..B3
SOUPIRS (Sentier des) ..A3
SQUARE BABY (Résidence) ..A4
STADIUM (Rue du) ..D3-C4
SUREAUX (Rue des) ..A4
TEMPLE (Rue du) ..B2
TERRASSES (Rue des) ..D4
TERRASSES DU CASTILLET (Résidence des) ..A2
TET (Rond-Point de la) ..A2
THEATRE (Rue du) ..B2-B3
THEODORE GUITER (Rue) ..A4
THOMAS WILSON (Bd) ..A3
TOUR DE FRANCE (Rue des) ..C4-D4
TRACY (Rue) ..B3
TROIS JOURNEES (Rue des) ..B2
TROUBADOURS (Rue des) ..C3
UNIVERSITE (Rue de l') ..B2
VALLESPIR (Rue du) ..C1
VARIETES (Rue des) ..A2
VELODROME (Rue du) ..D3-D4
VERDUN (Place de) ..B2
VICTOIRE (Place de la) ..A2
VICTOR DALBIEZ (Avenue) ..C1-D1
VICTOR MIRABEAU (Rue) ..B4
VIEILLE INTENDANCE (Rue) ..B2
24EME REGIMENT D'INFANTERIE DE MARINE (Rue du) ..C3
VIOLETTES (Impasse des) ..A4

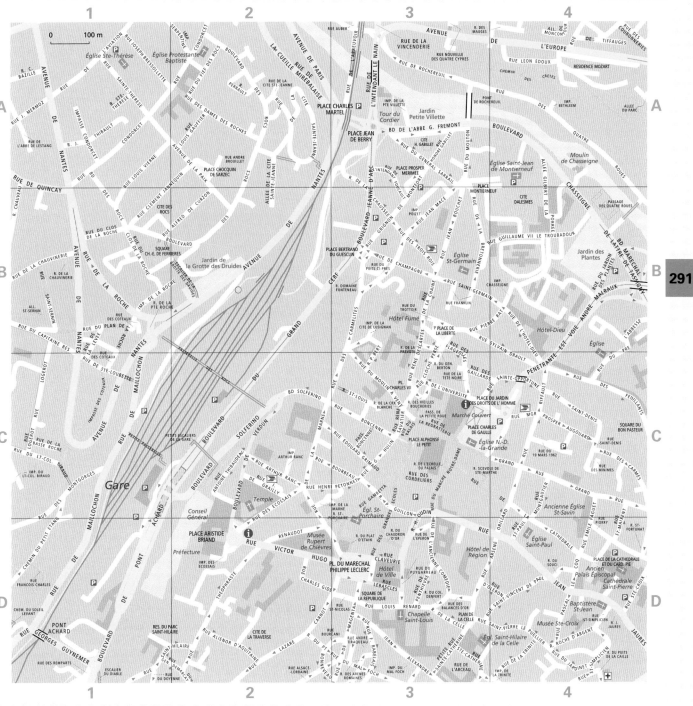

ABBE DE LESTANG (Rue de l') A1
ABBE GEORGES FREMONT (Rue de l') . . A3
ABREUVOIR (Rue de l') A3
ACHARD (Pont) D1
ALFRED DE CURZON (Rue) B1-B2
ALIENOR D'AQUITAINE (Rue) D2
ALPHONSE LE PETIT (Place) C3
ALSACE-LORRAINE (Rue) D2-D3
ANCIENNE COMEDIE (Rue de l') . . . C3-D3
ANDRE BROUILLET (Rue) A2
ANDRE TIRAQUEAU (Rue) D3
ANTOINE THIBAUDEAU (Rue) C2
ARCEAU (Rue de l') D3
ARENES ROMAINES (Rue des) A4
ARISTIDE BRIAND (Place) D2
ARSENE ORILLARD (Rue) D3-C4
ARTHUR RANC (Impasse) C2
ARTHUR RANC (Rue) C2
AUBER (Rue) A3
AVIATION (Rue de l') A1
BALANCES D'OR (Rue des) D3
BASSE ROCHE (Rue de la) B1
BERTRAND DU GUESCLIN (Place) B3
BETHLEEM (Impasse) A3
BON PASTEUR (Square du) C3
BONCENNE (Passage) C3
BONCENNE (Rue) C2-C3
BOURBEAU (Rue) C2-C3
BOURCANI (Rue) D2-D3
BRETONNERIE (Rue de la) B3
CAMILLE BAZILLE (Rue) C4
CAPITAINE BES (Rue du) B1-C1
CARMELITES (Rue des) B3
CARMES (Rue des) C4
CATHEDRALE (Rue de la) C3-D4
CATHEDRALE ET DU CARDINAL PIE
   (Place de la) D4
CELLE (Plan de la) D3
CELLE (Rue de la) D3
CHAINE (Rue de la) B3
CHAMPAGNE (Rue de) B3
CHARLES DE GAULLE (Place) C3
CHARLES GIDE (Rue) D2-D3
CHARLES MARTEL (Place) A3
CHARLES VII (Rue) C3
CHARLES-ELIE DE FERRIERES
   (Square) B1-B2
CHASSEIGNE (Boulevard) A3-B4
CHASSEIGNE (Impasse) B4
CHAUSSEE (Rue de la) A3-B3
CHAUVEAU (Rue) A1
CHAUVINERIE (Rue de la) B1
CHOCQUIN DE SARZEC (Place) A2

CITE SAINTE-JEANNE (Allée de la) . . A2-B2
CITE SAINTE-JEANNE (Rue de la) A2
CLAVEURIER (Rue) C3
CLEMENT JANNEQUIN (Rue) B1-A2
CLOCHE PERSE (Rue) B3-C3
CLOS DE LA ROCHE (Rue du) B1
COLONEL DENFERT (Rue du) C3
CONDORCET (Impasse) A1
CONDORCET (Rue) A1-A2
CORDELIERS (Rue des) C3
COTEAUX (Impasse des) B1
COTEAUX (Rue des) B1-C1
COURONNERIES (Rue des) A4
CRETES (Chemin des) A4
CROIX BLANCHE (Rue de la) C3
CUEILLE MIREBALAISE (Rue de la) . . . A1-A2
DALESMES (Cité) A4-B4
DAMES DES ROCHES (Rue des) A2
DIABLE (Escalier du) D1
DOMAINE FONTENEAU (Rue) B2
DOYENNE (Rue du) D1
ECHELLE DU PALAIS (Rue de l') C3
ECOSSAIS (Impasse des) D2
ECOSSAIS (Rue des) C2-D2
EDOUARD GRIMAUD (Rue) C2-C3
EMILE FAGUET (Rue) C4
EPERON (Rue de l') D3
EUROPE (Avenue de l') A3-A4
FEUILLANTS (Rue des) C4
FIEF DES ROCS (Rue du) A2
FLAGEOLLES (Rue des) B3-C3
FRANCOIS CHARLES (Rue) D1
FRANCOIS RABELAIS (Rue) D3
FRANKLIN (Rue) B3
GAILLARDS (Rue des) B3
GAMBETTA (Rue) C3-D3
GASTON HULIN (Rue) C3
GENERAL BERTON (Rue du) B3-C3
GENERAL DEMARCAY (Rue du) D1-D2
GENERAL SARRAIL (Rue du) A3
GEORGES GUYNEMER (Rue) C3
GILBERT DE LA PORREE (Allée) A4-B4
GRAND CERF (Boulevard du) C1-B3
GRAND RUE C4
GRANDES ECOLES (Rue des) C3-D3
GRIGNON DE MONTFORT (Rue) . . . A3-B3
GROTTE DES DRUIDES (Escalier de la) . . B2
GUILLAUME VII LE TROUBADOUR
   (Rue) B3-B4
HENRI OUDIN (Rue) C3-D3
HENRI PETONNET (Rue) C2-C3
HONORE GABILLET (Cité) A3
HONORE GABILLET (Rue) A3
HOTEL-DIEU (Rue de l') B4-C4

INTENDANT FOUCAULT (Rue de l') . . . A3-B3
INTENDANT LE NAIN (Rue de l') A3
JACQUES DE GRAILLY (Rue) C3
JACQUES THIBAULT (Rue) A1
JARDIN DES DROITS DE L'HOMME
   (Place du) C3
JARDIN DES PLANTES (Rue du) B4
JARDINET (Rue du) D4
JEAN ALEXANDRE (Rue) D4
JEAN BOUCHET (Rue) B3
JEAN DE BERRY (Place) A3
JEAN JAURES (Rue) C3-D4
JEAN MACE (Rue) A3-B3
JEAN MERMOZ (Rue) A1
JEANNE D'ARC (Boulevard) A3-B3
JOSEPH BRESSOLLETTE (Rue) A1-A2
LAZARE CARNOT (Rue) D2-D3
LEBASCLES (Rue) D3
LEON EDOUX (Rue) A4
LEON PERRAULT (Rue) C3
LEVEE (Rue de la) B1-B2
LIBERTE (Place de la) B3
LIEUTENANT-COLONEL BIRAUD
   (Impasse du) C1
LIEUTENANT-COLONEL BIRAUD
   (Rue du) C1
LOGEROT (Rue) B1-C1
LOUIS GAUFFIER (Rue) A2
LOUIS RENARD (Rue) D3
LOUIS VIERNE (Rue) A1-B1
MAGENTA (Rue) D3
MAILLOCHON (Rue du) B1-D1
MARCHE NOTRE-DAME (Rue du) C3
MARECHAL DE LATTRE DE TASSIGNY
   (Boulevard) B4-C4
MARECHAL FOCH (Impasse du) C4
MARECHAL FOCH (Rue du) D2-D3
MARECHAL PHILIPPE LECLERC
   (Place du) D3
MARNE (Impasse de la) C3
MARNE (Rue de la) C2-C3
MAUGES (Rue des) A4
MINIMES (Rue des) C4
MONCONTOUR (Rue de) A3
MONSEIGNEUR PROSPER AUGOUARD
   (Rue) A3
MONTGAUTIER (Rue) C4-D4
MONTGORGES (Rue des) C1-D1
MONTIERNEUF (Place) A3
MOULIN A VENT (Rue du) B3-C3
MOUTON (Rue du) A3
MOZART (Résidence) A4
NANTES (Avenue de) C1-D1
NOUVELLE DES QUATRE CYPRES
   (Rue) A3

OLERON (Rue d') D3-D4
PAIX (Avenue de la) A1-B2
PALAIS (Rue du) C3
PARC (Allée du) A4
PARC SAINT-HILAIRE (Résidence du) . . C1
PARIS (Avenue de) A2-B3
PASCAL LE COQ (Rue) D4
PAUL BERT (Rue) B3-C3
PAUL GUILLON (Rue) D3
PENETRANTE EST
   VOIE ANDRE MALRAUX B4-C4
PENTHIEVRE (Rue de) D3
PETIT BONNEVEAU (Rue du) D2-D3
PETIT ETANG (Chemin du) C1-D1
PETITE PASSERELLE C3
PETITE ROCHE (Rue de la) B1
PETITE ROUE (Passage de la) B3
PETITE VILLETTE (Impasse de la) A3
PETITS ESCALIERS DE LA GARE C2
PIERRE RAT (Rue) D3
PIORRY (Rue) B1-D1
PLAN DE LA ROCHE (Rue du) B1
PLAT D'ETAIN (Rue du) B3
POIZET (Impasse) A3
PONT ACHARD (Boulevard de) C1-D1
PRE L'ABBESSE (Rue) B4-C4
PREVOTE (Rue de la) B3
PROSPER MERIMEE (Place) A3
PUITS CI-PRES (Rue du) B2
PUITS DE LA CAILLE (Rue du) D4
PUYGARREAU (Rue du) D3
QUATRE ROUES (Passage des) A4
QUATRE ROUES (Rue des) A3-B4
QUINCAY (Rue de) A1-B1
REGRATTERIE (Rue de la) C3
REMPARTS (Rue des) D1
RENE DESCARTES (Rue) B3-C3
RENE SAVATIER (Rue) B3
REPUBLIQUE (Square de la) D3
RIFFAULT (Rue) C3
ROCHE (Impasse de la) B1-B2
ROCHE (Rue de la) B1-B2
ROCHEREUIL (Pont de) A3
ROCHEREUIL (Rue de) A3
ROCS (Boulevard des) B1-A2
ROCS (Cité des) B1
ROCS (Passerelle des) B1-B2
SAINT-DENIS (Rue) C4
SAINT-FORTUNAT (Rue) D4
SAINT-GERMAIN (Rue) B3-B4
SAINT-HILAIRE (Rue) D1-D2
SAINT-LOUIS (Rue) C3
SAINT-MAIXENT (Rue) C4-D4
SAINT-NICOLAS (Rue) D3

SAINT-PAUL (Rue) D4
SAINT-PIERRE LE PUELLIER (Rue) D3-D4
SAINT-PORCHAIRE (Rue) D2-C3
SAINT-SERNIN (Allée) B1
SAINT-SERNIN (Rue) B1
SAINT-SIMPLICIEN (Rue) D4
SAINT-VINCENT DE PAUL (Rue) D3-D4
SAINTE-CATHERINE (Rue) D3
SAINTE-CATHERINE (Petite rue) D3
SAINTE-CROIX (Rue) D4
SAINTE-LOUBETTE (Rue de) C1
SAINTE-OPPORTUNE (Rue) C3-C4
SAINTE-THERESE (Rue) A1
SCEVOLE DE SAINTE-MARTHE (Rue) . . C3-C4
SERPENTINE (Impasse) A2
SOLEIL LEVANT (Chemin du) D1
SOLFERINO (Boulevard) C1-C2
SOUCI (Rue du) D4
SYLVAIN DRAULT (Rue) B3-C4
TETE NOIRE (Rue) B3
THEOPHRASTE RENAUDOT (Rue) D2
TIFFAUGES (Rue de) A4
TRAVERSE (Cité de la) D2
TRINITE (Impasse de la) D4
TRINITE (Rue de la) D3-D4
TROIS ROIS (Rue des) B3
TROTTOIR (Rue du) B3
UNIVERSITE (Rue de l') C3
VERDUN (Boulevard de) C2-D2
VICTOR HUGO (Rue) D2-D3
VIEILLES BOUCHERIES (Rue des) C3
VINCENDERIE (Rue de la) A3

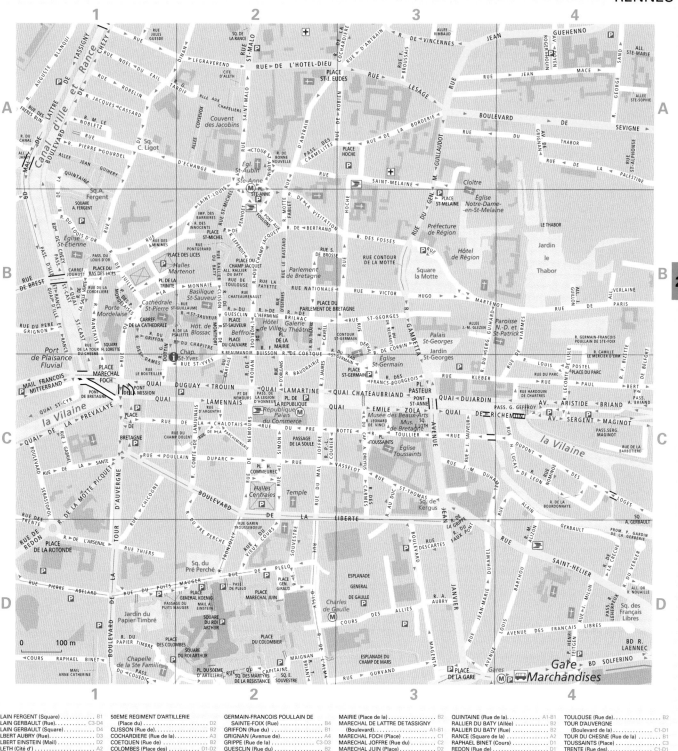

293

ALAIN FERGENT (Square) B1
ALAIN GERBAULT (Rue) C3-D4
ALAIN GERBAULT (Square) D4
ALBERT AUBRY (Rue) D3
ALBERT EINSTEIN (Mail) A2
ALETH (Cité d') A2
ALFRED JARRY (Allée) A1
ALLIES (Cours des) D2-D3
ALMA (Rue de l') D2
ANNE CATHERINE (Mail) D1
ANTRAIN (Rue d') B2-A3
ARGENTRE (Rue d') C2
ARISTIDE BRIAND (Avenue) C4
ARISTIDE BRIAND (Passage) C4
ARSENAL (Rue de l') D1
AUGUSTE BLANQUI (Rue) B1
BARBOTIERE (Rue de la) C4
BARRIERES (Impasse des) B2
BAS DES LICES (Place du) B1
BASTARD (Rue le) B2
BAUDRAIRIE (Rue) B2
BEAUMANOIR (Rue) B2
BEAUMONT (Boulevard de) D3
BELFORT (Rue de) B4-C4
BERTRAND (Rue) B2-B3
BONNE NOUVELLE (Rue de) A2
BORDERIE (Rue de la) A2
BOURDONNAYE (Rue de la) C4
BOUTEILLER (Rue le) C1
BREST (Rue de) B1
BRETAGNE (Place de) B1
BRETAGNE (Pont de) C1
BRILHAC (Rue) B2
CALVAIRE (Place du) B2
CAMILLE LE MERCIER D'ERM (Rue) B4-C4
CANAL (Impasse du) A1
CAP ALFRED DREYFUS (Rue du) C3
CAPITAINE MAIGNAN (Passage du) D2
CARMELITES (Passage des) A2
CARMES (Rue des) C2
CARREFOUR JOUAUST (Place) B1
CARTAGE (Rue de) B2-C2
CATHEDRALE (Carrefour de la) B1
CHALOTAIS (Rue de la) C1-C2
CHAMP DE MARS (Esplanade du) D2-D3
CHAMP DOLENT (Rue du) C1-C2
CHAMP JACQUET (Place du) B2
CHAMP JACQUET (Rue du) B2
CHAPELIERS (Ruelle aux) A2
CHAPITRE (Rue du) B1-B2
CHATEAUBRIAND (Quai) C2
CHATEAURENAULT (Rue) B2
CHEVAUX (Ruelle aux) A2
CHEZY (Boulevard de) A1-B1
CHICOGNE (Rue) C1-D1

50EME REGIMENT D'ARTILLERIE
(Place du) D2
CLISSON (Rue de) B2
COCHARDIERE (Rue de la) A3
COETQUEN (Rue de) C3-D2
COLOMBES (Place des) D1-D2
COLOMBIER (Place du) C2
COMTE DE LANJUINAIS (Rue) B2
CONTOUR DE LA MOTTE (Rue) B3
CONTOUR DE SAINT-AUBIN (Rue) A2
CORBIN (Rue) B3-C3
CORDELIERE (Rue de la) B1
COUEDIC (Passage du) D1
COYSEVOX (Allée) A2
CRECHE (Rue de la) C4
DAMES (Rue des) B1-C1
DERVAL (Rue) B3-C3
DINAN (Rue de) B1-A2
10EME D'ARTILLERIE (Rue du) D2
DOCTEUR FRANCIS JOLY (Rue) D1-D2
DOCTEUR REGNAULT (Rue du) D1
DOCTEUR ROGER NOUAILLE (Allée) D2
DOCTEUR ROUX (Rue) D1
DOYEN ROGER HOUIN (Avenue) A4
DUC (Rue au) D2-D3
DUGUAY TROUIN (Quai) C1-C2
DUJARDIN (Quai) C3-C4
DUPONT DES LOGES (Rue) C3-C4
ECHANGE (Rue d') A1-A2
EDITH CAVELL (Rue) B2
EMILE SOUVESTRE (Rue) D2
EMILE SOUVESTRE (Square) D2
EMILE ZOLA (Quai) C2-C3
ESTREES (Rue d') B2
FAUX PONT (Rue du) D3
FERDINAND BUISSON (Rue) B2
FOSSES (Rue des) B3
FRANCAIS LIBRES (Avenue des) D4
FRANCOIS BIZETTE (Rue) A3
FRANCOIS BROUSSAIS (Rue) A3
FRANCOIS MITTERRAND (Mail) C1
FRANCS-BOURGEOIS (Rue des) C3
FRERES BLIN (Rue) A1
GAMBETTA (Rue) B3-C3
GARE (Place de la) D3-D4
GARIN TROUSSEBOEUF (Rue) C2
GASTON TARDIF (Rue) A1-A2
GENERAL DE GAULLE (Esplanade) D2-D3
GENERAL GIRAUD (Place) D1
GENERAL KOENIG (Place) C1
GENERAL MAURICE GUILLAUDOT (Rue) A3-B3
GEORGE SAND (Rue) A4
GEORGES DOTTIN (Rue) B1-C1

GERMAIN-FRANCOIS POULLAIN DE
SAINTE-FOIX (Rue) B4
GRIFFON (Rue du) B1
GRIGNAN (Avenue de) A4
GRIPPE (Rue de la) C3-D3
GUESCLIN (Rue du) B2
GURVAND (Rue) D2-D3
GUSTAVE GEFFROY (Passage) C4
HARDOUIN DE CHARTRES (Rue) C4
HERMINE (Rue de l') B2
HIPPOLYTE LUCAS (Rue) C4
HOCHE (Place) A2-A3
HOCHE (Rue) B1
HONORE COMMEUREC (Place) C2
HORLOGE (Rue de l') C2
HOTEL DIEU (Rue de l') A2
HYACINTHE LORETTE (Square) B1
ILLE ET RANCE (Passage d') B1
ILLE ET RANCE (Quai d') B1-C1
INNOCENTS (Rue des) B2
ISLY (Rue d') C2-D2
JACQUES CASSARD (Rue) B3
JACQUES GABRIEL (Rue) B3
JACQUES-MARIE GLEZEN (Allée) B3
JEAN GUEHENNO (Rue) A3-A4
JEAN GUIHERY (Allée) A1
JEAN JANVIER (Avenue) C4
JEAN JAURES (Rue) B2-C2
JEAN MACE (Rue) A4
JEAN MILON (Rue) C4
JEAN-MARIE DUHAMEL (Rue) D3-C4
JEANNE GUILLON (Allée) B4
JOSEPH LOTH (Square) C3
JOSEPH SAUVEUR (Rue) C3
JUILLET (Rue de) B1
JULES GUESDE (Rue) A1
JULES SIMON (Rue) C2
KLEBER (Rue) C3
LA FAYETTE (Rue) B2
LAMARTINE (Quai) C2
LAMENNAIS (Quai) C1-C2
LE THABOR B3-A4
LECONTE DE LISLE (Rue) C4
LEGION D'HONNEUR (Passage de la) C2
LEGRAVEREND (Rue) A1-B2
LEON (Rue) A1
LEONARD DE VINCI (Rue) C3
LEPERDIT (Rue) C2
LESAGE (Rue) A3
LIBERTE (Boulevard de la) C1-D3
LOUIS BARTHOU (Avenue) D3-D4
LOUIS D'OR (Passage du) B1
LOUIS POSTEL (Rue) C4
MAGENTA (Boulevard) D3

MAIRIE (Place de la) B2
MARECHAL DE LATTRE DE TASSIGNY
(Boulevard) A1-B1
MARECHAL FOCH (Place du) C1
MARECHAL JOFFRE (Rue du) C3-D2
MARECHAL JUIN (Place) C2
MARIE ALIZON (Rue) C4-D4
MARTENOT (Rue) B3-B4
MARTYRS DE LA RESISTANCE
(Square des) D2
MICHEL LE NOBLETZ (Rue) A1
MINIMES (Rue des) B1
MISSION (Pont de la) C1
MONNAIE (Rue de la) C1-B2
MONTFORT (Rue de) B2
MOTTE (Square de la) B3
MOTTE FABLET (Rue) B2
MOTTE PICQUET (Rue) C1-D1
NANTAISE (Rue) B1
NATIONALE (Rue) B2-B3
NEMOURS (Pont de) C2
NEMOURS (Rue de) C2
NOEL DU FAIL (Rue) A1
NOMINOE (Rue) C4
ORLEANS (Rue d') B2-C2
PALESTINE (Rue de la) A4
PAPIER TIMBRE (Place du) D1
PARC (Rue du) C4
PARCHEMINERIE (Rue de la) C2
PARIS (Rue de) B4
PARLEMENT DE BRETAGNE
(Place du) B2-B3
PASTEUR (Rue) C3
PAUL BERT (Rue) C4
PAUL-LOUIS COURIER (Rue) C2
PENHOET (Rue de) B2
PERE GRIGNION (Rue du) B1
PIERRE ABELARD (Rue) D1
PIERRE GARDIN DE LA GERBERIE
(Promenade) D4
PIERRE GOURDEL (Rue) A1
PIERRE HENRI TEITGEN (Rue) D4
PLELO (Passage de) D2
PLELO (Rue de) D2
PONT AUX FOULONS (Rue) B2
PONTGERARD (Rue) B2
PORTES MORDELAISES (Rue des) B1
POULLAIN DUPARC (Rue) C1-C2
PRE BOTTE (Rue du) C2-C3
PRE PERCHE (Rue du) D2
PREVALAYE (Quai de la) C1
PSALETTE (Rue de la) B1-B2
PUITS MAUGER (Passage du) D1
PUITS MAUGER (Rue du) D1-D2

QUINTAINE (Rue de la) A1-B1
RALLIER DU BATY (Allée) B2
RALLIER DU BATY (Rue) B2
RANCE (Square de la) A2
RAPHAEL BINET (Cours) D1
REDON (Rue de) D1
RENE LAENNEC (Boulevard) D4
RENE LEHERPEUX (Passage) D4
REPUBLIQUE (Place de la) C2
RICHEMONT (Quai de) C3-C4
RIMBAUD (Allée) A3
ROBELIN (Rue) A1
ROBIEN (Rue de) A2-A3
ROHAN (Rue de) B2-C2
ROI ARTHUR (Square du) D2
ROTONDE (Place de la) D1
SAINT-ALPHONSE (Rue) A4
SAINT-ANNE (Pont) C3
SAINT-CAST (Passage) B1
SAINT-CAST (Quai) B1-C1
SAINT-CYR (Quai) C1
SAINTE-ANNE (Place) A2-B2
SAINTE-MARIE (Allée) A4
SAINTE-SOPHIE (Allée) A4
SAINT-GEORGES (Rue) B3
SAINT-GERMAIN (Contour) C3-C3
SAINT-GERMAIN (Place) C3
SAINT-GUILLAUME (Rue) B1-B2
SAINT-HELIER (Rue) C3-D4
SAINT-JEAN EUDES (Place) A3
SAINT-LOUIS (Rue) B1-A2
SAINT-MELAINE (Place) A3-B3
SAINT-MELAINE (Rue) A2-A3
SAINT-MICHEL (Place) B2
SAINT-MICHEL (Rue) A2-B2
SAINT-SAUVEUR (Place) B2
SAINT-SAUVEUR (Rue) B1-B2
SAINT-THOMAS (Rue) C3
SAINT-YVES (Rue) B1-B2
SALLE VERTE (Rue) C4
SALOMON DE BROSSE (Rue) B2-B3
SANTE (Rue de la) C1
SEBASTOPOL (Boulevard) C1-D1
SERGENT GUIHARD (Rue) B3-C3
SERGENT MAGINOT (Avenue) C4
SERGENT MAGINOT (Passage) C4
SEVIGNE (Boulevard de) A3-A4
SOLFERINO (Boulevard) D3-D4
SOULE (Passage de la) C2
THABOR (Rue du) B3-A4
THEATRE (Rue du) B2
THEOPHILE BRIANT (Rue) D2
THIERS (Rue) D1
TOULLIER (Rue) C2

TOULOUSE (Rue de) B2
TOUR D'AUVERGNE
(Boulevard de la) C1-D1
TOUR DU CHESNE (Rue de la) B1
TOUSSAINTS (Place) C3
TRENTE (Rue des) C1-D1
TRINITE (Place de la) B1
TRONJOLLY (Rue) C2-D2
VASSELOT (Rue) C2-C3
VAU SAINT-GERMAIN (Rue du) B2-C3
VERGER (Rue du) D4
VERLAINE (Allée) B4
VIARMES (Rue de) B4-C4
VICTOR HUGO (Rue) B3
VIEUX COURS (Rue du) C2-D2
VINCENNES (Rue de) A3
VISITATION (Rue de la) B2-B3

ABBE COCHET (Rue de l') B2
ABBE DE L'EPEE (Rue) B4-C4
ADOLPHE CHERUEL (Rue) A4
ADRIEN AUZOUT (Impasse) A4
ADRIEN PASQUIER (Rue) C4-D4
AIMABLE FLOQUET (Rue) B4
AITRE SAINT-MACLOU (Place de l') C4
AITRE SAINT-NICAISE (Rue l') C4
ALAIN (Place) B4
ALAIN BLANCHARD (Rue) A2-B2
ALSACE-LORRAINE (Rue) D3-D4
AMBROISE FLEURY (Rue) C4-D4
AMIENS (Rue d') C3-D4
ANATOLE FRANCE (Rue) C1
ANCIEN HOTEL DE VILLE
  (Passage de l') C2
ANCIENNE PRISON (Rue de l') B2
ANCIENS MOULINS (Passage des) C4
ANDRE GIDE (Rue) C1-C2
ANDRE MAUROIS (Square) A4
ANVERS (Rue d') A2
ARMAND CARREL (Rue) C4-D4
ARPENTS (Rue des) B3
ARSINS (Rue des) B3-C3
ARTS (Place des) D2
AUGUSTE HOUZEAU (Rue) B3
AUGUSTINS (Rue des) D3-D4
AVALASSE (Rue de l') A3

BAC (Rue du) D3
BAILLIAGE (Rue du) B2-B3
BARTHELEMY (Rue) C4
BASNAGES (Rue des) C2
BASSE VIEILLE TOUR (Place de la) D3
BEAUVOISINE (Rue) A4
BEAUVOISINE (Rampe) A4
BEAUVOISINE (Rue) C3-A4
BEC (Rue du) C2-C3
BEFFROY (Rue) B3
BEGUINES (Rue des) B1-C1
BELGES (Boulevard des) B1-C1
BERNARD TISSOT (Place) A3
BIHOREL (Rue de) A2
BLAINVILLE (Rue de) A2
BONNETIERS (Rue des) C3-D3
BONS ENFANTS (Rue des) B1-B2
BOUCHERIES SAINT-OUEN (Rue des) ... C4
BOUQUET (Rue) A2
BOURG L'ABBE (Rue) B4
BOURSE (Quai de la) D2
BOUVREUIL (Rampe) B1-B2
BOUVREUIL (Rue) A3-B3
BRAS DE FER (Rue) A3-A4
BRAZZA (Rue de) A1-A2
BUFFON (Rue de) B1

CALENDE (Place de la) C3-D3
CAMILLE SAINT-SAENS (Petite rue) ... C2
CAMILLE SAINT-SAENS (Rue) C2
CAMPULLEY (Rue de) A2
CARMELITES (Petite rue des) B3-B4
CARMELITES (Rue des) B3-B4
CARMES (Place des) C3
CARMES (Rue des) C3
CARON (Impasse) B4
CARON (Rue) A1
CARVILLE (Rue de) B1
CATHEDRALE (Place de la) C3
CAUCHOISE (Place) B1
CAUCHOISE (Rampe) B1
CAUCHOISE (Rue) B1-B2
CAVELIER DE LA SALLE (Quai) D1-D2
CERCLE (Rue du) B1-B2
CHAINE (Rue de la) C3
CHAMP DE MARS (Esplanade du) D4
CHAMP DES OISEAUX (Rue du) A3
CHAMPMESLE (Rue de la) C2
CHAMPS MAILLETS (Rue des) B2
CHANGE (Rue du) C3
CHANOINES (Rue des) C3
CHARCOT (Promenade) C1-C2
CHARLES LENEPVEU (Rue) B3
CHARRETTES (Rue des) C1-C2
CHASSELIEVRE (Rue) A1
CIDEVILLE (Rue) D3
CIGOGNE (Rue de la) B3
CLAUDE GROULARD (Rue) A1
COIGNEBERT (Rue) C2
CONTRAT SOCIAL (Rue du) B1
CORDIER (Rue du) B3
CREVIER (Rue) A1-B1
CROIX DE FER (Rue de la) C3
CROIX VERTE (Rue) C3
CROSNE (Rue de) B1-B2

DAMIETTE (Rue) C4
DEFRANCE (Rue) B4
DESHAYS (Rue) B4
DINANDERIE (Rue) B3
19 AVRIL 1944 (Rue du) B3
2 ANGES (Rue des) B4
DOCTEUR ALFRED CERNE (Place du) .. B3
DOCTEUR BLANCHE (Rue) C4
DOCTEUR LOUIS DUMENIL
  (Rue) A1-A2
DOCTEUR ROBERT RAMBERT
  (Rue) C2-D2
DONJON (Rue du) A3-B3
DUGUAY TROUIN (Rue) C1
DULONG (Rue) B3-B4
EAU DE ROBEC (Rue) C4

ECOLE (Rue de l') B3-C3
ECOSSE (Rue d') B3
ECUREUIL (Rue de l') B3
ECUYERE (Rue) B2-C2
EGLISE SAINT-GERVAIS (Place de l') A1
EMILE VERHAEREN (Rue) C3
EPICERIE (Rue de l') D3
ERNEMONT (Rue de l') A4
ESPACE DU PALAIS B3
ETAMEUR (Place de l') C3
ETOUPEE (Rue) B2
EUGENE BOUDIN (Rue) C3
EUGENE DELACROIX (Allée) C2-B3
EUGENE DUTUIT (Rue) D3-D4

FARDEAU (Rue du) C2
FARIN (Rue) A1
FAUCON (Rue du) B3
FAULX (Rue des) C3-C4
FLANDRE (Impasse de) B4
FLORENCE (Rue du) B1-B2
FONTENAY (Rue de) D4
FONTENELLE (Rue de) C1-B2
FOSSES LOUIS VIII (Rue des) B2-C3
FOULERIE (Rue de la) C4
FRANCE LIBRE (Promenade de la) ... C1-D2

GAILLARDBOIS (Place du) C4
GAMBETTA (Boulevard) C4-D4
GAMBETTA (Résidence le) D4
GANTERIE (Rue de la) B3
GARDE MONSIEUR (Rue) C4
GAUGUIN (Impasse) A4
GENERAL DE GAULLE (Place du) C3-B4
GENERAL GIRAUD (Rue du) C1-D1
GENERAL LECLERC (Rue du) C2-D3
GENERAL SARRAIL (Rue du) A3
GEORGES LANFRY (Rue) C4-D4
GERICAULT (Rue) C4
GIFFARD (Impasse) A1
GLACIERE (Rue de la) A3-B3
GRAND PONT (Rue du) C2-D2
GRANDE MESURE (Passage de la) ... C3
GRANDE MESURE (Rue de la) C3
GRAVIER (Passage du) C3
GROS HORLOGE (Rue du) C2
GUILLAUME LE CONQUERANT
  (Rue) B2-C2
GUILLAUME LION (Square) D4
GUSTAVE FLAUBERT (Avenue) B1
GUY DE MAUPASSANT (Rue) A1-A2

HARCOURT (Rue d') C1
HAUTE VIEILLE TOUR (Rue) D3
HAUTS MARIAGES (Impasse des) C3-C4
HAVRE (Quai du) D1
HENRI IV (Place) C1
HERBIERE (Rue) C2
HERBOUVILLE (Rue d') A1-A2

HOPITAL (Rue de l') C3

JACQUES CARTIER (Avenue) D1
JACQUES LELIEUR (Place) B3
JACQUES LELIEUR (Trémie) B3
JACQUES VILLON (Rue) B3
JEAN LECANUET (Rue) B1-B3
JEAN MOULIN (Quai) D1-D2
JEAN REVEL (Rue) A1
JEAN-BAPTISTE DE LA SALLE (Place) A1
JEANNE D'ARC (Pont) D1-D2
JEANNE D'ARC (Rue) D2-A3
JOUVENET (Rue) A1
JOYEUSE (Rue) D3-D4
JUIFS (Rue aux) C2-C3

LAUMONIER (Rue) A1
LECAT (Rue de) A1-B1
LEGENDRE (Rue) A2
LEMERY (Rue de) C2
LEPECQ DE LA CLOTURE (Rue) D1
LEZURIER DE LA MARTEL (Rue) B1-A2
LIEU DE SANTE (Rue du) B1
LIEUTENANT AUBERT (Place du) C3-C4
LOUIS AUBER (Rue) A2
LOUIS BRUNE (Rue) D3
LOUIS MALLIOT (Rue) D3
LOUIS RICARD (Rue) A4-B4
LOUISTHUBEUF (Rue) A1

MAILLOTS SARRAZINS (Rue des) D4
MALADRERIE (Passage) A2
MALADRERIE (Rue) A2-A3
MALPALU (Rue) C3-D3
MARCEL DUCHAMP (Esplanade) B3
MARECHAL FOCH (Place) C2
MARNE (Boulevard de la) B1-A3
MARTAINVILLE (Rue) C4
MARTIN LUTHER-KING (Place) C1-C2
MASSACRE (Rue) C3
MAULEVRIER (Rue) A1
MAURICE LENFANT (Passage) C3
MICHEL CORRETTE (Rue) D1
MINIMES (Rue des) B4
MOLIERE (Rue) D3-D4
MONTBRET (Rue de) B3-B4
MORAND (Rue) B3-B4
MOULINET (Rue du) B2
MOYNE D'IBERVILLE (Place le) D1
NEUFCHATEL (Route de) A4
NICOLAS MESNAGER (Rue) A2
NICOLE ORESME (Rue) C2
NORD (Rue du) A4
NOSTRE (Rue le) C1

ORBE (Rue d') B4-C4
ORLEANS (Boulevard d') C1-D1
OURS (Rue aux) C2

PARIS (Quai de) D3-D4
PAUL PARAY (Rue) C2-D2
PERCIERE (Rue) B2-C2
PERE ADAM (Petite rue du) C3
PERE ADAM (Rue du) C3
PETIT DE JULLEVILLE (Rue) C3-D3
PETIT MOUTON (Rue du) B3
PETIT PORCHE (Rue du) B3-B4
PETIT SALUT (Rue du) C2-C3
PHILIPPE AUGUSTE (Rue) B3
PIE (Rue de la) B1-C1
PIERRE CHIROL (Rue) A1
PIERRE CORNEILLE (Pont) D3
PIERRE CORNEILLE (Quai) D3
PITRY (Rue) B4
PLEINS CHAMPS (Rue aux) A4
POMME D'OR (Place de la) C4
PONT CODRILLE (Rue du) D4
PONT DE L'ARQUET (Rue du) C4
PORET DE BLOSSEVILLE (Rue) D1
PORTE AUX RATS (Rue du) B3-B4
PORTE DES CHAMPS (Avenue de la) . C4
POTERNE (Rue de la) B2-C2
POUCHET (Rue) A2-A3
POUSSIN (Rue) A4-B4
PUCELLE D'ORLEANS (Place de la) . B2

QUEBEC (Rue de) C4

RACINE (Rue) C1
RAFFETOT (Rue) A1
RAQUETTE (Rue de la) D3
REIMS (Rue de) A4
REMPART BOUVREUIL (Rue du) B3
REMPART MARTAINVILLE (Rue du) ... D4
RENARD (Rue) A1-B1
REPUBLIQUE (Place de la) D3
REPUBLIQUE (Rue de la) C3-D3
REQUIS (Rue des) B4
RESTOUT (Place) B3
RICARDIERE (Rue) C2
RICHARD LALLEMANT (Rue) C3
ROBERT SCHUMAN (Rue) D4
ROCHE (Rue de la) B4
ROCHEFOUCAULD (Rue de la) A3
ROI (Rue du) A1
ROLLON (Rue) B2-C2
ROSIER (Rue du) C4
ROUGEMARE (Place de la) B3-B4
RUISSEL (Rue du) B3

SACRE (Rue) B2
SAINT-AMAND (Passage) C3
SAINT-AMAND (Place) C3
SAINT-AMAND (Rue) C3
SAINT-ANDRE (Rue) A1-B2
SAINT-DENIS (Rue) D3

SAINT-ELOI (Rue) C1-C2
SAINT-ETIENNE DES TONNELIERS
  (Passage) D2
SAINT-GERVAIS (Rampe) A1
SAINT-GERVAIS (Rue) A1-B1
SAINT-GODARD (Place) B3
SAINT-HERBLAND (Tunnel) C2-B3
SAINT-JACQUES (Rue) C1
SAINT-LO (Rue du) C2-C3
SAINT-MARC (Place) D4
SAINT-MAUR (Impasse) A2
SAINT-MAUR (Rue) A2-A3
SAINT-NICAISE (Rue) B4
SAINT-NICOLAS (Rue) C3
SAINT-PATRICE (Rue) B2
SAINT-PIERRE DU CHATEL (Jardin) . C4
SAINT-ROMAIN (Rue) C3
SAINT-SEVER (Quai) D1-D2
SAINT-VIVIEN (Place) C4
SAINT-VIVIEN (Rue) C4
SAINTE-CROIX-DES-PELLETIERS (Rue) B2
SAINTE-MARIE (Impasse) A4
SAINTE-MARIE (Rampe) A4
SAINTE-MARIE (Rue) A4
SAMUEL BOCHARD (Rue) C1
SAVONNERIE (Rue de la) D2-D3
SEILLE (Rue de la) B3
SENARD (Rue) A2
SOCRATE (Rue) B3
STANISLAS GIRARDIN (Rue) B1

TABARLY (Promenade) D2-D3
TABOURET (Impasse) A1
TABOURET (Rue) A1
TAMBOUR (Rue du) C2
THOMAS CORNEILLE (Rue) B1-C1
THOURET (Rue) B3
TOUR D'ARGENT (Impasse de la) ... B1
TOUR DE BEURRE (Rue de la) D2-C3
39EME R.I. (Place du) C4

VERDIERE (Rue) A4
VERDREL (Square) B2
VERGETIERS (Rue des) B3
VERT BUISSON (Rue du) B3-B4
VERTE (Rue) A2-A3
VICOMTE (Rue de la) C2
VICTOR HUGO (Rue) C4-D4
VIEUX MARCHE (Place du) C1-B2
VIEUX PALAIS (Rue du) C1
YSER (Boulevard de l') A3-A4

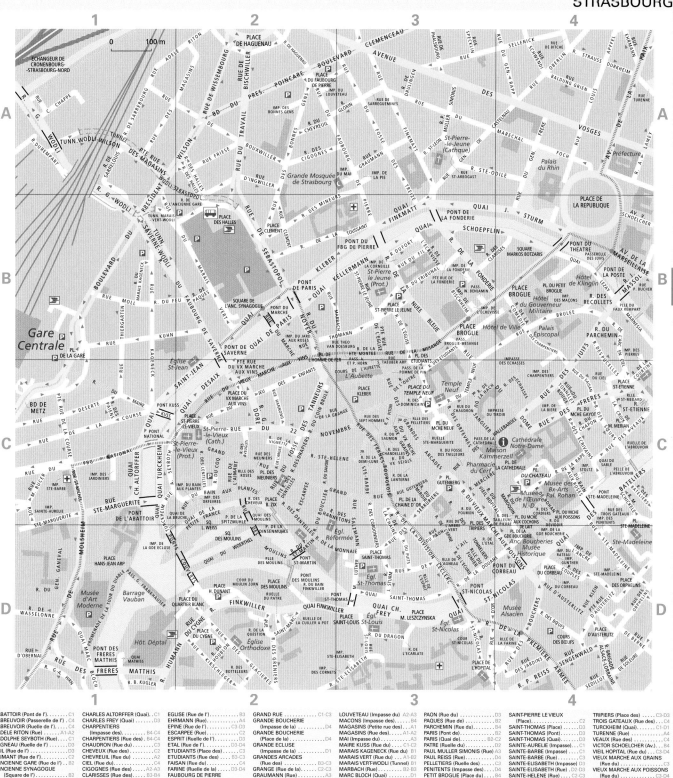

ABATTOIR (Pont de l')........C1
ABREUVOIR (Passerelle de l')..C4
ABREUVOIR (Ruelle de l')......C4
ADELE RITON (Rue)........A1-A3
ADOLPHE SEYBOTH (Rue)......C1
AGNEAU (Ruelle de l')........D3
AIL (Rue de l')............D3
AIMANT (Rue de l')........C2
ANCIENNE GARE (Rue de l')...B2
ANCIENNE SYNAGOGUE
  (Square de l')..........B2
ANCRE (Impasse de l')........D4
ANDRE ET PAUL HORN
  (Passage)............B3-C3
ARBRE VERT (Rue de l')......C2
ARC EN CIEL (Rue de l')......B4-C4
ARGILE (Rue de l')..........C2
AUBETTE (Cours de l')....C2-C3
AUGUSTE LAMEY (Rue)........A4
AUSTERLITZ (Petite rue d')...D4
AUSTERLITZ (Place d')......D4
AUSTERLITZ (Rue d')........D4
AVEUGLES (Rue des)........C2

BAIN AUX PLANTES
  (Impasse du)..........C2
BAIN AUX PLANTES (Rue du)..C2
BAIN AUX ROSES (Rue du)....C2
BAIN FINKWILLER (Rue du)...D2
BALDUNG GRIEN (Rue)........A4
BATELIERS (Quai des)....C4-D4
BATELIERS (Rue des)........C4
BENJAMIN KUGLER (Rue)......D4
BENJAMIN ZIX (Place)........C2
BERNE (Rue de)............C4
BIERE (Rue de la)..........C4
BISCHHEIM (Impasse de)......B3
BISCHWILLER (Rue de)........A2
BITCHE (Rue de)............A4
BOEUFS (Cours des)........D4
BOEUFS (Rue des)..........D4
BONNES GENS (Impasse des)..B3
BONNES GENS (Rue des)....A2-B2
BOTTELEURS (Rue des)........D2
BOUCHERS (Rue des)........C2-D2
BOUCLIER (Rue du)..........C2
BOUXWILLER (Rue de)........A2
BRIGADE ALSACE-LORRAINE
  (Rue de la)..........D4
BROGLIE (Place)..........B3-B4
BROGLIE-MESANGE (Passage)..B3
BRUCHE (Quai de la)........C1
BRULEE (Rue de la)........C3-B3
CATHEDRALE
  (Place de la)........C3-C4
CATHEDRALE (Rue de la)....C3-C4
CHAINE (Rue de la)........C3
CHAINE D'OR (Place de la)..C3
CHANDELLES (Rue des)......C2
CHAPON (Rue du)..........C3

CHARLES ALTORFFER (Quai)...C1
CHARLES FREY (Quai)........D3
CHARPENTIERS
  (Impasse des)........B4-C4
CHARPENTIERS (Rue des)...B4-C4
CHAUDRON (Rue du)........C1
CHEVEUX (Rue des)..........D1
CHEVREUIL (Rue du)........A2
CIEL (Rue du)............C2
CIGOGNES (Rue des)........A2
CLARISSES (Rue des)......B3-B4
CLAUDE CHAPPE (Rue)........A1
CLEMENCEAU (Boulevard)...A2-A3
CLEMENT (Place)..........B2
CLEMENT (Rue)............B2
COIN BRULE (Rue du)........C2
COMEDIE (Rue de la)........B4
COQ (Rue du)............C2
CORBEAU (Impasse du)......D2
CORBEAU (Place du)........D2
CORBEAU (Pont du)........D2
CORDIERS (Rue des)........C4
CORDONNIERS (Rue des)...C3-C3
CORNEILLE (Impasse de)......B3
CORNETS (Impasse des)......C1
COUPLES (Rue des)........C4
COURSE (Petite rue de la)...C1
COURSE (Rue de la)........C1
COURTINE (Rue de la)......B4
COUVERTS (Pont)..........C2
CROIX (Rue de la)..........A1
CRONENBOURG-STRASBOURG-
  NORD (Echangeur de l')..A1
CUILLER A POT (Ruelle de la)..D3
CYGNE (Pont du)..........D2
CYGNE (Rue du)..........D2
DEMI-LUNE (Rue de la)......C3
DENTELLES (Rue des)........C2
DENTELLES (Petite rue des)..C2
DESAIX (Quai)............C1-C2
DESERTE (Rue)............C1
DEVIDOIR (Rue du)........D2
DINSENMUHLE (Pont de la)...D2
DIVISION LECLERC
  (Rue de la)........C3-C4
DOME (Rue du)..........B3-C4
DOMINICAINS (Rue des)......C3
DOUANE (Rue de la)........D2
DRAGON (Rue du)..........D2
DRAPIERS (Rue des)........C3
DRULINGEN (Rue de)........A3
ECARLATE (Rue de l')......D3
ECHASSES (Impasse des)....C4
ECHASSES (Rue des)........C4
ECREVISSE (Impasse de l')...B3
ECREVISSE (Rue de l')......B3
ECRIVAINS (Rue des)........C4
ECURIE (Rue de l')........B3
EGLISE (Petite rue de l')....B3

EGLISE (Rue de l')..........B3
EHRMANN (Rue)............A4
EPINE (Rue de l')........C3-D3
ESCARPEE (Rue de l')........C2
ESPRIT (Ruelle de l')......D3
ETAL (Rue de l')........D3-D4
ETUDIANTS (Place des)......D1
ETUDIANTS (Rue des)......B3-C3
FAISAN (Rue du)..........D1
FARINE (Ruelle de la)......D3
FAUBOURG DE PIERRE
  (Place du)............A3
FAUBOURG DE PIERRE
  (Pont du)............B3
FAUBOURG DE PIERRE
  (Rue du)............A3-B3
FAUBOURG DE SAVERNE
  (Rue du)............B1-B2
FAUBOURG NATIONAL
  (Rue du)............C1-C2
FAUX REMPART
  (Passerelle du)......B1-B2
FIL (Rue du)............B2-C3
FINKMATT (Quai)..........A3
FINKMATT (Rue)..........A3
FINKWILLER (Pont de)........D2
FINKWILLER (Quai)......D2-D3
FINKWILLER (Rue)..........D2
FONDERIE (Impasse de la)...B3
FONDERIE (Petite rue de la)..B3
FONDERIE (Pont de la)......B3
FONDERIE (Rue de la)....B3-B4
FORT (Rue du)............A1
FOSSE DES TAILLEURS
  (Rue du)............C3
FOSSE DES TANNEURS
  (Rue du)............C2
FOSSE DES TREIZE
  (Rue du)............A3-B3
FRANCS-BOURGEOIS
  (Rue des)............C2
FREDERIC PITON (Rue)......A3
FRERE MEDARD (Place du)....D3
FRERES (Rue des)..........C4
FRERES MATTHIS (Pont des)..D1
FRERES MATTHIS (Rue des)...D1
FRIESE (Rue)............A2
FUMIER (Ruelle du)........D3
GARE (Place de la)........B1-C1
GENERAL DE CASTELNAU
  (Rue du)............A3
GENERAL FRERE (Rue du)..A4-B4
GENERAL GANEVAL (Rue du)..C1
GEORGES FRANKHAUSER
  (Passage)............D1
GEORGES WODLI (Rue)....A1-B1
GLACIERES (Rue des)........D2
GLOXIN (Rue)............A2-A3

GRAND RUE............C1-C3
GRANDE BOUCHERIE
  (Impasse de la)......D4
GRANDE BOUCHERIE
  (Place de la)........D4
GRANDE ECLUSE
  (Impasse de la)......D1
GRANDES ARCADES
  (Rue des)........B3-C3
GRANGE (Rue de la)......C2-C3
GRAUMANN (Rue)..........A3
GRENIERS (Rue des)........D2
GUNTHER (Impasse)........D4
GUSTAVE DORE (Rue)........C4
GUSTAVE-ADOLPHE HIRN
  (Rue)............D1
GUTENBERG (Place)........C3
GUTENBERG (Rue)..........C3
HACHE (Rue de la)........C3
HAGUENAU (Place de la)....A2
HAGUENAU (Rue de)........A2
HALLEBARDES (Rue des)...C3-C4
HALLES (Place des)......A2-B2
HALLES (Rue des)..........B2
HANNETONS (Rue des)....C2-C3
HANNONG (Rue)............B2
HANS JEAN ARP (Place)...C1-D1
HAUTE MONTEE
  (Rue de la)........B2-B3
HENRY DUNANT (Place)......D2
HOMME DE FER
  (Place de l')......B2-C2
HOPITAL (Rue de l')......D3-D4
HOUBLON (Rue du)........C1
HUMANN (Rue)............D1-D2
INGWILLER (Rue d')........A2
JACQUES STURM (Rue)......B3-B4
JARDIN AUX ROSES
  (Rue du)............C1
JARDINIERS (Impasse des)...C1
JARDINS (Rue des)........D4
JEAN STURM (Rue)..........D3
JEU DES ENFANTS (Rue du)...C2
JOSEPH MASSOL (Rue)........D3
JUIFS (Passerelle des)......B4
JUIFS (Rue des)..........B4-C4
KAGENECK (Rue)..........B1-C1
KELLERMANN (Quai)......B2-B3
KIRSCHLEGER (Rue)........D1
KLEBER (Place)..........C2-C3
KLEBER (Rue)............B2-B3
KLEIN (Rue)............D4
KUHN (Rue)............B1-B2
KUSS (Pont)............C1
LANTERNE (Rue de la)......C3
LENTILLES (Rue des)........C2
LEZAY MARNESIA (Quai)......B4
LOUIS APFFEL (Rue)........A4
LOUISE WEISS (Square)......D2

LOUVETEAU (Impasse du)....A3
MACONS (Impasse des)......B4
MAGASINS (Petite rue des)..A1
MAGASINS (Rue des)......A1-A2
MAI (Impasse du)..........A3
MAIRE KUSS (Rue du)....C1-C2
MARAIS KAGENECK (Rue du)..B1
MARAIS VERT (Rue de l')..A1-A2
MARAIS VERT-WODLI (Tunnel)..B1
MARBACH (Rue)..........B2-B3
MARC BLOCH (Quai)........D1
MARCHE (Pont du)........B2
MARCHE (Rue du)........B2-C2
MARCHE AUX COCHONS DE
  LAIT (Place du)......C4-D4
MARCHE AUX POISSONS
  (Place du)..........C4
MARCHE GAYOT (Place du)...C4
MARCHE NEUF (Place du)....C3
MARECHAL FOCH (Rue du)..A3-A4
MARIE DE LA(?)............D3
MARKOS BOTZARIS (Square)..B4
MAROQUIN (Rue du)........C2
MARSEILLAISE (Avenue de la)..B4
MARTIN BUCER (Rue)........D3
MARTIN LUTHER (Rue)........D3
MATHIAS MERIAN (Place)....D1
MATHISS (Quai)..........B1-A2
MERCIERE (Rue)........C3-C4
MESANGE (Rue de la)........B3
METZ (Boulevard de)........C1
MEUNIERS (Rue des)........C2
MINEURS (Rue des)......B2-A3
MIROIR (Rue du)..........C2
MODESTE SCHICKELE (Rue)...C4
MOLL (Rue)............B1
MOLSHEIM (Rue de)........C1-D1
MONNAIE (Rue de la)........D2
MONNAIE (Square des)......D2
MOULIN ZORN (Cour du)....D2
MOULINS (Passerelle des)...C2
MOULINS (Place des)........C2
MOULINS (Pont des)........C2
MOULINS (Quai des)........C2
MOULINS (Rue des)........C2
MOULINS (Square des)......D2
NATIONAL (Pont)..........C1
NOYER (Rue du)..........B2
NUEE BLEUE (Rue de la)....B3
OBERLIN (Rue)............A4
OR (Rue d')............D3
ORFEVRES (Impasse des)....C3
ORFEVRES (Rue des)........C3
ORPHELINS (Rue des)........D4
OUTRE (Rue de l')........C4
PAIEN (Rue des)..........C1
PAIX (Avenue de la)........A4

PAON (Rue du)............D3
PAQUES (Rue de)..........B2
PARCHEMIN (Rue du)........B4
PARIS (Pont de)..........B2
PARIS (Quai de)........B2-C2
PATRE (Ruelle du)........D2
PAUL MULLER SIMONIS (Rue)..B4
PAUL REISS (Rue)..........D4
PELLETIERS (Rue des)......D3
PENITENTS (Impasse des)...C1
PETIT BROGLIE (Place du)...B4
PETITE FRANCE
  (Quai de la)........D1-C2
PHALSBOURG (Rue de)......A3
PIE (Impasse de la)........A3
PIERRE BUCHER (Rue)........B4
PIERRES (Impasse des)....B4-C4
POMME DE PIN
  (Passage de la)......C3
PONT SAINT-MARTIN (Rue du)..D2
POSTE (Pont de la)........B4
POUMON (Rue du)..........C4
PREMIERE ARMEE
  (Rue de la)........D3-D4
PRESIDENT POINCARE
  (Boulevard du)......A1
PRESIDENT WILSON
  (Boulevard du)......B1-A2
PUCELLES (Rue des)........B4-C4
PUITS (Rue du)..........C2
QUARTIER BLANC
  (Place du)........D1-D2
QUESTION (Rue de la)......D2
RAPE (Impasse de la)......C4
RATEAU (Impasse du)......C4
RECOLLETS (Rue des)........B4
REMPART (Rue du)..........D1
REPUBLIQUE (Place de la)..A4-B4
ROHAN (Rue de)..........C3
ROSES (Ruelle des)........C2
SABLE (Quai du)..........C4
SAINT-ARBOGAST (Rue)......A3
SAINT-ETIENNE (Place)......C4
SAINT-ETIENNE (Rue)........C4
SAINT-JEAN (Quai)......C1-B2
SAINT-LEON (Rue)..........A3
SAINT-LOUIS (Place)........D3
SAINT-LOUIS (Rue)........D3
SAINT-MARC (Rue)..........D2
SAINT-MARTIN (Pont)........D2
SAINT-MICHEL (Rue)........C1
SAINT-NICOLAS (Cour)......D3
SAINT-NICOLAS (Pont)......D3
SAINT-NICOLAS (Quai)....C3-D3
SAINT-NICOLAS (Rue)........D3
SAINT-PIERRE LE JEUNE
  (Place)............B3
SAINT-PIERRE LE JEUNE (Rue)..B3

SAINT-PIERRE LE VIEUX
  (Place)............C2
SAINT-THOMAS (Place)......D3
SAINT-THOMAS (Pont)......D3
SAINTE-AURELIE (Impasse)...C1
SAINTE-BARBE (Impasse)....C1
SAINTE-BARBE (Rue)........C1
SAINTE-ELISABETH (Impasse)..D3
SAINTE-ELISABETH (Rue)....D3
SAINTE-HELENE (Rue)....C2-C3
SAINTE-MADELEINE (Imp.)...D4
SAINTE-MADELEINE (Rue)...D4
SAINTE-MADELEINE (Pont)...C4
SAINTE-MADELEINE (Rue)..C4-D4
SAINTE-MARGUERITE
  (Rue)............C1-C2
SAINTE-MARGUERITE (Ruelle)..C2
SAINTE-ODILE (Rue)......A3-A4
SALZMANN (Rue)..........C3-D3
SARREBOURG (Rue de)........A1
SARREGUEMINES (Rue de)....A3-A4
SARRELOUIS (Rue de)......A1-B1
SAUMON (Rue du)..........C3
SAVERNE (Pont de)........B2
SAVERNE-WODLI (Tunnel)..B1-B2
SAVON (Rue du)..........C2
SCHOEPFLIN (Quai)......B3-B4
SCHWENDI (Rue)..........A4
SEDILLOT (Rue)..........D4
SELLENICK (Rue)..........A4
SENGENWALD (Rue)........D4
SEPT HOMMES (Rue des)....C3
SERRURIERS (Rue des)......C3
SŒURS (Rue des)..........C4
SOPHIE TAEUBER ARP
  (Rue)............C1-D1
SPECKLIN (Rue)..........A3
SPITZMUHLE (Pont de la)....C2
STOLTZ (Rue)............C4
STRAUSS DURKHEIM (Rue)....A4
TAILLEURS DE PIERRE
  (Rue des)............C4
TEMPLE NEUF (Rue du)......C3
THEATRE (Rue du)..........B4
THEO VAN DOESBURG
  (Rue)............B3-C3
THIERGARTEN (Rue)......B1-C1
THOMANN (Rue)..........B2-B3
TIROIR (Impasse du)........C4
TONNELET ROUGE (Rue du)...C3
TONNELIERS (Rue des)......C4
TOUR DU DIABLE
  (Promenade de la)....D1
TOUSSAINT (Rue de la)....B2-B3
TRAVAIL (Rue du)..........B1
TRIBUNAL (Rue du)........B3

TRIPIERS (Place des)......C3-D3
TROIS GATEAUX (Rue des)...C4
TURCKHEIM (Quai)......C1-D1
TURENNE (Rue)..........A4
VEAUX (Rue des)..........C4
VICTOR SCHOELCHER (Av.)...B4
VIEIL HOPITAL (Rue du)....C3-D4
VIEUX MARCHE AUX GRAINS
  (Rue du)............C2
VIEUX MARCHE AUX POISSONS
  (Rue du)............C3-D3
VIEUX MARCHE AUX POISSONS
  (Petite rue du)......C2
VIEUX MARCHE AUX VINS
  (Place du)..........C2
VIEUX MARCHE AUX VINS
  (Rue du)............B2-C2
VIEUX SEIGLE (Rue du)......C3
VIGNETTE (Rue de la)......C3
22 NOVEMBRE (Rue du)....C2-C3
VOSGES (Avenue des)......A3-A4
WALTER BENJAMIN (Passage)..B3
WASSELONNE (Rue de)........C1
WISSEMBOURG (Rue de)......A2
WODLI-SEBASTOPOL
  (Tunnel)..........A1-B2
WODLI-WILSON (Tunnel)......A1
WOERTHEL (Quai du)........D2

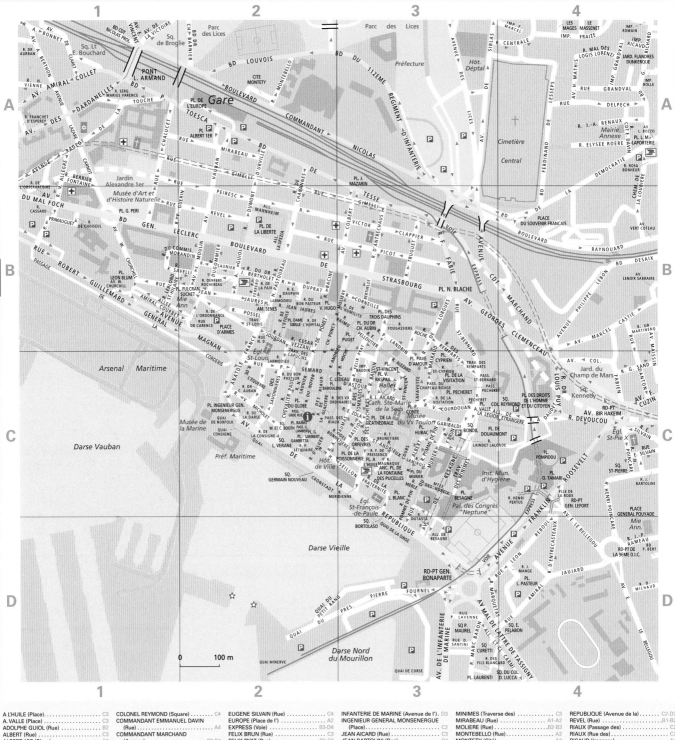

A L'HUILE (Place). C3
A. VALLE (Place). C3
ADOLPHE GUIOL (Rue). B2
ALBERT (Rue). C3
ALBERT 1ER (Place). A2
ALEZARD (Rue). B3-B4
ALGER (Rue d'). C2-C3
ALPHONSE DAUDET (Rue). C4
AMIRAL COLLET (Avenue). A1
AMIRAL COURBET (Allée). B1-B2
AMIRAL JAUJARD (Rue). D3-D4
AMIRAL SENES (Place). B2
ANATOLE FRANCE (Rue). B2-C2
ANCIENNE PLACE DE LA FONTAINE DES
    PUCELLES. C3
ANTOINE BONNET (Rue). C2
ANTRECHAUS (Rue d'). B3
ARMES (Place d'). B2-C2
ASTOUR (Rue d'). C3
AUGUSTE BERTHON (Avenue). A1
AUGUSTIN DAUMAS (Rue). C2-C3
BABOULENE (Place). C2
BASTIDE (Rue). C3
BAUDIN (Impasse). C3
BAUDIN (Rue). B3-C3
BERRIER FONTAINE (Rue). A1-B1
BERTHELOT (Rue). B3
BESAGNE (Place). C3
BESAGNE (Allée de). C3
BESAGNE (Avenue de). C3-D3
BESAGNE (Place). C3
BIR HAKEIM (Rond-point). C3
BONDIL (Square). C2
BONNETIERES (Rue des). C2-C3
BORTOLASO (Square). C3
BOUCHERIES (Rue des). C3
CAMILLE LEDEAU (Place). C2-C3
CAPUCINS (Traverse des). C3
CASSARD (Rue). B2
CATHEDRALE (Place de la). C3
CENTRALE (Rue). A3-A4
CESAR VEZZANI (Rue). B2
CHABANNES (Rue de). A2-B2
CHALUCET (Rue). A1-B1
CHAPEAU ROUGE (Passage du). B2-C2
CHARLES PONCY (Rue). B2
CHEVALIER PAUL (Rue). B1
CHOISEUL (Rue de). B1
CLARET (Rue de). A1
COLBERT (Rue). B3
COLONEL DESIRE LUCCA
    (Square du). D3-D4
COLONEL FABIEN (Avenue). C4

COLONEL REYMOND (Square). C4
COMMANDANT EMMANUEL DAVIN
    (Rue). A4
COMMANDANT MARCHAND
    (Avenue). B3-B4
COMMANDANT NICOLAS
    (Boulevard). A2-A3
COMMANDANT NICOLAS PROLONGEE
    (Boulevard). A1
COMMISSAIRE MORANDIN
    (Rue du). B1-B2
CONSIGNE (Quai). C2
CONSIGNE (Rue de la). C2
CORDERIE (Passage de la). B1-B2
CORNEILLE (Rue). B3
CORSE (Quai de). C2-D3
CRONSTADT (Quai). C2
CURETTI (Square). D3
CYPRIEN (Place). C3
DAME SIBILLE (Place). C2
DANTON (Rue). B4-C4
DARDANELLES (Avenue des). A1
DARIUS MILHAUD (Rue). C4
DARSE (Rue de la). C2
DELPECH (Rue). A4
DEMOCRATIE (Boulevard de la). B3-B4
DENFERT ROCHEREAU (Rue). B2
DESAIX (Boulevard). B4
DOCTEUR AURRAN (Rue). A1
DOCTEUR CAMILLE AUBAN (Rue). . . C2
DOCTEUR CARENCE (Rue). B2
DOCTEUR CHARLES AUBIN (Place du). C3
DOCTEUR CHARLES BARNIER
    (Boulevard). A2
DOCTEUR JEAN BERTHOLET (Rue du). B2
DOCTEUR LOUIS PUY (Rue). C3
DOCTEUR MARTINENQ (Rue). C3
DOMINIQUE SANTINI (Rue). D3
DOUAUMONT (Place de). C3
DROITS DE L'HOMME ET DU CITOYEN
    (Place des). C3
DUGOMMIER (Rue). B2
DUMONT D'URVILLE (Rue). A2-B2
DUTASTA (Rue). C3-C4
EDOUARD LE BELLEGOU (Avenue). . . C4-D4
ELYSEE ROERE (Rue). A4
EMILE VINCENT (Avenue). A1
EMILE ZOLA (Rue). C2-C3
ENTRECASTEAUX (Rue d'). D4
EQUERRE (Rue de l'). C3
ETIENNE DAUPHIN (Rue). B2
ETIENNE PELABON (Square). D3
ETOILE (Rue de l'). B2

EUGENE SILVAIN (Rue). C4
EUROPE (Place de l'). A2
EXPRESS (Voie). B3-D4
FELIX BRUN (Rue). C3
FELIX PYAT (Rue). C3
FERDINAND BRUNETIERE (Rue). . . . C3
FERDINAND DE LESSEP
    (Avenue). A3-B4
FERDINAND PELLOUTIER (Rue). A1
FILS BLANCARD (Rue des). D3
FLANDRES DUNKERQUE (Jardin). . . . A4
FOUGASSIERE (Rue). C3
FRAIZE (Impasse). A4
FRANCHET D'ESPEREY (Rue). A1
FRANCIS DE PRESSENCE (Rue). C3
FRANCOIS CUZIN (Avenue). C4
FRANCOIS FABIE (Rue). C3
FRANCOIS MARCEL (Impasse). C3
FRANKLIN ROOSEVELT (Avenue). . . . D3-D4
FRATERNITE (Rue de la). C3
FULCRAN SUCHET (Place). B2
GABRIEL PERI (Place). B1
GAMBETTA (Place). C2
GARIBALDI (Rue). C3
GENERAL BONAPARTE (Rond-point). . D3
GENERAL LECLERC (Boulevard). B2
GENERAL LEFORT (Rond-point). C4
GENERAL MAGNAN (Avenue). B1-C2
GENERAL POUYADE (Place). C4
GEORGE SAND (Rue). C4
GEORGES CLEMENCEAU (Avenue). . . B3-C4
GEORGES RICHARD (Boulevard). C4
GERMAIN NOUVEAU (Square). C2
GIMELLI (Rue). A1-B3
GLACIERE (Rue de la). C3
GLOBE (Place du). C2
GRANDE RUE (Passage). C2
GRANDVAL (Impasse). A4
GRANDVAL (Rue). A4
GUSTAVE LAMBERT (Passage). C3
GUSTAVE LAMBERT (Place). C3
HENRI MATHIS (Avenue). A4
HENRI PASTOUREAU (Rue). B2
HENRI PERTUS (Rue). C4
HENRI POINCARE (Rue). C4-D4
HENRI SEILLON (Rue). C2-C3
HENRI VIENNE (Rue). A1
HIPPOLYTE DUPRAT (Rue). B3
HOCHE (Rue). B3-C3
HOPITAL (Rue de l'). B2
HOREIA (Montée des). C2
HUBAC (Rue). C3
HUMILITE (Rue de l'). C3

INFANTERIE DE MARINE (Avenue de l'). D3
INGENIEUR GENERAL MONSENERGUE
    (Place). C2
JEAN AICARD (Rue). C3
JEAN BARTOLINI (Rue). C4
JEAN JAURES (Rue). B1-B2
JEAN MOULIN (Avenue). A1
JEAN-PHILIPPE RAMEAU (Rue). D4
JOSE MANGE (Rue). D4
JULES MAZARIN (Place). B3
JULES MURAIRE DIT RAIMU (Rue). . . B2-B3
JULES-ALEXANDRE RENAUX (Rue). . A4
L. BLANC (Place). C3
LAFAYETTE (Cours). C3
LAINDET LALONDE (Rue). C3
LAMINOIS (Rue). C3
LARMODIEU (Rue). B2-C2
LAURENTI (Place). D4
LAZARE CARNOT (Avenue). A1-B1
LEBLOND SAINT-HILAIRE (Rue). B1-B2
LE MASSENET (Rue). C3
LEGION ETRANGERE (Allée de la). . . . C3-C4
LENOIR SARRAIRE (Avenue). B4
LEON BLUM (Place). B2
LEON REBOUL (Rue). D3-D4
LEON VERANE (Square). C4
LES MAGES. A4
LIBERTE (Place de la). B2
LICES (Avenue des). A3-B3
LIEUTENANT COLONEL CARMI
    (Allée). D4
LORGUES (Rue de). B3-C3
LOUBIERE (Chemin de la). A4-B4
LOUIS ARMAND (Pont). A2
LOUIS BOZZO (Avenue). A4
LOUIS JOURDAN (Rue). C2
LOUIS PASTEUR (Rue). D4
LOUIS-MARTIAL LAPORTERIE (Place). . A4
LOUVOIS (Boulevard). A2
MAGNAQUE (Rue). C3
MAIRAUD (Rue). C3
MAISSIN (Avenue). B4-C4
MANNHEIM (Allée). B2
MARC BARON (Rue). D3
MARCEL CASTIE (Avenue). C3-D3
MARECHAL DE LATTRE DE TASSIGNY.
MARECHAL DES LOGIS LORENZI (Rue). A4
MARECHAL FOCH (Avenue de l'). A1
MARQUETAS (Rue). D3-D4
MERIDIENNE (Rue). C2
MERLE (Rue). C3
MINERVE (Quai). D2

MINIMES (Traverse des). C3
MIRABEAU (Rue). A1-A2
MOLIERE (Rue). B2-B3
MONTEBELLO (Rue). A2
MONTETY (Cité). A2
MURIER (Place du). C3
MURIER (Rue du). D3-D3
9EME D.I.C. (Rond-point et de la). . . . D4
NICOLAS LAUGIER (Rue). C2
NOEL BLACHE (Place). B3
NORFOLK (Quai de). C2
NOTRE DAME (Rue). B2
NOYER (Rue du). C2
OBSERVATOIRE (Rue de l'). A1-B1
OLIVE TAMARI (Place). C4
ORDONNANCE (Rue de l'). B2
ORFEVRES (Place des). C3
PAIX (Rue de la). B2
PAUL BERT (Boulevard). D4
PAUL CONTE (Place). C3
PAUL LANDRIN (Rue). B3-C3
PAUL MAUREL (Square). C4
PAULIN GUERIN (Rue). B1-A2
PAVE D'AMOUR (Place). C3
PECHERET (Passage). C3
PECHERET (Place). C3
PECHERET (Rue). C3-C4
PEIRESC (Rue). A1-B2
PETIT RANG (Quai du). D2-D3
PHILIPPE LEBON (Avenue). B4-C4
PICOT (Rue). B2-B3
PIERRE LAVENNE (Rue). C3
PIERRE LETHUAIRE (Rue). C2
PIERRE SEMARD (Rue). C2
PIERRE TOESCA (Boulevard). A1-A2
POISSONNERIE (Place de la). C2
POMET (Rue du). B2-C2
POMME DE PIN (Rue). C2-D3
POMPIDOU (Place). C4
POSSEL (Rue). B2
PRESIDENT PIERRE FOURNEL
    (Quai du). D2-D3
PRIMAUGUET (Rue). B1
PROSPER FERRERO (Rue). B2
PUGET (Place). B3
RACINE (Rue). B3
RAGEOT DE LA TOUCHE (Avenue). . . A1
RAIMU (Place). B2
RAYNOUARD (Boulevard). B3-B4
REMPARTS (Rue des). B3-C3
REMPARTS (Traverse des). C3

REPUBLIQUE (Avenue de la). C2-D3
REVEL (Rue). B1-B2
RIAUX (Passage des). C2
RIAUX (Rue des). C2
RICAUD (Impasse). A4
RICHARD ANDRIEU (Rue). C2-B3
ROBERT GUILLEMARD (Rue). B1
ROCHE (Rue). B3-C2
RODE (Passerelle de la). C4
ROGER DEVOUCOUX (Avenue). C4
ROLLE (Impasse). A4
ROMAIN (Impasse). A4
ROSA BONHEUR (Rue). A4
SAINT-ANDRIEUX (Rue). C3
SAINT-BERNARD (Passage). B3
SAINT-BERNARD (Rue). B3-C3
SAINT-CYPRIEN (Rue). C3
SAINT-LOUIS (Traverse). B2
SAINT-VINCENT (Place). C3
SAINT-VINCENT (Rue). C3
SAUNIER (Rue). B2
SAVONNIERES (Rue des). C3
SERGENT MARIUS VARENCE (Rue). . . A1
SIBLAS (Avenue de). A3-B3
SINSE (Quai de la). C3
SPEZIA (Allée de). C3
ST-PIERRE (Square). C4
STRASBOURG (Boulevard de). B2-B3
TESSE (Boulevard de). A2-B3
TOMBADES (Rue). B3
TROIS DAUPHINS (Place des). B3
TRUGUET (Rue). C2
VAUBAN (Avenue). A2-B2
VERT COTEAU (Avenue). A1
VICTOIRE (Avenue de la). A1
VICTOR CLAPPIER (Rue). B2-B3
VICTOR HUGO (Place). B2-B3
VICTOR MICHELET (Rue). C2
VIEUX ORDINAIRES (Rue des). C3
VINCENT ALLEGRE (Rue). A1-B1
VINCENT COURDOUAN (Rue). C3
VINCENT RASPAIL (Place). C3
VISITATION (Place de la). C3
VISITATION (Rue de la). C3
WILLIAM ET CATHERINE BOOTH
    (Rue). C2
WINSTON CHURCHILL (Avenue). B1
XAVIER SAVELLI (Rue). B1-B2

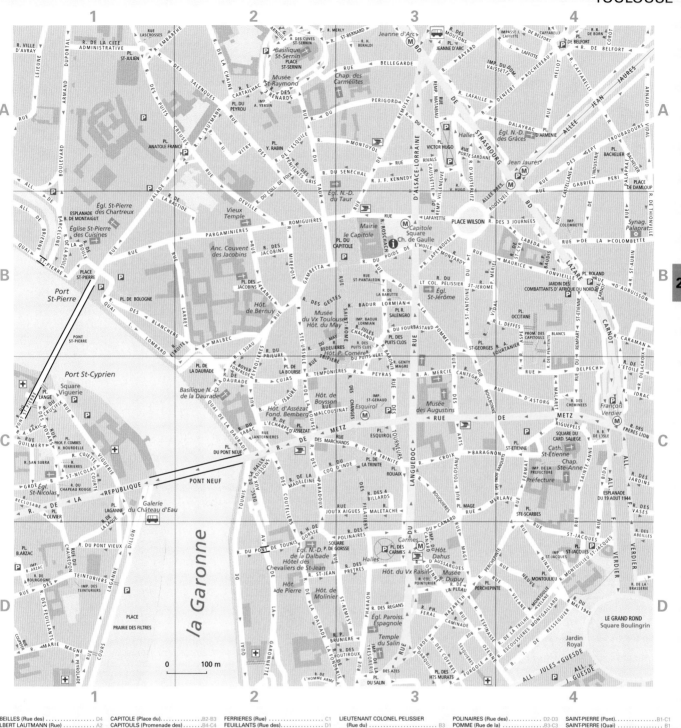

ABEILLES (Rue des) D4
ALBERT LAUTMANN (Rue) A2
ALEXANDRE FOURTANIER (Rue) . . B3-B4
ALEXANDRE YERSIN (Impasse) A2
ALSACE-LORRAINE (Rue d') A3-C3
ANATOLE FRANCE (Place) A1-A2
ANTONIN MERCIE (Rue) C3
ARMAND DUPORTAL (Boulevard) . . A1-A4
ARMENIE (Place d') A4
ARNAUD BARIC (Rue) A4
ARNAUD VIDAL (Rue) A4
ARTS (Rue des) B3-C3
ASSEZAT (Place d') C3-C4
ASTORG (Rue d') C3
AUBUISSON (Rue d') B4
AUSSARGUES (Rue d') D3
AUSTERLITZ (Rue d') A3-B3
AZES (Rue des) D3
BACHELIER (Place) A4
BACHELIER (Rue) A4
BAOUR LORMIAN (Impasse) B2
BAOUR LORMIAN (Rue) B3
BARCELONE (Allée de) A1-B1
BARONIE (Rue) B3-C3
BARUTTE (Rue de la) B2
BASTIDE (Rue de la) B1-B2
BAYARD (Rue) A3-A4
BEDELIERES (Rue des) B2-B3
BELFORT (Place de) A4
BELFORT (Rue) A4
BELLEGARDE (Rue) A2-B2
BENOIT ARZAC (Place) D1
BENOIT ARZAC (Impasse) D1
BERTRAND DE BORN (Rue) A4
BERTRAND DE L'ISLE (Rue) B4
BERTRAND DE MONTAIGUT
(Esplanade) B1
BIDA (Rue) C4-D4
BLANCHERS (Rue des) B1-B2
BOLOGNE (Place de) B1
BOULBONNE (Rue de) B4
BOULE (Rue de la) B1
BOUQUIERES (Rue) C4
BOURDELLE (Rue) C1
BOURGOGNE (Rue de) D1
BOURSE (Place de la) C2
BOURSE (Rue de la) C2
BOYER FONFREDE (Rue) C2
BRASSERIE (Rue de la) D4
BRIENNE (Allée de) A1
CAFFARELLI (Rue) A4
CAMINADE (Rue) D3
CANARD (Impasse du) D3
CANARD (Rue) C3-D3
CANTEGRIL (Rue) C3

CAPITOLE (Place du) B2-B3
CAPITOULS (Promenade des) B4-C4
CARAMAN (Rue) B4
CARDINAL SALIEGE (Square du) C4
CARMES (Place des) C3
CASTELLANE (Rue) A4-B4
CAUSSETTE (Rue) A3-B3
CHAINE (Rue de la) A2
CHAIREDON (Rue du) D1
CHANGES (Rue des) C2
CHAPEAU ROUGE (Rue du) C1
CHEMINEES (Rue des) C4
CITE ADMINISTRATIVE (Rue de la) . . A1
CLEMENCE ISAURE (Rue) C2
COFFRES (Rue des) D3
COLLEGE DE FOIX (Rue du) A2-B2
COLOMBETTE (Impasse) B4
COLOMBETTE (Rue de la) B4
COLONEL POINTURIER (Rue) D3
COMBATTANTS D'AFRIQUE DU NORD
(Jardin des) B4
COQ D'INDE (Rue du) C2-C3
COROT (Rue) A4
COUPEFER (Rue) D1
COURTE (Rue) A4
COUTELIERS (Rue des) C3
CROIX BARAGNON (Rue) C3-C4
CRUCIFIX (Rue du) C1
CUJAS (Rue) C2
CUJETTE (Rue) C1
CUVES SAINT-SERNIN (Rue des) A2
DALAYRAC (Rue) A3-A4
DALBADE (Rue de la) D2
DAMLOUP (Place de) A4-B4
DARQUIE (Rue) D3
DAURADE (Place de la) B2-C2
DAURADE (Quai de la) C2
DAURADE (Rue de la) C2
DELACROIX (Rue) B4-C4
DELPECH (Rue) C4
DENFERT ROCHEREAU (Rue) A3-A4
DEVILLE (Rue) A2-B2
DILLON (Cours) C1-D1
ECHARPE (Rue de l') C2
EMBARTHE (Rue) A1-A2
EMILE CARTAILHAC (Rue) A2
ESCOUSSIERES MONTGAILLARD
(Rue) D3-D4
ESPINASSE (Rue) D3-D4
ESQUILE (Rue de l') A2
ESQUIROL (Place) C2
ETOILE (Rue de l') C4
ETROITE (Rue) C1-C2
FERMAT (Rue) C4

FERRIERES (Rue) C1
FEUILLANTS (Rue des) D1
FILATIERS (Rue) C3-D3
FONDERIE (Rue de la) D2-D3
FOURBASTARD (Rue du) B3
FRANCOIS VERDIER (Allée) C4-D4
FRERES LION (Rue) C4
FURGOLE (Rue) C3-D3
GABRIEL PERI (Rue) A4-B4
GAMBETTA (Rue) B2
GARONNETTE (Avenue de la) C2-D2
GATIEN ARNOULT (Rue) A2
GENTY MAGRE (Rue) C3
GESTES (Rue des) B2-C2
GRAND ROND (Rue) D4
HALLE AUX POISSONS
(Descente de la) C2-D2
HAUTS MURATS (Place des) D3
HELIOT (Rue) A4
HENRI BERALDI (Rue) A3
HENRI DE GORSSE (Rue) D2
HOMME ARME (Rue de l') D2
8 MAI 1945 (Rue du) D4
IDRAC (Rue) C4
IMPASSSE DU DOMAINE
VAISSETTE A3-A4
INDUSTRIE (Rue de l') A4-B4
JACOBINS (Place des) B2
JACOBINS (Rue des) B2
JACQUES LAFFITTE (Impasse) A3
JACQUES LAFFITTE (Rue) A3-A4
JARDINS (Rue des) B4
JEAN JAURES (Allée) A3-A4
JEAN SUAU (Rue) B2-C2
JEANNE D'ARC (Place) A4-B4
JOHN FITZGERALD KENNEDY (Rue) . A3
JOUTX AIGUES (Rue) C2-C3
JULES CHALANDE (Rue) B3-B4
JULES DE RESSEGUIER (Rue) D4
JULES GUESDE (Allée) D4
LABEDA (Rue) B4
LAFAILLE (Rue) A4
LAFAYETTE (Rue) B3-B4
LAGANNE (Place) C1-D1
LAGANNE (Rue) D1
LAKANAL (Rue) B2
LANGE (Place) B1
LANGUEDOC (Rue du) C3-D3
LANTERNIERES (Rue) C2
LAPEYROUSE (Rue) B3
LAQUE (Rue de la) C1-D1
LARREY (Rue) B1-B2
LASCROSSES (Rue) A1
LAZARE CARNOT (Boulevard) A4-C4
LEJEUNE (Rue) A1

LIEUTENANT COLONEL PELISSIER
(Rue du) B3
LOIS (Rue des) A2-B2
LOUIS DEFFES (Rue) B3-B4
LUCIEN LOMBARD (Quai) C1-C2
MADELEINE (Rue de la) C2
MAGE (Place) C3
MAGE (Rue) C3-D3
MALARET (Rue) B4
MALBEC (Rue) B2
MALCOUSINAT (Rue) C2-C3
MALETACHE (Rue) D4
MARCHANDS (Rue des) C2-C3
MARIE MAGNE (Rue) D1
MAURICE FONVIEILLE (Rue) B3-B4
MAY (Rue du) B2-B3
MERLANE (Rue) C3-C4
MERLY (Rue) A2
METZ (Rue de) C2-C4
MIREPOIX (Rue) B2
MONTARDY (Rue) B3
MONTOULIEU (Place) D4
MONTOULIEU SAINT-JACQUES (Rue) . D4
MONTOULIEU VELANE (Rue) D4
MONTOYOL (Rue) A2-A3
MOLTORS (Rue des) A2
NAZARETH (Grande rue) D3
NEUF (Pont) C1-C2
NEUVE (Rue) D3-D4
NINAU (Rue) D4
NOVARS (Rue des) C1
OCCITANE (Place) B4
OLIVIER (Place) C1-D1
OZENNE (Rue) D4
PALAPRAT (Rue) A4-B4
PARADOUX (Rue des) C3
PARGAMINIERES (Rue) B1-B2
PAUL MERIEL (Rue) B3-B4
PAUL VIDAL (Rue) B4
PENITENTS BLANCS (Rue des) . . . B4-C4
PENITENTS GRIS (Rue des) B3
PERCHEPINTE (Rue) D3-D4
PERIGORD (Rue du) A2-A3
PEYRAS (Rue) B3
PEYROLADE (Rue) D1
PEYROLIERES (Rue) B2
PEYROU (Place du) A2
PHARAON (Rue) D3
PHILIPPE FERAL (Rue) D4
PIERRE BAUDIS (Rue) B4
PIERRE BRUNIERE (Rue) D2-D3
PIERRE DE GORSSE (Square) D2
PLEAU (Rue du) D3
POIDS DE L'HUILE (Rue du) B3

POLINAIRES (Rue des) D2-D3
POMME (Rue de la) B3
PONT DE TOUNIS (Rue du) D2
PONT NEUF (Place du) C2
PONT SAINT-PIERRE (Rue du) C1
PONT VIEUX (Rue du) C2
PORTE SARDANE (Rue) A3-A4
POUTIROUX (Rue des) D2-D3
PRAIRIE DES FILTRES (Place) D1
PREFECTURE (Impasse de la) C4
PRESIDENT ROOSEVELT (Allée) . . B3-A4
PRETRES (Rue des) C3
PRIEURE (Rue du) B2-C2
PROFESSEUR FRANCOIS COMBES
(Place) C1
PUITS CLOS (Place des) B3
PUITS CLOS (Rue des) B3
PUITS CREUSES (Rue des) A1-A2
PUITS VERT (Rue du) B3-C3
4 BILLARDS (Rue des) C3
QUILMERY (Rue) C1
RECLUSANE (Rue) C1
REMPART MATABIAU (Rue) A3
REMPART SAINT-ETIENNE (Rue) . . B4-C4
REMPART VILLENEUVE (Rue du) B4
REMUSAT (Rue) A3-B3
RENEE ASPE (Rue) B4-C4
REPUBLIQUE (Rue de la) C1-D1
RIGUEPELS (Rue) C4
RIVALS (Rue) A3
ROGER SALENGRO (Place) C3
ROLAND (Place) B4
ROMIGUIERES (Rue) B2
ROSCHACH (Rue) B3
ROUAIX (Place) C3
SAINT-ANTOINE DU T (Rue) B3
SAINT-AUBIN (Rue) B4
SAINT-BERNARD (Rue) A2-A3
SAINT-CYR (Rue de) B4
SAINTE-ANNE (Rue) C4
SAINTE-ETIENNE (Rue) C4
SAINTE-SCARBES (Place) C4-D4
SAINTE-URSULE (Rue) B2-C2
SAINT-GEORGES (Place) B3-C3
SAINT-GERAUD (Impasse) C3
SAINT-JACQUES (Impasse) D4
SAINT-JACQUES (Rue) D4
SAINT-JEAN (Rue) D4
SAINT-JEROME (Rue) B3
SAINT-JULIEN (Rue) A1
SAINT-NICOLAS (Grande rue) C1
SAINT-PANTALEON (Rue) B3
SAINT-PIERRE (Place) B1

SAINT-PIERRE (Pont) B1-C1
SAINT-PIERRE (Quai) B1
SAINT-REMESY (Rue) D2-D3
SAINT-ROME (Rue) B3-C3
SAINT-SERNIN (Place) A2
SALE (Rue du) A3
SALENQUES (Rue des) A1-A2
SALIN (Place du) D3
SAN SUBRA (Rue) C1
SEPT TROUBADOURS (Rue des) . . . A4-B4
SESQUIERES (Rue des) D3
STRASBOURG (Boulevard de) A3-A4
TABAC (Rue du) C2
TAUR (Rue du) A2-B2
TEINTURIERS (Impasse des) D1
TEINTURIERS (Rue des) D1
TEMPONIERES (Rue) C2-C3
THIONVILLE (Rue de) B4
TOLOSANE (Rue) C3
TOUNIS (Quai de) C2-D2
TOURNEURS (Rue des) C3
TRESORERIE (Impasse de la) D3
TRILHE (Place de la) D4
TRINITE (Rue de la) C3
TRIPIERE (Rue) B2-C2
TROIS BANQUETS (Rue des) C3
3 JOURNEES (Rue des) B3-B4
3 RENARDS (Rue des) A2
URBAIN VITRY (Rue) A2
VALADE (Rue) B1-B2
VASES (Rue des) C4
VELANE (Rue) D3-D4
VICTOR HUGO (Place) A3
VICTOR HUGO (Rue) A3
VIGUERIE (Rue) C1
VILLE D'AVRAY (Rue) A1-A2
WILSON (Place) B3
YITZHAK RABIN (Place) A2

Map of Tours

ALBERT THOMAS (Rue) . . . A4
ALEXANDRE DUMAS (Rue) . . . B1
ALFRED DE VIGNY (Rue) . . . D3-D4
ALFRED MAME (Cité) . . . B1
ALLERON (Rue) . . . A1-B1
ALMA (Passage de l') . . . D3
AMANDIERS (Rue des) . . . A4
AMPERE (Rue) . . . B1-C1
ANATOLE FRANCE (Place) . . . A2-A3
ANDRE DUCHESNE (Rue) . . . A1-B1
ARBALETE (Rue de l') . . . B2
ARGENTINE (Rue d') . . . D1
ARMORIAL (Cour de l') . . . A4
ARSENAL (Rue de l') . . . C1
AUBER (Rue) . . . A4
AUGUSTE CHEVALLIER (Rue) . . . D1
AUGUSTE COMTE (Rue) . . . C3-C4
AUMONES (Place des) . . . C4
AUMONES (Rue des) . . . C4
AUMONT (Square d') . . . B2
BABEUF (Rue) . . . A4
BALAIS (Rue des) . . . B1-B2
BALESCHOUX (Rue) . . . B2
BALLAN (Rue de) . . . A1
BALZAC (Rue de) . . . B4-C4
BARRE (Rue de la) . . . A4
BEAUNE SEMBLANCAY (Jardin de) . . . A3
BELVEDERE (Rue de) . . . D3-D4
BENJAMIN CONSTANT (Rue) . . . A3
BERANGER (Boulevard) . . . C1-C3
BERNARD PALISSY (Rue) . . . B4
BERTHELOT (Rue) . . . A3
BLAISE PASCAL (Rue) . . . C4-D4
BOISDENIER (Rue de) . . . D1-D4
BONS ENFANTS (Rue des) . . . B2
BORDEAUX (Allée) . . . C3-C4
BOUCICAUT (Allée) . . . A1
BOURDAISIERE (Allée de la) . . . D4
BOURDE (Rue de la) . . . B1
BRICONNET (Rue) . . . A2
BROCHE A ROTIR (Passage de la) . . . A1
BUFFON (Rue) . . . B4
CALIFORNIE (Rue de) . . . D1-D2
CAMP DE MOLLE (Rue) . . . B1
CAPUCINS (Rue des) . . . A2
CARMES (Place des) . . . A2
CARMES (Rue des) . . . A2
CATHEDRALE (Place de la) . . . A4
CERISIERS (Rue des) . . . A2
CHALMEL (Rue) . . . D4
CHAMP DE MARS (Rue du) . . . A1
CHAMPOISEAU (Rue) . . . B1-C1
CHANGE (Rue du) . . . A2-B2
CHANOINEAU (Rue) . . . C2
CHANOINES (Jardin des) . . . A2

CHANTELOUP (Rue) . . . A1
CHAPTAL (Rue) . . . B3
CHARDONNET (Place du) . . . B3
CHARLES GILLE (Rue) . . . C3-C4
CHARLES GUINOT (Rue) . . . D2
CHARLES V (Allée) . . . B1
CHATEAUNEUF (Place de) . . . B2
CHATEAUNEUF (Rue de) . . . B2
CHINON (Rue de) . . . D1
CLAUDETHION (Rue) . . . D2
CLAUDE VIGNON (Rue) . . . B2
CLOCHE (Rue de la) . . . A4
CLOCHEVILLE (Rue de) . . . B2-C3
COEUR NAVRE (Passage du) . . . A2
COLBERT (Rue) . . . A3-A4
COMMERCE (Rue du) . . . A2-A3
CONSTANTINE VOIE EST (Rue de) . . . A2
CORDELIERS (Rue des) . . . A3-A4
CORNEILLE (Rue) . . . A3-B4
COURSET (Rue de) . . . B1
CROC (Rue du) . . . B1
CUILLERE (Rue de la) . . . B1
CYGNE (Rue du) . . . A4
DABILLY (Rue) . . . B1
DAMIEN (Impasse) . . . B3
DEPORTES (Rue des) . . . B3
DESCARTES (Rue) . . . B3
DOCTEUR (Rue du) . . . A3
DOCTEUR BRETONNEAU (Rue du) . . . A2
DOCTEUR GUERIN (Rue du) . . . D3
DOCTEUR HERON (Rue du) . . . A3
DOLVE (Rue de la) . . . C3
DOREE (Rue) . . . A2
DUPORTAL (Rue) . . . D4
EDOUARD VAILLANT (Rue) . . . C4
ELISE DREUX (Rue) . . . C1
EMILE OTTIA (Passage) . . . A2
EMILE ZOLA (Rue) . . . A3-A4
ENTRAIGUES (Rue d') . . . D1-C3
ESTELLE (Rue) . . . D4
ETIENNE DOLET (Rue) . . . C1-D1
ETIENNE MARCEL (Rue) . . . B1
ETIENNE PALLU (Rue) . . . B3
EUGENE FLANDIN (Square) . . . B3
EUGENE SUE (Rue) . . . A1-A2
EUPATORIA (Rue) . . . D3-D4
FERDINAND DUBREUIL (Rue) . . . A3
FLEURY (Rue) . . . A4
FOIRE LE ROI (Place) . . . A3
FRANCOIS 1ER (Jardin) . . . A2-A3
FRANCOIS ARAGO (Rue) . . . C1
FRANCOIS RICHER (Rue) . . . C1-D1
FRANCOIS SICARD (Place) . . . A4-B4
FRANCOIS TRUFFAUT (Place) . . . C4

FROMONT (Rue) . . . C1-D1
FUSILLES (Rue des) . . . A3
GALPIN THIOU (Rue) . . . D4
GAMBETTA (Rue) . . . B3
GASTON PAILLHOU (Place) . . . B2-C2
GENERAL CHANZY (Rue du) . . . C3
GEORGE SAND (Rue) . . . C3-D3
GEORGES COURTELINE (Rue) . . . B1
GEORGES DELPERIER (Rue) . . . B1-C1
GEORGET (Rue) . . . C1-D2
GIRAUDEAU (Rue) . . . C1-D1
GLASER VERY (Rue) . . . B2-C2
GRAMMONT (Avenue de) . . . C3-C4
GRAMMONT (Forum) . . . C3-C4
GRAND MARCHE (Place du) . . . A1-B1
GRAND MARCHE (Rue du) . . . B1-B2
GRAND PASSAGE (Galerie du) . . . B2
GRANDIERE (Impasse de la) . . . C2-C3
GRANDIERE (Rue de la) . . . B2-C2
GRECOURT (Rue) . . . C4-D4
GREGOIRE DE TOURS (Place) . . . A2
GRILLE (Rue de la) . . . A1-A2
GROSSE TOUR (Place) . . . B1
GROSSE TOUR (Rue de la) . . . B1-B2
GUESCLIN (Rue du) . . . B2
HALLEBARDE (Rue de la) . . . B2
HALLES (Carreau des) . . . B2
HALLES (Place des) . . . B2
HALLES (Rue des) . . . B2-B3
HENRI BARBUSSE (Rue) . . . B2
HENRI DE SEGOGNE (Square) . . . B1
HENRI ROYER (Rue) . . . B2
HERBES (Carroi aux) . . . A1
HEURTELOUP (Boulevard) . . . C3-C4
HOPITEAU (Rue de l') . . . A4
HOUX (Rue du) . . . B1-C1
INKERMANN (Rue d') . . . C2-C3
JACOBINS (Passage des) . . . A4
JAMES CANE (Rue) . . . D3
JEAN DUVAL (Place) . . . A2
JEAN JAURES (Place) . . . C2
JEAN LEJUSTE (Rue) . . . A1
JEAN MACE (Rue) . . . B1
JEAN MEUNIER (Place) . . . C2
JEAN-JACQUES ROUSSEAU (Rue) . . . A1
JEHAN FOUQUET (Rue) . . . C2-D2
JERUSALEM (Rue de) . . . B4
JEU DE PAUME (Jardin) . . . A3
JOULINS (Place des) . . . A2
JULES CHARPENTIER (Rue) . . . C1
JULES FAVRE (Rue) . . . A3-B3
JULES MOINAUX (Rue) . . . B4
JULES SIMON (Impasse) . . . B4
JULES SIMON (Rue) . . . A4-B4
JULIEN LE ROY (Rue) . . . A2

JULIEN LEROY (Square) . . . B2
LAKANAL (Rue) . . . C2-D2
LAMPROIE (Place de la) . . . A2
LAMPROIE (Rue de la) . . . A2
LAPLACE (Rue) . . . B1
LAPONNERAYE (Rue) . . . D3
LAVOISIER (Rue) . . . A3
LEDRU-ROLLIN (Rue) . . . C1
LEGION D'HONNEUR (Place de la) . . . C1
LEON BOYER (Rue) . . . C1
LEONARD DE VINCI (Rue) . . . C1
LITTRE (Rue) . . . B1-C1
LONGUE ECHELLE (Rue de la) . . . B2
LUCE (Rue de) . . . B2
MADELEINE (Rue de la) . . . A1-B1
MAILLE (Rue de) . . . A2
MANOIR (Allée du) . . . B4
MARCEAU (Rue) . . . A2-C2
MARCHANT DUPLESSIS (Boulevard) . . . D2
MARECHAL FOCH (Rue) . . . B2-B3
MARECHAL LECLERC (Place du) . . . C2
MARESCOT (Place) . . . B1
MARGUERON (Rue) . . . D1
MAURES (Rue des) . . . A4
METROPOLE (Galerie du) . . . C3-C4
METZ (Rue de) . . . D2-D3
MICHEL DUCLOS (Impasse) . . . B2
MICHELET (Rue) . . . D3-D4
MICHELET (Rue) . . . C4-D4
MINIMES (Rue des) . . . B3-B4
MONNAIE (Rue de la) . . . A2
MONNAIE TOURNOIS (Place de la) . . . B2
MONSEIGNEUR MARCEL (Rue) . . . A1
MONTLOUIS (Allée de) . . . D4
MOQUERIE (Rue de la) . . . A2
MURIER (Rue du) . . . A2
NANTES (Rue de) . . . C4
NAPOLEON (Pont) . . . A1
NATIONALE (Galerie) . . . B3
NATIONALE (Rue) . . . A3-B3
NERICAULT DESTOUCHES (Rue) . . . B2-B3
NICOLAS FRUMEAU (Place) . . . C1
ORANGERIE (Galerie de l') . . . C2
ORFEVRES (Rue des) . . . A2
ORIGET (Impasse) . . . C2
ORIGET (Rue) . . . D1-D2
ORLEANS (Quai d') . . . A3-A4
PAIX (Rue de la) . . . A2
PALAIS (Impasse du) . . . B2
PANIER FLEURI (Rue du) . . . A2
PARMENTIER (Rue) . . . D4
PASTEUR (Rue) . . . D4
PAUL-LOUIS COURIER (Rue) . . . A2
PENSEES (Impasse des) . . . D4
PETIT FAUCHEUX (Rue du) . . . A2

PETIT SAINT-MARTIN (Carroi du) . . . A1
PETIT SAINT-MARTIN (Rue du) . . . A1-B1
PETIT SOLEIL (Rue du) . . . A2-B2
PHILIPPE LEBON (Rue) . . . B1
PIERRE BOILLE (Rue) . . . A4
PIMBERT (Rue) . . . A4
PINAIGRIER (Rue) . . . C3-D3
PLAILLY (Rue) . . . D1
PLAT D'ETAIN (Rue du) . . . C1
PLUMEREAU (Place) . . . A2
POIRIER (Rue du) . . . A2
PONT NEUF (Quai du) . . . A1-A2
PORT DE BRETAGNE (Quai du) . . . A1
PORT DE BRETAGNE (Rue du) . . . A1
PREBENDES (Rue des) . . . D3
PREFECTURE (Place de la) . . . B4
PREFECTURE (Rue de la) . . . B3-B4
PRESIDENT MERVILLE (Rue du) . . . B2
PREUILLY (Boulevard) . . . A1
PSALETTE (Rue de la) . . . A4
PUITS (Rue des) . . . A2
14 JUILLET (Place du) . . . B2
QUATRE FILS AYMON (Placis des) . . . A1
QUATRE SEPTEMBRE (Rue du) . . . D4
QUATRE VENTS (Rue des) . . . A1-B1
RABELAIS (Impasse) . . . B2
RABELAIS (Place) . . . D1
RABELAIS (Rue) . . . B2
RAPIN (Rue) . . . B2
REMPART (Rue du) . . . C4
RENE BOYLESVE (Rue) . . . D3
RESISTANCE (Place de la) . . . B3-B4
RICHE (Place de la) . . . A1-B1
RICHELIEU (Rue) . . . B2-B3
ROBERT PICOU (Place) . . . A4
ROCHE MARC D'OR (Rue) . . . A4
ROGER SALENGRO (Rue) . . . D1-D4
ROTISSERIE (Rue de la) . . . B2
ROUGET DE L'ISLE (Place) . . . B1
ROUGET DE L'ISLE (Rue) . . . B1
SAINT-ELOI (Place) . . . C1
SAINT-ISIDORE (Rue) . . . A2
SAINT-PIERRE PUELLIER (Jardin) . . . A2
SAINT-SATURNIN (Carroi) . . . A2
SAINT-SYMPHORIEN (Pont suspendu de l') . . . A4
SAN FRANCISCO (Rue) . . . D1
SCELLERIE (Rue de la) . . . B3-A4
SEBASTOPOL (Rue) . . . C2-C3
SENTIER (Rue du) . . . C3
SERGENT BOBILLOT (Rue du) . . . D2
SERPE (Rue de la) . . . B1-B2
SERPENT VOLANT (Rue du) . . . A2-B2

SOURDILLON (Square) . . . B2
SULLY (Rue de) . . . B2-B3
TANNEURS (Rue des) . . . A1-A2
TOUR DE GUISE (Rue de la) . . . A4
TRAVERSIERE (Rue) . . . B4
TROIS ECRITOIRES (Rue des) . . . B2
TROIS PAVES RONDS (Rue des) . . . B2
TURONES (Place des) . . . A4
URSULINES (Rue des) . . . A4-B4
VAILLANT (Place) . . . D4
VARENNES (Allée de) . . . D4
VENDEE (Rue de) . . . C4
VERLAINE (Rue) . . . B2
VERT GALANT (Jardin du) . . . B2
VERTE (Rue) . . . B2
VICTOIRE (Place de la) . . . A1-B1
VICTOIRE (Rue de la) . . . A1-B1
VICTOR HUGO (Rue) . . . D1-C3
VICTOR LALOUX (Rue) . . . B4-C4
VOLTAIRE (Rue) . . . A3-B3
WILSON (Pont) . . . B2